U0927512

國家清史編纂委員會·文獻叢刊

清代河南巡撫衙門檔案

段自成 李景文 主編

中國社會科學出版社

國家清史編纂委員會出版委員會

本書主編 段自成 李景文
本書編校 王學春 王會麗 裴丹青 馬　珂
朱騰雲 于兆軍 尼志强 姬志香

總　序

戴　逸

二〇〇二年八月，國家批准建議纂修清史之報告，十一月成立由十四部委組成之領導小組，十二月十二日成立國家清史編纂委員會，清史編纂工程於焉肇始。

清史之編纂醞釀已久，清亡以後，北洋政府曾聘專家編寫《清史稿》，歷時十四年成書。識者議其評判不公，記載多誤，難成信史，久欲重撰新史，以世事多亂不果。中華人民共和國成立後，中央領導亦多次推動修清史之事，皆因故中輟。新世紀之始，國家安定，經濟發展，建設成績輝煌，而清史研究亦有重大進步，學界又倡修史之議，國家采納衆見，決定啓動此新世紀標誌性文化工程。

清代為我國最後之封建王朝，統治中國二百六十八年之久，距今未遠。清代衆多之歷史和社會問題與今日息息相關。欲知今日中國國情，必當追溯清代之歷史，故而編纂一部詳細、可信、公允之清代歷史實屬切要之舉。

編史要務，首在采集史料，廣搜確證，以為依據。必藉此史料，乃能窺見歷史陳迹。故史料為歷史研究之基礎，研究者必須積累大量史料，勤於梳理，善於分析，去粗取精，去偽存真，由此及彼，由表及裏，進行科學之抽象，上陞為理性之認識，才能洞察過去，認識歷史規律。史料之於歷史研究，猶如水之於魚，空氣之於鳥，水涸則魚逝，氣盈則鳥飛。歷史科學之輝煌殿堂必須巋然聳立於豐富、確鑿、可靠之史料基礎上，不能構建於虛無縹緲之中。吾儕於編史之始，即整理、出版《文獻叢刊》、《檔案叢刊》，二者廣收各種史料，均為清史編纂工程之重要組成部分，一以供修撰清史之用，提高著作品質；二為搶救、保護、開發清代之文化資源，繼承和弘揚歷史文化遺產。

清代之史料，具有自身之特點，可以概括為多、亂、散、新四字。

一曰多。我國素稱詩書禮義之邦，存世典籍汗牛充棟，尤以清代為盛。蓋清代統治較久，文化發達，學士才人，比肩相望，傳世之經籍史乘、諸子百家、文字聲韻、目録金石、書畫藝術、詩文小説，遠軼前朝，積貯文獻之多，如恒河沙數，不可勝計。昔梁元帝聚書十四萬卷於江陵，西魏軍攻掠，悉燔於火，人謂喪失天下典籍之半數，是五世紀時中國書籍總數尚不甚多。宋代印刷術推廣，載籍日眾，至清代而浩如烟海，難窺其涯涘矣。《清史稿・藝文志》著録清代書籍九千六百三十三種，人議其疏漏太多。武作成作《清史稿・藝文志補編》，增補書一萬零四百三十八種，超過原志著録之數。彭國棟亦重修《清史稿・藝文志》，著録書一萬八千零五十九種。近年王紹曾更求詳備，致力十餘年，遍覽群籍，手抄目驗，成《〈清史稿・藝文志〉拾遺》，增補書至五萬四千八百八十種，超過原志五倍半，此尚非清代存留書之全豹。王紹曾先生言："余等未見書目尚多，即已見之目，因工作粗疏，未盡鈎稽而失之眉睫者，所在多有。"清代書籍總數若干，至今尚未能確知。

清代不僅書籍浩繁，尚有大量政府檔案留存於世。中國歷朝歷代檔案已喪失殆盡（除近代考古發掘所得甲骨、簡牘外），而清朝中樞機關（内閣、軍機處）檔案，秘藏内廷，尚稱完整。加上地方存留之檔案，多達二千萬件。檔案為歷史事件發生過程中形成之文件，出之於當事人親身經歷和直接記録，具有較高之真實性、可靠性。大量檔案之留存極大地改善了研究條件，俾歷史學家得以運用第一手資料追踪往事，瞭解歷史真相。

二曰亂。清代以前之典籍，經歷代學者整理、研究，對其數量、類別、版本、流傳、收藏、真偽及價值已有大致瞭解。清代編纂《四庫全書》，大規模清理、甄别存世之古籍。因政治原因，查禁、篡改、銷毁所謂"悖逆"、"違礙"書籍，造成文化之浩劫。但此時經師大儒，連袂入館，勤力校理，盡瘁編務。政府亦投入巨資以修明文治，故所獲成果甚豐。對收録之三千多種書籍和未收之六千多種存目書撰寫詳明精切之提要，撮其内容要旨，述其體例篇章，論其學術是非，敘其版本源流，編成二百卷《四庫全書總目》，洵為讀書之典要、後學之津梁。乾隆以後，至於清末，文字之獄漸戢，印刷之術益精，故而人競著述，家嫻詩文，各握靈蛇之珠，眾懷昆岡之璧，千舸齊發，萬木争榮，學風大盛，典籍之積累遠邁從前。惟晚清以來，外强侵陵，干戈四起，國家多難，人民離散，未能投入力量對大量新出之典籍再作整理，而政府檔案，深藏中秘，更無由一見。故不僅不知存世清代文獻檔案之總數，即書籍分類如何變通、版本庋藏應否標明，加以部居舛誤，界劃難清，亥豕魯魚，訂正未遑。大量稿本、抄本、孤本、珍本，土埋塵封，行將澌滅。殿刻本、局刊本、精校本與坊間劣本混淆雜陳。我國自有典籍以來，其繁雜混亂未有甚於清代典籍者矣！

三曰散。清代文獻、檔案，非常分散，分別庋藏於中央與地方各個圖書館、檔案館、博物館、教學研究機構與私人手中。即以清代中央一級之檔案言，除北京中國第一歷史檔案館所藏一千萬件以外，尚有一大部分檔案在戰争時期流離播遷，現存於臺灣故宫博物院。此外，尚有藏於瀋陽遼寧省檔案館之聖訓、玉牒、滿文老檔、黑圖檔等，藏於大連市檔案館之内務府檔案，藏於江蘇泰州市博物館之題本、奏摺、録副奏摺。至於清代各地方政府之檔案文書，損毁極大，但尚有劫後殘餘，璞玉渾金，含章藴秀，數量頗豐，價值亦高。如河北獲鹿縣檔案、吉林省邊務檔案、黑龍江將軍衙門檔案、河南巡撫藩司衙門檔案、湖南安化縣永曆帝與吴三桂檔案、四川巴縣與南部縣檔案、浙江安徽江西等省之魚鱗册、徽州契約文書、内蒙古各盟旗蒙文檔案、廣東粤海關檔案、雲南省彝文傣文檔案、西藏噶廈政府藏文檔案等等分别藏於全國各省市自治區，甚至清代兩廣總督衙門檔案（亦稱《葉名琛檔案》），英法聯軍時遭搶掠西運，今藏於英國倫敦。

清代流傳下之稿本、抄本，數量豐富，因其從未刻印，彌足珍貴，如曾國藩、李鴻章、翁同龢、盛宣懷、張謇、趙鳳昌之家藏資料。至於清代之詩文集、尺牘、家譜、日記、筆記、方志、碑刻等品類繁多，數量浩瀚，北京、上海、南京、廣州、天津、武漢及各大學圖書館中，均有不少貯存。豐城之劍氣騰霄，合浦之珠光射日，尋訪必有所獲。最近，余有江南之行，在蘇州、常熟兩地圖書館、博物館中，得見所存稿本、抄本之目録，即有數百種之多。

某些書籍，在中國大陸已甚稀少，在海外反能見到，如太平天國之文書。當年在太平軍區域内，為通行之書籍，太平天國失敗後，悉遭清政府查禁焚毁，現在已難見到，而在海外，由於各國外交官、傳教士、商人競相搜求，携赴海外，故今日在世界各地圖書館中保存之太平天國文書較多。二十世紀，向達、蕭一山、王重民、王慶成諸先生曾在世界各地尋覓太平天國文獻，收穫甚豐。

四曰新。清代為傳統社會向近代社會之過渡階段，處於中西文化衝突與交融之中，産生一大批内容新穎、形式多樣之文化典籍。清朝初年，西方耶穌會傳教士來華，携來自然科學、藝術和西方宗教知識。乾隆時編《四庫全書》，曾收録歐几里得《幾何原本》，利瑪竇《乾坤體儀》，熊三拔《泰西水法》、《簡平儀説》等書。迄至晚清，中國力圖自强，學習西方，翻譯各類西方著作，如上海墨海書館、江南製造局譯書館所譯聲光化電之書，後嚴復所譯《天演論》、《原富》、《法意》等名著，林紓所譯《茶花女遺事》、《黑奴籲天録》等文藝小説。中學西學，摩蕩激勵，舊學新學，鬥妍争勝，知識劇增，推陳出新，晚清典籍多别開生面、石破天驚之論，數千年來所未見，飽學宿儒所不知。突破中國傳統之知識框架，書籍之內容、形式，超經史子集之範圍，越子曰詩云之牢籠，發生前所未有之革命性變化，出現眾多新類目、新體例、新內容。

清朝實現國家之大統一，組成中國之多民族大家庭，出現以滿文、蒙古文、藏文、維吾爾文、傣文、彝文書寫之文書，構成為清代文獻之組成部分，使得清代文獻、檔案更加豐富，更加充實，更加絢麗多彩。

清代之文獻、檔案為我國珍貴之歷史文化遺產，其數量之龐大、品類之多樣、涵蓋之寬廣、內容之豐富在全世界之文獻、檔案寶庫中實屬罕見。正因其具有多、亂、散、新之特點，故必須投入巨大之人力、財力進行搜集、整理、出版。吾儕因編纂清史之需，賈其餘力，整理出版其中一小部分；且欲安裝網络，設数据庫，運用現代科技手段，進行貯存、檢索，以利研究工作。惟清代典籍浩瀚，吾儕汲深綆短，蟻銜蚊負，力薄難任，望洋興嘆，未能做更大規模之工作。觀歷代文獻檔案，頻遭浩劫，水火兵蟲，紛至沓來，古代典籍，百不存五，可為浩歎。切望後來之政府學人重視保護文獻檔案之工程，投入力量，持續努力，再接再厲，使卷帙長存，瑰寶永駐，中華民族數千年之文獻檔案得以流傳永遠，霑溉將來，是所願也。

目録

序

清代河南巡撫衙門檔案包括乾隆年間的河工檔案以及咸豐至同治年間的軍務檔案和政務檔案，共 9 函 17 册，約 100 萬字。乾隆朝河工檔案系乾隆四十七年至乾隆四十九年的河工檔案，有 1 函 1 册。咸豐元年到同治五年的軍政檔案共 8 函 16 册，其中咸豐年間 11 册，同治年間 5 册。河南巡撫衙門檔案没有被整理過，甚至没有被利用過，知之者甚少。因而下面擬就檔案的内容、特點和史料價值對清代河南巡撫衙門檔案做一簡單介紹。

一

現存的清代河南巡撫衙門檔案屬于專案匯編檔案。這種專案匯編檔案是以問題或事件為綱，把有關的札咨、奏摺和諭旨按年、月、日順序匯編成册。雖然現存的清代河南巡撫衙門檔案由於裝訂者的粗心造成了一些順序顛倒，但檔案按時間排列的規律是非常明顯的。

河南大學圖書館收藏的清代河南巡撫衙門檔案主要是軍務局、兵房、工房、刑房和吏房承辦的公文。兵房承辦的公文涉及的主要是官弁的考核、獎懲、撫恤等項事務。軍務局承辦的公文涉及的多是重要、緊急的軍務。工房承辦的公文涉及的主要是河工事務。吏房承辦的公文主要是一般的政務。但承辦單位的這種業務分工并不是絕對的。比如，与河工有關的公文并非只由工房承辦，也有由軍務局承辦的例子。刑房并非只承辦与司法有關的公文，也承辦与軍務有關的公文。

乾隆朝河工檔案多為河南巡撫札行司、道、府的札件，以及移咨東河總督、南河總督、山東巡撫和直隸總督的咨文，還有一部分是廷寄上諭，其餘的都是河南巡撫的奏稿。奏稿主要是河南巡撫富勒渾、李世傑、何裕城的奏稿，也有一些河南巡撫与東河總督韓鑅、蘭第錫、山東巡撫明興、欽差大臣阿桂、大學士嵇璜等人會奏的奏稿。

乾隆朝河工檔案是乾隆四十七年到乾隆四十九年的河工資料，內容主要是黃河變遷、治河防洪、農田水利、水文氣象、運河漕運、治河方略、水利行政和水旱災害等方面的資料，其中關於黃河的子堤、防風、壩堰、溝槽、埽枕、裹戗、引渠、溜勢坐灣、大堤承重等方面的記載尤詳。另外還有一些与治河有關的陋規攤派、社會風俗、工料價格和生態保護等方面的資料。乾隆朝河工檔案主要是關於豫境黃河的河工檔案。

咸豐、同治年間軍政檔案的公文類型分為五類：一是河南巡撫給司、道、府、軍需局、標下中軍、營、翼長的札件；二是河南巡撫給在皖北、山東、河南、蘇北、鄂北剿捻的各位欽差大臣、督撫、提鎮、總兵和都統等官員的咨文；三是河南巡撫在任期間的奏摺；四是一些知府、知縣、大營糧台和副都統給河南巡撫的稟帖和關文；五是皇帝的上諭。

咸豐、同治年間軍務檔案有關清軍的資料比較多，主要包括以下幾個方面：一是河南各地綠營兵的建制、規模、駐防布局、設官分職情況；二是對平捻官兵的升遷、革降、優待、撫恤、獎勵等方面的資料；三是平捻清軍的糧餉、武器供應，大營糧台的設置和管理，外省協剿軍隊的運送等方面的資料；四是涉及清朝平捻方略和軍事指揮方面的資料；五是清朝軍隊在鄂北、豫東、豫南堵截太平軍，在豫北清剿“土匪”，在河南和皖北鎮壓捻軍等方面的情況；六是清軍欺官剝民、索餉嘩變的情況；七是平捻清軍的兵員損失和兵員補充情況。

咸豐、同治年間軍務檔案中涉及起義軍的資料，主要包括以下幾個方面：一是捻軍的組織、設官分職、軍名軍號、武器裝備等；二是捻軍在河南各地的轉戰經過；三是捻軍的作戰特點、軍事指揮；四是太平軍在河南及其周邊地區的活動情況；五是河南“土匪”的活動情況。檔案中涉及起義軍的資料，都是站在清朝統治者的立場上來記載的。

咸豐、同治年間政務檔案的內容比較多，主要涉及以下幾個方面：一是河南的雨雪、糧價；二是黃河（河南段）的汛情、水文、堤壩以及治河款項等方面的資料；三是河南一些地方案件的審理情況；四是河南的團練、保甲情況；五是河南的災賑情況；六是河南的驛站情況；七是河南的獄政情況；八是河南的賦稅和陋規徵收情況。咸豐、同治年間政務檔案的內容雖然比較寬泛，但這些檔案的內容多与平捻有直接或間接的關係。

另外，河南巡撫衙門檔案中還有咸豐元年陸應穀任江西巡撫期間的奏稿，主要涉及江西省的雨雪、糧價、團練、鄉試銀兩、捐監、倉儲、漕糧、水利、官員升遷、太平軍活動等情況。

二

河南大學所在的開封市在清代屬于河南省的首府開封府，是河南巡撫衙門的所在地，也是民國年間河南省政府的所在地，因而清代河南巡撫衙門檔案流入河南大學圖書館并非偶然。

清代河南巡撫衙門軍政檔案的封皮上有"河南省政府封"字樣，封條用的是河南巡撫衙門檔案的公文紙，可見河南巡撫衙門檔案在清朝滅亡後曾被河南省政府封存。乾隆朝河工檔案是從民國年間的河南省通志館流入河南大學圖書館的。因為這部分檔案的一些奏摺被附加上題名簽，這些題名簽用的是印有"河南省通志館"字樣的稿紙。河南省通志館在1921年底成立，1935年河南省通志館并入河南大學圖書館。出於纂修河南省通志中的《河工志》的需要，乾隆朝河工檔案被河南省通志館調閱。通志館撤銷後，這批檔案留在了河南大學圖書館。至於河南巡撫衙門的軍政檔案，在清朝滅亡後并没有被收入河南省通志館。清代河南巡撫衙門軍政檔案的扉頁上有"市民圖書館收藏"字樣，而市民圖書館建於馮玉祥二次進入開封的1928年，因而這批檔案應該是在1928年以後轉入開封市市民圖書館的。開封市市民圖書館成立三年後并入河南省圖書館。至於清朝滅亡後這批軍政檔案是如何流入市民圖書館的，為什么這批檔案後來没有轉入河南省圖書館或河南省檔案館，以及為什么只有這一部分清代河南巡撫衙門檔案流入河南大學圖書館，其餘的清代河南巡撫衙門檔案流落到哪裏去了，這些問題由於歷史記載的缺乏和當事人的謝世已無法考證。

清代河南巡撫衙門檔案所涉及的文書檔案主要有三種：一是正本文書。這主要是清代河南巡撫收到的咨文、禀帖、申文和關文的原件。二是抄本文書。清代河南巡撫衙門檔案中的抄本公文，主要是上諭和一部分陸應穀的奏摺。三是稿本文書。稿本檔案都是轉發硃批上諭、奏摺和奏片的札咨，一般附有上諭、奏摺和奏片。轉發的上諭是抄本，而轉發的奏摺和奏片則屬於稿本，因為檔案中已經注明它們屬於"附録摺稿"或"附録片稿"。在清代河南巡撫衙門檔案中，正本公文和抄本公文比較少，稿本公文的數量很大，約90%的檔案屬於稿本，其中稿本札咨多為花稿公文。下面重點分析這些花稿公文檔案的特點。

花稿公文的一個重要特點是一稿多用。清代河南巡撫衙門檔案的札咨就是一稿多用。凡同一内容的公文，如有兩個以上受文者，只用一個稿本，正文部分共用，不同受文者分別用細字列出。根據受文者地位、職權不同而須變換的詞句，也相應用細字分别列出。共用的正文占單行，細字在行間雙行或多行并列。同一事由的所有札件共用一稿，同一事由的所有咨文也共用一稿，甚至同一事由的所有札件和咨文還共用一稿。札件的受文者有的多達七八個官員。咨文的受文者有的多達一二十個官員。這種一稿多用的文稿在清代稱為“花稿”。

花稿公文的第二个特點是使用省略語。清代河南巡撫衙門檔案中的花稿公文一般由札件、咨文和附件三部分組成。札件一般寫在前。札件後的咨文，多省去具體事由，用小字“云前”、“同前”替代前面札件中提到的有關内容，用小字“云禀”替代前面提到的禀文，用小字“云申文”替代前面提到的申文，用小字“云咨”替代前面提到的咨文，用“云前稿”替代前面提到的文稿，以避免不必要的抄録。在咨文結尾的受文對象之前，常見“一咨”。這個“一”是“右”字的省略語，“一咨”謄正時需改為“右咨”。

花稿公文的另一個特點就是有修改的痕迹以及有提示謄正時需變通或注意的强調符號。清代河南巡撫衙門檔案中就有許多修改符號和强調符號。比如，符號“＼”表示其標明的文字是添加的；符號“︿﹀”表示删除對尖括弧内的文字；符號“○”一般標在要删除的文字旁邊，但省略語旁的符號“○”表示謄正時須添寫省略的内容；符號“⌉”表示顛倒文字次序；符號“｜”表示其標明的文字屬于地名或人名；符號“△”一般標在有附件的公文及受文衙門和受文官員的右下角，以引起謄寫人員的注意；符號“√”表示行文結束，以防添補。

一稿多用，省略語、修改符號和强調符號的普遍使用，説明清代河南巡撫衙門檔案中的札咨屬於花稿公文。而更多的資料説明，這些花稿札咨屬於定稿。

清代河南巡撫衙門檔案中的花稿公文一般是札件在前，咨文在札件之後。咨文之後依次是成文時間、承辦單位、承辦人員和憲批。憲批下面還有河南巡撫的條戳和“行”“劃”標記。“行”“劃”標記之下是監印官的條戳。附録摺片或附録上諭放在最後。少數附録的奏摺、上諭前也有監印官條戳。

另外，清代河南巡撫衙門檔案的公文普遍蓋有河南巡撫衙門關防和私人雅章。在清代河南巡撫衙門檔案中，正本公文的附件与主件的銜接處，一般蓋有發文衙門的關防；稿本公文的附件与主件之間的銜接處，并不加蓋發文衙門的關防。但不論是稿本公文還是正本公文，摺面与摺面的接縫處，一般加蓋有河南巡撫衙門的騎縫關防。在清代河南巡撫衙門的稿本公文中，雅章的使用也是非常普遍的。在承辦人員或承辦單位上面，一般蓋有雅章。雅章有“敬事慎言”、“鏡湖明月”、“公生明”、“敬其所事”、“行”、“願學”、“磨盾”、“拾遺曾奏數行書”

等。由於存在不同承辦人員上面加蓋同一雅章的現象，因而這些雅章不是承辦人員的雅章，應是幕友的雅章。河南巡撫的“行”“劃”標記之下也蓋有河南巡撫的雅章。比如，河南巡撫英桂的“行”“劃”標記下面蓋的是名為“慎思之”的雅章。

清代河南巡撫衙門花稿公文檔案具備完備的文書承辦者、後銜、成文日期、雅章、“行”“劃”標記及“河南巡撫兼提督衙門關防”等，這符合簽發公文的條件。按照清代辦文通例，這類文稿在正本發出後便歸卷保存。因而花稿清代河南巡撫衙門公文檔案屬於經河南巡撫審核，可謄正外發的定稿。

清代河南巡撫衙門檔案中，有大量的浮簽和眉批，甚至注明了公文投遞方式。檔案中的浮簽有的只有一字，有的字數較多。附簽一般没有雅章，但個别字數較多、内容重要的浮簽，也蓋有雅章。比如在吴昌壽為具奏南北兩路捻軍旋擾豫邊一摺行軍需局的札件中，粘附鈐有“磨盾”雅章的浮簽。檔案中的眉批也是有的字數少，有的字數多。檔案中部分札咨還注明了投遞方式。比如，潘鐸為奏報欽差大臣帶領官兵過境日期一摺移直隸總督的咨文，粘附有浮簽：“部交塘發。”吴昌壽為前調馬兵毋庸來營事行南陽鎮的札件，注明用“四百里飛遞”。吴昌壽給發千總蔣尚均等人的獎札，注明“封入張翼長札内轉發”。吴昌壽為會合譚軍門追剿捻軍事移張鎮的咨文，注明用“六百里排單，飛遞鹿邑至太康一帶”。吴昌壽為請分兵來豫追剿發捻事移曾國藩的咨文，注明用“六百里排單，外緘并發”。吴昌壽為將前調南陽鎮馬步兵一并撤回事行都司白慶云的札件，注明“用六百里，在襄城一帶沿路探投”。吴昌壽為請率部前往陳州剿辦發捻事移陳國瑞的咨文，注明“送營務處派弁，外緘并發”。吴昌壽為催飭劉軍門速赴陳郡助剿事移曾國藩的咨文，注明是“六百里插羽”。清代河南巡撫衙門的公文檔案中有大量浮簽和眉批，甚至注明了公文投遞方式，進一步説明這部分檔案的定稿性質。

三

現存的清代檔案，比較常見的是中央政府的檔案包括皇帝的明發上諭、寄諭以及大臣們的題本、奏摺，地方政府的檔案則所見不多。巡撫衙門作為省一級的政府機構，与上面的中央政府，下面的道、府、州、縣，以及同級的督撫、將軍、總兵和都統，都有着密切的關係，因而巡撫衙門檔案是研究清代歷史的重要資料。但由於種種原因，巡撫衙門檔案大多没有保存下來，現存的清代河南巡撫衙門檔案就顯得彌足珍貴。

清代河南巡撫衙門的河工檔案含有乾隆、咸豐、同治三朝的河工資料，它不僅對研究乾隆、咸豐和同治年間黄河中下游地區的治河、災賑和漕運具有很高的史料價值，而且對研究清代的治河行政以及河督衙門与有關督撫衙門的關係也極具史料價值。河工檔案中有關工料價格、農田水利、水旱災害、生態保護、陋規攤派和基層組織等方面的記載，還是研究清代河工与地方社會關係的重要資料。另外，在高度重視黄河水患防治的今天，檔案中大量有關治河技術的記載，對當今的黄河治理也有很强的歷史借鑒意義。

清代河南巡撫衙門檔案中的軍務檔案，是研究咸豐、同治年間捻軍在河南活動情況以及清軍對其鎮壓情況的重要資料。這些軍務檔案的整理，將有利於進一步深化對捻軍起義和鎮壓捻軍過程中有關歷史人物和歷史事件的研究。特别需要强調的是，由於豫東和皖北同為捻軍活動的中心，河南又是捻軍向西流動作戰的必經之地，弄清捻軍在河南的活動情況對於捻軍史的研究意義重大。在清代河南巡撫衙門軍務檔案中，平捻檔案所占比重很大，百分之八十的檔案与捻軍有關，檔案比較系統地反映了咸豐、同治年間捻軍在河南的活動情況。這些平捻檔案不僅為《捻軍史料叢刊》和《捻軍資料叢刊徵引書目》所未載，而且檔案中許多咨文、札件、禀文和關文的内容在其他檔案資料和文獻資料中都是難以見到的，因而這類檔案的史料價值更大。

河南巡撫衙門檔案中的花稿公文以轉發奏摺、奏片和上諭的札咨為主，摺、片和上諭基本以札咨附件的形式存在。這種花稿公文一般由三部分組成，即札、咨、附録摺片，或札、咨、附録上諭。從這些花稿公文的組成可以看出，清代巡撫衙門政務由決策到施行的過程一般都經歷了以下三個環節：一是河南巡撫在上奏後即把奏摺札行下級官員，并移咨平級官員；二是皇帝收到奏摺後，將聖諭經内閣公開發布，或廷寄給河南巡撫；三是河南巡撫把抄録的硃批、上諭札行下級官員，并移咨平級官員。花稿公文檔案把与同一事件有關的札咨、奏摺、上諭收録在一起，全面、完整地反映了地方政務從決策到施行的過程，便於我們了解有關歷史事件的整個發展過程。另外，河南巡撫幾乎是在給皇帝上奏的同時，將奏摺的原稿札行下級官员，并移咨有關平級官員。札咨的成文時間一般在具摺人上奏之後二天内，不少札咨的成文時間就在具摺人上奏的當天，而清代河南巡撫的奏摺一般需要四天時間才能送達皇上。這説明在河南巡撫上奏的同時或稍後，奏摺的内容已經通過札咨讓有關的下級官員和平級官員知道了。因此，關於晚清奏摺的保密實際上是對無關人員的保密，對有關人員是不保密的。

清代河南巡撫衙門檔案中的浮簽也是很有價值的。浮簽的內容大多是對公文處理情況的說明。比如，“銷”字浮簽表示公文已被注銷；“繕”字浮簽表示文中的上諭或摺片是抄録的。在吴昌壽具奏豫省兩路官軍擊賊獲勝現嚴飭各軍進剿一摺中，粘附有浮簽：“此次所奏，奉來廷寄。与刑房同稿。抄過。”在吴昌壽為具奏豫軍攻克廖樓、龔李莊賊寨等摺片奉上諭事行糧台的札件中有浮簽：“此件發過簽了。”在英桂為具奏遵保懷慶府、許州守城出力人員一摺移兵部的咨文中，粘附有浮簽：“查外省軍營保奏人員，均系奉到諭旨咨送。此次奏保外省人員，可否俟奉旨後再行咨照，并咨兩鎮稟請鑒核。照圈辦。”吴昌壽為具奏豫軍節次進剿屢獲勝仗等摺片奉上諭事移曾國藩的咨文，粘附有浮簽：“昨日奉到廷寄一道，應分咨富副都統森保、托副都統倫布查照。該房即日繕成送核。發房。”吴昌壽為奏請將參後掃數全完欠解裁扣銀兩之知縣開複頂戴一摺移吏、戶二部的咨文，粘附有浮簽：“部咨另發。”英桂為附奏請敕雙慶等來營調遣一片移步軍統領等官的咨文，粘附有浮簽：“奉到硃批再咨。”英桂為附奏請敕吉林黑龍江將軍挑選余丁來營調遣一片移吉林將軍和黑龍江將軍的咨文，粘附有浮簽：“吉林黑龍江不行。”英桂為附奏信陽防兵實屬無可抽撥一片移西淩阿的咨文，粘附有浮簽：“俟奉到批回，一并咨送。”另外，一些浮簽是對公文內容的解釋或補充。比如，吴昌壽附奏請將候補知縣吴昭坤及候選知縣孫邦治革職一片，粘附有浮簽：“尾空留一字，應由大營查填。”吴昌壽為具奏南北兩路賊踪旋擾豫邊一摺行軍需局的札件，粘附有浮簽：“張翼長札稿內，須寫明會同宋鎮并移知善副都統一體查照。”李僡為奉旨裁汰所屬各營空名錢糧事行布政司的札件，粘附有浮簽：“即添敘移咨兩鎮標下各營。稿呈。”由於檔案中的浮簽或是對公文處理情況的說明，或是對公文正文內容的補充，因而其史料價值絲毫不亞於公文正文，其對研究清代巡撫衙門的文書制度和行政運行機制的史料價值更大。

新中國成立後，雖然我們已經整理出版了不少清代文書檔案，但還没有整理出版過花稿的清代公文檔案。因此，這批花稿公文檔案的整理出版，是新中國成立以來檔案整理工作的一項重大突破，其對研究清代巡撫衙門的檔案管理制度具有很高的史料價值，對今天的檔案管理工作也有一定借鑒意義。

凡　例

1. 本書收録的各件檔案，全部來自河南大學圖書館所藏《清代河南巡撫衙門檔案》，故文內不再注明來源。

2. 編者根據檔案内容將清代河南巡撫衙門檔案分為政務卷、河工卷和軍務卷。

3. 檔案的題名以及題名下面的檔案形成時間均為編者所加。公文檔案的形成時間，采用公文的成文時間或具文時間；無公文形成時間者，則以收文時間為准，并在該時間後加*。公文没有成文、具文和收文時間的，則以其附件的成文時間或具文時間或收文時間為准，也在此時間之後加*。

4. 編者按公文形成時間的先後，對原檔案的順序進行了重新編排，并編列序號。其公文形成時間有年、月而無日者，排在該年、月檔案之後；有年而無月、日者，排在該年檔案之後。

5. 异體字和俗寫字按通用繁體字録入，生僻的繁體字在不産生歧義的情况下改為通用繁體字，但人名中的字仍保留原樣。

6. 原檔中的小字，儘量保持原貌。公文正文以外的收文時間、送稿時間、發房時間、浮簽的内容、眉批的内容、布政司代印、“行”“劃”標記以及河南巡撫和監印官的戳記等内容，均用粗體字表示。

7. 凡文字訛、脱、衍、倒，根據上下文内容，確有實據者，予以更正，一般不出校記。如根據其他文獻和檔案資料更正者，則出校記。

8. 原檔無標點，且不分段落。現有標點及分段均為編者所加。

9. 所輯各件檔案，均按原件全文發表，編者不作删節。

10. 檔案原件均系竪寫，現在一律改為横排。

11. 正誤和删補、改字用括號表示。加（　）表示誤字或應予删除之字，加［　］表示正字或增補之字。原文殘缺和脱漏字用□表示，大段殘文以（上殘）或（下殘）表示。

12. 避諱字不作改動，但缺筆字予以補正，為避諱而改動古代人名、書名及年號者，予以回改。

13. 標點符號一般只用逗號、句號、頓號、分號、冒號、引號、間隔號、括號和書名號，少用問號、嘆號，原則上不使用專名號、省略號、破折號、着重號和連接號。同一人所擔任的不同官職之間不加標點符號。

14. 人名缺字空格按上下文和《清代職官年表》補齊，并用尖括號〈 〉標明。其他空格，則保留原貌。

15. 皇帝的硃批和公文中的原注，原位於頁眉或行与行之間，現均移置於所批、注正文之後，以小字録入。

16. 公文首頁的浮簽一般移置到文首，末頁的浮簽一般移置於文末；如浮簽是對某一字句的解釋，則將其移置於這一字句之後；原檔抄有諭旨的各頁頁眉上均有“繕”字浮簽，現將其移置於諭旨的文首，且不重復録入。

一　政務卷

001. 江西巡撫陸應穀奏報抵任日期并恭謝天恩摺

咸豐元年二月十一日[①]

奏為恭報微臣到任接印日期，叩謝天恩，仰祈聖鑒事。

竊臣由順天府府尹奉旨補授江西巡撫，隨具摺謝恩。仰蒙召見六次，訓諭周詳，無微不至。敬聆之下，欽感難名。陛辭後，當即束裝就（到）[道]。於咸豐元年二月初八日，行抵江西省城，准署撫臣布政使陸元烺將巡撫關防并王命、旗牌、書籍、文卷等件，委員齊送前來。臣恭設香案，望闕叩拜，祗領任事。

伏念江西地方遼闊，水陸交沖。巡撫職司綏緝，政務殷繁。况值剿辦粵東游匪之際，贛南地界毗連，一切防堵事宜，尤須加意慎重。臣自維愚昧，深懼弗克勝任，夙夜循省，弥滋悚惕。惟有恪遵訓示，勉竭愚誠。凡察吏安民、練兵戢暴，隨時隨事，認真辦理，斷不敢稍涉因循，尤不敢一毫（期）[欺][②]飾。總期秉公核實，力圖整頓，以冀稍酬高厚鴻慈於萬一。

所有微臣抵任日期及感激下忱，理合繕摺具奏，恭謝天恩，伏乞皇上聖鑒。謹奏。

002. 江西巡撫陸應穀奏報江西省首幫軍船兑竣開行日期摺

咸豐元年二月十一日[③]

奏為恭報江西首幫軍船兑竣開行日期，仰祈聖鑒事。

竊照江西省道光三十年起運新漕，經前撫臣節次飭催各屬，上緊徵收好米，先行運赴水次候兑。一面飭行糧道暨文武各委員，嚴提回空軍船趕早歸次兑開去後。嗣據署糧道鄧仁堃詳報：各幫軍船業經勒限嚴提，陸續到次。由該署道督飭

① 據中國第一歷史檔案館館藏《録副奏摺》縮微號 275—0593。

② 此奏摺中所有錯字的更正，均據中國第一歷史檔案館館藏《録副奏摺》縮微號 275—0593。

③ 據中國第一歷史檔案館館藏《録副奏摺》縮微號 301—3114。

廳弁，率同幫丁，挨次派兑。已將南後首幫各船先行兑竣，於咸豐元年正月二十八日開行。其餘各幫，[現亦催令趕緊兑開離次等因。前署撫臣移交核辦前來。臣查江西二十九年起運漕糧，因各幫]回空軍船，到次較遲，是以開行亦晚。本年南後首幫開行日期，較上年廣信首幫開行日期計早一月。

除嚴飭該署道督（率）[飭][①]押運廳弁、幫丁，將未開各船加緊一律趲兑齊全，務期刻日掃幫離次長行，迅速前進，仍飛咨沿途各督撫臣，一體飭屬嚴催趲挽，不任片刻逗遛，俾克及早渡黄，免致有逾定限外，所有江西省首幫軍船兑竣開行日期，理合恭摺具奏，伏乞皇上聖鑒。謹奏。

咸豐元年二月十六日奉到硃批：知道了。欽此。

003. 江西巡撫陸應穀附奏江西省道光三十年秋撥案内餘存地丁動支情形片

咸豐元年二月十六日*

再，藩庫實存銀數，例應每年奏報一次，以備籌撥。前據署藩司事臬司惲光宸詳稱：咸豐元年春撥册報實存銀兩，除借給并留備應用各款外，并無餘銀報撥。又，道光三十年秋撥（審）[案][②]内餘存二十九年地丁銀二十一萬一百四十七兩零，内除奉撥南河預購歲料并撥解部庫盛京官兵俸餉共銀二十一萬兩外，餘銀一百四十七兩零，儘數留解雲南省壬（省）[子][③]年銅本，現在委員起解等情。詳請具奏。署撫臣陸元烺未及核辦卸事，移交前來。

臣覆核無异，除咨部外，理合附片奏聞，伏乞聖鑒。謹奏。

咸豐元年二月十六日奉到硃批：知道了。欽此。

004. 江西巡撫陸應穀奏陳遵旨查明德化縣現無游民出境滋事摺

咸豐元年二月二十九日[④]

奏為遵旨查明德化縣現無游民出境滋事，恭摺覆奏，仰祈聖鑒事。

竊臣承准軍機大臣字寄，道光三十年十二月十六日奉上諭：有人奏，江西德化、湖北黄梅二縣，有游民結伴同往鄰境莊村，横索錢米，攘竊財物。經過村莊，時被擾累，游民倚為生計。其中實在鄉愚，依附同行，轉不免中道流離等語。各省偶遇偏災，朕無不立加賑恤。該地方官果能妥為經理，小民自不至失

---

① 此奏摺中脱漏字句的補正和錯字的更正，均據中國第一歷史檔案館館藏《録副奏摺》縮微號 301—3114。

② 據中國第一歷史檔案館館藏《録副奏摺》縮微號 307—1990。

③ 同上。

④ 據中國第一歷史檔案館館藏《録副奏摺》縮微號 285—0113。

所，何肯輕去其鄉，轉致借端生事？著陸應穀、龔裕按照所奏各情，確切查訪，并飭地方官遇有此等災民，必須分别良莠，彈壓撫綏，俾令及早復業，毋致轉徙道路，别滋事端。是為至要。原片著抄給閲看。將此各諭令知之。欽此。遵旨寄信前來。

臣遵閲抄給原片内稱：德化、黄梅二縣，向有游民結伴約百十人至三四百人，同往鄰境村莊，索給飯食，名曰逃荒，并有横索攘竊等事。請敕下撫臣，責成地方官妥為經理等語。除湖北黄梅縣應由龔裕查明辦理外，臣於本年二月初間，行抵江西，道經德化縣地方，親加查訪，并經過各鄉村，留心察看。小民各安耕種，并無結伴外出之事。惟詢之耆農，僉稱：道光二十八、九兩年夏秋，江湖盛漲，濱江之封一、封二、桑落、赤松四鄉，地勢低窪，圩堤漫溢，田廬被淹。其時被水災民，間有結隊外出就食鄰境者。及後聞有賑恤，即陸續歸來。其低處水涸較遲，冬臘月及次年春間，亦各歸安業，現在并無游民出境。臣莅省後，查有候補道沈濤，甫經卸署九江道事，熟悉該縣地方情形。當即札委該道，馳往督同府、縣，周歷各鄉，詳加訪察，并傳集地保、甲長人等，逐一詢問。情形與臣所訪，約略相同。第該縣濱臨江湖，低處易遭淹没，難保日後無避水就食之事。

又，查該縣向來災民出境之路，其西北與湖北黄梅、廣濟二縣接壤，因地勢同屬低窪，從不取道前往。其所往避者，東則水路六十里，至南湖嘴分路，一進湖口赴省，一由下游赴皖；南則陸路九十餘里，入德安縣界赴省。嗣後遇有災民由水路出境者，應令該縣督飭小池口巡檢查禁；由陸路出境者，應令該縣督飭通遠驛丞查禁。届時移會鄰境，如實係被水災民，即資送回籍，以免流離。如有横索擾累者，就地懲處，仍遞回原籍管束，以免滋生事端。似此分别良莠，彈壓安撫，固不敢因現在無事，稍生懈弛。即偶有偏災而稽查嚴密，亦不至强者滋擾，弱者流徙矣。

所有臣欽遵查辦緣由，理合恭摺覆奏，伏乞皇上聖鑒。謹奏。

咸豐元年三月初四日奉到硃批：知道了。欽此。

005. 江西巡撫陸應穀奏報咸豐元年正月江西省雨水糧價摺

咸豐元年二月二十九日

奏為恭報咸豐元年正月分糧價及地方雨水情形，仰祈聖鑒事。

竊照江西省道光三十年十二月分市糧價值并雨雪情形，業經前署撫臣陸元烺奏報在案。嗣據署藩司事臬司惲光宸查明通省本年正月分各項糧價，開單彙報，由前署撫臣移交前來。臣覆加確核，南昌等十四府州屬米、麥、豆各項價值，悉與上年十二月相同。省城及各屬正月内雨澤頻沾，土膏潤渥，農田得以及時翻犁，二麥、雜糧一律长發榮茂，閭閻樂業，境宇綏安，洵堪上慰慈懷。

理合恭摺奏聞，并繕糧［價］[1] 清單，敬呈御覽，伏乞皇上聖鑒。謹奏。

咸豐元年□月奉到硃批：知道了。欽此。

006. 江西巡撫陸應穀附奏江西省咸豐元年正月收捐監生銀兩片

咸豐元年二月二十九日[2]

再，江西省收捐監生，自道光三年十月初一日起，至三十年十二月十一日卯期止，共收正銀三百七十七萬五千二百二十兩。除撥解并歸補封貯及提出報撥共銀三百六十九萬六千九百五十六兩，實存銀七萬八千二百六十四兩。又收平餘銀一十五萬一千八兩八錢，除隨正解過銀一十四萬四千五百一十八兩二錢四分，仍存銀六千四百九十兩五錢六分。經前署撫臣陸元烺附摺奏明在案。

今咸豐元年正月分收捐監生一十一名，每名收銀一百八兩，共銀一千一百八十八兩，平餘銀四十七兩五錢二分，連前共存捐監正銀七萬九千四百五十二兩，平餘銀六千五百三十八兩八分。内除正銀三萬兩，平餘銀一千二百兩，又另案撥解及歸補封貯共銀六萬二千兩之平餘銀二千四百八十兩，已委樂平縣縣丞徐宗浩領解赴部，又除正銀三萬兩、平餘銀一千二百兩，另行委解赴部外，仍餘存捐監正銀一萬九千四百五十二兩。俟收足三萬兩，歸補封貯。其餘存平餘銀一千六百五十八兩八分，俟彙同正項解部。

理合附片奏聞，伏乞聖鑒。

再，正月分并未收捐武監。合併陳明。謹奏。

咸豐元年□月奉到硃批：户部知道。欽此。

007. 江西巡撫陸應穀奏陳江西各幫漕船全數兑竣開行日期摺

咸豐元年二月二十九日[3]

奏為恭報各幫漕船全數兑竣開行日期，仰祈聖鑒事。

竊照江西省本届起運新漕，前據署糧道鄧仁堃詳報，將南後首幫軍船五十三隻先行兑竣，於正月二十八日開行，業［經］繕摺具奏，一面札飭該署道督同押運廳

① 據中國第一歷史檔案館館藏《録副奏摺》縮微號 311—2457。

② 據中國第一歷史檔案館館藏《録副奏摺》縮微號 304—2625。

③ 據中國第一歷史檔案館館藏《録副奏摺》縮微號 301—3146。

弁，嚴率幫丁，將其餘各幫糧船，一律趕緊兑齊，迅速開行去後。兹據該署道鄧仁堃詳稱，遵將前未兑竣之鉛山、永建、九前、撫州、袁州、南前、廣信、饒州、吉安、九後、安福、贛州十二幫軍船五百七十隻，自正月廿九日起，接續加緊驗兑，已於二月初十日全數報竣，掃幫開行離次等情。詳請核奏前來。臣查江西上年漕船，係於三月初十日掃幫離次。本年全數開行日期，較之上年，計早一月。

除飭該署道嚴督廳弁，率令丁舵人等，星飛趕挽，銜尾前進，以期依限渡黄，一面（次）［咨］會漕臣及沿途各督撫臣，一體派員嚴催，不任片刻逗遛［遲］誤外，所有（有）江西省各幫軍船全數兑竣開行日期，理合恭摺具奏，［伏乞］[①] 聖鑒。謹奏。

008. 江西巡撫陸應穀附奏赴任沿途所見并奉諭交辦各件俟核實辦理再行覆奏片

咸豐元年三月初二日*[②]

再，臣出京後，由直隸、山東一帶行走。沿途雪澤優沾，麥苗業已發青。至江蘇徐州，得雪五寸有餘。安徽、湖北地界，亦各平淨。月（出）［初］[③] 入江西境，連日春雨透足，四野一望青葱，民情頗覺安貼，洵堪仰慰聖懷。所有奉諭交辦陳阡被參一案，因案内牽涉之穆齊賢遠在貴州，臣現已飛咨貴州撫臣，飭令迅速來江，聽候查辦。一俟到案，即當查詢確情，據實具奏。

至途次奉旨續交各件，容臣遵照指飭，次第核實辦理，再行覆奏。合併附片陳明，伏乞聖鑒。謹奏。

009. 江西巡撫陸應穀奏報江西粵匪已次第就擒應將江省防兵分别撤回歸伍并奏獎尤為出力之員摺

咸豐元年三月初五日*

奏為粵省匪徒次第就擒，將江省防兵分别撤回歸伍，恭摺具奏，仰祈聖鑒事。

竊照廣東英德等縣游匪滋事，江西南贛各屬，多與粵省毗連。經前署撫臣陸元烺暨贛南鎮、道等派委員弁，調練兵勇，擇要防堵，并委贛州府知府周玉衡馳往龍南，候補道蔣啓敭等前赴南安，督飭妥辦。嗣匪徒逼近龍南、定南地界，屢

① 此奏摺中衍字的删除，錯字的更正，脱漏字的補正，均據中國第一歷史檔案館館藏《録副奏摺》縮微號 301—3146。

② 據中國第一歷史檔案館館藏《録副奏摺》縮微號 275—0579。

③ 同上。

撲定南之龍子嶺卡，并竄至龍南之芳竹嶺上，均經該員弁等相機堵禦，開炮擊退。并據陸續拿獲匪黨周伏安等三十五名提省審辦，經前署撫臣等將辦理緣由，節次奏報在案。

臣抵任後，卷查贛州鎮德坤、贛南道黄欒之咨禀，其調度一切尚合機宜，在事文武亦皆得力。因據探報，該匪等屢受挫折，餘黨逃竄邊境，已就肅清，即飭將防兵酌量裁撤。旋准廣東撫臣葉名琛以迭次殲斃、拿獲匪犯不下五千餘人，首要各犯次第就擒，所有防堵弁兵咨令撤回。等因。現已咨行該鎮、道等，將派防各路弁兵，分别撤回歸（五）［伍］。其散竄餘匪，仍責成地方文武，認真緝拿，毋任一名漏網。

惟查贛州府屬之定南等廳、縣，與粤省接壤，處處可通。南安府屬之大庾縣，界連南雄，尤為扼要。前此匪徒糾衆分股，屢犯邊疆。防守稍疏，難保不乘虚竄入。認員周玉衡等督率兵勇，在於要隘節節嚴防，為時幾及半年，始終不懈，俾匪徒不致滋蔓，洵屬著有微勞。可否仰懇天恩，容臣擇其尤為出力者，酌保數員，奏請獎勵，以（照）［昭］激勸之處，出自逾格鴻施。

理合恭摺具奏，伏乞皇上聖鑒訓示。謹奏。

咸豐元年三月初五日奉到硃批：另有旨。欽此。

010. 江西巡撫陸應穀附奏弋陽縣知縣陳喬樅堪以委署德化縣知縣片

咸豐元年三月初五日*

再，德化縣知縣鄭长昕，委署九江府同知。所遺德化縣印務，應行遴員委署。查有弋陽縣知縣陳喬樅，任内并無盜劫，三參已滿，已起四參之案，堪以酌委署理。據署藩、臬兩司詳，經前署撫臣陸元烺批飭委署。旋因卸事，未及具奏，移交前來。

臣謹會同兩江督臣陸建瀛附片奏聞，伏乞聖鑒。謹奏。

咸豐元年三月初五日奉到硃批：知道了。欽此。

011. 江西巡撫陸應穀具奏南康縣縣民邱渡俊邀同何添臺謀殺伊父并毆傷工人劉承勛身死摺

咸豐元年三月二十日[①]

奏為審明逆倫重犯，按律定擬，恭摺具奏，仰祈聖鑒事。

---

① 據中國第一歷史檔案館館藏《録副奏摺》縮微號 326—0040。

竊據署南康縣知縣劉禧源稟，縣民邱渡俊聽從劉成紅，邀同何添臺，謀殺伊父邱文光，并毆傷工人劉承勛身死一案，因案情重大，押帶犯證來省，稟請委審等情。當經前署撫臣陸元烺批司委員督審詳辦去後。兹據委員南昌府知府鄧仁堃，督同署南康縣知縣劉禧源審明，議擬解由臬司惲光宸覆審解勘前來。

臣親提研鞫，緣邱渡俊親父素患痲風，道光卅年六月，邱文光因痲風加重，恐沾染家屬，於離家里許山上搭蓋篷屋，居住醫治。先雇劉成紅在篷幫工，平等稱呼，并無主僕名分。嗣因劉成紅作事懶惰，將伊辭出，另雇劉承勛服侍。邱文光醫藥、食用花費較大，田産變賣將盡。又素好賭博，常向邱渡俊索錢，稍不遂意，動輒打罵。十月十二日，邱渡俊會遇劉成紅，訴述前情，央懇代為設法。劉成紅因挾邱文光辭工之嫌，起意乘機謀害，聲稱邱文光如此浪費，將來必致蕩産傾家，子孫無可度日，不如將邱文光殺死，方可保守。邱渡俊心已糊塗，亦即應允，央令劉成紅邀人下手，許將伊父篷内錢文、衣物一併送給劉成紅。隨密向素好之何添臺告知，邀令幫助，許分錢物。何添臺貪利允從，即同劉成紅與邱渡俊會面，約定十五日夜，乘邱文光等睡熟，空門進内，先將劉承勛連被捆住，俟殺死邱文光後，赴縣捏報被盜拒殺。

迨至是夜，邱渡俊向伊弟邱渡傑捏稱赴田巡查，潛與何添臺前往劉成紅家會齊。三更時分，邱渡俊等分携刀棍、香火，同至邱文光住篷門首。邱渡俊在門旁墻上空洞，拔門開門進内。不期劉承勛睡臥外間，驚起喊捕。何添臺上前用木棍毆傷劉承勛左面盆骨、左肋、左手腕，邱渡俊亦用木棍毆傷劉承勛頂心、左頷頦，倒地不能動彈。維時劉成紅先進裏間，用香火照見邱文光身臥［床］上，即用刀連砍邱文光頂心偏左、偏右、左耳輪、左頷頦。邱文光滚落床下。何添臺趕進，亦用身帶柴刀，與劉成紅（下殘）。

012. 江西巡撫陸應穀附奏新任糧道楊培應循例借用南昌府同知印信辦理該衙門事件片

咸豐元年三月二十五日①

再，前因新任糧道楊培到江尚需時日，新漕重務，未便稍延，經前署撫臣陸元烺奏明，飭委南昌府知府鄧仁堃專署糧道，督催趕緊兑開押運北上，據報於二月初十日全幫開行在案。至糧道帶印出運後，該衙門本有催提漕項及應辦僉造各事宜，向委南昌府知府代行。今該道楊培已於三月十五日到省，自應循照成案，

① 據中國第一歷史檔案館館藏《録副奏摺》縮微號 302—0008。

令其借用南昌府同知印信，辦理該衙門事件，以重職守。

除檄飭遵照外，理合附片陳明，伏乞聖鑒。謹奏。

013. 江西巡撫陸應穀奏報咸豐元年二月江西雨水糧價摺

咸豐元年三月二十五日[①]

奏為恭報二月分糧價及地方雨水情形，仰祈聖鑒事。

竊照江西省本年正月分市糧價值并雨水情形，業經臣恭摺奏報在案。兹據藩司陸元烺查明通省二月分各項糧價，開單彙報前來。臣逐加查核，南昌等十四府州屬米、麥、豆各項價值，悉與上月相同。省城及各屬二月內雨暘時若。現在二麥漸次吐穗含苞，早稻亦及時播種。農民樂業，境宇綏安，洵堪上慰慈懷。

理合恭摺具奏，并繕糧價清單，敬呈御覽，伏乞皇上聖鑒。謹奏。

咸豐元年硃批：知道了。欽此。

014. 江西巡撫陸應穀附奏咸豐元年二月江西省收捐監生銀兩片

咸豐元年三月二十五日[②]

再，江西省收捐監生，自道光三年十月初一日起，至咸豐元年正月二十一日卯期止，共收正銀三百七十七萬六千四百八兩，除撥解并歸補封貯及提出報撥共銀三百六十九萬六千九百五十六兩，實存銀七萬九千四百五十二兩。又收平餘銀一十五萬一千五十六兩三錢二分，除隨正解過銀一十四萬四千五百一十八兩二錢四分，仍存銀六千五百三十八兩八分。經臣附摺奏明在案。

今咸豐元年二月分收捐監生八十三名，每名收銀一百八兩，共銀八千九百六十四兩，平餘銀三百五十八兩五錢六分，連前共存捐監正銀八萬八千四百一十六兩，平餘銀六千八百九十六兩六錢四分。內除正銀三萬兩，平餘銀一千二百兩，又另案撥解及歸補封貯共銀六萬二千兩之平餘銀二千四百八十兩，已委樂平縣縣丞徐宗浩領解赴部，實存正銀五萬八千四百一十六兩，平餘銀三千二百一十六兩六錢四分。內正銀三萬兩、平餘銀一千二百兩，另行委解赴部外，仍餘存捐監正銀二萬八千四百一十六兩。俟收足三萬兩，歸補封貯。其餘存平餘銀二千一十六兩六錢四分，俟彙同正項解部。

理合附片奏聞，伏乞聖鑒。

---

① 據中國第一歷史檔案館館藏《録副奏摺》縮微號 311—2654。

② 據中國第一歷史檔案館館藏《録副奏摺》縮微號 304—2656。

再，二月分并未收捐武監。合併陳明。謹奏。

咸豐元年硃批：户部知道。欽此。

015. 江西巡撫陸應穀奏報咸豐元年江西恩科鄉試經費動用耗羡銀兩摺

咸豐元年三月二十五日[①]

奏為動用耗羡銀兩，循例奏祈聖鑒事。

竊照司庫耗羡一項，凡常例額支之外，遇有動用數逾五百兩以上者，例應隨時奏明。兹據藩司陸元烺詳稱：江西歷届（因）［恩］科鄉試所有文武兩場經費，向係遵照嘉慶年間奏定正科額需銀數章程，在司庫耗羡項下支銀八千兩。又，主考路費銀一千兩，奏明動用在案。今咸豐元年［奉旨特開恩科，自應遵循辦理等情。具詳請奏前來。臣核案相符，除飭在於本年耗羡款內如］奏數動支，撙節妥辦，俟事竣核實報銷外，理合恭摺奏聞，伏乞皇上聖鑒，敕部查照施行。謹奏。

咸豐元年三月硃批：户部知道了。［欽］[②] 此。

016. 江西巡撫陸應穀奏請准俟各屬將動缺倉穀買齊歸倉再派員分往盤查摺

咸豐元年三月二十五日[③]

奏為到任盤查倉穀，援案展限辦理，恭摺奏祈聖鑒事。

竊照定例，督撫到任，應將通省積貯倉穀於三個月內查核具題。臣仰蒙恩命，巡撫江西。到任後，即飭藩司將通省倉貯穀數詳細開報，以便照例盤查。兹據藩司陸元烺詳稱，江西各屬倉穀內，有從前清查案內原缺及節年被水、被旱出借、平糶并豁免民欠籽種、口糧、動碾兵米、原參交代虧缺等案穀石，現在尚未買齊歸倉，請援案展限辦理等情。呈請具奏前來。

臣查各屬倉穀，儲備攸關，必須（覆）［核］實盤查。從前各撫臣到任，因各屬每有買補未齊之穀，均經奏明展限，俟買足後查明題報，原以杜挪掩牽混之弊。此次事同一律，自應查照展限辦理，以歸（覆）［核］[④] 實而免弊混。臣已督飭嚴催各屬，將動、缺倉穀分别采辦。一俟買齊歸倉，再由臣遴委大員，分往盤查，照例題報。如查有虧短情弊，即當據實嚴參究辦，斷不敢稍有徇隱，以仰副

① 據中國第一歷史檔案館館藏《録副奏摺》縮微號 307—2021。

②．此奏摺中脱漏字句的補正和錯字的更正，均據中國第一歷史檔案館館藏《録副奏摺》縮微號 307—2021。

③ 據中國第一歷史檔案館館藏《録副奏摺》縮微號 319—1201。

④ 同上。

聖主慎重倉儲之至意。

所有盤查倉穀援案展限緣由，理合恭摺具奏，伏乞皇上聖鑒。謹奏。

咸豐元年三月硃批：知道了。欽此。

017. 江西巡撫陸應穀具奏道庫應解輕賫銀兩請由司庫暫行借動摺

咸豐元年三月二十五日[①]

奏為應解輕賫銀兩，道庫存銀不敷，請由司庫暫行借動，循案奏祈聖鑒事。

竊照江西糧道衙門，每年春間應解通州輕賫銀兩，向因各屬不能先期解到，歷由司庫借動湊解，俟各屬徵完歸款。上年奏借司庫閑款、雜税及鹽道庫鹽務充公項内銀兩，業經照數歸還，咨報户部在案。本届起運新漕，應解道光三十年輕賫銀兩，前據署督糧道鄧仁堃以道庫存銀不敷，現在期限緊急，詳請援照成案，在於藩庫閑款内借動湊解，俾免遲誤等情。當經前署撫臣批司籌議去後。今據藩司陸元烺具詳：請照上年舊案，在於司庫閑款及新收各年雜税内，暫動銀三萬兩，移交糧道，湊解輕賫。仍催提各屬未完道款錢糧，移解司庫歸款等情。詳請具奏前來。臣覆核無异，相應循案奏明，在於司庫閑款、雜税内暫借銀三萬兩，俾資湊解。一面嚴催各屬趕緊徵完，勒限提解歸款。

理合恭摺具奏，伏乞皇上聖鑒。［謹］[②] 奏。

咸豐元年四月硃批：户部知道了。欽此。

018. 江西巡撫陸應穀奏請將署建昌縣知縣張玉堂等分别降革改簡摺

咸豐元年三月二十五日[③]

奏為甄别才不稱職及人地未宜之知縣，請旨分别降革、改簡，以肅吏治，恭摺奏祈聖鑒事。

竊惟為政首在得人，安民必先察吏。知縣為親民之官，撫字、催科、聽斷、緝捕，在在均關緊要。若任用不得其人，難免貽誤地方。臣到任後，即督同藩、臬兩司，留心體察。兹查有建昌縣知［縣］張玉堂，辦事遲钝，聽斷顢頇，不勝民社之任。惟年力尚强，應請以府經歷縣丞降補，歸部銓選。又，廬陵縣知縣陳儁，前因縣民楊習堂等鬧漕滋事一案辦理不善，奏請撤回。嗣又於前撫臣陳阡被參案内，牽涉同聽女戲，奉旨解任查辦。現據具禀申訴，虚實尚未定案。該員性

① 據中國第一歷史檔案館館藏《録副奏摺》縮微號 307—2019。

② 同上。

③ 據中國第一歷史檔案館館藏《録副奏摺》縮微號 275—0902。

情躁妄，不協輿情，官聲甚屬平常。應請先行革職，以示懲儆。又，新淦縣知縣靳丹青，人尚謹飭，而才識未能開展，於沖繁缺分不甚相宜。該員現署瑞州府銅鼓營同知印務，應請撤回留省，以無字簡缺酌量補用。（外此）［此外］各員，臣仍督同兩司，加意體察。如有因循廢弛、不能振作者，即當隨時奏參，以仰副聖主澄［叙］[①] 官方之至意。所有廬陵縣遺缺，容臣照例揀員調補。建昌、新淦二縣遺缺，均應歸選。合併陳明。

謹會同兩江總督臣陸建瀛，合詞恭摺具奏，伏乞皇上聖鑒訓示。謹奏。

硃批：另有旨。欽此。

019. 江西巡撫陸應穀附奏請將德安縣知縣張鳴岐委署豐城縣印務片

咸豐元年三月二十五日

再，署豐城縣事試用知縣章裕善，現在調省差委。所遺該縣印務，應行遴員委署。查有德安縣知縣張鳴岐，任內并無盜劫，三參屆滿，已起四參之案，堪以調署。據藩、臬兩司會詳前來。

除檄飭遵照外，謹會同兩江督臣陸建瀛，附片具奏，伏乞聖鑒。謹奏。

硃批：知道了。欽此。

020. 江西巡撫陸應穀代奏前任大理寺卿邢福山因病暫緩起復摺

咸豐元年四月初六日*[②]

再，查前任大理寺卿邢福山，籍隸江西新昌縣，前於道光二十八年，因母老陳請乞假回籍終養，旋即聞訃丁憂，經前撫臣分别題、咨在案。兹據該員家屬呈稱：伊家主邢福山，自道光二十八年十月二十四聞訃丁憂之日起，不計閏扣，至咸豐元年正月二十四日，二十七個月服滿，例應起復進京。惟現患肝疾，腹内痞塊，延醫調治，尚未痊愈。請暫緩起復，容俟醫治痊日，另請給咨赴京等情。呈請代奏前來。

臣覆查無异，理合附片陳明，伏乞聖鑒。謹奏。

咸豐元年（三）［四］[③] 月硃批：知道了。欽此。

---

① 此奏摺中脱漏字的補正，顛倒字的更正，均據中國第一歷史檔案館館藏《録副奏摺》縮微號 275—0902。

② 據中國第一歷史檔案館館藏《録副奏摺》縮微號 275—0901。

③ 同上。

021. 内閣奉上諭著將建昌縣知縣張玉堂等分别降革改簡

咸豐元年四月十六日

咸豐元年四月十六日内閣奉上諭：陸應穀奏，甄别知縣，請分别降革、改簡一摺。江西建昌縣知縣張玉堂辦事遲钝，聽斷顢頇，難勝民社之任。着以府經歷縣丞降補，歸部銓選。因案解任之廬陵縣知縣陳儁，性情躁妄，不協輿情，著先行革職。署瑞州府銅鼓營同知新淦縣知縣靳丹青，才未能開廣，於沖繁缺分不宜，著撤回以無字簡缺酌量補用。餘著照所擬辦理。該部知道。欽此。

022. 江西巡撫陸應穀奏報江西省漕船全幫出境日期摺

咸豐元年四月二十六日[①]

奏為恭報江西省漕船全幫出境日期，仰祈聖鑒事。

竊照江西本届漕船掃幫開行日期，臣前已恭摺奏報，并飭迅速躦挽出境去後。玆據署督糧道鄧仁堃詳報，各幫漕船共六百二十三隻，於三月二十七日，全數挽出江西省境，催躦前進等情。臣查上年漕船，係四月初六日掃幫出境，本年計早九日。仰賴聖主福庇，渡湖入江，全幫平穩。

除仍飭該署道率同廳弁，嚴督丁舵人等上緊躦行，并分咨前途各督撫臣，一體派員查催，務期跟幫抵淮盤驗，迅速北上，不任片刻停留遲誤外，所有江西省漕船全幫出境日期，理合繕摺具奏，伏乞皇上聖鑒。謹奏。

咸豐元年硃批：知道了。欽此。

023. 江西巡撫陸應穀奏請以池劍波補授上猶縣知縣摺

咸豐元年四月二十六日[②]

奏為請補知縣，以資治理，恭摺奏祈聖鑒事。

竊照南安府屬之上猶縣知縣岑連乙，經前撫臣費開綬題請，調補湖口縣知縣。所遺上猶縣知縣，係四項俱無簡缺，聲明現有應補人員，容另行請補，接准部覆在案。

玆據藩司陸元烺、臬司惲光宸會詳：查有撤回留省另補知縣池劍波，年四十四歲，福建閩縣人，由廩齡凉生中式道光庚子恩科本省鄉試舉人，乙巳恩科會試中式進士，殿試三甲第四十四名。引見奉旨，以知縣即用。籤掣江西，題補貴溪

① 據中國第一歷史檔案館館藏《録副奏摺》縮微號 302—0071。

② 據中國第一歷史檔案館館藏《録副奏摺》縮微號 275—1078。

縣知縣。接准部覆，尚未到任。因貴溪縣改為調缺，該員難勝新改之任，撤回留省另補，前經委署崇仁縣印務。該員年力正强，辦事勤慎，以之請補上猶縣知縣，酌量才具，實堪勝任等情。

臣到任未及三月，例不加考。既據該司等查明該員履歷，出具考語，詳請具奏前來。合無仰懇聖恩，俯准以池劍波補授上猶縣知縣。如蒙俞允，該員係撤回留省另補知縣，請補上猶縣知縣，銜缺相當，毋庸送部引見，亦例不核計參罰。

臣謹會同兩江總督臣陸建瀛，恭摺具奏，伏乞皇上聖鑒訓示。謹奏。

咸豐元年四月硃批：吏部議奏。欽此。

024. 江西巡撫陸應穀奏報咸豐元年三月江西省雨水糧價摺

咸豐元年四月二十六日①

奏為恭報三月分糧價及地方雨水情形，仰祈聖鑒事。

竊照江西省本年二月分市糧價值并雨水情形，業經臣恭摺奏報在案。兹據藩司陸元烺查明通省三月分各項糧價，開單彙報前來。臣逐加查核，南昌等十四府、州屬米價，較上月貴一分及二分、三分不等。其麥、豆各價，悉與上月相同。省城及各屬地方，三月內雨水調勻。惟據星子、都昌、瑞昌、湖口等縣稟報：於三月初十日，雨雹交作，山水驟漲。該鄉堡田地間有被淹，菜、麥不無損傷。已飭各該府督飭各該縣，分别確勘，妥為安撫，并諭令趕緊布種。容俟勘覆，另行辦理。其餘各屬早稻及時栽插，雜糧、蔬菜一律繁茂，農民樂業，境宇綏安，洵堪上慰慈懷。

理合恭摺具奏，并繕糧價清單，敬呈御覽，伏乞皇上聖鑒。謹奏。

咸豐元年硃批：妥為勘辦，毋致災黎失所。欽此。

025. 江西巡撫陸應穀奏陳遵旨查明江西水利情形摺

咸豐元年四月二十六日②

奏為遵旨查明江西水利情形，恭摺覆奏，仰祈聖鑒事。

竊臣承准軍機大臣抄送道光三十年十二月十六日奉上諭：御史湯雲松奏，江西水利情形一摺。著陸應穀到任後按照所奏各情，諄飭該管各官，相度地勢，博采輿論。儻事屬可行，即著廣為勸諭，俾小民共圖久遠，以息水患而衛田廬。

① 據中國第一歷史檔案館館藏《録副奏摺》縮微號311—2930。

② 據中國第一歷史檔案館館藏《録副奏摺》縮微號320—0181。

欽此。

臣於本年二月初八日到任，當即行司欽遵確查籌議去後。兹據藩司陸元烺轉據各府、縣陸續稟覆，彙核具詳請奏前來。臣查江西各府河道如章江、信江、筠江，均尚通利。惟撫州、建昌二府之盱江，因上游山田地勢較高，每遇大雨，挾沙直下，河身淤墊，日久愈積愈高，隨浚隨淤，不能疏治。該御史所奏，委係實在情形。所議多種柳株竹木，俾沿河土岸根柢互相盤結，泥沙不致沖刷，亦屬因地制宜，簡便可行。應責成該管知府，督［飭］[①] 各地方官，勸諭鄉民，於河岸、山場分别廣為種植。茂密者，酌加獎賞；盗砍者，嚴行懲治。務使喬木成林，漸收實效。數年之後，如果河身積淤不致增添，再行相度地勢，設法疏浚，俾概行通暢，自足以息水患而衛田廬。此外如南安、贛州、寧都、吉安、臨江、袁州、瑞州及廣信等府、州屬，俱在上游，山田居多，凡宜於種植之處，應令一律照辦。至南昌、饒州、南康、九江四府，地居下游，濱臨鄱湖、大江，各處新淤地畝，仍不准侵隱私墾，并禁種柳植蘆，免致阻遏水道。

所有臣欽遵查辦緣由，理合恭摺覆奏，伏乞皇上聖鑒訓示。謹奏。

咸豐元年硃批：知道了。欽此。

026. 江西巡撫陸應穀附奏江西初限解司應攤歸補挪墊并兵差經費銀兩數目片

咸豐元年四月二十六日[②]

再，江西省道光二十五年豁免案内，查出道光十一年至二十年墊解民欠錢漕挪缺各款，共銀九十三萬三千九百五十五兩零，經前撫臣奏請，接續分年攤（損）［捐］歸補。接准部覆，酌定自道光二十九［年］攤完上届墊款後，每年除攤補兵差經費等銀三萬六千六百五十五兩零外，帶攤此次墊款銀二萬五千兩。計至三十七年五月止，共八年應攤補款銀二十萬兩。其餘銀七十三萬三千九百五十五兩零，即自三十七年六月起，限分作十二年匀攤歸款。計每年應攤銀六萬一千一百六十二兩零，仍不得遇災展攤、預籌延緩，并將提解銀數，年終奏［報］[③] 一次。等因。嗣據司詳，上次道光十年以前挪墊銀兩，業已全數攤補。所有自道光二十九年六月起，至咸豐七年五月止，每年應攤補前項（下殘）。

---

① 據中國第一歷史檔案館館藏《録副奏摺》縮微號 320—0181。

② 據中國第一歷史檔案館館藏《録副奏摺》縮微號 307—2045。

③ 此奏片中脱漏字的補正和錯字的更正，均據中國第一歷史檔案館館藏《録副奏摺》縮微號 307—2045。

027. 江西巡撫陸應穀奏陳江西分造直隸三限剥船查照成案動款辦理摺

咸豐元年四月二十六日[①]

奏為分造直隸三限剥船，查照成案，動款辦理，恭摺具奏，仰［祈］聖鑒事。

竊照（真）［直］隸省楊村原額剥船一千五百隻，經户（具）［部］奏明，飭令江西、湖廣等省，按照例定價值，趕緊排造，分作四限，解送天津。所需造、運各費銀兩，准其作正開銷。等因。當經前撫臣費開綬行司查議詳辦。并將江西分造船初、二兩限船三百五十隻及造竣起運緣由，均經前撫臣暨前署撫臣先後奏報在案。兹據藩司陸元烺會同督糧道（光十九年）楊培詳稱：三限應造船二百隻，亦應循照舊章，每隻内銷工料銀二百三十四兩六分五厘，外銷工料銀四十二兩七錢，共計内銷工料銀四萬六千八百一十三兩，請在於司庫道光三十年及咸豐元年［地］丁銀内動支，事竣造册作正開銷，由長蘆及有漕各省解交漕臣，彙齊分别解部歸款。又，外銷銀八千五百四十兩，亦請在於道光三十年及咸豐元年税契項下動墊。仍照成案，分年攤（損）［捐］還款等情。呈請具奏前來。

臣覆核無异，除飭委員南昌府吳城鎮、同知馮詢、贛州府定南廳同知阮克峻，照數領銀，查照原定丈尺，趕緊排造，務期工堅料實，迅速完竣解直備用外，所有動項分造直隸三限剥船緣由，理合恭摺具奏，伏乞皇上聖鑒。謹［奏］[②]。

028. 江西巡撫陸應穀奏報咸豐元年江西麥收情形摺

咸豐元年四月二十六日[③]

奏為恭報麥收分數，仰祈聖鑒事。

竊照二麥收成，例應恭摺奏報。兹届刈穫之期，據藩司陸元烺查明各屬約收分數，開單彙報前來。臣覆加確核，江西七十九廳、州、縣内，定南、萍鄉、萬載、崇義四廳、縣向不種麥。其餘七十五廳、州、縣内，星子、都昌、瑞昌、湖口四縣驟被雨雹各村莊，現飭確勘。容俟勘覆，另行辦理外，所有未被雨雹各村莊，同其餘各廳、州、縣收成八分者五十一州、縣，七分者二十二廳、縣，六分者二縣。通省牽算，二麥收成約計七分有餘。

除俟場工完畢，照例核明實在收成，另行恭疏題報外，有約收分數，合先恭

---

① 據中國第一歷史檔案館館藏《録副奏摺》縮微號 322—0175。

② 此摺中脱漏、殘缺字的補正和錯字的更正，均據中國第一歷史檔案館館藏《録副奏摺》縮微號 322—0175。

③ 據中國第一歷史檔案館館藏《録副奏摺》縮微號 311—2930。

摺奏聞，并繕清單，敬呈御覽，伏乞皇上聖鑒。謹奏。

咸豐（三）[元][①] 年四月硃批：知道了。欽此。

029. 江西巡撫陸應穀附奏請以試用知府盛元委署瑞州府印務片

咸豐元年五月十六日*[②]

再，查瑞州府知府文海，奉旨升補陝西鹽法道。現准吏部行知，應即飭令交卸起程，前赴新任。所遺該府印務，查有試用知府盛元，堪以委署。據藩、臬兩司會詳前來。

除檄飭遵照外，謹會同兩江督臣陸建瀛，附片奏明，伏乞聖鑒。謹奏。

咸豐元年（四）[五][③] 月硃批：知道了。欽此。

030. 江西巡撫陸應穀附奏咸豐元年三月江西省收捐監生銀兩片

咸豐元年五月十六日*[④]

再，江西省收捐監生，自道光三年十月初一日起，至咸豐元年二月二十一日卯期止，共收正銀三百七十八萬五千三百七十二兩。除撥解并歸補封貯及提出報撥共銀三百七十二萬六千九百五十六兩，實存銀五萬八千四百一十六兩。又收平餘銀一十五萬一千四百一十四兩八錢八分，除隨正解過銀一十四萬八千一百九十八兩二錢四分，仍存銀三千二百一十六兩六錢四分。經臣附摺奏明在案。

今咸豐元年三月分收捐監生九十四名，每名收銀一百八兩，共銀一萬一百五十二兩，平餘銀四百六兩八分，連前共存捐監正銀六萬八千五百六十八兩，内除正銀三萬兩提補封貯，實存正銀三萬八千五百六十八兩，平餘銀三千六百二十二兩七錢二分。内除正銀三萬兩、平餘銀一千二百兩現存委員領解赴部外，仍餘存捐監正銀八千五百六十八兩。俟收足三萬兩，委員解部。其餘存平餘銀二千四百二十二兩七錢二分，俟彙同正項解部。

理合附片奏聞，伏乞聖鑒。

再，三月分并未收捐武監。合併陳明。謹奏。

咸豐元年硃批：户部知道。欽此。

---

① 據中國第一歷史檔案館館藏《録副奏摺》縮微號 311—2930。

② 據中國第一歷史檔案館館藏《録副奏摺》縮微號 275—1078。

③ 同上。

④ 據中國第一歷史檔案館館藏《録副奏摺》縮微號 304—2771。

031. 河南巡撫李僡為具奏遵旨擬定追補未完民欠驛站建曠銀兩章程一摺行按察司札

咸豐二年三月二十日*

札按察司。照得本部院於咸豐二年三月二十日，在安陽縣途次具奏，未完民欠驛站建曠銀兩，遵旨擬定追補章程一摺。除俟奉到硃批，另行恭録札知外，合先抄摺札行。札到該司，即便會同布政司遵照，將各屬積欠建曠銀兩，依限按日扣解。倘届限不完，即行詳請揭參，毋稍遷就。仍將各屬積欠數目暨某季扣（下殘）。

附録摺稿：河南巡撫李僡具奏遵旨擬定追補未完民欠驛站建曠銀兩章程摺

咸豐二年三月二十日

奏為未完民欠驛站建曠銀兩，遵旨擬定追補章程，恭摺具奏，仰祈聖鑒事。

竊臣接准户部咨開：議奏河南省驛站積欠，分別追補完解一摺。奉旨：户部奏，河南省驛站項下積欠較多，請飭分別追補完解，并將各年未完銀數，開單呈覽。據奏，河南通省額徵驛站銀兩，向有裁扣、建曠二款。計自嘉慶二十年起至道光二十年止未完建曠銀二十九萬二千餘兩，道光二十一年起至二十九年止未完裁扣、建曠銀四十萬三千餘兩，皆例應入撥之款，豈容任意延宕，懸欠無着？着新任巡撫李〈僡〉，督同藩、臬兩司，趕緊查明欠解細數，分別勒追攤補，擬定章程，迅速具奏。其近年欠款，嚴飭儘數催追，報部候撥，不得再任延欠。另片奏，該部節年登記河南省例應入撥、延未造報各款，并著一併查明，迅速報撥，毋再延緩。餘依議。單併發。欽此。并抄録原奏附片清單。等因到臣。當即轉飭欽遵妥議去後。

茲據署藩司鄭敦謹、臬司沈兆澐詳稱：豫省民欠嘉慶二十年至道光二十年驛站建曠銀兩，歷奉恩旨，豁免民欠，因豁免案内向無建曠名目，不敢列入請豁。而小民知有地丁，不知内有建曠，一經豁免，不便再向催徵。經前任撫臣鄂順安遵奉部行，奏請分作十二年攤補，户部以年分過遠議駁。現在又奉恩旨，豁免二十九年以前地丁錢糧。民欠建曠，無可徵收。各州縣欠款愈積愈多，補苴愈難。且自清查以後，半扣養廉、公費，留支亦多提扣，辦公已形竭蹷。若將賠補歷年建曠嚴限追解，竊恐力有未逮，徒有嚴追之名，反無歸補之實。即將該州縣參辦，於庫項仍屬無益。欲收追補之實效，惟有酌寬年限，自應遵旨另擬追補章程。查清查案内勒限追補之項，因係虧挪之款，是以立限獨嚴。建曠係屬賠補，與虧挪不同，未便援照清查案内無着懸款，分限十年六個月彌補。建曠銀兩既屬賠補，與懸款無异。議將二十九年以前各屬積欠建曠銀兩，統以咸豐二年春季為始限，在一千兩以下限半年，一千兩以上限一年，二千兩以上限二年，三千兩以上限三年，四千兩以上限四年，五千兩以上限五年，六千兩以上限六年，七千兩以上限七年，八千兩以上限八年，九千兩以上限九年，一萬兩以上限十年。即銀數再多，總不得逾十年之限。每年分作四季，無分正署，按日扣解，由藩司按季造報。如有届限不完，即詳請奏參，摘去頂戴，勒限嚴追，完日開復。如仍不完，嚴加參辦。如此明立章程，寬以年限，庶幾積欠可清，州縣措解亦易為力，不致藉口賠累，復啓續虧之漸。其三十年以後建曠，不准再有民欠名目，應於每年提解清楚。倘有未完，隨時請參，以期年清年款，杜絶新虧，以實庫儲。至歷年數目，均係照案開報，核與部單稍有參差，合併聲明等情。詳請具奏前來。臣覆加體察，係屬實在情形。合無仰懇天恩，俯准寬以年限，以收實效。

除節年登記例應入撥未經造報各款，并二十一年至三十年裁扣、建曠完欠細數，飭司趕緊分别造册請咨報撥外，所有擬定追補章程緣由，理合恭摺具奏。并繕歷年欠解建曠銀兩數目清單，敬呈御覽。伏乞皇上聖鑒訓示。謹奏。

監印官候補州吏目瞿承。

附録清單：嘉慶二十年至道光二十九年積欠建曠銀兩數目清單

咸豐二年三月二十日

謹將嘉慶二十年至道光二十九年積欠建曠銀兩數目繕具清單，恭呈御覽。

計開：

嘉慶二十年未完建曠銀四千一百八十七兩一錢六分九厘，嘉慶二十一年未完建曠銀一萬二千五百六兩九錢四分四厘，嘉慶二十二年未完建曠銀一萬二千三百二十六兩六錢，嘉慶二十三年未完建曠銀一萬三千一十七兩三錢五厘，嘉慶二十四年未完建曠銀一萬一千五百八十兩三錢六分七厘，嘉慶二十五年未完建曠銀一萬二十兩三錢一分四厘，道光元年未完建曠銀八千四百八兩九錢九分六厘，道光二年未完建曠銀九千八百七十八兩九分五厘，道光八年未完建曠銀五千一百九十九兩二錢六厘，道光九年未完建曠銀三千三百二十九兩六錢九分九厘，道光十年未完建曠銀九千一百五十四兩八錢一分，道光十一年未完建曠銀五千六百三十八兩一錢六厘，道光十二年未完建曠銀一萬三千一十七兩三錢八分六厘，道光十三年未完建曠銀一萬七千五百二十九兩二錢八分五厘，道光十四年未完建曠銀二萬二百三兩一錢一分五厘，道光十五年未完建曠銀一萬八千五百二十二兩七錢三分三厘，道光十六年未完建曠銀二萬二千九百七十一兩二錢五厘，道光十七年未完建曠銀二萬一千二十一兩五錢六分，道光十八年未完建曠銀二萬四千四百八十一兩二分六厘，道光十九年未完建曠銀二萬四千五百一十八兩六錢七分八厘，道光二十年未完建曠銀二萬五千八百六十七兩五錢五分五厘，道光二十一年未完建曠銀二萬八千九百三十四兩二錢六分，道光二十二年未完建曠銀二萬七千八十四兩一錢九分九厘，道光二十三年未完建曠銀二萬五千五百四十三兩四錢三分九厘，道光二十四年未完建曠銀二萬七千二百一十九兩九分八厘，道光二十五年未完建曠銀二萬九千九百八十一兩三錢六分五厘，道光二十六年未完建曠銀三萬二千一百九十二兩三錢七分九厘，道光二十七年未完建曠銀三萬一十三兩九分三厘，道光二十八年未完建曠銀二萬四千五百六十一兩四錢三分八厘，道光二十九年未完建曠銀二萬九千三百八十五兩五錢五分三厘。共未完銀五十四萬八千二百九十四兩九錢七分八厘。

032. 河南巡撫李僡為具奏遵旨擬定追補未完民欠驛站建曠銀兩章程一摺奉硃批事行按察司札

咸豐二年四月初三日*

札按察司。照得本部院於咸豐二年三月二十日，在安陽縣途次具奏，未完民欠驛站建曠銀兩，遵旨擬定追補章程一摺，業已抄摺札知在案。兹於四月初三日，奉到硃批：户部議奏。單併發。欽此。合就恭録札行。札到該司，即便會同布政司，欽遵查照，將各屬積欠建曠銀兩，依限按日扣解。倘屆限不完，即行詳請揭參，毋稍遷就。仍將各屬積欠數目暨某季扣過若干，分晰造册詳咨。三十年以後建曠，務即嚴催，全完具報。毋違。此札。

[札按察司]。

033. 署河南巡撫陸應穀行移附奏委臬司代為録送壬子科武場鄉試武生遺才片

咸豐二年九月十五日*

札按察司。照得本署部院於咸豐二年九月十五日附奏，本年壬子科武場鄉試武生遺才，委臬司代為録送一片。除俟奉到硃批，另行恭録札知移咨外，合先抄片札行。咨送。札到該司，即便查照辦理，并移藩司知照。毋違。此札。

計粘抄片稿一紙。

札按察司。

為咨送事。竊照云前，合先抄片咨送。為此合咨貴部，請煩查照施行。

計粘抄片稿一紙。

一咨

禮兵部

附録片稿：署河南巡撫陸應穀附奏委臬司代為録送壬子科武場鄉試武生遺才片

咸豐二年九月十五日

再，各屬考試事宜，業經學臣俞長贊辦理完竣。惟本年壬子科武場鄉試所有武生遺才，未經録送。武場由臣校閱，取中武生遺才，未便由臣考取。如届期新任學臣尚未抵豫，臣當委臬司沈兆澐代為録送，以昭慎重。

謹附片具奏，伏乞聖鑒。謹奏。

034. 署河南巡撫陸應穀為附奏委臬司代為録送壬子科武場鄉試武生遺才一片奉硃批事行按察司札

咸豐二年十月初二日*

札按察司。照得本署部院於咸豐二年九月十五日附奏，本年壬子科武場鄉試武生遺才，委臬司代為録送一片，業已抄片札知咨送在案。茲於十月初二日，奉到硃批：知道了。欽此。合就相應恭録札行。移咨。札到該司，即移會藩司，欽遵查照。毋違。此札。

札按察司。

035. 署河南巡撫陸應穀行移附奏暹羅國貢使過境日期片

咸豐二年十二月二十七日

札布政司。咸豐二年十二月十八日，附奏暹羅國貢使過境日期一片。除俟奉到硃批，另行恭録札知移咨外，合先抄片札行。咨送。札到該司，即便會同按察司查照。毋違。□□。

計粘抄片稿一紙。

札布政司。

為移咨事。竊照云前，合先抄片咨送。為此合咨貴部院，堂，請煩查照施行。

計粘抄片稿一紙。

一咨

户兵禮部

安徽山東巡撫部院

直隸總督部堂

此次因省改道一層，必得詳細咨明，照另稿稟。

咸豐二年十二月廿七日。兵房屈存忠承。

附奏暹羅國貢使過境日期一片。

署理河南巡撫部院兼提督軍門陸。行。

十二月二十六日送稿。

附録片稿：署河南巡撫陸應穀附奏暹羅國貢使過境日期片

咸豐二年十二月十八日

再，據藩、臬兩司轉據商邱縣知縣錢文偉稟稱，暹羅國貢使由廣東進京，歷從江西、安徽、江蘇、山東、直隸行走。現因豐北興工，銅山縣驛路被淹，經安徽省咨會，改道河南。

伏查豫省歸德、彰德、衛輝各府屬，均值防堵。官兵絡繹過境，與貢使同時前行，未免擁擠，照應難週。查商（下殘）。

036. 河南巡撫陸應穀奏陳恭謝皇上恩賞御書福字摺

咸豐三年正月十六日[①]

奏為恭謝天恩事。

竊臣賫摺差弁回豫，捧到恩賞御書福字，當即恭設香案，望闕叩頭祗領。伏念臣職忝封圻，材同樗櫟。涓埃未效，夙［夜］滋慚。兹當序啓寅賓，仰荷恩隆申錫。奎章焕彩，瞻糺縵之光華；福字延洪，拜駢蕃之寵賚。新韶介景，祥徵咸協乎箕疇；闓澤宜春，泰祉允符乎羲畫。臣惟願迅除蔓草，早奏膚功。率士庶而共效嵩呼，頌升恒而載賡天保。

所有（徵）［微］[②] 臣感激下忱，理合繕摺恭謝天恩，伏乞皇上聖鑒。謹奏。

咸豐三年正月硃批：知道了。欽此。

① 據中國第一歷史檔案館館藏《録副奏摺》縮微號 275—2835。

② 此折中錯字的更正和脱漏字的補正，均據中國第一歷史檔案館館藏《録副奏摺》縮微號 275—2835。

037. 河南巡撫陸應穀附奏請准前任江蘇長洲縣知縣周沐潤捐復原官仍發江蘇補用片

咸豐三年正月二十二日*

再，據前任江蘇長洲縣知［縣］周沐潤呈稱：該革員籍隸河南祥符縣，因案革職。現在軍需緊急，情願比照朱壽康一案部文加倍半捐復章程并指省分發兩項例定銀數，捐銀一萬兩，具呈奏請開復知縣原官，仍發江蘇省補用。俟奉到諭旨，即行呈繳等情。臣查吏部奏定章程内開，常例不准捐復人員與實犯贓私稍有區别者，比照朱壽康開復之案，准其加倍半捐復等語。今該革員原案情節，經刑部核辦赦款，該員并未實犯奸宿，奏准免罪在案。其與吏部議准加倍半在軍營捐復之挾妓飲酒、已革刑部主事朱壽康原案相符。現在軍需孔迫，該革員急公報效，情殷桑梓，捐銀一萬兩。按照部□，合無仰懇皇上天恩，准予捐復原官，仍發（蘇）［江］蘇補用，以昭激勸而廣招徠。如蒙俞允，即照例送部引見。

是否有當，伏乞訓示。謹奏。

咸豐三年正月廿二日奉到硃批：另有旨。欽此。

038. 河南巡撫陸應穀奏請將尉氏縣知縣姚榮光及汛把總魏澤霖摘去頂戴摺

咸豐三年正月二十七日①

奏為特參疏防搶案、緝捕不力之文武員弁，請旨摘去頂戴，勒限緝拿，恭摺具奏，仰祈聖鑒事。

竊照豫省為南北通衢，捕務最關緊要。兼之近來粤匪竄擾湖北，宵小聞風，尤易竊發，節經嚴飭防範。詎據開封府屬之尉氏縣知縣姚榮光禀報：咸豐二年十二月初六日，有進京會試四川舉人陳繼薰，與賀錫榮、孔六村等合伴同行，坐車六輛，前至該縣西關外住宿。次日五更起身，行至劉橋大坡地方，被賊十餘人攔住車輛，打滅燈籠，搶去銀錢、衣物，并將陳繼薰州判執照、贡單一并搶去。陳繼薰名下估值贜銀一千一百七十餘兩。賀錫榮名下估贜銀三百九十餘兩。孔六村失物無多，并未開單呈報。犯無弋獲等情。

其時臣前赴南陽，路過該縣。即據陳繼薰等來臣行舘呈控，當即查訊，并無拒捕傷人。惟賊匪攔路搶奪，贜至盈千累百，案情較重。當即面諭該縣、營，勒限嚴拿，不准一名漏網。乃至今月餘，仍未報獲一犯。是該文武既經疏防於前，

① 據中國第一歷史檔案館館藏《録副奏摺》縮微號 291—0233。

致有失事，事後又不上緊偵緝，實屬玩愒。若僅照例開参，不足以示懲儆。兹據藩、臬兩司轉據該管道、府、營員揭報前來。相應請旨，將尉氏縣知縣姚榮光、尉氏汛把總魏澤霖，一并摘去頂戴，勒限一月嚴拿，務將贓賊悉數弋獲究辦。如再玩忽，逾限不獲，另行參辦。

謹恭摺具奏，伏乞皇上聖鑒。謹奏。

咸豐三年正月硃批：另有旨。欽此。

039. 河南巡撫陸應穀奏報咸豐二年十二月豫省雨雪糧價摺

咸豐三年二月初三日*

奏為恭報雨雪糧價情形，仰祈聖鑒事。

竊照河南省咸豐二年十一月分雨雪糧價，經臣繕摺奏報在案。兹據祥符等一百七廳、州、縣稟報，咸豐二年十二月初一、初三至初八，并十一、十二、十五至十九，及二十四、五等日，各得雪數次，自一寸至六寸不等。又據内鄉、淮寧、固始三縣稟報，初四日，各得雨二三寸等情。

臣查豫省上年冬雪頻沾，土脉頗形膏潤。兹於入臘之後，復獲祥霙普霈。二麥盤根，可期深固。臣前赴南陽，往還沿途察看，麥苗均極暢茂，民情安貼，堪以仰慰宸懷。通省糧價，惟懷慶、汝寧二府屬小麥、穀子微有增減，其餘俱與十一月分相同。

理合恭摺具奏，并繕糧價清單，敬呈御覽，伏乞皇上聖鑒。謹奏。

咸豐三年二月初三日奉到硃批：知道了。欽此。

040. 河南巡撫陸應穀附奏咸豐二年十二月豫省收捐監生銀兩動存銀數片

咸豐三年二月初三日*

再，豫省收捐監生銀兩，截至咸豐二年十一月底動存各銀數，經臣查明奏報在案。兹查咸豐二年十二月分收捐監生四十五名，收銀四千八百六十兩。自嘉慶五年開捐起，截至咸豐二年十二月底止，共收捐銀四百六十三萬四千八百七十兩。除歷次奏明并准部撥動用銀四百六十二萬五百三十八兩外，現存司庫銀一萬四千三百三十二兩。俟收足三萬兩，再行委員解部。

理合附片奏聞。謹奏。

咸豐三年二月初三日奉到硃批：户部知道。欽此。

041. 軍機大臣字寄河南巡撫陸應穀著迅即派員查抄已革兩廣總督徐廣縉原籍家産

咸豐三年二月初六日

軍機大臣字寄，廣州將軍穆〈特恩〉、廣東巡撫柏〈貴〉、署湖廣總督張〈亮基〉、署湖北巡撫駱〈秉章〉、河南巡撫陸〈應穀〉，咸豐三年二月初六日奉上諭：已革兩廣總督徐廣縉、已革兩江總督陸建瀛，除（景）［京］寓資財業經查抄外，所有該革員等任所資財及原籍家産，著穆特恩、柏貴、張亮基、（騎）［駱］秉章、陸應〈穀〉迅即派委員密往查抄。倘有隱匿、寄囤及委員走漏消息等弊，惟該將軍、督撫等是問。懔懔。將此由五百里（水）[①] 諭令知之。

欽此。遵（上）［旨］寄信前來。

042. 河南巡撫陸應穀奏陳劉胡氏京控回民楊玉琢等糾衆毆斃其夫劉汝學一案所有審明定擬緣由摺

咸豐三年二月十八日[②]

奏為遵旨審明定擬，［恭］摺奏祈聖鑒事。

案准都察院衙門咨，據固始縣民婦劉胡氏京控回民楊玉琢等糾衆將伊夫劉汝學群毆斃命等情一案，奏奉諭旨：此案著交潘鐸親提人證、卷宗，秉公嚴訊確情，按律定擬具奏。原告民婦劉胡氏，該部照例解往備質。欽此。前撫臣潘鐸遵即行提人證、卷宗來省，飭委開封府訊供，旋即卸事。調任撫臣李僡，亦未及審辦，移交到臣。催據該委員開封府知府瑛桂訊明録供，由臬司覆訊，會詳解勘。臣因防堵公出，檄委署藩司覆審無异。

緣劉胡氏籍隸固始縣，係胡占方之女，嫁與劉汝學為妻。劉汝學在該氏家入贅，莊農度日，素無仇人，與回民楊玉琢等鄰村居住認識，均無嫌隙。道光卅年六月初七日，劉汝學赴羅集趕集，并探望其母，至晚回家。更餘時分，行至閆遇柱即閆玉柱地邊，撞遇不識姓名數人疑為竊賊，上前攔捕。劉汝學不依嚷罵，致被砍傷右肩甲、左胳膊、左胯、腦後、髮際、項頸、左右臂膊、右手食指、左後肋、左脚踝，并被劃傷胸膛、左臀，倒地。二更餘時，閆遇柱挾燈赴地看守莊稼，瞥見認明，問悉情由，即投知地保曹凌雲，往向劉胡氏告知。劉胡氏當即趕往問明，查劉汝學并無失少錢物，雇人將其擡回，次早赴縣報驗。適該縣朱士廉

① 此上諭中錯字的更正，衍字的删除，均據《文宗顯皇帝實録》（二）卷 84，中華書局 1986 年版，第 82 頁。

② 據中國第一歷史檔案館館藏《録副奏摺》縮微號 324—1121。

因公赴州，經該縣丞張鴻泰親詣驗訊，飭醫差緝。詎劉汝學傷處潰爛，醫治不痊，延至廿二日夜，因傷身死。投保報經朱士廉詣驗訊明，飭差王承基、孫玉振、梅長青、劉大朧、向立功等，勒限嚴緝逃凶，務獲究辦。

劉胡氏鄰村泉河鋪地方，先有安徽霍邱縣人劉道平，經監生范輯伍保充本保鄉約，後被回地保許金榮稟革。劉道平撞遇許金榮嚷罵，又被許金榮砍傷。六月初七日午間，劉道平挾嫌糾領張謨等二十餘人，尋毆許金榮泄忿。許金榮躲避。劉道平點放鐵銃，致銃炸失火，延燒回監生陶安邦等房屋多間。張謨又將許金榮焦家店閑房、草垛放火燒毀。陶安邦等報（驗）［縣］會勘差拿，劉道平在逃未獲。陶安邦因劉道平與劉胡氏之夫劉汝學同姓，胡占方又係劉汝學妻父，并風聞胡占方曾代劉道平邀人糾毆，劉道平逃赴何處，心疑胡占方必係知情。控經朱士廉傳訊，胡占方供詞支吾，交差梅殿甲等看管，諭俟獲到劉道平，質明辦理。嗣劉道平自行投首，并緝獲聽從糾毆之田瑞等到案。因陶安邦上控，飭委候補直隸州羅傳林，會同署光州何基祺赴縣覆勘，督同朱士廉審明胡占方并無代劉道平糾毆情事，當即省釋，將劉道平等移交該署縣彭元海覆訊無异，照例分別詳辦。

劉胡氏因劉汝學被砍身死，凶犯日久無獲，稔知是日泉河鋪地方有漢民劉道平挾嫌糾毆回地保許金榮未成，放銃失火，延燒回民陶安邦等房屋。其父胡占方曾被回民陶安邦等控縣管押，似係回漢成仇。知楊玉琢、楊玉璽、楊三麻孜即楊玉衡，并陶安邦之弟陶永和，暨楊玉龍、楊玉鶴、張三嚁孜、張五、張明春、許龍章等，均係回衆。伊夫係漢民，與劉道平同姓，又與伊父翁婿，疑被回衆楊玉琢等砍傷身死。悲忿交迫，起意上控。即以伊夫劉汝學被回民楊玉琢等砍傷身死，控縣不行拿究，復將伊父胡占方鎖押等情，牽涉劉道平糾毆許金榮之案，先具伊父胡占方姓名，遣抱赴州呈告。旋又自行出名遣抱，由州赴按察司、巡撫衙門具控。批經該縣朱士廉差傳楊玉琢等到案嚴究，與劉胡氏質審。不能指出確據，當將楊玉琢等保釋。比差詳緝正凶無獲，開承緝不力職名詳參。

劉胡氏因犯仍無獲，知原差王承基等均係回民，疑係從中庇縱。因張縣丞曾經驗過伊夫傷痕，往求催比。張縣丞囑其赴縣呈催，當令跟役將其逐出。該氏往向房書祝茂修催緝。祝茂修聲稱止管承行稿案，不管緝捕。嗣因犯未弋獲，無人為夫抵命，該氏總疑劉汝學係被回衆楊玉琢等砍斃，痛失情切，起意京控。慮恐情輕難准，因捐職藩經歷蔣湘榮，監生馬俊彥、丁嘉誥、梁泰昇，地保張懷仁，均與楊玉琢等回民往來，楊玉琢又係馬俊彥之婿，蔣湘榮係回民中紳衿。因張縣丞不為催比，心疑蔣湘榮等與丁書等賄串，張縣丞從中朦弊。查照上控呈詞裝點情節，將陶永和添作陶二凶神，即以回民陶安邦喝令許金榮、楊玉璽在本集地方，與劉道平等糾衆械鬥。伊夫探母回歸，路（遇）［過］回棍楊玉兆門首，適遇楊玉琢、楊玉龍、楊玉壐、楊三麻孜、楊玉鶴，并陶安邦之弟陶永和即陶二凶神、張三嚯孜、張五、張明春、許龍章等，認識伊夫係屬漢教，各持刀械，群毆攢傷，越日斃命。原差快總王承基等，同係回教，庇縱播弄。該氏不知蔣湘榮係捐職藩經，誤為舉人，添稱回舉人蔣湘榮，監生馬俊彦、丁嘉誥、梁泰昇，房書祝茂修，地保張懷仁，跟役答泰，賄串張縣丞上下（闕）［關］節，致該縣不拘群（毆）［凶］，反將伊父胡占方管押，復被賄囑班役梅殿甲等百般淩辱等情，添砌一切瑣碎情節，央過路不知姓名算卦人寫就呈詞，獨自進京，在都察［院］[①]衙門具控。訊供取結，奏奉諭旨，咨解回豫，行提人、卷到省。

審悉前情，丁嘉誥於取供後病故。該委員等誠恐楊玉琢等實有砍傷劉汝學致死，馬俊彦等實有賄串官吏朦弊情事，再四研詰。楊玉琢等極口呼冤，堅稱劉汝學被砍之夜，伊等均未在家，伊等與劉汝學素無仇隙，何致憑空將其砍斃？并據馬俊彦等僉供：楊玉琢等既非案内正凶，伊等無所迴護。且事不干己，委無與蔣湘榮等賄串官吏、上下朦弊等語。質訊該原告劉胡氏，亦自認懷疑牽控，只求另緝正凶等情。究詰不移，飭緝逃凶。弋獲無期，應先擬結。

此案劉胡氏京控楊玉琢等將伊夫劉汝學群毆斃命，差役庇縱，并馬俊彦等賄串官吏朦弊，不拘群凶，後將伊父胡占方嚴押，賄役淩辱各情。訊因其夫劉汝學被不識姓名人疑竊砍傷身死，正凶未獲，抵命無人，痛失情切，懷疑牽控，且均事出有因，其所控賄串各情并無確數，情尚可原，應請從寬免議。楊玉琢、陶永和、楊玉壐、楊玉衡即楊三麻孜，訊無與楊玉龍等砍傷劉汝學身死，陶安邦訊無喝令許金榮、楊玉壐與劉道平糾衆械鬥。馬俊彦、丁嘉誥、張懷仁訊無與蔣湘榮等賄串官吏朦弊，并賄囑差役梅殿甲等將胡占方嚴押淩辱各情事。許金榮刃傷劉道平平復，業於本案擬辦，應與訊無庇縱播弄之原差王承基、孫玉振、梅长青、劉大（蠟）［臘］，并未受賄朦弊之刑書祝茂修，均毋庸議。丁嘉誥在店病故，店役人等并無淩虐情弊，亦毋庸議。該縣縣丞張鴻（太）［泰］，訊無得受賄串朦弊關節。差役梅殿甲、胡长、王石、王全、吳悦、蘇靠，亦無受賄將胡占方嚴押淩辱。劉道平挾嫌糾毆一案，業經另案詳辦，俱毋庸議。劉汝學被砍身死案内正凶，飭縣嚴緝，獲日另結。未到人證，免提省累。

除各結供招咨部外，所有審明定擬緣由，理合恭摺具奏，伏乞皇上聖鑒，敕部核覆施行。謹奏。

---

① 此奏摺中脱漏字的補正，錯字的更正，均據中國第一歷史檔案館館藏《録副奏摺》縮微號 324—1121。

咸豐三年二月硃批：刑部議奏。

043. 河南巡撫陸應穀奏請將獲盜多名之試用知府李樹穀遇缺儘先補用摺

咸豐三年二月十八日[①]

奏為試用知府獲盜多名，循例恭摺具奏，懇恩鼓勵，以昭激勸，仰祈聖鑒事。

竊查嘉慶十二年欽奉上諭：趙璠係試用知府，著交該督撫遇缺儘先補用，無庸送部引見。嗣後試用人員拿獲劫掠巨盜，均著照此辦理。等因。欽此。

又，新定章程，文職獲盜，例准調取人員［州］[②] 縣以上均由督撫專摺奏請，分别試用實缺，請旨交部，核議題覆。等因。遵行在案。上年舞陽縣盜犯蕭魁沅等臨時强劫郭德泰雜貨鋪内贓物一案，緝獲首夥盜犯，分别審擬斬、遣。經調任撫臣李僡具題，奉准部覆。旋准吏部咨開，首先拿獲罪應斬决首夥盜犯蕭魁沅、范立中、李箱三名，擬遣夥盜李寅、李毛二名之候補知府李樹穀，核與獲盜專摺保奏之例相符，行令奏請。等因。行據代理布政使沈兆澐、按察使張集馨查明具詳請奏前來。臣覆核無异，合無仰懇天恩，俯准將試用知府李樹穀遇缺儘先補用，以示激勸，仍照例毋庸送部引見。

所有試用知府獲盜懇請鼓勵緣由，理合循例恭摺具奏，伏乞皇上聖鑒。謹奏。

咸豐三年二月硃批：另有旨。欽此。

044. 河南巡撫陸應穀奏陳咸豐二年豫省各屬四十交代案均無存庫未解銀兩摺

咸豐三年二月十八日[③]

奏為豫省各屬交代，遵照章程，恭摺具奏，仰祈聖鑒事。

竊照道光廿八年接准部咨，議覆山東省奏辦交代虧挪積弊籌議情形案内，欽奉上諭：各直省督撫即按照户部議准山東省所定清［查］[④] 章程，自本年為始，每年統於歲終開單彙奏。等因。欽此。

又於卅年准户部咨，嗣後每年奏報交代單内，務將上年辦結、未經提清各案，本年是否全清，另行聲明，列於本年各案之前。其本年辦結、提清各案，未

① 據中國第一歷史檔案館館藏《録副奏摺》縮微號 286—1536。

② 同上。

③ 據中國第一歷史檔案館館藏《録副奏摺》縮微號 307—2564。

④ 同上。

經提清幾案，照舊分叙。等因。遵照在案。

茲據署藩司沈兆澐詳稱：豫省各屬新舊未結交代，除廿八、卅兩年交代，遵照部文，於單内聲明列入本年各案以前外，咸豐二年永寧等十九廳、州、縣正署各任共四十案，業經詳咨，均無存庫未解銀兩。其餘未結交代，現在勒限嚴催，不使任延等情。請奏前來。臣［查］欲杜州縣之虧挪，首重交代，又以勒提徵存銀兩為最要。臣自當與藩司隨時認真嚴查，不敢稍有瞻徇，以期仰副聖主慎重庫款、力除積習之至意。

所有二年交代已結緣由，理合循照章程，恭摺具奏，并繕清單，敬呈御覽，伏乞皇上聖鑒。謹奏。

咸［豐］三年二月硃批：户部知道。單併發。

045. 河南巡撫陸應穀附奏開封府知府等印務應委河南府知府賈臻等署理片

咸豐三年二月二十七日[①]

再，開封府知府瑛桂，經臣奏明，赴信陽州幫辦糧臺事宜。所遺印務，應即委員署理。查有河南府知府賈臻，精明幹練，堪以委署。開封府同知周士鏜，委赴信陽州，幫同瑛桂協辦。所遺印務，查有祥符縣知縣羅景恬，明白安詳，堪以署理。祥符縣印務，查有内黄縣知縣何懷珍，才具優長，堪以調署。又，署信陽州知州宣維祁，經欽差大臣琦善奏請撤任。查有調赴防堵之柘城縣知縣師长怡，辦事勤能，堪以署理。太康縣知縣柴立本，因病詳請開缺。印務，查有新鄭縣知縣錫英，明練謹飭，堪以調署。據藩、臬兩司具詳前來。

除檄飭遵照外，理合循例附片具奏，伏乞聖鑒。謹奏。

咸豐三年二月硃批：知道了。

046. 河南巡撫陸應穀附奏接送廓爾喀使臣出入豫境片

咸豐三年二月*

再，准四川督臣來咨，廓爾喀國王遣使臣恭賫表貢進京，取道豫省。經臣派委文武大員，前赴入境首站，迎接護送，并檄飭經過各州、縣，妥為應付。茲據報，該使臣於本年正月二十六日入豫省閿鄉縣境，二月十三日護送至磁州境，交直隸委員接護前進。沿途應付無誤，行走極為安靜。

理合附片具奏，伏乞聖鑒。謹奏。

① 據中國第一歷史檔案館館藏《録副奏摺》縮微號 275—3013。

咸豐三年二月硃批：另有旨。

047. 河南巡撫陸應穀奏報咸豐三年正月豫省雨雪糧價摺

咸豐三年三月初四日*

奏為恭報正月分雨雪糧價情形，仰祈聖鑒事。

竊照河南省上年十二月分各屬報得雨雪糧價，經臣繕摺奏報在案。兹據祥符等八十三廳、州、縣稟報，咸豐三年正月初六、七，并十三至十六等日，得雪一二三次，自一寸至六寸。又據上蔡、確山二縣稟報，正月二十五、六日，各得雨一二寸等情。臣查豫省交春以後，雨雪尚屬調匀，現在連朝晴霽，暄潤相濟，麥苗一律長發葱茂。通省糧價，惟衛輝、南陽二府屬小麥、高粱微有增昂，其餘均與上年十二月分相同，民情安恬。

理合恭摺具奏，并繕［糧］① 價清單，敬呈御覽，伏乞皇上聖鑒。謹奏。

咸豐三年三月初四日奉到硃批：知道了。欽此。

048. 河南巡撫陸應穀附奏咸豐三年正月豫省收捐監生銀兩片

咸豐三年三月初四日*

再，豫省收捐監生銀兩，截至咸豐二年十二月底，動、存各銀數，經臣奏報在案。兹查咸豐三年正月分，收捐監生四名，收銀四百三十二兩。自嘉慶五年開捐，截至本年正月底止，共收捐銀四百六十三萬五千三百二兩，除歷准部撥并奏明動用銀四百六十二萬五百三十八兩外，實存司庫銀一萬四千七百六十四兩。俟收足三萬兩，再行委員解部。

理合附片奏聞。謹奏。

咸豐三年三月初四日奉到硃批：知道了。欽此。

049. 河南巡撫陸應穀附奏衛輝府知府由試用知府景昌署理片

咸豐三年三月初十日②

再，衛輝府知府張維翰，遵籌餉事例捐升道員，由司詳請給咨，赴部投供候選。所遺該府印務，應即委員署理。查有試用知府景昌，堪以署理。據藩、臬兩司具詳前來。

---

① 據中國第一歷史檔案館館藏《録副奏摺》縮微號 312—2113。

② 據中國第一歷史檔案館館藏《録副奏摺》縮微號 275—3162。

除檄飭遵照外，理合循例附片具奏，伏乞聖鑒。謹奏。

咸豐三年三月硃批：知道了。欽此。

050. 河南巡撫陸應穀奏請將河内縣典史革職拿問并請將河内縣知縣交部議處摺

咸豐三年三月初十日[①]

奏為特參疏防監獄，致重犯越獄脱逃之典史，請旨革職拿問，并將知縣交部議處，恭摺具奏，仰祈聖鑒事。

竊臣接據河内縣知縣裘寶鏞禀，據該縣典史汪牧面禀，咸豐三年正月二十九日夜四更時分，忽起大風，監犯李成、王三乘禁卒人等睡熟，扭斷鐐銬，由籠板下鑽至墻根，挖孔逃出，扒越西首圍墻而逸等情。

臣查監犯李成係行竊圖脱、刃傷事主郎廷倫平復案内擬絞之犯，王三係糾夥叠竊擬軍之犯。該管獄有獄官并不督率刑禁人等加意防範，以致該犯等乘間越獄脱逃，實非尋常疏忽可比，更難保無受賄鬆刑故縱情弊，必應澈底根究。兹據該管道、府揭報，由藩、臬兩司會詳請參前來。除飭嚴緝逃犯李成等，務獲究辦，并行提刑禁人等來省，委員嚴審確情，按律治罪外，相應請旨，將河内縣典史汪牧革職拿問，并將河内縣知縣裘寶鏞先行交部議處，以示懲儆。

理合恭摺具奏，伏乞皇上聖鑒。謹奏。

咸豐三年三月硃批：另有旨。欽此。

051. 河南巡撫陸應穀奏報豫省徵收咸豐元年漕項銀兩摺

咸豐三年三月初十日[②]

奏為豫省徵收咸豐元年漕項銀兩，循例開列清單，恭摺具奏，仰祈聖鑒事。

竊照前准部咨：地丁錢糧比較，改於奏銷時開單具奏。所有漕項銀兩，係隔年奏銷，亦於奏銷時奏報。等因。歷經遵辦在案。兹届咸豐元年漕項奏銷之期，據糧道瑞興造册具詳前來。臣查豫省漕項，除停、緩外，實應徵銀九萬七千三百六十三兩零。截至漕項奏銷止，已完解九萬四千六百四十三兩零，比較道光三十年多完五厘，比較二十九年多完四厘三毫，比較二十八年多完一厘三毫。

除造册咨送户部外，理合恭摺具奏，并開具簡明清單，敬呈御覽，伏乞皇上

① 據中國第一歷史檔案館館藏《録副奏摺》縮微號 328—2991。

② 據中國第一歷史檔案館館藏《録副奏摺》縮微號 302—0451。

聖鑒。謹奏。

咸豐三年三月硃批：户部知道。單併發。欽此。

052. 河南巡撫陸應穀附奏候補道張昀堪以委署開歸陳許道印務片

咸豐三年三月十九日[①]

再，開歸陳許道林揚祖，現准部咨，欽奉上諭，補授河南按察使。所遺開歸陳許道印務，應即委員接署。查有候補道張昀，熟悉河務，堪以委署。

除檄飭遵照外，臣謹會同河臣福濟，循例具奏，伏乞聖鑒。謹奏。

咸豐三年三月硃批：知道了。欽此。

053. 河南巡撫陸應穀奏報咸豐三年二月豫省雨雪糧價摺

咸豐三年三月二十八日[②]

奏為恭報雨水、糧價，仰祈聖鑒事。

竊照正月分各屬報得雨雪寸數并糧價情形，經臣繕摺奏報在案。兹據祥符等八十七州、縣禀報，二月初三至初九，并二十三、四，及二十八至三月初一等日，各得雨一二次，自一寸至五寸不等。臣查豫省冬春雪澤普沾，土脉膏潤。兹復獲此甘霖，麥苗長發，一律暢茂，且可乘時翻犁，播種早秋。民情歡洽。通省糧價，惟開封、河南二府微有增昂，其餘均與正月分相同。

所有二月分雨水、糧價情形，理合恭摺具奏。并繕糧價清單，敬呈御覽。伏乞皇上聖鑒。謹奏。

咸豐三年硃批：知道了。欽此。

054. 河南巡撫陸應穀附奏咸豐三年二月豫省收捐監生銀兩片

咸豐三年三月二十八日[③]

再，豫省收捐監生銀兩，截至咸豐三年正月底動、存各銀數，經臣奏報在案。兹查咸豐三年二月分，收捐監生九名，收銀九百七十二兩。自嘉慶五年開捐起，截至本年二月底止，共收捐銀四百六十三萬六千二百七十四兩，除歷准部撥并奏明動用銀四百六十二萬五百三十八兩外，實存司庫銀一萬五千七百三十六兩。俟收足三萬兩，再行委員解部。

---

① 據中國第一歷史檔案館館藏《録副奏摺》縮微號 275—3161。
② 據中國第一歷史檔案館館藏《録副奏摺》縮微號 312—2315。
③ 據中國第一歷史檔案館館藏《録副奏摺》縮微號 305—0357。

理合附片奏聞。謹奏。

咸豐三年硃批：户部知道。欽此。

055. 河南巡撫陸應穀奏陳恭謝御賞御論摺

咸豐三年三月二十八日[1]

奏為恭謝天恩事。

竊臣於咸豐三年二月二十八日，准兵部（次）［咨］[2]，欽奉頒賞《御論》一卷，當即恭設香案，望闕叩頭祗領。欽維我皇上怙冒恩隆，緝熙學茂。釋菜舉臨雍之典，化以觀成；傳薪探致治之原，文因見道。維執中協和而立極，接十六字之真傳；本皇仁聖敬以宣猷，肇億萬年之大業。睿藻昭回於倬漢，宸章炳耀於寰瀛。佐育黎元，無非殫九重宥密之衷而化徵風動；覲揚光烈，悉皆紹列聖纘承之緒而治躋時雍。臣榮叨奎璧之光，欣逢文治；敬睹星雲之彩，幸際昌期。惟願干羽揚庥，早除三江之蔓草；爰着絲綸錫寵，群拜一德之湛恩。

所有欽感下忱，理合繕摺恭謝天恩，伏乞皇上聖鑒。謹奏。

咸豐三年三月硃批：知道了。欽此。

056. 河南巡撫陸應穀奏陳咸豐二年豫省地丁漕項及攤徵加價等銀完欠數目摺

咸豐三年三月二十八日[3]

奏為徵收新舊錢糧漕項、加價等款已、未完銀數，循例恭摺奏祈聖鑒事。

竊照丁地漕項及攤徵加價等銀每年完欠數目，例應於年底截數具奏，歷經遵照在案。兹據署布政使沈兆澐、糧道瑞興將咸豐二年徵收錢糧，查明完欠數目，詳請奏報前來。臣詳加覆核，豫省咸豐二年地丁，除緩徵外，實應徵解司庫銀二百二十五萬七千二百二十三兩零，已完解司銀一百五十八萬六千二百二十一兩零，未完民欠銀六十七萬一千二兩零，計已完七分三毫，未完二分以上。又，當年秋後，啓徵地丁銀三萬三千三百一兩零，未據完解。又，咸豐二年應徵耗羨，除緩徵外，實應徵解司銀三十五萬一千八百九十八兩零，已完解司銀二十三萬五千一百八十一兩零，未完民欠銀一十一萬六千七百一十六兩零，計已完六分六厘八毫，未完三分以上。又，［當］年秋後，啓徵耗羨銀四千二百二十一兩零，未據完解。

① 據中國第一歷史檔案館館藏《録副奏摺》縮微號 322—2494。

② 同上。

③ 據中國第一歷史檔案館館藏《録副奏摺》縮微號 300—1304。

以上完解司庫地丁、耗羨，除支發兵餉、河工、防險并各項經費及養廉、公費等項外，共存司庫銀二十三萬一千四百三十三兩零。又，代徵項下各年舊欠銀糧，已完解司銀七萬一千八百一十六兩零。又，攤徵馬、儀等工，并節年加幫價等項，共已完解司庫銀一十四萬三千四十一兩零。又，應徵漕項，除停、緩外，實應徵銀一十萬五千二百七十四兩零，已完解道庫銀七萬一百六十八兩零。

除飭該司、道等查明應歸現奉恩詔豁免外，其餘應徵銀款，上緊督催完解，并造具正課、雜款細數清册咨部外，理合循例恭摺具奏，并繕清單，敬呈御覽，伏乞皇上聖鑒。謹奏。

咸豐三年四月初五日奉到硃批：户部知道。單併發。欽此。

057. 河南巡撫陸應穀奏陳奉旨查抄已革兩廣總督徐廣縉原籍財産摺

咸豐三年三月*

奏為遵旨查抄革員家産，已經安徽辦理，恭摺覆奏，仰祈聖鑒事。

竊照本年二月初十日，臣在南陽府准軍機大臣字寄，二月初六日奉上諭：已革兩廣總督徐廣縉原籍家産，著陸應穀迅速派委妥員，密往查抄。等因。欽此。臣即欽遵密委前在南陽辦理局務之東河候補同知王憲，馳往嚴密查抄。旋據禀稱，查明已革兩廣總督徐廣縉，係在安徽太和縣居住，復飭徑往會同該縣查辦去後。兹據該委員王憲、鹿邑縣知縣茅崧林禀報，遵即會營馳往，經太和縣知縣林丙南知會徐廣縉，云云。徐叔喬在部（共）［供］明，原籍奉旨查辦，業經安徽巡撫委員前往查抄。徐廣縉與胞兄前給事中徐廣紱、共祖兄弟徐廣紳等五人，分居兩莊。舊産七股均分，約統共抄出住宅、鋪房七所，田地一百八頃八十餘畝，祭田六頃餘，大小箱籠九十一隻，金鐲十三枝，并糧食、現錢、牲口、車輛等項，逐一查封禀報，抄卷移交該員。等因。

查鹿既係（係）寄籍，亦應置有田産。復加密訪，并訊糧書人等，均稱并無該革員産業。又據徐廣紱供稱：伊祖先在鹿邑置買地畝，嗣於乾隆五十二、三年陸續賣去。現在寄籍委無田産。所有資財全行呈出，并無隱匿、寄頓情弊。取具親供，禀覆前來。

臣查已革兩廣總督徐廣縉原籍財産，業□安徽撫臣先已委員查抄，訊係徐廣縉與胞兄徐廣紱、共祖兄弟徐廣紳等七八人均分資産。有無捏飾，相應請旨，敕下安徽撫臣，審明照例辦理。

所有遵辦緣由，理合恭摺附驛具奏，伏乞皇上聖鑒。謹奏。

咸豐三年三月硃批：另有旨。

058. 河南巡撫陸應穀奏請將任性不職之尉氏縣知縣姚榮光革職摺

咸豐三年四月二十九日[①]

奏為特參任性不職之知縣，請旨革職，以肅吏治，恭摺具奏，仰祈聖鑒事。

竊照知縣為親民之官，必須勤慎辦公，認真捕務，尤須約束差役，俾各畏法安分，方為無忝厥職。臣於接見屬吏，勤加訓誡。至其賢否，時刻留心體訪。兹查有尉氏縣知縣姚榮光，係浙江會稽縣監生，由鹽運判改捐知縣，選授今職。該員才本中平，近復諸事怠弛。本年冬間，疏防陳繼薰等搶案，經臣奏參，摘頂勒緝。臣兩次經過尉氏，接見該縣，面加訓飭，輒以此案不確為辭，并不認真捕拿。迄今逾限數月，犯無一獲，甚屬疲玩。近來盤查奸匪，又不肯親身體訪，以致差役藉端滋擾，將河北道蔣啓敭之堂姪蔣琦洙等妄拿搜搶。該員訊明情由，復行掌責、羈押，尤為任性。似此浮躁不職之員，未便稍事姑容。兹據該管道、府揭報，由藩、臬兩司會詳前來。相應據實奏參，請旨將尉氏縣知縣姚榮光革職，以肅吏治。所遺員缺，應歸部選。

除仍飭提差役人等訊究，并嚴查該員姚榮光經手倉庫錢糧等項有無虧短，另行辦理外，為此恭摺具奏，伏乞皇上聖鑒。謹奏。

咸豐三年五月初五日奉到硃批：另有旨。欽此。

059. 河南巡撫陸應穀奏報咸豐三年三月豫省雨雪糧價摺

咸豐三年四月二十九日[②]

奏為恭報三月分雨澤、糧價，仰祈聖鑒事。

竊照二月分各屬報得雨水寸數并糧價情形，經臣繕摺奏報在案。兹據祥符[等][③] 九十七廳、州、縣禀報，三月初三至初八，并十八至二十七等日，各得雨數次，自一寸至五寸及深透不等。又據滎陽等十四州、縣禀報，初六至初八等日，得雪一二三寸等情。臣查豫省本年春間，雨澤頗稱調匀，現在二麥均已吐穗結實，早秋亦皆播穗茁發，民情歡忭。通省糧價，據署藩司沈兆澐彙報前來。臣逐加查核，惟陜州、光州二屬小麥、稻米微有增昂，其餘均與二月分相同。

理合恭摺具奏，并繕糧價清單，敬呈御覽，伏乞皇上聖鑒。謹奏。

咸豐三年四月硃批：知道了。欽此。

---

① 據中國第一歷史檔案館館藏《録副奏摺》縮微號 286—1723。

② 據中國第一歷史檔案館館藏《録副奏摺》縮微號 312—2501。

③ 同上。

060. 河南巡撫陸應穀附奏咸豐三年三月豫省收捐監生銀兩動存各銀數片

咸豐三年四月二十九日[①]

再，豫省收捐監生銀兩，截至咸豐三年二月底動、存各銀數，經臣奏報在案。兹查咸豐三年三月分收捐監生十二名，收銀一千二百九十六兩。自嘉慶五年開捐起，截至本年三月底，共收捐銀四百六十三萬七千五百七十兩，除歷准部撥并奏明動用銀四百六十二萬五百三十八兩外，實存司庫銀一萬七千三十二兩。現奉部撥南河餉銀四萬七千兩，不敷動撥，咨部儘數解交。

理合附片奏聞。謹奏。

咸豐三年四月硃批：户部知道。欽此。

061. 河南巡撫陸應穀奏陳豫省咸豐二年下半年查明已結及未結京控各案情形摺

咸豐三年四月二十九日[②]

奏為查明已、未結京控各案，循例恭摺具奏，仰祈聖鑒事。

竊准部咨令將京控咨交各案，每届半年彙奏一次等因，歷經遵辦在案。查豫省咸豐二年正月起至六月底止，京控咨交未結舊案三十五起，又續准咨交新案二十四起。現自二年七月起至十二月底止，審結徐應州等舊案十七起，周悦魁等新案五起。尚有未結舊案十八起、新案十九起，或因要證未到，咨部展限；或係甫經咨交，人證未齊，未及審（經）[結][③]。

除飭勒限催提，趕緊審辦，不任遲延，致使人證拖累，以期仰副聖主清理庶獄之至意，所有咸豐二年下半年已、未結京控各案緣由，理合恭摺具奏，伏乞皇上聖鑒。謹奏。

咸豐叁年五月初五日奉到硃批：知道了。欽此。

062. 河南巡撫英桂為具奏審明被參藉差科派之陝州正署知州按律定擬一摺行按察司札

咸豐四年十二月十二日

札按察司。照得本部院於咸豐四年十二月初九日具奏，審明被參藉差科派之

---

① 據中國第一歷史檔案館館藏《録副奏摺》縮微號 305—0383。

② 據中國第一歷史檔案館館藏《録副奏摺》縮微號 324—1201。

③ 同上。

已革陜州正、署知州，分别虛實，按律定擬一摺。除俟奉到硃批，另行恭録行知外，合先抄摺札行。札到該司，即便會同布政司、軍需局，移行查照。毋違。此札。

計粘抄奏稿一紙。

札按察司。

十二月十二日送稿。

咸豐四年十二月十二日。軍務局馮金聲 武魁禄承。

具奏審明藉差科派之陜州正署知州按律定擬一摺。

河南巡撫部院兼提督軍門英。劃。

監印官留豫候補典史俞炳。

附録奏稿：河南巡撫英桂具奏審明被參藉差科派之陜州正署知州按律定擬摺

咸豐四年十二月初九日

奏為審明被參藉差科派之已革陜州正、署知州，分别虛實，按律定擬，恭摺具奏，仰祈聖鑒事。

竊照前撫臣陸應穀接准吏部咨開，咸豐三年六月十四日奉上諭：有人奏：河南陜州知州邱文藻辦理兵差，浮開濫派，贓逾二十餘萬。又，貢差過境，苛派甲長。并於前任交代賑濟捐項及富户捐助軍需，均未核實報明。又，借修工之名，罰及訟案中殷實之户，縱令門丁買妓作妾等事。又，署陜州知州劉學誠，於該處甲長控告邱文藻門丁之案，一味袒庇，并强斷罰錢，借修理之名，以圖私肥。此等貪污不職之員，若不從嚴懲辦，何以肅吏治而服民心？邱文藻、劉學誠，均着革職拿問，交陸應穀親提嚴訊，按律懲辦。該部知道。

同日，又准軍機大臣字寄，奉上諭：本日有人奏，陜州知州邱文藻、署知州劉學誠，借差婪索，種種劣迹。已明降諭旨，將該二員革職拿問，交陸〈應穀〉嚴訊究辦矣。着該撫明查暗訪，如有貪污實迹，即着查抄。并遴選廉幹之員，前往接署，飭令按款查明揭報，毋得扶同隱飾。此等貪劣之員，徇私虐民，實堪痛恨。該撫平日毫無聞見，已難辭咎。若再稍有徇（陰）［隱］[①]，朕必將該撫一并懲處，决不寬貸。原摺著抄給閲看。將此由六百里諭令知之。各等因。欽此。當經陸〈應穀〉欽遵行司飭委候補同知高偓前往接署，一面嚴提邱文藻、劉學誠及應訊人証來省，發委開封府審辦。旋准原任陜甘督臣舒興阿以奉旨就近查訪陜州

① 據趙雄主編：《咸豐同治兩朝上諭檔》第三册，廣西師範大學出版社 1998 年版，第 237 頁。

知州邱文藻辦理兵差苛派浮開并種種貪劣不法，又署陝州知州劉學誠亦有勒派肥己情事，現已遵旨查訪，訊取大概供情覆奏，抄摺咨會核辦。

嗣奉上諭：舒興阿奏，遵查知州苛派兵差各款，請飭核辦一摺。河南已革陝州知州邱文藻，已革署陝州知州劉學誠，均交河南巡撫督同臬司，提集全案人證、卷宗，秉公審訊。倘有貪劣苛派情弊，即著據實嚴參懲辦。等因。前撫臣未及審辦，移交到臣，即飭司勒催提集人証審辦。因人証傳解未齊，又奉諭旨飭催，復欽遵嚴催去後。

兹據開封府知府王建泰審明擬議，由藩司鄭敦謹、調任陝西臬司林揚祖覆審會詳解勘前來。臣查照原參各情，親提全案人証，逐一研鞫。緣邱文藻籍隸湖北黄陂縣，庚子科進士，由山東恩縣知縣清查案內保舉，奉旨補授陝州直隸州知州，道光三十年三月到任。咸豐三年，報效軍需，奉旨開缺，以道員補用。劉學誠由雲南附貢生報捐通判，分發河南，咸豐三年正月委署陝州，二月到任。

如原參山西、陝甘帶兵官由陝州過境者，共計四百六十一員，應用酒席，邱文藻由署內包辦浮派，統計共用制錢一萬九千六百五十千零二百四十文，已實交署內一萬三千九百五十千零二百四十文，下欠五千七百千文，懇求恩免，有門丁王貴、范忠等恃威淩辱，經甲長趙吉田、馬英才等呈控，河陝汝道批署州劉學誠審訊，該署州袒庇，斷令勒限如數交署，罰作硤石山修工之用一款。訊據邱文藻供稱：陝州辦理兵差所需鹽菜、口糧、馬乾等項，由州應付。車馬及一切雜費，由各里甲長墊辦。事竣報銷，由州領價，發給里下承領。例價不敷，由里下自行按地攤派津貼。西自靈寶縣至州地六十里，自州城東至硤石驛七十里，自硤石驛東至澠池縣七十里交替。向立東西兩櫃支應，歷有舊章，相沿已久。道光二十三年，兵差過境，亦照此辦理。咸豐二年五月間，頭起陝甘官兵過境，連跟役餘丁共計三千三十六員名，應送帶兵官酒席。甲長等因官兵到站，早晚不定，難以預備，托革員門丁王貴、范忠雇厨役代辦。是年十月至三年正月，續有兵差過境，甲長等仍托王貴等代辦。革員因係舊章，未經阻止。用過銀錢若干，并不知情。并無浮派酒席，錢文入己情事。詰訊王貴、范忠，同供：均跟隨邱文藻服役多年，陝州任内派充雜務門丁。咸豐二年五月間，兵差過境，邱文藻派令伊等幫同照料。維時甲長等循照舊章，應送帶兵官酒席。恐官兵到站，早晚不定，托王貴代辦。王貴與范忠商允夥辦，議定上席每桌銀六兩，中席四兩，下席二兩，下下席八錢。厨役工食并海菜、米麵、魚肉、煤炭等物，均在其内。尖、宿兩處，共用席三百五十六桌，計銀一千三百四十餘兩。已收銀一千一百餘兩，下短銀二百餘兩未收。十月間，又續過兵差。甲長等因差多難支，向王貴等議明，減為上席每桌制錢九千，中席六千，下席三千，下下席八百文。自二年十月起至三年正月止，共過官兵連跟役餘丁一萬二千八百九十餘員名，用酒席制錢一萬四千六百二十餘串，已收九千串，下短五千餘串未收。以後伊等向各甲長索討短交銀錢，甲長等謂伊等浮開數目，伊等不依争吵。有甲長趙吉田、馬英才、寧克盛赴河陝汝道呈控，批飭署知州劉學誠查訊。因要証未到，尚未斷結屬實。質之趙吉田等，供各相符。并稱王貴等代辦酒席，如將銀錢全付，原有餘剩。今約計已付銀錢，僅足敷用，并無多餘。

又，如原參陜州經過山西、陜甘官兵應用車馬，該州多派數倍，按時價合算，共用制錢八萬九千餘串一款。訊據邱文藻供稱：應付兵差車馬，照舊章由各甲長承辦，革員與書役、門丁均未經手。有甲長可問，委無多派數倍之事。質之甲長尚定元等，據供：車馬係甲長承辦。州中出示曉諭，事竣報銷，照例發價。不敷之數，里下幫貼。州署書役、門丁，并不經手。邱文藻任内，前後辦理兵差，實用過車三千八百八十八（兩）［輛］，馬一千九百一十匹，共用過車馬錢三萬九千八百串。除領例價外，實應幫貼錢二萬多串。隨時支發有帳，不經門丁、書役之手。邱文藻委無多派數倍折價情事。

又，如原參由陜州經過山西、陜甘官兵、跟役餘丁，均付飯錢，統計共用制錢七千零八十九千二百一十文一款。訊據甲長尚定元等供稱：兵丁過境，由州發給鹽菜、口糧。遇有兵丁行走落後，買食價昂，每兵一名，酌給錢三百文。跟役餘丁減半，給錢一百五十文。并非一概給錢，亦無用錢七千餘串之多。

又，如原參兵差過境，酒席、車馬之外，所有海菜、魚肉、米麵、器具、麩料物件，皆係勒派交納制錢，約在五六萬餘（串）［千］文一款。訊據甲長尚定元等供稱：海菜等項，均已包在酒席價内，并無另有開銷。一切應用器具物件，有邱文藻自備，亦有伊等借用。麩料即在雇車項下。亦無用錢五六萬餘千之事。

又，如原參欽差大臣琦善在信陽州行營，札飭陜州辦買馱騾，當經各甲長出銀一千五百兩，買騾一百頭，交署該州，諭令再覓騾夫，立派制錢八百千，實則僅發給路費制錢一半，其餘四百千私肥一款。訊據邱文藻供稱：咸豐三年正月，奉軍需局飭雇騾一千頭，解赴欽差大臣琦善行營，載運軍裝。因無人受雇，諭令甲長尚定元等墊辦。用銀一千五百兩，買騾一百頭。又因軍營無人願往，用重價雇夫五十名，共用錢五百千。尚定元等四人押送騾頭，帶錢三百千，作為沿途餵養及往返盤費之用。解至信陽州，倒斃十頭，實收九十頭。每頭價銀十五兩，共銀一千三百五十兩。原擬向軍需局領出歸款。逮後備文赴局請領，因數目不符，駁飭另造。革員因已卸事，不及另造，局中亦未給發，委無侵吞一半路費四百千私肥情事。質訊尚定元等，所供無异。

又，如原參有貢差過境，該州邱文藻復派鄉長出騾，共折制錢一千五百餘串，併派甲長出酒席制錢五百千文一款。訊據邱文藻供稱：咸豐三年正月間，廓爾喀貢差過境，革員照依舊章，飭令車行雇車五十輛，甲長雇馱騾二百頭，馬一百匹，俱係實用，并未折價，亦無飭甲長備辦酒席。質之尚定元等，所供相符。

又，如原參道光二十九年，前州羅牧奉札諭勸捐銀買米，協濟鄰封饑民，約計捐銀一千七八百兩，至三十年又奉札諭停止，時值邱文藻抵任，羅牧將前項移交該州，不知該州作何使用一款。訊據邱文藻供稱：道光二十九年，奉文勸諭捐輸米石，係籌備京倉積儲，并非協濟鄰封饑民。有已滿吏張奇峯，捐米二十六石七斗，合銀五十兩，議叙從九品職銜。此外，前署州羅傳林并無移交銀兩。

又，如原參咸豐二年，邱文藻奉札諭飭富户捐助軍需，民間約計捐銀七八千餘兩，不知該州是否儘捐儘解，抑係以多報少一款。訊據邱文藻供稱：咸豐二年，奉文勸諭富户捐助軍需，當有霍景鎬等三十一名，共捐銀四千七十八兩，將原銀如數批解捐輸局。因銀色低潮，飭令解役傾成足色銀三千八百七十四兩，請給議叙，給有執照。此外，尚有周清銘等二十五名，共書捐銀三千六百四十兩，屢催未繳。其已收銀兩，委係儘捐儘解，并無以多報少情事。

又，如原參陝州南城門外有澗河一道，係不可修理之工，邱文藻巧借修工之名，即按地糧攤徵，共實徵收紋銀四千五百九十餘兩，全行吞肥一款。訊據邱文藻供稱：道光三十年，據紳士田乃畬、張筵、陳彬等，以南城門外澗河有石壩一道，年久坍塌，亟應修築，保護城垣，所需經費，請按地攤捐等情，具禀請示批准。即責成該紳自行經理，不經官吏之手，有卷可查。嗣後收捐銀若干，用銀若干，有原收紳士可問。行據陝州申覆，查訊紳士田乃畬、張筵、陳彬等，供稱：修築澗河石壩，共收捐銀三千兩零，俱歸工程使用，由衆紳士辦理。邱文藻與家人、書役并未經手，實無吞肥情事。取具切結禀送，核與邱文藻親供相符。

又，如原參差提會興鎮紳耆公抽駝馬公項制錢四千餘千，亦稱修工使用，仍行全吞，又派門丁王貴於咸豐二年冬奪行頭王鳳山車櫃接辦，霸收會興鎮櫃用制錢一千餘千，一併吞肥一款。訊據王鳳山即王鳳三供稱：陝州車行向係一年一換，當堂點充，抽用支差。道光三十年，伊充膺車行。至咸豐元年應當更換，伊央保接充一年。後因誤差被革，當有張恒來、張悦武接充，王貴并未奪行收用。又據邱文藻供稱：道光三十年六月，據紳耆辛鼎甲等以硤石山老埝坡駝鹽道路塌損，請諭令會興鎮鹽商抽收車行駝局運鹽用錢，以為修路之用等情，具禀請示，批准紳耆自行經理。迨後抽用若干，修路用錢若干，未據報明，實無吞肥情事。

行據陝州申覆，訊據景興及張平安之子張鴻飛供稱：道光三十年，會興鎮鹽商因老埝坡駝鹽道路塌損，公議抽用修理，共用錢四千餘串。又因后土廟塌損，公議抽用修理，已用錢一千餘串，現在工未完竣。邱文藻與門丁王貴并未經手，王貴亦無霸收駝局車廠用錢。取具各甘結稟送。

又，如原參該州邱文藻隨時詞訟案內，但有殷實之户如霍冠甲等，均各罰銀一款。行據陝州申覆，據舉人候選訓導張筵呈稱：道光二十九年，與堂兄張節等因公産涉訟，經族長處息，又經前代理州汪頌揚斷令幫給張節等銀一百五十兩，業經張節等具領。此外，并無在邱文藻任内因案受罰之項。并據員登科呈稱：伊父員福文於咸豐元年與同姓不宗之員熊鬻因地土涉訟，當經邱文藻斷結。案結之後，邱文藻勸捐修理魏野草堂，伊父捐錢三百千，交管工人收用，并無罰項情事。伊父年老患病，不能到案，代為呈明。又據霍冠甲呈稱：道光三十年，伊子在城内義學讀書，業師脩金甚微，伊捐銀五百兩，以添義學經費，繳州發當生息，并無因訟受罰之事。并據該州申稱，兀西成即兀名揚、蘇連芳早經病故，蘇連芳并無涉訟案卷，取具張筵等甘結申送。又據邱文藻供稱：道光二十九年八月間，兀名揚與堂兄兀應宿因地基涉訟，經前署州羅傳林傳訊未結。革員到任訊明，斷令兀應宿將地基作價銀七百兩，賣與兀名揚為業。又，道光三十年十二月，兀名揚呈控，兀應宿與兀應遴夥開當鋪，欠伊本銀二千兩，日久本利不還。經革員傳訊兀應宿等，夥開當鋪已經歇業，借欠兀名揚銀兩屬實，斷令讓利歸本。旋據兀應宿、兀應遴各繳銀一千兩，給兀名揚具領，委無遇案罰銀情事。核與陝州申覆相符。

又，如原參河陝汝道本年正月間傳諭紳耆籌辦團練，該州邱文藻置若罔聞，反出示令民間慶賀元宵，并派家丁扮演雜耍彩燈，邱文藻褻衣前導，後用鼓樂，沿街嬉游一款。訊據邱文藻供稱：咸豐三年正月，河陝汝道傳諭紳耆籌辦團練，民間因正辦兵差，無力兼顧，呈請緩辦。又因民間謡言長髮賊至，紛紛遷徙。革員剴切曉諭，并令居民慶賀元宵燈節。原期借此鎮壓民心，以免驚惶。每夜起更後，帶領家丁上街巡查彈壓，并未領家丁扮演雜耍彩燈，亦無褻衣鼓樂游街情事。訊之門丁王貴、范忠，供亦相同。

又，如原參署州劉學誠到任即查照徵糧總册，出具名柬，散給各路花户，派令出銀二十兩，以為辦理兵差之用，嗣因各花户逃匿，復諭撤繳名帖，至審訊趙吉田等控告門丁王貴等一案，該署州一味袒庇，不容各甲長分辯，强斷令將未交酒席錢文呈繳，罰作修理硤石山之用，顯有私肥情意，至於三月以後，又續過兵差幾二萬餘名，皆劉學誠一手承辦，其酒席、車馬大帳，雖未清算，但前已浮派過甚，誠恐苦斂害民一款。訊據劉學誠供稱：革員咸豐三年二月到任，接辦兵差，至七月內卸事，共計經過陝甘官兵連跟役餘丁一萬三千七百七十二員名。到任之初，因連年過兵，民力拮据，將酒席改為自辦，并未查照向章，令甲長預備其車馬、口食等項。因查陝州民俗，出當地畝，糧不過割，鄉民有糧無地者多，曾發出名柬，傳集紳耆公議，欲令得業富户，照地當差。該紳耆以陝州舊規，遇有差使，無論貧富，按糧攤派，相沿已久。若專靠富户，必致誤事，且恐急難定議。隨據鄉總繳還名柬，仍照舊章，歸甲長辦理。惟內有陝甘官兵一起到州，因值連旬大雨，山水陡發，里民車馬不能齊集，革員在城代雇車馬供支，共計墊用錢一千三百餘串。旋據甲長如數稟繳，革員批飭發還。甲長等因領款尚多，未經具領。至甲長趙吉田等以邱文藻門丁王貴、范忠包辦兵差酒席，浮索漁利等情，赴河陝汝道衙門呈控，批飭革員查究，當即傳訊。因原、被各執一詞，添傳要証未到，尚未訊結。革員委無苦斂害民，亦無袒庇邱文藻門丁、强斷罰錢私肥情事。質之甲長尚定元等及趙吉田等，各供與劉學誠相同。

又，如原奏內稱，門丁王貴出銀一千餘兩，價買妓女春花作妾一節。訊據王貴供稱：二年二月間，伊因妻病故，買娶山西人胡姓之女春花為妾，身價錢一百串。春花本是流娼，并無用銀一千餘兩。當經邱文藻查知，將伊逐出。嗣因辦理兵差，乏人照料，復又收用等語。

以上各款，反覆推鞫，各供矢口不移。查閲各卷，并核與前陝甘督臣舒興阿奉旨於出境時就近查訪、據實覆奏各情，均屬相符。

伏查舒興阿係隔省大員，無所用其迴護。且欽奉特旨交查，更不敢稍存徇隱。既經親臨陝州，就近逐條查訪核訊，已得有大概情形，先經覆奏，現經提集質証，先後情形吻合。

臣猶恐邱文藻、劉學誠或尚有借差婪索情事，甲長人等畏勢，不吐實情。復提甲長尚定元等隔别開導，堅供：邱文藻辦理兵差，實係循照舊章。車馬等項，俱係各甲長自行承辦。即酒席一項，亦係各甲長自行托令王貴等代辦。後因聞知王貴等浮開銀錢，并未全付。惟馱騾一項，係邱文藻派令甲長墊買。此外，并無浮開勒派，折價私肥。劉學誠到任接辦兵差酒席一項，係自行辦理。車馬等項，仍照舊章，令各甲長承辦。惟內有墊辦兵差一起，共用錢一千三百餘串，經甲長等稟繳。劉學誠批飭發還，甲長等因領項尚多未領，委無苦斂害民。現在伊等均已革職離任，如果實有浮開勒派、折價私肥及苦斂害民情事，正可據實供明，聽候查辦追繳，豈肯代為隱瞞？等語。剖辯甚力，似屬可信。

臣復明查暗訪，悉與現訊供情無异，應即擬結。查律載：有司官吏人等，非奉上司明文，因公擅自科斂所屬財物者，杖六十。贓重者，坐贓論。入己者，并計贓以枉法論。又，官吏人等非因事而受財坐贓，致罪各主者，通算折半科罪。五百兩，罪止杖一百，徒三年。與者，減五等。又，無禄人枉法贓一百二十兩，絞監候。各等語。

此案已革陜州直隸州知州邱文藻，因節次兵差過境所需車馬等項，飭令各甲長辦理，均屬率由舊章。修理各項工程，係紳士經手，并無借端科斂，勒折侵漁。即審理各案詞訟，亦無科罰情事。惟奉文飭雇軍需騾頭，并不自行辦解，輒令甲長墊辦，俟報銷領價給發。後因赴局領價駁查未發。雖與科斂入己者有間，但以地方官應辦之事，而令甲長墊買，用銀至一千五百兩，錢八百千文，折半科算，在五百兩以上，自應比照因公科斂律問擬。邱文藻合依因公科斂，贓重者，杖一百，徒三年律，擬杖一百，徒三年。飭令將騾價雇值依限繳還，發給各甲長具領。限滿有無完繳，再行分别減免，照例辦理。仍准核實，照例報銷。俟准銷後，請領歸款。如例價不敷，責令邱文藻賠補。

已革署陜州直隸州事候補通判劉學誠，接辦兵差，支應車馬，亦係循照舊章辦理。因民力拮据，將酒席改為自辦，并未苦斂害民。其承審趙吉田等呈控門丁王貴等一案，亦無强斷繳錢、罰作修工及私肥情事。惟內有兵差一起，因里民車馬不能齊集，業已自雇支應過境。迨後該甲長查知稟繳車價錢一千三百餘串，該革員批飭發還，因甲長等以領項尚多，未經具領，即中止收存。本有不合，業已革職，應毋庸議。仍飭先將該甲長繳還錢文，發給該甲長具領。

門丁王貴，先後代辦酒席，浮開價銀二百餘兩，又錢五千餘串，希圖吞肥。雖贓未入手，未便寬縱。王貴除買妓為妾輕罪不議外，應從重比照因公科斂入己者，計贓以枉法論，無禄人枉法贓至一百二十兩，絞監候，贓未入手，減一等律，擬杖一百，流三千里，到配折責安置。范忠聽從王貴，夥辦酒席，浮開價值，應照為從減一等律，杖一百，徒三年，到配折責充徒。該犯等據供親老丁單，係依官妄為，不准留養。

甲長尚定元、趙六堂、衛興林、趙振清，并非在官人役，為各花户代支差事，照依舊章，支應兵差，并無不合。惟該州飭令墊買騾頭，并不稟阻，輒行允辦，合依與者減五等律，於邱文藻滿徒罪上減五等，各杖一百，折責發落。該甲長等墊用車馬價值，飭令該州照例報銷，請領給發。

帶兵官酒席，例無供應，但係年久相沿陋規，并非該官弁需索。其兵丁等索要飯錢，雖屬違例，但無名姓可指，均請免其查究。

至陜州地方，連年辦理兵差，民力已形困頓。所有舊章民間津貼車馬，供應酒席，并一切雜費，均飭永遠革除，以紓民困而絶弊端。

除全案供招咨部外，所有審明定擬緣由，理合恭摺具奏，伏乞皇上聖鑒，敕部核覆施行。謹奏。

063. 河南巡撫英桂為具奏審明藉差科派之陝州正署知州按律定擬一摺奉硃批事行按察司札

咸豐四年十二月二十七日*

札按察司。照得本部院於咸豐四年十二月初［九日具奏，審明被參］藉差科派之已革陝州正、署知州，分别［虚實］，按律定擬一摺，業已抄摺札知在案。兹於［十二］月二十七日，在陳州府行營，奉到［硃批］①：刑部議奏。欽此。合就恭録札行。札到該司，即便會同布政司、軍需局，欽遵移行查照。毋違。此札。

札按察司。

064. 河南巡撫英桂行移具奏查明道員被參各款據實覆奏一摺奉硃批

咸豐五年十二月十七日

札布政司。照得本部院於咸豐五年十一月二十九日，會同河東總河/貴部堂李〈鈞〉具奏，查明道員被參各款，據實覆奏一摺。兹於十二月十五日，奉到硃批：另有旨。欽此。合就/相應恭録，并抄摺札行。/咨會。札到該司，即便會同按察司，欽遵移行查照。毋違。此札。

計粘抄摺稿一紙。

札布政司。

為恭録咨會事。竊照云前，相應恭録咨會。為此合咨貴部堂，請煩欽遵查照施行。

一　咨

吏/戶/工部　咨部抄奏稿。

河東總河部堂

十二月十六日送稿。

咸豐五年十二月十七日。工房楊青春承。

① 據《清代河南巡撫衙門檔案》政務卷062號檔案。

具奏查明道員被參各款據實覆奏一摺奉硃批。

河南巡撫部院提督軍門英。劃。

監印官留豫即補府經歷縣丞俞炳。

附録摺稿：河南巡撫英桂具奏查明道員被參各款據實覆奏摺

咸豐五年十一月二十九日

奏為查明道員被參各款，據實覆奏，仰祈聖鑒事。

竊臣英〈桂〉於咸豐五年三月二十九日，准吏部咨開：四年十二月十七日內閣奉上諭：有人奏參河員營私，玩視要工一摺。據稱：河南開歸陳許道周煦徵，於河工撥給之款，撥多發少，擅將現銀抵换官票，折算制錢。并將辦工要需，扣除廳員節壽陋規及幕友節敬、家丁門包名目。竟有要工一處應發帑銀三千兩，除所扣外，祗餘數兩者。廳員不肯具領，在道署公堂争論，衆目共睹。并信任幕友孫姓、沈姓，在外招摇生事，以致物議沸騰等語。河員浮冒，積習已深。當此庫款支絀之時，宜如何潔己奉公，力圖撙節。乃以監司大員，似此骫法營私，實堪痛恨。著英〈桂〉按照所奏各情，秉公確查，據實參奏，毋稍徇隱。欽此。欽遵。當即轉行藩司鄭敦謹，將咸豐四年撥發開歸道周煦徵任內工用銀錢票鈔確數，逐款挨順年月，開具清摺呈覆。一面會同臬司余炳燾，按照原參各情，秉公確查，據實詳請核辦。并飭下南等七廳，各將四年在道庫承領銀錢票鈔，挨順月日，逐一開具清摺呈核。并飭將確查情形密速稟覆間，欽奉諭旨嚴催。經臣英〈桂〉將遠在信陽防堵，查辦未能迅速情形，恭摺覆奏，請旨將開歸陳許道周煦徵先行撤任，并請敕令河臣會辦。

欽奉上諭：英〈桂〉奏請會同查辦道員參款等語。河南開歸陳許道周煦徵，著即撤任，仍交英〈桂〉會同李〈鈞〉迅速查辦，據實參奏。欽此。當經臣英〈桂〉恭録節奉諭旨并卷宗，移會臣李〈鈞〉欽遵辦理，隨即會同查核。據前任藩司鄭敦謹將上年撥發周煦徵任内銀錢票鈔各數目，開呈清摺，會同臬司余炳燾，按照原參各情，逐加查明，據實詳覆。并據上南、中河、下南、蘭儀、儀睢、睢寧、商虞等七廳，各將領過銀錢票鈔數目，先後開具清摺，詳晰稟覆。臣等復將調齊道署庫簿領卷，札飭現任藩司瑛棨，再將收支數目，詳加覆核。據詳，數目相符，原參各款，并無實據，一切情形與前司所詳無异。臣等會同覆加詳核。

如原奏該道周煦徵，於河工撥給之款，撥多發少，擅將現銀抵换官票，折算制錢一節。查河工例支各款，均由藩司籌撥。惟河夫一項，係各州、縣徑解道庫兑收，仍皆填批詳送巡撫，挂發列册，報司彙核。周煦徵自咸豐四年五月初二日到任起，至年底止，藩庫撥給現銀十萬一百四十八兩零，官票銀十九萬三千兩，制錢六萬四千串。又，捐項劃抵司庫應撥銀十二萬九千四十六兩。又，各州縣徑解道庫河夫銀七千二百九十七兩零，官票銀一千二百八十八兩，制錢二百一串零。各河營兵餉米銀四千四百七十兩零，制錢八千九百四十串，徵租銀二兩零，官票銀一百二兩。各營汛解還借領營倉銀七百三十九兩零，官票銀六十三兩。前河臣長〈臻〉徑發寶鈔五萬四千串。又，舊管現銀七十三兩零。統計共收現銀二十四萬一千七百七十五兩零，官票銀十九萬四千四百五十三兩，寶鈔五萬四千串，制錢七萬三千一百四十一串零。由該道發給上南等七廳現銀二十四萬七千一百二十七兩零，官票銀十八萬七千二百六十三兩，寶鈔三萬一千五百九十串，制錢七萬九千七百二十九串零。發給南岸七河營秋冬二季兵餉，現銀四千四百七十兩零，制錢八千九百四十串零。發給南岸各汛堡夫工食并雜款各項現銀六千六百五十九兩零，官票銀六千九百四十九兩。共計支發現銀二十五萬八千二百五十六兩零，官票銀十九萬四千二百十二兩，寶鈔三萬一千五百九十串，制錢八萬八千六百七十串零。截至年底止，除存庫現銀二十兩零、官票二百四十一兩、寶鈔二萬二千四百一十串、制錢二百二十一串零不計外，統計長支現銀一萬六千四百八十一兩，制錢一萬五千七百四十九串。實因上年南岸險工叠出，司庫迫於軍需，接濟不及，經前任藩司鄭敦謹囑令周煦徵設法籌墊。臣等按照司開清摺，詳查各案卷宗并道庫收發底簿，核對各廳開呈承領銀錢票鈔細摺，暨各廳營汛印領正雜各款，分晰勾稽，實係支款贏於撥款，由周煦徵先行籌墊。以散合總數目悉屬相符，是周煦徵任內收支各款，不但銀錢票鈔并無抵換折算情事，且係撥少發多，并非撥多發少，均有案據可憑。

又，原奏辦工要需扣除廳員節壽陋規及幕友節敬、家丁門包名目一節。據藩、臬兩司詳稱，從前經費充裕，或有陋規名目。嗣因撙節工需，久裁浮費。各廳工需不敷，尚藉該道墊發。周煦徵操守尚謹，藩司等近在同城，素所深知。密訊庫書人等，實無扣除陋規情事。并據各廳禀稱，奉查各項陋規，從未致送，亦未經該道扣收。上年錢糧支絀，迄今應領之款尚未領清，何能更及已裁之陋規。臣等覆核藩庫，因軍需浩繁，河工應撥之款未能清發，陋規非公用寬裕不能致送。值此用項拮据，既裁之費，勢難復舊。且周煦徵上年墊發工需，尚在懸宕未清，其為并無扣收陋規，尤屬顯然。

又，原奏要工一處應發帑銀三千兩，除所扣外，祇餘數兩者，廳員不肯具領，在道署公堂争論，衆目共睹一節。查道庫發銀，每百兩應扣六分平銀六兩、部飯銀一兩、路費銀二錢。現據藩司詳稱，查明前項應扣六分平等銀，有隨發隨扣者，有工需緊急先發實銀，俟續有領款補扣者，并有本款不敷動支，或竟無本款可動，先行墊銀發辦，續於本款内扣還者。周煦徵任内，亦俱循舊辦理。查咸豐四年八、十月間，下南廳同知金承詔，因工程緊急，三次借領道庫實銀三千兩。十一月，在該廳奉准歲料項下，如數扣還。此外，各廳開呈清摺并卷宗，陸續具領三千兩者，不僅一處，或銀或錢或票鈔，均經詳晰注明，實無要工應發帑銀三千兩，除扣祗餘數兩之事。且各廳請領銀兩，均批差赴道請發，從不親自赴領，亦無公堂争論之事。臣等明查暗訪，衆論如一。

又，原奏信任幕友孫姓、沈姓，在外招摇生事，以致物議沸騰一節。查道署重在河務，各廳估請工料，准駁定自河臣，該道尚不能專政。署中友人僅止幫查例案，辦理筆墨。現據兩司查明，道署幕友孫姓係孫逵，沈姓係沈壽田，均籍隸浙江，在豫年久，雖與各廳素有認識，并未在外招摇生事。各廳所禀，亦復相同。查周煦徵事必親裁，幕友無從朦混，其為并無招摇情弊，亦屬可信。

以上各情，臣等詳細察查。司詳均有實據，廳禀各無异詞。提訊道庫書吏等，供亦相同。查周煦徵自上年五月到任後，屢次督辦險工，尚能力求撙節，得臻平穩。所轄南岸七廳上年用項總數，比較三年分節省銀七萬餘兩，經前河臣長臻奏明在案。惟該道自信太過，遇有公事，與工員等未能虚衷商榷，由此不滿人意，致招怨尤。臣等欽奉諭旨，訓誡嚴切。如果該道不知潔己奉公，骩法營私，斷不敢代為隱飾，自蹈瞻徇不實之咎。今訪查再四，委無前項等弊。惟既不洽輿情，究係該道辦事不能和衷，自未便令其仍回本任。擬請將前任開歸陳許道周煦徵留於河南，遇有相當道員缺出，另請補用。至幕友孫逵、沈壽田，雖查無招摇實據，但與各廳素有認識，亦迹涉嫌疑。既有物議，致被糾參，亦未便任其在豫游幕。應飭令各回原籍，不准逗遛。

所有欽遵詳查議擬緣由，謹會同恭摺據實覆奏，伏乞皇上聖鑒訓示。謹奏。

065. 河南巡撫英桂行移附奏請將開封府知府趙書升原議革職處分開復仍照原班補用片

咸豐五年十二月二十三日

札布政司。照得本部院於咸豐五年十二月二十三日附奏，開封府知府趙書升，剿匪、勸捐，頗稱勤奮，請將原議革職處分開復，仍照原班補用一片。除俟奉到硃批，另行恭録札知移咨外，合先抄片札行。咨送。札到該司，即便會同按察司查照飭知。毋違。此札。

計粘抄片稿一紙。

札布政司。

為咨送事。竊照云前，合先抄片咨送。為此合咨貴部，請煩查照施行。

計粘抄片稿一紙。

一咨

吏部

十二月二十三日送稿。

咸豐五年十二月廿三日。刑工房李永齡楊青春承。

附奏開封府知府趙書升剿匪勸捐頗稱勤奮請將原議革職處分開復仍照原班補用一片。

河南巡撫部院提督軍門英。劃。

監印官留豫即補府經歷縣丞俞炳。

附録片稿：河南巡撫英桂附奏請將開封府知府趙書升原議革職處分開復仍照原班補用片

咸豐五年十二月二十三日

再，署開封府知府趙書升，前因疏防下北廳屬之蘭陽汛河工漫溢，經臣查取職名，奏交部議，將該府革職留工。欽奉諭旨：依議。當經轉行欽遵。

查該府趙書升協防不力，咎無可辭。惟彼時正在奉委帶勇出省，赴汜水一帶，查辦聯莊會匪。旋因新鄉刁民張昺等聚衆圍城，勢甚凶惡，復經臣飭令該府帶勇即由滎澤渡河救援，隨同鎮臣崇安等分路進剿，立解城圍，叠經臣先後奏報在案。現今河北一帶一律肅清，該府防河雖有應得之咎，而剿匪亦未便没其微勞。且自被議後，首先倡捐，并設法廣勸官紳，竭力輸將，共計制錢一萬七千串，藉資賑恤，頗稱勤奮。據藩、臬兩司會詳請奬前來。臣核其功過，尚足相抵。合無籲懇天恩，可否將候選道署開封府知府候補知府趙書升原議處分俯准開復，仍照原補班次補用之處，出自逾格鴻慈。

謹附片具奏，伏乞聖鑒訓示。謹奏。

066. 河南巡撫英桂行移附奏請將會試未第回籍中途遇賊被害之雲南舉人楊逵等交部議恤片

咸豐六年六月二十日

札軍需局。照得本部院於咸豐六年六月十五日，在亳州行營附奏，會試未第回籍，中途遇賊被害之雲南舉人楊逵等，請交部議恤緣由一片。除俟奉到硃批，另行恭録札知移咨外，合先抄片札行。咨送。札到該局，即便會同兩司查照。毋違。此札。

計粘抄片稿一紙。

札軍需局。

為咨送事。竊照云前，合先抄片咨送。為此合咨貴部院，請煩查照飭知施行。

計粘抄片稿一紙。

一咨

吏部

雲南巡撫部院

六月十九日送稿。

咸豐六年六月廿日。軍務局鄧式南承。

附奏會試未第回籍中途遇賊被害之雲南舉人楊逵等請交部議恤縁由一片。

河南巡撫部院兼提督軍門英。劃。

附録片稿：河南巡撫英桂附奏請將會試未第回籍中途遇賊被害之雲南舉人楊逵等交部議恤片

咸豐六年六月十五日

再，查前據署鄭州知州鹿傳洵詳稱：咸豐三年五月十九日，據雲南舉人胡文淳呈報，伊與同省舉人楊逵、慶桂森赴京會試，未第回籍。於五月十八日，行抵州境七里鋪，適遇逆匪竄擾，楊逵、慶桂森遇賊不屈，均被戕害等情。當經該州親詣驗明，妥為棺殮。因該舉人等籍貫，原呈未據聲明，差查胡文淳業已回籍，復詳請咨會滇省，查明楊逵籍隸太和縣，慶桂森籍隸昆明縣，均中式道光己亥科雲南省鄉試舉人，癸丑科赴京會試未第。慶桂森挑選二等，以教職用，在部領照，與楊逵同行回籍。於五月十八日，行抵鄭州地方，遇賊被害。咨覆來豫，由軍需局、司、道詳，經臣覆查明確，咨部議恤。嗣准吏部以應行議恤人員，俱由該督撫自行奏請，俟奉旨後，本部再行核議咨覆照辦。等因。臣查該舉人等萬里觀光，中途猝遭逆氛，不屈被害，情殊堪憫。合無仰懇天恩，俯准交部議恤，以慰忠魂而勵士節。

謹附片陳明，伏乞聖鑒訓示。謹奏。

067. 河南巡撫英桂行移附奏請將會試未第回籍中途遇賊被害之雲南舉人楊逵等交部議恤一片奉硃批

咸豐六年七月十一日

札軍需局。照得本部院於咸豐六年六月十五日，在亳州行營附奏，會試未第回籍，中途遇賊被害之雲南舉人楊逵等，請交部議恤緣由一片，業已抄片札知咨送在案。玆於七月初八日，在亳州行營，奉到硃批：另有旨。欽此。合就相應恭録札行移咨。札到該局，即便會同兩司，欽遵查照。毋違。此札。

札軍需局。

為咨送事。竊照云前，相應恭録移咨。為此合咨貴部院，請煩欽遵查照飭知施行。

一咨

吏部

雲南巡撫部院

七月初十送稿。

咸豐六年七月十一日。軍務局劉振南承。

附奏會試未第回籍中途遇賊被害之雲南舉人楊逵等請交部議恤緣由一片奉硃批。

河南巡撫部院兼提督軍門英。劃。

監印官留豫即補府經歷縣丞俞炳。

068. 河南巡撫英桂為具奏遵旨確查厲文煒等被參各情據實覆奏一摺奉硃批事行軍需局札

咸豐七年八月初二日

札軍需局。照得本部院於咸豐七年六月二十九日，在阜陽縣軍營具奏，遵旨確切查明，據實覆奏一摺。玆於七月二十六日，奉到硃批：知道了。欽此。合就恭録札行。札到該局，即便會同兩司，轉飭欽遵知照。毋違。此札。

計粘抄摺稿一紙。

札軍需局。

咸豐七年八月初二日。軍務局丁範道楊惟賢鄧式南承。

具奏遵旨確切查明據實覆奏一摺奉硃批。

河南巡撫部院提督軍門英。劃。

監印官留豫即補府經歷縣丞俞炳。

附録摺稿：河南巡撫英桂具奏遵旨確查厲文煒等被參各情據實覆奏摺

咸豐七年六月二十九日

繕。

奏為遵旨確切查明，據實覆奏，仰祈聖鑒事。

竊臣承准軍機大臣字寄，咸豐七年五月十八日奉上諭：有人奏，河南捐升知府之厲文煒，前署汝州任內，借兵差為名，科斂民錢四萬餘串，有陳文元不遂其欲，鎖押數日。任聽門丁招摇索詐，有收詞禮等名目。并在省置買房産，及買娼為妾。種種妄為，毫無忌憚。又，前任中牟縣丁憂知縣陳肇鏞，交代未清，逗遛軍營，把持公事，與山東候補州判秦堯曦狼狽為奸，令其子陳麗生在外撞騙，并捐納知縣，出門頂馬用六品翎頂，居民無不詫异。又，前候補知州王貽，明則幫辦文案，暗則管理糧臺，每月薪水用至數百金，寓所奢侈，甲於省城。各等語。厲文煒等曾在英〈桂〉大營，如有貪婪劣迹，何以不即行參劾？現在該員等已回省城，著英〈桂〉按照所參各款，詳悉確查，據實具奏，毋稍徇隱。原摺抄給閲看。等因。欽此。并抄寄原摺到臣。當即欽遵密飭藩、臬兩司，分别詳查。兹據該司等確切查明，據實會詳請奏，復經臣按款詳悉確查。

如原奏內稱，捐升知府厲文煒，前署汝州任內，借協濟兵差為名，科斂民錢四萬餘串，有陳文元不遂其欲，鎖押數日一節。飭據委員候補同知高偓，會同現任汝州知州程廷鏡密查禀覆：厲文煒前於咸豐三年署理汝州篆務。是年十一月間，經前署按察使牛鑑以臣帶兵前赴信陽防堵，飭令該州協濟許州大車三十輛，騎馬十匹。汝州不通大道，向無車行，民間皆係牛車。歷來辦理兵差，由各里大户分赴外境，墊雇馬車，送站支應，官為領價發還。厲文煒傳飭大户彭鳳祥、韓鳳昇、樊金盤等十人，先雇得大車二十輛，由韓鳳昇押送許州。因兵差過竣，奉札駁回。共計往返車價、餵養用錢三百七十二串，均係該大户等公同墊付。其騎馬十匹，恐票雇需時，先經五班頭役潘登元、楊萬仁等，每班雇馬二匹，每日每匹馬價、餵養共錢三百五十文，亦奉駁回。厲文煒即將差票掣銷。所費錢文無多，已由該守照發，并未科派各里。遍查并無陳元文其人，亦無另有不攤車馬錢文被押花户之事。傳訊各里大户彭鳳祥等及五班頭役潘登元等，衆供僉同，并取有切結。

查厲文煒署汝州任内，僅止奉文協濟許州大車三十輛，騎馬十匹，各里共知，豈甘聽其派錢至四萬餘串？事後又焉肯代為隱瞞？其為厲文煒并無藉差科派，實屬可信。

又，如原奏內稱，厲文煒任聽門丁招摇索詐，有收詞禮、坐堂禮、和息禮各名目一節。查厲文煒於咸豐五年正月卸事，門丁等均離汝州。如有索詐情事，該州書役斷無不知。經高偓會同程廷鏡，提集各房經書及各班頭役，逐一研訊。均稱該員向照舊章，三八告期收詞，命盜重案隨時喊控，各案人証隨到隨審，當堂具結，息呈照例准駁，并無各項規禮名目，各願具結。復經明查暗訪，均無异詞，所參顯未確實。

又，如原奏內稱，厲文煒在省城置買數千金房屋，又以千金買省城第四巷著名（買）［賣］娼之王金蘭為妾一節。飭據候補同知高偓會同署祥符縣知縣何基祺查復，差傳在城房地行李學海、第四巷鄉地宋魁元到案，逐加研訊。據李學海供：凡城內人户，無論本籍、寄居，如有置買田房須用官契，伊挂號用戳，方能成交。今細查號簿，并無厲知府承買房屋之事。即其現住之房，亦係賃自民間，按月認租。衆所共知，不敢捏飾。又，據宋魁元供，伊在第四巷及附近各街切實訪查，從前并無名娼王金蘭其人，亦未聞另有娼妓賣給厲知府為妾之事，均各情願具結。反覆究詰，矢口不移。查置房、買妾，皆顯而易見。如厲文煒果有其事，豈能掩人耳目？該房地行等何敢代為隱諱？具稟查無其事，係屬實情。

又，如原奏內稱，前任中牟縣丁憂知縣陳肇鏞交代未清，逗遛軍營，把持公事，勾結山東候補州判秦堯曦，狼狽為奸一節。查陳肇鏞於咸豐三年正月，經前撫臣陸應穀檄調，隨同前藩司鄭敦謹赴信陽、徐州、宿遷糧臺差委。臣到豫後赴南路防剿，詢訪司、道，知該員明慎有為，復經調回隨營剿匪，并派令襄辦營務。咸豐四年，調補太康縣知縣。其中牟縣任內交代，早經署該縣鄧懷恩接收清楚。因隨營當差，未及到太康縣任，本無交代。是年十月間，臣由信陽州撤防回省，該員旋丁本生母憂。嗣臣赴陳州防堵，差委需人，復將該員奏留，以資熟手。五年二月，隨臣赴信陽防堵。八月，隨臣由信陽赴河北剿辦聯莊會匪。始終勤奮，均經臣先後奏保在案。六年正月，復隨赴歸德剿辦捻匪。計自軍興以來，該員無役不從。臣隨時留心察看，實屬公勤自矢，任事實心。查訪平日，居官亦屬勤慎。其丁憂後在營當差，係臣奏明辦理，并非無故逗遛。詢之在營文武，該員委無把持公事情事。至前山東候補州判秦堯曦，臣前在山東臬司任內，即深知該員持躬謹飭。嗣臣仰蒙恩命，簡授河南巡撫，正值有事之秋，當將該員奏調來豫差委。三載有餘，歷派隨營剿匪文案差使，均能不辭勞苦，亦經臣奏保在案。該員素知自愛，且臣耳目甚近，不時查察。所參與陳肇鏞勾結，狼狽為奸，實屬風影無憑。

又，如原奏內稱，凡遇保劾升調之事，陳肇鏞令其子陳麗生在外撞騙同寅，陳麗生現在（損）［捐］納知縣，每出門必有六品翎頂騎頂馬在前，省城居民無不以為詫异一節。臣查凡遇應保在營及地方文武各員弁，皆由該司等暨統帶兵勇大員，開具勞迹詳咨，由臣核定，奏懇恩施。間有因原請人數太多，或所請過優，臣恐涉冒濫，往返查核，致稽時日。其應劾各員，或經臣訪聞特參，或經藩臬兩司會詳請參。其應升、應調各員，如臣在省，皆與兩司面商。即臣督兵出省，亦必往返嚴密札商。彼此意見相同，然後分别升調。不特不與該員等商酌，并不使該員等預聞，何能藉此撞騙？并經該司等飭據署開封府同知前祥符縣知縣鈕濡查明，陳麗生名金式，僑寓省城，平素讀書安静，并無在外撞騙情事。遍訪同寅，亦無被其撞騙之人。至出門頂馬用六品頂翎，訪查省城居民，并無有一人目擊。果使省會居民有詫异之事，該員曾任祥符，豈無聞見？再，查陳金式報捐知縣，係其同鄉至戚惲姓於本年二月，聞在京城銅局為其捐輸議叙，并無不合。該司等復派員暗訪，均屬相符，據稟均屬可信。

又，如原奏內稱，前候補知州王詒，明則幫辦文案，暗則管理糧臺，每員每月應得薪水銀三十兩，該員每月用至數百金，其寓所之奢侈，甲於省城一節。查王詒於咸豐三年隨同鄭敦謹，在徐州、宿遷糧臺當差四年，經前湖廣督臣楊霈奏調行營差委，嗣經臣委令隨營當差。是年十月，因偃師縣知縣張晋人地不甚相宜，王詒曾署偃師縣事，民情愛戴，經鄭敦謹詳委署理該縣篆務。五年七月卸事，即隨臣行營前赴河北剿辦聯莊會匪，派令襄辦營務，亦經臣先後奏保在案。上年復隨臣赴歸德剿匪，始終并未經手錢糧。飭據專管臣行營糧臺之前南陽府丁憂知府趙書升等稟稱，查在營文員同知直隸州每月例支鹽糧等銀十五兩三錢一分零，并非每員每月應得薪水銀三十兩。該員王詒向係按例支取，并未每月用至數百金。如果有其事，當此經費支絀，兵勇口糧尚屬不敷支發，何能聽其多用，代人受累？且每月支發總數，皆隨時開摺具報，均確有可查。該員總未管理糧臺，在營文武共見共聞，尤毋庸代為剖白。至該員寓所是否奢侈甲於省城，經藩臬兩司飭委祥符縣訪查，王詒係賃房居住，寓所日用飲食，均極儉（僕）［樸］，無异衆人。其如何奢侈，外間絶無見聞，委係并無實據。

又，如原奏內稱，該員等在臣大營把持一切，以致該撫日久無功一節。臣仰蒙聖恩，畀以封疆及三省剿匪重任，遇有地方軍務緊要事件，無不與司道及幫辦各員悉心商搉，以期有濟。即尋常公事，亦皆逐細親裁。臣雖至愚，豈一二委員所能把持？惟師久無功，乃臣才力短絀。荷蒙聖明洞鑒，復派令勝保幫辦。血戰半年，屢有斬獲，而元惡未除。臣之負咎實深，與該員等何預？此尤不待辨而自明者也。

又，如原奏内稱，臣亦知該員聲名狼籍，恐其挾制，未即參劾，均遣令回省，現聞該員等仍在省遇事招摇一節。查臣自到豫以來，凡府縣中劣迹昭著之員，一經查明，無不立予參辦，從未稍存瞻徇，畏人挾制。該員厲文煒等，與臣非親非友，果有貪婪劣迹，臣既查知，豈有不即行參劾之理？實係數年來察看該員等才具操守，均有足取。臣為國家用人起見，方冀其整頓地方，得收臂指之助。是以屢次奏保，并非敢阿私所好，顛倒是非。今忽被浮言，推原其故，衹因該員等向來辦事認真，不徇情面，未免招致怨尤。無憑之口，或因此而起。

又，查該員厲文煒於本年二月由臣行營給咨赴部引見，五月間方始回省。秦堯曦於上年二月聞訃丁憂給假，在歸德府城守制，旋經臣奏明留營差委。王詒於本年五月，經藩司瑛棨以該員熟悉西路情形，委令署理陜州篆務，由營馳赴署任。從前并未在省，豈能遇事招摇？惟陳肇鏞因從軍日久，感受濕熱，於上年十二月請假醫治。臣見其患病屬實，飭令回省就醫，以示體恤。飭據該司等查明，該員現已痊愈，銷假當差，察訪該員在省實無招摇情事。

以上厲文煒等被參各情，經臣嚴密確查，覆核司詳，實係查無確據，理合恭摺據實覆奏，伏乞皇上聖鑒。謹奏。

069. 河南巡撫吳昌壽行移具奏請將參後掃數全完欠解裁扣銀兩之知縣開復頂戴摺

同治四年十二月十五日*

札布政司。照得本部院於同治四年十二月十五日具奏，原參欠解裁扣銀兩之知縣，參後掃數全完，籲懇天恩，開復頂戴一摺。除俟奉到諭旨，另行恭録札知移咨外，合先抄摺札行。札到該司，即便會同按察司，查照飭知。毋違。此札。

計粘抄摺稿一紙。

札布政司。

為移咨事。竊照云前，相應遵用預印空白，抄摺咨送。為此合咨貴部，請煩查照施行。

計粘抄摺稿一紙。

一咨

吏户部

部咨另發。

附録摺稿：河南巡撫吳昌壽具奏請將參後掃數全完欠解裁扣銀兩之知縣開復頂戴摺

同治四年十二月十五日

奏為原參欠解裁扣銀兩之知縣，參後掃數全完，籲懇天恩，開復頂戴，恭摺奏祈聖鑒事。

竊查前署延津縣知縣沈鏞、湯陰縣知縣雙林，各欠解同治元、二兩年驛站裁扣銀兩，經前撫臣張〈之萬〉奏參摘頂，勒限嚴追在案。兹據布政使蘇廷魁、按察使王正誼轉據該管道、府詳稱，前署延津縣知縣沈鏞欠解同治元、二兩年裁扣銀二千七百八十八兩六錢三分，湯陰縣知縣雙林欠解同治元、二兩年裁扣銀五千七百九十七兩七錢八分，均於被參後掃數全完。請將原參摘頂之案，奏請開復等情。會詳前來。

臣查該員等於被參後即將欠解銀兩掃數全完，尚知愧奮。合無仰懇天恩，俯准將前署延津縣知縣沈鏞、湯陰縣知縣雙林原參摘頂處分，均予開復，以昭激勸。

謹恭摺具陳，伏乞皇太后、皇上聖鑒訓示。謹奏。

070. 河南巡撫吳昌壽行移具奏請將參後掃數全完欠解裁扣銀兩之知縣開復頂戴一摺奉旨

同治五年正月十六日

札布政司。照得本部院於同治四年十二月十五日，具奏原參欠解裁扣銀兩之知縣，參後掃數全完，籲懇天恩，開復頂戴一摺，業已抄摺札知咨送在案。兹於同治五年正月十三日，承准軍機大臣奉旨：沈鏞、雙林，均著准其開復原參摘頂處分。該部知道。欽此。合就相應恭録札行。移咨。札到該司，即便會同按察司，欽遵查照飭知。毋違。此札。

札布政司。

為恭録移咨事。竊照云前，相應恭録移咨。為此合咨貴部，請煩欽遵查照施行。

一咨

吏户部

［部］咨另發。

同治五年正月十六日。兵房王本立承。

具奏原參欠解裁扣銀兩之知縣參後掃數全完籲懇天恩開復頂戴一摺奉旨。

河南巡撫兼提督軍門吳。行。

監印官知縣用候補府經歷程汾源。

二　河工卷

001. 軍機大臣字寄著阿桂等通籌青龍崗壩工（蜇）［蟄］場事宜并速繪圖貼説以慰懸注

乾隆四十七年四月十五日

尚書額駙公福〈隆安〉字寄，欽差大學士公阿〈桂〉、兩江總督薩〈載〉、江南河道總督李〈奉翰〉、河東河道總督韓〈鑅〉、河南巡撫富〈勒渾〉，乾隆四十七年四月十五日奉上諭：據阿〈桂〉等奏，青龍崗壩工，於初十日丑刻挂纜，堵合厢填。至十一日早，金門業已斷流，大溜全入引河，水頭已入江南境。至未刻，西壩復陡（蜇）［蟄］塌去三十餘丈，大溜仍從漫口下注等語。昨十三四日，晝夜盼望好音，不至。十五日申刻，始得五百里報，即恐硃筆：知有變動。今硃筆：及閲阿桂等奏此情形，實為焦急。目下料物漸短，大汛將臨。當此萬［難］措手之際，正須盡心推求良法，斷無束手坐視之理。看來此處土性鬆浮，似不宜合龍，只可另覓善地。據奏（摺）［片］內稱，自青龍崗一帶形勢，無可籌辦。惟就上［游擇其可以避重就輕之處］，帶同諳習河［員］，親履查勘，熟商辦法等語。朕［意亦止如此，應就］上游，相度善地，改而更張。想阿桂等現在自［商］有成［局，其如何籌］辦之處，即速繪圖貼説奏來，以慰懸注。

至此次［所］開引河，屢次放溜，不能得手。或應順南岸相近處所，另行籌度地面，别開引河，使大溜得以直趨，暢達南下，庶於事勢有濟。至從前曾經降旨，為萬不得已之計。目下情形至此，又不得不復申前説。與其漫在北岸，受害大而辦理較難，毋寧漫在南岸，受患小而施工較易。［蓋］[①] 因南岸尚有賈魯河、渦河、洪澤湖等處，逐漸消納歸海。此實無聊之極思。阿桂等再行通盤熟籌，如

---

① 此上諭中脱漏字、殘缺字的補正，錯字的更正，均據《阿文成公（桂）年譜》卷26，《近代中国史料丛刊》，文海出版社1971年版，第2777—2778页。

果可行，一面奏聞，一面飛咨薩載、譚尚忠等，預為籌備，庶北岸不（下殘）。

002. 軍機大臣字寄著阿桂等速行覆奏另籌青龍崗漫口壩工（蜇）［蟄］塌辦法并酌量緩急相機籌度河工事務

乾隆四十七年四月十八日

尚書額駙公福〈隆安〉字寄，欽差大學士公阿〈桂〉、兩江總督薩〈載〉、江南河道總督李〈奉翰〉、河東河道總督韓〈鑅〉、河南巡撫富〈勒渾〉，乾隆四十七年四月十八日奉上諭：青龍崗漫口壩工，復有（蜇）［蟄］塌之事。節經降旨傳諭，并將如何另覓善地，為改弦更張之計，詢問阿〈桂〉等，迅即熟籌妥議具奏。現在阿〈桂〉等在工，如何另籌辦法，目下自已有定議。朕廑念該處要工，無時或釋。著再傳諭阿〈桂〉等，令其速行奏聞，以慰懸注。

至料物一項，目下急需。南北兩岸工段，內有硃筆：歲例有備存搶險之料，俱可酌量抽撥，迅速移用。向來河工人員習氣，輒以搶險要工所用，不可輕易挪動，且每以設遇驟漲，藉資抵禦為詞。殊不知青龍崗既經漫口，則全河之水已併注於此，斷不致别處復有事端。豈有舍現在要工急需，而於無用處所預為防備硃筆：不動用之理？向來各工，拘泥汛段，不肯將料物移用，最為陋習。上年，薩載尚有采辦割青之奏。（於）［與］[①] 其割青，何不通融移用？凡事須當權其緩急重輕，臨時酌為調劑。阿〈桂〉係曉事之人，自必心服此旨，不肯輕聽浮言，致此時反以缺少物料，自掣其肘也。至韓鑅係本管處所，調度抽撥，呼應更靈。况要工即在北河，以彼濟此，又何畛域之分耶？

總之，河工事務，酌量緩急，相機籌度，以濟要工。凡有河務之責者，俱當照此辦理，不可仍前拘泥。將此由六百里加緊傳諭阿〈桂〉等，并諭薩載知之。

欽此。遵旨寄信前來。

003. 軍機大臣字寄著阿桂等遵旨於蘭陽三堡大堤外添築南堤開挑引渠

乾隆四十七年四月二十三日

尚書額駙公福〈隆安〉字寄，欽差大學士公阿〈桂〉、兩江總督薩〈載〉、江南河道總督李〈奉翰〉、河東河道總督韓〈鑅〉、河南巡撫富〈勒渾〉，乾隆四十七年四月二十三日奉上諭：據阿〈桂〉等會議，自蘭陽三堡一帶大堤外，另添築南堤，開挑引渠，計長一百七十餘里，約四五月竣工，可以導水由引渠下注正

① 據《阿文成公（桂）年譜》卷 26，《近代中国史料丛刊》，文海出版社 1971 年版，第 2785 页。

河，勢必掣溜全歸故道入海等語。已批交大學士、九卿詳議具奏矣。此雖無可如何之計，然目前籌辦，無過於此。大學士、九卿等材識見地，俱不及阿〈桂〉之明練，亦未必別有善策。此事自即可照議辦理。

至阿〈桂〉此次所奏，現在儀、考地形敗壞，無可籌辦，應於蘭陽三堡改築大堤，開挑引渠。既經履勘確實，衆議僉同，即可直陳無隱。乃摺內語氣，似以未能遵朕向南堤另求去路之前旨，故為委曲宛轉，多其詞説。不知朕前旨原止通論大勢，宜就沲南一帶，相度辦理，非如阿〈桂〉等身親履勘，目擊情形也。今披覽所奏圖説，籌畫得宜。其所奏蘭陽三堡改堤，即係朕前旨所指沲南一帶也。朕於辦理庶務，從無迴護，每以此諄誡内外大臣。阿〈桂〉侍從年久，豈尚不深知耶？現在改築南堤，開挑引渠，自須數月之久，方能辦竣。阿〈桂〉等惟有督率在工員弁，將所築堤根夯硪堅實，俾資鞏固，毋任草率。

至目前既不能合龍，則水勢仍由北岸下注，惟恃下游廣為宣泄。如潘家屯、六塘河等處，凡可以暢達歸海之路，着傳諭薩〈載〉、李〈世傑〉前往，悉心相度，應展寬者展寬，應開放者開放。李〈世傑〉籌辦事畢，仍即回豫，同辦此事。

再，上年大河水漲時，有分溜一支，由沙河、趙王河穿運，入大清河歸海，後經斷流。今（糟）［漕］[①] 舡正當北上之期，此處尤宜留意。兹據阿〈桂〉等奏，不使涌水倒漾北行，由沙、趙二河穿運，則糧艘北上無虞等語。所慮亦是，自應如此辦理。此事着交韓〈鑅〉隨時籌酌，務使糧運遄行無阻。設或夏秋漲盛，水勢南下，宣泄不及，仍前分波由大清河入海，此亦不得已減泄之一法。然必須保護糧艘行走平穩為妥。

至北運河事務，據奏令道員沈啓震幫同毓奇辦理一切，以專責成，自當如此。阿〈桂〉等即行傳旨遵照辦理。將此由六百里各傳諭知之。

欽此。遵旨寄信前來。

004. 三寶等會奏應於蘭陽三堡添築南堤挑築引渠摺

乾隆四十七年四月二十四日*[②]

奏為遵旨會議具奏事。

竊照大學士公阿〈桂〉等奏，籌［辦］[③] 添築南堤，導河歸入故道一摺。乾隆四十七年四月二十三日，奉硃批：此係無可如何之計，大學士、九卿詳議具

① 據《高宗純皇帝實録》（一五）卷1155，中華書局1986年版，第474頁。

② 據中国第一歷史檔案館館藏《録副奏摺》缩微號071—1073。

③ 同上。

奏。欽此。據稱，豫省自乾隆四十三年以來，祥符八堡等處，云云。查河水順流下注，必使暢行無阻，足資容納，然後順軌安瀾，永無潰决之患。豫省自乾隆四十三年以來，祥符八堡、儀封十六堡、張家油房、現辦之青龍崗等處，俱有堵築漫口工程。其正河身內，因水緩沙停，灘面日漸淤高。其所開引河，挑深至五六尺，尚不能與河面相平，以致合龍開放時，終不能掣歸大溜，迅奏成功。據阿〈桂〉等所奏，自屬實在情形，不得不設法變通，為改弦更張之計。

現在阿〈桂〉等履勘測量，青龍崗迆上南岸堤內，自蘭陽三堡起，至商邱七堡，向東地勢極下，較之堤外大河水面，低至三四尺不等。若比河唇灘面，則低至一丈五六尺至二丈不等。自此至考城、商邱等汛，共一百七十餘里。擬於該處建築大堤一道，再就沿堤舊河形，間段挑深數尺引渠一道。俟開挑築就後，即於蘭陽三堡老堤，刨挖缺口，導水進內，由引渠下注，從商邱七堡出堤，仍歸入正河。大溜勢必全掣，漫口自可堵閉。臣等悉心酌議，并詳閱阿〈桂〉等奏到原圖，自應即照所奏辦理。

至考城一縣，離河本近。向來漫水經過，淹浸城郭。今又議開引渠，令河水穿入老堤，由該縣城南經過，尤無蔽障，不得不籌議遷移。再，該縣境內一切民田、廬舍，不能無礙，俱須酌量妥為籌辦，毋致失所。阿〈桂〉等會同撫臣富〈勒渾〉，自能妥協經理，以副聖主惠愛黎元之至意。

再，臣嵇璜更有請者，南岸蘭陽三堡建堤開渠，通盤籌畫，實於事勢恰當。惟是大汛將屆，將來伏秋盛漲之時，上游險工頗多。設其時大溜南趨或歸中泓，情形又有變更，則青龍崗漫口堵築，尤可不費人力。况大雨時行之際，築堤挑河，均不能不稍稽時日。或俟白露過後秋汛水退時，再行開工，似無趕辦不及之處，而於堤渠一切工程，辦理益昭慎重。是否有當，伏候訓示施行。

所有臣等遵旨會議緣由，理合恭摺奏聞。

005. 軍機大臣字寄著蘭陽三堡建堤改河應照阿桂所奏辦理

乾隆四十七年四月二十四日

尚書額駙公福〈隆安〉字寄，欽差大學士公阿〈桂〉、江南河道總督李〈奉翰〉、河東河道總督韓〈鑅〉、河南巡撫富〈勒渾〉，乾隆四十七年四月二十四日奉上諭：昨阿〈桂〉等奏，南岸築堤改渠一摺，已批交大學士、九卿議奏。今日復召見大學士、尚書與軍機大臣等，面降諭旨，詢問現辦河工，除築堤改渠之外，是否別有長策。僉稱：青龍崗壩工，屢築未就，自應於南岸改辦。即目前形勢而論，不得不如阿〈桂〉等所奏辦理等語。

又，據嵇璜奏稱，南岸蘭陽三堡建堤開渠，經阿〈桂〉等相機度地，通盤籌畫，實於事勢恰當。惟是大汛將屆，將來伏秋盛漲，上游險工頗多。設其時大溜南趨，情形又有變更，則青龍崗漫口堵築，更易為力。況值大雨時行之際，築堤挑工，均未能迅速。或俟白露過後秋汛水退時，再行施工，亦無趕辦不及之處等語。

河工乃國家大事，關係民生。不獨朕日夜焦勞，凡在廷大臣，均應盡心籌慮，以期有裨國是。嵇璜此奏，亦有所見。其是否可以待至八月後施工，不致趕辦不及之處，著傳諭阿〈桂〉等，再行通盤熟籌，據實具奏。

至青龍崗壩工，現在既不能堵合，其所存口門三十餘丈，務須保護完固，不得續有塌失，方為妥善。總之，此事朕毫無成見，惟期於民生實有裨益。

阿〈桂〉等昨所奏蘭陽三堡建堤改河，即係朕前旨所指之迆南一帶另籌去路。惟前旨係通論大勢，未嘗身親履勘，目擊情形。今覽所奏圖説，阿〈桂〉等既經親勘，籌酌得宜，飭下廷議，衆謀僉同，自應照所奏辦理。至嵇璜所稱緩至秋間開工之處，亦為斟酌事勢，慎重要工起見。阿〈桂〉等身親其事，見聞真確，果否可行，候阿〈桂〉等奏到，再降諭旨。

所有大學士、九卿奏摺同此旨，由六百里發往傳諭知之。

欽此。遵旨寄信前來。

006. 內閣奉上諭著阿桂等如所議妥辦豫省漫工另籌築堤改渠

乾隆四十七年五月初三日

乾隆四十七年五月初三日內閣奉上諭：據阿〈桂〉等覆奏，豫省漫工，另籌築堤改渠，并嵇（黄）[璜] 所奏秋間施工一摺。內稱，青龍崗漫口，屢經變動，形勢敗（懷）[壞] 已極，是以遵旨於迆南一帶，另籌去路，自應及時辦理。若於白露後開工，恐水落歸槽，不能掣溜。且既有决口漫水下注，即遇伏秋盛漲，不能復有改移等語。所奏自屬實情。

河工關係民生，最為重大。前此嵇（黄）[璜][①] 所奏，亦屬陳其所見，期有益於事。朕亦以趕辦不及為慮，是以傳旨詢問阿〈桂〉等，令其斟酌該處事勢果否可行，再行詳議，據實覆奏。今據阿〈桂〉等奏，於五、六、七三月內興工，即遇雨水躭延，亦可先得兩月工程。又據稱，漫口塌失處所，現止飭令工員妥為保護，不必如堵築時多費料物。并稱現在應用民夫踴躍，即東省災氓，亦聞風雲集，并可以工代賑。各等語。所籌皆是，均應如所議辦理。

---

① 此上諭中錯字的更正，均據《高宗純皇帝實録》（一五）卷 1156，中華書局 1986 年版，第 486 頁。

總之，議河如聚訟。朕於諸臣，本不預設成見。惟揣度理勢，執兩用中，期於民生實有裨益。阿桂等身親其事，見聞確切，自為籌酌得宜。現已降旨，令阿桂回京，俟工竣開放引河時，再行前往查勘。阿桂此時即可將籌辦事宜，詳晰交韓鑅、富勒渾妥為經理，如議速行可也。將此通諭知之。阿桂等摺併發。

欽此。

007. 阿桂富勒渾韓鑅會奏酌定築堤浚渠章程摺

乾隆四十七年五月初八日①

臣阿〈桂〉等奏為酌定築堤浚渠章程，仰祈睿鑒事。

竊照臣等因儀、考一帶，河身受病已深，以致青［龍］岡壩工屢築難就，公同履勘，於堤內［地南］添築大堤，開挑引渠，由蘭陽汛□□□□□□□□□□□□□□□，從商邱七堡出堤，歸□□□□□□□□□□□□□□□故道入海。業經會□□□□□□□□□□□□□□□□奏。仰蒙皇上敕交大學士、九卿議覆，□□□□□□□□□□□□□□□旨允行。欽此欽［遵］。□□臣韓〈鑅〉自東［回豫］，現又上［下往］來，覆勘測量。地形大局，係屬西高東窪，南仰北低，俱有就下之勢。為今之計，捨此實（無別有）［別無］② 良策。臣等復公同悉心商酌，將一切應行事宜，酌議數條，恭呈御覽。

一、蘭陽迆南舊有沈堤一道，係故明神宗時商邱大學士沈鯉建築以衛鄉里者，由蘭陽起，斜向東南，接至商邱，共長二百餘里。其自儀封以南，相距大堤不過五六里至十餘里不等。雖已殘缺湮廢，而基址猶存。自儀封以東，則距大堤遥遠。且經數次漫水，舊基冲失無存。今擬自蘭陽汛十堡起至儀封數十里，就沈堤加築；而自儀封至商邱十一堡止，另行盤築根基。計估築大堤一道，底寬十七丈，頂寬五丈，平地以高二丈為準，共長二萬六千八百餘丈，工分三百零二段，約估土五百七十餘萬方。派定各員，慎選硪夫，分段承辦。取土須在堤南三十丈以外，不得貪圖近便，挑成深坑，以致堤身孤懸，積水傷堤。每土一坯，即潑水一遍，如式夯硪，方膠粘堅實。坯土一尺五寸，築實一尺一寸為度。上土不許過厚，坦坡尤宜加意用硪築打。自底至頂，務須層層夯築堅實。臣韓〈鑅〉、臣富〈勒渾〉往來工所，用錐試不漏之法，時加查驗，以別其夯杵之鬆堅，并立勸懲之典，以鼓舞而警策之，方不致有怠率偷減諸弊。

① 據《阿文成公（桂）年譜》卷 26，《近代中国史料丛刊》，文海出版社 1971 年版，第 2800 页。
② 同上书，第 2800—2801 页。

一、蘭陽汛引水入堤之李六口，大堤高於堤外灘面八尺，灘高水面一丈七尺五寸，大堤高堤内地面二丈七尺五寸，水面較高堤内地面二尺。今估挑引渠，於李六口堤内挑深五尺。以下地勢，高低不一，挑深自七、八、九尺及一丈餘不等，寬自三十丈至四十五丈。其河頭、河尾灘地内，挑深二丈餘尺，均寬五六十丈，俾進水外灘成順吸川之形，出水外灘有建瓴之勢。計自蘭陽汛李六口起，至商邱七堡東老厓止，共長二萬四千五百餘丈，分工一百五十六段，約估土六百六十餘萬方，(但)[①] 共長一百數十里。如此綿遠，斷不能無忽高忽窪之處。即挨次打量，記名某段高若干，某段比某段低若干，目力所及，一概遂言，寬深不能十分憑準。應令承辦各工員，於應挖渠身内靠北，先挖寬十丈子溝一道。不但大雨時行水有所歸，不致普面漫浸，難以施工，而以水為平，因其就下之勢，可以一律調順。底高者，宜深挑，河面當加寬；窪者，宜淺挖，河面可收窄。則費所當費、省所當省而皆合宜。其出土，亦於插定封堆灰印之南三十丈，刨挖溝形一道，寬三尺，深三尺，以為定界。筐夫等務令於溝南出土，不得倒在溝北，仍令鍬攤平衍，勿致積成土山，并嚴禁偷減墊厓等弊，以期如式寬深。

一、此次工長一百六十餘里，河、堤并舉，工程浩大。承辦必須多員，而督催尤資群力。所有堤工，現已遴選現任州縣六十員，分段承辦。派知府五員總理其事，道員三員總司督催。至挑挖引渠，共派丞倅、佐雜及試用、效力官一百七十二員分段承挑，派道、府、直隸州五員總理督催，并委藩司隨同臣韓〈鑅〉、臣富〈勒渾〉總催堤、河二事。則責成既專，事權歸一，無掣肘推諉之弊，庶可望其共相奮勉，以底於成。并按日論工，按工定限，令督催各員，將工程分數彙五日一報。臣韓〈鑅〉、臣富〈勒渾〉輪流赴工，督率稽查。如有踴躍急公、辦理妥速之員，即分別記功。俟工竣時，奏請議叙。其有遲誤偷減者，立將該員參革，永不叙用。如此明示勸懲，各員共知儆惕，可以依限完竣。

一、俟築堤挑渠工程約有八分以上，其時大汛已過，即於蘭陽汛李六口進水處一帶，相度地勢，築壩一道，以為逼流南趨之計。查現在大河水已落枯，而於堤内挑深五尺，即較大河水面低至七尺。若至八九月汛水未甚消落時，水面自高四五尺，則較堤内必高至丈餘。因勢利導，開放後不患不建瓴就下，大溜必全掣。但河面既寬，尚有餘溜，未能全掣。擬於北岸建築壩基，逐漸進做，挑溜南趨，以期開放後截溜全歸新河，於計慮更周而機宜亦為有益。

一、堤内築堤開河段落，業經丈量標記。其有礙民田、廬舍處所，臣富〈勒

① 據《阿文成公（桂）年譜》卷26，《近代中国史料丛刊》，文海出版社1971年版，第2801页。

渾〉現已出示曉諭，民情甚屬寧貼。俟查明應遷廬舍若干，酌給搬移之費；應用民田若干，將舊河身灘地抵給更換。其情願仍於新堤外居住者，即將其地照河灘减則。務期籌辦安全，不使稍有擾累失所。

以上五條，臣等公同酌議，其間或更有應損益增減及一切未盡事宜，臣韓鑅、臣富〈勒渾〉隨時隨事續行具奏。

所有酌定章程，謹恭摺具奏，并繪圖貼説，另繕清單，恭呈御覽，伏乞皇上聖鑒。謹奏。

奉硃批：有治人，無治法。實力妥為之。欽此。

008. 軍機大臣字寄著富勒渾無庸於蘭陽三堡南岸開渠築堤

乾隆四十七年五月初八日

尚書和〈珅〉字寄，安徽巡撫譚〈尚忠〉、江南河道總督李〈奉翰〉、河東河道總督韓〈鑅〉、河南巡撫富〈勒渾〉，乾隆四十七年五月初八日奉上諭：據譚尚忠奏，親查賈魯河、渦河情形，預籌妥辦一摺。此事現據阿桂等遵旨奏明：於蘭陽三堡堤內，另籌開挖引渠，又添築長堤一百七十餘里。俟完竣後，即將舊堤刨開，使黄河大溜全注引渠，由商邱七堡，仍歸正河入海，則曲家樓漫口可不堵自合等語。現已降旨，依議妥辦。所有賈魯河、渦河一帶，黄水并不經由，自可無庸辦理。即賈魯河等處，從前降旨詢問時，原為萬不得已之計，阿桂等亦未能深喻朕意。而此時所辦，仍係遵朕前旨，於蘭陽三堡南岸，開渠築堤，籌畫去路。

譚尚忠近在鄰省，豈尚不知豫省現在情形而張皇若此耶？况下游一帶居民，若(此)[①] 知有刨挖南岸之事，而巡撫又親行履勘，人心未免驚疑失措。辦理殊屬非是。著傳諭譚尚忠，此事竟無庸辦理，亦不必言及賈魯河，使閭閻照常安堵，若無其事者然，方為妥善。將此由六百里加緊發往，并諭李〈奉翰〉、韓〈鑅〉、富〈勒渾〉等，一體留心慎重，毋得稍涉張皇。并諭阿〈桂〉、薩〈載〉等知之。

欽此。遵旨寄信前來。

009. 河南巡撫富勒渾為譚尚忠具奏親查賈魯河渦河情形預籌妥辦一摺奉上諭事行布政司及總局道札

乾隆四十七年五月十三日*

札布政司。總局道。照得本部院於乾隆四十七年五月十三日，承准尚書和〈珅〉字寄，安

① 據《高宗純皇帝實録》(一五) 卷1156，中華書局1986年版，第492頁。

徽巡撫譚〈尚忠〉、江南河道總督李〈奉翰〉、河東河道總督韓〈鑅〉、河南巡撫富〈勒渾〉，乾隆四十七年五月初八日奉上諭：據譚尚忠奏，親查賈魯河、渦河情形，預籌妥辦一摺。此事現據阿桂等遵旨奏明：於蘭陽三堡堤內，另籌開挖引渠，又添築長堤一百七十餘里。俟完竣後，即將舊堤刨開，使黄河大溜全注引渠，由商邱七堡，仍歸正河入海，則曲家樓漫口可不堵自合等語。現已降旨，依議妥辦。所有賈魯河、渦河一帶，黄水并不經由，自可無庸辦理。即賈魯河等處，從前降旨詢問時，原為萬不得已之計，阿桂等亦未能深喻朕意。而此時所辦，仍係遵朕前旨，於蘭陽三堡南岸，開渠築堤，籌畫去路。譚尚忠近在鄰省，豈尚不知豫省現在情形而張皇若此耶？况下游一帶居民，若知有刨挖南岸之事，而巡撫又親行履勘，人心未免驚疑失措，辦理殊屬非是。着即傳諭譚尚忠，此事竟無庸辦理，亦不必言及賈魯河，使閭閻照常安堵，若無其事者然，方為妥善。將此由六百里加緊發往，并諭李〈奉翰〉、韓〈鑅〉、富〈勒渾〉等，一體留心慎重，毋得稍涉張皇。并諭阿〈桂〉、薩〈載〉等知之。欽此。遵旨寄信前來。等因。到本部院。承准此。合就札行。為此札仰該司；道；即便會同總局道；布政司；轉飭在工各員，一體欽遵查照，留心妥辦，慎毋稍涉張皇。此札。

一札布政司。總局道。

010. 河南巡撫富勒渾等會奏豫工築堤挑河需用人夫甚多現在設法酌辦摺

乾隆四十七年六月初八日①

奏為奏聞事。

竊照儀封南岸築堤挑河工程，先應清底抽溝情形，業經奏蒙聖鑒。兩旬以來，堤根浮沙已刨挖淨盡，行硪盤底錐試堅實，引河抽溝工段，亦皆次第興挑，漸次就緒。惟人夫一項，因需數甚多，尚未能如數雲集。兹准東省撫臣明興派委兖沂曹道張永貴，督率府廳正佐各官三十四員，來工幫辦。查東省地界，原估土二十七萬餘方，内堤工估土五萬餘方。臣等因堤工例需保固，已派豫省州縣代辦。又，河尾估土十九萬餘方，因急須趕挑以放積水，亦委丞倅乘時代挑。現在東省止餘河身之土七萬餘方。

查兖沂曹道張永貴，去歲曾經帶領官夫，來豫協挑。彼時引河共估挑土一百餘萬方，東省幫挑土二十八萬餘方。該道辦理，頗為認真。今次工巨限緊，十倍於前。豫省每員攤派土方八九萬，所需人夫半多借資於鄰省。兹東省委員來豫，

① 據中国第一歷史檔案館館藏《録副奏摺》缩微號 071—1159。

就近雇募本地人夫，自益便捷，呼應更靈。豫省官夫，現在缺少，自應通融酌派，以期大工速竣。除將東省界內應挑土七萬方，飭令該道酌定官夫辦理外，其餘官夫，并飭該道接連東省工段，協幫挑土一百萬方。通計豫工此次估辦土一千二百餘萬方之數，所幫不過十分之一。并咨會撫臣明興，一體轉飭該道，上緊照辦，毋分畛域。

至明興咨據張永貴禀稱，曹、單所屬之黄奶奶廟對灘估挑引河之處，臣韓鑅於去歲春間查勘，因形勢不順，是以停辦。現在情形，并未改移，自應俟河歸故道時，查看溜勢趨向，相機酌辦。

再，查直省亦屬鄰境，臣等曾經札會直督，轉飭附近豫省州縣，明白曉諭人夫，到工築堤挑河，每土一方，給銀三錢，以期售雇踴躍。兹接准督臣鄭〈大進〉札覆，已專委道、府在本地督辦。臣等現復移咨該督，嚴飭多為代雇實在來工，方克有濟。

臣等因要工急緊，所有設法酌辦緣由，謹恭摺由驛具奏，伏乞皇上聖鑒訓示。謹奏。

011. 河南巡撫富勒渾為具奏豫工築堤挑河需用人夫甚多現在設法酌辦一摺奉旨事移山東巡撫咨文

乾隆四十七年六月十七日*

為飛咨事。乾隆四十七年六月十七日，承准尚書額駙公福〈隆安〉、尚書和〈珅〉字寄，直隸總督鄭〈大進〉、江南河道總督李〈奉翰〉、河東河道總督韓〈鑅〉、河南巡撫富〈勒渾〉、山東巡撫明〈興〉，乾隆四十七年六月十三日奉上諭：據韓鑅、富〈勒渾〉奏，豫工築堤挑河，需用人夫甚多，現在設法酌辦緣由一摺。覽奏俱悉。豫省工程所用人夫既多，自不得不借資鄰省。但山東與豫省境壤毗連，較為切近。且該省附近之曹州等府屬被水居民，現在覓食維艱，急需以工代賑。況將來曲家樓漫口合龍，俾下游民居早就奠安，斷無不踴躍從事之理，自應多為雇覓。至直省迆南各屬，雖亦與該省相連，但較之東省，稍為迢隔。且去年直隸省南各屬，尚屬豐收，小民不藉力作餬口。若官為雇備，驅令赴工，恐愚民非所樂從。設工所人夫既足，仍令裹糧而回，往返跋涉，動有數日之程，於閭閻生計，轉為無益。著傳諭鄭大進、富〈勒渾〉、明興公同籌酌，若東省協濟之人夫既足，即不必派撥别省。倘有不足，再於京南附近豫省一帶地方，酌量幫雇。鄭大進等彼此速行商酌，時時通知，一面辦理，一面奏聞。務須秉公籌辦，無分畛域，以期大工速集而貧民以工代賑，其豐收之處又不知勞民動衆，方為妥善。著將此由五百里傳諭鄭大進、李奉翰、韓鑅、富〈勒渾〉、明興等，并諭阿桂知之。欽此。遵旨寄信前來。

查豫省工程，道里甚長。所需人夫，約計二十六萬餘。近地之民，現因遷徙房屋、墳墓，未能分身全行應役，以致尚不敷數。貴省曹縣一帶，近在接壤，且有挑挖河身之土七萬餘方，既經派委兖沂曹道張永貴督率府、廳正佐各官承辦，自應毋分畛域，通融協辦。是以本部院會同韓河院奏明，飭令該道張永貴，將接連東省工段，協幫挑土一百萬方。通計豫工所辦估土一千二百餘萬方之數，所幫不過十分之一。今欽奉諭旨，若東省協濟之人夫既足，即不必派撥別省。等因。欽此。合亟飛咨。為此合咨貴部院，請煩查照，即將東省協辦人夫，酌量情形，定以確數，星飛移知，以便覆奏。并飭該道查照所派協幫挑土一百萬方，雇募人夫，上緊開挖，以期大工速竣。佇切佇切。

（下殘）。

012. 河南巡撫富勒渾為會奏豫工築堤挑河需用人夫甚多現在設法酌辦一摺奉旨事行布政司及總理道札

乾隆四十七年六月十七日*

札布政司。總理道。乾隆四十七年六月十七日，承准尚書額駙公福〈隆安〉、尚書和〈珅〉字寄，直隸總督鄭〈大進〉、江南河道總督李〈奉翰〉、河東河道總督韓〈鑅〉、河南巡撫富〈勒渾〉、山東巡撫明〈興〉，乾隆四十七年六月十三日奉上諭：據韓鑅、富〈勒渾〉奏，豫工築堤挑河，需用人夫甚多，現在設法酌辦緣由一摺。覽奏俱悉。豫省工程，所用人夫既多，自不得不借資鄰省。但山東與豫省境壤毗連，較為切近。且該省附近之曹州等府屬被水居民，現在覓食維艱，急需以工代賑。況將來曲家樓漫口合龍，俾下游民居早就奠安，斷無不踴躍從事之理，自應多為雇覓。

至直省迆南各屬，雖亦與該省相連，但較之東省，稍為迢隔。且去年直隸省南各屬尚屬豐收，小民不藉力作餬口。若官為雇備，驅令赴工，恐愚民非所樂從。設工所人夫既足，仍令裹糧而回，往返跋涉，動有數日之程，於閭閻生計，轉為無益。著傳諭鄭大進、富〈勒渾〉、明興公同籌酌，若東省協濟之人夫既足，即不必派撥別省。倘有不足，再於京南附近豫省一帶地方，酌量幫雇。鄭大進等彼此速行商酌，時時通知，一面辦理，一面奏聞。務須秉公籌辦，無分畛域，以期大工速集而貧民以工代賑，其豐收之處又不知勞民動衆，方為妥善。著將此由五百里傳諭鄭大進、李奉翰、韓鑅、富〈勒渾〉、明興等，并諭阿桂知之。欽此。

遵旨寄信前來。到本部院。承准此。合就札行。為此札仰該司道官吏，即便欽遵查照。毋違。

（下殘）。

013. 軍機大臣字寄豫工需用人夫自應在本省雇備并著阿桂親自赴工督辦

乾隆四十七年六月二十九日

尚書額駙公福〈隆安〉、尚書和〈珅〉字寄，大學士公阿〈桂〉，兩江總督薩〈載〉，河道總督李〈奉翰〉、韓〈鑅〉，河南巡撫富〈勒渾〉，山東巡撫明〈興〉，直隸總督鄭〈大進〉，乾隆四十七年六月二十九日奉上諭：據李奉翰奏，查勘現辦新工，及豫省雇夫不敷情形一摺。內稱：人夫一項，因正當中伏炎暑，大雨時行，未能即時雲集。而附近各處，將届秋糧收割之時，農民各顧本業，雇募究屬不敷，其勢不得不借資鄰省。將來東省人夫足用，原可無庸向直省代雇。現與韓鑅、富〈勒渾〉面商妥辦。時届白露，即可完工等語。看來直隸、山東皆以辦夫為難，而河南則以協辦夫為急。朕以豫工需用人夫，自應在本省雇備為便，從前屢降諭旨甚明。李奉翰等當斟酌情形，妥為雇覓，該處人夫斷無不踴躍赴工之理。若謂此時將届秋糧收割，農民各（雇）[顧][①] 本業，方當六月下旬，未免指稱時候太早，轉似借詞推諉。總之，令直省代雇一說，固不必提。即東省協濟之夫，除已經陸續赴工外，倘豫省召募足數，亦即飛咨停止，以免鄰省跋涉之苦。李奉翰等務當遵照辦妥。

至開挑引河，從前雖經奏定在白露節間蔵工，但為期尚緊。今思若寬限至霜降節邊完竣，則該省人夫亦可以從容集事，辦理更易。而[開][②] 放引河，亦不為遲。若此何如？

再，前閱明興奏到圖內，南陽、昭陽、微山等湖，其水清澈。該處係承受漫口下注之水，自然水泛黄色，斷無澄清之理。其水既清，則泥沙必致淤墊。湖身將來猝遇盛漲，不能容納於運道，甚為可慮。從前薩載、韓鑅等奏稱，豫省漫下之水，俱係串湖邊下注距南陽正西八里之玉皇廟，下達穀亭湖，是以清濁不能混淆等語。其所奏情形，未經目擊，不能遽信為確實。若果如韓鑅等所奏，則下游漫散之水并不入三湖，自有一路循流順軌，仍匯入舊黄河歸海，何必又紛紛籌備分泄三湖？如潘家屯、六塘河等處廣為設法疏浚開挑，即漫口亦無須堵築矣。朕

① 據《高宗純皇帝實録》（一五）卷1159，中華書局1986年版，第524頁。

② 同上书，第525頁。

於此處甚疑之。下游及湖身運道現在情形，實為廑念不置。

總之，此事現雖有李奉翰、韓鑅等在工經理，而阿桂係一手督辦之人，其見識自較勝於李奉翰等。此時在京，不過照常事件，非必須阿桂辦理。若能即赴該處籌辦一切，朕可放心。著傳諭阿桂，令其自行酌量起程，或由山東運河一路查看赴工。俟定有日期，即行奏聞，以慰朕廑注要工之意。著將此由六百里一併諭令薩載、李奉翰、韓鑅、富〈勒渾〉、明興、鄭大進知之。仍令各將該處河湖、運道切實情形，逐一繪圖貼説，詳悉速奏，毋稍存粉飾之見。

欽此。遵旨寄信前來。

七月初三日奉到。

014. 河南巡撫富勒渾為廷寄豫工需用人夫務儘本省召募雇用事行司道札

乾隆四十七年七月初五日*

札布政司。總局道。乾隆四十七年七月初五日，承准尚書額駙公福〈隆安〉、尚書和〈珅〉字寄，大學士公阿〈桂〉，直隸總督鄭〈大進〉，兩江總督薩〈載〉，河道總督李〈奉翰〉、韓〈鑅〉，河南巡撫富〈勒渾〉，山東巡撫明〈興〉，乾隆四十七年七月初一日奉上諭：據李奉（瀚）［翰］等奏，直隸、山東、江南各省附近豫工各屬，代雇民夫，派員帶領來工，指與工段，即令該省委員駐工，督率人夫興挑等因一摺。此項協濟人夫，直隸、山東等省，其僉派押解，小民不盡踴躍樂從。朕從前早經見及，屢次傳諭甚明。而此次李奉翰、韓鑅等摺內，但知借資鄰省，并未通盤籌畫。以朕觀之，其中實有礙難辦理情形，以致嘵嘵不已，轉若有互相推諉之意，已於摺內詳悉批示矣。李奉翰等應遵照節次諭旨，務儘本省人夫，召募雇用。

蓋開挑引河，原因堵築漫口，為民田、廬舍奠安之計。乃驅率隔省不樂從之夫，押解赴工，是欲利民而轉以病民，甚非朕軫念窮黎、廑念要工之意。即如直隸民夫，修墊道路最為熟習，然設令畿輔民夫修理他省道路，即有遷地弗能為良之勢。且不特此也，古者八家同井，同養公田，此亦宜於古而不宜於今。若用此法，必致八家各顧其私，互相觀望，竟至公田荒蕪不治。李奉翰等何未念及此乎？

再，代雇之夫，毋論裹糧遠出不願前往者居多，即所奏直省委員，令押帶民夫赴工，分段承辦，一切呼應不靈，動多掣肘。隔省差員，豈能如本省屬員之畏上司？即李奉翰、韓鑅、富勒渾等管理直省委員，亦不能如本省屬員如臂指之相使也。看來李奉翰、韓鑅等於此事，工大任重，竟至畏難，茫無主見矣。且河南之工，富勒渾自當身任其事。今貧民無地可耕者甚多，豈一省之中不能得十數萬夫而必借資鄰省乎？

昨令阿桂起程赴工，或順道由山東運河一帶，查看河湖形勢。本日據韓鑅等奏到縴道及糧艘北上情形，俱屬安穩。看此光景，阿桂不必由東省查勘，或應即由京徑赴豫工，督辦一切。日內即酌定出京日期，一面起程，一面具奏。

至直省現在雇備夫五千名，如此項人夫尚未起身，即可停止。如已起身前往，著傳諭鄭大進，恐前派之員不足以資彈壓，即派清河道永保，并帶同幹練丞倅等官，管領夫役，前往幫辦一切，或尚得力。

總之，引河工程，其刨空溝槽及堤工基址，大局已定。即眼前人夫不能十分齊集，就本處雇覓，儘屬從容，亦無庸借資鄰省。況前已降旨，將開放之期寬限至霜降節邊。現在伏汛已過，秋汛將臨，設霜降時候所有開挑工程尚不能一律完竣，即緩至冬間，甚或遲至明春桃汛以前開放，一舉集事，亦無不可。此等機宜，阿桂到彼會同李奉翰等，悉心籌酌，妥為辦理，朕可稍紓廑念。

所有李奉翰等原摺，并糧舡催過濟寧一摺，俱着抄寄阿桂閱看。并將此由六百里一併諭令鄭大進、薩載、李奉翰、韓鑅、富勒渾、明興知之。

欽此。遵旨寄信前來。

015. 河南巡撫富勒渾為廷寄著所有鄰省從前雇備協濟豫工人夫即行停止事行司道札

乾隆四十七年七月初六日*

札司、道。乾隆四十七年七月初六日，承准尚書額駙公福〈隆安〉、尚書和〈珅〉字寄，大學士公阿〈桂〉，直隸總督鄭〈大進〉，兩江總督薩〈載〉，河道總督李〈奉翰〉、韓〈鑅〉，河南巡撫富〈勒渾〉，山東巡撫明〈興〉，乾隆四十七年七月初二日奉上諭：據薩載奏，開放顧家莊引渠，分泄運中河水，暢達入黄情形一摺。內稱：測量顧家莊地勢，河水高於引渠五尺，即將該引河於六月十八日開放。原挖口門十丈，開放後復刷寬十餘丈。口門水深一丈三尺餘寸，分泄入黄，約有三四分。不特上游來水易消，而下游運中河數日之內，消水三尺餘寸。溜勢平緩，江廣糧舡，渡黄入口，挽運甚易。該處引河分泄得力，已著成效。第口門過寬，日久恐致掣動全河。今將兩壩頭用料裹護，相機進占等語。看來該處引渠，分泄上游漫口之水，甚為得力。其口門雖逐漸刷寬，即使掣動全河之勢，由此歸入舊黄河，直注入海，亦無不可。如此則蘭陽現開之引河，儘可從容籌辦，毋庸再派鄰省人夫，致滋紛擾。若如薩載所奏，將壩頭裹護進占，收窄口門，轉恐分泄不能通暢，有礙去路。著傳諭阿桂，令其通盤酌量情形，一面據實具奏，一面知照辦理。

再，本日毓奇奏到迎催浙江幫舡，於六月十五日全數已過濟寧，其八閘以(致)至濟寧縴道、橋梁間有冲(蜇)［蟄］之處，飭令承修各員隨時搶護修補，重運北上，俱屬穩速等語。東省糧艘經由一切籌備橋梁、縴道，均屬妥協。現在運中河之水日漸消落，挽運尤易為力。將來重運全數抵通，尚能副常年期限。所有毓奇及該道沈啓震，并東省承辦各員，料理尚屬妥速。并著阿桂查明在事實係出力人員，應行議叙者，即奏請議叙。

至豫省挑挖引河工程，昨又寬予期限，直至冬春之間竣事，甚屬從容。今閱本日薩載所奏情節，是豫省雇募人夫，自足敷用，竟可不必復借資鄰省。著傳諭鄭大進，所有從前雇備協濟人夫五千名，即行停止，毋庸前往。薩載、毓奇等原摺，俱著抄寄阿桂閱看。將此由六百里一併諭令鄭大進、薩載、李奉翰等知之。欽此。遵旨寄信前來。

(下殘)。

016. 河南巡撫富勒渾為鄭大進覆奏代雇豫工人夫遵旨停止一摺奉旨事行布政司及總理道札

乾隆四十七年七月初七日*

札布政司。總理道。乾隆四十七年七月初七日，承准尚書額駙公福〈隆安〉、尚書和〈珅〉字寄，大學士公阿〈桂〉、直隸總督鄭〈大進〉、江南河道總督李〈奉翰〉、河東河道總督韓〈鑅〉、河南巡撫富〈勒渾〉、山東巡撫明〈興〉，乾隆四十七年七月初四日奉上諭：據鄭大進覆奏，代雇豫工人夫，遵旨停止一摺。此事在豫省則以幫夫為急，在直隸、山東等省，則以辦夫為難。從前閱伊等所奏情節，朕早經料及。是以節次降旨，諭令李奉翰、韓鑅等即在本省儘數雇募。今直隸已經受雇之夫，相隔月餘，尚未起身，則可知小民裹糧遠涉，俱非樂從，果不出朕之所料。

又，本日明興奏到摺內，亦稱各村莊可以傭作之人，俱不願受雇。現在飭令委員將曹縣境內應行挑挖工程，儘力趕辦。俟夫役漸增，再將豫省工程協助施工等語。所奏亦屬實在情形，只可如此辦理。

至從前白露節間完工一説，朕揣度形勢，屆期斷不能蕆事。故屢次降旨寬限，至明春桃汛以前，亦不為遲。今立秋已逾數日，轉瞬白露，該省工程尚未據奏報分數。即使此時各省人夫齊集，白露以前亦斷無依期完竣之理。著傳諭阿桂、李奉翰等，務遵照諭旨，在本省陸續雇募人夫，從容辦理。總期引河深浚，堤工堅實，不妨略遲其期。總以開放時掣動大溜、引歸正河為要。

昨御製《助夫詩》一首，并著抄寄鄭大進、李奉翰、韓鑅、富勒渾、明興等閱看。鄭大進等摺，著抄寄阿桂閱看。將此由六百里各諭令知之。欽此。遵旨寄信前來。到本部院。承准此。合就札行。為此札仰該司道，即便移行欽遵辦理。毋違。

計恭録御製詩一首。

一札布政司。總理道。

附録御製詩：

《助夫詩》

乾隆四十七年七月初三日

青龍崗無望，因之議改弦。
蘭陽至商邱，議將引渠穿。
南堤外築堤，導河以歸川。
舍此無別策，遑論弃民田。
然此實為民，事當輕重權。
惟是西至東，百六十里綿。
工巨用夫多，大吏（剌）［棘］[①] 手難。
因之思助夫，入告飛章連。
而我思長計，此事恐未然。
齊有被災區，工代賑可焉。
直隸本無災，民謀食勿艱。
雖與之雇值，安土怯往還。
且有吏押去，是無罪受愆。
因憶古興工，率用民力全。
何曾與雇值，長城今目前。
本朝俱動帑，愛民家法傳。
仍猶恐累民，人情率重遷。
亟命相酌商，可已則已旃。
工巨不可停，民勞更所憐。
不應因愛民，却致勞民間。

① 據《阿文成公（桂）年譜》卷26，《近代中国史料丛刊》，文海出版社1971年版，第2813页。

輾轉反側籌，為君難一端。
更思助夫議，蓋因期迫煎。
伏秋汛總過，何必不可延。
設再展其期，徐為工自堅。
而亦可減夫，鄰助庶無煩。
然總賴天恩，祐民永安瀾。

017. 阿桂等會奏酌留投工效力人員以資委用摺

乾隆四十七年七月二十九日[①]

奏為酌留投工效力人員，以資委用事。

查考城二十一堡以下，應挑引渠一百餘萬土方。除東省應挑三十五萬方外，尚餘土六十八萬方，概歸豫省承挑。目下人夫漸多，且程限從容，原不難於辦理。惟是現在堤、河并舉，統計豫省在工之州縣及丞倅、佐雜、試用、效力等官，已有二百四十餘員，此外實不能再調。而東省派來各員，又已掣回本省。現定期限雖寬，但嚴寒沍凍以前，亦須同時告竣。且原擬先挑之十丈引渠，尤應及早興挑，庶以水為平，可期一律條順。若請旨揀發人員來豫開工，又需時日。據司、道等稟稱，現有候［選通］判徐端及首領、佐（二）［貳］、雜職等二十五員，情愿在工效力。［等因。一］[②] 時委用乏人，徐端等俱係應補、應選、并無事故之員，是以即令就近先辦，將履歷名册咨部。俟大工完竣時，詳加考核。如該員等實在出力，無誤要工，再將或留於豫省委用，或酌量分發鄰省之處，請旨辦理。

所有現在留辦緣由，謹恭摺具奏，伏乞皇上睿鑒。謹奏。

018. 阿桂富勒渾李奉翰會奏酌分堤渠工程應行增減緩急摺

乾隆四十七年七月二十九日[③]

奏為酌分堤渠工程，應行增減緩急，仰祈睿鑒事。

竊照豫省南岸新工，經臣等通盤籌劃，遵旨展限妥辦，并將啓放引河機宜，悉心會議，於本月十九日，恭摺奏蒙聖鑒。伏查辦工首在雇夫，五月中旬以後，人夫未能立時齊集者，皆由於暑雨農忙。目下天氣晴爽，農事將畢，統計堤、渠

① 據中国第一歷史檔案館館藏《録副奏摺》缩微號 071—1290。

② 此奏摺中錯字的更正和脱漏字的補正，均據中国第一歷史檔案館館藏《録副奏摺》缩微號 071—1290。

③ 據中国第一歷史檔案館館藏《録副奏摺》缩微號 071—1285。

兩工人夫，已不下二十萬。其中（真）［直］隸、山東以及江南沛縣一帶赴工趨食貧民，携眷搭棚，在工居住者甚多。伊等糊口有資，自不肯捨而他去。本年豫省秋收豐稔，近處居民或須回鄉刈穫。然至播種秋麥後，亦必源源而來，尤可無虞缺乏。現［距］十月尚有三月，按日計工，嚴寒沍（東）［凍］以前，實可一律從容完竣，不致有急遽草率之弊。

且臣等前定章程時，估築大堤二萬七千三百餘丈，計高二丈，頂寬五尺，底寬十七丈。誠恐新堤單薄，不足以抵禦黄水。兹復詳加履勘，該處地勢本屬南仰北低。啓放引河，又已展至明年桃汛。土工歷時漸久，自必并臻鞏固。是以公同籌酌，所有應築堤工，不必仍依前估，尚可減高六尺，再於六尺以下堤頂減寬一丈，堤底減寬一丈七尺二，共減土一百六十三萬四千餘方。并飭承辦各州縣，將原擬先築一丈高之堤土辦竣，即回本任料理地方事件。其應加高四尺，作為春工，俟明正燈節後到工接辦。桃汛以前，儘可從容辦竣。堤工暫停，則引［河］人夫愈多，尤不難於剋期集事。

至引河河底，原定挑深五（深）［尺］，較此時大河水面低六尺餘寸。若至汛水旺盛時，大河水面再高四五尺，比引河底高至丈餘，原可因勢利導。惟是此次放河，總期於水大掣溜，一舉成事。汛水旺盛之時，大河水面固較現在更高，而底水總屬無异。以現在水勢而論，河流并未加長，其中泓一帶，逐細測量，水深自八九尺至一丈不等。計放河之時，現在水深一丈之處，掣入新河六尺餘寸，尚存底水三尺餘寸，未能同時并掣。力量既分，南趨恐不能十分得力。臣等再四思維，現定期限既寬，且相度上下地形，引河再普行［加］深二尺，猶有就下之勢。如此則較大河水面，低至八尺餘寸。將［來放］[①] 河時，雖此時水深一丈之處，不過存底水尺餘。新河一瀉奔騰，餘溜即可期全掣，於機宜有裨，而成功較有把握。其引河應添土方，即以堤工所減土方劃抵，亦毋須另為加增。

所有臣等籌辦緣由，謹恭摺具奏，伏乞皇上聖明訓示。謹奏。

019. 河南巡撫富勒渾行移廷寄著會同明興商酌辦理河南山東應挑土方

乾隆四十七年八月初十日*

札布政司、總理道。乾隆四十七年八月初十日，承准尚書額駙公福〈隆安〉、尚書和〈珅〉字寄，河南巡撫富〈勒渾〉、山東巡撫明〈興〉，乾隆四十七年八月初六日奉上諭：據阿桂奏：東省專辦曹縣境内工程，其河尾土方二十餘萬，亦在東省境内，

① 此奏摺中錯字的更正和脱漏字的補正，均據中国第一歷史檔案館館藏《録副奏摺》缩微號071—1285。

係豫省先為代挑。東省若不歸還，亦未為平允等語。此項應挑土方，前據明興奏稱：自商邱頭堡起，至七堡止，該土方七萬七千有零。又，商邱第十堡南岸堤工，該土方五萬有零。均應東省承辦等語。是東省現有應辦要工，未知豫省現在所挑分數究有若干。

再，東省現在是否尚有餘力，可以幫助豫省之處，必須熟商妥酌，無分畛域，方與要工有濟。着傳諭富〈勒渾〉、明興會同商酌辦理，不得少存推諉，以副朕廑念河防至意。將此一併諭令阿桂知之。欽此。遵旨寄信前來。到本部院。承准此。合就札行。為此札仰該司道官吏，即便欽遵查照。毋違。此札。

札布政司。總理道。

為移咨事。乾隆四十七年八月初十日，承准尚書額駙公福〈隆安〉、尚書和〈珅〉字寄，云前。承准此。除札司、道欽遵外，相應移咨。為此合咨貴部院，請煩欽遵查照，希將豫省代挑東省土方應如何辦理之處，迅賜移覆施行。

（下殘）。

020. 河南巡撫富勒渾等會奏河南山東分辦河工土方摺

乾隆四十七年八月二十一日①

奏為欽奉上諭事。

本月二十日接准尚書額駙公福〈隆安〉、尚書和〈珅〉字寄，内開，乾隆四十七年八月十六日奉上諭：據明興奏：東省境内應挑引河土方，派令兖沂曹道張永貴等，督率人夫，上緊興挑。如有多餘之夫，將接連豫省考城汛引河，挨次溯挑，以期東省多助一方，豫省多得一方之益。經大學士公阿〈桂〉按臨工次，以遞溯協挑之工可以不必，應將豫省業經代挑河尾土二十餘萬方，令東省照數歸還等語。

此次開挑引河，係國家要務。豫、東二省，境壤毗連，理應熟商妥酌，無分畛域，期於要工有濟。乃明興欲令多餘之夫，將接連豫省考城引河，挨次溯挑。而阿〈桂〉、富〈勒渾〉等前奏，又令東省將所挑土方歸還。是彼此各存意見，殊非和衷共事之道。此在承辦道、府，各分畛域，意存推諉，或所不免。若富〈勒渾〉、明興，身任巡撫，膺封疆重寄，已不應如此各分疆界。至阿〈桂〉乃係大學士派往督辦，更應仰體朕意，無分彼此，令豫、東二省協力辦理，以期要工早竣。若兩省巡撫各分疆界，有推諉之意，阿〈桂〉即當勸教。教而不聽，不妨

① 據中国第一歷史檔案館館藏《録副奏摺》缩微號 071—1321。

參奏。若如此各執私意，亦斷不能逃朕洞鑒。伊等又何必預存成見耶？將此由五百里諭令知之。明興摺，并着抄寄阿〈桂〉等閱看。欽此。臣等跪讀之（見）[下]，仰見皇上廑念要工，務期有濟，訓誨諄切，臣等敢不仰體聖懷？

伏查豫省南岸新工堤、渠兩項，共估需土方一千二百四十餘萬。議定章程時，前任河臣韓〈鑅〉同臣富〈勒渾〉，以工段綿長，期限緊迫，不能不借資於鄰省。又因堤工例應保固，河尾尤關緊要，豫省連年辦工較熟，故商邱十堡堤工土五萬方，河尾土二十餘萬方，雖在東省境內，亦（有）[由][1] 豫省代辦。其考城二十一堡以下，應挑引河土一百餘萬方，請令東省代挑。原欲東省幫辦土方六十餘萬，以期巨工速竣。嗣據山東撫臣明興請，先挑本省曹縣境內引河土方七萬七千有零，并歸還堤工土五萬方，其餘原議幫挑之土方，俟有餘力，再以次溯挑，於六月三十日具奏。臣阿〈桂〉於七月十七日抵工，見該段尚未開工。雖蒙皇上恩予展限辦理，已屬從容，但原擬先挑之十丈引渠，必須及早興挑，庶以水為平，形勢可期條順。

若待東省挨次溯挑，則考城二十一堡以下工段，須至十月内方能開工，又值嚴寒冰凍。且撫臣明興雖有連溯協挑請，其力能協挑土方數目若干，亦未據議定知會。臣阿〈桂〉因為籌酌，即將豫省代辦東省境内之河尾土方二十餘萬，令東省於緊接商邱頭堡以上考城境内工程，溯挑歸還。其餘土六十餘萬方，現定期限已完，一併令豫省承挑，以期一律蕆工。

此臣阿〈桂〉就到工時情形，代為酌辦。豫、東兩省撫臣，亦當即照辦，并無异議。而按日計工，俱可不致遲誤。此等情節，前摺内聲叙簡略，原恐煩瀆聖聰，乃轉致上廑睿懷，跪讀訓示，實不勝媿恧。

所有接奉諭旨緣由，謹恭摺覆奏，伏乞皇上睿鑒。謹奏。

021. 河南巡撫富勒渾等附奏嚴寒冱凍以前工程可期完竣片

乾隆四十七年八月二十一日[2]

再，工次自七月下旬以來，天氣晴爽。本月十九日，陰雨一日，旋即開霽。現在農事已畢，附近民夫源源而來。計嚴寒冱凍以前，工程可期完竣，不至遲誤。至大河自入秋以來，并未長水一次。就目下水勢而論，即霜降前完工，亦不能放河。前蒙聖訓，展至明春桃汛，酌量啓放。仰見睿慮周詳，先幾洞照，臣等

① 此奏摺中所有錯字的更正，均據中国第一歷史檔案館館藏《録副奏摺》縮微號 071—1321。

② 此奏片系《清代河南巡撫衙門檔案》河工卷 020 號奏摺的附片。

惟有欽遵妥辦。

理合附摺奏聞。謹奏。

022. 河南巡撫富勒渾為具奏河南山東兩省承辦堤渠工程土方數目一摺奉硃批事移河東河院等咨文

乾隆四十七年八月二十二日*

為移咨事。竊照本部院於乾隆四十七年八月十三日，由驛（奏）覆［奏］，豫、東兩省承辦堤渠工程土方數目緣由一摺，業經抄摺移知在案。今於八月二十二日，奉到硃批：已有旨了。欽此。除行司、道欽遵辦理外，相應恭録咨送。為此合咨貴部院，請煩查照，轉飭欽遵辦理施行。

一　咨

河東河院

□□撫院

乾隆四十七年八月□日。

巡撫河南兼提督部院富。

023. 軍機大臣字寄著明興等將東省是否有應還豫省土方及張永貴承挑引河是否意存推諉據實覆奏

乾隆四十七年八月二十四日

尚書額駙公福〈隆安〉、尚書和〈珅〉字寄，山東巡撫明〈興〉，乾隆四十七年八月二十四日奉上諭：據明興覆奏，東省承挑引河土方內，有豫省代挑土二十餘萬方，應令東省歸還。隨行令該道張永貴等，遵照豫省指定，考城二十八堡起，至商邱頭堡止，引河段落，共土二十六萬六千餘方，即日興工等語。所奏仍未明晰。

開挑引河，無論在東在豫，俱係辦理國家要務，理應無分畛域，協同妥辦。何以有豫省代挑土方，又欲令東省歸還？如此各分疆界，已非和衷共事之道。

東省既有應還土方，張永貴率領人夫到彼，即應如數儹辦。乃明興此次摺內猶稱，如有餘夫，無分畛域，接溯興挑，以期大工速竣。而於應還土方，現在已挑完若干，未挑若干，何時可以一律完竣之處，均未奏明，僅云行令該道即日興工，殊屬延緩。看來張永貴承辦此事，不免意存推諉。而明興聽其一面之詞，為所蒙混。似此各存意見，恐貽誤要工。前經降旨詢問，該撫以張永貴未必能辦理挑河，酌量更換。著傳諭明興，將該道張永貴在豫有無呈稟，是否推諉，各執私見，明興被其蒙混，并是否東省果有應還土方之處，一併據實覆奏，毋得稍存徇隱。將此由五百里傳諭明興，并諭阿〈桂〉等知之。

欽此。遵旨寄信前來。

乾隆四十七年八月二十八日奉到。

024. 軍機大臣字寄著阿桂率同何裕城由河南查勘新開引河堤工并順道前往東省酌籌運河事宜

乾隆四十七年八月二十八日

尚書額駙公福〈隆安〉、尚書和〈珅〉字寄，欽差大學士公阿〈桂〉、江南河道總督李〈奉翰〉、署河東河道總督何〈裕城〉、河南巡撫富〈勒渾〉、山東巡撫明〈興〉，乾隆四十七年八月二十八日奉上諭：豫省添築南堤，開挑引河各工，久經議定章程，分派段落，委員承辦。并經降旨，展至明年桃汛，開放引河。此次阿〈桂〉前往督催在事人員，上緊辦理。節經具奏，工程可於冬間一律完竣，俟桃汛再行開放。章程大端已定，是現在不過夯築堤工，挑挖土方。富〈勒渾〉在彼，諸事皆已諳習，儘能督率辦理。况有李〈奉翰〉在彼幫辦，自可料理裕如。其餘并無緊要事件必須阿〈桂〉駐工籌酌者。

現在東省運河，德州、濟寧均有應行查勘挑挖之處。且濟寧以南，為黄河下游，經漫水漲溢，三湖一帶，專藉潘家屯、六塘河等處分泄。明春開放引河時，必須使積水暢消，迅速歸海，民田盡行涸出，方為盡善。

何〈裕城〉係新任總河，於東省運道，是其專（青）［責］[①]。阿〈桂〉此時正應率同何〈裕城〉，由河南查勘新開引河堤工，順道前往東省，將運河一帶堤閘、土石各工及橋梁、縴道逐段履勘。所有應行酌籌辦理及啓閉宣泄機宜，通盤籌畫，悉心妥議，并告知明〈興〉，即行遵照妥辦。何〈裕城〉升任後本應陛見，阿〈桂〉即同該總河來京，詳悉面陳一切。阿〈桂〉亦可留住數日，再往工次，較之具摺陳奏，更為詳盡。

計四十九年即届南巡之期，所有東省河湖水道，自應預籌妥協，如庚子南巡經臨時水程穩便，行所無事。阿〈桂〉係曉事之人，定能仰體朕意，一切經理得宜。將此由五百里各諭令知之。并着阿〈桂〉將何日起程前往東省之處，迅速覆奏，以慰廑念。

---

① 據《高宗純皇帝實録》（一五）卷1163，中華書局1986年版，第582頁。

欽此。遵旨寄信前來。

乾隆四十七年九月初四日奉到。

025. 軍機大臣字寄著富勒渾等將從前指定工段及有無移咨東省之處據實覆奏

乾隆四十七年九月初三日

尚書額駙公福〈隆安〉、尚書和〈珅〉字寄，欽差大學士公阿〈桂〉、河南巡撫富〈勒渾〉，乾隆四十七年九月初三日奉上諭：據明興覆奏，東省承挑引河土方一摺。內稱，坐落東省河尾工程一段，土方二十餘萬，堤工估土五萬餘方，并非東省推諉，其初實未接准豫省移咨派辦，即經豫省委員自行辦理後，始准知照等語。前因東省應還土方，恐承辦之員不免意存推諉，是以降旨詢問。今據明興奏，此段工程，其初并未接准豫省移咨，是東省未將代挑土方歸還，尚非有心推諉。明興初任巡撫，所奏情節似不應虚飾。或豫省籌辦時本未知照該處，亦屬情事所有。現在豫、東兩省派定各工，均已儹緊興挑。其曾否知照一節，亦無關緊要。朕不過欲明此事。着傳諭阿〈桂〉、富〈勒渾〉，將從前指定工段及有無咨移東省之處，據實覆奏。將此遇便傳諭知之。明興摺，着抄寄閱看。

欽此。遵旨寄信前來。

026. 河南巡撫李世傑為會奏豫省南岸堤河工程完竣一摺行布政司及總局道札

乾隆四十七年十一月十四日

札布政司。總局道。照得本部院會同江南河東總河部堂院，於乾隆四十七年十一月初八日具奏，豫省南岸堤河工程完竣緣由一摺。除俟奉到硃批，另行札知外，合先抄摺札行。為此札仰該司道官吏，即便查照速飭承挑引河頭各員，上緊趕挑，剋期蕆事，毋任遲誤干咎。速速。此札。

計抄摺一扣。

札布政司。總局道。

乾隆四十七年十一月十四日。

兵部侍郎巡撫河南兼提督部院李。

附録奏摺：河南巡撫李世傑等會奏豫省南岸堤河工程完竣摺

乾隆四十七年十一月初八日

奏為豫省堤河工程完竣，恭摺奏聞事。

竊照南岸新定引河，自蘭陽十二堡舊堤內起，迆東至商邱七堡堤外止，經歷儀封、考城、商邱并山東曹縣地界，計長一百六十餘里。較量地勢，就下勘估興挑。明春開放掣溜，則青龍崗漫口斷流，東省民田涸出，運道無阻，河歸故道入海，洵為一勞永逸之計。原估引河共長二萬四千餘丈，豫、東兩省共原估土五百八十二萬一千六百餘方。嗣大學士公阿〈桂〉會同臣等，察看大河內底水，較新引河底相彷，僅深數尺。議將引河普律加深二尺，與大河底相平，以冀明春桃汛開放時，將底水盡掣，全黄悉注引河。即以堤工減築六尺之土方一百六十餘萬方加深引河，核計有盈無絀。業經恭摺奏蒙聖鑒在案。

查引河自五月開工以來，仰荷皇上智燭幾先，洞鑒工次情形，通籌全局，訓示周詳，蒙恩寬予限期，俾臣等得以從容辦理，不至周章。凡在工大小文武官弁、兵丁、人夫，莫不感戴聖慈，奮勉趨事。升任撫臣富〈勒渾〉、前任河臣韓〈鑅〉，因工巨事繁，遴派大員督率經理。當委開歸河道席萇，河北道朱岐，開封府知府康基田，懷慶府知府蔣果，歸德府知府吳元琪，候補知府唐侍陛、陳洛書，汝州知（府）[州][①] 武先慎，分段督催。至引河尾段，界連東省，經撫臣明〈興〉派委兖沂曹道張永貴、萊州府知府季世法、曹州府知府張在、東昌府同知龔孫枝等催辦。通工分為二百五十餘段，揀派丞倅、縣佐雜職，及都司、守備、千把等官，分段承挑。先經臣等將子溝開放清水，較準水平，督飭儹挑。兹節據該道、府等禀報，所挑引河，照依原估、續估寬深丈尺，一律挑挖完竣。前來。臣等會同軍機處行走御史銜舒濂，帶領該道、府等，照估逐段丈量，均屬如式，并無浮冒、偷減土方情弊。臣等覆細加比較，蘭陽頭段引河，至商邱七堡尾段，直接舊黄河正身，逐層低下，實有建瓴之勢。此皆仰賴天神嘉祐，聖主洪福。明春桃汛放河，自可一舉成功。豫省官民，無不共深慶幸。

再，查建築南堤一道，共長二萬七千三百餘丈。前據總催堤工之河陝汝道海廣、糧鹽道赫爾敬阿、南汝光道林守鹿等禀報，先築高一丈之工，於九月初旬全行築竣。所餘四尺，明歲春融補築，亦經臣等附摺具奏。其河尾下游商、虞、曹、單一帶，舊河身內有應行抽挑順勢之處，前經大學士公阿〈桂〉會同臣等奏明，酌量切灘抽溝，共估土二十餘萬方。該工早竣。前此掣放水平時，清水暢

① 據中国第一歷史檔案館館藏《録副奏摺》缩微號 071—1473。

流，下達無阻。至蘭陽堤外河灘，除留埂界外，現已挑土三十餘萬方，工程過半。且引河工完之後，人夫多往河頭受雇，日倍加增。兩岸派委道府總催，守備、佐雜等官分段監挑。約計月底，亦可普竣。

所有豫省南岸堤河工程完竣緣由，謹恭摺由驛奏聞，并繪具圖説，恭呈御覽，伏乞皇上睿鑒。謹奏。

027. 河南巡撫李世傑為具奏南河北岸臨黄各水口一律堵閉完固一摺奉寄諭事行布政司及總局道札

乾隆四十八年三月十一日*

札布政司。總局道。乾隆四十八年三月十一日，承准尚書額駙公福〈隆安〉、尚書和〈珅〉字寄，欽差大學士公阿〈桂〉、兩江總督薩〈載〉、江南河道總督李〈奉翰〉、河東河道總督何〈裕城〉、河南巡撫李〈世傑〉，乾隆四十八年三月初八日奉上諭：據薩〈載〉奏，南河北岸臨黄各水口，一律堵閉完固情形一摺。昨阿〈桂〉等奏報：於三月初一日開放引河，黄河已歸故道，流行暢達。約計初三日，黄水即可入江南碭山縣境等語。薩〈載〉此摺於初二日拜發，是以尚未得信。現在按計程途，黄水早已入境，暢順歸海。情形若何，朕心甚為廑念。着傳諭薩〈載〉，即行迅速馳奏。至薩〈載〉所奏將臨黄各水口一律堵閉完整，固為抵禦黄流起見。但微山湖之水，藉此數處宣泄，兹於二月二十九日即預行堵閉，似覺略早。有無妨礙之處，著薩〈載〉將實在情形，詳晰具奏。

再，阿〈桂〉等前奏，口門存寬二十餘丈，視水勢之緩急，以定進占之遲速，務令步步穩實，歸於必成等語。數日以來，新河溜勢如何，兩壩又進占若干丈尺，口門尚存寬若干，何時可以全行堵合穩固之處，着傳諭阿〈桂〉等迅速覆奏，以慰懸注。將此由六百里各傳諭知之。欽此。遵旨寄信前來。到本部院。承准此。合就恭録札行。為此札仰該司道官吏，即便欽遵查照。此札。

（下殘）。

028. 河南巡撫李世傑為阿桂與何裕城覆奏籌辦新工善後事宜及現在工次情形一摺行布政司及總局道札

乾隆四十八年四月初六日*

札布政司。總局道。照得欽差公中堂阿〈桂〉，會同河東河部院何〈裕城〉，覆奏籌辦新工善後事宜及現在工次情形一摺。除俟奉到硃批，另行札知外，合先抄摺札行。為此札仰該司道官吏，即便查照。此札。

計抄摺一扣。

札布政司。總局道。

附録奏摺：阿桂與何裕城覆奏籌辦新工善後事宜及現在工次情形摺

乾隆四十八年四月初六日[①]

奏為遵旨詳晰覆奏事。

竊臣等接准尚書額駙公福〈隆安〉、尚書和〈珅〉字寄，内開，乾隆四十八年三月二十六日奉上諭：昨據阿〈桂〉等奏，壩工日益穩固，云云。欽此。臣等跪讀之下，仰見皇上至聖至明，千里而外，於工次形勢，無不燭照靡遺，曷勝欽佩。

查豫省新工善後事宜，業經臣等會議，於上月二十五日奏蒙睿鑒。伏思東水南行，莫重於壩工。此次蘭陽十二堡新做大壩，自合龍後，仍晝夜追壓，高出水面二丈五尺。壩前之水，原深三丈九尺處所，逐漸停淤，目下僅存數尺。是金門一帶，業已墊高。而大壩後又添築淨土二壩，實可無虞。至河頭、河尾，為入水、出水之處，最關緊要。臣等前議善後各工時，擬將十二堡灘地新開七百餘丈之河頭上唇西岸上截、下唇東岸下截，各斜挑展寬二十丈者，原欲使黄流入舊南堤後暢順東注，可免沖逼新堤。其商邱七堡河尾舊堤，先已遵旨展寬至一百餘丈，現亦擬再破堤一百丈，并於下唇挑川字溝二道，共寬五十丈，俾水長時啓放沖刷匯通，共有二百數十丈。尾閭流行既暢，大溜必向東北，歸入正河。其南漾者，不過平漫之水，亦可不致壅遏為害。

至新河係從平地開挖，兩岸厓頭不高，漫灘自所難免。且引河從來取直，而黄流性必坐灣。自上月初一放河以來，新河塌寬，已間段露有灣形。其地勢少窪者，亦有漫水漾至堤根之處。臣等悉心體察，新堤内外，地形本無甚低昂。漫水雖至南堤，而新河已刷深自一丈至一丈數尺不等。此外地勢更無低於河身者。是以大溜總由新河身内奔騰東注，斷可不至分掣。但新建堤工，雖飭令如法夯築，而土性一時究未能融洽，亦應加意防護。兹先得漫水浸潤，自必益就膠粘。原定新堤底寬十七丈餘，頂寬七丈餘，高一丈四尺，較之兩岸舊堤，已加高厚。本年撫臣李〈世傑〉又於堤頂之上，加築四尺子埝一道。臣等啓程時，并商定將子埝幫築與堤頂一律寬厚。其土性稍鬆處所，亦於堤後幫護裹戧，務令益歸鞏固。且現在河已歸槽，水退沙停。再經伏汛，黄水蕩漾一兩次，溝槽既可填平，厓頭亦漸次淤高，則形勢更可大定。

① 據《阿文成公（桂）年譜》卷27，《近代中国史料丛刊》，文海出版社1971年版，第2950页。

臣等復因漫水之淺深，以測地形之高下。其淺者傍堤酌扎埽枕，深者厢做防風，以防大汛時風浪汕刷，傷及堤根。其河形坐灣之處，若坐近新堤，誠如聖諭，恐至頂沖吃重。臣等前勘估河頭時，若從灘地取直挑空，原不過三百餘丈。因恐水勢南趨，是以不惜工力，斜向東南開挑，長至七百餘丈。但究恐黄水尚有向南之勢，現復將上唇、下唇斜勢開寬，亦期大汛時河勢不至向南大坐兜灣，新堤免受頂沖。并經再四籌酌，此時溜勢總傍舊南堤東趨，河身（詎）[距] 新堤至近者，亦有四五里。惟河灣尚未坐定，應俟大汛屆臨，察看形勢。如河灣南坐，離新堤相近，或築壩挑溜北趨，或下等埽護住。是以於會議善後摺内，留備料三千萬斤，即係為大汛防護之計。此等辦法，與河臣李〈奉翰〉彼此熟商，并詢之南河熟諳將弁、老兵暨在工道員席萇等，亦僉稱辦法總不出此。緣現在尚難預定，前摺内未經聲叙明晰。今蒙訓示周詳，臣何〈裕城〉同撫臣李〈世傑〉，自應敬謹遵照，於硃筆畫出河灣向東南吃緊處，加意防護，俟大汛時相機妥辦，以仰副皇上廑念新工之至意。

所有遵奉諭旨緣由，理合恭摺（奏覆）[覆奏][①]，并繪圖貼説進呈，伏祈睿鑒。謹奏。

029. 河南巡撫李世傑行移具奏新工善後事宜及現在辦理緣由摺

乾隆四十八年四月初七日*

札布政司。總局道。照得本部院於乾隆四十八年四月初七日，具奏新工善後事宜及現在辦理緣由一摺。除俟奉到硃批，另行札知外，合先抄摺札行。為此札仰該司道官吏，即便查照辦理。毋違。此札。

計抄摺一扣。

札布政司。總局道。

為移咨事。竊照本部院云前一摺。除俟奉到硃批，另行恭録咨會外，合先抄摺咨送。為此合咨貴部院，請煩查照施行。

計咨送原奏一扣。

（下殘）。

① 此奏摺中錯字和顛倒字的更正，均據《阿文成公（桂）年譜》卷27，《近代中国史料丛刊》，文海出版社1971年版，第2950页。

附録奏摺：河南巡撫李世傑具奏新工善後事宜及現在辦理緣由摺

乾隆四十八年四月初七日

奏為遵旨覆奏事。

竊臣接奉上諭：昨據阿〈桂〉等奏，壩工日益穩固，并建築二壩一摺。覽奏欣慰，已由驛發還矣。該處善後事宜，朕中夜思維。此次於舊南堤外，另築新堤，疏挑引渠，導河南行歸入正道，得以一舉蕆工。但地勢北高南下，南堤之外地勢，自當更低。蘭陽十二堡放水歸入新河之處，形本坐灣，尤屬頂衝。所築新堤，最為（著）［着］重，必須加培高厚堅實，庶將來伏秋大汛，足資抵禦。而一經抵禦，其向南之勢，必更有力，恐新築之南堤吃重。阿桂等現在辦理善後事宜，曾否籌畫及此？昨奏報摺內，亦未據繪圖呈覽，深為廑念。因用硃筆將河身堤形畫出，并將河灣向南吃緊處圈記，發交阿桂等閱看，令其熟籌妥辦，務使新築南堤籌辦鞏固。其如何設法防護，永保無虞之處，著詳晰繪圖貼説，迅速具奏。將此由六百里諭令知之。欽此。仰見皇上廑念河防，先事預籌，無微不到。

伏查新工善後事宜，經大學士公阿〈桂〉，河臣李〈奉翰〉、何〈裕城〉，會同臣逐條酌議，奏蒙聖鑒。自阿〈桂〉等啓程後，臣督飭司、道各員，上緊趕辦。查蘭陽十二堡河頭放水之處，離新築南堤約有六七里，形本坐灣，誠如聖諭，實為頂沖着重。前經阿〈桂〉等議將十二堡灘地新開河頭東西兩岸，斜挑展寬二十餘丈，現在河流東注，歸入正河，甚為暢順。第恐伏秋大汛，水勢增長，自應加培高厚，添築埽壩，以備抵禦。至迤東一帶新堤，其地勢稍窪之處，因有漫灘之水漾至堤根，亦應分別酌辦。

臣查新堤原估高一丈四尺，底寬十七丈三尺，面寬七丈六尺，已極寬厚。今春完工時，臣諭令各工員於堤頂添築四尺高子埝一道。復經阿〈桂〉等會商，將添築子埝，再加幫築，一律高厚。其灘水漾入堤根之處，淺者捆扎埽由，深者廂做防風，以防汕刷。凡有溝槽河形與堤相近處所，最為吃緊。臣已飭承辦各員，於堤前添築埽壩，加廂防風，堤後幫築裏戧，務令堅實鞏固。

至河尾出水之處，前經阿〈桂〉等續議，挑開舊堤一百丈，并於南岸挑川字溝二道，以備伏秋大汛分道宣泄，使尾閭益加通暢，河流永慶安瀾。俟河臣何〈裕城〉回豫，如有隨時應行酌辦之處，臣與熟商妥辦。臣仍往來工所，與河工、文武官弁悉心講求，凡可以有備無患之事，一一預籌，以期穩固平安，仰副皇上宵旰勤求之至意。

所有臣遵奉諭旨及現在辦理緣由，謹繪圖貼説，詳晰覆奏，伏乞皇上睿鑒。謹奏。

030. 河南巡撫李世傑行移具奏新工善後事宜及現在辦理緣由一摺奉硃批

乾隆四十八年四月二十日*

札布政司。總局道。照得本部院於乾隆四十八年四月初七日，具奏新工善後事宜及現在辦理緣由一摺，業已抄摺札移知在案。今於本月二十日，奉到硃批：明日阿桂即到，俟面商，有旨。欽此。合再恭録札行。為此札仰該司道官吏，即便欽遵查照辦理。毋違。此札。

札布政司。總局道。

為移咨事。竊照云前在案。今於本月二十日，奉到硃批：明日阿桂即到，俟面商，有旨。欽此。相應恭録咨送。為此合咨貴部院，請煩欽遵查照施行。

（下殘）。

031. 河南巡撫李世傑行移廷寄著遵照妥辦豫省新工善後事宜

乾隆四十八年四月二十日*

札河北道。布政司。總局道。管河道。乾隆四十八年四月二十日，承准大學士公阿〈桂〉、尚書額駙公福〈隆安〉、尚書和〈珅〉字寄，河東河道總督何〈裕城〉、河南巡撫李〈世傑〉，乾隆四十八年四月十六日奉上諭：豫省新工善後事宜，最關緊要。前經阿桂等會商妥議，於河頭東西兩岸斜挑展寬二十餘丈，并於河尾出水之處挑開舊堤一百丈，又於南岸挑川字溝二道，以備伏秋大汛。自應如此辦理。但閱圖内所繪舊南堤入新河之處，東面稍覺窄狹，尚恐逼溜向南。應再於東面下唇，將舊堤破寬，向東取勢。則大汛水長，河形直下，更為暢順，不致向南坐灣，新堤可免着重。至河尾所挑下唇川字溝迆南，亦應一律將舊堤酌量破寬，宣泄下注，使尾閭益加通暢，似更有益。着傳諭何裕城、李〈世傑〉，遵照妥辦。并着隨時酌量情形，相機防守，以期新堤鞏固，河流順軌安瀾。將此隨該督等奏事之便，諭令知之。仍將籌辦緣由，具摺覆奏。欽此。遵旨寄信前來。到本部院。承准此。合就札行。為此札仰該司，道，即便會同總局道，布政司，欽遵查照，速即飭令在工各員，務須妥協辦理，毋稍懈忽，致干未便。作何切嘴之處，上緊趕辦。兩河寫。速速。此札。

札河北道。布政司。總局道。管河道。

為欽奉上諭事。乾隆四十八年四月二十日，承准大學士公阿〈桂〉云前。承准此。除行布政司、總局道欽遵辦理外，相應咨會。為此合咨貴部院，請煩欽遵查照，轉飭妥辦施行。

（下殘）。

032. 河南巡撫李世傑行移具奏堤河現在辦理情形摺

乾隆四十八年四月二十一日*

札布政司。總局道。照得本部院於乾隆四十八年四月二十一日，具奏堤河現在辦理情形一摺。除俟奉到硃批，另行札知外，合先抄摺札行。為此札仰該司道官吏，即便查照辦理。毋違。此札。

計抄摺一扣。

札布政司。總局道。

為移咨事。竊照本部院云前一摺。除俟奉到硃批，另行恭録咨會外，合先抄摺咨送。為此合咨貴部院，請煩查照施行。

（下殘）。

附録奏摺：河南巡撫李世傑具奏堤河現在辦理情形摺

乾隆四十八年四月二十一日

奏為敬陳堤河現在情形，仰慰聖懷事。

竊臣於十四日自省起程，由蘭陽工頭，歷至商邱工尾，查得新築南堤，已據各工員趕築，堤身與子埝一律寬平，現俱完竣。隨令各員多積土方秸料，堆貯各段內，以防備伏秋大汛之需。其漫灘之水流至堤根之處，俱經酌量水勢深淺，分別鑲做防風、（掃）［埽］枕，足資抵禦。

又，查黄河大溜注入新河，中泓水勢極為暢順。河頭、河尾兩岸，均有塌寬之處。其河頭兩岸展寬二十丈，河尾開挖川字溝，亦已分頭趕辦，月内均可蕆事。蘭陽十二堡新做大壩，極屬穩實，洵足上慰慈懷。臣仍俟河臣何〈裕城〉到豫後，再與悉心籌酌。如有應辦事宜，隨時會議，奏明辦理，不敢稍有怠忽。

再，臣所過祥符、陳留、蘭陽、睢州、寧陵、商邱、考城、儀封各邑地方，見二麥已經結實。詢之各鄉農民，咸稱今歲二麥收成可得八九分不等。察看輿情，均欣欣色喜，實有恬熙景象。

謹附摺陳明，伏乞皇上聖鑒。謹奏。

033. 河南巡撫何裕城行移覆奏遵旨籌辦堤河情形一摺奉硃批

乾隆四十八年五月初十日*

札開歸道。布政司。河北道。照得本部院前於河東河部院任內，會同前升院李〈世傑〉，於乾隆四十八年四月二十五日覆奏，遵旨籌辦堤河情形一摺。今於五月初十日，奉到硃批：好。知道了。欽此。除行開歸、河北道布政司外，擬合恭録札行。為此札仰該司道官吏，即便欽遵查照。毋現議破堤開溝事宜，分頭督催趕辦，務於伏汛以前，一律完竣具報，毋稍遲誤干咎。速速。違。此札。

計抄摺一扣。

札開歸道。布政司。河北道。

為移咨事。竊照云前。欽此。除行布政司、開歸、河北道欽遵辦理外，擬合恭録咨會。為此合咨貴部院，請煩欽遵查照施行。

（下殘）。

附録奏摺：何裕城與李世傑會奏遵旨籌辦堤河情形摺

乾隆四十八年四月二十五日

奏為遵旨籌辦堤河，仰祈聖鑒事。

竊臣何〈裕城〉、臣李〈世傑〉於工次接准大學士公阿〈桂〉、尚書額駙公福〈隆安〉、尚書和〈珅〉字寄，內開，乾隆四十八年四月十六日奉上諭：豫省新工善後事宜，最關緊要。前經阿桂等會商妥議，於河頭東西兩岸斜挑展寬二十餘丈，并於河尾出水之處挑開舊堤一百丈，又於南岸挑川字溝二道，以備伏秋大汛。自應如此辦理。但閱圖內所繪舊堤入新河之處，東（西）［面］稍覺窄狹，尚恐逼溜向南。應再於東面下唇，將舊堤破寬，向東取勢。則大汛水長，河形直下，更為暢順，不致向南坐灣，新堤可免着重。至河尾所挑下唇川字溝迆南，亦應一律將舊堤酌量破寬，宣泄下注，使尾閭益加通暢，似更有益。着傳諭何〈裕城〉、李〈世傑〉遵照妥辦，并着隨時酌量情形，相機防守，以期新堤鞏固，河流順軌安瀾。將此隨該督等奏事之便，諭令知之。仍將籌辦緣由，具摺覆奏。欽此。仰見我皇上指示機宜，動中窾要。

臣等伏查新河自開放以來，迄今幾及兩月，大溜直達中泓，極為暢順。惟舊南堤入新河之處，北係舊堤老土，南係浮土沙灘，形勢稍覺窄狹，恐大汛水長時，不免向南坐灣。臣等前次奏請於西岸上唇、東岸下唇，各展寬二十丈，而河流仍循南岸刷卸灘土。雖現在設法搪護，猶恐不足以禦大汛。亟應仰遵聖訓，於東岸破寬舊堤，以導汛水東注。臣等會議，於舊堤向南挺出之處，再切寬二十丈，順長二百丈，庶河形直下，免致坐灣着重。仍於新南堤斜對河尾處所，預築壩臺三道，以為先事預防之計。

至商邱河尾，節經展寬至一百五十丈，嗣於善後摺内擬再破開舊堤一百丈，并於下層再開溝漕二道。現在挑挖將竣，第恐伏秋大汛，黄水盈灘，尚不足以資宣泄。今遵旨議於川字溝迆南，再破堤三十丈，更屬有益。惟查此處距大河身尚遠，只能泄漫灘之水。臣等再四籌議，擬於河尾北灘去河身較近之處，另開溝一道，寬五十丈，再破堤三十丈。是於二百五十丈之外，南北又展寬一百一十丈，共計寬三百六十丈。雖遇盛漲，亦可通暢下注，不致壅遏。現在飭委道員查照現議破堤開溝事宜，分頭督催趕辦。

其餘一切堤河事宜，臣等惟有實心實力，隨時相度機宜，悉心籌酌，務期伏秋大汛鞏固無虞，以仰副皇上廑念河防之至意。

所有遵旨籌辦緣由，理合繪圖貼説，據實覆奏，伏乞皇上睿鑒。謹奏。

034. 河南巡撫何裕城為會奏籌辦堤河情形一摺行開歸道等札

乾隆四十八年五月十二日*

札開歸道。布政司。河北道。照得河東河部院會同本部院，於乾隆四十八年五月十二日，會奏籌辦堤河情形一摺。除俟奉到硃批，另行札知外，合先抄摺札行。為此札仰該司道官吏，即便查照。毋現議籌辦各工，督率各委員，上緊趕辦，務於五月内一律完竣具報，毋得稍有遲延草率，致干未便。違。此札。

計抄摺一扣。

札開歸道。布政司。河北道。

附録奏摺：河南巡撫何裕城與蘭第錫會奏籌辦堤河情形摺

乾隆四十八年五月十二日

奏為籌勘堤河情形，恭摺奏聞事。

竊臣何〈裕城〉前抵豫工，業將遵旨籌展新河頭尾，破寬舊堤緣由，會同升任撫臣李〈世傑〉，奏蒙聖鑒，并酌籌防汛事宜，具奏在案。兹臣蘭〈第錫〉與臣何〈裕城〉，先後自省起程，由蘭陽、儀封、考城、睢州、寧陵、商邱一帶新堤，直至河尾，逐加履勘。新河大溜，仍走中泓。探量正河水深，自一丈二三尺至一丈六七尺不等，甚屬暢達。前次奏辦之河頭東岸舊堤應行切寬工段，與新南堤斜對河尾處估築壩臺，以及河尾川字溝迆南并北灘上破堤開溝等工，俱經次第興舉，分投儹辦。現有具報完工者，通計已辦有八分工程。其間有漫灘水漾至堤根之處，亦現在趕厢防風，以資保護。并預備伏秋防守料物、積土各項，嚴督各委員趕緊購運，亦俱源源到工，均可不誤修守之用。

再，查河頭西岸舊堤頭，尚覺窄狹，仍恐挑溜南注。臣等察看形勢，擬於西面上唇窄狹處，再行切寬十丈、長七十丈，俾溜勢向東斜趨，盡歸正河，更免新堤着重。又，河尾以外舊河身內，半月來河勢微有變遷。現在大溜偏向北趨，折而東注，雖仍入歸正河，而查丈兜灣之處，計程八里。若避灣取直，僅長八百五十丈。現擬從河尾取勢，順直向東抽溝一道，寬三十丈，以順其奔騰東注之性。隨經飭道確估，一面委員趲挑。

以上先後興辦各工，節次交明在工道府，督率趕辦。臣等仍不時往來，實力查催，總於五月內一律妥竣，不致稍有遲延草率，上廑聖懷。

所有勘過堤河情形及籌辦緣由，理合繪圖貼説，恭摺奏聞，伏乞皇上睿鑒。

再，臣蘭〈第錫〉衹遵面奉諭旨，現由曹、單一帶看工，即前赴東省，查勘湖河水勢并運道工程，仍回豫省照料防汛事宜。合併陳明。謹奏。

五月十二日拜發。

035. 河南巡撫何裕城為會奏籌辦堤河情形一摺奉硃批事行開歸道等札

乾隆四十八年五月二十七日*

札開歸道。布政司。河北道。照得河東河部院會同本部院，於乾隆四十八年五月十二日，會奏籌辦堤河情形一摺，業已抄摺札知在案。今於本月二十七日，奉到硃批：甚好。知道了。欽此。又於圖內抽溝順直向東處，奉硃批：甚好。欽此。合再恭録札行。為此札仰該司；道，即便欽遵查照。毋現議籌辦各工，督率各委員上緊趕辦，務於五月內一律完竣具報，毋得稍有遲延草率，大干未便。違。此札。

計發奏圖一紙。發開歸道。

（下殘）。

036. 河南巡撫何裕城行移具奏現在辦理堤河工程情形摺

乾隆四十八年六月初三日*

札司。道。照得本部院於乾隆四十八年六月初三日具奏，現在辦理堤河工程情形一摺。除俟奉到硃批，另行札知外，合先抄摺札行。為此札仰該司道官吏，即便轉飭廳汛員弁、州縣上緊趕辦，小心防護，毋稍懈忽，致干未便。速速。此札。

計抄摺一扣。

札開歸道。布政司。河北道。

為咨會事。竊照云前一摺。除俟奉到硃批，另行咨會外，合先抄摺咨送。為此合咨（下殘）。

附録奏摺：河南巡撫何裕城具奏現在辦理堤河工程情形摺

乾隆四十八年六月初三日

奏為奏聞事。

竊照豫省堤河，歷奉聖明指示，將新河頭尾開挑展寬，新築南堤加培高厚，俱經臣等節次遵旨籌辦，奏蒙聖鑒。兹自五月中旬以後，大河水勢，陸續長發。臨黄壩工，據報連日溜勢逼近埽前。臣隨飭河北道康基田，親督廳汛員弁，晝夜巡查，遇有埽壩行蟄，立即厢壓平穩。現在大溜開行，全歸新河中泓，去勢迅駛。河頭西岸窄狹處所，亦經切寬，溜向東注，壩工不致着重。

至商邱河尾南岸川字溝二道，俱已開挑完竣。今因水長啓放，流行極為暢順。一俟大汛沖刷匯通，更足以資宣泄。河尾舊河身内順直向東，經臣等奏明，抽溝一道，引流東注，河勢正對新溝口門。現據開歸道唐侍陛率同歸德府，督飭該管州縣，分段趕辦。已有六分工程，六月初十内，均可一律完竣。其蘭、儀、商邱一帶新堤，間有地勢稍窪之處，漫水匯聚堤根，目前漸長至二三尺及六七尺不等。業於堤前厢做防風，堤後加築裹戧，工程俱屬穩固。臣預飭廳汛、州縣等，將防風一律加高，追壓堅實。秸蔴繩橛等物，寬為運貯，以防伏秋盛漲，風浪汕刷，臨時搶修之用。

再，查上游南北兩岸，五月内曾經長水二次，各處埽壩工程，均極平穩。現在長水消退，但時值大汛踵至，水勢消長靡常。臣惟有恪遵聖訓，謹慎防護。俟河臣蘭〈第錫〉到豫後，臣再與公同商酌，相機策應。務期工程鞏固，汛水安瀾，以仰副皇上慎重河防至意。

謹恭摺具奏，伏乞皇上睿鑒。謹奏。

037. 河南巡撫何裕城行移具奏黄河伏汛水勢安瀾工程平穩一摺奉硃批

乾隆四十八年七月二十五日*

札布政司。兩河道。照得本部院於乾隆四十八年七月十三日，在商邱五堡，由驛具奏，恭報黄河伏汛水勢安瀾，工程平穩情形一摺。今於本月二十五日，奉到硃批：欣慰覽之，益當敬慎。欽此。又於“此皆仰賴聖主敬誠昭格”句旁，奉硃批：莫為此頌言。欽此。合就恭録札行。為此札仰該司道，即便欽遵移行督飭廳營等官，加意巡察，實力修防，查毋稍疏懈，□□未便。照此札。

計粘抄原奏一紙。

札布政司。兩河道。

為移咨事。竊照云前。欽此。除原摺業經抄録札送外，相應恭録硃批咨送。為此合咨貴部院，請煩查照欽遵施行。

一　咨

河東河院

附録奏摺：河南巡撫何裕城具奏黄河伏汛水勢安瀾工程平穩摺

乾隆四十八年七月二十五日

奏為恭報黄河伏汛水勢安瀾，工程平穩，仰祈聖鑒事。

竊照豫省黄河，入伏以來，接據寧夏府申報，六月十三四兩日，長水八尺五寸。又據陝州稟報，萬錦灘三次長水一丈一尺五寸。黄沁廳稟報，沁河四次長水一丈三尺二寸。緣新河李六口崖底寬深，水流迅駛，是以上游黄沁等廳險要處所，均未出槽漫灘。惟上南之楊橋九堡，下南之黑堽，下北之銅瓦厢，并李六口大壩臨黄各工，俱因溜勢湍激，不無着重。現據各廳、營具報，加緊搶厢，趕下埽個，均獲平穩。

至蘭陽十二堡以下新河地勢，高下不一。凡係低窪之處，堤根漫水深至四五尺及八九尺不等，俱經臣預飭承辦堤工州縣，協同廳營，先期厢做防風，堤後加築裹戧，并飭承催道府，駐工督率，實力捍衛，俱極穩固。□□□□□□□□汛□□□□□心，加意防護。臣仍飭在工大小各員，勤加巡察，不得稍有疏懈。

兹臣自東省回豫，業於十三日行抵商邱之五堡地方。據報情形，沿途上溯查看新河，大溜東注尾閭，宣泄尤為暢順。詢據在工員弁，僉云：每逢長水，風日開朗。如遇北風間作，多係水落之時。此皆仰賴聖主敬誠昭格，感召天和。在工人員，及沿堤老幼居民，無不歡欣額慶，歌頌皇仁。河臣蘭〈第錫〉現駐工所，督察修防。臣惟與隨時策應，凡關機要，和衷商辦，以期事事合宜，秋汛并保平安，仰副皇上廑念河防至意。

所有伏汛安瀾、工程平穩情形，臣謹恭摺由驛馳奏，仰慰聖懷，伏乞皇上睿鑒。謹奏。

038. 河南巡撫何裕城行移會奏恭報黃河秋汛安瀾工程平穩摺

乾隆四十八年八月十三日*

會奏恭報黃河秋汛安瀾原摺

札布政司。/兩河道。照得本部院會同河東總河部院蘭〈第錫〉/貴部院，於乾隆四十八年八月十三日，由驛具奏，恭報黃河秋汛安瀾，工程平穩緣由一摺。除俟奉到硃批，另行札知/移咨外，合行抄摺札行。為此札仰該司/道，即便查照。毋違。/督飭廳營汛弁，益加敬慎，小心防護，毋稍懈弛，□□未便。此札。

計粘抄原奏一紙。

札布政司。/兩河道。

為移咨事。竊照云前，另行移咨外，相應抄摺咨送。為此合咨（下殘）。

附録奏摺：河南巡撫何裕城具奏黃河秋汛安瀾工程平穩摺

乾隆四十八年八月十三日

奏為恭報白露已過，秋汛安瀾，工程平穩，仰祈聖鑒事。

竊照豫省黃河自四十三年以後，河身處處受病，每年漫口，堵築屢潰垂成。仰蒙皇上宵旰焦勞，推求良法，命於青龍崗上游别籌去路。經大學士公阿〈桂〉等議於南堤之外，另築新堤，疏挑引渠，導河南行，一舉成功。合龍後，復蒙皇上熟籌善後各工，命於蘭陽河頭放水歸河，坐灣着重之處加高培厚，以資抵禦。又於臣等進呈圖内，□□□□□□□□□□□□□□□□□□□□□□□□□□□□，慮及新河頭尾窄狹，命於河頭向東、河尾迆南，破寬舊堤，以資宣泄。臣等俱督同在工道、府及廳、營、州、縣各員，欽遵趕辦。計本年伏汛長水雖大，而旋長旋消，暢流無阻，皆由河形直下，河尾寬深之故。業經臣等節次奏蒙聖鑒。

至於秋汛河水，向來易長難消，甚為可慮。今於七月廿二三、八月初三等日，據黃沁廳稟報沁河於七月廿九日長水五尺四寸，陝州稟報萬錦灘於八月初三日長水三尺。數日以來，下游各工，均長水二尺五六寸及三尺二三寸不等。至初九日以後，逐漸消落。上游上南、下南、下北各廳工程，因河槽寬深，頗覺建瓴暢達。惟坐灣處所，搜刷埽根，塌卸崖坦。如南岸鄭州頭堡、中牟九堡，北岸祥符十八堡新生工段，屢報墊厢均皆搶護平穩。至蘭陽以下新南堤新工三段，原止分溜，近來形勢較順。儀封六堡埽前，原深三丈三尺，今止二丈六尺，計已淤墊七尺。其十四堡工，溜漸開行，亦甚安固。惟睢州下汛七堡一帶，因對面村基逼溜，上提下坐，皆有墊厢接埽之事。現今埽前水深二丈二三尺至三丈一二尺不等。臣等督同妥辦，足資防禦。以下各工積水之處，堤根日見受淤，均屬平穩。現在白露已過，河水漸次消減歸槽。向後即偶有長發，而水冷沙輕，堤埽工程可保無虞。

此皆仰賴聖主念切民生，睿謨獨運，是以聖德感孚，河神協應。新堤藉以鞏固，河流極為暢順。官民人等，當此汛水安□、□各豐收之際，無不歡欣鼓舞，感荷生成。臣等目睹河形如此開曠，尾閭如此宣泄，皆近年以來所未有之事。從此仰叨皇上鴻福，實可永慶安瀾。臣等職司修守，仍督率在工員弁，始終敬慎，加意防護，不敢稍有懈弛。

所有白露已過，黄河水勢平穩，工程鞏固情形，理合會同恭摺由驛馳奏，仰慰聖懷，伏乞皇上睿鑒。謹奏。

039. 河南巡撫何裕城為具奏勘堵河灘溝槽以禦漫水一摺行布政司及兩河道札

乾隆四十八年八月二十一日*

札行具奏勘堵河灘溝槽以禦漫水原摺

札布政司。兩河道。照得本部院於乾隆四十八年八月二十一日具奏，黄河灘面，溝槽為患，預籌堵築，以資抵禦一摺。除俟奉到硃批，另行札知外，合先抄摺札行。為此札仰該司，道，即便移行該道，督飭各該府遵照，迅速逐加履勘，隨查隨插標記，挨段確估，查照前札，據實繪造圖册，議詳呈送，聽候親勘。一俟霜降節届，該道、府等即駐工督率該管廳、營、州、縣，妥協辦理，毋得稍遲。速速。此札。

計抄原奏一紙。

札布政司。兩河道。

附録奏摺：河南巡撫何裕城具奏勘堵河灘溝槽以禦漫水摺

乾隆四十八年八月二十一日

奏為奏聞事。

竊照豫省黄河灘面廣闊，每遇伏秋大汛，漲水漫灘，串成溝槽，最為黄河隱患。昔年臣父何〈煟〉在任時，每論及豫省黄河漫口，其受病之處，往往由溝槽而起。蓋因漫灘之水，本屬平衍，而一入溝槽，即得其就下之性。如遇深、長處所，更復勢如建瓴，頃刻匯聚堤根。猝不及防，遂致漫溢為患，所關甚大。因於每年霜降後，飭令該管道、府督率州、縣、廳、營，相度情形，築做土格，以禦來年漫灘之水。是以當時雖逢黄水盛漲之年，并無縱横旁溢之事。兹臣查近年以來，如祥符八堡、時和驛、考城并張家油坊、曲家樓等處漫口，皆由近堤處所，或本係溝槽，或舊有河形，一經漫水灌注，遂至汕刷冲擊，勢莫能禦。是溝槽之不可不預為堵截，已有明驗。今歲豫省黄河，仰蒙我皇上指示機要，大工告成，導河南行，勢甚暢利。伏秋兩汛，黄流順軌，并未出槽漫灘。惟新堤南岸，間有低窪串溝，近亦逐漸停淤。指日節屆霜降，安瀾可慶。

惟是臣周歷南北兩岸，細為察看，有舊日溝槽刷成河形，長至數里及五六十丈，深五六尺者，有長三四十丈，深四五尺者，新舊不一，形若分支。若不先期堵築，早為防範，必致臨時沖刷，抵禦不及，為患實非淺鮮。臣現飭開歸道唐侍陛、河北道康基田，率同該管知府，確查情形，酌量溝槽之長短，築做土格一道或二道。其有逼近大河，過於寬深之處，并量加防風，以禦風浪撞激。隨勘隨即逐段標記。俟霜降後，責成該道、府親駐工所，督率州、縣、廳、營，實力妥辦。臣仍不時親往查察，務期堅實穩固，以備抵禦。倘有狃於故習，因循草率，立即據實核參，以示懲儆。似此預為籌辦，庶來年即遇漲水漫灘，亦可有備無虞。而溢入之水，更可望其澄淤，免致後患，實於保護堤工，大有裨益。

至此項工程，臣父向來俱係民夫挑土，兵夫行硪。臣現在循照飭辦，毋庸動帑，亦不致累民。

理合恭摺奏聞，伏祈皇上睿鑒。謹奏。

040. 河南巡撫何裕城為會奏恭報秋汛安瀾工程平穩一摺奉硃批事行布政司及兩河道札

乾隆四十八年八月二十四日*

札行會奏秋汛安瀾奉到硃批

札布政司。兩河道。照得本部院會同河東總河部院蘭〈第錫〉，於乾隆四十八年八月十三日，由驛具奏，恭報黄河秋汛安瀾，工程平穩緣由一摺，業已抄摺行知在案。今於本月二十四日，奉到硃批：以手加額，欣慰覽之。有旨諭部。欽此。合就恭録札行。為此札仰該司，道，即便欽遵查照。毋，督飭廳營汛弁，益加敬慎，小心防護，毋稍懈弛，□□未便。違。此札。

札布政司。兩河道。

041. 蘭第錫為具奏黄河水勢漲落新堤間段受淤并分溜旁注搶厢埽工平穩一摺奉硃批事移何裕城咨文

乾隆四十八年八月二十九日

乾隆四十八年八月廿九日到。

署理河南山東河道總督印務蘭。為移咨事。竊照本署院會同貴部院，於乾隆四十八年八月初三日，恭摺［具］奏新河堤根淤墊情形及搶厢埽工平穩一摺。於本月二十五日，奉到硃批：以手加額。覽奏稍慰。欽此。除祗遵并行司、道、府欽遵外，所有原奏，相應恭録咨送。為此合咨貴部院，請煩查照欽遵施行。須至咨者。

計粘抄原奏一紙。

右　　　咨

河南巡撫部院

附録奏摺：蘭第錫具奏黄河水勢漲落新堤間段受淤并分溜旁注搶廂埽工平穩摺

乾隆四十八年八月初三日

奏為（奏）［查］明黄河水勢長落，新堤間段受淤，并分溜旁注，搶廂埽工平穩，仰祈聖鑒事。

竊照黄河水勢、工程情形，經臣等節次奏聞在案。查蘭陽十二堡以下新河，自入伏後二十日内，水勢叠漲，河流暢達。惟漫灘水至堤根，淺深不等，一望汪洋，變遷無定。臣等督率文武員弁，加廂防風，不令浸泡堤根。迨立秋後逐漸消落，臣等往來查勘，自蘭陽至寧陵一百二十餘里，新堤根間段露出沙灘，淤高三、四、五尺不等。寧陵以下至商邱堤尾四十餘里，堤根積水較深，水中測量，均受淤三四尺至五六尺不等。泥沙下注，可冀全行淤墊。此一帶護崖防風，出水六七尺，堤後又加築裹戧，雖遇北風，足資抵禦。

惟睢州下汛七堡至九堡史村鋪地方，堤形灣環，於七月初七日，北風涌溜汕刷防風，長三十丈，陡蜇入水。各段亦節次蜇陷。經通判李如槐等晝夜搶修埽工三十三段，計長三百一十七丈，現今埽前水深一丈餘尺至二丈二三尺不等。仍多貯料物，以備蜇廂。

又，儀封十四堡堤形折向東南，十四五日，因落水後溜勢自睢州之高家寨迆邐上提，涌注十四堡一（滯）［帶］。經都司張建等搶修埽工二十六段，計長二百六十丈，現今埽前水深八九尺至一丈二三尺不等。迨二十二日，大河長水尺餘，二十四日即已消落。儀封縣毛家寨，本有壩臺埽工，因正河東南分溜一股，直注埽前，對面數十丈外，淤灘横亘，以致溜勢逼窄洶涌。該汛六堡埽工工段，長二十丈，陡（蜇）［蟄］入水丈餘，上下各埽亦俱牽連平蟄，情形頗為緊要。臣等聞報隨俱馳赴查勘，督率道、廳、營、縣，分役搶廂。幸天氣晴和，料物應手。至二十七日，搶廂埽工十六段，計長一百六十丈，均出水六七尺不等。臣何〈裕城〉十六日在彼測量，埽前水深一丈三尺，今已水深三丈三尺。

臣等復查正河大溜，甚為暢駛。新工三段，原止分溜不過十之三四。但河形已成，一路均有崖岸新埽，已屬臨黄。臣等抽調文武員弁，籌畫料物，晝夜防護，務臻穩實。并於堤之南面，趕築戧堤，以資後靠。至現在分溜之處，寬闊汹涌，驟難歸入正河。硃批：一歸正河，即速奏聞。欽此。此三段新工之外，溜勢開行，離堤根漸遠，仍□下游歸併一處，直達河尾東注。刻下時逾處暑，河勢大局漸定。二十九至初一等日，長水尺餘，現在已見消動。白露不遠，秋汛安瀾，可以預慶。臣等現仍分督道、府、廳、營，上下查察，加謹料理，不敢少有懈忽。

所有新河堤根淤墊情形及搶厢埽工平穩緣由，理合絵圖貼説，恭摺奏聞，伏祈皇上睿鑒。謹奏。

042. 河南巡撫何裕城為具奏新河水勢平穩仍飭加意防護一摺行布政司及兩河道札

乾隆四十八年九月初七日*

札行具奏新河水勢平穩仍飭加意防護原摺。

札布政司。兩河道。照得本部院於乾隆四十八年九月初七日具奏，新河水勢平穩，并仍飭道、府、廳等，帶同鄉堡各夫及州縣自雇民夫，加意防護，俟過霜降，再令撤回緣由一摺。除俟奉到硃批，另行札知外，合先抄摺札行。為此札仰該司，道，即便移行在工各道、府、廳、營、州、縣，一體遵照，加意防護。毋違。

計抄原奏一扣。

札布政司。兩河道。

附録奏摺：河南巡撫何裕城具奏新河水勢平穩仍飭加意防護摺

乾隆四十八年九月初七日

奏為奏聞事。

竊豫省黄河，白露已過，汛水安瀾，經臣恭摺具奏在案。兹自八月十二日至九月初五日，二十餘日之内，雖間有長水四五寸及二三寸不等，均係旋長旋消，并無停蓄。查上游之上南、下南、下北等廳埽壩工程，俱經厢壓平穩。而蘭陽十二堡以下，新河溜行，甚為暢達。惟向來防汛堡夫、鄉夫，皆於白露後即行撤回。今年新築南堤，非舊堤可比，自應倍加慎重。

查堡夫、鄉夫之外，尚有各州、縣自雇民夫，均未便遽令散去。且毛家寨、儀封十四堡、睢州下汛七堡三處新工，雖溜勢漸平，仍當時加修守，不容稍懈。現今節過秋分，但相距霜降尚有二十餘日。河臣蘭〈第錫〉因東省堤岸各工同時興舉，回東督率趕辦。其豫省新堤防護事宜，臣仍就近嚴飭在工道、府、廳、縣等，帶同鄉、堡各夫及州、縣自雇民夫，照前一律防護。俟經過霜降，再令撤回，用昭敬慎。不敢因已過白露，遂視同泛常，致有疏忽。

所有新河水勢平穩，并仍飭加意防護緣由，謹恭摺具奏，伏乞皇上睿鑒。謹奏。

043. 河南巡撫何裕城行移具奏恭謝天恩議叙摺

乾隆四十八年九月初九日*

札行具奏恭謝天恩議叙原摺

札布政司。照得本部院於乾隆四十八年九月初九日，奏謝天恩，新河汛水安瀾，交部議叙一摺。除俟奉到硃批，另行札知外，合先抄摺札行。為此札仰該司，即便查照。毋違。

計抄原奏一扣。

札布政司。

為移咨事。竊照云前硃批，另行移知外，合先抄摺咨送。為此合咨貴部院，請煩查照施行。

計咨送原奏一扣。

（下殘）。

附録原摺：河南巡撫何裕城具奏恭謝天恩議叙摺

乾隆四十八年九月初九日

奏為恭謝天恩事。

竊臣閲邸抄奉上諭：蘭〈第錫〉等奏，現在白露已過，水勢消減歸槽，新舊堤工，一律鞏固，河流極為暢順等語。覽奏欣慰。又，昨據薩〈載〉等奏，南河水勢，循軌暢行，通工俱屬穩固，可期秋汛安瀾等語。

今歲黄河水勢盛長，今該督等飭在工員弁，隨時防護，設法疏消。新舊堤埽工程，一律鞏固。伏秋兩汛，共慶安瀾。朕心深為嘉悦。薩〈載〉、李〈奉翰〉、蘭〈第錫〉、何〈裕城〉，均著交部議叙。所有兩河在工出力文武員弁，并著該督等查明，一併交部議叙。該部知道。欽此。

竊念豫省蘭陽十二堡以下新建堤河，仰蒙皇上睿謨廣運，節次指示，俾得遵循辦理，故能溜勢暢達，堤根停淤，上下游新舊各工，俱極平穩。臣等幸與慶成，實仰賴聖主誠敬感孚，天神垂祐，底績安瀾。前此巨工告蕆，已邀恩叙優加；今兹汛水安恬，復荷温綸特沛。愧涓（涘）［埃］之未效，沐寵渥之滋深。

榮幸難名，悚惶靡已。

至在工文武員弁，或責司保固，或職任修防，皆屬分所當辦，并蒙皇上一視同仁，併予議叙。伊等跪聞恩命，靡不倍加感奮，頂戴鴻仁。臣現在欽遵諭旨，會同河臣蘭〈第錫〉查明，分别等第，咨部辦理。庶渥澤不得濫膺，伊等咸知激勸。

所有臣及在工員弁等，感激微忱，理合恭摺叩謝天恩，伏祈皇上睿鑒。謹奏。

044. 河南巡撫何裕城為具奏勘堵河灘溝槽以禦漫水一摺奉硃批事行布政司及兩河道札

乾隆四十八年九月十六日*

札行具奏勘堵河灘溝槽以禦漫水一摺奉硃批

札布政司。兩河道。照得本部院於乾隆四十八年八月二十一日具奏，黄河灘面溝槽為患，預籌堵築，以資抵禦一摺，業已抄摺札知在案。今於九月十六日，奉到硃批：好。實力妥為之。欽此。合再恭録札行。為此札仰該司道官吏，即便查照前札，移行該道、督飭各該府遵照，迅速逐加履勘，隨查隨插標記，挨段確估，據實繪造圖册，議詳呈送，聽候親勘。一俟霜降節届，該道、府等即駐工督率該管廳、營、州、縣，妥協辦理，毋得稍遲。速速。此札。

札布政司。兩河道。

045. 河南巡撫何裕城行移具奏霜降已過黄河秋汛安瀾工程鞏固摺

乾隆四十八年十月初一日*

具奏黄河水勢霜降已過工程鞏固緣由一摺。

札布政司。兩河道。照得本部院於乾隆四十八年十月初一日具奏，恭報黄河水勢，霜降已過，工程鞏固緣由一摺。除俟奉到硃批，另行札知移咨外，合先抄摺札行。為此札仰該司，道，即便查照。督飭廳、汛員弁、兵夫，小心巡防，毋稍疏懈，致干未便。此札。

計粘抄原奏一紙。

行布政司。兩河道。

為移咨事。竊照云前，另行移咨外，相應抄摺咨送。為此合咨（下殘）。

附録奏摺：河南巡撫何裕城具奏霜降已過黄河秋汛安瀾工程鞏固摺

乾隆四十八年十月初一日

奏為恭報霜降已過，黄河秋汛安瀾，工程鞏固，仰慰聖懷事。

竊查豫省黄河，白露以後，水勢平安，經臣恭摺奏報在案。兹於九月初旬以内，各工節次長水一尺八寸至二尺五寸不等，旋即消落。上游北岸各工，均極穩固。惟南岸上南河廳屬之中牟九堡及安家莊、雁翅埽十二堡、楊橋大壩、鄭州汛之邵家寨，并下南河廳屬之黑堽等處，或因長水時溜勢逼注，或係落水上提，一經淘刷，埽底屢見蟄陷。臣飭令該管道、廳、汛弁，隨時搶厢穩固。現因新河去路通暢，是以長水并無停蓄。各處埽壩工程，俱各一律崇墉堅實。

至蘭陽以下新堤，如儀封之六堡、十四堡，睢州下汛七堡各埽工，水長時亦均有行蟄之處。隨蟄隨厢，均極平整，埽外并有停淤。其商邱一帶，亦間段露有淤灘。惟埽灣處所，尚水深一丈餘尺及七八尺不等，溜勢平緩，向北東趨。現在溜走新河尾，中泓甚為暢順。向後水勢有消無長，河槽日益冲刷深通，流行愈資暢達，實堪仰慰睿慮。

至原築新堤之各州縣及派令督辦之道府等官，臣前因白露雖過，河水尚屬消長靡常，仍飭令駐扎各工，晝夜防守。現在水勢已定，且節逾霜降，保固三汛期滿。該州縣等皆有地方之責，應均令各回本任。其隨帶夫役人等，亦一體撤回。臣仍嚴飭該管道、廳員弁，小心分段巡防，不得因已過霜降，稍有懈弛，以仰副皇上慎重河防至意。

所有霜降已過，工程鞏固緣由，理合恭摺奏報，仰慰聖懷，伏祈皇上睿鑒。謹奏。

046. 河南巡撫何裕城為具奏白露已過黄河水勢平穩一摺奉硃批事行布政司及兩河道札

乾隆四十八年十月初十日*

具奏白露黄河水勢平穩一摺奉硃批

札布政司。兩河道。照得本部院於乾隆四十八年九月初七日具奏，白露已過，黄河水勢平穩一摺，業已抄摺札知在案。今於十月初十日，奉到硃批：欣慰覽之。欽此。合再恭録札行。為此札仰該司道官吏，即便督飭廳營員弁、兵夫，小心巡防，毋得稍有疏懈。此札。

札布政司。兩河道。

047. 河南巡撫何裕城行移奏謝天恩新河汛水安瀾交部議叙一摺奉硃批

乾隆四十八年十月十三日*

札布政司。照得本部院於乾隆四十八年九月初九日，奏謝天恩，新河汛水安瀾，交部議敘一摺，業已抄摺札知移咨在案。今於十月十三日，奉到硃批：覽。欽此。合再恭録札行。為此札仰該司官吏，即便欽遵查照。此札。

札布政司。

為移咨事。竊照云前。欽此。相應恭録咨送。為此合咨貴部院，請煩欽遵查照施行。

（下殘）。

048. 河南巡撫何裕城行移具奏黄河水勢霜降已過工程鞏固一摺奉硃批

乾隆四十八年十月二十日*

札布政司。兩河道。照得本部院於乾隆四十八年十月初一日具奏，恭報黄河水勢，霜降已過，工程鞏固緣由一摺，業已抄摺札移知在案。今於本月二十日，奉到硃批：欣慰覽之。欽此。合再恭録札行。為此札仰該司道官吏，即便欽遵查照。，督飭廳汛員弁、兵夫，小心巡防，毋稍疏懈，致干未便。此札。

札布政司。兩河道。

為移咨事。竊照云前。欽此。相應恭録咨送。為此合咨貴部院，請煩欽遵查照施行。

（下殘）。

049. 蘭第錫為會奏查明新河溜勢情形一摺奉硃批事移河南巡撫何裕城咨文

乾隆四十八年十月二十三日

乾隆四十八年十月廿三日到。

署理河南山東河道總督印務蘭。為咨會事。竊照本署院會同貴部院，於乾隆四十八年九月二十日，恭摺具奏查明新河溜勢情形一摺。兹於十月十五日，奉到硃批：知道了。欽此。除欽遵并行管河、河北二道欽遵外，所有原奏，相應抄録咨送。為此合咨貴部院，請煩欽遵查照施行。須至咨者。

計粘抄原奏一紙。

右　　　咨

河南巡撫部院

附録奏摺：蘭第錫等會奏查明新河溜勢情形摺

乾隆四十八年九月二十日

奏為查明新河溜勢情形，遵旨絵圖貼説，恭摺奏聞事。

竊臣蘭〈第錫〉於九月初十日，在運河南陽舟次，准兵部發回臣等八月二十二日覆奏，奉旨詢問新河分溜情形一摺。欽奉硃批：覽奏稍慰。欽此。又於“目前雖不能盡歸正河，亦斷不致全河側注”句旁，奉硃批：明年伏汛，當預思。具圖來看。欽此。臣蘭〈第錫〉當將奉到批旨日期先行奏明，一面移會臣何〈裕城〉。臣等跪讀之下，仰見我皇上睿慮□詳，先事圖維之至意。

伏查黃河於九月初旬，節次長水一尺餘寸。儀封六堡新工大溜開行，較臣等前次絵圖時，河面已漸向北刷，埽工甚屬穩固。其迆北中泓溜形，順直東趨，極為暢利。自七堡以東，河形距堤漸遠。迨至十四堡，雖尚有拖溜近堤，而正溜全向東北暢注。埽前現止水深四五尺，已顯有淤閉之象。至睢州下汛七堡一帶，先因史村鋪村基逼溜，以致上提下移，埽工長至三百餘丈。昨初旬河水增長，間有蟄動，均已廂護平穩。其村後亦有分溜北趨。刻下水勢消落，村後河形較為暢順。各段埽工，亦俱不致吃重。寧陵以下，堤根受淤比前更厚，河尾就下，奔騰愈加深駛。臣等悉心體察，儀封六堡迆西，新南堤至舊南堤，本屬稍窄，距蘭陽十二堡河頭，亦止三十餘里。建瓴迅疾之水，甫就寬展，力尚猛悍。該處新堤，最為緊要。誠如聖諭，明年伏汛，當預思防範之計。

查黃河性喜坐灣，變遷靡定。幸一百七十餘里之新堤，僅止新工三處，又止一處吃重。且現在□□暢行，尚非全溜側注。惟有相機預籌，以期有備無患。

今距霜降尚有旬日，臣蘭〈第錫〉俟運河大挑工程煞壩興辦後，即馳赴河南，會同臣何〈裕城〉，逐細察勘，將應行籌辦之處，另行奏請訓示外，所有臣等查明新河現在情形，理合遵旨絵圖貼説，據實奏聞，伏乞皇上睿鑒。謹奏。

050. 河南巡撫何裕城行移廷寄著實力查辦南北兩河灘地私築堤堰侵占河形

乾隆四十八年十月二十七日*

札布政司。河北道。管河道。乾隆四十八年十月二十七日，承准大學士公阿〈桂〉、尚書和〈珅〉字寄，兩江總督薩〈載〉、江南河道總督李〈奉翰〉、河東河道總督蘭〈第錫〉、河南巡撫何〈裕城〉、山東巡撫明〈興〉，乾隆四十八年十月二十三日奉上諭：據薩載等奏，黃河形勢兜灣，刷成新河一摺。内稱：郭家堂一帶黃河坐灣，溜勢偏趨南岸。田家樓埽工，係頂沖迎溜。正擬於老灘挑挖引渠，引溜直趨。現在興工，尚未挑成。而河流日見搨進，勢甚迅速。當即乘勢啓放，河頭、河尾共刷寬一百數十丈，全河大溜暢達。所有田家樓埽工，現經淤閉等語。覽奏欣慰，已於摺内批示矣。

郭家堂老灘，正在挑挖引渠。仰邀河神默祐，乘勢塌寬。全河大溜忽然取直歸中，自係善機。朕心深為嘉悦。但閱圖内郭家堂即逼近新河，該處現有民居。向來堤外灘地，距河稍遠之處，原准民間居住。惟不准私築堤堰，致礙水道，例禁本明。前經降旨，命河臣會同地方官，妥協經理。但恐日久廢弛，小民各護田廬，仍不免私自圈築，侵占河形，以致汛水長發時，有礙溜勢，於河務大有關係。除將此摺交軍機處存記，俟明春南巡，若就近，亦可親臨閲看外，著傳諭薩〈載〉、李〈奉翰〉、蘭〈第錫〉、何〈裕城〉、明〈興〉，於南北兩河灘地，留心實力查辦，毋得視為具文。將此諭令知之。欽此。遵旨寄信前來。等因。到本部院。承准此。合就札行。為此札仰該司道官吏，即便會同管河、河北二道，布政司，將南北兩河灘地有無私築堤堰、侵占河形之處，欽遵諭旨，實力嚴查妥辦。毋違。此札。

札布政司。河北道。管河道。

為欽奉上諭事。乾隆四十八年十月二十七日，承准（下殘）。

051. 河南巡撫何裕城具奏酌議新河圈築月堤并加幫堤埝需用銀數摺

乾隆四十八年十一月初一日

奏為酌議新河圈築月堤，并加幫堤埝，確核需用銀數，恭請聖訓事。

竊照霜降久逾，河水歸槽。臣蘭〈第錫〉由東赴豫，臣何〈裕城〉亦自省前赴商邱一帶，公同履勘。新河尾閭，自灘内舊辛集村南北兩股匯注奔騰，正引河益加寬深。其北岸續挑引溝及南岸各川字溝，均尚分溜，水痕較伏汛落至丈許，實有水行地中之象。迆西商邱、寧陵境内新堤四十餘里，間段露灘，大溜距堤頗遠。睢州下汛七堡一帶，分溜平緩，埽工益覺堅穩。自睢州七堡上至儀封十四堡，堤根淤高四、五、六尺不等。十四堡埽工，僅有四五段拖溜散漫。雖因水落露淤，實緣溜勢東趨，得以化險為平。至儀封六堡毛家寨一帶，埽前水勢仍深七、八、九尺不等，對面長有攔河淺灘，灘北河形至為寬暢。

臣等細察形勢，大河自蘭陽十二堡出口後，漸向東南坐灣。至蘭陽十五堡南灘，有崗頭舊村基横亘逼溜，水勢不能再向南趨，是以正引河仍有溜勢四五分。而毛家寨對過河形，順直東注，已與新堤漸行漸遠。是新河大勢，總在儀封舊城以東灘面適中之處。明年大汛，不致再有變遷。其北岸舊南堤之南，河形尚窄，可備大汛分泄。南岸新堤堤根，均已受淤。雖將來漫灘在所不免，而南灘既見淤高，則河溜日益北刷，可無迎溜受險之患。惟查儀封六堡灘面較窄，睢州下汛七堡形勢彎環，必須加意備禦。

臣等謹遵諭旨，細思預防之計。除河頭、河尾應行零星疏浚，及一切防風、埽工，酌量購料存貯，歸於來年歲搶修，核實辦理外，其現應預籌工程，臣等公同勘議，并與道、廳、營、汛虚心商酌。自儀封三堡至八堡，新堤離舊堤僅寬五六里，距蘭陽十二堡河頭亦祇二十餘里。河灘逼窄，水力尚悍。擬於堤南圈築月堤一道，將毛家寨埽工包絡在内，以作重門保障。計工長一千五百五十丈，共土二十四萬四千七百三十一方零，估需銀二萬三千四百九十四兩零。該處新灘受淤，堤高水面僅止八九尺及丈許不等。擬自蘭陽十六堡至儀封七堡，再於堤頂加高四尺。計工長二千四百三十二丈，共土三萬六千九百六十六方零，估需銀五千三百二十三兩零。再，睢州一帶大堤南邊與北邊子堰，尚有未經加幫一律寬厚之處，灘面均已淤高，自應擇要幫築。擬自睢州下汛頭堡起至十五堡止，就舊有子埝，於南面加幫寬厚。計工長五千七百十二丈，共土七萬八千八百二十五方零，估需銀七千五百六十七兩零。并於下汛九堡至十堡堤後，加築後戧，計工長三百五十丈，共土一萬三千一百七十方，估需銀一千二百六十四兩零。以上通共實需銀三萬七千六百四十八兩零。

如此先事籌辦，來年大汛經臨，可期有備無患。謹恭摺奏懇聖恩，俯准動項辦理。臣等擬於今冬明春，分派人員，趕緊施工。并專委大員，駐工監催。務期層土層硪，一律堅實，依限速竣。所需銀兩，請於司庫動撥。工竣，臣等親身驗收，由臣蘭〈第錫〉確核題銷。

所有勘明新河情形，酌籌增築堤工需用銀數，理合繪圖貼説，恭摺奏聞，伏祈皇上睿鑒訓示。謹奏。

乾隆四十八年十一月初一日拜進。

052. 河南巡撫何裕城等具奏遵旨會同履勘新河并查禁民人侵占灘地阻遏水道摺

乾隆四十八年十一月初一日

奏為欽奉諭旨，恭摺覆奏事。

竊臣等於十月二十七日，承准大學士公阿〈桂〉、尚書和〈珅〉字寄，内開，乾隆四十八年十月二十三日奉上諭：云云。欽此。寄信到臣等。

伏查黄河水勢，必須下游通暢，始不致上游壅滯。今當水落歸槽之際，江南郭家堂老灘，正在挑挖引渠。溜勢忽然取直，刷成一百數十丈之引河。具見下游深通，實為豫、東之嘉兆，皆由我皇上宵旰焦勞，刻刻廑念，用能感召天庥，獲兹瑞應。臣等職司修守，欣感難名。兹臣等會同履勘新河，見河尾引河兩崖現在水痕，已較伏秋大汛落至丈餘，河水仍深一丈三四尺，建瓴湍達，并無阻礙，實為下游暢順之明效。

至灘面舊有民居，前蒙聖恩俯准各守舊業，此後毋許再行侵占灘地，阻遏水道。久經頒發謄黄，明白曉示。臣等於秋禾登場之時，即令地方、河工等官，不動聲色，實力查禁。今復仰荷諭旨，俾臣等留心，實力查辦。臣等現又嚴飭廳、營員弁及沿河州縣，於南北兩岸灘内，會同周歷確查。倘有民人自護田廬，私築堤埝及添蓋房屋，致礙水道，即令據實密禀，隨時嚴飭該管州縣，概行撤毁。其東境應行一體飭查之處，臣蘭〈第錫〉已另行移會山東撫臣明〈興〉，公同認真查辦。臣等職任專司，斷不敢因循姑息，致誤河防。

所有奉到諭旨，敬謹遵辦緣由，理合會摺覆奏，伏乞皇上睿鑒。謹奏。

乾隆四十八年十一月初一日拜進。

053. 河南巡撫何裕城具奏核明蘭陽防護新工節次用過銀數據實彙奏摺

乾隆四十八年十一月初三日

奏為核明防護新工節次用過銀數，據實彙奏事。

竊照本年春間，蘭陽十二堡壩工堵合，新河告成，所有善後事宜需用銀數，經大學士公阿〈桂〉，會同臣何〈裕城〉及前撫臣李〈世傑〉等，恭摺（奉）［奏］聞在案。當經督飭趕辦，一律妥竣。臣等逐一驗收，歸案核銷外，恭查本年三、四月内，荷蒙皇上廑念新河坐灣、新堤着重，用硃筆將河身堤形畫出，并將河灣向南吃緊處圈記，發交妥辦。又蒙諭令將河頭東面下唇及河尾川字溝迆南舊堤破寬，并着隨時酌量情形，相機防守。等因。欽此。臣等敬謹遵循，節次奏明。凡應行辦理之處，不敢稍任因循，致滋延誤。

今霜降已逾，水勢大定。所有幫築堤頂子埝，加培堤後裹戧，并抽溝破堤，裁灣取直，以及厢做防風，搶修（掃）［埽］工用過銀數，臣等公同督率道、府等，逐一清查。緣係新河初成，并非常年所有之工，未便彙入各舊工歲搶項下一併估報，稍涉牽混。今臣等分案覆核，計新堤子埝南邊幫築一律寬厚工，長一萬五千六百八十丈四尺，共土二十一萬六千三百八十九方零，實用銀二萬七百七十三兩零。

又，河頭東面切寬舊南堤順長二百丈，河尾川字溝迆南破堤三十丈，河尾北灘抽溝寬五十丈，再破堤寬三十丈，共土二十萬四千五百一十四方零，實用銀一萬六千五百六十五兩零。

又，臣蘭〈第錫〉到任後，同臣何〈裕城〉奏請於河頭西岸切唇長七十丈，河尾外南灘取直抽溝長八百五十丈，共土十九萬二千二百五十方，實用銀一萬五千五百七十二兩零。又於堤之南面，擇要加築裹戧，計長二千一百三十五丈五尺，共土六萬五千一百四十九方零，實用銀六千二百五十四兩零。以上土工，通共用銀五萬九千一百六十四兩零。

再，北岸蘭陽十二堡新築大壩，添做磨盤等埽，長一百三十丈，并大汛搶廂，共用料物、夫工銀一萬一千一百六十六兩零。又，七月間，因新河分溜坐灣，上下各段埽工接連陡蟄，儀封六堡、十四堡，及睢州下汛七堡至九堡，搶廂埽工，計長七百四十九丈八尺，共用銀三萬二千五十一兩零。又，新堤二萬七千餘丈內，除大工案內廂做壩臺、防風及本年搶修各埽工外，節次廂做防風，并陸續加廂，計長一萬二千二百十四丈五尺，共用料物、夫價銀七萬九千八十六兩零。以上埽工、防風，共用銀十二萬二千三百三兩零。除動用善後案內大學士公阿〈桂〉等奏備防守料物三千萬斤，值銀二萬七千兩外，通共用銀九萬五千三百三兩零。

臣等督飭廳、營、州、縣等官，分投趕辦，如式報竣。復次第親身查驗，委係實工實料，一律廂築堅實，并無浮冒偷減。

其工段、銀兩細數清册，飭令該道等再行覆核造報，由臣蘭〈第錫〉分別專案題銷外，所有核明防護新工節次用過銀數，理合恭摺奏聞，伏祈皇上睿鑒訓示。

再，臣蘭〈第錫〉於十一月初三日，由北岸銅瓦廂一帶，馳赴濟寧、臨清等處，查催運河挑工。合併陳明。謹奏。

乾隆四十八年十一月初三日，河南蘭陽縣廟工拜進。

054. 河南巡撫何裕城行移具奏黄河伏汛水勢安瀾工程平穩摺

乾隆四十九年六月二十二日*

札布政司。照得本部院於乾隆四十九年六月二十二日，具奏黄河伏汛水勢安瀾，工程平穩情形一摺。除俟奉到硃批，另行札知外，合先抄摺札行。為此札仰該司官吏，即便移行管河、河北二道查照。此札。

計抄摺一扣。

札布政司。

為移咨事。竊照本部院云前。除俟奉到硃批，另行恭録移會外，合先抄摺移送。為此合咨貴部院，請煩查照施行。

（下殘）。

附録奏摺：河南巡撫何裕城具奏黄河伏汛水勢安瀾工程平穩摺

乾隆四十九年六月二十二日

奏為恭報黄河伏汛水勢安瀾，工程平穩，仰祈聖鑒事。

竊照豫省黄河水勢，自入伏以來，陸續增長。六月初六日，陜州萬錦灘長水二尺五寸。沁河於初一、初四、十一等日，長水一丈一尺一寸。隨據黄河上、下各廳及新河一帶，叠次報長。下南廳屬南岸適中之黑堽地方，共長水至五尺八寸。臣飛飭管河、河北二道，督率廳營印汛各員，分駐要工，實力防護。仰叨皇上洪福，河流順軌，兼以新河尾閭冲刷日深，去路暢駛，上游水勢隨長隨消，毫無壅滯。兩岸各廳埽壩工程，均得一律平穩。

至新堤儀封六堡毛家寨工，大河分溜一股，近走埽前，堤坐無定。臣與河臣蘭〈第錫〉悉心籌酌，幫堤儲料，先事預防，以期有備無患。其史村鋪挑成引河，形勢頗順。昨於水長時相機開放，掣溜暢達。新做七堡挑水壩工，挑溜北趨，甚為得力。該處埽工吃重情形，比前頓覺輕減。今伏汛已過，雖秋汛為日尚長，而伏汛所存底水無多，秋汛縱有漲發，足資容納。

河臣蘭〈第錫〉現駐蘭、儀新堤一帶，查察修防。臣與之分投策應，呼吸可以相通。惟有恪遵聖訓，事事與蘭〈第錫〉同心協力，和衷商辦，務期工固波恬，閭閻安堵，以仰副皇上慎重河防，捍衛民生之至意。

所有伏汛黄河水勢安瀾，工程平穩情形，謹恭摺奏報，仰慰聖懷，伏乞皇上睿鑒。謹奏。

055. 河南巡撫何裕城行移具奏黄河伏汛水勢安瀾工程平穩一摺奉硃批

乾隆四十九年七月初八日*

札布政司。照得本部院於乾隆四十九年六月二十二日，具奏黄河伏汛水勢安瀾，工程平穩情形一摺，業已抄摺札知在案。兹於七月初八日，奉到硃批：欣慰覽之。欽此。合再恭録札知。為此札仰該司官吏，即便移行管河、河北二道，一體欽遵查照。此札。

札布政司。

為移咨事。竊照云前一摺，業已抄摺移送在案。兹於七月初八日，奉到硃批：欣慰覽之。欽此。合再恭録移送。為此合咨（下殘）。

056. 河南巡撫潘鐸行移具奏查明豫省河工地方各員應追各項工程賠款摺

咸豐元年正月二十四日*

札布政司。照得本部院於咸豐元年正月二十四日具奏，查明豫省河工、地方各員，應追各項工程賠款銀兩一摺。除俟奉到硃批，另行恭録札知移咨外，合先抄摺札行。咨送。札到該司，即便查照。毋違。此札。

計粘抄摺稿一紙。

札布政司。

為移咨事。竊照云前，合先抄摺咨送。為此合咨貴部堂，請煩查照施行。

（下殘）。

附録摺稿：河南巡撫潘鐸具奏查明豫省河工地方各員應追各項工程賠款摺

咸豐元年正月二十四日

奏為查明豫省河工、地方各員，應追各項工程賠款銀兩，循例奏祈聖鑒事。

竊照直省一切工程核減賠項，例應按年彙奏一次，歷經遵照在案。兹據署藩司郭夢齡詳稱，道光二十九年分豫省河工、地方各員，應追上届未完核減賠項銀六十三萬五千九十三兩零，節次飭催，未據完繳。緣各員應追項下，惟歷次黄河大工分賠銀數為最多。或係微末員弁，罷職赤貧，或身已故，責令子孫代賠。銀數過多，措繳無力，以致［未］[①] 能追完。現在恭逢恩詔，查辦豁免所有在豫人員。現在確實查明，詳咨造册，詳請具奏前來。

臣覆查屬實，除應行豁免各員，陸續據詳咨部，聽候核辦，如未准豁免，再飭勒限嚴追，并將銀數清册咨部外，理合循例具奏，伏乞皇上聖鑒。謹奏。

057. 河南巡撫潘鐸行移附奏驗收武陟縣增培沁河堤工片

咸豐元年正月二十五日

札布政司。照得本部院於咸豐元年正月二十四日，附奏驗收武陟縣增培沁河堤工一片。除俟奉到硃批，另行恭録札知移咨外，合先抄片札行。咨送。札到該司，即便移行查照，催造册結圖説，詳送核辦。毋違。此札。

計粘抄片稿一紙。

札布政司。

為移咨事。竊照云前，合先抄片咨送。為此合咨貴部堂，請煩查照施行。

---

① 據中国第一歷史檔案館館藏《録副奏摺》缩微號 320—0043。

計粘抄片稿一紙。

一　　　　咨

河東總河部堂

咸豐元年正月廿五日。工房王文烺承。

附奏驗收武陟縣增培沁河堤工一片。

巡撫部院提督軍門潘。行。

附録片稿：河南巡撫潘鐸附奏驗收武陟縣增培沁河堤工片

咸豐元年正月二十四日

再，豫省武陟縣沁河兩岸民堤，因前屆未辦工段埽堤塌潰，險工叠出。經臣飭令河北道督縣勘估，南北兩岸共工十四段，計長一千三百四十九丈，估需土方例津二價銀一萬四千六百四十六兩零，開列清單。奏蒙恩准，借給藩庫徵存加價銀兩興辦。遵飭該道長臻，督同武陟縣，於道光三十年二月十二日興工。至四月初八日，一律完竣。臣復飭該道周歷復驗。據查，所做工段，悉與原估丈尺相符。節節錐試，俱皆飽滿，委無草率、偷減情弊。上年伏、秋二汛，沁河迭漲，幸賴兩岸增培鞏固，深資抵禦。

除飭令造册詳送題銷外，所有驗收沁河堤工緣由，理合附片具奏，伏乞聖鑒。謹奏。

058. 河南巡撫潘鐸為附奏驗收武陟縣增培沁河堤工一片奉硃批事行布政司札

咸豐元年二月初八日*

札布政司。照得本部院於咸豐元年正月二十四日，附奏驗收武陟縣增培沁河堤工一片，業已抄片札知移咨在案。兹於二月初八日，奉到硃批：知道了。欽此。合就相應恭録札行。移咨。札到該司，即便欽遵移行查照，催造册結圖説，詳送核辦。毋違。此札。

札布政司。

059. 河南巡撫潘鐸行移具奏查明豫省河工地方各員應追各項工程賠款一摺奉硃批

咸豐元年二月初八日*

札布政司。照得本部院於咸豐元年正月二十四日具奏，查明豫省河工、地方各員，應追各項工程賠款銀兩一摺，業已抄摺札知咨送在案。兹於二月初八日，奉到硃批：知道了。欽此。合就相應恭録札行移咨。札到該司，即便欽遵查照。毋違。此札。

札布政司。

為移咨事。竊照云前，相應恭録移咨。為此合咨貴部堂，請煩欽遵查照施行。

（下殘）。

060. 河南巡撫潘鐸行移具奏遵旨撥發添辦備防磚石料垛銀兩摺

咸豐元年六月十四日*

札布政司。照得本部院於咸豐元年六月十四日，具奏遵旨撥發添辦備防磚石料垛銀兩一摺。除俟奉到硃批，另行恭録札知移咨外，合先抄摺札行。咨送。札到該司，即便查照。毋違。此札。

計粘抄摺稿一紙。

札布政司。

為移咨事。竊照云前，合先抄摺咨送。為此合咨貴部堂，請煩查照施行。

計粘抄摺稿一紙。

一咨

户工部

河東總河部堂

附録摺稿：河南巡撫潘鐸具奏遵旨撥發添辦備防磚石料垛銀兩摺

咸豐元年六月十四日

奏為遵旨撥發添辦備防磚石料垛銀兩，循例奏祈聖鑒事。

竊照豫省黄河兩岸預辦備防秸垛，向以四成辦秸，六成辦石。嗣因各廳情形不同，前任各河臣或請全數辦磚，或酌分改辦磚石。上年霜清之後，經河臣顔〈以燠〉請將六成銀兩仍舊辦石外，四成銀兩南岸二成一併改辦碎石，二成改辦磚塊，北岸全數辦磚，俾工用各有儲備，奏蒙允准在案。臣查豫省南北兩岸應添備辛亥年備防磚石，共需例幫價銀一十一萬三千五十兩，先後據署藩司郭夢齡、藩司張集馨在道光三十年、咸豐元年地丁銀兩項下動撥支放。等情具詳前來。

除咨部查核外，理合循例具奏，伏乞皇上聖鑒。謹奏。

061. 河南巡撫潘鐸行移具奏遵旨撥發添辦備防磚石料垛銀兩一摺奉硃批

咸豐元年七月初一日*

札布政司。照得本部院於咸豐元年六月十四日，具奏遵旨撥發添辦備防磚石料垛銀兩一摺，業已抄摺札知咨送在案。兹於七月初一日，奉到硃批：户部知道。欽此。合就相應恭録札行。移咨。札到該司，即便欽遵查照。毋違。此札。

札布政司。

為移咨事。竊照云前，相應恭録移咨。為此合咨貴部堂，請煩欽遵查照施行。

一咨

户工部

河東總河部堂

062. 河南巡撫李僡行移具奏武陟縣借項增培沁堤方價限期於豫北各縣接續攤徵摺

咸豐元年十二月十七日*

札布政司。照得本部院於咸豐元年十二月十七日具奏，武陟縣借項增培沁堤方價，酌定限期，援照成案，於河北三府所屬各縣接續攤徵，以重帑項而便輸將一摺。除俟奉到硃批，另行恭録札知移咨外，合先抄摺札行。咨送。札到該司，即便會同河北道，移行查照。毋違。此札。

計粘抄摺稿一紙。

札布政司。

為抄摺咨送事。竊照云前，合先抄摺咨送。為此合咨貴部堂，請煩查照施行。

計粘抄摺稿一紙。

一　　　咨

河東總河部堂

附録摺稿：河南巡撫李僡具奏武陟縣借項增培沁堤方價限期於豫北各縣接續攤徵摺

咸豐元年十二月十七日

奏為武陟縣借項增培沁堤方價，酌定限期，援照成案，於河北三府所屬各縣接續攤徵，以重帑項而便輸將，恭摺奏祈聖鑒事。

竊照豫省歷辦沁工，均於彰德、衛輝、懷慶三府攤徵還款。道光二十九年，經前撫臣潘〈鐸〉奏請借項擇要增培沁堤，俟沁工前案併攤限滿，接續起攤，奉旨允准在案。查前案併攤沁堤方價，統限四年，現扣至咸豐元年，徵限已滿。所有武陟縣借項增培沁工方價銀一萬四千三百五十三兩零，應即於咸豐二年接限起攤。此案為數雖屬無多，惟各縣尚有別案加價，應請分作二年攤徵，以抒民力。

由署藩司鄭敦謹、河北道長臻會詳請奏前來。

臣查河北三府所屬各縣，每年應完新賦，并隨通省攤徵之馬工、儀工各加價，合計為數亦屬不少。若不稍寬年限，恐民力不無拮据。合無仰懇天恩，俯准將前項銀一萬四千三百五十三兩零，分限二年攤徵歸款。計每年每縣應攤不及新賦十分之一，小民感戴鴻慈，自必倍加踴躍，實於國帑民生均有裨益。謹將銀數及接徵縣分，開具簡明清單，敬呈御覽。如蒙俞允，臣即飭藩司出示曉諭，俾鄉民咸使周知，以杜浮徵濫派之弊。

理合恭摺具奏，伏乞皇上聖鑒訓示。謹奏。

謹將河北彰、衛、懷三府接攤增培沁堤方價銀兩，開具簡明清單，敬呈御覽。

武陟縣道光二十九年借項擇要增培沁堤工程方價，除扣平外，實用庫平銀一萬四千三百五十三兩一錢二分四厘。請統限二年，在於河北三府安陽等二十五縣內攤徵完款，内分武安、涉縣、河内、濟源、孟縣、温縣等六縣應徵河、武二縣併攤沁堤銀兩，業已限滿，即於咸豐二年起限接徵。其餘安陽等十九縣，均俟河、武二縣併攤沁堤銀兩徵收限滿，再行分別起限接徵。

合併陳明。

063. 河南巡撫李僡行移具奏武陟縣借項增培沁堤方價限期於豫北三府各縣接續攤徵一摺奉上諭

咸豐二年正月初三日*

札布政司。照得本部院於咸豐元年十二月十七日具奏，武陟縣借項增培沁堤方價，酌定限期，援照成案，於河北三府所屬各縣接續攤徵，以重帑項而便輸將一摺，業已抄摺札知咨送在案。兹於咸豐二年正月初三日，奉到硃批：另有旨。欽此。同日，奉上諭一道。合就相應恭録札行移咨。札到該司，即便會同河北道，移行欽遵查照。毋違。此札。

計恭録上諭一道。

札布政司。

為恭録移咨事。竊照云前，相應恭録移咨。為此合咨貴部堂，請煩欽遵查照施行。

計恭録（下殘）。

附録上諭：内閣奉上諭著准將武陟縣借項增培沁堤方價銀分限二年攤徵歸款

咸豐元年十二月二十六日

咸豐元年十二月二十六日内閣奉上諭：李〈僡〉奏，請將攤徵銀兩展限一摺。河南武陟縣借項增培沁堤方價銀一萬四千三百五十三兩零，著准其分限二年，攤徵歸款，以紓民力。該部知道。單并發。欽此。

064. 河南巡撫李僡行移具奏勘明河内縣沁河兩岸民堤冲塌單薄擇要增培摺

咸豐二年正月二十一日*

札布政司。照得本部院於咸豐二年正月二十一日具奏，勘明河内縣沁河南北兩岸民堤冲塌單薄，擇要增培一摺。除俟奉到硃批，另行恭録札知移咨外，合先抄摺札行。咨送。札到該司，即便移行查照。毋違。

計粘抄摺稿、清單一紙。

札布政司。

為移咨事。竊照云前，合先抄摺咨送。為此合咨貴部堂，請煩查照施行。

計粘抄摺稿、清單一紙。

一　　　咨

河東總河部堂

附録摺稿：河南巡撫李僡具奏勘明河内縣沁河兩岸民堤冲塌單薄擇要增培摺

咸豐二年正月二十一日

奏為勘明河内縣沁河南北兩岸民堤冲塌，各工單薄，必須擇要增培，恭懇聖恩，俯准借項興修，以資保衛事。

竊照河内縣沁河匯丹入黄，兩岸民堤各長七十里。上年大汛盛漲，拍岸盈堤，節節生險，幸搶護平穩。惟灘面淤墊，堤身愈形單薄，測量水勢僅止二尺及數寸，甚有與堤相平者，亟應大加增培。為大汛防守之計，實係必不可緩之工，稟請借項修辦。當即由道委員確勘，必須趕緊加培，方資捍禦。因所需銀數過多，復飭擇要興工。撙節估計，沁河兩岸土工二十四段，共長三千六百二十六丈，共估土五萬七千三十餘方。除按例價外，因有繞越取土酌加方價之處，共銀一萬九千四百二兩零。此項工程，皆應民築民修。現在民力拮据，援照歷辦成案，在徵存加價項内借動發給。所借銀兩即在彰、衛、懷三府所屬各縣地糧内，俟前案沁堤攤徵限滿，再行分年接徵還款等情。由該管道長臻、署藩司鄭敦謹核明議詳，請奏前來。

臣復查河內縣沁河民堤，前次修培後，歷經八載。上年大汛，沁河盛漲，勢甚危險。經河北道督率府、縣，竭力搶護，化險為平。今既勘明灘面淤高，堤身卑矮，亟應擇要培築，委係不可緩之工。合無仰懇天恩，俯准援照成案，在於藩庫徵存加價銀內如數借給。興辦事竣，分年接攤歸款，俾地方捍衛有資，感戴皇仁實非淺鮮。如蒙恩允，臣即責成河北道長臻，督率該縣趕緊辦理，務於大汛前一律完竣，核實驗收，不任稍有草率偷減，用副聖主慎重河防、保衛生民至意。

為此恭摺具奏，并繕工段、銀數、丈尺清單，敬呈御覽，伏乞皇上聖鑒訓示。

再，前准工部咨，一切工程，均應暫行停止。惟沁河堤工為民生田廬保障，實係必不可緩，是以准予修辦。

合併陳明。謹奏。

附録清單：河內縣增培沁河民堤估需工段丈尺土方銀數清單

咸豐二年正月二十一日

謹將河內縣南北兩岸增培沁河民堤估需工段、丈尺、土方、銀數簡明清單，恭呈御覽。

河內縣南岸沁河堤工一十五段，長二千二百八十丈，估土三萬五千二百四十二方四分，每方價銀一錢九分二厘、二錢一分六厘及二錢五分，內有繞越取土每方銀四錢，共銀一萬一千八百四十二兩四錢一分六厘二毫。北岸堤工九段，長一千三百四十六丈，估土二萬一千七百九十一方二分五厘，每方價銀一錢九分二厘、二錢一分六厘及二錢五分，內有繞越取土每方銀四錢，共銀七千五百五十九兩六錢五分四厘。以上南北兩岸共工二十四段，共長三千六百二十六丈，共估土五萬七千三十三方六分五厘，每方例價一錢九分二厘、二錢一分六厘及二錢五分、四錢不等，共估銀一萬九千四百二兩七分二毫。

065. 河南巡撫李僡行移具奏勘明河內縣沁河兩岸民堤冲塌單薄擇要增培一摺奉硃批上諭

咸豐二年二月初六日*

札布政司。照得本部院於咸豐二年正月二十一日具奏，勘明河內縣沁河南北兩岸民堤冲塌單薄，擇要增培一摺，業已抄摺札知移咨在案。茲於二月初六日，奉到硃批：另有旨。欽此。同日，奉上諭一道。合就相應恭録札行咨送。札到該司，即便移會河北道，欽遵查照，督率該縣實力趕辦，務於大汛前一律完竣，報候驗收，毋任稍有草率偷减。并將發過銀數、日期，詳報查考。仍照例取具估勘册結圖説，由司覆核，詳請核題。毋違。此札。

計恭録上諭一道。

札布政司。

為恭録移咨事。竊照云前，相應恭録移咨。為此合咨貴部堂，請煩欽遵查照施行。

計恭録上諭一道。

一　　咨

河東總河部堂

附録上諭：著准將增培河内縣沁河兩岸民堤所需土方價銀於藩庫徵存加價銀内如數借給

咸豐二年正月二十九日

咸豐二年正月二十九日内閣奉上諭：李〈僡〉奏請借項修築民堤一摺。河南河内縣沁河南北兩岸民堤，上年大汛盛漲，勢甚危險。既據該撫委員勘明灘面淤墊，堤身單薄，亟應大加增培。為大汛防守之計，係該地方必不可緩之工。著照所請，所需土方價銀一萬九千四百二兩零，准其援照成案，在於藩庫徵存加價銀内如數借給，擇要興修，以資捍衛。即責成該道督率該縣，趕緊辦理。務於大汛前一律完竣，核實驗收，不准稍有草率偷減。所借銀兩，即在彰、衛、懷三府所屬地糧内，分年接攤歸款。該部知道。欽此。

066. 署河南巡撫陸應穀行移具奏遵旨撥發添辦備防磚石料垛銀兩摺

咸豐二年六月初七日*

札布政司。照得本署部院於咸豐二年六月初七日具奏，遵旨撥發添辦備防磚石料垛銀兩一摺。除俟奉到硃批，另行恭録札知移咨外，合先抄摺札行。咨送。札到該司，即便查照。毋違。此札。

計粘抄摺稿一紙。

札布政司。

為移咨事。竊照云前，合先抄摺咨送。為此合咨貴部堂，請煩查照施行。

計粘抄摺稿一紙。

一咨

户工部

河東總河部堂

附録摺稿：署河南巡撫陸應穀具奏遵旨撥發添辦備防磚石料垛銀兩摺

咸豐二年六月初七日

奏為遵旨撥發添辦備防磚石料垛銀兩，循例奏祈聖鑒事。

竊照豫省黄河兩岸預辦備防秸垛，向以四成辦秸，六成辦石。嗣因各廳情形不同，前任各河臣或請全數辦磚，或酌分改辦磚石。上年霜清之後，經河臣顔〈以燠〉請將六成銀兩仍舊辦石外，四成銀兩南岸二成一併改辦碎石，二成改辦磚塊，北岸全數辦磚，俾工用各有儲備，奏蒙允准在案。

臣查豫省南北兩岸應添備壬子年備防磚石，共需例幫價銀一十一萬七千九百五十兩，據署藩司鄭敦謹在咸豐元、二兩年地丁銀兩項下動撥支放。等情具詳前來。

除咨部查核外，理合循例具奏，伏乞皇上聖鑒。謹奏。

067. 署河南巡撫陸應穀行移具奏遵旨撥發添辦備防磚石料垛銀兩一摺奉硃批

咸豐二年六月二十四日*

札布政司。照得本署部院於咸豐二年六月初七日，具奏遵旨撥發添辦備防磚石料垛銀兩一摺，業已抄摺札知移咨在案。茲於六月二十四日，奉到硃批：該部知道。欽此。合就相應恭録札行。移咨。札到該司，即便欽遵查照。毋違。此札。

札布政司。

為恭録移咨事。竊照云前，相應恭録移咨。為此合咨貴部堂，請煩欽遵查照施行。

一咨

户工部

河東總河部堂

068. 署河南巡撫陸應穀行移附奏驗收河内縣增培沁河堤工片

咸豐二年六月二十五日*

札布政司。照得本署部院於咸豐二年六月二十五日，附奏驗收河内縣增培沁河堤工一片。除俟奉到硃批，另行恭録札知移咨外，合先抄片札行。咨送。札到該司，即便移行查照，催造册結圖説，詳送核辦。毋違。此札。

計粘抄片稿一紙。

札布政司。

為移咨事。竊照云前，合先抄片咨送。為此合咨（下殘）。

附録片稿：署河南巡撫陸應穀附奏驗收河内縣增培沁河堤工片

咸豐二年六月二十五日

再，豫省河内縣沁河兩岸堤工單薄，必須擇要增培，以資防守。前據河北道督同懷慶府親詣履勘，撙節估計，兩岸土工二十四段，共長三千六百二十六丈，估需土方銀一萬九千四百二兩零。由署藩司鄭敦謹詳經調任撫臣李〈僡〉，開列清單，奏蒙恩准，借給藩庫徵存加價銀兩興辦。遵飭升任該道長臻，督同縣、汛各員，於三月初六日興工，至四月初八日一律完竣。復經該道周履查驗，所修工段，悉與原估丈尺相符。節節錐試，俱皆飽滿，委係一律堅固，足資抵禦，并無草率、偷減情弊。經藩司覆核具詳前來。

除飭令造册詳送題銷外，所有驗收沁河堤工緣由，理合附片具奏，伏乞聖鑒。謹奏。

069. 署河南巡撫陸應穀行移附奏驗收河内縣增培沁河堤工一片奉硃批

咸豐二年七月十二日*

札布政司。照得本署部院於咸豐二年六月二十五日，附奏驗收河内縣增培沁河堤工一片，業已抄片札知移咨在案。茲於七月十二日，奉到硃批：工部知道。欽此。合就相應恭録札行移咨。札到該司，即便移行欽遵查照。毋違。此札。

札布政司。

為恭録移咨事。竊照云前，相應恭録移咨，為（下殘）。

070. 署河南巡撫陸應穀行移奏請敕催解還兩淮長蘆山東積欠豫省河工料價銀兩摺

咸豐二年十月二十八日*

札布政司。照得本署部院於咸豐二年十月二十八日，具奏兩淮、長蘆、山東積欠豫省河工料價銀兩二百數十萬兩，頻年借墊，經費支絀，恭摺奏懇恩施，敕催解還，以濟急需一摺。除俟奉到硃批，另行恭録札知移咨外，合先抄摺札行咨送。札到該司，即便查照。毋違。此札。

計粘抄摺稿一紙。

札布政司。

為移咨事。竊照云前，合先抄摺咨送。為此合咨貴院，部堂，院，請煩查照施行。

計粘抄摺稿一紙。

一　咨

長蘆鹽院

兩江督鹽 河東總河部堂

山東撫鹽部院

附録摺稿：署河南巡撫陸應穀奏請敕催解還兩淮長蘆山東積欠豫省河工料價銀兩摺

咸豐二年十月二十八日

奏為兩淮、長蘆、山東積欠豫省河工料價銀兩二百數十萬兩，頻年借墊，經費支絀，恭摺奏懇恩施，敕催解還，以濟急需事。

竊照豫省司庫例支，以河工為大宗，每年需用一百數十萬兩。嘉慶年間，籌款發交兩淮、長蘆、山東各鹽商生息，以為添補歲料等項之用。乃各商不能按限清解，積欠至二百三十五萬九百餘兩之多，均係河南藩庫借墊。日積月盈，無可挹注。本省例支，遂形竭蹷。本年奉撥軍餉、工餉等項五十餘萬兩，以致經費异常短絀。應發工需，無款可籌。據署藩司鄭敦謹詳請奏催前來。

臣查兩淮共欠解息銀九十七萬四千九百餘兩，除籌議分綱代徵共銀五十六萬九千九百餘兩，尚應解銀四十萬五千兩。長蘆共欠解息銀一百九萬三千三百餘兩，除籌議歸入清查分限展緩共銀七十九萬五千一百餘兩，尚應解銀二十九萬八千二百餘兩。山東共欠解息銀二十八萬二千五百餘兩，除籌議奏明調濟交代、分年彌補共銀十七萬二千五百餘兩，尚應解銀十一萬兩。共計三處欠解息銀，除議明分年彌補、調濟各項外，現在實應解銀八十一萬三千二百餘兩。節經咨催，延不完解。豫省待用孔殷，合無仰懇天恩，敕下兩江督臣、山東撫臣、長蘆鹽政臣，在於運庫迅速撥解來豫，以濟年內支用。

理合恭摺具奏，伏乞皇上聖鑒訓示。謹奏。

071. 署河南巡撫陸應穀行移奏請敕催解還兩淮長蘆山東積欠豫省河工料價銀兩一摺奉硃批上諭

咸豐二年十一月十三日*

札布政司。照得本署部院於咸豐二年十月二十八日具奏，兩淮、長蘆、山東積欠豫省河工料價銀兩二百數十萬兩，頻年借墊，經費支絀，恭摺奏懇恩施，敕催解還，以濟急需一摺，業已抄摺札知咨送在案。兹於十一月十三日，奉硃批：另有旨。欽此。合就相應恭録札行。移咨。札到該司，即便欽遵查照。毋違。此札。

計恭録上諭一道。

札布政司。

為恭録移咨事。竊照云前，相應恭録移咨。為此合咨貴院，部堂，院，請煩欽遵查照施行。

計恭録上諭一道。

一　咨

長蘆鹽院

兩江督鹽河東總河部堂

附録上諭：著兩江總督等迅速解還積欠豫省河工料價銀兩

咸豐二年十一月十三日*

奉上諭：陸〈應穀〉奏請飭催各省積欠河工料價銀兩一摺。河南司庫例支河工銀兩，嘉慶年間籌款發交兩淮、長蘆、山東各鹽商生息，原為添補歲料等項之用。乃各商不能按限清解，致該省藩庫借墊日多，經費支絀。所有兩淮欠解息銀，除籌議分綱代徵外，尚應解銀四十萬五千兩。長蘆息銀除籌議歸入清查、分限展緩外，尚應解銀二十九萬八千二百餘兩。山東息銀除籌議調劑交代、分年彌補外，尚應解銀十一萬兩。著兩江總督、山東巡撫、長蘆鹽政迅速籌撥，趕於年内解交河南，以供支用。毋得再行延宕，致悮要需。欽此。

072. 河南巡撫陸應穀奏報咸豐元年豫省地方各員應追各項工程賠款銀數摺

咸豐三年二月二十八日[1]

奏為查明豫省地方應追各項工程賠款銀兩，循例奏祈聖鑒事。

竊照直省一切工程核減賠項，例應按年彙奏一次，歷經遵照在案。兹據署藩司沈兆澐詳稱，咸豐元年分豫省河工、地方各員應追上届未完核減賠項内，除恭逢恩詔查辦豁免，業經奉到部文准豁不計外，尚有未經奉到准豁部文地方各員核減賠項銀一萬一千七十五兩零，多係本員身故，子孫代賠，無力措繳，以致未能追完。造册詳請具奏前來。

[1] 據中國第一歷史檔案館館藏《録副奏摺》縮微號 320—0826。

臣覆查屬實，并將銀數清册咨部查核外，理合循例具奏，伏乞皇上聖鑒。謹奏。

咸豐三年□月□日奉到硃批：該部知道。欽此。

073. 河南巡撫英桂行移具奏河水盛漲下北廳蘭陽汛三堡無工處所水過堤頂漫溢奪溜摺

咸豐五年六月二十七日

札布政司。照得本部院於咸豐五年六月二十六日，在信陽州行營，由驛六百里具奏，河水盛漲，下北廳蘭陽汛三堡無工處所，水過堤頂，漫溢奪溜一摺。除俟奉到硃批，另行恭録札知/移咨外，合先抄摺札行。札到該司，即便會同按察司，迅籌經費，選派幹員，調撥船隻，携帶饝餅、席片、錢文，分赴被水各處，拯救災民，酌給口糧，妥為安撫，毋使流離失所。一面確查大溜經行處所及漫淹地方，審度機宜，勘驗被災輕重分數，悉心妥籌辦理。毋稍刻延。切切。此札。

計粘抄摺稿一紙。

札布政司。

為移咨事。竊照云前，相應抄摺咨送。為此合咨貴都堂/部堂院，請煩查照施行。

計粘抄摺稿一紙。

一　　　　咨

欽差都察院副堂王

署理河東總河部堂

江南/兩江總河/督部堂

安徽/山東巡撫部院

直隸總督部堂

江蘇巡撫部院

咸豐五年六月廿七日。軍務局齊榜元承。

具奏河水盛漲下北廳蘭陽汛三堡無工處所水過堤頂漫溢奪溜一摺。

河南巡撫部院提督軍門英。劃。

監印官留豫候補典史俞炳。

附録摺稿：河南巡撫英桂具奏河水盛漲下北廳蘭陽汛三堡無工處所水過堤頂漫溢奪溜摺

咸豐五年六月二十六日

奏為河水盛漲，下北廳蘭陽汛三堡無工處所，水過堤頂，漫溢奪溜，恭摺奏祈聖鑒事。

竊查本年六月入伏後，叠據陝州申報，萬錦灘黄流節次陡長，武涉、沁河亦叠次報長，河水盈堤拍岸。臣每接水報，均經隨時嚴飭道、廳，妥慎防護。兹於六月二十四日，臣在信陽州防所，接准署河臣蔣啓敭咨稱：六月十五六七八等日，大河陡長水一丈一尺餘寸，過形猛驟，積漲不消。各廳紛紛報險，掣埽潰堤，兼有堤水相平之處。又值連日大雨如注，平地水深五六尺。當因下北廳蘭陽汛銅瓦廂工次著名險要，即督同搶辦。詎料十八日河勢忽然下卸，於三堡無工處所，大溜奔騰，直注如射。數時之間，即將大堤潰塌四五丈，僅存大堤頂寬數尺。蔣啓敭當即分派各營汛，一面扎枕摟護，一面搶加後戧。無如堤身早經雨水浸泡，河勢浪涌如山，猝然漫過堤頂等情。接閲之餘，不勝焦急，飛即咨行設法搶修。

復於二十五日，接蔣啓敭來咨：蘭陽汛三堡無工處所，水勢异漲，已過堤頂。(晝)［晝］夜搶護，所加之土不敵所長之水。并值南風暴發，巨浪掀騰，兵夫不能站立，人力難施。於十九日漫溢，二十日奪溜北趨。并接稽查河岸都察院左副都御史王履謙函知：正在往查下游河岸，於曹、考途次，見該處盤壩搶險，勢在危急。水忽陡落，探知下北廳銅瓦廂漫溢奪溜。查下游為皖省入東咽喉，大溜掣動，勢必徒步可行，恐啓賊匪覬覦之漸。惟有督率廳營，益加嚴防。各等因。

臣因邊防緊要，督師遠駐信陽，既未克分身馳往查勘，而事起倉猝，附近居民田園、廬舍不知被淹如何情形，損傷人口若干。當此經費萬分支絀之時，且河北民情浮動，撫恤拯救，勢不容緩。中夜憂思，難安寢饋。現已札飭藩司，迅籌經費，選派幹員，調撥船隻，携帶饝餅、席片、錢文，分赴被水各處，拯救災民，酌濟口糧，以安衆心。一面查明水勢究由何處行走，大溜經過是何地方，相度機宜，急所當先，竭盡心力，妥籌舉辦。仍次第會商，隨時陳奏。此次河防漫溢，現接咨報，係下北廳蘭陽汛三堡無工處所。除飛飭查明疏防失事之道、廳、營、汛及兼轄各官應得處分，會同河臣另行奏參外，臣職兼河務，雖防堵在遠，究未能先事預防，致有疏失。相應請旨，將臣從重議處。

理合恭摺由驛馳奏，伏乞皇上聖鑒訓示。謹奏。

074. 河南巡撫英桂行移奉上諭本日據蔣啓敭奏下北廳地方河流漫溢着桂良等妥速籌辦

咸豐五年七月初二日

札布政司。照得本部院於咸豐五年七月初一日，在信陽州行營，承准軍機大臣字寄，直隸總督桂〈良〉、河南巡撫英〈桂〉、山東巡撫崇〈恩〉，咸豐五年六月二十五日奉上諭：本日據蔣啓敭奏報，東河下北廳屬銅瓦厢地方，河流漫溢。并據王履謙奏稱，黄河漫口後，下流澌涸，無險可扼，請飭直隸、河南、山東各督撫撥兵防守等語。楚北逆氛未靖，河防極關緊要。現以銅瓦厢漫口，下游澌成涸轍。前派防河之山西朔州官兵及曹縣練勇，不敷分撥，自應添派官兵，藉資堵禦。着桂良、英桂、崇恩將濱河各屬現經斷流處所迅速查明，各就情形輕重，酌撥官兵前往防守，與王履謙聯絡聲勢，嚴密稽查，無許疏忽貽誤。漫口地屬河南，英桂責無旁貸。直隸、山東均有備調兵丁，自可足資分撥。至决口大溜現向何處旁趨，被災係何州縣，應如何亟籌撫恤，俾小民不至失所，并着桂良等妥速籌辦，無稍遲緩。將此由五百里各諭令知之。欽此。遵旨寄信前來。等因。承准此。查下北廳河流漫溢，前經本部院具奏，抄摺行司，會同悉心籌辦在案。承准前因。合亟恭録札行。札到該司，立即會同按察司，欽遵查照先今札飭事理，迅速查明大溜現向何處旁趨，被災係何州縣，應如何亟籌撫恤，俾小民不至失所，迅速詳辦。毋違。速速。此札。

札布政司。六百里排單。

為恭録移咨事。竊照云前。等因。承准此。相應恭録移咨。為此合咨貴部堂，都部院，請煩欽遵查照辦理施行。

一　　咨

署河東總河部堂　六百里排單。

直隸總督部堂

欽差都察院副堂王

山東巡撫部院

咸豐五年七月初二日。軍務局齊榜元承。

奉上諭本日據蔣啓敭奏下北廳地方河流漫溢着桂良等妥速籌辦。

河南巡撫部院提督軍門英。劃。

監印官留豫候補典史俞炳。

075. 河南巡撫英桂行移具奏河水盛漲下北廳蘭陽汛三堡無工處所水過堤頂漫溢奪溜一摺奉上諭

咸豐五年七月初九日

札布政司。照得本部院於咸豐五年六月二十六日，在信陽州行營，由驛具奏，河水盛漲，下北廳蘭陽汛三堡無工處所，水過堤頂，漫溢奪溜一摺，業已抄摺札知咨送在案。兹於七月初九日，奉到硃批：另有旨。同日，奉到咸豐五年七月初三日内閣奉上諭：英桂奏，河南蘭陽汛黄水漫口，自請議處一摺。英桂現在信陽州辦理防堵，未能兼顧河務。所有自請議處之處，著加恩寬免。欽此。合就恭録札行。札到該司，立即會同按察司，欽遵移行查照。毋違。此札。

札布政司。

為恭録移咨事。竊照云前，相應恭録移咨。為此合咨貴都堂，部院，請煩欽遵查照施行。

一　　　　　咨

欽差都察院副堂王

署江南河東總河部堂

直隸兩江總督部堂

安徽江蘇巡撫部院

山東巡撫部院

咸豐五年七［月］初九日。軍務局齊榜元承。

具奏河水盛漲下北廳蘭陽汛三堡無工處所水過堤頂漫溢奪溜一摺奉硃批上諭。

河南巡撫部院提督軍門英。劃。

監印官留豫候補典史俞炳。

076. 河南巡撫英桂行移具奏恭謝天恩不加嚴譴寬免處分摺

咸豐五年七月十六日

札布政司。照得本部院於咸豐五年七月十三日，在信陽州行營具奏，恭謝天恩一摺。除俟奉到硃批，另行恭録札知移咨外，合先抄摺札行。札到該司，即便移行查照。毋違。此札。

計粘抄摺稿一紙。

札布政司。

為移咨事。竊照云前，相應抄摺咨送。為此合咨貴部堂，請煩查照施行。

計粘抄摺稿一紙。

一　　　　咨

河東總河部堂李

咸豐五年七月十六日。軍務局齊榜元承。

具奏恭謝天恩一摺。

河南巡撫部院提督軍門英。劃。

監印官留豫候補典史俞炳。

附録摺稿：河南巡撫英桂具奏恭謝天恩不加嚴譴寬免處分摺

咸豐五年七月十三日

奏為恭謝天恩，仰祈聖鑒事。

竊奴才前因蘭陽汛銅瓦厢黄水漫溢奪溜，當經繕摺馳奏，并請從重議處。欽奉上諭：英〈桂〉奏，蘭陽汛黄水漫口，自請議處一摺。英〈桂〉現在信陽州辦理防堵，未能兼顧河務。所有自請議處之處，著加恩寬免。欽此。聞命自天，感零無地。

伏查本年伏汛，黄水异漲。銅瓦厢無工處所，水勢横溢，漫過堤頂，搶辦不及，以致奪溜北趨。臣在信陽州防所，報險猝聞，莫名焦灼。恨未負芻負楗，親畚築而捍禦狂瀾；念兹已溺已饑，惘蕩析而徬徨中夜。疏忽非同乎恒泛，負疚實切於私衷。仰蒙高厚鴻慈，不加嚴譴，寬免處分。凡此逾格之恩施，實非夢想所敢及。奴才惟有竭盡愚誠，勉圖報稱，嚴飭廳、營文武力籌堵築，飭司迅籌經費，妥議賑恤，以輯災黎。所有河工一切應辦事宜，會同河臣，悉心區畫，次第舉行。冀盡涓埃，藉圖補過，以仰酬幬載深仁於萬一。

所有奴才感激下忱，謹繕摺叩謝天恩，伏乞皇上聖鑒。謹奏。

077. 河南巡撫英桂行移具奏查明蘭陽汛三堡黄水漫溢大溜經過地方及歸宿處所摺

咸豐五年七月二十三日

札開歸道。布政司。河北道。照得本部院於咸豐五年七月二十一日，在信陽州行營具奏，查明蘭陽汛三堡黄水漫溢，大溜經過地方及歸宿處所一摺。除俟奉到御批，另行恭録札知移咨外，合先抄摺札行。札到該司，即便會同按察司，查照辦理。毋違。此札。

計粘抄摺稿一紙。

札河北道。開歸道。布政司。

為移咨事。竊照云前，相應抄摺咨送。為此合咨貴部堂院，請煩查照施行。

計粘抄摺稿一紙。

一　　咨

江南河東總河部堂

山東巡撫部院

直隸總督部堂

欽差都察院副堂王

咸豐五年七月廿三日。軍務局齊榜元承。

具奏查明蘭陽汛三堡黃水漫溢大溜經過地方及歸宿處所一摺。

河南巡撫部院提督軍門英。劃。

監印官留豫候補典史俞炳。

附録摺稿：河南巡撫英桂具奏查明蘭陽汛三堡黃水漫溢大溜經過地方及歸宿處所摺

咸豐五年七月二十一日

奏為查明蘭陽汛三堡黃水漫溢，大溜經過地方及歸宿處所，恭摺奏祈聖鑒事。

竊臣前因蘭陽汛三堡黃水漫溢，奪溜北趨，當經繕摺奏聞，一面飛飭藩司，迅籌經費，選派幹員，分赴被水各處，拯救災民，酌濟口糧。并懍遵前奉諭旨，飭查大溜現向何處旁趨，被災係何州縣，應如何亟籌撫恤，妥速籌辦。各在案。

茲據河北道蔣啓敭稟稱：飭委弁兵前赴下游，查明黃水由三堡口門，先向西北斜注，淹及封邱、祥符各縣村莊，再折向東北，淹及蘭儀、考城并直隸長垣等縣各村莊。行至長垣縣屬之蘭通集，溜分兩股。一股由趙王河下注，經山東曹州府迆南，至張秋鎮穿運。一股由長垣縣之小清集，行至東明縣之雷家莊，又分兩股。一股由直隸東明縣南門外下注，水行七分，經山東曹州府迆北下注，與趙王河下注漫水彙流，入張秋鎮穿運。一股由東明縣北門外下注，水行三分，經茅草河，由山東濮州城及白陽閣集、逯家集、范縣迆南，漸由東北行至張秋鎮穿運。統計漫水分三股行走，均匯至張秋穿運，統歸大清河入海等情。

臣查現值秋水盛漲，漫口處所亟須盤做裹頭，以免再行刷寬。前經蔣啓敭等趕緊鑲護，緣料物不齊，且河水陡長，隨鑲隨塌。東西兩壩，相距已有一百七十餘丈。而司庫支絀，一時無款可籌，正深焦灼。旋准河督臣李鈞來咨：撙節估計，約需銀三萬餘兩。已倡率各屬捐銀一萬五千兩，其餘由蔣啓敭及失事各員王緒昆等先後賠繳，即日購料，接續前工，剋期趕辦。至河南被災之封邱、祥符、蘭儀、考城等縣，亦經該司、道等委員，分投拯濟、賑恤。各等因。

臣復查現在辦理雖稍有就緒，第將來興舉大工，約略核計，需費甚巨。部庫既無可撥，而各省錢糧，均儘軍需支用，亦皆羅掘一空。臣惟有會同河督臣殫竭智慮，設法勸捐，廣為招徠，遇事力求撙節，以期要工次第修築，仰副聖主保衛民生之至意。

除捐輸及挑河、築壩各事宜，已檄飭司、道會議，并委員分投勘估，俟擬有章程，另行會同河督臣覆奏外，所有查明黄水漫溢，大溜經過地方及歸宿處所各緣由，謹繕摺具奏，伏乞皇上聖鑒。謹奏。

078. 河南巡撫英桂行移廷寄李鈞奏查明漫水經由處所摺

咸豐五年八月初四日

札布政司。照得本部院於咸豐五年八月初二日，在信陽州行營，承准軍機大臣字寄上諭一道。等因。承准此。合就恭録札行。札到該司，即便會同按察司，欽遵移行查照。一面將災黎如何安輯、撫恤之處，詳請覆奏，毋稍刻延。此札。

計恭録上諭一道。

札布政司。

為恭録移咨事。竊照云前。承准此。相應恭録移咨。為此合咨貴部堂院，請煩欽遵查照施行。

計恭録上諭一道。

一　　咨

直隸總督部堂

河東總河部堂

山東巡撫部院

咸豐五年八月初四日。軍務局齊榜元承。

廷寄李鈞奏查明漫水經由處所一摺。

河南巡撫部院提督軍門英。劃。

監印官留豫即補府經歷縣丞俞炳。

附録廷寄：軍機大臣字寄河南巡撫英桂等李鈞奏查明漫水經由處所一摺

咸豐五年七月二十五日

軍機大臣字寄，直隸總督桂〈良〉、河東河道總督李〈鈞〉、河南巡撫英〈桂〉、山東巡撫崇〈恩〉，咸豐五年七月二十五日奉上諭：李鈞奏，查明漫水經由處所一摺。據稱，黄流先向西北斜注，淹及封邱、祥符二縣村莊。復折轉東北，漫注蘭儀、考城及直隸長垣等縣村落。復分三股：一股由趙王河走山東曹州府迆南下注，兩股由直隸東明縣南北二門分注，經山東濮州、范縣，至張秋鎮匯流穿運，總歸大清河入海等語。

黄流泛溢，經行三省。地方小民，蕩析離居。朕心實深軫念。惟歷届大工堵合，必需帑項數百萬兩之多。現值軍務未平，餉糈不繼，一時斷難興築。若能因勢利導，設法疏消，使横流有所歸宿，通暢入海，不至旁趨無定，則附近民田、廬舍尚可保衛，所有蘭陽漫口，即可暫行緩堵。著李鈞即派張亮基，帶同熟悉河工形勢之員，周歷查勘，繪圖貼説，詳細具奏。

至被災之直隸、河南、山東各省，并著桂良、英桂、崇恩各派幹員，會同查勘。統俟奏到時，候朕酌核辦理。該督撫等目睹災黎遍野，務當不分畛域，熟計通籌，以期早為安輯。至於辦理之方，事屬權宜，該督撫等如有所見，不妨據實敷陳，以備采擇。特此由四百里各諭令知之。

欽此。遵旨寄信前來。

079. 河南巡撫英桂行移具奏查明蘭陽汛三堡黄水漫溢大溜經過地方及歸宿處所一摺奉御批

咸豐五年八月初七日

札布政司。開歸河北道。照得本部院於咸豐五年七月二十一日，在信陽州行營具奏，查明蘭陽汛三堡黄水漫溢，大溜經過地方及歸宿處所一摺，業已抄摺札知咨送在案。茲於八月初五日，在遂平縣途次，奉到御批：知道了。欽此。合就相應恭録札行。移咨。札到該司，道，即便會同按察司，欽遵查照。毋違。此札。

札布政司。開歸道。河北道。

為恭録移咨事。竊照云前，相應恭録移咨。為此合咨貴都堂部院，請煩欽遵查照施行。

一　　咨

江南河東總河部堂

直隸總督部堂

欽差都察院副堂王

山東巡撫部院

咸豐五年八月初七日。軍務局齊榜元承。

具奏查明蘭陽汛三堡黄水漫溢大溜經過地方及歸宿處所一摺奉御批。

河南巡撫部院提督軍門英。劃。

監印官留豫即補府經歷縣丞俞炳。

080. 河南巡撫英桂行移具奏恭謝天恩不加嚴譴寬免處分一摺奉御批

咸豐五年八月十二日

札布政司。照得本部院於咸豐五年七月十三日，在信陽州行營具奏，恭謝天恩一摺，業已抄摺札知移咨在案。兹於八月初十日，在許州途次，奉到御批：知道了。欽此。合就相應恭録札行。移咨。札到該司，即便欽遵移行查照。毋違。此札。

札布政司。

為恭録移咨事。竊照云前，相應恭録移咨。為此合咨貴部堂，請煩欽遵查照施行。

一　　咨

河東總河部堂

八月十一日送稿。

咸豐五年八月十二日。軍務局齊榜元承。

具奏恭謝天恩一摺奉御批。

河南巡撫部院兼提督軍門英。劃。

監印官留豫即補府經歷縣丞俞炳。

081. 河南巡撫英桂行移具奏查明下北廳黄水漫口兼管之知縣知府籲懇天恩交部分別核議免議摺

咸豐五年八月十八日

札布政司。照得本部院於咸豐五年八月十六日，具奏查明下北廳黄水漫口，兼管之地方知縣、知府遠在南岸，勢難兼顧，籲懇天恩，交部分别核議免議一摺。除俟奉到御批，另行恭録札知移咨外，合先抄摺札行。咨送。札到該司，即便移行查照。毋違。此札。

計粘抄摺稿一紙。

札布政司。

為移咨事。竊照云前，合先抄摺咨送。為此合咨貴部堂，請煩查照施行。

計粘抄摺稿一紙。

一　　　咨

河東總河部堂

八月十七日送稿。

咸豐五年八月十八日。工房劉振南承。

具奏查明下北廳黄水漫口兼管之地方知縣知府遠在南岸勢難兼顧籲懇天恩交部分别核議免議一摺。

河南巡撫部院兼提督軍門英。劃。

附録摺稿：河南巡撫英桂等具奏查明下北廳黄水漫口兼管之知縣知府籲懇天恩交部分别核議免議摺

咸豐五年八月十六日

奏為查明下北廳黄水漫口，兼管之地方知縣、知府遠在南岸，勢難兼顧，籲懇天恩，交部分别核議免議，恭摺奏祈聖鑒事。

竊照下北廳蘭陽汛三堡黄水漫口，節經臣將大概情形及大溜經過、歸宿處所，繕摺馳奏。其疏防之道廳文武、營汛各員弁，先經署河臣蔣啓敭奏參，欽奉諭旨，分别懲處。各在案。并飭司查明兼管之地方各員詳辦去後。兹據署藩司余炳燾詳稱：查得蘭陽汛三堡漫口地方，係開封府蘭儀縣所轄。所有協防不力職名，係署蘭儀縣知縣陳健元，代理開封府知府候補知府趙書升。并據聲稱：是日河水异常泛漲，署蘭儀縣知縣陳健元，隨同蘭儀廳在南岸搶護，未暇兼顧北岸，可否奏請稍從末議？代理開封知府趙書升，駐扎南岸，相離窵遠。且該府因汜水縣聯莊會滋事，先期帶勇出省，復因衛輝府屬新鄉縣刁民聚衆抗官，由司委令該府馳往協剿，未能兼顧河防，可否奏請寬免處分？等情具詳請奏前來。

臣查黄水漫口，該管之知縣、知府協防不力，本皆咎無可辭，何敢代為籲懇恩施。惟該府、縣皆遠駐南岸，隔河搶護，鞭長莫及，委係實在情形。况趙書升先期出省，赴汜水彈壓，復經該司等委赴衛輝府協剿，尤屬勢難兼顧。合無仰懇天恩，可否將署蘭儀縣知縣陳健元應得處分交部量為核減，代理開封府知府趙書升處分寬免之處，出自逾格鴻慈。

謹會同東河督臣李鈞，合詞恭摺具奏，伏乞皇上聖鑒訓示施行。謹奏。

082. 河南巡撫英桂行移具奏被水災黎及下游被淹地勢情形遵旨籌辦撫恤并委員會勘河勢摺

咸豐五年九月初四日

札布政司。開歸河北道。照得本部院於咸豐五年九月初四日，在衛輝府汲縣行營，由驛具奏，被水災黎及下游被淹地勢情形，遵旨籌辦撫恤，并委員會勘河勢一摺。除俟奉到硃批，另行恭録札知咨移外，合先抄摺札行。咨送。札到該司，道，即便查照。其蘭儀等縣被水村莊，無論極、次貧民，概行撫恤一月口糧，即以上年應徵漕糧，趕緊徵收散放，責成印、委各員，認真經理，俾災民均沾實惠。毋違。此札。

計粘抄摺稿一紙。

札布政司。開歸河北道。

為移咨事。竊照云前，合先抄摺咨送。為此合咨貴院堂，部堂，部院，請煩查照。希即會同各委員，查勘形勢如何，因勢利導，設法疏消，不致旁趨無定，迅速籌議，移覆核辦施行。

計粘抄摺稿一紙。

一　　咨

欽差都察院左副都御史王

江南河東總河部堂　投工次。

直隸總督部堂

山東巡撫部院

前山東巡撫部院張　投陳橋。

咸豐五年九月初四日。工戶房楊苞安鄧式南承。

具奏被水災黎及下游被淹地勢情形遵旨籌辦撫恤并委員會勘河勢一摺。

河南巡撫部院提督軍門英。劃。

監印官留豫即補府經歷縣丞俞炳。

附録摺稿：河南巡撫英桂具奏被水災黎及下游被淹地勢情形遵旨籌辦撫恤并

委員會勘河勢摺

咸豐五年九月初四日

奏為被水災黎及下游被淹地勢情形，遵旨籌辦撫恤，并委員會勘河勢，恭摺先行覆奏，仰祈聖鑒事。

竊照下北廳蘭儀汛三堡漫口，水向西北斜注，復轉東北而行。據蘭儀、祥符、陳留、杞縣禀報北岸所管村莊田禾，封邱、考城禀報村莊田禾，各被水沖淹。均經臣飭司派委幹員，携帶銀兩，馳往會同各地方官，分投救濟，并將被水查辦情形，先後奏報在案。嗣於八月初二日，承准軍機大臣字寄，咸豐五年七月二十五日奉上諭：李鈞奏，查明漫水經由處所一摺。據稱：黄流先向西北斜注，淹及封邱、祥符二縣村莊。復折轉東北，漫注蘭儀、考城及直隸長垣等縣村莊。復分三股：一股由趙王河走山東曹州府迆南下注，兩股由直隸東明縣南北二門分注，經山東濮州、范縣，至張秋鎮匯流穿運，總歸大清河入海等語。

黄流泛溢，經行三省。地方小民，蕩析離居。朕心實深軫念。惟歷届大工堵合，必需帑項數百萬兩之多。現值軍務未平，餉糈不繼，一時斷難興築。若能因勢利導，設法疏消，使横流有所歸宿，通暢入海，不至旁趨無定，則附近民田、廬舍尚可保衛，所有蘭陽漫口，即可暫行緩堵。著李鈞即派張亮基，帶同熟悉河工形勢之員，周歷查勘，繪圖貼説，詳細具奏。

至被災之直隸、河南、山東各省，并著桂良、英〈桂〉、崇恩各派幹員，會同查勘。統俟奏到時，候朕酌核辦理。該督撫等目睹災黎遍野，務當不分畛域，熟計通籌，以期早為安輯。至於辦理之方，事屬權宜。該督撫等如有所見，不妨據實敷陳，以備采擇。等因。欽此。遵旨寄信前來。

查蘭陽汛漫口，黄水淹及河南、直隸、山東境内，迭奉諭旨，飭令撫恤饑民，毋令失所。仰見聖主痌瘝在抱，恩恤災黎，無微不至，曷勝欽感。當即轉行欽遵。兹據藩司瑛棨詳報，蘭儀等四縣北岸村莊及封邱、考城二縣，猝遇水淹，室廬傾圮，早晚秋禾，漂溜無存。先後札委候補知縣孔慶鉽、花詵春、酈豫、劉覲嶽、文玉等，詳查村莊户口，并携帶銀兩，分投救濟。兹據各委員會同府、縣禀稱：現值秋汛，水未歸槽，被災各處，一片汪洋，勢難依限辦理。現在散給饃餅、席片，俾資栖食。并議請照例無論極、次貧民，概行撫恤一月口糧，以資接濟。復添派候補知府何懷珍，會同開封、衛輝二府，督飭印、委各員及各該縣，詳查村莊户口。一面欽遵前奉諭旨，勒催各州縣將截留上年漕米五萬餘石，隨徵隨解，隨解隨放。如有不敷，即以勸捐米糧搭放。至被災各屬倉谷，均因歷次賑恤動缺，并歸入清查，尚未籌補。此外鄰近能否協撥，先已飭查。應俟覆到，另行核辦。等情詳請具奏前來。

臣覆核無异，合無仰懇天恩，俯准將蘭儀、祥符、陳留、杞縣四縣北岸被水村莊，封邱、考城二縣被水村莊，無論極、次貧民，概行撫恤一月口糧。即以上年應徵漕糧，趕緊徵收散放。責成印、委各員，認真經理，俾災民均沾實惠。臣仍督司嚴密稽查，事竣核實報銷，不准稍有遺濫浸冒，以仰副聖主軫恤災黎，不使一夫失所之至意。除俟水勢稍為消落，再行確查成災分數，并坍塌瓦、草房間各若干，同應行蠲緩年款，另行分别核辦。

至考城等縣漫水經由之處地勢情形，應如何設法疏消，使横流有所歸宿，通暢入海，已由河臣札委熟悉河工形勢之商虞通判王濯、署睢寧協備劉蓁，隨同張亮基，周歷查看。臣復札委署開歸陳許道徐繼鏞、署蘭儀同知張學宗，親往被災各縣，覆加履勘。并隨同張亮基，會勘黄河形勢如何，因勢利導，設法疏消，不致旁趨無定，迅速籌議。一俟詳覆到日，臣與河臣酌量情形，會商妥議，再行具奏。

所有被水各縣，請先撫恤口糧，及委員會勘河勢緣由，理合恭摺具奏，伏乞皇上聖鑒訓示。謹奏。

083. 河南巡撫英桂行移具奏查明下北廳黄水漫口兼管之知縣知府籲懇天恩交部分别核議免議一摺奉硃批

咸豐五年九月初六日

札布政司。照得本部［院］[1] 於咸豐五年八月十六日，具奏查明下北廳黄水漫口，兼管之地方知縣、知府，遠在南岸，勢難兼顧，籲懇天恩，交部分别核議免議一摺，業已抄摺札知咨送在案。兹於九月初三日，在衛輝府行營，奉到硃批：吏部議奏。欽此。合就相應恭録札行。咨送。札到該司，即便欽遵移行查照。毋違。此札。

札布政司。

為恭録咨送事。竊照云前，相應恭録咨送。為此合咨貴部堂，請煩欽遵查照施行。

一　　咨

河東總河部堂

九月初五日送稿。

咸豐五年九月初六日。工房劉振南承。

① 據《清代河南巡撫衙門檔案》河工卷 081 號檔案。

具奏查明下北廳黄水漫口兼管之地方知縣知府遠在南岸勢難兼顧籲懇天恩交部分别核議免議一摺奉硃批。

河南巡撫部院兼提督軍門英。劃。

084. 河南巡撫英桂行移具奏被水災黎及下游被淹地勢情形遵旨籌辦撫恤并委員會勘河勢一摺奉硃批上諭

咸豐五年九月初十日

札布政司。開歸河北道。照得本部院於咸豐五年九月初四日，在衛輝府汲縣行營，由驛具奏，被水災黎及下游被淹地勢情形，遵旨籌辦撫恤，并委員會勘河勢一摺，業已抄摺札知咨送在案。兹於本月初九日，在衛輝府汲縣行營，奉到硃批：另有旨。欽此。同日，奉上諭一道。合就恭録札行。札到該司道，即便欽遵查照。其蘭儀等縣被水村莊，無論極、次貧民，概行撫恤一月口糧。即以上年應徵漕糧，趕緊徵收散放。責成印、委各員，認真經理。仍刊刻謄黄，遍行曉諭，務使實惠均沾，毋任吏胥舞弊，以仰副聖主軫恤災黎之至意。是為至要。毋違。此札。

計恭録上諭一道。

札布政司。開歸道。河北道。

為恭録移咨事。竊照云前一道。除祗遵外，相應恭録移咨。為此合咨貴院堂，部堂，部院，請煩欽遵查照，希即會同各委員，查勘形勢如何，因勢利導，設法疏消，不致旁趨無定，迅速籌議，移覆核辦施行。

計恭録上諭一道。

一　　　　　　咨

欽差都察院左副都御史王

江南河東總河部堂

直隸總督部堂

山東巡撫部院

前山東巡撫部院張　由陳橋至山東、直隸一帶探投。

咸豐五年九月初十日。工户房鄧式南楊苞安承。

具奏被水災黎及下游被淹地勢情形遵旨籌辦撫恤并委員會勘河勢一摺奉硃批上諭。

河南巡撫部院提督軍門英。劃。

監印官留豫即補府經歷縣丞俞炳。

附録上諭：内閣奉上諭河南蘭儀等縣被水村莊無論極次貧民均著散給一月口糧

咸豐五年九月初七日

咸豐五年九月初七日内閣奉上諭：英〈桂〉奏，被水災黎，請先籌撫恤一摺。本年東河下北廳蘭陽汛黄水漫口，河南蘭儀等縣被水村莊，室廬傾圮，田禾漂没，小民蕩析離居，自應亟籌賑恤，毋使失所。加恩著照所請，所有蘭儀、祥符、陳留、杞縣四縣北岸被水村莊，封邱、考城二縣被水村莊，無論極、次貧民，均著散給一月口糧，以資接濟。即以上年應徵漕糧，趕緊徵收散放。責成印、委各員，認真經理。該撫即刊刻謄黄，遍行曉諭，務使實惠均沾，毋任吏胥舞弊，用副朕軫恤災黎至意。該部知道。欽此。

085. 河南巡撫英桂行移奉上諭張亮基所陳各條合宜俟水落依法辦理先行示諭令各紳切實估計豫集料物

咸豐五年九月十九日

札布政司。開歸河北道。咸豐五年九月十八日，在衛輝府汲縣行營，承准軍機大臣字寄，河東河道總督李〈鈞〉、河南巡撫英〈桂〉，咸豐五年九月十三日奉上諭：李鈞奏，委員查明豫省地方被水情形一摺。據稱：河南祥符等六縣被水地方，經張亮基帶同各委員，分投遍歷，逐細查勘，并酌擬保衛之法三條。俟水落後，勸諭各地方紳耆，妥為興辦等語。此次黄水漫溢，豫省北岸被淹各縣，該紳耆等情願通力合作，互相保護。既係出於至誠，自可衆擎易舉。張亮基所陳各條，尚合機宜。一俟水落歸槽，即可依法次第辦理。著先行出示曉諭，剴切勸導，令各紳耆切實估計，豫集料物。并令印、委各員，届期會同各地方官督辦，務須俯順輿情，切勿稍形抑勒。一切工料銀錢，統由紳董經理，毋得假手吏胥，致滋弊端。工竣之日，速予驗收，所有出力、出資各官紳等，著該河督會同該撫，分别保奏，候朕施恩。將此各諭令知之。欽此。遵旨寄信前來。等因。承准此。除祗遵併恭録分别咨行外，合就恭録札行。札到該司道，即便欽遵查照辦理。毋違。此札。

札布政司。開歸道。河北道。

為恭録咨會事。云前，并恭録分别咨行外，相應恭録咨會。為此合咨貴部堂院，請煩欽遵查照施行。

一　　咨

直隸總督部堂

江南總河部堂

山東巡撫部院

云前，相應恭録咨會。為此合咨貴部堂院，請煩欽遵查照辦理施行。

一　　咨

河東總河部堂

前山東巡撫部院張　投。

咸豐五年九月十九日。軍務局齊榜元承。

奉上諭張亮基所陳各條合宜俟水落依法辦理先行示諭令各紳切實估計豫集料物。

河南巡撫部院提督軍門英。劃。

監印官留豫即補府經歷縣丞俞炳。

086. 河南巡撫英桂行移奉上諭應徵河工加價等銀着自本年豁免永不攤徵并歷年積欠銀兩一并豁免

咸豐五年十一月初一日

札布政司。照得本部院於咸豐五年十月二十九日，在衛輝府行營，奉到咸豐五年十月二十三日内閣奉上諭：朕惟愛民實政，薄斂為先。近年以來，軍務、河工，民生重困。朕不惜蠲租發帑，加惠黎元，猶恐苛累之條，蠲除未盡。因念河南省有河工加價一款，每年應徵銀四十餘萬兩，係從前馬營、儀封、漳沁等工用過土方各項加價在於地糧内按限攤徵之款，與錢漕正項本屬不同，三十餘年積欠纍纍。該省賦額甲於天下，連年兵燹、水災，差徭（煩）[繁][①] 重，而正供之外復有此項攤徵。朕軫念閭閻，豈忍令其久為民累？所有此項河南省每年應徵河工加價等銀，著自本年為始，加恩豁免，永不攤徵，俾小民得以專完正課。如有本

① 據《文宗顯皇帝實録》（三）卷181，中華書局1986年版，第1025頁。

年已徵在官者，著該撫查明，抵作今年正賦。至歷年積欠攤徵銀兩，昨諭户部查明，除道光二十年以前業經豁免外，其自道光二十一年起至道光二十九年，共未完銀二百四十七萬六千二百九十六兩零，本係查辦豁免之項，尚未據該撫奏到。自道光三十年起至咸豐四年，共未完銀一百七十五萬六千四百二十八兩零，係應行催追之款，着一并加恩豁免。此係朕博訪周諮，久欲加恩該省者。特以莠民恃衆抗違，不知自愛，未便遽頒曠典，轉啓刁風。今河北頑梗之徒，均已伏法。其良民被累者，亦皆耕鑿相安，輸將日形踴躍。正宜恩膏特沛，咸與維新。該省士民，經此次加恩之後，錢漕、丁耗止輸維正之供。民力既紓，國課不難早納。如有不肖官吏仍敢浮收勒派，影射冒徵，或桀驁匪徒把持煽惑者，朕惟執法嚴懲，決不姑息。該撫即刊刻謄黄，遍行曉諭，務使城鄉村堡一律周知，用副朕念切民依，恩施格外至意。該部即遵諭行。欽此。等因。奉此。合就恭録札行。札到該司，即便移行，一體欽遵知照。仍即刊刻謄黄，遍行曉諭，務使城鄉村堡一律周知，仰副皇上念切民依，恩施格外之至意。切切。此札。

札布政司。

為恭録咨會事。竊照云前。奉此。除行布政司欽遵辦理外，相應恭録咨會。為此合咨貴部堂，請煩欽遵查照施行。

一　　咨

河東總河部堂

咸豐五年十一月初一日。工房齊榜元承。

奉上諭應徵河工加價等銀着自本年為始加恩豁免永不攤徵并歷年積欠銀兩一併加恩豁免。

河南巡撫部院提督軍門英。劃。

監印官留豫即補府經歷縣丞俞炳。

087. 河南巡撫英桂為催將司道及地方官辦理河工情形禀報事行藩司札

咸豐五年十二月十五日

札布政司。照得本部院前於九月十八日，承准軍機大臣字寄上諭，以豫省北岸被淹各縣，該紳耆等情願互相保護，着出示曉諭，勸導各紳耆切實估計，豫集料物，屆期督辦。俟工竣驗收，將出力、出資各官紳等，會同保奏。等因。當即欽遵札行該司，并札開歸、河北二道查照辦理在案。現在漫水早已消落歸槽，所有前項工程，亟應次第興辦。乃將屆三月，并未據該司、道及該地方官將辦理情形稟報，合亟札催。札到該司，立即查照先今札行事理，移會兩河道，即將現在如何勸諭，曾否興工，料物是否敷用，約於何時工竣，迅速逐一查明，據實具報。轉瞬春融冰泮，桃汛將臨，斷勿稍存膜視，用副宵旰民依之至意。切速切速。此札。

札布政司。

十二月十四日送稿。

咸豐五年十二月十五日。工房楊青春承。

札催藩司豫省北岸被淹各縣現在如何勸諭曾否興工料物是否敷用何時工竣逐一查明稟報。

河南巡撫部院提督軍門英。劃。

監印官留豫即補府經歷縣丞俞炳。

088. 河南巡撫吳昌壽行移廷寄著督飭藩司撥銀趕緊解送河廳各工

同治四年十一月初一日*

札布政司。照得本部院於同治四年十一月初一日，在許州行營，承准軍機大臣字寄，十月二十五日奉上論一道。等因。欽此。遵旨寄信前來。承准此。除祗遵外，合就恭録札行。札到該司，即便欽遵查照辦理。毋違。此札。

計恭録上諭一道。

札布政司。

為恭録咨會事。竊照云前。除祗遵外，相應恭録咨會。為此合咨貴部堂，請煩欽遵查照施行。

計恭録上諭一道。

一　　　　　咨

河東河道總督部堂張

附録廷寄：軍機大臣字寄河南巡撫吳昌壽等著督飭藩司撥銀趕緊解送河廳各工

同治四年十月二十五日

軍機大臣字寄，河東河道總督張〈之萬〉、河南巡撫吳〈昌壽〉，同治四年十月二十五日奉上論：張〈之萬〉奏，河廳各工，需用銀兩，請飭催速撥等語。上南、祥河各廳工程，本年秋間經張〈之萬〉設法搶護，悉臻平穩。所需歸結銀兩，自應及早清償。前已有旨，令吳〈昌壽〉籌撥接濟。著吳〈昌壽〉仍遵前旨，督飭藩司，將壬戌年找撥不敷銀三萬七千五百兩，并將壬戌年另案找撥不敷三成實銀項下再行籌撥銀三萬兩，趕緊解工，以資彌補。本日張〈之萬〉所奏防河出力各員，已明降諭旨，分別奬叙矣。將此各諭令知之。

欽此。遵旨寄信前來。

089. 河南巡撫吳昌壽行移會奏請敕催長蘆商欠料價生息銀兩勒限解豫摺

同治四年十二月二十一日

札布政司。照得本部院於同治四年十二月十五日，會同河東總河部堂張〈之萬〉 貴部堂具奏，豫省餉源匱乏，工需無款可籌，請旨敕催長蘆商欠料價生息銀兩，勒限解豫，以應要工一摺。除俟奉到諭旨，另行恭録札知 移咨 咨會外，合先抄摺札行。咨送。 備具會、回稿咨送。札到該司，即便查照。毋違。此札。

計粘抄摺稿一紙。

札布政司。

為咨送事。竊照云前，合先抄摺咨送。 備具會、回稿咨送。為此合咨貴部堂，請煩查照書奏，并嚴飭勒追解豫，以濟要工 希將會稿存留備案，回稿蓋印移還施行。

計粘抄摺稿一紙。 咨送會、回稿二本。

一　咨

直隸總督部堂

河東總河部堂

同治四年十二月廿一日。工房王本立承。

具奏豫省餉源匱乏工需無款可籌請旨敕催長蘆商欠料價生息銀兩勒限解豫以應要工一摺

河南巡撫兼提督軍門吳。行。

監印官知縣用候補府經歷程汾源。

附録摺稿：河南巡撫吳昌壽等會奏請敕催長蘆商欠料價生息銀兩勒限解豫摺

同治四年十二月十五日

奏為豫省餉源匱乏，工需無款可籌，請旨飭催長蘆商欠料價生息銀兩，勒限解豫，以應要工，恭摺奏祈聖鑒事。

竊照豫省河工歲料幫價一款，自停止捐廉以後，奏明籌撥銀一百萬兩，解交蘆東、兩淮，發商生息。內長蘆承領本銀四十萬兩，按每月一分生息，遇閏加增，按季解豫，以備發辦歲料幫價之用。前查長蘆鹽商積欠息銀，截至同治四年六月底止，除收并道光二十八年查辦鹽務核入積欠分年弥補及参商懸岸無着外，實共欠息銀七十三萬六百餘兩，屢催未解。歷年河工料價銀兩，均由豫省司庫墊發。本年六月間，髮捻麕聚豫疆，增兵募勇，籌餉維艱。歷次墊發河工料價，亟須歸款。曾咨直隸督臣飭催，仍未解到。迨至秋汛，南北兩岸河工奇險環生，百萬生靈危在呼吸，不得不集夫購料，厢埽幫堤，而估工非數十萬金不能蕆事。豫省軍用浩繁，庫款匱絀，勢難兼顧。因思前項生息銀兩，係將本取盈，出自商人，與運庫無涉。當經藩司飭委前候補直隸州知州駱光裕，前往長蘆守催，先向追銀十萬兩，解應急需。旋據該委員自天津來禀，再三禀求運司飭催，總以商力疲乏，運庫支絀為詞，僅許解現銀八千兩、鈔票數千等情。

伏查豫省前於七八月間，髮捻擁衆五六萬，分擾開封所屬。正值上南、祥河兩廳潰堤蟄埽，危險萬分。藩司一面籌撥軍需，一面措支工用，庫藏悉索已空。今届下忙停徵，所入僅恃漕折一款。即使全數供支本省徵糈及客兵芻豆，尚虞不足。况黄河兩岸大堤，擇要加厢購料，添提節省防險銀六萬兩，又壬戌年另案不敷銀三萬兩，均欽奉諭旨，務令年前掃數解清。

又，歲支幫價銀兩，向例係年前預支。今則本年之款尚未籌發，各廳環逼追呼，俱屬迫不可緩。惟望所提此款料價生息銀兩如數解到，尚可稍資挹注。乃長蘆運司僅許現銀八千兩，以十萬之數計之，尚不及十分之一。如謂運庫支絀，則此項出自商人，與運庫無涉；如謂商力疲乏，國家以四十萬本銀分存各商，僅取一分之息，商人獲數倍之利，有何疲乏之可言？且中州為畿輔屏藩，黄河夙稱天險。今一綫危堤，形勢單薄。若不綢繆未雨，庀料修防，設或春水漲生，全堤瓦解，不獨數千里沃野平疇盡遭淹壓，且恐河流失險，賊騎得以坦行無阻，則軍事愈難，民生愈困，為患何可勝言？該運司何獨為商人計，而不為大局計乎？矧該商已積欠至七十餘萬兩之多，年復一年，伊於胡底？值此工需緊急，豈可再任飾延，以致款落虚懸，工滋貽誤？兹據布政使蘇廷魁詳請奏催前來。臣復查無异，合無仰懇天恩，敕下直隸總督，嚴飭長蘆運司比追各商先繳銀十萬兩，務於年内委員兼程解豫，以濟要工而維大局。下餘銀六十餘萬兩，勒限同治五年春夏兩季掃數解清，彌補豫省歷年墊款，實於河工、軍務兩有裨益。

謹會同東河總督臣張〈之萬〉，合詞恭摺附驛具陳，伏乞皇太后、皇上聖鑒訓示。謹奏。

090. 河南巡撫吳昌壽行移會奏請飭催長蘆商欠生息銀兩一摺奉旨

同治四年十二月二十三日*

札布政司。照得本部院於同治四年十二月十五日，會同河東總河部堂張〈之萬〉貴部堂具奏，豫省餉源匱乏，工需無款可籌，請旨敕催長蘆商欠料價生息銀兩，勒限解豫，以應要工一摺，業已抄摺札咨知送備具會、回稿咨送在案。兹於十二月二十三日，承准軍機大臣奉旨：另有旨。欽此。合就相應恭録札行。移咨。札到該司，即便欽遵查照。毋違。此札。

計恭録上諭一道。

札布政司。

為恭録移咨事。竊照云前，相應恭録移咨。為此合咨貴部堂，請煩欽遵查照，嚴飭勒追解豫，以濟要工施行。

計恭録上諭一道。

一　　　咨

直隸總督部堂

河東總河部堂

附録上諭：著直隸總督嚴飭長蘆運司迅追長蘆商欠生息銀兩

同治四年十二月十九日

同治四年十二月十九日内閣奉上諭：吳〈昌壽〉奏，請飭催長蘆商欠生息銀兩一摺。河南河工緊要，直隸長蘆鹽商欠解該省墊撥生息銀兩，積至七十餘萬兩之多。現在該處工需緊要，豈容再任宕延，致滋貽誤？着直隸總督嚴飭長蘆運司，迅追各商先繳銀十萬兩，解赴河南，以濟要工。下餘銀六十餘萬兩，勒限同治五年春夏兩季掃數解清，彌補該省歷年墊款，毋再遲延。欽此。

三　軍務卷

0001. 河南巡撫潘鐸行移附奏委員接護河北總鎮篆務片

咸豐元年正月二十四日*

札布政司。標下中軍。照得本部院於咸豐元年正月二十四日，附奏委員接護河北總鎮篆務一片。除俟奉到硃批，另行恭録札知移咨外，合先抄片札行。札到該司將，即便查照。毋違。此札。

計粘抄片稿一紙。

札布政司。標下中軍。

為移咨事。竊照云前，另行恭録移咨外，相應抄片咨送。為此合咨貴鎮，煩為查照施行。

（下殘）。

附録片稿：河南巡撫潘鐸附奏委員接護河北總鎮篆務片

咸豐元年正月二十四日

再，臣接准部咨，道光三十年十二月十三日內閣奉上諭：貴州古州鎮總兵，着雙福調補。所遺河南河北鎮總兵，著李漸磐補授。欽此。當經恭録轉行遵照。所有新任總兵李漸磐，到任有需時日，自應先行委員護理，以便該鎮雙福交卸起程。查有臣標中軍參將宋振榮，前次委護河北鎮篆，辦理裕如，現在甫經卸事，尚未回省，堪以委令就近接護，以資熟手。

除行令遵照外，理合附片奏聞，伏乞皇上聖鑒。謹奏。

0002. 河南巡撫潘鐸行移附奏委員接護河北總鎮篆務一片奉硃批

咸豐元年二月初八日*

札布政司。標下中軍。照得本部院於咸豐元年正月二十四日，附奏委員接護河北總鎮篆務一片，業已抄片札知移咨在案。茲於二月初八日，奉到硃批：知道了。欽此。合就相應恭録札行。移咨。札到該司；將，即便欽遵查照。毋違。此札。

札布政司。標下中軍。

為移咨事。竊照云前，相應恭録移咨。為此合咨貴鎮，煩為查照施行。

（下殘）。

0003. 河南巡撫潘鐸行移附奏廣西調取亳州鄉勇由豫行走片

咸豐元年三月十五日*

札按察司。照得本部院於咸豐元年三月十五日附奏，廣西調取亳州鄉勇，由豫行走緣由一片。除俟奉到硃批，另行恭録札知移咨外，合先抄片札行。咨送。札到該司，即便會同布政司查照。毋違。此札。

計粘抄片稿一紙。

札按察司。

為移咨事。竊照云前，合先抄片咨送。為此合咨貴部院，請煩查照施行。

計粘抄片稿一紙。

一　　咨

湖北 廣西 安徽 湖南 巡撫部院

咸豐元年三月十五日。兵房劉振南承。

附奏廣西調取亳州鄉勇由豫行走過境緣由一片。

巡撫部院提督軍門潘。行。

附録片稿：河南巡撫潘鐸附奏廣西調取亳州鄉勇由豫行走片

咸豐元年三月十五日

再，署鹿邑縣知縣趙炘稟報：該縣接准安徽亳州移知，奉署廣西巡撫札，調該州鄉勇二百名。現在先派四十名，於二月二十七日由亳州起程。二十八日行抵該縣，即行派役照料前進等情。

臣查此次廣西調取鄉勇，由豫行走，尚未接准廣西、安徽咨會。惟現當粵省軍務緊要之際，所調鄉勇自應趕緊赴粵，以資剿捕。當即飛飭沿途經過各州縣，妥為照料前進。但該鄉勇等人數衆多，賢愚不一，且係未經訓練之輩，若無官為管帶，彈壓難周。此次先派四十名，計期早應出境。其行走是否安静，尚未據沿途州縣稟報。至在後尚有一百六十名，未經起程。臣查安徽亳州知州李登洲，前奉諭旨，調赴廣西差委。既奉札調派鄉勇，理應自行管帶。臣已飛咨安徽撫臣，飭令該員親身帶領，以資約束而昭慎重。

除仍飭有驛各州縣，俟前項鄉勇到境，一體彈壓照料前進外，所有安徽鄉勇過境緣由，理合附片陳奏，伏乞皇上聖鑒。謹奏。

0004. 河南巡撫潘鐸行移附奏廣西調取亳州鄉勇由豫行走一片奉硃批

咸豐元年三月二十九日*

札按察司。照得本部院於咸豐元年三月十五日附奏，廣西調取亳州鄉勇，由豫行走緣由一片，業已抄片札知移咨在案。兹於三月二十九日，奉到硃批：知道了。欽此。合就相應恭録札行。咨送。札到該司，即便會同布政司，欽遵查照。毋違。此札。

札按察司。

為移咨事。竊照本部院於咸豐元年三月十五日附奏，廣西調取安徽亳州鄉勇二百名，由豫行走緣由一片。於三月二十九日，奉到硃批：知道了。欽此。當經恭録并抄片，先後咨明安徽撫部院查照并分咨外，相應補咨。為此合咨貴部堂，請煩欽遵查照施行。

（下殘）。

0005. 河南巡撫潘鐸行移奏報欽差大臣帶領官兵并安徽征兵過境日期摺

咸豐元年五月初十日*

札布政司。照得本部院於咸豐元年五月初十日，具奏欽差大臣帶領官兵并安徽征兵過境日期一摺。除俟奉到硃批，另行恭録札知移咨外，合先抄摺札行。咨送。札到該司，即便會同按察司查照。毋違。此札。

計粘抄摺稿一紙。

札布政司。

為移咨事。竊照云前，合先抄摺咨送。為此合咨貴大臣，部堂，請煩查照施行。

計粘抄摺稿一紙。

一　　　咨

欽差大臣大學士賽

户兵部

直隸總督部堂

湖廣總督部堂

總督銜專辦軍務周

兩廣江總督部堂

部交塘發。

云前，合先抄摺咨送。為此合咨貴部院，請煩查照，希將官弁兵丁，分晰馬、守名數，造册咨覆飭屬妥速預備豫省，以憑核辦報銷應付施行。

計粘抄摺稿一紙。

一　咨

（下殘）。

附録摺稿：河南巡撫潘鐸奏報欽差大臣帶領官兵并安徽征兵過境日期摺

咸豐元年五月初十日

奏為欽差大臣帶領官兵并安徽征兵過境日期，循例恭摺具奏，仰祈聖鑒事。

竊臣接准部咨，欽差大臣大學士賽〈尚阿〉、都統巴〈清德〉、副都統達〈洪阿〉，遵旨前赴湖南辦理防堵事宜，帶同章京、司員、侍衛、總兵等官，并京兵二百名，跟兵四十名，隨帶軍火器械等項，分作六起行走，行令預備。等因。經臣飛飭沿途各州縣，預備車馬，妥為伺應。并委候補道張晌、候補知府李潔、開封府同知周士鏜，分赴南北兩路，幫同該管道、府，照料護送。兹據藩司張集馨、臬司郭夢齡會詳：頭起官兵於四月初八日行抵豫省安陽縣境，以後五起官兵亦皆接踵而至，即於初九、初十、十三、十四、十九等日，先後入境，沿途行走安静。於四月十八、二十二三及二十六、二十八、五月初四等日，由信陽州全數出境。又，安徽省調赴廣西剿捕官兵一千名，分為四起行走。其頭起官兵二百五十名，并常州營守備李成名帶兵十名，於四月初二、初三等日，行抵永城縣境。以後三起官兵，於初六、初七、初九等日，入鹿邑縣境。逐站催儹遄行，於四月十五至十八等日，全行出豫省信陽州境。俱經照例應付車馬等項，沿途供頓，并無遲誤。

所有各官兵經過豫省入境、出境日期，理合恭摺具奏，伏乞皇上聖鑒。謹奏。

0006. 河南巡撫潘鐸行移奏報欽差大臣帶領官兵并安徽征兵過境日期一摺奉硃批

咸豐元年五月二十四日*

札布政司。照得本部院於咸豐元年五月初十日，奏報欽差大臣帶領官兵并安徽征兵過境日期一摺，業已抄摺札知移咨在案。玆於五月二十四日，奉到硃批：知道了。欽此。合就相應恭録札行。移咨。札到該司，即便會同按察司，欽遵查照。毋違。此札。

札布政司。

為移咨事。竊照云前，相應恭録移咨。為此合咨貴大臣部堂，請煩欽遵查照施行。

一　　　咨

欽差大臣大學士賽

户兵部

直隸總督部堂

湖廣總督部堂

總督銜專辦軍務周

兩廣江總督部堂

云前，相應恭録移咨。為此合咨貴部院，請煩欽遵查照，希將官弁兵丁，分晰馬、守名數，造册咨覆豫省，以憑核辦報銷 飭屬妥速預備應付施行。

一　　　咨

安徽巡撫部院

湖南北巡撫部院

0007. 河南巡撫潘鐸行移附奏捐製擡炮鳥槍分撥撫標左右暨開封營分儲操用片

咸豐元年八月十八日*

札布政司。糧鹽道。標下中軍。開封營。照得本部院於咸豐元年八月十八日附奏，捐製擡炮、鳥槍，分撥撫標左、右暨開封營，分儲操用緣由一片。除俟奉到硃批，另行恭録札知外，合先抄片札行。札到該司，道，將，游擊，即便知照。毋違。此札。

計粘抄片稿一紙。

（下殘）。

附録片稿：河南巡撫潘鐸附奏捐製擡炮鳥槍分撥撫標左右暨開封營分儲操用片

咸豐元年八月十八日

再，營中擡炮一項，最為制勝利器。豫省撫標暨開封二營舊存擡炮、鳥槍，尚敷兵丁操用。惟軍火、器械，自宜寬為預備，以資操防。臣於上年與糧道瑞興捐製擡炮，曾於撥解廣西軍營新舊擡炮二百桿案内，將捐辦緣由奏明在案。現將捐製前項擡炮六百桿，并又添製鳥槍四百桿，一律造辦完竣。經臣親驗，俱係工堅料實，膛口圓整。試驗打靶，均能合式。除上年已將裝就新製擡炮一百桿，解赴廣西軍營備用外，現存新製擡炮五百桿，鳥槍四百桿，分撥撫標左、右暨開封營分儲，派給兵丁，逐日操練，務使演習精純，咸成勁旅。所用工料銀兩，係臣與糧道瑞興捐辦，請免造册報銷。

理合附片具奏，伏乞聖鑒。謹奏。

0008. 署河南巡撫蔣霨遠為潘鐸附奏捐製擡炮鳥槍分撥撫標左右暨開封營分儲操用一片奉硃批事行布政司等札

咸豐元年闰八月初四日*

札布政司。糧鹽道。標下中軍。開封營。照得前部院於咸豐元年八月十八日附奏，捐製擡炮、鳥槍，分撥撫標左、右暨開封營，分儲操用緣由一片，業已抄片札知在案。兹於闰八月初四日，奉到硃批：知道了。欽此。合就代拆恭録札行。為此行司道該吏，札行該營，即便欽遵知照。勿違。此札。

（下殘）。

0009. 署河南巡撫蔣霨遠行移具奏遵旨飭調總兵帶兵前赴粵西軍營起程日期摺

咸豐元年九月十一日*

札布政按察司。照得本署院於咸豐元年九月十一日具奏，遵旨飭調總兵帶領官兵，前赴粵西軍營，起程日期一摺。除俟奉到硃批，另行恭録札知移咨外，合先抄摺札行。呈送。札到，即便會同按察布政司，移行標下中軍查照。仍飛飭當站各州縣，一體應付，催儹前進。仍將官兵行走出境日期，飛速稟報，毋稍稽遲。切切。此札。

計粘抄摺稿一紙。

札布政按察司。

為移咨事。竊照云前，合先抄摺呈送。為此咨呈貴大臣，部堂，院，謹請查照，飭屬一體應付，催儹前進施行。

計粘抄摺稿一紙。

一　　咨　　呈

欽差大臣大學士賽

（下殘）。

附録摺稿：署河南巡撫蔣霨遠具奏遵旨飭調總兵帶領官兵前赴粤西軍營起程日期摺

咸豐元年九月十一日

奏為遵旨飭調總兵帶領官兵，前赴粤西軍營起程日期，恭摺具奏，仰祈聖鑒事。

竊臣於咸豐元年九月初一日，承准軍機大臣字寄，咸豐元年閏八月二十六日奉上諭：賽尚阿奏，請調總兵各員前赴粤西差遣等語。已明降諭旨，將河南河北鎮總兵董光甲、湖北鄖陽鎮總兵邵鶴齡、湖北鎮標右營游擊胡定國，飭令馳驛前赴粤西聽候差委矣。著各該督撫即飭該鎮等，各帶親信官兵二三百名，迅速赴粤，毋稍遲延。將此由五百里諭令知之。欽此。

又，九月初五日，准兵部咨，内閣奉上諭：河南河北鎮總兵董光甲，馳驛前赴廣西軍營，交賽尚阿差遣委用。等因。欽此。當即先後恭録轉行遵照，并與該鎮董光甲札商，令將應帶官兵即在河北鎮標就近揀派，俾得迅速起程。旋准來咨，派定鎮標左、右兩營官兵三百名，派令右營都司王瑞，帶同千總任榜元等四員名，管帶右營官兵。該鎮自帶撫標千總羅錦川、鎮標千總成魁等五員名，管帶左營官兵。隨帶擡炮六十桿，并軍火器械，分作兩起行走。定於九月初八、初十日，起程赴粤。除將應支行裝、口糧，轉飭營分坐落府縣照例支發［外］，飛飭沿途經過有驛州縣，先將應需車馬等項，趕緊預備，妥為供應，催儹遄行，勿稍貽誤。

除俟行走出境，另行奏報外，所有遵旨飭調官兵數目、起程日期，理合恭摺具奏，伏乞皇上聖鑒。謹奏。

0010. 署河南巡撫蔣霨遠行移附奏委員接護河北總鎮篆務片

咸豐元年九月十一日*

札布政司。標下中軍。照得本署院於咸豐元年九月十一日，附奏委員接護河北總鎮篆務一片。除俟奉到硃批，另行恭録札知移咨外，合先抄片札行。札到，即便查照。毋違。此札。

計粘抄片稿一紙。

札布政司。標下中軍。

為移咨事。竊照云前，另行恭録移咨外，相應抄片咨送。為此合咨（下殘）。

附録片稿：署河南巡撫蔣霨遠附奏委員接護河北總鎮篆務片

咸豐元年九月十一日

再，河北鎮總兵董光甲，現奉諭旨帶領官兵赴粵，所有鎮篆應即委員接護。查有現在題升荊子關副將撫標中軍參將宋振榮，前經委署河北鎮篆，辦理妥協，堪以委令護理。所遺撫標中軍參將事務，查有署開封營游擊徐榮柱，訓練勤能，堪以就近兼署。

除分飭遵照外，理合附片奏聞，伏乞皇上聖鑒。謹奏。

0011. 河南巡撫李僡行移具奏遵旨飭調總兵帶領官兵前赴粵西軍營起程日期一摺奉硃批

咸豐元年九月二十五日*

札布政按察司。照得該司前在署院任內，於咸豐元年九月十一日具奏，遵旨飭調總兵帶領官兵，前赴粵西軍營，起程日期一摺，業已抄摺札知咨送在案。茲於九月二十五日，奉到硃批：知道了。欽此。合就相應恭録札行。札到該司，即便會同按察布政司，移行標下中軍，欽遵查照。毋違。此札。

札布政按察司。

為恭録移咨事。竊照云前，相應恭録移咨。為此合咨貴大臣，部，堂，院，鎮，請煩為欽遵查照，飭屬一體應付，催儹前進施行。

一　　　　咨

欽差大臣大學士賽

户兵部

湖廣總督部堂

（下殘）。

0012. 河南巡撫李僡行移附奏委員接護河北總鎮篆務一片奉硃批

咸豐元年九月二十五日*

札布政司。標下中軍。照得前署院於咸豐元年九月十一日，附奏委員接護河北總鎮篆務一片；業已抄片札知咨送在案。茲於九月二十五日，奉到硃批：知道了。欽此。合就相應恭録札行。移咨。札到該司；將；即便欽遵查照。毋違。

札按察司。布政司。標下中軍。

為恭録移咨事。竊照云前，相應恭録移咨。為此（下殘）。

0013. 河南巡撫李僡行移附奏河北鎮董光甲遵旨派帶官兵前赴廣西軍營出境日期片

咸豐元年九月二十八日*

札布政按察司。照得本部院於咸豐元年九月二十八日，附奏河北鎮董〈光甲〉遵旨派帶官兵，前赴廣西軍營，出境日期一片。除俟奉到硃批，另行恭録札知移咨外，合先抄片札行。咨送。札到該司，即便會同按察布政司，移行標下中軍查照。仍將赴粤官兵銜姓花名，及携帶軍裝等項，查照支過口糧數目，核對清楚，迅速造册，一樣八本，詳請分咨，毋稍錯延。此札。

計粘抄片稿一紙。

札布政按察司。

為移咨事。竊照云前，合先抄片咨送。為此合咨貴大臣，部，堂，院，護鎮，請煩為查照施行。

計粘抄片稿一紙。

一　　　　咨

欽差大臣大學士賽

户兵部

湖廣總督部堂

湖北南巡撫部院

廣西巡撫部院

河北總鎮董

護理河北總鎮

附録片稿：河南巡撫李僡附奏河北鎮董光甲遵旨派帶官兵前赴廣西軍營出境日期片

咸豐元年九月二十八日

再，河南河北鎮臣董光甲前奉諭旨，調赴廣西軍營差委。該鎮遵旨派帶官兵三百名，并帶都司、千把等官十員，及擡炮、軍械等項，分作兩起行走。起程日期，當經前署撫臣布政使蔣〈霨遠〉繕摺奏明在案。兹准董光甲來咨，該鎮所帶頭、二兩起官兵，一路儹行，業於九月十七、二十一等日，全數出豫省信陽州境。沿途均各照例應付，并無貽誤。

所有遵旨調派官兵儹行出境日期，理合附片奏聞，伏祈聖鑒。謹奏。

0014. 河南巡撫李僡行移附奏河北鎮董光甲遵旨派帶官兵前赴廣西軍營出境日期一片奉硃批

咸豐元年十月十三日*

札布政按察司。照得本部院於咸豐元年九月二十八日，附奏河北鎮董〈光甲〉遵旨派帶官兵，前赴廣西軍營出境日期一片，業已抄片札知移咨在案。兹於十月十三日，奉到硃批：知道了。欽此。合就相應恭録札行。移咨。札到該司，即便會同按察布政司，移行標下中軍，欽遵查照。毋違。此札。

札布政按察司。

為恭録移咨事。竊照云前，相應恭録移咨。為此合咨貴大臣，部堂，院，護鎮，請煩為欽遵查照施行。

一　　　　咨

欽差大臣大學士賽

户兵部

湖廣總督部堂

（下殘）。

部交塘發。

0015. 河南巡撫李僡行移附奏委員接護南陽及河北總鎮篆務并請將南陽鎮總兵員缺迅賜簡放片

咸豐二年正月三十日*

札布政司。標下中軍。照得本部院於咸豐二年正月三十日附奏，委員接護南陽、河北總鎮篆務，并請將南陽鎮總兵員缺迅賜簡放一片。除俟奉到硃批，另行恭録札知移咨外，合先抄片札行。札到該司將，即便查照。毋違。此札。

計粘抄片稿一紙。

札布政司。標下中軍。

為移咨事。竊照云前，另行恭録移咨外，合先抄片咨送。為此合咨貴護鎮，煩為查照施行。

計粘抄片稿一紙。

一　　咨

南陽總鎮

護理河北總鎮

附録片稿：河南巡撫李僡附奏委員接護南陽及河北總鎮篆務并請將南陽鎮總兵員缺迅賜簡放片

咸豐二年正月三十日

再，臣接據南陽鎮臣圖〈塔布〉咨稱，因染患腿疾，自行奏請解任，回旗調理。等情前來。臣思南陽一帶，現正捕務吃緊。該總兵既因患病開缺，自應委員接署，以免貽誤。兹查有汝寧營参將霍隆武，公事明白，堪以護理。又，現護河北鎮篆務之准補荊關協副將宋〈振榮〉，奉部調取引見，應即給咨北上。查有衛輝營参將長慶，營伍熟悉，堪以接護。除分别檄飭遵照，并遞遺参將各缺，另行揀員委署外，所有南陽鎮總兵員缺緊要，仰懇天恩，迅賜簡放，以重職守。

理合附片具奏，伏乞聖鑒。謹奏。

0016. 河南巡撫李僡行移奏報查閲南北兩鎮營伍起程日期摺

咸豐二年二月初九日*

札某某知悉。照得本部院於咸豐二年二月初九日具奏，恭報（起程）[1] 查閲南、北兩鎮營伍起程日期一摺。除俟奉到硃批，另行恭録札知移咨外，合先抄摺札行。咨送。札

① 據《清代河南巡撫衙門檔案》軍務卷0018號檔案。

到該司，將，游擊，尉，即便查照。毋違。此札。

計粘抄摺稿一紙。

札布政司。標下中軍。歸德營。考城營。城守尉。

為移咨事。竊照云前，合先抄摺咨送。為此合咨貴鎮，煩為查照施行。

計粘抄摺稿一紙。

一 咨

南陽河北總鎮

附録摺稿：河南巡撫李僡奏報查閲南北兩鎮營伍起程日期摺

咸豐二年二月初九日

奏為循例查閲南、北鎮營官兵，恭摺奏祈聖鑒事。

竊照豫省南界楚、皖，北連齊、晋，東與江南錯壤，時有捻夥匪徒出没其間，全在各將備平日認真操防，以期地方安静。現值捕務吃緊之際，尤當實力偵拿，毋許稍有懈怠。兹臣擬於二月初十日起程，先閲歸德營暨南鎮所屬各營，次由襄城至河南營，閲畢渡河查看北鎮及考城官兵。臣惟有認真簡校，嚴飭整頓。如將備中有技劣年衰、廢弛營務并緝捕不能得力者，即應據實參撤，斷不稍事姑容。臣署中日行公事，查照向例，檄委署藩司代拆代行。遇有緊要案件，仍包封馳送途次，親自核辦。其臬司解審命盜等案，并委署藩司代為提勘，由臣覆核具題，以免延擱。一俟校閲竣事，回省辦理秋審。過堂後，再行閲看滿營及撫標城守等營。

所有起程閲伍缘由，理合恭摺具奏，伏乞皇上聖鑒。謹奏。

0017. 河南巡撫李僡行移附奏委員接護南陽及河北總鎮篆務并請將南陽鎮總兵員缺迅賜簡放一片奉硃批上諭

咸豐二年二月十五日*

札布政司。標下中軍。照得本部院於咸豐二年正月三十日附奏，委員接護南陽、河北總鎮篆務，并請將南陽鎮總兵員缺迅賜簡放一片，業已抄片札知咨送在案。兹於二月十五日，在陳州府途次，奉到硃批：另有旨。欽此。同日，奉上諭二道。合就相應恭録札行。移咨。札到該司，將，即便欽遵查照。毋違。此札。

計恭録上諭二道。

札布政司。標下中軍。

為恭録移咨事。竊照云前，相應恭録移咨。為此合咨貴護鎮，煩為欽遵查照施行。

計恭録（下殘）。

附録上諭：著准將南陽鎮總兵圖塔布開缺回旗其遺缺著伊薩布補授

咸豐二年二月初八日

咸豐二年二月初八日内閣奉上諭：李〈僡〉奏，總兵患病，請回旗調理等語。河南南陽鎮總兵圖塔布，着准其開缺回旗調理。該部知道。欽此。

咸豐二年二月初八日内閣奉上諭：河南南陽鎮總兵，着伊薩布補授。欽此。

0018. 河南巡撫李僡行移奏報查閲南北兩鎮營伍起程日期一摺奉硃批

咸豐二年二月二十二日*

札某某知悉。照得本部院於咸豐二年二月初九日具奏，恭報查閲南北兩鎮營伍起程日期一摺，業已抄摺札知咨送在案。兹於二月二十二日，在羅山縣途次，奉到硃批：知道了。欽此。合就相應恭録札行。移咨。札到該司，將，游擊，尉，即便欽遵查照。毋違。此札。

札布政司。標下中軍。歸德營。考城營。城守尉。

為恭録移咨事。竊照云前，相應恭録移咨。為此合咨貴鎮，煩為欽遵查照施行。

一　咨

南陽河北總鎮

0019. 河南巡撫李僡行移具奏校閲南北兩鎮并歸德及考城各營官兵情形摺

咸豐二年四月初一日*

札布政司。歸德考城營。照得本部院於咸豐二年四月初一日，具奏校閲南、北兩鎮并歸、考各營官兵情形一摺。除俟奉到硃批，另行恭録札知移咨外，合先抄摺札行。咨送。札到該司，將，游擊，即便查照。毋違。此札。

計粘抄摺稿一紙。

札布政司。歸德考城營。

為移咨事。竊照云前，合先抄摺咨送。為此合咨貴護鎮，煩為查照施行。

（下殘）。

附録摺稿：河南巡撫李僡具奏校閲南北兩鎮并歸德及考城各營官兵情形摺

咸豐二年四月初一日

奏為校閲南、北兩鎮營伍情形，并將庸劣員弁，奏請勒休降革，以肅戎政，恭摺仰祈聖鑒事。

竊惟設兵所以衛民，訓練責在將弁，必須技藝純熟，紀律嚴明，庶期有勇知方，緩急自可得力。臣於二月初十起程，由歸德、陳州至南陽鎮屬，次由襄城、河南府渡河抵彰德、衛輝、懷慶及考城各營，將官兵次第悉心簡校。所有合操陣式，步伐整齊。連環槍炮，亦俱聯絡。籐牌遮護起伏，刀矛舞躍擊刺，均尚便捷。其兵丁弓力，自六力至十二力，經臣親為較準。并遵照例定弓尺，如數安靶。中箭分數，計自七成至八成不等。鳥槍、擡炮，每兵各演三出。核其中牌居多，并無全空者。統查各營兵技，以歸德、考城、陳州、河南、彰德、内黄各營為優，其餘各營次之。點驗軍裝、馬匹，足額膘壯。沿途汛房，亦均完固。各州縣額設民壯所習技藝，尚屬得法。察看各營兵丁，并無老弱充數及雇倩頂替情弊。

至將領備弁，臣考其現在弓馬優劣，即知其平日練習能否認真。并於接見時察其年力、才具，詢以營伍情形，可知其平日能否整頓。其出衆者，當場獎賞，記名升拔；衰庸者，亦即分别責懲降革，以昭勸懲。

兹查北左營守備聶廷傑，臨場告病；歸德營把總馬炳南，馬上生疏，人亦平庸，難期振作；南右營把總王國用，箭射無準，精力亦衰；鄧新營額外外委孟毓桂，步箭生疏，性情輕浮。均應勒令休致。又，彰德營千總高三壽，於營務未能諳練，惟年力尚壯，弓馬亦可，應以把總降補。北左營把總賈中正、北右營把總杜修己、内黄營捐納候補把總劉獻標、光州營捐納候補把總裴士元四員，弓馬均屬生疏，應降為外委。汝寧營經制外委劉文富，光州營額外外委李上奇，鄧新營經制外委王登甲，南左營經制外委行榮世、額外外委吳琦，南右營額外外委王榮甲，襄城營經制外委孫光甲、額外外委李瑞田，北左營額外外委沈清雷等九員，非箭射無準，即弓馬生疏，均應降為馬兵，以觀後效。又，南左營候補守備世襲雲騎尉沈尚志、襄城營候補守備世襲雲騎尉李書田、陳州營效力武舉唐海晏等，弓馬均屬平常，應革去隨營效力，仍留其世職、武舉。以上各員，先據各該管將備册報相符。此外尚無庸劣之員。

臣仍嚴飭該將備勤加操練，務使將知恤兵，兵知護將。平日既成勁旅，自能指臂從心。仍會同文員，將捕務實力講求，不得稍事鬆懈，以仰副聖主修明武備、整飭戎行之至意。

再，臣於三月二十五日回省，再閱滿營及臣標城守等營。合併陳明。

所有閱過南、北兩鎮營武情形，并參劾員弁緣由，理合恭摺具奏，伏乞皇上聖鑒訓示。謹奏。

監印官候補州吏目瞿承。

0020. 河南巡撫李僡行移附奏委員護送逆首洪大全入境日期片

咸豐二年四月初七日*

札布政司。照得本部院於咸豐二年四月初七日附奏，委員護送逆首洪大全入境日期一片。除俟奉到硃批，另行恭録札知移咨外，合先抄片札行。咨送。札到該司，即便會同按察司查照。毋違。此札。

計粘抄片稿一紙。

札布政司。

為移咨事。竊照云前，合先抄片咨送。為此合咨貴大臣，部堂，院，請煩查照施行。

計粘抄片稿一紙。

一　　　咨

欽差大臣大學士賽

直隸總督部堂

廣西湖北巡撫部院

附録片稿：河南巡撫李僡附奏委員護送逆首洪大全入境日期片

咸豐二年四月初七日

再，臣接准欽差大臣大學士臣賽尚阿咨開，擒獲逆首洪大全，派員押解進京，移會撥護。等因。遵即行司派委候補知府趙書升、署汝寧營參將伊里綳阿，馳赴入境之信陽州守候，一俟該逆首到境，立即會同地方文武員弁，督率兵役，小心接護前進。茲據各委員及信陽州文武稟報：三月二十二日，准湖北委員護送逆首洪大全入境。遵即多派兵役，隨同各委員護送前進。沿途極為安静等情。

除飭委員、地方文武逐站謹慎護解外，理合附片具奏，伏乞聖鑒。謹奏。

0021. 河南巡撫李僡行移具奏校閲南北兩鎮并歸德及考城各營官兵情形一摺奉硃批

咸豐二年四月十七日*

札布政司。歸德考城營。照得本部院於咸豐二年四月初一日，具奏校閲南北兩鎮并歸、考各營官兵情形一摺，業已抄摺札知咨送在案。兹於四月十七日，奉到硃批：另有旨。欽此。合就相應恭録札行。移咨。札到該司，將，游擊，即便欽遵查照。毋違。此札。

札布政司。歸德考城營。

為恭録移咨事。竊照云前，相應恭録移咨。為此合咨貴護鎮，煩為欽遵查照施行。

（下殘）。

0022. 河南巡撫李僡行移具奏校閲省城滿漢官兵情形摺

咸豐二年四月十八日*

札布政司。城守尉。標下中軍。開封營。照得本部院於咸豐二年四月十八日，具奏校閲省城滿漢官兵情形一摺。除俟奉到硃批，另行恭録札知移咨外，合先抄摺札行。咨送。札到該司，尉，將，游擊，即便查照。毋違。此札。

計粘抄摺稿一紙。

札布政司、標下中軍。城守尉、開封營。

為移咨事。竊照云前，合先抄摺咨送。為此合咨貴護鎮，煩為查照施行。

（下殘）。

附録摺稿：河南巡撫李僡具奏校閲省城滿漢官兵情形摺

咸豐二年四月十八日

奏為校閲省城滿漢官兵情形，恭摺仰祈聖鑒事。

竊臣於三月二十五日回省後，當清厘緊要案件，即將駐防滿營及臣標左、右兩營并開封營官兵，連日逐一簡校。其合操速戰各陣，步伐均屬整齊。演習刀牌、雲梯，進止亦俱趫捷。施放連環槍炮，聲勢聯絡可觀。弓箭中靶準頭，亦多挽强命中。間有撒放不能結實，及擡炮鈎火未能迅速者，臣即勒限上緊練習。查驗各營馬匹膘壯足額，器械、旗幟鋒利鮮明，兵丁并無虛糧及老弱充數之弊。調考民壯，刀矛運用尚屬合式。

臣每閱一營後，擇其技藝出衆者，優加奬賞，記名拔補；技藝稍次，察其年力，堪以造就者，分别降伍責懲；技藝平常者，即行斥革。所有左營把總李逢春，弓馬生疏，應降為外委。開封營中牟汛外委李騰雲，箭射無準，惟年力正壯，弓力亦硬，應降為馬兵。左營候補千總武舉德全，箭射無準，應以把總降補。又，捐納候補把總杜錫田、張克孝，箭射無準，惟年力强壯，應降為外委候補。此外并無可劾之員。

核計弓箭中靶，應以滿營各旗為一等，臣標各營為二等。旗營因童而習之，悉能熟練。臣標中靶分數，雖按例核計有羸無絀，究未能一律精純。臣即諄諭各將弁，以兵無强弱，練之則精；技有生疏，練之則熟。加以宣明紀律，慎重操防，平時能居安思危，臨事自有備無患。不得因每届閲伍振作一時，事後輒任偷安，漸致廢弛。此係向來武營積習，自當整頓加嚴，以期仰副聖主養兵衛民、修明武備之至意。

所有校閲省城滿漢官兵緣由，理合恭摺具奏，伏乞皇上聖鑒訓示。謹奏。

0023. 河南巡撫李僡為附奏委員護理城守尉印務一片行布政司及城守尉札

咸豐二年四月十八日*

札布政司。城守尉。照得本部院於咸豐二年四月十八日，附奏委員護理城守尉印務一片。除俟奉到硃批，另行恭録札知外，合先抄片札行。札到該司；尉，即便查照。毋違。此札。

計粘抄片稿一紙。

札布政司。城守尉。

附録片稿：河南巡撫李僡附奏委員護理城守尉印務片

咸豐二年四月十八日

再，城守尉松山，因三次任滿，奏奉諭旨，赴京陛見。所遺城守尉印務，應即委員接署，以重職守。臣查有正藍旗滿洲佐領春塔，熟悉營務，堪以委令護理。

除檄飭遵照外，理合附陳，伏乞聖鑒。謹奏。

監印官候補州吏目瞿承。

0024. 河南巡撫李僡行移附奏委員護送逆首洪大全入境日期一片奉硃批

咸豐二年四月二十一日*

札布政司。照得本部院於咸豐二年四月初七日，附奏委員護送逆首洪大全入境日期一片，業已抄片札知咨送在案。玆於四月二十一日，奉到硃批：知道了。欽此。合就相應恭録札行。移咨。札到該司，即便會同按察司，欽遵查照。毋違。此札。

札布政司。

為恭録移咨事。竊照云前，相應恭録移咨。為此合咨貴大臣，部堂，院，請煩欽遵查照施行。

一　　　咨

欽差大臣大學士賽

直隸總督部堂

廣西湖北巡撫部院

0025. 河南巡撫李僡行移奏請揀發游擊及都司等員摺

咸豐二年五月初二日*

札布政司。標下中軍。歸德考城營。照得本部院於咸豐二年五月初二日具奏，請揀發游擊、都司等員，以資委用一摺。除俟奉到硃批，另行恭録札知移咨外，合先抄摺札行。咨送。札到該司，將，游擊，即便查照。毋違。此札。

計粘抄摺稿一紙。

札布政司。標下中軍。歸德考城營。

為抄摺咨送事。竊照云前，合先抄摺咨送貴護鎮，煩為查照施行。

（下殘）。

附録摺稿：河南巡撫李僡奏請揀發游擊及都司等員摺

咸豐二年五月初二日

奏為請揀發游擊、都司等員，以資委用，恭摺奏祈聖鑒事。

竊照各省武職，遇有差委需用，例准奏請揀發。兹查豫省僅止揀發參將崇安暨學習輕車都尉張鏞兩員，可以差委。此外并無候補游擊、都司人員。現在南、北二鎮尚未到任，各營游擊、都司中，或業已推升送部引見，或調赴廣西軍營。遇有差操委署，不敷遴派。合無仰懇天恩，敕部於候補、候選武職內，揀選游擊一員、都司一員，分發來豫，以資差委。

理合遵例恭摺具奏，伏乞皇上聖鑒訓示。謹奏。

0026. 河南巡撫李僡行移具奏校閱省城滿漢官兵情形一摺奉硃批

咸豐二年五月初三日*

札布政司。城守尉。標下中軍。開封營。照得本部院於咸豐二年四月十八日，具奏校閱省城滿漢官兵情形一摺，業已抄摺札知咨送在案。兹於五月初三日，奉到硃批：知道了。欽此。合就相應恭録札行。移咨。札到該司，尉，將，游擊，即便欽遵查照。毋違。

札布政司。城守尉。標下中軍。開封營。

為恭録移咨事。竊照云前，相應恭録移咨。為此合咨貴護鎮，煩為欽遵查照施行。

（下殘）。

0027. 河南巡撫李僡為附奏委員護理城守尉印務一片奉硃批事行布政司及城守尉札

咸豐二年五月初三日*

札布政司。城守尉。照得本部院於咸豐二年四月十八日，附奏委員護理城守尉印務一片，業已抄片札知在案。兹於五月初三日，奉到硃批：知道了。欽此。合就恭録札行。札到該司，尉，即便欽遵查照。毋違。

札布政司。城守尉。

0028. 河南巡撫李僡行移奉旨查明所屬各營汛原額及續增兵數并裁汰所屬空名錢糧

咸豐二年五月十一日*

即添叙移咨兩鎮標下各營。稿呈。

札布政司。咸豐二年五月十一日，承准軍機大臣字寄，咸豐二年四月十九日，奉上諭一道。等因。到本部院。承准此。合亟恭録札行。札到該司，即便會同按察司，移行各鎮、營，一體欽遵查明某營、某汛原額兵若干，續增若干，移由該司先行據實詳請具奏。一面確查所屬空名錢糧，總核裁汰。如裁汰後尚浮於乾隆年間舊額，以後遇有缺出，毋庸挑補，并隨時斥退老弱殘廢。約計三年，必可裁復舊額。仍將所裁兵數與節省餉銀，每届年終詳請彙奏一次。嗣後武職官員如再有隱匿空糧等弊，即行詳請嚴參重處，以儆貪婪而肅戎政。至各該地方今昔情形或有不同，不妨於裁汰之中，寓變通之法，即有裒多益寡之處。統全省緑營而計，總不至逾舊額。是為至要。切切。特札。

計恭録上諭一道，并抄摺三扣，增減兵三案。

札布政司。

為移咨事。咸豐二年五月十一日，承准軍機大臣字寄，咸豐二年四月十九日，奉上諭一道。等因。到本部院。承准此。除分别咨行外，相應恭録移咨。為此合咨貴護鎮，煩為欽遵查明某營、某汛原額兵若干，續增若干，移送藩司，先行據實詳請具奏。一面確查所屬空名錢糧，總核裁汰。如裁汰後尚浮於乾隆年間舊額，以後遇有缺出，毋庸挑補，并隨時斥退老弱殘廢。約計三年，必可裁復舊額。仍將所裁兵數與節省餉銀，每届年終，移明藩司，彙詳請奏一次。嗣後武職官員如再有隱匿空糧等弊，即行嚴參重處，以儆貪婪而肅戎政。至各該地方今昔情形或有不同，不妨於裁汰之中，寓變通之法，即有裒多益寡之處。統全省緑營而計，總不至逾舊額。是為至要。望切望切施行。

計恭録上諭一道，并抄摺三扣，增減兵三案。

一　　咨

護理南陽河北總鎮

札標下中軍。歸德考城營。咸豐二年五月十一日，承准軍機大臣字寄，咸豐二年四月十九日奉上諭一道。等因。到本部院。承准此。除分别咨行外，合亟恭録札行。札到該將，游擊，即便欽遵查明某該營、某汛原額兵若干，續增若干，移送藩司，先行據實詳請具奏。一面確查所屬空名錢糧，總核裁汰。如裁汰後尚浮於乾隆年間舊額，以後遇有缺出，毋庸挑補，并隨時斥退老弱殘廢。約計三年，必可裁復舊額。仍將所裁兵數與節省餉銀，每届年終，移明藩司，彙詳請奏一次。嗣後武職官員如再有隱匿空糧等弊，即行嚴參重處，以儆貪婪而肅戎政。至各該地方今昔情形或有不同，不妨於裁汰之中，寓變通之法，即有裒多益寡之處。統全省緑營而計，總不至逾舊額。是為至要。切切。特札。

計恭録上諭一道，并抄摺三扣，增減兵三案。

（下殘）。

附録廷寄：軍機大臣字寄著各直省督撫會同各提鎮查明所屬各營汛原額及續增兵數并裁汰所屬空名錢糧

咸豐二年四月十九日

軍機大臣字寄，直隸、兩江、江蘇、安徽、山東、山西、河南、陝西、甘肅、福建、浙江、江西、湖北、湖南、四川、廣東、廣西、雲南、貴州各督撫，咸豐二年四月十九日奉上諭：前據户部奏，請復緑營兵制舊額，以節糜費。并侍郎曾國藩條陳裁兵事宜。本日復據户部尚書孫瑞珍奏，豫籌庫餉，請照前議施行等語。乾隆四十六年添給武職養廉一案，增兵六萬六千餘名。嘉慶、道光年間，節次裁改，尚餘四萬八千餘名。此項增添兵數，原因舊設空名錢糧，挑補足額。而自增兵以後，空糧之弊，仍復不免。朕訪聞各省皆然。是國家未收增兵之益，而徒受增餉之累。無論現在帑項未充，亟應裁節，即以整飭營務而論，亦必嚴汰虚伍，而後養一兵可得一兵之用。著通諭各直省督撫，會同各該提鎮，查明某營、某汛原額兵若干，續增若干，先行據實具奏。一面確查所屬空名錢糧，寬其既往失察之罪，即由該督撫總核裁汰。如裁汰後尚浮於乾隆年間舊額，以後遇有缺出，毋庸挑補，并隨時斥退老弱殘廢。約計三年，必可裁復舊額。仍將所裁兵數與節省餉銀，每届年終彙奏一次，以備稽核。嗣後武職官員如再有隱匿空糧等弊，即著該管大吏嚴參重處，以儆貪婪而肅戎政。至各該地方今昔情形或有不同，不妨於裁汰之中，寓變通之法，即有裒多益寡之處。統全省緑營而計，總不至逾舊額。各該督撫受恩深重，諒能各矢公忠，妥為辦理也。將此通行諭令知之。原奏并户部、曾國藩各摺件，均著抄給閲看。

欽此。遵旨寄信前來。

附録上諭及兵數單：乾隆四十七年增兵之案

乾隆四十七年增兵之案。謹抄諭旨四道，兵數單一件。

四十六年六月奉上諭：向來各省提鎮以下至將弁等，俱有分扣兵丁名糧作為得項者。此固舊例如此。且武職衙門非如文員之定有養廉，是以即將此項為公用養贍之資。但此例定（此）［自］[①] 何年，或雍正年間設定文職養廉時一體酌給，其每年應得若干，係何名目，各省是否一例按照地方情形、品級大小，酌定數目多寡，又或各省參差不同，著交各該部將定例年月及現在款項數目，分晰查明，開單具奏。至此事因循已久，恐又有於定數之外私自剋扣增添者。若每員任內私扣一名，後任漸積加增，侵扣無所底止。督撫姑息，不加查察，久之即為虛額空糧之弊，尤不可不徹底清查。著通諭各督撫將各省提鎮以下武職現在分扣名糧實數及有無私添之處查明，據實具奏。欽此。

四十六年八月奉上諭：國家設兵衛民，簡核軍實，期於營伍整齊，兵額充足。如兵丁等紅白事件，從前設有生息惠濟銀兩，以資賞恤。後因生息名色有關國體，特敕停止。昨據阿桂等奏，陝甘添兵案內籌及賞恤，聲請嗣後惠濟銀兩。朕以國家賞兵之費，藉賞生息支給，究屬非宜，已傳諭阿桂等，令其動用正項開銷。茲袁守侗、海禄前赴行在，令軍機大臣傳諭詢問直隸、雲南賞兵銀兩支銷款項。據稱，直隸裁扣公糧銀二萬兩，雲南裁扣公糧銀一萬六千餘兩，以備賞用等語。看來各省大都如此。

兵丁紅白銀兩，原係加惠行伍，格外施恩。若因此裁扣公糧，致兵額不足，殊非核實行伍之道。況今户部帑項豐盈，各省藩庫積存充裕，即現在京營添兵四千九百餘名，陝甘二省各營添兵一萬二千九百餘名，其馬糧、餉合之各省兵丁賞恤紅白銀兩，約算歲支尚不及百萬，國家何靳此費？不令開銷正帑，而各省乃紛紛裁扣名糧，又且請復生息，甚無謂也。朕臨御四十六年以來，惟事事以敬天勤民為念，凡三次普免天下地丁錢糧，兩次普蠲各省漕糧，以及遇災即賑，總計何啻萬萬？又未加增賦稅，仰荷上蒼嘉祐，開拓邊陲，府藏殷實，國用充饒，朕又豈肯稍存靳惜，致令有司開聚斂剋扣之端乎？所有各省營伍賞恤兵丁紅白銀兩，自乾隆四十七年為始，俱著於正項支給，造册報部核銷。

至各省提鎮以下武職員弁，俱有應得坐糧、馬乾等項，前於六月內業經降旨通諭各省督撫，將各該省武職所得公項，逐一查明覆奏。俟到齊令軍機大臣會同該部核辦，照文員之例，議給養廉。其所扣兵餉，即可挑補實額。核計添給養廉，歲支亦不及二百萬。官員既無拮据，而各省又增兵力，於行伍大有裨益。朕

① 據《高宗純皇帝實録》（一五）卷1134，中華書局1986年版，第149頁。

御極之初，户部庫項不過三千萬兩，今已增至七千餘萬，復又何不足而不加惠天下，散財以得民乎？

所有辦理添補兵額紅白賞恤銀兩及名糧裁添養廉緣由，明晰曉諭中外知之。欽此。

四十六年九月奉上諭：内閣大學士公阿桂覆奏，各省武職名糧，裁添養廉，[挑] 補實額一摺。據稱：國家經費，驟加不覺其多，歲支則難為繼。此項經費歲增至三百萬，統計二十餘年，即須用七千萬兩。請將武職議給養廉所扣兵餉，除滇、黔、四川、閩、廣等省控制邊疆，應查明增添兵額，又陝甘兩省業添滿漢兵一萬五千餘名外，其餘腹裏省分，均可毋庸挑補實額，并請交軍機大臣，會同該部查收等語。

國家經費原當量入為出，而足兵衛民為萬年久遠計者，又不得稍存靳惜之見。阿桂現管三庫，其所奏康熙、雍正年間出入大數，通盤畫算。大臣籌國，自應如此。但朕以泉貨本流通之物，財散民聚，聖訓甚明。與其聚之於上，毋寧散之於下。且在官多一分，即在民少一分，顯而易見。朕即位初年，户部庫銀計不過三千萬兩。今四十餘年，以仰荷上蒼嘉祐，年穀順成，財賦充足，中間普免天下地丁錢糧三次，蠲免天下漕糧兩次。又各省偏災賑濟及新疆、兩金川軍需所費，何啻萬萬？而賦稅并未加增，又非如漢武帝之用桑弘羊、唐德宗之用裴延 [齡][1]，掊克為事而致府藏充盈也。現在户部庫銀尚存七千餘萬兩，朕又何肯稍為靳惜乎？且即以歲支頓增三百萬兩計之，至乾隆六十年歸政之時，所用亦不過四千餘萬。加以每年歲入所存，其時庫藏較即位時自必尚有盈餘，又何必於此鰓鰓過計乎？在廷諸臣自必各有確見，所有阿桂奏到原摺并朕此旨，一并發抄，使中外咸知朕意。并著大學士、九卿、科道詳悉妥議具奏。欽此。

四十六年十月奉旨：此次挑補各省名糧，議給武職養廉，經大學 [士] 公阿桂奏請，除滇、黔、四川、閩、廣等省應查明增添兵額，陝甘兩省業經添設滿漢兵外，其餘腹裏省分，均可毋庸挑補實額。朕意究以多添兵力、不惜經費為是。因交大學士、九卿、科道詳悉妥議具奏。茲（具）[據][2] 奏，現在統計部庫每年

① 此上諭中脱漏字的補正，均據《高宗純皇帝實録》（一五）卷 1141，中華書局 1986 年版，第 285 頁。

② 據《高宗純皇帝實録》（一五）卷 1143，中華書局 1986 年版，第 318 頁。

出入大數，約餘銀九百萬兩有零。户部經理，一切裕如。所有各省挑補名糧、議給養廉，請遵照前旨，不論腹省邊陲，一律辦理等語。所奏自係經國久遠之計。現令各省督撫將武職名糧，逐一查奏。俟到齊時，軍機大臣會同該部，悉心妥議，酌定章程，奏明遵辦。欽此。

四十七年八月，兵部議定：直隸省裁養廉名糧三千八百七十名，賞恤名糧九百名，增實兵四千七百七十名。山東省裁養廉名糧一千五百九十三名，增實兵一千五百八十一名。山西省裁養廉名糧二千一百六十名，賞恤名糧四百三十五名，增實兵二千五百九十五名。河南省裁養廉、公費名糧一千一百八十三名，增實兵九百七十九名。江南省裁養廉名糧四千四百十一名，賞恤名糧六百名，增實兵五千十一名。江西省裁養廉名糧一千三百三十七名，賞恤名糧二百五十名，增實兵一千五百八十七名。福建省裁養廉名糧四千七百五十六名，公費名糧二千四百八十名，增實兵四千七百五十六名。浙江省裁養廉名糧三千七百七名，公費名糧一千一百四十名，增實兵三千三十九名。湖北省裁養廉、公費名糧二千九百三十三名，增實兵二千三百八十名。湖南省裁養廉、公費名糧三千三百八十六名，增實兵二千五百八十八名。四川省裁養廉、公費名糧四千二百七十四名，增實兵四千二百七十四名。陝西、甘肅二省裁養廉、公費名糧七千九百三十名，已增兵一萬二千七百三十名。廣東省裁養廉名糧五千七百七十四名，增實兵五千七百七十四名。廣西省裁養廉名糧二千三百三十四名，增實兵二千三百三十四名。雲南省裁養廉、賞恤、公費名糧五千四百八名，增實兵五千四百六十名。貴州省裁養廉、賞恤、公費名糧五千二百八十二名，增實兵五千二百八十四名。兩河標增實兵一千二十一名。通共增兵六萬六千一百六十三名。

附録上諭及兵數單：嘉慶二十年減兵之案

嘉慶二十年減兵之案。謹抄諭旨二道、兵數單一件。

十九年閏二月奉上諭：朕恭閲皇考高宗純皇帝實録，乾隆四十六年查辦各省武職名糧，裁添養廉，挑補實額一事。曾據大學士阿桂奏稱：國家經費驟加不覺其多，歲支則難為繼。此項經費歲增三百萬，統計二十餘年即須用七千餘萬兩。請將武職議給養廉所扣兵餉，除邊疆查明增添兵額外，其餘腹省均可毋庸挑補實額等語。當經欽奉諭旨：國家經費原當量入為出，而足兵衛民，又不得稍存靳惜之見。阿桂所奏部庫出入大數，大臣謀國自應如此。但泉貨本流通之物，財散民聚，聖訓甚明。與其聚之於上，毋寧散之於下。且在官多一分，即在民少一分。現在户部庫銀尚存七千餘萬兩，何必於此事鰓鰓過計？所有阿桂原奏并此旨，一并發抄，著大學士、九卿、科道詳悉妥議具奏。欽此。旋經廷臣議將直省所裁名糧，悉行挑補實額。

仰惟我皇考深維財散民聚之義，損上益下，惟願出帑藏以裕軍國。聖訓煌煌，高邁千古，誠非一切籌策會［要］[①] 所敢幾及。而當日建議之初，阿桂通盤計畫，遂料及數十年後經費難繼，其深識遠慮，亦不愧老成謀國。計此項經費，自乾隆四十六年至今，三十餘年所用，已逾於所存。且自嘉慶元年以後，辦理軍務、河工，以及各省蠲緩賑濟，每歲度支經費之外，所出又豈可萬億計？設此時府庫充盈，仍與昔年無异，則朕亦惟常守散財之訓，豈肯鰓鰓計量？然使乾隆年間庫存情形亦同今日，則量入為出，我皇考當日本不以阿桂之言為非。況我朝兵制定額已久，自增設名糧以來，聞各省營伍積弊相沿，仍屬有名無實，於武備亦未能大有裨益。立政之道，貴在因時制宜。其應如何將增設名糧額數，酌量汰減，仍復還舊制之處，著大學士、軍機大臣會同兵部，詳悉妥議具奏。欽此。

十九年三月奉上諭：從來兵制與國賦相權而行，我朝建設各省營兵，久有定額。其小有損益，亦皆就地情形，隨時酌定。惟乾隆四十六年添補名糧額缺案內，一時各省驟添兵六萬六千餘名，為數較多。迄今三十餘年，於武備甚無裨益，而帑項已多用至四千餘萬。前曾降旨令大學士、軍機大臣會同兵部，將增設名糧額數，酌量汰減，詳議具奏。本日議上。朕披覽摺内現在各省額兵六十二萬四千餘名，較之雍正年間及乾隆四十六年以前所增實多，自應酌加裁減。惟各該省情形有今昔不同者，亦當熟思審慮，各就現在經制，參考先後所設兵數、汛防控制情形，將應汰、應留通盤籌畫，庶餉不虚糜而兵皆足用。著各省總督，山東、山西、河南巡撫，成都將軍，河道、漕運總督，各將所屬標下各營及該提、撫、鎮、協等營兵內，每省以汰減若干，據實具奏，彙交原議大臣，再行核議。欽此。

二十年二月後，陸續據各該督撫咨報，直隸、山東、安徽、河南、陝西、甘

① 據《仁宗睿皇帝實録》（四）卷 286，中華書局 1986 年版，第 920 頁。

肅等省俱無可裁改外，江蘇省裁兵四百七十四名，江西省裁兵一千八十三名，福建省裁兵一千三百五十名，浙江省裁兵七百二十八名，湖北省裁兵一千六百三十六名，湖南省裁兵一千五百五十四名，山西省裁兵一千八百六十五名，廣西省裁兵六百三十名，四川省裁兵六百三十名，雲南省裁兵二千三百三十二名，貴州省裁兵一千九百五十八名，共裁兵一萬四千二百四十名。江蘇省改馬兵三十五名、戰兵十五名，福建省改馬兵五百名，廣東省改馬兵六百九十六名，共改馬、戰兵一千二百四十六名。

附録上諭及兵數單：道光元年減兵之案

道光元年減兵之案。謹抄諭旨一道，兵數單一件。

嘉慶二十五年十一月奉上諭：軍機大臣會同兵部，議覆裁減名糧條陳一摺。國家為民設兵，民出賦稅以養兵，兵任操防以衛民，其事相權而行。我朝百數十年以來，取民具有常制，而兵額歷有增添裁改。乾隆四十六年添設武職養廉案內，將從前虛缺名糧，概募實兵。計增兵六萬餘名，其數較多。歷經三十餘年，帑項多用至四千餘萬。嘉慶十九年曾敕下各省，酌加裁減。維時山西等省共裁兵一萬五千四百餘名，內改馬戰（共）［兵］為步守兵一千二百餘名，每歲經費視乾隆年間所添者即減四分之一。此在各省險夷（衛）［衝］[①] 僻、邊腹情形不一，事閱數十年，亦復今昔异宜。此時若悉復乾隆年間未添兵糧原數，其是否可行，原難懸揣。然各省現在額兵六十餘萬，據所請汰歸所添之半，亦僅百分之二，豈無可以抽裁之處？著交各該督撫詳察地方情形，無論差操各兵，凡在可省者，酌加裁減，不必留冗兵以糜餉，亦不可因節費而裁有用之兵。各悉心核定，妥議具奏。將此各諭令知之。欽此。

道光元年正月後，陸續據各該督撫咨報，直隸、山東、安徽、河南、湖北、湖南、四川、廣西、雲南、貴州等省俱無可裁改外，其江蘇省裁兵四十名，江西省裁兵二十八名，山西省裁兵二百七十名，福建省裁兵一千三百八十五名，浙江省裁兵七百六十八名，共裁兵二千四百九十一名。山西省改馬兵五百八名，江蘇省改馬兵二百名，陝西、甘肅二省改馬兵三千六百三十名，廣東省改馬兵五百三十五名，共改馬兵四千八百七十三名。

---

① 據《宣宗成皇帝實録》（一）卷 8，中華書局 1986 年版，第 170 頁。

附録奏摺：禮部右侍郎曾國藩奏請簡練軍實以裕國用摺

咸豐元年三月初九日

禮部右侍郎臣曾國藩跪奏，為簡練軍實，以裕國用事。

臣竊惟天下之大患，蓋有二端：一曰財用不足，一曰兵伍不厲。兵伍之情狀，各省不一。漳、泉悍卒，以千百械鬥為常；黔、蜀冗兵，以勾結盜賊為業。其他吸食鴉片，聚開賭場，各省皆然。大抵無事則游手恣睢，有事則雇無賴以代行；見賊則望風奔潰，賊去則殺良民以邀賞。章奏屢陳，諭旨屢飭，終不能稍變錮習。

至於財用之不足，中外臣工，人人憂慮。自庚子以至甲辰，五年之間，一耗於夷務，再耗於庫案，三耗於河決，固已不勝其浩煩矣。乙巳以後，秦豫兩年之旱，東南六省之水，計每歲歉收恒在千萬以外，又發帑數百萬以振救之，天下財產安得不絀？宣宗成皇帝每與臣下言及開捐一事，未嘗不咨嗟太息，恨宦途之濫雜，悔取財之非計也。臣嘗即國家歲入之數與歲出之數而通籌之，一歲本可餘二三百萬。然水旱偏災，堯、湯不免。以去年之豐稔，而江浙以大風而災，廣西以兵事而緩。計額內之歉收，已不下百餘萬。設更有額外之浮出，其將何以待之？今雖捐例暫停，而不別籌一久遠之策，恐將來仍不免於開捐。以天下之大，而無三年之蓄，汲汲乎惟朝夕之圖而貽君父之憂，此亦為臣子者所深恥也。當此之時，欲於歲入常額之外，別求生財之道，則搜括一分，民受一分之害，誠不可以妄議矣。

至於歲出之數，兵餉為一大宗。臣嘗考本朝緑營之兵制，竊見乾隆四十七年增兵之案，實為兵餉贏絀一大轉關，請為我皇上陳之。自康熙以來，武官即有空名坐糧。雍正八年，因定為例：提督空名糧八十分，總兵六十分，副將而下，以次而減，下至千總五分，把總四分，各有名糧。又，修製軍械有所謂公費銀者，紅白各事有所谓賞恤銀者，亦皆取給於名糧。故自雍正至乾隆四十五年以前，緑營兵數，雖名為六十四萬，而其實缺額常六七萬。至四十六年增兵之議起，武職坐糧另行添設養廉，公費、賞恤另行開銷正項。向之所謂空名者，悉令挑補實額。一舉而添兵六萬有奇，於是每年多費銀二百餘萬兩。此臣所謂餉項贏絀一大轉關者也。是時海內殷實，兵革不作，普免天下錢糧已經四次，而户部尚餘銀七千八百萬。高宗規模閎遠，不惜散財以增兵力。其時大學士阿桂即上疏陳論，以為國家經費，驟加不覺其多，歲支則難為繼。此項新添兵餉，歲近三百萬，統計二十餘年即須用七千萬，請毋庸概增。旋以廷臣議駁，卒從增設。至嘉慶十九年，仁宗睹帑藏之大絀，思阿桂之遠慮，慨增兵之仍無實效，特詔裁汰，於是各省次第裁兵萬四千有奇。宣宗即位，又詔抽裁冗兵，於是又裁兵二千有奇。乾隆之增兵，一舉而加六萬六千；嘉慶、道光之減兵，兩次而僅一萬六千。國家經費，耗之如彼其多且易也，節之如此其少且難也。

臣今冒昧之見，欲請汰兵五萬，仍復乾隆四十六年以前之舊。驟而裁之，或恐生變。惟缺出而不募補，則可徐徐行之而萬無一失。醫者之治瘡癰，甚者必剜其腐肉而生其新肉。今日之劣弁（羸）［羸］[①] 兵，蓋亦當量為簡汰以剜其腐者，痛加訓練以生其新者。不循此二道，則武備之馳，殆不知所底止。

自古開國之初，恒兵少而國强。其後兵愈多，則力愈弱；餉愈多，則國愈貧。北宋中葉，兵常百二十五萬。南渡以後，養兵百六十萬，而軍益不競。明代養兵至百三十萬，末年又加練兵十八萬，而孱弱日甚。我朝神武開國，本不藉緑營之力。康熙以後，緑營屢立戰功，然如三藩、凖部之大勛，回疆、金川之殊烈，皆在四十六年以前。至四十七年增兵以後，如川楚之師、暎夷之役，兵力反遠遜於前。然則兵貴精而不貴多，尤為明效大驗也。八旗勁旅，亘古無敵。然其數常不過二十五萬，以强半翊衛京師，以少半駐防天下，而山海要隘往往布滿，國初至今未嘗增加。今即汰緑旗五萬，尚存漢兵五十餘萬，視八旗且將兩倍。權衡乎本末，較量乎古今，誠不知其不可也。

近者廣西軍興，紛紛征調外兵。該省額兵二萬三千，土兵一萬四千，聞竟無一人足用者。粵省如此，他省可知。言念及此，可勝長慮。臣聞各省兵稍有名者，如湖南之鎮筸、江南之壽春、浙江之處州，天下不過數鎮。裁汰之徑，或精强之鎮不動而多裁劣營，或邊要之區不動而多裁腹地，或營制太破歸而併之，或汛防（汰）［太］[②] 散撤而聚之。是在兵部之精審，督撫之體察，未可鹵莽以從事耳。誠使行臣之説，缺出不補，不過六年，五萬可以裁畢。以一馬二步計之，每年可省餉銀百二十萬。十年以外，於經費大有禆益。此項銀兩不輕動用，督撫歲終奉解户部，另行封存，專備救荒之款，永塞開捐之路。養兵為民也，備荒亦為民也。塞捐以清仕途，尤愛民之大者也。一分一毫，天子無所私利於其間，豈非三代公心賢於後世搜括之術萬萬者哉?

若夫訓練之道，則全視乎皇上精神之所屬。臣考本朝以來大閲之典，舉行凡二十餘次。或於南苑，或於西廠，或於盧溝橋、玉泉山。天弧親御，外藩從觀。軍容一肅，藩部破膽。自嘉慶十七年至今，不舉大閲者四十年矣。凡兵以勞而

① 據曾國藩：《曾文正公全集・奏稿》卷一，《議汰兵疏》，第 27 页，光緒二年傳忠書局校刊。

② 據曾國藩：《曾文正公全集・奏稿》卷一，《議汰兵疏》，第 28 页，光緒二年傳忠書局校刊。

强，以逸而弱。承平日久，京營之兵，既不經戰陣之事，又不見搜狩之典，筋力日懈，勢所必然。伏求皇上於三年之後，行大閱之禮，明降諭旨，早示定期。練習三年，京營必大有起色。外省營伍，勢難遽遍，求皇上先注意數處，物色將材，分置天下要害之地。但使七十一鎮之中有十餘鎮可為腹心，五十萬兵之中有十餘萬可為長城，則緩急之際，隱然可恃。天子之精神一振，山澤之猛士雲興，在我皇上加意而已。昔宋臣龐藉汰慶歷兵八萬人，遂以大蘇邊儲；明臣戚繼光（徐）［練］[①] 金華兵三千，遂以蕩平倭寇。臣書生愚見，以為今日論兵，正宜法此二事。

謹抄録乾隆增兵、嘉慶、道光減兵三案進呈，伏乞飭下九卿、科道詳議。斯事甚大，臣鮮閱歷，不勝悚惶待命之至。謹奏。

咸豐元年三月初九日。

附録奏摺：大學士祁寯藻等奏請復直省緑營兵制原額摺

咸豐元年十二月十八日

大學士兼署管理户部事務臣祁寯藻等謹奏，為請復直省緑營兵制原額，以收實用而節虚糜，仰祈聖鑒事。

竊維從來兵制與國用相權而行，總以歲入款項之盈虚，為兵額裁添之準則，則裕國衛民，方可兩收其效。若盈絀情形，今昔异宜，必須審度時勢，量加變通，使天下無糜餉之冗兵，而國家獲節省之實益，辦法方為盡善。

溯查乾隆四十六年查辦武職養廉案内，添兵六萬六千餘名。行之既久，經費漸難為繼。於嘉慶十九年三月内欽奉聖諭：乾隆四十六年添補名糧額缺案内，一時各省驟添兵六萬六千餘名，為數較多。迄今三十餘年，於武備甚無裨益，而帑項已多用至四千餘萬。現在各省額兵六十二萬四千餘名，較之雍正年間及乾隆四十六年以前，所增實多，自應酌加裁汰。著各省督撫、將軍，將所屬營兵每省可以汰減若干，據實具奏。欽此。自此次奉旨之後，陸續裁兵一萬四千二百四十名，馬兵改步兵一千二百四十六名。復於道光元年欽奉諭旨，又裁兵二千四百九十一名，馬兵改步兵四千八百七十三名。統計兩次所裁，每歲可省餉銀四十八萬四千餘兩。臣等恭讀兩朝諭旨，仰見廟謨深遠，於兵額增減之中，寓因時制宜之用，法至善也。

伏念我朝兵威遠邁前古，即如準部、新疆、金川諸大役，大兵所指，屢奏

---

① 據曾國藩：《曾文正公全集·奏稿》卷一，《議汰兵疏》，第29页，光緒二年傳忠書局校刊。

膚功，皆乾隆四十六年未經添兵以前之事。彼時中外臣民共欽仰於我武之維揚，從無議及於兵額之稍缺者。迨後乾隆年間添兵一節，臣等伏讀聖諭，内有云：現在户部銀庫尚存七千餘萬兩，何必於此事鰓鰓過計。等因。是當時原以庫帑充盈，即量入為出，無事過為靳惜，并非因原設之兵額為數尚少，必須再為加增而始克足用也。臣等伏思當日原因帑項有餘而名糧未補，則增餉以養兵，固斟酌之權宜。近今不見添兵之益而費餉徒多，則裁兵以省餉，亦撙節之正道。況所減之數，即係所添之數，并非於原設定額稍有所缺。是節省浮費，仍係率由舊章，在今日為濟時之至計，在後日即經久之良圖。當今要務，無過於此。

伏查各省所添兵額共六萬六千餘名，兩次裁減約一萬八千餘名，尚存四萬八千餘名。此即全數删裁，較之添兵以後六十二萬四千餘名額數，尚不及十分之一。而每歲節省餉銀，可至一百二十餘萬兩。積至數年，即可多得帑金數百萬兩。是浮費有日減之實功，即帑項有日增之實效。此後庫儲之款，無難變絀而為赢。即有意外之需，亦可有備而無患。此臣等輾轉思維，不如裁復舊額之為得也。惟應裁之額，為數非少。若令同時全裁，則既裁之兵又費安置。復查從前辦法，有以缺額不補為裁者，不過數年，即已（截）［裁］盡，人不即覺而事已畢舉，辦理極為得法。自應仿照而行，以期諸臻妥協。

顧或者謂粤西大功未竣，尚非一裁之時。不知可裁之兵不及十分之一，原存之兵尚逾十分之九，以供撥用，仍屬有餘。又況缺額不補，則每營每歲所裁無多，猶須俟之數年，乃能復還舊額，則及今議裁已不為早。若再推延時日，收效更遲，自不必於足供撥用之外，更為鰓鰓之過計矣。相應請旨，敕下各省督撫、提鎮，確查各營食糧實數，除缺額不補外，再將老弱殘疾人等，一并裁汰。統限三年，復歸原額。仍將所裁人數、所省餉銀，於每歲年終彙奏一次，以備稽核。務期兵有定額，餉不虚糜，以仰副我皇上整飭戎行、慎重帑項之至意。

再，臣等又聞各省兵丁每多虚數，不獨營員所用廝僕占食名糧，甚或有名無人，冒支銀餉。及至督撫、提鎮閱兵之期，臨時雇覓充數者，不一而足。亦應請旨敕下該管督撫，嚴飭各營員，力除積習，毋得再以虚名充數。如敢陽奉陰違，即著據實嚴參，以申考察而肅戎政。

臣等愚昧之見是否有當，伏乞皇上聖鑒訓示遵行。謹奏。

咸豐元年十二月十八日。

附録奏摺：户部尚書孫瑞珍奏請將緑營兵制裁復舊額摺

咸豐二年四月十八日

户部尚書臣孫瑞珍跪奏，為預籌庫餉，仍請照臣部前議，將緑營兵制裁復舊額，以節糜費而裕庫儲，仰祈聖鑒事。

竊臣於三月二十二日恭讀上諭：申諭各部院大臣、九卿、科道等官有言事之責者，於政治得失、民生利病有可補偏救弊、力圖挽救之處，各據見聞，直陳無隱。等因。欽此。仰見我皇上本憂勤惕厲之懷，求政治誠民之道。敬聆之下，感悚難名。

臣渥荷鴻慈，忝司農部，嘗念國家歲入之額今昔無殊，何以乾隆年間府庫充盈，常存銀七千餘萬兩，今則歲額仍前，而支絀情形日甚一日。推求其故而不得。及見乾隆四十六年添給武職養廉一案，增兵六萬六千餘名，每歲增餉約三百萬兩。至今七十餘年，計此項支出之銀，共二萬一千餘萬兩，為非常之巨數。雖嘉慶、道光年間叠奉兩朝聖諭，飭令裁改，而未裁之兵仍存四萬八千餘名。計自乾隆年間至今，多費餉銀仍不下二萬萬兩。乃知今日之匱乏，即此一事已居大端。若不早思變計，則年復一年，伊於何底？去歲臣與同部諸臣公同籌畫，議將此項未裁之兵四萬八千餘名，悉行裁汰，以復舊額，計每歲約可省餉銀一百二十萬兩。臣等籌商再四，意見相同，於上年十二月十八日合詞具奏，尚未奉旨允行。臣數月以來，審時度勢，時復思繹。竊有見於裁兵一事，有不可不裁者三，不可緩裁者一，敬為我皇上陳之。

一、裁復舊額，係現在因時制宜之急務也。伏讀嘉慶十九年三月内欽奉聖諭：乾隆四十六年添補名糧額缺案内，一時各省驟添兵六萬六千餘名。迄今三十餘年，於武備甚無裨益。現在各省額兵六十二萬四千餘名，較之雍正年間及乾隆四十六年以前，所增實多，自應酌加裁汰。着各省督撫、將軍，將所屬營兵每歲可以汰減若干，據實具奏。欽此。計嘉慶、道光年間兩次所裁兵數，共一萬八千餘名，尚餘未裁兵四萬八千餘名。查嘉慶、道光年間，府庫縱不充盈，尚不至如今日之甚。而當裁即裁，已有隨時之撙節。今則庫帑無一年之蓄，而支用又多另外之款，支絀情形更非昔比。若不將無益之費概事删除，必致常此窘迫且恐此後日甚一日。臣於萬分焦灼之時，思窮變通久之策。惟有籲懇天恩，將此未裁之四萬八千餘名，盡准裁汰，以遵成憲而救時艱。此不可不裁者一也。

一、裁復舊額，於原存實數毫無所缺也。查乾隆四十六以前各省緑營兵丁舊額，原係五十餘萬。迨後增兵六萬六千餘名，每年兵餉遂照六十餘萬名給發。現在續增數内，除兩次裁汰外，尚存四萬八千餘名。此即全數删汰，以增兵之後總數六十二萬餘名計之，所減尚不及十分之一。且武營積習，往往以跟役人等占食名糧，甚或空名冒領此項空糧，在當年本無實兵。即足實額之後，其占食、冒領等弊，恐仍不免。今議裁兵，即應從此項空糧裁起。是所裁者，為省無兵之餉，而非去實有之兵。如此項既裁，尚未滿四萬八千餘名之數，即用出缺不補之法，總期裁至四萬八千餘名而止，此外并不多減一名。計全裁之後，可戰、可守之實兵，仍有五十餘萬之多，與乾隆四十六年以前原數無少欠缺，防禦調撥仍屬有餘，則裁歸原額，乃萬全無弊之事。此不可不裁者二也。

一、裁復舊額，現在救時之要務，即將來經久之良法也。臣蒙恩簡任農部已二年矣，每與同部諸臣悉心籌畫，欲求一加增之款於國計有益、民生無（防）[妨] 者，即數十萬兩，已覺得之甚難。縱令暫得之於一時，亦難常獲於後日。惟兵復舊額一節，若能漸次裁盡，則每歲可節省帑金一百二十萬兩。年年節省之數，即年年加增之數。一歲計之而不足，數歲計之而有餘。臣等前摺所陳，此後庫儲之款，無難變絀而為盈，即有意外之需，亦可有備而無患者，正謂此也。此不可不裁者三也。

一、裁復舊額，除嚴汰空糧外，即擬出缺不補，俾行之以漸而人不及覺，則辦理亦益不可不早也。查現在應減之兵四萬八千餘名，即將此項兵數勻攤於十八省中，計每歲應裁之數，多者三千餘名，少者二千餘名。若輪值大閱之年，約計老弱疾病者，每省有應裁之數多者千餘名，少者亦數百名。多少牽算，約須三年，方能裁盡。若遲辦一年，則亦遲完一年。多一年之糜費，即少一年之積儲。當此萬分支絀之會，豈可以有限之存儲，供無益之浮支，一任遷延時日，致收效之愆期也？此不可緩裁者一也。

辰下粵西逆氛未靖，豐工亦未剋期合龍，前後撥項已及一千餘萬之多。此後續撥之款，即恐難乎為繼。縱令膚功立奏，而以前所撥之款，非請發內帑以濟軍用，即預提後款以應急需，若不預為籌維，則目前已費周章，日後仍虞竭蹶。迨至濟急無方，再議生財於大道之外，則病民病國，更不勝言。此臣所以反覆於裁兵一舉而不憚再三上陳者，誠以此舉為食寡用舒之正道，即量入為出之常經也。為此籲懇天恩，俯鑒臣愚，允准施行，抑或飭交軍機大臣，會同臣部，再行詳議。如果臣言可采，即請旨通飭各省督撫、提鎮，查明某營、某汛原額兵若干名，續增兵若干名，先行據實具奏，一面確查空糧，即行裁革。如裁不足數，或并無空糧，即用從前缺額不補之法，遇有缺出，勿庸挑補，并將老弱殘疾難資戰守者，一并裁汰。統限三年，裁復舊額。復額之後，無庸再裁。仍將所裁兵數與所省餉銀，於每歲年終彙奏一次，以備稽核。

至武職本有養廉，已足贍其身家。如有隱匿空糧仍前冒領，及斷僕占食各情弊，應請旨嚴飭各該管大吏，明查暗訪，遇有前項弊端，即將該營員嚴參重懲，以儆貪婪而肅戎政。

臣為籌裕庫儲起見，是否有當，伏乞皇上聖鑒。謹奏。

咸豐二年四月十八日。

0029. 河南巡撫李僡行移附奏衛輝營守備馬清奇因箭射無準降為千總候補片

咸豐二年五月十三日*

札布政司。照得本部院於咸豐二年五月十三日附奏，衛輝營守備馬清奇，箭射無準，降為千總候補一片。除俟奉到硃批，另行恭録札知外，合先抄片札行。札到該司，即便查照。毋違。此札。

計粘抄片稿一紙。

札布政司。

為抄片咨送事。竊照云前，另行恭録移咨外，相應抄片咨送。為此合咨貴部,請護鎮,煩為查照飭知施行。

計粘抄片稿一紙。

一咨

兵部

護理河北總鎮

附録片稿：河南巡撫李僡附奏衛輝營守備馬清奇因箭射無準降為千總候補片

咸豐二年五月十三日

再，臣前於衛輝營閱伍時，該營中軍守備馬清奇，因馬失前蹄跌傷，未射步箭。當查該守備平日操防尚好，飭俟傷痊再行補考。玆據該守備傷痊來省，經臣考驗得箭射無準，應降為千總候補，并勒令練習，以觀後效。所有衛輝營守備係外補之缺，容另行揀員請補。

合併陳明，伏乞聖鑒。謹奏。

0030. 河南巡撫李僡行移附奏遵旨遴委得力將備管帶所選精兵前赴湖南片

咸豐二年五月十三日*

札布政司。標下中軍。照得本部院於咸豐二年五月十三日附奏，遵旨挑選精兵一千名，遴委得力將備管帶，前赴湖南聽候調撥一片。除俟奉到硃批，另行恭録札知外，合先抄片札行。札到該司，將，即便會同按察司查照。毋違。此札。

計粘抄片稿一紙。

札布政司。標下中軍。

為抄片咨送事。竊照云前，另行恭録移咨外，相應抄片咨送。為此合咨貴大臣，部堂，院，護鎮，請(煩)［煩］(為)［為］查照施行。

計粘抄片稿一紙。

一 咨

欽差大臣大學士賽

兩湖總督部堂

(下殘)。

附録片稿：河南巡撫李僡附奏遵旨遴委得力將備管帶所選精兵前赴湖南片

咸豐二年五月十三日

再，臣接准軍機大臣字寄，四川總督徐澤醇、調任河南巡撫李〈僡〉，咸豐二年五月初六日奉上諭：本日據賽尚阿馳奏，廣西全州賊匪勢將他竄，亟宜添兵追剿等語。前已有旨著徐澤醇將前調四川兵二千名，飭令迅赴湖南。著再於松潘、建昌兩鎮內，挑選精兵各一千名，并著調任河南巡撫李〈僡〉於提鎮各標內，挑選精兵一千名，各備軍裝、器械，并派得力將弁管帶，聽候調撥，毋得遲誤。將此由六百里各諭令知之。欽此。遵旨寄信前來。

臣遵即飛咨南、北兩護鎮，揀選南鎮所屬各營兵四百五十名，北鎮所屬各營兵三百名，臣標左、右兩營內挑選二百五十名，共成一千名，遴委曾經出師之署荊關協副將高峻，及北左營游擊劉國榮、署南右營都司張海清、陝州營都司舒林、署南左營守備段琦、署新野營守備劉國恩、北右營守備把士億、署撫標左營守備左尚文，分起管帶，均歸高峻統領。此外，應帶千把、外委，均令擇其才具勇幹。及軍裝器械，務須精良適用，尅日齊備。一面咨明欽差大臣賽尚阿暨兩湖督臣、湖南、廣西各撫臣，聽候調遣。

所有官兵例應支給俸賞、行裝銀兩，已由各地方官就近先行發給，仍嚴飭該將備等，沿途妥為約束，不得稍有滋擾。并各站應需車馬，亦飭各經由地方官豫為籌計，俾得催儹而利遄行。

再，新授南、北兩鎮臣，尚未到豫。仰懇敕下部臣，催令迅速赴任，以重職守。理合一併附陳，伏乞聖鑒。謹奏。

0031. 河南巡撫李僡行移奏請揀發游擊及都司等員一摺奉硃批

咸豐二年五月十五日*

札布政司。標下中軍。歸德考城營。照得本部院於咸豐二年五月初二日具奏，請揀發游擊、都司等員，以資委用一摺，業已抄摺札知移咨在案。茲於五月十五日，奉到硃批：着照所請行。該部知道。欽此。合就相應恭録札行。移咨。札到該司，將，游擊，即便欽遵查照。毋違。此札。

札布政司。標下中軍。歸德考城營。

為恭録移咨事。竊照云前，相應恭録移咨。（下殘）。

0032. 河南巡撫李僡行移附奏遵旨挑選兵丁派委將弁管帶前赴湖北防堵片

咸豐二年五月二十一日*

札布政司。標下中軍。照得本部院於咸豐二年五月二十一日附奏，遵旨挑選兵丁，派委將弁管帶，前赴湖北防堵一片。除俟奉到硃批，另行恭録札知移咨外，合先抄片札行。咨送。札到該司，將，即便會同按察司，照例辦理，并轉飭經過沿途各州、縣，一體應付前進。查照。毋違。此札。

計粘抄片稿一紙。

札布政司。標下中軍。

為抄片咨送事。竊照云前，合先抄片咨送。為此合咨貴護鎮，大臣，部堂，院，煩為請煩查照，轉飭經過州、縣，一體應付前進施行。

計粘抄片稿一紙。

一　　咨

護理南陽河北總鎮

欽差大臣大學士賽

兩湖總督部堂　限行四百里。

（下殘）

附録片稿：河南巡撫李僡附奏遵旨挑選兵丁派委將弁管帶前赴湖北防堵片

咸豐二年五月二十一日

再，臣於五月十七日，承准軍機大臣字寄，咸豐二年五月十四日奉上諭：龔裕奏，籌辦防堵粵匪，請添兵協剿一摺。前因粵匪北竄，已有旨令李〈僡〉挑選精兵一千名，遴派得力將弁管帶，聽候調撥。着即催令迅速前赴湖北，交該督撫等酌量分派防堵，毋稍遲誤。等因。欽此。

伏查本月初間，因粵西追剿賊匪，欽奉上諭，於河南省挑選精兵一千名，聽候調撥。經臣知會護理南、北鎮臣，選派南鎮所屬各營兵四百五十名，北鎮所屬各營兵三百名，撫標所屬各營兵二百五十名，共一千名，妥為預備，先後起程在案。玆欽奉諭旨，飭令前赴湖北，聽候分派防堵。臣遵即查照前次派定營分兵數，遴委曾經出師之署荊關協副將高峻等，分起管帶，催令迅速前往。其官兵例應支給俸賞、行裝銀兩，并飭就近分別給發。

又，核計程途，須由汝寧府屬之信陽州出境，亦經飛飭沿途各州縣，一體照料，俾資妥速而利遄行。

除俟各官兵全出豫境，另行奏報外，所有遵旨調赴湖北官兵緣由，理合附片陳明，伏乞聖鑒。謹奏。

0033. 署河南巡撫陸應穀行移李僡附奏遵旨遴委得力將備管帶所選精兵前赴湖南一片奉硃批

咸豐二年五月二十九日*

札布政司。標下中軍。照得前部院於咸豐二年五月十三日附奏，遵旨挑選精兵一千名，遴委得力將備管帶，聽候調撥一片，業已抄片札知咨送在案。玆於五月二十九日，奉到硃批：另有旨。欽此。合就相應恭録札行。移咨。札到該司，將，即便會同按察司，欽遵查照。毋違。此札。

札布政司。標下中軍。

為恭録移咨事。竊照云前，相應恭録移咨。為此合咨貴大臣，部堂，院，護鎮，請煩為欽遵查照施行。

一　　　　　咨

欽差大臣大學士賽

兩湖總督部堂

湖南北巡撫部院

廣西巡撫部院

（下殘）。

為移會事。竊照貴部院前在豫省任内，於咸豐二年五月十三日附奏，遵旨挑選精兵一千名，遴委得力將備管帶，聽候調撥一片。茲於五月二十九日，奉到硃批：另有旨。欽此。除恭録轉行外，相應恭録移會。為此合咨（下殘）。

0034. 署河南巡撫陸應穀行移李僡附奏衛輝營守備馬清奇因箭射無準降為千總候補一片奉硃批

咸豐二年五月二十九日*

札布政司。照得前部院於咸豐二年五月十三日附奏，衛輝營守備馬清奇，箭射無準，降為千總候補一片，業已抄片札知在案。茲於五月二十九日，奉到硃批：兵部知道。欽此。合就恭録札行。札到該司，即便欽遵查照。毋違。此札。

札布政司。

為恭録移咨事。竊照云前，相應恭録移咨。為此合咨貴[部，請/護鎮，]煩[為]欽遵查照施行。

一咨

兵部

護理河北總鎮

為移會事。竊照貴部院前在豫省任內，於咸豐二年五月十三日附奏，衛輝營守備馬清奇，箭射無準，降為千總候補一片。茲於五月二十九日，奉到硃批：兵部知道。欽此。除恭録轉行外，相應恭録移會。為此合咨貴部院，請煩欽遵查照施行。

（下殘）。

0035. 署河南巡撫陸應穀行移李僡附奏遵旨挑選兵丁派委將弁管帶前赴湖北防堵一片奉硃批

咸豐二年六月初八日*

札[布政司。/標下中軍。]照得前部院於咸豐二年五月二十一日附奏，遵旨挑選兵丁，派委將弁管帶，前赴湖北防堵一片，業已抄片[札知/咨送]在案。茲於六月初八日，奉到硃批：知道了。欽此。[合就/相應]恭録[札行。/移咨。]札到該[司，/將，]即便[會同按察司，]欽遵查照。毋違。此札。

札[布政司。/標下中軍。]

為恭録移咨事。竊照云前，相應恭録移咨。為此合咨貴[護鎮，/大臣，/部堂，/部院，][請]煩[為]欽遵查照[，轉飭經過州縣，一體應付前進]施行。

一　　咨

護理南陽河北總鎮

欽差大臣大學士賽

兩湖總督部堂

廣西巡撫部院

湖南北巡撫部院

為移會事。竊照貴部院前在豫省任内，於咸豐二年五月二十一日附奏，遵旨挑選兵丁，派委將弁管帶，前赴湖北防堵一片。兹於六月初八日，奉到硃批：知道了。欽此。除恭録轉行外，相應恭録移會。為此合咨貴部院，請煩欽遵查照施行。

一　　　咨

山東巡撫部院

0036. 署河南巡撫陸應穀行移附奏豫省調赴湖北官兵起程出境日期片

咸豐二年六月二十五日*

札布政司。標下中軍。照得本署部院於咸豐二年六月二十五日，附奏豫省調赴湖北官兵起程、出境日期一片。除俟奉到硃批，另行恭録札知移咨外，合先抄片札行。咨送。札到該司，將，即便會同按察司，移行查照，仍將赴楚官兵銜姓花名及携帶軍裝等項并支過口糧數目，核對清楚，迅速造册，一樣八本，詳請分咨，毋稍錯延。查照。毋違。此札。

計粘抄片稿一紙。

札布政司。標下中軍。

為抄片咨送事。竊照云前，合先抄片咨送。為此合咨貴大臣，部，堂，院，護鎮，請煩為查照施行。

計粘抄片稿一紙。

一　　　咨

欽差大臣大學士賽

户兵部

兩湖總督部堂

湖南北巡撫部院

廣西巡撫部院

護理南陽總鎮

護理河北總鎮

附録片稿：署河南巡撫陸應穀附奏豫省調赴湖北官兵起程出境日期片

咸豐二年六月二十五日

再，咸豐二年五月初九日，前撫臣李〈僡〉欽奉諭旨，飭調河南官兵一千名，前赴湖北聽候調撥。當經李〈僡〉選派南陽、河北兩鎮及撫標所屬精壯兵丁一千名，配帶軍火器械，并派得力將備管帶約束，遴委曾經出師之署荊子關副將高峻統領，先將選派官兵名數緣由奏明在案。其所派弁兵分作九起行走，於五月十三至二十一等日，先後起程。臣到任後，復飛飭經過各站，妥為預備應付，催趲前進。兹據藩、臬兩司詳報，河南官兵一千名，自五月二十八日起，至六月初八日止，已全數出豫省信陽州境，入湖北應山縣境。該弁兵等行走安静，沿途并無滋擾。各站應付車馬等項，亦無貽誤。

所有豫省調赴湖北官兵起程、出境日期，理合附片奏聞。謹奏。

0037. 署河南巡撫陸應穀行移附奏豫省調赴湖北官兵起程出境日期一片奉硃批

咸豐二年七月十二日*

札布政司。標下中軍。照得本署部院於咸豐二年六月二十五日附奏，豫省調赴湖北官兵起程、出境日期一片，業已抄片札知移咨在案。兹於七月十二日，奉到硃批：知道了。欽此。合就相應恭録札行。移咨。札到該司，將，即便會同按察司，移行欽遵查照。毋違。此札。

札布政司。標下中軍。

為恭録移咨事。竊照云前，相應恭録移咨。為此合咨貴大臣，部，堂，院，護鎮，請煩為欽遵查照施行。

一　　　　咨

欽差大臣大學士賽

户兵部

兩湖總督部堂

湖南北巡撫部院

廣西巡撫部院

（下殘）。

［部］咨另發。

0038. 署河南巡撫陸應穀行移具奏請將本年軍政展延至次年正月舉行摺

咸豐二年七月十二日*

札布政司。城守尉。標下中軍。歸德考城營。照得本署部院於七月十二日，在蘭陽廟工具奏，本年軍政，展至次年正月內舉行，以期核實一摺。除俟奉到硃批，另行恭録札知移咨外，合先抄摺札行。咨送。札到該司，尉，將，游擊，即便知照。毋違。此札。

計粘抄摺稿一紙。

札布政司。城守尉。標下中軍。歸德考城營。

為移咨事。竊照云前，合先抄摺咨送。為此合咨貴護鎮，煩為轉飭知照施行。

計粘抄摺稿一紙。

一　　咨

護理南陽總鎮

護理河北總鎮

附録摺稿：署河南巡撫陸應穀奏請將本年軍政展延至次年正月舉行摺

咸豐二年七月十二日

奏為豫省軍政，懇恩展限，以期核實，恭摺具奏，仰祈聖鑒事。

竊照本年舉行軍政，例應十月內到部。臣蒙天恩，署理河南巡撫，自問才識淺陋，務求加意甄别，以冀舉劾允當。惟臣莅任甫經月餘，於通省各營將備、千總素未識面。現在因公來省謁見者，得以留心考察。此外營分寫遠、未經考驗者，十居七八。各員材藝之高下、訓練之勤惰，尚未周知灼見。且臣現奉諭旨兼署東河河督印務，因值大汛修防吃緊之際，當即馳抵工次，督辦一切。計俟新任河臣慧成到工，交卸回省，即應接辦文武科場事宜。而軍政舉劾人員，十月間即當具題。維時又值監試武闈，未克考察比較。誠恐黜陟未當，無以激勸戎行。合無仰懇聖恩，俯准將本年豫省軍政，展限至咸豐三年正月內舉行，俾臣隨事隨時，從容考校，核實甄别，以期仰副委任之至意。臣仍不時查察，如有廢弛不職之員，即時參劾，斷不敢因軍政奏請展限，稍存姑容，致令貽誤。

所有請將軍政展限緣由，理合恭摺具奏，伏乞皇上聖鑒訓示。謹奏。

0039. 署河南巡撫陸應穀行移具奏湖北咨調豫省官兵酌量籌撥預備摺

咸豐二年七月二十五日*

札布政司。歸德考城營。照得本署部院於咸豐二年七月二十五日具奏，湖北咨調豫省官兵，酌量籌撥預備緣由一摺。除俟奉到硃批，另行恭録札知移咨外，合先抄摺札行咨送。札到該司，將，游擊，即便會同按察司知照。毋違。此札。

計粘抄摺稿一紙。

札布政司。歸德考城營。

為移咨事。竊照云前，合先抄摺咨送。為此合咨貴部，堂，院，護鎮，請煩為查照施行。

計粘抄摺稿一紙。

一咨

兵部

湖廣總督部堂

湖北巡撫部院

護理南陽河北總鎮

俱限五百里。

附録摺稿：署河南巡撫陸應穀具奏湖北咨調豫省官兵酌量籌撥預備摺

咸豐二年七月二十五日

奏為湖北咨調豫省官兵，酌量籌撥預備緣由，恭摺奏聞，仰祈聖鑒事。

竊臣於本年七月十五日，接准湖廣督臣程〈矞采〉、湖北撫臣常〈大淳〉五百里咨會，湖南道州賊匪逆焰復張，長沙省城籌禦緊急，湖北接壤南省，急應籌備，以防竄越，令臣挑備精兵二千名。等因。

臣查軍務最關重大，凡在鄰省均應勷助，不容稍分畛域。惟豫省緑營額設馬、守兵丁，僅止一萬三千三百餘名，分布各營。汛地遼闊，兵數本屬單薄，且前已兩次調赴粵、楚官兵一千三百餘名。現在江南豐北漫口未堵，附近地方須資兵力巡防。省垣重地，防範尤宜嚴密。撫標暨開封兩營，此次未便再調。而南、汝、光一帶，壤接皖、楚，係為捻匪出没之區。彈壓緝捕，處處均關緊要。臣再四籌酌，未能多調。第湖北現辦防堵吃緊，不可不為預備。臣已移行南、北兩鎮并歸德、考城等營，酌量抽撥精兵一千名。并令派定管帶員弁，挑配軍火器械，先期預備，一俟楚省奏奉諭旨飭調，即令起程馳往。

所有湖北咨調官兵預備緣由，理合恭摺具奏，伏乞皇上聖鑒訓示。謹奏。

0040. 署河南巡撫陸應穀行移附奏陝西調赴湖北官兵過境日期片

咸豐二年七月二十五日*

札布政司。照得本署部院於咸豐二年七月二十五日，附奏陝西調赴湖北官兵過境日期一片。除俟奉到硃批，另行恭録札知移咨外，合先抄片札行。咨送。札到該司，即便會同按察司查照。毋違。此札。

計粘抄片稿一紙。

札布政司。

為移咨事。竊照云前，合先抄片咨送。為此合咨貴部堂，院，請煩查照施行。

計粘抄片稿一紙。

一咨

户兵部

湖廣總督部堂

湖北巡撫部院

云前，合先抄片咨送。為此合咨貴部院，請煩查照，希將所調官弁兵丁，分晰馬、守名數，造册咨覆豫省，以憑核辦報銷施行。

計粘抄片稿一紙。

（下殘）。

附録片稿：署河南巡撫陸應穀附奏陝西調赴湖北官兵過境日期片

咸豐二年七月二十五日

再，臣前准陝西撫臣張〈祥河〉咨會：欽奉上諭：著在於陝西省提鎮各標内，挑選精兵二千名，派委得力鎮將大員，妥備軍裝器械，馳赴湖北，協力防堵。等因。欽此。隨帶兵丁二千名，分起由河南行走前進。等因。

臣當飛行當站各州縣，妥為預備伺應。嗣准湖北來咨，令將前項官兵，由河南新野縣行入湖北襄陽縣樊城進發，以期迅速。復經飛飭改道，并因大雨時行，路途泥淖難行，飭令各屬派委妥員，設法催趲遄行。兹據藩、臬兩司會詳：陝西官兵二千名，并帶兵鎮將員弁，分作十一起，自五月二十五至六月十七日，先後行抵豫省閿鄉縣入境，於六月十二、十六、十八、二十及二十一、二十九，七月初二、初四五等日，全數趲出河南新野縣境。沿途行走安静，應需車馬等項，俱經各屬照例應付，并無貽誤。

所有陝西調赴湖北官兵入境、出境日期，理合附片奏聞，伏乞聖鑒。謹奏。

0041. 署河南巡撫陸應穀行移具奏請將本年軍政展延至次年正月舉行一摺奉硃批

咸豐二年七月二十九日*

札布政司。城守尉。標下中軍。歸德考城營。照得本署部院於咸豐二年七月十二日，在蘭陽廟工具奏，本年軍政，展至次年正月内舉行，以期核實一摺，業已抄摺札知咨送在案。兹於七月二十九日，奉到硃批：着照所奏行。兵部知道。欽此。合就相應恭録札行。移咨。札到該司，尉，將，游擊，即便欽遵知照。毋違。此札。

札布政司。城守尉。標下中軍。歸德考城營。

為恭録移咨事。竊照云前，相應恭録移咨。為此合咨貴護鎮，煩為欽遵轉飭知照施行。

一　　　咨

護理南陽河北總鎮

0042. 署河南巡撫陸應穀行移具奏遵旨調派官兵前赴湖北防堵摺

咸豐二年八月初五日*

札某某。照得本署部院於咸豐二年八月初五日具奏，遵旨調派官兵，前赴湖北防堵緣由一摺。除俟奉到硃批，另行恭録札知移咨外，合先抄摺札行。咨送。札到該司，將，游擊，即便會同按察司知照。毋違。此札。

計粘抄摺稿一紙。

札布政司。標下中軍。歸德考城營。

為移咨事。竊照云前，合先抄摺咨送。為此合咨貴部，部堂，院，護鎮，請煩為查照施行。

計粘抄摺稿一紙。

一咨

兵部

湖廣總督北巡撫部堂院

護理南陽河北總鎮

俱限五百里。

附録摺稿：署河南巡撫陸應穀具奏遵旨調派官兵前赴湖北防堵摺

咸豐二年八月初五日

奏為遵旨調派官兵前赴湖北防堵，恭摺具奏，仰祈聖鑒事。

竊臣於本年七月二十九日，承准軍機大臣字寄，七月二十六日奉上諭：着陸〈應穀〉於河南選備精兵二千名，豫派得力將弁，妥備軍裝器械，聽候常大淳咨調。等因。欽此。

伏查臣先准湖廣督臣程〈矞采〉、湖北撫臣常〈大淳〉咨會調派官兵，當經在於南陽、河北兩鎮所屬，并歸德、考城各營内，挑派精兵一千名，札調曾經出師得力將弁管帶。業經奏明，專候諭旨遵行。玆奉旨飭調河南兵二千名，自應欽遵續調。隨即飛咨南、北兩鎮，并行臣標中軍，續調精兵一千名，共計選派撫標左、右兩營兵二百四十二名，歸德營兵一百五十八名，考城營兵一百名，南陽鎮屬兵八百名，河北鎮屬兵七百名，以足二千之數。并咨令護理河北鎮總兵長慶統領。現在催令前派帶兵之署歸德營參將張德恒，即將預備官兵，迅速管帶先行。頭起兵丁，業於八月初五日起程。以後各起，間日行走。續派之兵趕緊催齊，陸續分起前進。應帶軍火器械，均令挑選齊備。沿途應需車馬等項，飛飭照例妥備應付，催儹遄行。

所有遵旨調派官兵緣由，理合恭摺具奏，伏乞皇上聖鑒。謹奏。

0043. 署河南巡撫陸應穀行移代奏河北鎮所屬各營庫存借兵買糧銀兩摺

咸豐二年八月初五日*

札布政司。照得本署部院於咸豐二年八月初五日，代奏河北鎮所屬各營庫存借兵買糧銀兩一摺。除俟奉到硃批，另行恭録札知移咨外，合先抄摺札行。咨送。札到該司，即便查照。毋違。此札。

計粘抄摺稿一紙。

札布政司。

為咨送事。竊照云前，合先抄摺咨送。為此合咨貴護鎮，煩為查照施行。（下殘）。

附録摺稿：署河南巡撫陸應穀代奏河北鎮所屬各營庫存借兵買糧銀兩摺

咸豐二年八月初五日

奏為循例恭摺代奏，仰祈聖鑒事。

竊照河北鎮所屬各營庫存借兵買糧銀兩，例應由鎮臣每年具奏一次。今據護理河北鎮總兵印務衛輝營參將長慶呈稱，咸豐元年分所屬各營呈報春季借給馬、守兵丁糧價銀兩，已於秋收後在於各兵餉内陸續扣還清楚。除新設内黄、滑縣并無借兵買糧銀兩外，通計鎮標左、右營并衛輝、河南、開封、彰德、陝州、嵩縣、王禄等九營，共銀七千七百七十八兩九厘，照數實存營庫。委員逐細盤查，并無揑飾侵虧情弊。除飭各營將庫存糧價照例春借秋還，隨時呈報外，所有咸豐元年借給兵丁買糧銀兩，并扣還細數，取造花名册結，加具印結，呈請咨部查核。長慶係護理之員，仍祈代為奏報。等情前來。

臣查核無异，除將册結送部外，謹恭摺代奏，伏乞皇上聖鑒。謹奏。

0044. 署河南巡撫陸應穀行移具奏湖北咨調豫省官兵酌量籌撥預備一摺奉硃批

咸豐二年八月十一日*

札布政司。歸德考城營。照得本署部院於咸豐二年七月二十五日，具奏湖北咨調豫省官兵，酌量籌撥預備緣由一摺，業已抄摺札知咨送在案。兹於八月十一日，奉到硃批：知道了。欽此。合就相應恭録札行。移咨。札到該司，將，游擊，即便會同按察司，欽遵知照。毋違。此札。

札布政司。歸德考城營。

為恭録移咨事。竊照云前，相應恭録移咨。（下殘）。

0045. 署河南巡撫陸應穀行移附奏陝西調赴湖北官兵過境日期一片奉硃批

咸豐二年八月十一日*

札布政司。照得本署部院於咸豐二年七月二十五日，附奏陝西調赴湖北官兵過境日期一片，業已抄片札行咨送在案。兹於八月十一日，奉到硃批：知道了。欽此。合就相應恭録札行。移咨。札到該司，即便會同按察司，欽遵知照。毋違。此札。

札布政司。

為恭録移咨事。竊照云前，相應恭録移咨。為此合咨貴部堂，院。請煩欽遵查照施行。

一咨

户兵部

湖廣總督部堂

湖北巡撫部院

云前，相應恭録移咨。為此合咨貴部院，請煩欽遵查照，希將所調官弁兵丁，分晰馬、守兵名數，造册覆豫，以憑核辦報銷施行。

（下殘）。

0046. 署河南巡撫陸應穀行移具奏遵旨調派官兵前赴湖北防堵一摺奉硃批

咸豐二年八月十九日*

札布政司。標下中軍。歸德考城營。照得本署部院於咸豐二年八月初五日具奏，遵旨調派官兵前赴湖北防堵緣由一摺，業已抄摺札知咨送在案。兹於八月十九日，奉到硃批：知道了。欽此。合就相應恭録札行。移咨。札到該司，將，游擊，即便會同按察司，欽遵知照。毋違。此札。

札布政司。標下中軍。歸德考城營。

為恭録移咨事。竊照云前，相應恭録移咨。為此合咨貴部，部堂，院，護鎮，請煩為欽遵查照施行。

一咨

兵部

湖廣總督北巡撫部堂院

護理南陽河北總鎮

0047. 署河南巡撫陸應穀行移代奏河北鎮所屬各營庫存借兵買糧銀兩一摺奉硃批

咸豐二年八月十九日*

札布政司。照得本署部院於咸豐二年八月初五日，代奏河北鎮所屬各營庫存借兵買糧銀兩一摺，業已抄摺札知咨送在案。茲於八月十九日，奉到硃批：知道了。欽此。合就相應恭録札行。移咨。札到該司，即便欽遵查照。毋違。此札。

札布政司。

為恭録移咨事。云前，相應恭録移咨。為此合咨貴護鎮，煩為欽遵查照施行。

（下殘）。

0048. 署河南巡撫陸應穀行移附奏委員護理河北總鎮篆務片

咸豐二年八月二十五日*

札布政司。標下中軍。照得本署部院於咸豐二年八月二十五日，附奏委員護理河北總鎮篆務一片。除俟奉到硃批，另行恭録札知移咨外，合先抄片札行。咨送。札到該司將，即便知照。毋違。此札。

計粘抄片稿一紙。

札布政司。標下中軍。

為移咨事。竊照云前，合先抄片咨送。為此合咨貴護鎮，煩為查照施行。

計粘抄片稿一紙。

（下殘）。

附録片稿：署河南巡撫陸應穀附奏委員護理河北總鎮篆務片

咸豐二年八月二十五日

再，護理河南河北鎮總兵長慶，前經臣奏明派委統領官兵，前赴湖北，聽候調遣。所遺鎮篆，自應委署。查有署荊關協副將揀發參將崇安，精明幹練，堪以護理。所遺荊關協副將，查有駐防滿營佐領記名參將文志，年壯技優，堪以署理。

除分檄飭遵外，理合附片陳奏，伏乞聖鑒。謹奏。

監印官候補縣丞周藹。

0049. 署河南巡撫陸應穀行移附奏豫省赴湖北防堵官兵將次出境片

咸豐二年八月二十五日*

札布政司。照得本署部院於咸豐二年八月二十五日附奏，調派豫省赴湖北防堵官兵二千名，將次出境，并請將帶兵約束不嚴之河南營守備左魁摘去頂戴一片。除俟奉到硃批，另行恭録札知/移咨外，合先/相應抄片札行。/咨送。札到該司，即便會同按察司，移行查照。毋違。此札。

計粘抄片稿一紙。

札布政司。

為移咨事。竊照云前，相應抄片咨送。為此合咨貴護鎮，煩為/部堂，院，請煩/統領，煩為查照，轉飭所屬，一體照例應付/飭令帶兵各官，沿途務須嚴加約束，安静行走，勿任稍有滋擾，致干重咎施行。

計粘抄片稿一紙。

一　　咨

護理南陽/河北總鎮

（下殘）。

附録片稿：署河南巡撫陸應穀附奏豫省赴湖北防堵官兵將次出境片

咸豐二年八月二十五日

再，臣於咸豐二年八月初十日，承准軍機大臣字寄，八月初六日奉上諭：前經降旨令陸〈應穀〉於河南選備精兵二千名，聽候湖北咨調。玆據常〈大淳〉奏，湖北防堵吃緊，着陸〈應穀〉將備調之兵，揀選得力將弁，迅速起程，前赴湖北，聽候調遣。昨據陸〈應穀〉奏，河南兵未能多調，惟現在湖北籌防緊要，自當先其所急。着仍遵前旨，於各營兵丁抽撥足數，迅即派往備用。等因。欽此。

臣伏查此次調赴湖北防堵官兵，前奉諭旨飭調河南精兵二千名，當即欽遵在於各營選派調足二千名，派委鎮將，分起管帶起程，并將遵辦緣由奏明在案。現在各起官兵將次全數出境，行走安静。惟有河南營守備左魁，帶領頭起官兵，行抵長葛縣站所，該縣照例支應，各兵挑斥，每名要車一輛，訛索滋鬧。因係兵行迅速，隨即供應遄行。前據藩、臬兩司會詳，誠恐沿途復有需索，當經繕發告示，飛飭嚴行查禁。

此次調派官兵，先經臣節次諄飭帶兵將弁，嚴加約束，不准稍有滋擾。玆該守備帶領官兵行至長葛，該縣照例應付，并無不合。乃其所帶兵丁，在於本省地方經過，即有訛索之事。該員雖無縱容，但其約束不嚴，已可概見。亟須嚴懲，以肅軍令。相應請旨，將帶兵之河南營守備左魁，摘去頂戴，仍令帶兵赴楚，以觀後效。倘再不知奮勉，另行嚴參懲辦。

除分咨查照外，理合附片陳奏，伏乞聖鑒。謹奏。

0050. 署河南巡撫陸應穀為奏請以崇安補授撫標中軍參將一摺行布政司及標下中軍札

咸豐二年八月二十五日*

札布政司。標下中軍。照得本署部院於咸豐二年八月二十五日具奏，撫標中軍參將要缺，請以候補揀發參將崇安補授一摺。除俟奉到硃批，另行恭録札知移咨外，合先抄摺札行。咨送。札到該司將，即便知照。毋違。此札。

計粘抄摺稿一紙。

札布政司。標下中軍。

附録摺稿：署河南巡撫陸應穀奏請以崇安補授撫標中軍參將摺

咸豐二年八月二十五日

奏為參將要缺，揀員懇恩補授，以資整飭，恭摺具奏，仰祈聖鑒事。

竊照臣標中軍參將宋振榮，經前撫臣題升荊子關協副將，奉旨允准在案。所遺員缺，例應在外揀調。如無合例堪調，准於現任應升人員升用。查該參將駐札省垣，係為各營領袖，有表率訓練之責。必須精明幹練之員，方克勝任。

臣查豫省各營參將，除撫標中軍之外，共計五缺。歸德營參將高峻，前派統帶征兵赴楚，現經湖廣督臣程〈裔采〉奏參革職。河南營參將甫經部推，尚未到任。衛輝營參將護理河北鎮總兵長慶，出師湖北。臣復於現任參將暨應升人員內，逐加遴選，非現居要缺，即人地未宜，一時實無堪以升調之員。惟查有臣標候補揀發參將崇安，現年四十三歲，係滿洲正黄旗人，由承襲佐領於道光二十二年軍政卓异引見，奉旨：崇安著發往河南，以參將委用。欽此。是年九月到標，歷署副參印務，辦理裕如。該員年壯技優，營伍熟習，以之請補臣標中軍參將，實堪勝任。惟調缺請補，與例稍有未符。但人地實在相需，例得專摺奏請。合無仰懇聖恩，俯念省會將領要缺，准以候補揀發參將崇安補授臣標中軍參將，實與營務有裨。如蒙俞允，該員係揀發參將請補參將，銜缺相當，毋庸送部引見。

所有請補要缺參將緣由，理合恭摺具奏，伏乞皇上聖鑒訓示。謹奏。

監印官候補縣丞周藹。

0051. 署河南巡撫陸應穀行移附奏豫省赴湖北防堵官兵將次出境一摺奉硃批

咸豐二年九月十一日*

札布政司。照得本署部院於咸豐二年八月二十五日附奏，調派豫省赴湖北防堵官兵二千名，將次出境，并請將帶兵約束不嚴之河南營守備左魁摘去頂戴一片，業已抄片札知咨送在案。茲於九月十一日，奉到硃批：另有旨。欽此。合就相應恭録札行。移咨。札到該司，即便會同按察司，移行欽遵查照。毋違。此札。

札布政司。

為恭録移咨事。竊照云前，相應恭録移咨。為此合咨貴部堂，院，護鎮，統領，請煩為欽遵查照施行。

一咨

兵部

湖廣總督部堂

湖北巡撫部院

（下殘）。

0052. 署河南巡撫陸應穀為奏請以崇安補授撫標中軍參將一摺奉硃批事行布政司及標下中軍札

咸豐二年九月十一日*

札布政司。標下中軍。照得本署部院於咸豐二年八月二十五日具奏，撫標中軍參將要缺，請以候補揀發參將崇安補授一摺，業已抄摺札知咨送在案。茲於九月十一日，奉到硃批：兵部議奏。欽此。合就相應恭録札行。移咨。札到該司，將，即便欽遵知照。毋違。此札。

札布政司。標下中軍。

0053. 署河南巡撫陸應穀行移附奏委員護理河北總鎮篆務一片奉硃批

咸豐二年九月十一日*

札布政司。標下中軍。照得本署部院於咸豐二年八月二十五日，附奏委員護理河北總鎮篆務一片，業已抄片札知咨送在案。茲於九月十一日，奉到硃批：知道了。欽此。合就相應恭録札行。移咨。札到該司，將，即便欽遵查照。毋違。此札。

札布政司。標下中軍。

為恭録移咨事。竊照云前，相應恭録移咨。為此合咨貴護鎮，煩為查照施行。（下殘）。

0054. 署河南巡撫陸應穀行移附奏豫皖二省調赴湖北防堵官兵出境日期片

咸豐二年九月二十六日*

札某某。照得本署部院於咸豐二年九月二十六日，附奏豫、皖二省調赴湖北防堵官兵出境日期一片。除俟奉到硃批，另行恭録札知／移咨外，合先抄片札行。／咨送。札到該司，／將，／游擊，即便會同按察司，移行查照，仍將赴楚官兵銜姓花名及携帶軍裝等項并支過口糧數目，核對清楚，迅速造册，一樣八本，詳請分咨，毋稍錯延。／查照。毋違。此札。

計粘抄片稿一紙。

札布政司。／標下中軍。／歸德／考城營。

為移咨事。竊照云前，合先抄片咨送。為此合咨貴部，／堂，／院，／護鎮，請煩為查照施行。

計粘抄片稿一紙。

一咨

户／兵部

湖廣總督部堂

湖北巡撫部院

護理南陽／河北總鎮

云前，合先抄片咨送。為此合咨貴部院，請煩查照，希將官弁兵丁，分晰馬、守名數，造册咨覆豫省，以憑核辦報銷施行。

計粘抄片稿一紙。

一　　咨

安徽巡撫部院

附録片稿：署河南巡撫陸應穀附奏豫皖二省調赴湖北防堵官兵出境日期片

咸豐二年九月二十六日

再，臣接准安徽撫臣蔣〈文慶〉咨會，奉旨調赴湖北防堵官兵一千名内，有六安、亳州兩營兵丁三百名，由豫行走。當經飛飭沿途經過各站，妥為預備。兹據藩、臬兩司會詳：安徽官兵三百名，分作兩起，於八月十六七等日，行抵沈邱縣境。逐站催儹，於二十四五等日，全數出豫省信陽州境。

再，豫省調派赴楚官兵二千名，節經嚴催遄行，於八月初九至二十五等日，全數由新野縣出境，入湖北襄陽縣境。沿途行走安静。應需車馬等項，均經照例支付，并無貽誤。

所有官兵過境、出境日期，理合附片奏聞。謹奏。

0055. 署河南巡撫陸應穀行移附奏豫皖二省調赴湖北防堵官兵出境日期一片奉硃批

咸豐二年十月十三日

札某某。照得本署部院於咸豐二年九月二十六日，附奏豫、皖二省調赴湖北防堵官兵出境日期一片，業已抄片札知咨送在案。玆於十月十二日，奉到硃批：知道了。欽此。合就相應恭録札行。移咨。札到該司，將，游擊，即便會同按察司，欽遵查照。毋違。此札。

札 布政司。標下中軍。歸德考城營。

為恭録移咨事。竊照云前，相應恭録移咨。為此合咨貴部，堂，院，護鎮，請煩為欽遵查照施行。

一咨

户兵部

湖廣總督部堂

湖北巡撫部院

南陽總鎮

護理河北總鎮

云前，相應恭録移咨。為此合咨貴部院，請煩欽遵查照，希將官弁兵丁，分晰馬、守名數，造册咨覆豫省，以憑核辦報銷施行。

一　　咨

安徽巡撫部院

咸豐二年十月十三日。兵房劉振南承。

附奏豫皖二省調赴湖北防堵官兵出境日期一片奉硃批。

署理河南巡撫部院兼提督軍門陸。行。

監印官候補縣丞周藹。

0056. 署河南巡撫陸應穀為奏請以原請之員補授參將要缺一摺行布政司及標下中軍札

咸豐二年十一月初四日*

札布政司。標下中軍。照得本署部院於咸豐二年十一月初四日具奏，參將要缺，一時實無勝任之員，仰懇天恩，俯准仍以原請之員補授，以裨營伍一摺。除俟奉到硃批，另行恭録札知移咨外，合先抄摺札行。咨送。札到該司；將，即便知照。毋違。此札。

計粘抄摺稿一紙。

札布政司。標下中軍。

附録摺稿：署河南巡撫陸應穀奏請以原請之員補授參將要缺摺

咸豐二年十一月初四日

奏為參將要缺，一時實無勝任之員，仰懇天恩，俯准仍以原請之員補授，以裨營伍，恭摺奏祈聖鑒事。

竊照臣標中軍參將宋振榮升補副將，遺缺經臣以揀發參將崇安奏補。現准部覆，揀發人員請補調缺，與例不符，應毋庸議。仍令於現任參將、游擊內，照例揀員升調。奉旨：依議。欽此。

臣查撫標參將一缺，駐扎省垣，地方緊要，且為各營領袖，係有表率訓練之責。必須精明幹練之員，方克勝任。例應在於現任參將、游擊內，揀選升調。如應調、應升無人，聲明由部開列，奏請簡放。臣於通省參、游各員內，逐加遴選，除甫經部推升補、尚未到任暨派出師湖北之外，其餘各員，人地未宜。惟查有候補揀發參將崇安，現年四十三歲，係滿洲正黄旗人，由承襲佐領，於道光二十二年軍政卓异，奉旨發往河南，以參將委用。是年九月到標，歷署副參印務，并委護理河北鎮篆，均能辦理裕如。該員年壯藝優，明白幹練，兼之在豫十年之久，地方營務情形，最為熟悉。以之請補臣標中軍參將，實堪勝任。第調缺請補，與例稍有未符。是以謹遵人地實在相需之例，專摺奏請。現奉部駁，行令揀員升調。臣復詳加遴選，非現居要缺，即人地未宜。欲求堪以勝任，一時實乏其人，例應聲明由部請旨簡放。惟員缺緊要，初放人員，未能熟悉情形，恐其難資整飭。合無仰懇天恩，俯准仍以原請之候補揀發參將崇安，補授臣標中軍參將，實與營伍有裨。臣為實在需人起見，專摺籲請，嗣後不得援以為例。如蒙俞允，該員係揀發參將請補參將，銜缺相當，毋庸送部引見。

所有請補要缺參將緣由，臣謹恭摺覆奏，伏乞皇上聖鑒。謹奏。

監印官候補縣丞周藹。

0057. 署河南巡撫陸應穀為奏請以原請之員補授參將要缺一摺奉硃批事行布政司及標下中軍札

咸豐二年十一月十八日*

札布政司。標下中軍。照得本署部院於咸豐二年十一月初四日具奏，參將要缺，一時實無勝任之員，仰懇天恩，俯准仍以原請之員補授，以裨營伍一摺，業已抄摺札知移咨在案。茲於十一月十八日，奉到硃批：另有旨。欽此。合就相應恭録札行。移咨。札到該司；將，即便欽遵知照。毋違。此札。

札布政司。標下中軍。

0058. 河南巡撫陸應穀奏請將豫省軍政延期舉行摺

咸豐三年正月十六日[①]

奏為豫省軍政，未能依期舉行，懇恩准俟軍務告竣，再行辦理，以（照）［昭］核實，恭摺奏祈聖鑒事。

竊照上年十月，例應舉行軍政。臣因甫經到任，於各營員未能周知。且值監試武闈之時，未克考察比較。當經奏請展至本年正月辦理，仰蒙允准在案。茲已届期，自當悉心舉劾。

惟查河南撫、鎮、協標各營將備內，有調赴粵、楚軍營人員，至今多未回豫，無從考察。其餘在營員弁，前因粵匪竄至湖北，豫省調兵防堵，又大半派往信陽、新野、光州等處，帶兵守禦。其中雖有因公來省及已在南陽等處就近謁見者，得以留心考察，知其梗概，而現在防所及營分窵遠之處，未經考驗者，亦復不少。各員材藝，實有未能周知灼見。當此防堵吃緊之際，既不便紛紛調驗，又不敢因展限届期，稍涉遷就。相應據實奏明，仰懇聖恩，俯准將咸豐二年豫省軍政，展至軍務告竣，再行舉辦，俾得核實甄别，以期仰副委任之至意。臣仍當不時查察，如有廢弛不職之員，隨時參劾，斷不敢稍存姑息，致滋貽誤。

理合恭摺具奏，伏乞皇上聖鑒。謹奏。

咸豐三年正月二十二日奉到硃批：著照所奏辦理。兵部知道。欽此。

---

① 據中國第一歷史檔案館館藏《録副奏摺》縮微號 286—1407。

0059. 河南巡撫陸應穀奏請敕部於在部候選武職内揀發參將游擊都司來豫以資差委摺

咸豐三年正月十六日[1]

奏為營員不敷差委，請旨揀發，以資操防，恭摺具奏，仰祈聖鑒事。

竊照各省武職，遇有差委需員，例准奏請揀發。臣查豫省各營參、游、都、守等員，多半調赴粵、楚軍營，現均遞相委署。實任人員，本屬缺乏。而各標候補，僅有揀發游擊全福、都司柏英、學習輕車都尉張鏞等三員，及雲騎尉、候補守備五員，亦皆委署各缺。遇有差遣，不敷遴派。當此軍興之際，營務最關緊要。合無仰懇天恩，俯准敕部於曾經出師、在部候選武職内，揀發參將、游擊各一員，都司四員，飭令迅速來豫，以資差委。仍俟遇有缺出，照例補用。

理合恭摺具奏，伏乞皇上聖鑒訓示。謹奏。

咸豐三年正月二十二日奉到硃批：著照所請行。兵部知道。欽此。

0060. 河南巡撫陸應穀附奏請將周煦徵等留豫差遣片

咸豐三年正月十六日

再，臣現將省城應辦事宜，趕緊［辦］理完竣，遵旨不日馳赴南陽，幫辦堵剿，并會辦襄陽土匪。務當相機調度，迅速殲滅。現在大兵雲集，欽差大臣琦善進剿在即，軍火、糧餉均須隨營支應。已將信陽分局改為糧臺，委令署藩司鄭敦謹總理。而省城防堵總局，亦改為軍需總局，仍委河北道蔣啓敭，督同委員專辦。惟該員係有管轄河工之責，將來大汛之時，應行駐工督辦修防。此時軍需緊要，該局運發糧餉，製辦軍火、器械、鑼鍋、帳房等項，事事繁急，自應添委幹員幫辦，方臻慎密。

查有前河南候補道周煦（懲）［徵］[2]，係由祥符縣知縣辦理城工善後完竣，保升同知直隸州，捐輸順天經費，議叙候補道員。嗣因督查賑務，失察降調。曾經前任（河）［廣］西撫臣鄒鳴鶴，因辦軍務奏調赴粵差遣，襄辦文案，守禦城垣，均極得力。現經來豫，臣因用人之際，囑令來見。察看才識練達，辦事結實。詢以軍務，亦甚熟諳。該員業已遵例捐復原官，尚未奉文分發，應請暫緩引見，留豫辦理軍需局務，以收指臂之助。

又有前任河南布政司經歷，現授雲南石屏州知州趙炘，辦事實心，精於會

---

① 據中國第一歷史檔案館館藏《録副奏摺》縮微號286—1405。

② 據《清代河南巡撫衙門檔案》軍務卷0266號檔案。

計，前經委令在局管理糧餉事務。請將該員暫留豫省差委，免其開缺。容俟軍務告竣，再行給咨，赴部引見，前赴新任。

再，查有廣西左江鎮右營都司常啓雲，派委采買白蠟桿等事來豫。該員向在河南年久，曾於道光十八年奉旨調赴京營，教演兵丁技藝連環陣式，素（秤）［稱］曉暢營伍、才識兼優之員。目下逆匪竄至湖北，粤西地方已就清静。而豫省正當堵剿逆匪吃緊之際，武將需員。并懇聖恩俯准將廣西左江鎮右營都司常啓雲留豫差遣，俟防剿事畢，再令回粤供職。該員所辦白蠟桿等項，由豫另行委員解粤交收。

臣因軍務需人起見，不揣冒昧，附片陳奏，伏乞聖鑒訓示。謹奏。

咸豐三年正月二十二日奉到硃批：均依議行。欽此。

咸豐三年正月十六日附奏。

0061. 軍機大臣字寄陸應穀著迅派妥員接濟陳金綬糧餉軍資火藥等項并密查琦善是否仍在信陽株守

咸豐三年正月十九日

軍機大臣字寄，河南巡撫陸〈應穀〉，咸豐三年正月十九日（竭捐）［奉］上諭：本日據陸建瀛奏，賊衆東竄，總兵恩長力竭捐軀，九江情形危險。該督因帶兵無多，退守江寧省城。又據蔣文慶奏，賊衆直逼皖界，陳金綬援兵未至，萬分緊急。各等語。已分别降旨，將陸建瀛先行革職，琦善革去都統銜，仍責令督兵赴援。并諭陳金綬自行挑選精兵，赴安慶一帶救應矣。賊匪分股水陸東下，九江情形未知若何。［安］慶、江寧俱甚吃重，渴望北路援兵。此時陳金綬如已選帶精兵，先行起程，所有糧餉及軍資、火藥等項，關係緊要。著陸應穀迅派妥員，源源接濟，毋稍缺乏。

至賊竄湖北後，朕早料其必向東竄。而江南兵力較單，叠次諭令琦善派兵，由陳金綬統帶赴皖。乃琦善但以催兵未到為詞，并未將現到官兵，抽調數千名，交陳金綬先行帶往。東路望兵甚急，似此觀望遷延，貽誤匪細。琦善身膺重任，豈不知緩急輕重，乃將朕節次所降諭旨，置若罔聞，藐玩輕忽，實出情理之外。且賊退出武昌，已歷旬餘，全股水陸東下。任若仍遷就姑容，貽誤更甚。著再密諭陸應穀，秉公迅速密查。如琦善擁兵坐視，仍在信陽株守，陳金綬不即起程，係被琦善牽掣。該撫即一面據實參奏，一面馳赴信陽，宣示此旨，將善拿問解京，并摘取欽差大臣關防，交陳金綬暫行祇領。該撫奉旨後，務須慎密妥速辦理，先行覆奏，以急廑念。將此由六百里加緊密諭知之。

欽此。遵旨寄信前來。

0062. 軍機大臣字寄河南巡撫陸應穀著確查具奏是否有賊匪竄至汝寧信陽一帶并飭屬嚴密設防搜查奸細

咸豐三年正月二十七日

軍機大臣字寄，河南巡撫陸〈應穀〉，咸豐三年正月二十七日奉上諭：陸應穀遵旨密查，據實具奏一摺。琦善、陳金綬於正月十九日起程，已屬遲延。既經該撫密遣妥員，由信陽一路偵探，如有任意遷延及牽制陳金綬情事，即著據實參奏，毋稍徇隱。

至琦善請調察哈爾馬匹，經部議取道山西，派員管解，迅赴河南，以資應付。兹琦善、陳金綬已帶兵馳赴皖省，此項馬匹除吉林、黑龍江官兵乘騎外，其餘河南省備用之馬，自無須數千匹之多。著陸應穀體察情形，如有應行裁減之處，即一面知照山西巡撫并察哈爾都統，按照所減之數，停其調取。一面據實具奏，以期核實而節糜費。

本日據周天爵奏聞，賊匪另股奇兵，竄至汝寧、信陽一帶，已踞淮河上游。并未據該撫奏聞，恐係傳播浮言。著陸應穀迅速確查具奏，仍飭所屬嚴密設防，搜查奸細，毋令賊匪溷迹。是為至要。將此由六百里加緊密諭知之。

欽此。遵旨寄信前來。

0063. 河南巡撫陸應穀附奏飛咨南陽鎮臣柏山速選在防官兵先行帶赴新野駐紮片

咸豐三年正月二十九日*

再，襄陽土匪郭大安等，聚衆搶劫滋擾。經臣商令南陽鎮臣柏山，帶領大名鎮兵并新野防兵，馳往會剿。當將辦理緣由，具摺奏明。欽奉諭旨，飭令趕緊擒捕殲除，遵即恭録移行妥辦。惟先據安襄鄖荊道羅遵殿稟稱：此股匪徒，前已拿獲巨匪多名。并經出示開導，該土匪等業已解散，無須煩勞兵力。

臣查襄陽土匪聚衆滋擾，前據該府樊椿稟請派兵剿辦，情形甚重，必當乘機殲除，以免蔓延。乃此時該道所稟大相反覆，又未將首惡郭大安等按名擒獲懲治，即謂業已解散，未可深信。當經批飭認真剿辦。兹又據候補知縣袁詵會同新野縣稟稱，拿該處土匪呂九一名，訊認聚衆搶掠。并據南陽府知府夏雲岫稟報，查探襄陽縣屬夾河洲，近有唐縣土匪在彼聚集入夥，搶奪船隻。則其尚在潛伏勾結，抑係散而復集，均未可定。容臣馳抵南陽查明確實，并提呂九審明夥黨，另行奏辦外，該（縣）［處］接近南陽，防範不可稍疏。現在大名鎮兵一千名，已經欽差大臣琦善調赴大營。當即飛咨南陽鎮臣柏山，迅速另選在防官兵，先行帶赴新野駐扎，相機辦理，以（照）［昭］① 慎密。

理合附片陳奏，伏乞聖鑒。謹奏。

咸豐三年正月二十九日奉到硃批：知道了。欽此。

0064. 軍機大臣字寄陸應穀等著檄飭司道將所存信陽糧臺之火藥火箭等項速解陳金綬軍營

咸豐三年正月三十日

軍機大臣字寄，欽差大臣琦〈善〉、河南巡撫陸〈應穀〉，咸豐三年正月三十日奉上諭：琦善奏，遵旨前進，并陳實情一摺。前經叠降嚴旨，令該大臣［等］馳往安徽援救。乃自正月二十一日在湖北應山東旺鎮奏，至二十五日，尚在該處［等］候馱騾。昨已據周天爵奏報，安慶失守，轉瞬賊艅東駛，江寧省城危在旦夕。該大臣坐擁重兵，逍遥楚、豫之間，必俟馱騾齊集，豈不貽誤？且騾頭不足，勢不能不配用夫扛。所有帶兵大小官員，（應）［本］當沿途隨時（嵇）［稽］察，亦何至募夫過多，即虞泄漏？况馱騾六千頭，即須騾夫數千人，此數千人豈盡屬可靠耶？河南非産騾之地，即向民間雇用，亦豈能驟得六千頭之多？春時工作方興，田間需騾孔亟。若抑勒供應，勢必全省滋擾，又豈用兵衛民之政乎？該大臣明知其故，而責以萬不能行之事，以為他日貽誤藉口地步，是何居心？

朕因琦善久任封疆，才具優長，故畀以重任。若不知感恩圖［報］②，巧為趨避，是真無天良矣。著即將解到騾頭，先行裝載一切，迅速兼程前進。其餘配用夫扛，一同前往。所有募夫及騾夫沿途行走，即飭令帶兵官隨時隨地嚴行查察。并著陸應穀檄飭該司、道，仍行嚴催續到騾頭與續雇人夫，將所存信陽糧臺之火藥、火箭等項，飛速解赴陳金綬軍營，以應急需。毋再遲誤。將此由六百里各諭令知之。

欽此。遵旨寄信前來。

---

① 此奏片中所有錯字的更正，均據中國第一歷史檔案館館藏《録副奏摺》縮微號 610—844。

② 此上諭中脱漏字的補正和錯字的更正，均據《文宗顯皇帝實録》（二）卷 83，中華書局 1986 年版，第 67 頁。

0065. 河南巡撫陸應穀奏陳已調護河北鎮崇安管帶之兵星夜趕至永城擇要駐紮摺

咸豐三年正月*

奏為探報賊匪攻陷安慶，調兵防堵歸德一路情（刑）［形］，恭摺由驛具奏，仰祈聖鑒事。

竊臣於本月二十五日，將調兵赴皖各情，由驛具奏在案。茲二十九日，臣行抵裕州，接到永城縣知縣呂贊陽八百里飛禀。據稱：本月二十七日，接探報，家丁禀稱，安徽省城已於正月十七日失守。永城為豫省門户，密邇安慶，額設兵役無多。急應加緊調兵防堵，并懇撥餉解往，以備支應等情。

臣查永城與安徽亳州、江南碭山緊鄰，素為捻匪出入之區，相距皖省不過數百里。賊匪即至安慶，雖所探省城失守未盡詳細，而防禦斷不可稍疏。現在山東駐守信陽之兵，已經調赴琦善大營，未便令其折回。山西兵防信、羅一帶，亦難據撤。惟臣前派護河北鎮崇安管帶之兵一千名，尚可挪移。臣已飛札往調，令其星夜趕至永城，擇要駐扎。并派開歸道林揚祖，先行馳往查看布置。臣現抵南陽，先將土匪事宜，咨會羅繞典趕緊辦理完竣，迅即馳赴歸德一帶查看。如果賊情緊急，再行調兵堵截，斷不敢稍涉鬆懈，致誤事機。

所有調兵防堵缘由，謹繕摺由驛六百里加緊具奏，伏乞皇上聖鑒。謹奏。

咸豐三年正月硃批：知道了。妥為布置，勿稍大意。欽此。

0066. 河南巡撫陸應穀附奏請將丁憂試用知縣唐咸仰等人暫留豫省聽候差委片

咸豐三年正月*

再，現在大兵進剿，信陽糧臺總局辦運軍火、糧餉，事務繁重，差委需人。茲據署藩司鄭敦謹詳稱，查有丁憂試用知縣唐咸仰，前已請咨回籍，衹缘道路梗塞，未能前進。又有丁憂候補未入流謝應基，業經請咨回籍，因其繼母寄寓信陽，前來省視。以上二員，向在汝寧府屬當差，熟悉地方情（刑）［形］，辦事可靠。又有前任舞陽縣丁憂知縣路璜，因候算交代，尚未回籍。該員前曾署理信陽州事，民情愛戴。現經該司分委，采辦軍營應需物料，并管糧臺雜務、團練事宜，均屬得力。呈請奏留前來。合無仰懇天恩，俯念軍務需員，准將前任舞陽縣丁憂知縣路璜、丁憂試用知縣唐咸仰、丁憂候補未入流謝應基，暫留豫省，聽候差委，以收指臂之效。仍候軍務告竣，各令回籍守制。

所有請留回籍人員差委缘由，理合附片陳奏，伏乞聖鑒訓示。謹奏。

咸豐三年正月硃批：依議。該部知道。欽此。

0067. 軍機大臣字寄河南巡撫陸應穀等著於東南兩河緊要渡口盤查奸匪

咸豐三年二月初二日

軍機大臣字寄，江南河道總督楊〈以增〉、河東河道總督福〈濟〉、河南巡撫陸〈應穀〉，咸豐三年二月初二日奉上諭：前經叠次諭令該督撫等，各飭所屬廳、營、州、縣，并遴派妥員，於黄河渡口盤查奸匪。遇有緊急，將船隻收至北岸，勿任賊匪偷渡。想俱遵照辦理矣。本日已有旨派雷以諴、晋康前赴南河，王履謙并揀發刑部員外郎邵懿辰前赴東河。現在逆匪竄入安徽，被難（衆）［窮］民紛紛逃避，難保無奸匪溷迹其中，希圖渡黄河北竄。東、南兩河緊要各渡口，必應一體（附）［防］範稽查。所有派出各員，一時未能趕到。著楊以增、福濟、陸應穀飛飭所屬，將各處渡口歸併大渡，非有官票，不准私渡。并委幹員［前往協同該管各官］，實力巡查。遇有南來難民，妥為（賤）［曉］諭，毋令渡河，均於南岸安插、撫恤，或由該地方官資遣（安萬）［回籍］。（若）［如］查有奸（究瀆）［宄潛］溷，即嚴拿懲辦。此事最關緊要，萬勿稍存大意。據楊以增馳奏，豐工現［已］合龍，在（即）［工］夫役人等，有業可歸，尤當（有當）[①] 善為散遣，免致別滋事端。將此由六百里各諭令知之。

欽此。遵旨寄信前來。

0068. 河南巡撫陸應穀奏陳將續調察哈爾馬五千六百匹裁減三千五百匹以節糜費摺

咸豐三年二月初三日

奏為遵旨查明調赴軍營馬匹，酌量裁減，以節糜費，恭摺由驛具奏，仰祈聖鑒事。

竊臣於本年二月初一日，承准軍機大臣［字］寄，正月廿七日奉上諭：琦善請調察哈爾馬匹，經部議取道山西，派員管解，迅赴河南。兹琦善、陳金綬已帶兵馳赴皖省。此項馬匹，除吉林、黑龍江官兵騎乘外，其餘河南備用之馬，自無須數千匹之多。着陸應穀體察情形，如有應行裁減之處，一面知照山西巡撫并察哈爾都統，停其調取，一面據實具奏。等因。欽此（此）。

---

① 此上諭中衍字的删除、脱漏字的補正和錯字的更正，均據《文宗顯皇帝實録》（二）卷 84，中華書局 1986 年版，第 73 頁。

臣伏查前奉飭調吉林、黑龍江官兵來豫防勦，當因河南額設馬匹無多，不敷支應。先經欽差大臣琦善奏請籌備，奉准部議調撥直隸、山東、山西三省營馬四千四百匹。嗣因總局、司、道具詳，琦善復請酌調，續准部撥察哈爾官馬五千六百匹在案。此項馬匹，本係籌備吉林、黑龍江官兵乘騎之用。惟當時僅係奏請酌調，均未詳計應需數目，以致兩次部議，共調一萬匹之多。

查吉林、黑龍江官兵共四千名，現予寬為預備，約有六千匹之數，自可敷用。除琦善、陳金綬業已帶兵赴皖外，在豫防堵官兵無多。其中各省緑營馬隊，并續調青州駐防官兵，均有本身營馬。即使長途行走疲乏不堪乘騎，或有未帶馬匹兵丁，應行撥給更換，所需無幾。誠如聖諭，無須數千匹之多。而兵丁騎馬，前經琦善奏明，每匹日給乾銀一兩。此次調馬一萬匹，連管解弁兵、馬夫計算，每日即需費銀一千餘兩。當此經費支絀之時，必應實力撙節。臣詳加查核，除直隸、山東、山西三省馬匹，已經續解到備用外，相應遵旨，請將續調察哈爾馬五千六百匹内，裁減三千五百匹。臣已（已）飛咨山西撫臣暨察哈爾都統，迅將減調馬匹，照數截回歸牧，以（照）［昭］核實而節糜費。

所有查明辦理缘由，謹繕摺由驛具奏，伏乞皇上聖鑒。謹奏。

0069. 河南巡撫陸應穀附奏遵旨督飭臬司嚴飭有驛各州縣如驛路有阻即繞道馳遞軍情文報片

咸豐三年二月初三日[①]

再，臣又於本月初二日，承准廷寄正月二十八日奉上諭：本日據兵部接到良鄉縣呈報，竟將正月十九、二十兩日，由六百里加緊寄向榮、張芾、蔣文慶等各諭旨，全行繳回。查檢沿途，係由安徽金斗驛及定遠驛兩處遞回。似此緊要公文，該地方官竟敢任意繳回，殊屬太不曉事。著各督撫飭令臬司嚴飭州縣，遇有軍報過境，設或前途阻滯，即行設法繞道，妥速馳遞。等因。欽此。

臣查現在軍務緊急，文報往來皆關緊要。昨日接據祥符縣知縣羅景恬稟報，安徽驛路梗塞，經各前站將直隸等省咨行廣東、江西公文退回等情。臣當即批飭迅速改道馳遞，令將江西、廣東等省文報，俱由湖北遞至江西，分別投送轉遞前進。兹蒙諭旨諄飭，臣惟當督飭臬司，嚴飭有驛各州縣，嗣後遇有軍情文報過境，查明前途如有阻滯，即行繞道妥速馳遞。倘有拘泥遲誤，立即指名嚴參。

① 據中國第一歷史檔案館館藏《録副奏摺》縮微號 322—0897。

理合附片覆奏，伏乞聖鑒。謹奏。

0070. 軍機大臣字寄河南巡撫陸應穀著再查有無逆匪另股奇兵竄至信陽一帶

咸豐三年二月初五日

軍機大臣字寄，河南巡撫陸〈應穀〉，咸豐三年二月初五日奉上諭：前因周天爵奏擇要防堵摺內，有聞賊另股奇兵，竄至汝寧、信陽一帶之語。當令查明係何處傳來之信，迅速具奏，并寄諭該撫確查奏聞。本日據周天爵馳奏，探聞江寧被圍，已有旨飛催琦善、向榮、陳金綬，分赴江南、江北援救。其於賊竄信陽一節，則稱實係真確。傳說者即其家鄉被害之人。或地方官隱匿不報等語。如果屬實，該撫豈無見聞？或地方官因非大隊賊匪，視為無關緊要；或該匪等旋來即去，未有竄擾實迹，亦未可知。著該撫仍遵前旨，迅速查明，不必因前此未經奏報，稍存迴護。將此由六百里諭令知之。

欽此。遵旨寄信前來。

0071. 河南巡撫陸應穀附奏遴派妥員於黄河渡口盤查奸細以防匪徒潛入片

咸豐三年二月初八日[1]

再，臣於本月初六日，承准軍機大臣字寄，二月初二日奉上諭：前經疊次諭令該督撫等，各飭所屬廳、營、州、縣，并遴派妥員，於黄河渡口，盤查奸細。遇有緊急，將船隻收至北岸，勿任賊匪偷渡。本月已有旨派雷以諴、晋康前赴南河，王履謙并揀發刑部員外郎邵懿辰前赴東河。現在逆匪竄入安徽，被難（民）［窮］民紛紛逃避，難保無奸匪溷迹其中，希圖渡黄北竄。東、南兩河緊要各渡口，必應一體防範。著楊以增、福濟、陸應穀飛飭所屬，將各處渡口歸併大渡，非有官票，不准私渡。并委幹員前往協同該管各官，實力巡查。遇有南來難民，妥為曉諭，毋令渡河，均於南岸安插、撫恤，或由該地方官資遣回籍。如查有奸宄潛溷，即嚴拿懲辦。等因。欽此。

臣伏查上年十一月後，逆匪竄入武昌、漢陽。豫省南路各屬，比比毗連。其中信陽等處，尤為接近，恐有奸匪溷入，北竄窺伺。黄河為南北要津，各處渡口必應嚴密防範。當經臣札飭南北兩岸河廳并沿河州縣，各就（近）［所］管地段，會督營、汛，派撥兵役，梭織巡邏。凡有各處小口私渡，俱令裁撤歸并大口官渡。仍將大小船隻編列字号，挨次停泊，以便稽查。此内柳園口、楊橋、滎澤、

① 據中國第一歷史檔案館館藏《録副奏摺》縮微號 291—0252。

蘭陽、商虞、孟津、茅津等處官渡，各派委員，帶同兵役，住扎河口，把守盤詰。并令設立（薄）[簿][①] 籍，遇有行旅往來，逐一驗明，挂号放行。如有奸細偷渡，即行嚴拿懲辦，不准稍有疏懈。

嗣山東撫臣李僡奏請嚴防黄河口岸，兩次欽奉寄諭，飭令實力盤查。隨即欽遵咨會河臣福濟查照，一面飭委河工候補通判李奎文，馳往沿河各渡口，挨次嚴查。設遇緊急，將各船隻一律收至北岸，駐兵固守。

此時賊匪竄至安徽，更難保無匪徒潛入黄河渡口，防守最為緊要。兹蒙聖諭諄飭，臣復行司添委幹員，前往協同查辦。一切行旅往來，務令在於前途州縣報明給票。渡口驗明，始准放行。其無官票者，一概不准私渡。如有南來難民，責成該州縣，妥為曉諭，即於南岸就近安插、撫恤，勿使渡河。庶奸細無從溷迹，而稽查可期周密。

所有遵旨辦理緣由，理合附片覆奏，伏乞聖鑒。謹奏。

咸豐三年二月硃批：知道了。

0072. 軍機大臣字寄河南巡撫陸應穀著馳往歸德相機籌防并遴派明幹大員扼要駐紮黄河南北以彈壓盜賊

咸豐三年二月十三日

軍機［大］臣（奏）字寄，河南巡撫陸〈應穀〉，咸豐三年二月十三日奉上諭：陸應穀奏，襄陽土匪漸就肅清，馳赴歸德防堵一摺。襄陽土匪聚衆滋擾，經陸應穀派總兵柏山帶兵馳往督同湖北員弁剿辦，先後捕獲一百數十名，并將著名匪犯擒獲正法。餘匪紛紛逃散，道路已漸肅清。惟首要各犯，尚未就獲。羅繞典現駐襄陽，著即嚴飭員弁，督率兵勇，嚴密偵緝。務將首要郭大安、孫貴等及其餘夥黨，一併擒獲，按律懲辦，毋留餘孽。所有豫省派往弁兵，著即撤回。仍飭各文武於交界處所，認真巡緝，毋令此拿彼竄。現在逆匪竄擾江寧，如安徽鳳潁、江南徐州等處，均與歸德接壤。陸應穀即馳往該郡，相機籌防。尤宜嚴拿奸細，勿令賊匪溷迹。是為至要。

本日據副都統阿彥達達奏，河南北向多盜賊，現在巡撫、總兵均辦防堵，并無大員鎮撫等語。著陸應穀遴派明幹大員，於河南北扼要處所，駐扎彈壓，并飭辦理團練之紳士，團集鄉民，與官兵互為聲援，以資保衛而靖奸（究）［宄］[②]。

① 此奏片中所有錯字的更正，均據中國第一歷史檔案館館藏《録副奏摺》縮微號 291—0252。

② 此上諭中脱漏字的補正和錯字的更正，均據《文宗顯皇帝實録》（二）卷 85，中華書局 1986 年版，第 98 頁。

將此由五百里諭令知之。

欽此。遵旨寄信前來。

0073. 河南巡撫陸應穀奏請飭調宣化鎮兵并截留赴荊襄防剿之陝兵馳赴永城等處防堵捻軍摺

咸豐三年二月*

奏為調派官兵，并截留陝兵，前赴歸德一路防堵，恭摺由驛奏聞，仰祈聖鑒事。

竊照安慶省城被攻陷，豫省東路防堵吃緊情形，經臣繕摺馳奏在案。茲查歸德、陳州、光州三府、州屬，均與安徽接壤。陳州地勢稍遠，光州前已派兵防守。惟歸德府屬永城等縣，相距皖省最近，且與江南碭山連界。賊匪攻陷安慶，勢必直犯江寧。該處路路皆通，防堵緊要。并據永城縣呂贊陽稟報，現有亳州等處大股捻匪六百餘名，乘機竄入，訛搶滋擾，深恐勾結為患。前調河北鎮兵一千名，為數尚單，不敷彈壓。應再添派精兵，前往防捕。

此時南陽地方安静，無須多兵駐守。查有前派在郡城堵禦之宣化鎮兵五百名，可以調往。又，（又）奉旨調赴荊襄防剿之陝甘官兵一千名，除已過境四百五十名外，尚有陝兵五百五十名，甫入豫境。茲據河南府知府賈臻稟稱，該官兵行抵洛陽，奉到雲貴總督羅繞典札，令就近截留，聽候欽差大臣向榮調遣。臣查向榮現統大兵追剿，已抵皖、江。此項官兵為數無多，即使需用，亦應由歸德一路入皖，較為捷便。目下豫省防範需兵，應請先行留豫差遣。以上兩項官兵，臣已飛札飭調，令其星夜馳赴永城等處，扼要扎營堵禦。

除分咨外，所有調派官兵并截留陝兵設防緣由，理合由驛五百里具奏，伏乞皇上聖鑒。謹奏。

咸豐三年二月硃批：知道了。

0074. 河南巡撫陸應穀附奏再僱騾頭人夫迅將糧臺所存火藥火箭飛速解赴陳金綬軍營片

咸豐三年二月*

再，臣於二月初四日，承准廷寄，正月三十日奉上諭：著陸應穀檄飭該司、道，嚴催續到騾頭與續雇人夫，將所存信陽糧臺之火藥、火箭等項，飛速解赴陳金綬軍營，以應急需。等因。欽此。

臣查前准欽差大臣琦善咨會，因騾頭、人夫不敷，尚有火藥、火箭等項，寄存信陽糧臺，未經携帶。當以軍火攸關，未便稍遲，隨即飛催雇備騾頭，趕往運送。旋據局、司、道稟報，各屬賃雇馱騾共有二千三百四十餘頭，均已陸續解赴糧臺驗收。此項馱騾，除先已撥送軍裝，隨赴大營外，現在續到尚多，即可馱運前項軍火。臣已飛飭署藩司鄭敦謹，將續到騾頭若干，或再添雇人夫，迅將所存糧臺火藥、火箭等項，務於即日飛速解赴陳金綬軍營，以濟急需，不准稍有遲誤。

其餘派雇騾頭，仍飭趕緊雇備，陸續解交備用外，理合附片奏聞，伏乞聖鑒。謹奏。

咸豐三年二月硃批：知道了。

0075. 河南巡撫陸應穀奏請俟將宛郡應辦事宜布置完竣即馳赴歸德籌辦防禦摺

咸豐三年二月*

奏為襄陽土匪，擒獲多名，首夥逃散，現在南陽地方安淨，臣將應辦事宜，布置完竣，馳赴歸德一帶防堵，恭摺由驛具奏，仰祈聖鑒事。

竊臣前聞襄陽土匪聚衆滋擾，當經派員前往查拿。旋據襄陽府知府樊椿等稟報，該處土匪郭大安、孫貴等，分聚兩股，肆行搶掠，情形甚重。又據南陽府知府夏雲岫稟稱，有唐縣匪徒在彼聚集，入夥搶奪等情。經臣先後咨會南陽鎮臣柏山帶兵馳往會剿（辦）①，并將辦理緣由兩次奏明在案。嗣雲貴督臣羅繞典帶兵馳抵襄陽，分派員弁，督率兵勇搜捕。柏山亦帶兵趕到協拿。獲犯郭鳴琴等五十餘名，訊明正法。臣於正月二十八日，在葉縣途次，接准羅繞典咨會，已於是月二十五日與臣會銜具奏稿內，聲明其餘未獲各犯，逐日緝拿，收審不絶。并准柏山咨稱，先後督同文武營委員弁，在於豫、楚交界，拿獲土匪董時科、王大軍師等三十名，起獲刀矛、器械多件，并原贜布匹却、錢文，解赴襄陽。隨飭將前獲呂九一犯，一併解赴歸案審辦。

臣查襄陽土匪，現經官兵捕獲不下一百數十名。其著名匪犯易有道，前准柏山函稱，業已擒獲正法。且經羅繞典派員訊明，各犯多係隨時見財糾約，并無一定頭目，亦無搴旗結寨情事。先經官兵會拿，紛紛逃散。此時道路正漸肅清。惟首要郭大安等尚未就獲，并其餘夥黨，均須嚴拿懲辦，盡絶根株。而羅繞典奉命馳赴襄陽防堵，辦理自臻周密，斷無遷就。且各犯既已逃散，無須壓以重兵。應

① “辦”字疑為衍字。

請即將襄陽土匪一案，飭交雲貴督臣羅繞典專辦。豫省派往弁兵，應令撤回，以節靡費。仍飭各文武嚴密追緝，以防彼拿此竄。

現在南陽地方極為安淨，惟逆賊竄陷安慶，歸德一帶情形吃緊。臣現將宛郡應辦事宜布置完竣，即日馳赴歸德，相機籌辦，務期防禦周密，以抒宸廑。

理合恭摺由驛五百里具奏，伏乞皇上聖鑒訓示。謹奏。

咸豐三年二月硃批：另有旨。

0076. 河南巡撫陸應穀附奏安徽英山以東糧臺事宜請飭安徽撫臣遴員查明添設正腰各站以供支應片

咸豐三年二月*

再，據辦理防堵總理糧臺署河南布政司鄭敦謹詳稱：竊照賊匪東下，欽差大臣琦善奉旨前赴安徽追剿。應需餉糈、軍裝、火藥、鉛丸等項，均須源源接濟，不容稍有遲缺。自應添設正、腰站所，以資遞送。查自（裕）［豫］省信陽州起，至湖北羅田縣止，計程五百餘里。又自羅田縣至安徽入境，英山縣起至省城，計程四百里餘，道遠程長。湖北則尚在比鄰，安徽則相距較遠，路非熟習，人亦生疏，恐致貽誤。可否自信陽州至湖北羅田縣，均歸（裕）［豫］省添設站所辦理，并咨明湖北，一體委員照應，以期周密。自安徽英山縣至省，添站事宜，統歸安徽省就近布置，期免遲延等情。

臣思軍情緊要，（裕）［豫］皖本屬一體，自當不分畛［域］，妥為籌辦。惟大兵在所，軍用糧餉，刻不容緩。由（裕）［豫］省派員逐一辦理，既恐隔省呼應不靈，而亦無如此多員，以資派委。合無仰懇天恩，自安徽英山縣起，以東糧臺事宜，請旨敕下安徽撫臣，遴員查明，添設正、腰各站，以供支應。至需用軍餉應否仍由（裕）［豫］省解至英山縣轉運，抑兵糧等項亦歸安徽就近辦理之處，并敕部臣妥議遵行。

軍務緊要，理合附片具奏，伏乞聖鑒。謹奏。

咸豐三年二月硃批：另有旨。欽此。

0077. 軍機大臣字寄河南巡撫陸應穀著將前調赴信陽及南陽等處防兵酌量調赴豫皖交界地方

咸豐三年三月初二日

軍機大臣字寄，河南巡撫陸〈應穀〉，咸豐三年三月初二日奉上諭：陸應穀奏請添調重兵一摺。前因逆匪竄擾江寧，已添調吉林、黑龍江并西安、寧夏、綏遠駐防各重兵，豫備攻勦。本日復調山西兵三千名、陝甘兵四千名，迅赴山東，交李僡調遣矣。逆匪於二月二十三日攻陷揚州，披猖已極。該撫所陳軍營以前貽誤及現在籌備各情形，不為無見。山東與江蘇毗連，最形吃重。現已添調重兵，扼要駐扎。至河南與安徽接壤，亦應一體嚴防，遏賊由滁州分竄之路。所有前次調赴信陽州及南陽等處防兵，著該撫即酌量調赴豫、皖交界地方，嚴密堵禦，并隨時查拿奸細，緝捕土匪，無令溷入竊發。是為至要。將此由六百里諭令知之。

欽此。遵旨寄信前來。

0078. 軍機大臣字寄河南巡撫陸應穀著酌情移設糧臺并訪察效用得力人才酌量差委

咸豐三年三月初四日

軍機大臣字寄，河南巡撫陸〈應穀〉，咸豐三年三月初四日奉上諭：琦善奏，移設糧臺等語。據稱，大兵已至江南，所有河南信陽糧臺，應改由歸德取道徐州，徑赴天長、六合，較為近便。著陸應穀體察情形，應如何籌畫盡善，以期無誤軍需，即行飛咨知照琦善、陳金綬等，總期源源接濟，不致梗阻遲延。

又，據琦善奏，馬隊官兵尚未到齊，應給鍋（鉛帳）［帳、鉛］丸、火藥、馬匹，務即督飭糧臺，趕緊撥運，毋稍遲誤。

昨據御史陳慶鏞奏，鹽知事張翊國呈遞《防河節略》。內稱：自河南至淮陽，黄河兩岸千餘里内，可用人才不少。若將單上著名之人，收為我用，不無裨益。著該撫密行訪察，如果效用得力，其心無他，不妨設法羅致，酌量差委。該御史（源）［原］[①] 摺并《節略》等件，均著抄給閱看。將此由六百里諭令知之。

欽此。遵旨寄信前來。

0079. 軍機大臣字寄河南巡撫陸應穀著速將糧臺應改設處所具奏并速飭糧臺趕運馬隊官兵應需鍋帳鉛藥馬匹

咸豐三年三月初八日

軍機大臣字寄，河南巡撫陸〈應穀〉，咸豐三年三月初八日奉上諭：前據琦善（請奏）［奏，請］將河南信陽糧臺，改由歸德取道徐州，并稱馬隊官兵，尚未到齊。已有旨諭令該撫體察情形，將糧臺如何改設，籌畫盡善，以期無誤軍

① 此上諭中顛倒字和錯字的更正，均據《文宗顯皇帝實録》（二）卷 87，中華書局 1986 年版，第 145 頁。

需，并將應給馬隊官兵鍋帳、鉛丸、火藥、馬匹，即飭糧臺趕緊撥運矣。

本日，又據琦善奏：截至本月初二日，祇到有黑龍江一、二、三、四等四起官兵，而鑼鍋、帳房、鉛彈、火藥、馬匹全然未有。河南軍需總局報稱，專委支應吉林、黑龍江官兵之糧臺，亦不知行抵何處等語。現在賊陷揚州，琦善駐扎浦口，江北防剿萬分吃緊。若令官兵行糧匱乏，鉛藥、馬匹等項亦不應手，則雖有勁旅，亦難展施。著陸應穀仍遵前旨，竭力籌畫，將糧臺現擬改設何所，以期妥便之處，迅速具奏。并將現到大營之馬隊官兵應需鍋帳、鉛藥、馬匹，速飭糧臺先行趕運。未到後起各兵，一體嚴催應付，萬不可再有遲誤。將此由六百里論令知之。

欽此。遵旨寄信前來。

0080. 河南巡撫陸應穀奏陳捕剿安徽捻軍獲勝酌量保奏尤為出力在事文武員弁摺

咸豐三年三月十三日[①]

奏為安徽捻匪乘機竄擾，派兵捕剿獲勝，殲斃生擒甚多，恭［摺］由驛具奏，仰祈聖鑒事。

竊照逆賊攻陷江、皖，豫省歸德一路，防堵緊要，并據探報，安徽蒙、亳等處，捻匪乘機嘯聚，劫掠滋擾，調派官兵前往堵禦緣由，經臣節次奏明在案。維時臣在南陽會辦襄陽土匪，查核所報，該處捻匪共有二十餘起，又有臨淮之磨盤山糾聚大股捻匪數千人，深恐竄入勾結為患。當飭升任開歸道林揚祖，迅速馳往，會同護理河北鎮臣崇安，妥為布置，合力捕剿。旋據該縣呂贊陽禀報：正月二十三四等日，探有宿、亳二州捻匪四起，分路竄入保安山等處搶掠，并殺練勇王超群等。其時各路［官兵］尚未到防，該縣會同署守備杜廷珍，帶領兵勇，前往堵截，擊斃匪犯數名。隨後歸德府知府陳介眉，派帶練勇三百餘名趕到，各匪聞風潛逃。惟恐復有大股竄入，兵力單薄，不敷彈壓等情。臣即飛催所調各官兵，星馳前往，以備堵禦。

該升道林揚祖於二月初三日馳抵歸德，因護理河北鎮臣崇安未到，暫駐郡城，查辦團練。二月初五日，聞有大股捻匪八百餘人，竄至永城薛家湖地方滋擾。經該府陳介眉會督該縣呂贊陽、署守備杜廷珍、把總李廷弼等，選帶兵勇，馳往兜捕。并令署永城典史汪嘉猷、候選未入流莊恭壽，招募鄉勇接應。該升道林揚祖派委候補知縣趙獻卿，管帶杞縣壯勇，前往協捕。該匪等放槍拒敵。該府

① 據中國第一歷史檔案館館藏《録副奏摺》縮微號610—846。

即將兵勇分為三路，開放槍炮，奮勇夾擊，斃匪五十餘名，生擒一百二十餘名，奪獲騾馬十餘匹，擡槍、鳥槍、刀矛一百二十餘件。餘匪逃遁。兵勇間有傷損。該升道林揚祖，亦即會同歸德營參將范正綸趕到策應，添派文武追捕，續獲匪黨一百一十餘名，解回審辦。

二十二日，續有捻匪千餘人竄入虞城縣大楊家集等處，肆行搶掠。臣自省馳赴歸德。據報勢甚猖獗，當即咨會崇安，督率署衛輝營參將全喜挑帶精兵四百名，署陝西靖遠營副將錫普常阿帶兵五百名，直隸宣化鎮游擊苿勒芳阿、都司普慶帶兵三百名，各帶千把員弁，分路前進。該升道林揚祖督同該府陳介眉、永城縣呂贊陽、東河候補通判祝慶恬、候補知縣趙獻卿、典史汪嘉猷、勇首陳戴，帶領練勇，馳往策應。而該匪等於二十四日，折回商、永交界之馬頭寺，欲竄亳州勾結。該鎮、道等督兵追至。并虞城、商邱、夏邑、鹿邑、柘城、亳州等州縣暨縣丞劉鴻昌，各帶兵勇趕到堵拿。各匪列陣拒敵，點放槍炮不絶。官兵奮力攻剿，自午至酉，殲斃捻匪二百八十餘名，生擒首夥二十六名，奪獲大炮二尊，擡槍、鳥槍、刀械、藥鉛、騾馬甚多。查點兵丁，僅傷三名。餘匪遠遁。現仍派撥兵勇防（補）[捕]。

臣查該捻匪等現因賊氛不靖，乘機嘯聚，每股多至千百，肆行搶掠滋擾，實為地方大害。迨經官兵捕拿，膽敢開放槍炮，恃衆拒敵，形同（判）[叛]逆，實屬罪大惡極。先後擒獲各犯，業經該道、府等審明，陳毛、張明塘等八名均係著名首惡，其餘張明等二百三十五名，悉屬劫掠殺人、拒敵官兵之犯，不容稽誅，當飭即行就地正法，傳首梟示，以彰國憲而快人心。惟劉生等十六名，訊係被脅受雇，另行審辦。

臣現赴永城一帶布置防堵事宜，察看沿途地方安靜。計此次生擒及擊斃捻匪七百餘名，在事文武員弁頗為奮勇，可否擇其尤為出力者，酌量保奏，出自恩施。

除仍飭嚴密巡防，并咨山東、安（徵）[徽]撫臣札飭江南淮徐道飭屬會拿外，理合恭摺由五百里具[奏]，[伏乞][①] 皇上聖鑒。謹奏。

咸豐三年三月硃批：另有旨。欽此。

0081. 軍機大臣字寄河南巡撫陸應穀著悉心體察由何路轉運糧餉較為近便并迅速定議具奏

咸豐三年三月十七日

軍機大臣字寄，河南巡撫陸〈應穀〉，咸豐三年三月十七日奉上諭：前據琦

① 此奏摺中所有錯字的更正和脱漏字的補正，均據中國第一歷史檔案館館藏《録副奏摺》縮微號610—846。

善奏，河南糧臺改由歸德取道徐州，徑赴天長、六合，較為近便。當諭令該撫體察籌辦。本日據李嘉端奏，豫省與安徽六安州連界，應運糧餉，請由光州固始入六安州境，仍由豫省原辦糧臺各員辦理。復據陸應穀奏：現將糧臺改設歸德。惟取道宿州前赴江浦，及由徐州徑赴天長、六合兩路，究係何處便捷，現飭總局、司、道查議。各等語。此時琦善統帶兵前赴揚州，現駐甘泉山一帶。所有應運糧餉，必須兩處兼顧。著陸應穀悉心體察，應由何路轉運，以期源源接濟，不至貽誤。并著迅速定議具奏。將此由六百里諭令知之。

欽此。遵旨寄信前來。

0082. 軍機大臣字寄河南巡撫陸應穀著嚴飭鄭敦謹等速將鉛丸火藥火繩等物解赴琦善大營

咸豐三年三月十八日

軍機大臣字寄，河南巡撫陸〈應穀〉，咸豐三年三月十八日奉上諭：琦善等奏，請派大員隨營辦理糧臺事務等語。前將糧臺設立河南信陽地方，藩司鄭敦謹駐扎該處，總司其事。現在琦善、陳金綬、勝保等，均已督兵馳抵淮陽一帶。河南糧臺自應移設徐州。著陸應穀即飭該藩司鄭敦謹，馳往該處糧臺，總司其事，核實籌辦，毋稍延誤。又據奏稱，應用鉛丸、火藥、火繩等物，屢次飛催，未據河南解到。該大臣等於初九、初十等日，督兵進剿，斬獲賊匪幾及四千，燒毀賊營五座。逆鋒大挫，正可乘勝殲除。鉛丸、火藥、火繩等物需用，最為緊要。著陸應穀嚴飭該委員等（等）[①]，星速解赴大營，斷勿稍有稽延，致干重咎。將此由六百里諭令知之。

欽此。遵旨寄信前來。

0083. 河南巡撫陸應穀附奏因豫省防堵緊要請准升授臬司林揚祖暫緩進京陛見片

咸豐三年三月十九日*[②]

再，臣接准部咨，欽奉上諭：直隸布政使，著張集馨補授。所遺河南按察使，著林揚祖補授。等因。欽此。當經轉行欽遵。查直隸係畿輔重地，張集馨自應交卸，即赴新任。林揚祖仰蒙聖恩，升授臬司，應即具摺謝恩請訓。惟豫省辦

① 據《文宗顯皇帝實録》（二）卷88，中華書局1986年版，第177頁。

② 據中國第一歷史檔案館館藏《録副奏摺》縮微號611—1243。

理軍需、防剿事宜，在在需員經理。該臬司精明幹練，現經臣委赴歸德府查拿捻匪，極為得力。合無仰懇天恩，俯念豫省防堵緊要，准令林揚祖暫緩進京陛見，以重地方。

謹附片具奏，伏乞聖鑒。謹奏。

咸豐三年三月硃批：林揚祖着暫緩來見。欽此。

0084. 内閣奉上諭著楊以增添派道府大員馳緊徐州會同鄭敦謹籌辦糧臺

咸豐三年三月二十七日

咸豐三年三月二十七日内閣奉上諭：前有旨令將琦善大營糧臺改設徐州，并派河南藩司鄭敦謹馳往該處，總司其事。兹據陸應穀奏稱：已飭鄭敦謹前往辦理。惟徐州係屬隔省，恐河南糧臺委員人地生疏，呼應不靈等語。著楊以增添派道府大員，馳扎徐州，會同籌辦，以臻妥協而免延誤。欽此。

0085. 内閣奉上諭著薩炳阿即馳赴琦善軍營聽候差遣

咸豐三年三月二十七日

咸豐三年三月二十七日内閣奉上諭：陸應穀奏，前留信陽防堵之員，應否調赴軍營等語。阿勒楚喀副都統薩炳阿，著即馳赴琦善軍營，聽候差遣。欽此。

0086. 軍機大臣字寄河南巡撫陸應穀著嚴飭陝甘官兵經過州縣務須速備車馬迅即轉送前進

咸豐三年三月二十八日

軍機大臣字寄，河南巡撫陸〈應穀〉，咸豐三年三月二十八日奉上諭：據慧成奏，陝甘各兵行走不能迅速，請飭催沿途地方豫備等語。現在江北一帶防剿吃緊，著陸應穀嚴飭各州縣，於前調陝甘官兵行抵豫境經過地方，務須速備車馬，迅即轉送前進，毋得稍有遲誤。將此由六百里諭令知之。

欽此。遵旨寄信前來。

0087. 河南巡撫陸應穀附奏江西候選知縣彭定瀾情願回籍幫辦團練片

咸豐三年三月二十八日[1]

再，江西候選知縣彭定瀾，前經臣奏明，隨帶進京，恭看萬年吉地。兹該員

① 據中國第一歷史檔案館館藏《録副奏摺》縮微號 286—1656。

來豫措資，據稟現聞江西辦理團練，情願回籍幫辦團練事宜，以圖報效。俟有差遣，再行聽候調取進京。等情前來。

理合附片具奏，伏乞聖鑒。謹奏。

0088. 河南巡撫陸應穀奏陳糧臺移設徐州由藩司鄭敦謹總司其事并籌辦轉運事宜摺

咸豐三年三月二十九日*

奏為遵旨改移糧臺籌辦緣由，恭摺由驛具奏，仰祈聖鑒事。

竊臣於咸豐三年三月二十一日，承准軍機大臣字寄，三月十八日奉上諭：琦善等奏，請派大員隨營辦理糧臺事務等語。前將糧臺設立河南信陽地方，藩司鄭敦謹駐扎該處，總司其事。現在琦善、陳金綬、勝保等，均已督兵馳抵淮陽一帶。河南糧臺自應移設徐州。著陸應穀即飭該藩司鄭敦謹，馳往該處糧臺，總（事）［司］其事，（覆）［核］[①] 實籌辦，毋稍延誤。又據奏稱，應用鉛丸、火藥、火繩等物，屢次飛催，未據河南解到。該大臣等於初九、初十等日，督兵進剿，斬獲賊匪幾及四千，燒毀賊營五座。逆鋒大挫，正可乘勝殲除。鉛丸、火藥、火繩等物需用，最為緊要。著陸應穀嚴飭該委員等，星速解赴大營，斷勿稍有稽延，致干重咎。將此由六百里諭令知之。欽此。遵旨寄信前來。

臣查前因大兵齊赴江淮，糧臺設立信陽，轉送迂遠，業經奏明改移歸德。藩司鄭敦謹因赴光州一帶堵緝捻匪，尚未行抵該處。現經調辦糧臺之開封府知府瑛桂，會督委員，馳往籌辦。而隨營糧臺，先經該司鄭敦謹派委候補知府李樹穀等，前往支應。玆奉諭旨，令將糧臺移設徐州，俾與大營相近，轉運益臻捷便。臣遵即飛飭該府瑛桂帶同各委員，迅將歸德糧臺移設徐州。一面飭藩司鄭敦謹星馳前赴該處，總司其事，務令（覆）［核］實籌辦，源源接濟，不准稍有貽誤。

惟徐州地方係屬隔省，采辦軍火各物，并運送糧餉、軍裝，雇覓車輛、人夫等項，均關緊要。河南派往委員，人地生疏，恐有呼應不靈。相應請旨，敕下兩江督臣，添委該省司、道大員，馳扎糧臺，會同籌辦，庶臻妥協而免延誤。

至於應需火藥、鉛丸、鍋帳、糧餉等項，前經先後委員解往，約計時均可陸續趕到，業已另摺具奏。本月十九日，接准欽差大臣琦善來咨，調取火藥、鉛丸各五萬斤，火繩三千盤。臣已飛飭軍需總局、糧臺，迅將製就藥鉛、火繩，即日委員先行星馳解往，以資應用。仍飭承辦委員，寬為製備，趕緊續解。臣當隨時

---

① 據《清代河南巡撫衙門檔案》軍務卷 0084 號檔案。

督催，勿任稽延。

所有辦理缘由，理合恭摺由驛五百里馳奏，伏乞皇上聖鑒。謹奏。

咸豐三年三月二十九日奉到硃批：另有旨。欽此。

0089. 河南巡撫陸應穀附奏信陽及汝寧并無另股捻軍竄入踪迹片

咸豐三年三月二十九日*

再，臣前承廷寄，欽奉上諭：前因周天爵奏，有聞賊另股奇兵，竄至汝寧、信陽一帶之語。當令查明係何處傳來之信，迅速具奏。并寄諭該撫，確查奏聞。本日據周天爵馳奏，賊竄信陽一節，則稱實係真確。傳説者即其家鄉被害之人。如果屬實，該撫豈無見聞？或地方官因非大隊賊匪，視為無關緊要；或該匪等旋來即去，未有竄擾實迹，亦未可知。著該撫仍遵前旨，迅速查明，不必因前此未經奏報，稍存迴護。等因。欽此。

伏查周天爵奏，賊匪另股竄至汝寧、信陽一帶。前經臣查明，該處地方安静，并無賊匪竄入占踞情形，覆奏在案。兹復蒙聖諭諄飭，周天爵既稱實係真確，必應嚴查。臣斷不敢稍存迴護，當即札飭署藩司鄭敦謹，派委幹員，馳往密訪。現據委員前任內黄縣知縣李福源，并汝陽縣知縣文泰、息縣知縣陳棠禀稱：前赴信陽、汝寧、羅山、光山、光州、息縣等處周歷確查，扼要邊境俱有兵勇巡防，賊匪無從飛越。且復徧訪鄉民，咸稱并無逆匪另股竄入踪迹，似係道路訛傳等情。由司詳覆前來。臣覆加訪察，現在信陽、汝寧等處均各安静，係屬可信。

理合附片覆奏，伏乞聖鑒。謹奏。

咸豐三年三月二十九日奉到硃批：知道了。欽此。

0090. 河南巡撫陸應穀附奏薩炳阿無須留駐信陽片

咸豐三年三月二十九日*

再，阿勒楚喀副都統薩炳阿，前奉諭旨調赴軍營差遣。嗣經欽差大臣琦善奏留信陽，幫同防堵。此時逆賊東竄江南，相距信陽較遠。該處地方安静，無須駐扎防堵。所有薩炳阿應否調赴江南軍營，或令移駐歸德，幫同防堵，相應奏明，請旨遵行。

理合附片陳奏，伏乞聖鑒訓示。謹奏。

咸豐三年三月二十九日奉到硃批：另有旨。欽此。

0091. 河南巡撫陸應穀附奏已飛咨琦善及陳金綬迅將千名山東官兵飭令折回片

咸豐三年三月二十九日*

再，本月十六日，承准軍機［大臣］字寄，三月十三日奉上諭：前赴河南之山東官兵一千名，著陸應穀查明現在何處，飭折回山東，以資防堵。等因。欽此。

臣查調赴河南防堵之山東弁兵一千名，前因賊匪全股東下，欽奉諭旨，令將豫省防兵調赴皖省接應。經臣奏明，將前項山東官兵，調赴軍營差遣。隨於二月十六日，由信陽起程前進。此時已抵大營。

臣即飛咨欽差大臣琦善、提臣陳金綬查照，迅將山東官兵一千名，飭令原帶將弁管領，折回山東防堵外，理合附片覆奏，伏乞聖鑒。謹奏。

咸豐三年三月二十九日奉到硃批：知道了。欽此。

0092. 河南巡撫陸應穀奏陳現在歸德布置兵勇防堵捻軍由皖入豫摺

咸豐三年三月*

奏為現在歸德辦理防堵布置情形，恭摺由驛奏聞，仰祈聖鑒事。

竊臣前因逆賊東竄，先後調派官兵，前赴歸德防堵緣由，節經具摺奏明在案。現在逆匪自皖竄至江南，半月之內，江寧、（陽）［揚］州相繼失守，勢甚鴟張。豫省歸德府屬永城、鹿邑、夏邑等縣，俱與江、皖毗連，此內永城係為通達江寧、（陽）［揚］州大路，尤為緊要。臣抵歸德，先將府城應辦事宜料理清楚，隨時即馳赴永城，周履察看。

該縣東距安徽宿州百餘里，南距亳州數十里，其東北、正北係與江南蕭縣、碭山接壤，相去不過數十里，皆屬平曠坦途，并無險隘。必須扼要分布扎營，方可巡哨周密。所調河北鎮兵一千名，山東青州駐防兵一千名，直隸宣化鎮兵五百名，陝甘兵一千七百五十名，均已陸續到防。臣撥河北鎮兵一千名駐扎永城東關外，以宣化鎮兵五百（五）［名］扎在城外東南，陝甘兵七百五十名扎在城外東北，又（一）［以］青［州］駐防馬隊一千名分駐東南、東北，以為兩翼，聲勢俱為聯络。奏留幫辦防堵貴州提臣善（録）［禄］，業已遵旨馳抵永城。臣與面商一切，意見相同。并派陝西署副將錫并常阿帶兵七百名，駐扎歸德城東，以為聲援。

而鹿邑與安徽太和交界之處，現有大股捻匪出没。即陝甘［兵］三百名分撥鹿邑駐扎，尚恐兵力單薄，不敷巡防。查有派防羅山縣大勝關之山西兵六百五十餘名，可以抽撥，即令調赴歸德，以三百名分駐鹿邑，以三百五十餘名扎駐商、永交界之會亭驛，以便往來策應。提臣善禄、青州副都統臣常清、護理河北鎮臣崇〈安〉，均駐永城，安營布置，悉臻妥協。

近因江寧、揚州失守，省城人心驚惶，鋪户多欲歇業。會垣重地，關係緊要。臣於拜摺後暫行折回，妥為鎮静彈壓，并將應辦事件，次第經理。查歸德至省僅二百餘里，臣自當隨時往還調度，現仍委令新升臬司林揚祖，駐扎歸德幫辦。

所有□理緣由，謹恭摺由驛五百里具奏，伏乞皇上聖鑒。謹奏。

咸豐三年三月硃批：覽奏均悉。欽此。

0093. 河南巡撫陸應穀奏請循照前次章程獎叙捐輸各員摺

咸豐三年三月*

奏為續據捐輸軍需銀兩，恭摺具奏，仰祈聖鑒事。

竊准部咨，軍需待用孔殷，行令勸諭官紳捐輸。等因。經臣倡捐後，據學政、司、道、府、廳、州、縣陸續捐銀十餘萬兩，業經兩次開單奏請獎勵在案。兹續據報捐銀二萬五千五百兩。各員等急公自效，循照各前次章程，分別擬議，另繕清單，敬呈御覽。仰懇恩施，俯准獎叙，以昭激勸。

所有續據捐輸緣由，理合恭摺具奏，[伏乞] 皇上聖鑒。謹奏。

咸豐三年三月硃批：另有旨。欽此。

0094. 河南巡撫陸應穀附奏現在豫省實無官兵可以調撥出省片

咸豐三年四月初二日

再，本年（三）[四] 月初二日，承准軍機大臣字寄，三月二十七日（奏）[奉] 上諭：據勝保奏：亟籌大局，宜速飭信陽（丘）[兵] 移扎六安、廬州等處，為北岸後路接應。更宜就近添調弁（近）[兵]，在清江浦一帶扼要駐扎，為揚州聲援。并將襄陽駐守之兵，進移湖北漢、黄等處，以備調下游，堵賊上竄。各等語。所奏不為無見。本日已寄諭琦善、陳金綬、勝保隨時酌辦矣。着羅繞典、張亮基、駱秉章、陸應穀，按照勝保所陳，除酌留防兵外，將可以調撥之兵移遠就近，一遇征調，即令星速馳往。庶緩急有資，剿辦可期得力。等因。欽此。

臣伏查逆匪竄入江南，豫省歸（得）[德]、永城等處，係為北路（障保）[保障]，防堵緊要。且有安徽（穎）[潁]、亳一帶大股捻匪，乘機嘯聚滋擾，堵禦亦屬（駐）［吃］緊。所調本省、外省精兵，統計四千二百餘名，分布各處，尚形單薄。光州所屬，駐兵一千三百餘名。此時賊（氣氣）［氛］雖遠，而六安、阜陽、霍邱等處，均有土匪出没。固始、商城等縣，與之犬牙相錯，必須留兵駐扎，以資巡防。信陽原派之山東等省官兵，俱已調赴大營，現僅駐扎山西弁兵一千餘名。糧臺雖已改移歸德，而湖北黄陂縣近有金丘蓮會匪結黨（餘）［羽］，潜聚滋擾。業經署藩司鄭敦（近）［謹］派撥山西（兵官）［官兵］三百名前往，會同該省兵勇，相機剿□。又，大勝關防兵六百餘名，經臣調赴鹿邑會亭等處駐扎。其餘弁兵，分駐沿邊各隘，為數無多，難以抽調。

臣再四籌酌，現在豫省官兵，實無可以調撥出省，（合理）［理合］附片陳奏，伏乞聖鑒。謹奏。

硃批：知道了。

0095. 河南巡撫陸應穀附奏請准河北鎮臣王家琳先行接印暫緩進京片

咸豐三年四月初五日*①

再，河北鎮臣王家琳，由湖南帶同撤回河南官兵歸伍。行抵歸德府，與臣接晤。應即北上叩謝天恩，跪請聖訓。臣因歸德各屬現值分途防剿匪徒之際，需員經理，即囑鎮臣先行接印，督率官兵嚴緝。合無仰懇聖恩，俯念防剿緊要，准令該鎮臣王家琳暫緩進京，一俟平靖，再行陛見，以重地方。

理合附片具奏，伏乞聖鑒。謹奏。

硃批：王家琳着暫緩來京。俟豫省撤防後，再行奏請。欽此。

0096. 軍機大臣字寄河南巡撫陸應穀著飛咨提督善禄酌帶永城防兵迅赴安徽扼要協剿

咸豐三年四月十五日

軍機大臣字寄，河南巡撫陸〈應穀〉，咸豐三年四月十五日奉上諭：據周天爵等奏，揚州逆匪由浦口北岸分三路竄擾，請添兵協防等語。逆賊避實搗虛，是其慣技，斷不可令其北竄。著陸應穀即飛咨提督善禄，酌帶永城防兵，迅赴安徽，扼要協同防剿。現在續調陜甘兵四千名，已由永城行入皖境。著即飛催前進。該撫如須出省駐扎，亦即親往調度，毋誤事機。將此［由］六百里諭令知之。

---

① 此奏片系《清代河南巡撫衙門檔案》政務卷 057 號奏摺的附片。

欽此。遵旨寄信前來。

0097. 河南巡撫陸應穀奏陳飭令陝甘官兵路經州縣豫備車馬催趲速行摺

咸豐三年四月十六日*

奏為調赴江北陝甘官兵，飛飭沿途州縣，豫備車馬，催趲速行，恭摺具奏，仰祈聖鑒事。

竊臣承准軍機大臣字寄，本年三月二十八日奉上諭：據慧成奏，陝甘各兵行走不能迅速，請飭催沿途地方豫備等語。現在江北一帶防剿吃緊，著陸應穀嚴飭各州縣，於前調陝甘官兵行抵豫境經過地方，務須速備車馬，迅即轉送前進，毋得稍有遲誤。將此由六百里諭令知之。欽此。遵旨寄信前來。

臣查此次奉調陝甘官兵，前赴江北一帶防剿，應由河南行走。前准陝省咨會，臣即飛飭沿途各州縣，妥為豫備應付。并委候補通判章光熊、前任濬縣知縣趙樹桐等，前往幫同照料。旋據閿鄉縣先後禀報，西安駐防并陝甘緑營官兵十四起，於三月初二至四月初三等日到境，每起兵數自數十名至數百名不等。内除商州、興安官兵五百名暫留永城備防外，其餘各起官兵，俱令催趲速行。現經飭查，前項官兵已有八起，於三月十八到四月初五等日，行出豫省永城縣境，均屬安静行走。沿途供應，并無遲誤。此時江北防剿吃緊，需兵甚急。未過官兵，為數尚多。兹奉諭旨諄飭，臣遵即行司嚴飭沿途各州縣，務將應需車馬，妥速豫備，一俟官兵到境，即行照例應付，迅速轉送前進。并飭該管道、府，往來督率催趲，不許稍有遲誤。

除俟各官兵全數出境，另行陳報外，所有遵旨辦理緣由，理合恭摺由驛四百里覆奏，伏乞皇上聖鑒。謹奏。

咸豐三年四月十六日奉（道）［到］硃批：知道了。欽此。

0098. 軍機大臣字寄河南巡撫陸應穀著出省迅往永城一帶扼要駐扎飛催後起經過豫境之西安官兵星速前進

咸豐三年四月十八日

軍機大臣字寄，河南巡撫陸〈應穀〉，咸豐三年四月十八日奉上諭：前據周天爵等奏，賊擾浦口，當降旨諭知陸應穀，如須出省，即親往調度。本日據琦善奏，滁州於四月初九日失守。又據周天爵、呂賢基等奏，逆匪於十一日北竄總鋪，直撲鳳陽所屬之臨淮關。各等語。

永城縣為由皖入豫緊要門户，提督善禄是否已帶兵趕赴安徽協同防剿？陸應穀著即出省，迅往永城一帶，扼要駐扎。所需官兵，應如何就近調撥之處，務須權其緩急，嚴密防堵，切勿令賊匪闌入。其光山、固始、信陽等州縣，著一體偵察，毋稍大意。前調赴山東之陝甘兵四千名，已據周天爵等奏准截留。現在皖省防剿萬分吃緊，西安官兵抵宿者僅五百名。著該撫飛催後起過境官兵，星速前進，毋得稍有遲誤。將此由六百里加緊諭令知之。

欽此。遵旨寄信前來。

0099. 軍機大臣字寄河南巡撫陸應穀著將後起行抵歸德二千餘名陝甘官兵斟酌留遣

咸豐三年四月二十二日

軍機大臣字寄，河南巡撫陸〈應穀〉，咸豐三年四月二十二日奉上諭：前因賊擾滁州，當降旨令陸應穀飛咨提督善祿，酌帶永城防兵，赴皖協剿。并令該撫即往永城一帶，籌辦防堵。茲據陸應穀奏稱，接到安徽來咨：擬將現駐永城之陝西商州等營官兵一千九百名，先交善祿帶赴宿州。其已到歸德之定邊兵七百名，寧夏兵五百名，請截留以備防禦等語。現在賊撲臨淮關，鳳陽危急。巡撫李嘉端前往督剿，兵力甚單，實深懸繫。著即令善祿帶兵迅速赴皖，為李嘉端應援，萬不可稍有遲誤。至永城為由皖入豫緊要門户，留兵駐守，亦係要著。惟皖省軍務吃緊，若以重兵扼其前路，使賊不得乘虛竄越，則豫省自可無虞。該撫諒已遵旨馳抵永城。仍著先其所急，將現留之定邊、寧夏官兵，飭令迅速前進，以為善祿後路應援。陝甘官兵，前已准令安徽盡數截留，其未到之二千餘名，著即催令速進。該官兵行抵歸德，仍著該撫隨時察看情形，斟酌留遣，并咨會周天爵、李嘉端等查照。總期移緩就急，共保大局為要。將此由六百里加緊諭令知之。

欽此。遵旨寄信前來。

0100. 河南巡撫陸應穀奏請將現駐永城之陝西商州等營官兵一千九百名交善祿帶赴宿州協防摺

咸豐三年四月二十六日*

奏為安徽咨調官兵協防賊匪，先行酌量撥赴，并請截留陝甘官兵駐扎永城，以資守禦，恭摺由驛奏聞，仰祈聖鑒事。

竊臣於本月十五日，接准欽差工部侍郎呂賢基等來咨：逆賊於初八日自浦口登岸，將江浦縣之東葛驛馬搶去。派在浦口防守之黑龍江官兵全數退回，滁州已被賊擾。業經奏明，令臣將留駐永城官兵，交提臣善祿酌帶一二千名赴皖。臣正在酌調官兵前往協防間，於十八日午刻，又准呂賢基、周天爵等咨會：十一日，賊至臨淮關。現在鳳陽危急。等因。

臣查皖、豫相為唇齒，賊兵既經竄至鳳陽，自當不分畛域，派兵協力防堵。惟豫省歸德、陳州、光州，皆與皖省接壤，又時有捻匪出没，防守均屬緊要。現駐扎永城官兵三千三百餘名，除前經慧成調取一千五百名帶赴江北防剿外，現在連截留商州、興安之兵，僅存二千二百餘名，尚屬不敷布置。所有前調信陽、光州之山西官兵一千五百名，現經嚴催，尚未趕到。而皖省需兵孔殷，又不能不先其所急。臣再四籌思，現於萬難抽調之中，擬將截留永城之商州、興安官兵五百名，并善禄原帶之陝西兵七百五十名，調赴李僡軍營，道出豫省之宜君營將兵六百五十名，共兵一千九百名，先交善禄管帶，馳赴宿州協防。其已到歸德之兵，尚有定邊營副將所帶兵七百名，寧夏營都司所帶兵五百名。刻下驛路梗塞，不能前進，應請先行截留，駐扎歸德，以資守禦。其未到之陝甘兵二千餘名，皆係調赴李僡軍營。臣自當隨時查看，或令統赴李僡軍營，或即截留豫省。總期權其緩急，斟酌派調。斷不肯以有用之兵，置之無用之地；亦不肯自固門户，置大局於不問。

所有酌量撥調緣由，除分咨查照外，理合恭摺由驛六百里具奏，伏乞皇上聖鑒。謹奏。

咸豐三年四月二十六日奉到硃批：另有旨。欽此。

0101. 河南巡撫陸應穀附奏請將周仁壽及王官亮留豫差委片

咸豐三年四月二十九日[①]

再，賊匪竄擾皖省，河南歸德、陳州等處，均與毗連，防堵吃緊，在在需員差委。查有前任江西南康縣知縣周仁壽，由即用［知］縣分發福建。親老告近，改掣江西題補。旋經丁憂服滿起復，例應仍發福建原省補用，現在來豫措資。又有揀發廣西委用知縣王官亮，由舉人捐輸議叙知縣，揀發廣西，路過豫省。以上二員，係臣前在順天府尹暨江西巡撫任内曾經接見，深知該二員才具優長，精明幹練。今該員等［來］[②] 豫謁見。現當防堵緊要之時，需員差遣。合無仰懇天恩，俯准將前任江西南康縣知縣周仁壽、揀發廣西委用知縣王官亮二員，留於豫省差委，俟有知縣缺出，即分別照例叙補。

① 據中國第一歷史檔案館館藏《録副奏摺》縮微號276—0348。

② 同上。

臣為差委需員起見，是否有當，理合附片具奏，伏乞聖鑒訓示。謹奏。

咸豐三年五月初五日奉到硃批：另有旨。欽此。

0102. 河南巡撫陸應穀附奏飭總局司道察議信陽糧臺改設何處捷便片

咸豐三年

再，臣前請將豫省糧臺改歸安徽（壽）［籌］辦，欽奉上諭：安徽巡撫李嘉端到任尚需時日，接辦乏人，恐致貽誤。着陸應穀仍飭現辦糧臺各員，妥為照料。并隨時知照署安徽藩司奎綬、臬司張印塘，一體派員接應，無誤轉運。等因。欽此。遵即恭録咨行，并札署藩司鄭敦謹，體察情形，妥為經理。

旋據該署司詳稱：大兵齊赴下游，行程逾遠。糧餉、軍火仍存信陽，運轉繞道迂回。請將糧臺改移歸德之永城，取（到）［道］宿州前至江浦，較為捷便。臣查所議係屬合宜。正在飭辦間，接准欽差大臣琦善咨會業已奏明，臣飛飭該署司鄭敦謹，速將信陽糧臺改設歸德，并飭調辦糧臺之開封府知府瑛桂，會督各委員，星馳前來妥辦。惟原議取道宿州前赴江浦，今琦善陳奏令由徐州徑赴天長、六合，兩路究係何處捷便，現飭總局、司、道察議。容俟覆到，由臣確核辦理。

所有改移糧臺缘由，謹附片具奏，伏乞聖鑒。謹奏。

硃批：知道了。欽此。

0103. 河南巡撫陸應穀奏陳豫省軍需經費支絀請旨飭部由鄰省分撥銀百萬解豫摺

咸豐三年

奏為軍需經費支絀，待用孔殷，恭摺奏祈聖鑒事。

竊照逆匪攻陷武昌，豫省奉調官兵、馬匹，需用浩繁。前次奉撥銀七十萬兩，以及本省扣平捐輸等項銀兩，實不敷用。經臣奏請敕部續撥銀一百萬兩，以備支應。奉旨：部速議具奏。欽此。旋准户部議，以現在江西、安徽等省防剿尤關緊要，應籌軍餉，當先其所急。所調兵馬，叠奉諭旨飭催。琦善、陳金綬分路進剿，豈容久駐豫省，坐糜糧餉？擬將清查收存及應解部飯銀十四萬六千餘兩，准留本省，歸入軍需項下支銷。并官員捐輸十一萬餘兩，合之先經奏留、奏撥之數，已有一百六十萬之多。數月之間，當已足敷支發。等因。

伏查河南奉調官兵一萬八千八百餘名，調派本省兵丁二千二百餘名，調馬一萬匹。現雖奏減三千五百匹，尚有六千五百匹。鹽糧、馬乾，加以（掣）［製］造火藥、火繩、鉛丸、槍炮、軍裝、器械、鑼鍋、帳房，并各項器具雜項，支用實屬繁多。前留減平銀十萬兩，官員捐輸十一萬餘兩，上年防堵京餉未到以前，業已陸續支用無存。即部撥銀七十萬兩，除（掣）［製］造軍裝一切，并解信陽州糧臺南陽、光州防堵支應外，省局現僅存銀十餘萬兩，加以現奉（指）［旨］留銀十四萬六千餘兩，共止二十餘萬兩。雖欽差大臣琦善、直隸提督陳金綬現在（代）［帶］兵分路進剿所有糧餉等項，兩次欽奉諭旨，飭臣派員源源接濟。是豫省所請之餉，即為安徽進剿之需。而自豫至安徽，計程已遥。大兵愈行愈遠。糧餉、軍裝等項，水陸交馳，動需時日。若不先時請撥，安能如期濟運？即本省留防馬兵支應，采辦（掣）［製］造，亦皆刻不容緩。且（裕）［豫］省歸德、陳州二府及光州所屬，多與安徽毗連，相機防剿，除前留山西、直隸兵外，近又奏請添留青州駐防兵、陝西兵，合共幾六千名，用項尤無一定。明知户部籌撥維艱，可以節省，莫不籌畫。無如軍用緊急，萬難緩待。儻有遺誤，臣一身不足惜，其如國事何？據辦理總局、司、道會詳請奏前來。

臣覆加體察，係屬實在情形。合無仰懇皇上天恩，俯准飭部於鄰近省分，撥銀一百萬兩，兼程解（裕）［豫］，以濟急需。如用有餘剩，仍即儘數解部，斷不敢以軍需專款，留作别用。并飭總局、糧臺各員，撙節動支，勿得絲毫冒濫，以昭核實慎重帑項。

軍需緊要，理合由驛五百里恭摺具奏，伏乞皇上聖鑒。謹奏。

0104. 河南巡撫陸應穀奏請將寧夏營都司雍恰布革職并將該都司原帶官兵另行派員管帶摺

咸豐三年

奏為官兵過境滋擾，請將約束不嚴之領兵官革職審辦，恭摺具奏，仰祈聖鑒事。

竊臣前准兵部咨，欽奉上諭：給事中金肇洛奏，兵差騷擾過甚，請飭嚴查一摺。著統兵大員嚴飭將弁遍行曉諭，兵丁經過地方，於例外絲毫不准騷擾。并著各督撫飭令該州縣，按例支應，催令前進。如有前項弊端，即將滋事官兵指名禀報，督撫奏聞，嚴行懲辦。等因。欽此。當經恭録轉行。凡屬帶兵之官，俱應恪遵。乃兹據長葛縣知縣彭元海禀報：本年正月二十一日，陝西寧夏營都司雍恰布，帶領寧夏、延綏等營弁兵四百五十名到站。當即遵照傳牌，備給車二百九十二輛、馬八十九匹，并按名應付鹽糧，催令前進。詎該兵丁將發給車馬私行賣放，復向訛索車輛、馬匹，勒折價一百四十餘串。并有兵丁數十人擁至公所喧鬧，率將衣包、衣服等物攫去。該縣家丁余升上前攔阻，即被攢毆，踐傷小腹。

告知帶兵大員，推諉不理等情。

臣查此項官兵，係調赴荊襄防剿。該縣既已照付車馬，乃輒私行賣放，復向訛索滋擾，勒折錢文，實屬目無法紀。該都司坐視不管，恐難保無故縱情弊。惟該官兵業已過境，行抵襄陽，未能扣留。相應請旨，將陝西寧夏營都司雍恰布革職，交辦理軍務雲貴督臣羅繞典就近審明辦理，并將該都司原帶官兵，另行派員管帶。

除咨陝甘、雲貴兩督臣知照外，理合恭摺具奏，伏乞皇上聖鑒。謹奏。

咸豐三年□月□日奉到硃批：另有旨。欽此。

0105. 河南巡撫陸應穀附奏樊琨等十三員暫留豫省聽候差委片

咸豐三年*

再，現在豫省辦理防剿，設立軍需總局、糧臺，辦運糧餉、軍火。事務繁重，在在需員差遣。茲據總局、司、道詳稱，查有丁憂直隸州用前任安陽縣知縣樊琨，前任內黄縣知縣趙堃，前任新野縣知縣韓潮，前發河南候補知縣李雲、黄缙昌，前發河南候補府經歷王履泰，或已領咨起程，因道路梗塞折回；或因患病，尚未請咨回籍。又有現報服闋來豫之前任內黄縣知縣李福源、候選知縣前任固始縣知縣章節文、候選知州前發河南候補知州羅景鄂、現報病痊之前任濬縣知縣趙樹桐、捐納兵馬司副指揮前發河南候補縣丞張紹英，又丁憂回籍游幕來豫之前發河南候補府經歷蔣鳳標、坐選中牟縣典史葉建等十三員，均係在豫年久，熟悉地方情形。現因差委需員，分委糧臺、總局差遣，均能實心任事。呈請奏留前來。合無仰懇天恩，俯念軍務需員，准將該員樊琨等暫留豫省，聽候差委，以收指臂之助。

仍俟軍務告竣，分別飭令回籍守制、赴部候選外，理合附片具奏，伏乞聖鑒。謹奏。

咸豐三年□月□日奉到硃批：均着照所請行。該部知□。

0106. 河南巡撫陸應穀附奏河南省城辦理團練并招募訓練壯勇片

咸豐三年*

再，前奉諭旨，飭令紳士團練。臣當與藩、臬兩司酌議章程，并刊告示，飭發各屬認真辦理。省城紳士業已團練義勇一千五百名，一切經費俱由紳民自行經理。惟多係鄉民，竊恐未盡得力。而省城周圍寬闊，若兵力單弱，實不足以資防守。現在滿營、駐防、撫標開封三營存兵，僅二千餘名，不敷守禦。臣前飭祥符縣挑募壯勇一千名，現已募得五百名，飭交留豫差遣之廣西都司常啓雲認真訓練，以資防守而壯聲威。

所有團練并招募壯勇緣由，理合附片陳奏，伏乞聖鑒。謹奏。

咸豐叁年奉到硃批：知道了。欽此。

0107. 河南巡撫陸應穀附奏飭下兩廣總督及廣西巡撫飭令各州縣確查洪逆首從祖墓以便開鑿發掘片

咸豐三年*

再，洪逆起自廣西，狼奔豕突，至於蹂躪五省，擾亂四年，尚未殲滅，固由諸臣辦理不善，或其山川凶煞之氣有所獨鍾，儻宣泄則逆焰可以潛消。昔唐黄巢之亂，以掘黄人谷而巢亡；明李自成之亂，以邊大受掘其祖墓而自成亡。古有明徵，今亦宜然。合無仰懇皇上飭下兩廣總督、廣西巡撫，轉飭各州縣，確查首逆及從諸三代祖墓并其坐基後之山脉，概行開鑿發掘，庶足以讋凶頑而懲大懟。

臣愚昧之見是否有當，伏乞聖（上）［鑒］。謹附片密奏。

0108. 河南巡撫陸應穀附奏請飭江蘇撫臣督飭上海道將掌管沙船之要緊三人傳集調開片

咸豐三年

再，逆賊自長沙潰出，到處搶掠船隻，故得順流直下，蔓延數省。現在占踞江寧，勢必窺視蘇松。而（海）［上］海地方，向為天津、奉天商販沙船所聚之區。若被竄至該處，掠船出海，數日可達天津、奉天。賊情詭譎，不可不防。臣（遇）［愚］思慮所及，自不敢壅於上聞。相應縷陳，請旨敕下直隸督臣、盛京將軍，各駐重兵，嚴密防範。

抑臣更有請者，查上海沙船每艇必有三人掌管，一名大老，一名二老大，一名三老大。此三人一掌羅盤，一掌梢柁，一辨風色，測量淺深。其餘水手，皆無能為。應請迅飭江蘇撫臣，督飭上海道，即將此等沙船上掌管之要緊三人，（具）［俱］行傳集調開。則賊掠船無人駕駛，自可無虞。

理合附片具奏，伏乞聖鑒。謹奏。

硃批：另有旨。欽此。

0109. 河南巡撫陸應穀奏陳遵旨抽撥防守信陽之山東兵馳赴安徽并委署藩司鄭敦謹總司糧臺摺

咸豐三年*

奏為遵旨調撥防兵，馳赴安徽，恭摺由驛具奏，仰祈聖鑒事。

竊臣於本月二十三日，將琦善、陳金綬督兵進剿日期，并派員接運軍餉情形，具奏在案。二十四日，行抵許州途次，接奉軍機大臣字寄，咸豐三年正月二十一日奉上諭：本日據蔣文慶由六百里加緊馳奏，賊匪全行東下，已到小孤山，省垣危在呼吸。叠次迎催陳金綬前往應援，尚無起身確期。覽奏實深焦灼。陳金綬叠奉諭旨嚴催，諒已起程。若仍繞道湖北，更恐緩不濟急。著即由霍邱縣取道六安州，兼程直赴安慶，與向榮前後夾擊，堵其東竄之路。琦善統帶重兵，仍遵前旨，星速徑赴皖省，與向榮同心協力，保全下游大局。萬不可再有遲延，致誤事機。陸應穀此時已自省城折回南陽否？賊匪全股東下，豫境防兵除酌留將弁扼要守禦外，其餘官兵，均當直赴皖省接應。現在吉林馬隊已由京全數起程，黑龍江馬隊亦陸續到京，次第前往。此項勁旅應由何路趕赴皖境，以備策應，著琦善、陳金綬酌度迎催，毋任迂道，致延時日。軍營糧餉，并著陸應穀派員經理，源源接濟，無稍貽誤。欽此。欽遵。寄信前來。

臣查琦善、陳金綬已於十九日，由湖北一路前赴安徽，計程業已八日。迅速前進，不過數日可抵皖省。倘令折回霍邱，取道六安，轉此迂遠，恐誤事機。

至豫省防剿官兵，經臣先奏調山西兵三千，山東兵一千，續經琦善奏調直隸兵六千，陝甘兵六千，吉林、黑龍江馬隊各二千，共馬、步官兵二萬名。西安駐防兵遵旨調赴荊州後，添調青州駐防兵一千名補數。惟陝西以防堵緊要，扣留一千一百八十名，實調兵一萬八千八百餘名。現據琦善來咨，自統帶八千名，陳金綬統帶四千名。留豫之兵，南陽屬直隸、陝西、青州兵共二千名，光州屬山西兵一千三百餘名，信陽山東兵一千名，山西兵一千六百餘名，共防兵五千九百餘名。

此時南陽地方雖覺安静，而襄陽土匪根株未絶，所屬時有紅鬍捻匪。留兵二千，尚恐不足彈壓。倘一經調撥，難保土匪不乘機竊發，所關非細。光州所屬有與安徽六安州接壤之處，亦應防賊匪四竄。信陽有糧臺、總局，護送糧餉、軍裝，往來總須兵力，實無可以抽撥。

惟皖省緊急，臣於萬無可撥之中，先就信陽抽撥山東兵一千名，令其馳赴軍營。俟臣到南陽查看，如果土匪肅清，即再撥青州兵一千名，趕赴皖省，以資調遣。至吉林兵已半至信陽，半入豫境，自應由信陽前進，跟追琦善大營，庶免歧誤。黑龍江大兵二千，如尚未出京，則由山東徑赴皖省，甚為捷便，且可備江南之用。倘已起程來豫，自當由歸、陳一路赴皖為便。其琦善、陳金綬糧臺，前經臣各派有隨營委員，并委署藩司鄭敦謹總司其事。兹據琦善咨會，又派開封府知府瑛桂、陝州直隸州邱文藻，馳往幫辦。其餘委員，隨時加派，務期源源接濟，不誤軍行，以冀仰抒聖廑。

所有臣遵旨撥派并辦理情形，謹恭摺由驛六百里加緊具奏，伏乞皇上聖鑒。謹奏。

咸豐三年硃批：知道了。欽此。

0110. 河南巡撫陸應穀奏陳可否飭令陳金綬統帶大兵繞出蕪湖扼守片

咸豐三年*

再，現據蔣文慶奏，賊匪大隊已至小孤山，距安慶甚近，勢頗危急。安慶城小濱江，龍山俯臨城內，防守更難。惟望向榮大兵追及，可以解圍。賊匪既至安慶，勢必順流而下，直犯江寧。江寧地勢險要，城垣堅固，惟周圍數十里未免空闊。自非厚積兵力，不足以資防守。且淮、揚兩府，為北方咽喉，亦應豫為設防。臣擬請皇上速派山東精兵，馳赴瓜州口，以為聲援。并請酌派浙江精兵，馳赴江寧，以助堵剿。至近來各處援兵，往往尾賊跟追。賊匪縱橫出没，我兵動輒掣肘。是以未能迅速殲滅。即今琦善、陳金綬之兵，又合向榮為一路。則後追之兵甚多，而迎擊之兵太少。可否飭令陳金綬統帶大兵，繞出蕪湖扼守，一可助安慶防剿之勢，一可截賊匪東下之路，似為妥便。

臣愚昧之見是否有當，伏乞聖鑒。謹奏。

咸豐三年硃批：另有旨。欽此。

0111. 河南巡撫陸應穀附奏淮河上游汝寧信陽等處地方安静并無賊匪占踞片

咸豐三年*

再，欽奉上諭：本日周天爵奏，聞賊匪另股奇兵，竄至汝寧、信陽一帶，已踞淮河上游。并未據該撫奏聞，恐係傳播浮言。著陸應穀迅速確查具奏。等因。欽此。

臣查自賊匪潰出武漢之後，恐有竄往他處潛伏窺伺，節經飭委員弁，馳往偵探。據各回稱，該逆實已全股東下，現在汝寧、信陽等處地方安静，并無占踞淮河上游之事。惟賊匪已竄至安徽，豫省歸德、陳州兩府，比比毗連，不可不嚴密設防。

除飭各屬認真查探，隨時禀報外，理合附片陳奏，伏乞聖鑒。謹奏。

咸豐三年□月□日奉到硃批：知道了。欽此。

0112. 河南巡撫陸應穀代奏周之琦愿將舊有田產入官變價捐輸摺

咸豐三年

奏為據請代奏，仰祈聖鑒事。

竊臣於二月二十日奉上諭：周祖培等奏，遵保在籍紳士籌辦團練一摺。河南在籍前任廣西巡撫周之琦，著會同各該地方官，倡率督辦捐輸團練事宜。周之琦前任廣西，失察地方結會奸徒，養癰貽患，本有應得之咎。此次派令捐輸團練，應如何感知愧奮，竭力自效，以冀稍贖前愆。等因。欽此。遵即恭録轉行欽遵去後。

兹據前任廣西撫臣周之琦呈稱：跪讀聖諭，悚懼戰兢，莫可言喻。伏念之琦奉職無狀，於地方奸宄不能先事覺察，咎有應得。仰蒙皇上恩施逾格，不加譴責，仍令捐輸團練自效。從此未盡之年，皆高厚生成所賜。具有天良，敢不殫竭愚忱，力圖報效，以期勉贖愆尤。豫省於上年十一月間，自湖北漢陽府失守，當經捐備制錢二千串，與丁憂知府張光第、同知萬金鏞等及各紳士，面商設局籌辦防堵。開挖城濠，修補城垣。招募鄉勇，隨同地方文武，分門教練，稽查奸細，務收實用。均經報明開封府有案。

惟所捐經費為數無多，寸心難安。之琦舊有田產，皆出自廉俸之餘。久欲變價捐輸，祇因汴省迭遭災祲，迄無售主。竊思一絲一粟，悉由恩賜。當此賊氛未靖，自恨衰之質不能披堅執鋭，效力行間，謹將坐落通許縣李左等處共地二十頃零，一併呈繳。倘蒙恩准捐納，即將原契檢齊呈送。不特之琦寸衷寅感，即各紳士亦可相率捐輸，稍助經費。呈懇代奏前來。

臣查前任廣西撫臣周之琦，居住省垣，上年十一月賊陷漢陽之時，即在開封府呈明捐錢二千串，會率紳士，招募鄉勇教練。兹復以地畝呈請入官變價，出於誠悃，不敢壅於上聞。如蒙俞允，再行招售，以充經費。倘一時未得售主，即委員會同通許縣，召佃耕種。所得租科，酌定易銀數目，除完地丁錢糧外，儘數解司報部撥用。

所有呈請緣由，理合恭摺代奏，伏乞皇上聖鑒訓示。謹奏。

咸豐三年□月□日奉到硃批：另有旨。欽此。

0113. 河南巡撫英桂行移附奏兩江咨借火藥酌撥硝磺解交製用片

咸豐四年五月十三日

札布政司/軍需局。照得本部院於咸豐四年五月十二日附奏，兩江咨借火藥，因製存無多，酌撥硝磺，解交製用緣由一片。除俟奉到硃批，另行恭録札知/移咨外，合先抄片札行。咨送。札到該司。局。即便查照。毋違。此札。

計粘抄片稿一紙。

札布政司。軍需局。

為移咨事。竊照云前，合先抄片咨送。為此合咨貴部堂，請煩查照施行。

計咨送片稿一紙。

一　　　　咨

兩江總督部堂

咸豐四年五月十三日。軍務局屈存忠承。

附奏兩江咨借火藥酌撥硝磺解交製用一片。

河南巡撫部院兼提督軍門英。劃。

監印官候補縣丞周藹。

附録片稿：河南巡撫英桂附奏兩江咨借火藥酌撥硝磺解交製用片

咸豐四年五月十二日

再，前准兩江督臣怡〈良〉咨借火藥三萬斤，解蘇應用。臣查江蘇現在需用軍火緊要，自當不分畛域，撥解接濟。惟豫省各路防剿支用浩繁，制存火藥無多，未能分撥。隨飭酌撥淨硝五千斤，磺一千二百五十斤，計可制藥一萬斤，派委東河候補主簿章炳康，於本年四月初七日，管領解交自行製造備用。兹據軍需局具詳前來。

除咨明兩江督臣查照外，謹附片奏聞，伏乞聖鑒。謹奏。

0114. 河南巡撫英桂行移附奏兩江咨借火藥酌撥硝磺解交製用一片奉硃批

咸豐四年六月初三日*

札布政司。軍需局。照得本部院於咸豐四年五月十二日附奏，兩江咨借火藥，因製存無多，酌撥硝磺，解交製用緣由一片，業已抄片札知移咨在案。兹於六月初三日，奉到硃批：知道了。欽此。合就相應恭録札行。移咨。札到該司。局。即便欽遵查照。毋違。此札。

札布政司。軍需局。

為移咨事。竊照云前，相應恭録移咨。為此合咨貴部堂，請煩欽遵查照施行。

一　　　　咨

兩江總督部堂

0115. 河南巡撫英桂行移附奏豫省截留陝甘督標兵飭令仍赴江南片

咸豐四年六月十九日*

札軍需局。照得為移咨事。竊照本部院於咸豐四年六月十九日附奏，豫省截留由皖派撥護送陝甘總督關防之陝甘督標兵二百名，飭令仍赴江南緣由一片。除俟奉到硃批，另行恭録札知移咨外，合先抄片札行。咨送。札到該局，即便會同兩司查照。毋違。此札。

計粘抄片稿一紙。

札軍需局。

云前，合先抄片咨送。為此合咨貴大臣;部堂;請煩查照飭知施行。

計咨送片稿一紙。

一　　咨

欽差大臣琦　揚州一帶探投。

前兩江總督部堂牛　陳州一帶探投。限行六百里。

陝甘總督部堂

附録片稿：河南巡撫英桂附奏豫省截留陝甘督標兵飭令仍赴江南片

咸豐四年六月十九日

再，前准欽差大臣琦善來咨：以豫省截留由皖派撥護送陝甘總督關防之陝甘督標兵二百名，仍令調回江南軍營助剿。并奏奉諭旨，敕臣酌度情形，如非十分急需，即飭令赴揚。等因。

經臣查得前項兵丁，派赴陳州剿堵。彼時正值吃緊之際，奏明暫緩飭回在案。兹陳州剿捕捻匪，地方漸就肅清。除將該兵丁二百名，飭令仍赴江南，并咨照琦善外，其餘駐扎陳州兵勇，現在牛鑑因病請假，雖據咨明仍在陳州調理，究恐照料難周。現檄飭留豫差委之江西候補知府陳鼎雯，前往幫同牛鑑彈壓。

合併附片陳明，伏乞聖鑒。謹奏。

0116. 河南巡撫英桂行移附奏豫省截留陝甘督標兵飭令仍赴江南一片奉硃批

咸豐四年六月二十八日*

札軍需局。照得為恭録移咨事。竊照本部院於咸豐四年六月十九日附奏，豫省截留由皖派撥護送陝甘總督關防之陝甘督標兵二百名，飭令仍赴江南緣由一片，業已抄片札知咨送在案。兹於本月二十八日，在朱仙鎮途次，奉到硃批：知道了。欽此。合就相應恭録札行。移咨。札到該局，即便會同兩司，欽遵查照。毋違。此札。

札軍需局。

云前，相應恭録移咨。為此合咨貴大臣;部堂;請煩欽遵查照飭知施行。

一　　咨

欽差大臣琦　揚州一帶探投。

前兩江總督部堂牛　陳州一帶探投。　限行六百里。

陝甘總督部堂

0117. 河南巡撫英桂行移具奏西安將軍舒倫保途次因病出缺摺

咸豐四年七月二十一日

札軍需局。照得本部院於咸豐四年七月二十日，在信陽州行營，由驛具奏，西安將軍途次因病出缺一摺。除俟奉到硃批，另行恭録札知移咨外，合先抄摺札行。咨送。札到該局，即便會同兩司，移行查照。毋違。此札。

計粘抄摺稿一紙。

札軍需局。

為咨送事。竊照云前，合先抄摺咨送。為此合咨貴大臣，副堂，部堂;院;將軍，鎮，請煩煩為查照施行。

計咨送摺稿一紙。

一　　咨

欽差大臣勝　高唐一帶探投。

欽差都察院副堂袁 臨淮關探投。王 陳橋探投。

直隸湖廣陝甘總督部堂

前兩江廣總督部堂牛 陳州府探投。徐 歸德府探投。

河東總河部堂

陝西巡撫部院

署西安將軍扎　潼關探投。

署南陽總鎮崇

署河北總鎮富

咸豐四年七月廿一日。軍務局程騰蛟承。

具奏西安將軍舒〈倫保〉途次因病出缺一摺。

河南巡撫部院兼提督軍門英。劃。

附録摺稿：河南巡撫英桂具奏西安將軍舒倫保途次因病出缺摺

咸豐四年七月二十日

奏為西安將軍途次因病出缺，恭摺奏聞，仰祈聖鑒事。

竊照西安將軍舒倫保奉命帶兵剿辦楚逆，經前湖廣督臣台涌奏奉諭旨，飭令來京。舒倫保遵旨啓程，於七月初八日行抵信陽。臣晤見接談，看其精神恍惚，行動艱難，勸令暫住州城，延醫調治。詎意背脊忽生惡瘡，腫痛潰爛。臣復至其寓所，見其精神十分委頓。每與臣言，因氣成病，外癥頓生，未能掃盡楚氛，終負聖主委任。言語未完，涕零不止。臣諄屬安心調理，總可遂報效私忱。至十五日以後，神氣昏沉，時發譫語，仍以出隊殺賊為念。無如瘡毒内陷，醫藥無靈，竟於七月十八日酉刻，因病出缺。

伏念該將軍老成持重，久歷行間。當此烽火未消，立誓蕩兹醜類，未能如願，長逝堪嗟。查該將軍之子，年甫九歲，并未隨帶，祇有護印弁兵數人同行。其身後一切事宜，經臣督同署信陽州知州袁詵，妥為料理，派定丁役，護送靈柩回旗。

除將西安將軍關防由臣添派委員，會同原派官弁，賫送陝西潼關防所，交署將軍扎拉芬接收外，所有西安將軍舒倫保在信陽因病出缺緣由，謹繕摺由驛具奏，伏乞皇上聖鑒。

再，舒倫保家丁呈到遺摺一扣，聲請代遞。相應恭呈御覽。謹奏。

0118. 河南巡撫英桂行移具奏西安將軍舒倫保途次因病出缺一摺奉硃批

咸豐四年閏七月初五日*

札軍需局。照得本部院於咸豐四年七月二十日，在信陽州行營，由驛具奏，西安將軍途次因病出缺一摺，業已抄摺札知咨送在案。兹於閏七月初五日，奉到硃批：知道了。欽此。合就相應恭録札行。移咨。札到該局，即便會同兩司，欽遵移行查照。毋違。此札。

札軍需局。

為恭録移咨事。竊照云前，相應恭録移咨。為此合咨貴大臣，副堂，部堂，院，將軍，鎮，請煩煩為查照施行。

一　　　　咨

欽差大臣都統勝

欽差都察院副堂袁王

直隸湖廣陝甘總督部堂

前兩江廣總督部堂牛徐

河東總河部堂

陝西巡撫部院

署西安將軍扎

署南陽總鎮崇

署河北總鎮富

0119. 河南巡撫英桂行移具奏請將豫省出師未回兵丁兵額先行募補并外省留防官兵酌量撤回另募壯勇摺

咸豐四年閏七月十四日*

札布政司。標下中軍。軍需局。照得本部院於咸豐四年閏七月十四日，在信陽州行營，由驛五百里具奏，豫省出師未回兵丁，日久查無下落，勢難懸曠，請將兵額先行募補，以實營伍，并外省留防官兵，未能得力，酌量撤回，另募壯勇，以資防剿而節糜費一摺。除俟奉到硃批，另行恭録札知移咨外，合先抄摺札行。咨送。札到該司，將，局，即便移會歸、考二營會同兩司查照。毋違。此札。

計粘抄摺稿一紙。

札布政司。標下中軍。軍需局。

為咨送事。竊照云前，合先抄摺咨送。為此合咨貴鎮，部堂，院，請煩為查照施行。

計咨送摺稿一紙。

一　　咨

署護理南陽河北總鎮崇富

陝甘總督部堂

陝山西巡撫部院

附録摺稿：河南巡撫英桂具奏請將豫省出師未回兵丁兵額先行募補并外省留防官兵酌量撤回另募壯勇摺

咸豐四年閏七月十四日

奏為豫省出師未回兵丁，日久查無下落，勢難懸曠，請將兵額先行募補，以實營伍，并外省留防官兵，未能得力，酌量撤回，另募壯勇，以資防剿而節糜費，恭摺奏祈聖鑒事。

竊照軍興數載，徵調絡繹。向例兵丁出師，本省原營坐糧，仍給該兵家屬支領，以資養贍。在防遇有事故，隨時由防所咨照原省，開除另補。若係陣亡，准令本家子弟頂充。如非陣亡，則應查辦，其家屬不得再領坐糧。歷久遵照辦理。豫省調赴廣西、湖南等省征兵，凡接准來咨，均經分别遵辦。惟湖北所調豫省官兵，日久未回。屢次咨查，久未覆到。推原其故，自因前年武昌省城失陷，文武各員率皆殉難，帶兵官奉派守城者亦多陣亡，一切卷案無存，遂致無從稽查。

臣自上年十月到任，查悉豫省調楚官兵二千名，其中奉有文書遣回歸伍者，不過百十中之一二。詢其未回官兵實在下落，悉稱陣亡，要亦不能指實。當經叠次咨查，并專函詢催，迄未見覆。曾於四月間將查無下落之帶兵官，自參游以至千把總，共計四十五員名，未便懸缺久待，奏請先行開缺，分别選補，以專責成。仍俟湖北查明各員是否陣亡，分别辦理。仰蒙俞允，勑部遵辦在案。兹又事閲數月，仍未准查覆。且武昌又為賊踞，雖克復可期指日，而案卷定已無存。所有征調兵丁，若俟覆到開除另補，實屬遥遥無期，不特該兵家屬久領坐糧，徒糜經費，抑且營中曠缺兵額久懸。現當皖、楚賊氛未平，邊境防剿吃緊，在在需兵，即在在多費。拘於成例，將何以實營伍而節虚糜？斟酌變通，相應縷晰奏聞。請自奉旨之日為始，先將未回各兵均行開缺，另為募補，以實兵額。

惟曠缺開補各兵家屬，例不得再給坐糧。而此中情形不同。其實有困苦顛連、貧而無告者，平時藉糧養命，一旦扣除截止，何以謀生？且是否陣亡，既難懸定，應否恤賞，無從區分。臣上年防堵南陽，節據各兵家屬扶老携幼，籲乞陣亡恤賞。當時以未經查明，曉諭遣散，悲號啼哭，情實堪憐。今并除其坐糧，更不足以示體恤。酌量再四，擬查其實在赤貧、鰥寡孤獨之户，即由臣率屬倡捐廉俸，給予守兵半分坐糧，仍以一年為期。彼時軍務大定，如果實係陣亡，即照陣亡之例辦理，以歸核實。

再，豫省上年逆匪竄擾，前撫臣陸應穀節次奏調并截留外省官兵，分派防剿。臣抵任時，查共四千七百餘名。因訪聞多有老弱衰病，難期得力，經臣附片奏明，裁汰分遣。截至本年六月止，陸續遣回兵一千七百餘名。又，除前湖廣督臣台湧調楚進勦陝甘官兵一千餘員名外，實在防所客兵一千九百餘員名。惟查此項官兵，或久駐帳房，或隨同勦匪，到防已歷年餘及二年不等，日久疲乏，又多不服水土。體查情形，難期得力。與其虛耗餉糈，莫如遣令歸伍。第豫省東、南、北三路，現皆密邇寇氛，防堵不容稍疏。兵勇本形單薄，今外省征調之兵既因無用遣回，又未便另請調撥。計惟添募壯勇，庶足藉壯聲威。且募勇之資，較之征兵所需，節省可期倍蓰。壯勇口糧，每名每日不過發制錢二三百文，既不兼支行坐，又無俸賞、行裝。所過沿途州縣，亦無支應供給之煩。又況壯勇皆本省民人，地利熟習，水土相宜。一經管帶得人，訓練有方，使之奮力效用，較諸征調之兵，反為得力。是不但節省經費，而於軍務亦大有裨益。

臣現將外省留防各官兵，除擇其實在得力者暫緩遣回外，其餘槩令撤回歸伍。另募壯勇三千名，派員統帶，勤加操練，以補兵力之不足。所需經費，核計從前客兵之需，尚餘其半。是為節省之明徵。惟募勇之費，現經部議通行，必須奏明，方准開銷。謹據實奏懇天恩，俯念募勇經費正與兵餉無殊，請仍照支發兵餉之例，准令作正開銷，敕下部臣，核覆飭遵。

臣為體察情形、因地制宜起見，合將豫省出師未回兵丁開缺另補，及遣撤外省官兵，另募壯勇，以節糜費而資防勦緣由，謹繕摺縷陳，伏乞皇上聖鑒訓示祇遵。謹奏。

0120. 河南巡撫英桂行移附奏河南商城汛外委蘇文昇管解火箭火藥遲延請旨即行革職片

咸豐四年閏七月二十二日*

札布政司。照得為移咨事。竊照本部院於咸豐四年閏七月二十二日，在信陽行營附奏，商城汛外委蘇文昇管解火箭、火藥遲延，請旨即行革職一片。除俟奉到硃批，另行恭録札知移咨外，合先抄片札行。咨送。札到該司，即便移行查照。毋違。此札。

計粘抄片稿一紙。

札布政司。

云前，合先抄片咨送。為此合咨貴部，鎮，請煩為查照施行。

計咨送片稿一紙。

一咨

兵部

南陽總鎮

附録片稿：河南巡撫英桂附奏河南商城汛外委蘇文昇管解火箭火藥遲延請旨即行革職片

咸豐四年閏七月二十二日

再，臣查上年八月間，據汝寧府知府廖甡以緝捕需人，稟請將委解軍火遲延之署汝寧營西平汛把總商城汛外委蘇文昇，募勇緝捕，以贖前愆，當經前撫臣陸應穀批准飭遵在案。茲據前管河南糧臺藩司鄭敦謹詳稱，上年信陽糧臺奉欽發火器營之火箭、健鋭營八旗之火藥等項，當因軍行迅速，雇備騾頭不敷馱載，隨酌分三起解送。頭起委署汝寧營西平汛把總商城汛外委蘇文昇，管解計火藥一萬七千八百斤，共三百四十簍；火箭一千五百九十二枝，内裝藥五百九十二枝，共四十七箱；未裝空筒一千枝，共六十二捆；又火箭藥二千斤，共五十簍。撥給馱騾八十三頭，酌給運脚盤費銀四百七十兩，并派撥兵勇護送。於上年二月初七日，自信陽起程，飭令按照欽差大臣琦〈善〉抄發單開路程，由湖北應山、羅田，安徽英山、懷寧等處行走，探赴大營交收。

詎該弁蘇文昇并不遵照所定路程趲行，遽將騾頭遣回，即在黄岡縣地方雇船，改由水運前進。至二月二十七日，始抵皖省。探明大兵已由桐城一帶馳赴浦口，該弁又不設法趕緊解往，輒在皖省城外將所運藥箭等項寄存民房，僅留兵四名看守，自同其餘兵勇，藉稱續領盤費，轉回信陽。

其時，糧臺已移設徐州。迨二起委弁胡鳳鳴於二月十三日起程，將分解火藥、火箭等項解到大營，回徐銷差，而頭起尚無消息，詳請咨查。旋奉前安徽撫臣李嘉端咨會，據懷寧縣稟稱，查該弁蘇文昇管解前項火藥、火箭到皖，寄存城外民房，自回豫省，日久未見回來。經該縣稟明，另行委員接解。嗣因道路梗阻，又復稟明暫緩起程。至五月初三日，探報下游賊船上竄城外。恐有疏虞，隨將前項藥、箭搬運進城。詎搬運無多，賊船突至。倉卒閉城，勢難兼顧。所運火藥，與賊接仗，業已動用。其未及搬運藥、箭，現在查無着落等情。咨復前來。該司當會同幫辦糧臺之徐州道王夢齡，具詳請參。經前撫臣批據汝寧府稟，仍令募勇剿匪，以贖前愆，暫緩參辦。等因。

該司查前項火藥、火箭，均係欽發之件。該弁蘇文昇奉委管解，自應慎重趲行，以期無誤。乃始則改由水路，已屬不合。迨行抵皖省，輒寄存民房，擅自回豫，置軍火要需於不顧，以致遺失無存，實難辭咎。詳請核辦前來。

臣覆查當此用人之際，固宜寬假以惜人材。而軍用所關，亦應懲儆以重公務。該弁雖長於緝捕，究未便稍事姑容。相應據實奏參，請旨將河南商城汛外委蘇文昇即行革職，以為玩誤公事者戒。

所有遺失火箭、火藥等項，除查明懷寧縣動用確數，其餘責令該弁按照例價賠繳，另行咨部查核外，謹附片具奏，伏乞聖鑒。謹奏。

0121. 河南巡撫英桂行移附奏候補州吏目趙振鏞委解帳房等物捏病規避請旨革職片

咸豐四年閏七月二十二日*

札軍需局。照得為移咨事。竊照本部院於咸豐四年閏七月二十二日附奏，候補州吏目趙振鏞，委解帳房等物，捏病規避，請旨革職一片。除俟奉到硃批，另行恭録札知移咨外，合先抄片札行。咨送。札到該局，即便會同兩司，移行查照。毋違。此札。

計粘抄片稿一紙。

札軍需局。

云前，合先抄片咨送。為此合咨貴部，請煩查照施行。

計咨送片稿一紙。

一咨

吏部

附録片稿：河南巡撫英桂附奏候補州吏目趙振鏞委解帳房等物捏病規避請旨革職片

咸豐四年閏七月二十二日

再，臣接准欽差大臣琦善來咨，移取上年陝甘督標官兵寄留信陽州之帳房什物，解營應用。當飭署該州知州袁詵，眼同原派看守兵丁等，查驗編號，雇備車輛，檄委分道差委之候補州吏目趙振鏞管解前往。乃該吏目奉委後延不起程。經臣轉飭嚴催，仍敢捏病推諉。實屬規避，斷難姑容。相應奏參，請旨將河南候補州吏目趙振鏞，即行革職，以示懲儆。

除帳房什物另行委員管解外，謹附片具奏，伏乞聖鑒。謹奏。

0122. 河南巡撫英桂行移具奏請將豫省出師未回兵丁兵額先行募補并外省留防官兵酌量撤回另募壯勇一摺奉硃批

咸豐四年閏七月二十六日*

札布政司。標下中軍。軍需局。照得本部院於咸豐四年閏七月十四日，在信陽州行營，由驛五百里具奏，豫省出師未回兵丁，日久查無下落，勢難懸曠，請將兵額先行募補，以實營伍，并外省留防官兵未能得力，酌量撤回，另募壯勇，以資防剿而節糜費一摺，業已抄摺札知咨送在案。茲於本月二十六日，奉到硃批：該部議奏。欽此。合就相應恭録札行。移咨。札到該司，將，局，即便移會歸、考二營，會同兩司，欽遵查照。毋違。此札。

札布政司。標下中軍。軍需局。

為恭録移咨事。竊照云前，相應恭録移咨。為此合咨貴鎮，部堂，院，請煩為欽遵查照施行。

一　咨

南陽河北總鎮

陝甘總督部堂

0123. 河南巡撫英桂行移附奏河南商城汛外委蘇文昇管解火箭火藥遲延請旨即行革職一片奉硃批

咸豐四年八月十六日*

札布政司。照得為移咨事。竊照本部院於咸豐四年閏七月二十二日，在信陽州行營附奏，商城汛外委蘇文昇管解火箭、火藥遲延，請旨即行革職一片，業已抄片札知咨送在案。茲於八月十六日，奉到硃批：另有旨。欽此。除恭録移咨外，合就札行。札到該司，即便移行欽遵查照。毋違。此札。

札布政司。

云前。除恭録札知咨行外，相應移咨。為此合咨貴部，鎮，請煩為欽遵查照施行。

一咨

兵部

南陽總鎮

發。

0124. 河南巡撫英桂行移附奏候補州吏目趙振鏞委解帳房等物捏病規避請旨革職一片奉硃批

咸豐四年八月十六日*

札軍需局。照得為移咨事。竊照本部院於咸豐四年閏七月二十二日，在信陽州行營附奏，候補州吏目趙振鏞，委解帳房等物，捏病規避，請旨革職一片，業已抄片札知咨送在案。茲於八月十六日，奉到硃批：趙振鏞着革職。欽此。除恭録移咨外，合就札行。札到該局，即便會同兩司，移行欽遵查照。毋違。此札。

札軍需局。

云前。除恭録札知咨行外，相應移咨。為此合咨貴部，請煩欽遵查照施行。

一咨

吏部

發。

0125. 河南巡撫英桂行移具奏遵保懷慶府及許州守城擊賊在事尤為出力之文武員弁官紳兵勇摺

咸豐四年八月二十四日*

札軍需局。照得本部院於咸豐四年八月二十四日，在信陽州行營具奏，遵保懷慶府、許州守城擊賊在事尤為出力之文武員弁、官紳、兵勇，核實繕具清單，籲懇恩施，以昭激勸一摺。除俟奉到硃批，另行恭録札知移咨外，合先抄摺札行。札到該局，立即會同兩司，移行查照。毋違。此札。

計粘抄原奏、附片、清單一紙。

[札軍需局]。

為咨送事。竊照云前，合先抄摺咨送。為此合咨貴部，請煩查照施行。

計咨送原奏、附片、清單一紙。

一咨

吏部

兵部

查外省軍營保奏人員，均係奉到諭旨咨送。此次奏保外省人員，可否俟奉旨後再行咨照，并咨兩鎮稟請鑒核。照圈辦。

(下殘)。

0126. 河南巡撫英桂為易棠具奏河南省咨報歸德失利之涼州鎮官兵潰散陣亡情節互异一摺奉上諭事行軍需局札

咸豐四年九月初八日

札軍需局。咸豐四年九月初八日，承准軍機大臣字寄，咸豐四年九月初一日奉上諭：易〈棠〉奏，河南省咨報歸德失利之涼州鎮官兵潰散陣亡情節互异，請飭查核辦一摺。甘肅涼州鎮官兵五百一十八員名，上年在歸德府防剿，遇賊失利，先經陸〈應穀〉以該官兵等打仗潰散，僅存把總馬忠等十五員名咨報。續據報稱，該官兵等均屬陣亡，僅存外委范銘一員，兵丁五名。現經易〈棠〉查明，此項官兵，除游擊馬從龍已據英〈桂〉咨明陣亡外，其陸續投回歸伍者，實有五十名，與陸〈應穀〉先後咨報數目均不相符，請飭查辦。著英〈桂〉將該官兵等究竟是潰是歿，把總馬忠是否被裹投回，此外有無在豫逗留、尚未歸伍之人，均即分别確查，咨覆甘肅，以憑核辦。易〈棠〉原摺，着抄給閱看。將此由四百里諭令知之。欽此。遵旨寄信前來。等因。承准此。合亟恭録札行。札到該局，立即會同兩司，欽遵迅速查明，詳請奏咨。毋遲。切切。此札。

計粘單一紙。

札軍需局。

附録奏摺：易棠具奏河南省咨報凉州鎮官兵歸德戰敗情節互异摺

咸豐四年九月初一日*

陕甘總督臣易棠跪奏，為河南省咨報歸德失利之甘肅凉州鎮官兵潰散陣亡情節互异，請旨飭查核辦事。

竊臣於上年七月内，准前督臣舒興阿行營轉准河南撫臣陸應穀咨稱，歸德打仗，潰散凉州鎮官兵五百一十八員名，現存把總馬忠、外委孟林二員，兵丁劉祥等十三名，應撤回歸伍等因，當經飭營查收。嗣於九月内，復准陸應穀咨稱，據外委范銘禀報，凉州鎮官兵五百一十八員名，在歸德陣亡官十七員，兵四百九十六名，僅存該外委范銘一員，兵丁張正榜等四名，飭令回營歸伍。其粘抄名單内，又添入兵丁顧宗德一名。

查此起官兵，該撫前咨係稱潰散，所存弁兵馬忠等十五員名已撤回歸伍，何以忽又咨報陣亡？已屬互异。又，臣續據凉州鎮呈報，由河南等處先後解到并自行投回歸德失利兵丁單文舉、段喜、趙應武等十二名。又，准綏遠城將軍善禄行營咨報，收獲歸德打仗受傷之凉州鎮外委鄧成、兵丁包榮、馬得福等十七員名。以上二起回營弁兵，亦在陸應穀咨報陣亡數内。是該省所咨，殊未確切。

臣叠經移咨河南省查覆，惟准撫臣英桂咨報，統帶此起官兵游擊馬從龍，在歸德陣亡，經其子查明棺殮。至臣咨查各情，日久未准覆到。而凉州鎮原派帶兵署都司吉爾庫泰之妻張氏、守備馬永禄之妻馬氏及出征兵丁各家屬，以該官兵如果潰散，自必回營，若係陣亡，亦宜查辦，未便先行停餉，致乏養贍，且撤回把總馬忠既一同打仗，如何不知各官兵下落，馬忠戰敗逃走，何能滿載而歸等詞，赴該鎮及臣衙門稟訴。

臣查此起官兵，是潰是没，河南咨報兩歧。惟該撫陸應穀咨報陣亡，係據外委范銘稟詞。該外委當時究竟憑何具稟？至把總馬忠現既被控，外委孟林係與馬忠同時撤回之人，均應提訊明確，以昭核實。當即飭提該弁等來省發司，委員確審。

兹據藩司段大章、兼署臬司祥裕轉據委員蘭州府知府鄧慶恩等詳稱：訊據外委范銘供：上年奉調凉州官兵五百一十八員名，赴山東出征，經河南陸巡撫截留歸德防剿。五月初七日，游擊馬從龍帶領官兵，在南門外土臺地方戰敗，進城同上西南門把守。忽賊由北門進城，官兵下城迎擊，被賊殺斃甚多。伊左眉、右膝受傷，昏迷倒地。迨賊散後，赴城隍廟查看，見游擊馬從龍、署都司吉爾庫泰均受傷身死。伊投至汴梁，因城閉不能進城，即由中牟、鄭州一帶行至鞏縣，收得凉州兵陸長春、張正榜二名，欲投懷慶軍營。行抵洛陽，經差役帶赴該縣訊明，將先到洛陽之凉州兵趙績、王寶仁二名，交伊管帶，給與路票，往投署靖遠協錫副將，留駐孟津。因乏口糧，錫副將給文令赴河南省城，投巡撫衙門。八月初五日，伊等至省投文。經中軍崇參將報明陸巡撫，令伊將歸德打仗陣亡官兵名數具稟。伊因沿途未再遇見凉州官兵，遂報稱陣亡官十七員，兵四百九十六名。陸巡撫因該弁兵等僅止數人，不成隊伍，給文令回甘省原營。適巴里坤鎮經總兵從許州收得凉州兵顧宗德一名，回明陸巡撫，添注單内，一併帶回。伊前在汴梁，陸巡撫令伊開報陣亡人數。伊因沿途只收得兵丁張正榜等四名，再未另見鎮屬兵丁，料係陣亡，是以誤報，并非有心捏飾。

據額外外委孟林供：上年五月初七日，游擊馬從龍帶領凉州官兵，出歸德南門，與賊打仗。伊在城隍廟看守軍裝。旋聞官兵敗退進城，上西南門把守。伊前往探視，馬從龍令伊運送鉛藥。甫至大什字街，賊已從北門進城。伊拔刀砍斃兩賊，不期騎馬受傷落地，被賊刃傷左脖項偏左，昏暈躺臥。迨賊散起視，見經制外委范吉清臥地呻吟，旋見身死。視有凉州兵羅廷玉、孫玉得二人走至，扶伊至城隍廟，見馬從龍、吉爾庫泰并官兵多人，俱受傷身死。伊不暇逐一辨認，當即出城，投至許州陸巡撫軍營。又有凉州兵李貴、康建海二名，并把總馬忠帶領兵丁張成、張成秀、胡廷功、謝天喜、高得買五名，亦先後投至許州。并鄢陵縣解到兵丁韓衍武一名，陸巡撫一併交馬忠管帶。六月初六日，賊匪圍攻許州，經官兵上城擊退。歸德陳知府即帶該弁兵等至省，又收得凉州兵吕進德、劉祥、胡吉伏三名，經馬忠回明陸巡撫，飭令回營歸伍。

據把總馬忠供：上年五月初七日，伊在歸德城內，遇賊接仗，伊左胳膊受傷，被賊裹去。十三日五更，行至陳留，乘間盜馬逃出。聞陸巡撫在許州駐扎，隨即往投。走至鄭州，收得凉州兵張成、張成秀、胡廷功、謝天喜、高得罠五人，詢問各將弁、兵丁，均無下落。十八日，行抵許州，投見陸巡撫，回明歸德失利情形。陸巡撫隨將先經投收之額外［外委］孟林、兵丁李貴等五員名，并鄢陵縣解到兵丁韓衍武一名，一併交伊管帶。六月初六日，賊匪圍攻許州，經官兵擊退。歸德陳知府即帶該弁兵等至省，又收得凉州兵吕進德、劉祥、胡吉伏三名，回明陸巡撫，發給公文，令伊帶回甘省原營歸伍。其餘官兵陣亡多寡，實不知底細。伊因敗受傷被裹，中途盜馬，單身投回，實無載歸資裝。各等語。查驗該弁等受傷屬實，由司具詳前來。

臣查此起凉州鎮出征官兵五百一十八員名，除游擊馬從龍已據河南撫臣英桂咨報陣亡，并由河南及善禄行營飭回歸伍弁兵三十八員名，又各處解送并自行投回兵丁十二名外，尚有官兵四百六十七員名，究竟是潰是歿，自應確切查明，分別核辦，庶陣亡者得以及時請恤，實係潰逃，亦可折服該家屬之心。

今查訊該弁范銘等，僉供：當日賊匪進城，官兵迎戰，被殺甚多。惟馬從龍、吉爾庫泰二員被殺身死，該弁范銘、孟林曾經看見。孟林并見有外委范吉清亦係陣亡。其餘弁兵，是潰是歿，均不能指實。訊之把總馬忠，據稱，當日受傷被裹，於官兵下落，不能知悉。所有范銘原報陣亡之處，據供係屬懷疑誤報。

查該弁等既不能一一確指，自非由豫省就近確查，難期得實。相應請旨飭下河南撫臣，將上年截留歸德防剿之凉州鎮官兵如何與賊接仗失利，除游擊馬從龍已據該省查明陣亡屬實，又撤回歸伍各弁兵均有著落外，其餘官兵，何人潰散，何人陣亡，并把總馬忠是否被裹投回，有無滿載而歸，其陸續歸伍各弁兵是否戰敗散失，抑係臨陣脱逃，確切查明奏報，并咨覆甘省，以便核辦。

至此起官兵現在既無著落，在潰逃者，固應住支錢糧；即實係陣亡，亦（止）應查明，照例請給恤賞，無再支給俸餉之理。乃該家屬等輒以錢糧住支，缺乏養贍，紛紛具稟，實屬婦女無知。臣當即明白批示，令其回家安業，并飭該地方文武妥為曉諭安撫矣。

所有河南省咨報歸德失利官兵情節互异，應請查辦緣由，理合恭摺具奏，伏乞皇上聖鑒訓示。謹奏。

0127. 河南巡撫英桂行移具奏遵保懷慶府及許州守城出力人員一摺奉硃批

咸豐四年九月十七日*

札軍需局。照得為恭録移咨事。竊照本部院於咸豐四年八月二十四日，在信陽州行營具奏，遵保懷慶府、許州守城擊賊在事尤為出力之文武員弁、官紳、兵勇，核實繕具清單，籲懇恩施，以昭激勸一摺，并附奏一片，前已抄録札知咨送在案。玆於九月十七日，（同）奉硃批：另有旨。欽此。合就相應恭録札行。移咨。札到該局，立即會同兩司，欽遵移行查照。毋違。此札。

計恭録上諭一道，照繕清單。

札軍需局。

云前，相應恭録移咨。為此合咨貴部，請煩查照施行。

一咨

吏部

兵部

（下殘）。

0128. 河南巡撫英桂為具奏遵保懷慶府及許州守城出力人員一摺奉硃批事移直隸總督等咨文

咸豐四年九月十七日*

為咨會事。竊照本部院於咸豐四年八月二十四日，在信陽州行營具奏，遵保懷慶、許州守城擊賊在事尤為出力之文武員弁、官紳、兵勇，核實繕具清單，籲懇恩施，以昭激勸一摺。九月十七日，奉到硃批：另有旨。欽此。相應抄録原奏、清單咨會。為此合咨貴部堂院；府尹，請煩欽遵查照施行。

計咨送原奏、清單一紙。

一　　咨

直隸陝甘總督部堂

江南總河部堂

浙江江蘇陝西巡撫部院

順天府府尹

附録奏摺：河南巡撫英桂具奏遵保懷慶府及許州守城出力人員摺

咸豐四年八月二十四日

奏為遵保懷慶府、許州守城擊賊在事尤為出力之文武員弁、官紳、兵勇，核實繕具清單，籲懇恩施，以昭激勸，恭摺奏祈聖鑒事。

竊照上年五六月間，逆賊竄圍懷慶時歷六旬，攻撲許州，事在倉猝。各該官紳等同心合力，保守危城，實屬奮勇當先，機宜悉合。前准兵部咨，欽奉上諭：懷慶守城在事出力文武員弁、官紳、兵勇，均着查明迅速保奏。又，經前撫臣陸應穀奏奉諭旨：著於解圍後查明在事出力文武官員及紳民人等，奏請鼓勵。各等因。欽此。當經欽遵飭司詳細查核。因係前直隸督臣訥爾經額、前撫臣陸應穀輾轉移交，必須詳查細核，以期無濫無遺。

臣到任三日，即馳赴南路，督辦防堵。曾於奏陳監犯破賊地雷，懇請免罪摺內，聲明在事出力人員，因恐浮濫，容臣詳細確查，另行具奏。本年五月間，臣奏請銷假。後恭奉諭旨：懷慶、許州等處紳民堵禦剿匪，早經諭令該撫等奏請鼓勵，何以日久未據保奏？著英〈桂〉迅即查明該府、州守城禦賊出力各紳民，據實具奏，無稍遲延。欽此。當由臣附片覆奏在案。

伏查懷慶府城地處平陽，無險可守。居民稠密，附城瓦屋如鱗。存城兵勇無多，難資拒敵。雖經該府縣於逆賊圍攻省城時，先會督文武各官暨本地紳耆，屯糧團勇，固結民心，預為守城之計，而突然賊至，環城築壘，重重圍裹，大肆披猖。復經合郡文武官紳、兵丁、民勇竭力抵禦，槍炮齊施。或蹈險縋城，焚巢殺賊；或捐資募勇，搶護城垣；或堵塞地雷；或嚴拿奸細。兩月之久，不憚辛勞，悉皆險阻備嘗，始終弗懈。又，查許州城大兵單，逆賊倉猝圍攻。該州集衆守禦，殺賊極多，力挫凶鋒，城圍頓解。

除懷慶府知府新授河南按察司余炳燾、河內縣知縣升授懷慶府丁憂知府裘寶鏞、許州直隸州知州金梁、署河北鎮標左營游擊滑縣營都司穆奇賢、河北鎮標右營都司穆特布，業經叠奉恩綸，立予破格優奬，毋庸開列，其在城外辦理糧臺、籌運軍餉及帶兵防剿各文武員弁，均有微勞，容臣另行奏奬外，玆將守城尤為出力之文武員弁、官紳、兵勇，遵旨保奏，以勵士氣而振人心。

臣查懷、許兩處人數衆多，必須確切查明，免致冒濫。雖經前署藩司沈兆澐、林揚祖會同軍需局、司、道先後具詳，臣以懷、許被圍時日久暫不同，列保亦應分別核實。迨藩司鄭敦謹回任，又飭逐細覆核，往返駁查，斟酌允當。玆復據總局、司、道會詳請奏前來。臣再加確核，除其次出力之員弁、紳民，由臣分别咨部酌量獎勵外，謹擇其尤為出力者，開列清單，恭呈御覽。合無仰懇皇上天恩，俯准獎叙，以昭激勸，出自逾格鴻施。

再，懷慶府在籍紳士前太常寺少卿李棠階，倡辦團練，於賊匪渡河時，董率民勇，在溫縣、河內交界地方，殺賊數百人。各鄉團聞風興奮，協同各地方官實力堵禦，賊匪不敢由衛輝徑向北竄。實屬辛勤卓著，未便没其微勞。惟係曾任京卿大員，應如何獎勵之處，臣未敢擅擬。合併附陳，伏候聖裁。

所有遵旨查明懷慶府、許州守城尤為出力各人員，謹繕摺具奏，伏乞皇上聖鑒訓示。謹奏。

附録片稿：河南巡撫英桂附奏李上林等上年懷慶守城著有微勞仰懇恩施敕部核獎片

咸豐四年八月二十四日

再，據軍需局、司、道詳稱，上年懷慶守城時，河內縣知縣裘寶鏞有家丁李上林、傅贊廷，素稱勇敢，當經派令管帶練勇。李上林黄夜叠次縋城赴大營投文，又護送民勇赴營助剿，遇賊受傷，現成殘廢。傅贊廷日夜伏聽偷掘地道聲息，破賊地雷。該逆計窮力竭，危城賴以保全。均屬奮勇圖功，不避艱險，在事官紳等衆目共睹，著有微勞。惟究係家丁，應否酌予獎叙，詳請核辦前來。

臣思當此用人之際，凡曾經獲罪之犯，有能殺賊立功，尚得上沐天恩，寬其既往。兹李上林等身雖賤微，心懷義憤，且因傷成廢，不予獎叙，似不足以鼓舞人心。可否仰懇恩施，敕部核獎，以昭激勸，出自逾格鴻慈。

謹附片具奏，伏乞聖鑒訓示。謹奏。

附録保單：懷慶府守城在事尤為出力之文武員弁官紳兵勇清單

咸豐四年八月二十四日

謹將懷慶府守城在事尤為出力文武員弁、官紳、兵勇，繕具清單，恭呈御覽。

候補同知徐廷焜。該員因公來懷，適賊匪圍城。六月初十、十六等日，東西兩城猝被地雷轟塌。該員先後措捐制錢四千串，由府派委覓夫趕緊堵築，且幫同籌策守禦，始終出力。擬請以同知歸候補班補用，并賞戴花翎。

揀撥留豫知縣王官亮。該員奉委來懷，適賊匪圍城，由府派令總管平糶局務，均平無怨。六月初十日，東門賊發地雷。該員正在巡城，親點大炮，轟斃紅衣賊一名。七月二十九日，大兵進逼。該員首領壯勇，衝殺下城，擊獲賊匪三名，奪旗二面，實屬奮勉有為。擬請免補本班，以同知即補，并賞戴藍翎。

前候補知縣李金塘。該員丁憂後患病甫痊，例限未滿。值賊匪圍城，蟻聚南關，事在危急。由府添派該員防守南門，設計却賊，勵民固守，洵屬謀勇兼施。擬請俟服闋後留豫以知縣遇缺即補，并賞戴藍翎。

前候補布政司庫大使瑞徵。該員分懷差遣，由府派令防守西門。六月十八日，賊發地雷。該員督領民勇，力禦缺口，殺退賊匪。嗣丁母憂，治喪七日，仍令總巡四城，日夜勤勞，實屬誠勇可取。擬請俟服闋後免補本班，留豫以知縣用，并賞戴藍翎。

候補按察司經歷張斌臣。該員分懷差遣，由府派令管理守城支應局，倉猝製備，供給無誤。并統領兵勇，徹夜巡防，用計射書下城，解散脅從，實屬通變有方。擬請免補本班，以知縣遇缺即補，并賞戴藍翎。

懷慶府經歷張文耀。該員防守北門，督率民壯，隨機守禦，斃賊多名。鎮静運籌，才有可用。本係卓异候升之員，擬請以知縣即用，并賞戴藍翎。

候選未入流周廣德。該員客居懷慶，賊匪圍城，即稟擇最當賊衝之東南隅和鳳樓守禦。應變捍衛，轟斃賊匪，無日無之。東、西兩門三次地雷轟發，該員領勇接應，毫無畏葸。七月二十九日，大兵會剿，賊衆窮奔。該員又領勇擒殺多名，奪獲槍械、旗幟，實屬勇敢有為。擬請免選本班，以知縣歸部即選，并賞戴藍翎。

候選未入流余觀瑞。該員隨同升任懷慶府知府余炳燾，在城晝夜巡防，不遺餘力，點放大炮，斃賊三名，身受鉛彈傷一處。七月二十九日，大兵會剿，賊衆窮奔。該員率同弟姪、壯勇，擒殺多名，奪獲刀矛、旗幟，頗著勤勞。擬請以府經歷縣丞，不論雙單月即選。

候補州吏目鄒綸 未入流陳槐。該員鄒綸奉委防守北門，督率壯勇，轟斃賊匪多名，并乘隙縋城燒房，洵屬勇敢。該員陳槐奉委幫辦守城支應局，毫無貽誤。每夜統領民夫，上城守禦，始終勿懈。以上二員，均擬請免補本班，以府經歷縣丞即補。

候補未入流范翊清。該員奉委防守南門，值南關賊勢蟻聚。該員設疑守禦，賊衆驚惶，乘勢轟斃執旗賊目及餘匪五六人。擬請免補本班，以府經歷縣丞，不論班次即補。

候補布政司都事史存禮。該員督率紳民，挖破地雷二處，防守南門，守禦兩月，始終勿懈，擬請賞加知州銜。

候選縣丞何堅。該員游幕來懷，幫同余炳燾辦事。賊匪圍城，一切修守要策，均資贊畫。擬請以本班歸部儘先選用。

候補未入流汪本基張祝華。該員汪本基奉委巡查四門街道，應時催令民夫上城守禦，始終不懈。該員張祝華協防西門，晝夜保守，頗屬奮勉。以上二員，均擬請以未入流遇缺即補。

前任河内縣典史汪牧。該員因監犯越獄，限外拿獲，革職寄居懷慶。賊匪圍城，差委乏人，由府派令巡防西門。日夜無倦，并督紳民挖破西門地雷三孔，實屬勤奮。擬請開復原官，留豫以未入流補用。

議叙八品頂戴高人熙候選未入流吳坦。該員高人熙客居懷慶，賊匪圍城，與衆共守。七月二十九日，隨衆出城殺賊，奪獲逆書。該員吳坦經管文案，籌度機宜，夙夜辛勤，不辭勞瘁。以上二員，均擬請賞給六品頂戴。

從九品職銜王太淳候選未入流翁鼎。該員王太淳游業來懷，頗有勇力，幫同防守東門，兩次賊發地雷，均隨衆抵禦。該員翁鼎客居懷慶，隨衆防守東門。初次地雷以後，該員承築炮臺，不辭勞瘁。七月二十九日，大兵會勦，賊衆竄竄。該員等復下城追殺，洵屬奮勇。以上二員，均擬請以未入流留豫補用，并賞給六品頂戴。

分發河南從九品吳銑。該員分發河南，尚未到省，客居懷慶，賊匪圍城，幫辦文案，照料軍需，并激勸兵勇，守護城池出力，擬請以本班分缺間用。

懷慶府學教授葉知幾。該員激勸民勇，幫同守城，始終出力，擬請賞加光禄寺署正銜。

河北鎮標左營守備蔡元輔。該備登陴固守，始終出力，擬請以都司儘先升用，并賞戴藍翎。

河北鎮標左營千總楊順滑縣營濬縣汛千總王魁元。以上二名，守城兩月，始終出力，均擬請以守備儘先升用，并賞戴藍翎。

河北鎮標左營把總趙思勇陝州營經制外委賈玉山。以上二名，督兵守城，始終奮勉，均擬請以千總儘先升用，并賞戴藍翎。

武舉王文清原士杰。以上二名，帶勇守城，始終出力，均擬請以應升之缺，儘先拔補，并賞戴藍翎。

河北鎮標兼署右營守備以守備補用千總王鳴皋。該弁始終奮勇，擬請以守備儘先補用，并賞戴藍翎。

河北鎮標署右營存城把總額外外委郭長貴。該弁日夜在城守禦，不辭勞苦，擬請以把總儘先補用，并賞戴藍翎。

河北鎮標左營馬兵靳乾、丁清標、李芳林、崔占標。以上四名，均守禦出力，擬請賞給六品翎頂。

河北鎮標右營馬兵湯奉標、馬魁元、麻清純、袁俊山、韓玉山。以上五名，守城始終出力，擬請以經制外委補用，并賞戴藍翎。

營書蕭位西。該書承辦文案，始終無誤，擬請以未入流歸部儘先選用。

浙江舉人倪贊、余承普，生員王淦。該舉人等由府派令經理平糶局，貴糴賤糶，以濟民食。倪贊悉心采訪，竭誠經畫，余承普善於勸導，王淦盡心籌量，使守城窮黎安心捍衛，洵屬明體達用。擬請將舉人倪贊以知縣留豫補用，舉人余承普以教諭歸部儘先選用，生員王淦以訓導歸部即選。

浙江文童余桂生、直隸武童裘春平。余桂生捐資買糧，接濟軍食，得資守禦。裘春平督勇巡守四城，洵為出力。均擬請賞給六品翎頂。

浙江武童余復榮、余復淦。以上二名，駐守西北高臺寺，始終出力，均擬請以把總歸本省補用。

浙江文童章長林、章光宗，順天文童陶慶恩。以上三名，捐資助餉，洵屬好義急公，均擬請以從九品歸部雙月選用。

順天文童張炅、張晟。以上二名，捐資接濟軍用，俾資守禦，均擬請以從九品歸部不論雙單月選用。

浙江文童傅良弼，守城兩月，晝夜巡警搜查，盤獲奸細張得昌等五名，洵屬勤奮，擬請以從九品歸部雙月選用。

河內縣武生徐德成、白鶴林、郎秉德，武童吕新。以上四名，同仇敵愾，共保危城，或禦賊受傷，或捐資集勇，防守兩月，始終弗懈。均擬請以千總不論營標，儘先拔補，并賞戴藍翎。

六品軍功頂戴陳紳傳，隨衆守城，始終勤奮，擬請賞加衛千總銜。

候補賫奏官陳杞臯，防守兩月，始終出力，擬請賞加鹽知事銜。

順天監生崔永富，守城兩月，日夜巡防，不辭勞苦，擬請以從九品不論雙單月選用。

河內縣歲貢生曹葵林，守城始終出力，擬請賞給國子監學正銜。

議叙八品銜嚴選蘼，隨同守城，始終奮勉，擬請賞給七品銜。

河內縣生員趙永芳、楊天賜、紀同熙。以上三名，守城始終，不辭勞勩，均擬請以訓導歸部即選，并賞加六品職銜。

河內縣廩齡凉生劉獻圖、劉犖圖，生員郭廷蕙、李榮園、董鴻鈞、田桂林、何春融、郭琛、郎鉞。以上九名，各自練勇，幫同守禦，始終出力，均擬請賞給訓導職銜。

候選府經歷董肇洛，河內縣武生張瑩、張琪、吳燿，直隸俊秀孫永清，陳留縣俊秀傅殿元。以上六名，隨衆守城，洵屬出力，均擬請賞給六品頂戴。

河内縣監生張召棠，幫同守城，始終出力，擬請賞給府經歷職銜。

江蘇監生鍾履祥，順天監生吳鏜，直隸文童陳成式，河内縣文童董基康，河内縣書吏董殿卿、徐德厚。以上六名，或幫同守城，或承辦文案，始終勤奮，均擬請以未入流歸部雙月選用。

河内縣練勇雷光興、陝西練勇馬永清。以上二名，守城殺賊，奮勇争先，均擬請以把總歸各本省補用，并賞給六品頂戴。

河内縣民人蕭元，率衆守城，始終奮勉，擬請賞給把總職銜。

附録保單：許州守城在事尤為出力之文武員弁官紳兵勇清單

咸豐四年八月二十四日

謹將許州守城在事尤為出力文武員弁、紳士、兵丁，繕具清單，恭呈御覽。

南河候補通判金業。該員奉南河督臣楊以增委提河南、山西工需銀兩，行抵汴梁，順至許州，省視胞兄許州知州金梁。適賊匪圍城，該員幫同固守，揮兵抵禦，并帶勇搜捕餘匪，奪獲旗、炮等件，頗著勤勞。擬請以同知仍留南河，不論班次，遇缺即補，并賞戴藍翎。

前同知用固始縣降調知縣嚴圻。該員原派管理許州糧臺文案，於賊匪攻城，專守北門，督令兵勇連開大炮，轟斃賊匪多名，最為出力。查該員前在固始縣任内，因捐修縣志，遽聽紳士按畝派捐，部議降三級調用。擬請開復降調處分，仍以同知留豫補用。

許州直隸州州判劉世勣。該員派守南門，賊匪猝至，募勇縋城，先將關外民房燒毁，使賊匪無從盤踞。及賊竄東南塔灣地方，該員率領兵勇，前往守禦，最為出力。擬請開缺，以知縣用，并賞戴藍翎。

許州訓導曹文光。該員分守東門，始終無懈，擬請以應升之缺升用。

代理許州吏目委用吏目吳烺。該員派守西門，督率兵勇，開放槍炮，賊不能攻撲，最為出力，擬請不論班次，遇缺即補，并賞戴藍翎。

候補縣丞何長齡。該員派守西門，不避艱險，始終弗懈，擬請遇缺即補。

候補布政司照磨汪兆琛。該員原派管理許州糧臺銀庫，適賊匪突至，設法募人看守，并上城巡邏，頗著勞績，擬請儘先補用。

儘先補用未入流諸承豫。該員派守東門，當賊匪攻擊，危急之際，不惜身命，竭力抵禦，最為出力，擬請不論班次，遇缺即補，并賞戴藍翎。

候選未入流張保昌，雙月未入流朱廷楷。以上二員，幫同守城，張保昌不避艱險，朱廷楷勤奮有為，均擬請以未入流，不論雙單月歸部即選。

報捐鹽課大使順天附生楊淑。該員幫同守城，不避艱險，擬請以鹽課大使，歸部儘先選用。

管帶陝甘官兵署延綏鎮標右營守備事千總張鳴禄。該弁專守北門，督兵開放大炮，斃賊多名，最為出力，擬請以都司升用，并賞戴花翎。

署陝西靜寧協屬莊浪汛把總固原提標前營把總藍翎軍功金殿選。該弁登陴守禦，始終出力，擬請以千總儘先補用。

署陝西靜寧營千總協屬馬營把總鄭自福。該弁守城，始終出力，擬請賞戴藍翎。

署甘肅寧夏鎮屬千總惠安堡把總何玉、甘肅寧夏鎮標前營把總王鳴鳳。以上二名，守城出力，始終奮勇，均擬請以千總儘先升用，并賞戴藍翎。

署甘肅寧夏鎮標把總平羅營經制外委黄登雲。該弁守城出力，始終奮勇，擬請以把總儘先升用，并賞戴藍翎。

陝西静寧營把總朱喜貴、甘肅寧夏鎮標左營經制外委宋琨。以上二名，守城出力，登陴奮勇，均擬請給予六品頂戴，并賞戴藍翎。

甘肅寧夏鎮屬臨河堡把總李藎。該弁守城，始終出力，擬請以千總儘先升用。

襄城營許州千總王應中。該弁守城始終出力，擬請以應升之缺升用。

陝西延綏鎮屬兵丁張仲元。該兵丁被賊擊傷左腿，復帶傷開放槍炮，擬請以經制外委拔補，并賞戴藍翎。

陝西延綏靜寧、靖遠等營兵丁賀殿相、武占元、吕韻成、劉鳳雄、孫萬倉、張忠、王元泰、賀泰有、劉建基、張桂徵、謝世泰、姚仲樞、盛禄、馬成德、李倫、汪登第。以上十六名，或守城受傷，或擊賊出力，均擬請賞給六品翎頂。

許州新選鄧州訓導劉會丙。該紳於前年董率紳耆，勸諭捐資，修葺城垣，挑挖城濠，辦理俱臻完固。賊至，賴以保守。先事預防，勤勞頗著，擬請以應升之缺升用，并賞給軍功六品升銜。

許州副貢生魏鳴謙。該生董率各紳士分守四門，始終無懈，擬請以教諭歸部選用。

許州恩貢生盧碩煦。該生帶領四隅鄉勇，登陴守禦，始終不懈，擬請以教諭不論雙單月本班儘先即選。

許州廩齡凉生史龍章。該生帶領練勇，運送米麥來城接濟，城中賴以鎮定，擬請以訓導歸部即選。

許州廩齡凉生沈廷枚、趙中孚、趙化宇。以上三名，帶領四隅鄉勇，登陴守禦，始終不懈，擬請以訓導歸部儘先即選。

順天俊秀袁績熙，山東俊秀周折桂，江南附監生狄慎徽，浙江監生嚴琳，浙江俊秀嚴欲仁，湖北俊秀王琦、胡致璋。以上七名，幫同守城，不避艱險，擬請以從九品歸部選用。

江南俊秀張鋆，直隸俊秀馮德禔、馮德嘉。以上三名，幫同守城，親冒矢石，不避艱險，均擬請以從九品歸部選用，并賞戴藍翎。

湖北廩齡凉生陳肇潢。該生自軍需告警，頗資謀略，在城守禦，擊退賊匪，擬請以訓導歸部即選，并給予軍功六品頂戴。

0129. 河南巡撫英桂行移奏請將被參知縣李曧開復頂戴摺

咸豐四年十月十一日*

札布政司。按察司。軍需局。照得本部院於咸豐四年十月十一日，在信陽州行營具奏，查明供支兵差遲延被參之知縣，應付後起官兵，均無貽誤，尚知愧奮，懇請開復頂戴一摺。除俟奉到硃批，另行恭録札知移咨外，合先抄摺札行。咨送。札到該司；局；即便移行查照。毋違。此札。

計粘抄摺稿一紙。

札布政按察司。軍需局。

為咨送事。竊照云前，合先抄摺咨送。為此合咨貴部，提督，請煩查照施行。

計粘抄摺稿併抄單一紙。

一咨

吏兵部

固原提督桂

附録摺稿：河南巡撫英桂奏請將被參知縣李曧開復頂戴摺

咸豐四年十月十一日

奏為查明供支兵差遲延被參之知縣，應付後起官兵，均無貽誤，尚知愧奮，籲懇天恩，俯准開復頂戴，恭摺奏祈聖鑒事。

竊照代理滎陽縣知縣即用知縣李曧、前署鄭州知州候補知州鹿傳洵，因本年三月間固原提臣桂明帶兵來豫，頭起官兵行抵該州縣境，并不妥速供應。經臣附片奏參，恭奉硃批：李曧等均着摘去頂戴。欽此。欽遵在案。旋據軍需局、司、道轉據開封府知府王建泰詳稱，該縣李曧於被參後應付西安後起官兵，均係隨到隨送，毫無遲誤，尚知愧奮。詳請將原參摘去頂戴之案，奏懇開復前來。

臣以該縣應付後起官兵上下站入境、出境各日期及各起兵數，均應確切查明，方昭核實，當飭詳查去後。兹據該司、道等查明，該代理滎陽縣知縣即用知縣李昜，自奉參以後，支應西安各起官兵，均係照例應付，隨到隨送，并無遲誤。其入境、出境各日期，皆隨時禀報有案。等情詳覆。臣覆加查核，均屬相符。是該縣李昜雖屬貽誤於前，尚知奮勉於後。合無仰懇天恩，俯准將代理滎陽縣知縣即用知縣李昜開復頂戴，出自鴻施。

至前署鄭州知州鹿傳洵，於被參後辦理後起兵差，核其應付日期，仍有遲誤。該員已於清查案内因欠交銀兩逾限不繳，經臣奏參革職監追，應毋庸置議。

除將應付西安官兵入境、出境各日期及各起兵數咨部查核外，所有查明被參知縣應付後起兵差，尚知愧奮，請開復頂戴緣由，謹繕摺具奏，伏乞皇上聖鑒訓示。謹奏。

附録清單：各州縣應付西安官兵入境出境各日期及各起兵數清單

咸豐四年十月十一日

今將各州縣應付西安官兵入境、出境各日期及各起兵數，開具清單，咨送查核施行。

一起營總一員，帶領參領、防禦二員，馬隊兵丁一百四十三名，壯丁一百名，跟役八十九名伍分，於四月初五日，由汜水縣送至滎陽縣。該縣即於初六日送至鄭州。鄭州於初七日轉送至新鄭縣。

一起寧夏參領一員，帶領驍騎校四員，兵丁九十八名，跟役六十一名，於初六日，由汜水縣送至滎陽縣。該縣即於初七日送至鄭州。鄭州於初八日送至新鄭縣。

一起西安將軍舒〈倫保〉統領帶兵官十三員，馬步兵二百六十八名，壯丁一百名，餘丁跟役二百一十一名八分，字識二名，於初七日，由汜水縣送至滎陽縣。該縣即於初八日送至鄭州。鄭州於初九、初十兩日，分兩起轉送至新鄭縣。

一起黄甫營游擊一員，統領帶兵官十員，馬步兵四百八十九名，餘丁跟役一百八十三名七分，於初七日由汜水縣護送滎陽縣。該縣即於初八日送至鄭州。鄭州於十一日轉送至新鄭縣。

一起續調寧夏中衛營都司一員，統領帶兵官五員，馬步兵丁二百五十六名，餘丁跟役九十五名八分，於四月二十九日，由汜水縣護送至滎陽縣。該縣即於三十日送至鄭州。鄭州於五月初一日送至新鄭縣。

一起續調寧夏花馬池參將一員，統領帶兵官七員，馬步兵二百四十三名，餘丁跟役一百零二名九分，於三十日，由汜水縣送至滎陽縣。該縣即於五月初一日轉送鄭州。鄭州於初三日送至新鄭縣。

一起寧夏滿營協領一員，帶領佐領、防禦五員，馬隊兵丁二百三十名，跟役一百四十名，於五月二十五日，由汜水送至滎陽縣。該縣即於二十六日送至鄭州。鄭州於六月初一日送至新鄭縣。

一起寧夏滿營副都統一員，帶領協領、佐領、驍騎校、防禦十二員，馬兵二百六十六名，跟役一百九十四名，於五月二十九日，由汜水送至滎陽縣。該縣即於六月初一日轉送鄭州。鄭州於初五日送至新鄭縣。

一起波羅營參將一員，帶領千把總、外委十員，馬步兵五百名，餘丁跟役一百八十七名，於六月初二、初三兩日，由汜水縣陸續送至滎陽縣。該縣即於初四日轉送鄭州。鄭州於初九日送至新鄭縣。

0130. 河南巡撫英桂行移奏請將被參知縣李勗開復頂戴一摺奉硃批

咸豐四年十月二十八日*

札布政司。按察司。軍需局。照得本部院於咸豐四年十月十一日，在信陽州行營具奏，查明供支兵差遲延被參之知縣，應付後起官兵，均無貽誤，尚知愧奮，懇請開復頂戴一摺，業已抄摺札知咨送在案。玆於十月二十八日，奉到硃批：李勗着給還頂戴。欽此。合就相應恭録札行。移咨。札到該司，局，即便欽遵移行查照。毋違。此札。

札布政按察司。軍需局。

為恭録移咨事。竊照云前，相應恭録移咨。為此合咨貴部，提督，請煩欽遵查照施行。

一咨

吏兵部

固原提督桂　湖北行營探投。

0131. 河南巡撫英桂行移具奏查明剿匪遇害之將弁請旨交部分別議恤摺

咸豐四年十一月十三日*

札軍需局。照得為咨送事。竊照本部院於咸豐四年十一月十三日具奏，查明剿匪遇害之將弁，請旨交部分別議恤一摺。除俟奉到硃批，另行恭録札知移咨外，合先抄摺札行。札到該局，即便會同兩司，移行查照。毋違。此札。

計粘抄摺稿一紙。

札軍需局。

云前。合先抄摺咨送。為此合咨貴部堂，院，鎮，請煩為查照施行。

計粘抄摺稿一紙。

一咨

兵部

陝甘總督部堂

陝西巡撫部院

南陽河北總鎮

附録摺稿：河南巡撫英桂具奏查明剿匪遇害之將弁請旨交部分別議恤摺

咸豐四年十一月十三日

奏為查明剿匪遇害之將弁，請旨交部分別議恤，恭摺奏祈聖鑒事。

竊照商城縣地方，於本年三月二十九日，被安徽霍邱縣捻首李兆受等糾黨千餘人，竄入該縣東鄉焚搶。該署縣郎仲連會營調撥兵勇，約同調防來豫之署陝西定邊協副將春明，帶領陝西弁兵及河北鎮兵前往兜拿，將匪衆擊退，轟斃多名。因天晚未能窮追，住扎山坡。夜間被匪分股燃火圍撲，致將春明及該縣兵勇冲為兩段，郎仲連被冲墜馬跌傷。該副將與代理陝西秦州營守備郭建極、署會寧營千總馬萬圖及商城汛經制外委劉殿榮，力戰逾時，因衆寡不敵，各受重傷殞命。兵勇傷亡數十名，練勇頭目武生羅必得亦被傷斃。當經前署撫臣鄭敦謹繕摺奏聞，欽奉諭旨，陣亡被害各員及傷亡兵勇，一併查明具奏請恤。等因。當即欽遵飭查去後。

茲據軍需局、司、道查明，此次遇害，除署陝西定邊協副將固原提標左營游擊春明等外，尚有河南陝州營千總屈淩霄、署陝西静寧協營把總通渭汛把總何映桂、署河南營魯山汛把總胡錦標、署静寧協營經制外委馬梯雲、署靖遠協營經制外委藍翎馬兵卞向春，同時遇害。詳請一併奏恤前來。

臣查署副將春明調防來豫，屢著勤勞。茲因剿捕土匪，衆寡不敵，身受多傷，力竭遇害，情殊可憫。守備郭建極等，均各效力疆場，受傷殞命，亦堪憫惻。相應請旨，將署陝西定邊協副將固原提標左營游擊春明，交部照陣亡例，從優議恤，并建立專祠。代理陝西秦州營守備静寧協營世職雲騎尉郭建極、署陝西會寧營千總静寧協把總馬萬圖、河南陝州營千總屈淩霄、署静寧協營把總通渭汛把總何映桂、署河南魯山汛把總河南營候補把總胡錦標、署陝西靜寧協營經制外委馬梯雲、署陝西靖遠協營經制外委藍翎馬兵卞向春、署河南商城汛經制外委光州營額外外委劉殿榮、勇目武生羅必得，均請交部照陣亡例議恤，一併附祠，以慰忠魂。

除將傷亡兵勇飭令查明確數，造册咨部核辦外，謹繕摺具奏，伏乞皇上聖鑒訓示施行。謹奏。

0132. 河南巡撫英桂行移附奏署北樓營參將丁存英在防出缺請旨照例議恤片

咸豐四年十一月十三日*

札軍需局。照得本部院於咸豐四年十一月十三日片奏，統帶山西官兵之署北樓營參將丁存英，因疏失軍火，前經奏參摘頂，責令捕賊，不辭勞瘁，在防出缺，請旨照例議恤等情一片。除俟奉到硃批，另行恭録札知外，合先抄片札行。札到該局，立即會同兩司，移行查照。毋違。此札。

計粘抄片稿一紙。

札軍需局。

為抄片移咨事。竊照云前一片。除俟奉到硃批，另行恭録移咨外，相應抄片移咨。為此合咨貴部院，請煩查照核辦施行。

計粘抄片稿一紙。

一　　咨

山西撫部院

兵部

附録片稿：河南巡撫英桂附奏署北樓營參將丁存英在防出缺請旨照例議恤片

咸豐四年十一月十三日

再，統帶山西官兵之署北樓營參將山陰路都司丁存英，於上年隨同殺虎口副將德克津布，調往正陽縣捕勦土匪。行至項城縣地方，被捻匪搶去火藥、槍炮等項軍裝車四輛。經前撫臣陸應穀奏參，奉上諭：陸應穀奏參疏失軍火、器械之副將、參將，請摘去頂戴一摺。殺虎口副將德克津布、署北樓營參將丁存英，於派往正陽捕匪，并不整齊隊伍，輒分先後行走，致被匪搶去軍裝車四輛，非尋常疏忽可比。丁存英率行折回，尤屬不知緩急。德克津布、丁存英，均著先行摘去頂戴，仍責令帶兵追捕賊匪，以觀後效。倘再不知奮勉，即著嚴參。等因。欽此。當經前撫臣欽遵轉行在案。

茲據汝寧府廖甡稟報：署北樓營參將丁存英被參後，深知愧奮，派往正陽、羅山等處勦捕土匪，先後斬獲捻首王悦等多名。并防堵楚疆，追捕捻匪，冒暑奔馳，不辭辛瘁，積勞成疾，於咸豐四年八月十九日，在羅山縣防所因病出缺等情。當即飭令該府督同羅山縣，將該故將身後事宜妥為照料，并照例護送回籍。

臣查丁存英前因疏失軍火、器械摘頂，責令捕賊，即力圖贖愆，不辭勞瘁，疊次斬獲著名匪犯多名，實屬奮勉。茲因積勞成疾，在防所出缺，情殊堪憫。合無仰懇天恩，俯准將署山西北樓營參將山陰路都司丁存英前參摘去頂戴開復，仍請旨敕部照軍營病故例議恤，以為盡瘁行間者勸。

除所遺參將、都司員缺，咨會山西撫臣照例辦理外，謹附片具奏，伏乞聖鑒訓示。謹奏。

0133. 河南巡撫英桂行移具奏查明勦匪遇害之將弁請旨交部分別議恤一摺奉硃批

咸豐四年十一月二十九日*

札軍需局。照得／為恭録移咨事。竊照本部院於咸豐四年十一月十三日具奏，查明勦匪遇害之將弁，請旨交部分別議恤一摺，業已抄摺札知／咨送在案。茲於十一月二十九日，奉到硃批：另有旨。欽此。合就／相應恭録札知。／移咨。札到該局，即便欽遵會同兩司，移行查照。毋違。此札。

札軍需局。

云前，相應恭録移咨。為此合咨貴部，／堂，／院，／鎮，請煩為欽遵查照施行。

一咨

兵部

陝甘總督部堂

陝西巡撫部院

南陽總鎮

河北總鎮

0134. 河南巡撫英桂行移附奏署北樓營參將丁存英在防出缺請旨照例議恤一片奉硃批

咸豐四年十一月二十九日*

札軍需局。照得本部院於咸豐四年十一月十三日片奏，統帶山西官兵之署北樓營參將丁存英，因疏失軍火，前經奏參摘頂，責令捕賊，不辭勞瘁，在防出缺，請旨照例議恤等情一片，業已抄片札知咨送在案。茲於十一月二十九日，奉到硃批：另有旨。欽此。合就相應恭録札行。移咨。札到該局，即便欽遵會同兩司，移行查照。毋違。此札。

札軍需局。

為恭録移咨事。竊照云前，相應恭録移咨。為此合咨貴部院，請煩欽遵查照施行。

一咨

兵部

山西巡撫部院

0135. 河南巡撫英桂行移具奏遵旨酌保攻剿南竄捻匪獲勝尤為出力文武員弁請獎一摺奉硃批

咸豐四年十二月二十七日*

札軍需局。照得本部院於咸豐四年十二月初九日具奏，遵旨酌保上年許州解圍後，賊竄南路，官兵合力攻剿，在遂平一帶，叠次大獲勝仗，殲除殆盡，查明在事文武員弁，擇其尤為出力者，核實繕具清單，籲懇恩施，俯准奬叙，以示鼓勵一摺，業已抄摺札知移咨在案。茲於本月二十七日，在陳州府行營，奉到硃批：另有旨。欽此。合就相應恭録札行。移咨。札到該局，立即會同兩司，欽遵移行查照。毋違。此札。

札軍需局。

為移咨事。竊照云前，相應恭録移咨。為此合咨貴部，請煩欽遵查照施行。

一咨

吏部

兵部

0136. 河南巡撫英桂行移附奏新授湖南鹽法長寶道暫行留豫片

咸豐五年正月十六日

札布政司。新授湖南鹽法道。照得本部院於咸豐五年正月十六日，在陳州行營，由驛附奏，新授湖南鹽法長寶道暫行留豫一片。除俟奉到硃批，另行恭録札知移咨外，合先抄片札行。札到該司，道，即便會同軍需局查照。毋違。此札。

計粘抄片稿一紙。

札布政司。新授湖南鹽法道。

為移咨事。竊照云前，合先抄片咨送。為此合咨貴部院，請煩查照施行。

計粘抄片稿一紙。

一咨

吏部

湖南巡撫部院

咸豐五年正月十五日。軍務局齊榜元承。

附奏新授湖南鹽法長竇道暫行留豫一片。

河南巡撫部院兼提督軍門英。劃。

監印官留豫候補典史俞［炳］。

附録片稿：河南巡撫英桂附奏新授湖南鹽法長竇道暫行留豫片

咸豐五年正月十六日

再，新授湖南鹽法長竇道王建泰，先經臣奏明，飭令會同參將伊里綳阿，馳赴陳州辦理防堵。臣到防後，仍飭隨營襄事。該道現在奉到吏部文憑，應即前赴湖南本任。惟豫省現值防堵吃緊，一時更替乏人。合無仰懇聖恩，俯准將該道暫行留豫，俟防堵稍鬆，即行飭令赴任。

理合附片陳明，伏乞聖鑒訓示。謹奏。

0137. 河南巡撫英桂行移附奏新授湖南鹽法長竇道暫行留豫一片奉硃批

咸豐五年正月二十四日

札布政司。新授湖南鹽法道。照得本部院於咸豐五年正月十六日，在陳州行營，由驛附奏，新授湖南鹽法長竇道暫行留豫一片，業已抄片札知咨送在案。兹於本月二十四日，奉到硃批：另有旨。欽此。同日，承准軍機大臣字寄，咸豐五年正月二十日內閣奉上諭：英〈桂〉奏，請留道員辦理防堵等語。新授湖南鹽法長竇道王建泰，着准其暫留河南，俟軍務完竣，再行赴任。欽此。等因。到本部院。承准此。合就恭録札行。札到該司，道，即便會同軍需局，欽遵查照。毋違。此札。

札布政司。新授湖南鹽法道。

為恭録移咨事。竊照云前。承准此。相應恭録移咨。為此合咨貴部，部院，請煩欽遵查照施行。

一咨

吏部

湖南巡撫部院

咸豐五年正月廿四日。軍務局齊榜元承。

附奏新授湖南鹽法長寶道暫行留豫一片奉硃批上諭。

河南巡撫部院兼提督軍門英。劃。

監印官留豫候補典史俞炳。

0138. 河南巡撫英桂行移具奏遵旨酌保攻剿南竄捻匪獲勝尤為出力文武員弁請奬一摺奉硃批

咸豐五年正月二十八日

札軍需局。照得本部院於咸豐四年十二月初九日具奏，遵旨酌保上年許州解圍後，賊竄南路，官兵合力攻剿，在遂平一帶叠次大獲勝仗，殲除殆盡，查明在事文武員弁，擇其尤為出力者，核實繕具清單，籲懇恩施，俯准奬叙，以示鼓勵一摺。除俟奉到硃批，另行恭録札知移咨外，合先抄摺札行。札到該局，立即會同兩司，移行查照。毋違。此札。

計粘抄原奏、清單一紙。

札軍需局。

為咨送事。竊照云前，合先抄摺咨送。為此合咨貴部，請煩查照施行。

計咨送原奏、清單一紙。

一咨

吏兵部

為咨會事。竊照本部院於咸豐四年十二月初九日具奏，遵旨酌保上年許州解圍後，賊竄南路，官兵合力攻剿，在遂平一帶叠次大獲勝仗，殲除殆盡，查明在事文武員弁，擇其尤為出力者，核實繕具清單，籲懇恩施，俯准奬叙，以示鼓勵一摺。於二十七日，在陳州府行營，奉到硃批：另有旨。欽此。相應抄録原奏、清單咨會。為此合咨貴部堂，院，大臣，鎮，請煩為查照施行。

計咨送原奏、清單一紙。

一　咨

河東雲貴總河督部堂

山西巡撫部院

欽差大臣勝

河北南陽總鎮

咸豐五年正月廿八日。軍務局齊榜元承。

具奏遵旨酌保上年許州解圍後賊竄南路攻剿文武員弁尤為出力請獎一摺奉硃批。

河南巡撫部院兼提督軍門英。劃。

監印官留豫候補典史俞炳。

附録奏摺：河南巡撫英桂具奏遵旨酌保攻剿南竄捻匪獲勝尤為出力文武員弁請奬摺

咸豐四年十二月初九日

奏為遵旨酌保上年許州解圍後，賊竄南路，官兵合力攻剿，在遂平一帶，叠次大獲勝仗，殲除殆盡，查明在事文武員弁，擇其尤為出力者，核實繕具清單，籲懇恩施，俯准奬叙，以示鼓勵，恭摺奏祈聖鑒事。

竊照上年六月初八日，許州解圍以後，賊匪分股南竄。前撫臣陸應穀督飭已革南陽鎮總兵柏山，帶同署參將伊里綳阿及在事文武員弁，先於臨（穎）[潁]、郾城地方，迎剿夾擊，傷斃頭扎黃巾賊二名、紅衣賊三名。復經伊里綳阿督兵抄出賊後，匪衆慌亂，我兵奮勇争先，又斃賊一百餘名。該匪藏匿民房，伊里綳阿等督兵用火彈圍燒，匪衆紛紛逃遁。復又追殺多名，生擒多名，立即正法。統計殺斃長髪賊九十餘名，短髪賊二百餘名，燒死者不計其數，奪獲大黃旗一桿，槍炮、器械、衣物、騾馬、牛驢無數，搜獲逆書一本。餘匪狂奔南竄，沿途裹脅，竄至西平地方。各將士奮勇倍前，生擒長髪賊二十五名，殺斃三百餘名，奪獲擡炮四桿，火藥、鉛丸三千餘斤。復緊躡賊踪，追至遂平。我兵分兩路埋伏，大隊趕緊齊進。該逆紛紛投河，淹斃無數。殺斃長短髪賊五百餘名，奪獲大黃旗數桿，金帽一頂，槍械、鉛藥、衣物、銀錢、騾馬無算。遂平縣知縣劉鴻勛，會同各文武員弁，迎頭堵截，斃賊十餘名，内有執大旗騎馬賊一名，奪獲大紅旗一桿。正在攻圍，該匪大夥倏繞道由北門擁入城内。時柏山帶兵到縣，該匪即時退出逃竄。經該縣劉鴻勛分頭追剿，殺斃多名。又於張塘地方，會同營、委各員，斬獲賊匪二三十名，獲有僞腰牌、號挂、邪經等件，生擒匪犯多名。

經前撫臣陸應穀奏奉諭旨：在事出力員弁，着陸應穀酌量保奏，候朕施恩，無許冒濫。等因。欽此。旋以餘匪敗竄確山，伊里綳阿等沿路追殺，并生擒長髪賊一百三十餘名。追至南京店地方，又殺斃八十餘名。該匪竄至五載河，鳧水奔逸。各員弁揮兵追殺，殲斃一百餘名，溺水淹斃者不計其數。迨至明港驛地方，逆匪因有淮河阻隔，順河潰散，竄至羅山、正陽一帶，零星敗走，為數無多，由大勝關逃往湖北。正在督兵追剿，經楚省知照，無須前進。仍實力搜捕邊界餘孽，盡絶根株。經陸應穀奏奉諭旨：該撫所請查明在事出力人員，擬請恩施之處，務須認真核實保奏，毋許冒濫。等因。欽此。陸應穀未及具奏，旋即交卸。移交到臣，當經欽遵飭司查明辦理。臣復於兩次赴南路防剿之時，詳加察訪，以期核實。兹據總局、司、道會詳請奏前來。臣覆核無异，除已革總兵柏山業由另案經臣參奏，奉旨革職，發往新疆效力贖罪，應毋庸議，其次出力人員，由臣分别外奬，并咨部酌量奬勵外，謹擇其尤為出力者，開列清單，恭呈御覽。合無仰懇天恩，俯准奬叙，以示鼓勵，出自逾格鴻慈。

再，遂平縣知縣劉鴻勛，於賊匪擁入北門，雖即時退出，究屬堵禦不力，罪有應得。惟帶兵迎頭堵截，又復跟踪追剿，殺獲賊匪多名，尚屬奮勉。當經陸應穀奏奉恩旨：功過尚足相抵，着該撫存記。俟軍務完竣，再行請旨。等因。欽此。合併聲明。應否免議，恭候欽定。

所有查明上年許州解圍後遂平縣一帶剿匪獲勝在事文武員弁尤為出力緣由，謹繕摺具奏，伏乞皇上聖鑒訓示。謹奏。

附録保單：上年許州解圍後攻剿南竄捻匪獲勝尤為出力文武員弁紳士清單

咸豐四年十二月初九日

謹將上年許州解圍後，逆匪竄至遂平一帶，叠次追剿，大獲勝仗，在事尤為出力文武員弁、紳士，繕具清單，恭呈御覽。

禹州知州程佶。該員帶兵解餉，在遂平縣郝莊地方，會同該縣，剿殺長髪賊、土匪二十餘名，生擒僞土師蕭長勝等六名，又於泌、遂交界，格斃賊匪十餘名，生擒僞司馬馬漢等三名，均訊明正法，并獲逆書、旗、械等件，洵屬奮勉出力，擬請以直隸州知州用。

汝寧府經歷徐保興。該員帶勇殺賊，不辭勞瘁，擬請開缺以知縣用。

前同知銜南召縣知縣降補祥符縣縣丞趙曨。該員追剿逆匪，生擒賊目，實屬出力，擬請開復原銜，以知縣留豫補用。

遇缺儘先縣丞陳秉信。該員解運糧餉，緩急無誤，搜捕餘匪，亦甚出力，擬請補缺後以知縣用。

候補布政司經歷陶大垣。該員協同汝寧府辦理團練防堵，并督率役勇，在遂平、汝陽邊境，殺賊拿匪，實係出力，擬請賞給五品頂戴。

確山縣教諭趙輔堂。該員帶勇追剿殺賊多名，現又隨同該縣勸辦團練，緝捕捻匪，甚為出力，擬請以知縣歸部選用，并賞五品頂戴。

東河壽東主簿朱溥之。該員隨同剿匪，頗著勤勞，擬請賞戴藍翎。

衛輝營参將伊里綳阿。該將督兵剿賊，謀勇兼備，叠次打仗，所向有功，擬請以副將升用，并賞戴花翎。

已革山西潞澤營参將達凌阿。該將經前撫臣陸應穀調赴行營，因行走遲緩，奏参革職留營差遣。被参後打仗出力，尚知愧奮，擬請開復原官。

署鎮標右營都司商城汛守備百順。該備追剿賊匪獲勝，奮勇出力，擬請以都司補用，并賞戴藍翎。

留豫都司固縣營守備石鳴珂、河南營藍翎守備任榜元、襄城營禹州汛千總錢鐙。以上三員，督催兵丁，追剿逆匪，奮勇直前，不遺餘力。石鳴珂、錢鐙，均擬請賞戴藍翎。任榜元，請賞换花翎。

荊關營存城千總南宫實、署裕州汛千總武舉王長年、拔補襄城營洧川汛把總王玉振、開復外委王居廣。以上四弁，追剿逆匪，偵探賊踪，俱屬奮勉，均擬請賞戴藍翎。

彰德營把總丁添畏、固縣營泌陽汛把總竇萬禄。以上二弁，追剿逆匪，奮勇當先，均擬請以千總補用。

河南營額外外委署嵩縣營經制外委趙殿魁、署衛輝營把總開封營額外外委王喜魁。以上二弁，奮勇當先，殺賊甚多，均擬請以把總即行升用，并賞戴藍翎。

河北鎮標左營額外外委陳衛林、鄧新營經制外委許占元、鄧新營額外外委張殿璽。以上三弁，追賊奮勇出力，擬請賞六品頂翎。

雲南昭通鎮營書六品軍功胡履章，隨營出力，打仗勇敢，擬請以從九品未入流歸部即選，并賞戴藍翎。

確山縣舉人楊鳳鳴，團練認真，帶勇殺賊，尤為出力，擬請以教諭遇缺即選，并賞戴藍翎。

候選從九品王用權、生員吳祥鵬。以上二員，隨同遂平縣知縣劉鴻勛、委員禹州知州程佶，殺斃逆匪數十名，生擒賊目，搜獲逆書、旗、械等件，均屬奮勇出力。王用權，擬請以從九品歸部儘先選用。吳祥鵬，請以訓導歸部選用。

0139. 河南巡撫英桂行移具奏請將未諳營務之揀發營員飭令回旗并將遺缺以原題之員補用摺

咸豐五年二月十三日

札布政司、標下中軍。照得本部院於咸豐五年二月十二日，在陳州府行營具奏，揀發營員未諳營務，請旨飭令回旗，其應補員缺，仍以原題之員補用，以裨營伍一摺。除俟奉到硃批，另行恭録札知移咨外，合先抄摺札行。札到該司[將]，即便查照。轉移知照。毋違。此札。

計粘抄摺稿一紙。

札布政司。標下中軍。

為咨送事。竊照云前，合先抄摺咨送。為此合咨貴部，請鎮，煩為查照施行。

計粘抄摺稿一紙。

一咨

兵部

南陽總鎮

咸豐五年二月十三日。軍務局齊榜元承。

具奏揀發營員未諳營務請飭令回旗其應補員缺仍以原題之員補用以裨營伍一摺。

河南巡撫部院兼提督軍門英。劃。

監印官留豫候補典史俞炳。

附録摺稿：河南巡撫英桂具奏請將未諳營務之揀發營員飭令回旗并將遺缺以原題之員補用摺

咸豐五年二月十二日

奏為揀發營員未諳營務，請旨飭令回旗，其應補員缺，仍以原題之員補用，以裨營伍，恭摺具奏，仰祈聖鑒事。

竊照豫省南陽鎮標右營都司王煜，出師湖北，日久未回。所遺員缺，係部推之缺，應用揀發人員。前准兵部行令照例題補，自應以到標在先之揀發都司富泰請補。因該員前經委署陝州營都司，於營務未能諳練，撤回學習在案，未便將就請補。查有臣標右營揀發都司瑞林，到標在富泰之次，操防勤慎，堪以補授南陽鎮標右營都司具題。嗣奉部駁，以定例揀發人員，按到標先後，挨次題補。有一時人地未宜，該督撫等於本省簡缺人員內，酌量對調。其有弓馬生疏、不諳營伍者，旗員飭令回旗。河南省揀發都司，既有到標在先之富泰一員，自應按照到標先後，挨次題補。倘該員於此缺人地未宜，亦應照例辦理。今請以到標其次之揀發都司瑞林補授，與例不符。等因。

臣查現當楚北逆匪回竄，豫南防剿吃緊之際，各營將弁，必須慎選諳練營務之員，以期得力。富泰由鑲黄旗滿洲印務筆帖式遞升委護軍參領，於咸豐三年揀發來豫，前經委署陝州營都司。四年春間，准前任河北鎮臣花里雅遜布咨報，該員未諳營伍，當即撤回學習。嗣經派赴歸德府剿捕捻匪，亦不得力。若題補南陽鎮標右營都司，恐致營伍廢弛。臣未便因其年力正强，弓馬尚可，稍事遷就。

惟查揀發都司瑞林，係正紅旗滿洲人，現年三十九歲，由前鋒於道光十六年補放藍翎長，歷升三等侍衛。咸豐三年二月引見，奉旨：瑞林著發往河南，以都司差遣委用。於三月十五日到標，五月委署襄城營都司。該員留心營務，勤於操防，以之請補南陽鎮標右營都司，實堪勝任。相應請旨，將揀發都司富泰飭令回旗。可否送部引見，改用京職之處，恭候聖裁。其南陽鎮標右營都司員缺，仰懇天恩，俯准以揀發都司瑞林補用。如蒙俞允，該員係揀發人員，毋庸送部引見。

臣為營伍得人起見，是否有當，為此恭摺具奏，伏乞皇上聖鑒，訓示施行。謹奏。

0140. 河南巡撫英桂行移奏請將未諳營務之揀發營員飭令回旗并將遺缺以原題之員補用一摺奉硃批

咸豐五年三月初二日

札布政司。標下中軍。照得本部院於咸豐五年二月十二日，在陳州府行營具奏，揀發營員未諳營務，請旨飭令回旗，其應補員缺，仍以原題之員補用，以裨營伍一摺，業已抄摺札知咨送在案。茲於二月二十八日，在陳州府行營，奉到硃批：富泰著送部引見，瑞林依擬補用。該部知道。欽此。合就相應恭録札行。移咨。札到該司，將，即便欽遵查照，仍飭取該員富泰履歷，詳請給咨送部引見。毋違。此札。

札布政司。標下中軍。

為恭録移咨事。竊照云前，相應恭録移咨。為此合咨貴部，請鎮，煩為欽遵查照飭知施行。

一咨

兵部

南陽總鎮

三月初二日送稿。

咸豐五年三月初二日。軍務局原賡承。

具奏揀發營員未諳營務請飭令回旗其應補員缺仍以原題之員補用以裨營伍一摺奉硃批。

河南巡撫部院兼提督軍門英。劃。

監印官留豫候補典史俞炳。

0141. 河南巡撫英桂行移附奏考城營守備梁樹業彰德營守備汪長清均俟軍務告竣再行引見片

咸豐五年三月十三日*

札軍需局。歸德考城營。照得本部院於咸豐五年三月十三日，在信陽州行營，由驛附片具奏，題補考城營守備梁樹業、升署彰德營守備汪長清，均俟軍務告竣，再行給咨赴部引見一片。除俟奉到硃批，另行恭録札知移咨外，合先抄片札行。移咨。札到該局，(將,)游擊，即便會同兩司轉飭查照。毋違。此札。

計粘抄片稿一紙。

札軍需局。歸德考城營。

為移咨事。竊照云前，合先抄片移咨。為此合咨貴鎮，煩為部，請煩查照飭知施行。

計粘抄片稿一紙。

一　咨

南陽河北總鎮

兵部

0142. 河南巡撫英桂行移附奏考城營守備梁樹業彰德營守備汪長清均俟軍務告竣再行引見一片奉硃批

咸豐五年三月二十七日

札軍需局。歸德考城營。照得本部院於咸豐五年三月十三日，在信陽州行營，由驛附片具奏，題補考城營守備梁樹業、升署彰德營守備汪長清，均俟軍務告竣，再行給咨赴部引見一片，業已抄片札知移咨在案。玆於三月二十四日，在信陽州行營，奉到硃批：着照所請。欽此。合就相應恭録札行。移咨。札到該局，(將,)游擊，即便會同兩司，轉飭欽遵查照。毋違。此札。

札軍需局。歸德考城營。

為恭録移咨事。竊照云前，相應恭録移咨。為此合咨貴部，請鎮，煩為欽遵查照飭知施行。

一咨

兵部

南陽河北總鎮

三月二十七日送稿。

咸豐五年三月廿七日。軍務局郭凌雲承。

附奏考城營守備梁樹業彰德營守備汪長清均俟軍務告竣再行引見奉硃批。

河南巡撫部院兼提督軍門英。劃。

監印官留豫候補典史俞炳。

0143. 河南巡撫英桂行移附奏懇請將盧文斗交部照陣亡例議恤片

咸豐五年三月三十日

札軍需局。照得本部院於咸豐伍年三月二十八日，在信陽州行營附奏，懇請將署陝西西鄉營都司陝甘督標右營守備盧文斗，交部照陣亡例議恤緣由一片。除俟奉到硃批，另行恭録札知移咨外，合先抄片札行。咨送。札到該局，即便會同兩司，移行查照。毋違。此札。

計粘抄片稿一紙。

札軍需局。

為咨送事。竊照云前，合先抄片咨送。為此合咨貴部；堂，請煩查照施行。

計粘抄片稿一紙。

一咨

兵部

陝甘總督部堂

三月卅日送稿。

咸豐五年三月卅日。軍務局董詩雅承。

附奏懇請將署陝西西鄉營都司盧文斗交部照陣亡例議恤緣由一片。

河南巡撫部院兼提督軍門英。劃。

監印官留豫候補典史俞炳。

附録片稿：河南巡撫英桂附奏懇請將盧文斗交部照陣亡例議恤片

咸豐五年三月二十八日

再，署陝西西鄉營都司盧文斗，於咸豐三年三月間，奉調帶兵赴山東軍營，路過豫省，適值逆匪北竄，經前撫臣陸應穀奏明，截留派往歸德府防剿。五月初八日，盧文斗在該郡東門外與逆匪接仗，奮勇衝鋒，致項頸、左腿各受矛傷，右腿受鳥槍傷。經商邱縣知縣茅崧林驗明，均各深重，係頭等傷痕。嗣復據該縣詳報，都司盧文斗前受各傷，延醫調治，尚未痊愈。復於八月間隨同已革兩廣總督徐廣縉在馬牧集地方剿捕土匪打仗，致傷口掙裂，醫治無效，延至十一月二十八日，因傷身故等情。當經批飭軍需局覆查議恤，并轉飭該縣將該署都司身後事宜，妥為照料，派撥隨營兵丁，照例護送回籍去後。兹據軍需局、司、道詳請奏恤前來。

臣查盧文斗先因剿賊奮勇，中傷未痊。復剿捕土匪，不辭勞瘁，以致本傷復裂，甫逾正限身故，殊堪憫惻。相應請旨，將署陝西西鄉營都司陝甘督標右營守備盧文斗，交部照陣亡例議恤，以勵戎行。

謹附片具奏，伏乞聖鑒訓示。謹奏。

0144. 河南巡撫英桂行移附奏懇請將候補知縣孫惠霖於福建本籍建立專祠并將江世德等一并附祠片

咸豐五年三月三十日

札軍需局。照得本部院於咸豐五年三月二十八日，在信陽州行營附奏，懇請將候補知縣孫惠霖於福建本籍建立專祠，并將江世德等一併附祠緣由一片。除俟奉到硃批，另行恭録札知移咨外，合先抄片札行。咨送。札到該局，即便會同兩司，移行查照。毋違。此札。

計粘抄片稿一紙。

札軍需局。

為咨送事。竊照云前，合先抄片咨送。為此合咨貴部院，請煩查照施行。

計粘抄片稿一紙。

一咨

吏兵部

福建巡撫部院

三月卅日送稿。

咸豐五年三月卅日。軍務局董詩雅承。

附奏（請懇）［懇請］將候補知縣孫惠霖福建本籍建立專祠併將江世德等一併附祠緣由。

河南巡撫部院兼提督軍門英。劃。

監印官留豫候補典史俞炳。

附録片稿：河南巡撫英桂附奏懇請將候補知縣孫惠霖於福建本籍建立專祠并將江世德等一并附祠片

咸豐五年三月二十八日

再，咸豐三年五月，逆匪攻陷歸德府城，候補知縣孫惠霖，會同守城文武，竭力抵禦，被害最烈。經前撫臣陸應穀查明，與同時遇害官紳，奏奉諭旨，交部從優議恤，并建立專祠在案。兹據該故員之子議叙縣丞孫嘉臻，以伊父孫惠霖奉委在歸德府管理支應局銀庫，當逆匪攻圍郡城，伊父督率兵勇，分守南城，轟斃逆匪數百名，迨該匪竄入城内，猶奮不顧身，竭力巷戰，致遍體受鱗傷遇害，并有戚友江世德、宋廷銘，隨同伊父殺賊，一併被害，呈懇在福建本籍為伊父建立專祠，并將江世德等附祠等情。由藩、臬兩司飭據歸德府采訪，輿論僉同。詳請具奏前來。

臣查孫惠霖係派在支應局委員，并無守土之責，竟能督率兵勇，登陴固守。迨城陷賊入，復奮勇巷戰，致身受多傷，被害最慘，尤堪憫惻。其戚友江世德、宋廷銘，隨同該員守城，殺賊遇害，情亦堪憫。合無仰懇天恩，俯准將候補知縣孫惠霖，於福建本籍建立專祠，并將江世德等一併附祠，以慰忠藎。

謹附片陳明，伏乞聖鑒訓示。謹奏。

0145. 河南巡撫英桂行移奏請將禦賊陣亡各員弁交部從優議恤一摺奉硃批

咸豐五年四月二十日*

札軍需局。照得本部院於咸豐五年三月二十八日，在信陽州行營具奏，查明禦賊陣亡各員弁，籲懇天恩，交部從優議恤一摺，業已抄摺札知/咨送在案。兹於四月二十日，奉到硃批：另有旨。欽此。合就/相應恭録札行。/移咨。札到該局，即便會同兩司，欽遵移行查照。毋違。此札。

札軍需局。

為恭録移咨事。竊照云前，相應恭録移咨。為此合咨貴部，堂，/院，請煩欽遵查照施行。

一咨

兵部

陝甘總督部堂

陝西巡撫部院

0146. 河南巡撫英桂行移附奏懇請將盧文斗交部照陣亡例議恤一片奉硃批

咸豐五年四月二十四日

札軍需局。照得本部院於咸豐五年三月二十八日，在信陽州行營附奏，懇請將署陝西西鄉營都司陝甘督標右營守備盧文斗，交部照陣亡例議恤緣由一片，業已抄片札知咨送在案。茲於四月二十日，奉到硃批：另有旨。欽此。合就相應恭録札行移咨。札到該局，即便會同兩司，欽遵移行查照。毋違。此札。

札軍需局。

為恭録移咨事。竊照云前，相應恭録移咨。為此合咨貴部堂，請煩欽遵查照施行。

一咨

兵部

陝甘總督部堂

四月廿四日送稿。

咸豐五年四月廿四日。軍務局董詩雅承。

附奏懇請將署陝西西鄉營都司盧文斗交部照陣亡例議恤緣由一片奉硃批。

河南巡撫部院兼提督軍門英。劃。

監印官留豫候補典史俞炳。

0147. 河南巡撫英桂行移附奏懇請將候補知縣孫惠霖於福建本籍建立專祠并將江世德等一并附祠一片奉硃批

咸豐五年四月二十四日

札軍需局。照得本部院於咸豐五年三月二十八日，在信陽州行營附奏，懇請將候補知縣孫惠霖於福建本籍建立專祠，并將江世德等一併附祠緣由一片，業已抄片札知咨送在案。茲於四月二十日，奉到硃批：另有旨。欽此。合就相應恭録札行移咨。札到該局，即便會同兩司，欽遵移行查照。毋違。此札。

札軍需局。

為恭録移咨事。竊照云前，相應恭録移咨。為此合咨貴部院，請煩欽遵查照施行。

一咨

吏兵部

福建巡撫部院

四月廿四日送稿。

咸豐五年四月廿四日。軍務局董詩雅承。

附奏懇請將候補知縣孫惠霖福建本籍建立專祠併將江世德等一併附祠緣由奉硃批。

河南巡撫部院兼提督軍門英。劃。

監印官留豫候補典史俞炳。

0148. 河南巡撫英桂行移附奏請將派豫防堵之馬隊官兵或改赴別路或撤回歸伍片

咸豐五年五月十六日*

札軍需局。照得本部院於咸豐五年五月十六日，在信陽州行營，由驛附奏，信陽一帶地勢，於馬隊不宜，請將派豫防堵馬隊官兵，或改赴別路，或撤回歸伍一片。除俟奉到硃批，另行恭録札知移咨外，合先抄片札行。札到該局，即便會同兩司，移行查照。毋違。此札。

計連抄片稿一紙。

札軍需局。

為移咨事。竊照云前，合先抄片移咨。為此合咨貴大臣，副都統，部堂，請煩查照，希即轉行麟副都統，無論行抵何處，暫行駐扎，恭候諭旨，辦理施行。

計連抄片稿一紙。

（下殘）。

附録片稿：河南巡撫英桂附奏請將派豫防堵之馬隊官兵或改赴別路或撤回歸伍片

咸豐五年五月十六日

再，已革副都統常亮，統帶馬隊一千五百名赴楚協剿，經楊霈以馬隊於地勢不宜，不能得力，奏令退扎三關，以防豫境。現常亮已帶馬隊陸續來到信陽。

又，准欽差大臣西淩阿來咨：欽奉上諭：河南需兵防堵，該大臣路過河南，酌留兵一千五百名。等因。遵即派撥馬隊七百五十名，交副都統麟瑞帶往豫省。并咨山東巡撫選撥步隊五百名，一併交臣調遣。咨照前來。

臣前因楚北逆焰鴟張，堵遏北竄，兵力尚單，奏蒙恩准，撥兵來豫，以資守禦。惟分兵設守，貴在因地制宜，庶一兵得一兵之力。馬隊長於衝突，宜用之曠野平原，陷陣摧堅，追奔逐北。查信陽、羅山、光州一帶，地多水田，塍埂窄狹，與湖北隨、應等處，地勢相同。而平靖、武勝各關，并有山徑小路，馬隊實難施展。且當此餉糈支絀之際，經費尤宜撙節。馬隊之鹽糧、馬乾等項，較之步隊兵丁口糧，多至倍蓰。臣再四籌維，恐以有用之兵，置之無用之地，既難收實效，徒致糧餉多糜，尤為非計。用敢據實上陳，可否仰懇天恩，將常亮所帶馬隊一千五百名，麟瑞所帶馬隊七百五十名，或派赴別路軍營利用馬隊之地，以資攻剿，或撤令歸伍之處，伏候欽定。臣一面會商常亮，將所帶馬隊暫於信陽駐扎，并咨照麟瑞，如行抵汴省，即於省城外寬展地方，暫行屯駐，恭俟命下欽遵辦理。

再，臣接晤常亮，見其左臂不能運動，行步需人扶掖。詢據稱，四月十五日與賊接仗，所騎之馬因水田埂窄失跌，致將左膀壓傷。嗣力疾儹行來豫，益加沉重，牽連左腿亦不得力。現趕緊延醫調治，以冀就痊等語。臣查常亮係革職留營效力之員，察其病勢，一時難以痊愈。軍務緊要，傷病之軀不能得力。應否撤回，伏候聖裁。

為此附片具奏，伏乞聖鑒訓示。謹奏。

0149. 河南巡撫英桂行移具奏豫省武職舉劾未能依期舉行懇請展至軍務告竣再行辦理摺

咸豐五年五月二十四日

札布政司。城守尉。標下中軍。照得本部院於咸豐五年五月二十三日，在信陽州行營具奏，豫省武職舉劾，未能依期舉行，懇請展至軍務告竣，再行辦理一摺。除俟奉到硃批，另行恭録札知移咨外，合先抄摺札行。咨送。札到該司，尉，將，即便移會歸、考二營查照。毋違。此札。

計粘抄摺稿一紙。

札布政司。城守尉。標下中軍。

為移咨事。竊照云前，合先抄摺咨送。為此合咨貴鎮，煩為查照施行。

計粘抄摺稿一紙。

一　咨

南陽河北總鎮

五月二十四日送稿。

咸豐五年五月廿四日。兵房董詩雅承。

具奏豫省武職舉劾未能依期舉行懇請展至軍務告竣再行辦理一摺。

河南巡撫部院兼提督軍門英。劃。

附録摺稿：河南巡撫英桂具奏豫省武職舉劾未能依期舉行懇請展至軍務告竣再行辦理摺

咸豐五年五月二十三日

奏為豫省武職舉劾，未能依期舉行，懇恩展至軍務告竣，再行辦理，恭摺具奏，仰祈聖鑒事。

竊照緑營武職副將以下至千總，定例每届二年半，由督撫薦舉一次。如有劣員，一併糾參。遇軍政之年，即將舉劾停止。歷經遵辦在案。兹自咸豐二年軍政之年，扣至本年，已届二年半。薦舉之期，自應照例舉行。惟查河南撫、鎮、協標各營將備，多經上年調赴安徽正陽關、六安等處并本省歸德邊境帶兵防堵，無從考察。其餘存營員弁，因春間楚匪猖獗，逼近豫南，復經臣陸續派往南、汝、光一帶，扼要守禦。現臣駐防信陽，遠在邊境、營分較遠之處，各備弁才技優劣，未能周知。且值防剿吃緊之時，未便紛紛調驗。武職舉劾大典，稍事遷就，不足以重激揚。溯查咸豐二年軍政，因辦理防堵，未能舉行，經前撫臣陸〈應穀〉奏請展緩，奉旨允准。今武職二年半舉劾，事同一律，合無仰懇天恩，俯准援案展至軍務告竣，再行舉辦，以昭核實。

除遇有廢弛不職之員，臣仍隨時參劾，不敢姑息外，理合恭摺具奏，伏祈皇上聖鑒訓示。謹奏。

0150. 河南巡撫英桂行移上諭著飭令實力搜拿首犯易添富并妥速辦理濟源抗糧案

咸豐五年五月二十八日

札軍需局。南汝光道。照得本部院於咸豐五年五月二十七日，在信陽州行營，承准軍機大臣字寄上諭一道。等因。承准此。合就相應恭録札行。咨會。札到該局，道，立即會同兩司，欽遵移行查照，并飭將輝縣首犯迅速緝獲。其濟源抗糧之案，如須威以兵力，即移會崇總鎮妥速辦理，不可徒以解散為事，致令毫無忌憚。河北現已肅清，聯莊會衆，現經本部院頒示撤散。至馬隊官兵分赴安徽、金陵，亦即飛飭沿途地方官妥速應付前進，毋稍延誤干咎。欽遵查照，會同邱總鎮，督飭文武將捻首易添富等，悉數弋獲，勿留餘孽。切切。此札。

計恭録上諭一道。

札軍需局。南汝光道。

為恭録咨會事。竊照云前。承准此。相應恭録咨會。為此合咨貴鎮，煩為欽遵查照，督飭在事文武員弁，實力搜捕，務將捻首易添富等悉數弋獲，勿使稍留餘孽。地方文武，將輝縣首犯趕緊緝獲。其濟源抗糧之案，如須兵力，并祈妥速辦理，不可徒以解散為事，致令毫無忌憚。是為至要。望切望速施行。

計恭録上諭一道。

一　咨

南陽河北總鎮

為恭録咨會事。竊照本部院於咸豐五年五月二十七日，在信陽州行營，承准軍機大臣字寄上諭一道。等因。承准此。除咨常副都統將所統馬隊一千五百名，飭令帶兵官管帶先赴陳州府暫駐，聽候貴副都統統領外，相應恭録咨會。為此合咨貴副都統，請煩欽遵查照，希將馬隊二千餘名統帶起程，由陳州府馳赴安徽，撥出一千二百五十名，交和軍門福部院布置，再將一千名帶赴金陵，交欽差大臣向〈榮〉調遣。其應由何處渡江，希即與欽差大臣托〈明阿〉妥商前進。仍祈將起程日期見復施行。

計恭録上諭一道。

一　咨

吉林副都統麟　省城探投。

為恭録咨會事。竊照云前。承准此。除咨麟副都統，俟官兵到省，統帶起程外，相應恭録咨會。為此合咨貴副都統，請煩欽遵查照，希將所帶馬隊一千五百名，仍由貴都統督率各起帶隊官，管帶赴陳州府暫□。俟麟副都統到陳州後，移交帶領前進，以資統率。仍祈將該官兵起程日期見復施行。

計恭録上諭一道。

一　咨

西安副都統常

為恭録咨會事。竊照云前。承准此。除咨麟副都統管帶起程外，相應恭録咨會。為此合咨貴大臣，部院，軍門，請煩欽遵查照辦理。仍祈將該官兵到營日期見復施行。

計恭録上諭一道。

一　咨

欽差大臣托向

安徽巡撫部院福

江南提督軍門和

為恭録移咨事。竊照云前。承准此。除分咨外，相應恭録移咨。為此合咨貴大臣，(部堂，部院，)京堂，都鎮，請煩為欽遵查照施行。

計恭録上諭一道。

一　　咨

欽差大臣西

欽賞四品卿銜王

欽差都察院副堂王

雲南臨元總鎮慶

咸豐五年五月廿八日。軍務局齊榜元承。

廷寄英〈桂〉奏楚北逆匪情形收復光山縣城并馬隊於地勢不宜及誠勇撤令歸農各摺片。

河南巡撫部院提督軍門英。劃。

監印官留豫候補典史俞炳。

附録廷寄：軍機大臣字寄河南巡撫英桂著飭令實力搜拿首犯易添富并妥速辦理濟源抗糧案

咸豐五年五月二十二日

軍機大臣字寄，河南巡撫英〈桂〉，咸豐五年五月二十二日奉上諭：英桂奏，探報楚北賊情，并收復光山縣城一摺。所奏賊自隨州退出、占踞德安情形，與官文昨奏大略相同。南陽防堵既已稍緩，自應將崇安留駐河北，以資彈壓。現在光山雖已收復，而所殺捻匪無多，且首犯尚未就擒，難保不與阜陽各匪勾結，復致蔓延。著英桂即飭邱聯恩等，督率在事文武，實力搜拿，務將首犯易添富等悉數弋獲，不准稍留餘孽。

濟源縣抗糧之案，是否業已解散？如須威以兵力，亦即飭令崇安妥速辦理。聯莊會原以保衛鄉閭，今乃糾衆抗官，轉貽地方之害。此時河北肅清，是否可以裁撤，著英桂妥籌辦理。現在輝縣首犯未獲，濟源又復效尤。聞河北各府似此者，尚復不少。必當執法懲治，不可徒以解散為事，致令毫無忌憚。

至山東撥往馬隊，既據該撫奏稱於豫省不甚相宜，著即撥出一千名，飭赴金陵，交向榮調遣。其餘一千二百五十名，即撥赴安徽，交和春、福濟分撥布置。常亮既不得力，已有旨飭令回旗。所有前項馬隊，即著統歸麟瑞管帶。俟馳抵安徽軍營交明後，再將金陵軍營之一千名帶往。應由何處渡江，著與托明阿妥商前進。英桂即一面傳知該副都統，一面飛咨金陵、安徽及沿途地方，以便遄行。

另片奏，投誠義勇，不若撤令歸農等語，已諭知西淩阿妥辦。所請飭催武職各員，亦有旨諭知兵部速催赴豫矣。將此由六百里諭令知之。

欽此。遵旨寄信前來。

0151. 河南巡撫英桂行移附奏請將協領委營總台飛英阿開缺回旗片

咸豐五年六月初九日

札軍需局。照得本部院於咸豐五年六月初八日，在信陽州行營，由驛附奏，管帶吉林六起官兵協領委營總台飛英阿，病難速痊，請開缺回旗調理一片。除俟奉到硃批，另行恭録札知移咨外，合先抄片札行。札到該局，即便會同兩司查照。毋違。此札。

計粘抄片稿一紙。

札軍需局。

為移咨事。竊照云前，相應抄片移咨。為此合咨貴部，將軍，副都統，請煩查照施行。

計粘抄片稿一紙。

一咨

兵部

吉林將軍

前任西安副都統常

吉林副都統麟

咸豐五年六月初九日。軍務局齊榜元承。

附奏管帶吉林六起官兵協領委營總台飛英阿病難速痊請開缺回旗調理一片。

河南巡撫部院提督軍門英。劃。

監印官留豫候補典史俞炳。

附録片稿：河南巡撫英桂附奏請將協領委營總台飛英阿開缺回旗片

咸豐五年六月初八日

再，准前任西安副都統常亮咨：據管帶吉林六起官兵協領委營總台飛英阿呈稱：該協領於咸豐三年奉調出征，歷赴江南、河南、山西、直隸、山東等處，追剿賊匪。因上年在山東高唐州大營，身受潮濕，以致右腿麻木疼痛。延醫調治，漸覺輕減。本年三月，由馮官屯調赴湖北，力疾攢程。行抵隨州，又受潮濕，舊病復發。屢次請假調治，現今益加沉重，實難支持。且管帶兵丁，事關重要。深恐病軀貽誤，呈懇奏請開缺回旗。一俟病痊，再行報效。其所帶官兵，業經常亮派委本起參領桂春管帶前進。等因。咨請具奏前來。

臣查該協領台飛英阿，既經常亮驗明患病甚重，即令勉力隨行，亦屬不能出隊打仗。合無仰懇天恩，俯准將管帶吉林六起官兵協領委營總台飛英阿，即行開缺回旗調理之處，出自鴻施。

謹附片具奏，伏乞聖鑒訓示。謹奏。

0152. 河南巡撫英桂行移具奏特參帶兵不能得力之游擊請旨降補都司摺

咸豐五年六月十三日

札布政司。考城營。照得本部院於咸豐五年六月十三日，在信陽州行營具奏，特參帶兵不能得力之游擊，請旨降補都司，以示懲儆一摺。除俟奉到硃批，另行恭録札知移咨外，合先抄摺札行。札到該司營，即便會同軍需局查照。毋違。此札。

計粘抄摺稿一紙。

札布政司。考城營。

為移咨事。竊照云前，相應抄摺咨送。為此合咨貴部，鎮，請煩為查照施行。

計粘抄摺稿一紙。

一咨

兵部

南陽總鎮

咸豐五年六月十三日。軍務局齊榜元承。

具奏特參帶兵不能得力之游擊請旨降補都司以示懲儆一摺。

河南巡撫部院提督軍門英。劃。

監印官留豫候補典史俞炳。

附録摺稿：河南巡撫英桂具奏特參帶兵不能得力之游擊請旨降補都司摺

咸豐五年六月十三日

奏為特參帶兵不能得力之游擊，請旨降補都司，以示懲儆，仰祈聖鑒事。

竊臣自帶兵督辦防堵，凡於守邊各將弁巡防之勤惰，約束兵丁能否謹嚴，有無騷擾地方情事，時時查察，節經諄飭，申嚴紀律，認真約束，不得有違。乃查有考城營游擊景舒，於上年派委帶兵商城縣防堵，始尚勤奮，後訪知其所帶兵丁不守營規，該游擊不能約束，於巡防亦不能得力。當此軍務吃緊之際，未便稍事姑容，相應據實奏參，請旨將考城營游擊景舒降補都司，歸部銓選，以示懲儆。

除所遺考城營游擊員缺，容臣另行揀員請補，并商城縣防堵官兵，已委署商城汛守備李輔清管帶外，為此恭摺具奏，伏乞皇上聖鑒訓示。謹奏。

0153. 河南巡撫英桂行移具奏豫省武職舉劾未能依期舉行懇請展至軍務告竣再行辦理一摺奉硃批

咸豐五年六月二十日

札布政司。城守尉。標下中軍。照得本部院於咸豐五年五月二十三日，在信陽州行營具奏，豫省武職舉劾，未能依期舉行，懇請展至軍務告竣，再行辦理一摺，業已抄摺札知咨送在案。茲於六月十六日，奉到硃批：著照所請。該部知道。欽此。合就相應恭録札行。移咨。札到該司，尉，將，即便移會歸、考二營，欽遵查照。毋違。此札。

札布政司。城守尉。標下中軍。

為恭録移咨事。竊照云前，相應恭録移咨。為此合咨貴鎮，煩為欽遵查照施行。

一　咨

南陽河北總鎮

六月二十日送稿。

咸豐五年六月廿日。兵房董詩雅承。

布政司代印。

具奏豫省武職舉劾未能依期舉行懇請展至軍務告竣再行辦理一摺奉硃批。

河南巡撫部院兼提督軍門英。劃。

0154. 河南巡撫英桂行移附奏請將協領委營總台飛英阿開缺回旗一片奉硃批

咸豐五年六月二十二日

札軍需局。照得本部院於咸豐五年六月初八日，在信陽州行營，由驛附奏，管帶吉林六起官兵協領委營總台飛英阿，病難速痊，請開缺回旗調理一片，業已抄片札知咨送在案。兹於本月二十二日，奉到硃批：台飛英阿，著准其開缺回旗。欽此。合就恭録札行。札到該局，即便會同兩司，欽遵查照。毋違。此札。

札軍需局。

為移咨事。竊照云前，相應恭録移咨。為此合咨貴部，將軍，副都統，請煩欽遵查照施行。

一咨

兵部

吉林將軍副都統麟 六百里排單。陳州探投。

咸豐五年六月廿二日。軍務局齊榜元承。

附奏管帶吉林六起官兵協領委營總台飛［英］阿病難速痊請開缺回旗一片奉硃批。

河南巡撫部院提督軍門英。劃。

監印官留豫候補典史俞炳。

0155. 河南巡撫英桂行移附奏請將新息通判英謙及河南府通判李硯田先行摘去頂戴片

咸豐五年六月三十日

札布政司。照得本部院於咸豐五年六月二十四日，在信陽州行營附奏，請將承辦部硝起運遲延之新息通判英謙、河南府通判李硯田，先行摘去頂戴，勒限起解一片。除俟奉到硃批，另行恭録札知移咨外，合先抄片札行。咨送。札到該司，即便查照，勒催起解。如再遲延，即行詳請參辦。毋違。此札。

計粘抄片稿一紙。

札布政司。

為移咨事。竊照云前，合先抄片咨送。為此合咨貴部，請煩查照施行。

計粘抄片稿一紙。

一咨

工部

六月二十九日送稿。

咸豐五年六月卅日。工房楊青春承。

附奏請將承辦部硝起運遲延之新息通判英謙河南府通判李硯田先行摘去頂戴勒解一片。

河南巡撫部院兼提督軍門英。劃。

附録片稿：河南巡撫英桂附奏請將新息通判英謙及河南府通判李硯田先行摘去頂戴片

咸豐五年六月二十四日

再，豫省先後奉准部咨，采辦硝斤四批，每批十四萬斤。頭批委員新息通判英謙，二、三批委員河南府通判李硯田，前據禀報，已將硝斤辦齊。嗣後奉部飭催，臣在信陽叠次札飭藩司嚴催批解，迄未據報起運。現在部庫需用孔急，豈容日久玩延？相應請旨，將承辦部硝起運遲延之新息通判英謙、河南府通判李硯田，先行摘去頂戴，勒限起解。如再遲緩，即行嚴參。

除檄飭遵辦外，為此附片具奏，伏乞聖鑒訓示。謹奏。

0156. 河南巡撫英桂行移附奏請將慶德留豫辦理防守事宜片

咸豐五年七月初五日

札軍需局。照得本部院於咸豐五年七月初三日，在信陽州行營附奏，請將新授雲南臨元鎮仍留豫省，辦理防守事宜一片。除俟奉到硃批，另行恭録札知 移咨外，合先抄片札行。札到該局，即便會同兩司查照。毋違。此札。

計粘抄片稿一紙。

札軍需局。

為移咨事。竊照云前，相應抄片咨送。為此合咨貴部，部堂，鎮，請煩為查照施行。

計粘抄片稿一紙。

一咨

兵部

雲貴總督部堂

雲南臨元總鎮慶

咸豐五年七月初五日。軍務局齊榜元承。

附奏請將新授雲南臨元鎮仍留豫省辦理防守事宜一片。

河南巡撫部院提督軍門英。劃。

監印官留豫候補典史俞炳。

附録片稿：河南巡撫英桂附奏請將慶德留豫辦理防守事宜片

咸豐五年七月初三日

再，雲南臨元鎮總兵慶德，前經臣奏請留豫辦理南陽一帶防堵事務，奉旨允准在案。兹於六月十九日，准兵部咨，内閣奉上諭：恒春奏請飭催提鎮速赴新任等語。新授雲南臨元鎮總兵慶德，著該部飭令速赴新任，毋許遲延。等因。欽此。自應欽遵飭令慶德迅速啓程赴滇。

惟自隨州克復以後，南陽防堵情形，雖較前稍寬，而逆氛尚踞德安，戒備仍不容稍懈。查南陽鎮臣邱聯恩，現駐光州，搜捕餘匪，兼顧邊防。河北鎮臣崇安，因新鄉縣刁民滋事，統兵前往剿辦。宛郡防堵，一時更替乏人。合無仰懇天恩，俯准將雲南臨元鎮總兵慶德，仍暫留豫省，辦理防守事宜。俟軍務稍鬆，接替有人，再行前赴本任。

是否有當，謹附片具奏，伏乞聖鑒訓示。謹奏。

0157. 河南巡撫英桂行移附奏信陽防兵實屬無可抽撥片

咸豐五年七月初五日

札軍需局。照得本部院於咸豐五年七月初三日，在信陽州行營附奏，西〈凌阿〉咨調信陽防兵一千名，實屬無可抽撥一片。除俟奉到硃批，另行恭録札知移咨外，合先抄片札行。札到該局，即便會同兩司查照。毋違。此札。

計粘抄片稿一紙。

札軍需局。

為移咨事。竊照云前，相應抄片咨送。為此合咨貴大臣，請煩查照施行。

計粘抄片稿一紙。

一　　咨

欽差大臣西

俟奉到批迴，一併咨送。初五日。

咸豐五年七月初五日。軍務局齊榜元承。

附奏西〈凌阿〉咨調信陽防兵一千名實屬無可抽撥一片。

河南巡撫部院提督軍門英。劃。

監印官留豫即補府經歷縣丞俞炳。

附録片稿：河南巡撫英桂附奏信陽防兵實屬無可抽撥片

咸豐五年七月初三日

再，臣正在繕摺間，接准西凌阿來咨，擬將信陽等處防堵官兵內選派精壯兵一千名，飭令幹員刻日管帶赴楚，以便分扎應山一帶，扼要堵剿等情。

臣查德安之賊，疊據探報，不過三四千名。西凌阿所帶馬步兵勇，約計萬餘，兵力不為單薄。如能相機調遣，分兵進攻，迅圖克復郡城，賊方自顧不暇，何敢尚圖窺伺？况豫省南路邊境，綿亘數百里，皆與楚、皖毗連，在在皆為受敵之區，處處無非設防之地。遇有緩急，已覺抽調為難。仰蒙聖明洞鑒，允臣所請，飭調東省官兵一千五百名，得資捍衛。近因河北刁民滋事，抽撥一千五百名，前往剿辦。現在臣隨營僅存省標兵一千二百名，策應各路，衹覺太單。鎮臣邱聯恩駐扎光州，搜捕捻匪，亦止官兵七百餘名。其信陽三關及西雙河等處，僅有官兵餘丁一千五百名。此外分駐歸德、陳州、南陽、羅山、光山、商城、固始、息縣等處本省官兵，及王庭蘭所帶之陝甘、山西官兵，統共不過五千餘名，分布各要隘。巡防守禦，搜捕土匪，實形不足。尚須添募壯勇，以助聲勢。現今黄河下游斷流，彈壓災民，防禦皖逆，正慮無兵可調，勢難再行抽撥。且西凌阿所慮，以應山東面大路空虛，恐賊陰謀覬覦。臣愚以為如果分兵數千，數道并進，則東、北兩面何虞抄襲？若重兵俱駐西北，而欲以東面大道僅駐豫兵一千，亦恐不足以遏賊衝。臣再三籌度，不得不據實直陳，惟有仰懇天恩，敕下西凌阿，激勵兵勇，分道進攻，振軍威而操全勝，則德安可復，北竄無虞矣。

除咨覆西凌阿查照外，謹附片具［奏］。

0158. 河南巡撫英桂行移具奏特參帶兵不能得力之游擊請旨降補都司一摺奉硃批

咸豐五年七月初九日

札布政司。考城營。照得本部院於咸豐五年六月十三日，在信陽州行營具奏，特參帶兵不能得力之游擊，請旨降補都司，以示懲儆一摺，業已抄摺札知咨送在案。茲於七月初八日，奉到硃批：依議。兵部知道。欽此。合就恭録札行。札到該司，營，即便會同軍需局，欽遵查照。毋違。此札。

札布政司。考城營。

為移咨事。竊照云前，相應恭録移咨。為此合咨貴部，鎮，請煩為欽遵查照施行。

一咨

兵部

南陽總鎮

咸豐五年七月初九日。軍務局齊榜元承。

具奏特參帶兵不能得力之游擊請旨降補都司以示懲儆一摺奉硃批。

河南巡撫部院提督軍門英。劃。

監印官留豫候補典史俞炳。

0159. 河南巡撫英桂行移附奏銅瓦廂漫口下游斷流處所籌辦防堵捻軍片

咸豐五年七月十一日

札布政司。軍需局。候補張道。照得本部院於咸豐五年七月初九日，在信陽州行營附奏，銅瓦廂漫口，下游斷流處所，籌辦防堵一片。除俟奉到硃批，另行恭録札知咨會外，合先抄片札行。札到該司，道，立即查照，將應辦各事宜，趕緊詳辦。毋違。，河防如有緊急，就近相機策應。切切。此札。

計連抄片稿一紙。

札布政司。候補張道。

為咨會事。竊照云前，相應抄片咨會。為此合咨貴都部堂，請煩查照，希即察看斷流處所情形輕重，先令廳、營、地方文武添募壯勇，協力巡防。望切施行。

計連抄片稿一紙。

一　　　　咨

欽差都察院副堂王　六百里排單。

河東總河部堂李

咸豐五年七月十一日。軍務局齊榜元承。

附奏銅瓦廂漫口下游斷流處所籌辦防堵一片。

河南巡撫部院提督軍門英。劃。

監印官留豫候補典史俞炳。

附録片稿：河南巡撫英桂附奏銅瓦廂漫口下游斷流處所籌辦防堵捻軍片

咸豐五年七月初九日

再，本月初一日，承准軍機大臣字寄，咸豐五年六月二十五日奉上諭：本日據蔣啓敭奏報，東河下北廳屬銅瓦廂地方，河流漫溢。并據王履謙奏稱，黄河漫口後，下流漸涸，無險可扼，請飭直隸、河南、山東各督撫撥兵防守等語。楚北逆氛未靖，河防極關緊要，自應添派官兵，藉資堵禦。著桂良、英桂、崇恩將濱河各屬現經斷流處所迅速查明，各就情形輕重，酌撥官兵前往防守。與王履謙聯絡聲勢，嚴密稽查，無許疏忽貽誤。漫口地屬河南，英桂責無旁貸。直隸、山東均有備調兵丁，自可足資分撥。至決口大溜現向何處旁趨，被災係何州縣，應如何亟籌撫恤，俾小民不至失所，并著桂良等妥速籌辦，無稍遲緩。等因。欽此。

臣查現在銅瓦厢漫口，下游漸成涸轍。誠如聖諭，巡防極關緊要，自應添派官兵，藉資堵禦。惟豫省南路邊防正在吃緊，近因新鄉縣刁民滋事，又移緩就急，抽撥官兵一千五百名前往勦辦。通計各路防兵，均居要隘，實無可再行抽撥。查下游斷流處所，係屬歸德所轄，現候補道張維翰駐扎該郡。臣已行知該道，河防如有緊急，就近相機策應。惟該道辦理邊防，勦捕永、亳一帶捻惡，搜拿本境匪徒，所帶兵勇亦屬無多，祇可飭其遇事應援，未能專駐河干。臣再四籌維，殊深焦灼。現已飛咨李鈞、王履謙，查明下游斷流處所，察看情形輕重，先令廳、營、地方文武，添雇壯勇，協力巡查。一俟河北聯莊會解散，地方安靖，即將前項官兵，酌量分撥下游河岸，扼要駐扎，嚴密防守。

除河工應辦各事宜，容會同河臣，悉心籌辦，另行覆奏外，為此附片具奏，伏乞聖鑒。謹奏。

0160. 河南巡撫英桂行移附奏請將慶德留豫辦理防守事宜一片奉硃批

咸豐五年七月十八日

札軍需局。照得本部院於咸豐五年七月初三日，在信陽州行營附奏，請將新授雲南臨元鎮仍留豫省，辦理防守事宜一片，業已抄片札知咨送在案。茲於七月十七日，奉到御批：著照所請。欽此。合就恭録札行。札到該局，即便會同兩司，欽遵查照。毋違。此札。

札軍需局。

為恭録移咨事。竊照云前，相應恭録移咨。為此合咨貴部，部堂，鎮，請煩為欽遵查照施行。

一咨

兵部

雲貴總督部堂

雲南臨元總鎮慶

咸豐五年七月十八日。軍務局齊榜元承。

附奏請將新授雲南臨元鎮仍留豫省辦理防守事宜一片奉硃批。

河南巡撫部院提督軍門英。劃。

監印官留豫候補典史俞炳。

0161. 河南巡撫英桂行移附奏銅瓦厢漫口下游斷流處所防堵捻軍一片奉御批

咸豐五年七月二十三日

札布政司。軍需局。候補張道。照得本部院於咸豐五年七月初九日，在信陽州行營附奏，銅瓦厢漫口，下游斷流處所，籌辦防堵一片，業已抄片札知咨送在案。兹於二十二日，奉到御批：知道了。欽此。合就相應恭録札行。咨會。札到該司，局，道，即便欽遵移行查照。毋違。此札。

札布政司。軍需局。候補張道。

為恭録咨會事。竊照云前，相應恭録咨會。為此合咨貴都部堂，請煩欽遵查照施行。

一　　　　咨

欽差都察院副堂王

河東總河部堂

咸豐五年七月廿三日。軍務局程騰蛟承。

附奏銅瓦厢漫口下游斷流處所籌辦防堵一片奉御批。

河南巡撫部院提督軍門英。劃。

監印官留豫候補典史俞炳。

0162. 河南巡撫英桂行移附奏請將廣西儘先游擊常啓雲開缺回籍調理片

咸豐五年七月二十三日

札布政司。照得本部院於咸豐五年七月二十一日，在信陽州行營附奏，請將病難速痊之廣西儘先游擊常啓雲開缺回籍調理一片。除俟奉到御批，另行恭録札知移咨外，合先抄片札行。札到該司，即便會同軍需局，移行知照。毋違。此札。

計粘抄片稿一紙。

札布政司。

為移咨事。竊照云前，相應抄片咨送。為此合咨貴部，部院，請煩查照施行。

計粘抄片稿一紙。

一咨

兵部

廣西巡撫部院

咸豐五年七月廿三日。軍務局齊榜元承。

附奏請將病難速痊廣西儘先游擊常啓雲開缺回籍調理一片。

河南巡撫部院提督軍門英。劃。

監印官留豫候補典史俞炳。

附録片稿：河南巡撫英桂附奏請將廣西儘先游擊常啓雲開缺回籍調理片

咸豐五年七月二十一日

再，留豫差委廣西儘先游擊左江都司常啓雲，經臣派赴正陽關，交牛鑑調遣。玆准牛鑑咨稱，該游擊因積勞成疾，步履維艱，一時難望速痊，稟懇開缺回籍調治等情。咨請具奏前來。

臣查常啓雲自到豫以來，歷經差委，遇事奮勉。現既患病，當此防堵緊要，未便以病軀從事，致滋貽誤。

合無仰懇天恩，俯准將廣西儘先游擊左江都司常啓雲開缺回籍調理，出自鴻施。理合附片具奏，伏乞聖鑒訓示。謹奏。

0163. 河南巡撫英桂行移附奏請將新息通判英謙及河南府通判李硯田先行摘去頂戴一片奉硃批

咸豐五年七月二十三日

札布政司。照得本部院於咸豐五年六月二十四日，在信陽州行營附奏，請將承辦部硝起運遲延之新息通判英謙、河南府通判李硯田，先行摘去頂戴，勒限起解一片，業已抄片札知咨送在案。玆於七月十九日，在信陽州行營，奉到硃批：依議。欽此。合就相應恭録札行。移咨。札到該司，即便欽遵查照，勒催起解。如再遲延，即行詳請參辦。毋違。此札。

札布政司。

為恭録移咨事。竊照云前，相應恭録移咨。為此合咨貴部，請煩欽遵查照施行。

一咨

工部

七月廿三日送稿。

咸豐五年七月廿三日。工房楊青春承。

附奏請將承辦部硝起運遲延之新息通判英謙河南府通判李硯田先行摘去頂戴勒限起運一片奉硃批。

河南巡撫部院兼提督軍門英。劃。

0164. 河南巡撫英桂行移廷寄著嚴防投誠毛勇引賊北竄

咸豐五年八月初一日

札某某知悉。照得本部院於咸豐五年八月初一日，在信陽州行營，承准軍機大臣字寄上諭一道。等因。承准此。合亟恭録札行。札到該員，州，縣，道，立即欽遵查照，

督飭弁兵，
會同在防帶兵官，
督飭在防文武及光州、光山、羅山各州、縣，

隨時偵探，加意嚴防，毋稍疏懈，致干參咎。切切。此札。

計恭録上諭一道。

札
汝寧營參將成景。
候補參將全喜。
候補游擊馬春華。
陝州營都司德克金布。
署山東沙溝營都司保英。
署嵩縣營守備蔡元輔。
候補通判奎璧等。
光州。
光山羅山縣。
南汝光道。

札軍需局知悉。照得云前。承准此。除徑札在防文武及南汝道、光山、羅山等縣，隨時偵探嚴防外，合就恭録札行。札到該局，即便會同兩司，欽遵移行查照。毋違。此札。

計恭録上諭一道。

札軍需局。

為恭録移咨事。竊照云前。承准此。除徑札在防文武及南汝道、光州、光山、羅山等縣，隨時偵探嚴防外，相應恭録移咨。為此合咨貴鎮，煩為欽遵查照，希即會同南汝光道，嚴督文武員弁及各地方官，隨時偵探，加意嚴防，勿任稍有疏虞。是為至要。望切施行。

計恭録上諭一道。

一　咨

南陽總鎮

咸豐五年八月初一日。軍務局齊榜元承。

廷寄投誠毛勇恐其引賊北竄飭即嚴防。

河南巡撫部院提督軍門英。劃。

監印官留豫即補府經歷縣丞俞炳。

附録廷寄：軍機大臣字寄河南巡撫英桂著嚴防投誠毛勇引賊北竄

咸豐五年七月二十四日

咸豐五年八月初一日，承准軍機大臣字寄，河南巡撫英〈桂〉，咸豐五年七月二十四日奉上諭：本日據官文奏，投誠毛勇，恐其生變回竄河南，請飭防堵等語。已飭令西凌阿妥為駕馭矣。此項義勇，前由馮官屯赴楚，道經河南，路徑熟悉。現因官軍失利，投入賊營者已有六百餘名之多。若輩狼子野心，萬一引賊北竄，亦不可不防。著英桂嚴飭文武員弁，隨時偵探，加意防範，毋稍疏懈。將此由六百里諭令知之。

欽此。遵旨寄信前來。

0165. 河南巡撫英桂行移附奏請將廣西儘先游擊常啓雲開缺回籍調理一片奉御批

咸豐五年八月初七日

札布政司。照得本部院於咸豐五年七月二十一日，在信陽州行營附奏，請將病難速痊之廣西儘先游擊常啓雲開缺回籍調理一片，業已抄片札知咨送在案。茲於八月初五日，在遂平縣途次，奉到御批：常啓雲著開缺回籍調理。欽此。合就相應恭録札行。移咨。札到該司，即便會同軍需局，欽遵移行知照。毋違。此札。

札布政司。

為恭録移咨事。竊照云前，相應恭録移咨。為此合咨貴部，部院，請煩欽遵查照開缺施行。

一咨

兵部

廣西巡撫部院

咸豐五年八月初七日。軍務局齊榜元承。

附奏請將病難速痊廣西儘先游擊常啓雲開缺回籍調理一片奉御批。

河南巡撫部院提督軍門英。劃。

監印官留豫即補府經歷縣丞俞炳。

0166. 河南巡撫英桂行移具奏關隘副將員缺緊要懇恩俯准將原題之員升補摺

咸豐五年八月十八日

札布政司。標下中軍。照得本部院於咸豐五年八月十六日，具奏關隘副將員缺緊要，懇恩俯准將原題之員升補，以裨營伍而重地方一摺。除俟奉到御批，另行恭録札知移咨外，合先抄摺札行。咨送。札到該司；將，即便查照。毋違。

計粘抄摺稿一紙。

札布政司。標下中軍。

為移咨事。竊照云前，合先抄摺咨送。為此合咨貴鎮；部，科，煩為查照施行。

計粘抄摺稿一紙。

一 咨移

南陽總鎮

兵部科

八月十七日送稿。

咸豐五年八月十八日。兵房劉振南承。

具奏關隘副將員缺緊要懇恩俯准將原題之員升補以裨營伍而重地方一摺。

河南巡撫部院兼提督軍門英。劃。

監印官留豫即補府經歷縣丞俞炳。

附録摺稿：河南巡撫英桂具奏關隘副將員缺緊要懇恩俯准將原題之員升補摺

咸豐五年八月十六日

奏為關隘副將員缺緊要，懇恩俯准將原題之員升補，以裨營伍而重地方，恭摺奏祈聖鑒事。

竊照荊子關協副將崇安，升授河北鎮總兵。所遺員缺，例應由外題補，經臣以奉旨以副將升用臣標中軍參將伊里綳阿保題請補在案。玆准兵部咨開：查定例，陸路游擊以上，歷俸二年，始准保題等語。今參將伊里綳阿，係鄧新營游擊升補衛輝營參將，調撫標中軍參將，尚未引見受札，并未歷俸，升補副將，與例不符。駁令於應升、應補人員内揀選題補。等因。

伏查該副將駐扎荊子關，毗連陝、楚，形勢扼要。現當楚匪未靖，操練籌防，巡查扼守，最關緊要。非勇敢精明之員，不克勝任。查河南現無候補副將，而通省各營参將六員内，歸德營参將懷塔布、汝寧營参將成景均歷俸未滿，彰德營参將西拉布、衛輝營参將全喜、河南營参將成齡，或尚未到任，或甫經題補，未准部覆。惟臣標中軍参將伊里綳阿，現年四十九歲，係厢黄旗蒙古祥安佐領下人，由護軍洊升副護軍参領，於道光二十二年保送揀選引見，奉旨：伊里綳阿，着發往河南，以游擊差遣委用。欽此。歷署彰德營、衛輝營参將，河北鎮中軍，鄧新營游擊各印務，題補鄧新營游擊，於三十年四月到任。咸豐二年，委署汝寧營参將。三年六月，派令帶兵追剿逆匪，在遂平、確山等處，沿路接仗，殺賊著績。上年經臣題升衛輝營参將，旋經奏調撫標中軍参將，奉旨允准。接准部覆，因帶兵防剿，尚未給咨引見受札。於遂平剿匪出力案内，經臣保奏，奉上諭：伊里綳阿，着以副將升用。欽此。該員諳練營務，任事實心，實為將備中不可多得，又在豫年久，熟悉地方情形，以之升補荊子關協副將，洵堪勝任。雖升補参將尚未引見受札、歷俸，與例稍有不符，第人地實在相需，例得專摺奏請。且奉諭旨以副將升用之員，亦屬應升。合無仰懇天恩，俯准將臣標中軍参將伊里綳阿升補荊子關協副將，實於營伍、地方均有裨益。如蒙俞允，仍俟軍務告竣，再行給咨赴部引見。其所遺臣標中軍参將員缺，容揀員另請調補。

臣為要缺得人起見，是否有當，謹會同南陽鎮臣邱聯恩，合詞恭摺具奏，伏乞皇上聖鑒訓示。謹奏。

0167. 河南巡撫英桂行移具奏關隘副將員缺緊要懇恩俯准將原題之員升補一摺奉硃批

咸豐五年九月初四日

札布政司。標下中軍。照得本部院於咸豐五年八月十六日，具奏關隘副將員缺緊要，懇恩俯准將原題之員升補，以裨營伍而重地方一摺，業已抄摺札知咨送在案。茲於九月初三日，在衛輝府汲縣行營，奉到硃批：兵部議奏。欽此。合就相應恭録札行。移咨。札到該司，將，即便欽遵查照。毋違。此札。

札布政司。標下中軍。

為移咨事。竊照云前，相應恭録移咨。明。為此合咨移貴部，鎮，科，請煩為欽遵查照施行。

一　咨移

兵部

南陽總鎮

兵科

咸豐五年九月初四日。兵房鄧式南承。

具奏關隘副將員缺緊要懇恩俯准將原題之員升補以裨營伍而重地方一摺奉硃批。

河南巡撫部院提督軍門英。劃。

監印官留豫即補府經歷縣丞俞炳。

0168. 河南巡撫英桂行移奉上諭著通籌大局剿捻防河兼權并重

咸豐五年九月十二日

札軍需局。照得本部院於咸豐五年九月十二日，在衛輝府汲縣行營，欽奉上諭一道。等因。承准此。合就恭録札行。札到該局，即便會同兩司，欽遵查照。毋違。此札。

計恭録上諭一道。

札軍需局。

為恭録咨會事。竊照云前。等因。承准此。相應恭録移咨。為此合咨貴部堂院，請煩欽遵查照辦理施行。

計恭録上諭一道。

一　　　咨

河東總河部堂

直隸總督部堂

山東巡撫部院

咸豐五年九月十二日。軍務局齊榜元承。

奉上諭著通籌大局剿匪防河兼權并重。

河南巡撫部院提督軍門英。劃。

監印官留豫即補府經歷縣丞俞炳。

附録廷寄：軍機大臣字寄河南巡撫英桂著通籌大局剿捻防河兼權并重

咸豐五年九月初九日

軍機大臣字寄，直隸總督桂〈良〉、河東河道總督李〈鈞〉、河南巡撫英〈桂〉、山東巡撫崇〈恩〉，咸豐五年九月初九日奉上諭：本日據王履謙奏：自蘭陽漫口後，下游已成涸轍，下北缺口至曹、單數百里，徒步可行，防不勝防。設兵於無用之地，不如調防於切緊之區。請將防河兵勇，酌駐皖、豫交界等語。直隸派防北岸，本有大名鎮總兵史榮椿所帶鎮標官兵一千名，并抽調正定鎮兵五百名。史榮椿已赴河北幫剿聯莊會匪，其直隸所調後起防河兵五百名，著桂良即飭前赴河南，交李鈞酌量應令駐扎何處，以資防堵。

又，崇恩前奏，交武隆額統帶之曹、單募勇五百名，本為防河之用。并著該撫會同該河督，察看情形，分撥防守。俟河北聯莊會辦竣，即著史榮椿帶領官兵，由豫入皖，以剿為防。現在歸德、亳州一帶，捻匪横行，兵力尚嫌不足。得此一軍協剿，可以固北路藩籬，較之遥駐河干，更為得力。該督撫等均須通籌大局，剿匪、防河兼權并重。兹王履謙暫假省親，所有沿河應防各處，著李鈞妥為布置，毋稍疏懈。將此由五百里各諭令知之。

欽此。遵旨寄信前來。

0169. 河南巡撫英桂行移具奏豫省現無堪勝總兵之副將并查參游都守各員現在無可保薦摺

咸豐五年九月十八日

札布政司。照得本部院於咸豐五年九月十四日，在衛輝府行營具奏，豫省現無堪勝總兵之副將，并查參、游、都、守各員，現在無可保薦一摺。除俟奉到硃批，另行恭録札知移咨外，合先抄摺札行。札到該司，即便查照。毋違。此札。

計粘抄摺稿一紙。

行布政司。

為移咨事。竊照云前，另行恭録移咨外，合先抄摺咨送。為此合咨貴部，請鎮，煩為查照施行。

計粘抄摺稿一紙。

一咨

兵部

南陽河北總鎮

九月十七日送稿。

咸豐五年九月十八日。兵房劉振南承。

具奏豫省現無堪勝總兵之副將并查參游都守各員現在無可保薦一摺。

河南巡撫部院兼提督軍門英。劃。

監印官留豫即補府經歷縣丞俞炳。

附録摺稿：河南巡撫英桂具奏豫省現無堪勝總兵之副將并查參游都守各員現在無可保薦摺

咸豐五年九月十四日

奏為豫省現無堪勝總兵之副將，并查參、游、都、守各員，現在無可保薦，恭摺覆奏，仰祈聖鑒事。

竊臣接准兵部咨開，咸豐五年四月十二日欽奉上諭：各省保舉堪勝陸路總兵人員，現經用竣。着各該督撫於陸路副將內，即行遴選曉暢營務，堪勝總兵，酌保數員，送部引見，候朕記名，以備簡用。并着各路統兵大臣，於軍營副將內察核保奏。其參將、游擊、都司、守備各員，如有才能出衆、勇敢有為者，該督撫、大臣等一併核實，開單具奏。等因。欽此。仰見皇上於預選干城之中，寓激揚人材之意。

伏查河南祇有額設荊子關副將一員，前經臣以臣標中軍參將伊里綳阿奏請升補。甫奉硃批，交部議奏，尚未奉准部覆。至參、游、都、守，通省額設參將六員，游擊五員，都司九員，守備二十員。除甫經到任及尚未到任并參劾、署事不計外，實任將備現止二十二員。臣於徵調防剿，并於因公接見時，考其材技，詢以營務。其中弓馬優嫻，營務熟練，以及屢經行陣，著有戰功者，頗不乏人。若求才能出衆、勇敢有為、足當大任者，一時實難其選，未敢濫列剡章。

所有豫省現無堪勝總兵之副將，并查參、游、都、守無員可保緣由，理合恭摺覆奏，伏乞皇上聖鑒。謹奏。

0170. 河南巡撫英桂行移奉上諭逃歸兵丁着嚴定章程妥議具奏

咸豐五年九月二十二日

札軍需局。標下中軍。城守尉。咸豐五年九月二十一日，本部院在衛輝府汲縣行營，承准軍機大臣字寄，各直省將軍、總督、巡撫，咸豐五年九月十七日奉上諭：御史宗稷辰奏請嚴查潰兵一摺。自粵逆滋事以來，各省旗緑營汛弁兵辦防、助剿，徵調之數甚繁。其能奮勇出力者，經該將軍、督撫等奏保，朕均不吝恩賞，隨時量予獎叙。至遇賊逃散，本有應得罪名，若因人數衆多，誅不勝誅，概不懲辦，仍令靦然入伍，濫食錢糧，何以申軍律而肅戎行？據該御史奏稱，逃兵私歸本營，請存記降黜，分别汰留，各營、汛查明無軍營咨照者，即呈明停支額糧等語，似尚格外從寬。當此賊氛不靖之時，無論協剿鄰封，備防本省，均應嚴申紀律。着各將軍、督撫飭查逃回本營之兵丁，核其逃散情節輕重，分别懲辦，不得姑息容留，聽其冒領糧餉。至將弁私逃，尤屬可惡。即著嚴拿正法，以儆其餘。該將軍、督撫等即將此項逃歸兵丁，應如何核其情節，分别懲辦之處，嚴定章程，妥議具奏。將此各諭令知之。欽此。遵旨寄信前來。等因。承准此。除恭録分别咨行外，合就恭録札行。札到該局，將，尉，即便會同兩司，移會歸、考二營，一體欽遵查照。此項逃歸兵丁，應如何核其情節，分别懲辦之處，移會南北兩鎮暨標下中軍，妥議嚴定章程，詳請覆奏。毋違。此札。

札軍需局。標下中軍。城守尉。

為恭録咨會事。云前。除恭録分别咨行外，相應恭録咨會。為此合咨貴鎮，煩為轉飭各營，一體欽遵查照。此項逃歸兵丁，應如何核其情節，分别懲辦之處，希即會同軍需局，妥議嚴定章程，統由軍需局詳請覆奏。望切施行。

一　咨

南陽河北總鎮

咸豐五年九月廿二日。軍務局鄧式南承。

奉上諭逃歸兵丁着嚴定章程妥議具奏。

河南巡撫部院提督軍門英。劃。

監印官留豫即補府經歷縣丞俞炳。

0171. 河南巡撫英桂行移附奏鄧新營撥解常副都統馬匹片

咸豐五年九月三十日

札軍需局。照得本部院於咸豐五年九月二十八日，在衛輝府汲縣行營，由驛附奏，鄧新營撥解常副都統馬匹緣由一片。除俟奉到硃批，另行恭録札知移咨外，合先抄片札行咨送。札到該局，即便會同兩司，移行查照。毋違。此札。

計粘抄片稿一紙。

札軍需局。

為移咨事。竊照云前，合先抄片咨送。為此合咨貴鎮，煩為轉飭知照施行。

計粘抄片稿一紙。

一　咨

南陽總鎮

咸豐五年九月卅日。軍務局鄧式南承。

附奏鄧新營撥解常副都統馬匹緣由一片。

河南巡撫部院提督軍門英。劃。

監印官留豫即補府經歷縣丞俞炳。

附録片稿：河南巡撫英桂附奏鄧新營撥解常副都統馬匹片

咸豐五年九月二十八日

再，臣查本年四月間，接據軍需局、司、道詳報，豫省各營籌撥前任西安副都統常亮馬匹，當經附片具奏在案。兹據軍需局詳稱，當時接濟常亮馬匹，各營共計撥馬六百一十四匹。尚有鄧新營撥解馬十四匹，南陽鎮漏未咨報。現已移查明確，續詳請奏，以歸核實等情。

臣覆查無异，理合附片奏聞，伏乞聖鑒。謹奏。

0172. 河南巡撫英桂行移附奏請將參將達淩阿照陣亡例議恤片

咸豐五年九月三十日

札軍需局。候補張道。照得本部院於咸豐五年九月二十八日，在衛輝府汲縣行營，由驛附奏，參將達淩阿剿匪陣亡，請敕部照陣亡例議恤緣由一片。除俟奉到硃批，另行恭録札知移咨外，合先抄片札行。咨送。札到該局，道，即便會同兩司，移行查照。毋違。此札。

計粘抄片稿一紙。

札軍需局。候補張道。

為移咨事。竊照云前，合先抄片咨送。為此合咨貴部院，請煩轉飭知照施行。

計粘抄片稿一紙。

一　　　咨

山西巡撫部院

咸豐五年九月卅日。軍務局齊榜元承。

附奏參將達淩阿剿匪陣亡請敕部照陣亡例議恤緣由一片。

河南巡撫部院提督軍門英。劃。

監印官留豫即補府經歷縣丞俞炳。

附録片稿：河南巡撫英桂附奏請將參將達淩阿照陣亡例議恤片

咸豐五年九月二十八日

再，臣接據候補道張維翰禀稱：前次會同参將達凌阿，在渾河集地方，與皖省捻匪張樂行接仗，斃賊二百餘名，已將該匪頭陣擊退。忽有另股千餘人，向西北蜂擁而去，恐由白廟集直撲歸德郡城。達凌阿揮兵衝殺，截其去路。捻匪愈集愈多，達凌阿忽中槍墜馬。張維翰督飭兵勇，衝出重圍，賊衆始退。旋經張維翰查明，達凌阿在泥臺店身中槍傷陣亡，將尸軀尋獲，驗明傷痕，妥為棺殮等情。具詳前來。

臣查參將達凌阿，屢經戰陣，俱係奮勇當前，身先士卒。今因剿捕捻匪，臨陣捐軀，深堪憫惻。合無仰懇聖恩，敕部照陣亡例議恤，以慰忠魂。

其傷亡兵勇，除由臣另行咨部核辦外，謹附片具奏，伏乞聖鑒訓示。謹奏。

0173. 河南巡撫英桂行移具奏豫省現無堪勝總兵之副將并查參游都守各員現在無可保薦一摺奉硃批

咸豐五年十月初一日

札布政司。照得本部院於咸豐五年九月十四日，在衛輝府行營具奏，豫省現無堪勝總兵之副將，并查参、游、都、守各員，現在無可保薦一摺，業已抄摺札知移咨在案。兹於九月二十八日，在衛輝府行營，奉到硃批：知道了。欽此。合就相應恭録札行移咨。札到該司，即便欽遵查照。毋違。

札布政司。

為恭録移咨事。竊照云前，相應恭録移咨。為此合咨貴部，請鎮，煩為欽遵查照施行。

一咨

兵部

南陽河北總鎮

九月卅日送稿。

咸豐五年十月初一日。兵房武魁禄承。

具奏豫省現無堪勝總兵之副將并查參游都守各員現在無可保薦一摺奉硃批。

河南巡撫部院兼提督軍門英。劃。

監印官留豫即補府經歷縣丞俞炳。

0174. 河南巡撫英桂行移附奏鄧新營撥解常副都統馬匹一片奉硃批

咸豐五年十月初五日

札軍需局。照得本部院於咸豐五年九月二十八日，在衛輝府汲縣行營，由驛附奏，鄧新營撥解常副都統馬匹緣由一片，業已抄片札知咨送在案。茲於十月初五日，奉到硃批：知道了。欽此。合就相應恭録札行。移咨。札到該局，即便會同兩司，移行欽遵查照。毋違。此札。

札軍需局。

為恭録移咨事。竊照云前，相應恭録移咨。為此合咨貴鎮，煩為轉飭欽遵知照施行。

一　　咨

南陽總鎮

咸豐五年十月初五日。軍務局齊榜元承。

附奏鄧新營撥解常副都統馬匹緣由一片奉硃批。

河南巡撫部院提督軍門英。劃。

監印官留豫即補府經歷縣丞俞炳。

0175. 河南巡撫英桂行移附奏請將參將達凌阿照陣亡例議恤一片奉硃批

咸豐五年十月初五日

札軍需局。候補張道。照得本部院於咸豐五年九月二十八日，在衛輝府汲縣行營，由驛附奏，參將達凌阿剿匪陣亡，請敕部照陣亡例議恤緣由一片，業已抄片札知咨送在案。茲於十月初五日，奉到硃批：達凌阿着照陣亡例議恤。該部知道。欽此。合就相應恭録札行。移咨。札到該局，道，即便會同兩司，移行欽遵查照。毋違。此札。

札軍需局。候補張道。

為恭録移咨事。竊照云前，相應恭録移咨。為此合咨貴部院，請煩轉飭欽遵知照施行。

一　　咨

山西巡撫部院

咸豐五年十月初五日。軍務局齊榜元承。

附奏參將達凌阿剿匪陣亡請敕部照陣亡例議恤緣由一片奉硃批。

河南巡撫部院提督軍門英。劃。

監印官留豫即補府經歷縣丞俞炳。

0176. 河南巡撫英桂行移具奏請揀發將備來豫以資委用并請飭催陳州營都司杜集祥赴任摺

咸豐五年十一月初二日

札布政司。標下中軍。歸德考城營。照得本部院於咸豐五年十月二十八日，在衛輝府行營具奏，請揀發將備來豫，以資委用，并請飭催陳州營都司杜集祥赴任一摺。除俟奉到硃批，另行恭録札知移咨外，合先抄摺札行。咨送。札到該司，將，游擊，即便查照。毋違。此札。

計粘抄摺稿一紙。

札布政司。標下中軍。歸德考城營。

為移咨事。竊照云前，合先抄摺咨送。為此合咨貴鎮，煩為查照施行。

計粘抄摺稿一紙。

一　咨

河北南陽總鎮

咸豐五年十一月初二日。兵房武魁禄承。

具奏請揀發將備來豫以資委用并請飭催陳州營都司杜集祥赴任一摺。

河南巡撫部院兼提督軍門英。劃。

附録摺稿：河南巡撫英桂具奏請揀發將備來豫以資委用并請飭催陳州營都司杜集祥赴任摺

咸豐五年十月二十八日

奏為豫省緑營將備不敷差遣，仰懇天恩，俯准揀發來豫，以資委用，恭摺奏祈聖鑒事。

竊照豫省連年防堵逆氛，勦辦捻匪。統兵將弁，需用甚多。現在雖有揀發參將一員，候補守備二員，俱係分派帶兵委署遺缺，一時未能更換。刻下皖、楚兩省軍務未竣，豫省防勦不容稍懈，兵勇乏員管帶。合無仰懇天恩，俯念軍務需人，敕下兵部，於在京候補、候選、曾任實缺武職內，揀選參將二員、守備二員，帶領引見，恭候諭旨，發往河南，俾資差委。并請敕部轉飭迅速啓程，以免稽遲。

再，部選陳州營都司杜集祥，推補已逾三載，迄未來豫。節經查催，尚無信息。應請敕下部臣，再行飛催推升陳州營都司杜集祥，迅速赴任，以專責成。

臣為防剿需員起見，謹繕摺具奏，伏乞皇上聖鑒訓示。謹奏。

0177. 河南巡撫英桂行移附奏懇請飭部先發升署荊子關協副將伊里綳阿札付片

咸豐五年十一月初二日

札布政司。標下中軍。照得本部院於咸豐五年十月二十八日，在衛輝府行營附奏，懇請飭部先發升署荊子關協副將伊里綳阿札付一片。除俟奉到硃批，另行恭録札知移咨外，合先抄片札行。咨送。札到該司，將，即便查照。毋違。此札。

計粘抄片稿一紙。

札布政司。標下中軍。

為移咨事。竊照云前，合先抄片咨送。為此合咨貴鎮，煩為查照施行。

計粘抄片稿一紙。

一　咨

河北南陽總鎮

十一月初一日發房。

十一月初一日送稿。

咸豐五年十一月初二日。兵房武魁禄承。

附奏懇請飭部先發升署荊子關協副將伊里綳阿札付一片。

河南巡撫部院兼提督軍門英。劃。

監印官留豫即補府經歷縣丞俞炳。

附録片稿：河南巡撫英桂附奏懇請飭部先發升署荊子關協副將伊里綳阿札付片

咸豐五年十月二十八日

再，臣接准部咨，以臣標中軍參將伊里綳阿升署荊子關協副將，奏奉硃批：准其升署。欽此。當經轉行欽遵在案。查伊里綳阿雖已升署，尚未受札。合無仰懇聖恩，飭部先發札付，由臣轉給該副將祗領。俟軍務告竣，照例給咨赴部引見。仍扣滿年限，再行題請實授。

理合附片具奏，伏乞聖鑒訓示。謹奏。

0178. 河南巡撫英桂行移附奏請准推升彰德營參將西拉布先行赴任暫緩赴部片

咸豐五年十一月初六日

札布政司。照得本部院於咸豐五年十一月初三日，在衛輝行營附奏，請將推升彰德營參將西拉布先行赴任，并請飭部給札，俟軍務稍鬆，再行給咨赴部一片。除俟奉到硃批，另行恭録札知移咨外，合先抄片札行咨送。札到該司，即便查照。毋違。

計粘抄片稿一紙。

札布政司。

為咨送事。竊照云前，合先抄片咨送。為此合咨貴部堂，鎮，請煩為查照，飭知施行。

計粘抄片稿一紙。

一咨

兵部

湖廣總督部堂

河北總鎮

十一月初五日送稿。

咸豐五年十一月初六日。兵房武魁禄承。

附奏將推升彰德營參將西拉布先行赴任并請飭部給札俟軍務稍鬆再行給咨赴部一片。

河南巡撫部院兼提督軍門英。劃。

監印官留豫即補府經歷縣丞俞炳。

附録片稿：河南巡撫英桂附奏請准推升彰德營參將西拉布先行赴任暫緩赴部片

咸豐五年十一月初三日

再，臣接准湖廣督臣官文咨稱：湖南長安營游擊推升河南彰德營參將西拉布，前在湖南派防要隘，未能及時赴部。嗣因臣奏催速赴升任，未便再遲，先行飭令來豫，由臣酌核辦理等情。

查西拉布現已到省，自應由臣給咨赴部。惟豫省武職正在需人之際，合無仰懇聖恩，俯准將推升河南彰德營參將西拉布先行赴任，并請飭下部臣，給予札付。俟軍務稍鬆，再由臣出具考語，給咨送部，帶領引見。

是否有當，謹附片具奏，伏乞聖鑒訓示。謹奏。

0179. 河南巡撫英桂行移附奏請准推升彰德營參將西拉布先行赴任暫緩赴部一片奉硃批

咸豐五年十一月十二日

札布政司。照得本部院於咸豐五年十一月初三日，在衛輝行營附奏，請將推升彰德營參將西拉布先行赴任，并請飭部給札，俟軍務稍鬆，再行給咨赴部一片，業已抄片札行咨送在案。茲於本月初十日，奉到硃批：著照所請。欽此。合就相應恭録札知。移咨。札到該司，即便欽遵查照。毋違。此札。

札布政司。

為移咨事。竊照云前，相應恭録移咨。為此合咨貴部，堂，鎮，請煩為欽遵查照飭知施行。

一咨

兵部

湖廣總督部堂

河北總鎮

十一月十一日送稿。

咸豐五年十一月十二日。兵房武魁禄承。

附奏請將推升彰德營參將西拉布先行赴任并請飭部給札俟軍務稍鬆再行給咨赴部一片奉硃批。

河南巡撫部院兼提督軍門英。劃。

監印官留豫即補府經歷縣丞俞炳。

0180. 河南巡撫英桂行移具奏請揀發將備來豫以資委用并請飭催陳州營都司杜集祥赴任一摺奉硃批

咸豐五年十一月十三日

札布政司。標下中軍。歸德營。考城營。照得本部院於咸豐五年十月二十八日，在衛輝府行營具奏，請揀發將備來豫，以資委用，并請飭催陳州營都司杜集祥赴任一摺，業已抄摺札行咨送在案。茲於十一月十三日，在省奉到硃批：着照所請。兵部知道。欽此。合就相應恭録札行。移咨。札到該司，將，游擊，即便欽遵查照。毋違。此札。

布政司。
札標下中軍。
歸德考城營。

為移咨事。竊照云前，相應恭録移咨。為此合咨貴鎮，煩為欽遵查照施行。

一　咨

河北南陽總鎮

十一月十三日送稿。

咸豐五年十一月十三日。兵房武魁禄承。

具奏請揀發將備來豫以資委用并請飭催陳州營都司杜集祥赴任一摺奉硃批。

河南巡撫部院兼提督軍門英。劃。

監印官留豫即補府經歷縣丞俞炳。

0181. 河南巡撫英桂行移附奏懇請飭部先發升署荊子關協副將伊里綳阿札付一片奉硃批

咸豐五年十一月十三日

札布政司。標下中軍。照得本部院於咸豐五年十月二十八日，在衛輝府行營附奏，懇請飭部先發升署荊子關協副將伊里綳阿札付一片，業已抄片札行咨送在案。茲於十一月十三日，在省奉到硃批：依議。欽此。合就相應恭録札知。移咨。札到該司，將，即便欽遵查照。毋違。此札。

札布政司。標下中軍。

為移咨事。竊云前，相應恭録移咨。為此合咨貴鎮，煩為欽遵查照施行。

一　咨

河北南陽總鎮

十一月十三日送稿。

咸豐五年十一月十三日。兵房武魁禄承。

附奏懇請飭部先發升署荊子關協副將伊里綳阿札付一片奉硃批。

河南巡撫部院兼提督軍門英。劃。

監印官留豫即補府經歷縣丞俞炳。

0182. 河南巡撫英桂為附奏懇請飭部先發升署荊子關協副將伊里綳阿札付一片奉硃批事移兵部咨文

咸豐五年十一月十四日

為恭録咨送事。竊照本部院於咸豐五年十月二十八日，在衛輝府行營附奏，懇請飭部先發升署荊子關協副將伊里綳阿札付一片。玆於十一月十三日，在省奉到硃批：依議。欽此。相應恭録咨送。為此合咨貴部，請煩欽遵查照給扎施行。

計粘抄片稿一紙。

一咨

兵部

十一月十三日送稿。

咸豐五年十一月十四日。兵房武魁禄承。

附奏懇請飭部先發升署荊子關協副將伊里綳阿札付一片奉硃批。

河南巡撫部院兼提督軍門英。劃。

監印官留豫即補府經歷縣丞俞炳。

0183. 河南巡撫英桂行移附奏請將全喜祁輔清二員照軍營病故例賜恤片

咸豐五年十一月二十三日

札軍需局。城守尉。照得本部院於咸豐五年十一月二十二日附奏，懇請將在防積勞病故之將備全喜、祁輔清二員，均照軍營病故例賜恤一片。除俟奉到硃批，另行恭録札知移咨外，合先抄片札行。咨送。札到該局，尉，即便會同兩司，移行查照。毋違。此札。

計粘抄片稿一紙。

札軍需局。城守尉。

為咨送事。竊照云前，合先抄片咨送。為此合咨貴部，鎮，請煩為查照飭知施行。

計粘抄片稿一紙。

一咨

兵部

南陽總鎮

十一月二十二日送稿。

咸豐五年十一月廿三日。軍務局王玉琢武魁禄承。

附奏懇請將在防積勞病故之將備全喜祁輔清二員均照軍營病故例賜恤一片。

河南巡撫部院兼提督軍門英。劃。

監印官留豫即補府經歷縣丞俞炳。

附録片稿：河南巡撫英桂附奏請將全喜祁輔清二員照軍營病故例賜恤片

咸豐五年十一月二十二日

再，臣接准南陽鎮總兵邱聯恩咨稱：駐防滿洲營佐領候補參將全喜，奉派信陽州防堵，在防先後兩載有餘，積勞成疾，尚復力疾從公。本年十月間，因病勢難支，請假調理，旋即病故。又，據軍需局、司、道詳稱，准二等侍衛多慧咨，管帶鋭勇汝寧營守備祁輔清，因積勞成疾，在營病故等情。詳請奏恤前來。

臣查參將全喜，節次帶兵勦捻，身先士卒，屢著戰功。臣三年冬間到任後，歷派該參將防堵關隘，勦捕捻匪，無不勇往直前，實心任事，深資得力。帶兵防堵信陽，歷時最久，尤屬始終勤奮，不辭勞瘁。守備祁輔清，自四年春間隨同牛鑑，由陳州府赴沈邱一帶勦洗捻窩，接仗多次，擒斬至二千餘名之多。又在正陽關帶勇勦捻，叠獲勝仗。該二員均著有微勞，今皆積勞病故，實堪憫惻。可否仰懇天恩，敕部照軍營病故例賜恤之處，出自逾格鴻慈。

謹附片具奏，伏乞聖鑒訓示。謹奏。

0184. 河南巡撫英桂行移附奏請將全喜祁輔清二員照軍營病故例賜恤一片奉硃批

咸豐五年十二月初二日

札軍需局。城守尉。照得本部院於咸豐五年十一月二十二日附奏，懇請將在防積勞病故之將備全喜、祁輔清二員，均照軍營病故例賜恤一片，業已抄片札行咨送在案。兹於十二月初一日，奉到硃批：全喜等均著照軍營病故例議恤。欽此。合就相應恭録札知。移咨。札到該局，尉，即便會同兩司，移行欽遵查照。毋違。此札。

札軍需局。城守尉。

為咨送事。竊照云前，相應恭録移咨。為此合咨貴部，鎮，請煩為欽遵查照飭知施行。

一咨

兵部

南陽總鎮

十二月初一日文到。

十二月初一日發房。

十二月初一日送稿。

咸豐五年十二月初二日。軍務局王玉琢武魁禄承。

附奏懇請將在防積勞病故之將備全喜祁輔清二員均照軍營病故例賜恤一片奉

硃批。

河南巡撫部院兼提督軍門英。劃。

監印官留豫即補府經歷縣丞俞炳。

0185. 河南巡撫英桂行移附奏升補開封營游擊馬春華先行赴任暫緩送部引見片

咸豐五年十二月初五日

札布政司。開封營。照得本部院於咸豐五年十二月初四日附奏，升補河南開封營游擊馬春華先行赴任，并請飭部給予札付，俟軍務稍鬆，再行給咨送部帶領引見一片。除俟奉到硃批，另行恭録札知移咨外，合先抄片札行。咨送。札到該司，游擊，即便查照。毋違。此札。

計粘抄片稿一紙。

札布政司。開封營。

為咨送事。竊照云前，合先抄片咨送。為此合咨貴鎮，煩為查照飭知施行。

計粘抄片稿一紙。

一　　咨

河北總鎮

十二月初四日送稿。

咸豐五年十二月初五日。兵房程騰蛟承。

附奏升補河南開封營游擊馬春華先行赴任并請飭部給予札付俟軍務稍鬆再行送部引見一片。

河南巡撫部院提督軍門英。劃。

監印官留豫即補府經歷縣丞俞炳。

附録片稿：河南巡撫英桂附奏升補開封營游擊馬春華先行赴任暫緩送部引見片

咸豐五年十二月初四日

再，臣接准部咨：河南開封營游擊員缺，以游擊即補之開封營守備馬春華擬補。奏奉諭旨：依擬用。等因。欽此。欽遵。

查馬春華係升補之員，應由臣給咨赴部。惟豫省武職正在需人之際，合無仰懇聖恩，俯准將升補河南開封營游擊馬春華先行赴任，并請飭下部臣，給予札付。俟軍務稍鬆，再由臣給咨送部帶領引見。

是否有當，謹附片具奏，伏乞聖鑒訓示。謹奏。

0186. 河南巡撫英桂行移附奏升補開封營游擊馬春華先行赴任暫緩送部引見一片奉硃批

咸豐五年十二月十三日

札布政司。開封營。照得本部院於咸豐五年十二月初四日附奏，升補河南開封營游擊馬春華先行赴任，并請飭部給予札付，俟軍務稍鬆，再行給咨送部帶領引見一片，業已抄片札行咨送在案。玆於十二月十三日，奉到硃批：兵部知道。欽此。合就相應恭録札知。移咨。札到該司，游擊，即便欽遵查照。毋違。此札。

札布政司。開封營。

為咨送事。竊照云前，相應恭録移咨。為此合咨貴鎮，煩為欽遵查照飭知施行。

一　　咨

河北總鎮

為恭録咨送事。竊照云前，帶領引見一片。玆於十二月十三日，奉到硃批：兵部知道。欽此。相應恭録咨送。為此合咨貴部，請煩欽遵查照給札施行。

計粘抄片稿一紙。

一咨

兵部

十二月十三日送稿。

咸豐五年十二月十三日。兵房程騰蛟承。

附奏升補河南開封營游擊馬春華先行赴任并請飭部給予札付俟軍務稍鬆再行送部引見奉硃批。

河南巡撫部院提督軍門英。劃。

監印官留豫即補府經歷縣丞俞炳。

0187. 河南巡撫英桂行移具奏請將不勝外任之揀發游擊全福飭令回旗摺

咸豐五年十二月十八日

札布政司標下中軍。照得本部院於咸豐五年十二月十八日具奏，揀發游擊不勝外任，請旨飭令回旗一摺。除俟奉到硃批，另行恭録札知移咨外，合先抄摺札行。札到該司，將，即便查照。毋違。此札。

計粘抄摺稿一紙。

札布政司。標下中軍。

為咨送事。竊照云前，相應恭録咨送。為此合咨貴部，請煩查照施行。

計粘抄摺稿一紙。

一咨

兵部

十二月十八日送稿。

咸豐五年十二月十八日。兵房楊青春承。

具奏揀發游擊不勝外任請旨飭令回旗一摺。

河南巡撫部院提督軍門英。劃。

監印官留豫即補府經歷縣丞俞炳。

附録摺稿：河南巡撫英桂奏請將不勝外任之揀發游擊全福飭令回旗摺

咸豐五年十二月十八日

奏為揀發游擊不勝外任，請旨飭令回旗，恭摺奏祈聖鑒事。

竊照現當軍務未竣，各營將領，務在得人，必須曉暢營務，熟諳操防，方足以資整頓。兹查揀發游擊全福，係滿洲正紅旗人，現年四十四歲，由護軍洊升副護軍參領，於咸豐二年五月，經兵部揀選帶領引見。奉旨：全福着發往河南，交與該撫，以游擊差遣委用。欽此。該員到標後，經前撫臣陸應穀委署河南彰德兩營參將印務，平時辦事，尚屬勤慎。第值此逆氛未靖，差調事繁，該員辦理一切未能裕如，似於外任不甚相宜，未便因其年力正强，弓馬尚可，稍事遷就。相應請旨，將河南揀發游擊全福飭令回旗。可否送部引見，改用京職之處，恭候聖裁。

理合恭摺具奏，伏乞皇上聖鑒訓示。謹奏。

0188. 河南巡撫英桂行移具奏遵擬懲辦潰兵章程摺

咸豐五年十二月十八日

札軍需局。標下中軍。城守尉。照得本部院於咸豐五年十二月十八日，具奏遵擬懲辦潰兵章程一摺。除俟奉到硃批，另行恭録札知移咨外，合先抄摺札行。札到該局，將，尉，即便會同兩司，移行移會歸、考二營查照。毋違。此札。

計粘抄摺稿一紙。

札軍需局。標下中軍。城守尉。

為咨送事。竊照云前，相應抄摺咨送。為此合咨貴部，請鎮，煩為查照施行。

計粘抄摺稿一紙。

一咨

刑部

兵部

南陽河北總鎮

十二月十八日送稿。

咸豐五年十二月十八日。兵房楊青春承。

具奏遵擬懲辦潰兵章程一摺。

河南巡撫部院提督軍門英。劃。

監印官留豫即補府經歷縣丞俞炳。

附録摺稿：河南巡撫英桂具奏遵擬懲辦潰兵章程摺

咸豐五年十二月十八日

奏為遵擬懲辦潰兵章程，恭摺覆奏，仰祈聖鑒事。

竊臣承准軍機大臣字寄，奉上諭：御史宗稷辰奏請嚴查潰兵一摺。自粤逆滋事以來，各省旗、緑營汛弁兵辦防、助剿，徵調之數甚繁。其能奮勇出力者，經該將軍、督撫等奏保，朕均不吝恩賞，隨時量予獎叙。至遇賊逃散，本有應得罪名。若因人數衆多，誅不勝誅，概不懲辦，仍令靦然入伍，濫食錢糧，何以申軍律而肅戎行？據該御史奏稱，逃兵私歸本營，請存記降黜，分別汰留，各營、汛查明無軍營咨照者，即呈明停支額糧等語，似尚格外從寬。當此賊氛不靖之時，無論協剿隣封、備防本省，均應嚴申紀律。著各將軍、督撫飭查逃回本營之兵丁，核其逃散情節輕重，分別懲辦，不得姑息容留，聽其冒領糧餉。至將弁私逃，尤屬可惡，即著嚴拿正法，以儆其餘。該將軍、督撫等即將此項逃歸兵丁，應如何核其情節，分別懲辦之處，嚴定章程，妥議具奏。等因。欽此。當經恭録分別轉行軍需局、司、道，一體欽遵妥議。

臣查律載：官軍已承調遣從軍征討，私逃還家及逃往他所者，初犯，杖一百，仍發出征；再犯者，絞監候。知情窩藏者，不問初犯、再犯，杖一百，充軍。原籍及他所之里長知而不首者，杖一百。若征討事畢軍還，不同振旅［而］先歸者，減在逃五等，因而在逃者，杖八十；若在京軍人逃者，初犯，杖九十；各處守禦城池軍人，逃者，[初犯，][1] 杖八十，俱發充伍。再犯，不問京、外，并杖一百，俱發邊遠充軍。三犯者，絞監候。知在逃之情窩藏者，與犯人同罪，罪止杖一百，充附近軍。里長知而不首者，各減窩藏二等。本管頭目知情故縱者，各隨所犯次數與同罪，罪止杖一百，罷職，附近充軍。其征、守在逃官軍，自逃日為始，一百日內能自出官首告者，不問初犯、再犯，免罪；若在限外自首者，減罪二等。但於隨處官司首告者，皆得准理。若各營軍人轉投別營當軍者，同逃軍論。

又，查例載：隨征兵丁在軍營私自潛逃，衆供確鑿，拿獲之後審訊明確，無可支飾者，擬斬立决。其在軍務未竣以前投首者，發往烏魯木齊等處，給種地兵丁為奴。如在配脱逃被獲，用重枷枷號三個月，杖責管束。若在軍務告成以後投首者，依隨征兵丁脱逃例，擬斬立决，仍援照金川逃兵投首發遣新疆之例，臨時奏請定奪。蒙恩免死減發者，如再由配所脱逃，請旨即行正法。至在途患病及打仗受傷，或迷失路徑，與落後有因，查非有心脱逃，若在軍務未竣以前投首者，即照自首律免罪；拿獲者，杖一百，徒三年。在軍務告成之後投首者，亦杖一百，徒三年；拿獲者，發烏魯木齊等處為奴。在配脱逃被獲，仍枷責管束。至跟隨之餘丁，有偷盜馬匹、軍器及衣服、銀兩潛逃者，亦擬斬立决。如有投首，亦照兵丁投首，按軍務已、未告竣，分別問擬。其無偷盜情事，僅止有心脱逃之餘丁，無論軍務已、未告竣，拿獲者，查係附近新疆、陝甘二省之人，改發雲貴、兩廣極邊烟瘴充軍；其餘各省，俱發伊犁、烏魯木齊，酌量安插。在配脱逃被獲，亦照前枷責管束。其自行投首并篤疾者，無論軍務已、未告竣，俱杖一百，流三千里。如落後有因，無論軍務已、未告竣，投首者免罪，拿獲者杖一百，枷號一個月，仍向各犯家屬及中保人等，追出原雇價值，給還原主各等語。

是兵丁出征及凱旋之時私自逃回，并在防所及在軍營潛逃，分別情節輕重，各有應得罪名。律例所載，極為賅備。惟見賊逃散私歸本營，例內并無專條，應即欽遵諭旨，核其逃散情節輕重，分別懲辦。查兵丁見賊逃散，較之在軍營潛逃，情節尤重。而隨征兵丁在軍營潛逃，例內已擬斬决，罪無可加。且其逃散情節，亦有輕重不同，自應分別酌擬。應請嗣後除將弁私逃，遵旨嚴拿正法，隨征餘丁向不派令出隊，如有脱逃，仍照本例，分別有無偷盜辦理外，兵丁在軍營私逃回家，或逃回本營，拿獲之日審明實係出隊之時見賊逃散，供証確鑿，無可支

① 據姚雨薌原纂，胡仰山增輯：《大清律例》卷十八《兵律・軍政》，《近代中國史料叢刊三編》第214册，文海出版社1987年版，第1651頁。

飾者，無論軍務已、未告竣，即照隨征兵丁在軍營潛逃例，擬斬立决。如在軍務未竣以前赴原軍營及大營投首者，准照軍務未竣以前投首例，發往烏魯木齊等處，給種地兵丁為奴。仍聽統兵大臣核其逃散情節輕重，投回日期遲早，隨時斟酌辦理。如赴本籍、本營投首者，照軍務告竣以後投首例，擬斬立决；援照金川逃兵投首發遣例，臨時奏請定奪。若在軍務告竣以後投首，仍照隨征兵丁脱逃本例，擬斬立决。至出隊之時，樵汲未回不及歸隊，陡患病癥不能隨隊，均係落後有因。并打仗之時，衆寡不敵，被賊冲散，以致失迷路徑，或原營移扎别處，或已拔營追賊，或本帶兵官打仗陣亡，無營可歸，均非有心逃散。如在軍務未竣以前赴軍營及附近各行營投首，查明曾經打仗受傷者，仍照本例依自首律免罪；未受傷及拿獲者，杖一百，徒三年。若赴本籍本營投首，查係打仗受傷者，即照軍務告成以後投首之例，杖一百，徒三年；未受傷及拿獲者，亦照例發烏魯木齊等處為奴。若在軍務告成以後始行投首，不論軍營、本籍、本營、曾否受傷，俱發伊犁、烏魯木齊等處，給種地兵丁為奴。在配脱逃被獲，各照本例，初次用重枷枷號三個月，杖責管束。如再由配所脱逃，請旨即行正法。落後有因，并非有心逃散者，枷責管束。如軍務告成以後尚未投首，拿獲之日，仍照從征兵丁在軍營脱逃本例，擬斬立决。至調遣從征事畢軍還及在防守禦或隨征在營私自潛逃，并非出隊之時逃散者，仍各按本律、本例定擬。

前項逃兵，本營專管官於接到軍行咨文之日，先將該逃兵開伍，停支糧餉，嚴拿懲辦。如明知逃歸，不行查拿，仍收伍濫支錢糧，即照知情故縱律，與犯人同罪，罪止杖一百，罷職充軍。如止失於查拿，仍照定例議處。其本籍地方官，於接到軍營咨文之日，按照初參、二參及拿獲、未獲名數，各照本例，分别請敘參處。據軍需局、司、道會詳前來。臣覆加詳核比擬，尚屬允協。咨商南、北兩鎮，意見相同。

除行臣標中軍及各地方文武查拿外，所有酌議懲辦潰兵章程，理合恭摺覆奏，伏乞皇上聖鑒訓示。謹奏。

0189. 河南巡撫英桂具奏遵旨飛飭嚴提各路兵勇及早會合并親自統帶馳赴歸德剿捻摺

咸豐六年正月初二日

奏為遵旨飛飭嚴提各路兵勇及早會合，飛咨南陽鎮臣邱聯恩，管帶防所官兵，先由信陽徑赴宋郡，臣一俟河北兵勇到齊，即親自統帶，剋日馳赴歸德等處，相機布置，督飭現有兵勇，探明賊踪，分頭剿擊，恭摺具奏，仰祈聖鑒事。

竊臣於咸豐五年十二月二十八日，承准軍機大臣字寄，咸豐五年十二月二十四日奉上諭：前據武隆額奏報歸德解圍情形，并未將賊踪現竄何處偵探明確，方謂其數日之後，必有續報。乃本日該提督奏報軍情，但稱賊衆兵寡，請調京營馬隊，而於捻匪去路，止稱向西南及東路而去，并未確探賊踪，實屬毫無布置。已明降諭旨，將三省會剿事宜，專交英〈桂〉督辦，并寄諭托明阿、官文，將前調馬隊迅飭赴豫矣。該撫前調河北、南陽等處兵勇，計已陸續到省，即行統帶馳往。并將武隆額所帶之兵，併歸該撫調度，探明賊踪所在，一面馳奏，一面撥兵追剿，毋令肆擾。容照所帶馬隊五百名，現在徐、宿一帶逗留。即著飛速調來，先資攻剿。惟容照統帶不能得力，著該撫於就近軍營中，察看何人勇敢，即行派令管帶。飭令容照仍回揚州軍營，聽候差委。其安徽、江蘇兩省兵勇，既歸該撫節制，亦著飛飭嚴提及早會合。前諭武隆額，遇有逗留抗違之員，即行嚴參。而本日奏報，尚稱急切不能萃集，直似呼應不靈。該撫務當從嚴催調，勿任躭延。如有疲玩不遵，即行據實參辦。至省城應籌防守事宜，即著責成瑛棨，督同在城文武，妥為籌備，毋稍疏懈。現在匪勢披猖，該撫萬不可株待調兵，致形遲滯。武隆額所請酌保歸德守城官紳，并著英〈桂〉於到營後，確切查明，據實保奏。等因。欽此。跪聆之下，仰見宸懷燭照，洞察幾微。臣荷蒙天恩，畀兹重任，敢不（彈）［殫］精竭思，預計通籌，殲除醜類，以上副訓諭諄諄之至意。

查該匪張樂行等，自柘城退竄雉河老巢，負隅盤踞，勢愈披猖。雖係烏合之衆，然數至四五萬人之多，亦未可輕視。必須厚集兵力，方能掃穴擒渠。所有安徽、江蘇派出兵勇，既歸武隆額調遣，自應迅速進剿。乃迄今尚未萃集，未免任意躭延。臣已飛飭嚴提興慶、朱連泰等，即日管帶兵勇，及早會合，進攻賊巢，并將所帶兵勇確數報查。倘再逗留抗違，臣自當據實奏參，斷不敢稍事姑容。侍衛容照所帶馬隊五百名，聞自麻種失利後，人馬多不足額。已飛咨容照將實數咨覆，即飭令各營總管帶馬隊，星夜馳赴臣行營，另行派員統帶，以資攻剿。并傳旨飭令容照仍回揚州軍營，聽候差委。

至臣前調南陽鎮所屬各營官兵五百名，恐在各營抽撥有需時日。現信陽防堵稍鬆，邱聯恩剿辦捻匪素著聲威，已飛咨該鎮移緩就急，即行統帶原派在防之鎮標官兵五百名，暨前調都司保英所帶山東官兵五百名，馳赴歸德，會同進剿。并咨照留豫之雲南臨元鎮總兵慶德，即將前調之南鎮各營官兵五百名，交其管帶前赴信陽，會同南汝光道邊浴禮，督率在防兵勇，仍前戒備。慶德原帶在南陽防堵之官兵五百名，體察情形，未便遽行裁撤，已飭令荊關營都司張慶年管帶，以備不虞。其前調之河北鎮官兵五百名，不日即可陸續到省。所募滑縣壯勇，復經嚴札飭催，亦計日可到。臣一俟兵勇齊集，即親自統帶，馳赴歸德一帶，督飭現有兵勇，探明賊踪，分頭剿擊，先挫凶鋒，再行訂期四面進剿，以殲巨孽。萬不敢株待調兵，致形遲滯。

惟計江、皖兩省兵勇無多，一經豫軍迎頭截擊，該匪被剿窮慼，勢必分竄東南，則蒙、亳一帶在在可慮。應請敕下和春、福濟，務遵前奉諭旨，飭令續派官兵，由蒙、亳進逼賊巢，以堵為剿，遏其南竄之路。至豫省現調官兵及直隸、山東官兵，不滿四千名。而史榮椿所帶之兵，曾經挫敗，士氣不揚。臣擬俟到營後察看，如不得力，即須撤回歸伍。合計兵力，實形單薄。前已仰蒙聖恩，飭下托明阿、官文，酌撥馬隊官兵，前來援助。查歸德迆南永、亳等處，一片平陽，馬隊較為得用。惟托明阿、官文現當攻剿吃緊，能否將馬隊分撥前來，及為數多寡，尚難預定。設或未能分撥，至彼時再行奏請，未免又稽時日。莫若先事預籌，以期應用得力。

臣素聞新調黑龍江副都統魁福，前在勝保軍營於豐縣地方追剿粵匪，甚屬勇敢，約束兵丁亦極嚴明。合無籲懇天恩，俯念剿匪十分緊急，敕調吉林、黑龍江馬隊精兵二千名，即令魁福統帶來豫助剿。并請旨飭令魁福先行星夜馳赴歸德，以資調遣。

除飭藩司瑛棨督同在城文武，將省城應籌防守事宜，妥為籌備，并武隆額所請酌保歸德守城官紳，容臣於到營後確切查明，另行保奏外，所有遵旨飛飭嚴提各路兵勇，并臣俟河北兵勇到齊，即統帶出省，督辦會剿各緣由，謹繕摺具奏，伏乞皇上聖鑒訓示。謹奏。

0190. 河南巡撫英桂附奏請敕查連鎮高唐軍營奮勇出力人員片

咸豐六年正月初二日

再，臣因豫省現調官兵無多，是以添募壯勇，以補兵力之不足。必須幹練員弁管帶，方能得力。查各營員弁俱派防在外，不敷差委。應請敕下兵部，查明曾於連鎮、高唐軍營奮勇出力之員弁，無論參、游、都、守，酌派四五員星馳來豫，以資差遣。至臣前次奏請揀發各員，除參將賽沙布業經到省外，其餘德培、承惠、馬鳳超等三員，尚未前來，并請旨迅賜飭催。

臣為剿匪需人起見，謹附片具陳，伏乞聖鑒訓示。謹奏。

0191. 河南巡撫英桂行移具奏遵擬懲辦潰兵章程一摺奉硃批

咸豐六年正月初三日

札軍需局。標下中軍。城守尉。照得本部院於咸豐五年十二月十八日具奏，遵擬懲辦潰兵章程一摺。茲於六年正月初二日，奉硃批：該部議奏。欽此。合就相應恭録札行。移咨。札到該局，將，尉，即便會同兩司，欽遵移行移會歸、考二營，欽遵查照。毋違。此札。

札軍需局。標下中軍。城守尉。

為恭録移咨事。竊照云前，□□□□□□□□□□□移□貴部，請鎮，煩為欽遵查照施行。

一咨

刑兵部

南陽河北總鎮

咸豐六年正月初三日。兵房楊青春承。

具奏遵擬懲辦潰兵章程一摺奉硃批。

河南巡撫部院提督軍門英。劃。

監印官留豫即補府經歷縣丞俞炳。

0192. 河南巡撫英桂行移具奏揀發游擊不勝外任請旨飭令回旗一摺奉硃批

咸豐六年正月初三日

札布政司。標下中軍。照得本部院於咸豐五年十二月十八日具奏，揀發游擊不勝外任，請旨飭令回旗一摺。茲於六年正月初二日，奉硃批：全福着送部引見。欽此。合就相應恭録札行。移咨。札到該司，將，即便欽遵查照。毋違。此札。

札布政司。標下中軍。

為恭録移咨事。竊照云前，相應恭録，遵用預印空白移咨。為此合咨貴部，請煩欽遵查照施行。

一咨

兵部

咸豐六年正月初三日。兵房楊青春承。

具奏揀發游擊不勝外任請旨飭令回旗一摺奉硃批。

河南巡撫部院提督軍門英。劃。

監印官留豫即補府經歷縣丞俞炳。

0193. 河南巡撫英桂行移具奏親自統帶兵勇馳赴歸德等處剿捻等摺片奉硃批

咸豐六年正月初九日*

札軍需局。南汝光道。照得本部院於咸豐六年正月初二日，由驛六百里具奏，遵旨飛飭嚴提各路兵勇及早會合，飛咨南陽鎮管帶防所官兵，先由信陽徑赴宋郡，一俟河北兵勇到齊，即親自統帶，剋日馳赴歸德等處，相機布置，督飭現有兵勇，探明賊踪，分頭剿擊一摺。兹於本月初九日，奉到硃批：另有旨。欽此。同日，承准軍機大臣字寄上諭一道。又附奏，請敕查連鎮、高唐軍營奮勇出力人員，酌派四五員來豫差遣一片。同日，奉到硃批：着兵部會同僧格林沁揀選請旨，其德培等着該部飭催。欽此。等因。到本部院。承准此。除摺片前已抄録札知咨送外，合就相應恭録札行。咨送。札到該局，道，即便會同兩司，欽遵查照。毋違。此札。

計恭録上諭一道。

札候補道周。候補道周。開歸道徐。軍需局。南汝光道。

為恭録咨送事。竊照云前，相應恭録咨送。為此合咨貴大臣，部堂，軍門，部院，鎮，請煩為欽遵查照施行。

計恭録上諭一道。

一　　　　　　　　咨

欽差都察院左副都御史王

欽差大臣江寧將軍托

湖廣總督部堂官

東河總督部堂李

江　湖　欽命南提督軍門和武

安徽　江蘇　巡撫部院福院

雲南臨元　徐州　總鎮慶興

附録廷寄：軍機大臣字寄河南巡撫英桂等著帶兵前往豫皖交界處所扼要駐扎并撥兵會剿

咸豐六年正月初六日

軍機大臣字寄，江南提督和〈春〉、頭品頂戴安徽巡撫福〈濟〉、河南巡撫英〈桂〉，咸豐六年正月初六日奉上諭：前因武隆額督剿捻匪毫無把握，已降旨專交英〈桂〉督辦。所有三省會剿官兵，悉歸該撫節制。本日據英桂奏，已飛飭嚴提興慶、朱連泰等，即日管帶兵勇，及早會合，進攻賊巢。又，據和春、福濟奏，武隆額將亳州官兵調赴［永］城，自係歸德未經解圍以前之事。英桂所［奏］請飭和春等續派官兵，由蒙、亳進逼賊巢，又係未接皖省移文，尚不知鄭魁士已赴亳州，塔思哈已於十二月初六日由霍山起程之事。今豫省已無匪踪，捻衆業經回竄，自以潁、亳一帶為吃重。所有武全管帶之潁州兵，徐曉峯管帶之中正勇，即著由亳州一路進攻。朱連泰管帶之兗州、徐州兵，即著由永城折回。四面會合，力破賊巢。鄭魁士既經前往該處，即著督率諸軍，迅圖攻剿，仍歸英桂節制。如皖省剿辦緊急，該匪或仍竄豫境，鄭魁士即應馳往豫省協剿。總宜賊在何處，兵到何處，不得稍分畛域，但知自固藩籬。

至英桂既督辦三省剿匪事宜，即非河南一省之事。前此諭令馳赴歸德，原因賊在歸德之故。今既已退回安徽境內，該撫即應帶兵前往交界處所，扼要駐扎，一面撥兵前［往］[①] 會剿。若如所奏，俟兵勇到齊，再赴歸德，未免過於迂緩。容照馬隊近在宿州，與其調往豫境，何如飭赴潁、亳？而該撫移營就兵，較為近便。其續調之信陽防堵兵五百名，保英所帶山東兵五百名，該撫已令先赴歸德，即著催令由歸德前進，會合皖兵。其河北各兵并滑縣壯勇，儻一時未能齊集，該撫止可先行出省，將武隆額現帶之兵，調集進剿。匪踪烏合，紛竄無定。總以迅速為貴，庶不至養成巨患。

至吉林、黑龍江馬隊，調出已多，且恐緩不濟急。魁福甫經回任，未能再行調派。其前調揚州軍營馬隊，本日據托明阿奏稱，已派吉林馬隊五百名，交侍衛伊興額、協領德昌管帶，由浦口、六合兼程前進，取道滁州，馳往歸德。著英桂即行提催徑赴潁、亳一帶，會同鄭魁士，合力協剿，毋庸前赴歸德。其塔思哈一軍，并著和春等飛催赴亳，歸英桂調遣，毋任稍延。江南境內防禦，亦關緊要。署總兵傅振邦既已到任，興慶即可帶兵出境，探明賊踪，赴皖會剿。其本境防堵事宜，即由傅振邦籌辦。將此由六百里各諭令知之。

---

① 此上諭中所有殘缺字的補正，均依據《文宗顯皇帝實録》（四）卷188，中華書局1987年版，第5頁。

欽此。遵旨寄信前來。

0194. 河南巡撫英桂行移附奏調撥直隸膘壯騎馬五百匹來豫片

咸豐六年正月初九日*

札軍需局。照得本部院於咸豐六年正月初九日，由驛六百里附片具奏，調撥直隸膘壯騎馬五百匹，迅速撥解來豫，以資應用一片。除俟奉到硃批，另行恭録札知移咨外，合先相應抄片札行。咨送。札到該局，立即會同兩司，轉飭經過沿途各州縣，一俟前項馬匹到境，妥速照例應付前進，仍將入境、出境日期稟報查考。毋違。此札。

計粘抄片稿一紙。

札軍需局。

為咨送事。竊照云前，相應抄片咨送。為此合咨貴部堂，請煩查照，迅即在於所屬各營内，挑選膘壯騎馬五百匹，派委得力將弁，管解來豫，以資應用。望速望切施行。

計粘抄片稿一紙。

（下殘）。

附録片稿：河南巡撫英桂附奏調撥直隸膘壯騎馬五百匹來豫片

咸豐六年正月初九日

再，臣准西淩阿來咨，以現帶來豫之馬隊官兵二百數十名，平海所帶之馬隊六百數十名，馬匹、軍械多不齊全，應設法籌備等情。

查豫省前撥給吉林、黑龍江馬隊官兵騎馬六百餘匹赴楚進剿，嗣因庫款支絀，奏明緩至咸豐六年買補在案。現滿、緑各營馬匹，或調防出師，或巡緝緊要。各營均屬需用孔殷，實係無可調撥。惟有鄰省協濟，庶應急需。合無仰懇聖恩，俯念剿匪吃緊，敕下直隸督臣，挑選膘壯騎馬五百匹，迅速撥解來豫，以資應用。

為此附片具奏，伏乞聖鑒訓示。謹奏。

0195. 河南巡撫英桂行移具奏督兵馳抵歸德察看情形迅圖會剿捻軍摺

咸豐六年正月十七日

札軍需局。湖南長寶王道。照得本部院於咸豐六年正月十六日，由驛六百里加緊具奏，督帶現有兵勇，馳抵歸德，察看地方情形，到處皆有匪踪，人心震恐，亟應出示曉諭，先行安撫居民，解散匪黨，并查點武〈隆額〉所帶兵勇，分別去留，飛催各路官兵，星夜前進，俟到齊後，步步為營，先清內患，嚴飭江、皖兩省帶兵官，迅圖會剿，直搗賊巢一摺。又附奏，分撥兵勇，馳往鹿邑、永城救援，并飛催鄭總鎮等前進迎剿，救援宿州一片。除俟奉到硃批，另行恭録札知咨行外，合先抄摺札行。札到該局;道,立即移行查照。毋違。此札。

計粘抄摺稿一紙。

札 候補道周。候補道周。開歸道徐。軍需局。湖南長寶王道。

為抄摺咨送事。竊照云前咨行外，相應抄摺咨送。為此合咨貴部堂，部院，大臣，軍門，鎮，請煩，煩為查照施行。

計抄摺稿一紙。

一　　　咨

兩江總督部堂

江蘇巡撫部院

安徽巡撫部院　查照，希即飛催鄭總鎮及參將塔思哈諸軍，就近迎剿，救援宿州，并即隨地進剿，以通道路而資應援。望速切速施行。

欽差大臣江寧將軍托　查照，希即飛催伊侍衛等，督帶馬隊官兵暨容侍衛原帶馬隊，星馳助剿。望速施行。

江南提督軍門和　查照，希即飛催鄭總鎮及參將塔思哈諸軍，就近迎剿，救援宿州，并即隨地進剿，以通道路而資應援。望速切速施行。

安徽壽春總鎮鄭　查照，希即督率參將塔思哈，就近迎剿，救援宿州，并希隨地進剿，以通道路而資應援。望速切速施行。

徐州總鎮興　查照，希即統兵迅速進剿。望速切速施行。

直隸大名總鎮史

南陽總鎮　查照，希即統兵由陳州前赴鹿邑，就近接應。望速切速施行。

河北總鎮

咸豐六年正月十七日。軍需局楊青春、楊惟賢、丁永智承。

具奏督兵馳抵歸德察看情形迅圖會剿直搗賊巢一摺附奏救援鹿邑永城一片。

河南巡撫部院提督軍門英。劃。

監印官留豫即補府經歷縣丞俞炳。

附録摺稿：河南巡撫英桂具奏督兵馳抵歸德察看情形迅圖會剿捻軍摺

咸豐六年正月十六日

奏為臣督帶現有兵勇，馳抵歸德，察看地方情形，到處皆有匪踪，人心震恐，亟應出示曉諭，先行安撫居民，解散匪黨，并查點武隆額所帶兵勇，分別去留，飛催各路官兵，星夜前進，俟到齊後，步步為營，先清內患，嚴飭江、皖兩省帶兵官，迅圖會剿，直搗賊巢，謹將實在情形，恭摺奏祈聖鑒事。

竊臣前將帶兵出省日期，繕摺奏報。拜發後，承准軍機大臣字寄，正月初六日奉上諭：前因武隆額督剿捻匪毫無把握，已降旨專交英〈桂〉督辦。所有三省會剿官兵，悉歸節制。今豫省已無匪踪，捻衆業經回竄，自以潁、亳一帶為吃重。總宜賊在何處，兵到何處，不得稍分畛域，但知自顧藩籬。英〈桂〉既督辦三省會剿事宜，即非河南一省之事。前諭令馳赴歸德，原因賊在歸德之故。今既退回安徽，該撫即應帶兵前往交界處所，扼要駐扎，一面撥兵前赴會剿。匪衆烏合，紛竄無定。總以迅速為貴，庶不致養成巨患。等因。欽此。仰荷宸謨廣運，指授機宜，彌深感悚。

臣於初十日督帶隨營兵勇，自省起程，於十三日馳抵歸德。沿途詢察地方民情，睢、寧以西，俱稱静謐。接見宋郡各文武，細詢附近一帶被難情形。多發偵卒，確探賊踪。

查上年冬間，夏邑、虞城失守以後，士氣不振，逆焰日張。良民遷徙流離，情形可慘。土棍從而附和，愈聚愈多，逞其凶頑，非常蹂躪。商邱、夏邑、虞城、永城等處，上下數百里燒擄一空，瘡痍滿目。皖、豫交界一帶，至今尚無人烟，食井俱被填塞。蒙、亳等處，匪黨縱横，幾於遍地皆賊。自豫至江、皖兩省，驛路梗阻，文報不通。臣咨會侍衛容照，公文中途折回，不能前進。托明阿所派馬隊官兵，未知行抵何處。鄭魁士及塔思哈、興慶之兵，亦杳無信息。臣焦急萬分，莫能言狀。不得已多遣幹弁，繞道探明鄭魁士等所在，飭令隨地進剿，以通道路，俾資援應。現在歸德附近數十里，土匪四起，動輒成群聚黨，難保不與該匪等聲息相通。城鄉內外，人心日夕驚慌。若不安定民志，先行剿除土匪，必致勾結為患。

查該匪張樂行等，屯踞雉河，夥黨分布，蔓延四出。亟應及早痛加剿洗，以殲巨孽。臣急欲就現有兵勇，迅圖進剿，無如先後到防者數止三千。武隆額所帶兵勇，除傷亡潰散外，共計不足二千，且大半器械不全，賊未至而心膽先怯。尚須逐加挑選，分別去留。直隸大名兵一千名，尤不得力。擬即飭令廣平營游擊德魁，管帶回伍，以節糜費。大名鎮總兵史榮椿帶兵日久，營務尚為熟悉，仍留營管帶兵弁，以資臂助。至江、皖兩省在防兵勇，共止三千餘名。聞其糧餉久缺，枵腹荷戈，斷不足恃。而豫省籌備兵餉，正在自顧不遑，一時難以挹注。臣奉命督剿，責無旁貸，何敢稍分畛域？然當此進退維谷之時，如不計出萬全，必蹈輕進之咎。思維至再，不敢不將實在情形直陳於聖主之前。現正嚴催前調兵勇飛速來宋，到齊後即行分起前進，步步為營，先將內地匪徒剿除淨盡。一面出示安撫居民，解散匪黨，清理糧餉要路，使無運道阻塞之虞。并請旨飭下兩江、安徽督撫臣，趕緊接濟各該省兵勇口糧，俾免缺乏。臣一俟兵勇到齊，肅清內患，即行進兵會剿，斷不敢稍涉遷延，自干咎戾。

除趕緊委員查明被難各州縣，分別量予撫恤，另行辦理外，所有現在安撫居民，解散匪黨，剿除內患各緣由，謹繕摺具奏，伏乞皇上聖鑒訓示。謹奏。

附録片稿：河南巡撫英桂附奏調兵救援鹿邑及永城情形片

咸豐六年正月十六日

再，正在繕摺具奏間，接據永城、鹿邑兩縣稟報：該匪等分兩股，一撲永城，一撲鹿邑之張斌營，每股約計二三千人。并聞皖省宿州亦有被圍之信。賊匪現復分竄豫境，而皖、豫交界之區，道途梗塞，兵力未厚，勢難分投擊剿。是堵遏北竄，尤為緊要。不得已先其所急，飛飭駐防陳州之湖南長寶道王建泰，會督王鳳祥、賽沙布等，統帶兵勇一千五百名，即由陳州馳往鹿邑救援。昨准邱聯恩咨稱，已於正月初九日，自信陽起程，計日內亦可抵陳。業由臣飛咨該鎮，就近接應。其永城一股，即於現有兵勇三千名内抽撥二千，派員管帶，星夜前進。并飛提後起兵勇，兼程來宋，以資攻剿。一面星遣幹弁，繞道前往宿州、潁郡一帶，飛催鄭魁士、塔思哈等，迅速帶兵前進，就近迎剿，救援宿州，以遏逆匪南竄之路。

所有永城、鹿邑、宿州現在設法堵剿緣由，謹附片具奏，伏乞聖鑒。謹奏。

0196. 河南巡撫英桂行移附奏調撥直隸膘壯騎馬五百匹來豫一片奉硃批上諭

咸豐六年正月十七日*

札軍需局。照得本部院於咸豐六年正月初九日，由驛六百里附片具奏，調撥直隸膘壯騎馬五百匹，迅速撥解來豫，以資應用一片，業已抄片札知咨送在案。兹於本月十七日，在歸德府行營，奉到硃批：另有旨。欽此。同日，奉上諭一道。等因。欽此。合就相應恭録札行。移咨。札到該局，即便會同兩司，欽遵查照，飛飭沿途州縣，接遞護送。毋違。此札。

計恭録上諭一道。

札軍需局。

為恭録移咨事。云前，相應恭録移咨。為此合咨貴部堂，請煩欽遵查照，飛飭所屬沿途州縣，接遞護送，妥為照料施行。

（下殘）。

附録上諭：著上駟院於牧放蒙古捐輸馬匹内挑選膘壯馬五百匹帶往河南交英桂軍營撥用

咸豐六年正月十三日

咸豐六年正月十三日内閣奉上諭：英桂奏請飭撥馬匹，以資剿匪等語。着上駟院於牧放蒙古捐輸馬匹内，挑選膘壯馬五百匹。着管理火器營王大臣，即派該營章京，分起管帶前往河南，交英桂軍營，聽候撥用。沿途經過地方，着順天府、直隸總督派員接遞護送，妥為照料。欽此。

0197. 河南巡撫英桂行移具奏督兵馳抵歸德迅圖會剿捻軍等摺片奉硃批上諭

咸豐六年正月二十四日*

札軍需局。開歸道徐。湖南長寶王道。前任開歸道周。候補道周。照得本部院於咸豐六年正月十六日，由驛六百里加緊具奏，督帶現有兵勇，馳抵歸德，察看地方情形，到處皆有匪踪，人心震恐，亟應出示曉諭，先行安撫居民，解散匪黨，并查點武〈隆額〉所帶兵勇，分別去留，飛催各路官兵，星夜前進，俟到齊後，步步為營，先清内患，嚴飭江、皖兩省帶兵官，迅圖會剿，直搗賊巢一摺。兹於二十四日，奉到硃批：另有旨。欽此。同日，承准軍機大臣字寄上諭一道。又附奏，分撥兵勇馳往鹿邑、永城救援，并飛催鄭總鎮等前進迎剿，救援宿州一片。同日，奉到硃批：知道了。欽此。除摺、片前已抄録札知/咨送外，合就/相應恭録札行/移咨。札到該局[道]，即便欽遵移行查照。毋違。此札。

計恭録上諭一道。

札軍需局。開歸道徐。湖南長寶王道。前任開歸道周。候補道周。候補道張。

為恭録移咨事。竊照云前，相應恭録移咨。為此合咨貴部堂，院，大臣，軍門，鎮，請煩為欽遵查照辦理施行。

計恭録上諭一道。

一　　　咨

兩江總督部堂

江蘇巡撫部院

安徽巡撫部院

欽差大臣江寧將軍托

江南提督軍門和

（下殘）。

附録廷寄：軍機大臣字寄河南巡撫英桂著通籌三省剿捻并先行籌備餉需

咸豐六年正月二十日

軍機大臣字寄，欽差大臣江寧將軍托〈明阿〉、兩江總督怡〈良〉、江南提督和〈春〉、頭品頂戴安徽巡撫福〈濟〉、河南巡撫英〈桂〉，咸豐六年正月二十日奉上諭：英桂奏，馳抵歸德，先清内患，并請飭兩江、安徽接濟口糧一摺。據稱，歸德附近數十里，土匪四起。若不先行剿除，必致勾結為患。現有兵勇數止三千餘名，俟兵勇催齊，先將内地匪徒剿盡，即行會兵進剿，固係為慎重後路起見。惟據另片奏，該匪一撲永城，一撲鹿邑，漸有北竄之勢。該撫萬不能專顧撫綏，致增遲滯。鄭魁士曾否到亳，未見奏報，塔思哈則已在宿州。興慶之兵尚未見奏報出境，宿州之圍是否已解？著和春、福濟嚴催鄭魁士等所帶各兵，四路兜剿。英桂總司會剿，亦當疏通道路，聯絡軍聲，迅速布置，豈容以道路梗阻為詞，致遲進剿，使匪勢更形猖獗？

至所稱江、皖兵勇口糧，請由兩江、安徽督撫接濟等語，現在豫省籌備兵餉，自顧不遑，固係實情。但皖兵已近豫境，恐廬州軍餉支絀，接濟艱難。著英桂先行籌備，以應急需，庶免停兵待餉之患。其托明阿軍營派出馬隊各兵，即著托明阿傳知文煜糧臺，妥為支應。徐州派出兵勇，即著怡良傳知王夢齡，妥為支應。并著怡良迅籌款項，解交和春、福濟，再由廬州轉解鄭魁士等各營，以備支放。英桂督辦三省捻匪，一切進剿機宜及籌備餉需，均應各路通籌，不可觀望遷延，自干咎戾。將此由六百里加緊各諭令知之。

欽此。遵旨寄信前來。

0198. 河南巡撫英桂行移廷寄著迅催伊興額及德昌赴宿州接管容照馬隊

咸豐六年正月二十九日

札軍需局。開歸徐道。前任開歸周道。湖南長寶王道。候補周張道。照得本部院於咸豐六年正月二十七日，在商邱縣行營，承准軍機大臣字寄上諭一道。等因。承准此。合就恭録札行。札到該局，道，即便會同兩司，欽遵移行查照。毋違。此札。

計恭録上諭一道。

札軍需局。開歸徐道。前任開歸周道。湖南長寶王道。候補周張道。

為恭録移咨事。竊照云前。承准此。相應恭録移咨。為此合咨貴部堂，院，大臣，軍門，鎮，侍衛，請煩為欽遵查照辦理施行。

計恭録上諭一道。

一　　咨

兩江總督部堂

江蘇安徽巡撫部院

欽差大臣江寧將軍托

江南提督軍門和

安徽壽春總鎮鄭

前署署徐州總鎮興傅

直隸大名總鎮史

南陽河北總鎮

頭等侍衛府伊

侍衛府容

咸豐六年正月廿九日。軍務局楊青春承。

奉上諭容照奏連日獲勝情形并請俟宿州境稍清馳回揚州當差。

河南巡撫部院提督軍門英。劃。

監印官留豫即補府經歷縣丞俞炳。

附録廷寄：軍機大臣字寄河南巡撫英桂著迅催伊興額及德昌赴宿州接管容照馬隊

咸豐六年正月二十三日

軍機大臣字寄，江南提督和〈春〉、頭品頂戴安徽巡撫福〈濟〉、河南巡撫英〈桂〉，咸豐六年正月二十三日奉上諭：容照奏，連日獲勝情形，并請俟宿州境稍清，馳回揚州當差等語。據稱，十一至十五等日，登陴派隊乘晚縋城，均有斬獲。十六、十七兩日，參將塔思哈等帶兵出城，殺敗攻城之匪甚多，并擒首匪孫開貞一名。惟兵力尚單，亟望外援，庶可内外夾攻，早解城圍。捻匪現聚雉河老巢，前已叠諭和春、福濟飭令鄭魁士，馳往剿辦。現在宿州危急，著即嚴催前往應援，毋令遲誤。其副將朱連泰帶往之戴世熙、龔耀倫兗徐各兵，前經武隆額札調，尚未報抵歸德，約計均在亳、永一帶，可以就近催剿。英桂總司會剿，到防兵勇已有三千，此時後起各兵當亦飛提到宋，除抽撥赴援永城外，即著親自督帶，分起前進，并調江、皖協剿之兵，分路進攻，以解宿州之圍，不得久留歸德。至容照因宿城危急，無員接辦，暫緩起程。著迅催伊興額、德昌，趕緊由滁赴宿，接管馬隊，以便容照交卸回揚。李鈞所派參將雙慶管帶河標兵三百名，已於初七日抵豫，并可隨同剿匪。此次容照請保在事出力各員，仍著英桂查明實在情形，酌量保奏。將此由六百里各諭令知之。

欽此。遵旨寄信前來。

0199. 河南巡撫英桂行移廷寄著將河南應解江北糧臺銀兩抵撥為支應馬隊軍餉之需

咸豐六年正月二十九日

札軍需局。
開歸徐道。
前任開歸周道。
湖南長寶王道。
候補周張道。照得本部院於咸豐六年正月二十八日，在商邱縣行營，承准軍機大臣字寄上諭一道。等因。承准此。合就恭録札行。札到該局道，即便會同藩司，欽遵查照，迅將欠解前撥江北糧臺軍餉銀兩，作速籌款接濟，以便支應。毋違。此札。

計恭録上諭一道。

札軍需局。
開歸徐道。
前任開歸周道。
湖南長寶王道。
候補周張道。

為恭録移咨事。竊照云前。承准此。相應恭録移咨。為此合咨貴部堂，部院，大臣，軍門，鎮，侍衛，請煩為欽遵查照辦理施行。

計恭録上諭一道。

一　　　咨

兩江總督部堂

江蘇安徽巡撫部院

欽差大臣江寧將軍托

江南提督軍門和

安徽壽春總鎮鄭

前署署徐州總鎮興傳

南陽河北總鎮

頭等侍衛府伊

侍衛府容

咸豐六年正月廿九日。軍務局楊青春丁永智承。

奉上諭文煜奏支應馬隊官兵起程赴豫一摺。

河南巡撫部院提督軍門英。劃。

監印官留豫即補府經歷縣丞俞炳。

附録廷寄：軍機大臣字寄河南巡撫英桂著將河南應解江北糧臺銀兩抵撥為支應馬隊軍餉之需

咸豐六年正月二十四日

軍機大臣字寄，河南巡撫英〈桂〉，咸豐六年正月二十四日奉上諭：文煜奏，支應馬隊官兵起程赴豫一摺。前諭托明阿挑選吉林馬隊赴英桂軍營，已據該大臣於六合、浦口兩處，抽撥五百餘名，派伊興額、德昌管帶，并經文煜於揚州軍營糧臺内，籌補欠放口糧，配齊軍裝器械，前赴河南。俟伊興額等到宿州後，英桂即可飭令容照回［揚］。惟該侍衛原帶馬隊五百名，亦係歸英桂調遣。［合］之此次伊興額、德昌所帶，數約千名。距揚道遠，捻匪踪迹無常，進剿即無定所。斷不能仍由揚州運送糧餉，致滋貽誤。據文煜奏稱，河南本有前撥應解江北糧臺銀六萬三千餘兩，［著］英桂即將此款抵撥為支應馬隊軍餉之需。其揚州派往支應容照官兵之通判蔡允壽，并著英桂飭令該員仍回文煜糧臺，以資差委。本日，又據傅振邦等奏，於夾溝驛剿匪獲勝，并聞蕭縣有警，該署鎮折回防剿，宿州解圍，徐州吃重等情。已諭令托明阿再行酌撥兵勇往援徐州矣。英桂職任督剿，當［懍遵］① 前旨，探明賊在何處，即迅派兵策應，勿徒株守歸德，致聲勢隔閡，令該匪更肆猖獗也。將此由五百里諭令知之。

欽此。遵旨寄信前來。

0200. 河南巡撫英桂行移具奏歸德附近捻軍竄逸及道路漸次疏通摺

咸豐六年正月二十九日*

札（軍需局。湖南長寶道王。開歸道徐。前任開歸道周。候補道周。）照得本部院於咸豐六年正月二十九日，在商邱縣行營，由驛六百里加緊具奏，歸德附近股匪，經兵勇迎剿竄逸，道路漸次疏通，嚴催前起兵勇，分援永城、夏邑，已令邱聯恩、周煦徵等，分帶兵勇，馳往應援，相機截擊，并探報宿州城圍已解，徐州府屬蕭縣情形吃重，飛咨鄭魁士先帶皖省各兵，星馳應援，臣現在催提未到兵勇，即日親督後隊，移營前進，扼要駐扎，撥兵會剿一摺。除俟奉到硃批，另行恭録分別（札知、咨行）外，合先抄摺札行。札到該（局、道，）立即（會同兩司，趕解軍裝、糧餉。會同多侍衛等，督率兵勇，嚴密防堵，毋任竄越。）切切。特札。

計粘抄摺稿一紙。

札（軍需局。湖南長寶道王。開歸道徐。前任開歸道周。候補道周。）

為抄摺咨送事。竊照云前咨行外，相應抄摺咨送。為此合咨貴（大臣，部堂，院，侍衛，鎮，）請煩為查照施行。

計粘抄摺稿一紙。

一　　　　　　　咨

欽差大臣江寧將軍托

兩江總督部堂

安徽巡撫部院

① 此上諭中殘缺字和脱漏字的補正，均依據《文宗顯皇帝實録》（四）卷189，中華書局1987年版，第113頁。

江蘇巡撫部院

侍衛府多　希即會同武軍門、長寶王道，督率兵勇，嚴密防堵，毋任竄越。是為至要。望切。

頭等侍衛府伊　希即趕緊由滁赴宿，接管馬隊，以助攻剿。望速。

侍衛府容

安徽壽春總鎮鄭

署徐州總鎮傅

前署徐州總鎮興

湖南提督軍門武　希即會同多侍衛，云云。

南陽總鎮　希即統帶兵勇，馳往永、夏，督同各起兵勇，分援永城、夏邑，相機截擊，以除後患。望速施行。

附録摺稿：河南巡撫英桂具奏歸德附近捻軍竄逸及道路漸次疏通摺

咸豐六年正月二十九日

奏為歸德附近股匪，經兵勇迎剿竄逸，道路漸次疏通，嚴催前起兵勇，分援永城、夏邑，已令邱聯恩、周煦徵等，分帶兵勇，馳往接應，相機截擊，并探報宿州城圍已解，徐州府屬蕭縣情形吃重，飛咨鄭魁士先帶皖省各兵，星馳應援，臣現在催提未到兵勇，即日親督後隊，移營前進，扼要駐扎，撥兵會剿，恭摺奏祈聖鑒事。

竊臣馳抵歸德，當將安撫居民，解散匪黨，剿除內患，并分撥兵勇，往援永城、鹿邑各情奏聞在案。本月二十四日，承准軍機大臣字寄，咸豐六年正月二十日奉上諭：英〈桂〉奏，馳抵歸德，先清內患，并請飭兩江、安徽接濟口糧一摺。據稱，歸德附近數十里，土匪四起。若不先行剿除，必致勾結為患。現有兵勇數止三千餘名，俟兵勇催齊，先將內地匪徒剿盡，即行會兵進剿，固係為慎重後路起見。惟據另片奏，該匪一撲永城，一撲鹿邑，漸有北竄之勢。該撫萬不能專顧撫綏，致增遲滯。鄭魁士曾否到亳，未見奏報，塔思哈則已在宿州。興慶之兵尚未見奏報出境，宿州之圍是否已解？著和春、福濟嚴催鄭魁士等所帶各兵，四路兜剿。英〈桂〉總司會剿，亦當疏通道路，聯絡軍聲，迅速布置，豈容以道路梗阻為詞，致遲進剿，使匪勢更形猖獗？

至所稱江、皖兵勇口糧，請由兩江、安徽督撫接濟等語，現在豫省籌備兵餉，自顧不遑，固係實情。但皖兵已近豫境，恐廬州軍餉支絀，接濟艱難。著英〈桂〉先行籌備，庶免停兵待餉之患。其托明阿軍營派出馬隊各兵，即著托明阿傳知文煜糧臺，妥為支應。徐州派出兵勇，即著怡良傳知王夢齡，妥為支應。并著怡良迅籌款項，解交和春、福濟，再由廬州轉解鄭魁士等各營，以備支放。英

〈桂〉督辦三省捻匪，一切進剿機宜及籌備餉糈，均應各路通籌，不可觀望遷延，自干咎戾。等因。欽此。跪讀之下，悚惕弥深。

伏思捻惡張樂行等肆擾三省，攻城焚掠。數百里生靈，慘遭荼毒。臣目睹凶悖蹂躪情形，疾首痛心，恨深切齒，急欲滅此朝食，掃穴擒渠，以快人心而伸國法。況臣受恩深重，具有天良，敢不殫竭血忱，迅圖蕆事，以上紓宵旰之廑？計抵宋旬日以來，催提各路兵勇，叠飭司、局趕解軍裝、糧餉。甫經陸續前來，尚未悉數齊備。宋郡迤東，兵行要道，絶少人烟。軍士無從買食，均須自郡城搬運米糧，始資炊爨。現飭府、縣委員四出采買，趕緊運送，大兵始能分起前進。

連日接據參將成齡、游擊瑚圖凌額等禀稱：管帶兵勇前赴永城，因沿途均有股匪梗阻，節節迎剿，斬殺多名。餘匪均向酇陽集一帶竄逸。兵勇已進駐會亭驛。正擬往救永城，探聞匪首王貫三帶領捻衆數千，於十七日竄入夏邑縣境。該縣知縣郭鳳恩，率領鄉團出城抵禦失利，郭鳳恩不知下落。該匪大股現在攻圍永城。若輕率前進，不特匪衆兵單，難資抵禦，且恐該匪由夏邑截我軍後路，腹背受敵。請續撥兵勇接應，并分援夏邑等情。臣接信莫名焦灼。查夏邑在會亭驛之北，相距僅三十餘里。若不肅清，必致牽掣我兵，難以前進。而永城被圍，待援甚亟，更難刻緩。

現據署鹿邑縣知縣宋劭經禀報：前此竄撲該縣張斌營地方之捻匪三千餘人，業經該縣、營、汛率同馬樓莊會首六品軍功馬成德，帶同子姪馬雲青、馬光先等，東南鄉會首滕文魁、王德本等，各帶團勇，在老鴉店迎剿，斃匪數百餘人。該匪奪路往東南逃竄，遺弃刀械甚多。馬成德帶勇争先追殺，又斃匪百餘人。不防該匪從旁點放擡槍，致馬成德受傷墜馬殞命。其子馬雲青為父報仇，隨同該縣、營迎至姬家橋，與匪接仗。馬雲青奮勇殺入，該縣等在後接應，復斃匪一百八十餘人，奪獲馬十餘匹，刀械一百數十件。該匪俱望淝河一帶逃竄。恐本地團勇分駐未能週密，已邀集淮寧縣槐店團勇暨雇募槐店回勇各三千名，在該縣東南鄉一帶，扼要防禦。邱聯恩亦已帶兵馳抵該縣等情。是鹿邑情形較永、夏稍鬆，自當移緩救急。已飛咨邱聯恩，即日督帶兵勇，馳往永、夏交界處所，督同各起兵勇，分援永城、夏邑，相機截擊。并派令周煦徵、張維翰等，管帶續到兵勇一千七百名，星馳前往接應，會合進剿。

至陳州府所屬沈邱、項城等縣，緊與皖省阜陽、太和等縣毗連。昨據署陳州府知府鄭廷錦禀報：沈、太交界之界首集，有匪衆滋擾。該府已會營督帶兵勇，前往防剿。臣恐該匪乘虚竄入，已咨照武隆額管帶官兵二百名，侍衛多慧管帶鋭勇六百名，馳赴該府，會督王建（太）［泰］、鄭廷錦，嚴密堵剿，務保無虞。

正在調撥兵勇分起前進間，二十七日，承准軍機大臣字寄，咸豐六年正月二十三日奉上諭：容照奏連日獲勝情形，并請俟宿境稍清，馳回揚州當差等語。捻匪現聚雉河老巢，前已叠諭和春、福濟，飭令鄭魁士馳往剿辦。現在宿州危急，着即嚴催前往應援，毋令遲誤。其副將朱連泰帶往之戴世熙、龔耀倫兖徐各兵，前經武隆額札調，尚未報抵歸德，約計均在亳、永一帶，可以就近催剿。英〈桂〉總司會剿，到防兵勇已有三千，此時後起各兵當亦飛提到宋，除抽撥赴援永城外，即著親自督帶，分起前進，并調江、皖協剿之兵，分路進攻，以解宿州之圍，不得久留歸德。迅催伊興額、德昌，趕緊由滁赴宿，接管馬隊，以便容照交卸回揚。此次容照請保在事出力各員，仍著英〈桂〉查明實在情形，酌量保奏。等因。欽此。欽遵。

查前據探報，宿州被圍，當即飛催鄭魁士、塔思哈等，迅速帶兵前進，就近救援。玆據傅振邦、興慶、王夢齡等禀稱：張樂行等分股圍攻宿州，傅振邦等帶兵往援。本月十七、十八兩日，在夾溝驛及符籬地方，先後殺斃賊匪五百餘人，奪馬二十五匹，落河死者難以數計。餘賊竄過橋南。官兵暫於橋北屯扎，俟天明追剿。十九日早間，探得符籬賊股敗回之時，適值宿州城内官兵突出。該匪前後被剿，即紛紛向西南竄遁。宿州城圍已解，正擬向前進剿，連接西路探報：蕭縣之西、南等鄉，於正月十八日各有藍旗賊五六千突至，係自永城、宿州分路而來。併有大股屯聚濉口，窺伺徐州。其瓦子口地方，先經派馬裕椿等帶領兵勇九百名在彼防守，現在兩面受敵，勢難扼堵，退回蕭縣守城。興慶、王夢齡已派參將高培由郡城選帶兵勇，先往援應。傅振邦已星夜折回，迎頭截擊。惟徐州兵勇僅有五千餘名，分投堵剿，已形棘手。若該匪大股繼至，則勢愈單薄。請撥兵助剿。

又，據新鄉縣知縣祝塏禀稱：齊集商邱、柘城、鹿邑、太康、亳州五屬團勇數千人，於二十二日馳抵棗子集。探得黄旗捻首周崇寅，在寺兒集嘯聚約數千人，北抵泥臺店，期於二十四日暮夜，前來撲營。祝塏即於二十三日午後，飭派團首孔廣貴、軍功許武廣，統領團勇三千人，齊赴亳州北關之鄭店地方，約期是夜五更，進剿寺兒集一帶巢穴；派軍功竇鉦帶領團勇二千人，向正東泥臺店一路相機前進。二十五日午刻，據各團探丁回報，南路團勇至鄭店，聞捻匪正在小奈集齊人，即於五更直撲小奈集。該匪約七八百人，樹黑白兩旗，膽敢列仗抗敵。我勇槍炮齊施，匪即敗竄。乘勢追擊，進剿陳店一帶，共斃匪二百餘名，生擒捻首郭狼一名，要匪郭振山、陳添齊二名，訊明即行正法，奪獲擡槍七桿，黑白旗各一面。北路團勇至廬廟，聞泥臺店之賊已聞風潛遁，當搜獲餘匪五名，即日移營亳州鄭店地方，合力進剿，并請飭朱連泰就近會剿各等情。

伏查宿州雖已解圍，而蕭縣又復告警，徐州防剿吃重。興慶之兵自顧不遑，勢難出境。豫省永、夏等縣，到處匪踪，紛竄靡定。防則無以為剿，剿則無以為防。臣總司會剿，寢饋難安，已飛催鄭魁士，先就皖省兵勇援救徐州，再行會合進攻賊巢；檄飭朱連泰帶兵會同祝塏，分投擊剿亳州一帶捻匪；飭令武全帶兵幫同（潁）［潁］州府知府陸希湜，督率團勇，剿捕阜陽、太和等處股匪；迅催伊興額、德昌趕緊由滁赴宿，接管馬隊，以助鄭魁士攻剿。臣酌留官兵，添雇壯勇，防守歸德，保護運道，即日親督現有兵勇，分起前進，扼要駐扎，為邱聯恩等後援，與江、皖兩省聯絡軍聲，殲除醜類，以仰副聖主諄諄訓誡之至意。

至江、皖兵勇口糧，仰蒙天恩，飭令托明阿、怡良傳知文煜、王夢齡，妥為支應。其已近豫境各兵，臣自當先行籌備，以免停兵待餉之患。惟豫省司庫支絀雖在聖明洞鑒之中，誠恐各督撫臣因有飭臣先行籌備，以應急需之旨，或致稍事遲延，轉滋貽誤。相應籲懇聖恩，迅賜飭催籌款解交各營，以備支放。

除容照兩次請保宿州守城出力各員，容臣確查實在情形，酌量保奏，并查明夏邑縣知縣郭鳳恩下落，另行辦理外，所有添撥兵勇，分援永城、夏邑，探報宿州城圍已解，并臣即日親督兵勇，分起前進各緣由，謹繕摺具奏，伏乞皇上聖鑒訓示。謹奏。

0201. 河南巡撫英桂行移附奏湖北抽調吉林黑龍江馬隊官兵到營日期片

咸豐六年正月二十九日*

札軍需局。照得本部院於咸豐六年正月二十九日，在商邱縣行營，由驛附奏，湖北抽調吉林、黑龍江馬隊官兵到營日期，并挑選截留由楚遣撤之馬隊官兵數目一片。除俟奉到硃批，另行恭録札知移咨外，合就相應抄片札行。咨送。札到該局，即便會同兩司查照。毋違。此札。

計粘抄片稿一紙。

札軍需局。

為咨送事。竊照云前，抄片咨送。為此合咨貴部堂，都統，請煩查照施行。

計粘抄片稿一紙。

一　　　　　　　　咨

欽差大臣湖廣總督部堂

前察哈爾都統西

附録片稿：河南巡撫英桂附奏湖北抽調吉林黑龍江馬隊官兵到營日期片

咸豐六年正月二十九日

再，臣前准西凌阿函稱，平海管帶撤回歸伍之吉林、黑龍江馬隊官兵六百五十餘員名，截留來豫助剿，當經臣奏明在案。玆西凌阿管帶德安存城吉林、黑龍江馬隊官兵二百五十員名，於本月十六日行抵歸德。臣會晤面詢，始知平海仍在湖北大營。所有前項撤回歸伍之馬隊官兵，係派營總格綳額管帶前來，業已折回汴梁省城。惟此項官兵，因在楚疊次打仗，半多傷疾。現飭營總挑選可用者三百名來營調遣，餘仍派員管帶歸伍。

又，准官文咨稱，續調駐扎楊店馬隊官兵二百五十員名，交莫爾賡阿管帶來豫，於正月初九日起程，不日亦可到防。

理合附片奏聞，伏乞聖鑒。謹奏。

0202. 河南巡撫英桂行移廷寄著統籌大局迅速派兵與皖省兵勇會剿捻軍

咸豐六年二月初二日

札軍需局。
開歸徐道。
前任開歸周道。
湖南長寶王道。
候補周張、徐州王道。照得本部院於咸豐六年二月初二日，在商邱縣行營，承准軍機大臣字寄上諭一道。等因。承准此。合就恭録札行。札到該局，道，即便會同兩司，欽遵查照。毋違。此札。

計恭録上諭一道。

札軍需局。
開歸徐道。
前任開歸周道。
湖南長寶王道。
候補周張道。

為恭録移咨事。竊照云前。承准此。相應恭録移咨。為此合咨貴部院，軍門，侍衛，鎮，請煩為欽遵查照施行。

計恭録上諭一道。

一　　　　咨

安徽巡撫部院福

江南提督軍門和

侍衛府容

安徽壽春總鎮鄭　查照，希即督飭塔參將等兵勇，先將夏白等股剿辦，以孤雉河賊勢。望切。

前署署徐州總鎮興傅

南陽河北總鎮

前福建按察使司徐　照會。

咸豐六年二月初二日。軍務局楊青春承。

奉上諭容照片奏捻匪宿境現有五股分五色旗幟一股盤踞雉河集餘四出分擾。

河南巡撫部院提督軍門英。劃。

監印官留豫即補府經歷縣丞俞炳。

附録廷寄：軍機大臣字寄河南巡撫英桂著統籌大局迅速派兵與皖省兵勇會剿捻軍

咸豐六年正月二十六日

軍機大臣字寄，河南巡撫英〈桂〉，咸豐六年正月二十六日奉上諭：前因容照奏宿州危急，嗣據傅振邦等奏徐州情形吃重，叠經諭令英桂，探明賊踪，親自督兵前進，毋得株守歸德。諒已先後接奉遵旨起程矣。本日復據容照將宿州解圍情形奏報，并另片奏稱：捻匪現有五大股，分五色旗幟。一股盤踞雉河集，餘四出分擾。其大股如夏白、李大喜、樊懋修、任乾等，俱屯聚宿境之南平、孫町一帶。必須先將此數股巢穴，痛加剿洗，則進攻雉河，方無後顧之慮。所奏不為無見。英桂於十三日馳抵歸德，已越旬餘。後起官兵，當已陸續到防。前奏所稱先清内患，不過本境土匪，自必易於搜捕，不至牽掣軍行。現在塔思哈等兵勇，在宿州剿匪，尚為得力。鄭魁士亦剋日到宿。著英桂迅速調度，先將夏白等股剿辦，節節進攻，以孤雉河集賊匪之勢，進剿自易為力。該匪為數雖多，然不過烏合之衆，一經痛剿，當必解散。現在蕭縣、永城、鹿邑等處，均有匪踪，漸已蔓延北路。皖省兵勇赴援，皆係由南而北，不能扼賊之前。英桂既總司會剿，須通籌大局，迅速派兵，與皖省兵勇會同進剿，毋許遷延觀望，致誤事機。容照請保宿州解圍出力人員，已明降諭旨，令該撫擇尤保奏矣。將此由六百里諭令知之。

欽此。遵旨寄信前來。

0203. 河南巡撫英桂行移附奏請將西安協副將樂善留豫差委片

咸豐六年二月初七日

札軍需局。照得為咨送事。竊照本部院於咸豐六年二月初六日，在商邱縣行營，由驛附奏，請將陝西西安協副將樂善留豫差委一片。除俟奉到硃批，另行恭録札知咨送外，合先抄片札行。咨送。札到該局，立即會同兩司查照。毋違。此札。為此合咨貴都統；部堂，煩為請煩查照施行。

計粘抄片稿一紙。

札軍需局。

一　　　咨

前察哈爾都統西

欽差大臣湖廣總督部堂官

咸豐六年二月初七日。軍務局楊青春承。

附奏請將陝西西安協副將樂善留豫差委一片。

河南巡撫部院提督軍門英。劃。

監印官留豫即補府經歷縣丞俞炳。

附録片稿：河南巡撫英桂附奏請將西安協副將樂善留豫差委片

咸豐六年二月初六日

再，陝西西安協副將樂善，本在湖北軍營當差，經西淩阿咨明官文，帶同來豫，隨營差遣。查該將久歷行間，管帶兵丁，頗為得力。現在豫省剿匪吃緊，兵勇乏員管帶。合無仰懇天恩，俯准將樂善留豫差委，俾臣得收指臂之助。

除由臣咨明官文外，謹附片具奏，伏乞聖鑒。謹奏。

0204. 河南巡撫英桂行移廷寄著毋庸將容照所帶馬隊調赴河南

咸豐六年二月初七日

札　。照得本部院於咸豐六年二月初七日，在商邱縣行營，承准軍機大臣字寄上諭一道。等因。承准此。合就相應恭録札行。移咨。札到該局，道，即便會同兩司，欽遵移行查照。毋違。此札。

計恭録上諭一道。

札軍需局。開歸徐道。前開歸周道。候補周道。

為恭録移咨事。竊照云前，相應恭録移咨。為此合咨貴大臣，部院，軍門，鎮，侍衛，請煩為欽遵查照施行。

計恭録上諭一道。

一　　　　　　　咨

欽差大臣江寧將軍托

安徽巡撫部院福

江南提督軍門和

安徽壽春總鎮鄭

前署署徐州總鎮興傅

南陽河北總鎮

頭等侍衛府伊容

前福建按察司徐　照會。

咸豐六年二月初七日。軍務局楊青春承。

上諭容照宿州馬隊毋庸調赴河南。

河南巡撫部院提督軍門英。劃。

監印官留豫即補府經歷縣丞俞炳。

附録廷寄：軍機大臣字寄河南巡撫英桂著毋庸將容照所帶馬隊調赴河南

咸豐六年二月初三日

軍機大臣字寄，河南巡撫英〈桂〉，咸豐六年二月初三日奉上諭：本日據容照、鄭魁士奏，進剿南屏，殲斃賊首獲勝一摺。又，另片奏，英〈桂〉咨調馬隊官兵赴豫，請旨遵行等語。捻匪攻撲宿州，解圍後尚據宿境東、西、南三面附近村莊。容照等現已克復南屏集，正可乘勢將附近匪巢，次第剿洗，不得株守宿州。若將容照所帶馬隊調赴豫省，恐該處兵力愈單，不敷剿辦。永城、鹿邑之匪，每股約二三千人。該撫已派王建（太）［泰］[①] 等馳往鹿邑，并抽撥兵勇二千赴永城攻剿。邱聯恩計已行抵陳州。以現在情形而論，皖境之匪多於豫境。而河南所調之兵，數已不少，自不難肅清本境。所有宿州馬隊，著毋庸調至河南。英〈桂〉總司會剿，原當統籌大局，不應但防豫省，以致緩急失宜。節次諭令該撫或自行統兵出境，或酌派兵勇赴皖進剿，諒必遵照辦理矣。容照帶兵是否得力，仍着英〈桂〉查明，酌量或暫留剿匪，為伊興額等後路策應，即令該侍衛毋庸即回揚州軍營。將此由六百里加緊諭令知之。

① 據《文宗顯皇帝實録》（四）卷190，中華書局1987年版，第121頁。

欽此。遵旨寄信前來。

0205. 河南巡撫英桂行移附奏湖北抽調吉林黑龍江馬隊官兵到營日期一片奉硃批

咸豐六年二月初八日*

札軍需局。照得本部院於咸豐六年正月二十九日，在商邱縣行營，由驛附奏，湖北抽調吉林、黑龍江馬隊官兵到營日期，并挑選截留由楚遣撤之馬隊官兵數目一片，業已抄片札知/咨送在案。茲於二月初八日，奉到硃批：知道了。欽此。合就/相應恭録札行。/移咨。札到該局，即便會同兩司，欽遵查照。毋違。此札。

札軍需局。

為恭録移咨事。竊照云前，相應恭録移咨。為此合咨貴部堂，/都統，請煩欽遵查照施行。

一　咨

欽差大臣湖廣總督部堂

前察哈爾都統西

0206. 河南巡撫英桂行移具奏歸德附近捻軍竄逸道路漸次疏通一摺奉硃批上諭

咸豐六年二月初八日*

札軍需局。/前任開歸道周。/湖南長寶道王。/開歸候補道徐。/周。照得本部院於咸豐六年正月二十九日，在商邱縣行營，由驛六百里加緊具奏，歸德附近股匪，經兵勇迎剿竄逸，道路漸次疏通，嚴催前起兵勇，分援永城、夏邑，已令邱聯恩、周煦徵等，分帶兵勇，馳往應援，相機截擊，并探報宿州城圍已解，徐州府屬蕭縣情形吃重，飛咨鄭魁士，先帶皖省各兵，星馳應援，臣現在催提未到兵勇，即日親督後隊，移營前進，扼要駐扎，撥兵會剿一摺，業已抄摺札知/咨送在案。茲於二月初八日，奉到硃批：另有旨。欽此。同日，承准軍機大臣字寄上諭一道。等因。承准此。合就/相應恭録札行。/移咨。札到該局，/道，即便會同兩司，欽遵查照。毋違。此札。

計恭録上諭一道。

札軍需局。/前任開歸道周。/湖南長寶道王。/開歸候補道徐。/周。

為恭録移咨事。竊照云前，相應恭録移咨。為此合咨貴大臣，部堂，部院，侍衛，鎮，請煩為欽遵查照施行。

計恭録上諭一道。

一　　　　咨

欽差大臣江寧將軍托

兩江總督部堂

安徽江蘇巡撫部院

侍衛府多容

頭等侍衛府伊

安徽壽春總鎮鄭

附録廷寄：軍機大臣字寄河南巡撫英桂著遵旨出境督剿捻軍毋得株守歸德

咸豐六年二月初四日

軍機大臣字寄，河南巡撫英〈桂〉，咸豐六年二月初四日奉上諭：英〈桂〉奏，嚴催兵勇分援永城、夏邑并徐州、蕭縣一摺。昨因宿州附近尚多賊巢，鄭魁士等尚須就近剿洗，諭令英桂統籌大局，不得但防豫境。兹據奏稱，蕭縣告警，徐州防剿吃重，飛催鄭魁士帶兵救援。但現在宿州城圍雖解，而賊巢未盡剿除。若令該總兵赴援蕭縣，恐宿州一路兵單，賊勢復肆猖獗。著該撫仍遵前旨，飭令鄭魁士等攻剿宿州附近賊巢，一面嚴飭傅振邦、興慶、王夢齡等，於徐州一帶，嚴密防剿。如該處兵力不敷，即由歸德撥兵救援。該處距徐州尚近，不致迂途。又，前因徐州兵單，曾諭托明阿等酌調兵勇，馳往應援。現在徐州吃重，英桂即可趕緊催提，以資防剿。較之調鄭魁士兵，更無顧此失彼之患。至歸德道路漸次肅清，永城、夏邑之賊，即飭邱聯恩等督兵剿辦。

本日據和春等奏：正陽水陸要衝，為匪徒出没之區。張樂行老巢尚在雉河集，一水可通。侍衛多慧自應仍留正陽，扼要防守，毋庸調往河南。所有沈邱、太和等處匪衆，即令武隆額會同該地方官，實力堵截。如兵力不敷，并著另行籌撥。該撫總司會剿，叠次諭令出境督辦，原以捻匪蔓延三省地方，各路軍營必須聲息相通，方能隨時策應，不致緩急失宜。即如伊興額等已到宿州，而該撫尚未知悉，可見遠駐歸德，於一切軍情，未能深悉。著即懔遵前旨，出境督剿，毋得株守一隅，致於全局未能控制。

所請軍餉一節，河南本有應解江北糧臺銀六萬五千餘兩，可以抵撥。本日復諭令怡良、邵燦、吉爾杭阿，寬為籌備。該撫仍應先行墊撥，毋得專待鄰省解款，致誤要需。夏邑是否失守，知縣郭鳳恩下落，著查明具奏。將此由六百里加緊諭令知之。

欽此。遵旨寄信前來。

0207. 河南巡撫英桂行移具奏請飭令伊興額等馬隊馳赴永城摺

咸豐六年二月初十日

札　。照得本部院於咸豐六年二月初八日，在商邱縣行營，由驛六百里加緊具奏，大股捻匪，全數竄擾豫境，徐、宿情形稍鬆，請旨飭下鄭魁士等，仍飭伊興額、德昌各帶馬隊官兵，迅由宿州馳赴永城，會合夾擊，力遏北竄一摺。除俟奉到硃批，另行恭録札知/移咨外，合先抄摺札行。札到該局,/道, 即便會同兩司查照。毋違。此札。

計粘抄摺稿一紙。

札軍需局。開歸徐道。前開歸周道。候補周道。

為咨送事。竊照云前，合先抄摺咨送。為此合咨貴大臣，/部院，/軍門，/鎮，/侍衛，請煩為查照施行。

計咨送摺稿一紙。

一　　　　　咨

欽差大臣江寧將軍托

安徽巡撫部院福

江南提督軍門和

安徽壽春總鎮鄭

前署/署徐州總鎮興/傅

南陽/河北總鎮

頭等侍衛府伊/容

前福建按察司徐　照會。

咸豐六年二月初十日。軍務局楊青春承。

具奏捻匪全竄豫境請飭伊興額等馬隊馳赴永城一摺。

河南巡撫部院提督軍門英。劃。

監印官留豫即補府經歷縣丞俞炳。

附録摺稿：河南巡撫英桂具奏請飭令伊興額等馬隊馳赴永城摺

咸豐六年二月初八日

奏為大股捻匪，全數竄擾豫境，徐、宿情形稍鬆，請旨飭下鄭魁士等，仍飭伊興額、德昌，各帶馬隊官兵，迅由宿州馳赴永城，會合夾擊，力遏北竄，恭摺奏祈聖鑒事。

竊臣於本月初六日，將豫省剿匪棘手實情，具摺瀝陳奏聞在案。拜摺後，承准軍機大臣字寄，咸豐六年二月初三日奉上諭：本日據容照、鄭魁士奏，進剿南屏，殲斃賊首獲勝一摺。又，另片奏，英〈桂〉咨調馬隊官兵赴豫，請旨遵行等語。捻匪攻撲宿州，解圍後尚據宿境東、西、南三面附近村莊。容照等現已克復南屏集，正可將附近匪巢次第剿洗，不得株守宿州。若將容照所帶馬隊調赴豫省，恐該處兵力愈單，不敷剿辦。永城、鹿邑之匪，每股約二三千人。該撫已派王建（太）[泰][①] 等馳往鹿邑，并抽撥兵勇二千赴永城攻剿。邱聯恩計已行抵陳州。以現在情形而論，皖境之匪多於豫境。而河南所調之兵，數已不少，自不難肅清本境。所有宿州馬隊，着毋庸調至河南。英〈桂〉總司會剿，原當統籌大局，不應但防豫省，以致緩急失宜。節次諭令該撫，或自行統兵出境，或酌派兵勇赴皖進剿，諒必遵照辦理矣。容照帶兵是否得力，仍着英〈桂〉查明，酌量或暫留剿匪，為伊興額等後路策應，即令該侍衛毋庸即回揚州軍營。等因。欽此。

臣查伊興額、德昌等所帶續撥吉林、黑龍江馬隊官兵五百名，塔思哈所帶官兵一千二百名，前經欽奉諭旨，飭令來豫歸臣統帶調遣。臣因宿州之圍未解，該處另股捻匪尚多，當經飛飭伊興額等留駐宿州，會同容照，合力攻剿。旋據容照、鄭魁士等咨報，宿州解圍後，所有馬步官兵在南屏集地方，剿辦另股捻匪，殲擒捻首，大獲勝仗。又，據傅振邦稟報：蕭縣股匪叠經剿辦獲勝，大股均在永城。賊踪連絡，聲勢甚大等語。臣叠據差探回報，大略相同。

伏查現在捻匪情形，經鄭魁士、傅振邦等連次擊敗，徐、宿另股匪踪，凶焰稍息。即有零星餘孽，留城兵勇，足敷剿辦。而張樂行等現分五大股，全數竄入豫疆。雖經邱聯恩等在柘榴堌站奮力擊退，賊鋒仍未挫折，永、夏一帶萬分吃緊。河南所調之兵不及四千名，新募壯勇又未盡能得力。現在情形，豫省匪勢披

① 據《文宗顯皇帝實録》（四）卷190，中華書局1987年版，第121頁。

猖，較徐、宿為尤甚。自應隨時布置，以合旦夕機宜。臣總司會剿，統籌全局，斷不敢專顧豫省，以致緩急失當。現已酌派邱聯恩、崇安等，督率員弁，分帶兵勇，由谷熟集前進，迅解永城之圍。臣督帶後隊，作為接應。惟平原曠野，最利馬隊衝擊。西淩阿、莫爾賡阿現到之兵，共計四百餘名，僅有馬二百餘匹。格綳額所帶馬隊，兵雖到省，器械、馬匹均不齊全，而所調之馬亦未前來。再四思維，不得不飭令伊興額等，帶兵由永城進剿。前因該侍衛稟請接濟餉銀，臣以道路梗阻，急切未能運解，飭令俟宿州解圍後，移緩就急，即行來豫。深恐此次鄭魁士等接奉諭旨，各存畛域之見，不令前來。相應籲懇皇上天恩，飭下鄭魁士等，知照伊興額、德昌迅速管帶馬隊官兵，并接管容照所帶之兵，由宿州徑赴永城，會同豫省兵勇，合力夾擊，直搗雉河巢穴，以期剋日蕆事。

至容照帶兵是否得力，臣尚在豫省，未能確切查明。其所帶之兵，業經欽遵前奉諭旨，交伊興額等接管。容照現駐宿州，容俟臣查明應否暫留剿匪，或仍飭回揚州軍營當差之處，再行奏聞。

所有急需伊興額、德昌所帶馬隊官兵來豫助剿緣由，謹繕摺具奏，伏乞皇上聖鑒訓示。謹奏。

0208. 河南巡撫英桂行移具奏捻軍大股近逼歸德并請添調重兵防剿摺

咸豐六年二月初十日*

札　。照得本部院於咸豐六年二月初十日，在商邱縣行營，由驛六百里加緊具奏，官兵接仗失利，新募之勇見陣潰散，捻匪大股近逼歸德府城，現在兵力更單，勇不能用，情形萬分吃緊，惟有固守郡城，安定人心，籲懇天恩，迅賜添調重兵，以資攻剿一摺。除俟奉到硃批，另行恭録札知　咨行外，合先抄摺札行。札到該局，道，即便會同兩司查照。毋違。此札。

計粘抄摺稿一紙。

札　軍需局。開歸徐道。前開歸周道。候補周道。

為抄摺咨送事。竊照云前，相應抄摺咨送。為此合資貴　大臣，部院，軍門，鎮，侍衛，　請煩為查照辦理施行。

計粘抄摺稿一紙。

一　　　　咨

欽差都察院副堂王
河東河道總督部堂李
安徽巡撫部院福
江南提督軍門和
安徽壽春總鎮鄭
署徐州總鎮傅
南陽河北總鎮
（下殘）。

附録摺稿：河南巡撫英桂具奏捻軍大股近逼歸德并請添調重兵防剿摺

咸豐六年二月初十日

奏為官兵接仗失利，新募之勇見陣潰散，捻匪大股近逼歸德府城，現在兵力更單，勇不能用，情形萬分吃緊，惟有固守郡城，安定人心，籲懇天恩，迅賜添調重兵，以資攻剿，恭摺奏祈聖鑒事。

竊臣於二月初六、初八等日，將捻匪裹脅甚衆，勢難兼顧，請飭催伊興額等帶兵來豫夾攻各緣由，先後繕摺奏聞在案。旋於初八日，承准軍機大臣字寄，咸豐六年二月初四日奉上諭：英〈桂〉奏，嚴催兵勇，分援永城、夏邑并徐州、蕭縣一摺。昨因宿州附近尚多賊巢，鄭魁士等尚須就近剿洗，諭令英〈桂〉統籌大局，不得但防豫境。兹據奏稱，蕭縣告警，徐州防剿吃重，飛催鄭魁士帶兵救援。但現在宿州城圍雖解，而賊巢未盡剿除。若令該總兵赴援蕭縣，恐宿州一路兵單，賊勢復肆猖獗。著該撫仍遵前旨，飭令鄭魁士等攻剿宿州附近賊巢，一面嚴飭傅振邦、興慶、王夢齡等，於徐州一帶，嚴密防剿。如該處兵力不敷，即由歸德撥兵援救。該處距徐州尚近，不致迂途。又，前因徐州兵單，曾諭托明阿等酌調兵勇，馳往應援。現在徐州吃重，英〈桂〉即可趕緊催提，以資防剿。較之調鄭魁士兵，更無顧此失彼之患。至歸德道路漸次肅清，永城、夏邑之賊，即飭邱聯恩等督兵剿辦。本日據和春等奏：正陽水陸要衝，為匪徒出没之區。張樂行老巢尚在雉河集，一水可通。侍衛多慧自應仍留正陽，扼要防守，毋庸調往河南。所有沈邱、太和等處匪衆，即令武隆額會同該地方官，實力堵截。如兵力不敷，并著另行籌撥。夏邑是否失守，知縣郭鳳恩下落，著查明具奏。等因。欽此。

臣查大股捻匪全擾宋境，永城之圍尚未能解。并探聞夏邑縣城亦有夥匪滋擾，該縣知縣郭鳳恩與賊接仗，力竭被執，罵賊不屈，拷掠支解，遇害甚慘等情。臣憤懣焦灼，莫能名狀。各路探兵紛紛馳報，捻匪五大股分屯遠近各村，小股無數，往來四路紛竄，多方抄襲我軍。而兵力甚單，新募之勇恐不足恃，勢難分頭擊剿。計維全數齊進，以力敵凶鋒。當即飭令邱聯恩、崇安等，督帶現有兵勇，併力前進。

初九日辰刻，在蔡道口迆東地方，見捻衆綿亘三十餘里，蓋地而來，我軍整隊迎拒。鏖戰片時，該匪從兩旁包裹。兵勇衆寡不敵，被傷多名，各勇紛紛潰散。該匪乘勝直逼郡城，勢甚猖獗。存城兵勇衹五百餘名。隨即勸諭紳民，登陴設防。飛飭邱聯恩等收集敗殘兵勇，亦僅有一千餘名。防守郡城，尚形不足。現匪衆蔓延，省城亦為震動。侍衛多慧所帶之勇，仍留皖省防剿。陳州府兵勇無多，周家口一帶尤為可慮。

查蕭縣衹有零匪，宿州城圍已解，夏白等匪巢亦經平毁，情形較鬆。目下歸德萬分吃重，豫省全局攸關。再四思維，惟有籲懇天恩，迅飭鄭魁士、傅振邦、伊興額、德昌等，速帶馬步官兵，兼程馳赴歸德應援，以解目前之危。并請旨迅賜多調北路精兵，簡派大員，督辦三省剿匪事宜，以圖撲滅。臣受恩深重，既不能力挫賊氛，若再因循粉飾，貽誤滋甚，不敢不據實直陳於聖主之前。

至此次接仗失利，實因兵力過單，募勇又不能得力。臣嚴催迅速進剿，惟恐遲延。奈各勇不能奮力上前，先行潰散，以致全軍敗退。臣實屬調度無方，仰懇天恩，將臣交部嚴加議處，臣不勝惶悚待命之至。臣現今添募壯勇，抽調信陽、南陽在防官兵。一俟到齊，即行督帶迎頭剿擊，力遏西北一路，以顧省城。

除趕緊先行催提托明阿等，酌調官兵，星馳應援，并查明傷亡兵勇，另行咨部辦理外，所有兵勇接仗失利潰散各緣由，謹繕摺具奏。

再，夏邑縣知縣郭鳳恩，罵賊不屈，慘遭戕害，殊堪憫惻。并懇聖恩，飭部從優議恤，建立專祠，以慰忠藎。

伏乞皇上聖鑒訓示。謹奏。

0209. 河南巡撫英桂行移附奏請將西安協副將樂善留豫差委一片奉硃批

咸豐六年二月十七日

札軍需局。照得 為咨會事。竊照 本部院於咸豐六年二月初六日，在商邱縣行營，由驛附奏，請將陝西西安協副將樂善留豫差委一片，業已抄片 札知 咨送 在案。茲於二月十六日，奉到硃批：知道了。欽此。合就 相應 恭録 札行。札到該局，即便會同兩司， 咨會。為此合咨貴 都統 部堂，請煩 欽遵查照。毋違。此札。 施行。

札軍需局。

一 咨

前察哈爾都統西

欽差大臣湖廣總督部堂官

咸豐六年二月十七日。軍務局楊青春承。

附奏請將西安協副將樂善留豫差委一片奉硃批。

河南巡撫部院提督軍門英。劃。

監印官留豫即補府經歷縣丞俞炳。

0210. 河南巡撫英桂為附奏請嚴催游擊格洪額等迅速來豫一片行軍需局札

咸豐六年二月十八日

札軍需局。照得本部院於咸豐六年二月十六日，在商邱縣行營附奏，請嚴催游擊格洪額等迅速來豫一片。除俟奉到硃批，另行恭録札知外，合先抄片札行。札到該局，即便會同兩司查照。毋違。此札。

計粘抄片稿一紙。

札軍需局。

咸豐六年二月十八日。軍務局楊青春承。

附奏請嚴催游擊格洪額等迅速來豫一片。

河南巡撫部院提督軍門英。劃。

監印官留豫即補府經歷縣丞俞炳。

附録片稿：河南巡撫英桂附奏請嚴催游擊格洪額等迅速來豫片

咸豐六年二月十六日

再，臣前以兵勇乏員管帶，請於曾在連鎮高唐軍營奮勇出力員弁內，酌派參、游、都、守四五員，來豫差遣。接准部咨，查有游擊格洪額、都司冷慶、鄭邦俊、德禄等四員，開單請旨發往。奉硃批：格洪額等，均着發往河南，交英〈桂〉差委。欽此。咨照到臣。查該員等均尚未來豫。當此剿匪吃緊，需員孔亟，應請旨飭部嚴催游擊格洪額、都司冷慶、鄭邦俊、德禄，迅速來豫，以資差委。

謹附片具陳，伏乞聖鑒訓示。謹奏。

0211. 河南巡撫英桂行移具奏捻軍大股近逼歸德并請添調重兵防剿一摺奉硃批上諭

咸豐六年二月十八日*

札　。照得本部院於咸豐六年二月初十日，在商邱縣行營，由驛六百里加緊具奏，官兵接仗失利，新募之勇見陣潰散，捻匪大股近逼歸德府城，現在兵力更單，勇不能用，情形萬分吃緊，惟有固守郡城，安定人心，籲懇天恩，迅賜添調重兵，以資攻剿一摺，業已抄摺札知咨送在案。兹於二月十八日，奉到硃批：另有旨。欽此。同日，奉上諭二道。等因。欽此。合就相應恭録札行。移咨。札到該局，道，即便會同兩司，欽遵查照。毋違。此札。

計恭録上諭二道。

札軍需局。開歸徐道。前開歸周道。候補周道。

為恭録飛咨事。竊照云前，相應恭録移咨。惟現在大股捻匪回竄雉河老巢，徐、宿、蕭、碭、（潁）［潁］、亳等處，較為吃重。目下情形，自應直擣老巢，毋須迂道前來歸德。為此飛咨貴鎮，侍衛，煩為查照，希即統帶兵勇，探明賊踪，分頭剿擊。望速施行。

計恭録上諭二道。

一　　　咨

安徽壽春總鎮鄭

署徐州總鎮傅

頭等侍衛府伊

為恭録移咨事。竊照云前，相應恭録移咨。為此合咨貴都堂，部院，軍門，鎮，請煩為欽遵查照施行。

計恭録（下殘）。

附録上諭：著英桂調兵撲滅歸德附近捻軍并准將夏邑縣知縣郭鳳恩交部從優議恤

咸豐六年二月十四日

咸豐六年二月十四日内閣奉上諭：英〈桂〉奏，官兵接仗失利，捻匪逼近歸德府城，自請嚴議，并查明知縣遇害請恤一摺。捻匪大股，竄擾歸德一帶地方，經英〈桂〉飭派兵勇迎剿。本月初九日，在蔡道口迤東地方，遇賊鏖戰。因衆寡不敵，各勇潰散。該匪等直逼郡城。現在督兵防守。又，夏邑縣城亦有夥匪滋擾，該縣知縣郭鳳恩與賊接仗，被執不屈，遇害甚為慘烈。着英〈桂〉即飭總兵邱聯恩等，收集兵勇，防剿兼施，并調集安徽、江蘇會剿各軍，迅圖撲滅。所有該撫自請嚴議之處，着加恩改為交部議處。夏邑縣知縣郭鳳恩，着交部從優議恤，并准其建立專祠，以慰忠魂。欽此。

附録廷寄：軍機大臣字寄河南巡撫英桂著飛提徐宿兩路官兵并迅速妥籌歸德防剿事宜

咸豐六年二月十四日

軍機大臣字寄，河南巡撫英〈桂〉，咸豐六年二月十四日奉上諭：本日據英桂奏，捻匪全數竄擾豫境，請飭鄭魁士等，帶兵馳赴歸德會剿。又據奏，官兵接仗失利，捻匪近逼歸德，請調北路精兵，并自請嚴議。各一摺。已明降諭旨，將英桂交部議處矣。捻匪分五大股屯踞各村。邱聯恩、崇安等因衆寡不敵，各勇紛紛潰散。該匪直逼郡城。存城兵勇無多，勢極危迫。自應厚集兵力，以資防剿。本日已諭和春、福濟，迅飭鄭魁士等，由宿州帶兵馳赴歸德應援。徐州、蕭縣現在情形稍鬆，并諭邵燦飭令傅振邦由徐州進剿。復諭桂良酌調直隸精兵二三千名，馳往歸德，交該撫調遣。目下匪勢披猖，急待援兵速至。該撫接奉此旨，著即飛提徐、宿兩路官兵，一面仍督飭邱聯恩等，激勵兵勇，為出奇制勝之計。如武隆額前此尚能出城打仗，擊退賊匪，該撫節制全軍，若坐困孤城，專待外援，該匪勢必愈形猖獗。設歸德稍有疏虞，則全省為之震動。該撫身任封圻，貽誤之罪，斷難寬宥。所有現在歸德如何布置，省城一路如何防備，著即迅速妥籌，毋得徒涉張皇，致誤事機。將此由六百里加緊諭令知之。

欽此。遵旨寄信前來。

0212. 河南巡撫英桂行移奏請飭令伊興額馬隊馳赴永城一摺奉硃批

咸豐六年二月十九日

札　。照得本部院於咸豐六年二月初八日，在商邱縣行營，由驛六百里加緊具奏，大股捻匪，全數竄擾豫境，徐、宿情形稍鬆，請旨飭下鄭魁士等，仍飭伊興額、德昌各帶馬隊官兵，迅由宿州馳赴永城，會合夾擊，力遏北竄一摺，業已抄摺札知/咨送在案。兹於二月十八日，奉到硃批：另有旨。欽此。合就/相應恭録札行。/移咨。札到該局，/道，即便會同兩司，欽遵查照。毋違。此札。

札（軍需局。開歸徐道。前開歸周道。候補周道。）

為恭録移咨事。云前，相應恭録移咨。為此合咨貴（大臣，部院，軍門，鎮，侍衛，）請煩為欽遵查照，另咨辦理施行。

一　　　　咨

欽差大臣江寧將軍托

安徽巡撫部院福

江南提督軍門和

安徽壽春總鎮鄭

（前署、署）徐州總鎮（興、傅）

（南陽、河北）總鎮

頭等侍衛府伊

前福建按察司徐　照會。

咸豐六年二月十九日。軍務局楊青春承。

具奏捻匪全竄豫境請飭伊興額等馬隊馳赴永城一摺奉硃批。

河南巡撫部院提督軍門英。劃。

監印官留豫即補府經歷縣丞俞炳。

0213. 河南巡撫英桂行移照會奏陳捻軍肆擾江皖豫三省邊界并歷次辦理未能得手摺

咸豐六年二月十九日

札（軍需局、開歸道徐、前任開歸道周、候補道周）知悉。照得本部院於咸豐六年二月十六日，在商邱縣行營，由驛六百里加緊具奏，瀝陳捻匪肆擾江、皖、豫三省邊界，歷次辦理未能得手情形，并該匪分竄東、北兩路，現在兵勇無多，勢難進剿一摺。除俟奉到硃批，另行恭録（札知、咨行）外，合先抄摺札行。札到該（局，[道]），立即（會同兩司）知照。毋違。此札。

計抄摺稿一紙。

札（軍需局。開歸道徐。前任開歸道周。候補道周。）

為抄摺咨送照會事。竊照云前咨行外，相應抄摺咨送。照會。為此合咨照會貴軍門，部院，侍衛，鎮，司，請煩煩為查照施行。

計抄摺稿一紙。

一 咨

江南提督軍門和

安徽巡撫部院

江蘇巡撫部院

山東巡撫部院

頭等侍衛府伊

安徽壽春總鎮鄭

署徐州總鎮傅

南陽總鎮

河北總鎮

前福建按察司徐 照會。

咸豐六年二月十九日。軍需局楊青春承。

具奏瀝陳捻匪肆擾江皖豫三省邊界歷次辦理未能得手一摺。

河南巡撫部院提督軍門英。劃。

監印官留豫即補府經歷縣丞俞炳。

附録摺稿：河南巡撫英桂奏陳捻軍肆擾江皖豫三省邊界并歷次辦理未能得手摺

咸豐六年二月十六日

奏為瀝陳捻匪肆擾江、皖、豫三省邊界，歷次辦理未能得手情形，并該匪分竄東、北兩路，現在兵勇無多，勢難進剿，縷晰奏聞，仰祈聖鑒事。

竊照捻匪張樂行等，盤踞亳州雉河老巢。其夥黨蔓延潁、宿一帶幾數百里，漸及徐、宋邊界，攻城焚掠，大肆披猖。計滋事以來，已歷數年之久。總由粵逆竄擾皖境，皖省堵剿吃緊，無暇兼顧，該匪等乘機潛藏嘯聚，以致遂成巨患。雖疊經各地方官連年隨時剿捕，而此拿彼竄，未能窮搜痛剿。各該地方官初亦視為土匪糾聚，未將實在情形稟明皖省大吏，因而總未派撥重兵痛加剿洗，遂致鴟張日甚。自皖省之英、霍以北，直至江省之蕭、碭，豫省之永、夏、商邱，幾於民賊不分而根深蒂固，則皖省尤屬可危。欲直搗中堅，制其要害，必須重兵駐扎亳州，一意進剿，兼撫良民，始足以孤賊之勢而鼓舞民心。

臣兩年以來，深以此股捻匪為慮。衹因防堵楚、皖逆氛，屢欲親詣宋郡查辦，迄未能分身前往。節據防剿該郡之文武員弁叠次稟報，飭令相機妥為辦理。究因兵力過單，但能固守藩籬，未克越境痛剿。臣時慮督辦各員措置為難，不能得手。及抵宋目擊情形，更深焦急。

溯查咸豐三年，前撫臣陸應穀奏派已革兩廣督臣徐廣縉駐扎歸德，專司防剿。臣到任後，即赴南路督防，以該革員籍隸鹿邑，鄉望所歸，駕輕就熟，認真剿捕，內地土匪自可漸次肅清，未便更易生手。前學臣張之萬又以新鄉縣知縣祝塏前在署柘城縣任內，時值粵匪竄擾，祝塏團練防堵，辦理裕如，深洽輿情，奏保總司歸、陳團練。臣以徐廣縉派防歸德已及半年，邊隅尚為靖謐，又得祝塏招集附近被賊所擾地方鄉團數萬，以被害之民制擾民之賊，必更志切同仇。如果徐廣縉、祝塏協力和衷，相機辦理，則此烏合之衆，不難次第殲除。乃徐廣縉以祝塏進剿捻匪，不能約束鄉團，分别良莠。祝塏之鄉團又以徐廣縉畏葸不前，意存牽制。彼此各存意見，剿辦因而不力。臣探悉情形，深恐事權不能歸一，當先將祝塏撤回，專辦陳州團練，咨照徐廣縉實心督辦。而該革員觀望遲疑，旋亦因病請假。匪衆未經懲創，其勢遂漸猖狂。維時臣督防信陽，未遑顧及，復派委候補道張維翰馳往援辦，叠次剿除，始稍斂迹。上年秋間，因楚省克復，德安情形稍緩，本擬帶兵赴宋，肅清東路邊疆。旋以河北聯莊滋事，不能不先其所急，親往衛輝督辦。張維翰乘勝窮追，復於泥臺店與賊接仗失利。賊膽愈熾，裹脅日多。民志不齊，兵心生怯。臣遠在河北，又難兼顧，當經奏派臬司余炳燾酌帶兵勇，出省剿辦。一面札飭駐防陳州之湖南長寶道王建泰就近馳往，并飭大名鎮總兵史榮椿，帶領直隸官兵，由衛輝前進。旋奉諭旨，特派武隆額節制三省兵勇，總司會剿事宜。該匪等屢次肆擾，凶鋒未挫，大肆焚掠，攻圍夏邑、永城。彼時武隆額尚未到宋，余炳燾督率兵勇，得解永城之圍。亦因兵單匪衆，未能掃穴擒渠。及武隆額到後，與余炳燾又不能和衷商権，合力堵剿，竟乃各自分兵，以致兵力愈形單弱。該匪直撲武隆額大營，兵勇接仗失利，夏邑、虞城相繼失守。武隆額退守歸德，賊遂掩圍郡城，焚掠四鄉，益肆猖獗。此歷次辦理捻匪未能得手之實在情形也。

臣奉命督剿，當即飛調兵勇，馳抵宋郡查看情形。匪勢縱横，道路梗阻，軍勢驟難連絡，三省無從呼應。而豫之永城、皖之宿州同時被圍，江之蕭縣又復叠傳警報。臣統籌全局，計維步步為營，先清內匪。一面分撥兵勇，救援永城。并遣弁繞道遠赴江、皖一帶，飛催鄭魁士、傅振邦等迅速剿辦，飭令奉旨交臣管帶之伊興額、塔思哈所帶馬步官兵，先行救援宿州，進逼永城，以期立解城圍，即可併力兜剿。無如叠接各該鎮等來稟，均以江、皖之兵，尚在剿辦夏白、任乾等另股捻匪，未能前來。臣恐顧此失彼，未便再行嚴催。嗣據探報，宿州之圍已解，南屏賊巢已毁，蕭縣匪踪已遠。該鎮等仍復任催罔應，徒深焦灼。而捻首張樂行、蘇添幅、王貫三、龔得、韓狼子、李越等，分為五股，每股二萬餘人，樹立五色旗幟，全壓宋境，萬分危急。當即催令邱聯恩、崇安督帶兵勇，分起迎擊，於蔡道口以東接仗。賊陣横亘三十餘里。勢力不敵，兵勇被傷多名，登時紛紛潰散。該匪直逼郡城。臣領在城兵勇五百餘名，勸諭紳民，登陴固守。該匪等見郡城有備，遂分兩股退去。探知一股竄至劉家口，復東竄碭山、永城一帶；一股分路回竄（潁）［潁］、亳等處。連日招集潰散兵勇，僅止一千餘名，心膽俱怯，即使勉驅前進，亦必不能得力。不得已抽調南陽、信陽防堵官兵，添募壯勇，竭盡心力，以資捍禦。而有限之兵勇，防且不敷，勢難進取。臣總司會剿，咎實難辭，疾首痛心，莫能名狀。

伏思現在匪勢已成燎原，自郡城以東，直至皖境，村莊、市集不但搶掠一空，即房屋亦盡成灰燼，使我兵勇不能立足，居心尤不可問。其亳州一帶被裹居民，出則焚掠，歸仍耕種，民賊相安，後患何堪設想？連日接據羅山縣稟報，在大勝關地方，盤獲長髮賊探熊占標一名。訊據供稱，上年十二月間，賊目偽右正丞相令該犯來豫探聽官兵虚實，欲從九里、大勝兩關前赴歸德，勾結捻匪。因各路盤詰尚嚴，未得通信。訊明後，已將該犯就地正法。又，准侍衛多慧咨稱，正月二十五日，在潁上縣盤獲形迹可疑之陳銀山一名，訊供張樂行令該犯前往桐城，勾通長髮賊匪合夥，訊明正法各等情。該匪狼子野心，深懷叵測，現竄擾劉口，雖未敢覬覦北趨，而曹州府屬遍地災黎，設或勾結煽惑，關係匪輕。臣因與徐宗幹熟商急籌補救之術，非江、皖、豫三省督撫臣各清各界，設法嚴防，不能遏其竄越之路；非專有統兵大員駐扎亳州適中之地，隨時擊剿，不能絶其滋蔓之勢。如有剿無防，則賊衆必傾巢四溢；有防無剿，則賊衆必堅壁負隅。惟有選派得力將領，添調北路精兵，設法專意進攻；江、皖、豫三省邊界，各派兵勇，緊扼嚴防。庶堵與剿均有可恃。若不及早圖維，必致愈難收拾。

臣待罪之餘，管見所及，不敢不直陳於聖主之前。仰懇皇上俯念江、皖、豫三省全局，為北路門户多撥馬步精兵，由豫省邊境，遏其竄越。并請迅派大員，進駐亳州，分頭擊剿；飭下江、皖督撫臣，扼要嚴防。俾賊匪竄擾之路絶而盤踞之勢孤，庶幾醜類盡絶而良善安全。

是否有當，謹繕摺具奏，伏乞皇上聖鑒。臣不勝迫切待命之至。謹奏。

0214. 河南巡撫英桂行移附奏請旨飭查傅總鎮是否藉詞推諉等事片

咸豐六年二月二十二日*

札軍需局。照得本部院於咸豐六年二月二十二日，在商邱縣行營，由驛附奏，請旨飭查傅總鎮等是否藉詞推諉，如懷遠并不緊急，即飭鄭總鎮等仍赴潁、亳等處，剿辦大股捻匪一片。除俟奉到硃批，另行恭録札知移咨外，合先抄片札行。札到該局，即便會同兩司查照。毋違。此札。

計粘抄片稿一紙。

札軍需局。

為移咨事。竊照云前，相應抄片移咨。為此合咨貴部堂，院，軍門，鎮，侍衛，請煩為查照施行。

計粘抄片稿一紙。

一　　　　　咨

兼署江南總河部堂邵

安徽巡撫部院福

江南提督軍門和

安徽壽春總鎮鄭

署徐州總鎮傅

頭等侍衛府伊

附録片稿：河南巡撫英桂附奏請旨飭查傅總鎮是否藉詞推諉等事片

咸豐六年二月二十二日

再，正在繕摺間，接據傅振邦稟稱：蕭、碭、銅三邑，與豫省之永城、夏邑、虞城、皖省之宿州接壤，逼近寇氛，處處須防。徐州兵勇，在本境防剿，尚屬不敷。經本省督撫札飭，固守疆圉，不得輕議出省，致有疏虞。現在賊黨李大喜等，屯踞永、蕭交界之保安山地方。已與興慶分帶兵勇，移營瓦子岡，進逼賊營，設法痛剿。刻下到處有賊，實有自顧不遑之勢。又，據伊興額、德昌稟稱：鄭魁士已帶兵前赴懷遠剿匪。李大喜一股自瓦子岡敗回，夏白、任乾等亦自懷遠回竄，盤踞宿州之韓村、任家集等處，因鄭魁士現在懷遠，復起窺伺之念，勢將攻撲州城。實有不能兼顧之勢，請俟鄭魁士之兵折回宿州韓村一帶，賊氛稍靖，再行統兵前赴歸德各等情。

臣查前此張樂行等大股捻衆，均竄入豫境。徐、宿等處另股捻匪，先經該鎮等剿辦殆盡，即使復行嘯聚，何以不先行稟報？鄭魁士帶兵前赴懷遠，亦未據咨報前來。迨臣以歸德吃重，飭令該鎮等星速救援，始行具稟知照。且懷遠如果緊急，何以全留馬隊駐守州城，難保非藉詞推諉。幸宋郡情形稍鬆，此兩路援兵可以稍緩。若使勢在危迫，必致有誤事機。

臣此次欽奉諭旨，飭令該鎮等前來歸德。臣以大股賊匪回竄潁、亳，仍令該鎮等暫緩來豫，帶兵馳往，相機逼搗老巢。原因軍情旦夕异宜，自應急所當先，不敢稍分畛域，專顧豫省。若似該鎮等之各分界限，不遵調遣，將來江、皖、豫三省邊境肅清之後，會合攻剿，勢必仍前遷延觀望，貽誤滋深。現當剿匪吃緊之際，萬難坐視因循。相應請旨，飭下江南提臣和〈春〉、安徽撫臣福〈濟〉、漕臣邵〈燦〉，查明該鎮等是否藉詞推諉。如果懷遠并不緊急，即飭鄭魁士等仍赴潁、亳等處，剿辦大股捻匪，以期迅速蕆事。

再，頃准侍衛容照來咨，已欽遵前奉諭旨，將所帶吉林頭二起官兵五百名，點交伊興額、德昌接管。該侍衛即於二月十三日，自宿州前赴揚州軍營當差等情。咨請代奏前來。

合併陳明，謹附片具奏，伏乞聖鑒訓示。謹奏。

0215. 河南巡撫英桂行移具奏捻軍肆擾江皖豫三省邊界及歷次辦理未能得手一摺奉硃批上諭

咸豐六年二月二十七日

札　。照得本部院於咸豐六年二月十六日，在商邱縣行營，由驛六百里加緊具奏，瀝陳捻匪滋擾江、皖、豫三省邊界，歷次辦理未能得手情形，并該匪分竄東、北兩路，現在兵勇無多，勢難進剿一摺，業已抄摺札知 咨送在案。兹於二十六日，奉到硃批：另有旨。欽此。同日，承准軍機大臣字寄上諭一道。等因。承准此。合就 相應恭録札行。 移咨。札到該局， 道，即便會同兩司，欽遵查照。毋違。此札。

計恭録上諭一道。

札 軍需局。 開歸道徐。 前開歸道周。 候補道周。

為恭録移咨事。竊照云前，相應恭録移咨。為此合咨貴軍門， 部院， 鎮， 侍衛，請煩為欽遵查照施行。

計恭録上諭一道。

一 咨

江南提督軍門和

安徽
江蘇巡撫部院
山東

安徽壽春總鎮鄭

署徐州總鎮傅

南陽
河北總鎮

頭等侍衛府伊

前福建按察司徐 照會。

咸豐六年二月廿七日。軍務局楊青春承。

具奏捻匪肆擾三省邊界歷次辦理未能得手一摺奉硃批上諭。

河南巡撫部院提督軍門英。劃。

監印官留豫即補府經歷縣丞俞炳。

附録廷寄：軍機大臣字寄河南巡撫英桂著妥為布置江皖豫三省剿捻事宜

咸豐六年二月二十一日

軍機大臣字寄，河南巡撫英〈桂〉，咸豐六年二月二十一日奉上諭：英〈桂〉奏捻匪情形，請三省各防本境，另簡大員專駐亳州進剿一摺。從前剿辦捻匪未能得手，既因在事諸臣不克和衷。此時專派英〈桂〉督辦，事權歸一，應如何統籌大局，分别緩急，催兵進剿？乃請簡派大員，進駐亳州，分投剿擊，直似江、皖兵勇皆非所轄，希圖卸責。試思封疆大吏，經朕畀以督剿重任，豈尚不得謂之大員耶？前因捻匪直逼歸德，諭令和春、福濟即調鄭魁士、塔思哈所帶官兵并伊興額等馬隊，赴豫應援。今歸德已無匪踪，情形一變，應令鄭魁士等先由何處進剿，着英〈桂〉即行飛調。現在河南兵力甚單，昨已諭令直隸省調兵一千二百名，山西調兵一千名，陝西二千名，馳往歸德，交英〈桂〉調遣。此項官軍陸續可到，着即分撥進剿，不可令其株守歸德。

本日據王履謙奏，南岸劉口、北岸曹河，民房、官舍均被該匪焚燒。是匪踪已曾擾及北岸，現雖暫時回竄，難保不去而復來。設此路稍有疏虞，又蹈上年粤匪故轍。本日已諭崇恩帶兵出省，赴曹、單一帶督防。其傅振邦等官軍，本在英〈桂〉調度之内，即飭令嚴堵蕭、碭，迎頭截擊，不可任其深入徐州。英〈桂〉

居中調度，總當遏賊北竄，令帶兵各員，由北而南，一路截剿，方操勝算。若以重兵悉置南路，不啻驅賊北來，輕重失宜，必致蔓延腹地。此乃大局形勢，不可不知者也。連鎮帶兵得力人員，已飭部揀發赴豫。

前據僧格林沁奏稱，西凌阿善帶馬隊，史榮椿善帶步隊，人皆誠實。然須用當其才，使不至有所掣肘，方能得力。該二員現在該撫營中，着察看委任。永城之圍是否已解，虞城、夏邑等處有無賊踪，此次摺内均未叙及。瑛棨等因該匪北竄劉家口等處，省城亟應守禦，奏請派兵防剿。今劉口之匪雖已南竄，省城重地仍應嚴為設防。着傳諭該藩司等，妥為布置，毋稍大意。將此由六百里加緊諭令知之。

欽此。遵旨寄信前來。

0216. 河南巡撫英桂為附奏請嚴催游擊格洪額等迅速來豫一片奉硃批事行軍需局札

咸豐六年二月二十七日

札軍需局。照得本部院於咸豐六年二月十六日，在商邱縣行營附奏，請嚴催游擊格洪額等迅速來豫一片，業已抄片札知在案。兹於二月二十六日，奉到硃批：着兵部嚴催。欽此。合就恭録札行。札到該局，即便會同兩司，欽遵查照。毋違。此札。

札軍需局。

咸豐六年二月廿七日。軍務局楊青春承。

附奏請嚴催游擊格洪額等迅速來豫一片奉硃批。

河南巡撫部院提督軍門英。劃。

監印官留豫即補府經歷縣丞俞炳。

0217. 河南巡撫英桂行移廷寄著傳諭鄭魁士等分兵赴援碭山

咸豐六年二月二十九日

札軍需局。照得本部院於咸豐六年二月二十八日，在商邱縣行營，承准軍機大臣字寄上諭一道。等因。承准此。合就恭録札行。札到該局，即便會同兩司，欽遵移行查照。毋違。此札。

計恭録上諭一道。

札軍需局。

為恭録飛咨事。竊照云前。承准此。相應恭録飛咨。為此合咨貴都堂，部院，軍門，鎮，請煩為欽遵查照施行。

計恭録上諭一道。

一　　　　咨

江南總漕部堂邵

河東總河部堂李　希即督飭嚴防。

欽差都察院副堂王　希即督飭嚴防。

安徽巡撫部院福

江南提督軍門和

安徽壽春總鎮鄭　希即分兵前赴碭山應援。望速，切速。

署徐州總鎮傅　希即會同前署鎮興，以剿為堵。望速，切速。

前福建按察司徐　照會。

咸豐六年二月廿九日。軍務局楊青春承。

上諭邵〈燦〉奏徐州情形吃緊請撥兵扼守。

河南巡撫部院提督軍門英。劃。

監印官留豫即補府經歷縣丞俞炳。

附録廷寄：軍機大臣字寄河南巡撫英桂著傳諭鄭魁士等分兵赴援碭山

咸豐六年二月二十四日

軍機大臣字寄，河南巡撫英〈桂〉，咸豐六年二月二十四日奉上諭：邵燦奏，徐州情形吃緊，請添撥兵力扼守一摺。前次英〈桂〉奏請三省各防本境，朕因歸德已無賊踪，諭令該撫飛調鄭魁士等，探明何處吃緊，即先由何處進剿。兹據邵燦奏稱：捻匪由歸德分股東擾小楊集，碭山西路，賊已逼城。其由夏邑太平集竄入者，距城亦僅三十餘里。且夏白、任乾兩股，并在宿州之疃町、孫町一帶，聲言欲往徐州報復。該處為北路屏蔽，捍衛宜嚴。傅振邦、興慶駐扎蘇家集等處堵禦，兵勇極單，勢難兼顧碭山。著英〈桂〉傳諭鄭魁士等，分兵前赴碭山應援，毋許遲延。并飭傅振邦等，以剿為堵，不得藉詞保守徐州，任令捻匪蔓延。將此由六百里加緊諭令知之。

欽此。遵旨寄信前來。

0218. 河南巡撫英桂行移附奏請旨飭查傅總鎮是否藉詞推諉等事一片奉硃批

咸豐六年三月初二日*

札軍需局。照得本部院於咸豐六年二月二十二日，在商邱縣行營，由驛附奏，請旨飭查傅總鎮等是否藉詞推諉，如懷遠并不緊急，即飭鄭總鎮等仍赴潁、亳等處，剿辦大股捻匪一片，業已抄片札知咨送在案。玆於三月初二日，奉到硃批：另有旨。欽此。合就相應恭録札行移咨。札到該局，即便會同兩司，欽遵查照。毋違。此札。

札軍需局。

為恭録移咨事。竊照云前，相應恭録移咨。為此合咨貴部堂，院，軍門，鎮，侍衛，請煩為欽遵查照施行。

一　　　　咨

兼署江南總河部堂邵

安徽巡撫部院福

江南提督軍門和

安徽壽春總鎮鄭

署徐州總鎮傅

頭等侍衛府伊

前任福建按察使徐　照會。

0219. 河南巡撫英桂行移奉上諭著飭令伊侍衛等馬隊馳回淮揚聽候調遣

咸豐六年三月初九日

為飛咨事。竊照本部院於咸豐六年三月初九日，在歸德大營，承准軍機大臣字寄奉上諭一道。等因。承准此。除飛咨侍衛府伊總漕部堂邵〈燦〉查照外，相應飛咨。為此合咨貴部堂，侍衛暨德協領，煩為查照欽遵，希即飛催伊侍衛、德協領，迅帶迅將所帶馬隊官兵一千名，即日飛馳，由徐州一路前赴淮、揚，聽候部部堂調遣。軍情萬分緊急，毋稍刻延。望速施行。

計恭録上諭一道。

一　　咨

總漕部堂邵

侍衛府伊

俱六百里加緊排單。

札德協領知悉。照得本部院云前查照外，合亟札行。札到該協領，立即查照欽遵，迅將所帶馬隊官兵五百名，毋須前來歸德，即日折回徐州，前赴淮揚，聽候邵部堂調遣。軍情萬分緊急，毋稍刻遲。切切。此札。

計恭録上諭一道。

札吉林協領德昌。六百里加緊排單。

札軍需局知悉。照得云前。承准此。除分別咨行外，合就恭録札知。札到該局，立即會同兩司，欽遵查照。毋違。此札。

計恭録上諭一道。

札軍需局。

咸豐六年三月初九日。軍務局承。

奉上諭侍衛伊〈興額〉等馬隊千名馳回淮揚聽候調遣。

河南巡撫部院提督軍門英。劃。

監印官留豫即補府經歷縣丞俞炳。

附録廷寄：軍機大臣字寄河南巡撫英桂著飭令伊興額等馬隊馳回淮揚聽候調遣

咸豐六年三月初五日

軍機大臣字寄，河南巡撫英〈桂〉、山東巡撫崇〈恩〉，咸豐六年三月初五日奉上諭：本日據文煜、翁同書奏，逆匪竄撲運河東西岸，瓜洲營盤被毀各一摺。金陵、鎮江悍賊萬餘，合股渡江，會合瓜洲之賊，直撲土圍，由土橋一帶越圍縱火。兵丁紛潰。托明阿督兵應援，力扼三岔河。該逆復由樸樹灣過河，托明阿退駐秦家橋。賊勢披猖，曷勝憤懣。現在托明阿全營兵丁大半潰散，即使收集散亡，亦難復振。設淮安、清江一帶稍有疏虞，大局何堪設想？邵燦兵練為數無多，難資堵遏。豫東兩省毗連江境，亟應分兵應援。所有伊興額等馬隊千名，本日已有旨飭令回至蒙、亳。此時淮、揚情形緊急，著英桂即飭伊興額、德昌，帶兵即日飛馳，由徐州一路，前赴淮、揚。崇恩出省防剿，所調各路官兵，諒已到齊。著即酌撥勁旅，迅速馳赴清江、淮安一帶，力扼賊衝，均歸邵燦調遣，并確探賊情，隨時馳奏。將此由六百里加緊各諭令知之。

欽此。遵旨寄信前來。

0220. 河南巡撫英桂行移廷寄著桂良等飭催前調赴豫之陝西駐防官兵迅赴清江聽候調遣

咸豐六年三月十一日*

札軍需局知悉。照得本部院於咸豐六年三月十一日，承准軍機大臣字寄，三月初七日奉上諭一道。等因。承准此。除恭録咨行外，合亟恭録札行。札到該局，立即會同兩司，欽遵查照，移催前調赴豫省之陝西駐防官兵一千名，迅速前赴清江，歸漕督部堂邵〈燦〉調遣。軍情萬分緊急，毋稍刻遲。切切。此札。

計恭録上諭一道。

札軍需局。

為飛咨事。竊照云前，除恭録咨行外，相應恭録飛咨。為此合咨貴部堂，將軍，部院，侍衛，請煩為查照施行。

計恭録上諭一道。

一 咨

江南總漕部堂邵 希即欽遵諭旨，飛提前項各起官兵，星夜馳赴清江，相機調度。望速施行。

陝甘總督部堂
西安將軍 請煩查照，迅賜飛催施行。

直隸閣督部堂
山東巡撫部院 請煩查照施行。

（下殘）。

附録廷寄：軍機大臣字寄直隸總督桂良等著飭催前調赴豫之陝西駐防官兵迅赴清江聽候調遣

咸豐六年三月初七日

軍機大臣字寄，協辦大學士直隸總督桂〈良〉、河南巡撫英〈桂〉、署江南河道總督漕運總督邵〈燦〉，咸豐六年三月初七日奉上諭：昨據文煜、翁同書等奏，瓜、鎮兩處賊匪出竄，焚毁托明阿營盤。本日據托明阿馳奏，賊已竄入揚城，獲賊訊供，該逆糾約鎮江悍賊死黨數萬，定將分路北竄。現在揚城失守，雖據托明阿咨調兵勇，一面攻剿，一面飭文煜督帶練勇，在邵伯一帶扼要堵截，兵勇單薄，恐難得力。清江為南北往來水陸要衝，實為北地門户。邵燦所轄河漕弁兵，除分撥徐州剿辦捻匪外，為數無多，難資堵截。當此北路空虛，事宜先其所急。着桂良即將前派赴河南、酌留在長垣防堵之官兵一千八百名，仍令羅玉斌管帶，星速馳赴清江。并着英桂將陝西前調赴豫省之駐防官兵一千名，俟迎提到防後，一併飭令前赴清江。其伊興額等所帶馬隊一千名，着英桂仍遵前旨，飛催前進，勿任逗留。各該省所調官兵到後，俱着暫歸邵燦調遣。并着桂良、英桂一面檄調各兵，一面飛咨邵燦，俾得隨時相機調度，勿稍遲延。將此由六百里加緊各諭令知之。

欽此。遵旨寄信前來。

0221. 河南巡撫英桂為奉旨飭催前調赴豫之陝西駐防官兵迅赴清江聽候調遣事行西安營總圖克唐阿等札

咸豐六年三月十一日*

札　知悉。照得本部院於咸豐六年三月十一日，承准軍機大臣字寄，三月初七日奉上諭：着將陝西前調赴豫省之駐防官兵一千名，俟迎提到防後，一併飭令前赴清江，歸邵燦調遣。等因。欽此。除恭録咨行外，合亟札行。札到該營總，迅即管帶本起官兵，星夜前進，馳赴清江，聽候漕督部堂邵〈燦〉調遣。軍情萬分緊急，毋稍刻遲，大干未便。切切。此札。

札西安營總圖克唐阿。柯克僧額。巴呢泰。富倫。

0222. 河南巡撫英桂為奉旨飭催協領德昌管帶馬隊迅赴清江聽候調遣事行該協領札

咸豐六年三月十一日*

札協領德昌知悉。照得本部院於咸豐六年三月十一日，承准軍機大臣字寄，三月初七日奉上諭：伊興額等所帶馬隊官兵一千名，着仍遵前旨，飛催前進，勿任逗留。等因。欽此。除恭録咨行外，合亟札行。札到該協領，立即欽遵先今諭旨，管帶馬隊官兵五百名，星夜兼程，馳赴清江，聽候漕督部堂邵〈燦〉調遣。軍情萬分緊急，毋稍刻遲。切切。此札。

札協領德昌。

0223. 河南巡撫英桂行移附奏請調撥馬隊來豫助勦片

咸豐六年三月十一日*

札軍需局。照得本部院於咸豐六年三月十一日，在商邱縣行營，由驛附奏，請就近省分調撥馬隊一千名來豫，以資攻勦一片。除俟奉到硃批，另行恭録札知咨送外，合先抄片札行。札到該局，即便會同兩司，移行查照。毋違。此札。

計粘抄片稿一紙。

札軍需局。

為咨送事。竊照云前，相應抄片咨送。為此合咨貴部堂，部院，軍門，侍衛，鎮，請煩為查照施行。

計粘抄片稿一紙。

一　　　　咨

江南總漕部堂邵

安徽巡撫部院福

江南提督軍門和

安徽壽春總鎮鄭

頭等侍衛府伊

附録片稿：河南巡撫英桂附奏請調馬隊來豫助剿片

咸豐六年三月十一日

再，臣於三月初九日，承准軍機大臣字寄，咸豐六年三月初五日奉上諭：金陵、鎮江悍賊萬餘，會合瓜洲之賊，直撲土圍，由土橋一帶越圍縱火，復由撲樹灣過河。托明阿退駐秦家橋，兵丁大半潰散。邵燦兵練無多，難資堵遏。所有伊興額等馬隊千名，著英桂即飭由徐州一路，前赴淮、揚，均歸邵燦調遣，并確探賊情，隨時馳奏。等因。欽此。

查伊興額現駐宿州，剿辦捻匪。德昌分帶馬隊五百名，據報於初三日，自宿州起程，前來歸德助剿。業經臣飛飭伊興額，迅即督帶馬隊，由徐州馳赴淮、揚。德昌所帶馬隊，無論行抵何處，迅速折回，馳往淮、揚，均歸邵燦調遣。分別咨行去後。

三月十一日，又奉寄諭：據托明阿馳奏，賊竄揚城，獲賊訊供，欲分路北竄。雖據咨調兵勇，一面攻剿，一面飭文煜督帶練勇，在邵伯一帶扼要堵截，兵力單薄，恐難得力。邵燦所轄河漕弁兵，除分撥徐州剿辦捻匪外，為數無多，難資堵禦。著英桂將陝西前調赴豫省之駐防官兵一千名，俟迎提到防後，飭令前赴清江。其伊興額等所帶馬隊一千名，著英桂仍遵前旨，飛催前進，俱著暫歸邵燦調遣。等因。欽此。

查西安駐防官兵一千名，昨准咨報，分四起行走，頭起已於二月二十五日起程。現經臣沿路迎提，俟到防後，即當欽遵諭旨，飭令前赴清江，歸邵燦調遣，相機堵剿。

現當粵逆復肆鴟張，皖亳捻匪未靖，豫省防剿尤為緊要。伏查張樂行等各巨捻，分股四出，時而竄及豫疆，時而紛擾江、皖，而總以雉河為歸宿之地。現在亳州一帶，遍地皆匪。該州祇有朱連泰帶兵一千餘名在彼駐扎，防守城垣，尚形不足。居民畏懼賊勢，大半被其裹脅，相率勉從，以致匪黨日多，良民日少。且匪首老巢均隸亳境，因無重兵駐扎，遂致毫無顧慮，四出横行。計惟專派鎮將大員，督帶重兵駐亳，既可相機前進，近搗賊巢，兼可鎮定民心，隨時撫輯。未脅者不至逼而為匪，已脅者亦必散而來歸。庶匪勢可孤，匪黨可散。且既有重兵駐扎亳境，該匪有所牽制，必不敢遠出肆掠。豫省之師由北路進攻，使賊腹背受敵，勦辦庶期得手。

惟現在山陝官兵尚未到宋，邱聯恩一軍現雖新獲大勝，士氣已揚，而擊退之賊，難保其不去而復來。且東南邊境股匪尚多，須隨地擊勦，步步前進，一時驟難抵皖。約計皖省兵力，除伊興額、德昌馬隊調赴淮、揚外，現有兵勇未免單弱。查宿州零匪漸就剪除，懷遠一帶經鄭魁士連敗賊衆，勢已稍寬。現擬咨照鄭魁士，酌量情形緩急，督帶弁兵，移駐亳州，相機進勦，以攻賊腹而定民心。

再，現經臣行營拿獲奸細韓受一名，訊據供稱，係江寧賊目張新沅令其前來蒙、亳一帶，探聽官兵消息，勾結捻匪前赴江寧等語。雖該犯供詞難以遽信，而捻匪鴟張日甚，若不及早蕩平，萬一勾結，關係匪輕。

查江、皖、豫三省交界之所，地皆平坦，最利馬隊。邱聯恩、伊興額等叠次以少勝多，全仗馬隊冲擊。現在淮、揚緊要，伊興額等所帶馬隊，不能不急所當先，飭令前往。然當此勦辦捻匪萬分吃緊之際，若非馬隊當先，難資得力。相應據實奏陳，合無仰懇天恩，俯念勦匪緊要，於就近省分，調撥精勁馬隊一千名，飭令星馳來豫，以資攻勦。

除咨明邵燦相機調度，再飛催伊興額、德昌，迅速前往清江，并確探賊情，隨時馳奏外，謹附片奏聞，伏乞聖鑒。謹奏。

0224. 河南巡撫英桂行移附奏請調馬隊來豫助勦一片奉硃批

咸豐六年三月十九日*

札軍需局。照得本部院於咸豐六年三月十一日，在商邱縣行營，由驛附奏，請就近省分調撥馬隊一千名來豫，以資攻勦一片，業已抄片札知咨送在案。兹於本月十九日，奉到硃批：另有旨。欽此。除恭録咨行外，合就恭録札行。札到該局，即便會同兩司，欽遵移行查照。毋違。此札。

札軍需局。

為恭録移咨事。竊照云前，除恭録咨行外，相應恭録移咨。為此合咨貴部堂，部院，軍門，侍衛，鎮，請煩為欽遵查照施行。

一　　　咨

江南總漕部堂邵

安徽巡撫部院福

江南提督軍門和

安徽壽春總鎮鄭

頭等侍衛府伊

山東巡撫部院崇

0225. 河南巡撫英桂行移南陽總鎮咨送谷熟集打仗出力之文武員弁兵勇清摺

咸豐六年三月二十二日

為咨復事。案准貴鎮咨送三月初八日在谷熟集打仗尤為出力之文武員弁兵勇清摺，請酌獎緣由。到本部院。准此。查該員弁兵勇等，隨同打仗，奮勇出力，自應量予獎勵，以昭激勸。除應行奏獎人員，俟核實彙案奏保外，所有應予外獎弁兵、勇目人等，先行繕發功牌咨送。為此合咨貴鎮，煩為查照，希將送去功牌，分別轉發承領。并祈查照單開記名人員，分别飭知記名拔補施行。

計咨送功牌三百八十二張，粘單一紙。照單全抄。

一　咨

南陽總鎮

為咨明事。案准南陽總鎮咨送云前，彙案奏保，并將外獎人員，先行繕發功牌，咨送南陽總鎮轉發外，相應咨明。為此合咨貴鎮，煩為查照單開各弁兵，分别記名拔補施行。

計粘單一紙。摘抄。

一　　　咨

直隸大名總鎮史

河北總鎮

札標下中軍，城守尉。案准南陽總鎮咨送云前，彙案奏保，并先將外獎人員，繕發功牌，咨送南陽總鎮轉發外，合就札行。札到該將，尉，立即查照辦理。毋違。此札。

計粘單一紙。摘抄。

札標下中軍。城守尉。

咸豐六年三月廿二日。軍務局齊榜元承。

南鎮咨送在谷熟集打仗出力之文武員弁兵勇清摺請獎。

河南巡撫部院提督軍門英。劃。

監印官留豫即補府經歷縣丞俞炳。

附録保單：在谷熟集打仗出力之文武員弁兵勇清摺

咸豐六年三月初八日

計開：

軍功許萬山、陳啓才、翁錫元、康心泰、馬德修、李殿奎、袁太山、葛自泰。以上八名，均以外委留營補用，并賞六品功牌。

步勇趙玉昇、方成然、田貴、黄學增、王文行、羅應林、王化成、梁德旺、姜德榮、李逢瀛、熊章、雷大林、常家儒，八品軍功勇目張鳳遠、陳殿雲、詹應元。以上十六名，均賞給六品功牌。

步勇周炳權、方大升、王允能、方超然、陳高升。以上五名，均賞給八品功牌。

步勇胡玉林、趙興旺、楊明來、王世範、哈長華、楊玉清、趙玉芳、牛青山、聶殿元、葛鼎彥、何爾太、王廷璧、陳萬榮、馬德勝、焦宗眷、買永富、曹梁魁。以上十七名，均賞給六品功牌。

馬兵楊得勝、趙欽、馮超凡、丁進忠。以上四名，均以經制外委即補。

六品軍功王振川、王兆祥、馬占元、楊明德、白峻德、馬廣德。以上六名，均以外委留營即補。

步勇劉保山、梁文章、馬振九、胡春山、丁建德、吴會明、金士太、蔣占元、程玉山。以上九名，均賞給八品功牌。

六品軍功徐清安、魏文烜、韓榮華、謝全禄、宋培基。以上五名，均以經制外委歸營補用。

七品軍功李玉杰、王九獻、魏景山、南向棠、楊茂林。以上五名，均賞六品功牌。

勇目閻春華、劉廷杰、魏文燦、時敏成、龔全玉、曹光含、李進章、李應魁、陳世卿、李應輝、李清芳、程連嵩、李士杰、宋廷輔、李振彩。以上十五名，均賞給七品功牌。

六品軍功劉朝祥，以經制外委歸營補用。

勇目趙玉秀，賞給六品功牌。運玉田、蔚鳳亭、劉朝倫、劉朝蕃、蔚信、黄天福、蔚鳳彩、朱萬祥、吳仲秀、閻孟章、壇炳知、閻孟林、孟傳運、楊孟林。以上十四名，均賞給七品功牌。

六品軍功鄧長清、龐得清。以上二名，均賞給行營把總。

練勇馬寶聚、王純、王宏剛、莊啓元、單振寰、王精忠、劉丙正、應秀生、王甫、張立勛、毛開泰、陳萬林。以上十二名，均賞六品功牌。

劉廷、陳廣耀、劉玉盤、范起、吕廣居、馬景順、黄得勝、司占魁、李全義、劉起山、趙連升。以上十一名，均賞給八品功牌。

六品軍功宋慶、王化隆。以上二名，均賞給行營把總。

勇目燕士元、張玉書、張迎合、段從山、張洪太、龔申、夏永修、李景元、郭長清、劉玉成、孫秉灝。以上十一名，均賞六品功牌。

董善述、張奎、李朝先、王德興、燕鳳德、張德廣、梁增福、龔士秀、王郅隆、蔣家言、張鳳來。以上十一名，均賞給八品功牌。

吉林獎賞藍翎馬甲何绷額，馬甲博升、托克吞、常太、西拉布、依碰布、雙成、柏林、托雲阿、雙明、凌英阿、依克塔布、額勒經阿、恩特恒額、烏爾恭額、艾新布、額特布、薩音巴雅勒、依克坦布、賽薩布、升經阿。以上二十一名，均賞六品功牌。

七品頂戴馬甲富色布、台隆阿、阿隆阿，馬甲勒克金保、哲克色布、奇興阿、傳德保、卓立布、萬得。以上九名，均賞六品功牌。

馬甲德全、勝德、得勝、唐兆儒、春禄、富永、富平阿、常奎、常太、關升、永讓、雙元、富成、達薩春、朱爾松阿、葉布欽、訥音布、永魁、富升阿、榮祥、常亮。以上二十一名，均賞六品功牌。

河南滿洲營領催阿克精阿、萬慶，馬甲德廣、達春、速都凌額、慶福、訥穆錦、春愷、阿勒楝阿、忠恕、瑞慶、忠慶、都爾江阿。以上十三名，均賞六品功牌。

六品軍功馬甲賡音納，以領催即補。

大名左營六品軍功馬兵任青雲、郭長春。以上二名，均以外委即補。

光州營把總王喜魁，遇有千總缺出，儘先即補，并賞换五品功牌。

左營唐縣汛把總張運昌、鄧新營孟家樓把總陳光文、光州營汝南鎮汛經制外委雷行忠、襄城營密縣汛經制外委申定忠、左營署舞陽汛把總信陽營經制外委董義、襄城營郾城汛把總王得凝。以上六名，均賞五品功牌。

陳州營太康汛把總祁瑞年、信陽營申陽臺把總周長慶、荊關營淅川汛把總馬方俊、鄧新營經制外委許占元。以上四名，均賞五品功牌。

右營額外外委王銘新，賞六品功牌。

光州營軍功候補額外外委萬年青，以經制外委儘先即補。

鄧新營署外委馬兵尹璋，以額外外委即補。

新野營署外委馬兵海成江，賞六品功牌。

馬兵王松林，賞六品功牌，遇有經制外委，儘先即補。

謝敬、任萬章、韋振安、朱殿甲。以上四名，均遇有經制外委缺出，儘先即補。

馬兵吳學太、徐金甲、秦致廣、宋全良、柳應丹、馮澤生、鄭玉堂、俞自省。以上八名，均賞六品功牌。

守兵祁延年、葉承春、閻惠然、劉得全、王振宗、張禄安、祝鳳儀、樊振德、張銘勛、李振甲、仝占鰲、毛國安、陳立邦、朱應舉、張純德、高慶雲、趙錫齡。以上十七名，均賞六品功牌。

馬兵金光榮、史殿元、王憲章、孫鼎甲。以上四名，以經制外［委］缺出，儘先即補。

藍鳳岐、王榮三、任殿元、劉殿英、張衍義。以上五名，均賞六品功牌。

守兵錢振生、景三元、張全德、丁得成、劉法、陳春元、徐萬義、陳之屏、唐有、李有志、李林九、李得、孫有才、余大成、謝永太、丁恒、白文聚、褚太、任明泰、郭振榮、孫清太、郭金聲、王銘舉、方振斗、陳玉秀、茹宗伍、周芳、茹徽亭、謝魁、王有德。以上三十名，賞六品功牌。

馬兵李景山、許清元，均賞六品功牌，遇有外委缺出，儘先即補。

沈定邦、閻廷標、胡廷華、許書琴、李振西、郝遇春、羅西崐、戴榮春、韓應西、李景玉、于連昇、師俊標。以上十二名，均賞六品功牌。

守兵張明德、侯鳴岐、王有旺、馬松林、丁獻修、朱萬明、王繼盛、李朝臣、靳清太、張太乙、劉振生、劉其俊、張全義、閻子瞻、李西山、張保太、蘇元龍、王平安、徐元亮、馬占元、王振海、李得魁、盛魁安、王振有、常豐占。以上守兵二十五名，均賞六品功牌。

馬兵張文林、趙鳳春、馬成順。以上三名，均以經制外委儘先即補。

守兵許應祥、李鶴齡、張自彥、王榮、趙洪春、邱中奇、朱殿蘭、徐振庭、高登甲、楊大富。以上十名，均賞六品功牌。

荊關營馬兵樊有魁，賞六品功牌。

守兵王明書、杜廣發、常殿元、王世傑、程得勝、馬成貴、張建功。以上七名，均賞六品功牌。

固縣營守兵張坤、李應科。以上二名，均賞六品功牌。

滑縣營馬兵邵永安、高進才、仝士奇。以上三名，均移咨北鎮，遇有經制外委缺出，挨次拔補。高進才并賞六品功牌。

守兵楊金壋，賞給六品功牌，并移咨北鎮，遇有額外缺出即補。

聶鵬飛、宋得林。以上二名，均賞六品功牌。

崔良會、張發才、杜廷貴、李旺。以上四名，均賞六品功牌，并移咨北鎮，遇有馬糧缺出挨補。

開封營守兵孫得功、趙得、劉傑。以上三名，均賞六品功牌。

滿營馬甲克謹、明志，步甲克强、慶喜。以上四名，均賞六品功牌。

六品馬甲寶瑞、崇斌。以上二名，均賞五品功牌。

計開原請翎頂人員，先行賞給功牌，其翎支俟彙核奏請。

勇目外委李雲卿，軍功陳玉振、胡有剛、李玉林。以上四名，均賞六品功牌。

投效從九品劉謨、哈明璧。以上二名，均賞六品功牌。

勇目胡思忠、王榮、朱懷泗、苗玉榮。以上四名，均賞六品功牌。

南左營馬兵謝即升、陳大用、馬永清、李長生，守兵朱全德、潘明清、李瑞武。以上七名，均賞六品功牌。

南右營馬兵劉得貴、郭占魁、巴玉明、葉承烈、葉長森、馬興玉，守兵徐振清、余得海、段松林。以上九名，均賞六品功牌。

襄城營馬兵毛士昌，守兵傅明太、張中元。以上三名，均賞六品功牌。

鄧新營馬兵丁基顯，守兵柴安義。以上二名，均賞六品功牌。

荊關營守兵王昇、賈如成。以上二名，均賞六品功牌。

0226. 河南巡撫英桂行移具奏請將伊興額等馬隊暫留懷遠一帶協同剿捻摺

咸豐六年三月二十四日*

札軍需局。開歸徐候補周道。照得本部院於咸豐六年三月二十四日，在商邱縣行營，由驛六百里具奏，歸德附近捻匪，剿捕漸盡，現飭邱聯恩等移營營廓集地方，相機前進，近逼雉河賊巢，并探報揚州業已克復，清淮情勢較鬆，鄭魁士剿辦懷遠捻匪，正在吃緊，兵力過單，籲懇天恩，請旨仍飭下伊興額等，管帶吉林、黑龍江馬隊官兵，折回皖省，前赴鄭魁士行營，以資攻剿一摺。除俟奉到硃批，另行恭録咨行外，合先抄摺札知。札到該局道，即便會同兩司，移行查照。毋違。此札。

計粘抄摺稿一紙。

札軍需局。
開歸徐候補周道。

為移咨事。竊照云前，相應抄摺咨送。為此合咨貴都堂，部院，軍門，鎮，侍衛，請煩為查照辦理，并祈移會德協領知照施行。

計粘抄摺稿一紙。

一　　　　　咨

欽差前都察院副堂王袁

江南河東總漕河部堂邵李

安徽巡撫部院福

江南提督軍門和

安徽壽春署徐州總鎮鄭傅

南陽河北總鎮邱崇

（下殘）。

附録摺稿：河南巡撫英桂具奏請將伊興額等馬隊暫留懷遠一帶協同剿捻摺

咸豐六年三月二十四日

奏為歸德附近捻匪，剿捕漸盡，現飭邱聯恩等移營營廓集地方，相機前進，近逼雉河賊巢，并探報揚州業已克復，清淮情勢較鬆，鄭魁士剿辦懷遠捻匪，正在吃緊，兵力過單，籲懇天恩，請旨仍飭下伊興額等，管帶吉林、黑龍江馬隊官兵，折回皖省，前赴鄭魁士行營，以資攻剿，恭摺奏祈聖鑒事。

竊臣承准軍機大臣字寄，咸豐六年三月十五日奉上諭：英〈桂〉奏，剿辦捻匪機宜，并遵調各兵，馳赴清江等語。現在蒙、宿、懷遠一帶捻匪，經鄭魁士連次獲勝，可以漸就翦除。而匪首老巢，均在亳州，必得有重兵專力攻剿，方能絶其根株。惟遽令移兵亳境，又恐蒙、宿等處零匪糾合鴟張。著和春、福濟迅飭鄭魁士，將蒙、宿等處餘匪，悉力殲除，一路進攻，駐扎亳境，使該逆有所牽制，不敢遠行肆掠。豫省之兵由北路進攻，該匪腹背受敵，方為得策。至英〈桂〉所請另撥馬隊一千來豫助剿，俟近調綏遠城等處馬步隊官兵行抵東省時，再行酌量緩急，請旨調撥。其伊興額等所帶馬隊一千名，著英〈桂〉仍遵前旨，迅催前赴清江。等因。欽此。當即欽遵恭録轉行。

伏查捻匪張樂行等，大肆披猖，雖經各路兵勇叠次剿辦獲勝，而節節皆有股匪牽制，總未能會合直搗該匪雉河老巢。現在歸德附近捻匪，旬日以來，經邱聯恩、史榮椿等督帶兵勇，分投搜捕，斬殺多名，擒獲傅收、黄松歧、金瑞梭等二十餘名，訊明均係打仗戕官積惡捻首，即行正法。現今谷熟集一帶，漸已肅清。臣已飭該鎮等拔營前進，在於營廓集地方駐扎。該處界近皖境，既可與亳州聲息相通，又可捍衛北路。并令崇安督帶兵勇，進駐谷熟集，以為邱聯恩等後援。一面飛提山陝官兵，兼程來宋。俟陸續到齊，再令邱聯恩等更番前進，與皖省兵勇會合，夾攻雉河賊巢，以期迅速蕆事。至永城、鹿邑、蕭縣一帶股匪，節據各該知縣并傅振邦等禀報，均有斬獲，尚可無虞。

惟昨准鄭魁士函稱：探得大股捻匪全竄懷境，先於老西門外依山扎營七座，以遏賊衝。該匪果於十一日辰刻，直撲營盤。約計數萬餘衆，密布多層。我軍連開槍炮，擊斃賊匪多名。乃該逆愍不畏死，愈逼愈近，搶至濠邊，先撲中正勇營盤。該勇抵敵不住，立時潰散。次撲撫標壽春頭起營盤。因撫標兵已先潰，僅存壽春頭起兵二百餘名，力難抵禦，以致參將福坤、都司柏雲章、冉廣興、守備朱介福同時陣亡。該匪復由淮河沿攻撲壽春二、三起營盤。該鎮見情勢危急，率親兵數十名，匹馬當先，衝入賊隊，手刃數賊。奈匪黨過多，重重圍裹，刀砍矛刺，身受二十餘傷，登時昏落馬下。幸親隨各兵并各營兵勇趕到，拚死將賊擊退，追殺十餘里，始將該鎮救回。十二日，該匪全股復兩次撲營，均經我軍擊敗。追殺二十餘里，斬馘甚多。賊衆退走，懷邑得以粗安。該鎮身受重傷，滴水難咽，已飛咨福濟、和春，分撥勁旅，另委大員，來懷剿辦等情。

查鄭魁士謀勇兼全，剿匪叠獲勝仗。此次因衆寡不敵，致有挫失。雖轉敗為勝，將該匪暫時擊退，而賊黨甚衆，該鎮身受重傷，所帶兵勇又不及三千名，本為單弱。福濟等攻剿粤匪吃緊，未必遽能分兵助剿。豫省兵勇，現飭移師前進。而距懷尚遠，聲勢不能聯絡。山、陝各兵尚未齊集，現有兵勇又無可分撥，不能自撤藩籬，置北路於不顧。萬一懷遠有失，則全淮以東，悉為賊有。倘勾結逆匪，乘虚北竄，則徐、宿一帶，亦屬可虞。若待綏遠城等處馬步隊官兵行抵東省，再行請旨調撥，尤恐緩不濟急。臣再四籌維，莫名焦灼。

復查伊興額等所帶吉林、黑龍江官兵一千名，前因瓜、鎮之賊復竄揚城，防堵緊要，當經臣酌撥餉銀六千兩，飭令馳赴清江，歸邵燦調遣。現據探報：本月十三日午刻，鄧紹良督同張翊國等，帶領兵勇、民團，已將揚城收復。該逆竄至三汊河，又截殺多名。各路調撥兵勇，現已陸續到齊。潰散兵勇，亦漸次招集。淮安、清江一帶，民心大定，安堵如常等情。是清江現在情形，較懷遠稍鬆。可否仰懇天恩，俯念懷遠為臨淮屏蔽，敕下漕臣邵燦，仍飭伊興額等管帶吉林、黑龍江官兵一千名，折回懷遠，歸鄭魁士調遣，以資攻擊，實於剿匪大有裨益。至西安馬隊一千名，頭起現已抵宋，業經欽遵前奉諭旨，催令星速起程，前赴清江，歸邵燦調遣。仍隨時偵探，粤匪如已竄回金陵，無須重兵駐扎清江，再行請旨，飭令來豫助剿。

除飛提後起官兵，并確探南路軍情，隨時馳奏外，所有邱聯恩等現在移營前進，并皖省剿匪緊急各緣由，謹繕摺具奏，伏乞皇上聖鑒訓示。謹奏。

0227. 河南巡撫英桂行移廷寄著馳赴皖豫交界就近調度剿捻

咸豐六年三月二十五日*

札軍需局。開歸徐道。候補周道。照得本部院於咸豐六年三月二十五日，在商邱縣行營，承准軍機大臣字寄上諭一道。等因。承准此。合就恭録札行。札到該局道，即便會同兩司，欽遵移行查照。毋違。此札。

計恭録上諭一道。

札軍需局。開歸徐、候補周道。

為恭録移咨事。竊照云前，相應恭録移咨。為此合咨貴都堂，部院，軍門，鎮，請煩為欽遵查照施行。

計恭録上諭一道。

一　　　　咨

欽差都、前都察院副堂王、袁

安徽巡撫部院福

（下殘）。

附録廷寄：軍機大臣字寄河南巡撫英桂著馳赴皖豫交界就近調度剿捻

咸豐六年三月二十一日

軍機大臣字寄，河南巡撫英〈桂〉，咸豐六年三月二十一日奉上諭：本日據和春、福濟奏，遵派大員帶兵赴臨淮防剿，并請飭令英桂急攻雉河賊巢一摺。據稱，捻匪攻撲懷遠營盤，鄭魁士受傷甚重，亟望救援。現派總兵珠克登、郝光甲，帶陝甘兵二千餘名防剿北路，與游擊俞應彪等懷遠各營及廬鳳道張光第等臨淮兵勇，併為一軍。此時皖境匪勢披猖，亟應厚集兵力，迅圖殄滅。英桂前奏，各路剿匪，均尚得手。正宜乘勝督兵，自北而南，節節進剿。雉河集為該匪老巢，若我兵直抵該處，奮力進攻，必可以牽掣賊勢。英桂督辦三省剿匪事務，責無旁貸。著即馳赴皖、豫交界處所，扼要駐扎，就近調度。并揀派得力大員，帶兵赴皖，與鄭魁士等合力剿捕，為一鼓殲除之計。袁甲三諒已馳赴軍營。該撫啓程後，歸德一帶防剿事宜，即飭袁甲三妥為籌辦，毋稍疏虞。英桂馳抵歸德，已逾兩月。各路兵勇，計已陸續到豫。若株守郡城，致該匪蔓延為患，師老餉糜，貽誤之罪，恐難寬宥也。將此由六百里加緊諭令知之。

欽此。遵旨寄信前來。

0228. 河南巡撫英桂行移廷寄著將伊興額等馬隊暫留懷遠協同鄭魁士剿捻

咸豐六年四月初三日*

札軍需局。開歸徐道。候補周道。照得本部院於咸豐六年三月二十四日，在商邱縣行營，由驛六百里具奏，歸德附近捻匪，剿捕漸盡，現飭邱聯恩等移營營廓集地方，相機前進，近逼雉河賊巢，并探報揚州業已克復，清淮情勢較鬆，鄭魁士剿辦懷遠捻匪，正在吃緊，兵力過單，籲懇天恩，請旨仍飭下伊興額等，管帶吉林、黑龍江馬隊官兵，折回皖省，前赴鄭魁士行營，以資攻剿一摺，業已抄摺札知咨送在案。兹於四月初三日，奉到硃批：另有旨。欽此。同日，承准軍機大臣字寄上諭一道。等因。承准此。除恭録咨行外，合就札行。札到該局道，即便會同兩司，欽遵移行查照。毋違。此札。

計恭録上諭一道。

札軍需局。開歸徐候補周道。

札管帶吉林、黑龍江官兵協領德昌知悉。照得本部院於咸豐六年四月初三日，承准軍機大臣字寄，三月二十九日奉上諭：懷遠賊匪甚衆，鄭魁士兵力單弱。著將伊興額等馬隊，暫留懷遠一帶，協同鄭魁士會剿。如已行抵清江，諭令邵燦等迅即截回皖省，交英桂調遣。等因。欽此。除恭録飛咨伊侍衛欽遵辦理外，合亟札飭。札到該協領，立即欽遵諭旨，管帶馬隊五百名，星夜馳赴懷遠，會同鄭總鎮，實力剿辦。切速切速。此札。

札管帶吉林、黑龍江官兵德協領。

為恭録移咨事。竊照云前第一稿，除恭録咨行外，相應恭録移咨。為此合咨貴都堂，部院，軍門，侍衛，鎮，請煩為欽遵查照施行。

計恭録上諭一道。

一　　　咨

欽差前都察院副堂王袁

河東總河部堂李

江南總漕部堂邵　如伊侍衛、德協領帶領馬隊已抵清江，希即迅速截回皖省懷遠，協同鄭總鎮，實力剿辦，并祈移會河部堂知照。望切。

安徽巡撫部院福
江南提督軍門和　希即飛催珠總鎮等，迅速前抵懷遠，協同鄭總鎮，設法攻剿。幸勿稍延。望速切速。

安徽壽春署徐州總鎮鄭傅

南陽河北總鎮邱崇

頭等侍衛府伊　希即欽遵諭旨，無論行抵何處，迅速折回，馳赴懷遠，協同鄭總鎮，實力剿辦。望速切速。

前福建按察司徐　照會。

甘肅西寧署陝西陝安總鎮珠郝　如已准咨馳赴懷遠，希即迅速前進，協同鄭總鎮，上緊攻剿。倘捻匪業經退竄，刻即督兵跟追，會合江、豫各軍，直搗雉河賊巢。幸弗稍緩。望切。

附録廷寄：軍機大臣字寄河南巡撫英桂著將伊興額等馬隊暫留懷遠協同鄭魁士剿捻

咸豐六年三月二十九日

軍機大臣字寄，河南巡撫英〈桂〉，咸豐六年三月二十九日奉上諭：英桂奏，剿辦歸德附近捻匪漸盡，移兵進剿雉河賊巢，并請留馬隊官兵一摺。前因鄭魁士懷遠失利，諭令英桂移兵進攻雉河老巢，以分賊勢。玆據英桂奏稱，懷遠賊匪甚衆，鄭魁士兵力單弱，自屬實在情形。即著英桂將伊興額等馬隊，暫留懷遠一帶，協同鄭魁士會剿。如已行抵清江，諭令邵燦等迅即截回皖省，交英桂調遣。前諭和春等於珠克登、郝光甲兩人內，揀派一員，帶兵前赴懷遠。該提督等當已派令前進。并著英桂飛速催提，令其迅抵懷遠，協同鄭魁士，設法攻剿，無許延誤。

該匪等以雉河為巢穴，亟應拔其根株，則餘黨無難掃蕩。此時歸德附近地方漸已肅清，英桂即應飭令邱聯恩等，由營廓集移營前進，迅圖直搗老巢，不得以畛域之見，稍涉觀望。該撫亦即遵照前旨，前赴皖、豫交界督辦。其歸德防剿事宜，即飭袁甲三妥為籌辦。西淩阿、格綳額等馬隊久已到豫，由京撥去之馬且已到齊，現在調撥何處？懷、亳等地方，既於馬隊相宜，并著英桂斟酌派撥進剿，藉資得力。將此由六百里加緊諭令知之。

欽此。遵旨寄信前來。

0229. 河南巡撫英桂行移具奏邱聯恩等剿捻獲勝并近日各路剿捻情形摺

咸豐六年四月初四日*

札軍需局。開歸徐道。候補周道。照得本部院於咸豐六年四月初四日，在商邱縣行營，由驛六百里具奏，捻匪兩路攻襲營盤，經邱聯恩、史榮椿、崇安等分頭迎剿，大獲全勝，現飭督率兵勇，乘勝進攻，并近日各路剿匪情形一摺。除俟奉到硃批，另行恭録咨行外，合先抄摺札知。札到該局；道；即便會同兩司查照。毋違。此札。

計粘抄摺稿一紙。

札軍需局。開歸徐道。候補周道。

為咨送事。竊照云前咨行外，相應抄摺咨送。為此合咨貴都堂，部院，軍門，(都統，)鎮，侍衛，請煩為查照施行。

計粘抄摺稿一紙。

一　　　　　咨

欽差前都察院副堂王袁

江南總漕部堂邵

江南總河部堂庚

河東總河部堂李

直隸閣督部堂桂

山東安徽巡撫部院崇福

江南提督軍門和

安徽壽春署徐州總鎮鄭傅

河北總鎮崇

直隸大名南陽總鎮史邱

頭等侍衛府伊

附録摺稿：河南巡撫英桂具奏邱聯恩等剿捻獲勝并近日各路剿捻情形摺

咸豐六年四月初四日

奏為捻匪兩路攻襲營盤，經邱聯恩、史榮椿、崇安等分頭迎剿，大獲全勝，現飭督率兵勇，乘勝進攻，并近日各路剿匪情形，恭摺具奏，仰祈聖鑒事。

竊臣於三月二十四日，將邱聯恩等移營前進，并皖省剿匪吃緊各緣由，繕摺奏聞在案。拜摺次日，承准軍機大臣字寄，咸豐六年三月二十一日奉上諭：本日據和春、福濟奏稱，捻匪攻撲懷遠營盤，鄭魁士受傷甚重，亟望救援。英〈桂〉前奏，各路剿匪，均尚得手。正宜乘勝督兵，自北而南，節節進剿。雉河集為該匪老巢，若我兵直搗該處，奮力進攻，必可以牽制賊勢。英〈桂〉督辦三省剿匪事務，責無旁貸。著即馳赴皖、豫交界處所，扼要駐扎，就近調度。并揀派得力大員，帶兵赴皖，與鄭魁士等合力剿捕，為一鼓殲除之計。袁甲三諒已馳赴軍營。該撫啓程後，歸德一帶防剿事宜，即飭袁甲三妥為籌辦，毋稍疏虞。英〈桂〉馳抵歸德，已逾兩月。各路兵勇，計已陸續到豫。若株守郡城，致該匪蔓延為患，師老餉糜，貽誤之罪，恐難寬宥。等因。欽此。跪聆之下，悚惕莫名。

伏念臣仰蒙恩命，督辦三省剿匪事務。目擊地方蹂躪情形，寢饋難安，亟思埽穴擒渠，以靖疆圉。無如該匪夥黨盤踞三省交界之中，蔓延幾數百里。而永城、商邱、鹿邑等縣東、南兩面至遠不及百里，即係皖省交界，遍地匪踪。即歸德府迆北之夏邑、虞城，亦幾民賊不分。若不籌策萬全，輕進圖功，深恐衆寡懸殊，設有疏失，關繫匪輕。尤慮其竄越西北，則豫省完善地方，何堪再遭焚掠？臣是以駐扎歸德，居中調度，既可力遏西北，又可策應東南。一面飭令邱聯恩等，次第肅清內患，更番前進。自上月初八日在谷熟集獲勝之後，士氣稍揚，近地捻匪剿除漸盡，始得移師營廓。該處迆南十餘里即係皖境，附近皆有捻匪嘯聚。臣恐孤軍難資抵禦，復添雇壯勇，挑選二千名，配齊器械，派委滑縣知縣張廷璽等，管帶前往助剿。并因鹿邑時有捻匪竄擾，兵力過單，復派都司蔡元輔帶兵五百名馳往，會同直隸先到官兵，嚴密防堵。

正在分撥間，接據署鹿邑縣知縣宋劭經、委員劉瀛稟報：三月二十四日，探得捻匪大股，由亳州十八里埠竄撲縣境。當即知會蔡元輔等，帶領官兵，馳赴太清宮，協同該處會勇，迎頭堵禦。該匪復分股直撲東、南兩門，圍攻縣城。現在登陴固守，請撥兵救援。并據探報，匪首龔得、王貫三等，在五馬溝地方，糾聚三萬餘人，分作兩股，一由東面直撲邱聯恩營盤，一由東路向西繞北，欲抄我軍後路。各等情。

臣逆料該匪詭計，意在攻撲邱聯恩、史榮椿等營盤。其竄圍鹿邑，不過聲東擊西，牽掣我軍。若將此兩路匪衆擊退，則鹿邑自可無虞。當即飛飭邱聯恩等嚴為戒備，并飭崇安統帶兵勇，由谷熟集向西南迎剿。

查捻匪最畏馬隊。邱聯恩、崇安等營中，僅有西凌阿統帶之吉林、黑龍江官兵七百餘名。猶恐兵力單薄，難資衝擊。適西安馬隊官兵一千名到宋，不得已移緩就急，暫令分赴邱聯恩、崇安兩處行營，以資攻剿。

二十九日黎明，邱聯恩、史榮椿等偵知，捻匪約有一萬五六千人，在界溝集屯聚。該鎮當即督率各兵勇，整隊往剿。巳刻，行抵該處。賊匪膽敢列陣以待。因風勢不順，槍炮難施，相持一時之久。我軍勇氣百倍，鋒刃相接。候補知縣宮國勛、縣丞張學醇，帶領壯勇，從西哨首先衝入賊陣。格繃額帶領吉林、黑龍江馬隊，亦從西繞出賊後。該鎮督同游擊馬春華等，從東奮力包圍。史榮椿督同參將成齡等，直搗中堅。四面夾擊，該匪勢不能支，拋弃槍炮器械，向東南敗竄。窮追三十餘里，通計殺斃賊匪二千餘名，生擒捻首張拴等數十名，訊供後俱已正法，奪獲槍炮二百餘件，刀矛、旗幟無算。因莊村叢雜，餘匪星散無踪。恐深入中伏，申刻收隊回營。點驗兵勇，受傷十數名，現飭趕緊醫治。

又，准崇安馳報：二十八日，行抵北十字河扎營。晚間遥見火光四起，當撥馬兵四出偵探。二十九日辰刻，據報，賊匪馬步隊約計一萬四五千人，接踵而來，距北十字河僅有十餘里。該鎮即督率兵勇，整隊前往迎敵，施放連環槍炮。德楞額等帶領吉林、黑龍江馬隊衝擊。該匪立時敗退。該鎮督同副將樂善、珠隆阿，總管德楞額、莫爾賡阿，滑縣知縣張廷璽等，督帶馬步隊官兵，奮勇剿擊。自辰至未，追殺五十餘里，沿途殲斃賊匪六七百名，生擒捻首張裕瀣等數十名，訊明就地正法。奪獲大小炮位三百五十餘尊，大（龍黄）[黄龍]旗兩桿，大紅龍旗一桿，刀矛、旗幟、號衣無數，火藥三大簍，硫磺兩大包，大車二百餘輛，騾、驢、牛、馬四百餘匹。因時近昏暮，人馬困乏，未便窮追，收隊回營。并據鹿邑縣稟報，圍攻該縣之賊，亦經兵勇擊敗竄回，城圍已解。各等情。

臣查該匪經此大創，凶鋒已挫，然黨與尚多，難保不糾約復來。已飭邱聯恩、史榮椿、崇安等，乘勝迅速分路進兵，將豫境股匪殲除淨盡，直搗雉河老巢。仍隨時聯絡聲勢，互相策應，不得因連次獲勝，稍存大意。并飭護通永鎮總兵碩林，督率在防兵勇，迅將鹿邑縣境内餘匪搜捕，相機進駐亳境，遏賊西竄，并會攻賊巢。臣俟邱聯恩等以次移營前進，即當親督後隊，自北而南，由歸德繼進，接應各路兵勇，斷不敢株守郡城，老師糜餉，自干咎戾。

至江省近日剿匪情形，接據署徐州鎮總兵傅振邦、徐州道王夢齡等稟稱：三月二十一日黎明時，傅振邦會同伊興額等，帶領馬步官兵，馳抵永境之大回集，直擣賊巢。斃匪二千餘名，生擒六十餘名，内有賊目孟繼沅一名，奪獲牛、騾、驢、馬五百餘頭，牛車、轎車七十餘輛，槍炮、旗幟、刀械一千餘件。餘賊四散奔潰。當將該處賊巢抄毀，收隊回營等情。是江省剿辦尚為得手。惟鄭魁士懷遠一軍，與匪相持，頗形吃重。幸和春、福濟已由舒城撥兵前往。且該匪疊經江、豫兩省擊敗，逆焰漸衰，諒不至仍前猖獗。鄭魁士扼守較易為力。俟邱聯恩等進至皖境，匪黨自必回顧老巢。然後鄭魁士由蒙城一帶進攻，兩面夾擊，庶期一鼓蕩平，上慰宸廑。

再，西安馬隊官兵一千名，剿匪正在吃緊，若遽行裁撤，仍令前赴清江，恐各營兵勇少此勁旅，士氣不能飛揚，致滋貽誤。昨准山東撫臣崇恩函商：欽奉諭旨，派撥綏遠城及土默特馬隊官兵一千名，前來曹、單防剿，已准咨報起程，不日即可到東。惟體察東省情形，東、西兩路事機較前稍緩，前項馬隊與其屯駐曹、單，徒置於無用武之地，莫若撥往豫省，俾資衝突，會擣賊巢等語。臣思東省既無須此項官兵，可否仰懇天恩，飭下崇恩，即令此起馬隊，就近由曹、單馳赴清江，歸邵燦調遣，將西安馬隊，仍留豫省剿匪。一轉移間，彼此均為近便，可省往來跋涉之煩。是否有當，恭候命下祇遵。

除嚴催各路兵勇，迅速進剿，并飛提陝西官兵外，所有剿匪獲勝緣由，謹繕摺具奏，伏乞皇上聖鑒訓示。謹奏。

0230. 河南巡撫英桂行移廷寄著將前調山東之綏遠等處兵千名改赴河南

咸豐六年四月初六日

札軍需局。開歸徐道。候補周道。照得本部院於咸豐六年四月初五日，在商邱縣行營，承准軍機大臣字寄上諭一道。等因。承准此。合就恭録札行。札到該局，道，即便會同兩司，欽遵查照，轉飭沿途州縣，迅速應付，毋稍遲誤干咎。毋違。此札。

計恭録上諭一道。

札軍需局。開歸徐道。候補周道。

札管帶吉林、黑龍江官兵德協領知悉。照得本部院於咸豐六年四月初五日，承准軍機大臣字寄，四月初一日奉上諭：據邵燦奏，伊興額已帶馬隊五百名，於三月十二日抵徐。其德昌之兵，亦陸續將至。因揚營尚需兵力，先其所急，催令星夜赴揚。此項馬隊，自未便再令折回皖境。等因。欽此。除恭録移咨伊侍衛欽遵前進外，合亟札飭。札到該協領，立即欽遵諭旨，迅速前進，馳赴揚州軍營協剿。切速切速。此札。

札管帶吉林黑龍江官兵德協領。

為恭録移咨事。竊照云前第一稿，相應恭録移咨。為此合咨貴都堂，部堂，部院，軍門，鎮，侍衛，請煩，煩為欽遵查照施行。

計恭録上諭一道。

一　　　咨

欽差前都察院副堂王袁

江南總漕河部堂邵庚

直隸閣督部堂桂　希俟綏遠城滿洲、土默特蒙古兵一千名到境，飭令徑赴歸德大營，無庸繞道山東，致多周折。其吉林、黑龍江餘丁一千名到境，亦祈飭令迅赴懷遠，并祈將各起官兵行抵直境日期及統兵官銜名，飛賜見復。望速切速。

山東巡撫部院崇　希俟吉林、黑龍江餘丁一千名到境，催令取道徐州，迅速前赴懷遠鄭總鎮軍營助剿，并祈將該官兵到境日期及統兵官銜名，飛賜見復。望速切速。

安徽巡撫部院福

江南提督軍門和

安徽壽春總鎮鄭

南陽河北總鎮邱崇

頭等侍衛府伊　希即遵旨迅速馳赴揚州軍營，協力攻剿。望速切速。

前福建按察司徐　照會。

咸豐六年四月初六日。軍務局齊榜元承。

上諭前調山東之綏遠等處兵一千名改赴河南其吉林黑龍江餘丁一千名改調懷遠。

河南巡撫部院提督軍門英。劃。

監印官留豫即補府經歷縣丞俞炳。

附録廷寄：軍機大臣字寄河南巡撫英桂等著將前調山東之綏遠等處兵千名改赴河南

咸豐六年四月初一日

軍機大臣字寄，協辦大學士直隸總督桂〈良〉、漕運總督邵〈燦〉、江南河道總督庚〈長〉、山東巡撫崇〈恩〉、河南巡撫英〈桂〉，咸豐六年四月初一日奉上諭：據崇恩奏，派調來東官兵，豫籌分布。并邵燦等奏，催兵分撥堵禦。各一摺。昨因鄭魁士剿辦懷遠捻匪，身受重傷，兵力又單，諭令英桂將伊興額、德昌所帶馬隊一千名，暫留助剿。本日據邵燦奏，伊興額已帶馬隊五百名，於三月十二日抵徐。其德昌之兵，亦陸續將至。因揚營尚需兵力，先其所急，催令星夜赴揚。此項馬隊，自未便再令折回皖境。惟懷遠一帶捻匪披猖，鄭魁士官兵不敷攻剿，急應另籌調派。茲據崇恩奏，東省兖、沂、曹各屬，距賊較遠，邊界静謐。所有前調赴東協剿之綏遠城滿洲、土默特蒙古兵共一千名，昨經德勝奏，需用馬匹，已遵旨購采齊備，分起起程，不日當抵直境。著桂良飭令改赴河南，歸英桂調遣，無庸繞道山東，致多周折。其吉林、黑龍江餘丁各五百名到直時，著桂良飭赴懷遠鄭魁士軍營，統歸英桂調遣。并著崇恩催令此項馬隊，取道徐州，迅速前進。至捻匪現仍屯聚蕭、宿、永、夏一帶，懷遠兵力過單。經庚長等分撥直隸兵五百名協剿，換回伊興額等馬隊，仍恐兵力不敷。現已將新調曹、單防堵之吉林、黑龍江餘丁馬隊一千名，改調懷遠。將此由六百里各諭令知之。

欽此。遵旨寄信前來。

0231. 河南巡撫英桂行移廷寄著督帶各路兵勇兜圍合剿雉河捻巢

咸豐六年四月初九日*

札軍需局。開歸徐道。候補周道。照得本部院於咸豐六年四月初九日，在商邱縣行營，承准軍機大臣字寄上諭一道。等因。承准此。除恭録咨行外，合就恭録札行。札到該局;道;即便會同兩司，欽遵移行查照。毋違。此札。

計恭録上諭一道。

札軍需局。開歸徐道。候補周道。

為恭録移咨事。竊照云前，除恭録咨行外，相應移咨。為此合咨貴都堂，部堂;院;軍門，鎮，請煩為欽遵查照施行。

計恭録上諭一道。

一　　　　　　　咨

欽差前都察院副堂袁

直隸閣督部堂

安徽巡撫部院福
江南提督軍門和　希即飭催派赴懷遠官兵，迅速前進。望切望速。

安徽壽春總鎮鄭
署徐州總鎮傅　希即督帶兵勇，與豫省官兵兜圍合剿，以期迅速蕩平。望切望速。

甘肅西寧總鎮珠
署陝西陝安總鎮郝　希即督兵迅赴懷遠，會同鄭總鎮，協力進攻，直搗雉河老巢。仍祈將到防日期飛復。望切望速。

附録廷寄：軍機大臣字寄河南巡撫英桂著督帶各路兵勇兜圍合剿雉河捻巢

咸豐六年四月初六日

軍機大臣字寄，河南巡撫英〈桂〉，咸豐六年四月初六日奉上諭：前因英桂奏歸德漸已肅清，諭令迅赴皖、豫交界，督兵進剿。此後情形，未據該撫續行奏報。捻匪於四出擄掠之後，暫回巢穴。若不趁其麕集之時，聚而殲旃，則此後出巢，勢必愈熾。前諭派赴河南之綏遠城等滿蒙官兵一千名，及派赴懷遠之吉林、黑龍江餘丁各五百名，本日據桂良奏稱，該兵丁等現已陸續過境，即日可抵皖、豫。和春等派往懷遠官兵，當亦可到。著英桂一面催提，一面督飭西凌阿等所帶馬隊及邱聯恩等所帶兵勇，剋日移兵前進，直搗雉河老巢。并嚴檄鄭魁士、傅振邦，各帶兵勇，與豫省官兵兜圍合剿，以為一鼓殲擒之計。該撫身總師干，責無旁貸，儻意存觀望，遷延不進，致捻匪復出肆擾，難於收拾，則法紀具在，斷難曲邀寬宥也。將此由六百里加緊諭令知之。

欽此。遵旨寄信前來。

0232. 河南巡撫英桂行移奏陳邱聯恩等剿捻獲勝并近日各路剿捻情形一摺奉硃批上諭

咸豐六年四月十二日*

札（軍需局。開歸徐道。候補周道。）照得本部院於咸豐六年四月初四日，在商邱縣行營，由驛六百里具奏，捻匪兩路攻襲營盤，經邱聯恩、史榮椿、崇安等分頭迎剿，大獲全勝，現飭督率兵勇，乘勝進攻，并近日各路剿匪情形一摺，業已抄摺（札知/咨送）在案。兹於本月十二日，奉到硃批：另有旨。欽此。同日，承准軍機大臣字寄上諭一道。等因。承准此。合就恭録札行。札到該（局/道），即便（會同兩司，）欽遵（移行）查照。毋違。此札。

計恭録上諭一道。

札（軍需局。開歸徐道。候補周道。）

為恭録移咨事。竊照云前，相應恭録移咨。為此合咨貴大臣，都堂，部堂,院,軍門，鎮，侍衛，請煩為欽遵查照施行。

計恭録上諭一道。

一　　　　　咨

欽差大臣都統銜德

欽差前都察院副堂王袁

江南總漕河部堂邵庚　希俟吉林、黑龍江餘丁一千名行抵徐州，即留五百名與伊興額等協剿捻匪。其餘五百名，即飭馳往揚州軍營。望切望速。

河東總河部堂李

直隸閣督部堂桂

山東巡撫部院崇　希即飭催綏遠城土默特滿蒙官兵一千名，趲程前進，馳赴歸德大營聽候調遣，毋庸前赴清江。望切望速。

安徽巡撫部院福

江南提督軍門和　希即行知伊侍衛，仍留徐州剿匪。望切。

安徽壽春總鎮鄭

署徐州總鎮傅

直隸大名南陽總鎮史邵

河北總鎮崇

（下殘）。

附録廷寄：軍機大臣字寄河南巡撫英桂近日各路剿捻情形

咸豐六年四月初九日

軍機大臣字寄，欽差大臣都統銜正白旗漢軍副都統德〈興阿〉、幫辦軍務陝西提督鄧〈紹良〉、幫辦軍務詹事府少詹事翁〈同書〉、漕運總督邵〈燦〉、江南河道總督庚〈長〉、河南巡撫英〈桂〉，咸豐六年四月初九日奉上諭：德興阿等奏，儀徵賊竄北山，圖襲六合，官兵闌擊獲勝；并請催伊興額馬隊及撥紅單船歸陳國泰經管。各摺片。覽奏均悉。據稱：德昌馬隊業已過浦，計日可到揚營。山東、陜西官兵，迄無抵淮消息。伊興額馬隊尚在徐、宿等語。本日據邵燦等奏，皖匪大股，窺伺徐州。伊興額會同傅振邦，迎剿獲勝。惟賊自懷遠、雉河來者，络繹不絶。是徐州現在防剿情形，極為吃緊。伊興額在該處剿賊正在得手，既未能剋日抵揚，即將該侍衛留於徐州剿辦捻匪。至西安馬隊官兵一千名，原係赴清江之兵，既據英桂奏稱剿匪正在吃緊，若遽行裁撤，仍赴清江，恐少此勁旅，致滋貽誤，自係為移緩就急起見。所有此項馬隊，并准其暫留豫省，以資防剿。其綏遠城土默特馬隊官兵一千名，仍遵前旨，赴河南歸英桂調遣，毋庸改赴清江。該撫軍營兵力已厚，務即督飭邱聯恩等，帶兵直抵雉河集賊巢，為掃穴擒渠之計，毋得日事遷延，自干咎戾。

至揚營兵力尚單，所有派赴懷遠之吉林、黑龍江餘丁共一千名行抵徐州，著邵燦等留五百名，與伊興額等協剿捻匪。其餘五百名，即令馳往揚州軍營。并著邵燦等飭催山東兵一千名、直隸兵一千三百名，迅赴揚營，統歸德興阿調遣。

紅單船前幫十三隻已經入江。據該大臣奏稱，浦口、觀音門，均為賊船出没之所。土橋毗連儀、六，尤關緊要。著准其將紅單船十隻歸陳國泰經管，仍嚴飭該員，分布要隘，嚴密堵剿。江北水師，原歸德興阿調遣。軍情緊要，豈能事事待旨而行?

邵燦等所請蔣壩捐厘，仍循舊章辦理等語。蔣壩兵勇口糧不敷，若將捐厘改歸皖省，則該處無款支應。所奏自係實在情形。著准其照舊辦理。將此由六百里加緊各諭令知之。

欽此。遵旨寄信前來。

0233. 河南巡撫英桂行移具奏暫駐歸德統籌三省會剿摺

咸豐六年四月十二日*

札軍需局。開歸徐道。候補周道。照得本部院於咸豐六年四月十二日，在商邱縣行營，由驛六百里具奏，統籌三省會剿地勢情形，分路進兵，要道繪圖貼説，并陳現在賊情，豫兵雖已進駐亳境，急切尚難直搗匪巢，仍應暫駐歸德，力扼西北，控制東南一摺。除俟奉到硃批，另行恭録咨行外，合先抄摺札知。札到該局道，即便會同兩司，移行查照。毋違。此札。

計粘抄摺稿一紙。

札軍需局。開歸徐道。候補周道。

為移咨事。竊照云前，相應抄摺咨送。為此合咨貴都堂，部院，軍門，鎮，請煩為查照施行。

計粘抄摺稿一紙。

一　　　　　咨

欽差前都察院副堂王袁

安徽巡撫部院福

江南提督軍門和

安徽壽春總鎮鄭

署徐州總鎮傅

甘肅西寧總鎮珠

署陝西陝安總鎮郝

直隸大名總
南陽總　鎮　史
邱

河北總鎮崇

前福建按察司徐　照會。

附録摺稿：河南巡撫英桂具奏暫駐歸德統籌三省會剿摺

咸豐六年四月十二日

奏為統籌三省會剿地勢情形，分路進兵，要道繪圖貼説，并陳現在賊情，豫兵雖已進駐亳境，急切尚難直擣匪巢，臣仍應暫駐歸德，力扼西北，控制東南，據實瀝陳，仰祈聖鑒事。

竊臣將各路兵勇剿匪獲勝緣由，繕摺奏聞。旋即承准軍機大臣字寄，咸豐六年三月二十九日奉上諭：英桂奏，剿辦歸德附近捻匪漸盡，移兵進剿，并請留馬隊官兵一摺。該匪等以雉河為巢穴，亟應拔其根株，則餘黨無難掃蕩。此時歸德附近地方，漸已肅清。英桂即應飭令邱聯恩等，由營廓集移營前進，迅圖直擣老巢，不得以畛域之見，稍涉觀望。該撫亦即遵前旨，前赴皖、豫交界督辦。其歸德防剿事宜，即飭袁甲三妥為籌辦。等因。欽此。

初九日，又奉寄諭：前因英桂奏歸德漸已肅清，諭令迅速赴皖、豫交界，督兵進剿。此後情形，未據該撫續行奏報。捻匪於四出擄掠之後，暫回巢穴。若不趁其麕集之時，聚而殲旃，此後出巢，勢必愈熾。前諭派赴河南之綏遠城等處滿蒙官兵一千名，及派赴懷遠之吉林、黑龍江餘丁各五百名，本日據桂良奏稱，該兵丁現已陸續過境，即日可抵皖、豫。和春等派往懷遠官兵，當亦可到。著英桂一面催提，一面督飭西凌阿等所帶馬隊及邱聯恩等所帶兵勇，刻日移兵前進，直擣老巢。并嚴檄鄭魁士、傅振邦，各帶兵勇，與豫省官兵兜圍合剿，以為一鼓殲擒之計。該撫身總師干，責無旁貸，倘意存觀望，遷延不進，致捻匪復出肆擾，難於收拾，則法紀具在，斷難曲邀寬宥也。等因。欽此。跪誦之餘，莫名悚惕。

伏查大股捻匪竄擾豫疆，迭經兵勇進剿，屢獲勝仗。歸德附近，如蔡道口地東、韓信店迆南、閻集迆西、迆北各村莊，搜捕擊殺，次第肅清。臣亟應凜遵諭旨，前赴皖、豫交界，親督進剿，迅掃賊氛，何敢觀望遷延，自貽咎戾？無如現在情形，尚難輕動。緣邱聯恩、崇安等自北十字河獲勝之後，即移營進至界溝以南一帶駐扎，已入亳境。而亳州朱連泰之兵，數不及千，只堪守衛城池，難以接應攻剿。該匪時時乘間攻襲北路營盤，我軍深入匪穴，晝則輪流搜捕，夜則更番巡防，時恐稍有疏懈，致誤事機。實以宋集迆東至五馬溝，白廟迆東至新橋，高閣迆東至書安店，車埠口迆東至竇琢寺，翟村寺東南至西太清宫，姬橋迆東至淝河北岸，到處皆有賊踞。耿黄寺、蘇種橋、張老家及十九里溝等處，又為大股賊巢。現在賊勢退歸亳境，并未退入老巢。以雉河集四面計之，周圍尚有三四百里，均係賊黨。臣若統領全師移駐他處，則西北一帶既已空虚，東南諸軍更難聯絡。倘賊匪由北路之胡橋、裴橋、酇陽、會亭、丈八集等處繞出我師之後，不特永、夏堪虞，宋郡亦危在呼吸。若由南路之油河、西太清宫横截我師之前，不特鹿邑可危，即陳州、周家口一帶，亦處處吃重。

臣細按形勢，統籌全局，鹿邑為陳州門户，劉口實曹、單藩籬，永城據徐、宿衝要，歸德尤居三面之中，更不容稍存大意。現今鹿邑已有護通永鎮總兵碩林帶領直隸官兵一千二百名，并都司蔡元輔所帶北鎮官兵五百名，駐扎西太清宫，會合鄉團，竭力堵禦。劉家口已有徐宗幹督勇駐扎，加意嚴防。至永城雖先經添派兵勇，而北路官軍節節逼緊，設該匪由永城一帶北竄，處處可通。且附近永城之夏邑、蕭縣、宿州各境小股捻匪，尚未肅清，更恐與南路勾連。必得選派大員，帶兵堵截，庶期周密。現在商令袁甲三督帶山西官兵一千名，并招募前在安徽舊練得力壯勇一千餘名，前往相機堵剿，并可與各路官兵會合前進。邱聯恩、崇安等兩軍，現雖進抵亳境，距雉河僅止百里内外，然賊情叵測，勢尚披猖。處處村莊，皆其夥黨，節節抗拒官兵。必須隨地擊剿，漸次疏通，始不致中賊奸計。况數百里被脅良民，雖經叠次剴切出示，諭令及早解散，而鄉愚無知，惑於捻匪謡言，恐大兵一到，概加屠戮，仍不敢不勉强附從。必須官兵步步前進，宣示皇上德威，准予自新，方可回良民之心而孤匪黨之勢。臣雖有亟欲前進之心，實處驟難前進之勢。再四思維，惟有暫駐歸德，為邱聯恩等後路策應，庶足以控制東南，與徐宗幹、袁甲三等聲息遥聯，更可以力遏西北。一俟邱聯恩等各路兵勇逼近雉河賊巢，則歸德距賊已遠，不致有乘虚抄襲之虞，臣即當剋日拔營，斷不敢稍涉躭延，致廑宸慮。

至鄭魁士現在懷遠，為分股匪衆牽制，其勢亦難驟進。雖經和春、福濟派令珠克登、郝光甲等帶兵助剿，是否已抵該處，未准咨報前來。而續調之吉林、黑龍江餘丁各五百名，臣已專弁迎提，尚無抵懷遠信息。傅振邦帶兵駐扎瓦口，雖屢次擊匪獲勝，而該匪等分遣夥黨抵死拒敵，亦難剋日前進。是江、皖兵勇，尚未能與豫省之兵聯為一氣。臣已嚴飭該鎮等，將分擾懷遠、徐州捻匪，迅速剿辦，各取要道，進搗賊巢，會合夾擊。惟豫省之兵由北路進攻，則南路堵禦尤為緊要。臣已咨照鄭魁士，防剿兼籌，應請旨飭下和春、福濟，嚴飭郝光甲等，一面督率兵勇，會同鄭魁士，兜圍合剿，一面扼守蒙城一帶，俾免賊踪竄逸。

除迎提陝西未到官兵，嚴催邱聯恩、崇安等節節進攻外，所有統籌會剿地勢情形，擇要繪圖貼説，恭呈御覽，謹繕摺具奏，伏乞皇上聖鑒訓示。謹奏。

0234. 河南巡撫英桂行移具奏連日各路剿捻獲勝情形摺

咸豐六年四月十二日*

札軍需局。開歸徐候補周道。照得本部院於咸豐六年四月十二日，在商邱縣行營，由驛六百里具奏，捻匪大股占踞亳境五馬溝、閻集一帶，經邱聯恩、史榮椿、崇安等督帶兵勇，會合擊剿，大獲勝仗，并連日各路剿匪獲勝情形一摺。除俟奉到硃批，另行恭録咨行外，合先抄摺札知。札到該局道，即便會同兩司，移行查照。毋違。此札。

計粘抄摺稿一紙。

札軍需局。開歸徐道。候補周道。

為移咨事。竊照云前，相應抄摺咨送。為此合咨貴都堂，部院，軍門，都統，鎮，請煩為查照施行。

計粘抄摺稿一紙。

一　　　　　咨

欽差前都察院副堂王袁

安徽巡撫部院福

江南提督軍門和

前察哈爾都統西

安徽壽春總鎮鄭

署徐州總鎮傅

直隸大名南陽總鎮史邱

河北總鎮崇

前福建按察司徐　照會。

附録摺稿：河南巡撫英桂具奏連日各路剿捻獲勝情形摺

咸豐六年四月十二日

奏為捻匪大股占踞亳境五馬溝、閻集一帶，經邱聯恩、史榮椿、崇安等督帶兵勇，會合擊剿，大獲勝仗，并連日各路剿匪獲勝情形，恭摺奏祈聖鑒事。

竊查三月二十九日，邱聯恩、崇安等於界溝集北十字河地方，與分股捻匪兩路接仗，同日俱獲全勝。該匪敗退後，復又糾合夥黨，合併一股，連次偷劫邱聯恩等營盤。該鎮等飭派兵勇，輪流站墻巡哨，施放槍炮，擊退賊衆，斃匪多名。數夜之中，戒備嚴密，未中賊計。嗣經邱聯恩等探知，該匪等在於亳境五馬溝一帶盤踞，意圖報復。遂於初八日辰刻，督帶西凌阿等馬隊，并各營將弁兵勇，分三路齊進。至五馬溝迆西閆集地方，該匪等膽敢率賊萬餘人，列陣迎敵，施放槍炮，勢甚凶猛。總管格綳額帶領馬隊，由中路首先奮擊。崇安與副將樂善、總管德楞額等，帶領馬隊，由西路抄襲。邱聯恩、史榮椿督率西安委營總佐領巴呃泰等，帶領馬隊，由東路剿殺。槍炮齊施，刀矛并舉。我兵勇氣百倍，鏖戰一時之久。匪衆勢不能支，紛紛敗退。我兵乘勢奮力趕殺，追奔十餘里，殺賊一千餘名，生擒首要匪犯于孝文等三十餘名，訊明分別懲辦。總管德楞額復帶馬隊直追至五馬溝，又殺賊多名。先後奪獲擡炮、擡槍三百餘件，大車百餘輛，牛、馬、驢、騾無算，器械、旗幟、號衣不計其數，并獲偽印兩顆。因天色已晚，前途各村莊俱係賊黨屯聚，未敢窮追，當即收隊回營。查點兵勇，間有傷亡。

又，據委辦鹿邑防堵候補知府鄭廷錦、鹿邑縣知縣宋劭經等禀報，於雙溝傅家橋一帶，帶領兵勇，會合鄉團，連次擊匪獲勝，剿辦尚屬得手。并接鄭魁士函稱：三月二十二日，匪衆分股數千，從渦河北小街一帶，縱火焚燒。其大股約萬餘人，由渦河南岸乘夜三更時分，在荊山及南凹之螞蟻腰、北凹之騾駝嶺吶喊齊上。管帶中正勇徐曉峯駐扎山上，乘匪等未登山頂，分飭各勇齊施石塊，將該匪擊退，拿獲賊匪劉文玉一名。賊衆於龜山頭水淺之處，浮水偷渡，又被宣化弁兵并該處團練擊退，斬殺多名。天明，該匪復沿山周圍縱火開炮，意欲乘勢翻山。適參將塔思哈等各帶兵勇、團練，趕至夾擊。時參將吳秀帶領陝甘兵船百數十隻，揚帆而下。賊見我兵齊到，即行退竄。兵勇追殺數里，奪獲槍炮、旗幟、刀矛多件。因匪勢太衆，兵勇通宵力戰疲乏，未敢窮追，隨即收隊。

又，據傅振邦、王夢齡禀稱：探得捻首張樂行遣派藍、黑旗賊衆，由蒙城北來。三月二十五日，頭起藍旗賊隊已抵瀧口。傅振邦、伊興額等帶領馬步官兵，由瓦口行營，馳抵瀧口迆北五里之丁家樓。賊衆約有二萬人，列隊迎拒。我兵奮勇殺賊二千餘名。該匪抛弃輜重，向後敗退。傅振邦等恐兵勇拾取，被匪回撲，立將所遺車輛等物焚燒，一面整隊追逼。賊退瀧河以南，我兵過河又斃賊多名。惟吉林委参領開奇哩追賊深入陣亡，兵勇傷亡十餘名。遥望賊匪尚衆，恐深追中伏，收隊回營。是日，西路有賊一股，欲由瓦口之西撲營，以躡我後。幸先派興慶、常瑞督帶兵勇，在桃園地方，嚴陣以待。該匪未敢前來，現仍在瀧口等處盤踞。該道又於郡城防堵兵勇内，抽撥四百名，赴營助剿各等情。

臣查各路剿辦捻匪，俱屢獲勝仗，辦理均為得手。現在邱聯恩、史榮椿、崇安等營盤，雖已進至亳境界溝以南一帶駐扎，相機進剿，惟由此前進，遍地皆匪，村莊叢雜，夥黨四布，節節堵拒。我師惟有隨地擊剿，轉戰而前，庶可進攻賊穴。并飭鄭魁士、傅振邦、邱聯恩、史榮椿、崇安等，各由本境奮力齊進，一面確探賊情。如果該匪等分股四路堵拒官兵，雉河老巢空虚，伺有可乘之隙，即行乘虚而入，以期迅拔根株，盡殲醜類。

除查明傷亡兵勇，另行咨部外，所有各路剿匪獲勝緣由，謹繕摺具奏，伏乞皇上聖鑒。謹奏。

0235. 河南巡撫英桂行移廷寄著飭令邱聯恩等剿洗雉河捻巢

咸豐六年四月十五日*

札軍需局。開歸徐道。候補周道。照得本部院於咸豐六年四月十五日，在商邱縣行營，承准軍機大臣字寄上諭一道。等因。承准此。合就恭録札行。札到該局道，即便會同兩司，欽遵移行查照。毋違。此札。

計恭録上諭一道。

札軍需局。開歸徐道。候補周道。

為恭録咨會事。竊照云前，相應恭録咨會。為此合咨貴大臣，都堂，部堂，鎮，侍衛，請煩為欽遵查照辦理施行。

計恭録上諭一道。

一　　　　咨

欽差大臣都統銜德

欽差前都察院副堂王袁

直隷閣督部堂桂

江南總漕河部堂邵庚

安徽壽春總鎮鄭

署徐州總鎮傅

直隷大名南陽總鎮史邱

河北總鎮崇

頭等侍衛府伊

附録廷寄：軍機大臣字寄河南巡撫英桂著飭令邱聯恩等剿洗雉河捻巢

咸豐六年四月十一日

軍機大臣字寄，漕運總督邵〈燦〉、江南河道總督庚〈長〉、河南巡撫英〈桂〉，咸豐六年四月十一日奉上諭：邵燦等奏，催調各路官兵援剿一摺。捻首張樂行因屢被徐州官兵擊敗，撤回懷遠。賊黨分踞永城馬村橋、宿州柳子集等處，意圖窺伺徐州。傅振邦兵力尚單，昨已有旨將伊興額留徐協剿，即可飭該侍衛將所帶馬隊，探明賊氛何處猖獗，幫同傅振邦剿辦。直隷防兵一千八百名，除羅玉斌所帶五百名業已赴徐，其餘一千三百名并准暫赴傅振邦軍營助剿。其派赴懷遠之吉林、黑龍江餘丁一千名，昨諭邵燦等留五百名於徐州，分五百名令赴揚州。此項餘丁到徐後，著邵燦等將直隷防兵一千三百名，酌分一半或一千名，飭令馳赴揚州軍營，交德興阿調遣。捻匪既全力窺伺徐境，則雉河集老巢，當必有隙可乘。英桂統轄兵勇為數不少，著即飭邱聯恩等直抵賊巢，痛加剿洗。若但徘徊豫境，致失事機，恐難當此重咎。將此由六百里各諭令知之。

欽此。遵旨寄信前來。

0236. 河南巡撫英桂行移具奏捻軍糾衆撲營官軍先挫後勝摺

咸豐六年四月十六日*

札軍需局。開歸徐道。候補周道。照得本部院於咸豐六年四月十六日，在商邱縣由驛六百里具奏，大股捻匪全壓豫營，邱聯恩等督兵接仗，被匪分股由後抄毀營盤，兵勇敗退，經崇安等接應力剿，仍獲全勝各情形一摺。除俟奉到硃批，另行恭録咨行外，合先抄摺札知。札到該局道，即便會同兩司，移行查照。毋違。此札。

計粘抄摺稿一紙。

札軍需局。開歸徐候補周道。

為移咨事。竊照云前，相應抄摺咨送。為此合咨貴都堂，請鎮，煩為查照施行。

計粘抄摺稿一紙。

一 咨

欽差前都察院副堂王袁

直隸大名南陽總鎮史邱

河北總鎮崇

附録摺稿：河南巡撫英桂具奏捻軍糾衆撲營官軍先挫後勝摺

咸豐六年四月十六日

奏為大股捻匪全壓豫營，邱聯恩等督兵接仗，被匪分股由後抄毁營盤，兵勇敗退，經崇安等接應力剿，仍獲全勝各情形，恭摺奏祈聖鑒事。

竊臣前將各路剿匪獲勝，并統籌三省地勢，擇要繪圖貼説各緣由，繕摺縷晰，奏聞在案。旋承准軍機大臣字寄，四月初九日奉上諭：邵燦等奏，皖匪窺伺徐州，伊興額、傅振邦迎剿獲勝。惟賊自懷遠、雉河來者，络绎不絶。是徐州現在防剿情形，極為吃緊。伊興額在該處剿賊正在得手，即將該侍衛留於徐州剿辦捻匪。至西安馬隊官兵一千名，原係赴清江之兵。既據英桂奏稱剿匪正在吃緊，此項馬隊，准其暫留豫省，以資防剿。其綏遠城土默特馬隊官兵一千名，仍遵前旨，赴河南歸英桂調遣，毋庸改赴清江。該撫軍營兵力已厚，務即督飭邱聯恩，帶兵直抵雉河集賊巢，為掃穴擒渠之計，毋得日事遷延，自甘咎戾。等因。欽此。十五日，又奉寄諭：邵燦等奏，催調各路官兵援剿一摺。捻首張樂行因屢被徐州官兵擊敗，撤回懷遠。賊黨分踞永城馬村橋、宿州柳子集等處，意圖窺伺徐州。則雉河集老巢，當必有隙可乘。英桂統轄兵勇，為數不少。著即飭邱聯恩等，直抵賊巢，痛加剿洗。若但徘徊豫境，致失事機，恐難當此重咎。等因。欽此。仰蒙宸謨廣運，指示周詳，跪誦莫名感悚。

伏查現在捻匪情形，雖叠經官兵擊敗，而股夥尚衆，動輒號稱十數萬。江、皖、豫交界數百里以內，尚各蟻聚蜂屯，遍地賊黨，處處牽制官兵。近以豫兵攻剿極緊，步步進逼，該匪等以全力抵死抗拒我師，而又恐江、皖兩省之兵由東、南兩面襲擊，復遣股匪分路堵拒。鄭魁士現在懷遠，為夏白等股截住，勢難驟進。傅振邦現在瓦口，雖屢次獲勝，而窺伺蕭、碭之匪尚不下萬餘，堵剿正形吃緊。懸揣詭譎賊情，實恐三省兵勇連（下殘）。

0237. 河南巡撫英桂行移具奏暫駐歸德統籌三省會剿一摺奉硃批

咸豐六年四月二十日*

札軍需局。開歸徐道。候補周道。照得本部院於咸豐六年四月十二日，在商邱縣行營，由驛六百里具奏，統籌三省會剿地勢情形，分路進兵，要道繪圖貼説，并陳現在賊情，豫兵雖已進駐亳境，急切尚難直搗匪巢，仍應暫駐歸德，力扼西北，控制東南一摺，業已抄摺札知咨送在案。兹於本月二十日，奉到硃批：另有旨。圖留覽。欽此。同日，承准軍機大臣字寄上諭一道。等因。承准此。合就恭録札行。札到該局，道，即便會同兩司，欽遵移行查照。毋違。此札。

計恭録上諭一道。

札軍需局。開歸徐道。候補周道。

為恭録移咨事。竊照云前，相應恭録移咨。為此合咨貴都堂，部院，軍門，鎮，請煩為欽遵查照辦理施行。

計恭録上諭一道。

一　　　咨

欽差前都察院副堂王袁

安徽巡撫部院福

江南提督軍門和

安徽壽春署徐州總鎮鄭傅

甘肅西寧總鎮珠

署陜西陜安總鎮郝

直隸大名南陽總鎮史邱

河北總鎮崇

前福建按察司徐　照會。

附録廷寄：軍機大臣字寄河南巡撫英桂著准其暫駐歸德以統籌三省會剿

咸豐六年四月十六日

軍機大臣字寄，江南提督和〈春〉、頭品頂戴安徽巡撫福〈濟〉、河南巡撫英〈桂〉，咸豐六年四月十六日奉上諭：英桂奏，官軍剿匪獲勝，并統籌會剿地勢情形各一摺。捻匪占踞雉河，四出滋擾。經英桂督飭邱聯恩等節節進攻，叠獲勝仗，辦理尚屬得手。據該撫奏稱，雉河周圍三四百里，均係賊黨。邱聯恩等兵勇，雖已進抵亳境，尚須漸次疏通，方免抄襲。歸德地居扼要，尚須暫時駐扎，以資控制。所陳地勢、賊情，均尚明晰。英桂着准其暫駐歸德。其永城一帶，既屬緊要，即派袁甲三統帶兵勇前往，相機堵剿。該撫仍督飭邱聯恩等，乘此鋭氣，奮勇進攻。一俟各路兵勇逼近雉河賊巢，該撫即當拔營前進，躬親調度，不得專俟一律肅清，托詞株守。吉林、黑龍江餘丁，除留徐五百名外，餘五百名已派赴揚州。和春等前奏，總兵珠克登、郝光甲帶兵二千名，已由舒城前赴懷遠。而該總兵等迄今未到。著和春、福濟飭令星夜前進，會同鄭魁士，與西路官兵聯络聲勢，兜圍合剿。仍一面扼守蒙城，以免賊踪他竄。現當剿匪吃緊之際，和春等務當嚴檄飛催，毋任延宕。英桂另片奏，施紹恒等義勇，恐難得力。本日已諭知官文等，無庸派往河南矣。將此由六百里各諭令知之。

欽此。遵旨寄信前來。

0238. 河南巡撫英桂行移具奏連日各路剿捻獲勝情形一摺奉硃批

咸豐六年四月二十日*

札軍需局。開歸徐道。候補周道。照得本部院於咸豐六年四月十二日，在商邱縣行營，由驛六百里具奏，捻匪大股占踞亳境五馬溝、閻集一帶，經邱聯恩、史榮椿、崇安等督帶兵勇，會合擊剿，大獲勝仗，并連日各路剿匪獲勝情形一摺，業已抄摺札知咨送在案。兹於本月二十日，奉到硃批：另有旨。欽此。同日，奉上諭一道。等因。承准此。合就恭録札行。札到該局;道,即便會同兩司,欽遵移行查照。毋違。此札。

計恭録上諭一道。

札軍需局。開歸徐候補周道。

為恭録移咨事。竊照云前，相應恭録移咨。為此合咨貴都堂,部院,軍門,都統,鎮,請煩為欽遵查照施行。

計恭録上諭一道。

一　　　　　　　咨

欽差前都察院副堂王袁

安徽巡撫部院福

江南提督軍門和

前察哈爾都統西

安徽壽春總鎮鄭

署徐州總鎮傅

附録上諭：内閣奉上諭著英桂督飭各將弁隨地奮剿務當盡殲捻軍

咸豐六年四月十六日

咸豐六年四月十六日，内閣奉上諭：英桂奏，剿辦亳境捻匪，大獲勝仗，并各路獲勝情形一摺。捻匪屢經擊敗後，復敢於亳州之五馬溝一帶盤踞，意圖報復。本月初八日，邱聯恩等督率馬步官軍，分路進剿。該匪擁衆萬餘人，列陣迎撲。我軍奮勇鏖戰，匪衆不支，紛紛敗退。乘勢追殺十餘里，斃賊千餘名，生擒首要匪犯三十餘名，奪獲槍炮三百餘件，車百餘輛，器械、旗幟無算。二十二日，該匪大股由荊山一帶直撲，我兵登高奮擊，登時退敗。浮水偷渡及乘勢翻山之賊，均被兵勇截殺退竄。其由蒙城北來之匪，於二十五日竟抵灘口。傅振邦、伊興額等帶領官兵迎剿，已據邵燦等奏報獲勝。各路捻匪，叠經擊敗，足挫凶鋒。仍著英桂督飭各將弁等，隨地奮剿，務當盡殲醜類，毋任竄逸。欽此。

0239. 河南巡撫英桂行移具奏嚴督邱聯恩等乘鋭攻捻嚴防扼剿摺

咸豐六年四月二十四日

札軍需局。開歸徐道。候補周道。照得本部院於咸豐六年四月二十三日，在商邱縣行營，由驛六百里具奏，豫省近日剿匪獲勝情形，仍嚴督邱聯恩等，乘鋭奮勇進攻，并皖省另股捻匪竄擾（潁）［潁］上一帶，窺伺（潁）［潁］州，亟須嚴防扼剿一摺。除俟奉到硃批，另行恭録札知咨行外，合先抄摺札行。札到該局道，即便會同兩司，移行查照。毋違。此札。

計粘抄摺稿一紙。

札軍需局。開歸徐道。候補周道。

為移咨事。竊照云前咨行外，相應抄摺咨送。為此合咨貴都堂，部院，軍門，鎮，請煩為查照施行。

計粘抄摺稿一紙。

一 咨

欽差前都察院副堂王袁

安徽巡撫部院福

江南提督軍門和

安徽壽春總鎮鄭

署徐州總鎮傅

甘肅西寧總鎮珠

署陝西陝安總鎮郝

直隸大名南陽總鎮史邱

河北總鎮崇

前福建按察司徐 照會。

咸豐六年四月廿四日。軍務局齊榜元承。

具奏豫省近日剿匪獲勝情形仍嚴督邱聯恩等乘鋭奮勇進攻嚴防扼剿一摺。

河南巡撫部院提督軍門英。劃。

監印官留豫即補府經歷縣丞俞炳。

附録摺稿：河南巡撫英桂具奏嚴督邱聯恩等乘鋭攻捻嚴防扼剿摺

咸豐六年四月二十三日

奏為豫省近日剿匪獲勝情形，仍嚴督邱聯恩等，乘鋭奮勇進攻，并皖省另股捻匪竄擾（潁）［潁］上一帶，窺伺（潁）［潁］州，亟須嚴防扼剿，恭摺奏祈聖鑒事。

竊臣於本月十六日，將崇安等剿匪轉敗為勝各緣由，繕摺奏聞在案。二十日，承准軍機大臣字寄，咸豐六年四月十六日奉上諭：英桂奏，捻匪占踞雉河，四出滋擾。經英桂督飭邱聯恩等節節進攻，叠獲勝仗，辦理尚屬得手。雉河周圍三四百里，均係賊黨。邱聯恩等兵勇，雖已進抵亳境，尚須漸次疏通，方免抄襲。歸德地居扼要，尚須暫時駐扎，以資控制。所陳地勢、賊情，均尚明晰。英桂著暫駐歸德。其永城一帶，即派袁甲三統帶兵勇前往，相機堵剿。該撫仍督飭邱聯恩等，乘此鋭氣，奮勇進攻。俟各路兵勇逼近雉河賊巢，該撫即拔營前進，躬親調度，不得專俟一律肅清，托詞株守。總兵珠克登、郝光甲帶兵二千名，前赴懷遠。著和春、福濟飭令星夜前進，會同鄭魁士，與西路官兵兜圍合剿。仍一面扼守蒙城，以免賊踪他竄。等因。欽此。連日督飭邱聯恩、史榮椿等整頓兵勇，崇安等移營向前，相機進勦。探知該匪自十一日勦敗以後，糾集捻衆，在界溝迆南之小奈集地方嘯聚，插旗放炮，以擾我軍。邱聯恩、史榮椿、崇安彼此商定督兵前進，於十八日五更，會合往勦。該匪約數千餘人，列陣抗拒，施放槍炮，儘力抵禦。我兵勇轉戰而前，邱聯恩等揮令馬隊由兩翼抄擊。該匪勢不能支，分東、西兩路逃竄。復經德楞額帶領吉林、黑龍江馬隊，由西路窮追，沿途殺斃及落河淹死者，共五百餘名。圖克唐阿帶領西安馬隊，由東路追趕，沿途殺斃二百餘名。兩路共生擒捻惡周老虎等三十餘名，奪獲大炮一尊，擡炮三十餘桿，刀矛八十餘件，旗幟十餘桿，馬、牛、騾頭三十餘匹，沿途遺弃槍炮及沉河者無算。餘匪渡河逃散。因隔河路徑紛雜，深恐中伏，當即收隊回營。至永城、鹿邑、夏邑邊界，俱有股匪窺伺，屢欲乘虚攻撲。節據各該縣知縣稟報，叠有斬獲，尚可無虞。

伏查該匪等竪旗設鋪，黨與極多。雖叠次勦辦大挫賊鋒，而分路堵拒，詭詐百出，仍不能不嚴加防範。臣現飭邱聯恩等，趁此賊焰稍衰，督兵步步進逼，互相策應，以期直擣雉河。臣俟各路兵勇逼近雉河賊巢，即當拔營前進，躬親調度，斷不敢托詞株守。一面知照袁甲三、徐宗幹，相機堵禦，俾免竄逸。惟豫省兵勇由北路進攻，則皖省南路防堵，尤不容稍形鬆勁。現據（穎）［潁］州府知府陸希湜稟稱：另有捻首祝幗安糾聚數千人，在（穎）［潁］上縣所屬韓擺渡等處過河，肆行焚掠，直逼縣城。而捻首龔得又分遣夥黨，在（穎）［潁］上縣東十八里鋪盤踞，意圖窺伺郡城。即會同游擊武全等，督帶兵勇、團練，馳往堵禦。該匪見官兵驟至，不知多寡，紛紛退回。隨即督率進勦，轟斃捻匪二千餘名，生擒五名，始將該匪擊退。惟現有兵勇不足一千，團練又不足恃，請即分兵援應等情。

臣查皖省之（穎）［潁］上、太和，與豫省之沈邱、項城、固始、息縣等處壤地毗連。若不迅圖撲滅，必致防不勝防。設該匪乘虚分竄沈、項等縣，即可直達周家口地方。豫省兵勇現當勦匪吃緊，節節進攻，實難分撥。若令全師繞出賊前，反致驅令北來，殊非善策。臣統籌全局，勢難兼顧。昨據鄭魁士函稱，珠克登、郝光甲等已帶兵二千名，於四月初五日行抵懷遠。該處百里以内，現無賊踪。臣已咨照該鎮等，星夜前進，防勦兼籌。并請旨飭下和春、福濟等，嚴飭珠克登、郝光甲，會同鄭魁士，督率兵勇，兜圍合勦，并嚴堵蒙城、（穎）［潁］州一帶，以杜南竄。

除督催鎮將等趕緊前進外，所有豫省兵勇近日獲勝，皖省南路亟籌防勦各緣由，謹繕摺具奏，伏乞皇上聖鑒。謹奏。

0240. 河南巡撫英桂行移具奏捻匪糾衆撲營官軍先挫後勝一摺奉上諭

咸豐六年四月二十五日

（上殘）。

計恭録上諭二道。

一　　　　　　　咨

欽差前都察院副堂王袁

直隸大名南陽總鎮史邱

河北總鎮崇

署徐州總鎮傅
安徽壽春總鎮鄭
署陝西陝安總鎮郝　煩為欽遵迅帶兵勇前進，會合攻剿。幸勿稍遲。望速施行。
甘肅西寧總鎮珠

前福建按察司徐　照會。

咸豐六年四月廿五日。軍務局齊榜元承。

具奏大股捻匪全壓豫營邱聯恩等督兵接仗兵勇敗退經崇安等接應獲勝一摺奉硃批上諭。

河南巡撫部院提督軍門英。劃。

監印官留豫即補府經歷縣丞俞炳。

附録上諭：著英桂嚴飭各鎮將務將皖豫交界股捻殲除淨盡

咸豐六年四月二十一日

咸豐六年四月二十一日内閣奉上諭：英桂奏，官軍剿辦捻匪獲勝情形一摺。河南捻匪經官兵叠次剿敗後，於本月初十夜間糾黨多人，在界溝集附近一帶放火。經邱聯恩、史榮椿、崇安督飭將弁兵勇施放槍炮，該匪分兩股來撲。邱聯恩等督兵迎敵。賊自東面包抄我軍之後，勢甚凶猛。崇安即將馬隊分為兩翼，各營兵勇分左、右、中三隊，嚴催各將領奮勇直前，施放槍炮。該匪仍前抗拒。副將樂善等帶領馬隊，由西面抄襲，賊匪始行敗退。東北一路，忽有另股匪徒欲包我軍後路，崇安親督副將珠隆阿等，各帶兵勇，分頭截擊，將賊壓退。樂善、德楞額等衝入賊陣，與格綳額馬隊夾攻，賊衆紛紛敗潰。官軍追殺三十餘里，自巳至酉，斃賊一千餘名，生擒李福厚等二十餘名，分别懲辦。奪獲大小槍炮六百三十二尊，旗幟、號衣、車輛、牛騾無算。此次剿辦捻匪，轉危為安，殲戮不少。着英桂嚴飭各該鎮將，務將皖、豫交界股匪殲除淨盡，以期直搗賊巢。并飛飭江、皖各兵，四路兜勦，毋稍延緩。所有敗退兵勇，着英桂查明懲辦；出力員弁，分別保奏；傷亡兵勇，確查請恤。欽此。

附録廷寄：軍機大臣字寄河南巡撫英桂著飭令邱聯恩等將附近捻巢剋日掃除

咸豐六年四月二十一日

軍機大臣字寄，河南巡撫英〈桂〉，咸豐六年四月二十一日奉上諭：英桂奏，捻匪糾衆撲營，官軍先挫後勝一摺。已明降諭旨，令英桂將敗退及出力各員，分別懲辦、酌奬矣。捻匪黨與過多，一經官軍進勦，輒復分股抄襲。邱聯恩等已早抵界溝。此次賊衆來撲，雖殲斃千餘，轉危為安，而凶鋒尚未大挫。著即飭令邱聯恩等，將附近賊巢剋日掃除，以便直擣雉河老巢，庶不致以賊衆兵寡，心存瞻顧，令賊勢益形猖獗。西安馬隊早已到營，西安緑營官兵一千名，綏遠城滿洲、土默特官兵一千名，何尚未到？著再飛檄嚴催，分投攻勦，步步前進，毋許再涉延宕。前命和春等於珠克登、郝光甲兩員内，揀派一員，分兵至鄭魁士軍營。并撥吉林、黑龍江餘丁馬隊五百名前赴徐州，又准將直隸官兵酌分一半，留徐協勦。兩處兵力，不為不厚。著英桂檄飭鄭魁士、傅振邦等，分派兵勇，合力圍攻，以期迅速竣事。將此由六百［里］諭令知之。

欽此。遵旨寄信前來。

0241. 河南巡撫英桂行移具奏嚴督邱聯恩等乘鋭攻捻嚴防扼勦一摺奉硃批上諭

咸豐六年五月初二日

札（軍需局。開歸徐道。候補周道。）照得本部院於咸豐六年四月二十三日，在商邱縣行營，由驛六百里具奏，豫省近日勦匪獲勝情形，仍嚴督邱聯恩等，乘鋭奮勇進攻，并皖省另股捻匪，竄擾潁上一帶，窺伺潁州，亟須嚴防扼勦一摺，業已抄摺（札知 咨送）在案。茲於五月初一日，奉到硃批：另有旨。欽此。同日，奉上諭一道。等因。承准此。除恭録咨行外，合就恭録札行。札到該（局，道，）即便（會同兩司，）欽遵（移行）查照。毋違。此札。

計恭録上諭一道。

札（軍需局。開歸徐道。候補周道。）

為恭録咨會事。竊照云前，除恭録咨行外，相應恭録咨會。為此合咨貴（都堂，部院，軍門，鎮，）請煩為欽遵查照辦理施行。

計恭録上諭一道。

一　　　　　　咨

欽差前都察院副堂王袁

安徽巡撫部院福

江南提督軍門和

安徽壽春總鎮鄭

署徐州總鎮傅

甘肅西寧總鎮珠

署陝西陝安總鎮郝

直隸大名南陽總鎮史邱

河北總鎮崇

前福建按察司徐　照會。

咸豐六年五月初二日。軍務局齊榜元承。

具奏豫省近日剿匪獲勝情形仍嚴督邱聯恩等進攻嚴防扼剿一摺奉硃批上諭。

河南巡撫部院提督軍門英。劃。

監印官留豫即補府經歷縣丞俞炳。

附録廷寄：軍機大臣字寄河南巡撫英桂著拔營前進并嚴飭邱聯恩等繼續進剿雉河捻巢

咸豐六年四月二十七日

軍機大臣字寄，江南提督和〈春〉、頭品頂戴安徽巡撫福〈濟〉、河南巡撫英〈桂〉，咸豐六年四月二十七日奉上諭：英桂奏，豫省剿匪獲勝，并皖省另股捻匪，竄擾潁上一帶，窺伺潁州，亟須嚴防扼剿等語。豫省捻匪，經邱聯恩、史榮椿等叠次進剿，已挫凶鋒，而分路堵拒，詭詐百出。捻首祝幗安復糾聚數千人，在潁上縣之韓擺渡等處，過河焚掠，直逼縣城。捻首龔得又分遣夥黨，在潁上縣東十八里鋪盤踞，意圖窺伺郡城。現在豫省兵勇既由北路進攻，則皖省南路尤不可稍形鬆懈，必須分兵策應，南北兜剿，方可悉數殲除，不致分途竄擾。珠克登、郝光甲等業已帶兵二千，行抵懷遠。該處百里以內查無賊踪，正可飭令前進，會同堵剿。著和春、福濟督飭該鎮等，會同鄭魁士，由懷遠前進，將潁上、潁州一帶賊匪，次第掃除。并［著］① 和春等酌量派兵，扼其南竄，為掃穴擒渠之計。英桂身膺統帥，固宜防賊北竄，亦不得托詞株守，自顧疆圉。著嚴飭邱聯恩等節節進剿，期與皖省南路之兵會合，直搗雉河賊巢。該撫亦即拔營前進，躬親調度，以副委任。將此由六百里各諭令知之。

欽此。遵旨寄信前來。

0242. 河南巡撫英桂行移具奏遵旨酌保豫省官軍迭次剿捻獲勝尤為出力之文武員弁兵勇摺

咸豐六年五月二十三日

札（標下中軍。軍需局。開歸徐道。候補周道。城守尉。）照得本部院於咸豐六年五月二十二日，在商邱縣行營，由驛具奏，查明豫省官軍迭次剿匪獲勝尤為出力之文武員弁兵勇，先行遵旨酌保，籲懇恩施，以示鼓勵一摺。除俟奉到硃批，另行恭録咨行外，合先抄摺札知。札到該（將，局，道，尉，）即便（會同兩司，移行）查照。毋違。此札。

計粘抄摺稿一紙。

札（考城營。標下中軍。軍需局。開歸徐道。候補周道。城守尉。）

為移咨事。竊照云前，相應抄摺咨送。為此合咨貴（都統，都堂，部院，軍門，將軍，鎮，）請煩為查照施行。

計粘抄摺稿一紙。

一　　咨

察哈爾都統

前任察哈爾都統西

欽差前都察院副堂袁

直隸閣督部堂桂

陝甘總督部堂易

江南總（漕、河）部堂（邵、庚）

---

① 據《文宗顯皇帝實録》（四）卷196，中華書局1987年版，第132頁。

江南提督軍門和

西安將軍

吉林將軍

黑龍江將軍

陝西巡撫部院

山東巡撫部院

安徽巡撫部院福

署徐州總鎮傅

安徽壽春總鎮鄭

大名南陽總鎮史邱

河北總鎮崇

前福建按察司徐　照會。

咸豐六年五月廿三日。軍務局齊榜元承。

具奏查明豫省官軍迭次剿匪獲勝尤為出力文武員弁兵勇鼓勵一摺。

河南巡撫部院提督軍門英。劃。

監印官留豫即補府經歷縣丞俞炳。

附録摺稿：河南巡撫英桂具奏遵旨酌保豫省官軍迭次剿捻獲勝尤為出力之文武員弁兵勇摺

咸豐六年五月二十二日

奏為查明豫省官軍迭次剿匪獲勝尤為出力之文武員弁兵勇，先行遵旨酌保，籲懇恩施，以示鼓勵，恭摺具奏，仰祈聖鑒事。

竊照亳州巨捻張樂行、蘇添幅、王貫三、龔得等，盤踞雉河，糾約夥黨，分股四出，竄擾江、皖、豫三省邊界，到處焚掠。周圍數百里以內，遍地匪踪。臣欽奉諭旨，督辦三省剿匪事務。抵宋之初，賊勢披猖，永城被圍，鹿邑告急，夏邑縣知縣被戕，江、皖兩省之蕭、碭、宿、亳、蒙、懷紛紛告警。宋郡去城數十里以外，賊騎縱橫，蜂屯蟻聚，幾於民賊不分。臣趕調各路兵勇，督飭各鎮將盡力剿辦。

先於正月二十九日，邱聯恩、周煦徵等在石榴堌站大敗賊衆，力却凶鋒。而匪勢方張，復糾合大衆，前來報復。兵勇衆寡不敵，勢不能支。賊撲近郡城。臣整頓兵勇，且堵且剿。賊知有備，始行退去。臣復督飭將士，添募壯勇，派撥弁兵，分投剿辦。首解永城之圍，以次掃除虞、夏零匪，將郡城附近村落搜剿肅清。

其時，西凌阿所帶吉林、黑龍江馬隊官兵，及所調本省各路兵勇，亦陸續齊集，駐扎谷熟集，督同進剿。三月初八日，大股捻匪二萬餘人，由杜集來撲谷熟集營盤。邱聯恩、史榮椿等，督兵分東、西兩路迎擊。史榮椿率領刀矛兵勇，由中路直衝賊隊；邱聯恩指揮馬隊，分抄賊後。鏖戰多時，勇氣百倍。該匪始行敗退。官兵跟踪趕殺，共斃匪一千餘名，生擒捻目張占魁等四十三名，追奔三十餘里，奪獲槍炮四百餘件。餘匪四散。當飭邱聯恩等，將近地捻匪剿除淨盡，由谷熟移師營廓集扎營，相機前進。并飭崇安督帶兵勇，由谷熟西南，分路進剿。當以兵力尚單，適西安馬隊行抵宋郡，即經臣奏准留營助剿。

偵知該匪等在五馬溝糾聚三萬餘人，分作兩股，一由東南來撲邱聯恩等營盤，一向西繞北，抄襲我軍後路。三月二十九日，邱聯恩、史榮椿督率馬步各隊，迎剿至界溝集地方。該匪列陣以待。因風勢不順，槍炮難施，兵勇鋒刃相接。候補知縣宮國勛、縣丞張學醇，從西哨首先衝入賊陣。總管格綳額帶領馬隊，亦從西繞出賊後。邱聯恩等從東奮力包圍。史榮椿等直搗中堅。四面夾擊，該匪大敗，向東南逃竄。窮追三十餘里，斬殺二千餘人，生擒捻首張拴等數十名，奪獲軍械無算。崇安亦於是日探得馬、步賊匪，約有一萬四五千人，接踵而來，距北十字河十有餘里。該鎮即整隊迎剿，總管德楞額等帶領馬隊衝擊。該匪立時敗退。該鎮督同副將樂善等，奮勇擊剿。自辰至未，追殺五十餘里，殲賊五六百名，生擒捻首張裕灐等數十名，奪獲炮械、車馬甚多。當經臣奏奉上諭：在事出力文武員弁，著查明保奏，候朕施恩。等因。欽此。

該匪自敗退後，復又糾集夥黨，合併一股，連次偷劫邱聯恩等營盤，均經兵勇擊退。是時，各捻股麕聚亳境五馬溝一帶，尚圖報復。邱聯恩等約會崇安及各營將弁，於四月初八日，分三路齊進。至五馬溝迆西閻集地方，該匪擁衆萬餘人，列陣迎撲，勢甚凶猛。邱聯恩、史榮椿、崇安、格綳額、德楞額等、樂善三路馬步各隊，併力而進，槍炮齊施，刀矛并舉。匪衆不支，紛紛敗退。我兵乘勢追殺十餘里，斃賊一千餘名，生擒首要匪犯于孝文等三十餘名，奪獲槍炮三百餘件，車百餘輛，牛馬、驢騾、器械、旗幟無數，并獲僞印二顆。

該匪迭經剿敗，創巨痛深，糾約死黨，拚命來鬥。復集大股捻衆，分五色旗幟，合力全來。初十日夜間，在界溝附近地方，火光四起，炮聲不絶。天明，遂分兩大股蓋地而來。邱聯恩督兵迎敵。正在相持之際，賊忽分股自東面包抄我軍之後，攻毀營盤。兵勇見而驚亂。崇安即將馬隊分為兩翼，各營兵勇分左、右、中三隊，嚴催各將領、文武員弁，奮勇直前。槍炮連環轟擊，該匪抗拒如故。經副將樂善、總管德楞額、委營總莫爾賡阿、守備承惠等，帶領馬隊，由西抄襲，賊始敗退。忽見東北另股賊匪，又欲包我軍後路，崇安恐中奸計，親督副將珠隆阿、游擊王鳳祥、都司唐佐清、佐領松志、把總周廷舉、陳衛林、捐升知府張廷璽、通判王珠炳等，各帶兵勇，分頭截擊，將賊壓退。樂善、德楞額等衝入賊陣。適總管格綳額帶領馬隊，由北路截殺，前來會合夾攻，賊衆紛潰。追趕三十餘里，自巳至酉，殺賊一千餘名，生擒李幅厚等二十餘名，奪獲槍炮六百三十二尊，旗幟、號衣、車輛、牛騾無算。經臣具奏查明敗退及出力各員弁并傷亡兵勇，分別辦理。欽奉上諭：所有敗退兵勇，著查明懲辦。出力員弁，分別保奏。傷亡兵勇，確查請恤。等因。欽此。仰見聖主鼓舞人材，分別勸懲至意，欽感莫名。

遵查自臣督兵剿辦以來，各將弁兵勇踴躍用命，先將本境肅清，節節進剿。計正月二十九日以後，至四月十一日，迭次與匪接仗，轉戰而前，直抵亳境。中間五獲大勝，屢挫賊鋒。在事各文武員弁兵勇，均屬奮不顧身，力戰殺賊，著有微勞。而吉林、黑龍江馬隊，尤為得力。除邱聯恩、崇安、格綳額、德楞額、莫爾賡阿、樂善、張廷璽等，俱已奏懇恩施，立予開復，并給優獎，敗退之富倫、南宮賓二員，業已斥革外，謹擇其尤為出力者，核實繕具清單，恭呈御覽。合無仰懇天恩，俯准獎勵，以昭激勸，出自鴻施。至其次出力各員，由臣分別外獎。傷亡兵勇，另行咨部辦理。

其四月十一日以後，續又連獲勝仗，直擣賊巢。所有出力各員，容俟查明，再行保奏。合併陳明。

謹繕摺具奏，伏乞皇上聖鑒訓示。謹奏。

謹將叠次剿匪獲勝尤為出力之文武員弁兵勇，繕具清單，恭呈御覽。

吉林委參領防禦德順、委參領領催德春、委參領領催全福、委防禦領催富隆阿、委參領防禦穆克登額。以上五員，叠次打仗，最為勇敢，身先士卒，突陣衝鋒，均請賞戴花翎。德順并請以佐領即補。全福并請以驍騎校即補。

吉林委參領前鋒隆德、委防禦領催富奎。以上二員，叠次剿賊，勇往爭先，最為出力，均請以驍騎校即補，并賞戴藍翎。

吉林委驍騎校領催朱爾松阿、雙奎，委官馬甲額勒全保、全德、連春，馬甲依立布、常海、穆特布、德全、占桂，黑龍江委筆帖式領催喜蘭保，委驍騎校旗長札拉芬布，七品頂戴領催興福、阿成阿，七品頂戴馬甲果勒敏，前鋒穆騰額，馬甲玉明、依蘭保、六十七，領催愛興阿，藍翎馬甲諾蒙阿、恩保、色楞泰。以上二十三員名，疊次打仗勇往直前，均請以驍騎校升用。

黑龍江委營總額外協領佐領富勒德恩布、委營總一等輕車都尉訥恩德善、委參領驍騎校楚勒綱阿、委參領六品官色克通額。以上四員，督率馬隊，疊次剿賊奮勇衝突，所向無前。富勒德恩布，請賞加勇號。訥恩德善、楚勒綱阿，均請賞戴花翎。色克通額，請以四品官升用。

黑龍江委參領藍翎驍騎校法克吉布，委參領藍翎額外驍騎校薩薩布，即補驍騎校藍翎領催安常，藍翎前鋒儘先升用富勒渾，委參領藍翎領催烏爾興阿，委參領藍翎佐領扎斯洪阿，委防禦藍翎驍騎校克蒙額、勝德、常興。以上九員，督隊衝擊，無不奮勇當先，力挫賊鋒，异常出力，均請賞换花翎。法克吉布，并請以佐領升用。薩薩布，并請免補驍騎校，以防禦升用。安常、富勒渾，并均請賞給五品頂戴。扎斯洪阿，并請賞給額外協領。克蒙額，并請以防禦升用。

察哈爾即補防禦藍翎前鋒校額勒洪額、委防禦藍（領）［翎］前鋒儘先升用富爾蓀、驍騎校用馬甲色布什新泰、藍翎馬甲訥莫春。以上四員，隨隊殺賊，奮勇出力。額勒洪額、富爾蓀，均請賞换花翎。色布什新泰，請賞戴藍（領）［翎］。訥莫春，請以驍騎校儘先補用。

黑龍江委驍騎校領催常淩、吉林委驍騎校馬甲盛安。以上二員，疊次打仗，奮不顧身，均請賞給五品頂戴。

吉林馬甲關喜、慶長，黑龍江馬甲恩特亨額、巴爾加布、傅德保、奇興阿、卓立布、萬德。以上八名，奮勇争先，不避矢石，均請賞給六品翎頂。

吉林委參領驍騎校常德，委參領領催德勝，委防禦領催順福、富和、舒林、永海，委防禦前鋒永慶，委驍騎校領催富勒松額、榮太、常海，委驍騎前鋒台興阿，委驍騎校馬甲雙春，委驍騎校領催托隆阿，委筆帖式領催富順、淩德，委官馬甲金壽、貴明，六品頂戴佛冲阿，委官領催六十、阿全保、德升，六品軍功馬甲全成、開淩阿，馬甲永海、勝德、阿克敦、托明阿、穆精阿、德明、德全、全保、關升、慶林、常亮、訥音布、雙壽、常奎、奎成、永順、舒才、德成、永連、雙元、舒和、富升阿、成和、常桂、依常阿、德勝、慶昌、永福、賡音布、巴林保、喜常、慶壽、富祥、戴明阿、德惠、薩淩阿、喜成、烏淩阿、春林、春奎、春亮、春全、春和、平喜、常安、雙玉、占祥、烏爾西蘇、永和、廣升、慶春、明安、烏爾格布、順福、常林、富奎、孫連登、富成阿、明禄、永成、富全、成亮、全喜，黑龍江委防禦前鋒依淩阿，委防禦額外驍騎校領催色普清額，委驍騎校馬甲德倫保，委驍騎校領催衛淩阿，委筆帖式馬甲額爾根巴圖，委防禦馬甲伊克唐阿，正額筆帖式領催蘇明阿、德明，六品頂戴馬甲烏爾棍布、春喜，七品頂戴馬甲博泰、善慶、烏爾增阿、富清額、德禮布、嘎布康、金山保、崇慧、烏拉喜布、班達爾喜、海清阿，前鋒爾登布，七品頂戴領催色密善，馬甲博勒渾、常德、達淩阿、訥因布、薩音德爾赫里、滿鐵、恩特恒額、依鐵保、雙成、依克坦布、伊克他布、拜林、伊肯布、雙明、阿隆阿、台隆阿、穆精額、琦克希布、咬住、恩特和布、恩特恨布、阿克東阿、德平阿、倭倫春、諾密善、富清阿、額勒登額、德長阿、烏興阿、富色布、烏爾恭阿、富興阿、音德布、富保、吉普希布、額勒錦布、德淩阿、珠爾松阿、齊克坦、音德布、鐵保、依能額、吉松阿、全勝、萬欽保、郭爾胡善、鐵福、薩音巴圖、吉拉布、徵齡巴彥吉爾、嘎爾、滿格、薩淩阿、勒爾豐額、烏章阿、巴彥圖、豐清阿、格圖肯、西拉布、保成、富色鏗額、吉克蘇隆、阿克東阿、勝德、長全、札克丹、倭恒額、烏西杭阿、札克松阿。以上一百七十六名，叠次打仗，俱為奮勇衝擊，力戰殺賊，均請賞戴藍翎。博勒渾，并請賞給額外驍騎校。

西安滿洲營委營總佐領圖克唐阿、委參領藍翎佐領佛爾果春。該二員督帶馬隊，奮勇殺賊，尤為出力。圖克唐阿，請以協領儘先升用。佛爾果春，請賞換花翎。

西安滿洲營武舉領催烏當阿、領催玉英。該二員叠次打仗，最為勇敢，均請以驍騎校儘先升用。

西安滿洲營委參領雲騎尉額騰額，驍騎校伊克精阿、色靈阿，前鋒樂善、噶爾薩本、托克托布、倭克吉布、定祥、沙金圖，馬甲薩斌泰、倭什琿、祥善、色布通額、錫齡、祥福、音登額、烏勒喜、本靈惠、柯克森布。以上十九員名，迭次剿賊，勇往争先，均請賞戴藍翎。樂善，并以驍騎校儘先升用。

直隸山永協副將珠隆阿、直隸鄭家口游擊鄭邦俊、河南開封營游擊馬春華、直隸候補都司德禄、直隸署杜勝營都司王懷玉。該將弁等帶兵剿賊，均能身先士卒，叠著戰功。珠隆阿、鄭邦俊，均請賞戴花翎。馬春華請以參將留豫即補。德禄請免補都司，以游擊仍歸直隸即補。王懷玉請加都司銜，并賞戴藍翎。

指發河南候補通判王珠炳、安徽知州銜候補知縣宫國勛、升用知縣（南河）［河南］候補縣丞張學醇、四川試用縣丞王蔭之、河南分缺先用典史陳憲元、指發河南候補典史汪文甲、縣丞職銜許允昇、六品軍功勇目關堃。以上八員名，管帶練勇協同剿賊，叠獲勝仗，最為出力。王珠炳請俟補缺後以直隸州知州用，先換頂戴。宫國勛請免補知縣，以知州留豫補用。張學醇請免補縣丞，以知縣留豫補用。王蔭之請歸原省，分缺先班補用。陳憲元請免補本班，以府經歷補用。汪文甲請歸分缺，先班補用。許允升請以縣丞留豫補用。關堃請以巡檢留豫補用。宮國勛、張學醇、關堃，并均請賞戴藍翎。

河南揀發守備承惠，雲騎尉程占鰲，安徽五品頂戴候補千總孫之友，孟縣汛把總萬鵬程，舞陽汛把總馬彭齡，信陽汛把總胡鳳山，署裕州汛千總效力武舉石璋，山東撫標右營候補把總武舉王世政，濟南城守營馬兵王玉玲，六品軍功勇目宋慶、張學增。該弁等叠次打仗，勇敢當先，出力最優。承惠請免補本班，留豫以都司即補。程占鰲請以守備儘先補用。孫之友請以守備歸安徽即補。萬鵬程、馬彭齡、胡鳳山、石璋，均請以千總儘先即補。王世政請以千總歸山東儘先拔補。王玉玲請以額外外委歸山東儘先拔補。宋慶、張學增，均請以千總留營拔補。以上十一員名，并均請賞戴藍翎。

河北鎮標署右營守備候補守備王魁元、武涉汛千總趙思咸、內黄營候補千總恩騎尉司泉、考城營舊城汛把總周廷舉、光州營把總王喜魁、山東單縣營經制外委李本、陽武汛經制外委韓玉山。以上七弁，叠次剿賊，勇敢出力。王魁元請加都司銜。趙思咸請以守備儘先補用。司泉、周廷舉、王喜魁，均請以千總儘先即補。李本請以千總歸山東儘先拔補。韓玉山請以千總用。

河南滿洲營即補驍騎校炳文，馬甲奇撤訥、奎雲，直隸開州營把總趙遇春，河南陳州營太康汛把總祁瑞年，汝寧營額外外委張祥麟，襄城營額外外委趙敬修，陳州營額外外委陳大德，高邱汛經制外委李文元，直隸城守營額外外委任金祥，大名鎮標左營額外外委馬兵張太清、馬兵張春泉，開州營馬兵程萬隆、王先振，長垣營馬兵鄭新德、王文仲、趙彬、王國興，山東濟南城守營額外外委馬兵李太林，守兵索桐、趙大成，軍功勇目周化田。以上二十二員名，叠次殺賊勇往出力，均請賞戴藍翎。

直隸長垣營經制外委楊鳳儀，大名鎮標右營額外外委張金斗，廣平營額外外委張兆熊，山東濟南城守營經制外委石占鰲，河南鄧新營額外外委丁振基，撫標左營經制外委張世臣，滑縣經制外委王榮棠，河南營經制外委馬鳳山、候補經制外委高樹棠，撫標右營馬兵黄恩多，軍功勇目龐得清、燕滋、李永禄、王化隆。以上十四名，叠次打仗，奮不顧身，争先殺賊，均請以把總各歸原省，分别留營儘先補用，并賞戴藍翎。

山東撫標左營候補經制外委金振標，東昌營額外外委孫金科，壽張營額外外委尹奉書，德州營額外外委佟鶴鳴、候補經制外委郭士儒，河南撫標左營經制外委杜錫田，鄧新營額外外委彭燦章，河南營經制外委閃必壽、白萬春、張士傑，內黄營經制外委張玉振，左營額外外委白鶴鳴，右營額外外委閃鳳來、侯照明、馬士元，勇目王純、鄧長清、藍起元、孫廣明、轉占林、鄧長繼、劉玉山。以上二十二名，打仗當先，俱屬奮勇出力，均請以把總各歸原省，分别留營儘先拔補。

直隸東明營額外外委張景清、王進德，杜勝營額外外委苑慶，長垣營額外外委梁盛，山東六品軍功額外外委馬兵王連捷，撫標馬兵李長慶、金兆貴，濟南城守營馬兵黄壽玲，河南開封營額外外委周永清，滑縣營額外外委王奉，署温縣汛外委左營馬兵靳乾，撫標左營馬兵韓傑，右營馬兵尼俊，軍功勇目陳敬忠、陳玉振、胡有剛、李玉林。以上十七名，打仗勇往，奮勉出力，均請以經制外委各歸原省，分别留營儘先補用。張景清、王連捷、黄壽玲、周永清、王奉、韓傑、尼俊、陳敬忠，并賞戴藍翎。

甘肅西寧鎮標永安營步兵王仲仁，山東濟南城守營馬兵王玉岐，戰兵唐吉鳳，守兵蔡得順、孟繼康，南陽鎮標右營馬兵劉得貴、郭占魁、巴玉明、葉承烈、葉長森、馬興玉、劉殿甲、史殿元、孫鼎甲，守兵徐振清、余得海、段松林，左營馬兵魏銑、趙雲鵬、孔昭金、任萬章、李書田、謝即升、陳大用、馬永清、李長生，守兵朱全德、潘明清、李瑞武，鄧新營馬兵趙鳳春、齊克仁、丁基顕，守兵柴安義，襄城營馬兵毛士昌，守兵傅明太、張中元，荊關營守兵王昇、賈如成，河北鎮標右營馬兵董嘉會，投效從九品銜劉謨、哈明璧，勇目胡思忠、王榮、朱懷泗、苗玉榮、張遐齡。以上四十六名，奮勇争先，迭次打仗斬獲甚多，均請賞給六品翎頂。

0243. 河南巡撫英桂行移具奏遵旨酌保豫省官軍迭次剿捻獲勝尤為出力之文武員弁兵勇一摺奉硃批上諭

咸豐六年六月初二日

札標下中軍。軍需局。開歸徐道。候補周道。城守尉。照得本部院於咸豐六年五月二十二日，在商邱縣行營，由驛具奏，查明豫省官軍迭次剿匪獲勝尤為出力之文武員弁兵勇，先行遵旨酌保，籲懇恩施，以示鼓勵一摺，業已抄摺札知咨送在案。兹於六月初二日，在亳州行營，奉到硃批：另有旨。欽此。同日，承准軍機大臣知會：貴撫具奏各摺片，除恭録諭旨知照外，其保舉總單，均係照所請允准。因抄録不及，特此知會。等因。承准此。除恭録咨行外，合就恭録札行。札到該將，局，道，尉，即便會同兩司，移行欽遵查照。毋違。此札。

札標下中軍。軍需局。開歸徐道。候補周道。城守尉。

為恭録咨會事。竊照云前，相應恭録咨會。為此合咨貴都統，京堂，鎮，請煩為欽遵查照施行。

一 咨
察哈爾都統西
欽差候補三品京堂袁
大名南陽總鎮史邱
河北總鎮崇

咸豐六年六月初二日。軍務局齊榜元承。
具奏查明豫省官軍迭次剿匪獲勝尤為出力文武員弁鼓勵一摺奉硃批上諭。
河南巡撫部院提督軍門英。劃。

監印官留豫即補府經歷縣丞俞炳。

0244. 河南巡撫英桂行移具奏遵旨酌保豫省官軍迭次剿捻獲勝尤為出力之文武員弁兵勇一摺奉硃批上諭

咸豐六年六月初三日

札軍需局。照得本部院於咸豐六年五月二十二日，在商邱縣行營，由驛具奏，查明豫省官軍迭次剿匪獲勝尤為出力之文武員弁兵勇，先行遵旨酌保，籲懇恩施，以示鼓勵一摺，業已抄摺札知咨送在案。兹於六月初二日，在亳州行營，奉到硃批：另有旨。欽此。同日，奉到咸豐六年五月二十六日內閣奉上諭：英桂奏保剿匪出力之黑龍江委營總額外協領佐領富勒德恩布，著賞給額呼克依巴圖魯名號。欽此。合就恭録札行。札到該局，即便會同兩司，移行欽遵查照。毋違。此札。

札軍需局。

為恭録咨會事。竊照云前，相應恭録咨會。為此合咨貴都統，京堂，將軍，鎮，請煩為欽遵查照施行。

一 咨
察哈爾都統西
欽差候補三品京堂袁

黑龍江將軍

大名南陽總鎮史邱

河北總鎮崇

咸豐六年六月初三日。軍務局齊榜元承。

具奏查明豫省官軍迭次剿匪獲勝尤為出力文武員弁鼓勵一摺奉硃批上諭。

河南巡撫部院提督軍門英。劃。

監印官留豫即補府經歷縣丞俞炳。

0245. 河南巡撫英桂為附奏徐廷烺捐製擡炮鳥槍請以知府仍留豫省歸候補班補用一片行軍需局札

咸豐六年六月二十日

札軍需局。照得本部院於咸豐六年六月十五日，在亳州行營附奏，署洛陽縣知縣徐廷烺捐製擡炮、鳥槍，請以知府仍留豫省，歸候補班補用緣由一片。除俟奉到硃批，另行恭録札知外，合先抄片札行。札到該局，即便會同兩司，轉飭知照。毋違。此札。

計粘抄片稿一紙。

札軍需局。

六月十九日送稿。

布政司代印。

咸豐六年六月廿日。軍務局承。

附奏署洛陽縣知縣徐廷烺捐製擡炮鳥槍請以知府仍留豫省歸候補班補用緣由一片。

河南巡撫部院兼提督軍門英。劃。

附録片稿：河南巡撫英桂附奏徐廷烺捐製擡炮鳥槍請以知府仍留豫省歸候補班補用片

咸豐六年六月十五日

再，臣查上年冬月至今，豫省剿辦捻匪吃緊，需用槍炮甚多，亟須隨時製備。經軍需局、司、道派令淅川同知署洛陽縣知縣徐廷烺，趕造擡炮八百桿，鳥槍三百桿。業經由局驗收，解赴臣行營，分撥應用施放，甚為得力。核計例價，共實銀四千六百八十餘兩。該員因知經費支絀，禀請情願自行捐廉辦理，實屬踴躍急公，未便没其微忱。據軍需局、司、道詳請具奏前來。合無仰懇天恩，俯准將河南南陽府淅川同知現署河南府洛陽縣知縣徐廷烺，以知府仍留豫省，歸候補班補用，俾示鼓勵之處，出自逾格鴻慈。

再，此項軍器，係屬捐辦，請免造册報銷。合併聲明。

謹附片具奏，伏乞聖鑒訓示。謹奏。

0246. 河南巡撫英桂為附奏徐廷烺捐製擡炮鳥槍請以知府仍留豫省歸候補班補用一片奉硃批事行軍需局札

咸豐六年七月十一日

札軍需局。照得本部院於咸豐六年六月十五日，在亳州行營附奏，署洛陽縣知縣徐廷烺捐製擡炮、鳥槍，請以知府仍留豫省，歸候補班補用緣由一片，業已抄片札知在案。兹於七月初八日，在亳州行營，奉到硃批：另有旨。欽此。合就恭録札行。札到該局，即便會同兩司，欽遵轉飭知照。毋違。此札。

札軍需局。

七月初十日送稿。

咸豐六年七月十一日。軍務局承。

附奏署洛陽縣知縣徐廷烺捐製擡炮鳥槍請以知府仍留豫省歸候補班補用緣由一片奉硃批。

河南巡撫部院兼提督軍門英。劃。

0247. 河南巡撫英桂行移具奏大股捻軍回竄雉河分擾臨涣江豫各軍移營扼守并袁甲三分路進剿獲勝摺

咸豐六年八月初三日

札　。照得本部院於咸豐六年八月初二日，在淮寧縣行營，由驛六百里具奏，大股捻匪回竄，復踞雉河，分擾臨涣，江、豫各軍移營扼守，并袁〈甲三〉分路進剿，連獲勝仗一摺。除俟奉到硃批，另行恭録札知移咨外，合先抄摺札行。咨送。札到該局，道，即便會同兩司，移行查照。毋違。此札。

計粘抄摺稿一紙。

札軍需局。開歸徐道。候補賈道。

為咨送事。竊照云前，合先抄摺咨送。為此合咨貴　，請煩為查照施行。

計粘抄摺稿一紙。

一　　　咨

欽差都察院副堂王
候補三品京堂袁

欽賞四品卿銜王

江南總漕河部堂

安徽巡撫部院

江南提督軍門和

前署陝西陝安總鎮郝

甘肅西寧總鎮珠

安徽壽春總鎮鄭

署徐州總鎮大名總鎮史

南陽河北總鎮邱崇

二等侍衛多

前福建按察司徐　照會。

咸豐六年八月初三日。軍務局鄧式南承。

具奏大股捻匪回竄雉河分擾臨渙江豫各軍移營扼守并袁分路進剿獲勝一摺。

河南巡撫部院提督軍門英。劃。

監印官留豫即補府經歷縣丞俞炳。

附録摺稿：河南巡撫英桂具奏大股捻軍回竄雉河分擾臨渙江豫各軍移營扼守并袁甲三分路進剿獲勝摺

咸豐六年八月初二日

奏為大股捻匪回竄，復踞雉河，分擾臨渙，江、豫各軍移營扼守，并袁甲三分路進剿，連獲勝仗，恭摺奏祈聖鑒事。

竊臣前將捻匪由潁州分股紛竄，袁甲三督兵追剿各情，繕摺奏聞在案。拜摺後，接准西凌阿、崇安函稱：因該匪由蒙城分東、西、南三路而來，包抄我軍營盤，兵勇抵死迎拒，無如衆寡懸殊，腹背受敵，力難支持，祇得且戰且退，移營寺集，以待援兵。

又，據徐州道王夢齡禀稱：接據參將興慶等函稱：七月二十二日夜間，探得捻匪大股自曹市集來撲臨渙營盤，我軍即於是夜四更，出四成隊前往迎剿，共馬、步兵勇一千二百名。宿州知州才宇和，帶領團練數千人，隨往助戰。二十三日黎明時分，行至大柳村，遥見賊衆遍野而來，約有萬餘人。興慶、明山整隊迎敵。先有騎馬賊百餘人向前衝陣。我軍開放連環槍炮，轟斃三十餘名。餘俱敗退。興慶等奮勇進攻，又斃賊二百餘人。維時東南另有賊股約二千餘人，欲抄我後路。團練紛紛驚怯。明山所帶之吉林餘丁，亦隨同退走。該匪乘勢直撲。我軍挨次施放排槍，又擊殺賊匪百餘人。賊衆不敢緊追，我軍徐退回營。查點兵勇，陣亡三十餘名。正擬次早再行出隊，詎是日酉刻探知，賊分兩股，一由東路竄宿州，一由西路竄永城，意圖徑撲蕭縣。才宇和即回城守禦。匪勢甚衆。恐將來欲歸無路，且徐境甚為空虛，已將兵勇移營蕭縣瓦子口地方，固守徐郡門户。各等情。

臣查雉河為該匪積年老巢，到處皆可煽惑。如東南不能逞志，逆料其必復回竄。叠經咨照西凌阿、崇安等，嚴密防範。并因豫省大隊兵勇皆隨袁甲三赴南路追剿，該處兵力太單，復飭恩臨移龍山之兵歸併雉河，宮國勛等管帶壯勇一千名，由亳州前往接應，合力遏其北竄。并經袁甲三飭令營總關保與侍衛伊興額之馬隊，結隊同赴雉河，兼顧臨渙。旋聞捻匪向北紛竄，仍飭恩臨帶兵折回，會同徐州原駐兵勇，加意防堵。乃西凌阿、興慶等并不扼守雉河、臨渙，輒以賊衆兵單，各自退守。臣聞信莫名憤懣。

查史榮椿已由潁郡北來，當即飛咨該鎮，就近星速帶兵馳回，督同興慶、王夢齡等，妥籌堵剿。如該匪仍向西南竄回，即督飭兵勇，由北而南，與豫軍兩面夾擊。一面咨照袁甲三，相機分兵往援。嚴飭崇安會合各路兵勇，務將雉河之匪剋日殲除。尤恐歸德附近伏莽，聞風蠢動，與大股勾結，咨令西凌阿回駐該郡，會同徐宗幹，妥為控制，以固北路藩籬。飭令參將張會川等，於所帶山西官兵內挑選五百餘名，駐扎永城，與徐、宿之兵，互為聲援。其沈邱、項城等處，直達陳州，可通周口。現在匪踪靡定，時虞竄入。已飭候補參將馬春華，督同都司保英等，帶領兵勇，前赴鹿、亳交界張斌營、梅城集適中之處，擇要駐守，與各鄉團聯络聲勢。并飭侍衛多慧，帶兵由正陽關移駐太和，策應潁州，兼顧沈、項，以杜紛竄。

正在布置間，承准軍機大臣字寄，咸豐六年七月二十四日奉上諭：現在英〈桂〉駐扎陳州，距潁較遠。據奏，袁甲三非假以事權，恐呼應不靈。已降旨令袁甲三就近調度，如有藉詞規避之員，會同英〈桂〉參奏。惟英〈桂〉係總統大員，責無旁貸。所有各路兵勇，仍當統歸該撫調遣。務當嚴飭帶兵將弁實力兜剿，并隨時接應潁、亳等處，聯絡聲勢，不得專顧豫境，稍分畛域。等因。欽此。跪誦之下，悚惕尤深。

本月初一日，接准袁甲三函稱：已與邱聯恩、史榮椿等馳抵亳州，當派格綳額等管帶馬隊，以探為剿。行至渦河口，突有馬步賊匪數百名，沿河抗拒。當即列隊，槍箭齊施，斃賊二百餘名，追殺數十名，奪獲馬五匹，刀矛、旗幟一百餘件。因探知附近各村均有賊匪埋伏，未能窮追。連日確探賊踪，大股現在雉河東北一帶，浮踞無定。寺集等處，亦多有賊騎往來哨探。崇安等隨時均有斬獲。二十三日，廟集地方復有匪衆竄擾。我軍即出隊往剿，擊殺數十名，并奪獲軍械、馬匹等件。餘匪向東北奔逃。我軍乘勝即在廟集駐扎。又探得亳州南境，如三丈口、立德寺以東，亦有匪黨聚散無常。該處為陳州要隘，必須設法兼顧，以期周密。并探聞臨渙已被賊擾，徐州兵勇退守瓦子口。該匪知大兵逼近雉河，大股已折回抗拒。體察情形，并計全局，東南之剿固屬刻不可緩，而西北之防亦係萬分緊要。與邱聯恩、崇安等再四籌商，即分兵兩路，合搗雉河。南路一軍，於二十七日卯刻，由亳州南四十餘里之江信溜啓行。甫到集外，探有黑旗馬步賊匪三四千人，相距十餘里，向西而來。當經袁保恒與各營會商，列隊東迎。行至清水河，遇賊接仗。槍炮齊開，轟斃多名。賊勢稍却。忽從西北村内另出千餘賊，向前圍裹左哨兵勇。勢已危急，袁保恒即帶勇奮力衝突，由西轉戰而東。副將朱連泰、都司金泰同等，亦帶兵相繼併進。始而槍炮火箭無一虛發，繼而刀矛并舉，所向披靡。賊勢不支，立時潰敗。馬、步兵勇，分路追殺十餘里，共計斃賊千餘名，奪獲槍炮二百餘件，旗幟、刀矛無算，大車四十餘輛，輜重甚多。同時收隊。休息未定，旋有南路練總報稱，龔逆等率領白旗五六千人，由集之正南，向東北抄裹。又據報，距集東南八里外之橋口，派有團練把守，已被馬賊三四百人衝散踞住。當即飭令袁保恒帶勇在趙王河北岸排列，守定集内橋口。又派金泰同帶兵排列東邊河岸。甫經成陣，即見賊馬數百來至集南，後有黑、白、藍三旗。賊衆數千，由集東數里外過河，欲誘我迎剿，北渡抄截我後。維時邱聯恩等各帶馬步兵勇，奮勇直前，賊衆四散奔逃。我軍沿途追殺，復殲斃二千餘名。天已昏黑，未便深入，因即收隊回營，加意嚴備。奪獲槍炮、旗幟各三百餘件，騾馬五十餘匹，生擒張狗等六十餘名，訊明立即正法。統計是日，自辰至戌，兩獲大勝，共斃賊三四千人，奪獲槍炮六百餘件。我兵受傷十餘人，陣亡徐州外委王金標、張金標、張輔治等三人，兵勇數十人。現擬即與北岸一軍，分頭進剿等情。

臣查該匪自攻破三河尖以來，各處裹脅，逆焰復張。仰賴皇上天威，一日兩戰，皆獲勝仗。急宜乘此聲威，迅速由西北兜剿，以免蔓延。惟該匪等一經擊敗，勢必仍向東南奔竄。如追兵抄出賊前，迎頭截擊，則西北又慮空虛；如僅跟踪追剿，則東南無兵阻遏，斷不能一鼓殲除。倘復蹈前轍，功敗垂成，餉竭師疲，後患何堪設想。臣統籌兼顧，焦灼萬分。

伏查總兵郝光甲等，經臣奏參，欽奉諭旨，從嚴懲處，自必奮勉圖功。惟時皖省各軍，每遇徵調，輒借剿辦本地土匪為詞，群相觀望。若不專厥責成，仍恐遷延貽誤。臣仰蒙天恩，畀以三省剿匪重任，非敢稍分畛域，意存推諉。第計慮所及，若不據實瀝陳於聖主之前，致誤事機，則負咎尤甚。相應請旨，飭下鄭魁士，嚴督郝光甲、珠克登、塔思哈等，各就所帶兵勇，剋日進逼，以剿為防，力遏東南各路。倘該匪等被剿奔突，即責成該總兵等，與豫省追兵合力夾擊，庶足以擒渠魁而殲醜類。

除嚴飭各路兵勇迅速兜剿，并西凌阿、興慶等移營退守是否實係衆寡不敵，抑係怯敵不前，容俟查明參辦外，所有捻匪大股復踞雉河，分擾臨渙，官兵接仗獲勝各緣由，謹繕摺具奏，伏乞皇上聖鑒訓示。謹奏。

0248. 河南巡撫英桂行移邵燦及庚長會奏捻軍仍踞雉河請飭史榮椿趕緊折回一摺奉上諭

咸豐六年八月初十日

札軍需局。照得本部院於咸豐六年八月初九日，在淮寧縣行營，承准軍機大臣字寄，漕運總督邵〈燦〉、江南河道總督庚〈長〉、河南巡撫英〈桂〉，咸豐六年八月初五日奉上諭：邵燦、庚長奏，捻匪仍踞雉河，請飭史榮椿趕緊折回一摺。雉河集賊巢，經袁甲三督兵［攻］① 毀後，英桂曾派西凌阿、崇安等在彼駐扎，以資防剿。兹據邵燦等奏，雉河地方復有賊踞，係黑白兩幟。其餘匪黨，分竄蒙城，仍有至雉河聚集之説。捻匪飄忽靡常，現復回竄老巢。何以西凌阿、崇安等并不實力防剿，任令該匪竄踞？著英桂嚴飭各路將弁，會同西凌阿等，將回竄之匪就地殲除，毋令復踞老巢，肆行紛擾。夏邑、永城境内泥臺店、馬村橋一帶，亦有股匪焚掠，難保不互相勾結，致賊勢復張。并著該撫督飭地方文武，分投剿捕，勿使蔓延。傅振邦現已赴丹陽、徐州一帶，僅有參將興慶一營兵力，未免過單。史榮椿現署徐州鎮總兵，防剿事宜是其專責。著英桂即飭該鎮迅速赴任，會同王夢齡、興慶，實力堵禦，毋許遲誤。將此由六百里各諭令知之。欽此。遵旨寄信前來。等因。承准此。查前因捻匪回竄雉河，徐州為北路咽喉，業經本部院飛咨史鎮軍，帶兵折回督剿在案。兹奉前因，除祗遵并恭録分別咨行外，合就恭録札行。札到該局，即便會同兩司，欽遵查照，轉飭夏邑、永城等縣，督同在事文武，迅將泥臺店、馬村橋一帶匪股，分投剿捕，勿使蔓延。速速。此札。

① 據《文宗顯皇帝實録》（四）卷205，中華書局1987年版，第229頁。

札軍需局。

為恭録咨會事。竊照云前咨行外，相應恭録咨會。為此合咨貴都京堂，部院，軍門，鎮，侍衛，請煩為欽遵查照辦理施行。

一　　　咨

欽差都察院副堂王候補三品京堂袁

欽賞四品卿銜王

江南總漕部堂邵

江南總河部堂庚

安徽巡撫部院福

江南提督軍門和

前署陝西陝安總鎮郝

甘肅西寧總鎮珠

安徽壽春總鎮鄭

署徐州總鎮大名總鎮史

南陽河北總鎮邱崇

二等侍衛多

前福建按察司徐　照會。

咸豐六年八月初十日。軍務局齊榜元承。

奉上諭邵燦庚長奏捻匪仍踞雉河請飭史榮椿趕緊折回一摺。

河南巡撫部院提督軍門英。劃。

監印官留豫即補府經歷縣丞俞炳。

0249. 河南巡撫英桂行移具奏大股捻軍回竄雉河分擾臨渙江豫各軍移營扼守并袁甲三分路進剿獲勝一摺奉硃批上諭

咸豐六年八月十二日

札軍需局。開歸徐道。候補賈道。照得本部院於咸豐六年八月初二日，在淮寧縣行營，由驛六百里具奏，大股捻匪回竄，復踞雉河，分擾臨渙，江、豫各軍移營扼守，并袁〈甲三〉分路進剿，連獲勝仗一摺，業已抄摺札知咨送在案。

玆於本月十一日，奉到硃批：另有旨。欽此。同日，承准軍機大臣字寄，江南提督和〈春〉、頭品頂戴安徽巡撫福〈濟〉、河南巡撫英〈桂〉、署壽春鎮總兵鄭〈魁士〉，咸豐六年八月初七日奉上諭：英桂奏，捻匪復踞雉河，分擾臨渙，官兵接仗獲勝一摺。并福濟奏，潁州等處堵剿捻匪叠勝等語。覽奏均悉。現在捻匪大股復竄雉河一帶，業經袁甲三等分路進剿，均獲勝仗。剿辦尚屬得手。自應乘此聲威，迅由西北兜剿。惟該匪一經擊敗，恐仍向東南奔竄。儻僅恃豫兵追剿，皖省各軍不能迎頭截擊，仍難一鼓殲除。鄭魁士諒已遵旨馳赴廬州大營總統軍務。所有潁、亳等處兜剿捻匪，著福濟嚴飭郝光甲、珠克登、塔思哈等，各帶兵勇，剋日進剿，力遏東南奔竄之路。倘仍前玩泄，或以剿辦土匪為詞，遷延觀望，不聽英桂調度，以致捻匪紛竄他處，朕惟福濟是問，恐難當此重咎也。西凌阿、興慶等，并不嚴扼雉河、臨渙，輒即移營退守，是否實因賊衆兵單，抑係畏怯不前，著英桂查明參辦，毋稍徇隱。將此由六百里各諭令知之。欽此。遵旨寄信前來。

又，奉上諭一道：咸豐六年八月初七日內閣奉上諭：英桂奏，捻匪復踞雉河，分擾臨渙，官軍分路進剿，連獲勝仗一摺。并福濟奏，潁州等處剿匪叠勝等語。捻匪大股自曹市集竄撲臨渙，經興慶等先後斃匪三百餘人，該匪旋即分竄，於雉河東北一帶浮踞。經袁〈甲三〉與邱聯恩等分兵兩路，合搗雉河。七月二十七日，有黑旗賊匪三四千人，在雉河集外抗拒。經袁保恒、朱連泰等帶兵接仗，共斃賊千餘名，奪獲槍炮、旗幟等多件。又，距集東南數里，有賊衆數千過河。邱聯恩等各帶兵勇，奮勇直前，沿途追殺，復殲斃二千餘名。其潁州府城，於七月初三等日，被賊攻撲。經袁〈甲三〉派大隊截擊，殺賊三百餘名。餘匪敗走。知府袁太華亦於大橋要口，督勇斃賊六十餘名，追殺二百餘名，奪獲軍械無算。其伊興阿、明山一軍，由潁上馳往援擊，先後斃匪七百餘名。剿辦均尚得手。仍著英〈桂〉督飭各軍，合力兜剿，務將紛竄捻匪，悉數殲除，毋令漏網。欽此。

除祇遵并恭録分別咨行外，合就恭録札行。札到該局；道；即便會同兩司，移行欽遵查照。毋違。此札。

札軍需局。開歸徐道。候補賈道。

為恭録咨會事。竊照云前咨行外，相應恭録咨會。為此合咨貴都京堂，部院，軍門，鎮，侍衛，司，請煩為欽遵查照辦理施行。

一 咨

欽差都察院副堂王 候補三品京堂袁

欽賞四品卿銜王

江南總漕河部堂

安徽巡撫部院

江南提督軍門和

前署陜西陜安總鎮郝

甘肅西寧總鎮珠

安徽壽春總鎮鄭

署徐州總鎮大名總鎮史

南陽 河北總鎮邱 崇

二等侍衛多

前福建按察司徐 照會。

咸豐六年八月十二日。軍務局齊榜元承。

具奏大股捻匪回竄雉河分擾臨渙江豫各軍移營扼守并袁〈甲三〉獲勝一摺奉硃批上諭。

河南巡撫部院提督軍門英。劃。

監印官留豫即補府經歷縣丞俞炳。

0250. 河南巡撫英桂行移具奏袁甲三等督兵兜剿大股捻軍并飭調馬隊官兵來豫攻剿摺

咸豐六年八月十六日

札軍需局。開歸徐道。候補賈道。照得本部院於咸豐六年八月十四日，在淮寧縣行營，由驛具奏，大股捻匪由亳州向西北一帶竄擾，袁〈甲三〉等督兵兜剿，互有勝負，賊匪裹脅漸衆，勢復蔓延，統籌全局，兵力尚單，據實瀝陳棘手情形，籲懇天恩，飭調馬隊官兵，星速來豫，以資攻剿一摺。除俟奉到硃批，另行恭録札知咨送外，合先抄摺札行。札到該局道，即便會同兩司，移行查照。毋違。此札。

計粘抄摺稿一紙。

札軍需局。開歸徐道。候補賈道。

為咨送事。竊照云前，相應抄摺咨送。為此合咨貴都、京堂，部[院]，軍門，鎮，侍衛，司，請煩為查照施行。

計粘抄摺稿一紙。

一 咨

欽差都察院副堂王、候補三品京堂袁

欽賞四品卿銜王

江南總漕河部堂邵庚

安徽巡撫部院福

江南提督軍門和

前署陝西陝安總鎮郝

甘肅西寧總鎮珠

安徽壽春總鎮鄭

署徐州總鎮大名總鎮史

南陽河北總鎮邱崇

二等侍衛多

前福建按察司徐 照會。

咸豐六年八月十六日。軍務局齊榜元承。

具奏大股捻匪由亳州向西北一帶竄擾袁〈甲三〉等督兵兜剿情形飭調馬隊官兵來豫攻剿一摺。

河南巡撫部院提督軍門英。劃。

監印官留豫即補府經歷縣丞俞炳。

附録摺稿：河南巡撫英桂具奏袁甲三等督兵兜剿大股捻軍并飭調馬隊官兵來豫攻剿摺

咸豐六年八月十四日

奏為大股捻匪由亳州向西北一帶竄擾，袁甲三等督兵兜剿，互有勝負，賊匪裹脅漸衆，勢復蔓延，臣統籌全局，兵力尚單，據實瀝陳棘手情形，籲懇天恩，飭調馬隊官兵，星速來豫，以資攻剿，恭摺奏祈聖鑒事。

竊臣於本月初二日，將捻匪回踞雉河，分擾臨渙，并官兵進剿獲勝各情，繕摺奏聞在案。初九日，承准軍機大臣字寄，咸豐六年八月初五日奉上諭：邵燦、庚長奏，捻匪仍踞雉河，請飭史榮椿趕緊折回一摺。著英〈桂〉嚴飭各路將弁，將回竄之匪，就地殲除。史榮椿現署徐州總兵，防剿是其專責。著英〈桂〉即飭該鎮迅速赴任，會同王夢齡、興慶，實力堵禦，毋許遲誤。等因。欽此。

十一日，復奉寄諭：英〈桂〉奏，捻匪復踞雉河，分擾臨渙，官兵接仗獲勝一摺。現在捻匪大股復竄雉河一帶，業經袁甲三等分路進剿，均獲勝仗。自應乘此聲威，由西北兜剿。惟該匪一經擊敗，恐仍向東南奔竄。倘僅恃豫兵追剿，皖省各軍不能迎頭截擊，仍難一鼓殲除。著福濟嚴飭郝光甲、珠克登、塔思哈等，各帶兵勇，剋日進剿，力遏東南奔竄之路。等因。欽此。

疊接袁甲三函稱：自上月二十七日在江信溜獲勝後，該匪大股仍附近分踞。逆料我軍屢戰，人馬必多困乏，於二十八日復率領大股突來攻撲。幸我軍早有準備，立即出隊迎敵，向東併力進攻，槍炮齊施，轟斃賊匪七八百名。賊已敗却。正欲追殺，忽西面溝中突出伏賊數千，向我兜裹。兵勇轉身回戰，互有傷亡。我軍直逼溝岸。自未至酉，相持三時之久，賊始退回。兵勇兩日三戰，已極疲乏。該處又無飲食可買，只得移營附近州城駐扎。查點兵勇，傷亡數十人。候選通判倉景涵，帶哨直壓，冲入賊隊，被傷陣亡。初五日，賊分股由渦河北岸，圍撲崇安營盤。兵勇奮力迎剿，賊匪愈聚愈多。衆寡不敵，敗退數里。現與袁甲三合營，併力剿捕。總因該匪紛竄無定，未能痛剿。初八日，偵知該匪因我軍連日未得休息，欲乘間撲擾。當令各營嚴陣以待，城中亦加防守。惟大營均在西南，恐北面空虛，復密派練首倪元灝帶勇在北路□伏。申刻，果見匪衆萬餘由東南直趨西北，勢甚凶猛。突遇伏兵，驚慌無措。倪元灝帶勇乘勢施放連環槍炮，轟斃手執紅、黑、緑令旗騎馬賊首數人，餘匪三百餘人。格綳額、德楞額等帶領馬隊，由□馳往，兩面冲擊，併力追剿，復斃匪二百餘人。匪衆登時潰亂，向西北竄逸。因天黑路荒，不便窮追，均各收隊回營。提訊拿獲匪犯，據供轟斃緑旗賊首係薛小三，河尖人，向在阜、（潁）［穎］一帶聚衆滋擾，最為驍悍狠毒。除此巨逆，實足寒賊膽而快人心。初十日，正在出隊進剿，該匪忽分股向西北紛竄。袁甲三恐西路兵單，當派格綳額、德楞額等帶領馬隊，先行馳赴鹿邑，相機迎剿。一面與邱聯恩等督帶後隊，力遏北竄。并據鹿邑縣禀報，該縣高口地方已有匪踪，現在督率兵勇鄉團，實力堵剿。各等情。

臣查北路有袁甲三等大隊兵勇，遇有賊匪，自可分投截擊。惟西路兵勇無多，深虞竄越。復飭侍衛多慧帶勇會同格綳額等馬隊，以剿為防。分飭淮、太等縣，各帶鄉團，扼要防守。并咨照袁甲三，督率各路兵勇，由西北一帶，進逼東南，以免完善之區復遭蹂躪。

至圍攻蒙城之匪，昨據鄭魁士函稱：叠經署該縣知縣俞澍、已革参［將］塔思哈等，先後督率兵勇、鄉團，斃匪二千餘人，奪獲器械無算。該匪均敗竄宿州之劉村集、臨涣集一帶屯踞。已責令塔思哈等管帶兵勇，分頭追剿防堵。又，據探報，徐州兵勇自退瓦口之後，賊匪并未到彼，徐城地方如常安靖。各等情。

惟現在情形，徐州為該匪北竄要路，防剿不容稍寬。史榮椿已遵旨馳抵徐州，與王夢齡等妥商辦理。但兵力究形單薄，若兼籌進剿，則徐境既慮空虚；如專事設防，則豫兵何能會合？查山東防兵數千名，分布曹、單等處，距蕭、碭僅一河之隔，特以畛域攸分，遂與南岸不相聯絡。可否就近令其歸併徐軍，會合兜剿之處，伏候聖裁。

抑臣愚更有竊慮者，敬為皇上陳之。大兵未破雉河以前，該逆等節節盤踞，匪勢雖張，可□合我全力，一面解散，一面掃蕩，辦理較易。自餘匪南竄，絶無攔阻，所有（頴）［潁］、阜、霍邱一帶巨匪，多被勾結。新聚之衆，凶惡尤甚，狡詐异常，避兵而行，乘虚竄擾。必須及早翦除，方免他慮。否則，皖豫交界，入夏以來天時亢旱，秋禾就槁者十居其九，□下千里幾成赤地，户鮮蓋藏，不但反側之徒乘機竊發，即安分良民亦難免其煽惑。此賊勢之可慮者一也。

我軍自四月間□解亳州城圍以後，兩旬之内，五次血戰，直破賊巢。復又追剿赴（頴）［潁］，水陸分馳，且戰且守。匪踪北竄，跟即折回。往返不下千里，轉戰將近百日。荷戈執戟，奔馳於炎風烈日之中。饑不得食，渴不得飲，夜不得安。污穢薰蒸，更多疾病。現計各營兵勇，除去病、逃、死、革，所餘不過十分之七，精鋭實已寥寥。兼自雉河捷後，撥往江西及裁撤馬、步隊各一千五百名，遣散壯勇亦二千餘名。綏遠城馬隊更疲乏不支，擬即遣回歸伍。較之四五月間，已少五千餘人。且從前只須合剿，現在并須分防。四路兼籌，難期一鼓成擒。此兵力之可慮者二也。

賊勢如此，兵力如此，而三省會剿一經該匪竄阻，即聲息難通，又屬有名無實。僅恃豫省兵勇與賊支持，兵力必致益疲，賊勢必致更熾，後患何堪設想？臣思維再四，焦灼萬分。

查現今匪踪，我東則西，我分則合，平原曠野，飄忽靡常。計非添調馬隊，痛加剿洗，難期迅速蕆事。臣具有天良，當此經費支絀，何敢輕言徵調？然勢處萬難，若再緘默因循，不直□於聖主之前，坐視貽誤，臣之獲咎滋甚。况揚州、丹陽，亦需□助。該處田塍狹隘，最利步隊。俟馬隊到後，剿辦得手，仍可抽撥

□隊前往江南。一轉移間，於軍務各有裨益。但各省駐防馬隊，均不如吉林、黑龍江得力。第恐道路遥遠，緩不濟急。惟有籲懇天恩，俯念剿匪吃緊，就近飭調察哈爾馬隊官兵二千名，星速來豫，以資攻剿。

除嚴飭各路將弁，分投堵剿，并查明傷亡兵勇，另行咨部外，臣愚昧之見是否有當，謹繕摺具奏，伏乞皇上聖鑒訓示。

再，候選通判倉景涵，冲入賊隊，被傷陣亡，殊堪憫惻。并懇聖恩，飭部從優議恤，以慰忠藎。謹奏。

0251. 河南巡撫英桂行移附奏揀員擬補佐領驍騎校等缺片

咸豐六年八月二十三日

札軍需局。城守尉。照得本部院於咸豐六年八月二十一日，在淮寧縣行營，由驛附奏，軍營出有佐領、驍騎校等缺，揀員擬補緣由一片。除俟奉到硃批，另行恭録行知移咨外，合先抄片札行。咨送。札到該局，尉，即便會同兩司查照。飭知。毋違。此札。

計粘抄片稿一紙。

札軍需局。城守尉。

札管帶吉林、黑龍江土默特官兵格總管知悉。照得云前，合先抄片札行。札到該總管，即便轉移知照。再，土默特參領阿克敦在營病故，業經分咨在案。所遺參領員缺，亦應揀員遞相升補。合併飭遵。毋違。此札。

計粘抄片稿一紙。

札格總管。

為移咨事。竊照云前，合先抄片咨送。為此合咨貴副都統，請煩轉飭知照施行。

計粘抄片稿一紙。

一　　　咨

歸化城副都統

咸豐六年八月廿三日。軍務局鄧式南承。

附奏軍營出有佐領驍騎校等缺揀員擬補緣由一片。

河南巡撫部院提督軍門英。劃。

監印官留豫即補府經歷縣丞俞炳。

附録片稿：河南巡撫英桂附奏揀員擬補佐領驍騎校等缺片

咸豐六年八月二十一日

再，歸化城土默特右翼公中佐領齊密特多爾濟陣亡遺缺，應在於該營出力人員內揀員請補。臣查有右翼驍騎校烏爾滾扎普，打仗奮勇，管兵嚴明，堪以擬補。所遺驍騎校缺，查有右翼六品軍功領催滿扎，打仗勇往，殺賊多名，堪以擬補。又，左翼驍騎校音登額陣亡遺缺，查有左翼七品軍功委驍騎校吉爾格勒，屢次打仗，勇敢争先，堪以擬補。又，河南滿洲營駐防鑲白旗驍騎校吉海坐補本旗防禦遺缺，查有正藍旗軍功保舉儘先驍騎校領催西爾納，叠次隨營防剿出力，堪以擬補。合無仰懇天恩，俯准以驍騎校烏爾滾扎普等升補公中佐領各缺，以勵人才而裨軍務。俟凱撤後，再行照例送部引見。

謹附片具陳，伏乞聖鑒訓示。謹奏。

0252. 河南巡撫英桂行移具奏袁甲三派撥馬隊官兵迎剿捻軍獲勝并飛催江皖各軍會合夾攻摺

咸豐六年八月二十三日

札軍需局。開歸徐道。候補賈道。照得本部院於咸豐六年八月二十一日，在淮寧縣行營，由驛具奏，捻匪由亳州西竄，經袁〈甲三〉派撥馬隊官兵迎剿獲勝，大股仍退踞雉河一帶，現在督飭兵勇分路進剿，并飛催江、皖各軍，會合夾攻一摺。除俟奉到硃批，另行恭録札知咨送外，合先抄摺札行。札到該局，道，即便會同兩司，移行查照。毋違。此札。

計粘抄摺稿一紙。

札軍需局。開歸徐道。候補賈道。

為移咨事。竊照云前咨送外，相應抄摺咨送。為此合咨貴都京堂，部院，軍門，鎮，侍衛，司，請煩為查照施行。

計粘抄摺稿一紙。

一　咨

欽差都察院副堂王候補三品京堂袁

欽賞四品卿銜王　希即督飭光、固各地方文武，嚴加防範。望速施行。

江南總漕河部堂邵庚

安徽巡撫部院福　希即嚴飭珠、郝二鎮、塔思哈等，合力堵剿，勿使捻匪復向東南竄越。是為至要。望速施行。

江南提督軍門和

前署陝西陝安總鎮郝
甘肅西寧總鎮珠　如捻匪復向東南奔竄，希即督率兵勇，嚴密堵勦。是為至要。望速施行。

安徽壽春總鎮鄭　希即嚴飭珠、郝二鎮、塔思哈等，合力堵勦，勿使捻匪復向東南竄越。是為至要。望速施行。

署徐州總鎮大名總鎮史
南陽河北總鎮邱崇　希即察看情形，移師前進，相機防勦。是為至要。望速施行。

二等侍衛多　希即折回正陽關，扼要駐守，以堵匪踪竄越。望速施行。

前福建按察司徐　照會。

咸豐六年八月廿三日。軍務局齊榜元承。

具奏捻匪由亳州西竄袁〈甲三〉派撥馬隊官兵迎勦獲勝并飛催江皖各軍會合夾攻一摺。

河南巡撫部院提督軍門英。劃。

監印官留豫即補府經歷縣丞俞炳。

附録摺稿：河南巡撫英桂具奏袁甲三派撥馬隊官兵迎勦西竄捻軍獲勝并飛催江皖各軍會合夾攻摺

咸豐六年八月二十一日

奏為捻匪由亳州西竄，經袁甲三派撥馬隊官兵迎勦獲勝，大股仍退踞雉河一帶，現在督飭兵勇，分路進勦，并飛催江、皖各軍，會合夾攻，恭摺奏祈聖鑒事。

竊臣連日接准袁甲三函稱：初十日，因該匪分股向西北紛竄，恐西路兵單，當派格綳額、德楞額等帶領馬隊，先行馳赴鹿邑，相機迎勦。王鳳祥等帶領步隊二千餘名，隨後接應。格綳額、德楞額等於酉刻行至十八里鋪迆西，即見賊衆數千，列隊迎敵。馬隊奮力衝擊，斃匪數十人，已突過重圍。步隊因賊衆兵單，不能前進。天已昏黑，只得收隊回營。當諭令各營，嚴為戒備。守至夜半，該匪潛來撲營。經我軍開炮擊退，奪獲槍炮三十餘件。十一日辰刻，復有騎馬賊匪數百人由東而來，經營總關保督隊迎擊，槍斃三十餘人，奪馬三匹，旋即退去。揣度賊意，無非堵我追兵，乘虛西竄。亟應及早殲除，以保完善之地。復嚴飭王鳳祥等整隊前進，遇賊即勦，務當繞出賊前，與格綳額等馬隊，會合迎勦。乃該匪見我軍馬隊西向，即將渦河北岸匪黨全行調赴南岸，在亳州十八里南大清宫等處節節扎營，使我軍聲息不能相通。十二日，格綳額、德楞額等在鹿邑縣東南探知，該匪約有萬餘人，蓋地而來。當各率領馬隊，分為三路，星馳進勦。預撥馬隊數十名，令其在西南往來奔馳，示賊不測。該匪突遇我兵，槍炮齊發。格綳額、德楞額等分頭奮勇衝殺。自巳至申，相持三時之久。該匪正在酣戰，忽見西南塵土飛揚，疑有伏兵，登時潰亂，自相驚擾，向東北逃竄。我軍勇氣百倍，乘勢直前追殺，連破賊營五座，殲斃二千餘人，落河淹斃無算，尸橫數里。奪獲槍炮、刀矛五百餘件，騾馬一百餘匹，焚燒賊車二百餘輛。其敗竄之匪，適與王鳳祥等步隊相遇，復經兵勇沿途截殺，殲斃多名，奪獲器械一百餘件。現在由亳至鹿道路已通。該匪大股仍退回雉河一帶盤踞。現擬即日督兵分路進剿。又，接西凌阿、徐宗幹函稱：自十二日我軍獲勝後，該匪將北竄匪黨撤回亳州東南分踞。現今歸郡民心安定，惟永、夏一帶，間有零星土匪乘機竊發，已派委員弁，酌帶兵勇，分赴該縣，會同地方文武，隨時搜捕。各等情。

臣查該匪等意圖西竄，已非一日。此次大股麕至，勢甚披猖。我師衆寡懸殊，幾難捍禦。仰賴皇上天威，格綳額、德楞額等以少擊衆，得獲全勝，實屬大快人心。現在已飛催袁甲三等，乘勝分路進兵，沿渦河南北岸兩面夾擊，殲厥巨魁，埽除醜類。惟該匪雖經擊退，夥黨尚衆，如袁甲三等攻剿得手，定必復向東南奔竄。豫省兵勇無多，祗能跟踪尾追。若非江、皖各軍合力兜圍，難期蕆事。臣已飛咨史榮椿迅速移師前進，福濟、鄭魁士嚴飭郝光甲、珠克登、塔思哈等嚴密堵剿。并知照王庭蘭督飭光州、固始各地方文武，預為防範。侍衛多慧仍折回正陽關，扼要駐守，俾免竄越。

所有馬隊官兵接仗獲勝，現在分路進兵各緣由，謹繕摺具奏，伏乞皇上聖鑒訓示。

再，格綳額、德楞額等，以八百餘名馬隊官兵，擊退賊衆萬餘，洵屬异常奮勉出力。可否容臣擇尤請保，以示鼓勵之處，出自逾格鴻施。謹奏。

0253. 河南巡撫英桂行移附奏裁撤馬步官兵及截留馬匹片

咸豐六年八月二十三日

札軍需局。照得本部院於咸豐六年八月二十一日，在淮寧縣行營，由驛附奏，裁撤馬、步官兵，及截留馬匹緣由一片。除俟奉到硃批，另行恭録札知咨送外，合先抄片札行。札到該局，即便會同兩司，移行查照。毋違。此札。

計粘抄片稿一紙。

札軍需局。

為移咨事。竊照云前咨送外，相應抄片咨送。為此合咨貴將軍部院，請煩查照施行。

計粘抄片稿一紙。

一　咨

綏遠城將軍
山西巡撫部院

咸豐六年八月廿三日。軍務局齊榜元承。
附奏裁撤馬步官兵及截留馬匹緣由。
河南巡撫部院提督軍門英。劃。

監印官留豫即補府經歷縣丞俞炳。

附録片稿：河南巡撫英桂附奏裁撤馬步官兵及截留馬匹片

咸豐六年八月二十一日

再，綏遠城馬隊官兵五百名，因剿匪吃緊，經臣奏蒙俞允，留豫助剿在案。查該兵丁等現皆患病，疲乏不支，難期得力，未便遷就，致滋糜費。臣已飭令營總委協領興善、尚阿圖管帶歸伍。至該兵丁等原來馬四百九十九匹，除倒斃十七匹外，臣因格綳額、伊興額等所帶馬隊官兵，前在（潁）［穎］州一帶追剿捻匪，酷暑薰蒸，馬匹倒斃、勞傷甚多，不敷乘騎，即將此起馬匹截留三百四十匹，分撥應用，以資攻剿。下餘馬一百四十二匹，仍交該兵丁等分領騎回。又，前調山西官兵一千名，亦多疲病。臣飭令參將張會川等逐加挑選，酌留精壯者五百名，派撥永城縣防剿，其餘交都司丁汝楫等管帶回營，以節經費。

所有裁撤馬、步官兵及截留馬匹緣由，謹附片具奏，伏乞聖鑒訓示。謹奏。

0254. 河南巡撫英桂行移具奏袁甲三等督兵兜剿大股捻軍并飭調馬隊官兵來豫攻剿一摺奉硃批

咸豐六年八月二十四日

札軍需局。開歸徐道。候補賈道。照得本部院於咸豐六年八月十四日，在淮寧縣行營，由驛具奏，大股捻匪由亳州向西北一帶竄擾，袁〈甲三〉等督兵兜剿，互有勝負，賊匪裹脅漸衆，勢復蔓延，統籌全局，兵力尚單，據實瀝陳棘手情形，籲懇天恩，飭調馬隊官兵，星速來豫，以資攻剿一摺，業已抄摺札知咨送在案。

玆於本月二十二日，奉到硃批：另有旨。欽此。同日，承准軍機大臣字寄，河南巡撫英〈桂〉、山東巡撫崇〈恩〉，咸豐六年八月十八日奉上諭：英桂奏，捻匪鴟張，請添兵助剿一摺。已諭知穆隆阿等迅調察哈爾馬隊二千名赴豫協剿矣。捻匪回竄雉河、臨渙等處，裹脅日衆，股數甚多。西路鹿邑等處，及北路徐州一帶，兵力均屬單薄。徐州當北面要衝，現存兵數［無］[①] 幾，專防則無從會剿，出剿又不敷分防，自應亟籌添調。著崇恩即將曹、單一帶沿河防兵，酌撥數千名，迅速渡河，歸併徐州，聽候英桂分撥布置。其曹、單扼要處所，或即責成民團實力堵禦，或應添撥兵勇，以補調出之數，亦著崇恩酌量妥辦。捻匪踪迹飄忽靡常，急須痛剿。英桂等不得專待續調之兵，稍涉延緩。著先就現有兵勇，偵賊所向，分投邀擊。先將雉河、臨渙兩處境内剿除，然後合力南趨，杜其旁竄。該匪股數雖多，脅從不少。或先剿大股，以挫其鋒；或分剿小股，以殺其勢。諒兹烏合之衆，不難漸次解散。至所調察哈爾馬隊官兵，趁此天氣漸凉，用之南方，必可得力。總宜迅速蕆事，俾得及時歸伍，毋令久留。將此由六百里各諭令知之。欽此。遵旨寄信前來。

又，奉上諭一道：咸豐六年八月十八日内閣奉上諭：英桂奏，捻匪竄擾，官兵兜剿獲勝一摺。安徽捻匪自七月二十七日，經官軍在江信溜擊敗後，仍附近分踞。二十八日，大股突來撲營。官軍立即出隊進攻，槍炮齊施，轟斃賊匪七八百名。本月初八日，匪衆萬餘由東南直趨西北，勢甚凶猛。突遇伏兵，驚慌無措。練首倪元灝帶勇乘勢施放連環槍炮，轟斃執旗騎馬賊首數人，内有著名凶悍匪首薛小一名，餘匪三百餘人。格綳額等帶領馬隊，馳往衝擊，併力追剿，復斃匪二百餘人。餘匪逃逸。此股捻匪紛竄無定，著英桂會同袁甲三，四面兜剿，務期及早殲除。陣亡之候選通判倉景涵，著交部從優議恤，以慰忠魂。欽此。等因。承准此。除祗遵并恭録分别咨行外，合就恭録札行。札到該局、道，即便會同兩司，移行欽遵查照。毋違。此札。

札 軍需局。開歸徐道。候補賈道。

為恭録咨會事。竊照云前咨行外，相應恭録咨會。為此合咨貴都、京堂，部院，軍門，鎮，侍衛，司，請煩為欽遵查照辦理施行。

一　　　咨

欽差都察院副堂王、候補三品京堂袁

江南總漕河部堂邵庚

欽賞四品卿銜王

① 據《文宗顯皇帝實録》（四）卷206，北京：中華書局，1987年第1版，第242頁。

安徽巡撫部院福
江南提督軍門和
前署陝西陝安總鎮郝
甘肅西寧總鎮珠
安徽壽春總鎮鄭
署徐州總鎮大名總鎮史
南陽河北總鎮邱崇
二等侍衛多
察哈爾都統西
前福建按察司徐　照會。

為恭録咨會事。竊照本部院於咸豐六年八月二十二日，在淮寧縣行營，承准軍機大臣字寄，云云。遵旨寄信前來。等因。承准此。除祗遵并恭録分別咨行外，相應恭録咨會。為此合咨貴都統副都統，請煩查照，迅即欽遵諭旨，挑選馬隊二千名，即日起程，飭令兼程來豫協剿，幸毋刻延。仍將起程日期，由六百里見覆，以便迎提。望切望速施行。

一　　　　　　　　咨
署總統察哈爾八旗都統穆
副都統慶

云前。為此合咨貴部院，請煩查照，希即欽遵諭旨，迅將曹、單一帶沿河防兵，酌撥數千名，飛速渡河，歸併徐州，聽候本部院分撥布置，幸弗稍遲。仍祈將酌撥官兵起數、數目及起程、渡河日期見覆，并飭各該帶兵官，將所帶官兵造具銜、姓花名清册，徑送本部院查考施行。

一　　　　　咨
山東巡撫部院

咸豐六年八月二十四日。軍務局齊榜元承。
具奏大股捻匪由亳州向西北一帶竄擾袁等督兵攻剿一摺奉硃批上諭。
河南巡撫部院提督軍門英。劃。

監印官留豫即補府經歷縣丞俞炳。

0255. 河南巡撫英桂行移附奏揀員擬補佐領驍騎校等缺一片奉硃批

咸豐六年九月初一日

札（軍需局。城守尉。）照得本部院於咸豐六年八月二十一日，在淮寧縣行營，由驛附奏，軍營出有佐領、驍騎校等缺，揀員擬補緣由一片，業已抄片（札知移咨）在案。茲於本月三十日，奉到硃批：烏爾棍扎普等，依擬升補。欽此。（合就相應）恭録（札行。移咨。）札到該（局，尉，）即便（會同兩司，）欽遵查照（飭知）。毋違。此札。

札（軍需局。城守尉。）

札管帶吉林、黑龍江土默特官兵格總管知悉。照得（云前），合就恭録札行。札到該總管，即便欽遵轉移知照。毋違。此札。

札格總管。

為恭録移咨事。竊照（云前），相應恭録移咨。為此合咨貴副都統，請煩欽遵轉飭知照施行。

一　　　咨

歸化城副都統

咸豐六年九月初一日。軍務局鄧式南承。

附奏軍營出有佐領驍騎校等缺揀員擬補緣由一片奉硃批。

河南巡撫部院提督軍門英。劃。

監印官留豫即補府經歷縣丞俞炳。

0256. 河南巡撫英桂行移具奏袁甲三派撥馬隊官兵迎剿西竄捻軍獲勝并飛催江皖各軍會合夾攻一摺奉硃批上諭

咸豐六年九月初一日

札（軍需局。開歸徐道。候補賈道。）照得本部院於咸豐六年八月二十一日，在淮寧縣行營，由驛具奏，捻匪由亳州西竄，經袁〈甲三〉派撥馬隊官兵迎剿獲勝，大股仍退踞雉河一帶，現在督飭兵勇，分路進剿，并飛催江、皖各軍會合夾攻一摺，已抄摺（札知咨送）在案。茲於本月三十日，奉到硃批：另有旨。欽此。同日，承准軍機大臣字寄，頭品頂戴安徽巡撫福〈濟〉、河南巡撫英〈桂〉，咸豐六年八月二十六日奉上諭：英桂奏，馬隊官兵剿匪獲勝，現籌分路進剿一摺。該匪意圖西竄豫境，蓄謀已久。此次格繃額等馬隊以少擊衆，亳州、鹿邑道路已通，或可杜其西竄之念。自應乘勝進攻，逼令南奔，四路兜圍，可期得手。福濟前奏擬馳赴臨淮，接替鄭魁士，此時諒已移營前進。著即督飭珠克登等，由南路進兵。其豫省官軍，即可由北而南，分投夾擊。徐州官軍較單，前次英桂奏請添調曹、單防河兵勇。昨據崇恩以該處防兵無多，本境尚須彈壓，奏請免調，業已允其所請。英桂現奏飛咨史榮椿移師前進，著即就現有兵勇，妥籌調撥三省官軍，會合兜剿。福濟、英桂務當合力同心，毋存意見，以期迅速蕆事。至英〈桂〉奏調察哈爾官兵，業據穆隆阿等具奏，已分起剋日起程矣。將此由六百里各諭令知之。欽此。遵旨寄信前來。

又，奉上諭一道：咸豐六年八月二十六日内閣奉上諭：英桂奏，迎剿捻匪獲勝，現飭分路進剿一摺。捻匪紛竄西北一路，經馬隊官軍擊敗後，復於本月初十日，分股竄撲。適格绷額等帶領馬隊，行至十八里鋪迆西，遇賊數千人，奮力衝擊，斃匪數十名。是日夜間，該匪潛來撲營。我軍開炮擊退，奪獲槍炮多件。十一日，有騎馬賊匪數百人，由東紛竄。官軍擊斃多名。後復招集渦河北岸大股，於亳州十八里南，節節扎營，冀阻我軍。十二日，格绷額等率領馬隊，分三路進剿，奮勇衝殺，鏖戰三時之久。該匪潰□，向東北逃竄。乘勝追剿，連破賊營五座，殲斃匪黨二千餘名，落河淹斃者無算，奪獲刀矛、馬匹、車輛甚多。其敗竄之匪，適遇王鳳祥等步隊截殺，殲斃不計其數。該匪仍退踞雉河一帶，勢已窮蹙。著英桂會同福濟，速飭皖、豫官軍，合力夾擊，殲除醜類，毋任竄逸。此次格绷額等所帶馬隊官兵，以少勝多，實為奮勉出力。著英桂擇尤保奏，候朕施恩。欽此。等因。承准此。除祗遵并恭録分别咨行外，合就恭録札行。札到該局，道，即便會同兩司，移行欽遵查照。毋違。此札。

札 軍需局。開歸徐道。候補賈道。

為恭録咨會事。竊照云前咨行外，相應恭録咨會。為此合咨貴都京堂，部院，軍門，鎮，侍衛，司，請煩為欽遵查照辦理施行。

一　　　　咨

欽差都察院副堂王 候補三品京堂袁

欽賞四品卿銜王

東河督部堂李

江南總漕河部堂邵庚

安徽巡撫部院福
江南提督軍門和
前署陝西陝安總鎮郝
甘肅西寧總鎮珠
安徽壽春總鎮鄭
署徐州總鎮大名總鎮史
南陽河北總鎮邱崇
二等侍衛多
前福建按察司徐 照會。

咸豐六年九月初一日。軍務局齊榜元承。
具奏捻匪由亳州西竄袁派馬隊官兵迎剿獲勝一摺奉硃批上諭。
河南巡撫部院提督軍門英。劃。

監印官留豫即補府經歷縣丞俞炳。

0257. 河南巡撫英桂行移附奏裁撤馬步官兵及截留馬匹一片奉硃批

咸豐六年九月初一日

札軍需局。照得本部院於咸豐六年八月二十一日，在淮寧縣行營，由驛附奏，裁撤馬、步官兵及截留馬匹緣由一片，業已抄片札知咨送在案。茲於本月三十日，奉到硃批：知道了。欽此。合就相應恭録札行。移咨。札到該局，即便會同兩司，欽遵移行查照。毋違。此札。

札軍需局。

為恭録移咨事。竊照云前，相應恭録移咨。為此合咨貴將軍，部院，請煩欽遵查照施行。

一　　咨
綏遠城將軍
山西巡撫部院

咸豐六年九月初一日。軍務局鄧式南承。
附奏裁撤馬步官兵及截留馬匹緣由一片奉硃批。
河南巡撫部院提督軍門英。劃。

監印官留豫即補府經歷縣丞俞炳。

0258. 河南巡撫英桂行移具奏知照袁甲三飛催江皖各軍乘勝攻滅由雉河分竄之捻軍摺

咸豐六年九月初八日

札軍需局。開歸徐道。候補賈道。照得本部院於咸豐六年九月初六日，在淮寧縣行營，由驛具奏，捻匪由雉河一帶，分竄渦河南、北兩岸，官兵迎剿獲勝，現仍知照袁〈甲三〉等嚴飭兵勇，由北而南，乘勝攻擊，并飛催江、皖各軍，合力兜圍，迅圖撲滅一摺。除俟奉到硃批，另行恭録札知咨送外，合先抄摺札行。札到該局，道，即便會同兩司，移行查照。毋違。此札。

計粘抄摺稿一紙。

札軍需局。開歸徐道。候補賈道。

為咨送事。竊照云前咨送外，相應抄摺咨送。為此合咨貴都京堂，部院，鎮，侍衛，司，請煩為查照施行。

計粘抄摺稿一紙。

一　　咨

欽差都察院副堂王候補三品京堂袁

欽賞四品卿銜王

東河督江南總漕河部堂李邵庚

安徽巡撫部院福

安徽壽春總鎮鄭

署徐州總鎮大名總鎮史

南陽河北總鎮邱崇

二等侍衛府多

前福建按察司徐　照會。

咸豐六年九月初八日。軍務局齊榜元承。

具奏捻匪由雉河一帶分竄知照袁〈甲三〉嚴飭兵勇乘勝攻擊并飛催江皖各軍迅圖撲滅一摺。

河南巡撫部院提督軍門英。劃。

監印官留豫即補府經歷縣丞俞炳。

附録摺稿：河南巡撫英桂具奏知照袁甲三飛催江皖各軍乘勝攻滅由雉河分竄之捻軍摺

咸豐六年九月初六日

奏為捻匪由雉河一帶，分竄渦河南北兩岸，官兵迎剿獲勝，現仍知照袁甲三等，嚴飭兵勇，由北而南，乘勝攻擊，并飛催江、皖各軍，合力兜圍，迅圖撲滅，恭摺奏祈聖鑒事。

竊臣於上月二十二日，承准軍機大臣字寄，咸豐六年八月十八日奉上諭：英〈桂〉奏，捻匪鴟張，請添兵助剿一摺。已諭知穆隆阿等，迅調察哈爾馬隊二千名赴豫協剿矣。捻匪踪迹飄忽靡常，急須痛剿。英〈桂〉等不得專待續調之兵，稍涉延緩。着先就現有兵勇，偵賊所向，分投邀擊。先將雉河、臨渙兩處境内剿除，然後合力南趨，杜其旁竄。該匪股數雖多，脅從不少。或先剿大股，以挫其鋒；或分剿小股，以殺其勢。諒兹烏合之衆，不難漸次解散。等因。欽此。

三十日，又奉寄諭：英〈桂〉奏，馬隊官兵剿匪獲勝，現籌分路進剿一摺。該匪意圖西竄豫省，經此次馬隊以少擊衆，或可杜其西竄之念。自應乘勝進攻，逼令南奔，四路兜圍，可期得手。福濟奏赴臨淮，此時諒已移營前進。著即督飭珠克登等，由［南］① 路進兵。其豫省官軍，即可由北而南，分投夾擊。英〈桂〉現奏飛咨史榮椿移師前進，著即就現有兵勇，妥籌調撥三省官軍，會合兜剿。福濟、英〈桂〉務當合力同心，毋存意見，以期迅速蕆事。等因。欽此。仰蒙宸謨廣運，訓誡精詳，跪誦莫名感悚。

伏查該匪等自經□軍擊敗後，仍退踞雉河一帶，節節分布夥黨，以牽制□師。經臣與袁甲三商定，分兵兩路：令邱聯恩、關保等督□馬、步兵勇，由渦河南岸，向東前進。崇安、格綳額、德楞額等，督率馬、步兵勇，先清北岸股匪。仍與邱聯恩等互相照應，隨時會合。賊南則併力於南，賊北則併力於北，且□且剿，以挫其鋒而殺其勢。連日接准袁甲三、邱聯恩、崇安等函稱，南岸賊匪經邱聯恩等步步進逼，該匪等□數竄歸北岸。邱聯恩帶兵尾追，於上月二十五日渡河，在廟□駐扎，期與崇安一軍會合併擊。是日，崇安等行至耿皇寺地方，遇有賊馬多匹偵探我兵，當即追趕。遥見張樂行率領夥衆約有萬餘，蜂擁而來，格綳

① 據《文宗顯皇帝實録》（四）卷206，中華書局1987年版，第254頁。

額、德楞額等□□馬隊官兵，奮力衝擊，將賊壓退，追殺二十餘里，斃賊□□餘名，奪獲槍炮二百餘件，刀矛、旗幟各百餘件，牛車三百□輛。匪衆向東南奔竄。

二十七日，探知捻首龔得分股竄踞趙旗屯地方，與張樂行北路大股為犄角之勢。崇安、邱聯恩等商□分路進攻。邱聯恩督隊前進，距趙旗屯不遠。該匪龔得一見我軍，即盡數渡回南岸。邱聯恩即扎隊河干，為崇安等後援。崇安等由燕家牌坊一帶前進。行至劉奶廟地方，突遇張逆匪黨三千餘人，當即揮令馬隊向前迎擊，步隊接踵繼進，斃賊數百名。該匪紛紛敗退，拋弃牛車百餘輛。我軍乘勝追殺至潘家樓地方，相距龍山□十餘里。因天已昏黑，均各收隊。

二十九日，崇安等正由［潘］家樓赴龍山搜剿。據邱聯恩知會，南岸龔得之賊由趙旗屯北渡，意在抄襲我軍後路。崇安當率馬、步兵勇折回，會合邱聯恩夾擊。甫至河岸，該匪等即過河，將浮橋撤去，沿南岸列隊施放槍炮。我軍亦槍炮齊□，立將賊匪擊退。時因大雨收隊，與邱聯恩在趙旗屯迆北相距五里扎營，聯絡聲勢。

本月初一日，該匪搭造浮橋二道，紛向北岸竄突，勢甚猛疾。邱聯恩等督□大隊，奮力抵禦。該匪等皆拚命攻撲，壯勇先行淡［慘］[①]敗。我軍力不能支，傷亡百餘人，大隊亦即往後撤退。正當危急間，崇安等督兵趕至。格綳額、德楞額等，帶領馬隊，由東哨兜圍。參將賽沙布、參將王鳳祥、都司冷慶□，□領步隊，由西哨抄裹。崇安親率副將樂善等，從中□奮勇攻擊。槍炮連環，刀矛并舉，鏖戰兩時之久。該匪抵敵不住，始行敗退，渡河向東南逃竄。我軍乘勢過河，追殺二十餘里，先後斃賊千餘人，生擒二十餘名，落河淹斃者不計其數，奪獲大小炮位一百四十八尊，旗幟一百餘桿，刀□無算，騾馬多匹。我軍人馬血戰一日，未能飲食，隨整隊北渡，將浮橋二道全行拆毀。提訊獲犯，僉供，捻首王□□已於上月十二日之戰落河淹斃。是否屬實，尚難憑信。當將該犯等就地正法。仍督飭兵勇相機進剿，先清北路。各等［因］。

查該匪等連日分竄渦河南北兩岸，龔逆一股雖經敗逃南竄，而逆首張樂行尚復盤踞龍山。若不及早殲除，則我軍由北而南，難免後顧之虞，更慮其乘機□竄。臣已商令袁甲三督帶兵勇，駐扎亳州，以扼南路之匪，兼顧西路，與臣互為聲援。嚴飭邱聯恩、崇安等合兵一處，先將龍山張逆一股，迅速掃平，以杜北竄。史榮椿自回駐徐州後，屢經咨催移師前進，迄今未□。現在豫軍已將

① “淡”字疑為“慘”字。

抵龍山，正可合力進攻。復又飛催該鎮督帶兵勇，星速移駐臨渙，會合兜剿。一俟北路剿辦得手，豫省官軍即可由北而南，節節跟追，以期迅速蕆事。皖省各軍得福濟前赴臨淮督辦，呼應靈通，必能隨時迎頭夾擊，當不至再令該匪竄越。臣自當合力同心，妥籌辦理，斷不敢稍存意見，以致有誤事機，上□□聖慮。

至歸德一帶，經西凌阿、徐宗幹等駐扎控制，不時□□馬、步兵勇，搜拿捻惡，彈壓居民，伏莽漸次剪除，地方尚稱静謐。

除分飭各路將弁迅速進剿，并查明傷亡兵勇，另行咨部外，所有官兵迭次接仗獲勝，并現在辦理各情，謹繕摺具奏，伏乞皇上聖鑒。

再，侍衛伊興額所帶馬隊官兵，經臣奏明，與營總關保歸併一隊，隨同豫軍助剿。現准邵燦等咨調前來。查徐州一帶，并無大股捻匪，現有兵勇足資防剿。豫省一軍□渦河兩岸，與該匪等大股相持，萬分吃緊。該侍衛等所□馬隊，自應仍令隨營，以資銜擊。合併陳明。謹奏。

0259. 河南巡撫英桂行移附奏吉林打仗陣亡官員并請旨從優議恤片

咸豐六年九月十三日

札軍需局。照得本部院於咸豐六年九月十二日，在淮寧縣行營，由驛附奏，吉林打仗陣亡官員，請旨從優議恤一片。除俟奉到硃批，另行恭録札知移咨外，合先抄片札行。咨送。札到該局，即便會同兩司查照。毋違。此札。

計粘抄片稿一紙。

札軍需局。

為咨送事。竊照云前，合先抄片咨送。為此合咨貴鎮，將軍，請煩為移行查照施行。

計粘抄片稿一紙。

一　　　　　咨

署徐州總鎮大名總鎮史

吉林將軍

咸豐六年九月十三日。軍務局鄧式南承。

附奏吉林打仗陣亡官員請旨從優議恤一片。

河南巡撫部院提督軍門英。劃。

監印官留豫即補府經歷縣丞俞炳。

附録片稿：河南巡撫英桂附奏吉林打仗陣亡官員并請旨從優議恤片

咸豐六年九月十二日

再，前次侍衛伊興額帶領馬隊官兵，自（潁）［潁］上前往（潁）［潁］州助剿。據報，行至距府城三十里鋪，遇賊數千接仗，追殺賊匪數百名。後因賊衆兵單，四面齊撲，不能前進，一面攻擊，一面撤隊。查點餘丁，受傷數十名，陣亡數十名。營總訥勒布身受重傷，登時殞命等情。當經臣奏明，并咨會史榮椿確查具報在案。

兹據史榮椿咨稱，吉林二起委營總佐領訥勒布、委防禦領催珠勒剛阿、委官披甲占禄依順、頭起委防禦領催豐林、委官披甲德壽，俱係身受重傷，力竭陣亡。又，據咨稱，營總明山所帶馬隊官兵，前在宿州之大柳村地方，與賊接仗，陣亡吉林委筆帖式披甲武凌雲、吉林二起委官披甲多隆武二員。一併咨請奏恤前來。

臣查該佐領等衝鋒殺賊，力戰捐軀，深堪憫惻。相應請旨，將吉林委營總佐領訥勒布、委防禦領催珠勒剛阿、委官披甲占禄依順、頭起委防禦領催豐林、委官披甲德壽、委筆帖式披甲武凌雲、二起委官披甲多隆武，均照陣亡例，從優議恤，以慰忠藎。

除傷亡官兵彙案咨部核辦外，謹附片具奏，伏乞聖鑒訓示。謹奏。

0260. 河南巡撫英桂行移具奏江豫各軍剿捻獲勝并現在籌辦各情摺

咸豐六年九月十三日

札軍需局。開歸徐道。候補賈道。照得本部院於咸豐六年九月十二日，在淮寧縣行營，由驛具奏，江、豫各軍剿匪獲勝，并現在籌辦各情一摺。除俟奉到硃批，另行恭録札知咨送外，合先抄摺札行。札到該局道，即便會同兩司，移行欽遵查照。毋違。此札。

計粘抄摺稿一紙。

札軍需局。開歸徐道。候補賈道。

為移咨事。竊照云前咨送外，相應抄摺咨送。為此合咨貴都京堂，部［院］，鎮，侍衛，司，請煩為查照施行。

計粘抄摺稿一紙。

一　　　咨

欽差都察院副堂王 候補三品京堂袁

欽賞四品卿銜王

江南總漕河部堂邵庚

安徽壽春總鎮鄭

署徐州總鎮大名總鎮史

南陽河北總鎮邱崇

二等侍衛多

前福建按察司徐　照會。

安徽巡撫部院福

咸豐六年九月十三日。軍務局齊榜元承。

具奏江豫各軍剿匪獲勝并現在籌辦各情一摺。

河南巡撫部院提督軍門英。劃。

監印官留豫即補府經歷縣丞俞炳。

附録摺稿：河南巡撫英桂具奏江豫各軍剿捻獲勝并現在籌辦各情摺

咸豐六年九月十二日

奏為江、豫各軍剿匪獲勝，并現在籌辦各情，恭摺奏祈聖鑒事。

竊臣於本月初六日，將豫省兵勇叠次獲勝情形，恭摺奏聞在案。連日據各路探弁回稱，該匪等自經我軍擊敗以後，仍分股竄踞馬村橋迆南一帶地方，并扼守馬村橋口，使我軍不能前進。邱聯恩、崇安等會商，於初五日密派總管德楞額、副將樂善帶領馬隊官兵，都司承惠帶領壯勇，於馬村橋迆北之吳家河、丁家集地方，暗搭浮橋二座，繞路渡河設伏。總管格繃額、營總關保等，帶領馬隊官兵，由吳家河以南，銜枝疾進。各營將弁管帶兵勇，直取橋口。該匪等擁衆抵死抗拒。我軍併力直上，槍炮齊施。兩路埋伏馬隊，奮力抄裹，從旁夾攻。匪衆不支，紛紛敗退。格繃額、德楞額、關保、樂善等，各率馬隊，分頭追剿三十餘里，斃賊千餘名，落河淹斃者不計其數，奪獲大小槍炮二百餘尊，各色旗幟二百餘件。餘匪向龍山一帶遁去。因天晚收隊。

又，據史榮椿、興慶、明山等稟稱，皖匪張樂行等，自潁州回竄，分股肆擾。徐州官兵扼守瓦子口，以固北路門户。八月二十七日，探得捻首李月等在鐵佛寺地方，糾聚匪黨，意欲先攻濉口鄉團，分路徑撲瓦子口。二十八日，史榮椿督飭各營將弁等，帶領馬步兵勇，分為三路，由青里集一帶進剿。二十九日巳時，行至苗村橋西南十餘里將近鐵佛寺地方，遥見賊衆蜂擁而來，約有四千餘人，列陣迎拒。我軍奮力攻擊賊隊，槍炮如雨，兵勇間有傷亡。自巳至未，鏖戰三時之久。并有附近賊黨陸續踵至，約有二千餘人，欲由東路抄我之後。委營總富隆阿、委防禦豐山等，帶領吉林餘丁，佯為怯退。該匪撲進。千總張振西、把總滕加勝，帶勇奮擊。游擊牛浩然、千總周恒義等，從兩旁繞出賊後截殺。富隆阿等帶領吉林餘丁，回馬衝突。賊衆登時驚亂。史榮椿揮兵齊進，炮轟槍擊，刀砍矛刺，斃賊七百餘名。周恒義腿受矛傷，猶復督兵追殺。明山率領馬隊衝入賊隊，連環轟擊。該匪紛紛倒退。我軍追趕十餘里，至鐵佛寺以南，又斃賊五百餘名，并搜殺避入民房之賊百餘名。統計是日殺賊一千四百餘名，生擒二十五名，内有李月之姪李蘭，亦係著名捻首，訊明正法。奪獲八百斤大炮一尊，三百斤虎頭炮二尊，擡炮、鳥槍三百五十四桿，刀矛、旗幟無算，牛馬車一百餘輛，馬十一匹。割取首級二百四十四顆，耳記一百三十一副。餘賊向石弓山以南遁去。因天雨路滑，未克窮追，當即收隊，并將各處賊巢焚毁。查點兵勇，陣亡吉林餘丁一名，練勇三名，受傷兵勇二十餘名。各等情。

臣查該匪等節經豫省官兵攻剿獲勝，其勢固已窮蹙，而永城之苗村橋、陳家集，宿州之鐵佛寺、柳子集、百善鎮等處，本為該匪等出没之藪。臣尤慮其勾結糾聚，牽制我軍，使我北路未清，終難併力南剿。現今邱聯恩、崇安、史榮椿等，由馬村橋、鐵佛寺等處進攻獲勝，亟應併力合搗。現已商同袁甲三，飭令邱聯恩、崇安等由西路進兵，飛飭史榮椿、興慶、明山等由東路移營，會合豫軍，實力夾擊。俟龍山、石弓山等處股匪漸次蕩平，即由北而南，合力攻剿，以期一氣殲除。

除分飭各路將弁星速進兵外，所有江、豫各軍剿匪獲勝并現在籌辦各情，謹繕摺具奏，伏乞皇上聖鑒。謹奏。

0261. 河南巡撫英桂行移奉旨會同福濟商酌蒙宿一帶兵勇應歸何人提調

咸豐六年九月十四日

札軍需局。照得本部院於咸豐六年九月十三日，在淮寧縣行營，承准軍機大臣字寄，頭品頂戴安徽巡撫福〈濟〉、河南巡撫英〈桂〉，咸豐六年九月初九日奉上諭：前因福濟奏稱捻匪復熾，自請督兵赴臨淮一帶，接替鄭魁士，相機進剿。業經諭令准其前往，并會同英桂豫省官軍合擊。此時該撫因攻剿巢湖，賊匪衆多，不能親赴北路。而捻匪猖獗，皖省現無大員可以分派督兵，請飭張亮基馳赴懷、宿，統帶兵勇。張亮基現患目疾，由部代奏告假，一時未能赴皖。福濟既因巢縣吃重，欲乘軍民奮勇之時，先圖克復，即毋庸移師北向。英桂遠駐陳州，前已諭令出境督辦，諒不敢再事遷延。所有蒙、宿一帶兵勇，應歸何人提調，仍着英桂會同福濟，商酌籌辦。至珠克登現在會剿懷遠，郝光甲、塔思哈前往宿州，史榮椿帶兵扼守徐州，均屬緊要。徐州距蒙、宿不遠，如該處情形稍鬆，即可令該總兵移兵至皖，會同剿辦，以資得力。該撫等務當審度情形，和衷籌畫，毋存畛域之見，自不難次第奏功。

福濟片奏，來安、盱眙等處棚民，因旱滋擾，業經擊斃多名。即著嚴飭音德布并駐扎臨淮之張光第，就近兼顧，毋令蔓延。將此由六百里各諭令知之。欽此。遵旨寄信前來。等因。承准此。除祗遵并恭録分别咨行外，合就恭録札行。札到該局，即便會同兩司，移行欽遵查照。毋違。此札。

札軍需局。

為恭録咨會事。竊照云前咨行外，相應恭録咨商。會。為此合咨貴京堂，鎮，請煩為欽遵查照施行。

一　　咨

欽差候補三品京堂袁

署徐州總鎮大名總鎮史

咸豐六年九月十四日。軍務局齊榜元承。

奉上諭着會同福〈濟〉商酌蒙宿一帶兵勇應歸何人提調。

河南巡撫部院提督軍門英。劃。

為恭録咨會事。竊照云前咨行外，查南陽邱總鎮，現因襄樊有警，已帶兵前往防剿。河北崇總鎮現在會同袁京堂，剿辦渦河兩岸捻匪，正當吃緊，勢難分帶皖兵。至欽派來豫之徐臬司，與郝、珠兩鎮等分位相敵，豈能聽其調遣？此外實無可派之員。相應恭録咨商。為此合咨貴部院，請煩欽遵查照。所有蒙、宿一帶兵勇，應歸何人提調，希即審度籌畫，迅速見復施行。

一　　咨

安徽巡撫部院福

咸豐六年九月十五日。軍務局齊榜元承。

奉上諭着會同福〈濟〉商酌蒙宿一帶兵勇應歸何人提調。

河南巡撫部院提督軍門英。劃。

0262. 河南巡撫英桂行移附奏英謙及李硯田前因辦硝遲延參革頂戴請旨各予開復片

咸豐六年九月十六日

札布政司。照得本部院於咸豐六年九月十四日，在陳州府行營附奏，新息通判英謙、河南府通判李硯田，前因辦硝遲延，參革頂戴，請旨各予開復緣由一片。除俟奉到硃批，另行恭録札知移咨外，合先抄片札行。咨送。札到該司，即便查照飭知。毋違。此札。

計粘抄片稿一紙。

札布政司。

為移咨事。竊照云前，合先抄片咨送。為此合咨貴部，請煩查照施行。

計粘抄片稿一紙。

一咨

工部

吏部

九月十五日送稿。

咸豐六年九月十六日。工房劉振南承。

附奏新息通判英謙河南府通判李硯田前因辦硝遲延參革頂戴請旨各予開復緣由一片。

河南巡撫部院提督軍門英。劃。

監印官留豫即補府經歷縣丞俞炳。

附録片稿：河南巡撫英桂附奏英謙及李硯田前因辦硝遲延參革頂戴請旨各予開復片

咸豐六年九月十四日

再，臣前因新息通判英謙、河南府通判李硯田承辦部硝遲延，請旨將英謙等先行摘去頂戴，勒限起解，如再延緩，即行嚴參。奏奉硃批：依議。欽此。欽遵行司，勒限兩個月起運。旋據河南府通判李硯田將采辦二、三批部硝二十八萬斤，於咸豐五年八月初三日限内起程。并據新息通判英謙呈報，頭批部硝十四萬斤，同時起運。因該員感冒請假，改委承辦四批之彰德府通判陸成沅搭解，詳請咨明工部在案。兹先後接准工部咨，已據李硯田將二、三兩批，陸成沅將頭、四兩批，淨硝共五十六萬斤連餘硝全行解部，眼同秤收存庫。等因。由藩司瑛棨詳請開復前來。臣查該通判英謙、李硯田承辦部硝，委因産硝之處連年被匪蹂躪，硝户四散，采辦倍難。迨經辦齊，復因道路梗阻，以致有稽時日，并非無故遲延。今既全數解部交收，尚知愧奮。合無仰懇天恩，俯准將新息通判英謙、河南府通判李硯田頂戴各予開復，出自鴻施。

謹附片具陳，伏乞聖鑒訓示。謹奏。

0263. 河南巡撫英桂行移具奏知照袁甲三飛催江皖各軍乘勝攻滅由雉河分竄之捻軍一摺奉硃批上諭

咸豐六年九月十七日

札軍需局。開歸徐道。候補賈道。照得本部院於咸豐六年九月初六日，在淮寧縣行營，由驛具奏，捻匪由雉河一帶，分竄渦河南北兩岸，官兵迎剿獲勝，現仍知照袁〈甲三〉等嚴飭兵勇，由北而南，乘勝攻擊，并飛催江、皖各軍，合力兜圍，迅圖撲滅一摺，業已抄摺札知咨送在案。兹於九月十六日，奉到硃批：另有旨。欽此。

同日，承准軍機大臣字寄，河南巡撫英〈桂〉，咸豐六年九月十一日奉上諭：英〈桂〉奏，捻匪竄擾渦河兩岸，剿辦獲勝，并布置情形一摺。前因福濟奏，巢縣賊匪衆多，親督［剿］辦，未能前往臨淮，業經降旨允准。本日據英〈桂〉奏稱：捻匪於渦河南北兩岸紛擾，邱聯恩、崇安會剿得勝，現令其將龍山大股，迅速掃蕩，以遏北竄。［并］令袁甲三駐扎亳州，嚴扼南路，兼顧西路。布置尚屬周妥，惟福濟未能前赴臨淮。英〈桂〉於剿匪事宜，更屬責無旁貸。著遵照前旨，統帶兵勇，剋日出境督辦，以期迅速蕆事。毋許株守陳州，遷延觀望，自干咎戾。前令飭查西凌阿、崇安由雉河退守，何以日久并未參奏？英桂向來辦理一切，均覺遲緩，着迅速復奏。將此由六百里諭令知之。欽此。遵旨寄信前來。

又，奉上諭一道：咸豐六年九月十一日内閣奉上諭：英〈桂〉奏，剿辦捻匪獲勝一摺。捻匪由雉河一帶紛竄渦河，官兵南北兩岸分路進剿。八月二十五日，崇安等迎擊於耿皇寺，格綳額、德楞額分帶馬隊，奮力衝突，追殺三十餘里，斃賊三百餘名，奪獲槍炮二百餘件，刀矛、旗幟、車輛四百餘件。二十七日，進剿捻首龔得一股，遇賊於劉奶廟。崇安督率馬步齊進，［復］[1] 殲斃數百名。本月初一日，該匪搭造浮橋，紛突北岸營盤，勢甚凶猛。官兵分路兜抄，鏖戰兩時之

① 此札件中所有脱漏字的補正，均據《文宗顯皇帝實録》（四）卷 207，中華書局 1987 年版，第 269 頁。

久。匪衆敗退。官兵乘勢過河，追殺二十餘里，先後斃賊千餘人，生擒二十餘名，落河淹斃者不計其數，奪獲騾馬多匹，炮械、旗幟無算。著英〈桂〉督率兵勇，乘勝進攻，先將盤踞龍山之張逆一股，迅速掃平，以期次第殲除。毋再延緩。欽此。

除祇遵并恭録分别咨行外，合就恭録札行。札到該局;道;即便會同兩司,移行欽遵查照。毋違。此札。

札軍需局。開歸徐道。候補賈道。

為恭録咨會事。竊照云前咨行外，相應恭録咨會。為此合咨貴都京堂，部院，鎮，侍[衛]，司，請[煩]為欽遵查照辦理施行。

一　　咨

欽差都察院副堂王 候補三品京堂袁 行。

欽賞四品卿銜王

河東總河部堂李

江南總漕部堂邵

江南總河部堂庚

安徽巡撫部院福

安徽壽春總鎮鄭

署徐州總鎮大名總鎮史

南陽 河北總鎮邱 崇 行。

二等侍衛多

前福建按察司徐　照會。

察哈爾都統西　行。

咸豐六年九月十七日。軍務局齊榜元承。

具奏捻匪由雉河一帶分竄知［照］袁〈甲三〉嚴飭兵勇攻擊迅圖撲滅一摺奉硃批上諭。

河南巡撫部院提督軍門英。劃。

監印官留豫即補府經歷縣丞俞炳。

0264. 河南巡撫英桂行移附奏吉林打仗陣亡官員并請旨從優議恤一片奉硃批

咸豐六年九月二十三日

札軍需局。照得本部院於咸豐六年九月十二日，在淮寧縣行營，由驛附奏，吉林打仗陣亡官員，請旨從優議恤一片，業已抄片札知咨送在案。茲於九月二十二日，奉到硃批：訥勒布等，均着從優議恤。欽此。合就相應恭録札行。移咨。札到該局，即便會同兩司，欽遵查照。毋違。此札。

札軍需局。

為恭録移咨事。竊照云前，相應恭録移咨。為此合咨貴鎮，將軍，請煩為移行查照施行。

一　　　　　咨

署徐州總鎮大名總鎮史

吉林將軍

咸豐六年九月二十三日。軍務局鄧式南承。

附奏吉林打仗陣亡官員請旨從優議恤一片奉硃批。

河南巡撫部院提督軍門英。劃。

0265. 河南巡撫英桂行移附奏豫省馬隊無多勢難分撥擬俟察哈爾官兵到後再行分撥片

咸豐六年九月二十三日

札軍需局。照得本部院於咸豐六年九月二十二日，在淮寧縣行營，由驛附奏，豫省馬隊無多，勢難分撥，擬俟察哈爾官兵到後，再行分撥緣由一片。除俟奉到硃批，另行恭録札知移咨外，合先抄片札行。咨送。札到該局，即便會同兩司查照。毋違。此札。

計粘抄片稿一紙。

札軍需局。

為移咨事。竊照云前，合先抄片咨送。為此合咨貴部院，請煩查照施行。

計粘抄片稿一紙。

一　　　　　咨

安徽巡撫部院

江南總河總漕部堂

署徐州鎮史

咸豐六年九月二十三日。軍務局鄧式南承。

附奏豫省馬隊無多勢難分撥擬俟察哈爾官兵到後再行分撥一片。

河南巡撫部院提督軍門英。劃。

監印官留豫即補府經歷縣丞俞炳。

附録片稿：河南巡撫英桂附奏豫省馬隊無多勢難分撥擬俟察哈爾官兵到後再行分撥片

咸豐六年九月二十二日

再，現在大股捻匪西竄，正當剿辦吃緊之際，必須馬隊衝擊，以期得手。西凌阿所帶馬隊及土默特官兵，共一千三百名，除傷亡患病外，能出隊者僅止八百餘名。前留伊興額、關保等所帶馬隊共五百名，除傷亡患病外，能出隊者僅二百餘名。各起馬隊共計不足一千一百名，本屬不敷調遣。營總明山管帶吉林餘丁五百名在徐州剿匪，又未能再行抽撥。現准福濟咨稱，以前次奏請酌撥馬隊，現已欽奉諭旨，將伊興額馬隊五百名調往助剿，咨會飭令伊興額等趕緊前往等情。

查捻匪大股全數西竄，蒙、宿一帶情形不緊。而豫省各起馬隊為數無多，又當剿匪吃緊之際，勢難分撥。臣統籌全局，再四思維，擬俟察哈爾官兵到後，再行酌量分撥，以資攻剿。

除咨會福濟外，謹附片具陳，伏乞聖鑒訓示。謹奏。

0266. 河南巡撫英桂行移附奏派兵剿辦襄樊土匪并請敕直隸督催地方應付察哈爾馬隊片

咸豐六年九月二十三日

札軍需局。候補周道。照得本部院於咸豐六年九月二十二日，在淮寧縣由驛附奏，襄樊土匪滋事，派兵剿辦，并請旨敕下直隸督催，令經過地方妥速應付察哈爾馬隊緣由一片。除俟奉到硃批，另行恭録札知移咨外，合先相應抄片札行咨送。札到該局道，即便會同兩司查照。毋違。此札。

計粘抄片稿一紙。

札軍需局。候補周道。

為移咨事。竊照云前，相應抄片咨送。為此，合咨貴部堂，請鎮，煩為查照，希即飭令沿途經過地方官，俟該官兵到境，妥速應付。望速施行。

計粘抄片稿一紙。

一　　　咨

直隸閣督部堂
雲南臨元總鎮慶

咸豐六年九月二十三日。軍務局齊榜元承。
附奏襄樊土匪派兵剿辦并請旨敕下直隸督催地方應付一片。
河南巡撫部院提督軍門英。劃。

監印官留豫即補府經歷縣丞俞炳。

附録片稿：河南巡撫英桂附奏派兵剿辦襄樊土匪并請敕直隸督催地方應付察哈爾馬隊片

咸豐六年九月二十二日

再，臣前因楚省襄陽土匪聚衆滋事，樊城已被焚燒，豫省鄧州、新野一帶吃重，當經調派兵勇，馳往防堵，并附片奏聞在案。旋據署南陽府知府何懷珍禀報：該匪分股擾及鄧州之魏家集地方。署該州知州姚慶溥、署游擊穆奇賢，帶領兵勇與匪接仗，雖未能取勝，該匪亦未敢深入，退出魏家集交界地方糾聚。該府已親自帶勇前往等情。

臣查此股匪徒現在雖不過二千餘人，然不早為撲滅，恐致蔓延。邱聯恩行抵淮寧，因皖省大股捻匪西竄，堵剿正當吃緊，不能不先其所急，暫留陳郡。此時信陽情形稍鬆，已飛調雲南臨元鎮總兵慶德，就近抽撥信陽三關防兵三百名，親自統帶，由桐柏、唐縣兼程前往，會同候補道周煦徵督辦。并飛催前調南陽鎮標各營官兵五百名，星夜遄行。又添調光州防所官兵三百名，派守備特合圖管帶馳往，以資助剿。

再，豫省剿匪需兵甚急，前蒙俞允飭調察哈爾馬隊官兵二千名，計時已可由京起程。相應請旨，敕下直隸督臣桂良，催令沿途經過地方，妥速應付，俾免遲誤。

除專弁迎提，并確探南路匪情，隨時具奏外，謹附片具奏，伏乞聖鑒訓示。謹奏。

0267. 河南巡撫英桂行移具奏江豫各軍剿捻獲勝并現在籌辦各情一摺奉硃批上諭

咸豐六年九月二十四日

札軍需局。開歸徐道。候補賈道。照得本部院於咸豐六年九月十二日，在淮寧縣行營，由驛具奏，江、豫各軍剿匪獲勝，并現在籌辦各情一摺，業已抄摺札知咨送在案。兹於本月二十二日，奉到硃批：另有旨。欽此。同日，奉上諭一道：咸豐六年九月十八日内閣奉上諭：英〈桂〉奏，江、豫各軍剿匪獲勝一摺。所稱徐州官軍在鐵佛寺地方獲勝情形，業經邵（燦）[燦]、庚長奏報。其河南官軍於九月初五日密渡吳家河，直取馬村橋口。該處匪衆悉力來拒。總管格綳額、營總關保各督馬隊，併力直前。總管德楞額、副將樂善埋伏馬隊，齊起抄截。匪衆不支，紛紛敗退。官軍追殺三十餘里，斃賊千餘名，落河淹斃者不計其數。現在邱聯恩、崇安等由西路進兵，史榮椿、興慶、明山等由東路進兵，會合豫軍，實力夾擊。著英〈桂〉即飭各該總兵，迅速進剿，務將各處匪巢次第掃蕩，毋稍延緩。欽此。

除欽遵并恭録分别咨行外，合就恭録札行。札到該局;道,即便會同兩司,移行欽遵查照。毋違。此札。

札軍需局。開歸徐道。候補賈道。

為恭録咨會事。竊照云前咨行外，相應恭録咨會。為此合咨貴都京堂，部院，鎮，侍衛，司，請煩為欽遵查照施行。

一　　咨

欽差都察院副堂王 候補三品京堂袁

欽賞四品卿銜王

江南總漕河部堂邵庚

安徽巡撫部院福 壽春總鎮鄭

署徐州總鎮大名總鎮史

南陽河北總鎮邱崇

二等侍衛多

前福建按察司徐　照會。

咸豐六年九月二十四日。軍務局齊榜元承。

具奏江豫各軍剿匪獲勝并現在籌辦各情一摺奉硃批上諭。

河南巡撫部院提督軍門英。劃。

監印官留豫即補府經歷縣丞俞炳。

0268. 軍機大臣字寄河南巡撫英桂著即飭伊興額速帶馬隊赴懷遠并撥察哈爾官兵五六百名赴皖

咸豐六年十月初一日

軍機大臣字寄，河南巡撫英〈桂〉，咸豐六年十月初一日奉上諭：福濟等奏，懷遠、蒙城一帶剿賊吃緊，請飭英〈桂〉迅令伊興額帶馬隊五百名，前往助剿等語。此項馬隊官兵，已據英〈桂〉奏，俟察哈爾官兵到後，酌量分撥。現在察哈爾官兵當已陸續趕到，着英〈桂〉即飭伊興額將所帶馬隊，迅速赴懷遠一帶助剿。并據福濟奏：水陸賊援由裕溪、神塘河窺伺東關，滋擾無為。巢城之賊，尚有數萬。請調察哈爾馬隊一千名，來巢聽候調遣等語。着英〈桂〉於察哈爾官兵到後，酌撥五六百名，傳旨令穆騰阿管帶赴皖省，以資攻剿。將此由六百里諭令知之。欽此。遵旨寄信前來。

0269. 河南巡撫英桂行移附奏豫省馬隊無多勢難分撥擬俟察哈爾官兵到後再行分撥一片奉硃批

咸豐六年十月初四日

札軍需局。照得本部院於咸豐六年九月二十二日，在淮寧縣行營，由驛附奏，豫省馬隊無多，勢難分撥，擬俟察哈爾官兵到後，再行分撥緣由一片，業已抄片札知咨送在案。兹於十月初二日，奉到硃批：知道了。欽此。合就相應恭録札行。移咨。札到該局，即便會同兩司，欽遵查照。毋違。此札。

札軍需局。

為恭録移咨事。竊照云前，相應恭録移咨。為此合咨貴部院，部堂，鎮，請煩為欽遵查照施行。

一　咨

安徽巡撫部院

江南總漕河部堂

署徐州總鎮大名總鎮史

咸豐六年十月初四日。軍務局鄧式南承。

附奏豫省馬隊無多勢難分撥擬俟察哈爾官兵到後再行分撥一片奉硃批。

河南巡撫部院提督軍門英。劃。

監印官留豫即補府經歷縣丞俞炳。

0270. 河南巡撫英桂行移附奏派兵剿辦襄樊土匪并請敕直隸督催地方應付察哈爾馬隊一片奉硃批

咸豐六年十月初四日

札軍需局。候補周道。照得本部院於咸豐六年九月二十二日，在淮寧縣行營，由驛附奏，襄樊土匪滋事，派兵剿辦，并請旨敕下直隸總督，催令經過地方，妥速應付察哈爾馬隊緣由一片，業已抄片札知咨送在案。茲於十月初二日，奉到硃批：知道了。欽此。合就相應恭録札行。移咨。札到該局，道，即便會同兩司，欽遵查照。毋違。此札。

札軍需局。候補周道。

為恭録移咨事。竊照云前，相應恭録移咨。為此合咨貴部堂，鎮，請煩為欽遵查照施行。

一　　　咨

直隸閣督部堂

雲南臨元總鎮慶

咸豐六年十月初四日。軍務局鄧式南承。

附奏襄樊土匪滋事派兵剿辦并請旨敕下直隸督□應付察哈爾馬隊一片奉硃批。

河南巡撫部院提督軍門英。劃。

監印官留豫即補府經歷縣丞俞炳。

0271. 河南巡撫英桂行移附奏英謙及李硯田前因辦硝遲延參革頂戴請旨各予開復一片奉硃批

咸豐六年十月初七日

札布政司。照得本部院於咸豐六年九月十四日，在陳州府行營附奏，新息通判英謙、河南府通判李硯田，前因辦硝遲延，參革頂戴，請旨各予開復緣由一片，業已抄片札知咨送在案。茲於十月初三日，在陳州府行營，奉到硃批：英謙等，均著給還頂戴。欽此。合就相應恭録札行。移咨。札到該司，即便欽遵查照飭知。毋違。此札。

札布政司。

為恭録移咨事。竊照云前，相應恭録移咨。為此合咨貴部，請煩欽遵查照施行。

一咨

工部

吏部

十月初六日送稿。

咸豐六年十月初七日。工房武魁禄承。

附奏新息通判英謙河南府通判李硯田前因辦硝遲延參革頂戴請旨各予開復緣由一片奉硃批。

河南巡撫部院提督軍門英。劃。

監印官留豫即補府經歷縣丞俞炳。

0272. 河南巡撫英桂行移附奏吉林協領墨爾賡額在軍營病故并請旨敕部議恤片

咸豐六年十月初八日

札軍需局。照得本部院於咸豐六年十月初五日，在淮寧縣行營，由驛附奏，吉林協領墨爾賡額在軍營病故，請旨敕部議恤一片。除俟奉到硃批，另行恭録札知咨送外，合先抄片札行。札到該局，即便會同兩司，轉飭知照。毋違。此札。

計粘抄片稿一紙。

札軍需局。

為移咨事。竊照云前，合先抄片移咨。為此合咨貴將軍，請煩查照施行。

計粘抄片稿一紙。

一　　咨

吉林將軍

咸豐六年十月初八日。軍務局齊榜元承。

附奏吉林協領墨爾賡額在軍營病故請旨敕部議恤一片。

河南巡撫部院提督軍門英。劃。

監印官留豫即補府經歷縣丞俞炳。

附録片稿：河南巡撫英桂附奏吉林協領墨爾賡額在軍營病故并請旨敕部議恤片

咸豐六年十月初五日

再，據署商邱縣知縣水安瀾詳稱，據吉林參領德吉呈報：伊父花翎協領委營總墨爾賡額，於咸豐三年六月間，奉派管帶吉林官兵，赴直隸臨洺關防剿逆匪。八月二十七日，與賊接仗，左乳受炮子傷一處，經前任直隸總督訥爾經額驗明，傷列頭等，奏蒙賞戴花翎。嗣赴山東臨清馮官屯等處剿賊，均立戰功。迨東省賊匪蕩平，復奉調往湖北軍營，旋即遣回。行至直隸順德府，奉文截留赴歸德府剿辦捻匪。六年三月，抵歸德軍營，叠次與捻匪接仗獲勝。五月十七日，督兵攻破雉河賊巢。積勞致疾，□□數口，其前受炮傷復發作痛。請假調養，并未見效。延至八月十一日，舊傷暴腫，又兼腹瀉，因病出缺等情。當經該縣前往看明，眼同德吉，妥為棺殮。由軍需局、司、道詳請奏恤前來。

臣查該營總打仗受傷，業經三載，久逾例限，未便仍照陣亡例議恤。惟屢著戰功，積勞身故，殊堪憫惻。相應請旨，敕部照軍營病故例議恤，以為盡瘁行間者勸。

除所遺協領委署營總員缺，另行辦理外，謹附片具陳，伏乞聖鑒訓示。謹奏。

0273. 河南巡撫英桂行移具奏大股捻軍在宫吉寺等處西竄飭令崇安等節節進剿并邱聯恩暫駐陳州摺

咸豐六年十月初八日

札軍需局。照得本部院於咸豐六年十月初五日，在淮寧縣行營，由驛具奏，大股捻匪仍在宫吉寺等處負隅抗拒，鹿、亳交界到處皆有賊踪，時圖西竄，剋日移營，親督崇安等由鹿、亳一帶，向東節節迎剿，飭令邱聯恩暫駐陳州，鎮撫地方，保護餉道，以為後援一摺。除俟奉到硃批，另行恭録札知咨送外，合先抄摺札行。札到該局，即便會同兩司查照。毋違。此札。

計粘抄摺稿一紙。

札軍需局。

為移咨事。竊照云前，合先抄摺移咨。為此合咨貴京堂，請鎮，煩為查照施行。

計粘抄摺稿一紙。

一　　　　咨

欽差候補三品京堂袁

南陽河北總鎮邱崇　希即暫駐陳州，會同王道，督率地方文武，嚴密防堵，毋任竄越。施行。

咸豐六年十月初八日。軍務局齊榜元承。

具奏大股捻匪仍在宫吉寺等處西竄崇安等節節進剿邱聯恩暫駐陳州以為後援一摺。

河南巡撫部院提督軍門英。劃。

監印官留豫即補府經歷縣丞俞炳。

附録摺稿：河南巡撫英桂具奏大股捻軍在宫吉寺等處西竄飭令崇安等節節進剿并邱聯恩暫駐陳州摺

咸豐六年十月初五日

奏為大股捻匪仍在宫吉寺等處負隅抗拒，鹿、亳交界到處皆有賊踪，時圖西竄，臣剋日移營，親督崇安等由鹿邑一帶，向東節節迎剿，飭令邱聯恩暫駐陳州，鎮撫地方，保護餉道，以為後援，恭摺奏祈聖鑒事。

竊臣於本月初二日，承准軍機大臣字寄，九月二十七日奉上諭：英〈桂〉奏，官軍剿匪失利，陳州戒嚴一摺。英〈桂〉身為三省總統剿辦捻匪，叠經諭令督兵出境，乃該撫始終株守陳州。本日已將英〈桂〉先行交部議處，以示薄懲。若再不出境迎剿，必將該撫從重治罪。現在皖省大員，惟秦定三久歷戎行，尚堪為各鎮表率。俟桐城剿匪接手有人，擬令前來統帶皖省兵勇，會同英〈桂〉剿辦。此時自應仍令該鎮、將等，由東路兜剿。若始終不能得力，即據實嚴參，朕必執法懲治。英〈桂〉但當一秉大公，自足服將士之心。若仍前玩泄，則鎮、將之不力，即該撫調度乖方，恐不能當此重咎也。等因。欽此。伏念臣溺職辜恩，負咎甚重，仰蒙皇上格外寬容，不加嚴譴，跪聆聖訓，感激涕零。

查該匪自竄回渦河南岸之後，大股均在宫吉寺等處盤踞，負隅抗拒。官兵因連日陰雨泥淖，馬隊難於施展，未能進攻。該匪復於鹿邑東南張斌營一帶，分布匪黨，牽制我師。接據各路探報，均稱該匪欲分兩股，向西竄擾。并訊據盤獲奸細張喜供認，張逆遣赴周家口探聽虛實，如兵勇不多，仍往該處打擄糧食。各等情。訊明後，即將該犯正法。該匪聲東擊西，是其慣技，原未可盡信。然以現在情形而論，歸德所屬商邱、夏邑、虞城、永城等縣，上下數百里，屢遭蹂躪，早已燒擄一空，無可覬覦。惟陳州尚稱完善，而周家口商賈雲集，久為該匪垂涎。若不將附近鹿、亳交界股匪次第剿除，不特我兵向東前進抄襲堪虞，且恐該匪乘虛復自南而西，擾及周家口，震動省城。統籌全局，必須由西進剿，方操勝算。袁甲三已由鹿邑移師亳州，相機進攻，兼顧北路。臣拜摺後，即親自馳赴大營，督飭崇安、格绷額、德楞額等，率領現有馬步官兵，先將亳州西南附近鹿邑匪衆痛加剿洗，俟察哈爾馬隊官兵到齊，即與袁甲三分帶，由西、北兩面，步步進逼，會合各軍，以期一鼓蕩平，盡殲醜類，勉贖前愆，仰副聖主訓誡諄諄之至意。

至陳州東南一帶，甫經該匪竄擾，人心未定，兼恐本地土匪乘機竊發，勢不能不留兵彈壓，暫令邱聯恩駐防該郡，會同候補道王榮第，督率文武員弁兵勇，安撫居民，搜拿伏莽，保護運道，以為臣後路聲援。并責成候補道張維翰、參將馬春華等，督帶兵勇，仍駐周家口，扼要嚴防。臣到營後，惟有事事凜遵訓諭，一秉大公，申明紀律，督飭各鎮、將，合力進攻，迅圖蕆事，斷不敢稍事遲緩，自干重咎。

除迎提察哈爾馬隊官兵，并咨照西凌阿迅赴大營會剿外，所有臣督兵由西路進剿并布置各緣由，謹繕摺具奏，伏乞皇上聖鑒訓示。謹奏。

0274. 河南巡撫英桂行移附奏吉林協領墨爾賡額在軍營病故并請旨敕部議恤一片奉硃批

咸豐六年十月十五日

札軍需局。照得本部院於咸豐六年十月初五日，在淮寧縣行營，由驛附奏，吉林協領墨爾賡額在軍營病故，請旨敕部議恤一片，業已抄片札知咨送在案。茲於十月十四日，在鹿邑縣奉到硃批：墨爾賡額，著照軍營病故例議恤。欽此。合就相應恭録札行。移咨。札到該局，即便會同兩司，轉飭欽遵知照。毋違。此札。

札軍需局。

為恭録移咨事。竊照云前，相應恭録移咨。為此合咨貴將軍，請煩欽遵查照施行。

一　　咨

吉林將軍

咸豐六年十月十五日。軍務局鄧式南承。

附奏吉林協領墨爾賡額在軍營病故請旨敕部議恤一片奉硃批。

河南巡撫部院提督軍門英。劃。

監印官留豫即補府經歷縣丞俞炳。

0275. 河南巡撫英桂行移具奏大股捻軍在宫吉寺等處西竄飭令崇安等節節進剿并邱聯恩暫駐陳州一摺奉硃批上諭

咸豐六年十月十五日

札軍需局。照得本部院於咸豐六年十月初五日，在淮寧縣行營，由驛具奏，大股捻匪，仍在宫吉寺等處負隅抗拒，鹿、亳交界到處皆有賊踪，時圖西竄，剋日移營，親督崇安等，由鹿、亳一帶，向東節節迎剿，飭令邱聯恩暫駐陳州，鎮撫地方，保護餉道，以為後援一摺，業已抄摺札知咨送在案。茲於十月十四日，在鹿邑縣奉到硃批：另有旨。欽此。同日，承准軍機大臣字寄，河南巡撫英〈桂〉，咸豐六年十月初十日奉上諭：英桂奏，移營前進并留兵防守陳州一摺。捻匪大股既在渦河南岸屯聚，官軍若專駐亳州，仍未能逼近賊巢。該撫現既移營前進，自可與袁甲三合兵一處。鹿邑附近匪衆，不過零星小股，亟應迅圖撲滅，節節疏通，剋日會兵東剿。前據該撫奏，亳城以南，久已民賊不分。若必俟搜捕淨盡，始行進剿，則宮吉寺一帶大股匪徒，又將養成羽翼，勢益鴟張。察哈爾官兵不日即可到齊，除撥赴皖省五六百名外，尚有一千四五百名，為數不少。此項馬隊到營，鋭氣方盛，該撫即當妥為調度，速行進剿，總期於明歲春融能令歸伍，方不至用違其長。至周家口地方，最關緊要。該撫所派張維翰、馬春華等能否得力，務飭嚴密防堵，不准稍有疏虞。將此由六百里諭令知之。欽此。遵旨寄信前來。等因。承准此。除祗遵并恭録分別咨行外，合就相應恭録札行移咨。札到該局，即便會同兩司，欽遵查照。毋違。此札。

札軍需局。

為恭録移咨事。竊照云前，相應恭録移咨。為此合咨貴京堂，鎮，請煩為欽遵查照辦理施行。

一　　　　咨

欽差候補三品京堂袁

南陽河北總鎮邱崇

咸豐六年十月十五日。軍務局鄧式南承。

具奏移營前進并留兵防守陳州一摺奉硃批上諭。

河南巡撫部院提督軍門英。劃。

監印官留豫即補府經歷縣丞俞炳。

0276. 河南巡撫英桂行移具奏分路直搗捻巢并飭邱聯恩帶兵兜捕竄入南陽匪徒摺

咸豐六年十月十六日

札軍需局。照得本部院於咸豐六年十月十四日，在鹿邑縣行營，由驛具奏，親督後隊兵勇，馳抵鹿邑，與袁〈甲三〉會商分路直搗賊巢，力圖蕆事，并南陽府屬鄧州被襄樊匪徒竄入滋擾，逼近府城，已飛飭邱帶兵馳赴援剿，咨照陝西迅速撥兵，合力兜捕，以免蔓延一摺。除俟奉到硃批，另行恭録札知咨送外，合先抄摺札行。札到該局，即便會同兩司，移行候補王周張道查照。毋違。此札。

計粘抄摺稿一紙。

札軍需局。

為咨送事。竊照云前咨送外，合就抄摺咨送。為此合咨貴部院;堂;鎮，請煩為查照施行。

計粘抄摺稿一紙。

一　咨

山東巡撫部院　希即轉飭，一體防範。

陝西巡撫部院　希即酌撥精兵一千名，馳赴南陽，交南陽總鎮邱〈聯恩〉統帶，以資攻剿。并酌撥精兵，扼要堵擊，以杜竄越。望速。

湖廣總督部堂

署徐州總鎮大名總鎮史　希即實力防剿，以杜紛竄。望速。

前署陝西陝安總鎮郝
甘肅西寧總鎮珠　希即實力防剿，以杜紛竄。望速。

云南臨元總鎮慶

欽差候補三品京堂袁

南陽河北總鎮邱崇

咸豐六年十月十六日。軍務局楊維賢齊榜元承。

具奏親督後隊兵勇與袁〈甲三〉會商分路直搗賊巢并南陽匪徒竄入飭邱〈聯恩〉帶兵兜捕一摺。

河南巡撫部院提督軍門英。劃。

監印官留豫即補府經歷縣丞俞炳。

附録摺稿：河南巡撫英桂具奏分路直搗捻巢并飭邱聯恩帶兵兜捕竄入南陽匪徒摺

咸豐六年十月十四日

奏為臣已親督後隊兵勇，馳抵鹿邑，與袁甲三會商分路直搗賊巢，力圖蕆事，并南陽府屬鄧州被襄樊匪徒竄入滋擾，逼近府城，已飛飭邱聯恩帶兵馳赴援剿，咨照陝西撫臣吳振棫，迅速撥兵，合力兜捕，以免蔓延，恭摺奏祈聖鑒事。

竊臣前將督兵由西路進剿并布置各緣由，繕摺奏聞在案。拜摺後，即於初六日拔營起程。初七日，馳抵鹿邑。探知捻首張樂行復遣龔得帶領匪黨數千，由張斌營西竄。臣因隨營兵勇太單，難資攻剿，當飛咨袁甲三，飭令崇安等督率馬步官兵，繞道截擊。初九日，行至王皮溜地方，與匪相遇，即列隊迎剿。槍箭齊施，殲斃賊匪數十人，生擒八人，立即正法。該匪見我兵猝至，不知虛實，紛紛退回。我兵因東南處處匪巢，恐有埋伏，未敢窮追，收隊扎營。并據北路探兵禀報：捻首李廷彥等，糾集夥黨數千人，在永、夏交界會亭集一帶滋擾。并虞城連界地方，亦有匪踪等情。

正在籌辦間，承准軍機大臣字寄，奉上諭：英〈桂〉奏，大股捻匪退回渦河，現籌防剿一摺。現在該匪退回渦河，崇安與袁甲三兩軍均在亳州一帶駐扎，未能逼近賊巢。著英〈桂〉飭令迅速前進，毋任遷延。至該撫即未能衝鋒入陣，亦當移營前進，親督後隊，以為各路聲援。倘崇安等仍前玩泄，即著從嚴參辦，毋稍徇隱。等因。欽此。聞命自天，悚惶無地，撫衷循省，寢饋難安。

伏查該匪大股，現在仍踞渦河南岸，到處分布匪黨，牽制我師。非一鼓作氣，力挫凶鋒，則各路股匪勢難次第剪除。惟現有兵勇半多疲乏，若輕進失利，轉恐匪勢益張。幸察哈爾馬隊官兵頭、二、三起已陸續到營，四起亦即日可到。臣因北路情形緊要，與西凌阿會商，已派令莫爾賡阿先帶馬隊五百名，馳往永、夏一帶，會合各該縣在防兵勇，趕緊搜捕。知照山東撫臣崇恩，飭屬一體嚴防。復派令穆騰阿、托津阿，會同格綳額、德楞額等管帶馬隊，崇安、朱連泰等管帶步隊，分路由西、北兩面直搗賊巢。尤恐大兵前進，後路空虛，復飭候補知府鄭廷錦、候補同知直隸州知州顏懷忠等，調集淮寧、太康、鹿邑、柘城各縣鄉團，會合亳州團練，隨同進剿，并扼要嚴防。臣親督隨營兵勇，為各路聲援。并知照史榮椿、郝光甲等，實力堵剿，杜其分竄，以期掃穴擒渠，仰副聖主綏靖疆圉之至意。倘崇安等仍前玩泄，臣自當凛遵諭旨，從嚴參辦，斷不敢稍有徇隱，自取咎戾。

又，據候補道周煦徵、署南陽府知府何懷珍禀稱：初六、初七日，連接署鄧州知州姚慶溥馳報，□匪二千餘人，於初五日晚竄至州境之構林關一帶，裹脅焚搶，勢甚披猖。該州所有兵勇不及千名，扼守刁河，極形單薄。該府因郡城無兵可撥，已趕緊抽撥府勇三百名，馳往援助。又據探報，初七日，該匪大股踵至，蜂擁向刁河紛竄。兵勇不支，只得退守州城。辰刻，匪抵城下，將東、南、西三面圍住。萬分危急，請撥兵速援。各等情。當飛咨邱聯恩移緩就急，督帶在營本標官兵，自陳州星夜馳往救援去後。旋據周煦徵等禀稱：該州知州姚慶（薄）[溥]，與在城文武，率領兵勇，登陴守禦，相持六時之久。衆寡不敵，已於初七日酉刻失守。城內、城外及白洛堰、構林關北、穰東迆南，處處皆賊，分赴四鄉，裹人擄馬等語。府城距匪踪僅六十餘里，城內人心慌亂。適慶德、特合圖帶兵先後趕到，稍為鎮定。惟郡城兵單餉絀，情形危迫，請迅速調兵籌餉前往。各等情。臣聞信，莫名憤懣。

查此股匪徒竄入豫疆，既圍新野，復陷鄧州，逼近南陽府城。而楚省襄陽現被圍困，該匪復占踞樊城，阻我援師。燎原之勢已成，若不迅調大兵，速為撲滅，襄陽、南陽為川陜要隘，設有疏虞，不特豫省南路不堪設想，即川陜亦為震動。尤恐該匪糾約泌陽、桐柏、□□捻匪，竄擾信陽三關，與粵匪勾結，剿辦更難得手。惟豫省既無可撥之兵，又無可籌之餉。臣統籌全局，殊深焦急。當飭司無論何款，迅速解往接濟。復飛催邱聯恩兼程星夜馳赴南陽，竭力堵扼，防其北竄。飛咨陜西撫臣吳振棫，迅撥官兵，以剿為防，分投援應。并嚴飭附近各縣，搜拿土匪，先清內患。但統計南陽在防兵勇無多，防剿難期周密。相應請旨，飭下吳振棫，先行酌撥精兵一千名，馳赴南陽，交邱聯恩統帶，以資攻剿。臣現督剿皖省捻匪，相距南陽一千餘里。軍情旦夕异宜，實屬鞭長莫及。倘致貽誤，關係匪輕。惟有籲懇天恩，迅賜另派大員，添調精兵，前往南陽督辦，會合楚、陜兩省，實力兜剿，以免蔓延。

其陳州防堵事宜，臣已抽撥隨營壯勇五百名，飭令副將樂善管帶，馳往會同王榮第，與張維翰、馬春華等兵勇、鄉團聯絡聲勢，嚴防竄越，不准稍有鬆懈。

除督飭各路兵勇進剿皖匪，并查明鄧州文武員弁下落，及偵探南路賊情，隨時馳奏外，所有籌辦豫省東、南兩路防剿各緣由，謹繕摺具奏，伏乞皇上聖鑒訓示。謹奏。

0277. 河南巡撫英桂行移附奏豫省東南兩路剿捻吃緊請將撥皖察哈爾馬隊暫留助剿片

咸豐六年十月十六日

札軍需局。照得本部院於咸豐六年十月十四日，在鹿邑縣行營，由驛附奏，豫省東、南兩路剿匪吃緊，請將撥皖察哈爾馬隊暫留助剿一片。除俟奉到硃批，另行恭録札知移咨外，合先抄片札行。咨送。札到該局，即便會同兩司查照。毋違。此札。

計粘抄片稿一紙。

札軍需局。

為移咨事。竊照云前，合先抄片咨送。為此合咨貴部院，請侍衛，煩為查照，希即馳赴懷遠，帶領前項馬隊助剿施行。

計粘抄片稿一紙。

一　　　咨

安徽巡撫部院福

頭等侍衛伊

咸豐六年十月十六日。軍務局鄧式南承。

附奏豫省東南兩路剿匪吃緊請將撥皖察哈爾馬隊暫留助剿一片。

河南巡撫部院提督軍門英。劃。

監印官留豫即補府經歷縣丞俞炳。

附録片稿：河南巡撫英桂附奏豫省東南兩路剿捻吃緊請將撥皖察哈爾馬隊暫留助剿片

咸豐六年十月十四日

再，臣前奉諭旨：福濟等奏，懷遠、蒙城剿賊吃緊，請飭伊興額帶馬隊助剿。著英〈桂〉即飭伊興額，將所帶馬隊迅赴懷遠一帶。并據福濟奏，請調察哈爾馬隊一千名來巢調遣。著英〈桂〉於察哈爾官兵到後，酌撥五六百名，傳旨令穆騰阿管帶，迅赴皖省，以資攻剿。等因。欽此。臣以察哈爾官兵尚未到營，而剿匪正當吃緊，伊興額所帶馬隊，未能遽令起程。

旋於十月十□日，又奉寄諭：福濟奏，巢縣於九月二十九日攻克，須派重兵扼守。又，懷遠雖已解圍，而捻援大集，必須迅添馬隊。剿辦捻匪，馬隊最為制勝。伊興額所帶五百名，著英〈桂〉懔遵迭次諭旨，撥交該侍衛統帶，馳赴懷、蒙會剿。其察哈爾馬隊，并著遵旨迅撥五六百名，交穆騰阿帶往盧州。等因。欽此。

臣查現在捻匪大股，竄擾豫、皖交界，正須馬隊攻剿。况襄樊土匪進逼南陽，該處匪衆兵單，又□平川曠野。設情形吃重，不能不分撥馬隊，前往助剿。且廬州一帶，塍埂隘狹，本非馬隊所宜，在皖省未能有益。而豫省少此勁旅，關係匪輕。可否仰懇天恩，俯念豫省東、南兩路剿匪緊要，准將撥赴皖省察哈爾官兵五六百名，暫留助剿。俟情形稍鬆，再行酌量分撥，以資得力。

除飭令將伊興額、關保原帶馬隊五百名，先行馳赴懷遠外，臣愚昧之見是否有當，謹附片具奏，伏乞聖鑒訓示。謹奏。

0278. 河南巡撫英桂行移具奏分路直搗捻巢并飭邱聯恩帶兵兜捕竄入南陽匪徒一摺奉硃批上諭

咸豐六年十月二十三日

札軍需局。照得本部院於咸豐六年十月十四日，在鹿邑縣行營，由驛具奏，親督後隊兵勇，馳抵鹿邑，與袁〈甲三〉會商分路直搗賊巢，力圖蕆事，并南陽府屬鄧州被襄樊匪徒竄入滋擾，逼近府城，已飛飭邱〈聯恩〉帶兵馳赴援剿，咨照陝西迅速撥兵，合力兜捕，以免蔓延一摺。玆於本月二十二日，在亳州奉到硃批：另有旨。欽此。又附奏，豫省東、南兩路，剿匪吃緊，請將撥皖察哈爾馬隊暫留助剿一片。奉硃批：另有旨。欽此。同日，奉上諭一道。除祇遵外，合就恭録札行。札到該局，即便會同兩司，移行候補王周張道，欽遵查照。毋違。此札。

計恭録上諭一道。

札軍需局。

為恭録咨會事。竊照云前，除祇遵外，相應恭録咨會。為此合咨貴（大臣，）部（堂，）院，京堂，鎮，（侍衛，）請煩為欽遵查照辦理施行。

計恭録上諭一道。

一　　咨

安徽巡撫部院

欽差候補三品京堂袁

署徐州總鎮大名總鎮史

雲南臨元總鎮慶

南陽河北總鎮邱崇

咸豐六年十月廿三日。軍務局楊維賢鄧式南承。

具奏親督後隊兵勇與袁〈甲三〉會商分路直搗賊巢并南陽匪徒竄入飭邱〈聯恩〉帶兵兜捕一摺奉硃批上諭。

河南巡撫部院提督軍門英。劃。

監印官留豫即補府經歷縣丞俞炳。

附録廷寄：軍機大臣字寄河南巡撫英桂著與袁甲三合兵進剿并查明鄧州文武官員下落

咸豐六年十月十八日

軍機大臣字寄，河南巡撫英〈桂〉，咸豐六年十月十八日奉上諭：英桂奏，馳抵鹿邑，分路進勦，并鄧州失陷，派兵赴援一摺。捻匪大股既踞渦河南岸，該撫自應會同袁甲三，迅督兵勇，渡河南擊，方能與郝光甲等諸軍聯為一氣。據奏，調派穆騰阿等管帶馬隊，崇安等管帶步隊各事宜，已有直搗賊巢之勢。而摺內又稱，東南處處匪巢，恐輕進失利等語。是尚以相持為長策，何時方能會合皖軍？該撫既抵鹿邑，距亳州不過數十里，即著與袁甲三合兵前進，迅將渦河南岸匪巢盡力勦洗，再圖分兵四出。不准隨處駐扎，徒以布置為詞，致各路不能兼顧。

至永、夏、虞城一帶，據奏止稱探有匪踪，是尚未知徐州危急。本日據史榮椿奏，永、夏捻匪，已擾及碭山，并分擾豐縣之許家口、蕭縣之黃家口，三股會合，直撲府城。該署總兵兵勇僅止六千，祇能專顧郡城，不能兼顧各處。其緊急情形，實為可慮。該撫現派莫爾賡額先帶馬隊五百名，馳往永、夏一帶。即著飭令迅赴徐州，助解城圍。宿州兵勇，尚復不少。現在匪黨全趨東北，該州警信稍鬆。著英桂即傳知宿城帶兵各官，分兵馳往徐州，統交史榮椿［调］遣。本日復諭知德興阿等，撥兵一千名赴徐應援，并著傳知史榮椿沿途迎提，以資會勦。

至鄧州失陷，南陽萬分吃緊，邱聯恩業經帶兵馳［往］[①]。即著飭知該總兵，迅圖撲滅，毋使再有蔓延。所請飭調陝西官兵，已諭知譚廷襄抽撥精鋭二千名，派得力大員，帶往會勦。并諭官文等另派大員，速解襄陽之圍，以便與陝、豫官兵夾擊。然遏其北竄之路，尤以豫境為吃重。該撫仍宜速籌布置，不得專待陝省之兵，始行進勦。另片所陳請暫留察哈爾馬隊等語，著准其暫緩分撥。伊興額現在徐州，其原帶馬隊派赴懷遠，是否即由關保管帶？鄧州文武下落，并著查明具奏。將此由六百里加緊諭知英桂，并傳諭史榮椿知之。

欽此。遵旨寄信前來。

0279. 河南巡撫英桂行移附奏察哈爾官兵馬匹疲乏倒斃并請敕直隸山東山西各督撫挑選馬匹一千委解來營片

咸豐六年十月二十八日

札軍需局。照得本部院於咸豐六年十月二十六日，在亳州行營，由驛附奏，察哈爾官兵馬匹疲乏倒斃過多，不敷乘騎，請旨敕下直隸、山東、山西各督撫，挑選膘壯馬一千匹，委解來營，以資分撥，并請敕下穆〈隆阿〉，照各省所撥之數，選調解還一片。除俟奉到硃批，另行恭録（札知咨送）外，合先抄片（札行。移咨。）札到該局，即便會同兩司查照。毋違。此札。

① 此上諭中脱漏字和殘缺字的補正，均依據《文宗顯皇帝實録》（四）卷210，中華書局1987年版，第311頁。

計粘抄片稿一紙。

札軍需局。

為移咨事。竊照云前，合先抄片移咨。為此合咨貴部堂;院;都統，請煩查照施行。

計粘抄片稿一紙。

一　　　咨

直隸閣督部堂

山東西巡撫部院

署察哈爾都統穆

咸豐六年十月廿八日。軍務局齊榜元承。

附奏察哈爾官兵馬匹疲乏倒斃請敕下直隸山東山西各督撫挑選馬匹一千委解來營一片。

河南巡撫部院提督軍門英。劃。

監印官留豫即補府經歷縣丞俞炳。

附録片稿：河南巡撫英桂附奏察哈爾官兵馬匹疲乏倒斃并請敕下直隸山東山西各督撫挑選馬匹一千委解來營片

咸豐六年十月二十六日

再，臣准西淩阿咨稱，轉據穆騰阿、托津阿等呈報，四起官兵共帶馬二千三百匹，沿途倒斃馬三百九十四匹，存留各縣喂養疲乏馬二百十六匹等情。臣會同西淩阿復加查驗，該兵丁等均屬精壯，惟所帶馬匹尚有疲乏不堪乘騎馬二百八十三匹。

伏查此項馬匹，向在口外放青。驟喂麸料，兼之跋涉長途，以致疲乏倒斃，短少過多。連日追剿捻匪，復又疲乏三百餘匹。統計短少馬一千二百餘匹。現當剿匪吃緊，該兵丁等無馬可騎，不能進剿，亟須速籌調補，俾免虛縻。臣現於豫省各營内，就近抽撥馬三百匹，計尚短馬九百餘匹。若再請續調口外之馬，不特緩不濟急，且恐不認麸料，仍難適用。刻下南陽匪勢蔓延，亦需馬隊衝擊。本擬酌撥前往，現以馬匹不敷，未能調派，焦灼萬分。惟有仰懇天恩，俯念豫、皖兩省剿匪緊要，請旨敕下直隸、山東、山西各督撫臣，先於該省各營内，迅速挑選膘壯戰馬一千匹，派委員弁，星夜解赴臣營，以資分撥而備攻剿。并請敕下穆隆阿，照各省所撥之數，選調馬匹解還，以備差操之用。一轉移間，實於軍務大有裨益。

除飭將現存疲乏馬匹，飭令各營妥為喂養，隨時挑用外，是否有當，謹附片具奏，伏乞聖鑒訓示。謹奏。

0280. 河南巡撫英桂行移奏請調直隸山東山西馬一千匹委解來營一片奉硃批上諭

咸豐六年十一月初八日

札軍需局。照得本部院於咸豐六年十月二十六日，在亳州行營，由驛附奏，察哈爾官兵馬匹疲乏倒斃過多，不敷乘騎，請旨敕下直隸、山東、山西各督撫，挑選膘壯馬一千匹，委解來營，以資分撥，并請敕下穆〈隆阿〉，照各省所撥之數，選調解還一片，業已抄片札知咨送在案。玆於十一月初七日，奉到硃批：另有旨。欽此。同日，承准軍機大臣字寄，咸豐六年十一月初二日奉上諭：所請調直隸、山東、山西馬匹，已諭令桂良等撥解矣。將此由六百里諭令知之。欽此。遵旨寄信前來。等因。承准此。合就相應恭録札行。札到該局，即便會同兩司，轉飭經過沿途各地方官，一體照例預備應付，毋稍貽誤。切切。此札。

札軍需局。

為恭録移咨事。竊照云前，相應恭録移咨。為此合咨貴部堂，部院，都統，請煩欽遵查照，希即赶緊挑選膘壯馬匹，委解來營，以資分撥。仍將委員職名及起程日期，先行見覆施行。

一　　　咨
直隸閣督部堂
山東西巡撫部院
署察哈爾都統穆
察哈爾都統西

咸豐六年十一月初八日。軍務局鄧式南承。
附奏請調直隸山東山西馬一千匹委解來營一片奉硃批上諭。
河南巡撫部院提督軍門英。劃。

監印官留豫即補府經歷縣丞俞炳。

0281. 河南巡撫英桂行移具奏賊匪分竄亳境官兵奮擊勝仗并現飭各鎮將進攻摺

咸豐七年正月初四日

札軍需局。照得本部院於咸豐七年正月初三日，在亳州行營，由驛具奏，賊匪分竄亳境，官兵奮擊，叠獲勝仗，并斬擒匪首多名，現飭各鎮將乘勝進攻，迅除渠逆一摺。除俟奉到硃批，另行恭録札知咨行外，合先相應抄摺札行。札到該局，即便會同兩司，移行查照。毋違。此札。

計粘抄摺稿一紙。

札軍需局。

為移咨事。竊照云前，相應抄摺咨送。為此合咨貴　，請煩為查照施行。

計粘抄摺稿一紙。

一　　咨

欽差大臣德和　希即一體嚴密稽查，以杜勾結而備不虞。望切施行。

欽差都察院副堂王候補三品京堂袁

欽賞四品卿銜王

直隸閣督部堂

江南總漕河部堂邵庚　希即一體嚴密稽查，以杜勾結而備不虞。望切施行。

安徽巡撫部院福　希即嚴守臨淮，以扼南竄。望切施行。

二等侍衛多　希即嚴守正陽，以扼南竄。望切施行。

署徐州總鎮大名總鎮史

河北總鎮崇

前福建按察司徐　照會。

咸豐七年正月初四日。軍務局趙成廉齊榜元承。

具奏賊匪分竄亳境官兵奮擊勝仗并現飭各鎮將進攻一摺。

預印空白。

河南巡撫部院提督軍門英。劃。

監印官留豫即補府經歷縣丞俞炳。

附録摺稿：河南巡撫英桂具奏賊匪分竄亳境官兵奮擊勝仗并現飭各鎮將進攻摺

咸豐七年正月初三日

繕。

奏為賊匪分竄亳境，官兵奮擊，叠獲勝仗，并斬擒匪首多名，現飭各鎮將乘勝進攻，迅除渠逆，恭摺奏祈聖鑒事。

竊臣前將擊剿尹家溝、趙旗屯等處大股賊匪獲勝緣由，繕摺奏聞在案。連日督飭各鎮將，分路進剿。該匪等於土圍内施放槍炮，晝則堅守不出，夜則賊騎倏隱倏現，叠經兵勇擊退。上年臘月二十一日黎明，逆首龔得之弟龔義，率領悍賊數千，由王家圍巢内竄出，繞北向西，以抄我軍後路。托津阿、富勒、德恩布等各帶馬隊，朱連泰、崇安等各帶步隊，分路兜剿。該匪等竄至州東洪家廟地方，列陣以待。我兵直撲向前，匪衆迎拒，槍炮如雨。山永協副將珠隆阿，首先躍入賊陣，腿中炮傷，猶復負痛督催各兵勇，如墻而進。自巳刻交仗，鏖戰兩時之久。匪首龔義指揮賊衆，抵死不退。我兵勇氣百倍，槍炮連環，短刀相接，當於陣前將匪首龔義擒獲。匪衆勢不能支，紛紛敗退。陣殲賊匪五百餘名。我兵乘勝疾追，沿河趕殺，轟斃、淹死約千餘名，并圍燒廟内賊窩，斃賊三百餘人。餘匪向南竄逸。生擒捻首彭搭拉等三十餘名，訊供正法。統計是日共斃賊二千餘名。内如雷燕、李汶亮、楊興旺、魯珍、龐敬等，均係著名捻首，向為宫、張兩逆爪牙腹心，同時并去，人心大快。并於陣前奪獲大紅傘一柄，槍炮、旗幟三百餘件，大車數輛，騾馬二十餘匹。直至天晚，始行收隊。珠隆阿炮傷力竭，救護回營，旋即殞命。并陣亡外委高振標一名，兵勇亦有傷亡。

伏查該逆等分股迭出，意圖竄擾，亟應乘此歲闌出隊，伺隙進攻。當飭托津阿等，分帶馬步兵勇，於三十日夜間整隊進剿。該逆果於是夜分股來撲。我兵在王家店地方，遇賊接仗。兵勇一鼓向前，槍炮齊施，刀矛并舉，擊斃賊匪二百餘名，生擒捻首黄得等二十餘名。匪衆敗退，深夜未便窮追。初一日黎明，偵知匪衆尚在王家店迆東屯聚，隨督兵勇乘勝迎剿。該匪等不敢接戰，紛紛退散。馬步各隊奮勇追殺，復斃匪三百餘名，生擒捻首白豹等四名，割取執旗賊目首級一顆，奪獲器械多件。餘匪仍向東南竄逸。兵勇徹夜接戰，不遑飲食，收隊回營。訊據黄得供稱，逆首張樂行、龔得等，現議糾合逆夥數萬人，約於正月初間會齊，欲撲歸德，并往陳州、周家口等處，意圖西竄。并據供稱：十月間，粤匪遣人來到雉河，勾結張樂行等接應。張逆給其回信，有遣韓狼子帶領匪黨，欲由臨淮、正陽關等處，去接粵逆等供。

臣查該逆等驍悍非常，節經官兵擊敗，尚復覬覦陳、宋，并欲勾結粵逆，希圖內竄。雖據供難以遽信，而賊情詭譎，不可不加意嚴防。當即飛飭歸、陳各屬及皖省太和、(頴)［潁］州等處在防兵勇、鄉團，齊心守禦。飛咨福濟、多慧，嚴守臨淮、正陽兩關，以扼南竄。并咨照和春、德興阿暨漕、河督臣，一體嚴密稽查，以杜勾結而備不虞。

再，直隸山永協副將珠隆阿，自帶隊以來，屢著戰功。茲因首先突陣，腿中炮傷，猶復竭力血戰，奮不顧身。迨救回醫治，炮子深入不出。越兩日，因傷殞命。河南內黃營額外外委高振標，亦力戰陣亡。俱堪憫惻。相應請旨，將直隸山永協副將珠隆阿、河南內黃營額外外委高振標，一併交部，照陣亡例從優議恤，以慰忠魂。

除仍嚴督各鎮將乘勝進剿，務殲渠逆外，所有剿匪獲勝緣由，謹繕摺由驛具奏，伏乞皇上聖鑒。謹奏。

0282. 河南巡撫英桂為奉上諭關保等馬隊應否留徐助剿着體察情形辦理事移袁甲三等咨文

咸豐七年正月初四日

繕。

為恭録咨會事。竊照本部院於咸豐七年正月初三日，在亳州行營，承准軍機大臣字寄，漕運總督邵燦、江南河道總督庚〈長〉、河南巡撫英〈桂〉，咸豐六年十二月二十八日奉上諭：邵燦等奏，徐軍剿匪獲勝，請暫留馬隊一摺。前因捻匪圍逼徐州營盤，諭令桂良、雙鋭在景州防兵內，抽撥察哈爾馬隊五百名，交德勒格爾帶往。并恐路途較遠，緩不濟急，復令英桂酌撥勁旅，先赴徐州助剿。本日據該漕督等奏：十六日，官軍剿匪，適關保、全永帶赴懷遠之馬隊五百名繞道過境，得以獲勝。現在匪衆兵單，恐援軍非旦夕可到，擬暫留吉林馬隊在徐州剿辦等語，自為軍務緊要起見。直隸所調察哈爾馬隊，一時尚未能到。吉林馬隊既能得力，自應准其暫留徐郡。俟直隸所調馬隊到時，再令關保等前赴懷遠，或令直隸馬隊前赴懷遠，仍留關保等馬隊在徐州助剿之處，着邵燦、庚長與英桂體察情形，酌量辦理。徐州為南北要衝，斷不可稍有疏虞。英桂曾否先派官兵前往協剿，并着迅速奏報，不得稍存畛域之見，自干咎戾。將此由六百里各諭令知之。欽此。遵旨寄信前來。等因。承准此。相應恭録咨會。為此合咨貴京部堂，鎮，請煩為欽遵查照施行。

一　　　　　　　咨

欽差候補三品京堂袁

江南總漕河部堂邵庚

署徐州總鎮大名總鎮史

咸豐七年正月初四日。軍務局鄧式南承。

奉上諭關保等馬隊應否留徐助剿着體察情形辦理。

預印空白。

河南巡撫部院提督軍門英。劃。

監印官留豫即補府經歷縣丞俞炳。

0283. 河南巡撫英桂為附奏籌劃攻剿情形并請敕撥楚北馬隊一片移袁甲三等咨文

咸豐七年正月初四日

為移咨事。竊照本部院於咸豐七年正月初三日，在亳州行營，由驛附奏，籌劃攻剿情形，并請敕撥楚北馬隊一片。除俟奉到硃批，另行恭録咨行外，相應抄片咨送。為此合咨貴京堂、部院、部堂、鎮，請煩為欽遵查照施行。

計粘抄片稿一紙。

一　　　　　　　咨

欽差候補三品京堂袁

湖廣總督部堂官

江南總漕河部堂邵庚

安徽巡撫部院福

署徐州總鎮大名總鎮史

咸豐七年正月初四日。軍務局齊榜元承。

附奏籌劃攻剿情形并請敕撥楚北馬隊緣由一片。

預印空白。

河南巡撫部院提督軍門英。劃。

監印官留豫即補府經歷縣丞俞炳。

附録片稿：河南巡撫英桂附奏籌劃攻剿情形并請敕撥楚北馬隊片

咸豐七年正月初三日

繕。

再，臣承准軍機大臣字寄，咸豐六年十二月二十一日奉上諭：邵燦等奏，徐州官軍營盤被賊環逼，請飭調馬隊助剿一摺。本日已諭桂良調派駐扎景州之察哈爾兵五百名，令德勒格爾管帶，前往徐郡。但恐路途較遠，緩不濟急。英〈桂〉現駐亳州，着即就近酌撥勁旅，無論馬隊、步隊，揀派得力將弁，星夜馳往助剿，或即令袁甲三帶兵赴徐援應。等因。欽此。

伏查張、龔各逆首大股捻衆，現在麕集亳境，時圖西竄。臣嚴督官軍，分頭擊剿，深虞彼衆我寡，急切難以蕆功，萬分焦灼。昨接史榮椿、王夢齡等十二月十四日來稟，有該匪已暫時退回等語。現據探報，竄擾徐境之賊，俱回龍山等處屯踞。是該郡情形，現已稍鬆。第賊踪飄忽糜常，難保不復謀竄越。徐州為南北重鎮，尤應添籌兵勇，扼要防剿。惟現在臣營帶兵各將官，聲望素著、可資統率者，一時甚難其人。袁甲三前因積勞成疾，數月以來，氣喘痰嗽，精神頗難支持，近日稍就痊可。臣當體察情形緩急，即令袁甲三酌帶馬步兵勇，力疾前往，會督徐州一軍，向南攻剿。臣由亳州向東攻剿。兩路進逼賊巢，可期得手。

抑臣更有請者，查徐州自蘊秀所帶馬隊調回揚州以後，存營馬隊無多，難資衝擊。是以近日接仗，未能全勝。現雖蒙勅撥駐扎景州之察哈爾兵五百名前往協剿，深恐節交春夏，該兵丁不服水土，難期得力。即懷遠一軍，前經飭派關保帶兵前往，核其所帶馬隊五百名，除傷病及馬匹倒斃外，能出隊者不過三百餘名。臣通盤籌畫，現在賊匪既有勾結紛竄之信，徐州、懷遠兩營馬隊，均不敷調遣。臣營現存馬隊，亦馬匹倒斃過半，兼多傷病，能出隊者不過一千數百名，勢難分撥。合無仰懇天恩，勅下湖廣督臣官文，酌量楚北情形，如須將馬隊裁撤，可否於上次奉旨勅撥馬隊一千名迅來臣營外，再撥吉林、黑龍江馬隊一千名，分赴徐州、懷遠兩處各五百名，會同史榮椿、郝光甲攻剿，以期迅速蕆事。

是否有當，謹附片具奏，伏乞聖鑒訓示。謹奏。

0284. 河南巡撫英桂行移廷寄福濟鄭魁士奏上游賊匪下竄請添兵助剿

咸豐七年正月初七日

繕。

為恭録咨會照會事。竊照本部院於咸豐七年正月初六日，在亳州行營，承准軍機大臣字寄，河南巡撫英〈桂〉，咸豐六年十二月三十日奉上諭：福濟、鄭魁士奏，上游賊匪下竄，請添兵助剿等語。據稱：武漢、寧國各路敗匪，約有三四萬人，紛紛竄入桐城。安徽各處，防不勝防。且和州等州、縣收復後，又須增兵。防剿兵力，實形單薄。所奏自係實情。前次諭令英桂派穆騰阿帶察哈爾馬隊五六百名，前赴安徽。嗣經英桂奏請，暫留北路。今皖省需兵甚急，而就近各營舍此亦無可分撥。著英桂即遵前旨，迅將此項馬隊，交穆騰阿如數帶往，以資分撥。不得藉詞請留，徒滋延誤。將此由六百里諭令知之。欽此。遵旨寄信前來。等因。承准此。除照會穆侍衛統帶察哈爾二起馬隊五百名，迅赴桐城應援外，查皖省待援孔亟，自當遵旨星夜馳赴助剿，以扼匪竄。相應恭録咨照會。為此合咨照會貴京堂，都統，侍衛，請煩為欽遵查照，即帶察哈爾二起馬隊五百名，迅赴桐城應援。施行。

一　　　咨

安徽巡撫部院福

欽差候補三品京堂袁

察哈爾都統西

御前侍衛副都統銜穆　照會。

札亳州知悉。照得云前。准此。除照會穆侍衛統帶察哈爾二起馬隊五百名，迅赴桐城應援外，合亟札飭。札到該州，即便遵照，趕緊預備車馬，照例支應。并飛移前途各州、縣，一體應付，毋誤軍行。切切。此札。

札亳州。

咸豐七年正月初七日。軍務局齊榜元承。

奉上諭福濟鄭魁士奏上游賊匪下竄請添兵助剿。

預印空白。

河南巡撫部院提督軍門英。劃。

監印官留豫即補府經歷縣丞俞炳。

0285. 河南巡撫英桂行移具奏賊匪分竄亳境官兵奮擊勝仗并斬擒匪首多名一摺奉硃批

咸豐七年正月十四日

繕。

札軍需局。照得本部院於咸豐七年正月初三日，在亳州行營，由驛具奏，賊匪分竄亳境，官兵奮擊，叠獲勝仗，并斬擒匪首多名，現飭各鎮將乘勝進攻，迅除渠逆一摺，業已抄摺札知咨送在案。兹於本月十三日，奉到硃批：另有旨。欽此。同日，奉上諭一道：咸豐七年正月初八日內閣奉上諭：英桂奏，捻匪分竄亳境，官兵奮擊，叠獲勝仗，并斬擒匪首多名一摺。上年十二月二十一日，逆首龔得之弟龔義，率領悍賊數千，由王家圍竄至亳州洪家廟地方。我軍奮勇截殺，副將珠隆阿首先躍入賊陣。鏖戰多時，當將龔義擒獲。匪衆紛紛敗退。我軍乘勝追殺，并圍燒廟內賊窩，約共斃賊二千餘名。其著名捻首如雷燕、李汶亮等五名，亦均同時殺斃。三十日夜間，該匪復分股來撲。我軍迎擊於王家店地方，復斃賊匪二百餘名，生擒捻首黄得等二十餘名。匪衆敗退。正月初一日，我軍迎擊王家店迆東屯聚賊匪。匪衆不敢接戰，登時退散。我軍馬步各隊，奮勇追殺，復斃賊三百餘名，生擒捻首白豹等四名。餘匪向東南竄逸。仍著英桂嚴飭在事將弁，將各路竄匪分投剿洗，并將首逆龔得、張樂行等迅速殲擒，毋稽顯戮。直隸副將珠隆阿首先入陣，中炮後因傷殞命，河南額外外委高振標力戰陣亡，均堪憫惻。著一併交部，照陣亡例從優議恤。欽此。合就相應恭録札行。移咨。札到該局，即便會同兩司，欽遵移行查照。毋違。此札。

札軍需局。

為移咨事。竊照云前，相應恭録移咨。為此合咨貴　，請煩為查照施行。

一　　咨

欽差大臣德和

欽差都察院副堂王候補三品京堂袁

欽賞四品卿銜王

直隸閣督部堂

江南總漕河部堂邵庚

安徽巡撫部院福

二等侍衛多

署徐州總鎮大名總鎮史

河北總鎮崇

前福建按察司徐　照會。

咸豐七年正月十四日。軍務局趙成廉鄧式南承。

具奏賊匪分竄亳境官兵奮擊獲［勝］并現飭各鎮將進攻一摺奉硃批。

預印空白。

河南巡撫部院提督軍門英。劃。

監印官留豫即補府經歷縣丞俞炳。

0286. 河南巡撫英桂為附奏籌劃攻剿情形并請敕撥楚北馬隊一片奉硃批事移袁甲三等咨文

咸豐七年正月十四日

為移咨事。竊照本部院於咸豐七年正月初三日，在亳州行營，由驛附奏，籌劃攻剿情形，并請敕撥楚北馬隊一片，業已抄片咨送在案。茲於本月十三日，奉到硃批：另有旨。欽此。相應恭録移咨。為此合咨貴京堂，部院，鎮請煩為欽遵查照施行。

一　　咨

欽差候補三品京堂袁湖廣總督部堂官

江南總漕河部堂邵庚

安徽巡撫部院福

署徐州總鎮大名總鎮史

咸豐七年正月十四日。軍務局齊榜元承。

附奏籌畫攻剿情形并請敕撥楚北馬隊一片奉硃批。

預印空白。

河南巡撫部院提督軍門英。劃。

監印官留豫即補府經歷縣丞俞炳。

0287. 河南巡撫英桂行移具奏大兵進攻趙旗屯尹家溝地方將賊巢平毁現飭各鎮將追剿渠逆摺

咸豐七年正月二十一日

札軍需局。照得本部院於咸豐七年正月二十日，在亳州行營，由驛具奏，大兵進攻趙旗屯、尹家溝地方，連獲勝仗，并將賊巢平毁，現仍嚴督各鎮將，跟踪追剿，務殲渠逆一摺。除俟奉到硃批，另行恭録札知移咨外，合先相應抄摺札行。札到該局，即便會同兩司，移行查照。毋違。此札。

計粘抄摺稿一紙。

札軍需局、翼長王道。

為咨送事。竊照云前，相應抄摺咨送。為此合咨貴副京堂，部院，鎮，司，請煩為查照施行。

計粘抄摺稿一紙。

一　　　咨

欽差都察院副堂王 候補三品京堂袁

江南總漕河部堂邵庚　希即轉飭一體嚴拿，以杜偷越施行。

安徽巡撫部院福　希即嚴飭駐守蒙、懷兵勇，一體堵截查拿，以杜竄越施行。

署徐州總鎮大名總鎮史　希即督率兵勇，進駐臨渙，會合追剿施行。

河北總鎮崇

前福建按察司徐　照會。

咸豐七年正月廿一日。軍務局齊榜元承。

具奏大兵進攻趙［旗］屯尹家溝地方將賊巢平毁現飭各鎮將追剿渠逆一摺。

河南巡撫部院提督軍門英。劃。

監印官留豫即補府經歷縣丞俞炳。

附録摺稿：河南巡撫英桂具奏大兵進攻趙旗屯尹家溝地方將賊巢平毁現飭各鎮將追剿渠逆摺

咸豐七年正月二十日

繕。

奏為大兵進攻趙旗屯、尹家溝地方，連獲勝仗，并將賊巢平毁，現仍嚴督各鎮將，跟踪追剿，務殲渠逆，恭摺具奏，仰祈聖鑒事。

竊臣前將洪家廟、王家店地方接仗獲勝，斬擒匪首多名，縷晰奏聞在案。該逆自迭被懲創以後，堅匿老巢。臣偵知匪膽已寒，嚴飭各鎮將於本月初六日督兵進剿，托津阿、德楞額等督帶馬隊，朱連泰、崇安等分帶步隊，進攻趙旗屯。該逆出巢迎拒。我軍奮力圍擊，槍炮齊施。匪衆力不能支，即時敗退，陣殲賊匪三百餘名。守巢賊衆，見兵勇如墻而進，匪勢披靡，當即弃巢潰走。我兵一擁進屯，生擒捻首李振山等二十餘名，復斃夥匪百餘名，搜獲騾馬二十餘匹，轎車三輛，槍炮二百餘件，當將賊巢焚毁。敗匪鳧水竄過渦河，向尹家溝一路逃逸。當以天晚收隊，并於北岸各莊搜獲捻匪張炳南等十餘名，訊供正法。

初七日，朱連泰等飭令都司承惠趕造浮橋，過河進剿。先令馬隊於河淺處所涉水渡河，步隊過橋繼進，直抵尹家溝賊巢。探知龔逆自伊弟龔義就擒，趙旗屯又被官軍攻破，其勢愈孤。而死黨數千，尚負隅固守。我軍連日環攻，均有斬獲。十八日，托津阿等督飭馬步各隊，於黎明時合力并進。該逆於土圍內施放槍炮。我軍連開大炮轟擊，賊衆紛紛倒斃。兵勇乘勢奪圍，奮勇剿殺，斃匪一千餘名。該逆奪路而逃，向東南敗竄。馬隊窮追二十餘里。道路紛歧，恐有賊伏，收隊回營。當於巢內搜擒捻首張漗等三十餘人，訊供均係積惡巨捻張、龔兩逆爪牙，即行正法。搜獲制錢二十餘串，旗幟、器械多件，立將賊圍平毁。

至亳境南路，係屬賊匪西竄要道。先經臣會商袁甲三，派令候補知縣張學醇、委員鍾德建等，帶領壯勇千餘名，在高家寨堵截。十四日，果有捻衆千餘人突竄該寨。張學醇等帶勇迎擊，斃匪一百餘名，奪獲軍械三十餘件。餘匪四散逃逸。

臣查該逆殘敗之餘，屢次漏網。現雖將兩處匪巢先後并毁，而訊據犯供，張逆先期逃竄，龔逆於破圍後脱逃。渠惡未殲，不勝憤懣。現嚴督各鎮將，刻即拔營前進，探明逆踪所向，飛速跟剿，務殲逆首，迅圖蕆事。并知照史榮椿等，督率徐州兵勇，由瓦口前進至臨渙一帶，會合追剿。一面飛咨福濟，飭令蒙城、懷遠駐守兵勇，一體堵截，以遏紛竄。

惟查蒙、亳一帶，向為民賊不分，非剿撫兼施，不足以別良莠而安反側。至趙旗屯、尹家溝等處，久為該逆盤踞，附近居民已蓄髮多日。現經官兵攻破，各鄉民俱各剃髮，悔罪投誠。詢據僉稱，該逆等現俱蓄髮，意圖勾結粤匪。臣以賊情叵測，尤應加意嚴防，分咨江、皖兩省，嚴密查拿，以杜偷越。并懸重賞，購拿逆首。一面飭派隨營文武員弁，分赴各鄉，安撫居民，以定人心而散賊黨。

所有攻毁賊巢，迭獲勝仗，并飭追剿，逆首務獲各緣由，謹繕摺馳奏，伏乞皇上聖鑒。謹奏。

0288. 河南巡撫英桂為附奏察哈爾二起官兵起程赴皖日期并徐郡賊勢南竄無須撥兵赴援一片移江南總漕部堂等咨文

咸豐七年正月二十一日

為移咨事。竊照本部院於咸豐七年正月二十日，在亳州行營，由驛附奏，察哈爾二起官兵起程赴皖日期，并徐郡賊勢南竄，無須撥兵赴援一片。除俟奉到硃批，另行恭録移咨外，合先抄片咨送。為此合咨貴部堂，京堂，部院，鎮，請煩為查照施行。

計粘抄片稿一紙。

一　　　咨

江南總漕河部堂邵庚
欽差候補三品京堂袁
安徽巡撫部院福
署徐州總鎮大名總鎮史

咸豐七年正月廿一日。軍務局鄧式南承。
附奏察哈爾二起官兵起程赴皖日期并徐郡賊勢南竄無須撥兵赴援一片。
河南巡撫部院提督軍門英。劃。

監印官留豫即補府經歷縣丞俞炳。

附録片稿：河南巡撫英桂附奏察哈爾二起官兵起程赴皖日期并徐郡賊勢南竄無須撥兵赴援片

咸豐七年正月二十日

繕。

再，臣欽奉寄諭，令派穆騰阿帶察哈爾馬隊五六百名，前赴安徽，以資分撥。等因。欽此。遵即於臣營内抽撥察哈爾二起官兵五百名，派令穆騰阿管帶，已於正月十六日起程，取道太和，前赴福濟軍營助剿。又籌撥馬步兵勇千餘名，交袁甲三統帶，赴徐援應。正在起程間，接據史榮椿等稟稱：正月初七日，徐軍自瓦子口分路進剿張家奇樓、鐵佛寺等處匪巢，大獲全勝。餘匪竄往龍山等情。是徐郡賊勢，均已竄歸南路，瓦口一帶現無匪踪。該處現有關保所帶馬隊五百名，剿辦正資得手。其前調原駐景州之察哈爾兵五百名，不日亦可到徐。已由臣函商邵燦、庚長，將此兩起馬隊，或留關保在徐，或令察哈爾官兵前赴懷遠，酌度辦理。合計該郡兵力，已敷剿辦。臣現在督兵追剿逆首，萬分吃緊。賊雖屢敗，悍黨尚多。龍山一帶匪衆，復聲勢相連。必須厚集兵力，方能得手。已飭史榮椿等，督帶徐州兵勇，前來臨涣一帶，協力會剿。袁甲三所帶兵勇，現可無須前往。仍由臣隨時察看情形，如果賊勢復向北趨，再令袁甲三帶兵赴徐助剿，斷不敢稍分畛域，致誤事機。

謹附片具奏，伏乞聖鑒。謹奏。

0289. 河南巡撫英桂為附奏請敕吉林黑龍江將軍挑選餘丁來營調遣一片移直隸總督等咨文

咸豐七年正月二十一日

為咨送事。竊照本部院於咸豐七年正月二十日，在亳州行營，由驛附奏，吉林、黑龍江馬隊官兵，傷亡甚多，因無餘丁充補，請敕吉林、黑龍江將軍，各挑選餘丁二百名來亳，以足兵額，并直隸、山東官兵缺額甚多，請由各原營募補，迅飭來營調遣一片。除俟奉到硃批，另行恭録移咨外，相應抄片咨送。為此合咨貴閣督部堂，部院，將軍，請煩查照，希即分飭各營,迅將軍營移回(糧)缺[額],照數募補足額,派員管帶前來,以資調遣,仍將起程日期見復 挑選餘丁二百名,派員管帶來亳,以足兵額而資攻剿,仍將起程日期見復施行。

計粘抄片稿一紙。

一　　　　咨

直隸閣督部堂

山東巡撫部院

吉林將軍

黑龍江將軍

察哈爾都統西

吉林 黑龍江**不行。**

咸豐七年正月廿一日。軍務局齊榜元承。

附奏吉林黑龍江馬隊官兵傷亡甚多無（飭）［餘］丁充補請敕吉林黑龍江餘丁二百名來營調遣一片。

河南巡撫部院提督軍門英。劃。

監印官留豫即補府經歷縣丞俞炳。

附録片稿：河南巡撫英桂附奏請敕吉林黑龍江將軍挑選餘丁來營調遣片

咸豐七年正月二十日

繕。

再，臣接准湖廣督臣官文咨稱，楚北原調吉林、黑龍江馬隊，節次遣撤傷病，現在實堪調用者，僅千餘名，派往下游剿辦粤逆，兵力尚形單薄，難以抽撥等情。是臣兩次請撥馬隊，俱不能應調前來。而臣營現存吉林、黑龍江官兵，本止八百名，除傷亡、病故及現在留營養病外，能出隊者不足五百名。因無隨帶餘丁充補缺額，以致兵數日少。當此追剿逆首吃緊之際，相應請旨，敕下吉林、黑龍江將軍，各挑選餘丁二百名，迅來亳州，以足兵額而資攻剿。

又，臣前調直隸官兵一千七百名，山東官兵一千五百名，隨營打仗已及一年，除傷亡、遣散、潰逃外，現在缺額甚多，亦無隨帶餘丁充補。經臣咨照直隸、山東督撫臣，飭令各原營照數募補足額，迅飭前來臣營，以資調遣。

謹附片具陳，伏乞聖鑒。謹奏。

0290. 河南巡撫英桂為廷寄瓦口一帶現無匪踪可無須派兵勇前往事移袁甲三等咨文

咸豐七年正月二十三日*

繕。

為恭録咨會事。竊照本部院於咸豐七年正月二十三日，在亳州行營，承准軍機大臣字寄，漕運總督邵〈燦〉、江南河道總督庚〈長〉、頭品頂戴安徽巡撫福〈濟〉、河南巡撫英〈桂〉，咸豐七年正月十八日奉上諭：前因邵燦、庚長奏，關保、全永馬隊過境，助剿獲勝，准其暫留徐郡，俟直隸馬隊到時，再令酌量飭赴懷遠。本日，復據該漕督等奏，察哈爾官兵未到，關保一軍連次獲勝，實為得力，請仍暫留徐州等語。著照所請，准其暫留防剿。其察哈爾馬隊到徐之日，著邵燦、庚長飭令徑赴懷遠，不必調换。設或南路緊急，准其調二百五十名分往援應，不得此留彼調，徒事遷延，致有貽誤。徐州為南北要衝，古來形勝之地，現在兵力甚單，匪踪往來無定，實為吃重。前經英桂奏令袁甲三酌帶兵勇，往徐州會剿。是否得有勝仗，能遏凶鋒，亦未據續奏。英桂在亳州調度兵力，已不為單。所調湖北馬隊，已據官文奏，未能分撥。福濟亦曾請調此項馬隊，須俟攻克九江，方能到皖，再行酌撥。此時尚難議及，只可各就現在兵勇，妥為布置矣。

再，據秦定三奏，桐城兵單糧缺，始以粥食充饑，近以野菜度日，請飭福濟籌米接濟等語。桐城當進攻吃緊之時，賊悍兵饑，情形急迫，甚屬可憂。福濟身任疆圻，豈能置軍餉於不顧？著即籌運糧米，解往秦定三軍營，俾免缺乏。將此由六百里各諭令知之。欽此。遵旨寄信前來。等因。承准此。查前奉寄諭，徐州官軍營盤被賊環逼，令即撥兵援應。等因。經本部院派令貴袁京堂，酌帶馬步兵勇，前往會剿。正在起程間，適接史貴鎮軍等禀稱：正月初七日，徐軍自瓦子口分路進剿張家奇樓、鐵佛寺等處匪巢，大獲全勝。餘匪竄往龍山等情。是徐郡賊勢，均已竄歸南路，瓦口一帶，現無匪踪。該處又有關保所帶馬隊，剿辦正資得手。其貴袁京堂所帶兵勇，現可無須前往，均經先後奏明，并抄摺咨送貴京部堂部院鎮查照在案。欽奉前因，除分咨外，相應恭録咨會。為此合咨貴京部堂，部院，鎮，請煩為欽遵查照施行。

一　　　　　咨

欽差候補三品京堂袁

江南總漕河部堂邵庚
安徽巡撫部院福
署徐州總鎮大名總鎮史

0291. 河南巡撫英桂為奉上諭三道事移欽差勝保咨文

咸豐七年正月二十九日

為恭録咨會事。咸豐七年正月二十八日，承准軍機大臣字寄，咸豐七年正月二十三日奉上諭一道。并准知會，同日内閣奉上諭二道。等因。相應恭録移咨。為此合咨貴副都統，請煩欽遵查照施行。

計恭録上諭三道。

一　　　　咨

欽差幫辦剿匪事宜副都統銜勝

咸豐七年正月廿九日。軍務局齊榜元承。

咨欽差勝〈保〉奉上諭三道。

河南巡撫部院提督軍門英。劃。

監印官留豫即補府經歷縣丞俞炳。

（下殘）。

0292. 河南巡撫英桂行移上諭已將英桂等交部嚴議并令勝保幫辦剿匪事宜

咸豐七年二月初一日

繕。

札軍需局。照得本部院於咸豐七年正月二十八日，在亳州行營，承准軍機大臣字寄，河南巡撫英〈桂〉，咸豐七年正月二十三日奉上諭：副都統德勒格爾奏，參領等官不能得力等語。據稱，察哈爾右翼委營總參領楚楚瑪，年已七旬，著即勒令休致。委參領輕車都尉奇莫特塔爾，年紀尚幼。委副參領驍騎校色伯克多爾濟、護軍校桑齋扎普，語言不通，不能得力。均著撤回察哈爾當差，毋庸留營。該副都統軍營帶隊需人，著英桂於所統察哈爾帶兵營員内，揀派二三員，前往接替，以資得力。至該副都統奏稱馬匹倒斃，已諭令崇恩豫備馬二百五十匹，由徐州解往應用矣。英桂剿辦捻匪，日久無功。本日已將該撫及崇安、西凌阿交部分別嚴議議處，令崇安、西凌阿來京聽候部議，并諭令勝保幫辦剿捻事務，併暫署河北鎮總兵。崇安所帶弁兵，即歸勝保統帶。西凌阿所帶馬隊，另派穆騰阿管帶。即著英桂遵旨調度，務與勝保和衷商搉，奮勉立功。毋得仍前委靡，致干重咎。將此由五百里諭知英桂，并諭令德勒格爾知之。欽此。遵旨寄信前來。

又，准軍機處知會，咸豐七年正月二十三日內閣奉上諭：河南巡撫英桂，前因剿匪無功，降旨革職，暫行留任。乃自去冬以來，又經數月，仍未能督率鎮、將實力剿捕，株守亳州，匪踪四出，實屬調度無方。著交部議處。察哈爾都統西凌阿，所帶皆係勁旅，乃屢次敗退，不勝統師之任。著一併交部議處。河北鎮總兵崇安，駐兵雉河，被匪撲陷，已有應得之咎。姬家橋之敗，幾至縱賊西竄陳州。迨追賊至臨渙集地方，又復漫無紀律，為賊所乘。似此屢次挫敗，實屬恇怯無能。著交部嚴加議處。西凌阿、崇安，均著來京聽候部議。所有西凌阿原帶馬隊，著交穆騰阿管帶。勝保現已賞給副都統銜幫辦剿匪事宜，著暫行署理河北鎮總兵印務。崇安原帶官兵，悉歸統帶。英桂務與勝保、袁甲三等勠力同心，迅圖蕆事，毋再遷延，致干重罪。欽此。

又，同日，內閣奉上諭：勝保著賞給副都統銜，幫同英桂辦理剿匪事宜。欽此。各等因。承准此。合就恭録札行。札到該局，即便會同兩司，欽遵查照。毋違。此札。

札軍需局。

為恭録咨會事。竊照云前。承准此。相應恭録咨會。為此合咨貴京堂，都統，鎮，請煩為欽遵查照施行。

一　　　　咨

欽差候補三品京堂袁

察哈爾都統西

河北總鎮崇

御前侍衛副都統銜穆 照會。

咸豐七年二月初一日。軍務局鄧式南承。

奉上諭英〈桂〉剿捻日久無功已將該撫及西〈凌阿〉、崇〈安〉交部嚴議并令勝〈保〉幫辦剿匪事宜。

河南巡撫部院提督軍門英。劃。

監印官留豫即補府經歷縣丞俞炳。

0293. 河南巡撫英桂行移照會附奏察哈爾二起官兵起程赴皖日期并徐郡賊勢南竄無須撥兵赴援等片奉上諭

咸豐七年二月初二日*

繕。

為恭録移咨事。竊照本部院於咸豐七年正月二十日，在亳州行營，由驛附奏，察哈爾二起官兵起程赴皖日期，并徐郡賊勢南竄，無須撥兵赴援一片，業已抄片咨送在案。兹於二月初二日，奉到硃批：另有旨。欽此。又附奏，吉林、黑龍江馬隊官兵，傷亡甚多，因無餘丁充補，請敕吉林、黑龍江將軍，各挑選餘丁二百名來亳，以足兵額，并直隸、山東官兵缺額甚多，請由各原營募補，迅飭來營調遣一片。奉硃批：另有旨。欽此。同日，承准軍機大臣字寄，河南巡撫英〈桂〉，咸豐七年正月二十五日奉上諭：英桂奏，遵派察哈爾馬隊赴皖，并袁甲三暫緩赴徐等語。覽奏均悉。惟昨已降旨，令穆騰阿接管西凌阿所帶馬隊，未便令其前赴安徽。著英桂另行揀派得力大員，前往接替。即飭穆騰阿趕緊折回，俾西凌阿迅速交卸來京。

至該撫請調吉林、黑龍江餘丁各二百名，前此官文曾經奏請。因該二處餘丁不敷揀調，僅各派撥一百名，前赴湖北軍營。此時實無可再調。

其直隸、山東應行募補缺額官兵，已諭知桂良、崇恩照數撥補。但恐新募之兵，未經操練，不能得力，并諭該督撫於存營各兵內，先行抽撥飭赴亳州英桂軍營，以資調遣。所有新募之兵，令各補本省缺額矣。將此由六百里諭令知之。欽此。遵旨寄信前來。等因。承准此。除照會穆侍衛欽遵諭旨折回外，相應恭録移咨。為此合咨貴　，請煩為欽遵查照施行。

一　　　　咨

江南總漕河部堂邵庚

欽差候補三品京堂袁

察哈爾都統西

安徽巡撫部院福

署徐州總鎮大名總鎮史

云前。承准此。除分咨外，查前奉諭旨，將西都統交部議處，并令來京聽候部議，將所帶馬隊交貴侍衛管帶。等因。當經恭録照會貴侍衛，欽遵查照在案。欽奉前因，除另咨托侍衛前往接替外，相應恭録照會。為此照會貴侍衛，煩為欽遵諭旨，無論行抵何處，趕緊折回，接帶察哈爾官兵，以便西都統迅速交卸，起程北上。幸弗稽遲。望切望速施行。

一　　照　　會

御前侍衛副都統銜穆

云前。除照會穆侍衛，欽遵諭旨，趕緊折回外，查原調直（潁）［隸］大名、正定、通永、
山東官兵一千五百名內，高唐營游擊王鳳
山永協各標營官兵一千七百名，除陸續陣亡、病故、脱逃外，
祥管帶之撫濟三營兵五百名，除陸續陣亡、病故、脱逃外，實存二百九十七名，計短二百三名。署曹右營都司唐佐清管帶之曹鎮各營兵五百名，除
實存八百四十七名，計短八百五
陸續陣亡、病故、脱逃外，實存二百六十五名，計短二百三十五名。沂州營都司保英管帶之兖鎮各營兵五百名，除陸續陣亡、病故、脱逃外，實存三
十三名。
百六十五名，計短一百三十五名。相應恭録移咨。為此合咨貴閣督部堂，
部　院，請煩欽遵查照，希即
檄飭各標營，迅速挑選精壯兵丁八百五十三名，
移行各鎮、營，迅速照數挑選精壯兵丁，派委得力員弁管帶來營，以資調遣而符撥數。仍將起程日期，先行見覆施行。

一　　咨

直隸閣督部堂

山東巡撫部院

0294. 河南巡撫英桂照會托侍衛馳往潁州接管穆侍衛所帶察哈爾官兵

咸豐七年二月初三日

為遵旨照會事。照得本部院於咸豐七年二月初二日，承准軍機大臣字寄，咸豐七年正月二十五日奉上諭：英〈桂〉奏，遵派察哈爾馬隊赴皖等語。覽奏均悉。惟昨已降旨，令穆騰阿接管西凌阿所帶馬隊，未便令其前赴安徽。著英〈桂〉另行揀派得力大員，前往接替。即飭穆騰阿趕緊折回，俾西凌阿迅速交卸來京。將此由六百里諭令知之。欽此。遵旨寄信前來。承准此。查穆侍衛管帶赴皖馬隊，業經起程，取道潁州前進。除照會趕緊折回外，所有管帶馬隊，應即遵派大員統帶，以專責成。相應照會。為此照會貴侍衛，請煩查照，希即迅速馳往潁州一帶，接管穆侍衛統帶官兵，赴皖進剿，并望即將接替日期見覆施行。

一　　照　　會

乾清門頭等侍衛托

咸豐七年二月初三日。軍務局齊榜元承。

照會托侍衛馳往潁州接管穆侍衛所帶察哈爾官兵。

河南巡撫部院提督軍門英。劃。

監印官留豫即補府經歷縣丞俞炳。

0295. 河南巡撫英桂行移具奏大兵進攻趙旗屯尹家溝地方將賊巢平毀現飭各鎮將追剿渠逆一摺奉硃批

咸豐七年二月初三日

繕。

札軍需局。翼長王道。照得本部院於咸豐七年正月二十日，在亳州行營，由驛具奏，大兵進攻趙旗屯、尹家溝地方，連獲勝仗，并將賊巢平毀，現仍嚴督各鎮將，跟踪追剿，務殲渠逆一摺，業已抄摺札知咨送在案。兹於二月初二日，奉到硃批：另有旨。欽此。同日，奉上諭一道：咸豐七年正月二十五日内閣奉上諭：英桂奏，進攻捻匪，連獲勝仗，并平毁賊巢一摺。捻匪自疊受懲創以後，堅匿趙旗屯老巢。本月初六等日，經托津阿等分帶馬步各隊進攻，陣殲賊匪三百餘名。匪衆潰走。我軍一擁進屯，生擒捻首李振山等二十餘名，復斃夥匪百餘名，搜獲騾馬二十餘匹，轎車三輛，槍炮二百餘件，立將賊巢焚毁。其逃竄尹家溝一路賊匪，經朱連泰等合力進剿，直抵賊巢，連開大炮，賊衆紛紛倒斃，殺斃一千餘名。餘匪敗竄。追殺二十餘里，生擒捻首張瀛等三十餘人，搜獲制錢、旗械甚多，立將賊圍平毁。其竄往高家寨捻匪，經袁甲三派員堵截，斃匪百餘名，奪獲軍械多件。餘匪逃逸。此股捻匪，被剿窮蹙，猶復負隅死守。此次痛加剿洗，并將匪巢焚毁。著英桂督飭鎮將，務將首逆殲擒，毋任漏網。欽此。合就恭録札行。札到該局道，即便會同兩司，移行欽遵查照。毋違。此札。

札軍需局。翼長王道。

為恭録移咨事。竊照云前，相應恭録移咨。為此合咨貴副京堂，部院，鎮，司，請煩為欽遵查照施行。

一　　　咨

欽差都察院副堂王　候補三品京堂袁

江南總漕河部堂邵庚

安徽巡撫部院福

署徐州總鎮大名總鎮史

河北總鎮崇

新授浙江按察司徐

咸豐七年二月初三日。軍務局齊榜元承。

具奏大兵進攻趙［旗］屯尹家溝地方將賊巢平毁現飭各鎮將追剿渠逆一摺奉硃批。

河南巡撫部院提督軍門英。劃。

監印官留豫即補府經歷縣丞俞炳。

0296. 河南巡撫英桂為遵旨揀派佐領布彦德勒格爾等三員前往管帶察哈爾馬隊事移德勒格爾咨文

咸豐七年二月初三日

為恭録咨會事。竊照本部院於咸豐七年正月二十八日，在亳州行營，承准軍機大臣字寄，河南巡撫英〈桂〉，咸豐七年正月二十三日奉上諭：副都統德勒格爾奏，參領等官，不能得力等語。據稱，察哈爾右翼委營總參領楚楚瑪，年已七旬，著即勒令休致。委參領輕車都尉奇莫特塔爾，年紀尚幼。委副參領驍騎校色伯克多爾濟、護軍校桑齋扎普，語言不通，不能得力。均著撤回察哈爾當差，毋庸留營。該副都統軍營帶隊需人，著英桂於所統察哈爾帶兵營員內，揀派二三員前往接替，以資得力。至該副都統奏稱馬匹倒斃，已諭令崇恩豫備馬二百五十匹，由徐州解往應用矣。將此由五百里諭知英桂，并諭令德勒格爾知之。欽此。遵旨寄信前來。等因。承准此。本部院查有察哈爾佐領布彦德勒格爾、驍騎校桑魯布、護軍校多布丹等三員，堪以派令前往接替。相應恭録咨會。為此合咨貴副都統，請煩欽遵查照，希將赴皖之察哈爾官兵由何路行走，迅速見覆，以便飭令該員等隨隊前往。望切施行。

一　咨

副都統德　由直隸景州至江南徐州一帶探投。

咸豐七年二月初三日。軍務局齊榜元承。

咨副都統德遵旨揀派佐領布彦德勒格爾等三員前往管帶察哈爾馬隊。

河南巡撫部院提督軍門英。劃。

監印官留豫即補府經歷縣丞俞炳。

0297. 河南巡撫英桂行移具奏逆匪被剿南竄潁州現派馬步前追并咨各路堵截情形摺

咸豐七年二月初四日

札軍需局。照得本部院於咸豐七年二月初三日，在亳州行營，由驛具奏，逆匪被剿南竄潁州，現派馬步隊迅速前追，并飛咨各路一體堵截，擬俟此間情形稍鬆，即親赴潁州一帶，嚴督剿辦一摺。除俟奉到硃批，另行恭録札知移咨外，合先相應抄摺札行。札到該局，即便會同兩司，移行查照。毋違。此札。

計粘抄摺稿一紙。

札軍需局。

為咨送事。竊照云前，相應抄摺咨送。為此合咨貴　，請煩為查照施行。

計粘抄摺稿一紙。

一　　咨

欽差候補三品京堂袁 貴四品卿銜土

欽差幫辦剿匪事宜副都統銜署理河北總鎮勝

安徽巡撫部院福 二等侍衛多　希即嚴飭在防兵勇，實力堵截，毋任竄越施行。

南陽總鎮邱　希即統帶本標官兵，迅即馳往固始，相機堵剿施行。

署徐州總鎮大名總鎮史　希即先行抽撥馬隊數百名，飭令迅赴潁郡協剿施行。

咸豐七年二月初四日。軍務局齊榜元承。

具奏逆匪被剿南竄潁州現派馬步前追并咨各路堵截情形赴潁督剿一摺。

河南巡撫部院提督軍門英。劃。

監印官留豫即補府經歷縣丞俞炳。

附録摺稿：河南巡撫英桂具奏逆匪被剿南竄潁州現派馬步前追并咨各路堵截情形摺

咸豐七年二月初三日

繕。

奏為逆匪被剿南竄潁州，現派馬步隊迅速前追，并飛咨各路一體堵截，臣擬俟此間情形稍鬆，即親赴潁州一帶，嚴督剿辦，恭摺具奏，仰祈聖鑒事。

竊臣前將攻毀賊巢，叠獲勝仗各情，繕摺縷晰，奏聞在案。該逆自叠被痛懲，趙旗屯等處賊巢已毁，其膽已寒。偵知張逆先行南竄，龔逆敗逃後亦欲竄渡沙河。我兵利在急追，庶不致賊踪遠遁。無如亳州以南直至潁郡，周圍數百里內，捻股尚多嘯聚。雖經飭派員弁，且剿且撫，擒斬甚多，投順者亦復不少，而亳境東南鄧家圍、孫村店等處，各有逆黨築圍堅守，牽制我師。沙河北岸，并有大股屯扎，以拒我軍南追之路。當飭朱連泰等督率兵勇，先攻鄧家圍等處賊圍，以清肘腋。二十七日，朱連泰等攻擊鄧家圍賊巢，該匪負隅抗拒。圍高約一丈有餘，安設炮眼三層。賊於圍内施放大炮，守禦甚固。我兵奮勇進攻，齊搶壕墻，連放槍炮，抛擲火彈，斃匪三千餘名。無如圍内槍炮愈急，千總萬壽慶、把總楊起山、外委魯占魁，均中炮殞命，兵勇亦有傷亡。天晚始行收隊。仍飭各營多備火攻，速行進逼，以便大兵南往無後顧之慮。連日接據潁州府禀報，探有大股捻衆，在江口集搭造浮橋，揚言逆首龔得等大股將到。并據太和縣禀稱，探得張、龔兩逆大股捻衆，已竄至潁州府城東南之曹家集、南丘集一帶。各等語。

查該處距三河尖僅止數十里，係水陸要道，南可竄霍邱、固始，西通太和、沈邱，直達陳郡周家口，東即正陽關大道。而三河尖、周家口兩路，尤為該逆所覬覦，亟應一面追勦，一面迅籌分堵。當令西淩阿督帶馬步隊二千名，迅赴潁郡截勦，并取道太和前進。如賊勢向西，即可扼其圖竄陳州之路。現在南陽情形已鬆，飛調邱聯恩統帶本標官兵，迅即馳往固始，會同王庭蘭，相機堵勦。其南陽防務，即交慶德、周煦徵辦理。并咨福濟、多慧嚴飭在防兵勇，實力堵截，無任竄越。至史榮椿現因北路保安山餘匪未盡，急切未能前來，已咨照該鎮，先行抽撥馬隊數百名，飭令迅赴潁郡，協同追勦。

臣查現在逆首遠竄，南路堵勦，萬分吃緊。而鄧家圍等處匪巢，又力攻未破。我軍受其牽掣，後隊急難繼進，焦灼實深。仍嚴飭該鎮將等，趕緊設法攻破賊壘，掃除逆黨，以免北路之虞。臣一俟亳境伏莽稍清，即行親率後隊，前往潁郡督勦，亦取道太和前進，兼顧陳郡藩籬。臣起程後，擬令袁甲三暫駐亳城，以資鎮撫。

所有派兵追擊，并籌各路堵勦緣由，謹繕摺馳驛具奏，伏乞皇上聖鑒。謹奏。

0298. 河南巡撫英桂為附奏遵旨派員管帶察哈爾馬隊一片移西淩阿等咨文

咸豐七年二月初四日

為移咨事。竊照本部院於咸豐七年二月初三日，在亳州行營，由驛附奏，遵旨派員管帶察哈爾馬隊一片。除俟奉到硃批，另行恭録移咨外，合先抄片咨送。為此合咨貴都統，副都統，部院，侍衛，請煩為查照施行。

計粘抄稿一紙。

一　　　咨

察哈爾都統西

欽差幫辦剿匪事宜副都統銜署理河北總鎮勝
副都統德
安徽巡撫部院福
御前侍衛副都統銜穆　照會。

咸豐七年二月初四日。軍務局鄧式南承。
附奏遵旨派員管帶察哈爾馬隊一片。
河南巡撫部院提督軍門英。劃。

附録片稿：河南巡撫英桂附奏遵旨派員管帶察哈爾馬隊片

咸豐七年二月初三日

繕。

再，正在拜摺間，承准軍機大臣字寄，咸豐七年正月二十三日奉上諭：德勒格爾奏，參領等官不能得力，均著撤回察哈爾當差。該副都統軍營帶隊需人，著英〈桂〉於所統察哈爾帶兵營員内，揀派二三員，前往接替，以資得力。英〈桂〉剿辦捻匪，日久無功。本日已將該撫及崇安、西凌阿交部分别嚴議議處，令崇安、西凌阿來京聽候部議，并諭令勝保幫辦剿捻事務，併暫署河北鎮總兵。崇安所帶弁兵，即歸勝保統帶。西凌阿所帶馬隊，另派穆騰阿管帶。即著英〈桂〉遵旨調度，務與勝保和衷商搉，奮勉立功，毋得仍前委靡，致干重咎。復准字寄，二十五日奉上諭：英〈桂〉奏，遵派察哈爾馬隊赴皖，并袁甲三暫緩赴徐等語。覽奏均悉。惟昨已降旨，令穆騰阿接管西凌阿所帶馬隊，未便令其前赴安徽。著英〈桂〉另派得力大員，前往接替。即飭穆騰阿趕緊折回，俾西凌阿迅速交卸來京。各等因。欽此。

伏念臣奉命剿匪，久未蔵功，溺職辜恩，即置之重典，亦無可辭。乃蒙皇上天恩，不加嚴譴，僅予交部議處。跪聆恩命，感激涕零。惟有督率各帶兵鎮將，奮勉圖功，務殲逆首，盡除醜類，以贖前愆。并與勝保、袁甲三和衷共濟，迅圖竣事，以副訓諭諄諄、格外矜全之至意。

查臣營察哈爾馬隊，除派往（潁）［潁］州追賊外，僅存無馬兵丁數百名，帶隊各員大半赴（潁）［潁］。兹於留營察哈爾員弁内，選派佐領布彦德勒格爾、驍騎校桑魯布、護軍校多布丹三員，飭令探明德勒格爾行抵何處，迅即馳往該副都統軍營，以資管帶而期得力。

崇安現在帶兵攻剿鄧家圍賊巢，計勝保即日可到。一俟到營交替，即飭該總兵起程進京，聽候部議。西凌阿已赴（潁）［潁］州追剿。昨據穆騰阿來稟：該侍衛奉調赴皖，行至（潁）［潁］郡六十里鋪地方，夜間猝遇賊匪，即時整隊迎敵。鏖戰一時之久，斃匪三十餘名。忽東路大股來撲，將我軍衝斷。昏夜之間，匪衆我寡，勢難抵敵。該侍衛帶兵奮勇衝出重圍，隨即折回郡城，現擬改道前往等語。查西凌阿計已到（潁）［潁］，如穆騰阿尚在該郡，即可就近接替，將吉林、黑龍江、察哈爾各起馬隊，均交穆騰阿統帶。如該侍衛已由（潁）［潁］前進，一面檄飭折回，一面先令副都統銜總管德楞額暫行管帶，以便西凌阿交卸起程。至穆騰阿原帶馬隊五百名，即派侍衛托津阿管帶，前赴福濟軍營，以資調遣。

謹附片具奏，伏乞聖鑒訓示。謹奏。

0299. 河南巡撫英桂為奉上諭福濟奏粤匪捻匪勾通請催馬隊赴鳳陽定遠堵剿一摺移勝保咨文

咸豐七年二月初十日

繕。

為恭録咨會事。竊照本部院於咸豐七年二月初八日，承准軍機大臣字寄，漕運總督邵〈燦〉、江南河道總督庚〈長〉、頭品頂戴安徽巡撫福〈濟〉、河南巡撫英〈桂〉、副都統銜署河北鎮總兵勝〈保〉，咸豐七年二月初四日奉上諭：本日據福濟奏，粤匪、捻匪勾通，請催馬隊速赴鳳、定堵剿一摺。關保等所帶馬隊，前准邵燦等暫留。如南路緊急，調二百五十名分往援應。并據英桂奏，抽撥察哈爾馬隊五百名，取道太和，赴福濟軍營助剿。現在蒙城、懷遠、定遠等處，捻勢鴟張，意圖南竄，與粤匪會合。亟應扼要堵截，勿令該逆等互相聯絡，以致不可收拾。徐州情形現已稍鬆，所有關保、全永馬隊，如可飭令赴皖，先其所急，著邵燦等酌量辦理。穆騰額所帶馬隊，業經起程。昨諭英桂另派大員，前往接替，著即飭令迅速前往臨淮一帶協剿。捻匪竄突靡常，固當截其南趨，亦不可驅之北竄。英桂現在亳州，亦當體察情形，移營進扎。勝保計已馳抵軍營，如懷遠一帶亟須截剿，即可督率崇安所帶之兵，會同德勒格爾馬隊，相機進剿，以防金陵賊匪勾通捻匪南竄之路，毋得區分畛域，致誤事機。

福濟另片奏，請飭秦定三、鄭魁士移營分路堵剿等語。桐城賊勢麕集，該提鎮等扎營城下，糧道不通，情形危急。該撫欲令秦定三移營吕亭等處，堵賊北竄。并令鄭魁士折回，迎剿廬、江，以杜内竄廬州之路。惟移營有似退守，而分兵又恐力單。且俟郝光甲、阿克敦兵勇到後，如果糧道可通，得有轉機，再由福濟體察機宜，與該提鎮妥商辦理，以顧全局。將此由六百里加緊各諭令知之。欽此。遵旨寄信前來。

并准軍機處片開：本日奉有寄信諭旨一道。貴撫接奉後，即恭録知照副都統銜署河北鎮總兵勝〈保〉，欽遵辦理可也。為此知會。等因。承准此。除祗遵外，相應恭録咨會。為此合咨貴副都統，請煩欽遵查照施行。

一　　　　　　　　　　　　　　　　　　咨

欽差幫辦剿匪事宜副都統銜署理河北總鎮勝

咸豐七年二月初十日。軍務局鄧式南承。

奉上諭福濟奏粵匪捻匪勾通請催馬隊赴鳳定一摺。

河南巡撫部院提督軍門英。劃。

0300. 河南巡撫英桂為奉上諭容照奏捻匪現在情形擬設法用計需用馬隊攻剿等語移袁甲三等咨文

咸豐七年二月十二日

繕。

為恭録咨會事。竊照本部院於咸豐七年二月十一日，承准軍機大臣字寄，河南巡撫英〈桂〉、副都統銜署河北鎮總兵勝〈保〉，傳諭頭等侍衛容照，咸豐七年二月初七日奉上諭：容照奏，捻匪現在情形，擬設法用計，需用馬隊攻剿等語。據稱：捻匪人多糧少，正可就此用計，使其自相併吞。儻接有密報，而宿州并無馬隊追剿，恐失機會。請將徐州、懷遠馬隊，准其臨時調取數百名應用，自因兵力不足起見。現在伊興額等馬隊，叠次在吕家樓、張家奇樓獲勝，即在宿州界內。如有緩急，儘可朝發夕至。德勒格爾所帶察哈爾兵尚缺馬匹，昨令邵燦、庚長采買補額。著英桂、勝保察看情形，如果容照所奏實有把握，即就近酌撥馬隊數百名，前往策應。一面知會邵燦、庚長，毋失事機。儻僅止懸擬之詞，一時未能得手，則徐州、懷遠皆關緊要，不可以有用之兵，調置一隅之地。勝保到亳州後，應先赴懷遠，或先赴潁州，當已酌定。如可徑赴懷遠，則距宿尤近，即可就近調度。現在捻勢披猖，雖經伊興額等叠獲勝仗，尚未搗其巢穴。必當實力兜剿，以挫凶鋒，使裹脅之徒聞風解散。不可遷延時日，任令捻首久稽顯戮，聚衆愈多，致餉缺兵疲，更形棘手。將此由六百里諭知英桂、勝保，并傳諭容照知之。欽此。遵旨寄信前來。等因。承准此。除祗遵外，相應恭録咨會。為此合咨貴　，請煩查照施行。

一　　　　　　　　咨

欽差候補三品京堂袁幫辦剿匪事宜副都統銜署理河北總鎮勝

江南總漕河部堂邵庚

安徽巡撫部院福

頭等侍衛府容

咸豐七年二月十二日。軍務局齊榜元承。

奉上諭咨照奏捻匪現在情形擬設法用計需用馬隊攻剿等語。

河南巡撫部院提督軍門英。劃。

監印官留豫即補府經歷縣丞俞炳。

0301. 河南巡撫英桂行移具奏逆匪被擊南竄馬步前追赴潁剿辦一摺奉硃批

咸豐七年二月十四日

繕。

札軍需局。照得本部院於咸豐七年二月初三日，在亳州行營，由驛具奏，逆匪被剿南竄潁州，現派馬步隊迅速前追，并飛咨各路一體堵截，擬俟此間情形稍鬆，即親赴潁州一帶，嚴督剿辦一摺，業已抄摺札知咨送在案。兹於本月十四日，在白馬驛途次，奉到硃批：另有旨。欽此。同日，承准軍機大臣字寄，河南巡撫英〈桂〉、副都統銜署河北鎮總兵勝〈保〉，咸豐七年二月初九日奉上諭：英桂奏，捻匪南竄潁州，派兵追剿，并各路堵截一摺。捻匪麕聚潁郡，前據勝保奏報，已降旨令勝保向前迎擊。英桂亦督兵前進，分投兜剿。本日據英桂奏，鄧家圍等處，尚有大股屯踞，阻我南追之路。現在穆騰阿在潁州接仗，崇安攻剿鄧家圍，均未能制勝。該匪西竄，固為可慮。而虚張聲勢，使我處處設防，該逆得以南連粵匪，亦不可不防。自應上緊追躡，使其不得喘息，方能得手。勝保到亳州後，著即督兵先赴潁州。英桂亦當將鄧家圍等處賊踪掃蕩，以便督兵前進。邱聯恩帶兵前往光、固，自應出境迎剿，不當徒防本境。著即飭令該總兵與勝保、穆騰阿馬步官軍，四路會合，力挫凶鋒。該匪自不敢向西窺伺。徐州賊情現已稍鬆，袁甲三即可駐扎亳州，為英桂、勝保後路聲援，并兼顧歸德門户。所派德楞額、托津阿等分赴潁州、懷遠之處，均照所議，速飭各員分投前進，毋稍遲延。將此由六百里諭令知之。欽此。遵旨寄信前來。等因。承准此。合就相應恭録札行。札到該局，即便會同兩司，移行欽遵查照。毋違。此札。

札軍需局。

為恭録移咨事。竊照云前，相應恭録移咨。為此合咨貴　，請煩為欽遵查照施行。

一　　咨

欽差候補三品京堂袁
賞四品卿銜王

欽差幫辦剿匪事宜副都統銜署理河北總鎮勝

安徽巡撫部院福

二等侍衛多

署徐州總鎮大名總鎮史

咸豐七年二月十四日。軍需局鄧式南承。

具奏逆匪被擊南竄馬步前追赴潁剿辦一摺奉硃批。

河南巡撫部院提督軍門英。劃。

監印官留豫即補府經歷縣丞俞炳。

0302. 河南巡撫英桂為請統帶馬步官兵馳赴固始攻剿事移南陽總鎮邱聯恩咨文

咸豐七年二月十四日

為恭録移咨事。竊照云前稿。承准此。正在恭［録］咨會間，接據新野縣禀稱：襄樊竄入穀城匪徒，屢被兵勇擊敗。現僅小股在南漳、均州等處，器械全無。本月初二日，竄擾穀城、茨河，仍被鄉團擊回，潛入山內，未敢蠢動等情。又，據光州禀報：大股捻匪，於初九日撲圍固始縣城，馬步甚多。城內兵勇不敷防禦，情形極為吃重，請速撥兵援應前來。

查襄匪勢極窮蹙，南陽防堵已鬆。現經札調周道仍行折回，會同慶鎮相機辦理，足資堵剿。而固始被圍，萬分危迫，自應先其所急，趕速救援。除本部院即日取道沈邱，直趨光、固，迎頭攔擊外，合亟恭録寄諭飛催。為此合咨貴鎮，煩為欽遵查照，即日統帶馬步官兵，兼程馳赴固始，會合攻剿，以解城圍。萬弗徒防宛境，致誤事機。并將移營日期，先行見覆。望速施行。

一　　咨

南陽總鎮邱

咸豐七年二月十四日。軍務局齊榜元承。

咨南鎮統帶馬步官兵馳赴固始攻剿。

河南巡撫部院提督軍門英。劃。

監印官留豫即補府經歷縣丞俞炳。

0303. 河南巡撫英桂為附奏遵旨派員管帶察哈爾馬隊一片奉硃批事移勝保等咨文

咸豐七年二月十四日

為恭録移咨事。竊照本部院於咸豐七年二月初三日，在亳州行營，由驛附奏，遵旨派員管帶察哈爾馬隊一片。兹於二月十四日，在白馬驛途次，奉到硃批：知道了。欽此。相應恭録移咨。為此合咨貴副都統，部院，侍衛，請煩為欽遵查照施行。

一　　咨

欽差幫辦剿匪事宜副都統銜署理河北總鎮勝

副都統德

安徽巡撫部院福

御前侍衛副都統銜穆　照會。

乾清門侍衛托　照會。

咸豐七年二月十四日。軍務局鄧式南承。

附奏遵旨派員管帶察哈爾馬隊一片奉硃批。

河南巡撫部院提督軍門英。劃。

監印官留豫即補府經歷縣丞俞炳。

0304. 河南巡撫英桂為附奏西都統崇總鎮交卸帶兵篆務一片移兵部及河北總鎮崇安咨文

咸豐七年二月十九日

為咨送事。竊照本部院於咸豐七年二月十八日，在沈邱縣行營，由驛附奏，西都統、崇總鎮交卸帶兵篆務日期一片。除俟奉到硃批，另行恭録移咨外，合先抄片咨送。為此合咨貴鎮，部，請煩為查照施行。

計粘抄片稿一紙。

一　咨

河北總鎮崇

兵部

咸豐七年二月十九日。軍務局鄧式南承。

附奏西都統崇總鎮交卸帶兵篆務一片。

河南巡撫部院提督軍門英。劃。

監印官留豫即補府經歷縣丞俞炳。

附録片稿：河南巡撫英桂附奏西都統崇總鎮交卸帶兵篆務片

咸豐七年二月十八日

繕。

再，西淩阿、崇安前奉諭旨，飭令來京聽候部議。等因。欽此。當經欽遵咨照。旋據西淩阿將所帶馬隊，交侍衛穆騰阿接手管帶。該都統即由潁郡折回亳州，於本月十一日起程。崇安亦於初九日，交卸河北鎮篆務。因本任尚有經手未完事件，一俟料理清楚，即飭該鎮迅速進京，聽候部議。

謹附片奏聞，伏乞聖鑒。謹奏。

0305. 河南巡撫英桂為附奏參將患病增劇勢難就痊請旨勒令休致一片移兵部等咨文

咸豐七年二月二十六日

為咨送事。竊照本部院於咸豐七年二月二十五日，在新蔡縣行營，由驛附奏，參將患病增劇，勢難就痊，請旨勒令休致一片。除俟奉到硃批，另行恭録移咨外，合先抄片咨送。為此合咨貴（部，閣督部堂，護鎮，）（請）煩（為）查照施行。

計粘抄片稿一紙。

一咨

兵部

直隸閣督部堂

護直隸通永總鎮碩

咸豐七年二月廿六日。軍務局鄧式南承。

附奏參將患病增劇勢難就痊請旨勒令休致一片。

河南巡撫部院提督軍門英。劃。

監印官留豫即補府經歷縣丞俞炳。

附録片稿：河南巡撫英桂附奏參將患病增劇勢難就痊請旨勒令休致片

咸豐七年二月二十五日

繕。

再，前據直隸通永鎮總兵揀發參將世襲輕車都尉碩林稟稱：該將自上年春間，奉派統帶直隸官兵來豫，節次督兵打仗。秋間感受風濕，左膀、左腿筋骨疼痛。近復增劇，半身麻木，步履艱難，飲食日減，精神困憊，勢難就痊，稟請回旗調理等情。

臣查該將帶兵剿捻，積勞成疾，久病不痊。雖經委驗并無捏飾情弊，惟當此堵剿吃緊之際，恐將弁群思效尤，致啓藉病偷安之漸。相應請旨，將直隸揀發參將世襲輕車都尉碩林，勒令休致，其世職應行承襲之處分，咨旗、部照例辦理。

除咨明直隸督臣外，謹附片具奏，伏乞聖鑒訓示。謹奏。

0306. 河南巡撫英桂為附奏西都統崇總鎮交卸帶兵篆務日期一片奉硃批事移兵部及崇安咨文

咸豐七年二月三十日

為恭録咨送事。竊照本部院於咸豐七年二月十八日，在沈邱縣行營，由驛附奏，西都統、崇總鎮交卸帶兵篆務日期一片，業已抄片咨送在案。玆於本月二十九日，在新蔡縣行營，奉到硃批：知道了。欽此。相應恭録咨送。為此合咨貴部,請鎮,煩為欽遵查照施行。

一咨

兵部

前河北總鎮崇

咸豐七年二月卅日。軍務局齊榜元承。

附奏西都統崇總鎮交卸帶兵篆務日期一片奉硃批。

河南巡撫部院提督軍門英。劃。

監印官留豫即補府經歷縣丞俞炳。

0307. 河南巡撫英桂行移奉上諭福濟等奏六安失陷廬城兵單請飭勝保由正陽迎剿摺

咸豐七年三月初一日

繕。

札軍需局。照得本部院於咸豐七年三月初一日，在新蔡縣行營，承准軍機大臣字寄，頭品頂戴安徽巡撫福〈濟〉、河南巡撫英〈桂〉、副都統銜勝〈保〉，咸豐七年二月二十六日奉上諭：福濟等奏，六安失陷，廬城兵單，請飭勝保由正陽迎剿一摺。正陽關為北路要衝，雖有署廬鳳道金光筯帶兵堅守，而為數無多，自應撥兵赴援。惟現在潁州捻匪甚熾，固始縣城被圍，勝保所帶之兵，本止三千二百餘名，已分馬隊六百名、步隊七成，渡淮西上。其截留之陝甘改撥之直隸兵，此時尚未抵潁。正陽一路，恐勝保未能兼顧。然於無可籌撥之中，仍應酌撥數百名馳援，以顧大局。亳州一帶捻匪南竄，該處有朱連泰等沿途攻剿。或即令袁甲三酌帶兵勇，前赴正陽，而另派妥員，會同朱連泰等，攻鄧家圍等處零匪。著英桂、勝保妥為籌畫，趕緊布置。如亳州緊要，袁甲三不能前往，另有妥員可派，亦著迅速奏明辦理。萬不可稍有遲延，致誤大局。福濟惟當力保廬州，俟和春派往之密雲等兵，邵燦等派往之關保馬隊及皖南酌撥官兵陸續到廬，即可進圖規復。

所請飭催餉銀，山、陝兩省本係按月籌解。廣東道路較遠，前俱有旨飭令撥解。本日復諭晏端書將前撥之款速解，并諭怡良於截漕等項下籌款接濟矣。邵燦等籌撥之米，昨據奏報已辦二千石，本日復令再備一二千石解往。但須淮河道路無梗，方能達到。并著福濟設法迎提，以資軍食。將此由六百里加緊各諭令知之。欽此。遵旨寄信前來。

并准軍機處片開：本日奉有寄信諭旨一道。貴撫於接到後，即行恭録一分，知照副都統銜勝〈保〉，一體欽遵辦理可也。為此知會。等因。承准此。除祇遵外，合就恭録札行。札到該局，即便會同兩司，欽遵查照。毋違。此札。

札軍需局。

為恭録咨會事。竊照云前，除祇遵外，相應恭録咨會。為此合咨貴都統，京堂，部院，請煩欽遵查照施行。

一　咨

欽差幫辦剿匪事宜副都統銜勝
候補三品京堂袁

安徽巡撫部院福

咸豐七年三月初一日。軍務局丁永智齊榜元承。

奉上諭福濟等奏六安失陷廬城兵單請飭勝保由正陽迎剿一摺。

河南巡撫部院提督軍門英。劃。

監印官留豫即補府經歷縣丞俞炳。

0308. 河南巡撫英桂為附奏參將患病增劇勢難就痊請旨勒令休致一片奉硃批事移兵部等咨文

咸豐七年三月初五日

為恭録咨會事。竊照本部院於咸豐七年二月二十五日，在新蔡縣行營，由驛附奏，参將患病增劇，勢難就痊，請旨勒令休致一片，業已抄片咨送在案。玆於三月初五日，奉到硃批：依議。欽此。相應恭録咨會。為此合咨貴部，閣督部堂，護鎮，請煩為查照施行。

一咨

兵部

直隷閣督部堂

護直隷通永總鎮碩

咸豐七年三月初五日。軍務局齊榜元承。

附奏参將患病增劇勢難就痊請旨勒令休致一片奉硃批。

河南巡撫部院提督軍門英。劃。

監印官留豫即補府經歷縣丞俞炳。

0309. 河南巡撫英桂行移寄諭飭令袁甲三赴正陽關剿辦逆匪并派兵勇攻剿亳州捻匪

咸豐七年三月初十日

札軍需局知悉。照得本部院於咸豐七年三月初十日，在新蔡縣行營，承准軍機大臣字寄，頭品頂戴安徽巡撫福〈濟〉、河南巡撫英〈桂〉、副都統銜勝〈保〉、候補三品京堂袁〈甲三〉，咸豐七年二月初四日奉上諭一道。并准軍機處知會：本日奉有寄信諭旨一道。貴撫接奉後，即行恭録知會副都統銜勝〈保〉，一體欽遵可也。為此知會。等因。承准此。除恭録咨行外，合亟恭録札行。札到該局，立即會同兩司，欽遵查照。毋違。此札。

計恭録上諭一道。

札軍需局。

為恭録咨送事。竊照云前咨行外，相應恭録咨會。為此合咨貴都統，京堂，部院，請煩欽遵查照施行。

計恭録上諭一道。

一　　　　　　　　咨

欽差幫辦剿匪事宜副都統銜勝

欽差候補三品京堂袁

安徽巡撫部院福

咸豐七年三月初十日。軍需局鄧式南楊惟賢承。

奉上諭飭令袁甲三赴正陽關剿辦逆匪并派兵勇剿亳州捻匪。

河南巡撫部院提督軍門英。劃。

監印官留豫即補府經歷縣丞俞炳。

附録上諭：軍機大臣字寄河南巡撫英桂等飭令袁甲三赴正陽關剿辦逆匪并派兵勇攻剿亳州捻匪

咸豐七年三月初四日

軍機大臣字寄，頭品頂戴安徽巡撫福〈濟〉、河南巡撫英〈桂〉、副都統銜勝〈保〉、候補三品京堂袁〈甲三〉，咸豐七年三月初四日奉上諭：前因正陽關情形吃緊，諭令勝保酌撥兵勇數百名往援，或令袁甲三酌帶兵勇前往。本日據袁甲三馳奏：霍邱股匪直撲正陽關，并有李兆受帶領粵匪，由正陽關竄圍壽州。雖經官兵疊次擊敗，該匪等尚在城外盤踞等語。是該處匪踪蔓延，實為可慮。袁甲三自係尚未奉到前旨。惟此時情形緊急，著即馳赴正陽關，督同金光筯等，實力堵剿。并先將竄擾壽州之匪，迅速掃蕩，以免該匪等南北勾結。亳州鄧家圍等處，剿辦亦屬緊要。袁甲三南下後，深恐兵力單薄。著英桂、勝保添派兵勇，赴亳協同朱連泰進攻，俾得速行蕆事。至正陽、壽州等處，均屬皖境。福濟身任巡撫，不得因派辦有人，竟以諉之豫省。此時如有兵勇可撥，著即派撥前往，會合袁甲三、金光筯所帶兵勇，實力攻剿，毋許意存膜視。將此由六百里各諭令知之。

欽此。遵旨寄信前來。

0310. 河南巡撫英桂為奉上諭福濟奏壽州被圍緊急請飭勝保迅督大隊赴援一摺移袁甲三等咨文

咸豐七年三月初十日

繕。

為恭録咨會事。竊照本部院於咸豐七年三月初十日，在新蔡縣行營，承准軍機大臣字寄，頭品頂戴安徽巡撫福〈濟〉、河南巡撫英〈桂〉、副都統銜勝〈保〉，咸豐七年三月初五日奉上諭：福濟奏，壽州被圍緊急，請飭勝保迅督大隊赴援一摺。逆匪擁衆數萬，由正陽進逼壽州，四面合圍，情形萬分緊急。雖經福濟由廬州撥兵堵禦，惟逆勢方張，恐兵力難資抵禦。勝保此時正在北路剿辦捻匪。北路藩籬，亦關緊要。能否分身前赴壽州，殊未可定。著英桂、勝保迅即籌商，如勝保可以帶兵前往，即行酌帶兵勇，馳往救援；如一時未能兼顧，亦應派兵助剿，不得因其地處淮南，稍存畛域之見。昨有旨命袁甲三前赴正陽，督同金光筯進剿。正陽距壽州不過數十里，袁甲三帶兵前進，即可先解該州之圍，以扼淮河南北要衝。至柘臯防兵失利，退守石塘橋，廬州門户已失。前調湖北、皖南官兵各一千名，本日已降旨飭催，并諭湖北再添調一千名，由宿松、太湖一帶赴皖。其德興阿、和春營中兵勇，前據奏報，實已無可抽撥。所有江北派出之官兵五百名，早已抵廬。丹陽派往之官兵八百名，即著福濟趕緊催提，以資攻剿。所請飭催餉銀之處，已據户部叠次飛催矣。將此由六百里加緊各諭令知之。欽此。遵旨寄信前來。并准軍機處知會：本日奉有寄信諭旨一道。貴撫奉到後，即恭録知照副都統銜勝〈保〉，一體欽遵可也。為此知會。等因。承准此。除祇遵外，相應恭録咨會。為此合咨貴京堂，都統，部院，請煩欽遵查照施行。

一　　　　　　咨

欽差候補三品京堂袁　幫辦剿匪事宜副都統銜勝

安徽巡撫部院福

咸豐七年三月初十日。軍務局齊榜元承。

奉上諭福濟奏壽州被圍緊急請飭勝保迅督大隊赴援一摺。

河南巡撫部院提督軍門英。劃。

監印官留豫即補府經歷縣丞俞炳。

0311. 河南巡撫英桂行移具奏查明叠次打仗陣亡各員弁懇恩交部議恤摺

咸豐七年三月十三日

札軍需局。標下中軍。城守尉。知悉。照得本部院於咸豐七年三月十二日，在新蔡縣行營，由驛具奏，查明叠次打仗陣亡各員弁，懇恩交部議恤一摺。除俟奉到硃批，另行恭録札知咨行外，合先抄摺札行。札到該局，即便會同兩司，分别轉移知照。毋違。此札。

計粘抄摺稿一紙。

札軍需局。標下中軍。城守尉。

為咨送事。竊照云前咨行外，相應抄摺咨送。為此合咨貴京堂，部堂，部院，都統，鎮，侍衛，請煩為查照施行。

計粘抄摺稿一紙。

一　　　　咨

欽差候補三品京堂袁

直隸閣督部堂

山東山西巡撫部院

署察哈爾都統穆

河北總鎮樂

御前侍衛副都統銜穆　照會。

咸豐七年三月十三日。軍務局齊榜元承。

具奏查明叠次打仗陣亡各員弁懇恩交部議恤一摺。

河南巡撫部院提督軍門英。劃。

監印官留豫即補府經歷縣丞俞炳。

附録摺稿：河南巡撫英桂具奏查明叠次打仗陣亡各員弁懇恩交部議恤摺

咸豐七年三月十二日

繕。

奏為查明叠次打仗陣亡各員弁，懇恩交部議恤，恭摺奏祈聖鑒事。

竊臣自剿辦捻匪以來，督飭各鎮將打仗五十餘次。所有陣亡各員弁，除業經隨時奏請議恤外，兹查有河南滿洲營已革佐領松志、直隸候補游擊德禄，於上年十一月十九日，在廟集追賊，俱受傷陣亡。又，察哈爾正黄旗驍騎校拉什旺丹、河北鎮標儘先千總右營把總馬騰蛟，於上年十月三十日，進攻花溝集、宮吉寺賊巢，俱受傷陣亡。又，候補府經歷陳謨，於上年十一月十四日，在白廟集地方，力戰陣亡。又，候補千總陳鈞慶，於上年十二月，在歸德府所屬之平臺集地方，遇賊接仗，受傷陣亡。又，千總銜軍功外委王太魁，於上年四月十一日，在梁寨與賊交仗，力竭陣亡。又，山西儘先把總平陽營經制外委殷鶴齡，於上年十月二十七日，在永城與匪接仗，受傷陣亡。又，徐州鎮標候補外委尹寶讓，於上年十一月二十三日，在湯陵地方遇賊接仗，力竭陣亡。又，六品軍功任繼雄，於上年二月初九日，在蔡道口迤東地方，打仗陣亡。又，山東泰安營千總萬壽慶、直隸獲鹿汛把總楊起山、河南撫標右營經制外委魯占魁，於本年正月二十七日進攻鄧家圍賊巢，俱中炮殞命。據各帶兵鎮將、帶勇員弁先後咨詳稟報前來。

臣覆加查核，該員弁等均能力戰殺賊，奮勇捐軀，殊堪憫惻。合無仰懇天恩，俯准將河南滿營已革佐領松志開復原官，照佐領陣亡例，交部議恤。其德禄、拉什旺丹、馬騰蛟、陳謨、陳鈞慶、王太魁、殷鶴齡、尹寶讓、任繼雄、萬壽慶、楊起山、魯占魁十二員，均交部各照陣亡例，從優議恤，以慰忠魂。

理合恭摺具奏，伏乞皇上聖鑒訓示。謹奏。

0312. 河南巡撫英桂行移附奏軍營出有佐領驍騎校等缺揀員遞相擬補片

咸豐七年三月十三日

札總管德楞額知悉。照得本部院於咸豐七年三月十二日，在新蔡縣行營，由驛附奏，軍營出有佐領、驍騎校等缺，揀員遞相擬補一片。除俟奉到硃批，另行恭録札知移咨外，合先抄片札行咨送。札到該總管，即便轉飭知照。毋違。此札。

計粘抄片稿一紙。

札總管德楞額。

為移咨事。竊照云前，合先抄片咨送。為此合咨貴將軍，都統，侍衛，請煩為轉飭知照施行。

計粘抄片稿一紙。

一　　咨

黑龍江將軍

署察哈爾都統穆

御前侍衛副都統銜穆　照會。

咸豐七年三月十三日。軍務局鄧式南承。

附奏軍營出有佐領驍騎校等缺揀員遞相擬補一片。

河南巡撫部院提督軍門英。劃。

監印官留豫即補府經歷縣丞俞炳。

附録片稿：河南巡撫英桂附奏軍營出有佐領驍騎校等缺揀員遞相擬補片

咸豐七年三月十二日

再，黑龍江布特哈正紅旗記名副管佐領委參領西蒙額，業經准補布特哈鑲紅旗副管在案。所遺布特哈正紅旗佐領之缺，應由該管出力人員內揀員請補。查有齊齊哈爾鑲紅旗防禦即補佐領委參領蘇克金，打仗勇往，紀律嚴明，堪以擬補。所遺齊齊哈爾鑲紅旗防禦之缺，查有呼蘭鑲紅旗德清阿佐領下驍騎校以佐領升用法克吉布，勇敢有為，戰功卓著，堪以擬補。所遺呼蘭鑲紅旗驍騎校之缺，查有齊齊哈爾鑲黄旗特克吉扎普佐領下領催委參領烏勒興阿，叠次打仗，奮勇當先，堪以擬補。又，察哈爾正黄旗伊素時富柱佐領下驍騎校拉什旺丹，打仗陣亡。所遺員缺，查有本旗前鋒米吉克僧格，打仗奮勇，屢立戰功，堪以擬補。又，察哈爾正藍旗護軍校貢楚克扎布，打仗失迷，日久未回，應行開缺，揀員請補。查有察哈爾鑲白旗巴爾乎琶克巴普佐領下護軍都爾瑪扎普，打仗勇往，奮不顧身，曾受頭等重傷，力戰殺賊，當逾格升用，擬即以該員升補護軍校之缺，以示鼓勵。合無仰懇天恩，俯准以蘇克金等升補黑龍江布特哈正紅旗佐領各缺，以勵人材而裨軍務。俟凱撤後，再行照例送部引見。

謹附片具奏，伏乞聖鑒訓示。謹奏。

0313. 河南巡撫英桂行移具奏查明叠次打仗陣亡各員弁懇恩交部議恤一摺奉硃批上諭

咸豐七年三月二十六日

繕。

札軍需局、標下中軍、城守尉知悉。照得本部院於咸豐七年三月十二日，在新蔡縣行營，由驛具奏，查明叠次打仗陣亡各員弁，懇恩交部議恤一摺，業已抄摺札知咨送在案。兹於三月二十五日，在阜陽驛口橋行營，奉到硃批：另有旨。欽此。同日，奉上諭一道：咸豐七年三月十八日内閣奉上諭：英桂奏，查明陣亡各員弁，懇恩交部議恤一摺。上年官軍剿辦捻匪，迭次打仗，各該員等力戰殺賊，奮勇捐軀，深堪憫惻。河南滿洲營已革佐領松志，著開復原官，交部照佐領陣亡例議恤。直隸候補游擊德禄、察哈爾驍騎校拉什旺丹、河北鎮標儘先千總右營把總馬騰蛟、候補府經歷陳謨、候補千總陳鈞慶、千總銜軍功外委王太魁、山西儘先把總經制外委殷鶴齡、徐州鎮標候補外委尹寶讓、六品軍功任繼雄、山東千總萬壽慶、直隸把總楊起山、河南經制外委魯占魁，均着交部，各照陣亡例，從優議恤。欽此。合就相應恭録札行。移咨。札到該局，將，尉，即便會同兩司，欽遵分別轉移知照。毋違。此札。

札軍需局。標下中軍。城守尉。

為咨送事。竊照云前，相應恭録移咨。為此合咨貴　，請煩為轉飭欽遵查照施行。

一　　　　　　　咨

欽差候補三品京堂袁

直隸閣督部堂

山東西巡撫部院

署察哈爾都統穆

河北總鎮樂

御前侍衛副都統銜穆　照會。

咸豐七年三月廿六日。軍務局齊榜元承。

具奏查明迭次打仗陣亡各員弁懇恩交部議恤一摺奉硃批上諭。

河南巡撫部院提督軍門英。劃。

監印官留豫即補府經歷縣丞俞炳。

0314. 河南巡撫英桂行移附奏軍營出有佐領驍騎校等缺揀員遞相擬補一片奉硃批

咸豐七年三月二十六日

札總管德楞額知悉。照得本部院於咸豐七年三月十二日，在新蔡縣行營，由驛附奏，軍營出有佐領、驍騎校等缺，揀員遞相擬補一片，業已抄片札知咨送在案。兹於三月二十五日，在阜陽縣驛口橋行營，奉到硃批：蘇克金等，依擬升補。欽此。合就相應恭録札行。移咨。札到該總管，即便欽遵轉飭知照。毋違。此札。

札總管德楞額。

為移咨事。竊照云前，相應恭録移咨。為此合咨貴將軍，都統，侍衛，請煩為欽遵轉飭知照施行。

一　　　咨

黑龍江將軍

署察哈爾都統穆

御前侍衛副都統銜穆　照會。

咸豐七年三月廿六日。軍務局鄧式南承。

附奏軍營出有佐領驍騎校等缺揀員遞相擬補一片奉硃批。

河南巡撫部院提督軍門英。劃。

監印官留豫即補府經歷縣丞俞炳。

0315. 河南巡撫英桂行移寄諭廬州吃緊必須應援著即妥速商辦并著設法解廬米麥賑恤光州饑民

咸豐七年三月三十日

繕。

札布政司。照得本部院於咸豐七年三月十六日，在安徽阜陽縣驛口橋軍營，承准軍機大臣字寄，河南巡撫英〈桂〉、副都統銜勝〈保〉，咸豐七年三月十一日奉上諭：前因潁州捻衆屯聚，壽州城圍未解，諭令勝保先剿潁郡捻匪，以遏北竄，令袁甲三馳往正陽，策應壽州，并恐壽州兵力不敷，令英桂、勝保酌籌添助。

本日據福濟等奏，壽州匪衆，經署道金光筯連日擊剿，城圍已解，請飭勝保由正陽進剿六安，以分賊勢等語。勝保現由烏龍集回剿潁匪，諒必續獲勝仗。如該處股匪漸次掃蕩，可以無虞北竄，自應徑趨六安，會合皖軍，藉分廬州賊勢。廬州三面皆賊，情形甚為吃緊。福濟兵力甚單，必須速為援應。著即與英桂妥速籌商，酌量辦理。袁甲三接奉前旨，是否已赴正陽？現在壽州既無須助剿，能否即由正陽馳赴六安，分剿粤逆，亦著英桂等妥商速辦。

前據英桂奏，籌解皖省米麥六千石，因三河尖路梗塞，尚存阜陽縣倉。現在廬州待米甚殷，請撥湖南之米。因需費浩繁，無從購解。著英桂即將前項米麥，設法速解廬州，以資接濟。本日亦已諭知福濟趕緊迎提矣。

再，據御史毛昶熙奏，河南光州一帶，饑民乏食，至掘食草根、樹皮，請籌撫恤等語。該處逼近匪踪，饑饉頻連已堪憫惻，煽惑滋事尤屬可虞。著英桂即行籌款，酌量賑恤，毋使流而為匪。將此由六百里各諭令知之。欽此。遵旨寄信前來。

并准軍機處知會：本日奉有寄信諭旨一道。貴撫奉到後，即恭録行知副都統銜勝〈保〉，一體欽遵可也。為此知會。等因。承准此。合就恭録札行。札到該司，即便欽遵查照辦理，并移軍需局知照。毋違。此札。

札布政司。

為恭録咨會事。竊照云前。承准此。相應恭録咨會。為此合咨貴都統，京堂，部院，請煩欽遵查照施行。

一　　　　　　　　咨

欽差幫辦剿匪事宜副都統銜勝
　　候補三品京堂袁

安徽巡撫部院

咸豐七年三月卅日。軍務局丁永智齊榜元承。

奉上諭廬州吃緊必須應援著即妥速商辦并著設法解廬米麥賑恤光州饑民。

河南巡撫部院提督軍門英。劃。

監印官留豫即補府經歷縣丞俞炳。

0316. 河南巡撫英桂為奉上諭袁甲三奏正陽賊勢稍鬆擬先清北路再行南下并派員來亳駐扎等語移勝保袁甲三咨文

咸豐七年四月初二日

繕。

為恭録咨會事。竊照本部院於咸豐七年三月二十九日，在阜陽縣驛口橋軍營，承准軍機大臣字寄，河南巡撫英〈桂〉、副都統銜勝〈保〉，咸豐七年三月二十二日奉上諭：本日據袁甲三奏：正陽賊勢稍鬆，擬先清北路，再行南下。惟軍情緩急靡常，進止難以豫定。亳州現乏得力將領，請飭英桂於道員以上，選派一員來亳駐扎。各等語。袁甲三現雖駐扎亳州，俟北路官軍得手後，即須統兵前進，與勝保一軍，聲勢聯絡。而亳州東北一帶，伏莽尚多，必須明幹大員駐扎，方不至顧此失彼。惟河南省道員以上文員，每多未經行陣，深恐難期得力。著英桂、勝保於現在帶兵之副將、參將等官中，擇其堪資統領者，即行選派一員，馳赴亳州軍營。如袁甲三統兵南下，即可責令該員實力防剿，以遏歸、亳北路之衝。將此由五百里諭令知之。欽此。遵旨寄信前來。并准軍機處知會：本日奉有寄信諭旨一道。貴撫奉到後，即恭録行知副都統銜勝〈保〉，一體欽遵辦理。為此知會。等因。承准此。除祇遵外，相應恭録咨會。為此合咨貴都統、京堂，請煩欽遵查照施行。

一　　　　　　　　咨

欽差幫辦剿匪事宜副都統銜勝
　　候補三品京堂袁

咸豐七年四月初二日。軍務局齊榜元承。

奉上諭本日據袁甲三奏正陽賊勢稍鬆擬先清北路再行南下并選派一員來亳駐扎等語。

河南巡撫部院提督軍門英。劃。

監印官留豫即補府經歷縣丞俞炳。

0317. 河南巡撫英桂行移附奏軍營出有副將游都守等缺揀員分別擬補片

咸豐七年四月初四日

札　知悉。照得本部院於咸豐七年四月初二日，在阜陽縣驛口橋軍營，由驛附奏，軍營出有副將、游、都、守等缺，揀員分別擬補一片。除俟奉到硃批，另行恭録札知移咨外，合先抄片札行咨送。札到該將員，即便轉分飭知照。毋違。此札。

計抄粘片稿一紙。

札標下中軍。

札翼長王道。伊副將。庫協領。

為移咨事。竊照云前，合先抄片咨送。為此合咨貴，請煩轉飭知照施行。

計粘抄片稿一紙。

一　　　　　　　　　咨

欽差幫辦剿匪事宜副都統銜勝

直隸陝甘總督部堂

山東西巡撫部院

河北總鎮樂

咸豐七年四月初四日。軍務局鄧式南承。

附奏軍營出有副將游都守等缺揀員分別擬補一片。

河南巡撫部院提督軍門英。劃。

監印官留豫即補府經歷縣丞俞炳。

附録片稿：河南巡撫英桂附奏軍營出有副將游都守等缺揀員分別擬補片

咸豐七年四月初二日

再，竊照軍營出有升調、陣亡、病故各缺，向歸軍營出力人員內揀員請補，歷經遵辦在案。茲查甘肅安西協副將朱連泰，補授甘肅凉州鎮總兵。所遺副將員缺，查有副將用山西潞澤營参將慶瑞，在豫剿匪已歷數年，戰功懋著，曉暢營務，紀律嚴明，堪以擬補。又，直隸山永協副將珠隆阿陣亡遺缺，查有副將銜山西汾州營參將保衡，任事奮勤，打仗勇往，堪以擬補。又，陝西西安城守營副將樂善，補授河南河北鎮總兵。所遺副將員缺，查有題補山東臺莊營參將王鳳祥，勇敢當先，才具明練，堪以擬補。又，直隸督標後營游擊朱淮源陣亡遺缺，查有山東儘先游擊唐佐清，衝鋒冒鏑，歷著勤勞，堪以擬補。又，直隸玉田營都司禄泰陣亡遺缺，查有河南候補都司承惠，遇事勇往，屢立戰功，堪以擬補。又，直隸易州營守備王懷玉陣亡遺缺，查有山東儘先守備孫喬林，帶隊勇敢，奮不顧身，堪以擬補。又，河南嵩營守備王錫三病故遺缺，查有河南儘先守備羅仲保，奮勇争先，管兵嚴肅，堪以擬補。合無仰懇天恩，俯准將慶瑞等升補甘肅安西協副將各缺，以勵戎行而裨軍務。俟凱撤後，再將該員等照例送部引見。

謹附片具奏，伏乞聖鑒訓示。謹奏。

0318. 河南巡撫英桂為附奏軍營需員差遣請敕令雙慶等來營調遣一片移步軍統領衙門等咨文

咸豐七年四月十二日

為移咨事。竊照本部院於咸豐七年四月初十日，在阜陽縣驛口橋軍營附奏，軍營需員差遣，請敕令雙慶、龍汝元、何建鰲、巴揚阿迅速來營，以資調遣一片。除俟奉到硃批，另行恭録移咨外，相應抄片咨送。為此合咨貴部堂，都統，請煩查照施行。

計粘抄片稿一紙。

一　　咨

步軍統領衙門

河東總河部堂

欽差幫辦剿匪事宜副都統衔勝

奉到硃批再咨。

咸豐七年四月十二日。軍務局齊榜元承。

附奏軍營需員差遣請敕令雙慶等來營調遣一片。

河南巡撫部院提督軍門英。劃。

監印官留豫即補府經歷縣丞俞炳。

附録片稿：河南巡撫英桂附奏軍營需員差遣請敕令雙慶等來營調遣片

咸豐七年四月初十日

繕。

再，現當攻剿捻匪，堵擊粤逆，各帶兵將弁，或督隊進仗，或分兵扼守，在在需員差遣。而臣營將備除撥赴勝保、袁甲三兩營并派防要隘外，所存無幾。每遇撥兵堵剿，遴選帶隊之員，幾致無可派委，實屬需員孔急。查有東河督標左營參將雙慶、京營西河沿汛守備龍汝元、花兒市汛守備何建鰲、厢黄旗滿洲二甲喇捕盗步軍校巴揚阿，以上四員，曾經出師連鎮、臨清，素稱得力。合無仰懇天恩，俯念剿匪緊要，敕令雙慶、龍汝元、何建鰲、巴揚阿迅速來臣軍營，以資調遣，實於軍務有裨。

謹附片具奏，伏乞聖鑒訓示。謹奏。

0319. 河南巡撫英桂行移奉上諭王慶雲奏請更換調豫官兵以資防守摺

咸豐七年四月十五日

繕。

札軍需局。照得本部院於咸豐七年四月十四日，在阜陽縣驛口橋軍營，承准軍機大臣字寄，河南巡撫英〈桂〉、山西巡撫王〈慶雲〉，咸豐七年四月初六日奉上諭：王慶雲奏請更换調豫官兵，以資防守一摺。據稱：河南省前調山西太原鎮等營官兵一千名，經英桂酌留五百名，派防永城。現在晋省南路辦防，兵力不敷。若將别鎮兵丁調往，自不如本鎮之兵熟悉地利，較可得力。擬於大同鎮屬調兵五百名赴豫，將前調官兵五百名换回等語。山西省南路防堵，既需本鎮官兵，自應酌量調换，藉資得力。著王慶雲即將大同鎮兵五百名，剋日調齊，派委妥員管帶，星馳赴豫。一俟此項官兵到防，所有太原等鎮兵五百名，即著英桂飭令原帶兵官珠爾杭阿管帶回晋。將此由四百里各諭令知之。欽此。遵旨寄信前來。等因。承准此。查皖省捻匪被剿窮蹙，永城防堵較鬆。而豫省兵餉萬分支絀，前項太原弁兵，現擬即日飭令旋晋歸伍。所有改調大同鎮官兵五百名，可以毋庸來豫，以期撙節。除咨明山西撫部院查照外，合就札行。札到該局，即便會同兩司，移行查照。毋違。此札。

札軍需局。

為恭録咨會事。竊照云前，可以毋庸來豫，以期撙節。除奏明外，相應恭録咨會。為此合咨貴部院，請煩欽遵查照施行。

一　　咨

山西巡撫部院

咸豐七年四月十五日。軍務局齊榜元承。

奉上諭王慶雲奏請更换調豫官兵以資防守一摺。

河南巡撫部院提督軍門英。劃。

監印官留豫即補府經歷縣丞俞炳。

0320. 河南巡撫英桂行移附奏軍營出有副將游都守等缺揀員分別擬補一片奉硃批

咸豐七年四月十六日

札　知悉。照得本部院於咸豐七年四月初二日，在阜陽縣驛口橋軍營，由驛附奏，軍營出有副將、游、都、守等缺，揀員分別擬補一片，業已抄片札知咨送在案。兹於本月十五日，奉到硃批：兵部查議具奏。欽此。合就相應恭録札行。咨送。札到該將員，即便轉分飭欽遵知照。毋違。此札。

札標下中軍。

札翼長王道。伊副將。庫協領。

為恭録移咨事。竊照云前，相應恭録移咨。為此合咨貴　，請煩為欽遵轉飭知照施行。

一　　咨

欽差幫辦剿匪事宜副都統銜勝

直隸陝甘總督部堂

山東西巡撫部院

河北總鎮樂

咸豐七年四月十六日。軍務局鄧式南承。

附奏軍營出有副將游都守等缺揀員分別擬補一片奉硃批。

河南巡撫部院提督軍門英。劃。

監印官留豫即補府經歷縣丞俞炳。

0321. 河南巡撫英桂行移附奏擬將太原大同鎮營官兵裁撤歸伍片

咸豐七年四月十九日

札軍需局。照得本部院於咸豐七年四月十七日，在阜陽縣驛口橋軍營，由驛附奏，擬將太原、大同鎮營官兵裁撤歸伍一片。除俟奉到硃批，另行恭録札知移咨外，合先抄片札行。札到該局，即便會同兩司查照。毋違。此札。

計粘抄片稿一紙。

札軍需局。

為移咨事。竊照云前，相應抄片咨送。為此合咨貴部院，請煩移行查照施行。

計粘抄片稿一紙。

一　　　咨

山西巡撫部院

咸豐七年四月十九日。軍務局齊榜元承。

附奏擬將太原大同鎮營官兵裁撤歸伍一片。

河南巡撫部院提督軍門英。劃。

監印官留豫即補府經歷縣丞俞炳。

附録片稿：河南巡撫英桂附奏擬將太原大同鎮營官兵裁撤歸伍片

咸豐七年四月十七日

繕。

再，臣英〈桂〉承准軍機大臣字寄，咸豐七年四月初六日奉上諭：著王慶雲將大同鎮兵五百名，調齊赴豫。所有太原等鎮兵五百名，飭令原帶兵官珠爾杭阿，管帶回晋。等因。欽此。

伏查前調來豫之太原等營官兵五百名，經臣英〈桂〉派令駐守永城，為時已久。現在該縣距賊較遠，情形稍鬆。該地方文武本有練勇數百名，足資巡守。晋省南路，現值辦防。此起太原等營官兵，自應裁撤歸伍。所有大同鎮兵五百名，亦可無須換防，以節經費。又，史榮椿派來臣勝〈保〉行營之大同馬隊二百名，出征已久，現多疲乏，亦擬裁撤，以恤兵力而歸撙節。

除咨照山西撫臣外，謹附片奏聞，伏乞聖鑒訓示。謹奏。

0322. 河南巡撫英桂為附奏軍營需員差遣請敕令雙慶等來營調遣一片奉硃批上諭事移步軍統領衙門等咨文

咸豐七年四月二十三日

繕。

為恭録咨會事。竊照本部院於咸豐七年四月初十日，在阜陽縣驛口橋軍營附奏，軍營需員差遣，請敕令雙慶、龍汝元、何建鰲、巴揚阿迅速來營，以資調遣一片，業已抄片咨送在案。兹於本月二十二日，奉到硃批：另有旨。欽此。同日，奉上諭一道：咸豐七年四月十六日內閣奉上諭：英桂奏，堵剿需員，請飭調得力將弁來營等語。東河督標左營參將雙慶、京營西河沿（河）[①] 汛守備龍汝元、花兒市汛守備何建鰲、鑲黄旗滿洲二甲喇捕盜步軍校巴揚阿，俱著發往英桂軍營差委。欽此。相應恭録咨會。為此合咨貴統領，部堂，都統，請煩欽遵查照施行。

一　　咨

步軍統領衙門

東河總河部堂李

欽差幫辦剿匪事宜副都統衛勝

咸豐七年四月廿三日。軍務局齊榜元承。

附奏軍營需員差遣請敕令雙慶等來營調遣一片奉硃批上諭。

河南巡撫部院提督軍門英。劃。

監印官留豫即補府經歷縣丞俞炳。

0323. 河南巡撫英桂行移附奏擬將太原大同鎮營官兵裁撤歸伍一片奉硃批

咸豐七年四月二十九日

札軍需局。照得本部院於咸豐七年四月十七日，在阜陽縣驛口橋軍營，由驛附奏，擬將太原、大同鎮營官兵裁撤歸伍一片，業已抄片札知咨送在案。兹於本月二十八日，奉到硃批：知道了。欽此。合就恭録札行。札到該局，即便會同兩司，欽遵查照。毋違。此札。

札軍需局。

為恭録移咨事。竊照云前，相應恭録移咨。為此合咨貴部院，請煩欽遵查照施行。

---

① 據《清代河南巡撫衙門檔案》軍務卷 0318 號檔案。

一　　咨

山西巡撫部院

咸豐七年四月廿九日。軍務局齊榜元承。

附奏擬將太原大同鎮營官兵裁撤歸伍一片奉硃批。

河南巡撫部院提督軍門英。劃。

監印官留豫即補府經歷縣丞俞炳。

0324. 河南巡撫英桂為代奏謝恩一片行格總管札

咸豐七年五月初三日

札格總管知悉。照得本部院於咸豐七年四月二十九日，在阜陽縣驛口橋軍營，由驛代奏，該總管蒙恩賞給頭品頂戴，恭謝天恩一片。除俟奉到硃批，另行恭録札知外，合先抄片札行。札到該總管，即便查照。毋違。此札。

計粘抄片稿一紙。

札格總管。

咸豐七年五月初三日。軍務局齊榜元承。

代奏格總管謝恩一片。

河南巡撫部院提督軍門英。劃。

監印官留豫即補府經歷縣丞俞炳。

附録片稿：河南巡撫英桂代奏格總管謝恩片

咸豐七年四月二十九日

再，記名副都統黑龍江總管富倫額巴圖魯格綳額，因上年疊次勦匪出力，蒙恩賞給頭品頂戴，當經臣遵旨知照。兹據該總管呈稱：仰沐鴻慈逾格，録及微勞。受恩深重，惶悚莫名。惟有勉竭愚忱，力圖報效等情。呈請代奏恭謝天恩前來。

謹附片代陳，伏乞聖鑒。謹奏。

0325. 河南巡撫英桂為代奏謝恩一片奉硃批事行格總管札

咸豐七年五月十二日

札格總管知悉。照得本部院於咸豐七年四月二十九日，在阜陽縣驛口橋軍營，由驛代奏，該總管蒙恩賞給頭品頂戴，恭謝天恩一片，業已抄片札知在案。兹於五月十一日，奉到硃批：知道了。欽此。合就恭録札行。札到該總管，即便欽遵查照。毋違。此札。

札格總管。

咸豐七年五月十二日。軍務局齊榜元承。

代奏格總管謝恩一片奉硃批。

河南巡撫部院提督軍門英。劃。

監印官留豫即補府經歷縣丞俞炳。

0326. 河南巡撫英桂為奉上諭邵燦庚長會奏徐郡無須添兵請將察哈爾馬隊調赴勝保軍營一摺移欽差勝保等咨文

咸豐七年五月十四日

繕。

為恭録咨會事。竊照本部院於咸豐七年五月十四日，在阜陽縣驛口橋軍營，承准軍機大臣字寄，漕運總督邵〈燦〉、江南河道總督庚〈長〉、河南巡撫英〈桂〉、副都統銜勝〈保〉，咸豐七年五月初八日奉上諭：邵燦、庚長奏，徐郡無須添兵，請將察哈爾馬隊調赴勝保軍營一摺。德勒格爾所帶察哈爾官兵，前因餉糈缺乏，准其就近前赴徐州，仍候英桂等調遣。嗣據英桂等奏，在營之察哈爾官兵，臨陣不能得力，業經全行撤回歸伍。德勒格爾所帶之兵，既多患病，馬匹又經倒斃，若調往軍營，恐亦未能得力。着一併撤回，即交原帶員弁，妥為管帶歸伍。并著邵燦等飭令沿途地方官，預備車輛，支給口糧，分起行走。德勒格爾即由懷遠馳赴英桂、勝保軍營，聽候差委。徐州所購土駒，着邵燦等派員解送英桂軍營備用。昨據英桂等奏，捻匪勾結長髮賊，麕聚方家集。調兵合剿，雖有斬擒，而該匪負隅抗拒，究未大加懲創。該撫等是否督兵前進，着將近日剿辦情形，隨時具奏。將此由五百里諭知邵燦、庚長、英桂、勝保，并傳諭德勒格爾知之。欽此。遵旨寄信前來。等因。承准此。相應恭録咨會。為此合咨貴都統,部堂,請煩欽遵查照施行。

一　　　　咨

欽差副都統銜勝

江南總漕河部堂邵庚

咸豐七年五月十四日。軍務局齊榜元承。

奉上諭邵燦庚長奏徐郡無須添兵請將察哈爾馬隊調赴勝保軍營一摺。

河南巡撫部院提督軍門英。劃。

監印官留豫即補府經歷縣丞俞炳。

0327. 河南巡撫英桂行移奉上諭徐州察哈爾馬隊着撤回歸伍

咸豐七年五月十五日

札軍需局。照得本部院都統於咸豐七年云前稿。承准此。合就恭録札行。札到該局，即便會同兩司，欽遵查照。毋違。此札。

札軍需局。

為恭録咨會事。竊照云前。承准此。相應恭録咨會。為此合咨貴副都統，請煩欽遵查照施行。

一　咨

副都統德

咸豐七年五月十五日。軍務局齊榜元承。

奉上諭徐州察哈爾馬隊着撤回歸伍。

欽差督辦三省軍務河南撫提部院英。劃。

監印官留豫即補府經歷縣丞俞炳。

欽差幫辦剿匪事宜副都統銜勝。

0328. 河南巡撫英桂行移奉上諭著將方家集一帶逆匪趕緊會剿肅清

咸豐七年五月十五日

札軍需局。照得本部院於咸豐七年五月十五日，在阜陽縣驛口橋軍營，承准軍機大臣字寄，奉上諭一道。等因。承准此。查陝西延綏龍鎮官兵，准陝西撫貴部院以竹山一帶現有匪踪，飭令前往剿辦；山東候補黃道募勇，昨據稟報，趕緊挑選起程，批令兼程來營進剿在案。欽奉前因。除分咨外，合就恭録札行。札到該局，即便會同兩司，欽遵查照，并飭沿途各州縣，照例支應前進。切切。此札。

計恭録上諭一道。

札軍需局。

為恭録咨會事。竊照云前，除分咨外，相應恭録咨會。為此合咨貴都統，部院，請煩欽遵查照，希即速飭該副將常興趕緊來營，聽候調遣。望切候補黃道趕募齊全，兼程來營進剿。望切施行。

計恭録上諭一道。

一　　　　　咨

欽差副都統銜勝

陝西山東巡撫部院

咸豐七年五月十五日。軍務局鄧式南承。

奉上諭著將方家集一帶逆匪趕緊會剿肅清。

河南巡撫部院提督軍門英。劃。

監印官留豫即補府經歷縣丞俞炳。

附録上諭：軍機大臣字寄河南巡撫英桂等著將方家集一帶逆匪趕緊會剿肅清

咸豐七年五月初九日

繕。

軍機大臣字寄，河南巡撫英〈桂〉、副都統銜勝〈保〉、陝西巡撫曾〈望顔〉，咸豐七年五月初九日奉上諭：前據英桂等因兵力不敷，奏請飭調湖北官兵，當經諭令官文等，酌調千名赴豫會剿。玆據該大臣等奏，賊衆兵單，楚軍亦難調撥，請飭陝西省即調龍澤厚一軍，馳赴英桂軍營等語。龍澤厚所帶陝兵，前經英桂等奏，因光、固一帶吃緊，已飛咨該副將前往援剿。現在龍澤厚是否已赴光、固，尚未據英桂等續報。著曾望顔迅即飭令該副將前往河南，聽候英桂等調遣。

至此時皖豫情形，三河尖逆匪敗竄，復踞方家集，負隅抗拒。英桂等亟應督兵前進，痛加剿洗。所有直隸省調赴潁州官兵一千名，此時諒已到營。所調山東省黄良楷管帶曹屬練勇，當亦到營。兵力不為單薄。著即將方家集一帶逆匪，趕緊會剿，次第肅清，毋再延宕。將此由六百里各諭令知之。

欽此。遵旨寄信前來。

0329. 河南巡撫英桂行移奉上諭着另派大員前赴亳州督辦後路防守事宜

咸豐七年五月十八日

札軍需局。照得本部院於咸豐七年五月十八日，在阜陽縣驛口橋軍營，承准軍機處知會：本日奉有寄信諭旨一道。貴撫接奉後即恭録一分，知照新授密雲副都統勝〈保〉，一體欽遵可也。為此知會。等因。承准此。合就恭録札行。札到該局，即便會同兩司，欽遵查照。毋違。此札。

計恭録上諭一道。

札軍需局。

為恭録咨會事。竊照云前。承准此。相應恭録咨會。為此合咨貴都統、京堂，請煩欽遵查照施行。

計恭録上諭一道。并咨送清字上諭一道，送勝都統。

一　　　　　　　　咨

欽差新授密雲副都統勝

欽差候補三品京堂袁

咸豐七年五月十八日。軍務局鄧式南承。

奉上諭着另派大員前赴亳州督辦後路防守事宜。

河南巡撫部院提督軍門英。劃。

監印官留豫即補府經歷縣丞俞炳。

附録上諭：軍機大臣字寄河南巡撫英桂等着另派大員前赴亳州督辦後路防守事宜

咸豐七年五月十二日

繕。

軍機大臣字寄，河南巡撫英〈桂〉、副都統銜勝〈保〉、候補三品京堂袁〈甲三〉，咸豐七年五月十二日奉上諭：袁甲三奏，攻勦賊圩，叠獲勝仗，現在連營合圍一摺。該匪分踞三圩，互相犄角。其并無悔禍之意，已可概見。袁甲三察其乞降之詐，併力進攻，復逼圩築營，憑高下擊，辦理尚合機宜。惟該匪既與南賊勾通，則聲息尚難遽斷。必須迅速攻克，掃除一處賊圩，即少一路枝節。雖據奏稱王圩之賊萬分窮蹙，鄧圩之賊亦被遏截，而轉瞬麥收將熟，倘南賊實圖回竄，則死灰難免復燃。史榮椿、朱連泰等，皆係得力鎮將，正當乘此聲威，一氣掃蕩。即與英桂等合兵進勦，不可（以）［久］[①] 為圩賊牽制，致分兵力。至所請駐亳帶兵大員，英桂等前奏原以有史榮椿在彼，毋庸另派。惟袁甲三攻破賊圩南下後，若令史榮椿坐守亳州，則帶兵進勦少一得力大員，恐於事轉無裨益。現在歸德練勇及永城防兵均已裁撤，渦河以北不免空虚。著英桂、勝保酌量另派大員能督辦後路防守事宜者，前赴亳州，一俟袁甲三、史榮椿攻克三圩，統兵前進，即著派出之員駐守亳州，隨地搜捕，以固豫省藩籬。將此由六百里各諭令知之。

① 據《文宗顯皇帝實録》（四）卷225，中華書局1987年版，第512頁。

欽此。遵旨寄信前來。

0330. 河南巡撫英桂行移附奏河南營參將成齡病故請飭部議恤片

咸豐七年閏五月初三日

札軍需局。照得本部院於咸豐七年五月三十日，在阜陽縣驛口橋軍營，由驛附奏，河南營參將成齡病故，請飭部照例議恤一片。除俟奉到硃批，另行恭録札知移咨外，合先抄片札行。札到該局，即便會同兩司查照。毋違。此札。

計粘抄片稿一紙。

札軍需局。

為咨送事。竊照云前移咨外，相應抄片咨送。為此合咨貴鎮，煩為查照飭知施行。

計粘抄片稿一紙。

一　　咨

河北總鎮樂

咸豐七年閏五月初三日。軍務局齊榜元承。

附奏河南營參將成齡病故請飭部議恤一片。

河南巡撫部院提督軍門英。劃。

監印官留豫即補府經歷縣丞俞炳。

附録片稿：河南巡撫英桂附奏河南營參將成齡病故請飭部議恤片

咸豐七年五月三十日

繕。

再，據軍需局、司、道詳稱：河南營參將成齡，於上年四月間，在歸德府屬蘇種集地方，與捻匪接仗，身受矛傷十處，飭委驗明調養。玆於本年二月十八日，傷未全愈身故等情。詳請奏恤前來。查該參將打仗殺賊，頗著戰功。玆在受傷正餘限外病故，實屬歿於王事，深堪憫惻。相應請旨，飭部將河南營參將成齡，照軍營病故例議恤，以慰忠藎。

除咨兵部外，謹附片奏聞，伏乞聖鑒訓示。謹奏。

0331. 河南巡撫英桂行移附奏河南營參將成齡病故請飭部議恤一片奉硃批

咸豐七年閏五月十四日

札軍需局。照得本部院於咸豐七年五月三十日，在阜陽縣驛口橋軍營，由驛附奏，河南營參將成齡病故，請飭部照例議恤一片，業已抄片札知咨送在案。玆於閏五月十三日，在阜陽縣行營，奉到硃批：成齡著照軍營病故例議恤。欽此。合就恭録札行。札到該局，即便會同兩司，欽遵查照。毋違。此札。

札軍需局。

為恭録咨會事。竊照云前。欽此。相應恭録咨會。為此合咨貴鎮，煩為欽遵查照飭知施行。

一　　咨

河北總鎮樂

咸豐七年閏五月十四日。軍務局齊榜元承。

附奏河南營參將成齡病故請飭部議恤一片奉硃批。

河南巡撫部院提督軍門英。劃。

監印官留豫即補府經歷縣丞俞炳。

0332. 河南巡撫英桂行移奉上諭著查明軍營現存吉林黑龍江官兵若干名酌量撤回歸伍

咸豐七年六月初九日

札軍需局。照得本部院於咸豐七年六月初八日，在阜陽縣軍營，承准軍機處知會：閏五月二十一日奉有諭旨一道。貴撫接奉後，即行恭録知照密雲副都統勝〈保〉，一體欽遵可也。等因。承准此。除恭録咨會勝都統欽遵外，合就恭録札行。札到該局，即便會同兩司，欽遵查照。毋違。此札。

計恭録上諭一道。

札軍需局。

為恭録咨會事。竊照云前。准此。相應恭録咨會。為此合咨貴都統，請煩欽遵查照施行。

計恭録上諭一道。

一　　咨

欽差密雲副都統勝

咸豐七年六月初九日。軍務局齊榜元承。

奉上諭著查明軍營現存吉林黑龍江官兵若干名酌量撤回歸伍。

河南巡撫部院提督軍門英。劃。

監印官留豫即補府經歷縣丞俞炳。

附録上諭：軍機大臣字寄河南巡撫英桂等查明軍營現存吉林黑龍江官兵若干名酌量撤回歸伍

咸豐七年閏五月二十一日

繕。

軍機大臣字寄，欽差大臣正白旗蒙古都統德〈興阿〉、欽差大臣江南提督和〈春〉、欽差大臣湖廣總督官〈文〉、頭品頂戴湖北巡撫胡〈林翼〉、漕運總督邵〈燦〉、江南河道總督庚〈長〉、頭品頂戴安徽巡撫福〈濟〉、河南巡撫英〈桂〉、密雲副都統勝〈保〉，咸豐七年閏五月二十一日奉上諭：軍興以來，吉林、黑龍江馬隊官兵，先後調往各路軍營助剿，為數約有一萬三千餘名。除經統兵大臣及各督撫奏明撤回歸伍外，計現在江北、江南、湖北及徐、宿、皖、豫等處留營備剿者，吉林兵尚有六千餘名，黑龍江兵尚有二千餘名。該兵丁等與南方水土本不相習，出征日久，不免疲勞患病。且南省又多水田港汊，馬隊難於施展之處，亟應分別撤留，以休兵力而收實用。著德興阿、和春、官文、胡林异，并邵燦、庚長、福濟、英桂、勝保等，各就該處軍營，查明現存吉林兵若干名，黑龍江兵若干名，酌量可撤者，先行撤回歸伍。其地勢既屬相宜，兵力亦無疲乏，現資攻剿，必不可少者，仍著留營調遣。俟該營兵力足敷，再行分起奏撤。將此由五百里各諭令知之。

欽此。遵旨寄信前來。

0333. 河南巡撫英桂行移附奏請將候補直隸州知州李徵松等二員留營差遣片

咸豐七年六月十四日

札軍需局。照得本部院於咸豐七年六月十三日，在阜陽縣軍營，由驛附奏，請將候補直隸州知州李徵松、丁憂淇縣知縣韓瑞東二員，暫留軍營差遣一片。除俟奉到硃批，另行恭録札知咨明外，合先抄片札行。咨送。札到該局，即便會同兩司，轉行知照。毋違。此札。

計粘抄片稿一紙。

札軍需局。

為咨送事。竊照云前，合先抄片咨送。為此合咨貴部，請煩查照施行。

計粘抄片稿一紙。

一咨

吏部

咸豐七年六月十四日。軍務局鄧式南承。

附奏請將候補直隸州李徵松等二員留營差遣一片。

河南巡撫部院提督軍門英。劃。

監印官留豫即補府經歷縣丞俞炳。

附録片稿：河南巡撫英桂附奏請將候補直隸州知州李徵松等二員留營差遣片

咸豐七年六月十三日

繕。

再，臬司周士鏜督帶兵勇，出省剿辦角子山捻匪，行營差遣需人。查有未經引見到省之河南候補直隸州知州李徵松、丁憂淇縣知縣韓瑞東，堪資差委。除分飭遵照外，相應請旨，將李徵松、韓瑞東二員，暫留河南軍營差遣。一俟防剿情形稍鬆，再行分別給咨，送部引見，并回籍守制。

理合附片陳明，伏乞聖鑒訓示。謹奏。

0334. 河南巡撫英桂為奉上諭御史王德固奏請添設總兵一摺行軍需局札

咸豐七年六月二十五日

札軍需局。照得本部院於咸豐七年六月二十四日，在阜陽縣軍營，承准軍機大臣字寄上諭一道。等因。承准此。合就恭録札行。札到該局，即便會同兩司，欽遵妥議，詳請具奏。毋違。此札。

計恭録上諭一道。

札軍需局。

咸豐七年六月廿五日。軍務局郝儒林承。

奉上諭御史王德固奏請添設總兵一摺。

河南巡撫部院提督軍門英。劃。

監印官留豫即補府經歷縣丞俞炳。

附録上諭：軍機大臣字寄河南巡撫英桂御史王德固奏請添設總兵摺

咸豐七年六月十六日

繕。

軍機大臣字寄，河南巡撫英〈桂〉，咸豐七年六月十六日奉上諭：御史王德固奏請添設總兵一摺。據稱：河南額設總兵二員，河北鎮在省西北，南陽鎮在省西南。其東南之歸德等處，并未設有專閫大員。歸德府為東面入省門户，地無險阻，接壤潁、亳、蕭、碭、曹、單，向為匪徒出没之區，僅有參將一員，難資鎮壓。現值勦捻吃緊，請添設總兵一員。其毗連歸德之光州、陳州府各屬營伍，均歸管轄。并請將歸德原設參將一員，量移光州，藉資策應。自為地方緊要，酌量變通起見。著英桂酌度地方形勢及營伍兵數多寡，是否應行添設、移改之處，妥議具奏。將此諭令知之。

欽此。遵旨寄信前來。

0335. 河南巡撫英桂行移附奏請將候補直隸州知州李徵松等二員留營差遣一片奉硃批

咸豐七年六月二十六日

札軍需局。照得本部院於咸豐七年六月十三日，在阜陽縣軍營，由驛附奏，請將候補直隸州知州李徵松、丁憂淇縣知縣韓瑞東二員，暫留軍營差遣一片，業已抄片札知咨送在案。兹於六月二十六日，奉到硃批：著照所請。欽此。合就相應恭録札行。咨明。札到該局，即便會同兩司，欽遵轉行知照。毋違。此札。

札軍需局。

為恭録咨明事。竊照云前，相應恭録咨明。為此合咨貴部，請煩欽遵查照施行。

一咨

吏部

咸豐七年六月廿六日。軍務局鄧式南承。

附奏請將候補直隸州知州李徵松等二員留營差遣一片奉硃批。

河南巡撫部院提督軍門英。劃。

監印官留豫即補府經歷縣丞俞炳。

0336. 河南巡撫英桂為附奏察哈爾副參領布彦吉爾嘎勒開復摘頂處分一片移兵部咨文

咸豐七年七月初六日

為咨送事。竊照本部院於咸豐七年七月初四日，在阜陽縣軍營，由驛附奏，請將察哈爾副參領布彥吉爾嘎勒開復摘頂處分一片。除俟奉到硃批，另行恭録咨明外，合先抄片咨送。為此合咨貴部，請煩查照施行。

計粘抄片稿一紙。

一咨

兵部

咸豐七年七月初六日。軍務局郝儒林承。

附奏察哈爾副參領布彥吉爾嘎勒開復摘頂處分一片。

河南巡撫部院提督軍門英。劃。

監印官留豫即補府經歷縣丞俞炳。

0337. 河南巡撫英桂為附奏察哈爾副參領布彥吉爾嘎勒開復摘頂處分一片移察哈爾都統咨文

咸豐七年七月初六日

為移咨事。竊照本部院於咸豐七年七月初四日，在阜陽縣軍營，由驛附奏，請將察哈爾副參領布彥吉爾嘎勒開復摘頂處分一片。除俟奉到硃批，另行恭録移咨外，相應抄片咨送。為此合咨貴都統，請煩查照飭知施行。

計粘抄片稿一紙。

一　　咨

察哈爾都統

咸豐七年七月初六日。軍務局郝儒林承。

附奏察哈爾副參領布彥吉爾嘎勒開復摘頂處分一片。

河南巡撫部院提督軍門英。劃。

附録片稿：河南巡撫英桂附奏察哈爾副參領布彥吉爾嘎勒開復摘頂處分片

咸豐七年七月初四日

繕。

再，察哈爾副參領布彥吉爾嘎勒，前因馬匹倒斃過多，經臣奏參摘頂在案。該員被參後頗知愧奮，黽勉圖功，帶隊剿賊，均屬身先士卒，疊有斬擒。現在所帶官兵已經撤回，該員著有微勞。合無仰懇天恩，俯准開復摘頂處分，以昭激勸，出自鴻慈。

謹附片具奏，伏乞聖鑒訓示。謹奏。

0338. 河南巡撫英桂行移具奏上年攻破亳州賊巢直搗雉河在事尤為出力人員酌保以昭激勸摺

咸豐七年七月十三日

札　知悉。照得本部院於咸豐七年七月十一日，在阜陽縣軍營，由驛具奏，查明上年攻破亳州城外匪巢，立解城圍，續又連獲大勝，剿洗白龍王廟賊巢，直搗雉河，尤為出力之步隊員弁兵勇，并隨營文武，遵旨核實酌保，繕具清單，籲懇天恩，俯准獎勵，以昭激勸一摺。除俟奉到硃批，另行恭録札知移咨外，合先相應抄摺札行。札到該局翼長，即便會□移□□□。毋違。此札。

計粘抄摺稿一紙。

軍需局。
札翼長王道。伊副將。庫協領。雙參將。
開歸徐道。

為咨送事。竊照云前，相應抄摺咨送。為此合咨貴　，請煩為分別移行查照施行。

計粘抄摺稿一紙。

一　咨

欽差密雲副都統勝太僕寺正堂袁
直隸總督部堂　稍緩。
山東西巡撫部院
綏遠城將軍
浙江巡撫部院
南陽河北總鎮邱樂

咸豐七年七月十三日。軍務局郝儒林承。

具奏上年攻破亳州賊巢直搗雉河尤為出力文武員弁兵勇酌保以昭激勸一摺。

河南巡撫部院提督軍門英。劃。

監印官留豫即補府經歷縣丞俞炳。

附録摺稿：河南巡撫英桂具奏上年攻破亳州賊巢直搗雉河在事尤為出力人員酌保以昭激勸摺

咸豐七年七月十一日

奏為查明上年攻破亳州城外匪巢，立解城圍，續又連獲大勝，剿洗白龍王廟賊巢，直搗雉河，尤為出力之步隊員弁兵勇，并隨營文武，遵旨核實酌保，繕具清單，籲懇天恩，俯准獎勵，以昭激勸，恭摺具奏，仰祈聖鑒事。

竊臣上年正月奉命督剿逆捻，先由歸德本境節節進剿，自谷熟集大挫賊鋒，轉戰而前，五獲大勝，直抵亳境，經臣將出力人員奏奬在案。維時逆首張樂行等大股盤踞亳州，城外匪巢林立，亳城閉守北門者，已逾半年。經臣飭令袁甲三會同邱聯恩各鎮將等，督兵乘勝進剿，四月二十八日，大兵直抵亳州。（踞）［距］城六里地方，賊衆堵截各路巷口，負隅死守。袁甲三與邱聯恩等，商定分路進攻。該匪於墻内開挖炮眼，施放槍炮，并於墻外四圍安炮設伏。我兵一擁直前，擊散賊伏，乘勢進逼匪穴。亳州兵勇亦同時出城，從渦河南岸夾擊。匪力不支，登時潰敗，往東南分竄。馬隊追殺二十餘里，共斃匪一千餘人，生擒捻首盛畦等七十餘人，并於各村莊及巢内地窖搜殺藏匿匪夥六十餘人，奪獲槍炮、軍械、車馬無算，救出被擄婦女三百餘人，大獲全勝。歷久匪窩片時立毁，亳州闔城士民歡呼載道。遂復乘勝進兵，自亳城向東，步步進逼。該逆糾約死黨二萬餘人，麕聚翟村寺地方，為抵禦我師之計。

五月初六日，袁甲三與各鎮將等分兩路而進，行近翟村廸西。該匪分五色旗幟出集，排隊横列十餘里，又於該集西南及田家溝等處，各伏匪衆千餘人。袁甲三等預撥兵勇，分頭截伏，馬步各隊分兩路奮勇齊進。自未至申，鏖戰兩時之久。適西南伏賊為兵勇擊散，馬隊乘勢追殺，大隊奮力壓下。該匪不支，紛紛敗退。我兵追趕入集，焚毁巢穴，燒斃賊匪甚多，自相踐踏及落河淹斃者，不計其數。兵勇奮力追賊，直至田家溝地方，連追三十餘里。統計斬殺并燒斃、淹死者，約四千餘人。各著名捻首，如偽平西侯李士成、高九、鄧作仁等三十餘人，均於當場殺斃。生擒戚廣德等一百餘人，奪獲槍炮八百餘件，車輛、牛馬、鉛丸、火藥、器械無算。遂於該集地方擇要安營，進逼雉河老巢。

匪衆自擊敗後，仍糾集七八千人，并由蒙城調回藍旗賊匪四千餘人，屯踞距翟村寺四十里之白龍王廟地方，跨河為壘，與雉河為犄角之勢。逆首張樂行、韓狼子等，率領匪衆，列隊於集内施放槍炮。龔得、王貫三等各匪，在沿河南岸遥為聲援。集西有浮橋一座，伏賊千餘人，意待我軍向集進攻，即襲我後路。

袁甲三及各鎮將等，督率馬步兵勇，分頭前進。先派兵三千人，由集西夾岸與賊接戰，連放槍炮，斃賊多名。匪衆稍退。我軍奪據橋口，大隊由集北進攻。該匪齊力抵禦，相持兩時之久，賊猶抵死不退。袁甲三復撥馬隊官兵，沿河而東，抄圍賊後。該匪腹背受敵，立時潰亂。我兵勇奮力擊剿，匪衆撲鳧水而逃，淹斃大半。其已渡及未渡者，盡為我軍砍殺。乘勢入集，痛加剿戮。西路伏賊亦全數擊敗。統計陣殲之衆及轟斃、淹斃并各路追殺共五千餘人，奪獲四百斤以上至四千餘斤大炮十九尊，擡炮、擡槍、鳥槍七百餘桿，旗幟、刀矛、火藥、鉛丸無算，搜獲木刻偽印九顆，銅鑄偽印一顆，轎車三十餘輛。沿途賊壘悉皆攻毁，大兵已逼老巢。節經臣縷晰具奏，欽奉上諭：所有出力員弁兵勇，著英〈桂〉擇尤保奏，候朕施恩。等因。欽此。仰見聖主鼓舞人材、微勞必録至意，欽感莫名。當復飭袁甲三、邱聯恩等，於十五日自白龍王廟拔營進剿。至燕家小樓地方，該逆率衆萬餘人，直撲官軍。我兵嚴列行陣，馬步并進。匪衆吶喊摇旗，槍炮齊發。我軍馬隊飛擊，步隊繼之。鏖戰多時，該匪始紛紛敗散。追趕二十餘里，共擊殺淹斃六千餘人，生擒五十餘人，奪獲槍炮九百餘件，偽王帽一頂。

查知雉河逆巢已成孤立之勢，隨即乘夜派撥馬步分三路進攻。十七日午刻，各路兵勇齊抵雉河，該匪於兩岸賊壘中開放槍炮，列隊迎敵。北路官軍先用馬隊繞截，步隊奮力攻擊，槍炮齊施。該匪抵敵不住，退回北壘。我軍乘勢撲入，賊即退歸南岸。船橋踹毁，自相踐踏，落水死者不計其數。南岸馬隊繞截，步隊進攻。巢外之賊與我軍槍炮對施，巢内之賊復於土城上摇旗助喊。我兵迸力而進，巢外之賊即時敗散。馬隊復由黄家莊抄裹，步隊一擁向前，直逼巢下。巢内賊旗自亂。我軍復用車炮將土城轟毁二段，并用火箭燒毁墻内帳棚，兵勇蜂擁逾溝越墻而入。逆衆一面逃竄，一面於集西各巷口盡行（發）［放］火，以斷我軍追路。步隊繞越入集搜殺，馬隊跟踪追剿，深夜始回。河北官兵亦過河追殺二十餘里。統計斬殺及淹斃、燒死賊匪二千餘人，生擒田士得等百餘名。巢内所有旗幟、槍炮，盡為我軍起獲。積年老巢立時攻毁，實屬大快人心。此攻破亳州城外匪巢，連獲大勝，直破雉河之情形也。

臣查自進兵亳州以後，乘勝長驅。計兩旬之間，廓清一百餘里，斃匪一萬餘名。每戰皆捷，賊壘削平。在事各文武員弁兵勇，俱各奮不顧身，力戰殺賊，均屬著有微勞。除袁甲三、西淩阿兩員業經臣奏奉諭旨，立予獎叙，馬隊官兵先經臣核明奏保，并袁甲三所帶員弁兵勇，已由該京卿自行奏獎外，所有在事出力之步隊官兵，因人數過多，經臣往返駁查，致稽時日，現由該鎮將等查明咨稟前來。相應核實，繕具清單，恭呈御覽，仰懇天恩，俯准獎叙，以勵戎行。

至臣隨營文武員弁，更番派令出隊，身冒鋒鏑，或籌濟糧餉，絡繹軍書，均各馳驅行陣，屢著辛勞。自上年正月（乞）［迄］今，已一載有餘，并有歷次隨防在營兩三年者。兹擇其尤為出力之員，一併列入單内，并懇逾格恩施。其次出力之員弁兵勇，由臣給予外奬。傷亡弁兵，隨時咨部辦理。

為此恭摺具奏，伏乞皇上聖鑒訓示。謹奏。

附録保單：河南巡撫英桂呈報上年攻破亳州匪巢直擣雉河在事尤為出力人員清單

咸豐七年七月十一日

□册。

謹將查明上年攻破亳州城外匪巢，續又連獲大勝，剿洗白龍王廟賊巢，直擣雉河，遵旨保奏在事尤為出力員弁兵勇并隨營文武，繕具清單，恭呈御覽。

浙江按察使徐宗幹。該司到營後，經臣奏派督帶兵勇，駐扎劉家口，聯絡鄉團，實力堵禦。大兵追賊赴亳，該司駐扎宋郡防剿，鎮撫悉合機宜，北路藩籬賴以保障，實屬勞績最著。擬請賞加布政使銜。

河南荊子關協副將伊里綳阿、陝西西安城守營副將王鳳祥。該二員督兵隨剿一載有餘，辦理營務歷著勤勞，帶隊接仗均能奮勇向前，身先士卒，衝鋒陷陣，擒斬最多，洵為异常出力，均擬請賞加總兵銜。

河南開歸陳許道徐繼鏞、記名河南候補道王榮第。該二員隨營日久，卓著勤勞，派辦營務，盡心經理。上年攻克雉河，經臣奏派徐繼鏞督帶兵勇，搜剿豫皖邊境伏莽，不遺餘力，擒斬甚多。王榮第前在歸德府任内，隨同剿匪，親歷戎行，搜斬首夥多名，均屬异常出力。查上年逆捻竄擾，歸德府屬虞城、夏邑兩縣失守城池，徐繼鏞、王榮第係該管道府，各有應得處分，均擬請免其查議。

河南彰衛懷道張維翰。該員前經臣奏派在歸德辦理剿務，歷時既久，先後數十戰，親冒矢石，斬獲著名首捻二十餘名，夥匪無算，戰功懋著。臣督師抵宋，該員隨同進剿，不避艱險，始終出力。擬請賞戴花翎。

奏留候選道前河南南陽府知府趙書升。該員隨營日久，辛勞最著。五年春間，密縣匪徒滋事，該員帶兵剿辦，迅解禹州、鄭州城圍，殲擒首夥殆盡，地方肅清。檄委督辦糧餉一載有餘，力求撙節，盡心籌畫，無誤無糜。臣督剿赴亳，奏派該員管帶兵勇，剿捕皖豫邊境捻股。躬親行陣，斬馘甚多，與尋常勞績不同。擬請交軍機處記名，俟服闋後遇有河南道員缺出，請旨簡放。

奏補河南河南營參將開封營游擊馬春華、河南候補游擊張鏞。該二員帶勇打仗，歷著戰功，管兵亦能嚴肅，均擬請交部從優議叙。

署山西太原營參將太原鎮中軍游擊珠爾杭阿。該員疊次打仗，勇敢當先，帶兵在永城防堵，擒斬甚多，出力最著，擬請以本省參將儘先補用。

河南歸德營參將懷塔布。該員隨同剿匪，奮勉出力，搜拿要犯，擒斬捻首多名。查歸德府屬被匪竄擾，虞城、夏邑兩縣失守城池，該員應有兼轄處分，應請免其置議。

直隸藍翎玉田營都司承惠、直隸藍翎河屯中軍都司冷慶、山東游擊銜沂州營都司保英、河南揀發都司伊興阿。以上四員，奮勇督隊，俱各身先士卒，屢著戰功。承惠、伊興阿，均擬請留於河南，以游擊儘先補用。冷慶、保英，均擬請各歸原省，以游擊儘先補用。承惠、冷慶二員，并請賞换花翎。

河南內黄營都司史亭雲。該員歷次剿匪所向有功，帶隊亦勤奮勇往，擬請賞戴花翎。

河南候補游擊藍翎商城汛守備百順、都司銜藍翎撫標左營守備杜廷珍。以上二員，帶隊勇往，隨營剿匪，甚為出力，均擬請賞换花翎。

河南已革揀發都司慶福。該員被參後留營效力，争先殺賊，頗知愧奮，擬請開復原官，照例補用。

河南候補同知直隸州知州顔懷忠、候選直隸州知州前泌陽縣知縣胡慶騮、署商邱縣知縣水安瀾、已革署密縣知縣候補知縣胡燕清、同知直隸州知州用候補知縣廖慶謀、候補知縣馮景、直隸州知州用藍翎候補知縣任愷、候選知縣周廣德、差遣委用知縣黄國光、前署蘭儀縣知縣革職降捐候選州判陳健元、捐升不論雙單月知縣候選教諭王榮烈、知縣用候選縣丞吳維禧、候補從九品何膺績、分缺先用從九品張同洛。以上十四員，管帶練勇，協同剿匪，打仗奮勇，出力最優。顔懷忠擬請補缺後以知府用。胡慶騮擬請選直隸州後以應升之缺升用，并請賞戴藍翎。水安瀾擬請俟補缺後以直隸州知州用。胡燕清擬請開復原官，照例補用，其革職之案，另行辦理。廖慶謀擬請俟補同知直隸州知州後以知府用。馮景擬請俟補缺後以同知用。任愷擬請賞换花翎。周廣德擬請留豫以知縣歸候補班補用，并加同知銜。黄國光擬請開復摘頂處分，以知縣分發省分，歸候補班補用。陳健元擬請開復知縣原官，免交捐復銀兩。王榮烈擬請以知縣分發省分，歸候補班補用，并請賞戴藍翎。吳維禧擬請免選縣丞，以知縣留豫補用。何膺績、張同洛，均擬請免補本班，以縣丞歸候補班補用。

直隸易州營守備孫喬林、山西太原營守備張德政、奏調開封營守備羅仲保、奏補嵩縣營守備吕長春、儘先守備滑縣營千總金印、候補守備南陽汛千總吳祥麟、山東撫標左營千總候補守備丁玉清。以上七員，隨營數載，歷次帶隊進剿，勤奮出力。孫喬林、張德政、羅仲保，均擬請以都司儘先補用。吕長春擬請以都司補用。金印擬請補缺後以都司補用。吴祥麟擬請免補守備，以本省都司儘先補用。丁玉清擬請俟守備補缺後，以本省都司儘先補用。

山西太原鎮標右營千總田清林、河南臨漳汛千總韓璋、清化汛千總李得勝、北右營存城千總傅致盈、衛輝營千總趙思勇、荊關營李官橋汛千總張運昌、候補千總洧川汛把總謝榮升、候補千總新店汛把總馮得榮、候補千總舞陽汛把總馬彭齡、候補千總光州營把總王喜魁、儘先千總修武汛把總高式瑄、山西太原鎮標儘先千總白桑汛把總王思祐。以上十二員，節次剿匪，身先士卒，擒斬甚多。田清林、韓璋、李得勝、傅致盈、趙思勇、張運昌，均擬請以守備儘先補用。謝榮（陞）［升］、馮得榮、馬彭齡、王喜魁，均擬請免補千總，以守備儘先補用。高式瑄擬請補千總後以守備儘先補用。王思祐擬請以守備升用，并賞戴藍翎。

候選知府宋恪符、報捐北河同知陳重。以上二員，督辦歸郡本籍鄉團，勸捐經費，隨營剿匪，最為出力。宋恪符擬請分發省分，歸候補班補用。陳重擬請俟補缺後以知府留於直隸，歸候補班補用。

河南駐防滿洲營驍騎校西爾納、山西綏遠城委驍騎校連祥。西爾納隨營帶隊，勇敢争先，擬請以防禦儘先補用。連祥派駐永城，隨同珠爾杭阿防剿出力，擬請以驍騎校儘先補用。

山東守備銜撫標右營把總董朝臣、守備銜章邱汛把總宋雲衢、山西盂壽營把總梁瑜、太原鎮標左營把總武善教、潞澤營即補把總李鳳元、河南撫標右營把總張世臣、山東撫標左營儘先把總金振標、前山西鮑店汛把總擺元齡。以上八員，叠次打仗，奮不顧身，最為出力。董朝臣、宋雲衢、梁瑜、武善教、李鳳元、張世臣，均擬請以千總儘先補用。梁瑜、武善教二員，并請賞戴藍翎。金振標擬請俟補缺後以千總補用。擺元齡擬請留豫以千總儘先補用。

山西靖安營都司丁汝楫、推升守備傅煇，盂壽營守備瑞泰，綏遠城防禦松齡，沁州營千總崔存彪，撫標左營千總蔣占鰲、捐納把總馬春芸，太原營把總席正清，河南儘先守備撫標右營千總李焕然，河南營候補千總常當新，衛輝營候補千總李殿元，考城營把總李明經，通許汛把總王修德，滑縣營把總王占魁，淅川汛把總馬方俊、候補把總苗應時，儘先把總鄧新營額外外委彭燦章，内黄營經制外委張玉振，河北鎮標左營額外外委馬得林、買金春，右營額外外委王銘新，新野營存城額外外委尹璋、水臺村額外外委海成江，撫標左營經制外委李玉成、薛鳴標，馬兵趙文炳、楊得山、曹魁元、李鳳祥，右營經制外委萇春、額外外委夏青山、額外外委馬兵楊忠清，馬兵石金山、崔凌雲、張欽禮、周殿魁，開封營額外外委劉允恒、楊樹勛，儘先把總左營額外外委高立本，撫標儘先外委軍功王心德、金保善，河北鎮標右營馬兵劉忠周、鄒鳳杰、王萬林，左營馬兵閔甫踋，山東撫標右營馬兵陳兆林、禚逢春。以上四十七員名，歷次打仗，奮勇争先，尤為出力，均擬請賞戴藍翎。

河南守備銜撫標左營候補千總羅景燾。該員因案奏参摘頂，隨營勦匪，歷著戰功，擬請開復摘頂處分。

河南撫標左營經制外委白慶雲，右營經制外委郭仁、王家相、額外外委許三元，光州營經制外委萬年清、候補經制外委張九成，河南六品軍功潘輔山，山西六品軍功左雲龍。以上八名，差探勦捕，勤奮出力，均擬請各留本省，以把總儘先補用。張九成并請賞戴藍翎。

山東撫標額外外委馬兵彭元慶，濟南營額外外委馬兵李泰林、馬兵王壽玲，直隸唐三營馬兵劉漢章，河南撫標左營馬兵葛鳳山，荊關營額外外委辛占魁。以上六名，打仗勇敢，奮不顧身，均擬請以經制外委儘先補用。彭元慶、劉漢章、葛鳳山、辛占魁四名，并請賞戴藍翎。

河南温縣武生陳仲甡、陳季甡，南陽鎮標馬兵謝敬、劉潤芳、徐金甲、朱殿甲、劉允升、金光榮、李光榮、任國恩、茹微亭、陳大凝、海青山、魏朝太、張文林、孫韜、許清元、朱海晏、趙輔君、沈鵬，荊關營馬兵柏長春，撫標左營馬兵周希曾，右營馬兵許清安，南陽鎮標守兵盧長炳、陳立邦、易恒、王化南、張朝法、安清太、劉榮椿、陳炳南、姚儒林、杜長申、辛占元、唐振甲、王有旺、李得魁、張兆瑞，河南營馬兵李青選，衛輝營馬兵雷百里、魏炳章，守兵錢信、黄文炳，内黄營馬兵張慶恩、守兵李錦容，滑縣營馬兵王鳳太、高進興，山東濟南營守兵林占鰲、陳冠群。以上四十九名，奮勇勦殺，斬獲甚多，均擬請賞給六品頂翎。柏長春并請以經制外委即補。

前河南河北鎮標右營把總孫得俊、前商邱汛把總武舉高式丹、前滑縣營額外外委楊金聲、前濬縣汛經制外委申長樂、前彰德營經制外委拜鳳岐。該五弁前經奉派出師湖北。二年冬間，武昌失守，大營被陷，該弁等無營可歸，投回信陽州軍營。復經河北鎮臣派令隨營勦賊，奮不顧身，先後斬獲最多，實屬愧奮出力，均擬請免其查議。

河南彰德府知府羅景恬。該員委辦軍需局務三載有餘，任怨任勞，最為得力。調營綜司文案，通籌兵食，動合機宜，夙夜辛勞，慎勤倍著。擬請以道員用。

河南候補知府陸嵰。該員委辦糧臺事務，籌計出納，撙節度支，接濟軍火糧食，一載有餘，毫無貽誤，擬請補缺後以道員歸候補班補用。

直隸州用河南湯陰縣知縣鄒鉞、同知銜前杞縣知縣車煒。該二員隨營剿匪，搜拿要犯，懋著勤能，籌運軍火糧餉，兵勇於無可買食之區迄無匱乏，洵屬异常出力，均擬請賞戴花翎。

河南候補縣丞通判頤豐，候補知縣王杭，候選直隸州州判英謙，奏留河南候補府經歷鍾啓淦，候補府經歷陸椿、方駿謐，候補縣丞誠恩，報捐指發河南試用府經歷吕鍾澤，候選府經歷縣丞王松齡，前東河候補縣丞鄭濂，東河儘先縣丞錢鳳鳴，州同銜東河虞城主簿章炳康。以上十二員，或經理文案，或派辦軍火，或接濟兵糧，或偵探賊踪，協同剿捕，均屬出力。頤豐，擬請仍留河南，以通判歸候補班補用。王杭，擬請加同知銜。英謙，擬請留豫以直隸州州判補用。鍾啓淦、陸椿、方駿謐、誠恩、吕鍾澤，均擬請補缺後以知縣歸候補班補用。王松齡，擬請選缺後以知縣用。鄭濂、錢鳳鳴，均擬請補缺後歸於河南地方，以知縣補用。章炳康擬請開缺，仍留東河，以州同遇缺即補。

河南試用同知陶綬廉、提舉銜前東河候補通判張運桂、奏留知縣用河南候補府經歷張嗣麒、候選訓（遵）［導］王茂績、六品頂戴河南分缺先用巡檢時積芳、六品頂戴分缺先用典史任錫慶。以上六員，隨營年餘，歷奉差委，勤奮出力，均擬請賞戴藍翎。

六品頂戴候選未入流顧廷棟、候選未入流車鴻遠、直隸候補州吏目李幼鷗、河南試用從九品蔣如澄。以上四員，差委勤慎，隨剿出力。顧廷棟、車鴻遠，均擬請留於河南，以典史歸候補班補用。李幼鷗、蔣如澄，均擬請各歸本省候補班補用。

儘先選用從九品王道平、候選九品葉紹塏、山東營書嚴如璋、河南書識宋作舟、六品軍功河南書識許廷元、南陽鎮標營書魏銑。以上六名，隨營催隊，出力最多。王道平、葉紹塏，均擬請選缺後以府經歷縣丞即用，王道平并請賞戴藍翎。嚴如璋、宋作舟，均擬請以從九品歸部不論雙單月即選。許廷元，擬請以典史歸部不論雙單月即選。魏銑，擬請以未入流歸部不論雙單月即選。

0339. 河南巡撫英桂照會頭等侍衛府容奉旨即飭帶馬隊赴六安協剿

咸豐七年七月十三日

繕。

為照會帶兵赴皖助剿事。咸豐七年七月十三日，承准軍機大臣字寄，咸豐七年七月初六日奉上諭：本日據李孟群奏，克復霍山，進攻六安，請撥馬隊官兵等語。李孟群一軍，由湖北赴援廬州，迭次克復城池。現擬進攻六安，請飭撥馬隊官兵助剿。現在各路馬隊，惟容照所帶五百名近在宿州。著英〈桂〉酌量情形，如宿州現在防剿稍鬆，即飭容照帶領馳往六安，協同李孟群攻剿。將此由六百里諭令知之。欽此。遵旨寄信前來。承准此。查永、宿一帶，自捻首李月伏誅以後，餘黨殲除殆盡，現在已無匪踪。蒙、亳、（潁）[穎]、阜地方，節節均有大兵，無虞勾結蠢動。而李藩司攻剿六安正當吃緊，未便片刻停兵。本部院斟酌重輕，貴侍衛自應恪遵諭旨，迅速馳赴六安，會合進剿。相應由六百里飛速照會。為此照會貴侍衛，煩為欽遵查照，即日統帶馬隊，星馳應援。毋稍延緩。

再，貴侍衛現帶馬隊實在存營若干，務希逐細查明，并將起程日期一併見覆，以憑覆奏。望速施行。

一　照　會

頭等侍衛府容　六百里排單。

咸豐七年七月十三日。軍務局鄧式南承。

奉上諭著英〈桂〉即飭容照帶馬隊赴六安協剿。

河南巡撫部院提督軍門英。劃。

監印官留豫即補府經歷縣丞俞炳。

0340. 河南巡撫英桂為附奏察哈爾副參領布彥吉爾嘎勒開復摘頂除分一片奉硃批事移兵部及察哈爾都統咨文

咸豐七年七月十八日

為恭録咨會事。竊照本部院於咸豐七年七月初四日，在阜陽縣軍營，由驛附奏，請將察哈爾副參領布彥吉爾嘎勒開復摘頂處分一片，業已抄片咨送在案。兹於七月十七日，奉到硃批：著給還頂戴。欽此。相應恭録咨會。為此合咨貴部，都統，請煩欽遵查照飭知施行。

一咨

兵部

察哈爾都統

咸豐七年七月十八日。軍務局郝儒林承。

附奏察哈爾副參領布彥吉爾嘎勒開復摘頂處分一片奉硃批。

河南巡撫部院提督軍門英。劃。

監印官留豫即補府經歷縣丞俞炳。

0341. 河南巡撫英桂為奉上諭著前赴禹州密縣督剿捻匪事移勝保及袁甲三咨文

咸豐七年七月二十四日

為恭録咨會事。竊照本部院於咸豐七年七月二十四日，在阜陽縣軍營，承准軍機大臣字寄，奉上諭一道。并准軍機處知會：本日奉有寄信諭旨一道。貴撫接奉後，即恭録知照密雲副都統勝〈保〉、太僕寺卿袁〈甲三〉，一體欽遵辦理。為此知會。等因。承准此。相應恭録咨會。為此合咨貴都統，京堂，請煩欽遵查照施行。

計恭録上諭一道。

一　　　咨

欽差密雲副都統勝

欽差太僕寺正堂袁

咸豐七年七月廿四日。軍務局鄧式南承。

奉上諭著英〈桂〉前赴禹密督剿捻匪。

河南巡撫部院提督軍門英。劃。

監印官留豫即補府經歷縣丞俞炳。

附録上諭：軍機大臣字寄著河南巡撫英桂前赴禹州密縣督剿捻匪

咸豐七年七月十七日

繕。

軍機大臣字寄，河南巡撫英〈桂〉、密雲副都統勝〈保〉、太僕寺卿袁〈甲三〉，咸豐七年七月十七日奉上諭：英桂奏，許、禹匪徒，蔓延日久，請親往督剿等語。禹州等處匪徒，竄入山徑，日事裹脅，意圖西擾。(即)［既］[①] 據奏稱，臬司周士鏜帶兵無多，龍澤厚係隔省大員，不相統屬，深恐事權不一，亦屬實在情形。著英桂即分兵前赴禹、密一帶督剿，迅將此股匪徒殲除淨盡。所有三省剿匪事宜，暫交勝保督辦。并著袁甲三督帶兵勇，前赴（潁）［穎］州，擇要駐扎，以為勝保後路聲援。其蒙、亳等處零匪，即責成史榮椿實力搜捕，毋稍鬆懈。至正陽關賊勢已孤，正宜乘此得手之際，亟圖聚而殲旃。諒勝保必能策勵軍心，指日將關隘攻克。

① 據《文宗顯皇帝實録》(四) 卷 232，中華書局 1987 年版，第 610 頁。

英桂俟豫境西路肅清後，即移得勝之師，與勝保會合，可無顧此失彼之虞。

另片奏，馬隊兵多染病，馬匹亦有倒斃，請飭調伊興額馬隊等語。現在宿遷等處，土匪出没。經伊興額等隨時擊散，尚未剿除淨盡。此起馬隊止二百餘名，調赴正陽不見加增，留於徐州可資得力。著毋庸調往，以備徐、宿一帶搜捕餘匪之用。所有倒斃馬匹，著英桂等設法買補。疫病兵丁，加意調治。將此由六百里諭知英桂、勝保、袁甲三，并傳諭史榮椿知之。

欽此。遵旨寄信前來。

0342. 河南巡撫英桂行移具奏上年攻破亳州賊巢直搗雉河尤為出力人員酌保以昭激勸一摺奉硃批上諭

咸豐七年七月二十五日

札　知悉。照得本部院於咸［豐］七年七月十一日，在阜陽縣軍營，由驛具奏，查明上年攻破亳州城外匪巢，立解城圍，續又連獲大勝，剿洗白龍王廟賊巢，直搗雉河，尤為出力之步隊員弁兵勇并隨營文武，遵旨核實酌保，繕具清單，籲懇天恩，俯准奬勵，以昭激勸一摺，業已抄摺札知移咨在案。茲於七月二十四日，奉到硃批：另有旨。欽此。同日，奉上諭一道。合就相應恭録札行移咨。札到該局，翼長，即便會同兩司，分別移行，欽遵查照。毋違。此札。

計恭録上諭一道。

軍需局。
札翼長 王道。伊副將。庫協領。雙參將。
開歸徐道。

為恭録咨送事。竊照云前，相應恭録咨送。為此合咨貴　，請煩為分別移行，欽遵查照施行。

計恭録上諭一道。

一　　咨

直隸總督部堂

山東西巡撫部院

綏遠城將軍

浙江巡撫部院

南陽河北總鎮邱樂

咸豐七年七月廿五日。軍務局郝儒林承。

具奏上年攻破亳州賊巢直搗雉河尤為出力文武員弁兵勇酌保以昭激勸一摺奉硃批上諭。

河南巡撫部院提督軍門英。劃。

監印官留豫即補府經歷縣丞俞炳。

附録上諭：內閣奉上諭著將上年英桂袁甲三等督兵進剿亳州捻匪大勝在事出力人員量予鼓勵

咸豐七年七月十七日

咸豐七年七月十七日內閣奉上諭：英桂奏，遵保剿賊出力文武員弁兵勇，開單請獎一摺。上年捻匪盤踞安徽亳州城外，經英桂、袁甲三等督兵進剿，五獲大勝，斃匪無算，立破雉河集匪巢。在事出力員弁、兵勇，均屬著有微勞，自應量予鼓勵。

浙江按察使徐宗幹，著賞加布政使銜。河南副將伊里綳阿、陝西副將王鳳祥，均著賞加總兵銜。開歸陳許道徐繼鏞、候補道王榮第，失守所屬處分，著免其查議。彰衛懷道張維翰，著賞戴花翎。參將馬春華、候補游擊張鏞，均著交部從優議叙。山西游擊珠爾杭阿，著以本省參將儘先補用。參將懷塔布兼轄失守處分，著免其查議。都司承惠、揀發都司伊興阿，均著留於河南，以游擊儘先補用。直隸都司冷慶、山東都司保英，均著各歸原省，以游擊儘先補用。承惠、冷慶，并著賞換花翎。都司史亭雲，著賞戴花翎。候補游擊百順、守備杜廷珍，均著賞換花翎。已革揀發都司慶福，著開復原官，照例補用。候補同知直隸州知州顔懷忠，著俟補缺後以知府用。候選直隸州知州胡慶騮，著俟選缺後以應升之缺升用，并賞戴藍翎。署知縣水安瀾，著俟補缺後以直隸州知州用。已革候補知縣胡燕清，著開復原官，照例補用。同知直隸州知州用廖慶謀，著俟補缺後以知府用。候補知縣馮景，著俟補缺後以同知用。任愷著賞換花翎。候選知縣周廣德，著留於河南，以知縣歸候補班補用，并賞加同知銜。委用知縣黄國光，著開復頂戴，分發省分，歸候補班補用。已革知縣降捐州判陳健元，著開復原官，免交捐復銀兩。捐升知縣王榮烈，著分發省分，歸候補班補用，并賞戴藍翎。候選縣丞吴維禧，著免選本班，以知縣留於河南補用。候補從九品何膺績、張同洛，均著免補本班，以縣丞歸候補班補用。守備孫喬林、張得政、羅仲保，均著以都司儘先補用。吕長春著以都司補用。儘先守備金印，著俟補缺後以都司補用。候補守備吴祥麟，著免補守備，以本省都司儘先補用。候推守備丁玉清，著俟補守備後以本省都司儘先補用。千總田清林、韓璋、李得勝、傅致盈、趙思勇、張運昌，均著以守備儘先補用。候補千總謝榮升、馮得榮、馬彭齡、王喜魁，均著免補千總，以守備儘先補用。儘先千總高式琯，著俟補千總後以守備儘先補用。王思祐，著以守備升用，并賞戴藍翎。候選知府宋恪符，著分發省分，歸候補班補用。報捐北河同知陳重，著俟補缺後以知府留於直隸，歸候補班補用。驍騎校西爾納，著以防禦儘先補用。委驍騎校連祥，著以驍騎校儘先補用。把總董朝臣、宋雲衢、梁瑜、武善教、李鳳元、張世臣，均著以千總儘先補用。梁瑜、武善教，并著賞戴藍翎。儘先把總金振標，著俟補缺後以千總補用。把總擺元齡，著留於河南，以千總儘先補用。都司丁汝楫等四十七員名，均著賞戴藍翎。候補千總羅景燾，著開復頂戴。外委白慶雲等八名，均著各留本省，以把總儘先補用。張九成并著賞戴藍翎。彭元慶等六名，均著以經制外委儘先補用。彭元慶、劉漢章、葛鳳山、辛占魁，并著賞戴藍翎。武生陳仲甡等四十九名，均著賞給六品頂翎。柏長春并著以經制外委即補。把總孫得俊等五名，應得武昌失守案内處分，均著免其查議。彰德府知府羅景恬，著以道員用。候補知府陸嵰，著俟補缺後以道員歸候補班補用。知縣鄒鉞、車煒，均著賞戴花翎。捐升通判頤豐，著仍留河南，歸候補班補用。候補知縣王杭，著賞加同知銜。候選直隸州州判英謙，著留於河南補用。候補府經歷鍾啓淦、陸椿、方駿謚，候補縣丞誠恩，試用府經歷吕鍾澤，均著俟補缺後以知縣歸候補班補用。候選府經歷縣丞王松齡，著俟選缺後以知縣用。候補縣丞鄭濂、錢鳳鳴，均著俟補缺後歸於河南地方，以知縣補用。主簿章炳康，著缺仍留東河，以州同遇缺即補。試用同知陶綬廉等六員，均著賞戴藍翎。候選未入流顧廷楝、車鴻遠，均著留於河南，以典史歸候補班補用。直隸候補州吏目李幼鶡、河南試用從九品蔣如澄，均著各歸本省候補班補用。候選從九品王道平、葉紹塏，均著俟選缺後以府經歷縣丞即用。王道平并著賞戴藍翎。營書嚴如璋、宋作舟，均著以從九品不論雙單月即選。許廷元著以典史不論雙單月即選。魏銑著以未入流不論雙單月即選。其候選道趙書升，請交軍機處記名，俟服闋後遇有河南道員缺出，請旨簡放之處，著吏部查核具奏。該部知道。單併發。

欽此。

0343. 河南巡撫英桂為具奏保舉攻破亳州匪巢出力人員一摺奉硃批上諭事移勝保及袁甲三咨文

咸豐七年七月二十八日

為咨送事。竊照本部院於咸豐七年七月十一日，在阜陽縣行營，由驛具奏，查明上年攻破亳州城外匪巢，立解城圍，續又連獲大勝，剿洗白龍王廟賊巢，直搗雉河，尤為出力之步隊員弁兵勇并隨營文武，遵旨核實酌保，繕具清單，籲懇天恩，俯准獎勵，以昭激勸一摺。玆於七月二十四日，奉到硃批：另有旨。欽此。同日，奉上諭一道。相應恭録移咨。為此合咨貴都統、京堂，請煩欽遵查照施行。

計粘抄摺稿并恭録上諭一道。

一　　　　咨

欽差密雲副都統勝

欽差太僕寺正堂袁

咸豐七年七月廿八日。軍務局鄧式南承。

具奏保舉攻破亳州匪巢出力人員一摺奉硃批上諭

河南巡撫部院提督軍門英。劃。

監印官留豫即補府經歷縣丞俞炳。

0344. 河南巡撫英桂行移附奏請敕陝西采買馬四百匹片

咸豐七年八月十二日

札軍需局。照得本部院於咸豐七年八月初八日，在阜陽縣軍營，由驛附奏，請敕陝西撫、貴部院速飭産馬州縣，采買膘壯馬四百匹，委解來豫，以備乘騎，所需馬價，即在陝省欠解豫省銀内如數扣除一片。除俟奉到硃批，另行恭録札知、移咨外，合先抄片札行。札到該局，即便會同兩司查照。毋違。此札。

計粘抄片稿一紙。

札軍需局。

為移咨事。竊照云前，合先抄片咨送。為此合咨貴部院，請煩查照辦理，并希將委員銜名、起解日期，先行見覆施行。

計粘抄片稿一紙。

一　　　咨

陝西巡撫部院

咸豐七年八月十二日。軍務局鄧式南承。

附奏請敕陝西采買馬四百匹一片。

河南巡撫部院提督軍門英。劃。

監印官候補府經歷秦家駒。

附録片稿：河南巡撫英桂附奏請敕陝西采買馬四百匹片

咸豐七年八月初八日

繕。

再，豫省現在剿辦皖捻并角子山股匪，徵兵募勇，分撥不遑。每當臨敵進攻，恃馬隊之抄擊得力。而馳騁衝突，又必賴馬匹精壯，可期所向有功。臣營自入夏以來，因潁郡遍地飛蝗，野無青草，馬匹缺於飼養，倒斃日見其多。現在吉林、黑龍江及察哈爾官兵，計數尚有三百名。而有兵無馬，不能出隊者，居其大半。即勝保軍營，亦同此情形。殊深焦灼。

查陝西省向係産馬之區，距豫較近，發價購買，不過一二十日即可解到。茲據軍需局、司、道會詳前來。相應請旨，敕下陝西撫臣查照，速飭産馬各州縣，采買臕壯馬四百匹，即日委員解送來豫，以備乘騎而資攻剿。此項馬價，查陝西省尚有欠撥河南銀四千十四兩，應即如數扣除，以免往返撥解。

臣為軍務緊要，需用馬匹起見，為此附片具奏，伏乞聖鑒訓示。謹奏。

0345. 河南巡撫英桂為附奏軍營出有副將佐領員缺揀員分別擬補一片移兵部等咨文

咸豐七年八月十二日

為移咨事。竊照本部院於咸豐七年八月初八日，在阜陽縣軍營，由驛附奏，軍營出有副將、佐領員缺，揀員分别擬補一片。除俟奉到硃批，另行恭録移咨外，合先抄片咨送。為此合咨貴　，請煩查照施行。

計粘抄片稿一紙。

一咨

兵部

直隸河東總督河部堂

吉林將軍

密雲副都統勝

咸豐七年八月十二日。軍務局鄧式南承。

附奏軍營出有副將佐領員缺揀員分别擬補一片。

河南巡撫部院提督軍門英。劃。

監印官候補府經歷秦家駒。

附録片稿：河南巡撫英桂附奏軍營出有副將佐領員缺揀員分别擬補片

咸豐七年八月初八日

再，竊照軍營出有病故、陣亡各缺，向歸軍營出力人員内揀員請補，歷經遵辦在案。兹查直隸山永協副將保衡病故遺缺，查有東河督標左營参將雙慶，帶隊打仗身先士卒，整飭營伍不避嫌怨，堪以擬補。又，吉林頭起伯都訥正白旗佐領富隆阿陣亡遺缺，查有阿勒楚喀正白旗防禦即補佐領景林，屢次帶隊，奮勇争先，堪以擬補。合無仰懇天恩，俯准將雙慶升補直隸山永協副將，景林升補伯都訥正白旗佐領，以勵戎行而裨軍務。俟凱撤後，再將該員等照例送部引見。

謹附片具奏，伏乞聖鑒訓示。謹奏。

0346. 河南巡撫英桂為代奏邱總鎮恭謝天恩并請陛見一片移該鎮咨文

咸豐七年八月十二日

為移咨事。竊照本部院於咸豐七年八月初八日，在阜陽縣軍營，由驛代奏，貴鎮恭謝天恩，并請陛見一片。除俟奉到硃批，另行恭録移咨外，合先抄片咨送。為此合咨貴鎮，煩為查照施行。

計粘抄片稿一紙。

一　　　咨

南陽總鎮邱

咸豐七年八月十二日。軍務局鄧式南承。

代奏邱鎮恭謝天恩并請陛見一片。

河南巡撫部院提督軍門英。劃。

監印官候補府經歷秦家駒。

附録片稿：河南巡撫英桂代奏邱總鎮恭謝天恩并請陛見片

咸豐七年八月初八日

再，河南南陽鎮總兵邱聯恩，因攻克方家集案内，蒙恩賞給圖薩蘭巴圖魯名號，當經臣遵旨知照。兹據該總兵呈稱：仰沐鴻慈逾格，録及微勞。受恩深重，惶悚莫名。呈請代奏，恭謝天恩。并以該總兵於咸豐四年閏七月到任，扣至本年七月，三年期滿，例應奏請陛見。因帶兵剿辦捻匪，未便具摺，請一併代奏前來。

謹附片具陳，伏乞聖鑒。謹奏。

0347. 河南巡撫英桂行移附奏請將河南候補府經歷嚴琳革職片

咸豐七年八月十二日

札軍需局。照得本部院於咸豐七年八月初八日，在阜陽縣軍營，由驛附奏，請旨將河南候補府經歷嚴琳革職，以示懲儆一片。除俟奉到硃批，另行恭録札知移咨外，合先相應抄片札行。咨送。札到該局，即便會同兩司查照。毋違。此札。

計粘抄片稿一紙。

札軍需局。

為移咨事。竊照云前，相應抄片咨送。為此合咨貴部;都統,請煩查照施行。

計粘抄片稿一紙。

一咨

吏部

欽差密雲副都統勝

咸豐七年八月十二日。軍務局丁範道鄧式南承。

附奏請旨將河南候補府經歷嚴琳革職以示懲儆一片。

河南巡撫部院提督軍門英。劃。

監印官候補府經歷秦家駒。

附録片稿：河南巡撫英桂附奏請將河南候補府經歷嚴琳革職片

咸豐七年八月初八日

繕。

再，軍營差委，各有專司，大小文武各員，分應振刷精神，實力辦事，庶可以供臂使而免貽誤。玆查有臣勝保糧臺委員河南候補府經歷嚴琳，派管船（雙）［隻］及支應兵勇米麵事件，一味顢頇，漫不經心。所管船隻，任令潛逃，毫無覺察。迨至調船出隊，往往不能如數隨隊。分送米麵，亦不能按時交收，致令兵勇嘖有煩言。當此攻剿吃緊之時，該委員雖非有心貽誤，實屬辦理不善。若不即予參劾，何足以肅軍紀而警效尤？相應請旨，將河南候補府經歷嚴琳即行革職，以示懲警。

除咨明吏部外，理合附片具奏，伏乞聖鑒訓示。謹奏。

0348. 河南巡撫英桂行移附奏籌撥安徽李藩司軍營軍械數目片

咸豐七年八月十二日

札 知悉。照得本部院於咸豐七年八月初八日，在阜陽縣軍營，由驛附奏，籌撥安徽李藩司軍營軍械數目一片。除俟奉到硃批，另行恭録札知移咨外，合先抄片札行。咨送。札到該局;司;即便會同兩司查照。毋違。此札。

計粘抄片稿一紙。

札軍需局。安徽李藩司。

為移咨事。竊照云前，合先抄片咨送。為此合咨貴部院，請煩查照施行。

計粘抄片稿一紙。

一 咨

安徽巡撫部院

咸豐七年八月十二日。軍務局鄧式南承。

附奏籌撥李藩司軍營軍械數目一片。

河南巡撫部院提督軍門英。劃。

監印官候補府經歷秦家駒。

附録片稿：河南巡撫英桂附奏籌撥安徽李藩司軍營軍械數目片

咸豐七年八月初八日

繕。

再，接據安徽藩司李孟群禀稱：該司現由青山、麻埠一帶，移營進攻六安州城。因槍炮、軍火、帳房等件均屬缺乏，無可製備，派委都司唐瑞廷前來臣營，禀請撥解。并據稱：六安城内粤逆，已遁竄桐城。惟正陽捻匪分股，現在該州盤踞。各等情。

臣查正陽賊匪，自霍邱攻復後，惟恃六安為應援。李孟群一軍，攻剿向稱得力，能早克復州城，則該匪援絶勢窮，正陽亦易奏捷。所需軍火等項，自當速為接濟。惟臣營軍械，向由省城軍需局製造，隨時撥解。現在所存無多，不得已籌撥火藥五千斤，火繩五千盤，火箭五百枝，擡炮四十尊，鉛丸大小一千斤，發交都司唐瑞廷，領解回營應用。其帳房、鳥槍等件，已飭軍需局酌量製造，陸續撥解。

除分别咨行外，理合附片具奏，伏乞聖鑒。謹奏。

0349. 河南巡撫英桂行移奉上諭著分派官兵前往六安助剿

咸豐七年八月十六日

札軍需局。安徽李藩司。照得本部院於咸豐七年八月十六日，在周家口途次，承准軍機大臣字寄，奉上諭一道。等因。承准此。除咨商勝都統辦理外，合就恭録札行。札到該局司，即便會同兩司，欽遵查照。毋違。此札。

計恭録上諭一道。

札軍需局。安徽李藩司。

為恭録咨會事。竊照云前。等因。承准此。查邱總鎮一軍，隨同貴都統攻剿，正當吃緊。而豫省之三河尖、商、固一帶，處處均須重兵駐防。且汝南一帶，捻匪勢頗鴟張。如正陽關情形稍鬆，邱總鎮尚須回豫助剿，以清心腹之患，勢難抽撥飭赴六安。貴營能否另派得力將弁帶兵前往之處，相應恭録咨商。為此合咨貴都統，請煩欽遵查照辦理，并希即將籌撥情形見覆施行。

計恭録上諭一道。

一　　　咨

欽差密雲副都統勝

為恭録咨會事。竊照云前。等因。承准此。除咨商勝都統辦理外，相應恭録咨會。為此合咨貴　，請煩為欽遵查照施行。

計恭録上諭一道。

一　　　咨

欽差太僕寺正堂袁

安徽巡撫部院福 壽春總鎮鄭

南陽總鎮邱

咸豐七年八月十六日。軍務局鄧式南承。

奉上諭著分派官兵前往六安助剿。

河南巡撫部院提督軍門英。劃。

監印官候補府經歴秦家駒。

附録上諭：軍機大臣字寄河南巡撫英桂著分派官兵前往六安助剿

咸豐七年八月十一日

繕。

軍機大臣字寄，河南巡撫英〈桂〉、密雲副都統勝〈保〉、太僕寺卿袁〈甲三〉、頭品頂戴安徽巡撫福〈濟〉、提督銜安徽壽春鎮總兵鄭〈魁士〉，傳諭安徽布政使李孟群，咸豐七年八月十一日奉上諭：李孟群奏，拔營進攻六安州城，請調邱聯恩一軍協勦等語。李兆受、張落刑等逆黨，現由霍邱、正陽陸續竄至六安州。該藩司所帶兵勇，僅四千餘人，分扎西、南兩路，恐有顧彼失此之虞。惟前調容照馬隊，已由伊興額帶往，現在留防徐州。此外無可調撥。至邱聯恩一軍，前據英桂等奏，現派在三河尖等處扼要駐扎，能否撥往李孟群軍營，著英桂與勝保、袁甲三會同商酌。設或不能調往，即另派得力將弁，分帶兵勇，前往六安助勦。

再，前據福濟等奏，鄭魁士已帶兵前赴六安應援，并以疏通餉道。著迅速前進，與該藩司併力夾攻，不致因兵單困守。至李孟群營中需餉甚急，除英桂連次協濟外，各省奏撥皖餉業經起解者，尚有數起。著福濟隨時分撥，毋令缺乏。是為至要。將此由六百里諭知英桂、勝保、袁甲三、福濟、鄭魁士，并傳諭李孟群知之。

欽此。遵旨寄信前來。

0350. 河南巡撫英桂行移附奏請敕陝西采買馬四百匹一片奉硃批

咸豐七年八月十八日

札軍需局。照得本部院於咸豐七年八月初八日，在阜陽縣軍營，由驛附奏，請敕陝西撫部貴部院速飭産馬州縣，采買膘壯馬四百匹，委解來豫，以備乘騎，所需馬價，即在陝省欠解豫省銀内如數扣除一片，業已抄片札知咨送在案。玆於八月十八日，在西華縣逍遥集行營，奉到硃批：另有旨。欽此。合就恭録札行。札到該局，即便會同兩司，欽遵查照。毋違。此札。

札軍需局。

為恭録移咨事。竊照云前，相應恭録移咨。為此合咨貴部院，請煩欽遵查照辦理，并希將委員銜名、起解日期，先行見覆施行。

一　　　咨

陝西巡撫部院

咸豐七年八月十八日。軍務局郝儒林承。

附奏請敕陝西采買馬四百匹一片奉到硃批。

河南巡撫部院提督軍門英。劃。

監印官候補府經歷秦家駒。

0351. 河南巡撫英桂行移附奏軍營出有副將佐領員缺揀員分别擬補一片奉硃批

咸豐七年八月十八日

為恭録移咨事。竊照本部院於咸豐七年八月初八日，在阜陽縣軍營，由驛附奏，軍營出有副將、佐領員缺，揀員分别擬補一片，業已抄片咨送在案。玆於八月十八日，在西華縣逍遥集行營，奉到硃批：雙慶、景林，均依擬升補。欽此。相應恭録移咨。為此合咨貴　，請煩欽遵查照施行。

一咨

兵部

直隸總督 河東總河 部堂

吉林將軍

欽差密雲副都統勝

札新補直隸山永協雙副將知悉。照得云前一片，玆於八月十八日，在西華縣逍遥集行營，奉到硃批：雙慶、景林，均依擬升補。欽此。合就恭録札行。札到該將，即便欽遵查照。毋違。此札。

計粘抄片稿一紙。

札新補直隸山永協雙副將。

咸豐七年八月十八日。軍務局郝儒林承。

附奏軍營出有副將佐領員缺揀員分别擬補一片奉硃批。

河南巡撫部院提督軍門英。劃。

監印官候補府經歷秦家駒。

0352. 河南巡撫英桂為代奏邱總鎮恭謝天恩并請陛見一片奉硃批事移該鎮咨文

咸豐七年八月十八日

為恭録移咨事。竊照本部院於咸豐七年八月初八日，在阜陽縣軍營，由驛代奏，貴鎮恭謝天恩，并請陛見一片，業已抄片咨送在案。玆於八月十八日，在西華縣逍遥集行營，奉到硃批：知道了。欽此。相應恭録咨送。為此合咨貴鎮，煩為欽遵查照施行。

一　　咨

南陽總鎮邱

咸豐七年八月十八日。軍務局鄧式南承。
代奏邱鎮恭謝天恩并請陛見一片奉到硃批。
河南巡撫部院提督軍門英。劃。

監印官候補府經歷秦家駒。

0353. 河南巡撫英桂行移附奏請將河南候補府經歷嚴琳革職一片奉硃批

咸豐七年八月十八日

札軍需局。照得本部院於咸豐七年八月初八日，在阜陽縣軍營，由驛附奏，請旨將河南候補府經歷嚴琳革職，以示懲儆一片，業已抄片札知/移咨在案。茲於八月十八日，在西華縣逍遥集行營，奉到硃批：依議。欽此。合就/相應恭録札行。/咨送。札到該局，即便會同兩司，欽遵查照。毋違。此札。

札軍需局。

為恭録移咨事。竊照云前，相應恭録咨送。為此合咨貴部，/都統，請煩欽遵查照施行。

一咨
吏部
欽差密雲副都統勝

咸豐七年八月十八日。軍務局丁範道/鄧式南承。
附奏請旨將河南候補府經歷嚴琳革職以示懲儆一片奉到硃批。
河南巡撫部院提督軍門英。劃。

監印官候補府經歷秦家駒。

0354. 河南巡撫英桂行移附奏籌撥安徽李藩司軍營軍械數目一片奉硃批

咸豐七年八月十八日

札　知悉。照得本部院於咸豐七年八月初八日，在阜陽縣軍營，由驛附奏，籌撥安徽李藩司軍營軍械數目一片，業已抄片札知/移咨在案。茲於八月十八日，在西華縣逍遥集行營，奉到硃批：知道了。欽此。合就/相應恭録札行。/咨送。札到該局;/司;即便會同兩司，欽遵查照。毋違。此札。

札軍需局。/安徽李藩司。

為恭録移咨事。竊照云前，相應恭録咨送。為此合（此）［咨］貴部院，請煩欽遵查照施行。

一　　　咨

安徽巡撫部院

咸豐七年八月十八日。軍務局鄧式南承。

附奏籌撥李藩司軍營軍械數目一片奉到硃批。

河南巡撫部院提督軍門英。劃。

監印官候補府經歷秦家駒。

0355. 河南巡撫英桂行移寄諭著袁甲三速帶兵勇赴正陽及皖省軍餉仍由河南接濟

咸豐七年八月二十一日

札布政司。照得本部院於咸豐七年八月二十日，在許州行營，承准軍機大臣字寄，奉上諭一道。等因。承准此。合就相應恭録札行。移咨。札到該司，即便欽遵查照辦理，并移軍需局知照。毋違。此札。

計恭録上諭一道。

札布政司。

為恭録移咨事。竊照云前，相應恭録移咨。為此合咨貴　，請煩欽遵查照施行。

計恭録上諭一道。

一　　　咨

欽差密雲副都統勝太僕寺正堂袁

咸豐七年八月廿一日。軍務局丁永智鄧式南承。

軍機大臣字寄奉上諭著袁甲三速帶兵勇赴正陽皖省軍餉仍由河南接濟。

河南巡撫部院提督軍門英。劃。

監印官候補府經歷秦家駒。

附録上諭：軍機大臣字寄河南巡撫英桂等著袁甲三速帶兵勇赴正陽及皖省軍餉仍由河南接濟

咸豐七年八月十五日

繕。

軍機大臣字寄，河南巡撫英〈桂〉、密雲副都統勝〈保〉、太僕寺卿袁〈甲三〉，咸豐七年八月十五日奉上諭：勝保奏：安徽鳳臺境內，有練衆勾結，到處均糧。請飭袁甲三剋日南下，或分兵展溝、闞疃等處，以資控制等語。前經叠次諭令袁甲三速赴正陽，將渦北韓圩之賊，交史榮椿、朱連泰督剿。計此時早已接奉諭旨，何以尚未啓行？現在英桂已於初九日起程回省，潁州一路僅有顏懷忠等壯勇數百名，正陽後路空虛已甚。况沙河以北，伏莽未清，土練復心懷叵測，亟應速籌控制。著袁甲三即行督帶兵勇，馳往正陽。所有渦北各匪，著仍遵前旨，交史榮椿等分路搜捕，毋再遲延。

至另片奏請由河南、山東、山西各先撥銀二萬兩，仍每月各撥銀二萬兩等語，殊屬不知撙節。前此英桂在潁剿捻，餉需皆由河南接濟。今該撫暫行離營，并非不與其事。勝保既欲河南濟餉，仍可向英桂商辦，何待請旨飭撥？豈英桂離營即置軍餉於不問耶？至山東、山西應解京餉、甘餉、楚皖各餉，數目繁多，勝保豈不知之？當此籌餉維艱之際，而隨地募勇動以千計，安得不倍形支絀？况募勇易而遣散難，流弊甚多。從前勝保在山東，即因不能約束川勇，致有搶掠村莊之事。前車之鑒，亦當自知。勝保屢次奏報，皆言功在垂成。而此次忽請按月撥餉，似將為曠日持久之計，何以慰朕盼望？所請撥餉，著英桂傳諭藩司瑛棨，仍由河南源源接濟，不得以該撫離營，稍存膜視。此外惟山西省尚可凑撥，已諭令恒福酌量籌解。然該省撥款過多，亦不能按月接濟也。勝保、袁甲三當力圖進剿，俟正陽克復後，即行酌撤募勇，以節經費。將此由六百里諭知英桂、勝保、袁甲三，并傳諭瑛棨知之。

欽此。遵旨寄信前來。

0356. 河南巡撫英桂行移附奏邱總鎮一軍勢難抽撥緣由片

咸豐七年八月二十四日

札軍需局。安徽李藩司。照得本部院於咸豐七年八月二十三日，在許州行營附奏，邱總鎮一軍，勢難抽撥緣由一片。除俟奉到硃批，另行恭録札知移咨外，合先相應抄片札行。咨送。札到該局，司，即便會同兩司查照。毋違。此札。

計粘抄片稿一紙。

札軍需局。安徽李藩司。

為移咨事。竊照云前，相應抄片咨送。為此合咨貴都統，京堂，請煩查照施行。

計粘抄片稿一紙。

一　　咨

欽差密雲副都統勝
太僕寺正堂袁

咸豐七年八月廿四日。軍務局郝儒林承。

附奏邱總鎮一軍勢難抽撥緣由一片。

河南巡撫部院提督軍門英。劃。

監印官候補府經歷秦家駒。

附録片稿：河南巡撫英桂附奏邱總鎮一軍勢難抽撥緣由片

咸豐七年八月二十三日

繕。

再，臣承准軍機大臣字寄，咸豐七年八月十一日奉上諭：李孟群奏，拔營進攻六安州城，請調邱聯恩一軍協剿等語。邱聯恩一軍，前據英〈桂〉奏，現在三河尖等處扼要駐扎，能否撥往李孟群軍營，着英〈桂〉與勝保、袁甲三會同商酌。設或不能調往，即另派得力將弁，分帶兵勇，前往六安助剿。等因。欽此。

臣查邱聯恩現在帶兵隨同勝保攻剿，正陽關萬分吃緊。而豫省三河尖、商城、固始等處，均須重兵駐防。且汝南一帶，捻匪勢頗鴟張，被擾地方皆係該鎮所轄。邱聯恩前在南陽剿匪，頗有威望。龍澤厚等究屬人地生疏，深恐難期得力。如正陽關情形稍鬆，臣尚擬咨調該鎮回豫助剿，以清腹心之患，勢難抽撥飭赴六安。惟李孟群所帶兵勇，僅四千餘人，恐有顧彼失此之虞。臣已飛咨勝保、袁甲三，會同商酌，迅速另派得力將弁，分帶兵勇，前往六安助剿，以期迅圖克復。

所有邱聯恩一軍，勢難抽撥緣由，理合附片具奏，伏乞聖鑒。謹奏。

0357. 河南巡撫英桂行移附奏邱總鎮一軍勢難抽撥緣由一片奉硃批

咸豐七年九月初三日

札軍需局。安徽李藩司。照得本部院於咸豐七年八月二十三日，在許州行營附奏，邱總鎮一軍，勢難抽撥緣由一片，業已抄片札知咨送在案。茲於九月初二日，在葉縣行營，奉到硃批：知道了。欽此。合就相應恭録札行。移咨。札到該局，司，即便會同兩司，欽遵查照。毋違。此札。

札軍需局。安徽李藩司。

為恭録移咨事。竊照云前，相應恭録移咨。為此合咨貴都統，京堂，請煩欽遵查照施行。

一　　咨

欽差密雲副都統勝 太僕寺正堂袁

咸豐七年九月初三日。軍務局鄧式南承。

附奏邱總鎮一軍勢難抽撥緣由一片奉硃批。

河南巡撫部院提督軍門英。劃。

監印官候補府經歷秦家駒。

0358. 河南巡撫英桂行移具奏捻匪攻撲確山縣城官兵援剿連獲大勝摺

咸豐七年九月十二日*

札　知悉。照得本部院於咸豐七年九月十二日，在葉縣行營具奏，捻匪全股東竄確山，攻撲縣城，官兵星馳援剿，以少擊衆，大獲勝仗，立解城圍，追殺至老樂山，進剿沙河店、張堂，連獲大勝一摺。除俟奉到硃批，另行恭録札知 移咨外，合先 相應抄摺札行。 咨送。札到該局， 翼長， 道， 司，即便會同兩司查照。毋違。此札。

計粘抄摺稿一紙。

札軍需局。 翼長王道。 開歸徐道。 按察司。

為移咨事。竊照云前，相應抄摺咨送。為此合咨貴　，請煩查照施行。

計粘抄摺稿一紙。

一　　咨

欽差密雲副都統勝 太僕寺正堂袁

湖廣總督 河東總河部堂

湖北巡撫部院

山西 陝西巡撫部院

附録摺稿：河南巡撫英桂具奏捻匪攻撲確山縣城官兵援剿連獲大勝摺

咸豐七年九月十二日

奏為捻匪全股東竄確山，攻撲縣城，官兵星馳援剿，以少擊衆，大獲勝仗，立解城圍，追殺至老樂山，進剿沙河店、張堂，連獲大勝，恭摺奏祈聖鑒事。

竊臣前將馳抵許州，催提後起兵勇，妥籌進剿各缘由，繕摺縷晰，奏聞在案。拜摺後，隨營馬步官兵於二十四日全數到齊，即親自督帶，於二十五日自許州起程。適值大雨，一路冒雨趲行，兵勇等衣履盡濕。二十七日，行抵襄城，暫停一日，俾兵勇晒晾行裝。二十九日，即由襄城進駐葉縣。

途次先後接據署唐縣知縣任愷禀報：前竄賒旗店捻匪，分為三股。一股向東北竄大河屯地方。羊册汛外委王銘新等，帶領泌陽縣壯勇前往堵禦，會同唐縣民團，與匪接仗，先已將匪擊退。因後起捻匪續至，合股抗拒。民團大炮炸裂，以致措手不及，各勇潰散。王銘新殺匪多名，力竭陣亡。大河屯團首貢生郝恒太并團勇十九名，亦同時殞命。其餘兩股竄擾縣屬之源潭鎮，放火搶掠。該處距縣城僅止二十餘里，各處居民盡皆逃避，團勇各被驚散。該縣當即督帶壯勇八百名，駐扎城西四里橋，一面布置城守。二十一日五更時分，該匪步賊約四五百人，馬賊數十人過河前來。該縣與湖陽汛外委張祥麟等，即揮勇上前迎敵，槍炮齊施。該匪抵敵不住，仍向源潭竄去。約計斃賊三十餘名，擒獲捻夥常林、畢騰、程汰、宋勞虎、王五、郝鐙兒等六名，即訊明正法。時值月色昏暗，未便尾追，收隊扎營，防其回竄。天明探聞該匪合併大股，竄往大河屯盤踞。二十三日，盤獲騎馬賊一名，訊據供稱名魯河青，泌陽縣人，係捻首崔姓派來探聽唐縣城内有無兵勇，欲與羊册之匪會合來攻縣城等語。該縣兵勇單薄，勢難抵禦。正在危急，適值副將龍澤厚、閻丕敏等統帶官兵，已於二十六日到縣，駐扎城外，人心稍定。該匪聞大兵將到，即由澗嶺店竄往泌境雙廟鎮一帶。該縣派撥壯勇三百名，隨同龍澤厚等，即日追剿。各等情。

臣查該匪裹脅日衆，避兵而行，乘虚即竄。必使後有追兵，前無去路，方操勝算。當即嚴檄河陜汝道夏雲岫，親自馳往魯山，督飭各縣，扼其西面。汝寧府知府祁之銓，帶勇馳赴遂平，調集各縣鄉團，嚴防東路。署南陽府知府何懷珍，親率鄧勇，由西南前進，會合龍澤厚等一軍，相機進剿。臬司周士鏜督率候補知府葉法，帶勇駐扎舞陽，防其回竄舊路。飭派總管格綳額、德楞額，副將伊里綳阿、雙慶等，統帶馬步兵勇一千三百餘名，於本月初一日馳赴泌陽，迎頭截擊。葉縣為適中之地，臣暫時駐扎，調度策應。

接據泌陽縣知縣鄧國樑禀報：二十五日，該逆分作四股，由唐境一路焚搶，竄入近城地方。城外八保居民，悉皆逃走。該縣會同在城文武紳士，督率兵勇，分守各門，晝夜嚴防。賊衆蜂擁圍城，四面放火。經武生李干城、李衛城等預伏關厢，箭射如雨，傷斃放火捻匪三十餘人，騎馬賊匪二十一人。城上復開炮轟斃騎馬賊四十餘人。該匪始撤退，離城十餘里盤踞。

又，據何懷珍禀稱：該府於二十九日，與龍澤厚等先後到泌，兩面進擊。該匪不知我兵多寡，即由二十里鋪竄赴高邑、王店、鄧莊鋪一帶，沿途裹脅愈多。我軍兵勇僅有二千數百餘名，究形單薄，請迅即撥兵星夜前來。又據探報，裕州所屬之小頂山，有捻匪五六百人，意圖俟大兵前進，抄襲我後。各等情。

查小頂山為我軍進剿後路，必須先為肅清，方免後顧之憂。當飭總管格綳額等即由小頂山進兵，先除此股捻匪，會同龍澤厚一軍，剋日進剿泌陽大股。并飭龍澤厚、何懷珍等，就現有兵勇，探賊所向，跟踪追剿。

旋據署確山縣知縣姚鋁禀報：初二日午刻，大股捻匪全數竄入溝竹。該縣會同營弁，督飭役勇出隊堵禦。初三日，探知賊匪前隊已至邢店，放火延及小常店地方，距縣城僅十五里，賊鋒逼近。該縣即會督營、學、典史，率同紳民、役勇，上城守禦。情形緊急萬分。當又飛催格綳額等迅速前進。該總管等馳抵小頂山，遇匪接仗，殲斃一百餘人。餘匪翻山逃匿。并經葉縣保安驛驛丞胡慶祺，帶勇在交界處所，擒獲捻首徐磚頭、陳雷二名，訊明正法。知確山待援甚急，當督隊趲行，於初五日行抵高邑地方，與龍澤厚等會合。探得賊匪大股一萬餘人，齊竄確山縣屬邢店迆東，勢將撲城，即整齊隊伍，星馳前往。

初七日巳刻，馬步兵勇齊抵城下。該匪正在圍攻縣城，業將北面城門轟壞。聞我兵驟到，即返旗迎撲，勢甚凶猛。格綳額、德楞額督率馬隊，奮力衝突，槍箭齊施。匪衆被殲甚多，猶復輪番迎敵。即經伊里綳阿、雙慶督率候補游擊冷慶、承惠等，帶領步隊，衝入賊陣，奮勇剿殺。該匪併力抗拒。復有三大股賊衆，漫山遍野，蜂擁而至。我兵勇氣愈增，殺聲震地。署南陽府知府何懷珍、候補知州馬履泰等，督率兵勇，由東路迎擊。候補直隸州知州李徵松、候補知縣王榮烈等，分督壯勇，由西路殺入。龍澤厚、閻丕敏帶兵由城邊繞至賊後夾擊。鏖戰一時之久，該匪抵死不退，并有馬賊四百餘人橫衝我隊。格綳額、德楞額帶領親隨兵丁，分頭迎剿。各馬隊奮不顧身，横衝直擊，賊隊紛亂。伊里綳阿、雙慶等各營步隊，乘勢擊剿，施放連環槍炮。何懷珍、李徵松等各起壯勇，齊心接應。匪衆中槍著炮，紛紛倒地。賊勢不支，始行敗竄。我兵追殺至五里山下，共斃賊匪一千六七百名，生擒一百餘名，奪獲槍炮一千餘件，騾馬二百餘匹，刀矛、旗幟不計其數。遍地尸骸，解散脅從甚多。餘匪五六千人越山奔竄，立解城圍。格綳額等復督同文武員弁，分帶兵勇，攀登秀山，跟踪追殺，直抵老樂山一帶，復斃賊五六百名，生擒百餘名。軍功李鳴山擒獲黄衣賊目張景，訊係著名捻首。均即正法。鄧勇杜國楹等，并格斃乘坐竹轎紅綢衣賊目五名，黄衣紅褲賊目十餘名。餘匪仍由山路竄逸。天晚暫行撤隊，在確山城北十八里之朱胡同地方扎營。其縣城南北各鄉匪徒，亦經馬步各隊搜殺殆盡。

訊據生擒賊匪供稱：大捻首王黨已經官兵在魯山轟斃，目下逆首係陳泰安，沙河店人。數日前，該逆首已擄銀回歸山內。現在賊匪五六股向西北老樂山逃竄。如果賊目蕭況、劉回子、李三瞎子、張文成等未被臨陣殲斃，勢必前往沙河，投倚陳泰安等供。

格綳額、德楞額等以該匪經此痛剿，其膽已落，急應乘其喘息未定，跟踪緊追。即於初八日黎明，督率各文武員弁，會同龍澤厚，各帶兵勇，自老樂山、胡家廟等處，分路搜捕，擒斬七百餘名。未刻，馳抵沙河店地方。該處盤踞賊匪數百名，瞥見我兵各路抄至，紛紛北竄。奪獲千餘斤大炮一尊。馬步兵勇奮力追殺，自姜莊直至張堂，斃賊百餘名。該逆大股在張堂迆東里許列隊摇旗，約有數千人吶喊迎撲。我兵槍箭齊發，匪衆拚死不退。趕將各隊槍炮調齊，連環轟擊。該匪力不能支，齊向長嶺奔竄。馬隊由兩翼先將長嶺抄住。賊匪落澗死者甚多。其有連日被追緊急，力乏不能登山者數百人，均經兵勇追獲。生擒紅衣賊目沈旺、曹振清二名。共計是日先後斃匪一千餘人，奪獲槍炮、刀矛一千數百件。其餘賊匪翻登角子山逃逸。馬步兵勇由山口抄進五里許，擒獲二十餘名。時已二更，山徑崎嶇，不辨去向，始行撤出，收隊暫扎沙河店東北一帶。是日先後生擒各犯，俟訊明分别辦理。現覓眼綫探明進山路徑，即行分路搜剿，以期斬馘擒渠。

并據汝寧府知府祁之銓禀稱：該匪被剿敗竄，由老樂山南北分股逃至蔣河地方。該府奉派在東路堵剿，即於初八日督同署遂平縣知縣汪斌才及帶勇委員等，分頭兜捕。匪衆膽敢抗拒，我勇兩路夾擊，斃匪二十餘人，賊始敗逃。追殺六名，生擒捻首劉遂等十三名。餘匪翻山竄逸。遂平所屬之上渠、下陽等處，亦有匪徒闌入。該府縣等馳往剿捕，斃匪三十餘人，奪獲槍械多件，追獲李山等十九名，訊明分别正法等情。

臣查該匪自滋事以來，雖經官兵、鄉團截殺，總因衆寡不敵，未能得手。該匪愈聚愈多，裹脅至一萬餘衆，僭稱僞號，遍張僞示，仿照潁、亳逆匪，亦分五色旗幟。每遇官兵接仗，詭計多端，極為凶悍。今格綳額、德楞額等，統帶馬步兵勇三千餘人，奮擊萬餘賊衆，以少勝多，城圍立解，前後共斃賊匪三千數百餘名，生擒四五百名，解散脅從無算，實足寒賊膽而快人心。所有在事出力之鎮將并帶勇各文武員弁，均屬奮不顧身，衝鋒冒鏑，得以連獲大捷，迅奏膚功。應由臣分别存記，俟肅清醜類，再行彙案核實保奏，籲（墾）［懇］恩施，以示獎勵。仍飭格綳額等實力追剿，務殲渠惡，毋稍遲緩。

前因皖省正陽關業經勝保督兵克復，該處情形稍鬆。豫省此股匪徒，急須剿滅淨盡。而臣營兵勇無多，當經函商勝保，飭令邱聯恩統率原帶官兵，回豫助剿。兹准該鎮來咨，已於初三日行抵固始，現令該鎮就近取道息縣、汝陽，徑赴角子山一帶，會同格綳額等，兩面夾擊。臣仍隨時察度賊踪所向，相機接應各軍，以期迅速蕆事。

除查明傷亡弁兵、壯勇，另行請恤外，所有官兵進剿叠獲勝仗緣由，謹繕摺具奏，伏乞皇上聖鑒訓示。謹奏。

0359. 河南巡撫英桂行移附奏請將丁憂之候補直隸州知州李徵松等暫留豫省以資差委片

咸豐七年九月十三日

札軍需局知悉。照得本部院於咸豐七年九月十二日，在葉縣行營附奏，請將丁憂之候補直隸州知州李徵松等暫留豫省，以資差委一片。除俟奉到硃批，另行恭録札知咨明外，合先相應抄片札行。咨送。札到該局，即便會同兩司，轉飭知照。毋違。此札。

計粘抄片稿一紙。

札軍需局。

為咨明事。竊照云前，相應抄片咨送。為此合咨貴部，請煩查照施行。

計粘抄片稿一紙。

一咨

吏部

咸豐七年九月十三日。軍務局郝儒林承。

附奏請將丁憂之候補直隸州知州李徵松等暫留豫省以資差委。

河南巡撫部院提督軍門英。劃。

監印官候補府經歷秦家駒。

附録片稿：河南巡撫英桂附奏請將丁憂之候補直隸州知州李徵松等暫留豫省以資差委片

咸豐七年九月十二日

繕。

再，候補直隸州知州李徵松，候補知縣吕承基、易潤成，候補從九品李徵槐，前經臣委令帶勇剿匪，并分赴各屬勸捐在案。現據該員等先後呈報丁憂，自應飭令回籍守制。惟剿匪現當吃緊，該員等均有經手未完事件，未便更易生手。合無仰懇天恩，俯准將李徵松、吕承基、易潤成、李徵槐均留豫省，以資差委。俟軍務稍鬆，再行飭令回籍守制之處，出自鴻施。

除咨吏部外，謹附片具奏，伏乞聖鑒訓示。謹奏。

0360. 河南巡撫英桂行移具奏官軍追剿捻匪獲勝摺

咸豐七年九月十九日

札 知悉。照得本部院於咸豐七年九月十八日，在葉縣行營，由驛具奏，官軍追剿捻匪，由泌陽之張堂，直至裕州所屬之紅嶺土山，續獲大勝，敗匪越山西竄，現仍跟踪緊躡，以期盡殄凶渠一摺。除俟奉到硃批，另行恭録札知移咨外，合先抄摺札行。咨送。札到該局，道，即便會同兩司查照。毋違。此札。

計粘抄摺稿一紙。

札軍需局。冀長王開歸徐道。

為移咨事。竊照云前，合先抄摺咨送。為此合咨貴 ，請煩查照施行。

計粘抄摺稿一紙。

一 咨

欽差密雲副都統勝太僕寺正堂袁

河東湖廣總河督部堂

湖北山陝西巡撫部院

咸豐七年九月十九日。軍務局郝儒林承。

具奏官軍追剿捻匪獲勝一摺。

河南巡撫部院提督軍門英。劃。

監印官候補府經歷秦家駒。

附録摺稿：河南巡撫英桂具奏官軍追剿捻匪獲勝摺

咸豐七年九月十八日

奏為官軍追剿捻匪，由泌陽之張堂，直至裕州所屬之紅嶺土山，續獲大勝，敗匪越山西竄，現仍跟踪緊躡，以期盡殄凶渠，恭摺具奏，仰祈聖鑒事。

竊臣前將確山解圍，大獲全勝，并由老樂山追剿至張堂，連獲勝仗各緣由，縷晰奏聞在案。該匪自張堂敗竄，其膽已寒，脅從之衆解散不少，大股翻山奔竄，餘匪亦四路紛逃。當飭附近各州縣四路堵截，并飭格綳額、德楞額、伊里綳阿、雙慶等及文武員弁，各帶兵勇，緊緊跟追。務期一氣掃蕩，無任喘息紛竄。

該將弁等以山徑路路可通，必須分路追剿，當即定議龍澤厚等帶兵由南路前進，何懷珍等帶勇由北路前進，德楞額等督帶馬步官兵由中路入山，逾險窮追。

分撥已定，德楞額等即於初十日探明路徑，入山搜剿。中路馬步官兵，乘初七、初八兩日大捷之後，軍心鼓舞，軍威甚壯，登山越嶺，沿途搜斬無數。

該匪大股見我兵進山，不敢戀窟，即翻山而過，於十二日竄至保安驛地方，勢將北趨。該處練勇無多，遇賊接仗，帶勇五品軍功方元燮受傷陣亡，練勇傷亡三十餘人。經臣飛派副都統銜協領庫克吉泰管帶得力壯勇，并臣親隨小隊共四百餘名，馳往擊剿，嚴扼北路。適德楞額、伊里绷阿、雙慶等中路馬步大隊，亦由山徑逾越趕到，會合進擊。該匪不敢迎拒，由裕州之郭橋，向西南逃竄。德楞額等督隊趕緊窮追。十四日，追至花子溝地方，匪衆二三千人已登紅嶺，踞險抗拒。見我兵突至，竄下半山，吶喊摇旗，蜂擁迎撲。該處溝渠甚多，時值霧雨迷漫，恐有埋伏。當令馬步兵勇，分兩路抄上土山，探明地勢，奮力進攻。詎該匪暗分二百餘人已在土山設伏，見我兵分抄上山，即連環施放槍炮。該總管等趕將隊伍扎定，齊齊圍住土山，環攻一時之久，賊勢稍却。德楞額、伊里绷阿、雙慶等，即督率兵勇，乘勢搶上土山，鼓勇齊進，刀矛并舉。馬隊官兵亦捨騎飛搶上山，圍環放箭。賊衆紛紛中傷倒地。計二百餘匪無一脱逃，全行殲斃，生擒執旗賊目趙林一名。復乘勝搶登紅嶺，冒雨直衝而進。匪勢不支，即時潰散，越山奔竄。復殲斃賊匪百餘名，奪獲槍炮軍械一百餘件，騾馬數十匹。馬隊追奔過山，敗匪越過兩嶺逃逸。時復大雨，天已昏黑，收隊暫於楊集扎住。復差派馬步，跟踪探追四十餘里，至碾盤莊。查詢該處居民，據云該匪被官兵痛剿，膽落心寒，向西狂奔，約計剩匪一千數百人，勢極窮蹙等語。

其四路逃竄餘匪，經汝寧府知府祁之銓督同所委各員，在遂平之横山等處，殺斃捻匪四十餘人，生擒捻首劉復義一名，夥匪曹拴等十四名，奪獲賊馬二匹，槍械多件。又，經候補知府葉法督同委員等，在舞陽之許灣等處，拿獲捻首李騾子一名，夥匪張的蠟等三十餘名，殺斃十餘人。十五日，該府復於姚溝地方，擒獲捻首張圪意并夥匪王成等二十三人，奪獲軍械二十餘件，元寶銀二錠。

并據魯山縣知縣高天寵禀稱：裕、魯交界之拐河地方，有竄匪在彼游駛。該縣即會同在籍紳士前任順天府府尹宗元醇、游擊銜候補都司白兆祥等，調集團練，前往擊剿，斃匪數人，即時退去。十三日，復竄至該縣之交口地方。該官紳等督團奮勇迎擊，匪勢退却。我兵乘夜進剿，該匪不知虚實，驚慌紛散。我兵分頭剿殺，大獲勝仗。自東至西，追殺一百四十餘里，共計轟斃斬殺執旂紅衣賊目六人，餘匪一百九十餘人，生擒捻首王二、劉五等一百一十五名，救出被裹難民百餘名，奪獲騾馬九匹，大小炮四尊，擡槍十九桿，鳥槍、刀矛不計其數。此股竄匪業已全數撲滅等情。

訊據先後擒獲之捻首梁道榮、沈旺、曹振青、趙林等供稱，此股逆捻係陳汰安、蕭况、王三辮子、管紹堂、梁道榮為五大捻首，旂分五色。該犯梁道榮係紅旗捻首，節次與官兵打仗。聽説蕭况與皖逆張樂行等勾通，約期九月十七八日到周家口合捻，意欲攻下確山即往周口，不期初七、八日叠被官兵擊敗，現俱欲竄西大山等供。

臣查該匪等滋事以來，蹂躪數百里，衆至萬餘，到處燒搶，凶惡已極。并勾通皖省逆捻，意圖内竄。現數日之間，叠次痛剿，陣殲擒獲，并解散脅從，所剩衹千餘人。辦理尚為得手，實為意料所不及。惟渠魁未獲，亟應奮力追擊，四路堵截，庶期醜類盡殲。仍飭該將弁等妥速剿辦，毋稍延緩。并剴切曉喻，解散脅從，懸賞購拿首惡，勿任一名漏網。

十六日，承准軍機大臣字寄，九月十二日奉上諭：本日曾望顔奏，接准英〈桂〉咨照，知捻匪竄入南陽府城，現籌商、雒一帶調兵防堵一摺。捻匪由泌陽、舞陽竄陷南陽，該府城池如何失守及現在籌辦情形，想英〈桂〉業已奏報在途。前據勝保、袁甲三奏，飭令邱聯恩統原帶南陽鎮官兵八百名，星馳回豫助剿，於八月三十日起程。嗣聞南陽賊勢猖獗，閻丕敏、龍澤厚等連次挫敗，勝保復將劉尚義、張玉榮勇隊帶赴陳州，擬即酌撥，相機策應。現在邱聯恩一軍，自當隨同英〈桂〉，進剿角子山等處竄匪。而南陽被陷，距許州較遠，必得另派一軍，馳往援救。是否可派劉尚義等所帶之勇前往南陽，抑另有可派之兵，著英〈桂〉即與勝保函商辦理。

至勝保奏請陛見，曾經降旨申飭，寄諭即令折回。昨知其竟於初六日起程，由水路行走。恐前次寄諭未及奉到，著於接奉此旨後，迅速折回正陽關，與袁甲三會商攻剿機宜。等因。欽此。當即恭録飛咨勝保，知照遵旨辦理。

伏查該匪於八月十五日攻撲賒旗店地方，派防該處之府勇團練出禦，衆寡不敵，多有傷亡，被匪闌入燒搶，當於上月二十三日奏報在案。賒旗店係南陽府所屬地方。該匪闌入燒搶後，即分竄唐縣屬境之大河屯、源灘等處，并未竄近南陽府城。該府城并無失守情事。臣前次奏報後，即將摺稿咨照山陝各撫臣，加意設備，以免竄越。此外并未另有咨文，想係陝省探報訛傳，以致該撫臣誤會入奏。除另咨明陝西撫臣外，理合（附陳）覆奏現在剿辦情形。該匪迭被痛懲，自確山城外以迄老樂山、沙河店、張堂、紅嶺土山，連次奮擊均獲全勝，匪勢已窮。現經臣嚴督妥速擊剿，不難滅此夥（會）[匪]，可無須再添兵力，以節經費。

至南陽鎮總兵邱聯恩前准咨稱，於初三日行抵固始。復經臣節次函催，迄今又逾十日，并未來到。除再行飛催外，如該鎮官兵到齊，會同現有各起兵勇，足敷堵剿。所有勝保擬欲酌撥之劉尚義、張玉榮勇隊，已可毋庸前來。業由臣函覆勝保停止，勿遣以省往返。

所有續獲勝仗緣由，謹繕摺具奏，伏乞皇上聖鑒訓示。謹奏。

0361. 河南巡撫英桂行移附奏請將管帶兵勇鎮將府州縣分别參處片

咸豐七年九月十九日

札軍需局。翼長王道。照得本部院於咸豐七年九月十八日，在葉縣行營，由驛附奏，請將追剿遲延、防堵不力之鎮、將、府、州、縣分别革職留營，摘去頂戴一片。除俟奉到硃批，另行恭録札知移咨外，合先抄片札行。咨送。札到該局，道，即便會同兩司，轉飭知照。毋違。此札。

計粘抄片稿一紙。

札軍需局。翼長王道。

為移咨事。竊照云前，合先抄片咨送。為此合咨貴部堂，鎮，請煩為查照轉飭施行。

計粘抄片稿一紙。

一　　　咨

陝甘總督部堂

署陝西延綏總鎮龍

南陽總鎮邱

咸豐七年九月十九日。軍務局郝儒林承。

附奏請將管帶兵勇鎮將府州縣分别參處一片。

河南巡撫部院提督軍門英。劃。

監印官候補府經歷秦家駒。

附録片稿：河南巡撫英桂附奏請將管帶兵勇鎮將府州縣分别參處片

咸豐七年九月十八日

繕。

再，此次三路追剿敗匪，原期一路追及，兩路會合夾擊，庶使該匪無路脱逃。此中堵剿機宜，間不容髮，有稍縱即逝之勢。

查德楞額等中路一軍，跋涉險阻，星馳緊躡，續獲大勝，辦理極為得手。該將弁文武，亦屬异常出力。惟龍澤厚、何懷珍兩軍，由南北兩路追剿，與德楞額等同日分道前進。乃迄今并未據報行抵何處，殊屬遲延。相應請旨，將署陝西延綏鎮總兵副將龍澤厚、署南陽府知府候補知府何懷珍，俱摘去頂戴，責令協同大兵，認真剿辦，以贖前愆。該府何懷珍前剿辦襄樊竄匪案內，尚有失守所屬鄧州、內鄉兩城處分。因其隨同克復，并越境進剿，著有微勞，原擬予以功過相抵，尚未具奏。此次追剿遲誤，如參後奮勉圖功，再行奏請免議。倘仍不知愧奮，即行嚴參。

又，臣前奉硃批：著嚴飭各府、縣合力堵截，毋任其分竄，以驅出本境為了事也。等因。欽此。仰見聖明燭照，欽佩實深。當經嚴檄附近賊踪各府、州、縣，實力堵遏，毋任竄越。各該地方官宜何如盡心守禦，以扼寇氛。乃裕州知州李蓉鏡，於賊竄所屬之獨樹小頂山等處，該州扎隊扳倒井地方，株守不動，任其伺隙往來。迨賊由揚集竄至紅嶺，大兵奮擊獲勝，該州輒退守州城，并不派勇接應，實屬畏葸無能。又，西平縣知縣高慶頤，前經臣兩次札飭督勇堵禦，迄今二十餘日，該縣置若罔聞，并無隻字稟復。當此剿匪吃緊之際，豈容此庸懦不職之員貽誤地方？相應請旨，將裕州知州李蓉鏡革職留營效力，西平縣知縣高慶頤革職暫行留任，以觀後效。

謹附片具奏，伏乞聖鑒訓示。謹奏。

0362. 河南巡撫英桂行移附奏軍營出有參游佐領等缺揀員分別擬補一片奉硃批

咸豐七年九月十九日

札　知悉。照得本部院於咸豐七年九月十八日，在葉縣行營附奏，軍營出有參游、佐領等缺，揀員分別擬補一片。除俟奉到硃批，另行恭録札知/移咨外，合先/相應抄片札行。/咨送。札到該翼長，/將，即便轉飭知照。毋違。此札。

計粘抄片稿一紙。

札翼長库協領。
翼長王道。
標下中軍。

為移咨事。竊照云前，相應抄片咨送。為此合咨貴　，請煩為查照飭知施行。

計粘抄片稿一紙。

一　　　　　　咨

欽差密雲副都統勝

直隸總督部堂

河東總河部堂

吉林將軍

河北總鎮

咸豐七年九月十九日。軍務局郝儒林承。

附奏軍營出有參游佐領等缺揀員分别擬補一片。

河南巡撫部院提督軍門英。劃。

附録片稿：河南巡撫英桂附奏軍營出有參游佐領等缺揀員分别擬補片

咸豐七年九月十八日

再，軍營出有升調所遺及病故、陣亡各缺，向歸軍營出力人員内揀員請補，歷經遵辦在案。兹查東河督標左營參將雙慶升補直隸山永協副將，所遺參將一缺，查有河南揀發參將賽沙布，督隊打仗，屢著戰功，堪以擬補。又，直隸北塘營游擊玉禄升補山東臺莊營參將，所遺游擊之缺，查有直隸儘先游擊冷慶，打仗殺賊，奮不顧身，堪以擬補。又，直隸易州營游擊格洪額升補山西汾州營參將，所遺之缺，查有直隸揀發游擊惠芳，紀律嚴明，屢著勞績，堪以擬補。又，河南開封營游擊馬春華升補河南營參將，所遺之缺，查有河南儘先游擊承惠，勇敢有為，才具明練，堪以擬補。又，吉林阿勒楚喀正白旗防禦景林補授伯都訥正白旗佐領，所遺防禦一缺，查有吉林驍騎校永奎，督隊勇往，所向無前，堪以升補。其所遺驍騎校一缺，查有吉林儘先驍騎校前鋒恒禄，冒鏑衝鋒，戰功卓著，堪以擬補。合無仰懇天恩，俯准將賽沙布等升補東河督標左營參將各缺，以勵戎行。

為此附片具奏，伏乞聖鑒訓示。謹奏。

0363. 河南巡撫英桂為具奏官軍追剿捻匪獲勝一摺移南陽總鎮咨文

咸豐七年九月二十日

為移咨事。竊照本部院於咸豐七年九月十八日，在葉縣行營，由驛具奏，官軍追剿捻匪，由泌陽之張堂，直至裕州所屬之紅嶺土山，續獲大勝，敗匪越山西竄，現仍跟踪緊躡，以期盡殄凶渠一摺。除俟奉到硃批，另行恭録移咨外，合先抄摺咨送。為此合咨貴鎮，煩為查照施行。

計粘抄摺稿一紙。

一　　咨

南陽總鎮邱

咸豐七年九月廿日。軍務局郝儒林承。

具奏官軍追剿捻匪獲勝一摺。

河南巡撫部院提督軍門英。劃。

監印官候補府經歷秦家駒。

0364. 河南巡撫英桂行移具奏捻匪攻撲確山縣城官兵援剿獲勝解圍一摺奉硃批上諭

咸豐七年九月二十一日

札 知悉。照得本部院於咸豐七年九月十二日，在葉縣行營具奏，捻匪全股東竄確山，攻撲縣城，官兵星馳援剿，以少擊衆，大獲勝仗，立解城圍，追殺至老樂山，進剿沙河店、張堂，連獲大勝一摺，業已抄摺札知咨送在案。玆於九月二十日，奉到硃批：另有旨。欽此。同日，奉上諭一道。合就相應恭録札行。移咨。札到該局；司；道，即便會同兩司，欽遵查照。毋違。此札。

計恭録上諭一道。

札軍需局。按察司。翼長王開歸徐道。

為恭録移咨事。竊照云前，相應恭録移咨。為此合咨貴 ，請煩欽遵查照施行。

計恭録上諭一道。

一 咨

欽差密雲副都統勝太僕寺正堂袁

湖廣河東總督河部堂

山陝西湖北巡撫部院

咸豐七年九月廿一日。軍務局郝儒林承。

具奏捻匪攻撲確山官兵援剿獲勝解圍一摺奉硃批。

河南巡撫部院提督軍門英。劃。

監印官候補府經歷秦家駒。

附録上諭：内閣奉上諭著英桂督飭在事文武趕緊剿捕捻匪

咸豐七年九月十六日

繕。

咸豐七年九月十六日內閣奉上諭：英桂奏，捻匪攻撲確山縣城，官軍追剿獲勝一摺。河南南陽捻匪，由賒旗店分股向東北竄擾。經泌陽等處團勇剿敗，該匪合併大股，盤踞唐縣大河屯地方，復竄往泌陽之雙廟鎮一帶。總管格綳額、德楞額，各帶馬步兵勇，分路迎擊。該逆分股竄入近城地面。經武生李干城等伏兵傷斃放火捻匪并騎馬賊多名，賊始稍退。本月初五日，匪黨萬餘由溝竹竄往確山，勢將撲城。副將龍澤厚等整隊馳往。初七日，大軍馬步兵勇齊抵城下。該匪正在攻城，返旗迎撲，勢甚凶猛。總管格綳額、德楞額，副將伊里綳阿、雙慶，署南陽府知府何懷珍等，與龍澤厚、閻丕敏各帶兵勇，四面夾擊。該匪抵死不退，并有馬賊四百餘人，橫來衝撲。格綳阿等奮力迎剿，槍炮齊施。匪衆紛紛倒地。殲斃一千六七百名，生擒一百餘名，奪獲器械、騾馬無算。餘匪翻山逃竄，立解城圍。官軍追至老樂山，復斃賊五六百名，生擒百餘名，擒獲賊目張景正法。各鄉匪徒，搜殺殆盡。復由老樂山等處，分捕擒斬七百餘名。匪由沙河店奔竄。兵勇合力追剿，奪獲千餘斤大炮一尊，斃賊百餘名。其由張堂向長嶺竄逸之賊，亦經官兵擊敗，被追落澗死者甚夥。此股捻匪經此次大加懲創，不難悉數殲除。著英〈桂〉督飭在事文武，趕緊剿捕，以期及早肅清，毋留餘孽。

所有出力之鎮將并帶勇員弁，均著該撫擇尤彙案保奏，候朕施恩，毋許冒濫。

欽此。

0365. 河南巡撫英桂行移附奏請將丁憂之候補直隸州知州李徵松等暫留豫省以資差委一片奉硃批

咸豐七年九月二十一日

札軍需局知悉。照得本部院於咸豐七年九月十二日，在葉縣行營附奏，請將丁憂之候補直隸州知州李徵松等暫留豫省，以資差委一片，業已抄片札知咨送在案。茲於九月二十日，奉到硃批：著照所請。欽此。合就相應恭録札行。咨明。札到該局，即便會同兩司，欽遵轉飭知照。毋違。此札。

札軍需局。

為恭録咨明事。竊照云前，相應恭録咨明。為此合咨貴部，請煩欽遵查照施行。

一咨

吏部

咸豐七年九月廿一日。軍務局郝儒林承。

附奏請將丁憂候補直隸州李徵松等留豫差委一片奉硃批。

河南巡撫部院提督軍門英。劃。

監印官候補府經歷秦家駒。

0366. 河南巡撫英桂為具奏軍營出有參游佐領等缺揀員分別擬補一片移兵部咨文

咸豐七年九月二十一日

為咨送事。竊照本部院於咸豐七年九月十八日，在葉縣行營，由驛附奏，軍營出有參游、佐領等缺，揀員分別擬補一片。除俟奉到硃批，另行恭録咨明外，合先抄片咨送。為此合咨貴部，請煩查照施行。

再，查冷慶所遺直隸河屯協都司，承惠所遺玉田營都司各缺，係軍營所出之缺，應由軍營揀員擬補。除另擇出力人員奏升外，合併咨明。須至咨者。

計粘抄片稿一紙。

一咨

兵部

咸豐七年九月廿一日。軍務局郝儒林承。

具奏軍營出有參游佐領等缺揀員分別擬補一片。

河南巡撫部院提督軍門英。劃。

監印官候補府經歷秦家駒。

0367. 河南巡撫英桂行移具奏官軍追剿捻匪獲勝一摺奉硃批上諭

咸豐七年九月二十八日

札　知悉。照得本部院於咸豐七年九月十八日，在葉縣行營，由驛具奏，官軍追剿捻匪，由泌陽之張堂，直至裕州所屬之紅嶺土山，續獲大勝，敗匪越山西竄，現仍跟踪緊躡，以期盡殄凶渠一摺，業已抄摺(札知／咨送)在案。茲於九月二十七日，奉到硃批：另有旨。欽此。同日，奉上諭一道。(合就／相應)恭録(札行。／移咨。)札到該(局，／道，)即便會同兩司，欽遵查照。毋違。此札。

計恭録上諭一道。

札(軍需局。／翼長王、開歸徐道。)

為恭録移咨事。竊照云前，相應恭録移咨。為此合咨貴　，請煩為欽遵查照施行。

計恭録上諭一道。

一　　　咨

欽差密雲副都統勝
太僕寺正堂袁

河東河
湖廣總督部堂

湖北
山陝西巡撫部院

南陽總鎮邱

咸豐七年九月廿八日。軍務局郝儒林承。

具奏官軍追剿捻匪獲勝一摺奉硃批上諭。

河南巡撫部院提督軍門英。劃。

監印官候補府經歷秦家駒。

附録上諭：内閣奉上諭著英桂督飭將弁剿洗渠魁毋留餘孽

咸豐七年九月二十三日

咸豐七年九月二十三日内閣奉上諭：英桂奏，追剿捻匪，續獲大勝一摺。河南捻匪，自確山敗竄後，大股四路紛逃。經英〈桂〉飭令總管格绷額等分帶兵勇，跟踪追剿，該匪竄至保安驛地方。英桂親督小隊并德楞額等馬步各隊，會合進擊。該匪不敢迎拒，由裕州之郭橋西南逃竄，占踞紅嶺，抗拒官兵。德楞額等圍住土山，鼓勇齊進，斃匪二百餘名，乘勝搶登紅嶺。匪衆潰散奔竄。復斃匪百餘名。四路竄匪，均經地方官紳搜獲，擊斃多名。其竄至魯山縣交口賊匪，亦經該官紳等督團奮擊，官兵乘夜進剿，追殺百數十里，轟斃紅衣賊目六名、餘匪一百九十餘名，生擒捻首王二等一百十五名，救出難民百餘名，奪獲騾馬、槍炮、刀矛不計其數。此股竄匪已全行撲滅，惟渠魁未獲。仍著英桂督飭將弁，迅速剿洗，以期盡殲醜類，毋留餘孽。

欽此。

0368. 河南巡撫英桂行移附奏請將管帶兵勇鎮將府州縣分別參處一片奉硃批上諭

咸豐七年九月二十八日

札軍需局。
翼長王道。照得本部院於咸豐七年九月十八日，在葉縣行營，由驛附奏，請將追剿遲延、防堵不力之鎮、將、府、州、縣，分别革職留營，摘去頂戴一片，業已抄片札知咨送在案。玆於九月二十七日，奉到硃批：另有旨。欽此。同日，奉上諭一道。合就相應恭録札行。移咨。札到該局，道，即便會同兩司，欽遵轉飭知照。毋違。此札。

計恭録上諭一道。

札軍需局。翼長王道。

為恭録移咨事。竊照云前，相應恭録移咨。為此合咨貴部堂，請鎮，煩為查照，欽遵轉飭施行。

計恭録上諭一道。

一　　　咨

陝甘總督部堂

署陝西延綏總鎮龍

南陽總鎮邱

咸豐七年九月廿八日。軍務局郝儒林承。

附奏特參追剿遲延防堵不力之鎮將府州縣一片奉硃批上諭。

河南巡撫部院提督軍門英。劃。

監印官候補府經歷秦家駒。

附録上諭：内閣奉上諭著將追剿遲延及守禦不力各員分别懲處

咸豐七年九月二十三日

繕。

咸豐七年九月二十三日内閣奉上諭：英桂奏，請將追剿遲延及守禦不力各員，分别懲處等語。陝西副將龍澤厚、署南陽府知府何懷珍，追剿遲延，均著摘去頂戴，責令隨同大兵，將敗匪認（直）[真][①] 剿捕，以贖前愆。倘再不知愧奮，即嚴參懲辦。裕州知州李蓉鏡，於賊竄所屬地方扎營株守。迨官軍奮擊獲勝，該員輒退至州城，并不派勇接應。西平縣知縣高慶頤，經該撫飭令督勇堵禦，竟敢延不禀覆。均屬庸懦無能。李蓉鏡著即革職留營效力，高慶頤著革職暫行留任，以觀後效。

欽此。

① 據《文宗顯皇帝實録》（四）卷 236，中華書局 1987 年版，第 672 頁。

0369. 河南巡撫英桂行移附奏軍營出有參游佐領等缺揀員分別擬補一片奉硃批

咸豐七年九月二十八日

札　知悉。照得本部院於咸豐七年九月十八日，在葉縣行營附奏，軍營出有參游、佐領等缺，揀員分別擬補一片，業已抄片札知/咨送在案。兹於九月二十七日，奉到硃批：永奎、恒禄，依擬升補。餘著兵部查議具奏。欽此。合就/相應恭録札行。/咨明。札到該翼長，/將，即便欽遵轉飭知照。毋違。此札。

札翼長王道。庫協領。/標下中軍。

為恭録咨明事。竊照云前，相應恭録咨明。為此合咨貴　，請煩為欽遵查/查照飭知照施行。

一咨

兵部

欽差密雲副都統勝

直隷/河東總督/河部堂

吉林將軍

河北總鎮

咸豐七年九月廿八日。軍務局郝儒林承。

附奏軍營出有參游佐領等［缺］揀員分別擬［補］一片奉硃批。

河南巡撫部院提督軍門英。劃。

監印官候補府經歷秦家駒。

0370. 河南巡撫英桂行移具奏官軍追勦捻匪至馬市坪大獲勝仗摺

咸豐七年九月二十八日

札　知悉。照得本部院於咸豐七年九月二十七日，在葉縣行營，由驛具奏，官軍越山追勦，由裕州紅嶺，至南召縣邊界之曹集地方，擊賊獲勝，復跟追至馬市坪，設伏抄圍，奮力合擊，大獲勝仗，陣斃著名捻首，殲擒一千六百餘名，殘匪無多，現飭嚴行搜捕，以絶根株一摺。除俟奉到硃批，另行恭録札知/移咨外，合先抄摺札行。/咨送。札到該局，/翼長，/道，即便會同兩司查照。毋違。此札。

計粘抄摺稿一紙。

札軍需局。/翼長王道。/開歸徐道。

為移咨事。竊照云前，合先抄摺咨送。為此合咨貴　，請煩為查照施行。

計粘抄摺稿一紙。

一　　咨

欽差密雲副都統勝 太僕寺正堂袁

湖廣總督 河東總河部堂

湖北巡撫部院

山陝西巡撫部院

南陽總鎮邱

咸豐七年九月廿八日。軍務局鄧式南承。

具奏官軍追勦捻匪至馬市坪大獲勝仗一摺。

河南巡撫部院提督軍門英。劃。

監印官候補府經歷秦家駒。

附録奏摺：河南巡撫英桂具奏官軍追剿捻匪至馬市坪大獲勝仗摺

咸豐七年九月二十七日

繕。

奏為官軍越山追勦，由裕州紅嶺，至南召縣邊界之曹集地方，擊賊獲勝，復跟追至馬市坪，設伏抄圍，奮力合擊，大獲勝仗，陣斃著名捻首，殲擒一千六百餘名，殘匪無多，現飭嚴行搜捕，以絶根株，恭摺馳奏，仰祈聖鑒事。

竊臣前將追賊至紅嶺土山，續獲大勝各緣由，縷晰奏聞在案。該匪自十四日在紅嶺敗逃，勢窮膽落，向西翻山奔竄。我兵亦越過兩山，將近南召地界，查看山勢愈形險惡，徑極崎嶇，兼值連日大雨，山行窄滑异常。各兵勇跋涉登山，冒雨奔馳前進，鞋襪盡行穿破。探得該匪在南召邊界之曹集地方喘息，糾合山内土匪，共有二千餘人。德楞額、伊里綳阿等，於十六日督飭兵勇，疾馳前進。該集在叢山之内，祗有一徑可通。當派兵勇先將葫蘆灣堵住，斷其出山之路。我兵奮勇直攻入集，殺斃賊匪二十餘名，生擒三名。該逆抵敵不住，紛紛由集後竄上半山。我兵鼓勇銜尾躍登。匪衆踞高迎拒，矢石齊下。我兵冒雨進攻，設法支傘，并頂木版遮蔽，施放槍炮，斃匪百餘名。匪勢不支，翻過山後逃竄。追獲八十餘名，奪獲槍械四十餘件，騾馬二十餘匹。我兵亦間有傷亡。時大雨如注，山徑愈滑，人馬疲乏。當即收隊，在雙龍鎮扎營。

十七日，復差派馬步過山分探，查知該匪由山後西北竄至南召之黑驪溝。我兵跟踪追至。該匪聞風先折向西南，至李青店擄搶，即竄入馬市坪盤踞。德楞額、伊里綳阿等，以該處西通嵩縣山徑，恐其竄入大山，更難剿捕，即派撥兵勇，由捷徑前往，堵住去路。又因馬市坪一帶，萬山叢雜，峪嶺險惡，必須查明地勢，扼其險要，前後埋伏，抄圍兜擊，方可制其死命。當派能事兵勇，改裝易服，進山分路偵探。

查知馬市坪係在峪頭溝迆西，該處山溝長十餘里，寬僅二十餘步，三面皆山，南山尤險，惟東路繞山可以進溝。山内溪澗紛繞，水深二尺許，人馬可以渡涉。當即公同酌議，令龍汝元、冷慶、巴揚阿、王榮烈等，各帶兵勇，分頭埋伏，約會進擊。又恐賊匪驚覺先遁，暗傳口號，令各隊乘夜進兵。適龍澤厚、閻丕敏、李徵松等兵勇，亦於十九日趕到，當即會合，於二十日四更時分，偃旗息鼓，大隊由確溝前進，在留石垛、山前等處節節設伏。龍汝元等督帶兵勇，由馬市坪後路抄襲。龍澤厚等分帶兵勇，在南山後截擊。德楞額等督帶馬隊，進溝誘敵。該匪約二千餘人，全股迎撲。馬隊即行撤出，槍箭并施。該逆抵死抗拒，我兵火毬、火箭、槍炮齊進。正在鏖戰之際，陡見馬市坪烟焰大起，山後伏兵大至，逆賊後隊已動。德楞額等指揮馬隊，喊殺直衝，乘勢進擊。龍汝元、冷慶、巴揚阿、王榮烈等從後抄殺，馬步兩面夾攻。該賊腹背受敵，中槍着箭，紛紛倒地。我兵盡力痛剿，共斃賊七百餘名。餘匪抛弃槍械，登山逃竄。復經龍澤厚、閻丕敏、李徵松等督帶山後、山前各處伏兵，先後斬殺悍匪四百餘名，生擒七十四名。餘匪翻山奔竄。我兵乘勝疾追，連越五山，計三十餘里，直至石洞嶺地方。復斬首一百餘級，生擒逆捻陳春、王七兒等八十三名。訊據獲犯，僉供逆首王三辮子已臨陣殲斃。并據稱，逆首蕭况係在溝西弃甲登山，是否已被亂兵殺斃，未能指實等供。統計此次設伏兜剿，鏖戰五時之久，共斃賊一千六百餘名，擒斬賊目數十名，奪獲騾馬百餘匹，槍炮二百餘件，刀矛等械四百餘件，逆首銅釘甲一付，銅偽印、木戳各一顆。逃匪約剩五六百人，四路奔竄。我兵窮追已遠，人馬力乏，天晚收隊，扎營白家堂一帶，仍飭兵勇嚴行剿捕。京營即補游擊龍汝元追賊深入，左手受矛傷一處。直隸儘先游擊冷慶，登山剿賊，左膀、左手受石傷二處。兵勇傷亡數十名，查明另行咨部。先後擒獲匪犯，訊明分别辦理。

臣查該匪倚叢山之險，東擊西竄，狡猾异常。經該將弁等四路設伏，盡力痛剿，辦理尚合機宜。計自確山城外進剿得手，旬餘之間，追殺數百里，血戰數次，擒斬數千。在事各文武員弁，剿辦亦為妥速。現飭查明逆首蕭况是否殲斃，并飭該將弁等以及各地方官嚴拿在逃餘匪，務期悉數殄除，勿留餘孽。

接據魯山縣知縣高天寵禀稱：探有餘匪七八十人，於十八日夜間，自東南竄撲縣境。該縣即會同汛弁、紳士，督帶兵勇、鄉團，分路堵剿。約四更時分，我兵潛伏尹村地方，望見該匪前來，我兵明火突出。匪衆出其不意，驚惶紛竄。當即督勇分路追拿，并飭鄉團各於本村實力堵擊，共擒獲匪犯陳結生等十九名，格殺及落水死者數十名。現魯山境内已一律肅清。并據候補知府葉法及遂平縣知縣汪斌才禀報：拿獲捻首衛槎及張朗頭多名。其逃回泌陽餘匪，經該縣拿獲大捻首喬幗保、李亦雲等六名，格斃十六名。各等情。

查敗殘餘匪四散分逃，各路竄伏者尚多。據探裕、泌、舞、確等縣山内，尚有零匪數百人潛匿出没，難保無陳汰安等逆首在内，必須盡力窮搜，庶期除惡務盡。現南陽鎮總兵邱聯恩，已於二十五日前來臣行營，商令該鎮督同汝寧府知府祁之銓、候補知府葉法、蒯賀蓀及各州縣、營汛，分帶兵勇，由南路入山搜捕，嚴拿逸犯，以清萌孽而靖地方。

所有追剿逆捻大獲勝仗，餘匪無多，現飭搜捕各緣由，謹繕摺具奏，伏祈皇上聖鑒訓示。謹奏。

0371. 河南巡撫英桂行移具奏遵旨核減克復方家集三河尖案内文員摺

咸豐七年九月二十八日

札　知悉。照得本部院於咸豐七年九月二十七日，在葉縣行營，由驛具奏，謹將克復方家集、三河尖案内出力文員，遵旨確實核減，另繕清單，仰懇恩施一摺。除俟奉到硃批，另行恭録札知/移咨外，合先抄摺札行。/咨送。札到該局，/道，即便會同兩司，轉飭知照。毋違。此札。

計粘抄摺稿一紙。

札軍需局。/翼長王道。

為移咨事。竊照云前，合先抄摺咨送。為此合咨貴都統，請煩查照施行。

計粘抄摺稿一紙。

一　　　　咨

欽差密雲副都統勝

咸豐七年九月廿八日。軍務局郝儒林承。

具奏遵旨核減克復方家集案内文員一摺。

河南巡撫部院提督軍門英。劃。

監印官候補府經歷秦家駒。

附録摺稿：河南巡撫英桂具奏遵旨核減克復方家集三河尖案内文員摺

咸豐七年九月二十七日

繕。

奏為謹將克復方家集、三河尖案内出力文員，遵旨確實核減，另繕清單，恭摺仰懇恩施，奏祈聖鑒事。

竊臣欽奉上諭：英〈桂〉、勝保奏，遵保攻克方家集、三河尖等處出力員弁兵勇，併案請奬一摺。所保在營文職至五十餘員之多，已不免冒濫。況前經吏部奏准，糧臺、文案各員，不准越級保升及免補本班。此次單内仍有越次及免補本班人員，雖據稱不分文武，一概親冒矢石，殊難憑信。著英〈桂〉等確實核減，另行具奏。等因。欽此。

除勝保隨營文職計三十七員，業經該副都統另行核減具奏外，查此次攻克方家集、三河尖案内，臣營列保文職僅有丁世選等八員，南陽鎮總兵邱聯恩咨保幫同鄭元善、蒯賀蓀、廖慶謀等帶勇文職十員，計共十八員。兹經臣凛遵諭旨，覆加查核。原保案内已革候補知縣丁世選，前經臣與勝保派令該員帶勇堵剿，屢次打仗，俱為勇往。惟於逆捻攻撲方家集時，該員衆寡不敵，以致為賊所乘。經臣會同勝保奏參，革職留營效力。該員被參後復隨同剿賊，躬冒矢石，在沙河南北與匪接仗，迭有斬擒，實屬愧奮出力。孫嘉臻、鄒金生二員，隨營剿捕，擒斬甚多；審訊要犯，悉心研鞫。朱兆蘭、麟章、張書紳三員，隨隊運送軍火，接濟糇糧，冒險馳驅，不辭勞瘁。均屬异常出力，未便没其微勞。仍開具清單，恭呈御覽，籲懇天恩，俯准奬勵。其張勵栻、王焕采二員，亦屢著辛勞，兹遵旨核減，應由臣存記。俟續有勞績，再行奏奬。

至邱聯恩等請保幫同帶勇文職十員，復經臣另行悉心覆核，除撤減三員外，其姚國慶等七員，均係帶勇打仗尤為出力，一併開入單内，仰乞恩施，以昭激勸。

所有遵旨核減緣由，謹繕摺具奏，伏乞皇上聖鑒訓示。謹奏。

附録保單：河南巡撫英桂呈報克復方家集三河尖案内出力文員名單

咸豐七年九月二十七日

繕。

謹將克復方家集、三河尖案内出力文員，遵旨核減，另行繕具清單，恭呈御覽。

已革候補知縣丁世選，擬請開復原官。試用知縣孫嘉臻、鄒金生，均擬請歸候補班補用。奏留候補縣丞朱兆蘭，擬請補缺後以知縣用。候補從九品麟章，擬請補缺後以府經歷歸候補班補用。試用從九品張書紳，擬請以巡檢歸候補班前補用。分發河南試用知縣姚國慶，擬請歸候補班補用。分缺先用縣丞嵇文輅，擬請補缺後以知縣歸候補班補用。儘先補用縣丞張錫圭，擬請補缺後以知縣用。已革候補州吏目陳永清，擬請開復革職處分，仍以州吏目補用。候選從九品楊啓雄，擬請以從九品留豫，歸候補班補用，并請賞戴藍翎。候選鹽知事黄河清，擬請以府經歷縣丞歸部即選，并請賞戴藍翎。湖北從九品職銜陳燦然，擬請以從九品歸部儘先選用。

0372. 河南巡撫英桂行移具奏官軍追剿捻匪至馬市坪大獲勝仗一摺奉硃批上諭

咸豐七年十月初八日

札 知悉。照得本部院於咸豐七年九月二十七日，在葉縣行營，由驛具奏，官軍越山追剿，由裕州紅嶺，至南召縣邊界之曹集地方，擊賊獲勝，復跟追至馬市坪，設伏抄圍，奮力合擊，大獲勝仗，陣斃著名捻首，殲擒一千六百餘名，殘匪無多，現飭嚴行搜捕，以絶根株一摺，業已抄摺[札知/咨送]在案。兹於十月初七日，奉到硃批：另有旨。欽此。同日，奉上諭一道。[合就/相應]恭録[札行。/移咨。]札到該[局,/道,]即便[會同兩司,]欽遵查照。毋違。此札。

計恭録上諭一道。

札[軍需局。/翼長王道。/開歸徐道。]

為恭録移咨事。竊照云前，相應恭録移咨。為此合咨貴　，請煩為欽遵查照施行。

計恭録上諭一道。

一　　咨

欽差[密雲副都統勝/太僕寺正堂袁]

[湖廣/河東]總[督/河]部堂

[湖北/山陝西]巡撫部院

南陽總鎮邱

咸豐七年十月初八日。軍務局鄧式南承。

具奏官軍追剿捻匪至馬市坪大獲勝仗一摺奉硃批上諭。

河南巡撫部院提督軍門英。劃。

監印官候補府經歷秦家駒。

附録上諭：内閣奉上諭著英桂嚴督帶兵員弁分路搜剿敗殘捻匪

咸豐七年十月初三日

咸豐七年十月初三日内閣奉上諭：英桂奏，官軍追剿捻匪，連獲大勝，現飭搜捕殘匪一摺。河南逆匪自紅嶺土山被剿，窮蹙翻山，奔竄至南召縣界之曹集，糾合山内土匪，復有二千餘人。總管德楞額等越山追剿，斃賊百數十名。餘匪翻山。我兵追獲八十餘名，奪獲槍械等件甚多。該匪由山後竄至驪溝及馬市坪等處盤踞。我軍乘夜進兵，設伏誘擊，槍炮齊進。忽見馬市坪烟焰騰天，伏兵大至。前後抄殺，斃匪七百餘名。餘匪抛械登山。復經龍澤厚等伏兵齊起，斬殺悍匪四百餘名。乘勝進追，連越五山三十餘里，斬首一百餘級。統計此次兜剿，共斃賊一千六百餘名，擒斬賊目十餘名，奪獲騾馬、器械無算。其在逃殘匪，復經魯山縣知縣高天寵等督帶勇團格殺及落水死者數十名及十數名不等。此股敗殘餘匪，此拿彼竄，狡黠异常。英桂飭令德楞額等追殺數百里，擒斬數千，辦理尚屬妥速。現在裕州、泌陽等山内，尚有零匪數百潛匿。仍著英桂嚴督帶兵員弁，分路搜剿，以除萌孽而安地方。

欽此。

0373. 河南巡撫英桂行移具奏遵旨核減克復方家集三河尖案内文員一摺奉硃批上諭

咸豐七年十月初八日

札　知悉。照得本部院於咸豐七年九月二十七日，在葉縣行營，由驛具奏，謹將克復方家集、三河尖案内出力文員，遵旨確實核減，另繕清單，仰懇恩施一摺，業已抄摺札知咨送在案。茲於十月初七日，奉到硃批：另有旨。欽此。同日，奉上諭一道。合就相應恭録札行。移咨。札到該局，道，即便會同兩司，欽遵轉飭知照。毋違。此札。

計恭録上諭一道。

札軍需局。翼長王道。

為恭録移咨事。竊照云前，相應恭録移咨。為此合咨貴都統，請煩欽遵查照施行。

計恭録上諭一道。

一　　　　咨

欽差密雲副都統勝

咸豐七年十月初八日。軍務局郝儒林承。

具奏遵旨核减克復方家集案内文員一摺奉硃批上諭。

河南巡撫部院提督軍門英。劃。

監印官候補府經歷秦家駒。

0374. 河南巡撫張之萬行移廷寄著嚴防捻軍西竄歸德

同治四年四月初五日*

札翼長張鎮。照得本部院於本月初五日，承准軍機大臣字寄，同治四年四月初二日奉上諭一道。等因。欽此。除欽遵外，合亟抄録札行。札到該翼長，立即遵照，一俟僧親王檄調到日，務即督飭所部，探踪迎剿。惟現在賊氛雖遠，尚恐該逆被擊回竄。豫境邊防，仍當嚴為之備。該翼長迎剿之師，須帶幾營同往，或於本部外將參將蔣希夷所部悉數帶往，以厚兵力，即令宋鎮一軍，仍駐永、夏一帶，以資堵扼，均由該翼長妥為酌定，本部院不為遥制。至統兵出省，軍火餉項，運濟較難。應在何處安設轉運局，俾得源源接濟，使三軍無匱乏之憂，該翼長即酌量情形，迅速商辦。再，湯守一軍，近在考城。俟該翼長剋期前進，即便飛飭湯守移扎永、夏，以為該軍後路援應。所有現在軍情，該翼長仍當隨時飛報查考。毋違。此札。

粘抄上諭一道。

札翼長張鎮。六百［里］排單。

札　。照得云前。除欽遵檄飭翼長張鎮，一俟云前，以為該軍後路援應外，合亟札行。札到該處臺，即便知照。毋違。此札。

札營務處。糧臺。

札　。照得本部院於同治四年四月初五日，承准軍機大臣字寄，奉上諭一道。等因。承准此。除祗遵外，合就恭録札行。札到該局處，即便欽遵查照。毋違。此札。

計恭録上諭一道。

札軍需局。營務處。

為恭録咨會呈事。竊照云前。除祗遵外，相應恭録咨會。呈。為此合咨呈貴　，請煩謹請欽遵查照施行。

計恭録上諭一道。

一　咨　咨呈

欽差吏部左堂毛

湖北巡撫部院吳

漕運總督部堂吳

欽差大臣科爾沁博多勒噶臺親王僧

附録上諭：軍機大臣字寄河南巡撫張之萬等著嚴防捻軍西竄歸德

同治四年四月初二日

軍機大臣字寄，欽差大臣科爾沁博多勒噶臺親王僧〈格林沁〉、欽差大臣協辦大學士兩（廣）［江］總督一等侯曾〈國藩〉、署兩廣總督吳〈棠〉、署漕運總督彭〈玉麐〉、江蘇巡撫一等伯李〈鴻章〉、安徽巡撫喬〈松年〉、河南巡撫張〈之萬〉、山東巡撫閻〈敬銘〉，同治四年四月初二日奉上諭：前因閻敬銘奏報賊踪南竄，當經諭令僧格林沁等調遣諸軍進取，并令江、皖、豫、東各督撫派兵扼守攔截，劉銘傳飛速前進。兹據僧格林沁奏，追剿髮捻各逆，小有斬擒，賊踪已出東境，并贛榆令玩誤等情。各摺片。

匪衆未由嶧縣臺莊渡運，先向蘭山、郯城各境東竄，業已遁出東境。僧〈格林沁〉追至贛榆縣地方，馬力已乏，自應稍為休歇。且由此而南，地多水田，馬隊亦未能馳騁。不可再令冒險前進，與賊相持。僧〈格林沁〉務當穩慎進取，先令步隊追賊，而以馬隊從平曠地方截其回竄，方為妥善。江南派往淮、揚之張樹珊、吳毓芬兩軍，并歐陽利見所帶炮船，及迭諭派防江北之兵，著曾國藩、李鴻章飭令速赴江北。并嚴飭黄翼升炮船，星夜前赴裹下河一帶，不准片刻遲延。吳棠、彭玉麐，仍當相機調度，嚴密扼守，不可稍涉疏懈。駐扎永城、徐州之張曜、詹啓綸等軍，著僧〈格林沁〉飭令探踪迎剿。并飭令劉銘傳懔遵前旨，由蕭、碭一帶往東迎擊，兼防賊匪回向西竄之路。其雉河集及歸德一帶，仍著喬松年、張之萬一體嚴防。閻敬銘亦當檄令丁寶楨等，扼守本境，嚴密布置，毋任賊踪回竄東境。

至僧〈格林沁〉所稱丁寶楨在寧陽迎頭遇賊，以衆寡不敵，接仗失利等語。前據閻敬銘僅將范正坦挫敗情形陳奏，并未言及丁寶楨有失利之事。著閻〈敬銘〉即行查明具奏。贛榆縣令陳繼烘，於僧〈格林沁〉督兵追至該縣境内，既不出城，又不聽購買糧草。迭經該大臣持令札傳，抗不遵應，并任聽紳民將買取食物之兵勇扣留及催問之差弁亦用火器打傷，實屬荒謬，迴出情理之外。著即革職拿問，交吳〈棠〉、彭〈玉麐〉提同該邑紳民詳審究辦。并將擊傷官兵之人，從重懲辦，以警刁頑。

江北州縣，積習疲玩已久。此後該省督撫務當嚴飭該地方官并各團寨紳民，於官軍經過時，查探明確，如實係官兵，不准擅開槍炮，并聽軍士與商民將糧草公平購買，毋許阻撓，致誤軍行。將此由六百里各諭令知之。

欽此。遵旨寄信前來。

0375. 河南巡撫張之萬為奉旨著河南省籌撥慶陽糧臺火藥鉛丸火繩事行軍需局札

同治四年四月初六日

札軍需局。照得本部院於同治四年四月初五日，承准軍機大臣字寄，直隸總督劉〈長祐〉、河南巡撫張〈之萬〉，同治四年四月初二日奉上諭：楊能格奏：甘肅各路軍營，攻剿吃緊。催提火藥等項，急於星火。加以慶、環各路回匪窺伺孔棘，防兵屢次接仗，軍火需用尤繁。各省協解火藥，隨到隨撥，所存無幾。請飭直隸、河南兩省，迅速撥解等語。甘省大兵雲集，慶陽糧臺供支各營軍火，需用浩繁。該省不産硝磺，艱於製造。若不趕緊籌撥，必致臨時缺乏，貽誤戎機。除工部火藥局能否撥解，已諭令該部酌量辦理外，著劉長祐、張〈之萬〉於直隸、河南兩省，每省各籌撥火藥五萬斤，各配鉛丸二萬五千斤，火繩五萬丈，星速遴派妥員，分批解赴甘肅慶陽糧臺，以應急需，毋稍延緩。將此由五百里各諭令知之。欽此。遵旨寄信前來。等因。承准此。合就恭録札行。札到該局，即便會同兩司，欽遵查照，速將火藥、鉛丸、火繩等項照數籌撥，星速遴派妥員，分批起解，以應急需，毋稍延緩。仍將委員職名及起程日期，詳請核辦。切切。此札。

札軍需局。

同治四年四月初六日。軍務局齊榜元承。

初八日發。

奉上諭著河南省籌撥慶陽糧臺火藥鉛丸火繩。

河南巡撫部院兼提督軍門張。行。

監印官知縣用候補府經歷程汾源。

0376. 河南巡撫張之萬行移會奏竄擾山東之賊日漸南趨遵旨飛飭張曜等軍出境助剿摺

同治四年四月初十日*

札　知悉。照得本部院會同欽差吏部左堂毛〈昶熙〉，於同治四年四月初十日具奏，竄擾山東之賊日漸南趨，淮北日形吃緊，遵旨飛飭張曜出境探踪迎剿，添派勁旅，交該總兵帶往，無分畛域，盡力剿洗，仍責成留防之軍，駐扎永、夏一帶，嚴密設防，杜賊回竄，檄飭湯聘珍一軍，由考城移扎宋境，以厚兵力，并派河北鎮總兵馳赴彰、衛一帶，會合河北防兵，聯絡直省官軍，力顧畿疆，善保河朔一摺。除俟奉到諭旨，另行恭録札知、移咨、咨呈外，合先抄摺札行。咨送。札到該　，即便查照。毋違。此札。

計粘抄摺稿一紙。

札軍需局。翼長張鎮。營務處。

為咨送事。竊照云前，合先抄摺咨送。咨呈。為此合咨貴部堂；院。大臣，請煩、謹請查照施行。

計粘抄摺稿一紙。

一咨　一咨呈

直隸總督部堂

兩江總督部堂

山東巡撫部院

欽差大臣科爾沁博多勒噶臺親王僧

附録摺稿：河南巡撫張之萬等會奏竄擾山東之賊日漸南趨遵旨飛飭張曜等軍出境助剿摺

同治四年四月初十日

奏為竄擾山東之賊日漸南趨，淮北日形吃緊，遵旨飛飭張曜出境探踪迎剿，添派勁旅，交該總兵帶往，無分畛域，盡力剿洗，仍責成留防之軍，駐扎永、夏一帶，嚴密設防，杜賊回竄，檄飭湯聘珍一軍，由考城移扎宋境，以厚兵力，并派河北鎮總兵，馳赴彰、衛一帶，會合河北防兵，聯絡直省官軍，力顧畿疆，善保河朔，恭摺馳陳，仰祈聖鑒事。

竊臣前將賊踪由曹、單折竄兖、濟一帶，檄調兵勇防堵宋郡各情由，具奏在案。四月初二日，准軍機大臣字寄，三月二十六日奉上諭：河北衛、懷所屬瀕河地方，均可偷渡，難保該逆不被剿西馳，以圖北竄。等因。欽此。又奉三月二十九日上諭：張〈之萬〉仍遵前旨，督飭將弁，於河南北要隘，嚴密防堵，勿稍大意。等因。欽此。跪聆之下，仰見宸謨廣運，至備且周。

查髮捻各股，前經僧〈格林沁〉督師追過汶上，奔至東平以北。旋復渡汶，由鄒縣竄向東南。刻下已由蘭山、郯城各境東駛，直竄贛榆青口。海州、淮安一帶，均形震動。逆情叵測，飄忽無常。誠如聖諭，賊氛雖至江北，難保不復行回竄。所有直、東、皖、豫邊防，猶當慎益加慎，以防該匪乘隙竄入。臣於前摺曾經聲明，張曜、宋慶、蔣希夷三軍扼扎虞城，都司高自秀帶勇五百名駐防宋郡中五臺寺，副將徐邦道兩營駐防商邱縣境劉口集。嗣因賊踪南竄，經僧〈格林沁〉飭令虞城各軍，於三月二十七日，均向南路移扎永城、夏邑一帶。臣復檄令聯络皖、徐北路之師，嚴扼要隘，互相哨會，賊氛一近，即行出境會合兜剿。并飭存汝底營兼程赴宋，檄令歸德地方鎮、府，督率兵勇民團，一體嚴防，同心剿賊。

正在布置間，又奉四月初二日上諭：駐扎永城、徐州之張曜、詹啓（倫）［綸］等軍，着僧〈格林沁〉飭令探踪迎剿。等因。欽此。臣伏念用兵之道，不外防、剿二端，而因時制宜，全視地形之險易。如有高山大川、羊腸孟門之阻，則當以防為剿；如其平原曠野、往來便利之地，則當以剿為防。河南地處中州，四通八達，毗連直、東、皖、鄂諸省，處處可以乘虚而入，本屬防不勝防。臣迭經諭飭張曜等，如賊踪稍近，即行出境會剿，毋得拘守防所。今奉聖明指示，愈覺有所秉承。當經飛檄張曜迅速整備，俟僧〈格林沁〉檄調到日，即督所部前進，聽候調遣。并於該鎮所部外，添派得力勁旅，交其帶往，以厚兵力。唯賊氛雖遠，豫境邊防，仍當嚴為之備。所有留防之軍，仍駐永、夏一帶，聯絡皖軍，以資堵扼。臣猶慮張曜出境之後，宋防兵力稍單，又將知府湯聘珍一軍，飭令由考城移扎永、夏，與宋郡留防之軍，協力堵扼，以顧東陲。所有北路毗連直、東，亦未敢稍形疏忽。臣於移調湯聘珍之時，已飭河北鎮總兵楊長春，挑選精壯兵丁四百名，配齊軍火器械，由懷慶起程，馳赴内黄、滑、濬、封邱一帶，會同崔廷桂等馬步各營及地方官吏，於沿河渡口上下梭巡，嚴禁私渡。函約直省官兵，常川會哨。有此數軍分駐，互相照會，周密布置，邊境當可無虞。臣駐扎省垣，隨時策應，檄飭各軍認真防範。倘賊踪竄近，仍當相機出剿。總期出境之師盡力兜剿，留防之軍布置嚴密，以仰紓皇上掃蕩寇氛，屏藩畿輔之至意。

所有張曜等軍出境助剿，現在布置東、北兩路邊防緣由，謹會同吏部左侍郎臣毛〈昶熙〉，恭摺由驛馳奏，伏乞皇太后、皇上聖鑒訓示。謹奏。

0377. 河南巡撫張之萬行移附奏遣留吉林黑龍江官兵片

同治四年四月初十日*

札　。照得本部院於同治四年四月初十日，由驛附奏，遣留吉林、黑龍江官兵各緣由一片。除俟奉到諭旨，另行恭録札知移咨外，合先抄片札行。札到該　，即便查照。毋違。此札。

計粘抄片稿一紙。

札軍需局。營務處。糧臺。

為移咨事。竊照云前，合先抄片移咨。為此合咨貴將軍，請煩查照轉飭收伍施行。

（下殘）

附録片稿：河南巡撫張之萬附奏遣留吉林黑龍江官兵片

同治四年四月初十日

再，前因豫省剿匪需用馬隊，於同治二年八月奏調吉林、黑龍江官兵四起來豫助剿。除精壯官兵俱由雙城堡總管善慶帶赴僧〈格林沁〉前敵軍營助剿外，其現在跟隨寧古塔副都統色爾固善回省各起，因轉戰日久，疲乏甚多，自應詳加挑選，分别遣留。所有吉林頭起挑留官三員，兵五十六名；二起挑留官四員，兵十六名。黑龍江頭起挑留官四員，兵十六名；二起挑留官一員，兵十一名。以上四起，共挑留官十四員，兵一百六十九名。其疲乏官兵，吉林頭起遣撤甲兵三十六名，二起遣撤甲兵三十六名，黑龍江頭起遣撤兵丁三十五名，二起遣撤兵丁三十二名，交委參領常春、委官常善、委參領訥欽、永順、委官魏奎程等，分起管帶，飭令回旗。以上四起，共遣撤官五員，兵一百三十九名，發給行糧，行知經過州縣，照例應付，以示體恤。

除飭該管帶官沿途嚴加約束，不准稍滋事端，并將該弁兵等旗佐花名清册，移咨兵部及吉林、黑龍江將軍，分别查照，轉飭歸伍外，所有吉林、黑龍江四起官兵，挑留精壯，遣撤疲弱各緣由，理合附片具陳，伏乞聖鑒。謹奏。

0378. 河南巡撫張之萬行移具奏據情代陳一摺

同治四年四月十六日*

札　。照得本部院於同治四年四月十六日，具奏據情代陳一摺。除俟奉到諭旨，另行恭録札知外，合先抄摺札行。札到該局，翼長，處，道，即便查知照。毋違。此札。

計粘抄摺稿一紙。

札 軍需局。翼長。營務處。記名張道。

附録摺稿：河南巡撫張之萬具奏據情代陳摺

同治四年四月十六日

奏為據情代陳，仰祈聖鑒事。

竊臣接據辦理營務按察使銜記名道世襲雲騎尉勵勇巴圖魯張汝梅呈稱：竊汝梅父志周，於咸豐四年在江蘇豐縣任内，遇髮逆北擾，力戰捐軀。奏奉諭旨，從優議恤，給予雲騎尉世職汝梅先已捐納縣丞，遂以捐銜兼襲世職，赴欽差大臣漕運總督袁〈甲三〉軍營投效，帶隊剿賊，迭著戰功，洊保至道員。奉旨交軍機處記名，賞戴花翎，賞給勵勇巴圖魯名號，并加按察使銜。嗣袁〈甲三〉以疾得代，汝梅亦請假回籍。復蒙奏調河南軍營差遣，於今三載。念受恩之稠叠，愧未效夫涓埃，頂踵捐糜，亦何足惜！伏念量而後入者，人臣之常道；欲報罔極者，人子之隱衷。汝梅未讀父書，猝遭凶閔。當其時，母李氏嬰病在堂。憤讐耻之未雪，慮侍奉之無人，故不敢以身殉父，結髮從戎，誓欲滅此朝食。皖豫之交，瘡痍百戰。見今東南底定，巨憝伏誅。汝梅之出以復仇而出，則汝梅之歸當以奉母而歸。出處之際，求其心之所安。苟有計功謀利之私，即非難進易退之義。

汝梅母李氏，桑榆頽景，氣血日衰。所生止汝梅一子，更無他人可奉晨夕。母子二人，相依為命。自父親殉難以後，深慮汝梅長征不返。每遇轉戰之時，風鶴流言，傳聞失實，則雨泣終朝，眠食俱廢，必待身至膝前而後慈心稍慰。計自到營十有二年，歸省之日甚少，則凡倥傯戎馬之秋，無非母氏涕泣門閭之日也。每念庭闈，肝腸寸斷。母氏年已六十有五，汝梅年甫三十。使汝梅奉母事畢，出而以身許國，則馳驅自效之日甚長，朝廷亦何惜此有限光陰，而不使稍盡烏私之志乎？

聖朝以孝治天下，凡親老丁單，例許陳情歸養，况汝梅本無官守。此次奉旨來營，原為豫省軍務。刻下賊殘敗之餘，遠竄山左，不日即可撲滅。豫省疆圉晏然，烽火不至。汝梅若復旅進旅退，希寵忘親，則為子不孝，即為臣不忠。朝廷何用此官僚，憲臺亦安（庸）[用][①] 此屬吏乎！謹貢區區之忱，伏乞鑒察。具奏籲懇聖慈，准予歸養等情。呈請代奏前來。

---

① 據中國第一歷史檔案館館藏《録副奏摺》縮微號 343—2627。

臣查該道張汝梅自調來營，籌襄軍務，深合機宜。每當公餘之暇，言及母老丁單，倚閭念切，未嘗不聲泪俱下。特以軍務緊要，督隊轉戰，雖辛苦備嘗，終未敢稍萌歸志。是其忠孝之誠有過人者。今賊踪已遠，豫境僅須布置邊防，軍務較前稍鬆。該道孝思純篤，可否仰邀俞允，准其歸養，以廣朝廷孝治天下之至意。

理合據情轉陳，伏乞皇太后、皇上聖鑒訓示。謹奏。

0379. 河南巡撫張之萬為具奏恭謝天恩一摺移南陽鎮總兵宋慶咨文

同治四年四月十八日*

為咨送事。竊照貴鎮恭謝天恩一摺，經本部院於同治四年四月十八日，專差標弁趙明魁代為賫進。除俟奉到批回，另行恭録移咨外，相應抄稿咨送。為此合咨貴鎮，煩為查照施行。

計咨送摺稿一紙。

（下殘）。

附録摺稿：南陽鎮總兵宋慶具奏恭謝天恩摺

同治四年四月十八日

奏為恭謝天恩，仰祈聖鑒事。

竊奴才接到河南撫臣張〈之萬〉行知，同治四年二月初三日奉上諭：河南南陽鎮總兵員缺，着宋慶補授。欽此。當即恭設香案，望闕碰頭，叩謝聖恩。

伏念奴才一介武夫，由行伍出身。咸豐五年，投效安徽軍營。隨同歷任統兵大臣，帶兵剿賊，克復城池，攻破堅圩，前後十餘次，大小數十戰。屢蒙恩命，擢至總兵，賞戴花翎，并賞給毅勇巴圖魯勇號，旋加提督升銜。兹復簡放南陽鎮總兵，膺兹寵遇，惶悚實深。

查南陽鎮所轄，西連秦省，南接楚疆，山川形勝，為河南衝要之區。當此捻氛未息，整頓營伍，訓練士卒，布置邊防，在在均關緊要。奴才唯有殫竭血誠，認真講習，以仰答高厚鴻慈於萬一。

所有奴才感激下忱，理合敬謹繕摺，叩謝天恩，伏乞皇太后、皇上聖鑒訓示。謹奏。

附録片稿：河南巡撫張之萬附奏請准將開缺新息通判李奎文賞加知府銜片

同治四年四月十八日

再，同知銜前新息通判李奎文，因胞弟候補知府李會文引見到省，該員係屬胞兄，例應回避。臣於新息通判開缺後，將李奎文奏留豫省，辦理軍需等局事務，附陳在案。

查李奎文在豫二十餘年，勤慎從公，實心任事。近年辦理軍需、籌防等局，監造軍火，布置城守。歷時數年，均無遺誤。於軍需報銷各事，尤能綜核名實。實屬著有勞績，與尋常出力者不同。合無仰懇天恩，准將開缺新息通判李奎文賞加知府銜，出自鴻慈逾格。

理合附片具陳，伏祈聖鑒訓示。謹奏。

0380. 河南巡撫張之萬行移會奏竄擾山東之賊日漸南趨遵旨飛飭張曜等軍出境助剿一摺奉旨

同治四年四月十八日*

札　。照得本部院會同欽差吏部左堂毛〈昶熙〉， 貴 左 堂，於同治四年四月初十日具奏，竄擾山東之賊日漸南趨，淮北日形吃緊，遵旨飛飭張曜出境探踪迎剿，添派勁旅，交該總兵帶往，無分畛域，盡力剿洗，仍責成留防之軍，駐扎永、夏一帶，嚴密設防，杜賊回竄，檄飭湯聘珍一軍，由考城移扎宋境，以厚兵力，并派河北鎮總兵馳赴彰、衛一帶，會合河北防兵，聯絡直省官軍，力顧畿疆，善保河朔一摺，業已抄摺札 咨 知 呈送 備具會稿咨送在案。兹於本月十八日，承准軍機大臣奉旨：覽奏已悉。所有豫省河南北防務，昨已諭令吳昌壽嚴密布置，并將境内餘孽掃蕩廓清。仍著張之萬俟吳昌壽到省時，將防剿布置情形，詳細告知。其挑濬河道事宜，并著張之萬實力辦理，毋少遲誤。欽此。除祗遵外，合就恭録札行。札到該　，即便欽遵查照。毋違。此札。

札 軍需局。 翼長張鎮。 營務處。

為恭録咨 呈 會事。竊照云前。除祗遵外，相應恭録咨呈。 咨會。為此咨呈 合咨 貴 大臣， 部堂， 部院， 左堂， 謹請 請煩欽遵查照施行。

一　　咨　　呈咨

欽差大臣科爾沁博多勒噶臺親王僧

直隸 兩江總督部堂

0381. 河南巡撫張之萬行移附奏遣留吉林黑龍江官兵一片奉旨

同治四年四月十八日*

札　知悉。照得本部院於同治四年四月初十日，附奏遣留吉林、黑龍江官兵各緣由一片，業已抄片札知咨送在案。兹於本月十八日，承准軍機大臣奉旨：知道了。欽此。合就恭［録］札行。札到該局，處，臺，即便欽遵查照。毋違。此札。

札軍需局。營務處。糧臺。

為恭録咨會事。竊照云前，相應恭録咨會。為此合咨貴將軍，請煩欽遵查照施行。

一　咨

吉林將軍

黑龍江將軍

0382. 河南巡撫張之萬行移附奏前調綏遠城察哈爾馬匹在營倒斃數目片

同治四年四月二十日*

札　知悉。照得本部院於同治四年四月二十日，由驛附奏，前調綏遠城察哈爾馬匹，在營倒斃數目一片。除俟奉到諭旨，另行恭録札知咨送外，合先抄片札行。札到該　，即便查照。毋違。此札。

計粘抄片稿一紙。

札軍需局。營務處。糧臺。

為移咨事。竊照云前，合先抄片咨送。為此合咨貴將軍，都統，貴部，請煩查照施行。

計粘抄片稿一紙。

一　咨

綏遠城將軍

察哈爾都統

兵部

附録片稿：河南巡撫張之萬附奏前調綏遠城察哈爾馬匹在營倒斃數目片

同治四年四月二十日

再，豫省前調之吉林、黑龍江餘丁各五百名，綏遠城、察哈爾馬各一千匹，來營助剿。因前年冬賊匪竄踞南召山内，該隊跌踏冰雪，轉戰數月，陸續傷斃馬五百三十四匹。上年秋，追賊至商城、光山邊境，松子關人和寨之戰，先後陣斃馬二百二十五匹，經臣附奏在案。嗣查上年十一月鄧州之戰，官軍失利，該隊傷斃馬三百十五匹。本年正月，官兵由河南府追賊至魯山，接仗失利，該隊陣斃馬一百七十五匹。鄢陵之戰及雨雪奔馳，陸續倒斃馬二百三十匹。該隊馬匹所存，實已無多。經臣先後添補抽换，現將人馬精壯可用者，挑得官兵共三百四十三員名，馬三百四十三匹，交雙城堡總管善慶、副將永奎，分别帶赴僧〈格林沁〉大營，隨隊征勦。其餘官兵馬匹，均交副都統色爾固善帶回省垣，分别去留，以歸核實。

所有綏遠城察哈爾馬匹，前後傷亡倒斃緣由，除分别咨行外，理合附片具陳，伏乞聖鑒訓示。謹奏。

0383. 河南巡撫張之萬行移附奏請將陣亡都司唐霖與擬保千總馮星垣敕部從優議恤片

同治四年四月二十日*

札　知悉。照得本部院於同治四年四月二十日，由驛附奏，請將陣亡都司唐霖、擬保千總馮星垣，敕部從優議恤，以慰忠魂一片。除俟奉到諭旨，另行恭録札知移咨外，合先抄片札行。札到該局處，即便轉飭查照。毋違。此札。

計粘抄片稿一紙。

札軍需局。營務處。

為咨送事。竊照云前，合先抄片咨送。為此合咨貴部堂，請煩查照施行。

計粘抄片稿一紙。

一　　　咨

欽差吏部左堂毛

附録片稿：河南巡撫張之萬附奏請將陣亡都司唐霖與擬保千總馮星垣敕部從優議恤片

同治四年四月二十日

再，本年正月二十七日，髮捻各逆，合股南竄汝陽縣境。經臣毛〈昶熙〉先期派令都司唐霖帶勇一百名，前赴金鄉寨地方，協同防守。因該匪四面圍攻，兵力太單，致將金鄉寨攻破，該都司力竭遇害。

又，二月十九日，賊竄信陽境内。有五品頂戴擬保千總馮星垣，經營務處派赴信陽，采辦竹桿槍。在竹園之内，遇賊大股猝至。馮星垣率領壯勇二十餘人，奮勇格鬥，奪取賊騎，超乘過河。不意追賊益多，身中槍傷三處，劈破頭面，登時陣亡。據該管將領及地方官稟報前來。

臣查唐霖、馮星垣，寡不敵衆，力戰捐軀，殊堪憫惻。相應請旨，准將唐霖照都司例，馮星垣照守備例，敕部一併從優議恤，以慰忠魂。

為此附片具陳，伏乞聖鑒訓示。謹奏。

0384. 河南巡撫張之萬為具奏據情代陳在籍終制一摺行軍需局等札

同治四年四月二十日*

札軍需局。營務處。糧臺。照得本部院於同治四年四月二十日，由驛具奏，據情代陳一摺。除俟奉到諭旨，另行恭録札知外，合先抄摺札行。札到該局，處，臺，即便移行查照。毋違。此札。

計粘抄摺稿一紙。

札軍需局。營務處。糧臺。

附録摺稿：河南巡撫張之萬具奏據情代陳在籍終制摺

同治四年四月二十日

奏為據情代陳，仰祈聖鑒事。

竊臣前奉上諭：侍講吳元炳，現在丁憂，著即飭令趕緊赴營帶隊。等因。欽此。當即恭録知照去後。嗣據吳元炳呈稱：竊元炳弱歲失怙，以長以教，胥賴母訓，俾至成人。咸豐初年，粵氛肆起，郡縣陸沉。母老家貧，播遷再四，備歷艱危。迨出而筮仕，亦欲藉資微禄，迎養承懽。乃以辦練從軍，不遑將母，而母亦以年高染病日篤。前此宋、亳之行，則親疾不離床褥矣。迨後汝、息之役，則親疾患之膏肓矣。當是時也，軍情孔棘，未敢陳情。屢奉家書，促元炳歸省。弥留之夕，猶以元炳遠游，不得一見為憾。每念及此，痛不欲生。忽奉朝命，不知所從。

夫三年之喪，古今之通喪也。《禮》云：哭泣無時，服勤三年。元炳自成服迄今，蓋未及期耳。萱靈初葬，抔土未乾；柏墓雖封，樹廬殘缺。設無痛疚之意，脱經帶於居廬，效馳驅於戎馬，是未能有濟於世，而先自忍於親。此元炳撫諸心而情有不忍者也。或曰：今日之事，君事也。誼何敢辭？伏念我皇上以營中委用需員，故暫為行權計。在皇上不妨行權，在臣子必當守經。况弱怯庸駑，自知無帶隊之能，營務非易勝之任。一旦易苫居之愴志，運籌畫於帷幄，忘親背喪，孰甚於斯？且元炳更有不能應詔之苦衷。昨者經營窀穸，數閲旰宵，而質同蒲柳。疾作采薪，始因感冒而患痢，既遂傳變以為瘧。心煩意亂，志惰神昏。即家居細務，莫展一籌，況即戎之大事乎？縱令時非居憂，使之任事，亦必覆餗。故念前功未竟，深歉圖報之初心。顧兹憂戚病軀，愿俟結銜於异日等情。懇請代奏終制前來。

臣查前侍講吴元炳，痛切皋魚，情殷廬墓。當此賊氛遠竄，豫境漸就肅清，我皇上以孝治天下，可否仰邀俞允，准令吴元炳在籍終制，以遂孝思。

理合據情代陳，伏乞皇太后、皇上聖鑒訓示。謹奏。

0385. 河南巡撫吴昌壽行移會奏僧格林沁力戰捐軀嚴備北岸慎守邊防并陳管見摺

同治四年五月初一日*

札　知悉。照得本部院會同署河東總河部堂張〈之萬〉，於同治四年五月初一日，由驛具奏，曹州城西官軍接仗失利，親王僧〈格林沁〉力戰捐軀，賊氛愈熾，逼近河干，現飭河北在防將弁，嚴扼要津，以杜北竄，并慎守邊防，謹陳管見一摺。除俟奉到諭旨，另行恭録札知咨送外，合先抄摺札行。札到該　，即便查照。毋違。此札。

計粘抄摺稿一紙。

札軍需局。翼長張鎮。營務處。歸德鎮。河北鎮。

為咨送事。竊照云前咨送外，相應抄摺咨送。為此合咨貴部堂院將軍，請煩查照施行。

計粘抄摺稿一紙。

一　　　　　　咨

欽差大臣湖廣爵兩江爵閣督部堂官曾

漕運直隸總督部堂

山東西巡撫部院

安徽巡撫部院

欽差御前侍衛杭州將軍宗室國

幫辦江北軍務記名提督浙江處州總鎮陳

附録摺稿：河南巡撫吴昌壽等會奏僧格林沁力戰捐軀嚴備北岸慎守邊防并陳管見摺

同治四年五月初一日

奏為曹州城西官軍接仗失利，親王僧格〈林沁〉力戰捐軀，賊氛愈熾，逼近河干，現飭河北在防將弁，嚴扼要津，以杜北竄，并慎守邊防，謹陳管見，恭摺具奏，仰祈聖鑒事。

竊臣前將添兵渡河，嚴防北岸，一面派隊闌截及檄調楚軍前進各情形，於四月二十八日馳奏在案。正在簡閱軍實，確探賊情，以憑隨時布置，忽據駐防考城之總兵宋慶、張曜等馳報：以前月二十四日親王僧格〈林沁〉調齊各軍，在曹郡城西出隊進剿，即遇該逆接仗，鏖戰一晝夜。因賊勢過衆，深夜突圍，僧格〈林沁〉受傷陣亡。等情前來。并准幫辦軍務杭州將軍宗室國〈瑞〉咨稱，親王僧格〈林沁〉力戰陣亡情形，與臣所接探報，大略相同。臣聞信之餘，不勝駭悼。伏念該親王受命專征，剿辦直、東、皖、豫各省，身先士卒，血戰數年。祇此餘孽未除，乃竟疆埸裹革。宫廷聞信，當益焦勞。臣等誼切同袍，莫名痛憤。即各省士民，凡親見該親王武勇及身受拯拔者，莫不同聲雨泣，剺面雪讐。

東、豫毗連，考城距曹郡百里以外，賊馬頃刻可至。所有扼扎考城之宋慶、張曜等軍，兵力本單。誠恐大股猝至圍攻，立脚不住。當飛檄飭令穩扎穩守，以固邊防。而河朔完善，賊所垂涎，防河尤為吃緊。當飛飭河北鎮、道，會同湯聘珍、崔廷桂各軍，力扼龍門口。并檄湯聘珍分兵扼扎上下游，與直省大名防兵聯絡聲勢，防賊偷渡。所有船隻，均行提歸北岸。僧軍逃潰馬步兵勇，奔赴省城，絡繹不絶，誠恐奸人乘機混入。除布置省防城守外，遴派武職大員二人，分查逃兵馬步，安插城外，以期有備無患。

惟查逆捻經此番狂噬，如虎生翼，愈肆披猖。豫省兵力，祇有宋慶、張曜、湯聘珍、蔣希夷等步隊，合計不過萬人。三省馬隊可用者，悉交善慶帶往。僧格〈林沁〉前敵現有馬勇，亦係零星隊伍，尚待歸併成營。臣所帶楚軍四營二千三百餘人，初到豫省，人地生疏。現在北路屏藩，止恃黄河一水。則封疆之憂既切，而畿輔之備愈殷。臣一面督飭河北在防將士，嚴守河堤，梭巡堵禦。其直、東兩省河身，綿长數百里，誠恐防不勝防。惟有請旨飭下直、東督撫，儘兩省兵力，聯集民團，扼守河干，務期周匝。

至僧營馬步各軍，經此大挫，該營將領惟總兵陳國瑞素為賊中畏憚。因憂讒畏譏，不克自厚兵力，致不能挽回此敗。現准將軍國〈瑞〉來咨，該總兵身受重傷，尚無下落。設使其人尚在，收合餘燼，尚可有為。該總兵本有幫辦軍務之責，可否仰懇天恩，仍舊録用，責令殄滅餘氛，為僧格〈林沁〉雪此仇耻。除豫省照常運解該營軍餉外，并請飭下直、東各省，源源接濟，以足餉糈而厚兵力。

捻逆以殘破之餘而能折我中朝柱石，驟勝而驕，死亡將至。果蒙聖明簡放重臣總統，陳國瑞以驍敢善戰助之，轉敗為功，當必不遠。軍無常形，惟在宸衷之敬畏，與天心相感召耳。臣秣馬勵兵，敬俟朝命。一經總統有人，便當會籌方略。惟有殫竭血誠，誓清寇盜，以仰紓宵旰之憂而勉效涓埃之報。

所有親王僧格〈林沁〉力戰捐軀，臣嚴備北岸，慎守邊防，并略陳管見各緣由，謹會同署河東河道總督臣張〈之萬〉，恭摺馳陳，伏乞皇太后、皇上聖鑒訓示。謹奏。

0386. 河南巡撫吴昌壽行移廷寄著曾國藩以欽差大臣赴北路剿賊并將僧格林沁從優賜恤陳國瑞等革職示懲

同治四年五月初二日*

札　。照得本部院於同治四年五月初二日，承准軍機大臣字寄，同治四年四月二十九日奉上諭一道。等因。承准此。除祗遵外，合就恭録札行。札到該　，即便欽遵查照。毋違。此札。

計恭録上諭一道。

札南陽宋鎮。河北道。軍需局。翼长張鎮。河北楊鎮。營務處湯守。

為恭録咨會事。竊照云前。除祗遵外，相應恭録咨會。為此合咨貴　，請煩欽遵查照施行。

計恭録上諭一道。

一　咨

欽差大臣湖廣爵閣督部堂官 兩江爵閣督部堂曾 杭州將軍宗室國

江寧將軍富

直隸總督部堂劉

附録上諭：軍機大臣字寄著曾國藩以欽差大臣赴北路剿賊并將僧格林沁從優賜恤陳國瑞等革職示懲

同治四年四月二十九日

軍機大臣字寄，欽差大臣協辦大學士兩江總督一等毅勇侯曾〈國藩〉，暫護欽差大臣已革杭州將軍國〈瑞〉、江寧將軍富〈明阿〉、直隸總督劉〈長祐〉、署兩廣總督漕運總督吳〈棠〉、暫署兩江總督江蘇巡撫一等肅毅伯李〈鴻章〉、山東巡撫閻〈敬銘〉、安徽巡撫喬〈松年〉、河南巡撫吳〈昌壽〉，傳諭直隸提督劉銘傳，同治四年四月二十九日奉上諭：國〈瑞〉奏，官軍接仗失利，親王僧〈格林沁〉力戰陣亡，現在收集兵勇，設法勦辦一摺。本日已明降諭旨，將僧〈格林沁〉從優賜恤，國〈瑞〉等革職示懲，并令曾〈國藩〉以欽差大臣赴北路勦賊矣。

此股賊匪，雖係窮寇，内有牛老洪、張總愚、陳大［濆］、宋景詩、賴文光等，皆著名賊首，凶悍异常。此次自汶上縣之袁路口過河，竄至鄆城西北水套一帶，勾結鄆北伏莽，聚集馬步數萬。僧〈格林沁〉督軍擊退，乘勝跟追。不期伏賊盡出，層層圍裹。該親王力竭陣亡。覽奏曷勝震悼。該親工數年以來，屏蔽北路，屢滅巨股賊匪。惟以忠勇性成，有進無退。朝廷申諭再三，令其持重，亦不料其遽至於此。

前經諭令曾〈國藩〉酌度出省，會師勦賊。現在事機愈迫，著即携帶欽差大臣關防，統領所部各軍，星夜出省，前赴山東，於北面擇要駐扎督勦。劉銘傳迭經有旨令其帶勁旅數千名北進，諒已起程。着即繞赴北面駐扎，與劉長祐會商堵勦之策，不准稍涉遷延，致干重咎。逆氛如此猖獗，必圖北犯。大名等處防務十分吃緊，深恐兵力單薄。劉長祐當通籌調派，分道扼防，毋令一賊闌入直境。開州等處，有黄河可扼。着督飭防兵民團，晝夜巡防，毋任偷渡。閻敬銘現駐東昌茌平一帶，務當督率兵勇，整頓團練，力遏寇氛，勿任北竄。如兵力不敷，着於各標内抽調。丁寶楨是否仍在濟寧一路？着閻敬銘飭令該藩司認真防範，扼要駐守。如再不得力，必當重治其罪。直、東伏莽甚多，恐聞此信，盗賊蜂起。劉長祐、閻敬銘當責成各路地方文武員弁，悉心防範，以期消患未萌。詹啓綸一軍，現在何處？着喬松年、閻敬銘催令北來，牽制賊股，使不得鋭意北犯。安徽、河南與賊氛逼近，喬松年當督飭英翰、朱淮森等，固守宿州、臨淮等境。富明阿前有旨令其緩程行走，現在計已行抵直隸。接旨後，即着留於直隸，與劉長祐籌商堵勦，一面奏聞。閻敬銘、劉長祐於接此旨後，亦即迅速傳知該將軍遵辦。吳〈昌壽〉着即帶兵出省，駐扎直、東交界，會合直隸、山東各軍，分投夾擊，殄滅巨股。其河北一帶，并着嚴飭該鎮、道等整頓團練，賊來即擊，毋稍鬆懈。清淮距賊不遠，吳棠久在該處，深得民心，頗著成效。將來曾〈國藩〉督師北上，糧臺當設於徐州、清淮，為該大臣後路。着吳棠認真整頓兵勇，籌畫餉糈，以備徵調。水師輕利炮船，吳棠曾否酌撥若干赴上游之濟寧運河及黄河一帶？着即迅速籌辦。

兩江總督已有旨令李鴻章暫行署理，即着前赴金陵，接印任事。兩江任大責重，李鴻章務須悉心經理，仍隨時與曾〈國藩〉籌商。曾〈國藩〉軍營調兵集餉各事宜，該撫并當妥為籌畫，不得稍有遲誤。曾〈國藩〉於接奉此旨後，即著先就現有兵力，帶領出省北上。其餘各路得力兵勇、將弁，不妨陸續檄調，未可久待徵兵，致勞廑盼。總督印信，即暫交藩司萬啓琛收存，毋庸俟李鴻章到金陵交卸。該大臣公忠體國，久著勛勤，必能趕緊赴援，盡掃寇氛，綏靖北路。曾國荃諒已就痊，該大臣仍當勗以大義，令其來京陛見，候旨録用，或酌量招集舊部，徑赴軍營，隨同帶兵剿賊。并著速行宣諭，以收臂指之效。

僧〈格林沁〉所部蒙古官兵，國瑞當與之熟習。前次賞銀一萬兩，尚存糧臺，著即先行散放。仍宣示朝廷德意，隨時妥為拊循。其受傷者宜令静養，不必再行出仗。蒙古馬隊，跟隨僧〈格林沁〉多年，素知大義。此次僧〈格林沁〉陣亡，該蒙兵等自必倍加憤恨，力圖復仇。著國瑞將此旨摘録，繙成蒙古文義，遍行宣示。欽差大臣關防，著國瑞暫行護理，接辦一切事宜。遇有應奏、應行事件，准其鈐用。濟寧一路，關繫緊要。務當收集各營兵勇，親加訓練，勉圖自振。國瑞於主將損失，未能督兵救援，厥咎甚重。此次僅予薄懲，已屬法外施仁。若再不知愧奮，自問當得何罪？全順、何建鰲、陳國瑞、郭寶昌等下落，并著確切查明具奏。成保現在何處？及此次不能力救主將之各員弁，著國瑞一併據實嚴參，毋稍瞻徇。

本日派乾清門侍衛克興阿、岳林、恩全、吉凌前赴軍營，迎護僧〈格林沁〉靈柩回旗，并令偵探軍情。俟到營時，國瑞與之妥商辦理，准其會銜奏事。近日軍情賊勢，著即隨時奏報，以慰馳繫。僧〈格林沁〉遺骸為該家人等搶出，掩藏麥地。著國瑞、閻敬銘密派幹員，率同該家人等，前往尋覓，妥為棺（斂）[殮]，務使忠骨得以早日歸葬。是為至要。

本日又諭令皂保、特普欽各選調精壯馬隊伍百名，馳赴直隸。著國瑞、劉長祐酌量調遣。將此（又）[由][①] 六百里加緊又緊諭知曾〈國藩〉、國瑞、富明阿、劉長祐、吳棠、李鴻章、閻敬銘、喬松年、吳〈昌壽〉，并傳諭劉銘傳知之。

欽此。遵旨寄信前來。

0387. 河南巡撫吳昌壽為具奏僧格林沁力戰捐軀賊氛愈熾慎守邊防謹陳管見一摺會回稿移東河總督咨文

① 此上諭中所有錯字的更正和脱漏字的補正，均據《穆宗毅皇帝實録》（四）卷137，中華書局1987年版，第228頁。

同治四年五月初二日

為咨送事。竊照本部院會同貴署部堂，於同治四年五月初一日，由驛具奏，曹州城西官軍接仗失利，親王僧〈格林沁〉力戰捐軀，賊氛愈熾，逼近河干，現飭河北在防將弁，嚴扼要津，以杜北竄，并慎守邊防，謹陳管見一摺。除俟奉到諭旨，另行恭録咨送外，相應備具會、回稿咨送。為此合咨貴署部堂，請煩查照，希將送去會稿留存備案，回稿書奏蓋印移還施行。

計咨送會、回稿二本。

一　　　　咨

署河東總河部堂張

同治四年五月初二日。軍務局丁範道鄧式南承。

具奏曹州城西官軍接仗失利親王僧〈格林沁〉力戰捐軀賊氛愈熾慎守邊防謹陳管見一摺會回稿。

河南巡撫兼提督軍門吴。行。

監印官知縣用候補府經歷程汾源。

0388. 河南巡撫吴昌壽為奉旨飭催趕辦硝斤事行布政司札

同治四年五月初三日*

札布政司知悉。照得本部院於同治四年五月初三日，承准軍機大臣字寄，直隸總督劉〈長祐〉、兼管順天府府尹萬〈青藜〉、府尹卞〈寶第〉、山東巡撫閻〈敬銘〉、河南巡撫吴〈昌壽〉，同治四年四月三十日奉上諭：文祥、明慶奏，豫籌軍需，請催辦硝斤等語。近日軍需緊急，各路軍營奏請京局撥解火藥者，络繹不絶。現在京師火藥局硝斤短絀，火藥無從配造，以致局中存儲無多，萬難敷用。直隸、山東、河南等省，累年拖欠硝斤，雖叠經工部奏咨嚴催，尚恐解到需時，緩不濟急。亟應設法豫籌，以備應用。

順天、直隸，距京較近。著劉長祐、萬青藜、卞寶第於例應起解硝斤外，迅即遴委妥員，分赴産硝處所，設局采辦淨硝數十萬斤。順天府限十日内先行采辦十萬斤，火速解部。直隸省限一月内將采買硝斤儘數解部，毋庸拘定批數。倘采買價值稍有不敷，准其酌量加增，作正開銷，仍不得藉端浮冒。

至各該省欠解硝斤，已有三批於去歲秋冬間咨報起程，尚未解到。并著劉長祐、閻敬銘、吴〈昌壽〉查明行抵何處，嚴飭經過地方官，妥為護送，催趲前進。即所辦斤數與批文數目不符，亦即迅飭委員，先將運到硝斤儘數解部。所欠若干，俟到部驗批時，再行令其補解，毋令在途稍有耽延。

此項硝斤，緊要采辦，與例解之款，不准牽混相抵，亦均不准遲延短少。如有前項情弊，定即按照貽誤軍需懲辦。將此諭知萬青藜、卞寶第，并由六百里諭令劉長祐、閻敬銘、吴〈昌壽〉知之。欽此。遵旨寄信前來。等因。承准此。除祗遵外，合就恭録札行。札到該司，即便欽遵查照，迅速辦理。此係特奉諭旨飭催趕辦之件，切勿稍有延誤。飛速。特札。

（下殘）。

0389. 河南巡撫吴昌壽行移廷寄兩江總督曾國藩等著兜剿黄河水套一帶捻軍

同治四年五月初六日*

已抄。

札　知悉。照得本部院於同治四年五月初六日，承准軍機大臣字寄，奉上諭一道。并准軍機處知會：本日奉有寄信諭旨一道。貴撫接奉後，祈即恭録飛速行知署河東河道總督張〈之萬〉，欽遵辦理可也。為此知會。等因。承准此。除祗遵外，合就恭録札行。札到該　，即便欽遵查照。毋違。此札。

計恭録上諭一道。

札　營務處。軍需局。南陽宋鎮。河北楊鎮。歸德成鎮。翼長張鎮。營務處湯守。

為恭録咨會事。竊照云前。除祗遵外，相應恭録咨會。為此合咨貴　，請煩欽遵查照施行。

計恭録上諭一道。

一　　　　　咨

欽差大臣兩江爵閣督部堂曾　杭州將軍國

直隸總督部堂劉

漕運總督部堂吴

署河東總河部堂張

兵部右堂彭　左堂崇

江蘇爵部院李

山東巡撫部院閻

附録廷寄：軍機大臣字寄著曾國藩等兜剿黄河水套一帶捻軍

同治四年五月初三日

軍機大臣字寄，欽差大臣協辦大學士兩江總督一等毅勇侯曾〈國藩〉、暫護欽差大臣已革杭州將軍國〈瑞〉、直隸總督劉〈長祐〉、署兩廣總督漕運總督吳〈棠〉、署河東河道總督張〈之萬〉、兵部右侍郎彭〈玉麐〉、辦理三口通商大臣兵部左侍郎崇〈厚〉、暫署兩江總督江蘇巡撫一等肅毅伯李〈鴻章〉、山東巡撫閻〈敬銘〉、河南巡撫吳〈昌壽〉，傳諭直隸提督劉銘傳，同治四年五月初三日奉上諭：國瑞奏，匪踞黄河水套，逼勒各處民圩，現在趕緊招集馬步，分路設法辦理，并全順等死事情形，請予優恤各摺片。崇厚奏，遵旨先行起程，馳赴畿南一摺。覽奏均悉。逆匪竄至鄆城縣西紅川口，東至王家古堆，南至安興木，遏馬時犯曹州一路，號召伏莽，其勢甚張。國瑞已派諾林丕勒等，帶馬隊繞赴曹州，會同成保、富森保等，招集馬步；并調詹啓綸一軍，與宋慶之軍，由曹、單取道曹州，會合陳國瑞等。所籌尚妥。惟成保業已拿問，着即飭令諾林丕勒、富森保等馬步各軍，自菏澤以北、黄河南岸，設法兜剿。誠恐該逆東竄，搶渡運河。劉銘傳一軍，已至單縣。著即取道金鄉、嘉祥、汶上、濟寧等處，由梁山一帶黄河兩岸，向西兜剿，痛挫凶鋒。仍當穩扎穩進，不必貪功。俟大軍到齊，自不難一鼓剿盡。

陳國瑞收集兵勇，誓欲出隊滅賊，并聞其連日獲有小勝，具見血誠勇敢。所有郭寶昌勇隊，均著陳國瑞統帶。昨已有旨將陳國瑞加恩免議，該總兵自當知恩圖報。惟好謀乃可圖成，有忍始克有濟。著國瑞傳知該總兵，不可恃勇輕進，再有挫衄。現在曹州一路，兵力漸厚，而北路尚屬空虛。該總兵如能繞赴濟寧，會合丁寶楨等迎頭扼剿，固屬妥善，否則設法渡河，赴劉長祐軍營聽候調遣，并着酌度辦理。

成保近年以來，帶兵殊不得力。自充當僧〈格林沁〉翼長，人心渙散。此次統帶黄旗親軍馬隊，首先潰退。僧〈格林沁〉死難，該員未受一傷，獨以身免。已降旨拿問，交閻敬銘革訊。著閻敬銘即將該革員提省嚴訊，從重定擬具奏，不准稍涉瞻徇，代人受過。其餘在事潰退各員，仍著國瑞查明參辦。

崇厚奏，已於初二日起程，取道景州，前赴畿南。着即催調洋槍隊伍，迅速赴景州一路扼防。仍隨時與劉長祐妥商進止，以固畿南門户。昨諭劉長祐挑宣化鎮兵備調。其大同一路，能否抽調，著咨商沈桂芬，妥籌辦理。賊氛既有黄、運河阻隔，設防較易為力。劉長祐、閻敬銘、吳〈昌壽〉務當督飭文武員弁，晝夜巡防，不可稍涉大意。

給事中劉毓楠奏：河南開封府中河廳南岸新築圈堰一道，工料不甚堅實。倘伏汛漲發，易致潰決。稍有疏虞，關係匪輕等語。著張之萬親歷履勘，認真趕緊修築，以固藩籬。

曾國藩迭經有旨令其統師北上，諒已迅籌出省。著即凜遵前旨，剋日北上，統率諸軍，以期各將士有所禀承，萬勿稍涉遲緩。髮捻既勾通水套諸賊，裹脅愈衆，而行走甚速，遠調勢將不及。清淮駐扎之歐陽利見、張樹珊等軍及揚防之吴毓芬一軍，可以調令北來，較為迅速。吴棠調赴濟寧之趙三元炮船四十號，曾否到防？著吴棠迅速調派。清淮後路，亦關緊要，并著吴棠妥為布置。應添兵勇，著李鴻章另行抽調，以作後勁。彭玉麟前已到淮相度水道，着即會同吴棠，妥籌調度進止機宜，以期水陸均有准備。劉銘傳軍餉，仍著李鴻章籌解。如一時接濟不及，即由劉長祐、閻敬銘妥籌解濟，（無）［毋］令缺乏。直、東餉項，本不寬裕。曾國藩所統各軍應（須）［需］[①] 餉項，該大臣務與李鴻章寬為籌備，以利師行。

正在寄諭間，據閻敬銘奏，回省布置情形，賊竄至汶上河西，飭劉銘傳於東平、汶上扼要嚴防等語，與本日所諭辦法亦合。著劉銘傳設法繞出賊前，扼要堵剿，不可令其北犯。劉銘傳所帶兵勇，究有若干？如兵力不敷剿辦，仍著趕緊續調所部，以厚兵力。閻敬銘另片奏，自請從重治罪等語。前因督師重臣在該撫所轄境内陣亡，已有旨將該撫先行交部，嚴加議處。該撫當力顧省垣，督飭將士，嚴防賊匪北竄之路，毋得再有疏虞，致干重咎。凜之慎之。閻敬銘另片一件，暫行留中，再降諭旨。

僧〈格林沁〉舊有馬步若干，現在收集若干，劉長祐所部各路在防兵勇共有若干，著國瑞、劉長祐詳晰開單奏聞。將此由六百里加緊又緊，諭知曾國藩、國瑞、劉長祐、吴棠、張之萬、彭玉麐、崇厚、李鴻章、閻敬銘、吴〈昌壽〉，并傳諭劉銘傳知之。

欽此。遵旨寄信前來。

0390. 河南巡撫吴昌壽行移廷寄著曾國藩等嚴扼直東省防扼剿北竄捻軍

同治四年五月初六日*

已抄。

札　知悉。照得本部院於同治四年五月初六日，承准軍機大臣字寄，奉上諭

① 據《穆宗毅皇帝實録》（四）卷138，中華書局1987年版，第249頁。

一道。等因。承准此。除祇遵外，合就恭録札行。札到該　，即便欽遵查照。毋違。此札。

計恭録上諭一道。

札 營務處。南陽宋鎮。河北楊鎮。軍需局。河北道。翼長張鎮。營務處湯守。

為恭録咨會事。竊照云前。除祇遵外，相應恭録咨會。為此合咨貴　，請煩欽遵查照施行。

計恭録上諭一道。

一　　　　　　　咨

欽差大臣兩江爵閣督部堂曾

附録上諭：軍機大臣字寄著曾國藩等嚴扼直東省防扼剿北竄捻軍

同治四年五月初二日

軍機大臣字寄，欽差大臣協辦大學士兩江總督一等毅勇侯曾〈國藩〉、直隸總督劉〈長祐〉、署兩廣總督漕運總督吳〈棠〉、安徽巡撫喬〈松年〉、山東巡撫閻〈敬銘〉、河南巡撫吳〈昌壽〉、湖南巡撫李〈瀚章〉，傳諭直隸提督劉銘傳，同治四年五月初二日奉上諭：吳棠奏，官兵逼賊回竄，現嚴邳、宿之防，劉銘傳一軍由徐赴直，接濟兵食，江湖水師不便入黄。吳〈昌壽〉奏，添兵渡河，嚴防北岸。各摺片。覽奏均悉。

賊踪距清淮較遠，吳棠現派張從龍、張樹聲等軍，分扼宿遷等處之防。黄翼升水師暫泊邳、宿之間策應，著即與彭玉麐會商，妥籌布置，以期周密。賊匪北竄後，僧〈格林沁〉中伏陣亡。該逆麕集濮、范、菏澤一帶，山東兵力甚單。該漕督所派總兵趙三元統帶輕利炮船四十號，前赴濟寧。務即催令迅速北駛，與東省丁寶楨等駐扎濟寧之軍，妥籌策應。

劉銘傳現已由泗赴徐，挑隊赴直。所需軍餉，吳棠已接濟銀四千兩，以利遄行。著該提督凜遵迭次諭旨，迅速前赴直隸，與劉長祐會商剿辦，以固畿輔之防。直、東軍情緊急，如再遷延，致誤師期，該提督自問當得何罪？

吳棠擬請就黄河船隻，添置炮位，配以濱黄弁兵駕駛一節，是否可行，著劉長祐、閻敬銘妥為斟酌。并著吳棠於水師兵弁中，擇其能入黄駕駛熟悉地形者，趕籌辦理，庶於軍事有濟。

閻敬銘現已折回省城，北路未免空虛。倘賊以虛聲恫喝《戰國策・蘇秦傳》恫疑虛喝，悉鋭北趨，莘、冠、朝、觀一帶，伏莽所在響應，直邊將有防不勝防之勢。著閻敬銘斟酌緩急，迅速添派勁旅，嚴備東昌、張秋一帶，杜其聲東擊西之計，（無）［毋］[①] 得稍有疏虞，致干重咎。

豫省東路河防，考城、蘭儀密邇山東曹、單，最為吃緊。北岸則龍門口正當其衝，吴〈昌壽〉現派湯聘珍所部三千，會同崔廷桂及河北鎮、道，嚴密堵遏。南岸復有宋慶、張曜等軍防守，尚屬周至。著嚴檄北岸防兵，與直隸官軍聯络聲勢，遇賊即擊。并催調譚仁芳四營，迅由許州拔營前進，馳赴北路，擇要布置，以厚兵力。如賊勢西趨，并檄宋慶、張曜各軍沿河攔截，毋稍疏虞。直隸防兵未厚，北路宣化、大同等鎮標兵，除留本地彈壓剿捕土匪外，并著劉長祐揀調數千，隨時聽候調遣，以期緩急可恃。

本日又據祁寯藻奏，畿輔防堵緊要，酌保人才，以資任使。所保之余承恩、楊毓枏等十一員，著該督查明，是否均在直省，酌量器使。其提鎮以下實缺將弁，如有調赴他省軍營者，并著調回本任，以重職守。原單抄給劉長祐閲看。

山東東昌、兖州、（太）［泰］安，直隸大名、河間等處，著劉長祐、閻敬銘慎簡牧令，聯络紳民協剿，妥籌堅壁清野之法，以輔兵力不逮。傅振邦前隨僧〈格林沁〉剿賊，屢著戰功。該員現在何處？著閻敬銘咨令赴東會籌防剿。

張曜一軍，素為捻氛所憚。能否飭帶所部，渡河而北，與直、東官軍聯络擊剿，著吴〈昌壽〉酌量檄調。

河南、安徽之汝、光、（潁）［潁］、亳一帶，為捻踪潛匿之區。吴〈昌壽〉、喬松年務即選派員弁，帶兵駐扎，消患未萌。

此時賊勢披猖，僧〈格林沁〉以督師重臣，竟以追賊陣亡。各該省督撫、提鎮，當如何力圖整頓，痛殄逆氛？倘逆踪竄擾何省，該省督撫、提鎮并不督兵出境實力助剿，定當重治其罪，不少寬貸。

曾國荃前已諭令來京陛見，或徑赴軍營。著曾國藩再行嚴催，飭令酌帶親兵，趕緊北上，毋庸另募新勇，稽延時日。并著李鴻章就近速行宣諭，剋日起程。

正在寄諭間，據劉長祐馳奏，賊勢猖獗，請令劉銘傳刻速前進，并請派曾國藩統師北上等情，與迭次諭旨適相吻合。所稱陳國瑞身受重傷，衝出重圍，暫投民寨，收集潰勇，復與追賊接仗，轉敗為勝各等語。陳國瑞未能救援僧〈格林沁〉，本屬咎有應得。姑念其從前打仗奮勇，屢著戰功，且此次身騎俱受重傷，

① 據《穆宗毅皇帝實録》（四）卷 138，中華書局 1987 年版，第 243 頁。

困苦情形，不無可憫，姑免置議。劉長祐惟當令其收集潰散，繞赴北面，努力擊賊，為僧〈格林沁〉復仇。該總兵部伍如距閻敬銘軍營稍遠，即著徑赴大名軍營，聽候劉長祐調遣。此旨即着劉長祐傳知。劉長祐另片奏請調余承恩差遣等語，本日已諭知沈桂芬速飭赴直矣。將此由六百里加緊諭知曾國藩、劉長祐、吳棠、閻敬銘、吳〈昌壽〉、喬松年、李鴻章，并傳諭劉銘傳知之。

欽此。遵旨寄信前來。

0391. 河南巡撫吳昌壽為廷寄著兩江總督曾國藩節制直東豫三省軍務扼剿直東捻軍事行軍需局等札

同治四年五月初八日*

札　。照得本部院於同治四年五月初八日，承准軍機大臣字寄，欽差大臣協辦大學士兩江總督一等毅勇侯曾〈國藩〉、江寧將軍富〈明阿〉、直隸總督劉〈長祐〉、江蘇巡撫一等肅毅伯李〈鴻章〉、安徽巡撫喬〈松年〉、河南巡撫吳〈昌壽〉、山東巡撫閻〈敬銘〉，傳諭直隸提督劉銘傳、直隸布政使唐訓方，同治四年五月初一日奉上諭一道。又，同治四年五月初四日内閣奉上諭一道。等因。欽此。合亟恭録札行。札到該　，立即欽遵移行知照。督帶兵勇，嚴密防守。毋違。此札。

計恭録上諭二道。

札軍需局。營務處。河北總鎮。河北道。

附録上諭：軍機大臣字寄著兩江總督曾國藩節制直東豫三省軍務扼剿直東捻軍

同治四年五月初一日

軍機大臣字寄，欽差大臣協辦大學士兩江總督一等毅勇侯曾〈國藩〉、江寧將軍富〈明阿〉、直隸總督劉〈長祐〉、江蘇巡撫一等肅毅伯李〈鴻章〉、安徽巡撫喬〈松年〉、河南巡撫吳〈昌壽〉、山東巡撫閻〈敬銘〉，傳諭直隸提督劉銘傳、直隸布政使唐訓方，同治四年五月初一日奉上諭：前因直隸、山東軍情甚緊，僧格林沁陣亡，叠經諭令曾國藩携帶欽差大臣關防，統帶援師，速赴山東，繞由北面督剿賊匪。本日復經明降諭旨，令曾國藩以兩江總督督辦直、東、豫三省軍務，地方文武各員，均歸節制調遣。現在賊匪盤踞曹郡，蔓延鄆、巨、濮、范一帶，勾結土匪，勢焰日張。東省兵勇，寡不敵衆，防不勝防。直隸地勢平衍，兵力未厚，尤恐賊踪竄渡黄河，震驚畿輔。曾國藩接奉前次叠諭，諒已籌調兵勇，戒期亟行。惟東省軍情，刻不可緩。該大臣接奉此旨，務當剋日統帶親軍小隊，輕騎就道，兼程北上，先就直、東現有兵力，妥籌調度。其江南大隊援師，儘可陸續檄調北來。曾國藩聲威久著，早到一日，則直、東人心早定一日。

李鴻章所部兵勇尚多，除應留防蘇省外，如尚有可調之兵，務當儘數調撥，揀派得力鎮將，即日管帶由輪船迅速北上，俾曾國藩抵東時，即可歸其調遣，以期無誤攻剿。直、東、豫三省地方公事，雖有本省督撫管理，其各該省地方文武，如遇有關軍務應行供支調發之件，遲誤及不遵調度者，即着該大臣嚴參，治以貽誤軍務之罪。該大臣值此時勢艱難，斷不可意存謙抑，仍辭節制三省之命，致往返再有躭延。兵貴神速，總以兼程繞赴山東北路，調度一切，保固畿疆，為目前第一要務。

劉長祐、閻敬銘亦當就現有兵力，分防黄、運兩河，一面剿辦土匪，保衛完善地方，不得專待援師，稍存鬆懈。河套伏莽，本未盡除。現既為賊衆盤踞，則該處土匪船隻，均可資以渡河。劉長祐、閻敬銘務須籌備炮船，多撥兵弁，嚴密防守。倘任賊踪北渡，必當重治該督撫之罪。唐訓方現住省垣，保定一帶守禦事宜，責無旁貸。著責成該藩司悉心籌畫經理，務須周密妥善。吳昌壽前已有旨令其出省剿賊，著即會同劉長祐，嚴密防堵河岸，并嚴檄河北鎮道及在防兵弁，加意遏守，毋稍疏虞，致干重咎。劉銘傳已抵單縣，諒可即抵濟寧、汶上一帶。著即酌量情形，如賊氛甚熾，尚須添兵，即著飛咨周盛波，將全部勇丁一併由周盛波統帶北渡，陸續起程，會合攻剿。并著劉長祐、閻敬銘審度賊勢，會商劉銘傳，迅速辦理。

富明阿前已有旨令其留於直隸軍營，此時計已行抵直、東地方。著即迅速來京，毋稍延緩。直隸景州、河間及山東德州、恩縣一帶，向有騎馬賊匪。并著劉長祐、閻敬銘派兵嚴拿，毋令乘隙蠢動。告病總兵鄭魁士，久經戰陣，現在是否在宣化本籍？著劉長祐傳令該員前赴軍營助剿。直隸、山東、河南近賊地方，即由劉長祐、閻敬銘、吳昌壽飭令該地方官辦理團練，堅壁清野，俾賊無所掠，以助兵力所不及。曾國藩一軍應需餉銀，本日雖已諭令户部寬為籌備，仍著劉長祐、李鴻章、閻敬銘、吳昌壽協力籌解，毋稍缺乏。

正在寄諭間，據喬松年奏報皖省近日軍情一摺。蒙、亳一帶，現有黄鳴鐸、李南華等軍扼守。英翰、張德勝等軍，現在分防宿州、雉河集等處。布置尚屬周妥。即著該撫隨時會商吳棠，聯絡聲勢，以固邊境。所保皖軍出力將士，并籌餉出力等各摺片，本日已明降諭旨，照所請行矣。將此由六百里諭知曾國藩、富明阿、劉長祐、李鴻章、喬松年、吳昌壽、閻敬銘，并傳諭劉銘傳、唐訓方知之。

欽此。遵旨寄信前來。

附録上諭：内閣奉上諭著曾國藩節制直東豫三省軍務

同治四年五月初四日

同治四年五月初四日，内閣奉上諭：欽差大臣協辦大學士兩江總督一等毅勇侯曾國藩，現赴山東一帶督師剿賊。所有直隸、山東、河南三省旗、緑各營及地方文武員弁，均著歸曾國藩節制調遣。如該地方文武不遵調度者，即由該大臣指名嚴參。

欽此。

0392. 河南巡撫吳昌壽行移會奏親王僧格林沁力戰捐軀嚴備北岸慎守邊防并陳管見一摺奉旨

同治四年五月初九日*

札　知悉。照得本部院會同貴　部　堂，署理河東總河部堂張〈之萬〉，於同治四年五月初一日具奏，曹州城西官軍接仗失利，親王僧格〈林沁〉力戰捐軀，賊氛愈熾，逼近河干，現飭河北在防將弁，嚴扼要津，以杜北竄，并慎守邊防，謹陳管見一摺，業經抄摺札知咨送，已備具會、回稿咨送在案。兹於本月初九日，承准軍機大臣奉旨：另有旨。欽此。除欽遵外，合就恭録札行。札到該　，即便欽遵查照。毋違。此札。

札河北周道。軍需局。營務處。糧臺。翼長張道。河北楊鎮。

為恭録咨會事。竊照云前。除欽遵外，相應恭録咨會。為此合咨貴　，請煩欽遵查照施行。

一　　咨

署理河東總河部堂張

0393. 河南巡撫吳昌壽行移廷寄著嚴扼豫境邊防河防

同治四年五月初九日*

已抄。

札　知悉。照得本部院於同治四年五月初九日，在封邱縣途次，承准軍機大臣字寄，同治四年五月初六日奉上諭一道。等因。承准此。除祗遵外，合就恭録札行。札到該局，司，臺，處，即便欽遵查照，并轉飭南陽、汝寧二府，俟姜軍入境，一體應付。即便欽遵查照。毋違。此札。

計恭録上諭一道。

札軍需局。布政司。大營糧臺。營務處。并札張鎮。湯守。

為恭録咨會事。竊照云前，相應恭録咨會。為此合咨貴爵閣督部堂，請煩查照。并希迅飭姜軍門統帶所部九營，星速來豫，會同防剿。望切望速施行。

計恭録上諭一道。

（下殘）。

附録上諭：軍機大臣字寄河南巡撫吳昌壽等著嚴扼豫境邊防河防

同治四年五月初六日

軍機大臣字寄，欽差大臣大學士湖廣總督一等果威伯官〈文〉、河南巡撫吳〈昌壽〉，同治四年五月初六日奉上諭：吳〈昌壽〉奏，探明統兵大臣陣亡，現飭河北將弁嚴扼邊防一摺。所陳僧〈格林沁〉在曹州城西失利陣亡情形，與國瑞等迭次奏報，大略相同。吳〈昌壽〉現因河防嚶緊，飛檄河北鎮道，會同湯聘珍、崔廷桂等軍，力扼龍門口，并分兵扼扎上下游，與直省大名防兵聯絡，遏賊偷渡。布置尚屬周妥。惟直、東兩省河身，綿亘數百里，幾於防不勝防。東、豫毗連之考城處所，僅有宋慶、張曜扼扎，兵力較單，亟應籌添勁旅，以資捍禦。著官〈文〉懍遵前旨，迅飭姜玉順統帶所部九營，星速赴豫，會同吳〈昌壽〉所帶楚軍，嚴扼河防。如豫境防務漸鬆，姜玉順一軍，應否飭赴直、東交界地方防剿，即由吳〈昌壽〉妥籌辦理。

僧〈格林沁〉軍營潰逃馬步兵勇，絡繹奔赴豫省，恐有奸宄溷迹其中。該親王部下桂錫楨一起馬勇，本係降衆，近日更恐與賊聯為一氣，假借官軍名目，貽害地方。著吳〈昌壽〉遴派得力武職、精細明幹大員，分投盤查，妥為安置，勿任為逆匪煽結，致滋擾害。河南省城防務及沿河要隘，仍著吳〈昌壽〉督飭湯聘珍等軍及地方文武，嚴密籌防，毋任疏懈。

吳〈昌壽〉請飭直、東督撫，聯集兵團，扼守河干，并接濟陳國瑞軍餉。已諭令劉長祐、閻敬銘迅辦矣。將此由六百里各諭令知之。

欽此。遵旨寄信前來。

0394. 河南巡撫吳昌壽行移廷寄兩江總督曾國藩等著集結重兵嚴扼鄆城等地捻軍渡河北犯

同治四年五月十二日*

已抄。

札　知悉。照得本部院於同治四年五月十二日，在滑縣行營，承准軍機大臣字寄，同治四年五月初九日奉上諭一道。等因。承准此。除祇遵外，合就恭録札行。札到該　，即便會同兩司，欽遵查照。毋違。此札。

計恭録上諭一道。

札軍需局。翼長張鎮。營務處。河北楊鎮。河北周道。

為恭録咨會事。竊照云前。除祇遵外，相應恭録咨會。為此合咨貴　，請煩欽遵查照施行。

計恭録上諭一道。

一　　　　　　　咨

欽差大臣兩江爵閣督部堂曾

暫護欽差大臣前杭州將軍宗室國

附録上諭：軍機大臣字寄著曾國藩等集結重兵嚴扼鄆城等地捻軍渡河北犯

同治四年五月初九日

軍機大臣字寄，欽差大臣協辦大學士兩江總督一等毅勇侯曾〈國藩〉、暫護欽差大臣已革杭州將軍國〈瑞〉、直隸總督劉〈長祐〉、署兩廣總督漕運總督吳〈棠〉、暫署兩江總督江蘇巡撫一等肅毅伯李〈鴻章〉、安徽巡撫喬〈松年〉、山東巡撫閻〈敬銘〉、河南巡撫吳〈昌壽〉，傳諭直隸提督劉銘傳、浙江處州鎮總兵陳國瑞，同治四年五月初九日奉上諭：劉長祐奏，賊匪盤踞勾結，時圖竄渡，必須添調重兵，嚴扼北犯一摺，并將兵勇名數，開單呈覽。據稱，逆匪大股，現在鄆城、荷澤、巨野及濮、范沿河一帶，周圍數百里，盤踞勾結，時圖竄渡。又探有砍伐樹株、搬運檩木、排造船筏之事，種種詭譎情形，不可殫述等語。

逆匪蓄意北渡，雖經劉長祐沿河布置，賊來窺伺，屢經擊退，惟防兵尚單，倘大股麕集，數路并進，官軍即有難以策應之勢。自應厚集兵力，先固藩籬。陳國瑞前已令其馳赴濟寧，第濟寧兵力漸集，且曹州距東明、長垣甚近，較赴濟尤形便捷。即著陳國瑞迅帶所部，即日前赴劉長祐軍營，聽候調遣，藉壯聲威。曹州府城，著國瑞、閻敬銘調撥兵勇，妥籌兼顧。

至劉銘傳一軍，叠經有旨諭令迅赴濟寧、汶上助剿。此時賊思北竄，後路尤應有追躡之兵。着仍遵前旨，迅速拔營前進，於濟寧、汶上一帶，或張秋鎮扼要地方，實力扼守，相機進剿。即著閻敬銘、劉長祐飛速催提，到防後即行具奏。

該提督如再遲延，即着嚴參懲辦。

賊匪既於蘆葦深處覓搶船隻，則黄河之險，與我共之。非多集水師船隻，分段扼截，不足以遏賊氛。劉長祐現覓船十數隻，練習開炮，恐尚不敷分布。着再添籌船隻，與北岸陸軍犄角嚴防，以資得力。閻敬銘於防河船隻，并未籌添。設令賊匪偵知無備，馳赴下游一帶北渡，震動畿疆，該撫自問當得何罪？着將省城守禦布置一定，即赴濟、汶等處，將黄、運兩河防守并添造炮船事宜，妥籌辦理，并與劉銘傳、丁寶楨等軍，嚴密扼防。

其張樹珊一軍及周盛波全部，仍着喬松年、吳棠催令迅赴東省，以厚兵力。現在賊氛正盛，必須壁壘一新，謀定後戰，方能重振軍聲。劉銘傳、陳國瑞務當穩慎圖功，毋稍輕進浪戰，致有挫失。詹啓綸一軍，仍著國瑞催令前進。至張曜、宋慶等軍，如能越境會剿，既可杜賊竄豫之路，又可與直、東各軍兩面夾擊，較有裨益。并著吳〈昌壽〉斟酌情形，妥籌調派，不得稍分畛域。

直、東軍務吃緊，曾〈國藩〉務當恪遵迭次諭旨，星夜北來，督兵剿賊，以副委任。該大臣如因陸路行走遲滯，或仿照劉長祐赴直之法，航海前來，尤形捷速。着曾〈國藩〉斟酌妥辦。如業已起程，則毋庸議。

上海所練洋槍隊并落地開花炮，仍著李鴻章恪遵前旨，迅速調集，由海赴津，毋稍遲誤。

徐、宿一帶防軍，陸續北調。該處防兵，亦不可令其空虛。著吳棠、喬松年豫籌調派，扼要設防。是為至要。

劉長祐另片奏，請飭晋省撥解硝斤等語。已諭令沈桂芬迅速籌解，并令催余承恩趕緊赴直矣。將此由六百里諭知曾〈國藩〉、國瑞、劉長祐、吳棠、李鴻章、喬松年、閻敬銘、吳〈昌壽〉，并傳諭劉銘傳、陳國瑞知之。

欽此。遵旨寄信前來。

0395. 河南巡撫吳昌壽行移廷寄湖廣總督官文等著調集重兵嚴扼捻軍大股由運黄河偷渡竄擾直隸山東

同治四年五月十六日*

札　知悉。照得本部院於同治四年五月十六日，在滑縣行營，承准軍機大臣字寄，同治四年五月十三日奉上諭一道。等因。承准此。除祗遵外，合就相應恭録札行。咨會。札到該　，即便欽遵查照。毋違。此札。

計恭録上諭一道。

札 河北道周道。河北楊鎮。軍需局。營務處。翼長張鎮。大營糧臺。

為恭録咨會事。竊照云前，相應恭録咨會。為此合咨貴 ，請煩欽遵查照施行。

計恭録上諭一道。

一 咨

欽差大臣湖廣爵閣督部堂官

欽差大臣兩江爵閣督部堂曾

暫護欽差大臣前杭州將軍宗室國

直隸總督部堂劉

山東巡撫部院閻

三口通商大臣兵部左侍郎崇

記名提督軍門浙江處州總鎮陳

署兩江總督江蘇巡撫部院李

附録上諭：軍機大臣字寄湖廣總督官文等著調集重兵嚴扼捻軍大股由運黄河偷渡竄擾直隸山東

同治四年五月十三日

軍機大臣字寄，欽差大臣大學士湖廣總督一等果威伯官〈文〉、欽差大臣協辦大學士兩江總督一等毅勇侯曾〈國藩〉、暫護欽差大臣已革杭州將軍國〈瑞〉、直隸總督劉〈長祐〉、暫署兩江總督江蘇巡撫一等肅毅伯李〈鴻章〉、河南巡撫吴〈昌壽〉、山東巡撫閻〈敬銘〉、三口通商大臣兵部左侍郎崇〈厚〉，傳諭直隸提督劉銘傳、浙江處州鎮總兵陳國瑞，同治四年五月十三日奉上諭：國〈瑞〉奏，髮捻各逆東趨，逼近濟寧，請飭直隸撥兵防守鹽河。閻敬〈銘〉奏，賊渡運河東竄，省防、河防均形吃緊。崇〈厚〉奏，馳抵景州，分兵屯扎。各一摺。

髮捻大股，在鄆城縣屬之水保集、紅川口等處屬聚，四出焚擄，逼勒民圩，勢甚鴟張。前股已至安店，邊馬由長溝等處偷渡運河，竄至濟寧土圍以外。國〈瑞〉現與丁寶楨商派副將王心安等馬步各隊，會合趙三元等所帶炮船，水陸迎剿，小有擒斬。該逆旋即退回數里。現在運河西岸，賊踪蔓延數十里。濟寧防守，甚屬吃緊。

閻敬〈銘〉所稱賊由汶上開河以北搶渡運河，邊馬已至寧陽西南、滋陽西北，大股亦即蜂至等情。是兗州、泰安屬境，又有賊踪滋擾。該匪非由寧陽趨泰安、長清之路直撲省城，即恐由東阿、長清窺伺大清河北岸，是省垣及張秋以東鹽河一帶，又屬萬分吃緊。著國〈瑞〉督率現有兵勇，與丁寶楨所部，嚴守濟寧，力扼運河東岸，不得以水淺為詞，任聽大股匪衆續行搶渡。汶上、滋陽一帶，亦著閻敬〈銘〉責成地方文武，聯絡紳團，分布兵勇，力籌堵扼。并嚴設省防，以固根本；力顧鹽河口岸，扼賊北渡，毋稍疏虞。

劉銘傳前已叠有寄諭，催令迅赴濟寧、汶上一帶防剿。該提督竟任意遷延，遲至本月初八日，始由徐州起程，殊堪痛恨。著先行交部議處，并著迅帶所部全軍，星夜兼程，繞由濟寧、汶上以北，逼向西南截剿。倘再一味疲玩，致誤大局，必當重治其罪。懍之，慎之。詹啓綸一軍，仍著國〈瑞〉、閻敬〈銘〉飛檄嚴催，剋日馳赴濟寧。如再延誤，即著國〈瑞〉、閻敬〈銘〉嚴參。丁寶楨俟詹啓綸到濟寧後，即帶所部回赴濟南、泰安一帶，相機防堵。陳國瑞一軍，前已叠諭改赴劉長〈祐〉軍營。著懍遵前旨，統帶所部馬步各營，即日由開州、東明一帶渡黄北上，繞赴直隸大名軍營，歸劉長〈祐〉調遣。陳國瑞遠在曹州，道路為賊所阻。著國〈瑞〉、劉長〈祐〉、閻敬〈銘〉於奉此旨時，飛速傳知。

至黄河北岸，自張秋以東，綿長數百里，水淺岸窄，處處可虞。東省兵力空虛，情形异常危險。如濮、范一帶賊踪合股東竄，劉長〈祐〉即當分飭所部，於沿河合力夾擊；或飭令陳國瑞一軍，於渡黄北上時，移防張秋以東沿河口岸，以固直隸邊防。總以布置迅速，勿分畛域，是為至要。周森藻所帶炮划，即著閻敬〈銘〉嚴飭游駛巡防。仍恐不敷應用，該撫務須添籌船炮，力圖防河，不得稍存玩忽，自干咎戾。

昨有旨令崇厚酌量情形，相機進扎齊河。此時東省鹽河一帶空虛。著該侍郎酌度情形，統帶洋槍隊，速赴齊河北岸防守。并與該處紳團聯絡聲勢，兼顧西面張秋一帶，毋稍疏虞。洋人勾得斯赴營一節，已由總理各國事務衙門知照該國駐京公使。崇〈厚〉所請由山東、山西兩省撥濟直隸軍餉，本日已諭令閻敬〈銘〉、沈桂〈芬〉，每月各撥餉銀三萬兩解直矣。

前經叠諭李鴻〈章〉多撥援師，由海道北上。現在直、東情形緊要如此，著該撫懍遵前旨，剋日撥兵起程，不必等候曾〈國藩〉檄調，以致遷延時日，貽誤大局。曾〈國藩〉亦當趕緊起程，星速北上，以慰廑盼。

蔣凝學一軍，本日據楊岳〈斌〉奏，有令其取道豫省赴陜之語。此軍計現在未離豫省，着吴〈昌壽〉迅即檄令該道員，迅速移營，由豫赴直。即着劉長〈祐〉飛速迎提，到時酌派防守沿河要隘，以厚兵力。本日并諭令楊岳〈斌〉一體知照矣。

所有蔣凝學月餉二萬兩，仍著官〈文〉源源接濟。如路過豫境時，餉需短絀，即著吳〈昌壽〉籌款接濟，以利遄行。姜玉順一軍，并著官〈文〉迅飭起程赴豫，歸吳〈昌壽〉調遣，不得遲延觀望。將此由六百里諭知官〈文〉、曾〈國藩〉、國〈瑞〉、劉長〈祐〉、李鴻〈章〉、吳〈昌壽〉、閻敬〈銘〉、崇〈厚〉，并傳諭劉銘傳、陳國瑞知之。

欽此。遵旨寄信前來。

0396. 河南巡撫吳昌壽為前任河南巡撫張之萬具奏據情代陳一摺奉旨事行軍需局等札

同治四年五月二十日*

札　。照得前部院於同治四年四月十六日，具奏據情代陳一摺，業已抄摺札知在案。兹本部院於五月二十日，在滑縣行營，承准軍機大臣奉旨：張汝梅，著准其回籍養親。該部知道。欽此。合就恭録札行，札到該　，即便欽遵查照。毋違。此札。

札軍需局。營務處。記名張道。遞徐州。

0397. 河南巡撫吳昌壽行移具奏河北防務布置粗定髮捻竄近豫疆帶兵渡河策應并布置東西兩路以防闌入摺

同治四年五月二十七日*

札　。照得本部院於同治四年五月二十七日，在滑縣行營，由驛具奏，河北防務布置粗定，捻逆分股回竄亳州，髮捻大股復由曹州西竄，已近豫疆，臣督帶譚仁芳四營，即日渡河策應，并布置東西兩路，以防闌入一摺。除俟奉到諭旨，另行恭録札知移咨外，合先抄摺札行。札到該　，即便查照。毋違。此札。

計粘抄摺稿一紙。

札軍需局。南陽宋鎮。翼長張鎮。營務處。河北楊鎮。河北周道。

為咨送事。竊照云前，合先抄摺咨送。為此合咨貴　，請煩查照施行。

計粘抄摺稿一紙。

一　　　　咨

欽差大臣湖廣兩江爵閣督部堂官曾

（真）［直］隸總督部堂劉

安徽山東巡撫部院喬閻

附録摺稿：河南巡撫吳昌壽具奏河北防務布置粗定髮捻竄近豫疆帶兵渡河策應并布置東西兩路以防闌入摺

同治四年五月二十七日

奏為河北防務布置粗定，捻逆分股回竄亳州，髮捻大股復由曹州西竄，已近豫疆，臣督帶譚仁芳四營，即日渡河策應，并布置東西兩路，以防闌入，恭摺馳陳，仰乞聖鑒事。

竊臣昨將河防緊要，馳赴封邱、滑、濬一帶，扼要駐扎，聯絡直、東防軍，嚴密堵剿各緣由，於初八日馳奏在案。臣初九日渡河，由封丘於十一日馳抵滑縣。沿途察看河防，所有豫省扼扎龍門口之崔廷桂、尚店口之湯聘珍，以及出扎直隸開、長所屬二賢祠、沙堌堆等處，并由河北道周煦徵督飭滑縣知縣姚詩雅，齊集民團，扼守河干，尚屬整齊，與直隸防兵聲勢聯絡。

臣伏念防河以炮舡為亟需，正在檄令參將崔廷桂趕緊募造，復奉上諭催令趕製炮舡，遵即行令該參將等迅速添募。已據報稱，陸續募得大小炮舡十八隻。惟炮位自千斤以下至二百斤以上，需用百數十尊。豫省向少存炮，而兩江總督臣曾〈國藩〉運赴濟寧炮位，道梗不能往取。因一面赴局提用，一面派員趕赴河内縣鑄造，以資分配。其河北鎮標兵積年欠餉，頗形疲弱。臣嚴飭總兵楊長春，挑選精壯六百名，照豫軍勇糧發給，勤加訓練，分布蘭通、竹林二口，以補直隸防兵之闕，不分畛域，一體嚴防。

正在布置之際，旋據歸德鎮、府等馳稟：十六日，大股捻匪，分股回竄亳州東鄉之翟村集。蒙、宿之間，賊踪遍地。渦河兩岸丁固寺、沙土集等處，均有匪衆盤踞，係張總愚、任柱大股回竄等語。伏念蒙、亳一帶，係捻匪老巢。伏莽本未淨盡，餘焰復燃，燎原可慮。不如先事預籌，亟圖撲滅。而賊勢猖獗，實非一省兵力所能制其死命。一面飛咨兩江督臣曾〈國藩〉、漕運督臣吳〈棠〉、安徽撫臣喬〈松年〉，請由徐州豐、碭進兵扼賊東北，潁州太和進兵扼賊東南，豫省之兵由西面進，為四面擣巢之計。一面飛調考城駐防之張曜、宋慶等，遵照進剿。旋據張曜等馳稟，鄆、巨之賊，大股西竄，刻已竄過曹縣以東，前股已至劉口等語。則宋郡邊防，岌岌可慮。一面飛飭張曜等軍，星夜拔營，繞前截擊；一面抽調駐防河北之湯聘珍一軍，迅速渡河，與張曜等軍會合，以厚兵力。而河洛為關陜門户，與晋省僅隔一河，奔突尤屬可慮。當即飛調駐省之徐邦道一營，西去扼扎虎牢關，會同地方，齊集民團，嚴守要隘。臣一面督帶提督譚仁芳四營，星夜渡河，視賊所向，策應各路。惟是髮捻全股，均已趨近豫疆。臣奉旨飭調之蔣凝學、姜玉順兩軍，經臣迭次飛提，尚無來豫消息，現在兵力實有不敷防剿之勢。臣惟有激勵將士，相度機宜，妥籌剿堵，以期仰副我皇上申固封圻之至意。

所有河北防務布置粗定，捻逆分股回竄亳州，髮捻大股復由曹州西竄，已近豫疆，臣督帶譚仁芳四營，即日渡河策應，并布置東西兩路，以防闌入各緣由，恭摺馳奏，伏乞皇太后、皇上聖鑒訓示。謹奏。

0398. 河南巡撫吴昌壽行移軍機大臣字寄湖廣總督官文等著嚴扼直東豫楚省防截擊向西南奔竄捻軍

同治四年五月二十七日*

已抄。

札　知悉。照得本部院於同治四年五月二十七日，在滑縣行營，承准軍機大臣字寄，同治四年五月二十四日奉上諭一道。等因。承准此。除祗遵外，合就恭録札行。札到該　，即便欽遵查照。毋違。此札。

計恭録上諭一道。

札軍需局。營務處。糧臺。河北楊鎮。翼長張鎮。河北周道。

為恭録咨會事。竊照云前，合先恭録咨會。為此合咨貴　，請煩欽遵查照施行。

計恭録上諭一道。

一　　　　　　咨

欽差大臣湖廣爵閣督部堂官

欽差大臣兩江爵閣督部堂曾

署兩廣總督部堂吴

安徽巡撫部院喬

山東巡撫部院閻

暫護欽差大臣前杭州將軍宗室國

直隸總督部堂劉

附録上諭：軍機大臣字寄湖廣總督官文等著嚴扼直東豫楚省防截擊向西南奔竄捻軍

同治四年五月二十四日

軍機大臣字寄，欽差大臣大學士湖廣總督一等果威伯官〈文〉、欽差大臣協辦大學士兩江總督一等毅勇候曾〈國藩〉、署兩廣總督漕運總督吳〈棠〉、安徽巡撫喬〈松年〉、河南巡撫吳〈昌壽〉、山東巡撫閻〈敬銘〉，同治四年五月二十四日奉上諭：閻敬〈銘〉奏，賊匪圍攻嘉祥，籌辦河防情形，并長溝獲勝，嘉祥解圍，暨詳陳團練流弊各摺片。官〈文〉奏，遵飭姜玉順等軍，赴直、東援剿一摺。賊匪分股盤踞長溝，并圍攻嘉祥縣城甚急。經國瑞、劉銘傳、丁寶禎分派兵勇，將長溝賊寨攻拔。陳國瑞、詹啓綸兩軍，亦與黄、白旗馬隊，將嘉祥之賊擊敗，力解城圍。與前日國瑞所奏情形，大略相同。嘉祥縣官吏紳民，固守旬餘，力保危城，尚屬著有微勞，著閻敬銘即行查明請奬。

現在賊踪雖向西南奔竄，而飄忽靡定。曹、單、濟寧一帶，防務仍當加意布置。如此時省防情形稍鬆，閻敬銘仍當相機出省，察看何路緊要，即在何路扼要駐扎，妥籌布置。

至所稱張秋以東防務，最關緊要。周森藻炮船二十四隻，外添雇民船五十隻，在彼巡緝。恐堤岸綿長，不敷分布。著閻敬銘懍遵前旨，一面趕製輕便炮船，一面將曾國藩撥解直、東之炮位及熟悉點放之人，派員星速迎提，駛赴該處一帶分防，以免疏失。劉長祐因東省沿河兵單，分兵越境赴該省沿岸防堵。該撫務當與之聯絡聲勢，合力同心，互相援應，以期兩有裨益，不可稍存意見。

團練以堅壁清野、斷賊擄掠裹脅為要務，兼須由地方官督辦，不可由紳民自行舉行，以杜流弊。前經迭降諭旨，詞意甚明。衛榮光兼署臬司，公事較多，既未能前赴東昌，所有沿河北岸一帶團防事宜，著閻敬〈銘〉即飭令派出之道員衡齡等，前往濟、東等處，妥籌辦理。

現在賊踪既擾及豐、沛，則淮、徐、歸德及皖北宿州、（潁）[穎]、亳等處，均形喫重。著吳棠督飭淮、徐防兵，嚴密堵扼，毋令賊匪東趨，擾及裹下河并清淮一帶。曾〈国藩〉即趕緊出省，馳赴徐郡，居中調度，調集周盛波等軍，迎頭截擊。喬松〈年〉督飭英翰等軍，嚴扼宿州，并分兵駐扎（潁）[穎]、亳，搜捕土匪，以防張總愚竄回該處，勾結蔓延。張總愚既有回至亳州裝旗之語，且所帶止二百人，喬松〈年〉如能乘其不備，飭英翰等密速就地掩捕，最為上策。

至楚北邊防，亦宜豫籌布置。著官〈文〉即揀派得力將士，扼要駐守，以防該匪竄至。歸德一帶，雖有張曜等軍駐守，仍恐不敷分布。陳州一帶，與（潁）

[潁]、亳等處接壤，亦宜撥兵防守。吳昌〈壽〉自奏報出省後，迄今旬餘，未據將該省情形續報。著將河北防務布置妥協後，即行渡河而南，擇要駐守，將歸、陳一帶防剿事宜，速籌辦理。

至此股賊匪，既不能渡黄而北，則竄豫，竄皖，竄楚北、江蘇等省，皆不可定。各該督撫等務當於各該境層層設兵以待，俟大股竄近，横出截擊，使其不能成隊。俟其遁回老巢，即以重兵圍攻，聚而殲之，方是一勞永逸之計。姜玉順一軍，前因直、東兵勇漸集，足敷應用，諭令吳昌〈壽〉將此軍調歸豫省。著官〈文〉催令迅速起程，赴吳昌〈壽〉軍營聽候調遣。楊飛熊現擬在襄樊招募兩營，著官〈文〉飭令挑選安分可靠勇丁成軍，不得如陳東霖招募赴甘之勇，沿途滋事，毫無紀律。俟楊飛熊將勇丁募齊後，即飭令赴閻敬〈銘〉軍營。所有該營軍裝、器械及兩月口糧，均著官〈文〉先為籌給，俾利遄行。

前據吳昌〈壽〉奏稱，僧〈格林沁〉所部馬隊，在曹郡失利後，陸續散入豫境西行。現在此項馬隊，曾否由該撫招集，歸入東省大營，著將現辦情形，速行具奏。將此由六百里各諭令知之。

欽此。遵旨寄信前來。

0399. 河南巡撫吳昌壽行移廷寄著認真防剿竄近豫疆捻軍

同治四年閏五月初五日*

札　知悉。照得本部院於同治四年五月二十七日，由驛具奏，河北防務布置粗定，捻逆分股回竄亳州，髮捻大股復由曹州西竄，已近豫疆，督帶譚仁芳四營，即日渡河策應，并布置東西兩路，以防闌入一摺，業已抄摺札知咨送在案。兹於閏五月初五日，承准軍機大臣奉旨：另有旨。欽此。同日，奉上諭一道。等因。承准此。除祇遵外，合就恭録札行。札到該　，即便遵欽查照。毋違。此札。

計恭録上諭一道。

札 軍需局。翼長張鎮。南陽宋鎮。河北楊鎮。河北周道。營務處。

為恭録咨會事。竊照云前。除祇遵外，相應恭録咨會。為此合咨貴　，請煩欽遵查照施行。

計恭録上諭一道。

一　　　　　咨

欽差大臣湖廣兩江爵閣督部堂官曾

直隸總督部堂劉
安徽山東巡撫部院喬閻

附録上諭：軍機大臣字寄著吳昌壽等認真防剿竄近豫疆捻軍

同治四年閏五月初一日

軍機大臣字寄，欽差大臣大學士湖廣總督一等果威伯官〈文〉、欽差大臣協辦大學士兩江總督一等毅勇侯曾〈國藩〉、已革杭州將軍國〈瑞〉、直隸總督劉〈長祐〉、署兩廣總督漕運總督吳〈棠〉、三口通商大臣兵部左侍郎崇〈厚〉、安徽巡撫喬〈松年〉、山東巡撫閻〈敬銘〉、河南巡撫吳〈昌壽〉、山西巡撫沈〈桂芬〉，同治四年閏五月初一日奉上諭：曾國〈藩〉奏，督兵出省日期。喬松〈年〉奏，匪入皖境接仗情形。閻敬〈銘〉奏，賊股竄出東境，現在籌辦炮船。吳昌〈壽〉奏，髮捻竄近豫疆，帶兵渡河策應。各一摺。覽奏均悉。

賊首張總愚等竄宿、亳一帶，官軍迎戰於龍山，頗有斬擒。賊由王家窰南遁。著喬松〈年〉督飭英翰等軍，向南跟追，并仍防牛洪等股續至，務將該逆截斷，勿任合併。易開俊一軍，即照喬松〈年〉所擬，駐扎蒙、宿一路，會同英翰等，合力剿洗。東境已無賊踪，著吳〈昌壽〉、閻敬〈銘〉檄令陳國瑞一軍，躡剿該逆後隊，牽制賊勢。直、東兩省，現時固不可無重兵防守，將來兼須有往來擊剿之軍，以資策應。未經到防之潘鼎新一軍，宜仍留直隸鎮守。劉銘傳所部，仍令駐扎山東濟寧一帶，專顧北路。其往來擊剿之軍，或派余承恩，或派陳國瑞，均由劉長〈祐〉、閻敬〈銘〉酌度辦理。閻敬〈銘〉欲繕軍籌餉，以圖自强，并派知府曹丙輝等，就河内各船，改造試用。失之東隅，收之桑榆，仍未為晚。即著與劉長〈祐〉、崇〈厚〉妥商辦法，以期一勞永逸。

吳昌〈壽〉因賊竄蒙、亳，欲為四面搗巢之計。又以鄆、巨之賊，竄過曹縣，前股已至劉口，宋防岌岌可慮，飭張曜等繞前截擊，并抽調湯聘珍一軍，渡河與張曜等會合。一面親督譚仁芳四營渡河，視賊所向策應。所籌均妥。著即嚴檄張曜等認真防剿，勿令賊踪深入為患。蔣凝學軍距豫不遠，該撫即飛提到營，以資厚集。姜玉順等九營，屢次諭令官〈文〉飛飭赴豫，何以尚無到豫消息，究竟已至何處？該省軍情甚緊，兵力甚單，倘有疏虞，關係非淺。著官〈文〉仍即嚴催該提督星速赴豫。如有意遲延，即行嚴參懲辦。歸、陳各屬，距賊甚近。吳昌〈壽〉當督飭地方文武，整頓兵團，以資防禦。河洛為關陝門户，與晉省僅隔一河。吳昌〈壽〉已派徐邦道一營西扎虎牢關，仍恐兵力單薄。著沈桂〈芬〉整飭防兵，嚴扼要隘，不可稍涉大意。曾國〈藩〉於前月二十五日督師出省，想已到清淮一帶。即著進駐徐州，相機調度。該大臣必有成算在胸，到徐後軍情賊勢，隨時馳報，以紓南顧之憂。

東境無賊，道路已通，國〈瑞〉即督率兩盟馬隊，與克興阿等護送僧〈格林沁〉靈柩回旗。所有欽差大臣關防，國〈瑞〉即親賫回京恭繳。其温德勒克西等馬隊，仍著留於山東，即由國〈瑞〉酌派一員統帶，仍令暫行駐扎曹、考一帶。聞色尔固善治軍謹嚴，兼有謀勇，可否派令統帶此項馬隊之處，著國〈瑞〉酌量辦理。此起馬隊，曾隸多隆阿部下者居多。曾國〈藩〉知之有素，必能妥為駕馭。現應如何調遣之處，即著妥為布置。曾國〈藩〉未經調派以前，如直隸、山東有警，亦可由劉長〈祐〉、閻敬〈銘〉暫行酌調。閻敬〈銘〉仍遵前旨，馳赴濟寧一帶，整頓防兵，稽查伏莽，務將善後各事宜，妥為布置。

前諭查辦劉銘傳、陳國瑞勇丁械鬥一節，迭經降旨，令劉銘傳駐東防守，陳國瑞追賊出境。該二員不能約束，已有旨嚴行申飭，可以毋庸查辦矣。將此由六百里各諭令知之。

欽此。遵旨寄信前來。

0400. 河南巡撫吳昌壽行移軍機大臣字寄吳棠奏賊踪南竄皖境調兵防扼摺

同治四年閏五月初五日

札　知悉。照得本部院於同治四年閏五月初四日，承准軍機大臣字寄，奉上諭一道。等因。承准此。除祗遵外，合就恭録札行。札到該　，即便欽遵查照。毋違。此札。

計恭録上諭一道。

札軍需局。南陽宋鎮。翼長張鎮。河北楊鎮。營務處。

為恭録咨送事。竊照云前。除祗遵外，相應恭録咨□。為此合咨貴　，請煩欽遵查照施行。

計恭録上諭一道。

一　　　　　　　咨

欽差大臣湖廣兩江爵閣督部堂官曾

安徽巡撫部院喬

署兩廣總督漕運總督部堂吳

同治四年閏五月初五日。軍務局鄧式南承。

奉上諭吳棠奏賊踪南竄皖境調兵防扼一摺。

河南巡撫兼提督軍門吳。行。

附録上諭：軍機大臣字寄吳棠奏賊踪南竄皖境調兵防扼摺

同治四年五月二十九日

軍機大臣字寄，欽差大臣大學士湖廣總督一等果威伯官〈文〉、署兩廣總督漕運總督吳〈棠〉、安徽巡撫喬〈松年〉、河南巡撫吳〈昌壽〉，同治四年五月二十九日奉上諭：吳〈棠〉奏，賊踪南竄皖境，調兵防扼一摺。

逆匪張總愚等，由蕭、永交界之苗村橋地方，南竄宿境之龍山、石弓山一帶，欲由蒙、宿等處，裹脅民衆，東撲清淮。刻下徐防正當吃重。張樹珊一軍，既經到徐，著吳〈棠〉即飭該總兵會同姚廣武，分路出隊，力扼要衝，以杜竄突。桃源縣境之成子河圩，為清淮東南門户，防守尤關緊要。吳〈棠〉前派張從龍、龔耀倫等軍扼扎，尚嫌單薄。現又暫調周盛波一軍，協同防守。著即飭令嚴密扼防，相機截剿。一俟曾國〈藩〉到徐，此軍應如何進剿，仍由曾國〈藩〉酌量調遣。賊踪已竄蒙、宿一帶，該處本有英翰、張得勝等軍扼守，近日何以未據奏報接仗？

喬松〈年〉前奏，商令曾國〈藩〉飭調之易開俊一軍，由宿州、蒙城一帶出境，前赴徐州，正可迎頭截剿。著喬松〈年〉即飭易開俊，會合英翰等軍，分路截擊，毋令竄入腹地，致滋延蔓。

永城既有賊踪，歸德一帶正形吃緊。張曜、宋慶等軍，前駐考城一帶，相距尚不甚遠。著吳昌〈壽〉酌量情形，抽調一軍，飭令探踪迎剿，力遏寇氛。現在逆匪既分南、北兩股，濟寧長溝之賊，近復遁回鄆、濮一帶，是豫省兩路防務，均關緊要。吳昌〈壽〉將河北防守事宜布置就緒後，仍當渡河而南，督飭各軍，分投堵遏，并將近日防剿情形，詳細具奏。

姜玉順、蔣凝學兩軍，由楚赴豫，正可由陳州一路進發。著官〈文〉嚴催該兩軍飛速前進，不得稍有逗留。吳昌〈壽〉一面迎提，俟抵豫境，即酌量何路賊勢較重，飭令由何路迎剿，毋稍鬆勁。將此由六百里各諭令知之。

欽此。遵旨寄信前來。

0401. 河南巡撫吳昌壽行移具奏髮捻麕聚亳東檄飭各軍會剿并添募壯軍馳赴歸德策應摺

同治四年閏五月十二日

札　。照得本部院於同治四年閏五月十一日，由驛具奏，髮捻纍聚亳東，檄飭各軍出境會剿，函商江、皖，四面進兵，并添募精壯成軍後，即遵旨馳赴歸郡，相機策應一摺。除俟奉到諭旨，另行恭録札知咨會外，合先抄摺札行。札到該　，即便查照。毋違。此札。

計粘抄摺稿一紙。

札軍需局。翼長張鎮。南陽宋鎮。歸德成鎮。營務處。

為咨送事。竊照云前，相應抄摺咨送。為此合咨貴　，請煩查照施行。

計粘抄摺稿一紙。

一　　　　　咨

欽差大臣湖廣兩江爵閣督部堂官曾

署兩廣總督漕運總督部堂吳

安徽巡撫部院喬

山東巡撫部院閻

同治四年閏五月十二日。軍務局齊榜元承。

具奏髮捻纍聚亳東檄飭各軍會剿并添募壯軍馳赴歸德策應一摺。

河南巡撫兼提督軍門吳。行。

監印官知縣用候補府經歷程汾源。

附録摺稿：河南巡撫吳昌壽具奏髮捻纍聚亳東檄飭各軍會剿并添募壯軍馳赴歸德策應摺

同治四年閏五月十一日

奏為髮捻纍聚亳東，檄飭各軍出境會剿，函商江、皖，四面進兵，并添募精壯成軍後，即遵旨馳赴歸郡，相機策應，恭摺馳陳，仰祈聖鑒事。

竊臣昨將河北防務布置粗定，督帶譚仁芳四營，即日渡河，并布置東、西兩路，以防闌入各緣由，於五月二十七日馳奏在案。臣拜摺後，即於本月初一日，督同譚仁芳四營，起身渡河回省。正在簡閱軍實，即擬出師，恭奉初五日上諭：吳〈昌壽〉著即帶兵馳抵歸德一帶，嚴扼賊氛，毋令竄越。等因。欽此。欽遵。

伏查臣到省後，迭據各路稟報，髮捻各逆，由商邱之劉家口紛竄。適臣所派副將程之偉帶領馬勇趕到，奮勇衝擊，連壓三次，將該匪截為兩段，追殺數里，斃匪百餘名，奪獲騾馬甚多。該匪即由商邱之趙口、烏墻集一帶，竄赴亳東。其張總愚一股，盤踞雉河、石弓山、白龍王廟一帶，裹脅煽惑。亳境伏莽，復有紛紛附逆之勢。臣察看賊情，乘此厚集兵力，三省會剿，可期掃蕩。當飭張曜、宋慶等軍由烏墻集步步進逼，副將程之偉率領馬勇前驅赴亳，知府湯聘珍、提督譚仁芳扼扎鹿邑一帶，層層設伏，相機進擊。函致漕運督臣吳〈棠〉，請以鋭師出睢溪口、臨渙集一路，搗其東北。安徽撫臣喬〈松年〉簡派勁旅，由潁上、太和進兵，攻其東南。臣督飭各軍，由西北一路，分投進剿。正在策應各路，復據探報：逆首牛洪竄回潁州府東北之江口集、沙河沿一帶，任柱、李允竄回宿州臨渙、龍山等處。其高鑪集等處皖軍營壘，悉被賊衆冒充官兵旗號乘機襲破，英翰雉河之軍四面受敵，皖事甚急。臣復飛飭張曜等軍，星夜前進，以與英翰聲勢聯絡，設法解圍，以顧皖、豫全局。

惟刻下豫省兵力無多，責以迅翦巨寇，誠慮力有未能。臣本俟楚軍到來，親督前進，以資厚助。乃姜玉順一軍，昨准官〈文〉咨商，以邊防緊要，飭令駐扎楚豫之交。是此軍急切不能來豫。蔣凝學舊勇，行至樊城，因索餉滋事，所有十九營，已散去其八。尚剩新勇十一營，大半皆係降衆，更難望其得力。况豫省餉項，萬不如鄂省之充裕，即催令勉强前來，斷不能悉如所願，恐索鑲之事，瞬即波及中州。轉展思之，殊為可慮。現飭蔣凝學無須來豫，暫駐樊城，恭候朝命。

臣即就豫省地方，趕募精壯數千名，於營中揀選年力强壯、經歷戰陣之員，交其統帶，認真校練。中州腹地，人情剛直，果能紀律嚴明，其得力當不減於楚勇。且服習水土，飲食起居得其性之所近，易聚易散，不致動有嘩潰之虞。皖、豫唇齒相依，安皖即所以安豫。當此軍情緊要，機不可失。臣俟募勇一有就緒，即日馳赴歸德，親自策應，詳度地勢，會同江、皖各軍，或彼堵我剿，或彼擊我防，隨時咨商兩江督臣曾〈國藩〉、漕運督臣吳〈棠〉、安徽撫臣喬〈松年〉，相機布置，和衷共濟，以冀仰紓宵旰。

所有髮捻麕聚亳東，檄飭各軍出境會剿，函商江、皖，四面進兵，添募精壯成軍後，即馳赴歸郡，親自策應各情由，謹繕摺由驛馳陳，伏乞皇太后、皇上聖鑒訓示。謹奏。

0402. 河南巡撫吳昌壽行移附奏衛輝營獲嘉汛把總石玉書等現保職分較大請開底缺片

同治四年閏五月十二日

札布政司。照得本部院於同治四年閏五月十二日附奏，衛輝營獲嘉汛把總石玉書等，保職較大，實缺過卑，請開底缺一片。除俟奉到諭旨，另行恭録札知移咨外，合先抄片札行。札到該司，即便查照。毋違。此札。

計粘抄片稿一紙。

札布政司。

為咨送事。竊照云前，合先抄片咨送。為此合咨貴鎮，煩為查照飭知施行。

計粘抄片稿一紙。

一　咨

河北總鎮

歸德總鎮

同治四年閏五月十二日。兵房齊榜元承。

附奏衛輝營獲嘉汛把總石玉書等現保職分較大實缺過卑請開底缺一片。

河南巡撫兼提督軍門吳。行。

監印官知縣用候補府經歷程汾源。

附録片稿：河南巡撫吳昌壽附奏衛輝營獲嘉汛把總石玉書等現保職分較大請開底缺片

同治四年閏五月十二日

再，武職員弁，必須品級、銜缺相當，始合體制。兹查衛輝營獲嘉汛把總石玉書，經直隸督臣劉〈長祐〉於擒斬首逆、肅清畿輔案内，保至以都司儘先補用。陳州營槐店汛把總錢錕、沈邱汛經制外委齊雲魁二弁，經前撫臣張〈之萬〉於攻克阜陽王、李二寨案内，錢錕保至以守備儘先補用，齊雲魁保至以千總儘先補用，并加守備銜，均經奉旨允准在案。臣查該弁等現保職分較大，實缺過卑，於體制不甚相宜。合無仰懇天恩，敕部開其底缺，留標以所保本班序補，俾勵戎行。

除所遺各缺另行揀拔外，理合附片具陳，伏乞聖鑒訓示。謹奏。

0403. 河南巡撫吳昌壽行移附奏標下中軍參將史亭雲等請緩引見片

同治四年閏五月十二日

札布政司。標下中軍。開封營。照得本部院於同治四年閏五月十二日附奏，請將標下中軍參將史亭雲等暫緩引見一片。除俟奉到諭旨，另行恭録札知移咨外，合先抄片札行。札到該司，將，游擊，查照。飭知。毋違。此札。

計粘抄片稿一紙。

札布政司。標下中軍。開封營。

為咨送事。竊照云前，合先抄片咨送。為此合咨貴鎮，煩為查照飭知施行。

計粘抄片稿一紙。

一　　咨

南陽總鎮

同治四年閏五月十二日。兵房鄧式南承。

附奏標下中軍參將史亭雲等請緩引見一片。

河南巡撫兼提督軍門吳。行。

監印官知縣用候補府經歷程汾源。

附録片稿：河南巡撫吳昌壽附奏標下中軍參將史亭雲等請緩引見片

同治四年閏五月十二日

再，臣標中軍參將史亭雲、左營守備張超、開封營游擊丹凌雲、中軍守備韓璋、荊子關協副將黃貴誠，均係升補，本應送部引見。惟現在大股逆捻麕集，皖疆、豫邦唇齒相依，省防吃緊。又，荊子關控制秦、楚，地處要津。連年髮匪往來，屢經竄擾。該將備等或防堵省垣，或扼守邊境，俱未便遽易生手。合無仰懇天恩，俯念省防與邊防緊要，准將臣標中軍參將史亭雲、左營守備張超、開封營游擊丹凌雲、中軍守備韓璋、荊子關協副將黃貴誠，均緩俟軍務告竣，由臣分別給咨，送部引見。并請敕部發給張超、丹凌雲、黃貴誠署扎，俾專責成。

理合附片具陳，伏乞聖鑒訓示。謹奏。

0404. 吉林將軍皂保為請轉飭帶兵各官將吉林所保各員城池旗佐查明見覆事移河南巡撫張之萬咨文

同治四年閏五月十八日

欽差户部左侍郎署理吉林等處地方將軍兼理打牲烏拉揀選官員等事皂。[為]咨查事。兵司案呈，同治四年五月初八日，准河南巡撫張〈之萬〉咨開：竊照本部院會同欽差吏部左堂毛〈昶熙〉，於同治四年四月初十日具奏，遵旨酌保豫軍在馬山口追剿大股髮逆，擒斬要逆多名，并跟踪追擊，連獲勝仗之文武員弁并地方紳練，擇其尤為出力，開單請獎，以示鼓勵一摺。除俟奉到諭旨，另行恭録移咨外，相應抄摺咨送。為此合咨貴將軍，請煩查照施行。等因前來。

查來咨所保人員，謹注名目，并未開具城池旗佐，無憑轉飭。相應□録原單，呈請咨覆河南巡撫張〈之萬〉查照，希為轉飭帶兵各官，除緑營人□□庸查覆外，合將吉林所保各員城池旗佐，希為查明見覆，以憑飭遵等情。據此擬合咨查。為此合咨貴巡撫部院，查明見覆可也。須至咨者。

右　　咨

河南巡撫張

同治四年閏五月十八日。

計粘單一紙。

附録奏摺：河南巡撫張之萬與吏部左堂毛昶熙具奏遵旨酌保馬山口之戰剿捻尤為出力文武員弁兵勇摺

同治四年四月初十日

奏為遵旨酌保豫軍在馬山口追剿大股髮逆，擒斬要逆多名，并跟踪追擊、連獲勝仗之文武員弁并地方紳練，擇其尤為出力，開單請獎，以示鼓勵，恭摺具陳，仰祈聖鑒事。

竊臣於上年四月間具奏，官軍追剿張總愚至馬山口，突遇髮逆大股，揮兵縱擊，斬馘無算，并飭各軍□境痛剿，連獲勝仗各情（刑）［形］。據實馳聞，欽奉上諭：張〈之萬〉奏請將出力之游擊蔣希夷獎勵，着即將該員摘去頂戴前案開復。其餘出力員弁，准其擇尤保奏，毋許冒濫。欽此。

伏查上年三月二十四日馬口之戰，髮逆偽啓（亡）［王］梁城富，以數萬之衆，自漢中長驅而東。所過之地，大遭蹂躪。由内鄉縣之西坪巡檢司一帶竄來，意在追并頭股髮逆，并勾合張總愚、陳大□各股，肆其猖獗。是時張曜、色爾固善、善慶、宋慶、葛承霖等軍，正由黑峪□灘一路，翻山追剿張總愚股匪，晝夜奮馳，真有勞逸不同之契，乃竟能敵愾同仇，□身搏戰，踏破賊壘。計斃悍賊七八百名，陣斬偽將軍唐姓及偽指揮劉□保、偽（撿）［檢］點河子整等十餘名，生擒二百名，奪獲偽印、偽執照、騾馬、槍炮、旗［幟］□計其數，追殺二十餘里。是夜四鼓，復行出隊，徑向赤眉城一路進剿。二十六日，□道溝一帶，截擊獲勝。二十七日，進及敗匪於淅川泉山下，生擒偽朝將林喜桂，偽□澍天安、徐隆明、梁正坤等七人，并長髮老賊百餘人，陣斃悍賊二百餘人。并將分□北山一股三百餘人，悉數誅戮。二十八日，追剿梁逆至老鸛河，連翻大山三重，復斬僞（添）［天］將陳姓，僞朝將邱姓二名，黄巾黄衣賊目多人，奪獲火藥十餘箱，槍炮、□印等物不計其數。二十九日，衆軍逼賊於丹江，溺死（捍）［悍］賊無算。四月初二，復敗賊於湖北之羊皮灘地方，殺賊二百餘名，生擒五十餘名，擒斬僞朝將一名。統計八日之内，血戰十數次，擒斬僞官要逆二十餘名，殺賊萬餘。仰托天威，獲此大捷。所有出力文武員弁，自當遵旨量為酌保。臣詳細訪查，嚴加删（太）［汰］，并於駐扎南陽之日，就當時用兵地方，考較接仗情形及勦力行間之將士，課其殿最，無濫無遺。存記至今，已近一載。其在事諸人，（徑）［經］歷戰陣，先後傷亡者不少。酬功之請，未敢再稽，謹擇尤開具清單。

至南陽府屬地方紳練，隨同官兵叠次剿賊，亦屬著有微勞。謹繕具另單，分别詳載事迹，恭呈御覽，籲懇天恩，准予奬叙，以昭激勸，出自逾格鴻（玆）［慈］。

除武弁千總以下由臣咨部給奬，并其次出力員弁，給予功牌、頂戴外，所有遵旨酌保馬山口一帶追剿髮逆，連獲勝仗，擒斬要逆之尤為出力之文武員弁、地方紳練，開單請奬各緣由，謹會同吏部左侍郎臣毛〈昶熙〉，恭摺馳陳，伏乞皇太后、皇上聖鑒訓示。謹奏。

附録保單：保馬山口等處追剿髮逆連獲大捷尤為出力之文武員弁兵勇清單

同治四年四月初十日

謹將遵保馬山口等處追剿髮逆，連獲大捷，尤為出力之員弁、兵勇，量予奬勵，繕具清單，恭呈御覽。

驍騎校德馨、春愷，均擬請以防禦儘先補用。以上分帶勇隊，在馬山口、赤眉城等處，痛剿髮逆，殺賊數千名，擒斬要逆僞唐將軍唐姓及僞指揮劉得保、（為）［僞］檢點何子整等十餘名，并追賊出境，連戰八日，攀越險阻，奮不顧身，實為戰功最著，异常出力，理合登明。

藍翎佐領和色綳阿、常明，五品藍翎即補驍騎校富德、藍翎前鋒委防禦恩□，均擬請賞换花翎。藍翎即補防禦郭凌阿、花翎前鋒即補驍騎校來德，均擬請免補防禦。驍騎校以佐領儘先即補披甲依爾根布、石頭，均擬請以驍騎校儘先即補。即補驍騎校巴彦格爾、七品頂戴隱恰布，均擬請賞戴藍翎。花翎防禦委參領雙玉，擬請以佐領遇缺儘先即補。花翎披甲委防禦□喜、藍翎前鋒即補驍騎校委防禦富春，均擬請以防禦儘先補用。披甲台斐圖、海全，均擬請以驍騎校儘先即補。披甲台斐阿、喜謙、德海、德興阿、色楞旺、楚克德、住爾，披甲委官額爾恒額，餘丁郭三托、密善，均擬請賞戴藍翎。吉林三姓城正藍旗驍騎校委防禦喜慶，擬請以防禦儘先即補。花翎披甲委參領廸明阿，擬請以防禦儘先即補。藍翎儘先驍騎校常清，擬請以五品官儘先即補，先换頂戴。藍翎披甲委防禦博雲圖，擬請以驍騎校儘先即補。驍騎校惠常，擬請以守備留豫，歸標儘先拔補。六品頂戴委筆帖式和切本、七品頂戴委領催□哲琿，均擬請賞戴藍翎。五品頂戴領催特興額，擬請以驍騎校儘先補用。六品頂戴馬甲富常、清□，均擬請免補領催，以驍騎校儘先即補。世襲佐領委營總松忠、藍翎防禦委參領隆喜、五品頂戴藍翎披甲即補六品官委驍騎校博太，均擬請賞戴花翎。藍翎前鋒委參領悦松額，擬請以驍騎校即補，并賞换花翎。八品監生富爾遜布，擬請以驍騎校即補，并賞戴花翎。披甲委驍騎校格圖肯奇珍、領催委參領博禄、領催委防禦永順、披甲奇克新，均擬請以驍騎校即補，并賞戴藍翎。前鋒委防禦賽春、前鋒委驍騎校桂聯、披甲黄德、藍翎披甲那凌阿，均擬請以驍騎校即補。

以上均在馬山口邀擊髮逆獲勝，并追剿至板橋川、羊皮灘等處，擒斬要逆偽朝將邱姓、偽天將陳姓等三名，陣斃黄衣黄巾賊目多名，又掩擊敗匪於丹江，溺死悍賊無算，戰功最多，理合登明。

佐領銜即補防禦慶福，擬請賞戴花翎。藍翎委防禦領催常勝，擬請以驍騎校即補，并賞换花翎。領催委官爾恒額、領催委驍騎校富成，均擬請以驍騎校即補，并賞戴藍翎。

以上均在馬山口、赤眉城、板橋川、羊皮灘、老鸛河等處，分股追剿，斬將搴旗，陣斃悍賊無算，并將分竄淅川北山一股三百餘人，悉數殲除，异（長）［常］出力，理合登明。

0405. 河南巡撫吳昌壽行移具奏檄飭各軍會剿麕聚亳東髮捻并添募壯軍馳赴歸德一摺奉旨

同治四年閏五月十九日

札　。照得本部院於同治四年閏五月十一日，由驛具奏，髮捻麕聚亳東，檄飭各軍出境會剿，函商江、皖，四面進兵，并添募精壯成軍後，即遵旨馳赴歸郡，相機策應一摺，業已抄摺札知咨送在案。兹於本月十八日，承准軍機大臣奉旨：另有旨。欽此。同日，奉上諭一道。等因。承准此。除祗遵外，合就恭録札行。札到該　，即便欽遵查照。毋違。此札。

計恭録上諭一道。

札軍需局。翼長張 南陽宋鎮。歸德成 營務處。

為恭録咨會事。竊照云前，相應恭録咨會。為此合咨貴　，請煩欽遵查照施行。

計恭録上諭一道。

一　　　　　　　　　咨

欽差大臣湖廣兩江爵閣督部堂官曾

署兩廣總督漕運總督部堂吳

安徽巡撫部院喬

山東巡撫部院閻

同治四年閏五月十九日。軍務局齊榜元承。

具奏髮捻麕聚亳東檄飭各軍會剿并添募壯軍即遵［旨］馳赴歸德策應一摺奉旨。

河南巡撫兼提督軍門吳。行。

附録上諭：軍機大臣字寄河南巡撫吳昌壽等著合江皖豫各軍會剿豫境捻軍

同治四年閏五月十五日

軍機大臣字寄，欽差大臣大學士湖廣總督一等果威伯官〈文〉、欽差大臣協辦大學士兩江總督一等毅勇侯曾〈國藩〉、署兩廣總督漕運總督吳〈棠〉、安徽巡撫喬〈松年〉、河南巡撫吳〈昌壽〉，同治四年閏五月十五日奉上諭：官〈文〉奏，援甘楚勇潰散，現辦情形。吳〈昌壽〉奏，髮捻麕聚亳東，飭兵進剿，并函商江、皖兜剿。各一摺。蔣凝學一軍，行抵襄陽，復藉口索餉，紛紛逃潰，已散至八營之多。現在折回省城，形同叛逆，深堪痛恨。官〈文〉現飭姜玉順督率所部，迎頭遏截。著即飭令該員，相機辦理。如抗不就撫，即著痛加剿洗，并將為首滋事之犯，速行擒斬，以儆凶頑。被脅逃歸各勇，務即妥為撫輯，以安善良。前經迭降論旨，令官〈文〉、楊〈岳斌〉飭令此軍折赴豫省剿捻，歸吳〈昌壽〉調遣。是蔣凝學所部各營，業已停止赴甘。現在未散各勇，尚有十一營。著官〈文〉飛速轉知蔣凝學，將迭次所奉論旨，曉示各勇，以安衆心。

本日據吳〈昌壽〉奏稱：擬在豫省添募勇丁數千，毋庸藉資楚勇。請令蔣凝學一軍，即在樊城駐扎，聽候朝命等語。豫省既可就地募勇，自無須遠調客軍。所有蔣凝學一軍，即著留於鄂省，歸官〈文〉調遣。并著飭令此軍移扎鄂省東北邊境，以便堵截皖匪竄入楚北之路，并責令蔣凝學將現在未散勇丁，妥為駕馭。所有蔣凝學應得處分，著暫行寬免。倘再不能約束，致所部勇丁續行逃潰，即著官〈文〉將該員嚴參治罪。其現存未散之十一營欠餉，仍著官〈文〉酌量情形，籌款補給。

姜玉順一軍，現辦潰勇，未能赴豫。官〈文〉已改調飛虎四營援豫，即著飭令迅速起程。并著吳〈昌壽〉趕緊迎提，以厚兵力。髮捻麕聚亳東，英翰雉河之軍，四面受敵。吳〈昌壽〉現飭張曜等軍星夜馳援，并咨商吳〈昌壽〉派兵出睢溪口、臨渙集一路搗其東北，喬〈松年〉派兵由（潁）［潁］上、太和攻其東南，合江、皖、豫三省兵力，殲此醜類。所籌尚合機宜。

曾〈國藩〉自奏報起程日期後，現在行抵何處，未據奏到。喬〈松年〉奏報亦屬寥寥，實深廑繫。曾〈國藩〉迅派鋭師，相機進勦。吳〈昌壽〉、喬〈松年〉各派兵勇，分路并進，會同豫省官軍，將此起賊匪，四面兜圍，勦除淨盡，毋令乘間旁竄，又成不了之局。吳〈昌壽〉俟募勇成軍，即率赴歸德一帶，迎頭攔擊，杜其竄豫之路。

昨據國〈瑞〉奏，已令康錦文統帶郭寶昌舊部三千五百名，赴皖助勦。喬〈松年〉務即飛催前進，與英翰一軍聯络夾擊，毋稍遲延。將此由六百里各諭令知之。

欽此。遵旨寄信前來。

0406. 河南巡撫吳昌壽行移奉上諭曾國藩奏捻衆南趨皖軍被圍擬派重兵援勦摺

同治四年閏五月二十一日

札　。照得本部院於同治四年閏五月十九日，承准軍機大臣字寄，奉上諭一道。等因。承准此。除祇遵外，合就恭録札行。札到該　，即便欽遵查照。毋違。此札。

計恭録上諭一道。

札軍需局。營務處。

為恭録咨呈會事。竊照云前。除祇遵外，相應恭録咨呈。會。為此咨呈合咨貴　，謹請請煩欽遵查照施行。

計恭録上諭一道。

一　咨　呈咨

欽差大臣節制三省兩江爵閣督部堂曾

前杭州將軍宗室國

直隸總督部堂劉

署兩廣總督漕運總督部堂吳

山東安徽巡撫部院閻喬

三口通商大臣兵部左堂崇

同治四年閏五月二十一日。軍務局齊榜元承。

奉上諭曾〈國藩〉奏捻衆南趨皖軍被圍擬派重兵援剿一摺。

河南巡撫兼提督軍門吳。行。

監印官知縣用候補府經歷程汾源。

附録上諭：軍機大臣字寄奉上諭曾國藩奏捻衆南趨皖軍被圍擬派重兵援剿摺

同治四年閏五月十六日

軍機大臣字寄，欽差大臣協辦大學士兩江總督一等毅勇侯曾〈國藩〉、已革杭州將軍國〈瑞〉、直隸總督劉〈長祐〉、署兩廣總督漕運總督吳〈棠〉、山東巡撫閻〈敬銘〉、安徽巡撫喬〈松年〉、河南巡撫吳〈昌壽〉、三口通商大臣兵部左侍郎崇〈厚〉，傳諭直隸提督劉銘傳，同治四年閏五月十六日，奉上諭：曾〈國藩〉奏，捻衆南趨，皖軍被圍，擬派重兵援剿一摺。另片奏，籲懇收回節制三省成命等語。昨因亳東賊氛甚熾，諭令曾〈國藩〉等派兵進剿。玆據曾〈國藩〉奏稱：張總愚糾合任柱、牛老洪、賴文光等股匪，鋭意攻撲雉河營盤。易開俊駐扎蒙城，以兵單未敢馳援等語。是髮捻各股，合而為一，争此要隘。萬一官軍營盤援絶潰散，則淮北一片逆氛，益難收拾。曾〈國藩〉現調劉銘傳馳回徐州，以拯皖北之危。即著飭令該提督，星速起程赴皖，力解雉河之圍，毋稍遲滯。

温德勒克西等馬隊，前有旨交色爾固善統帶，由曾〈國藩〉調遣。現在皖事孔棘，必須添調馬隊，以壯軍聲。著國〈瑞〉即著色爾固善率領所部馬隊，迅赴曾〈國藩〉軍營。此外馬步各隊，除國〈瑞〉酌留山東防剿外，餘著一併交曾〈國藩〉軍營聽候酌撥。援皖糧臺軍火等件，均著交曾〈國藩〉軍營應用。吳〈棠〉、喬〈松年〉、吳〈昌壽〉，仍遵昨日諭旨，合兵會剿，以期聚而殲旃。

陳國瑞、劉銘傳兩軍，曾有互鬥之案，此時同赴皖北剿賊。該提督、總兵等夙知大義，諒不敢以私廢公。惟東省兵力尚薄，倘賊匪乘虚回竄，甚屬可虞。陳國瑞一軍，如尚未起程，即著國〈瑞〉傳知暫留山東駐扎，遏賊回竄，毋庸赴皖。如業已起程前進，該軍應否駐扎淮、徐一帶，堵遏賊踪，抑調回山東之處，著曾〈國藩〉斟酌妥為調派。

其東省防守事宜，閻〈敬銘〉當嚴密布置，不得稍有疏虞。劉銘傳一軍既已赴皖，直、東防兵尚單。潘鼎新一軍已到天津，并著劉〈長祐〉、崇〈厚〉飭令駐扎直、（陳）[東][①] 交界地方，俾資策應。

曾〈國藩〉因節制三省，任大責重，復懇請收回成命，具見謙抑之忱。第賊氛猖獗，時事孔艱，事權不專，則一切調度事宜，深恐呼應不靈。該大臣惟當力任艱巨，與三省督撫和衷籌畫，將此股賊衆剋期殄滅。彼時三省軍務既平，自可毋庸該督節制。既為其實，勿避其名，萬不可稍存顧慮之心，再有瀆請。將此由六百里諭知曾〈國藩〉、國〈瑞〉、劉〈長祐〉、吳〈棠〉、閻〈敬銘〉、喬〈松年〉、吳〈昌壽〉、崇〈厚〉，并傳諭劉銘傳知之。

欽此。遵旨寄信前來。

0407. 河南巡撫吳昌壽為具造軍械件數及承造員弁銜名清册呈送聽候提用事行邸營炮局札

同治四年閏五月二十三日

閏五月廿四日發。

札邸營炮局。照得本部院於同治四年閏五月二十二日，承准軍機大臣字寄，本月十九日奉上諭：汴梁各局製造軍火匠役，吳〈昌壽〉亦可酌量提用。等因。欽此。除欽遵外，合行札飭。札到該局，應即造具軍械件數、名色及承造員弁、匠役銜名各樣清册，呈送本部院，聽候提用。無違。此札。

札邸營炮局。

同治四年閏五月廿三日。

札邸營炮局具造軍械件數及承造員弁銜名清册呈送聽候提用。

河南巡撫兼提督軍門吳。行。

監印官知縣用候補府經歷程汾源。

① 據《穆宗毅皇帝實録》（四）卷142，中華書局1987年版，第354頁。

0408. 湖北隨州州判補用知縣傅詩為奉解炮位及飭撥火藥事申河南巡撫吳昌壽文

同治四年閏五月二十三日

辦理湖北糧臺襄陽分局兼辦援甘分局。為申報事。本月二十一日，奉湖北糧臺總局札開，奉閣爵督部堂官〈文〉札，准河南撫部院吳〈昌壽〉咨：現奉寄諭，趕造炮船。請飭撥炮位，并請撥火藥五萬斤，由襄陽水路解赴豫省賒旗鎮，再行陸運。并由本部院委員迎護，飭令迅速撥解。等因。奉此。

查火藥一項，襄陽分局存積尚多，應由該分局如數撥解外，兹發鐵濟勝炮貳拾尊，架全洋炮拾尊，飭委千總李得雲領解前進。合行札發。札到該局，即便查收，并於局存火藥内，提撥五萬斤，一併解赴賒旗鎮，查明交收，仍先具覆。毋違。等因。奉此。所有奉解炮位并飭撥火藥，卑局本應即時起解。但恐委員尚未至鎮，一經運往，無人接收。且由襄陽至賒旗鎮，河水淺涸，往來均係小船。計此批軍火、炮位，約需船貳佰餘隻，刻難辦齊。現在趕緊雇備，定於本月二十八日起，派弁陸續運赴賒鎮，聽候憲臺委員接收，運營應用。理合先行具文，申報憲臺，俯賜查核。為此備由，申乞照驗施行。須至申者。

右　　　　　申

［欽］命河南巡撫部院吳

同治肆年閏五月貳拾叁日。湖北隨州州判補用知縣傅詩。

0409. 陳國瑞為奉飭折回暫駐歸德候示事移河南巡撫吳昌壽咨文

同治四年閏五月二十七日

欽差幫辦軍務頭品頂戴記名提督軍門浙江處州總鎮都督府技勇巴圖魯陳。為咨呈事。兹於本月二十六日，接奉欽差大臣曾〈國藩〉照會内開：照得本部堂於同治四年閏五月二十日，准兵部火票遞到軍機大臣字寄，同治四年閏五月十六日奉上諭：陳國瑞、劉銘傳兩軍，曾有互鬥之案，此時同赴皖北剿賊。該提督、總兵等夙知大義，該不敢以私廢公。惟東省兵力尚薄，倘賊匪乘虚回竄，甚屬可虞。陳國瑞一軍，如尚未起程，即著國瑞傳知暫留山東駐扎，遏賊回竄，毋庸赴皖。如業已起程前進，該軍應否暫駐淮、徐一帶，堵遏賊踪，抑調回山東之處，著曾國〈藩〉斟酌妥為調派。等因。欽此。

查該鎮去年在皖曾與英藩司因事構隙，昨在濟寧又與劉軍門淮勇在長溝械鬥生嫌。英軍現在雉河集被圍，劉軍馳回救援，兩軍均在皖北。若該鎮與共事一處，不免各存意見，互相猜疑。統將若微有猜疑，則弁勇必構煽紛爭。皖中淮勇最多，深恐釀成事變。該鎮一軍，應暫駐扎河南之歸德。如歸德無賊，即赴南、汝、光三屬防剿，聽候河南撫部院調遣，無庸再赴皖境。如已入皖界，則應折回豫境，以遏逆匪回竄之路，而杜□軍内訌之漸。除覆奏外，合行照會。為此照會貴鎮，即煩查照辦理。等因。奉此。

竊念本幫辦衹因重奉貴部院咨函迭至，以皖省軍務吃緊，英營雉河被圍，情形危若纍卵，令即馳援。等因。當以事關大局，應即遵行，因此上緊部署。玆已定於本月二十七日，由歸督軍前往。正擬咨報行期，適奉欽差大臣曾〈國藩〉照會前事，理合衹遵。且同日接據英營統領雉河諸軍總兵銜副將程文炳來稟云稱，英方伯已於閏五月初七日夜間衝圍而出等情。玆將原稟節録附呈冰鑒。因知英方伯既經出圍，則雉河似應稍鬆。本幫辦今既奉飭折回，何敢妄行自取違愆？是以暫駐扎歸德，趕即訓練新勇，并乘此添辦巴勾炮及行營應備鐵（掀）［鍁］等物，以便臨時應用。

至赴南、汝、光三屬之處，既奉飭歸貴部院調遣，未敢擅便徑往，應即咨呈原委，恭候訓示遵行。惟現做巴勾炮等件，製造均未完工，合附陳明。

所有將行赴皖，遵飭現仍暫駐歸德候示緣由，相應備文申明。為此咨呈貴部院，請煩查照，酌示行止，俾有遵循，庶免歧誤。是所企禱。望切施行。須至咨呈者。

計粘呈抄稟一紙。

右　　　咨　　　呈

河南巡撫部院提督軍門吳

同治四年閏五月二十七日。

附原稟節録：統領雉河諸軍總兵銜副將程文炳為英方伯已沖圍而出事呈陳國瑞稟文

同治四年閏五月二十七日*

竊照逆捻張總愚等，於五月十六日，擁衆竄回雉河，分屯河北。我軍出隊截剿，雖有斬擒，而該捻恃衆不退。嗣逆首牛洪、任懷綁、李允及老長毛賴刎光等大股馬步數萬，接踵而至，分踞南北兩岸，四面圍逼，水泄不通。英統領翰於閏五月初七日夜，帶馬隊衝圍而出，意圖催調援兵，力解雉圍。刻下雖會同易鎮開俊、張鎮得□，扎營西陽集，將至高盧，而雉圍仍尚未解，内外依然聲息不通。

日前接到西路張鎮曜來信，已與宋鎮慶帶領馬步隊，由亳州進扎十九里溝，一俟糧餉到齊，即節節進扎等情。

0410. 副都統富森保為委防禦伊昌阿等率領兵丁私自逃走事移河南巡撫吴昌壽咨文

同治四年閏五月二十八日

同治四年六月初二日到。

統領吉林、黑龍江馬隊官兵四川成都副都統世管佐領襲恩騎尉烏勒木濟特依巴圖魯富。為咨報事。前准杭州將軍宗室國〈瑞〉扎飭：擬將副都統所部吉林、黑龍江四起馬隊官兵撥回楚省，聽候欽差大臣湖廣總督官〈文〉調遣，以資防剿。暫扎河南虞城縣，聽候諭旨，再行帶隊前往。等因。准此。於本年閏五月二十六日，旋准前杭州將軍宗室國〈瑞〉來文，承准軍機大臣字寄，恭奉諭旨，將副都統所部馬隊三百餘名，着交貴部院調遣。等因。奉此。隨即傳知各起，預備起程。於二十六日三更時，據吉林烏拉頭起委營總雙喜、吉林頭起代理營總永成等呈稱，該起委防禦伊昌阿、委驍騎校哲山、委筆帖式慶海等，聞聽此信，率領兵丁六十三[①]名，各帶器械、馬匹，於是日二更時私自逃走等情。呈報前來。當經副都統即派委營總雙喜、巴克唐阿，帶領官兵前往追尋。是以先行咨報貴部院，請煩轉咨欽差大臣湖廣總督部堂官〈文〉查照辦理可也。須至咨者。

右　　　咨

河南巡撫部院吴

同治四年閏五月二十八日。

0411. 河南巡撫吴昌壽行移附奏獲嘉汛把總石玉書等保職較大請開底缺一片奉旨

同治四年閏五月二十八日

札布政司。照得本部院於同治四年閏五月十二日附奏，衛輝營獲嘉汛把總石玉書等，保職較大，實缺過卑，請開底缺一片，業已抄片札知咨送在案。玆於閏五月二十七日，承准軍機大臣奉旨：著照所請。兵部知道。欽此。合就相應恭録札行移咨。札到該司，即便欽遵查照。毋違。此札。

札布政司。

① 據《清代河南巡撫衙門檔案》軍務卷0413號檔案記載，逃走兵丁六十二名。

為恭録移咨事。竊照云前，相應恭録移咨。為此合咨貴鎮，煩為欽遵查照，飭知施行。

一　咨

河北歸德總鎮

同治四年閏五月廿八日。兵房齊榜元承。

附奏獲嘉汛把總石玉書等保職較大請開底缺一片奉旨。

河南巡撫兼提督軍門吳。行。

監印官知縣用候補府經歷程汾源。

0412. 河南巡撫吳昌壽行移附奏標下中軍參將史亭雲等請緩引見一片奉旨

同治四年閏五月二十八日

札　。照得本部院於同治四年閏五月十二日附奏，請將標下中軍參將史亭雲等暫緩引見一片，業已抄片札知咨送在案。玆於閏五月二十七日，承准軍機大臣奉旨：著照所請。兵部知道。欽此。合就相應恭録札行。移咨。札到該　，即便欽遵查照。飭知。毋違。此札。

札布政司。標下中軍。開封營。

為恭録移咨事。竊照云前，相應恭録移咨。為此合咨貴鎮，煩為欽遵查照飭知施行。

一　咨

南陽總鎮

同治四年閏五月廿八日。兵房鄧式南承。

附（奉）[奏] 標下中軍參將史亭雲等請緩引見一片奉旨。

河南巡撫兼提督軍門吳。行。

監印官知縣用候補府經歷程汾源。

0413. 副都統富森保為營總雙喜永成負荊請罪聽候指示遵循事移河南巡撫吳昌壽咨文

同治四年閏五月二十九日

同治四年六月初二日到。

統領吉林黑龍江馬隊官兵四川成都副都統世管佐領襲恩騎尉烏勒木濟特依巴圖魯富。為咨報事。於本年閏五月二十七日，曾將委防禦伊昌阿、委驍騎校哲山、委筆帖式慶海，帶領兵丁六十二名私自逃走，隨即派令委營總雙喜等，帶領官兵，前往追尋各緣由，業經先行咨報貴部院查核在案。兹於二十九日，旋據委營總雙喜等回營呈文報稱：烏拉頭起委防禦伊昌阿、委筆帖式慶海，并帶甲兵四十七名，吉林頭起委驍騎校哲山，并帶甲兵十五名，均於本月二十六日二更時，公同商議，私行逃回鄂省，該起營總當即稟報在案。隨奉統憲面諭，急速追趕。營總等當帶四起弁兵，一齊追至歸德府屬李家樓。彼時嚇令站住，追問情由。弁兵等置若罔聞，聚黨成群，不由分説，自行抱隊前走。營總等當即令人捉拿。該弁兵等膽敢行凶，持衆乘强，俱云開槍等語。營總等未帶多人，只得公同商酌，迅速回營，稟報統憲大人詳查辦理施行。營總雙喜、永成，負荊請罪，聽候指示遵循等情。呈報前來本副都統。

查該官兵等素日打仗并不得力，今又無故私自逃走，實屬膽大妄為，目無法紀。若不重辦，惟恐各起紛紛效尤。

除呈請欽差大臣湖廣爵閣部堂官〈文〉查核辦理外，相應備文咨報。為此合咨貴部院，請煩查照施行。須至咨者。

右　　　　咨

河南巡撫部院吳

同治四年閏五月二十九日咨。

0414. 陳國瑞為局員王鍾洧開具實存軍火器械清單内數目與署歸德府李道開載數目不符事移吳昌壽咨文

同治四年閏五月三十日

［欽差幫辦軍］務頭品頂戴記名提督軍門浙江處州總鎮都督府技勇巴圖魯陳。為［咨］呈事。竊照本幫辦前以軍火器械實在不敷，諗悉歸德府。現有□部院軍需分局，遂與署歸德府李道面商，請將□局所存各款，先行挪用，以濟急需。當經李道開送清單，據單咨呈，并由李道率□局員王鐘洧稟報各在案。嗣經本幫辦派員請領，又由□局員王鐘洧開具實存清單，面交點驗。第王委員單内數目，與李道開載□有不符，衹得據王委員實存清單，咨報備案。除將軍火、器械各款實領若干，粘單呈晃外，理合備文咨呈［貴部］院，□單核查。核查實為公便。須［至咨］呈者。

計粘呈清單一紙。

右　　　咨　　　呈

河南巡撫部院提督軍門吳

同治四年閏五月三十日。

附録清單：陳國瑞咨呈局員王鍾洧開具實存軍火器械清單

同治四年閏五月三十日

計開：

火藥四十斤。火繩七千五百盤。火箭四十三支。鉛丸四百八十斤。［噴］筒［一］百［二］[①] 十個。口□□□□□□□架。□帳房十五架。竹矛二百根。馬槍一百根內少一根。手槍二百根。火蛋一千零六十八個。戰箭一千三百支。角弓十張。

同治四年六月初二日到。

咨　　　　　　　　呈

［欽差幫辦軍］務浙江處州［總］鎮陳

0415. 河南巡撫吳昌壽行移附奏信陽協副將尹嘉賓及光州營游擊金印緩俟軍務告竣送部引見片

同治四年六月初一日

札布政司。照得本部院於同治四年閏五月二十八日附奏，請將信陽協副將尹嘉賓、光州營游擊金印，緩俟軍務告竣，分别給咨，送部引見一片。除俟奉到諭旨，另行恭録札知移咨外，合先抄片札行。札到該司，即便查照。毋違。此札。

計粘抄片稿一紙。

札布政司。

為咨送事。竊照云前，合先抄片咨送。為此合咨貴鎮，煩為轉飭查照施行。

計粘抄片稿一紙。

一　　　咨

署理南陽總鎮

同治四年六月初一日。兵房鄧式南承。

附奏信陽協副將尹嘉賓光州營游擊金印緩俟軍務告竣送部引見一片。

河南巡撫兼提督軍門吳。行。

---

① 據《清代河南巡撫衙門檔案》軍務卷 0426 號檔案。

監印官知縣用候補府經歷程汾源。

附録片稿：河南巡撫吳昌壽附奏信陽協副將尹嘉賓及光州營游擊金印緩俟軍務告竣送部引見片

同治四年閏五月二十八日

再，信陽協副將尹嘉賓、光州營游擊金印，均係升補，本應送部引見。惟現在大股逆捻麕集，皖疆、豫邦唇齒相依，矧信陽、光州控制鄂、皖，地處要津，連年髮匪往來，屢經竄擾。該將等扼守邊境，正當吃緊，俱未便遽易生手。據南汝光道蒯賀蓀、光州直隸州知州任重光具禀前來。合無仰懇天恩，俯念邊防緊要，准將信陽協副將尹嘉賓、光州營游擊金印，緩俟軍務告竣，由臣分別給咨，送部引見。

理合附片具陳，伏乞聖鑒訓示。謹奏。

0416. 河南巡撫吳昌壽行移軍機大臣字寄曾國藩奏派委司道經理交代應先駐臨淮後赴徐州各摺

同治四年六月初一日

札　知悉。照得本部院於同治四年閏五月二十九日，承准軍機大臣字寄，奉上諭一道。等因。承准此。除祇遵外，合亟恭録札行。札到該　，即便欽遵查照。俟山東、山西協濟陳鎮餉銀解到，源源撥給，毋令缺乏。是為至要。切切。毋違。此札。

計恭録上諭一道。

札糧臺。營務處。軍需局。翼長張鎮。

為恭録咨呈會事。竊照云前。除祇遵外，相應恭録咨呈。會。為此咨呈合咨貴大臣，部堂，院，鎮，謹請煩欽遵查照。山東、山西咨文内添此數語：轉飭藩司，將每月協撥陳軍門餉銀，委員解赴豫省糧臺，以資撥發。希即源源接濟，無誤要需。望切施行。

計恭録上諭一道。

一　咨　呈咨

欽差大臣節制三省兩江爵閣督部堂曾

山西巡撫部院沈

直隸總督部堂劉

署兩廣總督漕運總督部堂吳

署兩江總督部堂李
三口通商大臣兵部左堂崇
山東巡撫部院閻
欽差幫辦軍務記名提督軍門處州總鎮陳

同治四年六月初一日。軍務局劉天德齊榜元承。

奉上諭曾〈國藩〉奏派委司道經理交代應先駐臨淮後赴徐州各摺。

河南巡撫兼提督軍門吴。行。

監印官知縣用候補府經歷程汾源。

附録上諭：軍機大臣字寄曾國藩等該總督奏派委司道經理交代應先駐臨淮後赴徐州各摺

同治四年閏五月二十六日

軍機大臣字寄，欽差大臣協辦大學士兩江總督一等毅勇侯曾〈國藩〉、直隸總督劉〈長祐〉、署兩廣總督漕運總督吴〈棠〉、暫署兩江總督江蘇巡撫一等肅毅伯李〈鴻章〉、三口通商大臣兵部左侍郎崇〈厚〉、河南巡撫吴〈昌壽〉、山東巡撫閻〈敬銘〉，同治四年閏五月二十六日奉上諭：曾〈國藩〉奏，派委司道大員經理交代事件，并迎提各項軍馬，及賊萃皖境，應先駐臨淮，後赴徐州各一摺。所籌均屬妥協。即著該大臣飭令李榕前往濟寧，將僧〈格林沁〉原部馬步各隊及應行交代之件，逐一承領，俾國〈瑞〉得以交卸回京。曹、濟等處，敗兵游勇極多，不可無重兵鎮壓。所有潘鼎新一軍，著即調赴濟寧駐扎，仍兼顧曹、考一帶，以顧直、東門户。現在群賊雖萃於皖境，而北路防務，仍不可稍鬆。劉〈長祐〉、崇〈厚〉、閻〈敬銘〉，當各就現有兵力，勤加訓練，認真整頓，以備不虞。英翰因雉河被困，先帶二十餘騎退至西洋集，雉河自更危急。易開俊臨敵患病，英翰求援甚切。曾〈國藩〉自應馳赴臨淮，督率各軍力解雉河之圍，務將此股逆匪悉數殲除，以收一勞永逸之效。

本日據左宗棠奏，閩境肅清，請將援閩之郭松林、楊鼎勛兩軍回蘇候調，業已降旨照准。如皖省兵力不敷兜剿，即著曾〈國藩〉、李鴻章酌量調派，以資得力。清淮一帶，向為該匪所窺伺。吴〈昌壽〉仍當隨時檄飭各軍，嚴密防守，不可以賊踪漸遠，稍涉懈弛。

曾〈國藩〉另片奏，豫省防剿緊要，現調陳國瑞帶兵暫赴歸德駐扎等語。陳國瑞一軍，業已調赴歸德，即著歸吴昌〈壽〉調遣，不必再赴皖境。各該省協撥陳國瑞一軍之餉，均著解交吳昌〈壽〉隨營糧臺，由該撫派員經理，源源撥給，毋令缺乏。現在直、東、皖、豫，據該大臣籌辦情形，尚臻周密。惟山西兵力空虛，防堵亦不甚可靠，沈桂芬亦非知兵之人。捻逆乘虛奔突，是其熟技。況該省完善，又素所垂涎。該大臣務須調出勁旅一枝，兼防秦晋門户，更臻妥善。將此由六百里各論令知之。

欽此。遵旨寄信前來。

0417. 河南巡撫吳昌壽為豫省防剿緊要現調陳國瑞帶兵暫赴歸德駐扎事移陳國瑞咨文

同治四年六月初一日

為咨覆事。准貴幫辦咨呈稱，本月二十六日，接奉欽差大臣曾〈國藩〉照會內開，云云，何敢妄行自取違愆。等因。准此。本月二十八日，本部院准欽差大臣曾〈國藩〉咨送前文。三十日，承准軍機大臣字寄，奉上諭：曾〈國藩〉奏，豫省防剿緊要，現調陳國〈瑞〉帶兵暫赴歸德駐扎等語。陳國〈瑞〉一軍，業已調赴歸德，即著歸吳〈昌壽〉調遣，不必再赴皖境。等因。欽此。欽遵。查調兵所以剿賊，賊既在皖，則有用之兵，不應置諸無賊之地。除由本部院覆奏并咨覆欽差大臣曾〈國藩〉外，所有貴幫辦一軍，應請查照前議，取道永城，北向渦河，與豫軍成犄角之勢，為皖軍解纍卵之危。亳東已有楚、豫各軍，不必再由鹿邑進發。餘詳信函。相應咨覆貴幫辦，請煩查照施行。

一　　　　咨

幫辦軍務提督軍門陳

同治四年六月初一日。

奉上諭曾〈國藩〉奏豫省防剿緊要現調陳國〈瑞〉帶兵暫赴歸德駐扎。

河南巡撫兼提督軍門吳。行。

監印官知縣用候補府經歷程汾源。

0418. 河南巡撫吳昌壽行移安徽咨會逆賊偷渡沙河以南請飭嚴防

同治四年六月初一日

為飛咨事。准安徽巡撫部院喬〈松年〉咨開，潁上江口集盤踞之賊，分股偷渡沙河以南，有竄正陽尖鎮之説。相應移咨查照轉飭。等因。准此。查江口集踞匪，為捻逆牛烙紅一股。現因大兵雲集，乘虛南竄，事在意中。除飭南汝光道飭屬嚴防外，相應飛咨貴大臣，請煩查照，迅賜調派楚師，越境防剿。望切施行。

一　　　　　　咨

欽差大臣湖廣爵閣部堂官

札　知悉。現准安徽巡撫部院喬〈松年〉咨開，潁上江口集盤踞之賊，云前，事在意中，亟應先事預防，以杜匪踪竄越。除飛咨湖廣爵閣部堂官〈文〉派兵越剿，并飭（剿 道 轉 飭 / 汝、光兩屬一體 / 剿 道 轉 飭）嚴防外，合行飛札飭遵。札到該（府，州，道，縣，鎮，）立即（轉飭督同所屬，/ 轉飭所屬府，州，各營，）會營（會同有司）督率兵團，扼要堵禦，毋稍疏虞。切切。此札。

札（汝寧府。/ 光州。/ 南汝光道。/ 固始縣。/ 南陽鎮。）

同治四年六月初一日。軍務局（刑 / 兵）房承。

安徽咨會逆賊偷渡沙河以南請飭嚴防。

河南巡撫兼提督軍門吳。行。

監印官知縣用候補府經歷程汾源。

0419. 河南巡撫吳昌壽為暫令陳國瑞一軍駐扎歸德無庸再赴皖境事移曾國藩咨文

同治四年六月初一日

為咨呈事。竊照本部院於閏五月二十八日，准貴大臣咨内開：陳鎮國瑞曾與英藩司、劉軍門先後構隙械鬥，若令共事一處，不免互有猜疑。皖中淮勇最多，恐生事變。該鎮一軍，應令暫駐歸德。如歸德無賊，即赴南、汝、光三屬防剿，無庸再赴皖境。等因。准此。具見貴大臣調度精審，防患未萌。亟應遵照來咨，轉飭辦理。惟查豫省馬、步各軍，刻因援救雉河，盡行赴皖。永城一路，為該匪往來熟徑，距賊較近，邊防甚屬空虛。深恐該逆被剿狂奔，由此路逸出。急宜派兵扼扎，以備不虞。計目下英、劉兩部均在雉河，陳鎮即入皖疆，尚有賊踪間隔，彼此未經會合，似不至宿怨重修。本部院擬暫令陳鎮督率所部，由永城一路扼擊，節節進軍，以固豫省藩籬，且可壯各軍聲勢。一俟貴部大兵雲集，四面合圍，檻獸釜魚，無虞竄逸，即將該鎮調赴他處，不令深入皖南，以免構煽紛争，再生他變。除咨會陳鎮由永城一路穩慎進剿外，相應咨覆。為此咨呈貴大臣，請煩查照施行。須至咨呈者。

一　　　　咨　　　　呈

欽差大臣兩江爵閣督部堂曾

同治四年六月初一日。軍務局承。
欽差曾〈國藩〉咨會陳鎮一軍暫令駐扎以免互有猜疑。
河南巡撫兼提督軍門吴。行。

監印官知縣用候補府經歷程汾源。

0420. 河南巡撫吴昌壽為請飭張宋兩鎮進駐義門集事移安徽巡撫喬松年咨文

同治四年六月初一日

為咨覆事。竊准貴部院咨開：亳州義門集一帶，雖已飭令黄鎮鳴鐸進扎，兵力尚單。因知張、宋兩鎮帶領各軍移駐亳州，囑即飭令該鎮等進至義門集，為合剿之計。倘該逆因大兵雲集，竟圖西遁，亦可迎截。等因。准此。查張鎮等於閏五月十八日，攻克廖樓、宫李莊等處，直抵義門，即飭湯守所帶誠字中營，進扎義門寨外。又飭副將蔣希夷於附近各寨，購買糧石，接濟該處劉副將各營。二十三日，張鎮、湯守等又將章河西岸賊壘悉數踏平，斬馘甚夥。義門西北一路，一律疏通。至黄鎮鳴鐸四營，前據張鎮禀報，已於本月十一日，由亳州撤回壽州，并未在義門駐扎。除飭張、宋兩鎮相機進剿外，相應咨覆貴部院，請煩查照施行。

一　　　　咨
安徽巡撫部院喬

同治四年六月初一日。
安徽咨義門集兵單請飭張宋兩鎮進（駐）[①] 扎義門。
河南巡撫兼提督軍門吴。行。

監印官知縣用候補府經歷程汾源。

0421. 總兵張曜為報告豫勝後營營官回籍由申河南巡撫吴昌壽驗文

同治四年六月初二日

同治四年六月初六日到。

一件為申報豫勝後營營官回籍由

---

① “駐”字疑為衍字。

提督銜改用總兵張曜。為申報事。竊據管帶豫勝後營營官候補副將周登高禀請給假回蜀葬親等情。除批准給假，另飭都司陳占超接帶後營，并咨會糧臺外，理合具文申報。為此備由具申，伏乞照驗施行。須至申者。

右　　　　　　　　　　申

欽差河南巡撫部院提督軍門吳

同治肆年陸月初貳日。

0422. 河南巡撫吳昌壽行移具奏豫軍節次進剿屢獲勝仗攻克廖樓龔李莊賊寨仍飭前進摺

同治四年六月初二日

札　。照得本部院於同治四年閏五月二十九日具奏，豫軍節次進剿，屢獲勝仗，擒斬捻首廖和尚，攻克廖樓、龔李莊賊寨，直抵義門，仍飭相機前進一摺。除俟奉到諭旨，另行恭録札知咨會外，合先相應抄摺札行。札到該　，即便查照。毋違。此札。

計粘抄摺稿一紙。

札軍需局。翼長張鎮。營務處。

為咨呈送事。竊照云前，相應抄摺咨呈送。為此合呈咨貴大臣,部院,謹請煩查照施行。

計粘抄摺稿一紙。

一　　　咨　　　呈咨

欽差大臣節制三省兩江爵閣督部堂曾

漕運總督部堂吳

安徽巡撫部院喬

署理兩江總督部堂江蘇巡撫部院李

欽差幫辦軍務記名提督軍門處州總鎮陳

山東西巡撫部院閻沈

署理河南山東河道總督部堂張

直隸總督部堂劉

同治四年六月初二日。軍務局齊榜元承。

具奏豫軍節次進剿屢獲勝仗攻克廖樓龔李莊賊寨仍飭前進一摺。

河南巡撫兼提督軍門吳。行。

監印官知縣用候補府經歷程汾源。

附録摺稿：河南巡撫吴昌壽具奏豫軍節次進剿屢獲勝仗攻克廖樓襲李莊賊寨仍飭前進摺

同治四年閏五月二十九日

奏為豫軍節次進剿，屢獲勝仗，擒斬捻首廖和尚，攻克廖樓、龔李莊賊寨，直抵義門，仍飭相機前進，恭摺具奏，仰祈聖鑒事。

竊臣前將官軍由亳州節節進扎情形，於閏五月十五日馳奏在案。旋據總兵張曜等稟報：我軍本擬由釣魚臺、百尺河等處，聯營直至義門。乃渦河北岸，自盧營寨、張機房以東，遍處賊營。南岸則廖樓、龔李莊、帖木耳營一帶，悉為捻股盤踞，力遏我軍。閏五月十三日，總兵張曜、宋慶等商派副將蔣希夷、哨官蔣廣濟、董建西、莊啓元等，率隊過河，先攻北岸之賊。鏖戰半時，該匪敗退。追至張機房，擒斃悍賊多名，奪獲器械無算。北岸孟窩一帶村莊盤踞之賊，亦經官兵剿捕，斬馘甚夥。十五日，該匪糾合馬步，欲由丁固寺、寺兒集搶渡南岸。經張曜、宋慶、湯聘珍等親督各軍，沿河堵擊兩時之久，始將該匪擊退。十六日，逆首張總愚、張總道、桂三、魏群等，糾合大股，由東北而來，直至河沿，并有鳧過南岸者，經張曜等併力擊退。該匪循河西趨，至十九里溝以西河水淺處，又圖搶渡。經總兵保英督隊擊退，遂由北岸擾及距亳州七八里地方。張曜等派令副將程之偉，督率馬隊，馳回扼擊，斃賊多名。張曜、宋慶等遂進扎百尺河。十八日，督同蔣希夷等率勇前進，行至廖樓。捻首廖和尚堅壁拒守，兩旁馬步援賊蜂擁而前。各隊分途應敵。被槍之匪，紛紛倒地。蔣希夷不避矢石，鼓勇先登，當將廖樓攻破，擒斬捻首廖和尚，悍黨悉被誅戮。蔣希夷揮隊搶扎廖樓，距義門六里，中間有帖木耳營、龔李莊賊壘阻我進路。我軍既克廖樓，帖木耳營賊衆懾我聲威，十九日連夜剃髮，具稟歸正。張曜等派員閱驗，均屬出於至誠，乃分隊往扎。而龔李莊仍負固不服。張曜等率領諸軍，三面進攻。兵勇奮呼，争先蟻附。該匪力不能支，遂由臨河一面跳墻，鳧水而遁。擊斃悍賊數十名，擁擠淹斃者不計其數。兵勇受傷者七人。附近為賊所脅十餘寨，匍匐來營，訴陳被逼緣由，悉願誠心反正。經張曜等剴切開導，准其自新，該民人等無不感泣聽命。西南半面，道路疏通。我軍進抵義門，派令湯聘珍誠字中營扎於該寨之外。連日丁固寺、釣魚臺、寺兒集、十九里溝河北竄擾之賊，經總兵保英會同知府湯聘珍，挑率各營，鳧河力擊，殺賊多名，奪獲賊馬多匹，槍械多件各等語。

臣查義門相距雉河四十餘里，為該匪所必争。雖有皖省前派兩營駐守寨内，而兼旬以來，前後左右皆為賊踞，糧餉道絶，危險非常。經張曜等節節進兵，極力掃蕩，始克進抵斯寨，與該兩營聯絡駐扎，聲勢為之一振。亟應由義門東指，徑趨雉河。無如前途一片賊氛，處處梗塞。而渦河北岸之賊，多在官軍後路，意圖搶渡築壘，截我芻糧。倘有疏虞，即成腹背受敵之勢。臣復檄調提督譚仁芳，由鹿邑進扎十九里溝一帶，以通前敵餉道。并飭張曜等由義門相機東進，期解重圍。但賊勢披猖，斷非河南一省兵力所能剿洗。刻下總兵陳國瑞一軍，甫抵宋郡，因糧餉、軍火均未齊全，由臣設法撥解銀二萬兩并軍裝、器械等件，函商該總兵，由永城一路，與張曜等軍犄角并進。

此時江、皖諸軍，若再能由蒙、宿剋期并進，四面會合，愈逼愈緊，不但雉河之圍速解，即可牽制該匪，無令遠竄，以期聚而殲旃。除由臣函商兩江總督臣曾國〈藩〉督催各軍會剿外，伏乞皇上俯念軍務萬緊，飭令江、皖兩省迅速進兵，以成會剿之局。

臣添募隊伍，現已陸續前來，略加排練，即趕緊率赴歸德，策應各路。至托倫布、富森保等馬隊，奉諭歸臣調遣，遵即行文催提，飭令赴皖助剿。

所有豫軍進剿獲勝，擒斬捻首廖和尚，攻克廖樓、龔李莊賊寨，直抵義門，仍飭相機前進各緣由，謹繕摺由驛馳陳，伏乞皇太后、皇上聖鑒訓示。謹奏。

0423. 河南巡撫吳昌壽行移附奏閏五月二十三日官軍擊賊獲勝緣由片

同治四年六月初二日

札　。照得本部院於同治四年閏五月二十九日附奏，閏五月二十三日，官軍擊賊獲勝緣由一片。除俟奉到諭旨，另行恭録札知移咨外，合先相應抄片札行。札到該　，即便查照。毋違。此札。

計粘抄片稿一紙。

札軍需局。翼長張鎮。營務處。

為咨呈咨會事。竊照云前，相應抄片咨呈。送。為此咨呈合咨貴大臣，部院，謹請煩查照施行。

一　　咨　　呈咨

欽差大臣節制三省兩江爵閣督部堂曾

漕運總督部堂吳

安徽巡撫部院喬

署理兩江總督部堂江蘇巡撫部院李

山東西巡撫部院閻沈

直隸總督部堂劉
欽差幫辦軍務記名提督軍門處州總鎮陳
署理河南山東河道總督部堂張

同治四年六月初二日。軍務局齊榜元承。
附奏閏五月二十三日官軍擊賊獲勝緣由一片。
河南巡撫兼提督軍門吴。行。

監印官知縣用候補府經歷程汾源。

附録片稿：河南巡撫吴昌壽附奏閏五月二十三日官軍擊賊獲勝緣由片

同治四年閏五月二十九日

再，正繕摺間，接據張曜等禀報：連日該匪糾合大股，圍逼義門及湯聘珍誠字中營營盤，并於章河西岸偷築賊壘。經張曜、宋慶等於二十三日各帶隊伍出剿，辰刻齊集，分途進擊。該匪且抗且走，撤過章河，距營寨均不及里許，列陣相持，逾午不却。張曜揮令都司銜守備李永等率本部隊伍衝擊中路，湯聘珍親率守備銜千總蔣尚均等親軍隊抄擊左路，蔣希夷親率胡詩親軍隊抄擊右路，餘隊均排河沿，以作接應。號炮一聲，我軍紛紛鳧渡，賊即來迎。李永芳率隊相接，長矛交刺，回合十餘次。賊馬大股忽由左路包來，湯聘珍即率隊攔擊，蔣希夷亦揮軍横截。三路併力，鏖戰逾時。而騎馬督隊賊目，立經我軍擊斃，賊衆驚嘩，披靡敗走。追殺二里許，該匪復圖回抗。適副將程之偉率領游擊穆清遠等馬隊襲至，賊乃狂奔。追至沙木橋地方而還。計斬殺六七百名，生擒何本渫等三十五名，擊斃長髮賊目數名，奪獲槍炮、旗幟、刀矛千餘件，騾馬六十餘匹，賊壘悉數踏平。時渦河北岸之賊，蜂屯蟻聚，勢在搶渡來援。經宋慶揮隊進擊，該匪亦即敗退等情。

查此次官兵擊賊，背水為陣，冒暑交鋒，以少勝多，剿辦尚屬得手。所有异常出力之都司銜守備李永芳擬請賞加勇號，儘先游擊穆清遠擬請以參將儘先補用，守備銜千總蔣尚均擬請以都司儘先補用，把總胡詩擬請以守備儘先補用，并加都司銜，以示鼓勵，出自鴻慈逾格。

除受傷弁勇由臣酌給醫藥，并飭該總兵等相機進剿外，所有二十三日擊賊獲勝緣由，理合附片奏報，伏乞聖鑒訓示。謹奏。

0424. 河南巡撫吳昌壽為安徽咨覆已派張宋兩鎮進至義門集四路合勦事行軍需局及營務處札

同治四年六月初二日

札　知悉。照得同治四年閏五月二十九日，准安徽巡撫部院喬［松年］咨開，云咨施行。等因。到本部院。准此。除咨覆外，合亟札行。札到該局處，即便知照。毋違。此札。

札軍需局。營務處。

同治四年六月初二日。軍務局鄧式南承。

安徽咨覆已派張宋兩鎮進至義門集四路合勦。

河南巡撫兼提督軍門吳。行。

監印官知縣用候補府經歷程汾源。

0425. 河南巡撫吳昌壽為督同候補通判李奎文製造火器事行坐補河陝汝道廣道及該候補通判札

同治四年六月初四日

札坐補河陝汝道廣道。現查軍需局所辦軍火器械，屢因遲延貽誤，製造亦少精良。當此軍務吃緊之時，關係誠非淺鮮。合行遴委督辦。為此札仰該道，即日前往軍需局，督同現在添委候補通判李奎文，將一切應行製造火器，督率工匠，剋日趕緊造辦，務當齊備精良，應用無誤。并將所製件數一一查驗清楚，不得任聽分造各員及工匠人等侵蝕偷減，致滋貽誤。仍將到局任事日期申報查考。速速。此札。

札坐補河陝汝道廣道。

札候補通判李奎文。現查軍需局所辦軍火器械，屢因遲延貽誤，製造亦少精良。當此軍務吃緊之時，關係誠非淺鮮。除札坐補河陝汝廣道赴局督辦外，合行添委幫辦。為此札仰該倅，即日前往軍需局，隨同廣道，將一切應行製造火器，督率工匠，剋日趕緊造辦，務須齊備精良，應用無誤。并將所製件數一一查驗清楚，毋任匠役偷減，致滋貽誤。仍將到局任事日期，申報查考。切速。此札。

札候補通判李奎文。

同治四年六月初四日。

札廣道督同候補通判李奎文製造火器。

河南巡撫兼提督軍門吳。行。

監印官知縣用候補府經歷程汾源。

0426. 河南巡撫吳昌壽為傳詢委員王鍾洧管解軍火器械短少迅速稟覆事行營務處及糧臺札

同治四年六月初四日

札　知悉。現准記名提督軍門處州總鎮陳［國瑞］咨開：為咨呈事。竊照本幫辦前以軍火器械實在不敷，諗悉歸德府云咨。理合備文咨呈，照單查核。等因。准此。查前據李守玉委員會稟，計存火藥四千斤，噴筒一百三十個。而陳軍門所收單內，衹有火藥四十斤，噴筒一百二十個，馬槍九十九根。雖他物尚相符合，此數種已屬懸殊。合行札查。札到該處臺，立即傳詢委員王鍾洧因何短少之處，迅速稟覆。毋違。此札。

札營務處。糧臺。

同治四年六月初四日。

檄飭營務處糧臺傳詢委員王鐘洧管解軍火器械短少迅速稟覆。

河南巡撫兼提督軍門吳。行。

監印官知縣用候補府經歷程汾源。

0427. 河南巡撫吳昌壽為譚軍門仁芳呈請飭局源源飛解火藥事行軍需局札

同治四年六月初五日

札軍需局。同治四年閏五月二十九日，准統帶楚軍仁勝全軍提督軍門譚［仁芳］呈開，火藥等項，原帶無多，請飭局源源飛解。等因。到本部院。准此。合就札行。札到該局，即便查照，迅將火藥等項源源委解，毋令缺乏，致誤戎機。仍將起解數目彙案詳咨。毋違。此札。

札軍需局。

同治四年六月初五日。軍務局程興良承。

譚軍門呈請飭局源源飛解火藥。

河南巡撫兼提督軍門吳。行。

監印官知縣用候補府經歷程汾源。

0428. 善總管慶為奉飭查明軍械數目解交行營軍裝局呈河南巡撫吴昌壽稟

同治四年六月初五日

敬稟者。竊於本月初二日，蒙憲臺照會内開：照得本部院於同治四年閏五月二十二日，承准軍機大臣字寄，本月十九日奉上諭：汴梁各局製造軍火匠役，吴〈昌壽〉亦可酌量提用。等因。欽此。欽遵在案。現准前杭州將軍宗室國〈瑞〉咨開：所有汴梁撥存曾〈國藩〉軍營應用軍火，業經開單札交蘇藩司存儲。至餘存軍火等項，應即開單移交，就近酌量提用。等因。并粘抄餘存軍火、器械清單前來。准此。應即照會總管，前往炮局，按照單開，提交本部院行營軍裝局備用，并將提取件數，聲覆本部院，以備查考。并粘抄清單一紙。等因。蒙此。遵即前赴炮局，會同該管官弁，按數點驗，眼同軍裝局照數收儲，以備提用。理合將奉飭查明軍械數目，開具清摺，稟報查考。肅泐恭請勛安。本職善慶謹稟。

計呈送清摺壹扣。

同治肆年陸月初伍日。

同治四年六月初五日到。

附録清單：善總管慶軍營應用軍火器械數目清單

同治四年六月初五日

謹將敝營應用軍火、器械數目，開具清單，呈請示遵領用。

呈開：

馬鞍五十盤俱全。戰弓一百張。戰箭四千枝。火藥五百斤。火繩五百盤。鉛丸一萬粒。門藥三十斤。以上七件，係軍裝局存儲之件。

撒袋一百副。沙兜二百個。鳥槍二百桿。大藥葫蘆二百個。門藥葫蘆二百個。以上五件，係交藩庫存儲之件。

0429. 善慶為報告應用軍火器械各件呈河南巡撫吴昌壽稟

同治四年六月初五日

敬再稟者。所有本職處馬隊，正在整頓練校之際，軍火器械，在在需用。本擬謹備印文，赴局呈領。查内有撒袋、沙兜、鳥槍、大藥葫蘆、門藥葫蘆數件，係交存藩庫之件，未便擅行動用。特將應用各件，先行開單，稟請鑒核可否酌量撥給，以備利用。是否可行，伏乞訓示祗遵，實為德便。肅泐再請勛安。本職善慶謹再稟。

兵部侍郎河南巡撫部院兼提督軍門吴　批：

據稟，另單均悉。所需軍火、器械，除火藥、火繩、弓箭、馬鞍、鉛丸等項，已飭軍裝局如數撥領外，其撒袋、沙兜、鳥槍、大藥葫蘆、門藥葫蘆各件，係曾營存留備用之物，應令該總管出領，赴軍需局移取。仍候本部院咨明曾中堂查照。繳。單摺并存。六月初七日。

六月初九日。

0430. 副都統富森保為代理營總永成等私自逃往湖北事移河南巡撫吳昌壽咨文

同治四年六月初五日

同治四年六月初五日到。

統領吉林、黑龍江馬隊官兵四川成都副都統世管佐領襲恩騎尉烏勒木濟特依巴圖魯富。為咨報事。曾將委防禦伊昌阿等代領吉林烏拉兩起兵丁六十二名，突騎馬勇營官趙□信、哨官袁學泰等代領全隊馬勇官兵，私自逃走各情由，業經隨時咨報在案。嗣□副都統擬於本月初三日，親身前赴河南省城，謁見貴部院，商辦軍務。擬將隊伍暫扎杞縣，隨即面交吉林頭起代理營總永成等在彼彈壓，并由杞縣暫借錢叁百串，分放各起兵丁。副都統於初四日抵省。是日晚間，據代理營總庫密善差派兵丁寄信前來。報稱，代理營總永成、成順，委防禦依勒杭阿等，代領［吉］林烏拉兩起全隊官兵，於初三日晚間，私自逃走，聲稱前往湖北等語。呈報前來副都統。伏思此等官兵，目無官長，膽大妄為。若不嚴究懲辦，惟恐惡習成風。是以據實瀝陳，呈□欽差大臣湖廣總督官〈文〉查核外，相應備文咨報貴部院，請煩查核施行。須至咨者。

右　　　　咨

河南巡撫部院吳

同治四年六月初五日。

0431. 善慶為將前署荊子關副將揀發參將德培留營差遣并令辦理營務事宜事呈河南巡撫吳昌壽稟

同治四年六月初六日

敬稟者。竊本職接奉憲檄，統帶各起馬隊。整頓校練，在在需人。所有隨營各員，僅能差遣往□，不足以資襄理。查有前署荊子關副將揀發參將德培，久歷戎行，勤能勇敢，襄理營務，頗能得力用。特稟懇憲恩，札飭該員來營，以資熟手。如蒙俯允，并祈飭知糧臺，起支該員鹽折。是否可行，伏乞訓示祇遵，實為德便。肅泐稟懇，恭叩勛安。伏惟垂鑒。本職善慶謹稟。

同治肆年陸月初六日。

同治四年六月初七日到。

兵部侍郎河南巡撫部院兼提督軍門吳　批：

參將德培，如稟准其留營差遣，并令辦理該營營務事宜，以資臂助。仰將發去委札，轉發祇領。此繳。計發去委札一件。六月十一日。

六月十二日。

0432. 河南巡撫吳昌壽為赴河内縣炮局閱驗炮三十尊全數運營事行參將崔廷桂札

同治四年六月初六日

札參將崔廷桂知悉。據候補知縣姚允寬稟稱，前次委鑄炮位，現已鑄成二百斤重熟鐵炮三十尊，應否仍解崔參將營内等語。請示前來。合行札飭。札到該參將，立即前赴河内縣姚令炮局，閱驗該令鑄成之炮三十尊。如果合用，即派弁將此項炮位全數領運到營，抑或酌領若干尊，以資得力。仍將驗領緣由，稟報查考。如不合用，亦即具稟。毋違。除批姚令遵照外，切切此札。

札參將崔廷桂。五百里排單。

同治四年六月初六日。

札崔參將赴河内縣炮局閱驗炮三十尊全數運營。

河南巡撫兼提督軍門吳。行。

監印官知縣用候補府經歷程汾源。

0433. 河南巡撫吳昌壽為飭令候補副將劉寶春隨營差委事行該候補副將等札

同治四年六月初六日

札候補副將劉寶春知悉。照得本部院大營營務殷繁，須員差委，合行札飭。札到該將，立即遵照隨營當差。每月薪水，應按照官階，赴糧臺請領。務當奮勉從公，毋負委任。切切。此札。

札候補副將劉寶春。

札營務處糧臺知悉。照得云前，須員差委。除檄飭候補副將劉寶春隨營當差，每月薪水，應按照官階，赴糧臺請領外，合亟札行。札到該處臺，即便知照。毋違。此札。

札營務處。糧臺。

同治四年六月初六日。

札候補副將劉寶春隨營差委。

河南巡撫兼提督軍門吴。行。

監印官知縣用候補府經歷程汾源。

0434. 河南巡撫吴昌壽為會同李主事將一切應辦事宜妥為經理事行坐補河陝汝廣道等札

同治四年六月初六日

札坐補河陝汝廣道。照得軍需總局事務殷繁，必須精明練達之員，方足以勝委任。前在該局之候補葉道，因辦公草率，庸碌無能，當經撤令銷差，另委該廣道接辦在案。現當軍務吃緊之時，征調頻仍，供支急切，以及一切軍裝器械，在在均關緊要，不容稍有延誤。該道接辦伊始，尤應加意講求。合就札飭。札到該道，即便遵照會同藩、臬兩司及原派在局襄辦之候補主事李汝鈞等，振刷精神，務將局内一切應辦事宜，妥為經理，以期藉收臂助。切勿玩泄因循，仍蹈積習。是為至要。切切。此札。

札坐補河陝汝廣道。

札布政按察司。候補主事李。照得云云，不容稍有遲誤。除札廣道赴局接辦外，合行札知。札到該司，主事，即便遵照，會同廣道，妥為經理。切切。此札。

札布政按察司。候補主事李。

同治四年六月初六日。

札廣道會同李主事將一切應辦事宜妥為經理。

河南巡撫兼提督軍門吴。行。

監印官知縣用候補府經歷程汾源。

0435. 河南巡撫吴昌壽為審訊制造槍炮委員袁文斗侵蝕官項事行開封府等札

同治四年六月初六日

札開封府。祥符縣。照得本部院訪聞軍需局製造槍炮委員縣丞袁文斗，歷次製造槍炮，草率從事，所領官項，任意侵蝕肥己。情弊顯然，實屬膽大妄為，有心蒙蔽。若不從嚴訊辦，何以懲墨吏而儆效尤。除飭軍需局將該員撤委，并飭祥符縣看管開封府傳訊外，合行札飭。札到該府，縣，立即遵照，將該員嚴行審訊，務將歷次侵蝕情弊，詳細訊明，毋任避就。看管，聽候傳訊，毋稍疏忽。切切。此札。

札開封府。祥符縣。

札布政按察司知悉。照得云前，將該員撤委，并飭祥符縣看管暨開封府傳訊外，合亟札行。札到該司，立即會同按察布政司，轉飭開封府，將該員嚴行審訊。務將歷次侵蝕情弊，詳細訊明，毋任避就，按擬詳辦。切切。此札。

札布政按察司。

同治四年六月初六日。

札開封府審訊製造槍炮委員袁文斗侵蝕官項。

河南巡撫兼提督軍門吳。行。

監印官知縣用候補府經歷程汾源。

0436. 河南巡撫吳昌壽為派弁管帶馬勇五十余名來營聽候調遣事行前副將徐邦道札

同治四年六月初六日

札前副將徐邦道知悉。照得本部院現聞該前將營內有馬勇五十餘名，尚屬精强，馬匹亦甚膘壯。應即調赴大營，隨同進剿。合行札飭。札到該前將，立即遵照，遴派妥弁，管帶此項勇丁、馬匹，趨赴本部院大營，聽候調遣。毋違。此札。

札前副將徐邦道。

同治四年六月初六日。

札徐副將將馬勇五十餘名派弁管帶來營聽候調遣。

河南巡撫兼提督軍門吳。行。

監印官知縣用候補府經歷程汾源。

0437. 河南巡撫吳昌壽為交卸管理軍火事行候補葉道札

同治四年六月初六日

札候補葉道。照得軍火器械，為剿防利用之資，必須齊備精良，方免貽誤。該道在軍需局管理軍火等件，往往草率、遲延，不能合法應用。兹已另委坐補河陝汝道廣道赴局接辦，該道應即銷差。為此札仰該道，即便遵照將局內一切經手事宜及所存軍火器械數目，逐一交代。廣道接收清楚，造册呈報。毋違。此札。

札候補葉道。

同治四年六月初六日。

札葉道交卸管理軍火事宜。

河南巡撫兼提督軍門吳。行。

監印官知縣用候補府經歷程汾源。

0438. 河南巡撫吴昌壽為即飭廣道赴局接辦一切事宜并飭葉道出局銷差事行布政司等札

同治四年六月初六日

札布政按察司。照得軍火器械，為勦防利用之資，必須齊備精良，方免貽誤。候補葉道法在軍需局管理軍火等件，往往遲延，不能應用。且任聽工匠草率，并不認真督造，以致諸不合法，尤屬顢頇。現當軍務吃緊之際，豈能容此庸碌無能之員濫竽將事？亟應撤去，另委賢能，以資指臂。除已徑札廣道隆赴局接辦，并候補通判李奎文赴局幫辦外，為此札仰該司等，即便移知葉道出局銷差。所有該局應辦事宜，即責成廣道認真經理，并督率現委之李倅及局中分辦各員，務須實力實心，依法監造，以期一切應用器械齊備精良，毋得仍前草率、（缺）［遲］延，致干重咎。至局中現存軍火器械數目，并令點收造册呈報。此札。

札營務處。糧臺。照得云前，赴局幫辦，暨行兩司，移知葉道，云云，致干重咎外，合亟札行。札到該　，即便知照。毋違。此札。

札布政司。按察司。營務處。糧臺。

同治四年六月初六日。

札布政司等即飭廣道赴局接辦一切事宜并飭葉道出局銷差。

河南巡撫兼提督軍門吳。行。

監印官知縣用候補府經歷程汾源。

0439. 河南巡撫吴昌壽為將製造委員縣丞袁文斗撤委押交祥符看管候訊事行軍需局及該縣丞札

同治四年六月初六日

札軍需局。照得本部院訪聞該局製造槍炮委員縣丞袁文斗，每遇派辦之件，草率從事，所領官項，任意侵蝕肥己。情弊顯然，實屬膽大妄為，有心蒙蔽。若不從嚴訊辦，何以懲墨吏而儆效尤。除飭祥符縣嚴行看管，并飭開封府審訊外，合就札行。札到該局，立將該縣丞撤委，派員押交祥符看管，聽候訊辦。所有該縣丞現領銀兩，勒令全數繳出。毋再任其捏飾、遲延，致干未便。切切。此札。

札軍需局。

札縣丞袁文斗知悉。照得本部院訪聞該縣丞歷次製造槍炮，草率從事，侵蝕官項，實屬膽大妄為，有心蒙蔽。亟應撤委嚴訊，以儆刁頑。除飭軍需局轉飭遵照，并將該縣丞發交祥符縣看管，預備傳訊外，合行札飭。札到該員，立即遵照，撤委看管，聽候審訊。所有現領銀兩，勒令全數繳出，不准片刻遲延。倘再有隱匿、捏飾情事，定即從嚴參辦，決不姑寬。凜之。毋違。此札。

札製造委員縣丞袁文斗。

同治四年六月初六日。

札軍需局將縣丞袁文斗撤委押交祥符看管聽候訊辦所領銀兩全數繳出。

河南巡撫兼提督軍門吳。行。

監印官知縣用候補府經歷程汾源。

0440. 河南巡撫吳昌壽為前調馬兵百名無庸來營事行南陽鎮等札

同治四年六月初六日

札南陽河北鎮知悉。照得本部院前因大營馬隊尚單，飭該南北兩鎮挑選馬兵一百名，配齊馬匹、火槍，迅速來營聽候點驗在案。本部院現奉諭旨，飭令托富兩副都統，管帶邸營馬隊八百餘名，歸本部院調遣。所有前調馬兵百名，應令無庸來營，以歸撙節。合行札知。札到該鎮，立即遵照轉飭。毋違。此札。

札南陽河北鎮。四百里飛遞。

札營務處糧臺知悉。云前，以歸撙節。除札行南、北二鎮遵照轉飭外，合就札行。札到該處臺，即便知照。毋違。此札。

札營務處。糧臺。

同治四年六月初六日。

札南北二鎮前調馬兵百名無庸來營以歸撙節。

河南巡撫兼提督軍門吳。行。

監印官知縣用候補府經歷程汾源。

0441. 河南巡撫吳昌壽為襄陽分局申報奉解炮位軍火起運日期事行南陽府札

同治四年六月初七日

札南陽府知悉。據辦理湖北糧臺襄陽分局兼辦援甘分局湖北隨州州判補用知縣傅詩申稱：為申報事。云云，委員接收，運營應用等情。據此。合行札飭。札到該府，立即轉飭查明。俟此項炮位、火藥到賒鎮時，即派妥員接收，運解省城軍需局，以憑大營提用，不得遲延貽誤。是為至要。切切。此札。

札南陽府。

同治四年六月初七日。

襄陽分局申報奉解炮位軍火起運日期。

河南巡撫提督軍門吳。行。

監印官知縣用候補府經歷程汾源。

0442. 河南巡撫吳昌壽行移具奏豫軍節次進剿屢獲勝仗攻克廖樓龔李莊賊寨仍飭前進等摺片奉上諭

同治四年六月初七日

札　。照得本部院於同治四年閏五月二十九日具奏，豫軍節次進剿，屢獲勝仗，擒斬捻首廖和尚，攻克廖樓、龔李莊賊寨，直抵義門，仍飭相機前進一摺。同日附奏，閏五月二十三日，官軍擊賊獲勝緣由一片。業已抄粘摺片札知咨送在案。茲於六月初七日，承准軍機大臣奉旨：另有旨。欽此。同日，奉上諭廷寄各一道。等因。承准此。除祇遵外，合就相應恭録札行。咨呈。移咨。札到該　，即便欽遵查照。毋違。此札。

計恭録上諭廷寄一道。

札糧臺。軍需局。翼長張鎮。**此件發過簽了。**
營務處。

昨日奉到廷寄一道，應分咨富副都統森保、托副都統倫布查照。該房即日繕成送核。發房。初八。

為恭録咨呈送事。竊照云前，相應恭録咨呈。送。為此咨呈合咨貴　，謹請煩欽遵查照施行。

計恭録上諭廷寄一道。

一　　咨　　呈咨

欽差大臣節制三省兩江爵閣督部堂曾
漕運總督部堂吳
署理河南山東河道總督部堂張
署理兩江總督部堂江蘇巡撫部院李
欽差幫辦軍務記名提督軍門處州總鎮陳
直隸總督部堂劉
安徽巡撫部院喬
山東巡撫部院閻
山西巡撫部院沈
荊州副都統富
鑲黄旗副都統托

同治四年六月初七日。軍務局承。
具奏豫軍節次進剿屢獲勝仗攻克廖樓龔李莊賊寨仍飭前進等摺片均奉上諭。
河南巡撫兼提督軍門吳。行。

監印官知縣用候補府經歷程汾源。

附録上諭：内閣奉上諭著吳昌壽等督飭諸軍迅拔渦河北岸賊壘并獎勵剿匪尤為出力各員

同治四年六月初三日

同治四年六月初三日内閣奉上諭：吳〈昌壽〉奏，官軍剿匪獲勝，直抵義門，擊退撲營逆匪各摺片。河南張曜等軍，由渦河北岸進剿，連日叠有斬馘，攻克廖樓、龔李莊等賊寨，各軍直抵義門。閏五月二十三日，該逆糾合大股，圍逼義門官軍營盤，張曜等揮令守備李永芳等分路擊退。該逆敗過章河，官軍鳧渡追剿。鏖戰逾時，賊衆披靡。各營乘勝躡擊，至沙木橋，始行收隊。擒斬逆匪數百名，奪獲槍炮、器械、馬匹甚多。剿辦尚為得手。著曾〈國藩〉、吳〈昌壽〉督飭諸軍，迅拔渦河北岸賊壘，并將雉河集等處餘匪，悉數掃蕩，以清地方。

所有此次尤為出力之守備李永芳著賞給强勇巴圖魯名號，游擊穆清遠著以參將儘先補用，千總蔣尚均著以都司儘先補用，把總胡詩著以守備儘先補用，并賞加都司銜，以示獎勵。該部知道。

欽此。

附録廷寄：軍機大臣字寄河南巡撫吴昌壽等著江皖豫三省會剿力解雉河之圍

同治四年六月初三日

軍機大臣字寄，欽差大臣大學士湖廣總督一等果威伯官〈文〉、欽差大臣協辦大學士兩江總督一等毅勇侯曾〈國藩〉、安徽巡撫喬〈松年〉、河南巡撫吴〈昌壽〉，同治四年六月初三日奉上諭：曾〈國藩〉奏，請調馬隊官兵，到皖助剿。吴〈昌壽〉奏，豫軍攻克廖樓、龔李莊賊寨，直抵義門，張曜等進擊獲勝出力請奬。各摺片。本日已明降諭旨，照所請奬勵矣。

僧〈格林沁〉營中馬步各隊，疊經有旨令赴曾〈國藩〉軍營，妥籌分布，并諭令將擬留山東之勇丁四千名，酌留兩營由閻〈敬銘〉統帶，餘着撥交曾〈國藩〉調遣。嗣據閻〈敬銘〉奏，馬隊毋庸留東。復經諭令一併調皖協剿，由曾〈國藩〉等體察情形，妥籌調度。即撥歸吴〈昌壽〉、喬〈松年〉之兵，該大臣亦可斟酌緩急，一律檄調。托倫布等曾否帶兵赴豫？着吴〈昌壽〉催令迅赴曾〈國藩〉軍營，聽候調遣。温德勒克西等馬隊，着曾〈國藩〉查明，相機調派。并催劉銘傳等速行赴援，無稍延緩。

英翰因雉河被困，退至西洋集。現在各軍曾否漸集？雉河營盤能否固守？著喬〈松年〉嚴飭英翰等疏通餉道，設法解圍。如雉河有失，定惟英翰是問。

豫軍進剿獲勝，擒斬捻首廖和尚，攻克廖樓、龔李莊賊寨，已抵義門，距雉河不過數十里。張曜、宋慶等軍，分途進擊獲勝，頗有斬擒。著吴〈昌壽〉督飭該總兵等乘勝進剿，會同江、皖各軍，力解雉河之圍。務各迅速進兵，以成三省會剿之局。如有遷延退縮，觀望不前，即着曾〈國藩〉等指名參奏，勿稍姑息。如賊因被剿西竄，曾〈國藩〉、喬〈松年〉、吴〈昌壽〉兼須酌派勁軍，於皖、豫各境，嚴行遏截。官〈文〉前奏調飛虎四營赴豫，已至何處？即着催令趕緊入豫，歸吴〈昌壽〉調遣。姜玉順辦理蔣凝學所部潰勇，能否竣事？成大吉等軍現扎何處？賊匪恐被擊南趨，鄂省防務，未可鬆勁。着官〈文〉妥為布置，毋令竄越。將此由六百里各諭令知之。

欽此。遵旨寄信前來。

0443. 河南巡撫吴昌壽給發千總蔣尚均等奬札

同治四年六月初七日

札守備李永芳知悉。照得本部院於同治四年閏五月二十九日，由驛具奏，豫軍進攻亳捻，連克廖樓、龔李莊賊寨，直抵義門，并分路擊退撲營匪股，追至沙木橋，大獲勝仗一摺。隨摺奏保該員异常出力，請賞加勇號。茲於本年六月初七日，承准軍機大臣字寄，同治四年六月初三日奉上諭：本日已明降諭旨，照所請獎勵矣。等因。欽此。同日，内閣奉上諭：守備李永芳，著賞給强勇巴圖魯名號，以示獎勵。該部知道。等因。欽此。除欽遵外，合就恭録札行。札到該員，立即欽遵查照。此札。

札强勇巴圖魯守備李永芳。

札守備銜千總蔣尚均 儘先游擊穆清遠 把總胡詩知悉。照得本部院同前，隨摺奏保該員异常出力，請以都司儘先補用。參將儘先補用。守備儘先補用，并賞加都司銜。茲於本年六月初七日，同前。同日，内閣奉上諭：千總蔣尚均，著以都司儘先補用，游擊穆清遠，著以參將儘先補用，把總胡詩，著以守備儘先補用，并賞加都司銜，以示獎勵。該部知道。等因。欽此。除欽遵外，合就恭録札行。札到該員，立即欽遵查照。此札。

札儘先補用都司蔣尚均。儘先補用參將穆清遠。都司銜儘先補用守備胡詩。

以上四札，封入張翼長札内轉發。

同治四年六月初七日。

給發千總蔣尚均等獎札。

河南巡撫兼提督軍門吴。行。

監印官知縣用候補府［經歷程汾源］。

0444. 河南巡撫吴昌壽為請迅賜撥兵來豫追剿事移曾國藩及喬松年咨文

同治四年六月初八日

此稿翼長張鎮等來□，將原禀扣内，未經發下，□請□查。

張翼長禀，前在省時，朱師爺調入畫行，未發出。

為咨呈 飛咨事。現據總兵張曜等禀稱：本職等於六月初二日，督飭各營進扎余樓，計距雉河十八里，云禀，雉河重圍立解等情。查該匪分股奔逃，其意必圖外竄。豫省平原四達，門户洞開。此次豫軍悉數在皖，腹地空虚。該匪勢必乘隙竄突。歸、陳一帶，處處可虞。必須仰賴鄰威，分兵追剿，以期殲此狂氛。除移咨陳幫辦，并飛飭張鎮，會同譚軍門，相機扼截外，相應咨呈 飛咨貴大臣，部 謹院，請煩查照，迅賜撥兵來豫追剿。望速切速施行。

一 咨 呈咨

欽差大臣兩江爵閣部堂一等候曾
安徽巡撫部院喬

六百里排單。

同治四年六月初八日。
咨欽差曾〈國藩〉等迅賜撥兵來豫追剿。
河南巡撫兼提督軍門吴。行。

監印官知縣用候補府經歷程汾源。

0445. 河南巡撫吴昌壽為請湖廣山東嚴密設防事移湖廣總督官文及山東巡撫閻敬銘咨文

同治四年六月初八日

為飛咨事。現據總兵張曜等稟稱：本職等於六月初二日，督飭各營進扎余樓，計距雉河十八里，云云，雉河重圍立解等情。查該匪分股奔逃，其意必圖外竄。東、南兩路，處處可虞。除飭張鎮會同譚軍門仁芳一軍，嚴扼陳州，移咨陳幫辦，穩扎歸德，以顧永城、鹿邑一帶，并咨山東撫部院閻〈敬銘〉湖廣爵閣部堂官〈文〉嚴防邊境外，相應飛咨貴大臣，貴部院，請煩查照，轉飭嚴密設防，以期有備無患。望切施行。

一　咨
欽差大臣湖廣爵閣部堂官
山東巡撫部院閻

均六百里排單。

同治四年六月初八日。
飛咨湖廣山東嚴密設防。
河南巡撫兼提督軍門吴。行。

監印官知縣用候補府經歷程汾源。

0446. 河南巡撫吴昌壽為善總管稟請撥給軍火器械事移兩江總督曾國藩咨文

同治四年六月初九日

為咨呈事。竊照本部院據統帶吉林、黑龍江馬隊善總管慶稟稱：本職處馬隊，正在整頓校練之際，云云，可否酌量撥給，以備利用，請示遵行等情。據此。查此項軍裝，係前杭州將軍國［瑞］發交豫省軍需局存儲，以備貴大臣提用之件。惟現在校練馬隊，均屬要需，未敢稍事拘泥。除飭該總管借領外，相應咨呈貴大臣，謹請查照施行。

粘單一紙。

一　　　　　　咨　　　　　　呈

欽差大臣節制三省兩江閣督部堂一等侯曾

同治四年六月初九日。

善總管稟請撥給軍火器械以備利用。

河南巡撫兼提督軍門吴。行。

監印官知縣用候補府經歷程汾源。

（下殘）。

0447. 河南巡撫吴昌壽為善總管稟請撥給軍火器械事行軍需局札

同治四年六月初九日

札軍需局。照得本部院現據善總管稟稱：本職處馬隊，正在整頓校練之際，云稟，可否酌量撥給，以備利用，請示遵行等情。據此。除咨明欽差大臣曾〈國藩〉查照借撥，并飭善總管出領赴該局移取外，合就札行。札到該局，立即會同布政司，查照撥發。此札。

粘單一紙。

札軍需局。

同治四年六月初九日。軍務局承。

善總管稟請撥給軍火器械以備利用。

河南巡撫兼提督軍門吴。行。

監印官知縣用候補府經歷程汾源。

（下殘）。

0448. 河南巡撫吴昌壽為轉飭撥給善總管軍火等件事行糧臺札

同治四年六月初九日

札糧臺。照得本部院前准前杭州將軍國〈瑞〉來咨，并移交邸營局存軍火、軍裝等件。本部院已飭善總管如數點收，解交軍裝局存儲在案。玆據善總管稟稱：現當整頓馬隊之時，必需隨時校練。請領軍火等項前來。查所請火藥五百斤、火繩五百盤、戰箭四千枝、弓一百張、馬鞍五十盤，即在邸營移交項下如數撥領。另請鉛丸一萬粒、門藥三十斤，應由軍裝局撥發。除批示外，合就札行。札到該臺，立即轉飭遵照。毋違。此札。

粘抄邸營移交軍火、軍裝單一紙。

札糧臺。

同治四年六月初九日。

札糧臺轉飭撥給善總管軍火等件。

河南巡撫兼提督軍門吳。行。

監印官知縣用候補府經歷程汾源。

附録清單：善都統解交行營軍裝局軍器數目清單

同治四年六月初九日*

此摺抄單發糧臺。

呈開，謹將解交行營軍裝局軍器數目開列於後：

火藥一萬五千斤。善領五百斤。

火繩一萬五千五百根。善領五百盤。

火鳥八百五十個。

鐵沙子三千斤。

噴筒八百二十七枝。

弓二百十九張。善領百張。

梅針箭四千枝。善領。

改造插子槍三十三桿。

排槍配袋三百三十分。

馬鞍五十盤。善領。

0449. 河南巡撫吳昌壽為奉旨飭調馬隊官兵到皖助剿等事移富森保及托倫布咨文

同治四年六月初九日

為恭録咨會事。竊照本部院於同治四年六月初七日，承准軍機大臣字寄，奉上諭：托倫布等曾否帶兵赴豫，着吴〈昌壽〉催令迅赴曾〈國藩〉軍營聽候調遣。等因。承准此。除祗遵外，相應恭録咨會。為此合咨貴都統，請煩欽遵查照，迅速管帶所部，即日起程，馳赴曾中堂軍營聽候調遣。望切望速施行。

一 咨

統領吉林黑龍江馬隊官兵四川成都副都統富

鑲黄旗副都統托

同治四年六月初九日。軍務局承。

奉上諭曾〈國藩〉奏請調馬隊官兵到皖助剿吴〈昌壽〉奏豫軍攻克廖樓龔李莊賊寨各摺片。

河南巡撫兼提督軍門吴。行。

監印官知縣用候補府經歷程汾源。

0450. 河南巡撫吴昌壽為蔣凝學全軍仍歸本省調遣事移陝甘總督楊岳斌咨文

同治四年六月初九日

為咨覆事。竊准貴部堂咨開，五月二十九日，在陝西省城行營，由驛具奏，請飭令蔣凝學一軍，仍歸調遣一摺。奉上諭：蔣凝學一軍，已叠次諭令赴豫歸吴〈昌壽〉調遣，相機截剿。著俟河南肅清，再令該道赴甘。等因。欽此。恭録咨會前來。准此。查蔣道凝學一軍，叠奉諭旨，歸本部院調遣在案。嗣該軍行抵襄陽，即因索餉嘩走，散去老湘八營。據該道來稟，急切不能來豫。經本部院奏明，毋庸此軍來豫助剿，亦在案。兹准前因。應由貴部堂咨照湖廣爵閣部堂官〈文〉，飭令該道迅速整頓全軍，即赴西路，聽候貴部堂調遣。相應咨覆貴部堂，請煩查照施行。

一 咨

陝甘總督部堂楊

同治四年六月初九日。

咨覆陝甘蔣道全軍仍歸本省調遣。

河南巡撫兼提督軍門吴。行。

監印官知縣用候補府經歷程汾源。

0451. 河南巡撫吴昌壽為送監造炮火官兵旗佐銜名清册事移滿州火器營咨文

同治四年六月初九日

六月初九日發。六月十五日交塘訖。

為咨明事。竊照本部院前咨管理軍火各局事務厢黄旗蒙古副都統玉〈亮〉，請留監造炮火官弁兵丁，專司監造，以資得力。兹准玉副都統將酌留監造炮火官弁兵丁，挑選各局堪以督造者十一員名，造具旗佐銜名清册，咨送前來。除奏明外，應將奏稿及此項官兵旗佐銜名，抄單移送貴營，請煩查照施行。須至咨者。

計抄奏稿一件，單一件。

一　　咨

滿州火器營

同治四年六月初九日。

咨送監造炮火官兵旗佐銜名清册。

河南巡撫兼提督軍門吴。行。

監印官知縣用候補府經歷程汾源。

（下殘）。

0452. 河南巡撫吴昌壽行移附奏遵旨酌留汴梁各局製造軍火匠役片

同治四年六月初十日

札　。照得本部院於同治四年六月初八日附奏，遵旨酌留汴梁各局製造軍火匠役一片。除俟奉到諭旨，另行恭録札知咨呈外，合先抄片札行咨呈。札到該　，即便會同兩司查照。毋違。此札。

計粘抄片稿一紙。

札軍需局。營務處。糧臺。翼長張鎮。

為咨呈事。竊照云前，合先抄片咨呈。為此咨呈貴大臣，謹請查照施行。

計粘抄片稿一紙。

一　　咨　　呈

欽差大臣節制三省兩江爵閣督部堂曾

同治四年六月初十日。軍務局承。

附奏遵旨酌留汴梁各局製造軍火匠役一片。

河南巡撫兼提督軍門吴。行。

監印官知縣用候補府經歷程汾源。

附録片稿：河南巡撫吴昌壽附奏遵旨酌留汴梁各局製造軍火匠役片

同治四年六月初八日

再，臣前奉諭旨：汴梁各局製造軍火匠役，吴〈昌壽〉亦可酌量提用。等因。欽此。遵即恭録移咨管理炮局之副都統玉亮欽遵查照，由臣備文分别提取匠役，以資應用。

查匠役製造軍火，必須官兵監造，方期得力。訪有向在炮局當差之内火器營空花翎永恒，護軍校桂明、昌信，藍翎長霍倫、秦定山、常存、德禄，護軍順德，外火器營之護軍校慶壽、藍翎長明慶、高槍長祥玉。以上官兵十一員名，均屬諳練勤慎，堪以留營監造軍火。

又，炮局存儲之一千五百斤重銅噴炮，向稱攻剿利器。現在蒙、亳一帶，賊圍尚多。如遇負隅抗拒，必須炮火精良，方利攻堅之用。臣擬酌留銅噴炮二尊，以資轟擊。應請敕下副都統玉亮，照臣所提官兵、炮位，留於豫省備用。

除由臣分咨該副都統并内外火器營查照外，理合附片具奏，伏乞聖鑒。謹奏。

0453. 候補知縣姚允寬河内知縣水安瀾為報告改造擡槍等件事呈河南巡撫吴昌壽稟

同治四年六月初十日

同治四年六月十七日到。

運同銜候補知縣姚允寬
懷慶府河内縣知縣水安瀾謹稟大人閣下：

敬稟者。竊卑職允寬前奉憲札委，赴河内縣製造鐵炮，遵即趕製二百斤重熟鐵炮三十尊，稟請解赴何處交收，具稟憲臺核示在案。兹查卑職等前奉營務處函飭改造擡槍等件，遵即嚴飭匠役，查照函飭式樣，漏夜趕造。現又造成擡槍一百桿，鳥槍二百桿，逐一試驗，均稱迅利。現定於本月十二日，點交委員都司李玉德，先行解赴憲營查收。下餘擡槍一百桿，鳥槍二百桿，馬槍二百桿，現飭匠役分手趕造。大約本月二十内，即可造齊起解，以資軍用。所需價值，大炮每斤價銀一錢四分，每尊計重二百斤，共銀二十八兩；擡槍每桿價銀三兩六錢；鳥槍、馬槍每桿價銀一兩五錢八分。除俟一體造齊，由卑職允寬另行報銷外，此外尚須製造擡槍等件各若干，伏乞大人查核，迅賜批示，俾有遵循。是所叩禱。專肅具稟，恭請勛安。伏乞垂鑒。卑職允寬安瀾謹稟。

計稟呈清摺一扣。

同治四年六月初十日。

兵部侍郎河南巡撫部院兼提督軍門吴　批：

批：據稟均悉。所有製造擡槍等件，即行解送來營，交營務處驗收。至此外是否尚須製造擡槍等件，仰俟此次解營擡槍等件驗收後，再行飭知遵辦。此繳。清摺存。十八日。

六月廿日。

附録清摺：候補知縣姚允寛河内知縣水安瀾奉文改造擡槍等件斤重長短各數目清單

同治四年六月初十日

候補知縣懷慶府河内縣謹將卑職奉文改造擡槍等件斤重、長短各數目，分晰開摺，呈請查核。須至摺者。

計開：

大炮每尊重二百斤，計長三尺二寸，吃鉛丸一斤六兩。擡槍每桿重二十斤，計長四尺八寸，吃鉛丸一兩五錢。鳥槍每桿重四斤，計長三尺五寸，上圓，底八棱，吃鉛丸五錢。馬槍每桿重三斤，計長三尺二寸，上圓，底八棱，吃鉛丸三錢。

0454. 大營糧臺為呈報收到善都統解交軍裝數目申河南巡撫吴昌壽驗文

同治四年六月十一日

同治四年六月十一日到。

大營糧臺呈報收到善都統解交軍裝數目由。

大營糧臺為呈報事。本年陸月初拾日，據糧臺軍裝局委員候選通判金殿戟、候選從九品華蓁呈報，准善都統解交邸營局存軍火、軍裝等件，俱已如數驗收，妥為存儲，聽候撥用。開具清單，呈請查核等情。據此。糧臺覆核無异，理合照抄清摺，呈報憲臺鑒核。為此具呈，伏乞照驗施行。須至呈者。

計呈清摺壹扣。

右　　　　　　　　　　　　　呈

欽差河南巡撫部院兼提督軍門吴

同治肆年陸月拾壹日。按察使銜候補道陶福恒道員用候補知府蔣珣。

附録清摺：大營糧臺收到善都統解交軍裝等項清單

同治四年六月十一日

謹將糧臺收到善都統解交軍裝等項，開具清摺，恭呈憲鑒。

計開：

火藥一萬五千斤。新細珠藥一萬二千斤。舊粗藥三千斤。

火繩一萬五千五百根。

火鳥八百五十個。

鐵沙子三千斤。

噴筒八百二十七枝。

弓二百十九張。

梅針箭四千枝。

改造捕子槍三十三桿。

排槍佩帶三百三十分。

馬鞍五十盤。

0455. 河南巡撫吳昌壽為請迅飭勁旅會合豫軍相機兜剿事移陳國瑞咨文

同治四年六月十一日

為咨覆事。照得本部院於六月初八日，准貴幫辦來咨，囑即代奏請假兩月修墓、延醫。等因。初十日，又准緘開，正在督兵追剿間，眩暈之疾忽發，覓得肩輿回城，飭副將陳振邦統帶弁勇，馳赴睢州，聽候本部院調遣。貴幫辦准於十一日赴省，并録五月十六日附奏片稿。各等因。准此。惟現據各路探報，該逆任柱、張總愚等股，於初八日寅刻，圍撲柘城城垣，又紛竄太康，勢甚猖獗。值此多事之秋，正臣子報效之日。本部院與貴幫辦職司剿匪，不敢告勞。近復屢奉寄諭，飭令貴幫辦駐扎豫境，則豫省軍務，貴幫辦當與本部院共任之。乃匪股西趨，豫事日亟，貴幫辦竟有請假之議，殊與朝廷所倚重暨群情所屬望大相徑庭。本部院未便遵照代陳。相應附繳大咨，并咨覆貴幫辦，請煩查照，迅飭勁旅，視賊所向，緊躡跟追，會合豫軍，相機兜剿。望速切速施行。

附繳來咨一件。

一　　　　　　　　　　咨

欽差幫辦軍務記名提督軍門處州總鎮陳

同治四年六月十一日。

咨覆陳軍門迅飭勁旅會合豫軍相機兜剿。
河南巡撫兼提督軍門吴。行。

監印官知縣用候補府經歷程汾源。

（下殘）。

0456. 河南巡撫吴昌壽行移張鎮視賊所向會合譚軍門緊躡跟追

同治四年六月十一日

札翼長張鎮。現據柘城縣稟稱：飛稟者。初七日子刻，捻逆大股，云稟。卑縣勇力甚單，未敢遽出輕敵。惟有仰求撥兵救援，實為公便。再，人和寨拿獲賊匪陳九，云稟，并無一定去向等語。肅此飛稟等情。據此。查該鎮等已抵鹿邑，去柘較近。應令視賊所向，緊躡跟追，無任該匪得以喘息，便可就地殲除。除咨譚軍門會合進剿外，相應飛札飭遵。札到該鎮，立即遵照。毋違。此札。

札張鎮。

為飛咨事。現據柘城縣稟稱，云前等情。據此。查貴軍門已抵鹿邑，去柘較近，云前。除飭張鎮會合進剿外，相應飛咨貴軍門，請煩查照，切速施行。

一　　　　咨

記名提督軍門譚

均六百［里］排單。飛遞鹿邑至太康一帶。

同治四年六月十一日。
札張鎮視賊所向會合譚軍門緊躡跟追。
河南巡撫兼提督軍門吴。行。

監印官知縣用候補府經歷程汾源。

0457. 河南巡撫吴昌壽為飭令參將德培赴善總管處辦理營務事宜事行該參將等札

同治四年六月十二日

札參將德培知悉。照得本部院現派善總管統帶吉林、黑龍江各起馬隊，須派久歷行陣之員，辦理該營營務，以資得力。合行札委。札到該參將，立即遵照，將善總管營務事宜，妥為辦理。每月鹽折銀兩，按照官階，赴大營糧臺請領。務當勤慎辦公，無負委任。切切。此札。

札參將德培。

札 知悉。照得云前，以資得力。除檄飭參將德培遵照，將善總管營務事宜，妥為辦理，每月鹽折銀兩，按照官階，赴該大營糧臺請領外，合行札知。札到該 ，即便查照。毋違。此札。

札糧臺。營務處。

同治四年六月十二日。

札參將德培赴善總管處辦理營務事宜。

河南巡撫兼提督軍門吴。行。

監印官知縣用候補府經歷程汾源。

0458. 河南巡撫吴昌壽行移奏留監造軍火員弁匠役等口糧由軍需局按月照章支發

同治四年六月十三日

札空花翎護軍校永恒等知悉。照得本部院現在奏留該員等十一員監造軍火，并留造炮子匠役周連玉等二十一名。除將該員等旗佐銜名清册咨送兵部火器營查照外，應令該員等及各匠役均赴河南軍需局，歸廣道等管理。所有該員等口分暨匠役工食，由軍需局自奉文之日為始，按月照章支發。合行札飭。札到該員等，即便遵照。毋違。此札。

札空花翎護軍校永恒等。

札 知悉。照得本部院現在奏留空花翎護軍校永恒等十一員監造軍火，并留造炮子匠役周連玉等二十一名。除將該員等旗佐花名，咨送兵部火器營查照，并飭永恒等及各匠役均赴軍需局，歸廣道等管理，并由局給發口分工食糧臺、營務處知照外，合行札飭。札到該臺，處，局，即便知遵照，將該旗員、匠役等妥為管理，并由廣道督飭監造。所有各員口分、匠役工食，即由該局自奉文之日始，按月照章支發。照。無違。此札。

札糧臺。營務處。軍需局。抄粘官兵旗佐銜名、匠役花名清單各一紙。

為咨明事。竊照本部院前奉諭旨，准將汴梁製造軍火匠役酌量提用，現經本部院奏留空花翎護軍校永恒等十一員監造軍火，并留造炮子匠役周連玉等二十一名，以資熟手。除附奏外，相應咨明。為此合咨貴部，請煩查照施行。

計粘抄片稿及官兵旗佐銜名、匠役花名各一紙。

一咨

兵部

同治四年六月十三日。軍務局承。

奏留監造軍火員弁匠役等口糧由軍需局按月照章支發。

河南巡撫兼提督軍門吳。行。

監印官知縣用候補府經歷程汾源。

（下殘）。

0459. 河南巡撫吳昌壽為請核辦私逃湖北之吉林烏拉等起兵勇事移曾國藩及官文咨文

同治四年六月十三日

為轉咨事。准富副都統森保咨稱，據委營總雙喜等報稱，烏拉頭起委防禦伊昌阿、委筆帖式慶海并帶甲兵四十七名，吉林頭起委驍騎校哲山并帶甲兵十五名，均於閏五月二十六日二更，私自逃回鄂省等情。又准咨稱，管帶突騎營馬勇哨官袁學泰、陳福榮、李魁文、劉金玉等，帶領全隊馬勇，各持器械，以索餉為名，鼓衆爭鬧，即於六月初二日三更，一同該管營官趙福信私自逃走，意圖前往湖北，因兵單未能攔阻等情。又准咨稱，據代理營總庫密善報稱，代理營總永成、成順，委防禦依勒杭阿等，帶領吉林烏拉兩起馬隊官兵，於六月初三日晚間私自逃走，聲稱前往湖北等情。先後咨請轉咨查辦前來。查富副都統所帶馬隊，欽奉諭旨，歸於貴大臣調遣。今據咨稱，迭經私自逃走，相應據情轉咨核辦。為此咨呈貴大臣，請煩查照施行。須至咨呈者。

一　　　　　　　咨　　　　　　　呈

欽差大臣協辦大學士節制三省兩江總督一等毅勇侯曾

為轉咨事。云云，欽奉諭旨，飭歸曾爵閣部堂調遣。今據咨稱，迭經私自逃走，相應據情轉咨核辦。為此合咨貴大臣，請煩查照施行。須至咨者。

一　　　　　　　咨

欽差大臣湖廣爵閣部堂官

同治四年六月十三日。

咨請曾爵部堂等吉林烏拉等起兵勇私自逃走湖北應請核辦。

河南巡撫兼提督軍門吳。行。

監印官知縣用候補府經歷程汾源。

0460. 河南巡撫吳昌壽為飭令馳赴周口督帶河南岸團練認真操演事行儘先都司趙鵬飛札

同治四年六月十三日

札撫標左營儘先都司趙鵬飛知悉。據陳州府劉守稟稱，該都司前在周口河南岸督率團練，紳民洽服，稟請札調前來。合行札飭。札到該都司，立即馳赴周口，督帶河南岸團練，認真操演，以資保衛，毋負委任。切切。此札。

札儘先都司趙鵬飛。

同治四年六月十三日。

札都司趙鵬飛馳赴周口督帶河南岸［團］練認真操演。

河南巡撫兼提督軍門吳。行。

監印官知縣用候補府經歷程汾源。

0461. 河南巡撫吳昌壽為飭令參將崔廷桂輕騎來省聽授機宜節節堵扼以防賊匪竄渡事行該參將札及移張之萬咨文

同治四年六月十三日

札副將銜參將崔廷桂知悉。照得現在匪股竄入豫疆，已擾及柘城、太康境内。西北一帶，處處須防。查河南堤岸綿長，值此盛漲之時，尤宜扼要駐兵，以資守禦。應令該將即將駐扎龍門口之歸德鎮兵一千一百餘名，剋日悉數帶赴南岸施家橋地方，築圍駐扎，并多安炮位，以憑扼守。該將即輕騎來省，聽候本部院與河督部堂張〈之萬〉會商方略，面授機宜，毋稍遲誤。其炮船二十五隻，仍令停泊北岸，不必調赴河南。務當嚴飭管帶之員，不得株守一隅。倘賊踪有西竄消息，即將各炮船緊貼北岸，循河西駛，會同地方勇練，節節堵扼，以防該匪渡竄之虞。該將務宜遠發偵探，循環具報。除行河北鎮、道知照外，合亟飛札飭遵。札到該將，立即遵照。毋違。此札。

札副將銜參將崔廷桂。

為咨會事。竊照本部院現因匪股竄入豫疆，云前，以資守禦。飭令參將崔廷桂，即將駐扎龍門口云前。本部院與貴署部堂會商方略，云前，以防該匪竄渡之虞。除札飭該將遵照，并行河北鎮、道知照外，相應咨會貴署部堂，請煩查照施行。

一　　　　　咨

署河東河道總督部堂張

六百里插羽。

同治四年六月十三日。

札崔參將輕騎來省聽授機宜節節堵扼以防賊匪竄渡之虞。

河南巡撫兼提督軍門吳。行。

監印官知縣用候補府經歷程汾源。

0462. 河南巡撫吳昌壽為飭令參將崔廷桂就近挑留洋裝炮位事行該參將及軍需局札

同治四年六月十三日

札副將銜參將崔廷桂知悉。照得本部院前准欽差大臣曾〈國藩〉撥濟洋裝炮位，已委知縣李慶沂赴山東濟寧提取，飭由黄河一路運解前來。一俟經過龍門口時，應令該將就近挑留若干尊，以備師船之用。餘炮仍由委員運省，不准該將額外多留。除飭軍需局知照外，合行札飭。札到該將，立即遵照。毋違。此札。

札副將銜參將崔廷桂。

札軍需局知悉。照得云前黄河一路運解在案。現因龍門口炮船須炮甚急，飭令參將崔廷桂知照。一俟此項炮位經過時，就近挑留若干尊，以備應用。餘炮仍由委員解省，不准該將額外多留。除札知外，合就札行。札到該局，即便知照。毋違。此札。

札軍需局。

同治四年六月十三日。

札崔參將就近挑留洋裝炮位。

河南巡撫兼提督軍門吳。行。

監印官知縣用候補府經歷程汾源。

0463. 河南巡撫吳昌壽行移許州各營均歸馬軍門節制

同治四年六月十四日

為咨照事。照得本部院前奉同治四年閏五月十九日上諭：馬德昭前已降旨交曾國〈藩〉調遣，即着該大臣飭令馬德昭前赴吳昌〈壽〉軍營差遣委用。等因。欽此。當即咨照欽差大臣兩江爵閣督部堂曾〈國藩〉，請即欽遵轉行貴馬軍門迅速來豫。嗣聞貴馬軍門僑寓山東濟寧地方，另備咨文，飭委候補知縣張令寶禧賫投各在案。玆准貴馬軍門遵旨來營，相應咨照貴馬軍門，請煩查照。所有現在許州各營，均歸貴軍門節制。務希勤加訓練，相機調遣。望切施行。

計抄粘各營全單一紙。

一　　　　咨

前固原提督軍門馬

稟請將全軍單發下，以便繕發。即照札飭李世玉等五員。開單粘送。

札營務處。糧臺。照得云前，遵旨來營。除咨會馬軍門，所有許州各營，均歸節制，勤加訓練，相機調遣外，合就札行。札到該處臺，即便查照。毋違。此札。

札營務處。糧臺。

為札飭遵照事。照得前固原提督軍門馬〈德昭〉奉旨來豫，聽候本部院差遣委用。該　所部各營，應歸節制，以資調遣。除咨照馬軍門外，合行札飭。札到該　，立即遵照。無違。此札。

札副將李世玉。副將左成元。參將李承先。統帶南陽鎮兵都司白慶雲。幫帶南陽鎮兵千總褚振逵。

同治四年六月十四日。

咨馬軍門許州各營均歸節制。

河南巡撫兼提督軍門吳。行。

監印官知縣用候補府經歷程汾源。

（下殘）。

0464. 河南巡撫吳昌壽為周副將請假回籍應行轉飭知照事移四川總督駱秉章咨文

同治四年六月十五日

為移咨事。竊照本部院據提督銜改用總兵張曜申稱：為申報事。云申文，伏乞照驗施行等情。據此。查副將周登高，既據張鎮申請給假，自應給咨回籍。相應移咨貴部堂，請煩轉飭知照施行。

一　　　　咨

四川總督部堂駱

同治四年六月十五日。

咨總督駱〈秉章〉周副將請假回籍應行轉飭知照。

河南巡撫兼提督軍門吴。行。

監印官知縣用候補府經歷程汾源。

0465. 河南巡撫吴昌壽為吉林將軍咨查馬山口剿捻出力之吉林各員城池旗佐查明見覆事行善總管札

同治四年六月十五日

札善總管。准署理吉林將軍皂〈保〉咨開：為咨查事。云云。為此合咨貴撫部院，查明見覆。等因。准此。兹特照抄原單札發。札到該總管，即行查明具禀，以憑咨覆。毋違。此札。

計粘單一紙。

札善總管。

同治四年六月十五日。軍務局承。

吉林將軍咨查馬山口保舉吉林各員城池旗佐查明見覆。

河南巡撫兼提督軍門吴。行。

監印官知縣用候補府經歷程汾［源］。

附録保單：吉林將軍保舉馬山口等處痛剿髪捻异常出力之吉林各員城池旗佐名單

同治四年六月十五日

計開：

驍騎校德馨、春愷，均擬請以防禦儘先補用。以上分帶勇隊，在馬山口、赤眉城等處，痛剿髪逆，殺賊數千名，擒斬要逆偽唐將軍唐姓及偽指揮劉得保、（為）［偽］檢點何子整等十餘名，并追賊出境，連戰八日，攀越險阻，奮不顧身，實為戰功最著，异常出力，理合登明。

藍翎佐領和色綳阿、常明，五品藍翎即補驍騎校富德，藍翎前鋒委防禦恩全，均擬請賞换花翎。藍翎即補防禦郭凌阿、花翎前鋒即補驍騎校來德，均擬請免補防禦驍騎校，以佐領儘先即補。披甲依爾根布、石頭，均擬請以驍騎校儘先即補。即補驍騎校巴彦格爾、七品頂戴隱恰布，均擬請賞戴藍翎。花翎防禦委參領雙玉，擬請以佐領遇缺儘先即補。花翎披甲委防禦富喜、藍翎前鋒即補驍騎校委防禦富春，均擬請以防禦儘先補用。披甲台斐圖、海全，均擬請以驍騎校儘先即補。披甲台斐阿、喜謙、德海、德興阿、色楞旺、楚克德、住爾，披甲委官額爾恒、額餘丁、郭三托、密善，均擬請賞戴藍翎。吉林三姓城正藍旗驍騎校委防禦喜慶，擬請以防禦儘先即補。花翎披甲委參領迪明阿，擬請以防禦儘先即補。藍翎儘先驍騎校常清，擬請以五品官儘先即補，先换頂戴。藍翎披甲委防禦博雲圖，擬請以驍騎校儘先即補。驍騎校惠常，擬請以守備留豫歸標儘先拔補。六品頂戴委筆帖式和切本、七品頂戴委領催文哲琿，均擬請賞戴藍翎。五品頂戴領催特興額，擬請以驍騎校儘先補用。六品頂戴馬甲富常、清吉，均擬請免補領催，以驍騎校儘先即補。世襲佐領委營總松忠、藍翎防禦委參領隆喜、五品頂戴藍翎披甲即補六品官委驍騎校博太，均擬請賞戴花翎。藍翎前鋒委參領悦松額，擬請以驍騎校即補，并賞换花翎。八品監生富爾遜布，擬請以驍騎校即補，并賞戴花翎。披甲委驍騎校格圖肯、奇珍，領催委參領博禄、領催委防禦永順、披甲奇克新，均擬請以驍騎校即補，并賞戴藍翎。前鋒委防禦賽春、前鋒委驍騎校桂聯、披甲黄德、藍翎披甲那凌阿，均擬請以驍騎校即補。以上均在馬山口邀擊髮逆獲勝，并追剿至板橋川、羊皮灘等處，擒斬要逆偽朝將邱姓、偽天將陳姓等三名，陣斃黄衣黄巾賊目多名，又掩擊敗匪於丹江，溺死悍賊無算，戰功最多，理合登明。

佐領銜即補防禦慶福，擬請賞戴花翎。藍翎委防禦領催常勝，擬請以驍騎校即補，并賞换花翎。領催委官爾恒額、領催委驍騎校富成，均擬請以驍騎校即補，并賞戴藍翎。以上均在馬山口、赤眉城、板橋川、羊皮灘、老鸛河等處，分股追剿，斬將搴旗，陣斃悍賊無算，并將分竄淅川北山一股三百餘人悉數殲除，异常出力，理合登明。

0466. 河南巡撫吴昌壽為飭令游擊吕振河赴大營當差事行該游擊等札

同治四年六月十五日

札游擊吕振河知悉。照得本部院大營營務殷繁，需員差遣。合行札委。札到該員，立即遵照，隨營當差，并照官階，給予薪水。自奉文之日為始，赴臺請領，以資辦公。務當奮勉圖功，無負委任。切切。此札

札游擊吕振河。

札　知悉。照得云前，需員差遣。除檄委游擊吕振河遵照，隨營當差，并照官階，給予薪水，自奉文之日為始，赴該糧臺請領，以資辦公外，合就札行。札到該　，即便知照。毋違。此札。

札糧臺。營務處。

同治四年六月十五日。

札游擊吕振河赴大營差遣。

河南巡撫兼提督軍門吴。行。

監印官知縣用候補府經歷程汾源。

0467. 總管善慶為報告所需馬鞍一百五十盤呈河南巡撫吴昌壽稟

同治四年六月十五日

敬稟者。竊以本職檄調來豫整頓兵馬，又奉接統色都統、永副將所帶馬隊，遵即點驗。查在確山、山東曲阜、曹州各處地方接仗遺失鞍馬，并轉戰殘傷，破敝不堪備用，逐一查明。現在整頓吃緊之時，昕夕籌維，整理齊楚，以備有警征調，得以各兵資用有裨。除將由軍裝局領出馬鞍五十盤，轡袋俱全，分別撥放無鞍兵丁承領去後。兹查現在除分放馬鞍五十盤不計外，尚需馬鞍一百五十盤。理合具稟。伏乞鑒核批示，飭局照發，以便遵領，實為公便。肅泐敬請勛安。伏維垂鑒。本職善慶謹稟。

同治四年六月十五日到。

同治四年六月十五日。

兵部侍郎河南巡撫部院兼提督軍門吴　批：

批：所需馬鞍一百五十盤，已札軍需局照發，仰即赴局領收可也。此繳。十八［日］。

六月廿日。

0468. 河南巡撫吴昌壽行移具奏捻逆由鹿柘竄至太康暫緩出省布置省防督飭各軍認真堵剿摺

同治四年六月十五日

札　。照得本部院於同治四年六月十四日，由驛具奏，捻逆失巢狂遁，竄至太康，張曜等軍旋師追擊，陳國瑞由北路截堵，布置省防，督飭各軍，緊躡兜剿一摺。除俟奉到諭旨，另行恭録札知、咨呈、移咨外，合先抄摺札行。咨呈。咨送。札到該　，即便會同兩司查照。毋違。此札。

計粘抄摺稿一紙。

軍需局
翼長張鎮。跟踪追剿。
營務處。
札南陽宋鎮。跟踪追剿。
河北總鎮。
河北道。嚴密設防。
河陝汝道。

為咨呈送事。竊照云前，合先抄摺咨呈送。為此咨呈合咨貴　，謹請煩查照施行。

計粘抄摺稿一紙。

一　咨　呈咨

欽差大臣節制三省兩江爵閣督部堂曾　派兵援剿。

欽差大臣湖廣爵閣督部堂官　嚴密防堵。

直隸總督部堂劉

欽差幫辦軍務記名提督軍門處州總鎮陳　摺中"國瑞"二字空格。

安徽巡撫部院喬　派兵援剿。

湖北巡撫部院鄭　嚴密防堵。

陝西巡撫部院劉　嚴密防堵。

山西巡撫部院沈　嚴密防堵。

記名提督軍門譚　跟踪追剿。"仁芳"二字空格。

署河東河道總督部堂張　嚴密防堵。

同治四年六月十五日。軍務局承。

具奏捻逆由鹿柘竄至太康臣暫緩出省布置省防督飭各軍認真堵剿一摺。

河南巡撫兼提督軍門吳。行。

監印官知縣用候補府經歷程汾源。

附録摺稿：河南巡撫吳昌壽具奏捻軍由鹿柘竄至太康暫緩出省布置省防督飭各軍認真堵剿摺

同治四年六月十四日

奏為捻逆失巢狂遁，竄至太康，張曜等軍旋師追擊，陳國瑞由北路截堵，臣布置省防，督飭各軍緊躡兜剿，恭摺具陳，仰乞聖鑒事。

竊臣昨將定期出省，并豫軍攻克張家花園賊巢，雉河解圍，匪踪分竄各情由，於初八日馳奏在案。查髮捻各股，此次回踞亳東，本圖復整舊巢，為負隅之計。以張家花園為西路關鍵，故於此處聚集匪徒，屯積糧食。而自十九里溝至余家樓一帶，八九十里中，所有圩寨無不意存反覆，從亂如歸。逆焰燎原，不可嚮邇。迨我軍屢戰獲勝，踏平數寨，餘皆畏懾聲威，紛紛效順。匪勢孤危，不能久踞，又自恃馬賊衆多，往來馳驟。自我軍步步為營，直至雉河解圍，該匪無所用其衝突，於是計窮思遁，間道偷越。

是時，我軍屢勝之後，業已深入皖境。一聞該匪分股出遁，張曜、宋慶等星夜旋軍，擬扼堵鹿、柘一路。乃該匪剽疾异常，初五日竄至商邱境内之烏墻集。該寨守禦甚力，賊遂折向西走。初七日，竄至柘城所轄之人和寨，百計攻撲。寨内防守嚴密，轟斃十餘賊。該匪遂直撲柘城縣城，周圍十數里間，盡係藍、白二旗。任柱、張總愚匪股，復有紅旗、花旗與之會合，圍撲城關。知縣恒志誓衆登陴，間出奇兵，頗有擒斬。適總兵張曜、参將蔣希夷帶隊趕至。該逆望見官兵，即向西南竄去。官兵緊躡跟追。初九日，提督譚仁芳由鹿、柘大路，横衝腰擊。時值秋禾遍野，四處皆有賊伏。因見我軍嚴整，未敢出犯，向南撤動。經譚仁芳馬隊追殺三四十名，餘匪遠逸。初十日，賊衆由太康縣屬之安平寨、馬厰、明光集等處，向正南、西南一帶紛竄，邊馬擾及睢州之河堤寨、孫居寨，忽南忽北，踪迹無定。

現據駐扎歸德之總兵陳國瑞函稱，該總兵於初七日賊入歸界，帶隊迎擊。賊聞風西折，竄往柘城。因張曜、宋慶由柘前進，該總兵十一日直抵睢州，截其北竄等情。又據獲賊供稱，賊擬西竄鞏、汜一帶，直撲潼關，圖竄三秦等語。賊情詭詐，西竄亦意中之事。此時黄河正交伏汛，倘賊竄近河干，尤多意外之慮。臣會商河臣張〈之萬〉，由臣札調北岸封邱境内龍門口駐防之歸德鎮兵千人，令參將崔廷桂帶赴南岸上南工次，嚴密設防，以資備禦。一面飛檄派守虎牢關之副將徐邦道督率所部川勇嚴扼關隘，河陜汝道督同所屬文武調集兵團，將各路山徑要隘嚴密布守，洛、黄渡船悉數提歸北岸，添派妥員，嚴查私渡。飛咨山陜撫臣，一律嚴防。一面檄令張曜等軍，由鹿、柘緊躡賊踪，相機繞擊，函商陳國瑞截賊北竄，咨請江、皖派兵援剿，以期就地殲除。惟刻下賊踪趨向靡定，豫省兵力盡於此數。倘賊西窺鞏、汜，則中牟、鄭州密邇省城，臣本擬初十日督師出省，而省防緊要，不得不留顧根本。當即覘賊所向，再圖策應。豫省四達平原，無險可扼。又賊騎我步，遲速懸殊。防剿兩端，均非眼前兵力所能勝任。臣惟有殫竭血誠，以期仰紓宵旰。

所有捻逆由鹿、柘竄至太康，臣暫緩出省布置省防，督飭張曜等軍認真堵剿各情由，謹恭摺由驛馳陳，伏乞皇太后、皇上聖鑒訓示。謹奏。

0469. 河南巡撫吴昌壽行移廷寄奉上諭喬松年具奏豫軍連破賊壘力解義門之圍并皖軍獲勝攻復江口集一摺

同治四年六月十五日

札　。照得本部院於同治四年六月十五日，承准軍機大臣字寄，同治四年六月十一日奉上諭一道。等因。承准此。除欽遵外，合就 相應 恭録 札行。咨呈。移咨。 札到該 局，翼長，處， 即便 會同兩司， 欽遵查照。毋違。此札。

計恭録上諭一道。

札 軍需局。翼長張鎮。營務處。

為恭録 咨呈 移咨 事。竊照云前，相應恭録 咨呈。移咨。 為此 咨呈 合咨 貴 大臣，幫辦，部院， 謹 請 煩 欽遵查照施行。

計恭録上諭一道。

一　咨　呈咨

欽差大臣節制三省軍務兩江爵閣督部堂曾

欽差幫辦軍務記名提督軍門處州總鎮陳

安徽巡撫部院喬

同治四年六月十五日。軍務局承。

奉上諭喬〈松年〉奏豫軍連破賊壘力解義門之圍并皖軍獲勝攻復江口集一摺。

河南巡撫兼提督軍門吴。行。

監印官知縣用候補府經歷程汾源。

附録上諭：廷寄奉上諭喬松年具奏豫軍連破賊壘力解義門之圍并皖軍獲勝攻復江口集一摺

同治四年六月十一日

軍機大臣字寄，欽差大臣協辦大學士兩江總督一等毅勇侯曾〈國藩〉、安徽巡撫喬〈松年〉、河南巡撫吴〈昌壽〉，同治四年六月十一日奉上諭：喬〈松年〉奏，豫軍連破賊壘，力解義門之圍，并皖軍獲勝，攻復江口集一摺。皖軍英翰等攻奪張窰。克蒙額等移營進扎雉營，亦出隊獲勝。朱淮森等攻克江口集。餘賊仍逃回雉河。所辦均尚得手。曾〈國藩〉已到臨淮，周盛波、劉銘傳已抵蒙、宿，該大臣飭由龍山、石弓山進取。著喬〈松年〉、吴〈昌壽〉督飭英翰、張曜等，會合淮軍，約期進攻。前諭曾〈國藩〉檄調山東馬隊到營，諒已調到。著即妥為布置，以便馳剿。賊衆一經擊敗，必圖分竄。潁、亳一帶，尚嫌空虚。必須預為部勒，使該逆進不可勝，退無所歸，自無難一鼓殄滅。義門解圍詳細情形，著吳〈昌壽〉查明具奏。將此由五百里各諭令知之。

欽此。遵旨寄信前來。

0470. 河南巡撫吳昌壽為調提督馬德昭來豫助剿事移山東巡撫閻敬銘及該提督咨文

同治四年六月十七日

為咨調事。竊照本部院前［奉同治四年］閏五月十九日上諭：馬德昭前已降旨交曾國〈藩〉調遣，即著該大臣飭令馬德昭，前赴吳昌〈壽〉軍營差遣委用。等因。欽此。當即恭録咨明欽差大臣兩江爵閣部堂曾〈國藩〉，請即欽遵查照，飭令馬軍門德昭迅速來營差遣去後。兹准曾大臣咨覆内開，馬德〈昭〉現尚未到本部堂大營。等因。准此。現聞馬軍門德昭在濟寧地方僑寓，相應咨調。為此合咨貴部院，請煩查明，轉飭迅赴本部院行營，以資臂助。望切施行。須至咨者。

一　　　咨

山東巡撫部院閻

為咨調事。竊照云前。等因。准此。現聞貴軍門在濟寧地方僑寓，相應咨調。為此合咨貴軍門，請煩查照，迅赴本部院行營，以資臂助。望切施行。須至咨者。

一　　　咨

提督軍門馬

同治四年六月十七日。

咨調馬軍門來豫助剿。

河南巡撫兼提督軍門吳。行。

監印官知縣用候補府經歷程汾源。

0471. 河南巡撫吳昌壽為請分兵來豫追剿髮捻事移兩江總督曾國藩咨文

同治四年六月十七日

為咨呈事。竊照皖省髮捻各逆，自本月初三日雉河解圍後，分股狂奔。其任柱、張總愚等股，由西北一路闌入豫疆，現已竄過柘城、太康、通許、扶溝、鄢陵、許州等處，盤旋於洧川、尉氏境内。屢獲賊探，該逆欲由鞏、洛竄赴三秦。其牛烙紅、賴汶洸等股，前由江口集向西南奔竄。昨據沈邱縣禀報，該逆由太和直逼沈境，於初十日竄至沙河以北，正欲南犯，因被兵、練扼擊，遂由槐店西趨等情。查豫省兵力較單，值此髮捻紛乘，殲除匪易。尚乞貴大臣分兵追剿，以期迅殄狂氛。除知會陳軍門，并飭張、宋二鎮、譚軍門、湯守等軍，分投迎剿外，相應咨呈貴大臣，謹請查照見覆，望速施行。

一　　　　　　　　咨　　　　　　　　呈

欽差大臣協辦大學士節制三省兩江總督部堂一等侯曾　六百里排單，外緘并發。

同治四年六月十七日。

咨呈欽差曾〈國藩〉分兵來豫追剿。

河南巡撫兼提督軍門吳。行。

監印官知縣用候補府經歷程汾源。

0472. 河南巡撫吳昌壽行移附奏遵旨酌留汴梁各局製造軍火匠役一片奉旨

同治四年六月十八日

札　。照得本部院於同治四年六月初八日附奏，遵旨酌留汴梁各局製造軍火匠役一片，業經抄片札知咨呈送在案。兹於六月十七日，承准軍機大臣奉旨：另有旨。欽此。同日，奉上諭：該撫所調諳練造炮之火器營空花翎永安等十一員名，并請留銅噴炮二尊，著即咨明玉亮辦理。將此由六百里諭令知之。欽此。等因。承准此。除祗遵外，合就相應恭録札行。咨呈。咨送。札到該　，即便會同兩司，欽遵查照。毋違。此札。

札軍需局。營務處。糧臺。

為恭録咨呈咨送事。竊照云前。相應恭録咨呈。送。為此咨呈合咨貴　，謹請煩欽遵查照施行。

一　　　　　　咨　　　　　　呈咨

欽差大臣節制三省兩江爵閣督部堂曾

兵部

滿洲火器營

鑲黄旗蒙古副都統斐凌阿巴圖魯玉

同治四年六月十八日。軍務局承。

附奏遵旨酌留汴梁各局製造軍火匠役一片奉旨。

河南巡撫兼提督軍門吴。行。

監印官知縣用候補府經歷程汾源。

0473. 河南巡撫吴昌壽為立備馬鞍一百五十盤交善總管收領事行軍需局札

同治四年六月十八日

札軍需局。據善總管稟稱，現在整頓吃緊之時，除分放馬鞍五十盤不計外，尚需馬鞍一百五十盤。等因。據此。除批准外，合行札飭。札到該局，立備馬鞍一百五十盤，交善總管收領。毋違。此札。

札軍需局。

同治四年六月十八日。

札軍需局立備馬鞍一百五十盤交善總管收領。

河南巡撫兼提督軍門吴。行。

監印官知縣用候補府經歷程汾源。

0474. 河南巡撫吴昌壽為轉發新定豫軍營規事行營務處札

同治四年六月十八日

札營務處。照得本部院新定豫軍營規十四條，已飭糧臺刊印多張，亟應轉發各營，俾資遵守。合行札發。札到該處，即將發去營規如數點收轉發，務當通飭各營，一體遵照。毋違。此札。

計發新定營規二百張。

札營務處。

陳鎮營内勿須轉發。

同治四年六月十八日。

札發營務處新定豫軍營規二百張。

河南巡撫兼提督軍門吴。行。

監印官知縣用候補府經歷程汾源。

0475. 河南巡撫吴昌壽為河内縣等會稟起解改造擡槍等件數目日期并請核示應造槍炮數目事行營務處札

同治四年六月二十日

札營務處。據候補知縣姚允寬與河内縣會稟：敬稟者。云云。俾有遵循。計呈清摺一扣等情。據此。除該員所稟，此外是否尚須製造擡槍等件，批令俟解營驗收後，再行飭知遵辦外，合行札飭。札到該處，於姚令解到擡槍等件，即行驗收稟覆。毋違。此札。

計抄發清摺一件。

札營務處。

同治四年六月二十日。軍務局承。

河内縣等會稟起解改造擡槍等件數目日期并請核示應造槍炮數目。

河南巡撫兼提督軍門吳。行。

監印官知縣用候補府經歷程汾源。

0476. 河南巡撫吳昌壽為候補知縣姚允寬稟奉委製造槍炮用過河内縣地丁銀兩數目日期事行布政司札

同治四年六月二十日

札布政司。據候補知縣姚允寬稟稱：敬稟者。云云。均經支發槍炮價值等情。據此。除飭姚令於槍炮造齊日核實報銷外，合就札行。札到該司，知照毋違。此札。

札布政司。

同治四年六月二十日。

候補［知］縣姚令稟奉委製造槍炮用過河内縣丁地銀兩數目日期。

河南巡撫兼提督軍門吳。行。

監印官知縣用候補府經歷程汾源。

0477. 河南巡撫吳昌壽行移附奏副將尹嘉賓及游擊金印緩俟軍務告竣分別給咨送部引見一片奉旨

同治四年六月二十一日

札布政司。照得本部院於同治四年閏五月二十八日附奏，請將信陽協副將尹嘉賓、光州營游擊金印，緩俟軍務告竣，分别給咨，赴部引見一片，業經抄片札知咨送在案。兹於六月二十日，承准軍機大臣奉旨：著照所請。兵部知道。欽此。合就相應恭録札行。移咨。札到該司，即便欽遵查照。毋違。此札。

札布政司。

為恭録移咨事。竊照云前，相應恭録移咨。為此合咨貴鎮，煩為轉飭欽遵查照施行。

一　　　　　咨

署理南陽總鎮趙

同治四年六月廿一日。兵房董詩雅承。

附奏信陽協副將尹嘉賓光州營游擊金印綬俟軍務告竣分別給咨送部引見一片奉旨。

河南巡撫兼提督軍門吴。行。

監印官知縣用候補府經歷程汾源。

0478. 河南巡撫吴昌壽札行候補知縣程壽祺等赴營務處當差

同治四年六月二十一日

札候補知縣程壽祺候補州同周鼎知悉。照得本部院大營營務殷繁，應添員差委。合行札委。札到該員，立即遵照，赴營務處當差，并照章給予薪水，按月赴臺請領，以資辦公。務宜勤慎當差，毋負委任。切切。此札。

札候補知縣程壽祺。候補州同周鼎。

札營務處糧臺知悉。照得云前，應添員差委。除札飭候補知縣程壽祺、候補州同周鼎，立即赴該營務處當差，并照章給予薪水，按月赴糧該臺請領外，合就札行。札到該處臺，即便知照。毋違。此札。

札營務處。糧臺。

同治四年六月二十一日。

札候補知縣程壽祺等赴營務處當差。

河南巡撫兼提督軍門吴。行。

監印官知縣用候補府經歷程汾源。

0479. 河南巡撫吴昌壽為迅飭春壽等所部馬隊來豫助剿事移安徽巡撫喬松年咨文

同治四年六月二十一日

為咨商事。竊照現在髮捻闌入豫疆，西南一帶，匪踪充斥。張鎮等自亳回軍後，緊躡跟追，小有斬獲。奈該逆异常剽疾，兜剿殊難。非有得力騎師，不足制賊死命。查春壽、烏爾圖［納］[①] 遜所部馬隊，前隨邸帥有年，頗稱精壯。貴省現已無賊，應請飭赴豫營，俾與張鎮等軍合力剿擊，以收聚殲之功。相應咨商貴部院，請煩查照，迅賜調派。望速施行。

一　　　　咨

安徽巡撫部院喬

六百里排單。外緘并發。

同治四年六月廿一日。

咨商安徽［巡］撫喬〈松年〉迅飭春壽等所部馬隊來豫助剿。

河南巡撫兼提督軍門吴。行。

監印官知縣用候補府經歷程汾源。

0480. 河南巡撫吴昌壽為飭令候補知縣黄鼎鎮赴營務處當差事行該候補知縣等札

同治四年六月二十二日

札同知銜候補知縣黄令鼎鎮知悉。照得本部院營務殷繁，須添員差委，以資臂助。合行札委。札到該令，立即遵照，赴營務處隨同尹道當差，并給予照章薪水，按月赴臺請領，藉資辦公。務宜勤慎當差，毋負委任。切切。此札。

札同知銜候補知縣黄令鼎鎮。

札　知悉。照得云前，以資臂助。除札飭同知銜候補知縣黄令鼎鎮，立即赴營務該處，隨同尹道當差，并給予照章薪水，按月赴該糧臺請領外，合就札行。札到，即便知照。毋違。此札。

札糧臺。布政司。營務處。

同治四年六月廿二日。

札飭候補知縣黄令鼎鎮赴營務處當差。

河南巡撫兼提督軍門吴。行。

監印官知縣用候補府經歷程汾源。

---

① 據《清代河南巡撫衙門檔案》軍務卷 0482、0494 號檔案。

0481. 河南巡撫吳昌壽為將前調南陽鎮馬步各兵一併撤回以顧本境事行該鎮等札

同治四年六月二十四日

札南陽鎮。照得本部院前調該鎮馬步各兵來省聽候調遣，嗣復行文將馬兵止調，步兵仍令遵札前來。頃據前路禀報，捻逆大股，業已竄至襄城，難保其不圖犯宛境。分布防守，在在須兵。所有前調該鎮步兵來省之處，亦應止調。合行札飭。札到該鎮，立將前調來省步兵四百名，無論行抵何處，與馬兵一併撤回，以顧本境。切切。此札。

札南陽鎮。

札都司白慶雲守備褚振逵知悉。照得本部院前調南鎮馬步各兵，云云。合行札飭。札到該都司等，立將前調來省步兵四百名，無論行抵何處，與所調馬步一併由該都司等督帶，馳回南鎮，以顧本境。除札南陽鎮外，切切此札。

札都司白慶雲。守備褚振逵。

用六百里在襄城一帶沿路探投。

同治四年六月廿四日。

札南鎮等將前調該鎮馬步各兵一併撤回以顧本境。

河南巡撫兼提督軍門吳。行。

監印官知縣用候補府經歷程汾源。

0482. 河南巡撫吳昌壽為飛飭各軍一併進剿并奉旨准將歸德及陳州所儲款項提用事移曾國藩咨文

同治四年六月二十四日

為恭録咨呈事。竊照本部院於本月二十二日，承准軍機大臣字寄，同治四年六月十八日奉上諭一道。等因。欽此。查任柱、張總愚等股，現竄及襄、郟，漸向西南，已飭譚、陳兩軍門、張、宋兩鎮等軍，分道緊躡。惟兵力尚嫌單薄，不能繞越兜圍。頃復據陳州各屬探稱，有續竄匪股，於十六七等日，由太和擾入淮寧、周口等處。豫省馬步盡數跟剿前股，特因陳州吃緊，改調陳鎮國瑞一軍，馳顧東陲。猶恐兵力稍單，不敷剿辦，本部院業已奏明，請敕史念祖等軍，即由陳州一路，探踪會剿。并以豫省曠野平原，非騎兵不足制賊死命，又經奏請將烏爾圖納遜、春壽所部馬隊來豫助剿。應請貴大臣查照，飛飭一併前進，即將續竄之股，迎頭截擊，以收聚殲之功。

再，刻下賊踪悉萃豫境，地方半被瘡痍，軍用因之愈增，餉源從而益絀。昨奉諭旨，准將陳州、歸德所儲款項提用十五萬兩。當經緘商貴大臣，并札飭歸德府查明稟覆在案。兹據該府覆稱，前存邸營餉銀二十萬兩，全數移去山東，此外并無儲款等語。是奉旨所提之十五萬兩，不得不仍於陳州款内取盈。務望貴大臣俯念豫省軍情需餉尤亟，統籌全局，如數允提，俾得士馬飽騰，早消氛祲。异日餉源稍裕，浥注有資，貴大臣所部扉屨芻糧，不妨由豫省隨時供億。相應咨呈，并恭録諭旨，謹請欽遵查照施行。

計恭録上諭一道。

一　　　　　　　　咨　　　　　　　　呈

欽差大臣節制三省協辦大學士兩江爵督部堂曾

六百里插羽。

同治四年六月廿四日。

咨呈欽差曾〈國藩〉飛飭各軍一併進剿并奉上諭准將歸陳所儲款項提用應俟豫省充裕再行酌撥。

河南巡撫兼提督軍門吴。行。

監印官知縣用候補府經歷程汾源。

（下殘）。

0483. 河南巡撫吴昌壽行移咨請陳國瑞尅日督帶所部前往陳州剿辦髮捻

同治四年六月二十四日

為飛咨事。照得本部院現據探稱，髮逆賴汶洸等股，盤踞陳州境内數日之久，尚未竄動，并聞有築圩滋擾之説。陳郡人心驚懼，岌岌可虞。必須重兵援剿，以期迅殄妖氛。相應飛咨貴幫辦，尅日督帶所部，前往陳州，相機剿辦。所有貴營餉項，已飛飭陳州府，就近撥解，以濟要需。并希查照，望速施行。

一　　　　　　　　咨

欽差幫辦記名提督軍門處州總鎮陳

送營務處派弁。外緘并發。

札張翼長。照得云前，以期迅殄妖氛。除飛咨陳幫辦督帶所部，前往陳州剿辦外，合就札行。札到該翼長，即便知照。毋違。此札。

札張翼長。六百里。

行營務處、軍需局知照。廿四。

同治四年六月廿四日

咨陳軍門剋日督帶所部前往陳州相機剿辦。

河南巡撫兼提督軍門吴。行。

監印官知縣用候補府經歷程汾源。

0484. 河南巡撫吴昌壽行移具奏捻軍由鹿柘竄至太康暫緩出省布置省防督飭各軍認真堵剿一摺奉旨

同治四年六月二十五日

札　。照得本部院於同治四年六月十四日，由驛具奏，捻逆失巢狂遁，竄至太康，張曜等軍旋師追擊，陳國瑞由北路截堵，布置省防，督飭各軍緊躡兜剿一摺，業經抄摺札知咨送在案。兹於六月二十二日，承准軍機大臣奉旨：另有旨。欽此。同日，奉上諭一道。等因。承准此。除祗遵外，合就相應恭録札行。移咨。札到該　，即便會同兩司，欽遵查照。毋違。此札。

計恭録上諭一道。

札　軍需局。
翼長張鎮。跟踪追剿。
營務處。
南陽宋鎮。
河北楊鎮。跟踪追剿。
河北道。
河陝汝道。嚴密設防。

為恭録移咨事。竊照云前，相應恭録移咨。為此合咨貴　，請煩欽遵查照施行。

計恭録上諭一道。

一　　　　　　咨

欽差大臣湖廣爵閣督部堂官　嚴密防堵。

直隸總督部堂劉

欽差幫辦軍務記名提督軍門處州總鎮陳

安徽巡撫部院喬　派兵援剿。

湖北巡撫部院鄭　嚴密防堵。

陝西巡撫部院劉　嚴密防堵。

護理山西巡撫部院王　嚴密防堵。

記名提督軍門譚　跟踪追剿。照會。

署河東河道總督部堂張 嚴密防堵。

同治四年六月二十五日。軍務局承。

具奏捻逆由鹿柘竄至太康臣暫緩出省布置省防督飭各軍認真堵剿一摺奉旨。

河南巡撫兼提督軍門吳。行。

監印官知縣用候補府經歷程汾源。

附録上諭：軍機大臣字寄河南巡撫吳昌壽等著嚴督各路兵勇截遏捻軍西竄秦晉之路

同治四年六月十八日

軍機大臣字寄，欽差大臣大學士湖廣總督一等果威伯官〈文〉、欽差大臣協辦大學士兩江總督一等毅勇侯曾〈國藩〉、安徽巡撫喬〈松年〉、河南巡撫吳〈昌壽〉、湖北巡撫鄭〈敦謹〉、陝西巡撫劉〈蓉〉，傳諭護理山西巡撫布政使王榕吉，同治四年六月十八日奉上諭：曾國藩、喬松年奏，雉河援軍大捷，立解重圍。吳昌壽奏，捻逆竄至太康，督飭各軍緊躡兜剿。各一摺。已明降諭旨，將解圍出力之布政使英翰等優加獎勵矣。

該逆失巢狂遁，剽疾异常。現在任柱、張總愚匪股，已由商邱、柘城，竄至太康縣屬之安平寨、馬厰、明光集等處，向正南、西南一帶紛竄，邊馬擾及睢州界内。是逆匪已繞出官軍之前，鋌而走險。且賊騎我步，遲速懸殊，剿辦殊形棘手。吳〈昌壽〉現檄張曜等軍，由鹿、柘緊躡賊踪，相機繞擊，令陳國瑞截賊北竄，而自留省垣，力顧根本。所籌均合機宜。即著督飭張曜等繞出賊前，迎頭攔擊，遏其西竄。黄河防守事宜，并著會同張之萬，妥籌兼顧，（勿少）［毋稍］疏虞。曾國藩所派追賊之張得勝、史念祖等軍，現在行抵何處？著即飛飭前進，會合豫軍，兩面夾擊。惟豫省四達平原，利用騎戰。曾國藩當添在營馬隊跟踪追剿，方不至著著落後。其牛烙紅等股，想尚屭集皖境。即著曾國藩、喬松年派兵剿洗，并於潁州等處，扼要嚴防，毋為賊所牽制。賊匪大股西竄，曾國藩擬仍駐扎徐州，恐於調度一切，鞭長莫及。應否相機前進之處，著斟酌辦理。軍情瞬息萬變，該大臣有節制三省之權，責無旁貸，想自能熟籌妥辦，仰副委任也。

賊供有欲西竄鞏、汜一帶，直撲潼關，圖竄三秦等語。豫省兵力無多，張曜等軍又成尾追之勢。(并)[若][①] 非重兵迎頭攔擊，則中原之禍，正未有艾。著官文、鄭敦謹迅速派撥勁兵，越境赴豫，截遏賊匪西竄之路。倘敢畛域攸分，致匪踪擾及秦晋，必唯官〈文〉等是問。虎牢關、老犍坡等處，為入陝要路。吳〈昌壽〉務當派撥兵勇，督飭鞏、汜地方官，聯絡紳團，嚴密扼防。并於陝州閿鄉一帶，節節設防，杜其竄秦之路。潼關陝省門户，著劉蓉趕緊派撥重兵，力籌防堵。并於商雒一帶，分兵扼守要隘，以防賊由旁路趨入武關。

至風陵、茅津渡一帶，為秦晋交界要隘，亦着劉蓉、王榕吉派兵嚴防，互相聯絡，毋令賊踪竄入。其澤、潞一帶，如風門坳等處隘口，均着王榕吉逐一嚴防，不得稍形鬆懈。晋省地方富庶，賊匪覬覦已久。王榕吉於地方軍務，責無旁貸，務宜慎益加慎，妥籌布置，以固疆圉。

曾國藩片奏，請將陳州存銀二十萬兩，分為四處勻濟等語。即著照所請行。惟前因河南餉需支絀，曾諭令於歸、陳兩處存餉内，提用銀十五萬兩。現在陳州存銀内僅分給河南五萬兩，尚恐不敷。即著曾國藩、吳〈昌壽〉查明歸德存銀尚有若干，儘數提歸豫省應用。

新放金州副都統安圖，著官文飭令該員即赴新任，勿稍躭延。曾國荃已簡授山西巡撫，曾國藩當囑該撫勉圖報效，作速赴任，勿以病辭。將此由六百里諭知官文、曾國藩、喬松年、吳〈昌壽〉、鄭敦謹、劉蓉，并傳諭王榕吉知之。

欽此。遵旨寄信前來。

0485. 河南巡撫吳昌壽為催飭劉軍門速赴豫省陳郡助剿事移曾國藩咨文

同治四年六月二十五日

為咨呈事。竊照本部院昨據陳州府等處探報：十九、二十兩日，賊首白旗牛烙紅、花旗賴汶洸、黑旗李允等股，仍踞淮寧之趙寨、馮塘、張家竹園一帶，均在沙河北岸。因連日大雨，河水漲發，并未竄動等語。本部院擬令陳鎮赴援，因據張鎮馳稟已派蔣希夷一軍回顧周口，前敵兵力，未便再分，已止陳鎮東行。而於省城新募之李世玉等勇隊抽撥二千人，并令馳往東路迎剿。頃准大咨，以陳郡空虚，擬調劉軍門銘字全軍，馳赴周家口駐扎。此軍素稱得力，足以保障東陲。具見貴大臣軫念豫疆，曷深忻感。惟豫軍兵力素單，陳郡待援甚急，務請貴大臣催飭劉軍門速赴陳州，乘該逆麕聚之時，與李副將等兩面夾擊，以免糾合前股，致患燎原。相應咨呈貴大臣，謹請查照施行。

---

① 據《穆宗毅皇帝實録》(四) 卷145，中華書局1987年版，第416頁。

一　　　　　　　咨　　　　　　　　　　　　呈

欽差大臣節制三省協辦大學士兩江總督部堂一等侯曾

六百里插羽。

同治四年六月廿五日。軍務局刑兵房承。

咨呈欽差曾〈國藩〉催飭劉軍門速赴豫省陳郡一帶助剿。

河南巡撫兼提督軍門吳。行。

監印官知縣用候補府經歷程汾源。

0486. 河南巡撫吳昌壽為咨陳軍門赴陳州相機剿辦髮捻并飭營務處查照事行營務處及軍需局札

同治四年六月二十五日

銷。

札營務處。軍需局。照得本部院現據探稱，髮逆賴汶洸等股，盤踞陳州境内數日之久，尚未竄動，并聞有築圩滋擾之説。陳郡人心驚懼，岌岌可虞。必須重兵援剿，以期迅殄妖氛。除咨陳幫辦督帶所部，前往陳州剿辦，并飭張翼長知照外，合就札行。札到該處局，即便查照。毋違。此札。

札營務處。軍需局。

同治四年六月廿五日。軍務局王本立承。

咨陳軍門赴陳州相機剿辦并飭營務處查照。

河南巡撫兼提督軍門吳。

0487. 河南巡撫吳昌壽行移附奏豫省軍營需用馬匹派弁赴口購買懇請敕部行文各關口免稅放行片

同治四年六月二十五日*

札　。照得本部院於同治四年六月二十五日，由驛附奏，豫省軍營需用馬匹，派弁赴口購買，懇請敕部行文各關口免稅放行一片。除俟奉到諭旨，另行恭録札知移咨外，合先抄片札行。咨送。札到該　，即便會同兩司查照。毋違。此札。

計粘抄片稿一紙。

札按察司。即便查照。軍需局。營務處。糧臺。

為咨送事。竊照云前，合先抄片咨送。為此合咨貴部堂，請煩查照，行文各關口免稅放行，俾期迅速施行。

計粘抄片稿一紙。

一咨

兵部

直隸總督部堂

附録片稿：河南巡撫吴昌壽附奏豫省軍營需用馬匹派弁赴口購買懇請敕部行文各關口免稅放行片

同治四年六月二十五日

再，豫省歷年調赴軍營之滿、緑馬兵，經年轉戰，馬匹倒斃甚多，亟須采買添補，以利馳剿。查同治元年，前撫臣鄭〈元善〉任内曾派都司杜芸馳赴張家口、古北口一帶，購買戰馬一千匹來豫有案。刻當進剿吃緊，擬由臣籌銀一萬兩，派令該都司杜芸携赴張家口、古北口一帶，采買膘壯戰馬一千匹，迅速來豫，以便分給無馬官兵應用，以利攻剿。查軍營需用馬匹，歷經奏明免稅。此次豫省采買戰馬，係為剿匪急需之用，理合循案籲懇敕部行文各關口，俟此項采買馬匹分起到日，即行免稅放行，以期迅速。

除分咨查照，并札飭都司杜芸迅即起程外，謹附片具陳，伏乞聖鑒。謹奏。

0488. 河南巡撫吴昌壽為髮捻擾及淮寧等處并各地防守布置情形事行布政司等札

同治四年六月二十六日

札　。照得本部院昨因叠據陳州府、縣來禀，髮捻大股麕聚淮寧境内，當即飛咨處州陳鎮前往援剿在案。嗣據張鎮馳禀，已派蔣希夷一軍，回顧周口。前敵兵力未便再分，已止陳鎮東行。而於新募之李世玉、李承先、賈文田等勇隊，抽撥二千人，馳往東路迎剿。頃准欽差大臣曾〈國藩〉來咨，以陳郡空虚，擬調劉軍門銘字全軍，馳赴周口駐扎。等因。除咨覆欽差大臣曾〈國藩〉，催飭劉軍門迅速赴陳，與李世玉等會合夾擊外，合就札行。札到該　，即便知照。毋違。此札。

札軍需局。布政司。糧臺。

同治四年六月廿六日。

逆捻現擾淮寧等處將布置情形札飭司局等知照。

河南巡撫兼提督軍門吴。行。

監印官知縣用候補府經歷程汾源。

0489. 河南巡撫吴昌壽行移附奏請將善慶開復原參處分賞還頭品頂戴仍以副都統記名簡放片

同治四年六月二十七日

札　。照得本部院於同治四年六月二十五日，由驛附奏，請將副都統銜雙城堡總管善慶開復原參處分，賞還頭品頂戴，仍以副都統記名簡放一片。除俟奉到諭旨，另行恭録札知移咨外，合先抄片札行咨送。札到　，即便會同兩司查知照。毋違。此札。

計粘抄片稿一紙。

札軍需局。營務處。善總管。

為咨送事。竊照云前，合先抄片咨送。為此合咨貴部，將軍，請煩查照施行。

計粘抄片稿一紙。

一咨

兵部

吉林將軍

黑龍江將軍

同治四年六月廿七日。軍務局王本立承。

附奏請將副都統銜雙城堡總管善慶開復原參處分賞還頭品頂戴仍以副都統記名簡放一片。

河南巡撫兼提督軍門吴。行。

監印官知縣用候補府經歷程汾源。

附録片稿：河南巡撫吴昌壽附奏請將善慶開復原參處分賞還頭品頂戴仍以副都統記名簡放片

同治四年六月二十五日

再，副都統銜雙城堡總管善慶，於未補總管之前，經僧〈格林沁〉派令管帶吉林、黑龍江馬隊。因所部官兵技藝生疏，馬匹亦多疲瘦，當經奏參，將黑龍江副管善慶，革去頭品頂戴記名副都統，仍留副管，以示薄懲，并仍留軍營，以觀後效在案。

茲查善慶自被參以後，深知愧奮。屢次打仗，輒能奮勇。所部營務，亦多整飭。臣到豫後，派令操練馬隊，頗著勤勞。現因馬隊不敷，請旨派赴吉林、黑龍江，會同該將軍等，挑選精壯官兵并大凌河馬匹來豫助剿。正當用人之際，且其歷次戰功，不無微勞足録，可否將副都統銜雙城堡總管善慶，開復原參處分，賞還頭品頂戴，仍以副都統記名簡放，出自天恩。

臣為鼓勵人才起見，是否有當，謹附片具奏。

0490. 河南巡撫吳昌壽行移具奏賊勢趨重豫疆請以善慶前赴吉林黑龍江挑選勁旅并請大凌河馬匹摺

同治四年六月二十七日

札　。照得本部院於同治四年六月二十五日，由驛具奏，賊勢趨重豫疆，通籌全局，請以雙城堡總管善慶前赴吉林、黑龍江，會同該將軍，挑選勁旅，并請大凌河馬匹緣由一摺。除俟奉到諭旨，另行恭録札知/咨呈/移咨外，合先/相應抄摺札行。/咨送。札到該　，即便會同兩司查照。毋違。此札。

計粘抄摺稿一紙。

札軍需局。/營務處。/糧臺。

為咨呈/送事。竊照云前，相應抄摺咨呈。/送。為此咨呈/合咨貴　，謹請煩查照施行。

計粘抄摺稿一紙。

一　咨　呈/咨

欽差大臣協辦大學士節制三省兩江總督部堂一等侯曾

兵部

吉林將軍

黑龍江將軍

同治四年六月廿七日。軍務局承。

具奏賊勢趨重豫疆通籌全局請以善總管前赴吉林黑龍江會同該將軍挑選勁旅并請大凌河馬匹一摺。

河南巡撫兼提督軍門吳。行。

監印官知縣用候補府經歷程汾源。

附録摺稿：河南巡撫吳昌壽具奏賊勢趨重豫疆請以善慶前赴吉林黑龍江挑選勁旅并請大凌河馬匹摺

同治四年六月二十五日

奏為賊勢趨重豫疆，通籌全局，非添調得力馬隊，不足以資追剿，請旨准令副都統銜雙城堡總管善慶前赴吉林、黑龍江，會同該將軍等，挑選勁旅，配齊軍械、馬鞍，并敕撥大凌河馬匹，以資乘騎，恭摺具陳，仰祈聖鑒事。

竊維用兵之道，在於以我之長，制彼之短。捻匪馬賊，動以萬計，風馳雨驟，迅厲無前。官兵儘力追抄，每落賊後。即如本年科爾沁親王僧〈格林沁〉確山之戰，將步賊誅戮殆盡，而馬賊奪路狂奔，蔓延山左，灰燼復燃，以致重臣星殞。夫以僧軍馬隊之强，特因追賊太猛，猶不免於挫失，況以步隊與賊相逐，即使仰仗國威，軍士用命，戰勝之後，賊必遠颺。百里之外，便非步隊力所能及。豫省平原曠野，無山溪阻遏。迨官兵百舍重繭，而賊之馬力有餘，反據以逸待勞之勢。燎原之火，撲滅無期。此臣日夜傍徨，難安寢饋者也。

豫省自二年奉旨賞發吉林、黑龍江餘丁千名到營以來，飭令副都統色爾固善、總管善慶等帶赴前敵。由豫而楚，由楚而齊，奔馳數省，傷亡疫癘，所存官兵僅四百餘名，馬匹尚不足此數。豫省三鎮馬兵，因積年欠餉之故，缺馬甚多，兵丁亦形疲弱，非認真整頓，不堪徵調。此外僅有馬勇千名，而槍箭皆非所習。前由將軍國〈瑞〉撥來之副都統托倫布、富森保等，皆已遵旨飭赴兩江督臣曾〈國藩〉軍營調遣。方今賊勢蔓擾襄、葉之交，陳國瑞、張曜等軍，自亳、宋撤回追賊。所爭百餘里，而至今為賊阻隔，則馬步不及，已有明驗。賊此次覬奪雉河，以為隅負。既經皖、豫官兵驅之使出，兩江督臣曾〈國藩〉大兵但在皖境，賊更無回巢之望，非久（距）［踞］於豫，即由豫而入鄰省。賊在豫境，臣之責無可辭；賊出豫境，臣之責亦無可卸。晝夜思維，非操必勝之謀，斷不能為自强之計。

查副都統銜雙城堡總管善慶，久經行陣，驍勇絶倫，到豫以來，戰功屢著。臣每詢以三省官兵强弱之勢，據云餘丁未經操練，不如兵丁之得力。而委營總等官，尤不如實缺人員之得力。可否請旨准令該總管前赴吉林、黑龍江，會同該將軍等，挑選精壯兵丁二千名，配齊槍箭、馬鞍，遴派實缺營總等員管帶，隨同善慶來豫。并請敕撥大凌河馬千匹，俟此次官兵行抵該處，配給乘騎。其不足馬匹，由臣籌款派員，出口購買。臣非不知三省官兵為國家邊防重鎮，頻年調發，精鋭耗於遠征。臣何敢冒昧瀆請？惟念捻匪一日不滅，則疆圉一日不安，宵旰憂勤，何由暫釋？與其師久而無功，不若一勞而永逸。一得之愚，如有可采，伏乞天恩俯允，迅賜施行。

所有賊勢趨重豫疆，通籌全局，請以雙城堡總管善慶前赴吉林、黑龍江，會同該將軍，挑選勁旅，并請大凌河馬匹緣由，謹恭摺由驛馳陳，伏乞皇太后、皇上聖鑒訓示。謹奏。

0491. 河南巡撫吴昌壽行移附奏酌留邸營管帶炮位之官兵鍾澐等在豫差遣以資熟手片

同治四年六月二十七日

札　。照得本部院於同治四年六月二十五日，由驛附奏，酌留邸營管帶炮位之官兵鍾澐等在豫差遣，以資熟手一片。除俟奉到諭旨，另行恭録札知移咨外，合先抄片札行。咨送。札到該　，即便會同兩司查照。毋違。此札。

計粘抄片稿一紙。

札軍需局。營務處。糧臺。

為咨送事。竊照云前，合先抄片咨送。為此合咨貴　，請煩查照施行。

計粘抄片稿并官兵旗佐花名清單一紙。

一咨

兵部

滿洲火器營

正白旗漢軍副都統明

同治四年六月廿七日。軍務局承。

附奏酌留邸營管帶炮位之官兵鍾澐等在豫差遣以資熟手一片。

河南巡撫兼提督軍門吴。行。

監印官知縣用候補府經歷程汾源。

附録片稿：河南巡撫吴昌壽附奏酌留邸營管帶炮位之官兵鍾澐等在豫差遣以資熟手片

同治四年六月二十五日

再，臣前留僧營汴梁炮局大銅噴炮二尊，并監造軍火之内火器營官兵空花翎永恒等十一員名，業經附奏在案。嗣因臣營無管帶炮位之人，咨商正白旗漢軍副都統明春，將向在僧〈格林沁〉軍營管帶炮位之副都統銜鑾儀衛冠軍使鍾澐、内火器營鳥槍護軍正參領伊克坦二員，暫留河南軍營，仍酌撥得力炮兵二十名，以資熟手。玆准明〈春〉飭令鍾澐、伊克坦二員，赴臣營差遣，并由外火器營挑出兵丁二十名，咨送前來。臣另留小銅噴炮二尊，并前次所留之大銅噴炮二尊，均飭鍾澐等驗收，妥為管帶。

除由臣咨明兵部暨内外火器營查照外，理合附片具陳，伏乞聖鑒。謹奏。

附録清單：由内外火器營挑出官兵旗佐花名清單

同治四年六月二十五日

計開：

正黄旗滿洲固山崇年佐領下正鳥槍護軍參領伊克坦、補内火器營正藍旗蒙古固山吉亮佐領下鳥槍護軍校莫爾根保、由正紅旗滿洲固山廣慶佐領補厢黄旗滿洲固山恩榮佐領下鳥槍藍翎長額外護軍校烏勒熙崇武、厢黄旗滿洲固山景昌佐領下額外藍翎長鳥槍護軍富祥、由正黄旗滿洲固山勒福佐領補厢紅旗滿洲固山伊精阿佐領下鳥槍藍翎長扎拉罕、正黄旗滿洲固山松貴佐領下額外藍翎長鳥槍護軍立全、正黄旗滿洲固山松恒佐領下額外藍翎長鳥槍護軍商安布、正黄旗滿洲固山穆禄佐領下額外藍翎長鳥槍護軍郭拉明阿、正黄旗滿洲固山貴文佐領下額外藍翎長鳥槍護軍成禄、厢黄旗滿洲固山崇壽佐領下鳥槍護軍文玉、厢黄旗滿洲固山德元佐領下鳥槍護軍德海、正白旗滿洲固山瑞吉佐領下鳥槍護軍祥瑞、正白旗蒙古固山祥章佐領下鳥槍護軍松平、厢紅旗滿洲固山商阿布佐領下鳥槍護軍富貴、厢紅旗蒙古固山安慶佐領下鳥槍護軍隆春、正藍旗滿洲固山德瑞佐領下鳥槍護軍德隆、正藍旗滿洲固山連叙佐領下鳥槍護軍富壽、正藍旗蒙古固山丹津扎布佐領下鳥槍護軍松凌、厢藍旗滿洲固山俊林佐領下鳥槍護軍賽沙布、厢藍旗蒙古固山文英佐領下鳥槍護軍隆恒、厢藍旗蒙古固山存保佐領下鳥槍護軍烏林泰。

0492. 河南巡撫吳昌壽為附奏請將善慶總管開復原參處分一片奉旨事移雙城堡總管等咨文

同治四年七月初六日

為照會咨送事。照得本部院於六月二十五日附片具奏，請將貴總管雙城堡總管善慶開復原參處分，賞還頭品頂戴，仍以副都統記名簡放，當經抄稿照會咨送在案。玆於本月初五日，准兵部火票，遞回原摺，奉旨：另有旨。欽此。同日，承准軍機大臣字寄，同治四年六月二十九日内閣奉上諭一道。等因。欽此。相應恭録照會。咨送。為此照會合咨貴總管，部，將軍，請煩欽遵查照施行。

計恭録上諭一道。

一　照　會咨

雙城堡總管善

兵部

吉林將軍

黑龍江將軍

同治四年七月初六日。

附奏請將善總管開復原參處分各緣由一片奉旨。

河南巡撫兼提督軍門吴。行。

監印官知縣用候補府經歷程汾源。

附録上諭：内閣奉上諭著開復善慶原參處分

同治四年六月二十九日

同治四年六月二十九日内閣奉上諭：吴〈昌壽〉奏，請開復總管原參處分等語。副都統銜雙城堡總管善慶，前因所部馬隊技藝生疏，經僧〈格林沁〉奏參，革去頭品頂戴、記名副都統。該員被參後整飭營務，操練勤能，打仗奮勇。善慶著開復原參處分，賞還頭品頂戴，仍以副都統記名簡放。該衙門知道。

欽此。

0493. 河南巡撫吴昌壽行移附奏豫省軍營需用馬匹派弁赴口購買懇請敕部行文各關口免税放行一片奉旨

同治四年七月初五日*

札　。照得本部院於同治四年六月二十五日，由驛附奏，豫省軍營需用馬匹，派弁赴口購買，懇請敕部行文各關口免税放行一片，業經抄片札知咨送在案。兹於七月初五日，在尉氏縣營次，承准軍機大臣奉旨：著照所請。該部知道。欽此。合就相應恭録札行。咨送。札到該　，即便會同布政司查照。毋違。此札。

札軍需局、營務處。按察司、糧臺。

為恭録咨送事。竊照云前，相應恭録咨送。為此合咨貴部堂，請煩欽遵查照，行文各關口免税放行，俾期迅速。望切施行。

一咨

兵部

直隸總督部堂

0494. 河南巡撫吴昌壽為請曾國藩迅催春壽等來豫助勦并撥用陳州儲款移該總督咨文

同治四年七月初六日

為恭録咨呈事。竊照本部院於本月初五日，承准軍機大臣字寄，同治四年六月二十九日内閣奉上諭一道。等因。欽此。

副都統托倫布、富森保等馬隊，前經遵旨咨送貴大臣行營差遣。昨准大咨，知復經官爵閣部堂奏調，回鄂整頓。

查此起馬隊，屢次私逃。整頓既費周章，往返尤需時日。恃此追勦，得力殊難。擬請貴大臣俯賜查照，不必令其來豫，迅催春壽、烏尔圖納遜趕速來豫助勦。望切禱切。

至陳州儲款，本部院以五萬兩不敷周轉，當經奏請即於此款内撥用十五萬兩，以利師行。事處萬窘之秋，此舉亦良非得已。惟望貴大臣俯念豫事迫切，待餉情殷，如數允提，尤所感激。相應恭録諭旨，并抄録片稿咨送。為此合咨呈貴大臣，謹請欽遵查照施行。

計恭録上諭一道，片稿一紙。

一　　　　　　　　　　咨　　　　　　　　　　呈

欽差大臣節制三省協辦大學士兩江總督部堂一等侯曾

同治四年七月初六日。

咨呈欽差曾〈國藩〉迅催春壽等來豫［助］勦并撥用陳州儲款各緣由。

河南巡撫兼提督軍門吴。行。

監印官知縣用候補府經歷程汾源。

附録上諭：軍機大臣字寄著於陳州儲款内撥銀十五萬兩接濟豫餉

同治四年六月二十九日

已抄。

軍機大臣字寄，同治四年六月二十九日奉上諭：吴〈昌壽〉奏，捻匪竄至許州，西趨襄、郏，追剿情形，請飭善慶赴吉林等處挑選馬隊，提用陳州餉銀，開復善慶處分各摺片。所請於陳州款内提用銀十五萬兩之處，現在賊勢趨重，該處軍餉較他省需用尤急，着曾〈國藩〉即行如數撥給，俾無缺乏。將此由六百里諭知官〈文〉、曾〈國藩〉、喬〈松年〉知之。

欽此。遵旨寄信前來。

附録片稿：河南巡撫吳昌壽附奏請飭曾國藩在陳州儲款内提用十五萬兩接濟豫餉片

同治四年六月二十五日

已抄。

再，臣前奉上諭：豫省應用餉項，著於存歸德、陳州兩處餘款各二十萬兩，查明已動用若干，餘著曾〈國藩〉、吳〈昌壽〉將此款提用十五萬兩，接濟豫餉。等因。欽此。又，欽奉六月十八日上諭：曾〈國藩〉奏，請將陳州存銀二十萬兩分為四處，即著照所請行。惟前因河南餉需支絀，曾諭令於歸、陳兩處存餉内，提用十五萬兩。現在陳州存銀，僅分給河南五萬兩，尚恐不敷。即著曾〈國藩〉、吳〈昌壽〉查明歸德存銀尚有若干，儘數提歸豫省應用。等因。欽此。仰見宸慮精詳，無微不至，跪誦之下，感激難名。

惟頃據歸德府稟稱，該府前存之僧〈格林沁〉營軍餉二十萬兩，已全數移解山東糧臺，此外别無存款等語。伏查刻下賊踪盡趨豫境，遍地瘡痍，餉源愈絀。當此各軍追剿吃緊之際，更須源源接濟，以期士馬飽騰。待餉迫切情形，實有倍於江、皖兩省。現歸德既查明并無存款可提，而應分之五萬兩又復難資周轉。惟有仰懇天恩，敕下曾〈國藩〉，即在陳州款内，准臣提用十五萬兩，俾免各軍枵腹，致誤戎機。

除由臣咨明曾〈國藩〉外，理合附片具陳，伏乞聖鑒訓示。謹奏。

0495. 河南巡撫吳昌壽行移具奏豫省兩路官軍擊賊獲勝現由尉氏赴許嚴飭各軍進剿摺

同治四年七月初六日*

此次所奏，奉來廷寄。與刑房同稿。抄過。

札　。照得本部院於同治四年七月初六日，在尉氏縣營次，由驛具奏，豫省兩路官軍擊賊獲勝，於初一日出省，現由尉氏拔營赴許，就近嚴飭各軍認真進剿一摺。除俟奉到諭旨，另行恭録札知咨呈移咨外，合先抄摺札行。咨呈。咨送。札到該　，即便會同兩司查照。毋違。此札。

計粘抄摺稿一紙。

札 軍需局。營務處。翼長張鎮。南陽宋鎮。河北楊鎮。河北道。南汝光道。河陝汝道。

為咨呈送事。竊照云前，合先抄摺咨呈送。為此咨呈合咨貴　，謹請煩查照施行。

計粘抄摺稿一紙。

一　咨　呈咨

欽差大臣節制三省協辦大學士兩江總督部堂一等侯曾 湖廣爵閣督部堂官

欽差幫辦軍務記名提督軍門處州總鎮陳

直隸總督部堂劉

陝西巡撫部院劉

護理山西巡撫部院王

記名提督軍門譚

安徽巡撫部院喬

山東巡撫部院閻

湖北巡撫部院鄭

總河部堂張

附録摺稿：河南巡撫吴昌壽具奏豫省兩路官軍擊賊獲勝現由尉氏赴許嚴飭各軍進剿摺

同治四年七月初六日

奏為豫省兩路官軍擊賊獲勝，臣於初一日出省，現由尉氏拔營赴許，就近嚴飭各軍認真進剿，恭摺奏祈聖鑒事。

竊臣前將賊竄西南，張曜等在朱曲獲勝，并添撥兵勇，嚴防河洛，又派馬步馳赴陳州，剿辦另股竄匪各緣由，於六月二十五日馳奏在案。查髮捻賴汶洸、牛洛洪等，竄入淮寧境内，由趙寨至馮塘、郭埠、新站一帶，遍地賊踪。迭次攻撲城關，勢甚猖獗。經陳州府知府劉拱辰督同署淮寧縣知縣葛慶桂，率帶練勇，不分晝夜，防守城池，并設法援應四鄉寨圩，稍資鎮撫。

郡西周家口，商賈匯集之所。該匪素所垂涎，乃於六月二十五日三更，率股西趨。適副將蔣希夷帶隊趕至周口，聞賊馬突來，立時出隊，生擒長髮老賊張百林、牛柱二名。餘馬奔散。蔣希夷即在高莊扎營。正築壘間，賊之馬步大股齊至，旋繞三面。我軍以少遏衆，危險非常。蔣希夷揮令壯勇拚死前進，刀矛相接，槍炮齊施，無不以一當十。都司蔣廣濟、胡詩，解衣搏戰，殺賊尤多。該處辦團都司趙鵬飛、首事李慶雲等，率領練丁，齊心助戰。居民鋪户人等，排列南岸，吶喊放槍，遥為聲勢，使賊不能抄出我軍之後。鏖戰六時之久，陣斃悍賊甚多。該匪立脚不住，潰敗狂奔。我軍分途追殺二百餘名，生擒七名，奪獲賊馬四匹，大小旗三十二面，洋炮六根，刀矛一百餘件。追奔十餘里，天晚收隊。查點勇丁，傷亡者二十餘名。

該匪既經懲創，又聞李世玉馬步等軍將到陳州，遂連夜狂奔，竄至西華。經知縣徐炳督勇開炮，轟斃馬賊十餘名、步賊多名。該逆潰退。追殺十餘名，生擒一名。賊乃紛竄扶溝、臨（穎）［潁］及許州屬之秋湖、栗園一帶，邊馬四出。七月初一日，竄至郾城。時總兵陳國瑞駐扎該處，前一日已令營官范承先等帶領大隊向東迎剿，沿途僅遇零星賊馬，不期賊衆掩至城外。陳國瑞一面飛調大隊折回，一面飭令小隊二百人銜枚疾走，乘夜劫營。該匪猝不及防，被殺一百餘名，生擒十餘名，奪獲騾馬十餘匹。天明，大隊亦至。追至距城十餘里新店集東，該匪列陣拚拒。我軍鼓勇争先，槍炮雨發。匪衆捨身前撲，短兵相接。鏖戰良久，我軍勇氣倍增，殺斃甚夥。賊始披靡狂奔，鳧河而遁。我軍隔河轟擊，復斃多賊。現在陳郡所屬已無賊踪，察探賊之所向，盡由舞陽西去，勢將與前股勾合。此官軍剿辦後股髮捻之實在情形也。

其前股捻匪張總愚等，經總兵張曜等於六月十七日，由許州向南追剿。賊聞大兵將至，即由許州之小繁城，連夜奔往襄城、郟縣，旋至寶豐。六月十九日，攻撲城池。經知縣張書紳率領兵役、鄉團縋城而下，轟斃執旗馬賊一名，步賊數名，奪獲器械數十件。該匪遂竄魯山，直撲東、南兩關。知縣胡廷楨登城守禦，轟斃逆黨甚多。賊向西南奔竄。因聞譚仁芳之軍已至汝州，河洛無所覬覦，遂竄踞南、裕交界之横山、神林、大店一帶，分股出擾。張曜等晝夜窮追，六月二十五六等日，由葉縣入山，取道常村，滾扎孤石灘，距横山賊營僅二十里。二十七日黎明，派令副將程之偉督帶各起馬隊出擊，張曜等親率步隊應之，與賊營對峙山岡。賊出隊來犯，甫至山麓，我軍馬隊從高壓下，步隊循山包抄。賊勢不支，披靡敗走。斬馘數十名，生擒十七名，奪獲旗幟百餘件。遥覷横山寨内賊旗擁出，我軍暫行收隊。是夜，張曜傳令三軍蓐食。三更，以知府湯聘珍、總兵保英兩軍由大路為正兵，以宋慶由青山繞出賊後為奇兵，直趨横山，向前進剿。參將李寶林、守備鄧林豐，奮勇先登，守賊驚惶無措。我軍揮刃斬馘十餘名，賊嘩潰紛紛，越寨逃走。外截内搜，斬殺甚夥，立將横山克復，奪獲器械及芻糧等件，不可數計。横山之旁賊占十餘村莊，同時掃蕩。而神林、大店之匪，亦聞風南遁。查横山、神林、大店等處，東與裕、葉接壤，北近寶、魯，南入南召，其中糧穀甚多，又山徑叢雜。若令該匪久踞，四圍皆險，驅逐為難。幸張曜等軍出奇制勝，奪回要隘，未成負隅之勢。現飭該總兵等緊躡兜追，勿令回竄西北。此官軍追擊前股捻匪之實在情形也。

先是，臣在省垣，將防守事宜布置粗定。計陳州之賊，一見官兵，必圖紛竄。正南、西南各路，均有官兵邀截。而陳州西北尉氏、長葛、新鄭、中牟門户洞開，恐其乘虚而入，則省防、河防皆將吃重。惟有親自出省，擇要扎營，以張聲勢。遂於七月初一日，親率隨身兵勇出省。初二日，暫駐尉氏，遠近賴以鎮定。一面飛飭張曜、蔣希夷等分投追剿，陳國瑞扼要截剿外，臣即日拔營前赴許州，居中調度。

所有豫省兩路官軍擊賊獲勝，臣現由尉氏拔營赴許，就近嚴飭各軍認真進剿各緣由，謹繕摺馳陳，伏乞皇太后、皇上聖鑒訓示。謹奏。

0496. 河南巡撫吳昌壽為請安徽巡撫喬松年迅催春壽等兩起馬隊來豫助剿事移該巡撫咨文

同治四年七月初六日

為恭録咨送事。照得本部院於本月初五日，承准軍機大臣字寄，同治四年六月二十九日内閣奉上諭一道。等因。欽此。寄信前來。承准此。相應恭録咨送貴部院，請煩欽遵查照，迅催春壽及烏尔圖納遜兩起馬隊，趕速來豫助剿。望速切速施行。

計恭録上諭一道。

一　　　　咨

安徽巡撫部院喬

同治四年七月初六日。

咨安徽巡撫迅催春壽等兩起馬隊來豫助剿。

河南巡撫兼提督軍門吳。行。

監印官知縣用候補府經歷程汾源。

附録上論：軍機大臣字寄兩江總督曾國藩等著飭派春壽等馬隊赴豫助剿

同治四年六月二十九日

軍機大臣字寄，同治四年六月二十九日奉上諭：吳〈昌壽〉奏，捻匪竄至許州，西趨襄、郟，追剿情形，請飭善慶赴吉林等處挑選馬隊，提用陳州餉銀，開復善慶處分各摺片。并着曾〈國藩〉添派官軍，并飭副都統托倫布、富森保等馬隊，星馳前赴吳〈昌壽〉軍營，聽候調遣。其春壽及烏［尒］[①] 圖納遜兩起馬隊，亦着曾〈國藩〉、喬〈松年〉速飭赴豫助剿，勿稍遲緩。將此由六百里諭知官〈文〉、曾〈國藩〉、喬〈松年〉知之。

欽此。遵旨寄信前來。

0497. 河南巡撫吳昌壽行移具奏賊勢趨重豫疆通籌全局請以善慶前赴吉林黑龍江挑選勁旅一摺奉旨

同治四年七月初七日

札　。照得本部院於同治四年六月二十五日，由驛具奏，賊勢趨重豫疆，通籌全局，請以雙城堡總管善慶前赴吉林、黑龍江，會同該將軍，挑選勁旅，并請大淩河馬匹緣由一摺。又附奏，請將副都統銜雙城堡總管善慶開復原參處分，賞還頭品頂戴，仍以副都統記名簡放一片。業經抄稿札知咨送在案。兹於七月初五日，在尉氏縣營次，承准軍機大臣奉旨：另有旨。欽此。同日，奉上諭一道。各等因。承准此。除祇遵外，合就相應恭録札行。咨送。札到該　，即便會同兩司，欽遵查照。毋違。此札。

計恭録上諭一道。

札軍需局。
營務處。
糧臺。

為恭録咨送事。竊照云前，相應恭録咨送。為此合咨貴部，將軍，請煩欽遵查照施行。

計恭録上諭一道。

一咨

兵部

吉林將軍

黑龍江將軍

---

① 據《穆宗毅皇帝實録》（四）卷146，中華書局1987年版，第431頁。

同治四年七月初七日。軍務局承。

具奏賊勢趨重豫疆通籌全局請以善總管前赴吉林黑龍江挑選勁旅各緣由奉旨。

河南巡撫兼提督軍門吳。行。

監印官知縣用候補府經歷程汾源。

附録廷寄：軍機大臣字寄河南巡撫吳昌壽等著協力剿捻杜其西竄秦晋之路

同治四年六月二十九日

廷寄稿存刑房。此亦抄，重復。

軍機大臣字寄，欽差大臣大學士湖廣總督一等果威伯官〈文〉、欽差大臣協辦大學士兩江總督一等毅勇侯曾〈國藩〉、安徽巡撫喬〈松年〉、河南巡撫吳〈昌壽〉、陝西巡撫劉〈蓉〉、湖北巡撫鄭〈敦謹〉，傳諭護理山西巡撫布政使王榕吉，同治四年六月二十九日奉上諭：吳〈昌壽〉奏，捻匪竄至許州，西趨襄、郟，追剿情形，請飭善慶赴吉林等處挑選馬隊，提用陳州餉銀，開復善慶處分各摺片。捻踪剽疾异常，由扶溝等處，直向西趨。雖經張曜等軍跟踪緊躡，於許州進擊獲勝，而逆衆并未大受懲創。吳〈昌壽〉現令陳國瑞一軍，與張曜合力追擊。著即嚴飭該總兵等，奮勇進剿，毋稍停緩。賊已徑趨襄、郟，西近汝、洛，北近禹、密等處，恐其由此路撲犯秦晋。吳昌壽已派譚仁芳督帶楚勇四營，馳赴河、汝交界之臨汝、白沙等處，擇要駐扎。務當飭令繞出賊前，與張曜等追師兩面夾擊。并飭扼守虎牢關之副將徐邦道，嚴密堵遏。老犍坡一帶，亦須加意嚴防，以杜賊匪竄擾秦晋之路。

洛河等處船隻，前據吳昌壽奏稱，業已提歸北岸。著即督飭地方文武，實力奉行，不得有名無實。賊匪志在窺伺秦晋。陝州一路，該撫亦應豫籌防範。黄河南北兩岸，尤須加意嚴守。倘賊踪竄渡北岸，則晋省澤、潞邊隘，處處吃緊，勢將防不勝防。吳昌壽責無旁貸，自應設法力籌防守，并速辦炮船，梭織巡邏，毋任搶渡。是為至要。潼關守禦，即著劉蓉趕緊派撥重兵駐扎，以備迎剿。風陵、茅津渡一帶，為秦晋兩省要隘。劉蓉、王榕吉仍當懔遵前奉諭旨，會督兵勇，聯絡聲勢，嚴密防守。澤、潞兩頭山口要隘，王榕吉當添籌得力兵將分防，務須慎益加慎，不可稍涉大意。至襄、郟西南，路通宛郡與商雒一帶，毗連武關要隘。既須扼守南山，興安、商州等處，亦須預籌兼顧。著劉蓉分派兵勇，於秦、豫交界處所，擇要防堵，毋令賊匪闌入邊境。

前經諭令官〈文〉、鄭〈敦謹〉派兵越境赴豫迎擊，著即懔遵前旨，迅撥得力將士，由襄、鄧等處，馳赴南陽，會同豫軍，合力夾擊，不得稍分畛域，遲延觀望，致干咎戾，并着迅速覆奏。賴汶洸、任柱等股匪，續由（大）[太][①] 和邊境竄入淮寧，盤踞焚掠。吳〈昌壽〉現派李世玉等，帶兵由省馳援陳郡。著即飭令實力剿除，以清後路。捻逆股匪由皖竄豫，喬〈松年〉何以并不派兵出境跟追？如果尚有畛域之見，即屬有負委任。現在髮捻股匪麕聚豫疆，該省兵力不敷剿辦。著曾〈國藩〉、喬〈松年〉迅飭張得勝、史念祖等軍，馳赴豫省，會合李世玉等，將賴汶洸等股匪剿除淨盡。并著曾〈國藩〉添派官軍，并飭副都統托倫布、富森保等馬隊，星馳前赴吳〈昌壽〉軍營，聽候調遣。其春壽及烏尔圖納遜兩起馬隊，亦着曾〈國藩〉、喬〈松年〉速飭赴豫助剿，勿稍遲緩。

皖北是否尚有踞匪，官軍現在剿辦情形若何，及如何布置一切情形，即著迅速馳奏。此後皖、鄂防剿事宜，官〈文〉等當隨時具奏，毋得仍前濡緩，致朝廷久深殷盼。曾〈國藩〉并着遵奉前旨，酌量情形，擇要前進駐扎，以便就近調度。吉林、黑龍江等處馬隊，調赴各路軍營為數過多。屢據該處將軍等奏稱，邊防緊要，兵力空虚，請停調撥。吳〈昌壽〉所請令善慶前赴吉林等處挑選兵丁二千名之處，勢難允行。著即飛提曾〈國藩〉軍營及喬〈松年〉所部馬隊赴豫，分撥調度，相機剿辦，并就地添練馬隊，以期制勝。所請於陳州款内提用銀十五萬兩之處，現在賊勢趨重豫省，該處軍餉較他省需用尤急，着曾〈國藩〉即行如數撥給，俾無缺乏。吳〈昌壽〉所請開復善慶處分之處，本日已明降諭旨允准矣。將此由六百里諭知官〈文〉、曾〈國藩〉、喬〈松年〉、吳〈昌壽〉、劉〈蓉〉、鄭〈敦謹〉，并傳諭王榕吉知之。

欽此。遵旨寄信前來。

0498. 河南巡撫吳昌壽行移附奏酌留邸營管帶炮位之官兵鍾澐等在豫差遣一片奉旨

同治四年七月初七日

札　。照得本部院於同治四年六月二十五日，由驛附奏，酌留邸營管帶炮位之官兵鍾澐等在豫差遣，以資熟手一片，業經抄片札知/咨送在案。茲於七月初五日，在尉氏縣營次，承准軍機大臣奉旨：知道了。欽此。除祗遵外，合就/相應恭録札行。/咨送。札到該　，即便會同兩司，欽遵查照。毋違。此札。

札軍需局。營務處。糧臺。

① 據《穆宗毅皇帝實録》（四）卷146，中華書局1987年版，第430頁。

為恭録咨送事。竊照云前，相應恭録咨送。為此合咨貴　，請煩欽遵查照施行。

一咨

兵部

滿洲火器營

正白旗漢軍副都統明

同治四年七月初七日。軍務局承。

附奏酌留邸營管帶炮位之官兵鍾澐等在豫差遣一片奉旨。

河南巡撫兼提督軍門吳。行。

監印官知縣用候補府經歷程汾源。

0499. 河南巡撫吳昌壽行移軍機大臣字寄著酌派勁兵協同守禦濟源縣之風門口

同治四年七月十一日

札　。照得本部院於同治四年七月初十日，在許州行營，承准軍機大臣字寄，七月初五日奉上諭一道。等因。承准此。除祗遵外，合就恭録札行。札到該　，即便會同兩司，移會河北道，欽遵查照。毋違。此札。

計恭録上諭一道。

札營務處。軍需局。河北鎮。

為恭録飛咨事。竊照本部院於同治四年七月初十日，在許州行營，承准軍機大臣字寄，七月初五日奉上諭一道。等因。欽此。遵旨寄信前來。承准此。除欽遵辦理外，相應恭録飛咨貴護部院，請煩欽遵查照施行。

一　咨

護理山西巡撫部院王

恭録上諭一道。

為恭録咨呈事。云前，相應恭録咨呈貴大臣，謹請欽遵知照施行。

一　咨　呈

欽差大臣節制三省協辦大學士兩江總督部堂一等侯曾

恭録上諭一道。

同治四年七月十一日。

奉上諭王〈榕吉〉奏派兵籌防并添撥炮位扼守沿河要隘一摺。

河南巡撫兼提督軍門吳。行。

監印官知縣用候補府經歷程汾源。

附録上諭：軍機大臣字寄河南巡撫吳昌壽著酌派勁兵協同守禦濟源縣之風門口

同治四年七月初五日

軍機大臣字寄，河南巡撫吳〈昌壽〉，傳諭護理山西巡撫布政使王榕吉，同治四年七月初五日奉上諭：王〈榕吉〉奏，派兵籌防，并添撥炮位，扼守沿河要隘一摺。山西潞、澤一帶，自風門口、東灘渡，以及平陸縣之茅津渡、永濟縣之風陵渡，中間大小數十口，綿亘六百餘里，與陝西之潼關，河南之靈、閿、陝州，均祇一河之隔。王〈榕吉〉因處處設兵，無此兵力，現撥銅鐵炮位二百尊，挑選炮兵六百名，派參將恩瑞押運河干，分段安設，并於安炮處所，堅築土壘，俾兵勇得以護身。所籌尚合機宜。即著督飭鄧裕生及恩瑞等，妥籌布置，不得有名無實，徒托空言。并著王〈榕吉〉檄飭楊寶臣，馳往垣曲等處，會同和昌，激勵兵團，認真防守。風陵渡為西南入晋門户，并著責成李慶翔、王巨孝等，協力嚴防，不得稍有疏失。至濟源縣之風門口，地居要害，王〈榕吉〉已撥遼州防兵五百名，前往駐守。吳〈昌壽〉亦當酌派勁兵，協同守禦，毋令客兵孤懸。新調山西按察使陳湜，前有旨令其接辦防堵事宜。該臬司不日即可到晋，所有晋省防務，王〈榕吉〉務當與之熟籌妥辦，俾免疏虞。

本日據武〈隆額〉奏，塔爾巴哈臺回匪變亂，剿辦吃緊。惟經費支絀，饑軍潰散堪虞。請飭山西巡撫於部撥新疆銀四十萬兩先行籌撥銀三萬兩内，扣銀一萬兩，即由山西采買茶布，由烏里雅蘇臺、科布多草地，一併轉解來塔，以便搭放兵餉等語。著王〈榕吉〉按照武〈隆額〉所請，迅速動款采買，派員解赴塔城，毋許遲誤干咎。將此由六百里諭知吳〈昌壽〉，并傳諭王〈榕吉〉知之。

欽此。遵旨寄信前來。

0500. 河南巡撫吳昌壽為請浙江處州總鎮陳國瑞迅派得力之隊赴上蔡相機剿辦事移該總鎮咨文

同治四年七月十三日

為飛咨事。案據西平等縣來禀，探得該逆竄至上蔡境内，勢甚披猖。初十日夜間，遥望火光連綿不斷，傳聞上蔡境内之塔橋、朱湖、洪橋等寨，相繼被賊攻陷。各等語。查該逆在上蔡猖獗如此，急應撥兵剿辦，以扼凶氛而蘇民困。大軍駐扎郾城，相距甚近。相應由六百里飛咨。為此合咨貴軍門，請煩查照，迅派得力之隊，前赴上蔡，相機剿辦，幸勿稍事延緩。望切禱切。并希將進剿情形，飛文見覆，以便核奏施行。須至咨者。

一　　　　　　　　咨

記名提督浙江處州總鎮陳

同治四年七月十三日。

咨陳軍門迅派得力之隊前赴上蔡相機剿辦。

河南巡撫兼提督軍門吳。行。

監印官知縣用候補府經歷程汾源。

0501. 河南巡撫吳昌壽行移具奏豫省兩路官軍擊賊獲勝現由尉氏赴許嚴飭各軍進剿一摺奉上諭

同治四年七月十五日

札　。照得本部院於同治四年七月初六日，在尉氏縣營次，由驛具奏，豫省兩路官軍擊賊獲勝，於初一日出省，現由尉氏拔營赴許，就近嚴飭各軍認真進剿一摺，業經抄摺札知咨呈送在案。茲於七月十四日，在許州行營，承准軍機大臣字寄，七月初九、初十兩日，奉上諭二道。等因。欽此。遵旨寄信前來。承准此。除欽遵外，合就相應恭録札行。咨呈送。札到該　，即便會同兩司，欽遵查照。毋違。此札。

計恭録上諭二道。

札 軍需局、河北楊鎮。營務處、河北道。翼長張鎮、南汝光道。南陽宋鎮、河陝汝道。

為恭録咨呈送事。竊照云前，相應恭録咨呈送。為此咨呈合咨貴　，謹請煩欽遵查照施行。

計恭録上諭二道。

一　　　　咨　　　　呈咨

欽差大臣節制三省協辦大學士兩江總督部堂一等侯曾

欽差大臣湖廣爵閣督部堂官

記名提督軍門浙江處州總鎮陳

直隸總督部堂劉

陝西巡撫部院劉

護理山西巡撫部院王

記名提督軍門譚
安徽巡撫部院喬
山東巡撫部院閻
湖北巡撫部院鄭
河東總河部堂張

同治四年七月十五日。軍務局承。
具奏豫省兩路官軍擊賊獲勝現由尉氏赴許嚴飭各軍進剿一摺奉上諭。
河南巡撫兼提督軍門吳。行。

監印官知縣用候補府經歷程汾源。

附録上諭：軍機大臣字寄河南巡撫吳昌壽等著迅赴許州居中調度進剿捻軍

同治四年七月初十日

軍機大臣字寄，欽差大臣大學士湖廣總督一等果威伯官〈文〉、欽差大臣協辦大學士兩江總督一等毅勇侯曾〈國藩〉、河南巡撫吳〈昌壽〉、湖北巡撫鄭〈敦謹〉、安徽巡撫喬〈松年〉，同治四年七月初十日奉上諭：吳〈昌壽〉奏，豫省兩路官軍擊賊獲勝，現飭進剿一摺。髮捻賴汶洸、牛洛紅等，由淮寧竄至西華，紛擾扶溝、臨潁及許州屬之秋湖、栗園一帶。叠經官軍進剿獲勝，陳郡所屬已無賊踪。該逆由舞陽西去，勢將與前股勾合。捻匪張總愚等，經張曜等由許州向南追剿，該逆奔往襄城、郏縣，旋至寶豐、魯山，盤踞南、裕交界之横山、神林、大店等處，并由葉縣入山。我軍叠將横山等處克復，該逆聞風南遁。

逆匪蔓延豫省腹地，勢甚鴟張。亟須實力進攻，為一鼓殲擒之計。著吳〈昌壽〉嚴檄張曜等軍，務將張總愚等股匪就地殄除，毋令竄入鄰省，又成不了之局。吳〈昌壽〉現由尉氏前赴許州，即著迅速前進，居中調度，毋誤戎機。

鄂、豫壤地毗連，該逆由豫而鄂，俱係從前往來熟徑。官〈文〉等前派成大吉等軍分路扼守，即著嚴飭各軍認真防堵，毋令匪踪闌入。并著官〈文〉、鄭〈敦謹〉抽撥勁旅，以剿為防，迅速飭赴豫疆，會合吳〈昌壽〉派出各軍，協力夾攻，迅殲醜類。

逆踪離皖雖遠，必須皖軍越境追剿，方可致賊奔突，以期聚而殲旃。著喬〈松年〉懍遵前旨，迅派得力將士，馳赴豫境，合力會攻。皖、豫軍情及各路布置情形，著曾〈國藩〉統籌全局，妥為調度，隨時奏報以聞。

吳〈昌壽〉另片奏，請飭張學醇赴營等語。已明降諭旨，令直隸等省督撫催令該革員迅速赴營矣。將此由六百里各諭令知之。

欽此。遵旨寄信前來。

（下殘）。

0502. 河南巡撫吴昌壽行移軍機大臣字寄著凛遵諭旨嚴督張曜等認真追剿豫境捻軍

同治四年七月十九日*

札　。照得本部院於同治四年七月十九日，在許州行營，承准軍機大臣字寄，七月十四日奉上諭一道。等因。欽此。遵旨寄信前來。承准此。除欽遵外，合就相應恭録札行。咨呈送。札到該　，即便會同兩司，移會宋鎮，欽遵查照。毋違。此札。

計恭録上諭一道。

札軍需局、翼長張鎮。營務處。

為恭録咨送事。竊照云前，相應恭録咨呈送。為此咨呈合咨貴　，謹請煩欽遵查照施行。

計恭録上諭一道。

一　咨　呈咨

欽差大臣節制三省協辦大學士兩江總督部堂一等侯曾

欽差大臣湖廣爵閣督部堂官

安徽巡撫部院喬

湖北巡撫部院鄭

記名提督軍門浙江處州總鎮陳

統領銘字等軍直隸提督軍門劉

前固原提督軍門馬

記名提督軍門譚　照會。

附録上諭：軍機大臣字寄河南巡撫吴昌壽等著凛遵諭旨嚴督張曜等認真追剿豫境捻軍

同治四年七月十四日

軍機大臣字寄，欽差大臣大學士湖廣總督一等果威伯官〈文〉、欽差大臣協辦大學士兩江總督一等毅勇侯曾〈國藩〉、安徽巡撫喬〈松年〉、河南巡撫吴〈昌壽〉、湖北巡撫鄭〈敦謹〉，同治四年七月十四日奉上諭：曾〈國藩〉奏，遵覆歷次諭旨一摺。據稱，張總愚、賴汶洸等分竄情形，與吳〈昌壽〉等前奏大略相同。該大臣已檄調劉銘傳軍赴周家口，又添調烏爾圖那遜[①]等馬隊援陳，并令周盛波一軍駐亳，將托倫布等各馬隊整頓赴豫。請飭湖北、河南督撫，於豫之鞏、洛、宛、鄧，楚之隨、棗、黄、麻，各駐勁兵一枝，攔頭迎剿。各等語。所籌均屬周妥。

現在張總愚股已竄魯山、南召，由葉縣入山，向南奔竄。賴汶洸等由舞陽西去，勢將與前股勾合。吳〈昌壽〉已出省駐許州督剿，着凛遵初九、初十日諭旨，嚴督張曜等認真追剿。官〈文〉等迅派成大吉等軍扼守黄、麻等處要隘，務與吳〈昌壽〉會師合擊，不得任令賊踪闌入，致滋延蔓。曾〈國藩〉以劉銘傳等軍駐周家口、徐州等處，防賊回竄，變尾追之局為攔頭之師，以有定之師制無定之寇，固屬老謀深算。

惟賊趨西南，陳州現無寇踪。豫省之兵，甚形單薄。若不迅籌游擊之師，協力追剿，恐賊衆我寡，未易得手。劉銘傳、烏爾圖那遜[②]已到陳郡，即著飭令進至洛陽以西，擇要駐扎，賊來即擊，以固山陝門户。易開俊、周盛波等軍内，著酌量調派一軍，駐扎周口，以資接替。其托倫布、富森保、達爾濟、帕克巴扎普等馬隊多起，現在休息亦已數月。著該大臣挑選精壯者，分隊配齊馬匹、軍械，飭令前赴河南，歸吳〈昌壽〉調遣，以厚追師之力。其疲病不堪者，或即遣撤，或留徐州陸續整頓，以期一兵得一兵之用。該大臣因淮水盛漲，未能赴徐。現届秋爽水涸，當可徐圖拔隊，進扎徐州，居中調度。抄録查辦民圩告示各條，皆救時急務。即着督飭委員，悉心妥辦，不得有名無實。皖省無賊，著喬〈松年〉飭英翰等軍赴豫助剿，勿分畛域。

曾〈國藩〉另摺奏，徽、休防軍索餉嘩噪，自請議處，并請將唐義謨等分别懲處等語。同知唐義謨代統唐義訓之軍，任聽各營嘩噪，甚至毆辱大員，實屬庸懦不職。著即革職，提營審訊定擬。皖南鎮總兵唐義訓，請假歸葬，久未回營，實屬遲延。鞏秦階道金國琛，假歸省墓，遷延太久。均著交部議處。餘著照所擬辦理。曾〈國藩〉自請議處之處，著加恩寬免。惟各營自霆營潰變之後，紛紛效尤，此風斷不可長。該大臣務須嚴密查辦，懲一儆百，不必稍存姑息，致貽後患。將此由六百里各諭令知之。

欽此。遵旨寄信前來。

---

① 據《清代河南巡撫衙門檔案》軍務卷 0482、0494、0496、0497 號檔案，“烏爾圖那遜”和“烏爾圖納遜”疑爲同一人。

② 同上。

0503. 河南巡撫吳昌壽行移附奏請將陳楚書并丁惠緩俟軍務告竣分别給咨送部引見片

同治四年七月二十九日*

札　。照得本部院於同治四年七月二十九日，在許州行營附奏，請將標下右營守備陳楚書、衛輝營守備丁惠，緩俟軍務告竣，分别給咨，送部引見一片。除俟奉到諭旨，另行恭録札知移咨外，合先抄片札行。咨送。札到該　，即便查照。飭知。毋違。此札。

計粘抄片稿一紙。

札河北道。布政司。標下中軍。

為咨送事。竊照云前，合先抄片咨送。為此合咨貴鎮，煩為查照飭知施行。

計粘抄片稿一紙。

一　　咨

河北總鎮

附録片稿：河南巡撫吳昌壽附奏請將陳楚書并丁惠緩俟軍務告竣分别給咨送部引見片

同治四年七月二十九日

再，臣標右營守備陳楚書、衛輝營守備丁惠，均係應行送部引見之員。惟現在逆捻失巢，竄踪靡定。該守備等或防堵省垣，或嚴守河岸，均關吃緊，未便遽易生手。據臣標中軍參將史亭雲、河北鎮總兵楊長春詳稟前來。合無仰懇天恩，俯念省防、河防緊要，准將臣標右營守備陳楚書、衛輝營守備丁惠，均緩俟軍務告竣，由臣分别給咨，送部引見。并請敕部先行發給丁惠升署札付，俾專責成。

理合附片具陳，伏乞聖鑒訓示。謹奏。

0504. 河南巡撫吳昌壽行移具奏請將妄揭本管總兵之游擊譚金魁革職審辦摺

同治四年七月二十九日*

札布政司。照得本部院於同治四年七月二十九日，在許州行營，具奏河北鎮標中軍游擊譚金魁妄揭本管總兵，請旨革職審辦一摺。除俟奉到諭旨，另行恭録札知移咨外，合先抄摺札行。咨送。札到該司，即便會同按察司查照。毋違。此札。

計粘抄摺稿一紙。

札布政司。

為咨送事。竊照云前，合先抄摺咨送。為此合咨貴部，請鎮，煩為查照飭知施行。

計粘抄摺稿一紙。

一咨

兵部

河北總鎮

附録摺稿：河南巡撫吳昌壽具奏請將妄揭本管總兵之游擊譚金魁革職審辦摺

同治四年七月二十九日

奏為游擊妄揭本管總兵，請旨革職審辦，恭摺具奏，仰乞聖鑒事。

竊據河北鎮標中軍游擊譚金魁禀稱：該員於本年閏五月十二日，奉調帶兵前赴直隸茅茨莊防堵。查看該處地勢近河，禀請發項雇覓船隻，預防河水涌發。總兵楊長春本有領支本年五月二十五日起至閏五月十五日止在防官兵口糧公費餘存銀二百餘兩，并借收糧臺銀八百兩，及原領同治二、三兩年巡費銀二千兩，全行入己，并不籌給雇船經費，以致防兵不服等情。

臣閱禀之下，當委候補知府婁詩江前往密查。兹據禀稱：查得該營散發本年五月二十五日起至閏五月十五日在防官兵口糧公費，係由都司買青山、千總馬方俊經手。所餘銀二百餘兩，均已借給兵用。至前在糧臺借銀八百兩，業經糧臺在於該營領放兵餉項下，先後扣還清楚。其原領同治二、三兩年巡費銀二千兩，歷經總兵楊長春辦解前撫營中鳥槍并置造該營打仗遺失之旗幟、號衣等件動用，委係無款籌發船費。等情前來。

臣查該游擊譚金魁禀揭，總兵楊長春侵蝕兵餉、公費等銀，計有三千餘兩之多。如果屬實，該總兵例應撤任參追。今委查大概情形，似涉子虛。若不（撤）［徹］[①] 底根究，無以杜刁告而勵戎行。相應請旨，將河北鎮標中軍游擊譚金魁革職審辦，以期水落石出。

除先將該游擊譚金魁撤任，另行揀員署理外，理合恭摺具奏，伏乞皇太后、皇上聖鑒訓示。謹奏。

0505. 河南巡撫吳昌壽行移附奏請將藉差需索之候補知縣吳昭坤并候選知縣孫邦治革職片

同治四年七月二十九日*

札　。照得本部院於同治四年七月二十九日，在許州行營附奏，請將藉差需

① 據中國第一歷史檔案館館藏《録副奏摺》縮微號344—0249。

索之候補知縣吴昭坤、候選知縣孫邦治一併革職，以儆官邪一片。除俟奉到諭旨，另行恭録札知移咨外，合先抄片札行。咨送。札到該　，即便會同兩司，查照。飭知。毋違。此札。

計粘抄片稿一紙。

札軍需局。營務處。

為咨送事。竊照云前，合先抄片咨送。為此合咨貴部，請煩查照施行。

計粘抄片稿一紙。

一咨

吏部

發。

尾空留一字，應由大營查填。

附録片稿：河南巡撫吴昌壽附奏請將藉差需索之候補知縣吴昭坤及候選知縣孫邦治革職片

同治四年七月二十九日

再，現據署許州直隸州知州葉世槐禀稱，六月初三日，由襄城縣送到候補知縣吴昭坤、候選知縣孫邦治等提取前親王僧〈格林沁〉行營寄存南陽府軍裝，過許額外浮索大車五十二輛，長馬十五匹，短馬五匹。孫邦治又以前親王僧〈格林沁〉營務處委赴江南軍營訪查事件，囑送程儀二十兩并車馬、酒席等項。查閲委札，係三年十二月十六日寶豐行營所發。該州以事屬違例，未允照辦，當照實數預備車輛、馬匹，并關會下站鄢陵縣趕緊預備。詎吴昭坤等竟以需索不遂，負氣回省，置各項軍裝於不問。旋經該州委員解赴歸德等情。

查知縣吴昭坤、孫邦治等委提前親王僧〈格林沁〉行營軍裝，浮索車馬，已屬騷擾地方。而孫邦治又以前親王僧〈格林沁〉委查事件，囑送程儀等項，藉事招摇，尤堪痛恨。均應從嚴參辦，以儆官邪。相應請旨，將候補知縣吴昭坤、候選知縣孫邦治一併革職，為委員藉差需索者戒。

理合附片具［奏］，伏乞聖鑒訓示。謹奏。

0506. 河南巡撫吴昌壽行移具奏賊踪分竄東股已由沈項擾及皖屬阜陽西股仍在唐縣摺

同治四年八月初二日

札　。照得本部院於同治四年八月初二日，在許州行營，由驛具奏，賊踪分竄，東股已由沈、項擾及皖屬之阜陽，西股仍在唐縣，豫軍兩路剿辦情形一摺。

除俟奉到諭旨，另行恭録札知咨呈送。外，合先相應抄摺札知咨呈送。札到該　，即便會同兩司查照。毋違。此札。

計粘抄摺稿一紙。

札軍需局、翼長張鎮。營務處、南陽宋鎮。

為咨呈送事。竊照云前，相應抄摺咨呈送。為此咨呈合咨貴　，謹請煩查照施行。

計粘抄摺稿一紙。

一　咨　呈咨

欽差大臣節制三省協辦大學士兩江總督部堂一等侯曾

欽差大臣湖廣爵閣督部堂官

安徽巡撫部院喬

湖北巡撫部院鄭

前固原提督軍門馬

記名提督軍門譚　照會。

東河總督部堂張

同治四年八月初二日。軍務局程興良承。

具奏賊踪分竄東股已由沈項擾及皖屬阜陽西股仍在唐縣各情形一摺。

河南巡撫兼提督軍門吳。行。

監印官知縣用候補府經歷程汾源。

附録摺稿：河南巡撫吳昌壽具奏賊踪分竄東股已由沈項擾及皖屬阜陽西股仍在唐縣摺

同治四年八月初二日

奏為賊踪分竄，東股已由沈、項擾及皖屬之阜陽，西股仍在唐縣，謹將豫軍兩路剿辦情形，恭摺馳陳，仰祈聖鑒事。

竊臣昨將髮捻分擾汝、宛，迭破民寨，雖經我軍攻克，賊氛甚熾各情由，馳奏在案。查參將王文行等攻克汝陽中和寨後，餘匪北奔，會合大股，直撲上蔡縣城。經城上開放槍炮，斃賊甚多。十五日，圍撲汝寧府城。經文武官紳竭力守禦，帶勇出剿，頗有斬擒。該匪旋聞副將蔣希夷、參將黄祥興等帶隊將至，該匪不敢停留，悉竄東南。又因汝河水漲，而參將王文行、王玉佩兩隊在汝河南岸力堵，於龔寨地方遇賊，併力截殺，立斃執旗悍賊多名，遂折而東向，與其大股聚於新、息交界之岳城，搭造浮橋，正圖偷渡。王文行等急帶馬隊馳往，斃其結筏賊衆，立將木料焚毁。該匪遂向陽埠一帶渡過洪河，向東北竄往項城新興集。經該集文武汛官督團迎剿，賊復分竄沈邱之姜寨、廟岔及皖屬阜陽之黄花嶺、李家橋等處，有欲竄三河尖之謡。蔣希夷由項城，黄祥興由新蔡，分路跟追。因水大泥深，尚未接仗。此東股賴、陳等逆由沈、項擾及阜陽之情形也。

是時，西股捻匪本由唐、鄧竄擾鎮平一帶。因河水陡漲，我軍由韓營、丁官營整軍進剿。該匪又折竄鄧、鎮交界黑龍集地方，砍木為栅，似圖久踞。十三日，張曜等督隊踵至，整旅進擊，斃其悍賊甚夥，逼賊而營，不分雨夜，迭次攻擊。匪衆弃壘東走。十八日，由潦河竄至塚頭。張曜派令程之偉等馬隊，繞出賊之北面，沿河而南。張曜等分率大隊，由西北、正西兩路逼進。該匪情急無路，焚弃輜重，悉力反噬。副將程之偉、總兵保英等，奮身搏戰，大呼陷陣。各路繼進，直入中堅。營官孫玉琢、李家安、李家昌，均身受重傷。千總張玉豐、把總蔣尚友，均力戰陣亡。兵勇亦傷亡相繼，裹創奮戰，追抵李堂。該匪突又折回。經宋慶、保英分頭迎擊，斃匪百餘，天晚收隊。是夜，該匪乘夜由東路繞向西北奔竄。我軍繞出賊前，扼擊於潦河寨。匪衆拚死奪路，騎賊屢圖包抄。我軍背河列陣，知府湯聘珍督隊奮擊。自辰至未，斬賊無算，賊向東南竄去，生擒悍賊多名。查點我軍，豫勝中營陣亡把總牛振宇一員，豫勝親兵營陣亡把總邢國柱一員。此十三、十九、二十等日，張曜等軍剿辦西股捻匪之實情也。

查該匪西阻於山，南扼於水，惟在此數百里間盤繞回旋，避兵無路，鋌走求生。我軍跟踪兜剿，殲斃悍賊雖多，究未制其死命。現探該匪已至唐縣東南四十里之井樓、水虎劉等處。惟有嚴飭張曜等力圖進剿，一面檄令提督譚仁芳帶領仁勝楚勇，相機接應，并咨會楚省慎固邊防，出兵會剿。所有此次先後陣亡之千總張玉豐、把總蔣尚友、牛振宇、邢國柱等四員，仰懇天恩，飭部從優議恤，以慰忠魂而作士氣。

所有髮捻分竄，東股擾及阜陽，西股仍在唐縣，我軍剿辦情形，由驛恭摺馳奏，伏乞皇太后、皇上聖鑒訓示。謹奏。

0507. 河南巡撫吴昌壽行移軍機大臣字寄著會剿豫省捻軍

同治四年八月初二日*

札　。照得本部院於同治四年八月初二日，在許州行營，承准軍機大臣字寄，七月二十七日奉上諭一道。等因。欽此。遵旨寄信前來。承准此。除欽遵外，合就相應恭録札行。咨呈送。札到該　會同兩司，，即便移會宋鎮、湯守，欽遵查照。毋違。此札。

計恭録上諭一道。

札軍需局、翼長張鎮。營務處。

為恭録咨呈送事。竊照云前，相應恭録咨呈送。為此咨呈合咨貴　，謹請煩欽遵查照施行。

計恭録上諭一道。

一　咨　呈咨

欽差大臣節制三省協辦大學士兩江總督部堂一等侯曾

欽差大臣湖廣爵閣督部堂官

安徽巡撫部院喬

湖北巡撫部院鄭

記名提督軍門譚　照會。

提督軍門馬　照會。

署理河東河道總督部堂張

附録上諭：軍機大臣字寄河南巡撫吴昌壽等著會剿豫省捻軍

同治四年七月二十七日

軍機大臣字寄，欽差大臣大學士湖廣總督一等果威伯官〈文〉、欽差大臣協辦大學士兩江總督一等毅勇侯曾〈國藩〉、安徽巡撫喬〈松年〉、河南巡撫吴〈昌壽〉、湖北巡撫鄭〈敦謹〉，同治四年七月二十七日奉上諭：喬〈松年〉奏，遵陳派兵赴豫情形一摺。河南境内捻逆，現分股竄擾汝、宛，距皖較遠。若令皖軍前赴豫省迆西助剿，轉餉殊難。康錦文一軍所需餉項，向係晋省借支。喬〈松年〉現將該軍調赴許州，聽吴〈昌壽〉調遣，以便就近迎提晋餉。即着曾〈國藩〉、吴〈昌壽〉酌量軍情賊勢何處吃緊，與前調赴豫之烏爾圖那遜馬隊全軍，分投調撥，飭令扼要防剿，以杜賊踪分竄之路。并著官〈文〉、鄭〈敦謹〉懍遵前旨，迅飭姜玉順所部，馳赴新野一帶，會合豫軍夾擊；并嚴飭襄、鄖等處在防各軍，實力堵遏，以固邊防。

楚北現已戒嚴，豫省光、固一帶防務，亦形吃重。喬〈松年〉現飭張得勝、黄秉忠兩軍，前赴固始駐扎，作策應楚、豫之師。并令英翰仍帶所部，暫（住）[駐][①] 潁州，以顧後路。即著督飭該藩司等，相機援應，實力巡防。喬〈松年〉

① 據《穆宗毅皇帝實録》（四）卷149，中華書局1987年版，第496頁。

所陳捻匪勢同流寇，宜攔截不宜尾追，必須堅（璧）［壁］[①] 清野，多為備豫，以防其剽掠馳突。現聞賊已入山，如能相度地勢，擇要堵截，俾其不至逸出，即可乘機撲滅。所籌尚合機宜。并著曾〈國藩〉、喬〈松年〉、吳〈昌壽〉會籌辦理。將此由五百里各諭令知之。

欽此。遵旨寄信前來。

0508. 河南巡撫吳昌壽行移附奏請准陳國瑞兩個月假以便就醫省墓俟病痊後仍令來營剿捻片

同治四年八月初二日

札軍需局。營務處。照得本部院於同治四年八月初二日，在許州行營，由驛附奏，仰懇天恩，准予處州陳貴鎮兩個月假，以便就醫省墓，俟病痊後，仍令來營剿匪一片。除俟奉到諭旨，另行恭録札知咨呈咨送外，合先相應抄片札行。咨呈。送。札到該　，即便會同兩司查照。毋違。此札。

計粘抄片稿一紙。

札軍需局。營務處。

為咨呈送事。竊照云前，相應抄片咨呈。送。為此咨呈合咨貴　，謹請煩查照施行。

計粘抄片稿一紙。

一　咨　呈咨

欽差大臣節制三省協辦大學士兩江總督部堂一等侯曾

記名提督軍門浙江處州總鎮陳

欽差大臣湖廣爵閣督部堂官

湖北巡撫部院鄭

漕運總督部堂吳

同治四年八月初二日。軍務局承。

附奏准予該鎮兩個月假以便就醫省墓俟病痊後仍令來營剿匪一片。

河南巡撫兼提督軍門吳。行。

監印官知縣用候補府經歷程汾源。

① 據《穆宗毅皇帝實録》（四）卷149，中華書局1987年版，第496頁。

附録片稿：河南巡撫吳昌壽附奏請准陳國瑞兩個月假以便就醫省墓俟病痊後仍令來營剿捻片

同治四年八月初二日

再，頃接頭品頂戴記名提督浙江處州鎮總兵陳國瑞呈稱：國瑞氣體虧弱，素有暈厥之癥。入夏以來，追賊奔馳，感受暑熱，以致舊病復發，飲食減少，精神恍惚，不時暈厥。每念受恩深重，未報涓埃，不敢因多事之秋，稍存退縮之見。無如藥餌頻投，迄無稍效。因念向寓清淮一帶，尚有良醫熟悉此病，擬請給假兩個月，前往清江就醫。病痊後，即由水路回湖北應城縣本籍，省墓修祠。仍希據實附奏，一俟假滿，趕即馳抵軍營，聽候指揮，决不敢稍躭安逸。再，近年渥荷殊恩，予以幫辦軍務之銜，自顧才輇任重，不能報稱萬一。此時暫緩從征，應請一併奏撤，以昭體制而免濫竽。等情前來。

臣查陳國瑞帶兵剿賊，屢著戰功。近因積勞感冒，舊癥復發，時患暈厥，委係實在情形，經臣附奏在案。合無仰懇天恩，准予兩個月假，以便就醫省墓。俟病痊後，仍令來營剿匪。如蒙俞允，所有該鎮本部兵勇現存無多，已令張學醇前往點閱，再行分別去留。至該鎮自請撤銷幫辦軍務字樣之處，是否准行，伏候聖裁。

為此附片代陳，伏乞聖鑒訓示。謹奏。

0509. 河南巡撫吳昌壽行移附奏開封營游擊員缺以儘先補用游擊王莘臣補授片

同治四年八月初四日

札　。照得本部院於同治四年七月二十九日，在許州行營附奏，開封營游擊員缺，請以儘先補用游擊王莘臣補授一片。除俟奉到諭旨，另行恭録札知移咨外，合先抄片札行。咨送。札到該　，即便知照。毋違。此札。

計粘抄片稿一紙。

札標下中軍。布政司。開封營。

為咨送事。竊照云前，合先抄片咨送。為此合咨貴部，請煩查照施行。

計粘抄片稿一紙。

一咨

兵部

另發。

同治四年八月初四日。兵房王本立承。

布政司代［印］。

附奏開封營游擊員缺以儘先補用游擊王莘臣補授一片。

河南巡撫兼提督軍門吴。行。

附録片稿：河南巡撫吴昌壽附奏開封營游擊員缺以儘先補用游擊王莘臣補授片

同治四年七月二十九日

再，開封營游擊丹凌雲，在任病故，經臣題請開缺在案。所遺開封營游擊員缺，應即揀員請補。兹查有儘先補用游擊王莘臣，年青技熟，勤習操防，堪以補授斯缺。惟該員保舉儘先游擊名次在後，與例稍有未符。現當省防吃緊，實屬人地相宜。合無仰懇天恩，准將儘先補用游擊王莘臣補授開封營游擊，以勵戎行。

謹附片具奏，伏乞聖鑒，敕部議覆施行。謹奏。

0510. 河南巡撫吴昌壽行移軍機大臣字寄著迅將准撥河工之款照數籌解并督飭豫軍遏截西竄淅川捻軍

同治四年八月十一日*

札　。照得本部院於同治四年八月十一日，在許州行營，承准軍機大臣字寄，八月初五日奉上諭一道。等因。欽此。遵旨寄信前來。承准此。除欽遵外，合就相應恭録札行。咨會。札到該　，即便查照，迅速照數籌撥委解，仍將委解數目、日期及委員職名詳咨。移會宋鎮、湯守，會同兩司，欽遵查照。毋違。此札。

計恭録上諭一道。

札布政司。翼長張鎮。軍需局。營務處。

為恭録咨會事。竊照云前，相應恭録咨會。為此合咨貴　，請煩欽遵查照施行。

計恭録上諭一道。

一　咨

欽差大臣節制三省協辦大學士兩江總督部堂一等侯曾　咨呈。

欽差大臣湖廣爵閣督部堂官

署河東總督部堂張

陝西巡撫部院劉

湖北巡撫部院鄭

附録上諭：軍機大臣字寄河南巡撫吳昌壽等著迅將准撥河工之款照數籌解并督飭豫軍遏截西竄淅川捻軍

同治四年八月初五日

軍機大臣字寄，署河東河道總督張〈之萬〉、河南巡撫吳〈昌壽〉，同治四年八月初五日奉上諭：張〈之萬〉奏，祥河廳祥符汛大河溜勢，由十四堡對岸灣折北趨，直射十五堡，奔騰浩瀚，勢甚湍激，致順堤七、八兩埽陡蟄入水，其八埽後起至十六埽後止大堤，裂縫七十餘丈。現在竭力搶鑲，工程萬分吃緊，需費浩繁。前經譚〈廷襄〉奏明，在開歸、河北二道應領壬戌年找撥不敷銀款内，酌數行司籌發。并經行令該藩司，將同治二年南岸上南廳邵家寨搶工不敷抵撥壬戌年另案不敷三成現銀二萬五千兩，同治三年北岸黄、祥二廳搶工不敷抵撥壬戌年另案不敷三成現銀一萬二千五百兩，先行籌發。迄今分厘未撥。現在工需急如星火，請飭迅行籌撥等語。祥河廳險工叠出，并上南等處待款孔殷，亟應寬籌經費，以濟要需。著吳〈昌壽〉轉飭藩司，迅將前項准撥之款，照數籌解，毋再玩延。并由張〈之萬〉迎提到工，酌核動用。仍督飭該道、廳等，將應鑲堤埽各工，實力搶辦，俾一律均臻穩固，不准少有疏虞。

昨據劉〈蓉〉奏，捻首牛烙洪等由内鄉西竄淅川廳之板橋川。商南防務，視潼關尤形吃緊。劉〈蓉〉已飭劉厚基率所部赴武關一帶扼扎，并檄黄加焜等軍扼守漫川關、金陡關等處。已諭令劉〈蓉〉嚴密防範。惟兵力較形單（簿）[薄][①]，并著吳〈昌壽〉督飭豫省各軍，實力遏截夾擊，毋令擾及鄰境完善地方。近日軍情，著隨時確探馳奏。將此由四百里各諭令知之。

欽此。遵旨寄信前來。

0511. 河南巡撫吳昌壽行移軍機大臣字寄著厚集兵力剿除豫境東西兩股捻軍并准予陳國瑞病假兩月

同治四年八月十二日*

札　。照得本部院於同治四年八月初二日，在許州行營，由驛具奏，賊踪分竄，東股已由沈、項擾及皖屬之阜陽，西股仍在唐縣，豫軍兩路剿辦情形。又，附奏仰懇天恩，准予處州陳貴鎮兩個月假，以便就醫省墓，俟病痊後，仍令來豫剿匪。各摺片，業經抄稿札知咨送在案。兹於本月十二日，承准軍機大臣奉旨：另有旨。欽此。同日，奉上諭一道。等因。承准此。除欽遵外，合就相應恭録札行。咨送。札到該　，即

① 據《穆宗毅皇帝實録》（四）卷150，中華書局1987年版，第516頁。

便會同兩司，欽遵查照。毋違。此札。

計恭録上諭一道。

札軍需局、翼長張鎮。營務處、南陽宋鎮。

為恭録咨送事。竊照云前，相應恭録咨送。為此合咨貴　，請煩欽遵查照施行。

計恭録上諭一道。

一　咨

欽差大臣節制三省協辦大學士兩江總督部堂一等侯曾　咨呈。

欽差大臣湖廣爵閣督部堂官

署河東總督部堂張

漕運總督部堂吳

安徽巡撫部院喬

湖北巡撫部院鄭

記名提督軍門浙江處州總鎮陳

前固原提督軍門馬

記名提督軍門譚　照會。

附録上諭：軍機大臣字寄河南巡撫吳昌壽等著厚集兵力剿除豫境東西兩股捻軍并准予陳國瑞病假兩月

同治四年八月初七日

軍機大臣字寄，欽差大臣大學士湖廣總督一等果威伯官〈文〉、欽差大臣協辦大學士兩江總督一等毅勇侯曾〈國藩〉、安徽巡撫喬〈松年〉、河南巡撫吳〈昌壽〉、湖北巡撫鄭〈敦謹〉，同治四年八月初七日奉上諭：吳〈昌壽〉奏，賊踪分竄，東股擾及阜陽，西股仍在唐縣，官軍剿辦情形一摺。另片奏，陳國瑞患病，請假兩月等語。覽奏均悉。

東股賴、陳等逆，經參將王文行等追剿截殺，賊由沈、項一帶，擾及阜陽。西股捻匪，本由唐、鄧竄擾鎮平，折竄鄧、鎮交界之黑龍集地方，意圖久踞。經張曜等整旅進擊，斃賊甚夥，匪衆弃壘東走。張曜率隊追擊，屢挫賊鋒。該匪遂向東南竄去，已至唐縣之井樓、水虎劉等處。即著吳〈昌壽〉嚴飭張曜等力圖進剿，將唐縣境内踞匪，悉數殲除。其東竄阜陽之賊，并著吳〈昌壽〉督飭王文行等，實力追擊，相機剿除。惟豫省兵力，只有此數。東西分剿，實有應接不暇之勢。官〈文〉等前奏調姜玉順一軍直赴新野，會合豫軍剿賊，何以至今尚未入豫？喬〈松年〉前奏遵派康錦文一軍前赴許州，何以迄無抵豫消息？實屬玩泄，均著傳旨申飭。

現在竄擾阜陽賊匪，逼近潁州。喬〈松年〉當飭令英翰等，實力迎擊。曾〈國藩〉迅飭劉銘傳周口一軍，會合兜擊，盡殄賊氛。成大吉等軍，并著官〈文〉、鄭〈敦謹〉飭令由孝感一帶，節節進兵，以勦為防，不得自顧疆界，再涉延玩。其西股之竄至唐縣者，與隨、棗相去甚近。官〈文〉、鄭〈敦謹〉當飭劉維楨等軍，認真堵勦，毋令賊踪入楚。一面飛飭姜玉順帶兵出境會勦，不得再事因循，貽誤疆事。豫省勦賊，利在馳騁，需用馬隊甚殷。著曾〈國藩〉懍遵前旨，將馬隊迅速整頓，續行添撥赴豫，交吳〈昌壽〉調遣，以厚兵力。

所有唐、鄧等處先後陣亡之千總張玉豐、把總蔣尚友、牛振宇、邢國柱，均著交部從優議恤，以慰忠魂。

陳國瑞現在患病，著賞假兩個月，准其前赴清江就醫，回籍省墓。假滿即令速赴豫省，聽候差遣。至幫辦軍務，前已降旨撤銷矣。將此由六百里各諭令知之。

欽此。遵旨寄信前來。

0512. 河南巡撫吳昌壽行移軍機大臣字寄著飭令王文行等實力追勦務將阜陽境内竄匪悉數就地殄除

同治四年八月十八日

札　。照得本部院於同治四年八月十八日，在許州行營，承准軍機大臣字寄，八月十三日奉上諭一道。等因。欽此。遵旨寄信前來。承准此。除欽遵外，合就/相應恭録札行。/咨會。札到該　，即便會同兩司，欽遵查照。毋違。/移會宋鎮等軍，迅速力圖進勦，毋稍刻延。/督飭王文行等軍，實力追勦，毋稍刻延。切切。此札。

計恭録上諭一道。

札軍需局、營務處。/翼長張鎮、前安徽按察司張前司。

為恭録咨會事。竊照云前，相應恭録咨會。為此合咨貴　，謹請/煩欽遵查照辦理。望切施行。

計恭録上諭一道。

一　　　　　　　　　　　　咨

欽差大臣節制三省協辦大學士兩江總督部堂一等侯曾　咨呈。

欽差大臣湖廣爵閣督部堂官

安徽巡撫部院喬

湖北巡撫部院鄭
署理河東河道總督部堂張
前甘肅甘州提督軍門馬

同治四年八月十八日。軍務局程興良承。
奉上諭喬〈松年〉奏捻踪回犯皖境迎擊獲勝并派隊會剿情形一摺。
河南巡撫兼提督軍門吳。行。

監印官知縣用候補府經歷程汾源。

附録上諭：軍機大臣字寄河南巡撫吳昌壽等著飭令王文行等實力追剿務將阜陽境内竄匪悉數就地殄除

同治四年八月十三日

軍機大臣字寄，欽差大臣大學士湖廣總督一等果威伯官〈文〉、欽差大臣協辦大學士兩江總督一等毅勇侯曾〈國藩〉、安徽巡撫喬〈松年〉、河南巡撫吳〈昌壽〉、湖北巡撫鄭〈敦謹〉，同治四年八月十三日奉上諭：喬〈松年〉奏，捻踪回犯皖境，迎擊獲勝，并派隊會剿情形一摺。捻逆陳大□等東竄之匪，由河南項城、新蔡等處，回竄皖省阜陽縣境，賊馬游弋至長官店、王化集一帶。經英翰派道員史念祖等督隊進至迎仙店迎擊，賊向劉家窑一帶敗遁。官軍雖小有斬擒，并未大加懲創。喬〈松年〉現調張得勝一軍從固始前往，并催克蒙額所部從潁州繼進，以期合力痛剿。着曾〈國藩〉迅飭劉銘傳周口一軍，與喬〈松年〉所調張得勝等軍，會合截擊。并着吳〈昌壽〉飭令王文行等實力追剿，務將阜陽境内竄匪，悉數就地殄除。此股内有著名匪首牛紅、任柱等，并當會檄皖、豫諸軍，設法兜擒，按名弋獲，毋任漏網。康錦文一軍，曾否馳抵許州？着曾〈國藩〉、吳〈昌壽〉酌度軍情，行令該總兵折赴皖邊，由賊後路夾擊，以厚兵力。

其西竄唐縣股匪，著吳〈昌壽〉嚴飭張曜等，力圖進剿。并着官〈文〉、鄭〈敦謹〉懔遵迭次諭旨，迅檄姜玉順所部，即赴新野一帶，會同豫軍夾擊，毋再株守本境。其隨、棗邊防，并當督飭劉維楨等軍，認真防禦，毋稍疏懈。將此由五百里各諭令知之。

欽此。遵旨寄信前來。

0513. 河南巡撫吳昌壽為附奏請將陣亡游擊張萬均等飭部從優議恤一片行軍需局等札

同治四年八月十八日

札　。照得本部院於同治四年八月十八日，在許州行營，由驛附奏，請旨將陣亡游擊張萬均等，仰懇天恩，飭部從優議恤，以慰忠魂一片。除俟奉到諭旨，另行恭録札知外，合先抄片札行。札到該　，即便會同兩司查照。毋違。此札。

計粘抄片稿一紙。

札軍需局、翼長張鎮。營務處。

同治四年八月十八日。軍務局程興良承。

附奏請旨將陣亡游擊張萬均等飭部從優議恤一片。

河南巡撫兼提督軍門吳。行。

監印官知縣用候補府經歷程汾源。

附録片稿：河南巡撫吳昌壽附奏請將陣亡游擊張萬均等飭部從優議恤片

同治四年八月十八日

再，七月十九日，豫軍在南陽之潦河、塚頭一帶剿匪陣亡千總張玉豐等，業經臣隨摺奏明，奉旨交部從優議恤，欽遵在案。兹復查得游擊張萬均、都司郭振清、張以勤等三員，均係是日血戰捐軀，深堪憫惻。合無仰懇天恩，准將張萬均、郭振清、張以勤三員，飭部從優議恤，以慰忠魂而勵戎行。

為此附片具陳，伏乞聖鑒。謹奏。

0514. 河南巡撫吳昌壽行移具奏江皖各軍會合豫軍剿辦獲勝摺

同治四年八月十九日*

札　。照得本部院於同治四年八月十九日，在許州行營，由驛具奏，參將蔣希夷會同江、皖各軍，攻拔張寨等處賊巢，大挫凶鋒，敗匪四竄狂奔一摺。除俟奉到諭旨，另行恭録札知咨會外，合先抄摺札行。咨送。札到該　，即便會同兩司宋鎮查照。毋違。此札。

計粘抄摺稿一紙。

札軍需局、翼長張鎮。營務處、前安徽按察司張前司。

為咨送事。竊照云前，合先抄摺咨送。為此合咨貴　，謹請（煩）[煩] 查照施行。

計粘抄摺稿一紙。

一　　　　　　　　　　　　　　咨

欽差大臣節制三省協辦大學士兩江總督部堂一等侯曾　咨呈。

欽差大臣湖廣爵閣督部堂官

安徽巡撫部院喬

湖北巡撫部院鄭

署河東總督部堂張

直隸提督軍門統領銘字全軍劉

前甘肅甘州提督軍門馬

附録摺稿：河南巡撫吳昌壽具奏江皖各軍會合豫軍剿辦獲勝摺

同治四年八月十九日

奏為參將蔣希夷會同江、皖各軍，攻拔張寨等處賊巢，大挫凶鋒，敗匪四竄狂奔，恭摺馳陳，仰祈聖鑒事。

竊臣昨將豫軍兩路剿辦，兵力甚單，該匪未經大創，并賴、牛等逆欺我兵單，各股齊出撲犯，經蔣希夷奮勇擊退，斃賊無數各情，於十八日奏報在案。拜摺後，又接據蔣希夷禀稱，八月十一日，會同總兵康錦文并劉銘傳所派提督唐殿魁、道員劉盛藻，面商移營會圍窪張寨賊巢。十二日辰刻，各軍會合進攻。該逆糾同馬賊一千餘騎，步賊七千餘名，由南蜂擁遍地來撲。巢中之賊，亦出幫拒。我軍列陣而進，唐殿魁居右，劉盛藻居左，康錦文居中之左，蔣希夷居中之右。該匪知劉軍初到，全力注之，凶猛衝撲，抵死不退。蔣希夷、康錦文兩軍，乃於中路東西分抄擊剿，馬隊同時衝突，將賊截為兩段。賊仍不退。我軍遂商分兩隊，輪流叠進，槍炮齊施，殲斃賊黨甚夥。賊始敗動。而逆巢隨即火起，一同外竄。賊馬仍復兜裹，不少退怯。時蔣希夷等馬步，業經向前追趕步賊，劉盛藻等復將馬賊擊退。全行敗走，然猶顧戀沿途各巢，不時停止，且拒且退。唐殿魁、劉盛藻乃派隊駐扎各寨。蔣希夷等專意追殺，傳令不准勇丁入寨，以防散隊。其楊河以北賊巢十餘座，見賊衆敗竄，官軍緊追，亦各弃巢逃命。而對河侯信寨内牛烙紅賊黨竄出將半，被我軍殲斃殆盡，乘勝追至瓦店橋口。復值逆首牛烙紅等恃險抵拒，拚命决鬥。我軍奮勇争先，勢如山壓。交鋒一時之久，分隊涉淺，繞出後路，一呼齊渡。賊既失其所恃，均向東南敗竄。其河南賊巢，逃者更衆，勢莫能遏。我軍一路痛剿，追過瓦店十餘里地方。其守賊諸多出寨不及，又被我軍追斃多名。時大股飛奔狂竄，相去已遠。天已將黑，人馬俱饑，未便窮追。當即商同於劉窑一帶分扎，再圖進剿。是役也，陣斬悍賊及沿途追殺不下二千餘名，生擒數百名，克復民寨數十座，奪獲牲畜、馬匹數千頭，刀矛、旗幟不計其數，救出難民男女數千名。查點我軍，受傷勇丁僅十餘名。此十二日各軍在阜陽境内會剿賴、牛等逆獲勝之情形也。

臣查此股髪捻驕悍异常，匝月以來，豫軍兵分見單，是以未受大創。今得劉銘傳、康錦文之軍會同蔣希夷，并力兜剿，即行大挫凶鋒，益徵會剿之有明驗。刻下該匪被創狂奔，有竄往阜陽三河尖一路者，有竄往新蔡、汝陽境内者。遨馬已至西華鄧城寨、逍遥寨等處，勢甚剽疾。除由臣督飭豫軍，仍會合江、皖各軍，分投追剿外，此次豫軍尤為出力之參將蔣希夷擬請以副將留豫儘先補用，千總諸葛漢奎擬請以守備補用，賞戴花翎，都司蔣廣濟擬請以游擊儘先補用，守備鄧開成、蔣蘭江均擬請以都司儘先補用，出自鴻慈逾格。

所有十二日江、皖各軍會合豫軍剿賊獲勝各緣由，謹恭摺由驛馳奏，伏乞皇太后、皇上聖鑒訓示。謹奏。

0515. 河南巡撫吳昌壽為捻逆竄至尉氏扶溝嚴飭各軍相機剿辦事移曾國藩咨文

同治四年八月二十二日

為咨呈事。竊照本部院前派參將蔣希夷一軍，在阜陽邊境，會合劉軍門并皖省所派之康鎮錦文各軍剿賊獲勝，當於十九日，將詳細情形專摺具奏，并抄稿咨呈貴大臣在案。該逆被剿窮蹙，即分股四竄。連日接據各路禀報：十七日，竄至西華縣之逍遥寨。十八日，已竄至鄢陵縣之體仁寨等處。十九、二十等日，已由鄢陵竄至尉氏東北。遨馬四出焚掠，蔓延甚廣。又，據扶溝鄒令來禀：十八日夜間二更時分，有賊馬無數，向城關進撲。當督飭練勇，齊開槍炮，擊斃不少。現在尚有遨馬百餘匹，在城關左近游逸。各等語。先後飛禀前來。

查逆踪飄忽靡常，聲東擊西，是其慣技。惟此次奔竄以來，蔓延幾至數百里。我軍兵分見單，迎剿截擊，均難展布。而迭次拿獲賊探，均稱該逆意圖復竄山東。除分撥隊伍，并嚴飭各軍相機剿辦外，所有近日賊勢及紛竄處所，相應由六百里飛咨。為此咨呈貴大臣，謹請查照應如何剿辦之處，迅速施行。盼切禱切。

再，南陽一股，據報前由鎮平竄向西南鄧、内交界。因山路多被民間截斷，不能西竄，於十五日復折竄南陽，十六日已竄至郡城東南十五里之雙橋鋪、李河店地方。本部院所派之提督譚軍門并張鎮曜、宋鎮慶各軍，均於該處與賊列隊迎拒獲勝，頗有斬擒。該逆又向東南紛竄等語。合併咨明。須至咨呈者。

一　　　　咨　　　　呈

欽差大臣協辦大學士節制三省兩江督部堂一等侯曾

同治四年八月廿二日。

咨呈欽差曾〈國藩〉捻逆竄至尉氏扶溝等處嚴飭各軍相機勦辦。

河南巡撫兼提督軍門吳。行。

監印官知縣用候補府經歷程汾源。

0516. 河南巡撫吳昌壽行移具奏游擊譚金魁妄揭本管總兵請旨革職審辦一摺奉旨

同治四年八月二十四日*

札布政司。照得本部院於同治四年七月二十九日，在許州行營具奏，河北鎮標中軍游擊譚金魁妄揭本管總兵，請旨革職審辦一摺，業經抄摺札知咨送在案。茲於八月二十四日，承准軍機大臣奉旨：譚金魁著革職審辦。欽此。合就相應恭録札行。移咨。札到該司，即便會同按察司，欽遵委員審辦。此札。

計發稟三合并摺，由司抄行委審衙門核審。抄畢，仍繳。

札布政司。

為恭録移咨事。竊照云前，相應恭録移咨。為此合咨貴部，請鎮，煩為欽遵查照飭知施行。

一咨

兵部

河北總鎮

0517. 河南巡撫吳昌壽行移附奏請將藉差需索之候補知縣吳昭坤并候選知縣孫邦治革職一片奉旨

同治四年八月二十四日*

札　。照得本部院於同治四年七月二十九日，在許州行營附奏，請將藉差需索之候補知縣吳昭坤、候選知縣孫邦治一併革職，以儆官邪一片，業經抄片札行咨送在案。茲於八月二十四日，承准軍機大臣奉旨：吳昭坤、孫邦治，均著即行革職。該部知道。欽此。合就相應恭録札行。移咨。札到該　，即便會同兩司，欽遵查照。飭知。毋違。此札。

札軍需局。營務處。

為恭録移咨事。竊照云前，相應恭録移咨。為此合咨貴部，請煩欽遵查照施行。

一咨
吏部
發。

0518. 河南巡撫吳昌壽行移附奏請將陳楚書并丁惠緩俟軍務告竣分别給咨送部引見一片奉旨

同治四年八月二十四日*

札　。照得本部院於同治四年七月二十九日，在許州行營附奏，請將標下右營守備陳楚書、衛輝營守備丁惠，緩俟軍務告竣，分别給咨，送部引見一片，業經抄片札知咨送在案。兹於八月二十四日，承准軍機大臣奉旨：著照所請。兵部知道。欽此。合就相應恭録札行。移咨。札到　，即便欽遵查照。飭知。毋違。此札。

札河北道。布政司。標下中軍。

為恭録移咨事。竊照云前，相應恭録移咨。為此合咨貴鎮，煩為欽遵查照，飭知施行。

一　咨
河北總鎮

0519. 河南巡撫吳昌壽行移附奏開封營游擊員缺以儘先補用游擊王莘臣補授一片奉旨

同治四年八月二十七日

札　。照得本部院於同治四年七月二十九日，在許州行營附奏，開封營游擊員缺，請以儘先補用游擊王莘臣補授一片，業經抄片札知咨送在案。兹於八月二十四日，承准軍機大臣奉旨：兵部議奏。欽此。合就相應恭録札行。移咨。札到該　，即便欽遵知照。毋違。此札。

札標下中軍。布政司。開封營。

為恭録移咨事。竊照云前，相應恭録移咨。為此合咨貴部，請煩欽遵查照施行。

一咨
兵部

同治四年八月廿七日。兵房王本立承。

附奏開封營游擊員缺以儘先補用游擊王莘臣補授一片奉旨。

河南巡撫兼提督軍門吴。行。

監印官知縣用候補府經歷程汾源。

0520. 河南巡撫吴昌壽為附奏請將陣亡游擊張萬均等飭部從優議恤一片奉旨事行軍需局等札

同治四年八月二十八日

札　。照得本部院於同治四年八月十八日，在許州行營，由驛附奏，請旨將陣亡游擊張萬均等，仰懇天恩，飭部從優議恤，以慰忠魂一片，業經抄稿札知在案。兹於本月二十八日，承准軍機大臣奉旨：張萬均等，均著交部從優議恤。欽此。合就恭録札行。札到該　，即便會同兩司，欽遵查照。毋違。此札。

札軍需局、翼長張鎮。營務處。

同治四年八月廿八日。軍務局程興良承。

附奏請旨將陣亡游擊張萬均等飭部從優議恤一片奉旨。

河南巡撫兼提督軍門吴。行。

監印官知縣用候補府經歷程汾源。

0521. 河南巡撫吴昌壽為附奏委員署理城守尉印務一片行布政司及城守尉札

同治四年八月二十九日*

札布政司。城守尉。照得本部院於同治四年八月二十九日附奏，委員署理城守尉印務一片。除俟奉到諭旨，另行恭録札知外，合先抄片札行。札到該司尉，即便查照。毋違。此札。

計粘抄片稿一紙。

札布政司。城守尉。

附録片稿：河南巡撫吴昌壽附奏委員署理城守尉印務片

同治四年八月二十九日

再，河南城守尉富保，現因遵旨赴京陛見，所遺城守尉印務，應即委員接署，以重職守。臣查有鑲藍旗滿洲佐領福祜，管轄嚴明，操練整飭，且該員前經委護城守尉印務，辦理裕如，堪以委令護理。

除檄飭遵照外，理合附奏，伏乞聖鑒。謹奏。

0522. 河南巡撫吳昌壽行移具奏據情代陳叩謝天恩摺

同治四年八月二十九日*

札　。照得本部院於同治四年八月二十九日，在許州行營具奏，據情代陳，叩謝天恩一摺。除俟奉到諭旨，另行恭録札知咨照會外，合先抄摺札知。咨送。照會。札到該　，即便會同兩司查照。毋違。此札。

計粘抄摺稿一紙。

札軍需局。營務處。

為咨送照會事。竊照云前，合先抄摺咨送。照會。為此合咨照會貴　，請煩查照施行。

計粘抄摺稿一紙。

一　照　咨會

吉林將軍

頭品頂戴杭州副都統善

附録摺稿：河南巡撫吳昌壽具奏據情代陳叩謝天恩摺

同治四年八月二十九日

奏為據情代陳，叩謝天恩，仰祈聖鑒事。

竊臣前以副都統銜吉林雙城堡總管善慶奮勉立功，奏請開復頭品頂戴記名副都統，得邀恩准，當即照會該總管欽遵在案。兹據善慶呈稱，接准照會，同治四年六月二十九日内閣奉上諭：善慶著開復原參處分，賞還頭品頂戴，仍以副都統記名簡放。欽此。欽奉之下，感悚難名，當即恭設香案，望闕碰頭，叩謝聖恩。

伏思善慶，漢軍世僕，一介武夫。咸豐三年，奉調河南剿匪，轉戰直、東、皖、楚各省。十年之内，蒙恩擢至頭品頂戴，以副都統記名簡放，并賞給濟特固拉特依巴圖魯勇號，上年補授副都統銜吉林雙城堡總管員缺。寵榮太過，受薄罰而益勵冰淵；寬大再施，録微勞而復蒙陶鑄。戴堯舜如天之德，寤寐難安；竭肝腦塗地之誠，涓埃何補？當此髮捻交乘，中原未靖，唯有益矢慎勤，倍加勉勵，將所帶官兵朝夕訓練，務期臨陣奮勇，冀得早蕩妖氛，以仰報高厚鴻慈於萬一。

所有感激下忱，伏懇代奏等情，據此理合繕摺代陳，伏乞皇太后、皇上聖鑒。謹奏。

0523. 河南巡撫吴昌壽行移具奏江皖各軍會合豫軍剿辦獲勝一摺奉旨

同治四年八月三十日

札　。照得本部院於同治四年八月十九日，在許州行營，由驛具奏，參將蔣希夷會同江、皖各軍，攻拔張寨等處賊巢，大挫凶鋒，敗匪四竄狂奔一摺，業經抄摺札知咨會在案。兹於本月二十八日，承准軍機大臣奉旨：另有旨。欽此。同日，奉上諭二道。等因。承准此。除欽遵外，合就相應恭録札行。咨會。札到該　，即便會同兩司宋鎮欽遵查照。毋違。此札。

計恭録上諭二道。

札軍需局、翼長張鎮。營務處、前安徽按察司張前司。

為恭録咨會事。竊照云前，相應恭録咨會。為此合咨貴　，謹請煩欽遵查照施行。

計恭録上諭二道。

一　　咨

欽差大臣節制三省協辦大學士兩江總督部堂一等侯曾　咨呈。

欽差大臣湖廣爵閣督部堂官

安徽巡撫部院喬

湖北巡撫部院鄭

署河東總督部堂張

直隸提督軍門統領銘字全軍劉

前甘肅甘州提督軍門馬

同治四年八月三十日。軍務局程興良承。

具奏江皖各軍會合豫軍剿辦獲勝各緣由一摺奉旨。

河南巡撫兼提督軍門吴。行。

監印官知縣用候補府經歷程汾源。

附録上諭：軍機大臣字寄河南巡撫吴昌壽等著嚴檄在事各將弁通力殲除東西兩股捻軍

同治四年八月二十四日

軍機大臣字寄，欽差大臣大學士湖廣總督一等果威伯官〈文〉、欽差大臣協辦大學士兩江總督一等毅勇侯曾〈國藩〉、安徽巡撫喬〈松年〉、河南巡撫吴〈昌壽〉、湖北巡撫鄭〈敦謹〉，同治四年八月二十四日奉上諭：吴〈昌壽〉奏，豫軍會同江、皖各軍，攻拔張寨等處賊巢，并新蔡寨長出力請奬各摺片。本日已明降諭旨，宣示出力各員照所請奬勵矣。

蔣希夷一軍，會同康錦文、唐殿魁、劉盛藻，攻拔張寨等處。對河侯信寨内牛烙紅竄出，被我軍殲斃殆盡。乘勝追至瓦店橋口，復有斬擒。現於劉窰一帶駐扎，再圖進剿。該逆分股，一竄阜陽三河尖，一竄新蔡、汝陽，邊馬已至西華鄧城寨等處。昨據吴〈昌壽〉奏，豫軍力單，請責成皖、楚會剿，諭令官〈文〉等嚴飭將領與豫軍會合為一，相機剿辦。現在蔣希夷業已會同江、皖各軍，攻拔張寨等處。獲此大捷，足見各省兵力會剿自有成效。正可乘勝掃蕩，轉戰而前，以收破竹之效。著官〈文〉、曾〈國藩〉、喬〈松年〉、吴〈昌壽〉、鄭〈敦謹〉懔遵昨日諭旨，嚴檄在事各將弁，通力合作，會籌進取，務將東、西兩股逆匪迅速殄滅，以期根株盡拔，疆圉肅清，不可稍有鬆勁，致令賊勢復熾。

逆首李允圍攻新蔡縣東鄉鄒寨，經寨長鄒子興率衆擊剿，該（衆）[逆][①] 雖已退回頓家岡等處，尚未大受懲創。恐其復來報復，急須官兵接應。著吴〈昌壽〉督飭兵勇，迅速前往頓家岡一帶，盡力剿洗，毋任蔓延為患。此次出力之皖省康錦文及劉銘傳部下唐殿魁、劉盛藻各軍，著曾〈國藩〉、喬〈松年〉查明奏請奬勵。將此由五百里各諭令知之。

欽此。遵旨寄信前來。

附録上諭：内閣奉上諭著照吴昌壽所請奬勵攻拔張寨等處賊巢出力人員

同治四年八月二十四日

同治四年八月二十四日内閣奉上諭：吴〈昌壽〉奏，豫軍會同江、皖各軍，攻拔張寨等處賊巢，在事出力各員，懇恩奬勵一摺。捻匪賴汶洸等股，占踞張寨等處，經參將蔣希夷會同總兵康錦文、提督唐殿魁、道員劉盛藻等，分路進攻。該逆糾同馬賊，蜂擁來撲。官軍於中路抄擊，并率馬隊衝突，將賊截為兩段，槍炮齊施，殲斃賊黨甚夥。其楊河以北賊巢十餘座，見賊衆敗竄，亦各弃寨遁走。逆首牛烙紅等，復於瓦店橋口地方，恃險抵拒。官軍繞出後路，一呼齊渡。賊遂向東南逃竄。此次攻剿獲勝，計陣斬悍賊及沿途追殺不下二千餘名，生擒數百名，克復民寨數十座，救出難民數千名。剿辦尚屬得手。所有尤為出力之參將蔣希夷，著以副將留於河南儘先補用；千總諸葛漢奎，著以守備補用，并賞戴花

---

① 據《穆宗毅皇帝實録》（四）卷152，中華書局1987年版，第558頁。

翎；都司蔣廣濟，著以游擊儘先補用；守備鄧開成、蔣蘭江，均著以都司儘先補用。

另片奏，新蔡縣東鄉鄒寨鄒子興，於賊衆屢次圍攻，激勵寨勇同心固守，并炮傷賊首李允落馬，尚知大義。鄒子興著賞給五品翎頂，以示獎勵。其喬〈松年〉所派之總兵康錦文軍及劉銘傳部下提督唐殿魁、道員劉盛藻等軍，著由曾〈國藩〉、喬〈松年〉查明奏請獎勵。該部知道。

欽此。

0524. 河南巡撫吴昌壽行移軍機大臣字寄著會合楚軍實力剿擊由豫東竄之髮捻

同治四年九月初三日*

札　。照得本部院於同治四年九月初三日，在許州行營，承准軍機大臣字寄，同治四年八月二十八日奉上諭一道。等因。欽此。遵旨寄信前來。承准此。除祇遵外，合就/相應恭録札行。/咨會。札到該　，即便會同兩司，/宋鎮，欽遵查照。毋違。此札。

計恭録上諭一道。

札軍需局、翼長張鎮。/營務處、前安徽按察司張前司。

為恭録咨會事。竊照云前，相應恭録咨會。為此合咨貴　，謹請/煩欽遵查照施行。

計恭録上諭一道。

一　咨

欽差大臣節制三省協辦大學士兩江總督部堂一等侯曾　咨呈。

欽差大臣湖廣爵閣督部堂官

安徽巡撫部院喬

山東巡撫部院閻

湖北巡撫部院鄭

署河東總督部堂張

前甘肅甘州提督軍門馬

附録上諭：軍機大臣字寄河南巡撫吴昌壽等著會合楚軍實力剿擊由豫東竄之髮捻

同治四年八月二十八日

軍機大臣字寄，欽差大臣協辦大學士兩江總督一等毅勇侯曾〈國藩〉、安徽巡撫喬〈松年〉、山東巡撫閻〈敬銘〉、河南巡撫吳〈昌壽〉，同治四年八月二十八日奉上諭：閻〈敬銘〉奏，髮捻逆匪由豫復竄東境，派兵堵禦一摺。據稱，髮捻各匪，為劉銘傳之軍擊敗，竄向東北太康、柘城。現據曹縣禀報，二十日，該匪大隊已至睢州東北境。二十一日，考城之保庶寨，曹境之魏灣等處，皆見賊馬。該撫已飛檄駐扎曹縣之總兵楊飛熊等，聯絡截剿，并添勇嚴防沂、莒一帶等語。

逆衆循熟路東趨，有總兵楊飛熊、副將王心安等駐守，并有潘鼎新一軍在濟寧扼扎，諒該逆不敢深入為患。惟西股張總愚等，由棗陽折回南陽，分抵唐縣、新野，其勢亦欲東趨。恐分股繞越，則兵分力單，勢難兼顧。著曾〈國藩〉嚴飭在防將士，認真防守，遇賊即擊，并迅速酌派勁旅，繞赴豫省。如賊分股繞越，亦須分兵截擊，毋任回竄。張總愚在新野一帶，吳〈昌壽〉當會合楚軍，實力剿辦，截其東竄之路。如與東股會合，吳〈昌壽〉、喬〈松年〉派兵追剿，不得以賊已出境，稍分畛域。閻〈敬銘〉已令民間將積穀運入堡内，并令（緯）［衛］[①]榮光督率炮船防河，將沿河船隻盡行提歸北岸。東昌、范縣等營，均歸該道調度。即著責令認真辦理，不得有名無實。如縱令該匪北竄，必惟閻〈敬銘〉是問。潘鼎新一軍，蓄鋭日久，應如何檄調進剿，著曾〈國藩〉酌度機宜，一面調派，一面奏聞，以資得力。

本日據官〈文〉奏，請飭會剿捻逆省分，先行戒備本省門户，一面專派勁旅一枝，前往專心會剿，何省之兵即由何省供支糧餉，再得老成持重之大臣如曾〈國藩〉者，提綱挈領，居中調度，可計日蕩平等語，與前次寄諭正相吻合。前諭曾〈國藩〉進駐許州之處，即著酌度辦理。將此由六百里各諭令知之。

欽此。遵旨寄信前來。

0525. 河南巡撫吳昌壽為附奏例貢永棗仍請緩俟來歲蕃茂呈進一片行布政司札

同治四年九月初四日

札布政司。照得本部院於同治四年八月二十九日附奏，例貢永棗，仍請緩俟來歲棗實蕃茂，照常呈進一片。除俟奉到諭旨，另行恭録札知外，合先抄片札行。札到該司，即便轉飭查照。毋違。此札。

計粘抄片稿一紙。

---

① 據《穆宗毅皇帝實録》（四）卷152，中華書局1987年版，第566頁。

札布政司。

同治四年九月初四日。兵房齊榜元承。

附奏例貢永棗仍請緩俟來歲蕃茂呈進一片。

河南巡撫兼提督軍門吳。行。

附録片稿：河南巡撫吳昌壽附奏例貢永棗仍請緩俟來歲蕃茂呈進片

同治四年八月二十九日

再，豫省例貢永棗，近因永城縣境連年匪擾，棗樹砍伐殆盡，迭經前撫臣張〈之萬〉奏請展緩在案。玆值本年采辦之期，據布政使蘇廷魁詳，據永城縣禀稱：該縣境内於本年五月間復遭捻逆回竄，各鄉新種棗樹，多被殘毁。間有存留樹株，又因風雨連緜，結實盡皆摇落，難以采辦等情。具詳請奏前來。臣復查無异，所有本年例貢永棗，仍請暫緩。俟來歲棗實蕃茂，再飭照常呈進。

理合附片陳明，伏乞聖鑒。謹奏。

0526. 河南巡撫吳昌壽行移附奏請旨飭下直隸督臣迅飭安住即統所部馬隊馳赴河南片

同治四年九月初四日*

札營務處。軍需局。照得本部院於同治四年九月初四日，在許州行營，由驛附奏，請旨飭下直隸督臣，迅飭安住即統所部馬隊，星夜馳赴河南，以資調遣一片。除俟奉到諭旨，另行恭録札知咨會外，合先抄稿札行。咨送。札到該處，局，即便會同兩司查照。毋違。此札。

計粘抄片稿一紙。

札營務處。軍需局。

為咨送事。竊照云前，合先抄稿咨送。為此合咨貴部堂，請煩查照施行。

計粘抄片稿一紙。

一　　　咨

直隸總督部堂劉

附録片稿：河南巡撫吳昌壽附奏請旨飭下直隸督臣迅飭安住即統所部馬隊馳赴河南片

同治四年九月初四日

再，臣伏讀八月十四日上諭：豫省賊衆兵單，以步追馬，非獨勢不相及，且恐奔逐疲勞，不能喘息，反至為賊所乘。等因。仰見皇上遠燭機宜，瞭如指掌，曷勝欽服。

查刻下賴逆等股，由曹縣折竄蘭儀、考城一帶，據稱漸有南竄之勢。自因黄河天險，不能飛渡。且賊馬太多，必欲仍竄平原，肆其蹂躪。河南以一省而當群賊之衝，以一軍而備追剿之用，若無騎師勁旅以利馳驅，即使仰賴天威，一戰克捷，而賊踪遠駛，非步下所能躡及，故賊雖敗而不殲。

前蒙皇上飭派富森保、托倫布等馬隊來豫助剿，現經曾國〈藩〉將各起調齊整頓，交色爾固善帶往皖省防剿，未見有來豫之期。就令日後到豫，去其主將太遠，偃蹇以客自居，或遇賊而不戰，或戰勝而不追，或雖追而不遠，此方苦呼應之不靈，彼且責供億之無狀。凡他省之兵來河南者，大率如此，而馬隊正亦不免。故用兵必先自强。

方今賊勢趨重河南，仰懇天恩，務令精兵健馬聚於河南。倘不以臣為愚駑，并請歸臣調遣。河南之兵力强，南北樞紐，運轉自靈，庶幾妖氛可期迅掃。現查直隸曲周、威縣一帶，有副都統安住統帶馬隊千名，分扎該處防堵，蓄鋭已久。可否請旨飭下直隸督臣，迅飭安住即統所部，星夜馳赴河南，以資調遣。臣非不知北路防兵最關緊要，何敢率請量移？惟念此時賊擾河南，沿河船隻悉數提歸北岸，賊既不能偷渡，則河北一帶情形較鬆。且直省大名一帶，駐有重兵防守，布置嚴密，似可無虞。而安住馬隊所扎之處，更居後路。移緩就急，出境剿賊，即所以屏藩北路，拱衛畿疆也。

是否有當，謹附片瀝陳，伏乞聖鑒訓示。謹奏。

0527. 河南巡撫吴昌壽行移附奏揀員補授河北鎮標中軍游擊員缺片

同治四年九月十二日*

札布政司。標下中軍。照得本部院於同治四年九月十二日附奏，請將儘先游擊袁同勛補授河北鎮標中軍游擊員缺一片。除俟奉到諭旨，另行恭録札知移咨外，合先相應抄片札行。札到該司，將，即便查照。毋違。此札。

計粘抄片稿一紙。

札布政司。標下中軍。

為咨送事。竊照云前，相應抄片咨送。為此合咨貴鎮，煩為查照施行。

計粘抄片稿一紙。

一　　咨

河北總鎮

附録片稿：河南巡撫吴昌壽附奏揀員補授河北鎮標中軍游擊員缺片

同治四年九月十二日

再，河北鎮標中軍游擊譚金魁，妄揭本管總兵，經臣奏奉諭旨，革職審辦在案。所遺河北鎮標中軍游擊員缺，應即揀員請補。兹查有儘先游擊袁同勛，年强技熟，勤習操防，堪以補授斯缺。惟該員保舉儘先游擊名次在後，與例稍有未符。現當河防吃緊，實屬人地相宜。合無仰懇天恩，准將儘先游擊袁同勛補授河北鎮標中軍游擊，以勵戎行。

謹附片具奏，伏乞聖鑒，敕部議覆施行。謹奏。

0528. 河南巡撫吴昌壽行移軍機大臣字寄著查明具奏於沿河一帶造辦炮船事宜

同治四年九月十二日*

札　。照得本部院於同治四年九月十二日，在許州行營，承准軍機大臣字寄，九月初八日奉上諭一道。等因。欽此。遵旨寄信前來。承准此。除祗遵外，合就相應恭録札行。咨會。札到該　，即便會同按察司，欽遵查照。毋違。此札。

計恭録上諭一道。

札軍需局。營務處。布政司。河北鎮。河北道。

為恭録咨呈會事。竊照云前，相應恭録咨呈會。為此合咨貴　，謹請煩欽遵查照施行。

計恭録上諭一道。

一　咨　呈咨

欽差大臣節制三省協辦大學士兩江總督部堂一等侯曾　咨呈。

署理兩江總督江蘇巡撫部院一等伯李

直隸總督部堂劉

湖南巡撫部院李

護理山西巡撫部院王

署理河東總督部堂張

前甘肅甘州提督軍門馬

附録上諭：軍機大臣字寄河南巡撫吳昌壽等著查明具奏於沿河一帶造辦炮船事宜

同治四年九月初八日

軍機大臣字寄，欽差大臣協辦大學士兩江總督一等毅勇侯曾〈國藩〉、暫署兩江總督江蘇巡撫一等肅毅伯李〈鴻章〉、直隸總督劉〈長祐〉、河南巡撫吳〈昌壽〉、湖南巡撫李〈瀚章〉，傳諭護理山西巡撫布政使王榕吉、山西按察使陳湜，同治四年九月初八日奉上諭：王〈榕吉〉奏，請調臬司舊部并江南炮船，赴晉演造一摺。據稱，臬司陳湜前在金陵相知有素者，候補副將陳仁貴、何鳴高、王清和，即選參將呼延霖、蕭紹珂、朱友和、王三湘、黃德亮，游擊黃高志、李善慶等，均係練習行陣、堪勝將領之員。自克復金陵後，皆回湖南原籍，惟呼延霖尚在江寧，請飭調來晉等語。晉省防務需人，自應添調得力將弁，以資教演。即著曾國〈藩〉、李鴻〈章〉、李瀚〈章〉等，查明陳仁貴等現在何處，即飭迅速赴晉，交陳湜調遣。晉省弁兵，不習水戰，造辦炮船，亦未合式。現在江南炮船甚多，并著曾國〈藩〉、李鴻〈章〉揀派營官一員，管帶炮船十數隻，廣募舵工船匠，由運河入黃，泝流赴晉，務於河冰未結之前馳往，不可稍涉遲緩。

王榕〈吉〉另片奏，提督黃仁遺等赴直投效，并非陳湜舊部。惟籌防需人，請飭劉長〈祐〉揀選都司一員、弁兵五十名赴晉等語。即著劉〈長祐〉於黃仁遺等員内，照陳湜所請，揀擇知兵之都司一員，管帶技藝嫻熟之弁兵五十名赴晉，一併交陳湜調遣。

又，據王榕〈吉〉奏，查看邊防情形，惟雁門關及殺虎口為最要等語。現在該處邊墻，多有坍塌。如有應行修補之處，著王榕〈吉〉會同德勒克多爾濟，妥商籌辦。

至前論河南於沿河一帶造辦炮船，以資守禦，現在捻逆擾及東明、菏澤，河防尤關緊要。該省究竟辦理若何，即著吳〈昌壽〉查明具奏，毋得稍涉具文，致有疏失。將此由六百里論知曾國〈藩〉、李鴻〈章〉、劉長〈祐〉、吳〈昌壽〉、李瀚〈章〉，并傳論王榕〈吉〉、陳湜知之。

欽此。遵旨寄信前來。

0529. 河南巡撫吳昌壽行移具奏南北兩路賊踪旋擾豫邊現飭帶兵各員認真剿辦并遵旨整頓炮船摺

同治四年九月十八日*

張翼長札稿内，須寫明會同宋鎮，并移知善副都統，一體查照。

札　。照得本部院於同治四年九月十八日，在許州行營，由驛具奏，南北兩路賊踪，均在豫邊旋擾，現飭帶兵各員認真剿辦，并遵旨整頓炮船，以固河防一摺。除俟奉到諭旨，另行恭録札知/咨呈會外，合先抄摺札行/咨呈送。札到該　，即便會同兩司，宋鎮，查照。毋違。此札。

計粘抄摺稿一紙。

札軍需局、翼長張鎮。營務處、河北鎮。河北道、前安徽按察使張前司。

為咨呈送事。竊照云前，合先抄摺咨呈送。為此咨呈合咨貴　，謹請煩查照施行。

計粘抄摺稿一紙。

一　咨　呈咨

欽差大臣節制三省協辦大學士兩江總督部堂一等侯曾

欽差大臣湖廣爵閣督部堂官

湖北巡撫部院鄭

署河東總督部堂張

山東巡撫部院閻

直隸總督部堂劉

前甘肅甘州提督軍門馬

護理山西巡撫部院王

附録摺稿：河南巡撫吳昌壽具奏南北兩路賊踪旋擾豫邊現飭帶兵各員認真剿辦并遵旨整頓炮船摺

同治四年九月十八日

奏為南北兩路賊踪，均在豫邊旋擾，現飭帶兵各員認真剿辦，并遵旨整頓炮船，以固河防，恭摺馳陳，仰祈聖鑒事。

竊臣前將豫省兩路官軍續有斬截，并添派隊伍，以厚兵力各緣由，於九月初四日奏報在案。查北路賴、牛各賊，於八月二十六七等日，折擾蘭、考等境，麕聚沿河一帶，意圖偷渡。因河内船隻均已先期提泊北岸，又經地方官調集練丁嚴密防範，而河北鎮總兵楊長春督兵在龍門口一帶聯絡布置，無隙可乘。該匪計不得逞，遂欲循河西趨。臣飛飭提督馬德昭，由陳留等處率領所部五營，兼程前進。該匪正在攻撲考城附近之堌城寨，聞馬德昭統兵將到，不敢停留，奔入長垣邊境，旋向東北曹州一帶逸去。定陶、巨野、鄆城等處，皆有邊馬紛擾。九月初三、四等日，復行折竄曹縣迆北安陵集、金堤頭等處。初七日，在姚村、朱岡、孟大夫集駛擾，殺人放火，勢極披猖。其地距考城五六十里以外，非步隊力所能及。該提督馬德昭挑帶馬勇，親往截剿。該匪一見官兵，即行奔竄。追至直境三春柳地方，匪衆悉向東北。官兵太單，未便深入。現復飭令該提督督同蔣希夷勇隊，無論賊竄何方，總須認真兜截。

其南路張總愚股匪，於八月二十四日被張曜等軍攻克周營等寨後，該逆敗遁，由桐河竄至唐縣地方，又由唐縣竄至裕州迆北，大有圖與賴、牛合股之勢。已革臬司張學醇、副都統善慶，督率馬步由葉縣一帶前進，遏其北趨。該匪探知，折而南走。至賒旗店，忽又折向西北，由橋頭寨擾及石橋。張曜、宋慶等軍，遂由岡城轉向西北，直趨橋頭。三十日辰刻，馬賊正在橋頭之北成群游弋，官兵出其不意，馬步各隊兩翼馳上，鼓勇直前，殺斃悍賊五六十人，生擒李振發等十三名，訊明正法，奪獲牛馬四十餘匹。九月初一日，張曜、宋慶等督隊追剿。甫行五六里，該匪率衆來拒。宋慶擊其步賊，張曜擊其馬賊。鏖戰半時，殲斃悍匪無算。宋慶率領洋槍親軍，擊斃領隊騎馬賊目三名。張曜趁勢擊其東哨馬賊。匪勢不支，悉數向南敗奔。我軍併力追殺，復斃賊百餘名，奪獲器械數百件。張學醇、善慶等，聞前路官軍與賊接仗，星馳前進，於初四日馳抵唐境之三門寨，與張曜等軍會合。初五日，拔隊前行。該匪全股來拒，我軍併力争先。賊黨望見新添馬步隊伍整齊，不戰而遁。我軍趁勢疾追，殺賊甚夥。時值日暮收隊。該匪一夜數驚，倉皇南遁。我軍追至郭灘迆北。據探馬回報，賊衆奔走甚速，已竄過唐縣，至湖北棗陽之柿莊一帶。張學醇等擬將隊伍稍為整頓，即行前進，并知會楚省姜玉順等防兵一體會剿等情。稟報前來。

臣查南北兩路賊踪，均在豫邊旋擾。而豫省南北邊防，門户洞開，無險可扼，誠有防不勝防之勢。其南路賊踪，經臣檄飭已革臬司張學醇，會督諸軍，相機截擊。即賊在楚北邊界，必須會合楚師，力圖剿洗，毋許鬆勁。至於北路賴、牛各逆竄擾之處，均在曹、考交界。豫省龍門口一帶，適當南北衝衢，防河尤為吃緊。除業經檄飭河北鎮總兵楊長春督帶官兵駐扎龍門口，河北道周煦徵督率地方調集民團，與直省官兵聯络，嚴密防守外，臣欽奉九月初八日諭旨：前諭河南於沿河一帶，造辦炮船，以資守禦。等因。遵即飛檄參將崔廷桂，將前項炮船復加整頓，帶赴龍門口，以資上下梭防，斷賊偷渡，不敢稍涉具文，致有疏失。

所有南北兩路賊踪，均在豫邊旋擾，現飭帶兵各員認真剿辦，并遵旨整頓炮船，以固河防各缘由，理合繕摺馳陳，伏乞皇太后、皇上聖鑒訓示。謹奏。

0530. 河南巡撫吳昌壽行移軍機大臣字寄著辦硫磺運解陝省

同治四年九月十九日

札軍需局。照得本部院於同治四年九月十九日，在許州行營，承准軍機大臣字寄，九月十四日奉上諭一道。等因。欽此。遵旨寄信前來。承准此。除祇遵外，合就相應恭録札行。移咨。札到該局，即便會同布政司，欽遵查照辦理。毋違。此札。

計恭録上諭一道。

札軍需局。

為恭録咨會事。竊照云前，相應恭録移咨。為此合咨貴部院，請煩欽遵查照施行。

計恭録上諭一道。

一　　　　　　咨

護理山西巡撫部院王

同治四年九月十九日。軍務局程興良承。

奉上諭德興阿劉蓉奏請飭豫省運解硫磺等語。

河南巡撫兼提督軍門吳。行。

監印官知縣用候補府經歷程汾源。

附録上諭：軍機大臣字寄河南巡撫吳昌壽著辦硫磺運解陝省

同治四年九月十四日

軍機大臣字寄，河南巡撫吳〈昌壽〉，傳諭護理山西巡撫布政使王〈榕吉〉，同治四年九月十四日奉上諭：德〈興阿〉、劉〈蓉〉奏，請飭晋、豫運解硫磺等語。陝省硫磺缺乏，現當甘肅軍務吃緊，邊防戒嚴，各路軍營紛紛調撥，軍火一項，為刻不可緩之需。豫省之彰、衛、懷三府，晋省之太原府一帶，向産硫磺。即著吳〈昌壽〉、王〈榕吉〉自本年九月起，每月各辦硫磺五千斤，運解陝省，以資配造，毋少遲延。將此由五百里諭知吳〈昌壽〉，并傳諭王知之。

欽此。遵旨寄信前來。

0531. 河南巡撫吳昌壽行移具奏南北兩路賊踪旋擾豫邊現飭帶兵各員認真剿辦并遵旨整頓炮船一摺奉旨

同治四年九月二十八日*

札　。照得本部院於同治四年九月十八日，在許州行營，由驛具奏，南北兩路賊踪，均在豫邊旋擾，現飭帶兵各員認真剿辦，并遵旨整頓炮船，以固河防一摺，業已抄摺札知咨呈送在案。玆於本月二十八日，承准軍機大臣字寄，本月二十二日奉上諭一道。等因。欽此。遵旨寄信前來。承准此。除祗遵外，合就相應恭録札行。咨呈。會。札到該　，即便會同兩宋鎮，并移知善副都統，一體司，欽遵查照。毋違。此札。

計恭録上諭一道。

札軍需局、翼長張鎮。營務處、河北鎮。河北道、前安徽按察使張前司。

為恭録咨呈會事。竊照云前，相應恭録咨呈。會。為此咨呈會貴　，謹請煩欽遵查照施行。

計恭録上諭一道。

一　咨　呈咨

欽差大臣節制三省協辦大學士兩江總督部堂一等侯曾

欽差大臣湖廣爵閣督部堂官

湖北巡撫部院鄭

署河東總督部堂張

山東巡撫部院閻

直隸總督部堂劉

前甘肅甘州提督軍門馬

護理山西巡撫部院王

署理兩廣總督漕運總督部堂吳

附録上諭：軍機大臣字寄河南巡撫吳昌壽等著會剿皖鄂豫邊境捻軍并實力整頓龍門炮船

同治四年九月二十二日

軍機大臣字寄，欽差大臣協辦大學士兩江總督一等毅勇侯曾〈國藩〉、署兩廣總督漕運總督吳〈棠〉、安徽巡撫喬〈松年〉、河南巡撫吳〈昌壽〉、山東巡撫閻〈敬銘〉，同治四年九月二十二日奉上諭：吳〈昌壽〉奏，豫省南北賊情，派兵防剿。閻〈敬銘〉奏，賊竄豐、沛。各一摺。捻匪大股數萬，由菏澤竄過定陶，為民勇、官軍擊退，復竄城武、單縣，折向東南豐、沛一帶，現在豐縣之歡口地方屯聚，去魚臺四十餘里。賊踪飄忽异常，雖有楊飛熊等軍整隊進剿，僅止跟踪尾追，并未迎頭截剿，痛加殲戮，稍遏狂氛。該撫已派副將王心安等越境追剿，并飭潘鼎新之軍住扎單縣。

楊飛熊取道滕縣，防賊東趨。即著與曾〈國藩〉派往濟寧之張樹珊、色爾固善等軍，分路進剿，勿再鬆勁。賊匪裹脅數萬，邊馬橫布幾百餘里。若非集數省兵力，四面兜剿，將來勢焰日張，辦理益形棘手。曾〈國藩〉現住徐州，正當厚集兵力，與東省兵勇前後夾擊。并著吳〈棠〉飭令駐防清淮之師，會合兜剿，務期實力殲除，不得有名無實。豐、沛界南北之交，距歸德、宿州甚近。并著喬〈松年〉、吳〈昌壽〉嚴密扼防，并聯絡各路兵勇，以剿為防。

至張總愚等股竄向裕州，意圖與牛、賴等股匪合併東擾，經豫軍截擊，逼向西南，復由唐縣等處擾及鄂省隨、棗邊境。該逆避兵而行，奔突靡定。總須鄂、豫兩省前截後追，併力夾擊，方可杜賊紛竄。著吳〈昌壽〉飛咨湖北防軍越境合剿，并飭張曜等相機進攻，遏賊竄向東北之路。龍門炮船，務須實力整頓，不得稍形疏懈。

閻〈敬銘〉另片奏，遵查賊撲定陶縣城，實係八月三十日，前次摺内誤繕九月三十日，自請議處，已加恩寬免矣。將此由六百里各諭令知之。

欽此。遵旨寄信前來。

0532. 河南巡撫吳昌壽為附奏仰懇天恩准將參將文凌等七員暫緩送部引見一片行布政司等札

同治四年九月二十九日

札　。照得本部院於同治四年九月二十八日，在許州行營，由驛附奏，仰懇天恩，准將河南營參將文凌等七員暫緩送部引見一片。除俟奉到諭旨，另行恭録札知外，合先抄片札行。札到該　，即便查照飭知。毋違。此札。

計粘抄片稿一紙。

札布政司、歸德鎮。
河北南陽鎮、河陝汝道。

同治四年九月廿九日。軍務局程興良承。

附奏仰懇天恩准將參將文凌等七員暫緩送部引見一片。

河南巡撫兼提督軍門吳。行。

監印官知縣用候補府經歷程汾源。

附録片稿：河南巡撫吳昌壽附奏仰懇天恩准將參將文凌等七員暫緩送部引見片

同治四年九月二十八日

再，河南營參將文凌、會亭營參將竇萬禄、中軍守備王同둂、右營守備葉長

茂、南陽鎮右營都司高立本、鄧新營游擊程占鼇、新野營守備陳懷方等七員，照例均應送部引見。惟豫境賊踪充斥，正當防剿吃緊之時，所有歸德、南陽、河南各屬，或布置城守，或扼要堵截，在在需員，未便遽易生手。兹據河北鎮總兵楊長春、署歸德鎮總兵成景、署南陽鎮總兵趙鴻舉、署河陝汝道趙書升等，先後稟請將各該員暫緩送部。等情前來。合無仰懇天恩，准將參將文凌、竇萬禄，守備王同毅、葉長茂，都司高立本，游擊程占鼇，守備陳懷方等七員，暫緩送部引見，出自鴻慈。

理合附片具陳，伏乞聖鑒訓示。謹奏。

0533. 河南巡撫吴昌壽為附奏委員署理城守尉印務一片奉旨事行布政司及城守尉札

同治四年十月初六日*

札布政司。城守尉。照得本部院於同治四年八月二十九日附奏，委員署理城守尉印務一片，業已抄片札知在案。兹於十月初六日，承准軍機大臣奉旨：知道了。欽此。合就恭録札行。札到該司，尉，即便欽遵查照。毋違。此札。

札布政司。城守尉。

0534. 河南巡撫吴昌壽行移具奏據情代陳叩謝天恩一摺奉旨

同治四年十月初六日*

札　。照得本部院於同治四年八月二十九日，在許州行營具奏，據情代陳，叩謝天恩一摺，業經抄稿札知咨送照會在案。兹於十月初六日，承准軍機大臣奉旨：知道了。欽此。除祗遵外，合就相應恭録札行。咨照會。札到該　，即便會同兩司，欽遵查照。毋違。此札。

札軍需局。營務處。

為恭録咨照會事。竊照云前，相應恭録咨照會。為此合咨照會貴　，請煩欽遵查照施行。

一　照　咨會

吉林將軍

頭品頂戴杭州副都統善

0535. 河南巡撫吴昌壽札行照會具奏據情代陳叩謝天恩摺

同治四年十月初七日

札軍需局。照得本部院於同治四年九月二十七日，在許州行營具奏，據情代陳，叩謝天恩一摺。除俟奉到諭旨，另行恭録札行照會外，合先抄摺札知照會。札到該局，即便會同兩司查照。毋違。此札。

計粘抄摺稿一紙。

札軍需局。

為照會事。竊照云前，合先抄摺照會。為此照會貴副都統，請煩查照施行。

計粘抄摺稿一紙。

一 照 會

頭品頂戴杭州副都統善

同治四年十月初七日。軍務局程興良承。

具奏據情代陳叩謝天恩一摺。

河南巡撫兼提督軍門吴。行。

監印官知縣用候補府經歷程汾源。

附録摺稿：河南巡撫吴昌壽具奏據情代陳叩謝天恩摺

同治四年九月二十七日

奏為據情代陳，叩謝天恩，仰祈聖鑒事。

竊臣接據頭品頂戴新授杭州副都統善慶咨呈稱，八月十九日，在許州營次，接准兵部清文咨開，同治四年七月十三日内閣奉上諭：杭州副都統員缺，著善慶補授。欽此。欽遵。當即恭設香案，望闕叩謝天恩。

伏思善慶一介庸愚，未嫻武略。本年六月二十九日，蒙恩賞還頭品頂戴，仍以副都統記名簡放。方深感激之忱，未效涓埃之報，又蒙特簡補授杭州副都統員缺。十年在外，叨知遇於兩朝；半月甫經，荷恩綸之叠沛。惟有益矢慎勤，倍加勉勗，奮馳驅而殲群醜，嚴訓練而習操防，庶稍以報高厚鴻慈於萬一。

所有感激下忱，呈請代奏等情，據此理合恭摺代陳，伏乞皇太后、皇上聖鑒訓示。謹奏。

0536. 河南巡撫吴昌壽為附奏例貢永棗仍請緩俟來歲蕃茂呈進一片奉旨事行布政司札

同治四年十月初十日

札布政司。照得本部院於同治四年八月二十九日附奏，例貢永棗，仍請緩俟來歲棗實蕃茂，照常呈進一片，業已抄片札知在案。兹於十月初六日，承准軍機大臣奉旨：知道了。欽此。合就恭録札行。札到該司，即便轉飭欽遵查照。毋違。此札。

札布政司。

同治四年十月初十日。兵房齊榜元承。

附奏例貢永棗仍請緩俟來歲蕃茂呈進一片奉旨。

河南巡撫兼提督軍門吳。行。

0537. 河南巡撫吳昌壽為附奏仰懇天恩准將參將文凌等七員暫緩送部引見一片奉旨事行布政司等札

同治四年十月初十日

札　。照得本部院於同治四年九月二十八日，在許州行營，由驛附奏，仰懇天恩，准將河南營參將文凌等七員暫緩送部引見一片，業已抄片札知在案。茲於十月初十日，承准軍機大臣奉旨：著照所請。兵部知道。欽此。除祇遵外，合就恭録札行。札到該　，即便欽遵查照飭知。毋違。此札。

札布政司、歸德鎮。河北南陽鎮、河陜汝道。

同治四年十月初十日。軍務局程興良承。

附奏仰懇天恩准將參將文凌等七員暫緩送部引見一片奉旨。

河南巡撫兼提督軍門吳。行。

監印官知縣用候補府經歷程汾源。

0538. 河南巡撫吳昌壽行移具奏官軍剿捻獲勝現飭各隊追剿摺

同治四年十月十四日*

札　。照得本部院於同治四年十月十四日，在許州行營，由驛具奏，官軍兩路進剿，迭獲勝仗，該匪被扼，不敢西趨，折竄東北，現飭各隊躡踪追剿一摺。又附奏，前竄蕭、碭髮捻各逆，折回豫省情形一片。除俟奉到諭旨，另行恭録札知咨呈會外，合先抄稿札行咨呈送。札到該　，即便會同兩司查照。毋違。此□。

計粘抄摺稿一紙。

札軍需局。營務處。前安徽臬司張前司。

為咨呈送事。竊照云前，合先抄稿咨呈送。為此咨呈合咨貴　，謹請煩查照施行。

計粘抄摺稿一紙。

一 咨 呈咨

欽差大臣節制三省協辦大學士兩江總督部堂一等侯曾

欽差大臣湖廣爵閣督部堂官

河東總督部堂張

湖北巡撫部院鄭

山東巡撫部院閻

安徽巡撫部院喬

總統豫軍前甘州提督軍門馬

同治四年十月□日。軍務局程興良承。

具奏官軍兩路進剿迭獲勝仗現飭各隊躡踪追剿等摺片。

河南巡撫兼提督軍門吳。

附録摺稿：河南巡撫吴昌壽具奏官軍剿捻獲勝現飭各隊追剿摺

同治四年十月十四日

奏為官軍兩路進剿，迭獲勝仗，該匪被扼，不敢西趨，折竄東北，現飭各隊躡踪追剿，恭摺奏陳，仰祈聖鑒事。

竊臣前將官軍在郭灘血戰，并請調大名駐防馬隊緣由，於九月二十八日馳奏在案。其時張總愚股匪，竄由魯山下湯、西馬樓等處，駛向西北，勢將擾及嵩、洛。經臣先期檄令參將崔廷桂，率領所部，由鄭州石橋，移赴河南府，嚴密防範。又咨提督馬德昭統帶所部并副將蔣希夷各營，由蘭、考西馳，相機攔截。該匪偵知西路有備，全股折回，攻撲魯山縣城。知縣胡廷楨督勇固守。該逆突至西關，抛擲火箭。時值西北風大作，延燒街心房屋，烈焰障天。兵勇立脚不住，賊衆勢將擁入。該縣胡廷楨挑帶綫槍壯勇二百名，縋城繞至街口，開放排槍，抵拒街外賊衆。一面揮令團勇登房，槍箭齊施，磚石并下，乃將賊衆擊退。計斃馬、步賊匪四十餘名，生擒二名。賊乃紛竄寶豐縣境。

十月初一日，總兵宋慶等軍，追賊於寶豐石橋寨地方。宋慶親督各營，迎頭截擊。鏖戰兩時之久，擒斬悍賊多名。匪勢不支，由郟縣竄至禹州，大股麕集近城數里。已革臬司張學醇及宋慶等帶兵馳到，於十月初五日夜半，派隊潛入賊營，殺斃十餘名。賊衆驚亂。初六日，悉向東北遁走。張學醇督隊躡剿。行十餘里，賊復反旗回戰。馬賊從旁抄襲，意圖邀我輜重。張學醇一面迎擊，一面分飭扎營。賊見我軍嚴整，遂於禹州附近村莊屯踞，與我相持。張學醇、宋慶等會商，賊騎我步，白日野戰，勢難取勝。即或得手，而賊騎奔馳，又苦追之不及。乃於初九日四鼓，派令都司張魁元、蔣尚均等，密帶奮勇五百人為前鋒，宋慶親帶各隊接應，張學醇與總兵保英各選奮勇，以為後繼。月光甫下，一聲號起，火彈齊施，大呼衝入。賊衆驚覺，紛紛亂竄。斬殺甚多，將該逆營壘踏破二座，乘勢分踏各處賊營。賊憑墻施放槍炮，以拒我軍。附近馬、步賊衆，紛紛來援，意圖包抄，經張學醇與保英等分兵擊退。宋慶親督張魁元等軍，奮勇齊進。前隊受傷，後隊愈奮。當將各處營［壘］悉行踏毀，賊黨四散逃走。天色將明，未便再行深入，收隊而回。殺賊甚夥，奪獲旗幟、槍炮、騾馬無算，生擒悍賊三十五名，訊明正法。計點我軍，陣亡都司張魁元一名。該匪營壘已失，不能盤踞，盡向東北遁走。

先是，賊在禹州與張學醇等相拒，已分股竄入新鄭、密縣等境。提督馬德昭統軍馳抵新鄭，至小窰口地方，派參將左成元、都司李承先等分左、右翼而進。知縣王楷招集鄉團，遥為聲勢。李承先親率馬隊，奮勇直前。左成元等步隊，同時并進。該逆不虞我軍猝至，四散狂奔。我軍追殺數十名。豫鋭營馬勇高萬容左膀受賊刀傷，該勇奪取賊刀，即將此賊砍斃，并奪其馬而歸。刻下馬、步賊股，均由長葛一帶奔竄。據各該營禀報前來。

臣查張總愚股匪由寶、魯西竄之時，本圖蔓擾嵩、洛，窺伺秦、晋。因知西路有備，又經張學醇、馬德昭等在禹州、新鄭等處迭擊獲勝，賊志不逞，是以由長葛地方折竄東趨。查長葛東接鄢陵，東北即係洧川。業經飛飭張學醇及馬德昭等，督率各軍，由此兩路躡踪追剿。

此次夜踏賊營，在事尤為出力之花翎都司蔣尚均，擬請免補都司，以游擊儘先補用，藍翎都司銜守備郭春報，擬請以都司儘先補用，并賞换花翎，外委宋得勝，擬請以千總補用，并賞戴藍翎，其在新鄭奪刀殺賊之馬勇高萬容，擬請以外委拔補，并賞戴藍翎，以昭激勸，出自逾格鴻慈。至陣亡都司張魁元，刀戰捐軀，殊堪憫惻。相應請旨，飭部從優議恤，以慰忠魂。

所有官軍兩路進剿獲勝，該匪被扼，不敢西趨，折竄東北，現飭各隊躡踪追剿各緣由，謹繕摺馳奏，伏乞皇太后、皇上聖鑒訓示。謹奏。

附録片稿：河南巡撫吴昌壽附奏前竄蕭碭髮捻折回豫省情形片

同治四年十月十四日

再，據杞縣知縣查以謙禀稱：前竄蕭、碭髮捻各逆，突順乾黄河，折回西竄，麕聚睢州壩圈頭集。邊馬於初九日，擾及杞縣東北人和、新興各村及裴村店、陶林岡等處焚掠，勢極凶猛。經該縣會同城守營千總王文清，馳往堵禦。至許岡，揮隊直前，槍斃馬賊四名。餘賊仍向東北駛擾。刻下東北、正東、南三面，火光燭天，距城五六里外之曹屯、張窪等村，俱有馬賊屯聚等語。其睢州、考城、寧陵，亦先後馳禀，情形大略相同。

查張總愚股匪被擊東趨，臣飛飭提督馬德昭、已革臬司張學醇等，統率各軍，併力追擊。正在催軍前進，不料此股忽又竄回。其與張總愚一股是分是合，尚未可定。互相牽（製）［制］，則軍務愈形棘手。除傳知前敵將領，於追剿之時，更須多發偵探，嚴防另股，毋為所乘，一面將防守河洛之兵，調回祥符、蘭儀一帶，扼要駐扎，以防河岸。臣仍相機布置，兩路兼籌，以資策應。

所有前竄蕭、碭髮捻各逆，折回豫省情形，理合附片具奏，伏乞聖鑒訓示。謹奏。

0539. 河南巡撫吳昌壽為附奏張曜請假回籍歸葬一片行軍需局等札

同治四年十月十四日*

札　。照得本部院於同治四年十月十四日，在許州行營，由驛附奏，提督銜候補總兵張曜，請假四個月，回籍歸葬一片。除俟奉到諭旨，另行恭録札知外，合先抄片札行。札到該　，即便會同兩司查照。毋違。此札。

計粘抄片稿一紙。

札軍需局、營務處。翼長張鎮。

同治四年十月□日。軍務局程興良承。

附奏提督銜候補總兵張曜請假四個月回籍歸葬一片。

河南巡撫兼提督軍門吳。

附録片稿：河南巡撫吳昌壽附奏請准張曜請假回籍歸葬片

同治四年十月十四日

再，據提督銜候補總兵張曜呈稱：咸豐十年，父母在豫相繼去世。至今五年，未得歸喪。原籍浙江，早經肅清。此時前敵統帶有人，懇請給假葬親等情。

查該總兵前於三月間，因豫事稍鬆，具禀乞假。其時前敵接替無人，未准所請。現在提督馬德昭、已革安徽臬司張學醇，均已到豫，業經派赴前敵，統帶各營。該總兵原帶勇丁六營，連年轉戰，傷損甚多。現令汰弱留强，交總兵保英管帶。該總兵在營并無經手未完事件，擬請賞假四個月，俾得歸葬，以遂孝思。假滿之日，即令回營。

理合附片具奏，伏乞聖鑒訓示。謹奏。

0540. 河南巡撫吳昌壽行移附奏請將伊興阿等暫緩送部引見片

同治四年十月十九日

札布政司。照得本部院於同治四年十月十三日附奏，請將歸德左營游擊伊興阿、守備李萬祥，右營都司楊友明，永城營守備李明經，考城營游擊蔡若珍、守備魁齡，信陽協中軍都司武殿魁，均俟軍務稍鬆，次第給咨，送部引見一片。除俟奉到諭旨，另行恭録札知移咨外，合先抄片札行。札到該司，即便查照。毋違。此札。

計粘抄片稿一紙。

札布政司。

為咨送事。竊照云前，相應抄片咨送。為此合咨貴鎮，煩為查照飭知施行。

計粘抄片稿一紙。

一　咨

歸德總鎮

南陽總鎮

同治四年十月十九日。兵房齊榜元承。

布政司代印。

附奏請將歸德左營游擊伊興阿信陽協都司武殿魁等俟軍務稍鬆送部引見一片。

河南巡撫兼提督軍門吳。行。

附録片稿：河南巡撫吳昌壽附奏請將伊興阿等暫緩送部引見片

同治四年十月十三日

再，臣接准兵部咨：歸德左營游擊伊興阿、守備李萬祥、都司楊友明、游擊蔡若珍、守備魁齡、李明經，均係應行赴部引見之員。咨請暫緩赴部，核與奏定章程不符。行令按照奏定章程，奏明辦理。等因前來。

臣查豫省軍務未竣，賊踪飄忽靡常。況歸德、考城等處，尤當直、東、皖三省之衝。該游擊伊興阿等帶兵督團，或扼守邊境，或捍衛城池，正關緊要，未便遽易生手。

又，信陽協中軍都司武殿魁，亦應赴部引見。惟該處防守甚形喫重，一時更替乏人。合無仰懇天恩，准將歸德左營游擊伊興阿、守備李萬祥，右營都司楊友明，永城營守備李明經，考城營游擊蔡若珍、守備魁齡，信陽協中軍都司武殿魁，均請俟軍務稍鬆，由臣次第給咨，送部引見。

臣為保衛地方起見，是否有當，理合附片具奏，伏乞聖鑒訓示。謹奏。

0541. 河南巡撫吳昌壽行移廷寄著乘勝迎剿髮捻毋令闌入河南腹地

同治四年十月十九日*

札　。照得本部院於同治四年十月十九日，在許州行營，承准軍機大臣字寄，本月十五日奉上諭一道。等因。欽此。遵旨寄信前來。承准此。除祗遵外，合就相應恭録札行。咨呈。會。札到該　，即便會同兩宋鎮，并移會善副都統，司，欽遵查照。毋違。此札。

計恭録上諭一道。

札軍需局、前安徽臬司張前司。營務處。

為恭録咨呈會事。竊照云前，相應恭録咨呈。會。為此咨呈合咨貴　，謹請煩欽遵查照施行。

計恭録上諭一道。

一　咨　呈咨

欽差大臣節制三省協辦大學士兩江總督部堂一等侯曾

直隸總督部堂劉

總統豫軍前甘州提督軍門馬

附録廷寄：軍機大臣字寄河南巡撫吳昌壽等著乘勝迎剿髮捻毋令闌入河南腹地

同治四年十月十五日

軍機大臣字寄，欽差大臣協辦大學士兩江總督一等毅勇侯曾〈國藩〉、直隸總督劉〈長祐〉、河南巡撫吳〈昌壽〉，同治四年十月十五日奉上諭：曾〈國藩〉奏，官軍剿賊獲勝，并請飭安住馬隊，仍留直隸防河各摺片。覽奏均悉。昨據閻〈敬銘〉奏稱，捻匪由山東復竄虞城。已諭令曾〈國藩〉飭色爾固善馬隊赴豫追剿。此次官軍雖兩次獲勝，而該逆未受大創。著曾〈國藩〉仍遵前旨，嚴飭色爾固善等，跟踪追躡，毋稍鬆懈。吳〈昌壽〉有地方之責，尤不得稍涉推諉。并著督飭各軍，迎頭截剿，毋令闌入河南腹地，致滋蹂躪。黃河水涸，未可減戍。曾〈國藩〉所陳，實為根本至計。即著劉〈長祐〉札飭安住馬隊，仍留直隸，防守河邊，不得稍有疏忽。倘賊竄陳州以西，則直境防務較鬆。仍著曾〈國藩〉察度軍情，妥為調遣，以資攻剿。將此由六百里各諭令知之。

欽此。遵旨寄信前來。

0542. 河南巡撫吴昌壽行移附奏揀員補授河北鎮標中軍游擊員缺一片奉旨

同治四年十月二十四日

札布政司。標下中軍。照得本部院於同治四年九月十二日附奏，請將儘先游擊袁同勛補授河北鎮標中軍游擊員缺一片，業已抄片札知咨送在案。茲於十月二十日，承准軍機大臣奉旨：兵部議奏。欽此。合就相應恭録札行。移咨。札到該司，將，即便欽遵查照。毋違。此札。

札布政司。標下中軍。

為恭録移咨事。竊照云前，相應恭録移咨。為此合咨貴鎮，煩為欽遵查照施行。

一　咨

河北總鎮

同治四年十月廿四日。兵房鄧式南承。

附奏揀員補授河北鎮標中軍游擊員缺一片奉旨。

河南巡撫兼提督軍門吴。行。

0543. 河南巡撫吴昌壽行移具奏官軍剿捻獲勝現飭各隊追剿等摺片奉上諭

同治四年十月二十六日*

札　。照得本部院於同治四年十月十四日，在許州行營，由驛具奏，官軍兩路進剿，迭獲勝仗，該匪被扼，不敢西趨，折竄東北，現飭各隊躡踪追剿；又附奏，前竄蕭、碭髪捻各逆，折回豫省；又附奏，提督銜候補總兵張曜，請假四個月，回籍歸葬；又附奏，宛南各屬團練，或助剿立功，或賫糧充餉，擇尤請旨獎勵，以勸將來。等摺片，業已抄稿札知咨呈送在案。茲於本月二十六日，承准軍機大臣字寄，本月二十一日奉上諭二道。等因。欽此。遵旨寄信前來。承准此。除欽遵外，合就相應恭録札行。札到該　，即便會同兩司欽遵查照。毋違。此札。

計恭録上諭二道。

札軍需局。前安徽臬司張前司。營務處。

為恭録咨呈會事。竊照云前，相應恭録咨呈會。為此咨呈會貴　，謹請煩欽遵查照施行。

計恭録上諭二道。

一　咨　呈咨

欽差大臣節制三省協辦大學士兩江總督部堂一等侯曾

欽差大臣湖廣爵閣督部堂官

河東總督部堂張

湖北巡撫部院鄭

山東巡撫部院閻

安徽巡撫部院喬

護理山西巡撫部院王

總統豫軍前甘州提督軍門馬

同治四年十月□日。軍務局潘清漣 程興良 劉天德承。

具奏官軍兩路進剿迭獲勝仗等摺片奉上諭。

河南巡撫兼提督軍門吴。

附録廷寄：軍機大臣字寄河南巡撫吴昌壽等著乘勝進剿髮捻并准張曜回籍歸葬

同治四年十月二十一日

軍機大臣字寄，欽差大臣大學士湖廣總督一等果威伯官〈文〉、欽差大臣協辦大學士兩江總督一等毅勇侯曾〈國藩〉、河南巡撫吴〈昌壽〉、湖北巡撫鄭〈敦謹〉，傳諭護理山西巡撫布政使王〈榕吉〉，同治四年十月二十一日奉上諭：吴〈昌壽〉奏，官軍兩路進剿獲勝，賊匪折竄東北，請獎出力各員，蕭、碭髮捻回竄豫境。王〈榕吉〉奏，豫省捻踪，圖竄嵩、洛，籌備河防。各摺片。覽奏均悉。本日已明降諭旨，將豫軍出力各員照［所］請獎勵矣。

張總愚股匪，由魯、寶西竄，圖犯嵩、洛。因偵知西路有備，折而東趨。經張學醇、馬德昭等迎擊於禹州、新鄭等處，迭次獲勝。現在馬、步各賊，尚在長葛地方。著吴〈昌壽〉即飭張學醇、馬德昭等軍，由鄢陵、洧川兩路，追踪躡剿，毋使該逆得以喘息。蕭、碭髮捻，回竄豫之睢州，邊馬擾及杞縣等處，是以由虞城逐漸而西，誠恐與張總愚一股趨併。

且黄河現當冬令水涸，尤恐伺隙搶渡，剿辦更形棘手。吴〈昌壽〉現調駐守河洛之兵，回駐祥符、蘭儀一帶，嚴扼河防，誠屬要着。仍當檄飭在防各軍，會合山東追剿虞城竄賊之軍，兩面夾攻，毋使乘間深入。色爾固善等馬隊，迭諭曾〈國藩〉檄赴豫境，著即飭令馳赴睢、杞一帶，繞出賊前，以遏奔突。其安住馬隊，已據劉〈長祐〉奏起程赴豫，并着吴〈昌壽〉飭令迎頭截剿，仍嚴扼賊由蘭、考北竄之防，無誤事機。

王〈榕吉〉所奏捻踪北趨各情，自尚未悉賊已由禹、郟折而東竄。惟逆踪飄忽靡常，晋、豫一河之隔，隘口紛岐，尤不可稍涉大意。着王〈榕吉〉仍飭和昌、蔣臨照等，覘賊所向，就近量移，擇要添布，以臻周備。

賊踪去鄂雖遠，官〈文〉、鄭〈敦謹〉仍當嚴檄鄂邊將士，越境設防，以備迎剿，毋得稍存畛域之見。

吴〈昌壽〉另片奏，總兵張曜呈請回籍歸葬等語。張曜著賞假四個月，准其回籍歸葬。其所部各營，飭接管之總兵保英，妥為整理，以資得力。王〈榕吉〉請催調江南炮船，已諭曾〈國藩〉、李〈鴻章〉迅速調撥矣。將此由六百里諭知官〈文〉、曾〈國藩〉、吴〈昌壽〉、鄭〈敦謹〉，并傳諭王〈榕吉〉知之。

欽此。遵旨寄信前來。

附録上諭：内閣奉上諭著准將豫軍出力各員照吴昌壽所請獎勵

同治四年十月二十一日

同治四年十月二十一日内閣奉上諭：吴〈昌壽〉奏，官軍進剿竄匪，迭獲勝仗，請將在事各員，分别獎恤一摺。張總愚股匪，圖犯嵩、洛，攻撲魯山縣城，經官軍奮力擊退，紛竄寶豐縣境。總兵宋慶迎頭截擊，鏖戰兩時之久，擒斬甚多。賊由郟縣竄至禹州。復經已革臬司張學醇及宋慶等軍，於十月初五日夜半潛入賊營，殺斃多名，賊向東北遁去。初九日四鼓，官軍進剿，踏營二座。後隊愈奮，遂將賊營悉行踏毁，奪獲旗幟、槍炮、騾馬無算，生擒悍賊多名。剿辦甚為得手。所有尤為出力之都司蔣尚均著免補都司，以游擊儘先補用，守備郭春報著以都司儘先補用，并賞换花翎，外委宋得勝著以千總補用，并賞戴藍翎，馬勇高萬容著以外委拔補，并賞戴藍翎，以示鼓勵。陣亡之都司張魁元，着交部從優議恤，以慰忠魂。

另片奏，請將宛南各屬團練出力各紳民獎勵等語。生員趙雲壽，着以州判分發省分，儘先補用。牛夢蓮等六名，均着以訓導不論雙、單月儘先選用。監生余名立等三名，均着以從九品不論雙、單月選用，内余體仁并賞戴藍翎。經制外委牛金甲等二員名，均着以把總儘先拔補，并賞戴藍翎。餘着照所議辦理。該部知道。欽此。

0544. 河南巡撫吴昌壽為具奏查明信陽協所轄地方情形酌議分設營汛一摺行布政司札

同治四年十一月初二日*

札布政司。照得本部院於同治四年十一月初二日具奏，查明信陽協所轄地方情形，酌議分設營汛，匀派官兵，并請將光州營改歸該協管轄，以資策應一摺。除俟奉到諭旨，另行恭録札知外，合先抄摺札行。札到該司，即便移會按察司、軍需局、南汝光道及南陽鎮，轉飭查照。毋違。此札。

（下殘）。

附録奏摺：河南巡撫吴昌壽具奏查明信陽協所轄地方情形酌議分設營汛摺

同治四年十一月初二日

奏為查明信陽協所轄地方情形，酌議分設營汛，匀派官兵，并請將光州營改歸該協管轄，以資策應，恭摺具陳，仰祈聖鑒事。

竊查咸豐八年，前撫臣（瑛）［英］〈桂〉以信陽與楚北應山、隨州接近，地闊山稠，該營官卑兵薄，不足以資守禦，奏奉諭旨，准設副將大員，并添官撥兵在案。所有分設營汛、匀派官兵事宜，曾經前任藩、臬兩司等議得大概，前撫臣張〈之萬〉未及具奏。臣到任時，核計此事創議已歷八年之久，誠恐今昔情形尚有不同，又經行令兩司、鎮、道細查妥議去後。兹經署南陽鎮臣趙鴻舉會同南汝光道蒯賀蓀、信陽協副將尹嘉賓，體察情形，妥確酌議，由藩司蘇廷魁、臬司王正誼會同軍需總局，核詳請奏前來。臣覆核無异。

查信陽營原設守備一員，千總一員，把總四員，馬兵一百零六名，内有經制外委馬兵二名，額外外委馬兵三名，守兵三百一十名，共馬、守兵四百一十六名。分設信陽、五里店、三關、吴家店、申陽臺、確山、溝竹、遂平、平頭垛九汛駐防，均歸守備兼轄。嗣欽奉諭旨，添設副將一員，都司一員，千總一員，經制外委一員，額外外委二員，添兵一百八十九名。以上原設、新添共官九員，馬兵連經制、額外共一百一十八名，守兵四百九十名，（二）共馬、守兵六百零八名，必須審度形勢所宜，分别移駐巡緝，冀收實效。

擬請將副將駐扎信陽州，統轄左、右二營。新添都司一員，為副將中軍，兼管左營，分管經制、額外等馬兵七十名，守兵二百八十七名。内原設信陽汛千總，作為都司中軍，連南北墩臺，管領馬兵四十三名，守兵一百四十九名，管轄衛南、衛西、下衢赤土、洋河、八家、雙井、當谷、三衢、衛東、衛北、下衢黄家、長臺、阜陽、龍井、蕭王、枚黄等村，即以千總為專汛。原設五里店額外外委一員，守兵六名，仍為信陽汛撥防。原設三關汛把總一員，添撥馬兵四名，守兵四十六名，管轄潭河、夏凉、當谷、新店、一衢等村，即以把總為專汛。原設申陽臺汛把總一員，添撥馬兵六名，守兵三十四名，仍照舊管轄申新、平昌、衛西上衢、董北、灌塘等村，即以把總為專汛。查州北九十里之明港驛，四野曠達，素為捻匪窺伺之區。擬將原設吳家店汛把總，移駐明港驛，分撥馬兵八名，守兵三十二名，管轄明港、閔營、什字、衛北上衢各村，即以把總為專汛。又，偏東之蕭曹店，曠野平疇，為信陽東路最要之區。擬將新添額外外委一員駐防該處，為蕭曹汛撥馬兵二名，守兵八名，以為明港汛撥防。其原設之吳家店汛，與申陽臺汛相連，較之别汛稍鬆。擬將新添經制外委一員，移駐吳家店，改為信陽汛協防，分撥馬兵三名，守兵十二名，仍照舊管轄馮河、羊山、山河、青河各村，以經制外委為協防。至原設存營額外外委一員，仍存營差操。以上信陽、五里店、三關、明港、蕭曹、申陽臺、吳家店七汛，均歸左營都司兼轄。

又，查確山、遂平二縣，東界正、汝，西界桐、泌，幅幀廣袤，應添官兵，以資防守。擬將原設信陽守備一員，改移確山縣城内駐扎，為右營守備，分管馬兵四十八名，守兵二百零三名。内原設確山汛把總一員，改為守備中軍，連南北墩臺，分撥馬兵二十七名，守兵一百名，管轄確山縣境内各村，即以把總為專汛。原設溝竹汛額外外委一員，移駐縣南之新安店，撥馬兵一名，守兵十四名，為確山汛撥防。新添千總一員，移駐遂平縣，連南北墩臺，撥馬兵十二名，守兵三十八名，管轄遂平縣境内各村，即以千總為專汛。原設遂平汛經制外委一員，移駐溝竹汛，為確山汛協防，撥馬兵二名，守兵二十三名，即以經制為協防。原設平頭垛汛經制一員，改為遂平協防，撥馬兵二名，守兵二十八名，即以經制為專汛。新添額外一名，請歸右營存城差操。以上確山、溝竹、新安店、遂平、平頭垛五汛，均歸右營守備兼轄。

以上左、右兩營，均歸副將統轄。

再，查信陽、確山、遂平，係南北通衢。往來餉鞘、人犯，絡繹不絶。向來信陽汛撥兵護送，北至確山汛交替，南至湖北應山縣交替。今改擬北至明港汛，南至三關汛交替護送，以昭平允。

至應建衙署等項，副將現住守備署内，無須另建。都司及移駐確山縣守備衙署，并添設明港、蕭曹、新安店等汛官房，均應另飭勘估籌款修造。軍裝器械，仍令原營帶往。其應添製者，由該營查明，造册詳辦。此外添鑄刊刻印信、鈐記，及一切未盡事宜，容俟次第查辦。

再，查該副將管轄一州兩縣，南與湖北應山、隨州等處毗連。而遂平境内界連角子山，素為捻匪巢穴。信陽又有三關之險，督緝巡防，在在吃緊。該副將統轄左右兩營，僅止馬、守兵丁六百零八名，内除分守三州、縣城池，餘兵無多。遇有匪徒竄發，調度未免掣肘。該協與光州營較為切近，擬請將光州營改歸該協管轄，庶覺聲勢聯絡，遇事策應較靈，實與營伍、地方均有裨益。

所擬是否允當，理合恭摺具陳，伏乞皇太后、皇上聖鑒，訓示施行。謹奏。

0545. 河南巡撫吴昌壽行移廷寄著官文等派兵赴豫剿捻并按月接濟都興阿成禄兩軍餉銀

同治四年十一月初七日*

札　。照得本部院於同治四年十一月初七日，在許州行營，承准軍機大臣字寄，本月初二日奉上諭一道。等因。欽此。遵旨寄信前來。承准此。除祗遵外，

合就相應恭録札行。咨呈。會。札到該　，即便會同兩司，會同宋鎮，并移知善副都統，一體欽遵查照。毋違。此札。

計恭録上諭一道。

札軍需局、前安徽臬司張前司。營務處。

為恭録咨呈會事。竊照云前，相應恭録咨呈。會。為此咨呈合咨貴　，謹請煩欽遵查照施行。

計恭録上諭一道。

一　咨　呈咨

欽差大臣節制三省協辦大學士兩江總督部堂一等侯曾

欽差大臣湖廣爵閣督部堂官

河東河道總督部堂張

署理兩江總督部堂李

湖北巡撫部院鄭

安徽巡撫部院喬

山東巡撫部院閻

總統豫軍前甘州提督軍門馬

附録上諭：廷寄湖廣總督官文等著派兵赴豫剿捻并按月接濟都興阿成禄兩軍餉銀

同治四年十一月初二日

軍機大臣字寄，欽差大臣大學士湖廣總督一等果威伯官〈文〉、河南巡撫吴

〈昌壽〉、湖北巡撫鄭〈敦謹〉，同治四年十一月初二日奉上諭：前據吳〈昌壽〉奏稱，捻踪由襄城、葉縣擾及舞陽，後股由臨（潁）[潁]、郾城竄至西平、遂平等處。當經諭令官〈文〉、鄭〈敦謹〉，飭令防邊各軍，越境赴豫迎擊。

茲據官〈文〉等奏稱，賊衆西竄召、魯，嚴飭諸軍夾擊一摺。所陳情形尚在吳〈昌壽〉奏報以前。現在賊匪既已繞竄舞陽，後股又由徐州、歸德一帶，西竄郾城、西平、遂平一帶，與張總愚前股合併，勢焰益張。湖北應山、黄安、麻城等縣，距賊較近。該逆有欲往湖北擄糧之説，尤應防其竄入。惟近防不如遠剿，與其株守本境，不如越境赴豫迎截。著凛遵前次諭旨，嚴檄成大吉駐扎麻、羅之軍越境迎剿，與吳〈昌壽〉所派各軍，會合夾擊。姜玉順等軍，由西路轉向東北，探賊所向，與豫軍兩面夾攻，以期速殄狂氛。鄂省近來辦理會剿，頗形遲滯。官〈文〉、鄭〈敦謹〉務當振刷精神，實力整頓，不可徒事敷衍，有名無實，致干咎戾。姜玉順等軍，既經赴豫援剿，距鄂較遠，所有進止機宜，即著由吳〈昌壽〉節制調遣，以一事權。安、襄、鄖、漢、黄、德等府屬團練，即著官〈文〉等飭令唐協和悉心經理，務臻妥善。

官〈文〉等另片奏，請將撥解都興阿、成禄兩款餉銀，統歸協濟甘餉每月三萬五千兩核計等語。都興阿、成禄等處軍營，缺餉甚久，需用緊急。前據該大臣等奏請，將寧夏月餉暫緩撥解。經户部議駁，當經諭令官〈文〉等，仍照前議籌撥。著該大臣等仍遵前諭，按月接濟，不准遷延推諉，貽誤事機。其楊〈岳斌〉軍營應解之月餉三萬五千兩，係屬專撥之款，并著按月照數撥解，不准以解都興阿、成禄之款，在内核計抵算，以杜牽混。將此由六百里各諭令知之。

欽此。遵旨寄信前來。

0546. 河南巡撫吳昌壽行移具奏髮捻分竄豫楚官軍分途追剿摺

同治四年十一月初七日*

札　。照得本部院於同治四年十一月初七日，在許州行營，由驛具奏，髮捻各逆，分股竄往正南、西南，豫、楚官軍，均有斬獲，現飭分途會合追剿一摺。除俟奉到諭旨，另行恭録札知／咨呈會外，合先抄摺札行。／咨呈。送。札到該　，即便會　同　兩司，宋鎮，／移會安善副都統，一體查照。毋違。此札。

計粘抄摺稿一紙。

札軍需局、前安徽臬司張前司。／營務處。

為咨送事。竊照云前，合先抄摺咨呈。送。為此咨呈／合咨貴　，謹請煩查照施行。

計粘抄摺稿一紙。

一 咨 呈咨

欽差大臣節制三省協辦大學士兩江總督部堂一等侯曾

欽差大臣湖廣爵閣督部堂官

河東河道總督部堂張

湖北巡撫部院鄭

安徽巡撫部院喬

山東巡撫部院閻

總統豫軍前甘州提督軍門馬

護理山西巡撫部院王

陝西巡撫部院劉

附録摺稿：河南巡撫吴昌壽具奏髮捻分竄豫楚官軍分途追剿摺

同治四年十一月初七日

奏為髮捻各逆，分股竄往正南、西南，豫、楚官軍，均有斬獲，現飭分途會合追剿，恭摺馳陳，仰祈聖鑒事。

竊臣前將官軍在鄢陵地方剿賊獲勝、髮捻大股竄往西南緣由，於十月二十二日，繕摺奏報在案。十五六七等日以後，該匪張總愚等，由西南襄城、葉縣擾及裕州。賴、牛等匪，由正南臨潁、郾城擾及西平、遂平。其兩路附近之禹州、新鄭、郟縣、上蔡、舞陽、泌陽，俱有賊踪。所到之處，剽疾异常，意圖攻襲城池，突陷圩寨。經臣先期飛檄各地方官，嚴加防範，一遇匪騎飈至，登陴守禦，開放槍炮，擊斃匪衆。所過州縣，皆無疏失。其追賊過許官軍，經臣面加激勵，派令提督馬德昭督率副將蔣希夷等軍，由郾城一路，追剿正南股匪；已革臬司張學醇、總兵宋慶等軍，由襄城一路，追剿西南股匪。

十月二十三日，蔣希夷督隊行至西平之觀音堂，有賊馬百餘匹，突與我軍相遇，蜂擁來撲。蔣希夷一面催調步隊速進，先以馬隊分班輪壓。刀矛相接，槍炮并施，立將紅衣賊目砍斃四名。餘賊敗至洪橋口，恃險抗拒。蔣希［夷］飭令各勇下馬步戰。挺矛衝剌，賊殊死鬥。我軍步隊繼至。賊勢不支，乃向東南奔竄。追殺十餘里，斃賊數十名，我軍收隊扎營，深溝高壘，以防偷劫。二十四日，賊果乘夜大至，蔣希夷分撥衆勇，伏於各營左右。賊知有備，抛弃衣物而去。是夜三鼓，我軍往襲遂平賊營，行近十餘里。賊皆麕聚莊内。我軍下馬潛入，砍斃坐更之賊，分投放火。賊乃大亂。莊外馬隊，吶喊助威，同時擁進。殺賊數十名，焚斃不計其數。賊竄西南及正東上蔡境内。二十五日，蔣希夷復派守備胡詩、諸葛漢奎等，挑選馬、步，往劫西南賊營。當遇悍匪數十名把定橋口，望見我軍，齊開槍炮。兵勇奮不顧身，搶奪橋口，斃賊數名。逆勢不支。我軍乘勢追入，留馬勇守住橋口。該逆出拒我軍。鏖戰半時，連壓兩次，賊乃奔遁。乘勝疾追，破其三壘，斃賊數名，生擒逆首林安等十餘名。是夜，蔣希夷又派隊長蔣尚萬，率領馬勇，往劫上蔡北境賊營。銜枚深入，賊不及防。我軍奮力擊殺，逆衆駭亂，斃賊七八十名，生擒李雙一名，攻破賊壘一座，奪獲旗幟、洋槍、刀矛多件。該匪等遂由上蔡歸併遂平夥黨，同時逃竄。蔣希夷拔隊跟追。二十八日，派令參將董建西由遂平西路進剿，候補知縣何順成由北路接應。該匪始猶抵禦，旋見北路兵到，遂即渙散。我軍乘勝掩殺，斃賊數十名，當將遂平附近村莊，全行克復。該匪不敢停頓，奔竄確山，旁股分掠汝寧一帶。此賴、牛股匪竄擾情形也。

當張總愚竄至裕州之時，湖北總兵劉維楨之軍駐扎唐縣，提督姜玉順、譚仁芳之軍駐扎新野，惟南陽府城空虚。迭據賊諜供稱，賊思掩襲南陽。經臣飛飭南陽鎮兵五百名星馳防守後，當即飭令張學醇、宋慶督帶大隊，迅速前往南陽，相機防剿。并手書與劉維楨、姜玉順、譚仁芳，殷勤勸勉，聯絡圖功。十月二十一日，該逆率黨萬餘，由源潭擾至唐縣。劉維楨三路擊之，而於茂林中設伏以待。我軍佯退，伏兵突起。劉維楨手刃悍賊多名，賊黨亂竄。揮軍追殺，直至唐河。該逆鳧水争渡，淹斃、殺斃無算。生擒長髮老賊十餘名，内有張總愚之弟張宗志一名，訊明正法。該逆畏剿，繞至西南劉賓橋。二十四日，由新野直竄鄧州，盤踞構林關等處。二十六日，駐扎新野之提督姜玉順等，各派六成隊伍并所部馬隊，於黎明渡過白河，四路進擊。該逆亦於是日率騎賊數千，包抄而來，襲我營壘。姜玉順行距構林六七里之王堤永和寨，與賊相遇，即揮馬、步奮力衝擊，斬首三百餘級，生擒二十四名，内有黄衣賊目吳得騰一名。我軍直抵構林。該逆閉寨死拒。因風雨大作，暫行收隊，即在永和寨駐扎，相機進取。訊據獲賊供稱，意在窺伺襄樊等語。此張總愚股匪竄擾情形也。

十一月初二日，提督劉銘傳由周口派隊，至於上蔡。臣飛飭馬德昭督飭蔣希夷等軍，與劉銘傳之軍會合，由確山一帶，進剿賴、牛股匪。其張學醇、宋慶等，業經提軍抵宛，與鄧州構林關相距匪遥。經臣催令拔營前進，與楚軍姜玉順、譚仁芳等會合夾攻，以遏奔逸。

其吉林副都［統］安住馬隊千名，已於初一日到許。馬匹率多疲瘦，非認真餵養，難期得力。臣已多購薪芻，嚴定章程，責成該副都統牧馬練兵，以期悉成勁旅，屆時再令相機出戰。

臣前月二十二日，不揣冒昧，將軍務萬難情形，上陳宸聽，自問應得嚴譴。乃欽奉十月二十七日諭旨：着李鴻〈章〉將洋槍、鉛丸、火藥，酌量提撥，迅解豫省。又蒙恩諭：受恩深重，自當力為其難，不得以兵、餉兩絀，遽思推諉卸責。各等因。欽此。仰荷鴻慈逾格，曲體愚蒙，予以制勝之資，開其自新之路。臣跪聆聖訓，感激涕零，惟有殫竭血誠，以冀仰酬高厚生成於萬一。

所有髮捻各逆，分股竄往正南、西南，豫、楚官軍，均有斬獲，現飭分途會合追剿各緣由，謹繕摺馳陳，伏乞皇太后、皇上聖鑒訓示。謹奏。

0547. 河南巡撫吳昌壽行移附奏請將伊興阿等暫緩送部引見一片奉旨

同治四年十一月十三日*

札布政司。照得本部院於同治四年十月十三日附奏，請將歸德左營游擊伊興阿、守備李萬祥，右營都司楊友明，永城營守備李明經，考城營游擊蔡若珍、守備魁齡，信陽協中軍都司武殿魁，均俟軍務稍鬆，次第給咨，送部引見一片，業已抄片札知咨送在案。玆於十一月十三日，承准軍機大臣奉旨：著照所請。兵部知道。欽此。合就相應恭録札行。札到該司，即便欽遵查照。毋違。此札。

札布政司。

為恭録移咨事。竊照云前，相應恭録移咨。為此合咨貴鎮，煩為欽遵查照，飭知施行。

一　咨

歸德南陽總鎮

0548. 河南巡撫吳昌壽行移具奏據情代陳叩謝天恩一摺奉旨

同治四年十一月十四日

札軍需局。照得本部院於同治四年九月二十七日，在許州行營具奏，據情代陳，叩謝天恩一摺，業已抄稿札知照會在案。玆於十一月十一日，承准軍機大臣奉旨：知道了。欽此。除祗遵外，合就相應恭録札行。照會。札到該局，即便會同兩司，欽遵查照。毋違。此札。

札軍需局。

為恭録照會事。竊照云前，相應恭録照會貴副都統，請煩欽遵查照施行。

一　照　會

頭品頂戴杭州副都統善

同治四年十一月十四日。軍務局程興良承。
具奏據情代陳叩謝天恩一摺奉旨。
河南巡撫兼提督軍門吳。行。

監印官知縣用候補府經歷程汾源。

0549. 河南巡撫吳昌壽行移具奏髮捻分竄豫楚官軍分途追剿一摺奉旨

同治四年十一月十八日

札　。照得本部院於同治四年十一月初七日，在許州行營，由驛具奏，髮捻各逆，分股竄往正南、西南，豫、楚官軍，均有斬獲，現飭分途會合追剿一摺，業已抄稿札知咨呈送在案。茲於十七日，承准軍機大臣字寄，本月十三日奉上諭一道。等因。欽此。遵旨寄信前來。承准此。除祇遵外，合就相應恭録札行咨呈會。札到該　，即便會同移會安善副都統，兩宋司，鎮，一體欽遵查照。毋違。此札。

計恭録上諭一道。

札軍需局、前安徽臬司張前司。營務處。

為恭録咨呈會事。竊照云前，相應恭録咨呈會。為此咨呈合咨貴　，謹請煩欽遵查照施行。
計恭録上諭一道。
一　咨　呈咨
欽差大臣節制三省協辦大學士兩江總督部堂一等侯曾
欽差大臣湖廣爵閣督部堂官
河東河道總督部堂張
湖北巡撫部院鄭
安徽巡撫部院喬
山東巡撫部院閻
陝西巡撫部院劉
護理山西巡撫部院王
總統豫軍前甘州提督軍門馬　并照會姜、譚、劉。

同治四年十一月十八日。軍務局程興良承。
具奏髮捻各逆分竄豫楚官軍分途追剿情形一摺奉旨。
河南巡撫兼提督軍門吳。行。

監印官知縣用候補府經歷程汾源。

附録廷寄：軍機大臣字寄著官文等嚴檄官軍迅速赴豫會剿頼牛等股捻軍

同治四年十一月十三日

軍機大臣字寄，欽差大臣大學士湖廣總督一等果威伯官〈文〉、欽差大臣協辦大學士兩江總督一等毅勇侯曾〈國藩〉、河南巡撫吳〈昌壽〉、户部右侍郎前湖北巡撫鄭〈敦謹〉，同治四年十一月十三日奉上諭：吳〈昌壽〉奏，髮捻各逆，分竄豫、楚，官軍分途追剿情形一摺。頼、牛等股匪，由西平等處奔竄。經蔣希夷督兵在西平之觀音堂、洪橋口將該匪擊敗，并於遂平、上蔡等處連次獲勝，賊匪奔竄確山，掠及汝寧一帶。其由裕州擾至唐縣之張總愚股匪，經統帶鄂軍之總兵劉維楨設法擊敗，擒斬該逆首之弟張宗志，姜玉順復敗之於鄧州構林關。該逆屢經挫敗，正可乘此機會，奮力進攻，以期力掃狂氛。姜玉順等軍，前已諭令吳〈昌壽〉節制調遣，著即飭令力圖進剿。并令宋慶、張學醇等，會合夾擊，毋任賊踪再竄他處。官〈文〉、鄭〈敦謹〉尤當檄令劉維楨、姜玉順、譚仁芳等軍，不分畛域，四面會剿，毋稍鬆懈。西平等處，逼近應山、黄、麻一帶，何以鄂軍并未出境迎擊？着官〈文〉、鄭〈敦謹〉嚴檄成大吉等軍，迅速赴豫會剿。仍一面嚴守本境，勿令賊踪竄入，不得再事玩延。劉銘傳一軍，業經曾〈國藩〉飭令赴豫。着該大臣即檄其迅赴確山，與豫省馬德昭、蔣希夷等軍，合力夾擊，務將頼、牛等匪股殲除。鄭〈敦謹〉前已有旨補授户部右侍郎，湖北巡撫已令李鶴〈年〉補授。李〈鶴年〉到任需時，鄭〈敦謹〉未卸任以前，所有鄂省軍務，仍當認真籌畫布置，不得存五日京兆之見。將此由六百里各諭令知之。

欽此。遵旨寄信前來。

0550. 河南巡撫吳昌壽為上諭將其奏摺交兵部議奏事行布政司札

同治四年十一月二十一日*

札布政司。照得本部院於同治四年十一月初二日具奏，查明信陽協所轄地方情形，酌議分設營汛，匀派官兵，并請將光州營改歸該協管轄，以資策應一摺，業已抄摺札知在案。兹於十一月二十一日，奉上諭一道，合就恭録札行。札到該司，即便移會按察司、軍需局、南汝光道及南陽鎮，轉飭欽遵查照。毋違。此札。

計恭録□□□□。

札布政司。

附録上諭：内閣奉上諭著將吳昌壽奏摺交兵部議奏

同治四年十一月十七日

同治四年十一月十七日内閣奉上諭：吳〈昌壽〉奏，查明信陽協所轄地方情形，酌議分設營汛，匀派官兵，并請將光州營改歸該協管轄一摺。著兵部議奏。欽此。

0551. 河南巡撫吳昌壽行移照會附奏遣撤吉林黑龍江傷病官兵回旗片

同治四年十一月二十六日*

札　。照得本部院於同治四年十一月二十六日，在許州行營，由驛附奏，遣撤吉林、黑龍江傷病官兵回旗一片。除俟奉到諭旨，另行恭録札知咨送照會外，合先抄片札行。咨送。照會。札到該　，即便會同兩司查照。毋違。此札。

計粘抄片稿一紙。

札軍需局。營務處。

為咨送照會事。竊照云前，合先抄片咨送。照會。為此合咨照會貴　，請煩查照施行。

計粘抄片稿一紙。

一　照　咨會

吉林黑龍江將軍

頭品頂戴杭州副都統善

附録片稿：河南巡撫吳昌壽附奏遣撤吉林黑龍江傷病官兵回旗片

同治四年十一月二十六日

再，副都統善慶所部各起馬隊官兵，經年轉戰，傷病甚多。兹據該副都統逐加點驗，除挑選精壯留營調遣外，其餘傷病之吉林委防禦永慶等四十九員名，黑龍江委驍騎校西勒布等二十名，均應遣撤回旗，俾資調理。造册呈請遣撤前來。臣查驗屬實。伏查該官兵等，或打仗受傷，或因傷致病，均屬難臨戰陣，應即一併遣撤，回旗調養，以節糜費而示體恤。

除給咨飭委委參領珠爾松阿、卓凌阿等分别管帶回旗，并派兵丁雙林、慶通阿等六名護送陣亡官兵骨殖同行，仍由豫酌給路費口分，并分咨部、旗查照，暨移行經過地方官，照例應付前進，傳示本隊委官，嚴加約束，不准於例外絲毫需索，以免滋擾外，理合附片具陳，伏乞皇太后、皇上聖鑒訓示。謹奏。

0552. 河南巡撫吴昌壽札行照會附奏倒斃黑龍江大凌河戰馬免其賠補片

同治四年十一月二十六日*

此件與刑房同□□□。

札　。照得本部院於同治四年十一月二十六日，在許州行營，由驛附奏，黑龍江、大凌河戰馬倒斃數目，仰懇天恩，免其賠補一片。除俟奉到諭旨，另行恭録札知照會外，合先抄片札行。照會。札到該　，即便會同兩司移會糧臺查照。毋違。此札。

計粘抄片稿一紙。

札軍需局。營務處。

為照會事。竊照云前，合先抄片照會。為此照會貴副都統，請煩查照施行。

計粘抄片稿一紙。

一　照　會

都統銜吉林副都統安

附録片稿：河南巡撫吴昌壽附奏倒斃黑龍江大凌河戰馬免其賠補片

同治四年十一月二十六日

再，據副都統安住咨稱：本年五月十二日，奉命統帶黑龍江馬隊五百名，馳赴直隸會勦。又於五月二十三日奉旨：協領常海所帶之吉林馬隊五百名，一併交安住統帶。欽此。遵即馳赴保定，接收吉林馬隊，逐細點驗。此項馬匹，係由大凌河牧群内配給，疲瘦甚多。除常海留兵二名、馬二匹外，業於點驗之先，倒斃馬八十八匹。當將馬匹疲瘦情形，咨由直隸總督奏奉諭旨：撥給察哈爾口輕膘壯馬五百匹。欽此。旋據吉林頭二起營總富慶、瑞徵等呈報，陸續倒斃之馬，連前八十八匹，共倒斃二百二匹。又，據黑龍江頭二起營總阿陵阿、薩尼布等呈報，陸續倒斃馬一百五十六匹，又隨帶京員倒斃馬六匹，共倒斃馬三百六十四匹，即以察哈爾解到之馬補之。其察哈爾餘馬，更换吉林隊内騍馬及疲瘦之馬，足成兩隊戰馬一千匹。下餘大凌河馬一百三十六匹，均屬不堪乘騎，應即解還。其後又經倒斃二十五匹，實餘馬一百十一匹，委員解交直隸總督衙門查照辦理。統計黑龍江、大凌河、察哈爾共馬一千五百匹，内倒斃馬三百八十九匹，解還馬一百十一匹，留營騎用馬一千匹。其倒斃之馬，查明屬實，造册咨部。經兵部覆稱，責令各該營總等如數賠補等語。

竊查黑龍江［馬］隊倒斃之馬一百六十二匹，委因軍情緊急，倍道馳駈，適當盛暑遄征，致受鼻濕等癥。至大凌河之馬，未經點驗，倒斃已多。其原領疲瘦緣由，業已轉咨具奏在案，皆非管帶各官漫不經心所致。且察看該營總等情形苦累，無力買償，擬懇代為奏明，免其賠補等情。咨會前來。

臣查安住來咨，所稱倒斃馬匹，為數過多，自應遵照部文，責令該營總等如數賠補。惟黑龍江倒斃之馬，係因盛暑遄征、行走太疾。大凌河倒斃之馬，其原領之時，已形疲瘦，并非該營總等有心玩視，情尚可原。除到豫以後馬匹，咨令安住嚴飭盡心牧養外，所有黑龍江、大凌河戰馬倒斃三百八十九匹，合無仰懇天恩，免其賠補，出自逾格鴻慈。

為此附片具陳，伏乞聖鑒訓示。謹奏。

0553. 河南巡撫吴昌壽為具奏查明信陽協所轄地方情形酌議分設營汛一摺奉旨事行布政司札

同治四年十二月初四日

札布政司。照得本部院於同治四年十一月初二日具奏，查明信陽協所轄地方情形，酌議分設營汛，勻派官兵，并請將光州營改歸該協管轄，以資策應一摺。并於十一月二十一日，欽奉上諭，先後抄摺恭録札行在案。玆於十二月初一日，專弁賫回原摺，後開：軍機大臣奉旨：另有旨。欽此。合就恭録札行。札到該司，即便移會按察司、軍需局、南汝光道及南陽鎮，轉飭欽遵查照。毋違。此札。

札布政司。

同治四年十二月初四日。兵房王本立承。

具奏查明信陽協所轄地方情形酌議分設營汛一摺奉旨。

布政司代印。

河南巡撫兼提督軍門吴。行。

0554. 河南巡撫吴昌壽行移照會附奏遣撤吉林黑龍江傷病官兵回旗一片奉旨

同治四年十二月初五日*

札　。照得本部院於同治四年十一月二十六日，在許州行營，由驛附奏，遣撤吉林、黑龍江傷病官兵回旗一片，業已抄片札知/咨送照會在案。玆於十二月初五日，承准軍機大臣奉旨：知道了。欽此。除祗遵外，合就/相應恭録札行。/咨照會。札到該　，即便會同兩司，欽遵查照。毋違。此札。

札軍需局。/營務處。

為恭録咨/照會事。竊照云前，相應恭録咨/照會。為此合咨/照會貴　，請煩欽遵查照施行。

一 照 咨會

吉林黑龍江將軍

頭品頂戴杭州副都統善

0555. 河南巡撫吴昌壽行移具奏兩路官軍迭獲勝仗現飭分兵追剿髮捻摺

同治四年十二月十五日*

札　。照得本部院於同治四年十二月十五日，在許州行營，由驛具奏，兩路官軍，迭獲勝仗，賊踪蔓擾楚豫之交，現飭分投追剿一摺。除俟奉到諭旨，另行恭録札知咨會外，合先抄摺札行。咨送。札到該　，即使會同兩司移會安善宋副都統併保鎮鎮查照。毋違。此札。

計粘抄摺稿一紙。

札軍需局。營務處。張前司。

為咨送事。竊照云前，合先抄摺咨送。為此合咨貴　，請煩查照施行。

計粘抄摺稿一紙。

一　咨

欽差大臣節制三省協辦大學士兩江總督部堂一等侯曾　咨呈

欽差大臣湖廣爵閣督部堂官

湖北巡撫部院鄭

安徽巡撫部院喬

山東巡撫部院閻

陝西巡撫部院劉

東河總督部堂張

總統豫軍前甘州提督軍門馬

統領銘字全軍直隸提督軍門劉

附録摺稿：河南巡撫吴昌壽具奏兩路官軍迭獲勝仗現飭分兵追剿髮捻摺

同治四年十二月十五日

奏為兩路官軍迭獲勝仗，賊踪蔓擾楚豫之交，現飭分投追剿，恭摺奏祈聖鑒事。

竊臣前將正南股匪竄至光、羅，官軍跟踪追躡，所至解圍，連獲勝仗緣由，於十一月二十六日繕摺馳報，并將收復構林關大概情形附陳在案。

查賴、牛各逆於七里岡受創後，退至光州東南官渡白鴨江一帶，分左、右、中三路盤踞，築壘五六十座，自為犄角。該處道路狹窄，旁皆稻田，兼因大雪彌漫，泥深數尺。提督馬德昭迭次派隊往襲賊之巢穴，皆因道阻折回。十一月二十三日，該匪出巢游弋，窺伺官軍營盤。馬德昭飭派馬隊在七里岡往來衝擊，直至三平寺地方，始行收隊。二十四日黎明，該逆糾衆突至。副將蔣希夷分飭馬、步隊伍，將賊壓退，由東北鳳凰嘴一帶追殺，各營由正東分兩路抄擊。該逆見我軍大出，由三平寺竄去。我軍跟追十餘里，頗有斬擒。該逆以大股在光州牽制官軍，分賊竄擾商城雙椿鋪、三里坪一帶，光山、息縣皆有賊踪。其前股匪黨，先期竄至固始縣之陽關鋪，經署知縣彭旭帶勇擊退。十一月二十日，該逆由固始西境胡族鋪繞道撲城，彭旭預令練勇埋伏關外。該逆馬賊數百人，直撲西關。伏兵突出，賊衆驚亂。我軍乘勝掩殺，斃匪十餘名。適安徽撫臣喬〈松年〉所派總兵張得勝一軍馳抵固始往流集，總兵黃秉中一軍馳抵固始關外。二十七日，該逆復攻陽關鋪。黃秉中、彭旭合力往援，據橋為固，槍炮齊施，斃匪數十名，奪馬三匹。該匪敗退，麕聚西南一帶。是時，馬德昭仍在光州，與大股之賊相持。三十日夜間，密飭各隊在於鳳凰嘴岡下，分布設伏。十二月初一日黎明，派令伍慶雲等率領數十騎，前往王家岡賊巢誘戰。見有馬賊二百餘名，伍慶雲立時退回。馬賊由王家橋追至何家橋，正在前進，而伏兵已抄出賊後。蔣希夷等各隊齊出，四面環攻，槍炮如雨。該逆歸路已斷，跳河淹斃者甚衆，其餘均被我軍斬殺。各村踞匪聞知馬賊中伏，隨出馬、步數千，意圖抄截官軍後路。經李世玉、左成元、李承先、謝聯升等併力迎剿，轟斃執旗賊目數名。逆勢不支，登時潰走。追奔十餘里，沿途殲斬二三百名，奪馬七十餘匹。是夜，馬德昭挑選各營奮勇，於三更時分，往襲賊巢。該匪敗挫之餘，驚惶正甚，一知官軍夜至，不敢抵敵，相率狂奔。昏黑之中，自相踐踏，悉由西南逃遁。我軍併力追擊三十餘里。該匪由光山潑皮河、白雀園南竄，前股於初四日由光山縣屬之墨斗關竄往湖北境內，後股仍在光山旋擾。此賴、牛各逆被剿紛竄之情形也。

至張總愚股匪，由構林關逃向鄧州迆西文曲集等處。十一月二十二日，竄擾淅川廳屬之李官橋，攻撲寨圩，經該寨團勇擊退。二十六日，全股折回鄧州，在厚坡西北臥牛山盤踞。總兵宋慶督帶各軍，由厚坡、黃梅岡等處，節節進逼。二十八日，賊騎千餘，直犯我壘。當經槍炮擊退，追殺十餘里，至桃園岡地方，斬獲賊黨二三百名，奪馬數十匹。是夜，派哨官郭春報等潛往劫營，當將龍城賊營襲破，殲斃逆黨甚多。其距厚坡十二里之大王楹寨，突被張逆襲踞。餘匪圍攻西北四里之韋寨甚急。二十九日三更，宋慶派令程永和、王紹烈帶隊疾馳，直入韋寨，督同嚴守。五鼓時，該逆正欲搶登，突見官兵旗幟，紛紛怯退。王紹烈等出寨追剿，適遇襲破賊營之郭春報，合兵一處，追至大王樞寨。敗賊甫入，官兵掩至。賊衆逾墻亂竄。砍殺多名，當將該寨收復。該逆因官兵堵截，不敢北竄，於十二月初二、三等日，由北太山廟竄入新野迆南之辛店鋪并湖北交界之樊城。初五日，竄至襄陽之鄧家湖、吕堰驛。賊馬擾至酈家埠口、陳家河及唐縣郭灘一帶。宋慶已由趙岡、魏家集一路進兵，緊躡追剿。楚師總兵劉維楨由唐縣親督六成隊伍，徑向郭灘、蒼苔一路，節節進剿。此剿辦張總愚股匪情形也。

臣查賴、牛等逆，由光山一帶南竄。經臣飛咨馬德昭督同蔣希夷等，乘勝疾追，勿使喘息。張總愚股匪出没楚、豫境上，已飭宋慶探踪進擊。

除嗣後情形隨時馳報外，所有兩路官軍迭獲勝仗，賊踪蔓擾楚、豫之交，現飭分投追剿各緣由，理合繕摺馳陳，伏乞皇太后、皇上聖鑒訓示。謹奏。

0556. 河南巡撫吴昌壽為工部奏請嚴催各省欠解硝斤一摺奉旨事行布政司札

同治四年十二月二十一日*

札布政司。本月二十一日，承准軍機大臣字寄，同治四年十二月十七日奉上諭：工部云云。原摺著抄給閲看。等因。欽此。遵旨寄信前來。承准此。合行欽遵札飭。札到該司，嚴催辦硝委員，將應辦硝斤剋期起解，以應要需。如硝斤未齊，即將已辦若干，先行起解，不准再延。仍將起解日期、數目趕緊詳請奏咨。是為至要。切切。特札。

（下殘）。

附録廷寄：軍機大臣字寄河南巡撫吴昌壽等著派員將欠解户部硝斤及本年八月兩批新取硝斤解部

同治四年十二月十七日

軍機大臣字寄，直隸總督劉〈長祐〉、山東巡撫閻〈敬銘〉、河南巡撫吴〈昌壽〉，同治四年十二月十七日奉上諭：工部奏，請嚴催各省欠解硝斤一摺。直隸、山東、河南欠解部庫歷年硝斤，并本年八月新經行取各該省淨硝各二批，迭經該部奏催、咨催，勒限解部，乃竟遷延不顧，屢催罔應，實屬疲玩。所有承辦遲誤之委員，著劉〈長祐〉、閻〈敬銘〉、吴〈昌壽〉查開職名，分别咨部議處。現在部庫硝斤掃粒無存，停工業已逾月。且值（日）[1] 剿捕馬賊正形吃緊，庫儲將次

① 據《穆宗毅皇帝實録》（四）卷163，中華書局1987年版，第774頁。

撥盡。倘有貽誤，咎將誰執？著各該省督撫即日另派妥員，將欠解硝斤，晝夜兼程，掃數解部，并將本年八月新取硝斤各二批，源源運解，不准再延。倘該督撫等仍復督催不力，即由該部分别嚴參。原摺著抄給閱看。

本日據伯彦訥謨祜奏，酌調隨營人員差遣一摺。伯彦訥謨祜現赴奉天剿賊，所有奏調之山東候補道明新、知縣張贊勛、范允中，著閻〈敬銘〉即飭迅赴該親王軍營，以資差委。將此由五百里各諭令知之。

欽此。遵旨寄信前來。

附録奏摺：署工部尚書全慶奏請嚴催各省運解欠解硝斤并查取遲誤委員職名交部議處摺

同治四年十二月十七日

署工部尚書臣全慶等謹奏，為嚴催各省欠解硝斤，迅速運解，并查取遲誤委員職名，先行交部議處，恭摺奏祈聖鑒事。

竊臣部前因各旗營奏准加操，添造火藥，硝斤短絀，辦解遲延，叠經奏催、咨催各在案。嗣於本年九月十二日，復將直隸欠解同治三年硝一批十四萬斤，短解咸豐十年硝三千四十三斤零，同治元年硝四萬五千七百七十餘斤，河南欠解同治三年硝一批十四萬斤，短解咸豐八年硝七千七百三十餘斤，同治元年硝二千二百四十餘斤，山東欠解咸豐十年硝一批十四萬斤，同治三年硝一批十四萬斤，具摺奏催，勒限於十月内解部交納。倘再延宕，即由臣部指名嚴參，按照貽誤軍需辦理。并飭將本年八月新經行取直隸、山東、河南淨硝各二批，趕照例限解部，不得任聽委員呈請展限，以杜拖欠各等因一摺。奉旨：依議。欽此。欽遵。行知各督撫亦在案。

嗣因火藥局奏辦豫備明年軍需、演放兩項火藥，需硝至九十餘萬斤之多。專候配造，移催前來。復經臣等於上月初一、二十三等日，兩次由六百里飛催各省，勒限於奉到部文五日内，掃數解部，以資接濟。等因去後。乃遷延至今，舊欠者未見報解，新取者又將逾限。該督撫等雖外軫時艱，亦亦[1]内籌大局，豈容屢催罔應，視羽書為具文？現在臣部硝斤掃粒無存，停工業已逾月。而庫儲火藥，又將次撥盡。且值剿捕馬賊吃緊之際，咨調頻仍。若再不接濟，倘有貽誤，咎將誰歸？相應請旨，飭下直隸總督、山東、河南各巡撫，先將承辦遲誤之委員，查開職名，分别咨部議處，以儆玩泄。一面另派妥員，即日將欠解硝斤，晝

① “亦亦”疑為“亦宜”。

夜兼程，掃數解部，以應洄急。并飭將本年八月新取硝斤各二批，源源運解，俾資接續。倘該督撫等仍復督催不力，一併由臣部分別嚴參，以重軍需。

為此謹奏請旨。

同治四年十二月十七日，軍機大臣奉旨：欽此。

0557. 河南巡撫吴昌壽行移具奏兩路官軍迭獲勝仗現飭分兵追剿髮捻等摺片奉旨

同治四年十二月二十三日*

札　。照得本部院於同治四年十二月十五日，在許州行營，由驛具奏，兩路官軍迭獲勝仗，賊踪蔓擾楚豫之交，現飭分投追剿一摺。又附奏，已革會亭營參將王永慶，應否俟追繳兵餉完時，仍予遣戍一片。業已抄稿札知/咨呈送在案。兹於本月二十三日，承准軍機大臣字寄，奉上諭一道。等因。欽此。遵旨寄信前來。承准此。除祗遵外，合就/相應恭録札行。/咨呈。會。札到該　，即便會同兩司，/移會安善宋副都統併保鎮，一體鎮，欽遵查照。毋違。此札。

計恭録上諭一道。

札軍需局。營務處。張前司。寫附奏由。/不寫附奏由。

為恭録咨呈會事。竊照云前，相應恭録咨呈。會。為此咨呈/合咨貴　，謹請/煩欽遵查照施行。

計恭録上諭一道。

一　咨　呈咨

欽差大臣節制三省協辦大學士兩江總督部堂一等侯曾

欽差大臣湖廣爵閣督部堂官

東河總督部堂張

湖北巡撫部院鄭

安徽巡撫部院喬

山東巡撫部院閻

陝西巡撫部院劉

總統豫軍前甘州提督軍門馬

統領銘字全軍直隸提督軍門劉

附録廷寄：軍機大臣字寄著鄂豫皖三省各督撫速飭楚豫官軍會合夾擊捻軍

同治四年十二月十九日

軍機大臣字寄，欽差大臣大學士湖廣總督一等果威伯官〈文〉、欽差大臣協辦大學士兩江總督一等毅勇侯曾〈國藩〉、安徽巡撫喬〈松年〉、河南巡撫吳〈昌壽〉、户部右侍郎前湖北巡撫鄭〈敦謹〉，同治四年十二月十九日奉上諭：吳〈昌壽〉奏，兩路官軍叠勝，分兵追剿情形，并請將王永慶免調赴甘各摺片。覽奏均悉。

賴、牛等股匪，於七里岡受創後，追至光州官渡白鴨江，築壘盤踞，復分股竄擾商城，均經兵勇擊敗。其前股匪黨先期竄撲固始縣城者，亦經喬〈松年〉派兵會合豫軍夾擊，殲斃甚多。光、固以南，地多稻田，不利馳騁。該匪馬隊一經竄至，即為官軍所創，足見制賊須因地利。現在賴、牛等逆，前股已竄往湖北境内，後股尚在光山。馬賊束於地險，不能肆意奔突。正宜乘此機會，為四面兜剿之計。曾〈國藩〉前已派令劉銘傳馳往豫省援剿，著飛檄該提督迅赴光、固，會同豫軍，合力進攻，以厚兵力。吳〈昌壽〉責無旁貸，務當督催馬德昭、蔣希夷等，商同劉銘傳，由西、北兩面，將賊逼向東南，斷不可縱令回竄平原，致令馬賊任意縱横，又成燎原之勢。鄂省黄、麻、羅田一帶邊界，即著官〈文〉、鄭〈敦謹〉嚴檄防軍認真堵剿，不得縱賊竄入腹地，致干咎戾。潁州一帶，即由喬〈松年〉檄令防軍嚴密堵遏，以防東路。霍、六一帶，兵力單弱，尤恐賊衆乘虚繞路竄入。喬〈松年〉務當添派兵勇，豫籌防範，毋稍疏忽。并著鄂、豫、皖三省各督撫，互相聯絡，隨時相機越境攻剿。務期四路進逼，聚而殲旃，不得各分畛域，致誤事機。李昭慶馬隊，仍著曾〈國藩〉速飭赴豫，以備追剿之用，勿再遲緩。

至張總愚股匪，屢經豫省兵勇在鄧州、鎮平等處擊敗，該逆現已由新野竄至襄樊、唐縣一帶。即著官〈文〉、鄭〈敦謹〉、吳〈昌壽〉等各飭楚、豫官軍，會合夾擊，速殄逆氛。

已革副將王永慶，前據成禄奏請，令其在豫省募勇赴甘。當因該革員所犯情節較重，已批諭不准行矣。吳〈昌壽〉所奏蠲緩錢糧等摺，均係尋常照例事件，并非緊要軍務，何得輒附六百里軍報馳遞？著傳旨申飭。將此由六百里各諭令知之。

欽此。遵旨寄信前來。

0558. 河南巡撫吳昌壽為催令迅速督隊跟踪追擊東竄捻軍事行統帶馬步兵勇楊副將札

同治四年[1]

札統帶馬步兵勇楊副將知悉。照得本部院接據該副將前月三十日來禀，探悉捻股仍踞永寧境内，該將擬於河底地方，安扎營壘，相機痛剿等情。迄今又閲十日，扎營後曾否接仗，如何情形，并捻股的竄何處，自初一以後何以竟無隻字禀報？殊屬不解。昨於初六日，本部院接據守備馬鴻恩探報，初四日，捻匪折回臨汝地方，有東竄之勢。當即飛函催令該副將，迅速督隊跟踪追擊，毋稍延誤。計該副將當已寓目。

查該匪剽疾西趨，恣意搶掠。河屬洛陽、新安、宜陽、永寧、盧氏、嵩縣各境，瘡痍遍野，十室九空。百姓疾首痛心，望兵如歲。該副將目擊流離困苦，當思早一日好一日，殺一賊少一賊，奮勉前驅，滅此朝食，以拯民生於水火。應不致觀望遷延，頓兵貽誤，負期望而（下殘）。

① 此札件所在檔册檔案的成文時間均在同治四年五月到七月之間。

後　記

《清代河南巡撫衙門檔案》是國家清史編纂委員會和全國高校古籍整理研究工作委員會立項資助的項目。項目組成員共10人，包括段自成、李景文、王學春、裴丹青、王會麗、馬珂、朱騰雲、于兆軍、尼志强、姬志香。2006年10月，在項目主持人河南大學歷史文化學院段自成教授和河南大學圖書館李景文研究館員組織下，清代河南巡撫衙門檔案的整理工作正式启動。

《清代河南巡撫衙門檔案》的整理主要包括以下工作：一、複製檔案；二、對檔案進行録入和校對；三、對檔案進行題名、標點和校勘；四、對檔案進行分類、編目。王學春負責全部檔案的複製，王會麗、裴丹青、馬珂、朱騰雲、尼志强、于兆軍、姬志香等負責檔案的録入、校對和试標點，段自成、李景文、王學春對全部檔案進行題名、標點、校勘、分類和編目。這一項目的完成，得到河南大學圖書館和河南大學科研處的大力支持。

這批檔案的整理，是在國家清史編纂委員會文獻組和全國高校古籍整理研究工作委員會秘書處的指導下進行的。國家清史編纂委員會文獻組組長陳樺教授為此檔案的整理在國家清史編纂委員會立項做了大量工作，并為檔案的整理提供了學術指導。中國第一歷史檔案館的胡忠良先生幫助項目組制定了檔案整理的具體實施辦法。中國人民大學的王道成教授，中國社會科學院的莊建平研究員、左玉河研究員，北京大學的徐萬民教授，北京師範大學的李志英教授，以及國家清史編纂委員會文獻組聘請的多位匿名評議專家，都為此檔案的整理提出了非常好的建議。這批檔案的整理確實是集體智慧的結晶。另外，此書的出版得到中國社會科學出版社黄燕生主任和國家清史編纂委員會出版組的鼎力支持。

在此書行將出版之際，謹向所有關心和幫助《清代河南巡撫衙門檔案》整理和出版的單位和人士，表示真摯的感謝！

《清代河南巡撫衙門檔案》項目組

2011年1月15日

圖書在版編目（CIP）數據

清代河南巡撫衙門檔案/段自成、李景文主編．北京：中國社會科學出版社，2012.4
ISBN 978－7－5004－9401－0

Ⅰ.①清… Ⅱ.①段…②李… Ⅲ.①檔案資料－匯編－河南省－清代 Ⅳ.①K296.1

中國版本圖書館 CIP 數據核字（2010）第 244985 號

清代河南巡撫衙門檔案　段自成　李景文主編

出 版 人　趙劍英

責任編輯　雁　聲
特邀編輯　李　力
責任校對　林福國
封面設計　郭蕾蕾
技術編輯　戴　寬

出版發行　中國社會科學出版社
社　　址　北京鼓樓西大街甲 158 號　　郵　編　100720
電　　話　010－84039570（編輯）　64058741（宣傳）　64070619（網站）
　　　　　010－64030272（批發）　64046282（團購）　84029450（零售）
網　　址　http://www.csspw.cn（中文域名：中國社科網）
經　　銷　新華書店
印　　裝　環球印刷（北京）有限公司
版　　次　2012 年 4 月第 1 版　　印　次　2012 年 4 月第 1 次印刷
開　　本　787×1092　1/16
印　　張　52
字　　數　1010 千字
定　　價　168.00 元